珍藏百年手稿出版工程

蓬廬集

（上）

陆文郁 著

天津出版传媒集团
天津人民出版社

图书在版编目（CIP）数据

蘧庐集：上、中、下 / 陆文郁著．-- 天津：天津人民出版社，2019.7

珍藏百年手稿出版工程

ISBN 978-7-201-14942-4

Ⅰ．①蘧… Ⅱ．①陆… Ⅲ．①陆文郁（1887—1974）—文集 Ⅳ．① Z427

中国版本图书馆 CIP 数据核字 (2019) 第 139822 号

蘧庐集

QULUJI

出　　版　天津人民出版社
出 版 人　刘　庆
地　　址　天津市和平区西康路 35 号康岳大厦
邮政编码　300051
邮购电话　（022）23332469
网　　址　http://www.tjrmcbs.com
电子信箱　reader@tjrmcbs.com

责任编辑：陈　烨
特约编审：陈　雍
封面题字：韩嘉祥
装帧设计：汤　磊
明轩文化 TEL:23674746 · 王　烨

印　　刷　天津市豪迈印务有限公司
经　　销：新华书店
开　　本：889 毫米 ×1194 毫米　1/16
印　　张：93
插　　页：12
字　　数：996 千字
版次印次：2019 年 7 月第 1 版　2019 年 7 月第 1 次印刷
定　　价：798.00 元

陆文郁（1887—1974）

编委会名单

前言

天津市文史研究馆秉承『敬老崇文、存史资政』宗旨，自建馆六十多年来，荟萃一批腹笥充盈的文史学者和书画大家。这些宿学鸿儒，无论祁寒酷暑，有日无间，在自己的学术田园中默默耕耘，这种精神实令人肃然起敬！

尤其是老一辈学者，终其一生浸润学术研究之中，矻矻于斯，虽外物至而不胶于心，淡然无所嗜，泊然无所求，积一生之学养，成一家之学说。

『人事有代谢，往来成古今』，我馆已故老馆员陆文郁、陈邦怀、卞慧新三位老先生都是受人尊敬的饱学之士，而且寿享高年。怀想三位老先生风范，不禁唏嘘浩叹。

以年齿为序：

陆文郁（1887—1974）先生，字辛农，又署莘农、馨农，号老辛、百蛙庵主。斋号蘧庐。陆先生是中国生物学画派的创始人，创办《生物学杂志》。陆先生是二十世纪四十年代书画名家，并与刘奎龄、刘子久、刘芷清、萧心泉四老合称『津门画界五老』。陆先生除绘事之外，苦学苦修勤于著述，尤以《植物名汇》《植物名汇补》著名，至今这两部著作也是研究植物学的要典。陆先生是我馆首批馆员。

陈邦怀（1897—1986）先生，字保之，室名嗣朴斋。我国著名古文字学家。所著《殷墟书契考释小笺》《殷契拾遗》，研精覃思、博考经籍，于甲骨学有着开拓之功，其中考释已成定诂，曾得到不轻易许人的国学大师王国维首肯。陈先生曾任《甲骨文合集》编委。另有学术笔札《一得集》，颇受学界称赞。陈先生1954年聘为天津市文史研究馆馆员，1962年任天津市文史研究馆副馆长。天津书法家协会第一任主席。

卞慧新（1912—2015）先生，字伯耕，又字僧慧，号质夫，晚署迟叟。

先后师从陈寅恪、钱宾四、吴玉如、雷海宗诸先生。其为人也，讷于言而敏于行。所著《吕留良年谱长编》（中华书局2003年版）自操笔至出版，长达七十二年之久，为年谱典范。卞先生中年以后，从事天津地方史研究，为天津地方文史研究的开拓者和奠基人。又，几近半生之夙兴夜寐，晚年成《陈寅恪年谱长编》（中华书局2010年版）。卞先生寿登期颐，但历经艰辛，视人生逆顺不顾而笔耕不辍，『书诗考终命，世薄老成人』。1989年聘为天津市文史研究馆馆员。

三位老馆员都存有遗稿一直没得出版。陆文郁《蘧庐集》、陈邦怀《嗣朴斋丛稿》、卞慧新《觉非庐丛稿》，或藏于其家，或弃于我馆。以陆文郁先生的《蘧庐集》为例，全稿近七十万字，全部细笔工楷誊抄。不仅极具学术价值，就其誊抄的小楷而言亦具书法之美，笔无一丝违拗，墨无一毫滞溢，可见是陆先生呕心沥血之作。陈、卞二位先生亦谨饬如此。

这三部遗稿，有的已逾百年之久，风剥日蚀，纸张已经发黄变脆，又深恐日久鱼蠹之忧，天津市文史研究馆发挥自身优势，遵循习近平总书记提出的『中华优秀传统文化是中华民族的精神命脉』『中华优秀传统文化是我们最深厚的文化软实力』『用中华民族创造的一切精神财富来以文化人、以文育人、以文培元』的精神，不惜投入大量人力财力亟加编辑厘定，得以保持原貌影印出版。我们深信此书的出版，不仅仅嘉惠学林，更是尊重知识、敬重人才，最深切著明的举措，定会得到社会认可。

天津市文史研究馆

二〇一九年三月

目录

自述

自述手稿横1110毫米、纵245毫米，简历手稿横187毫米、纵270毫米，共计15页，影印时略有缩放。

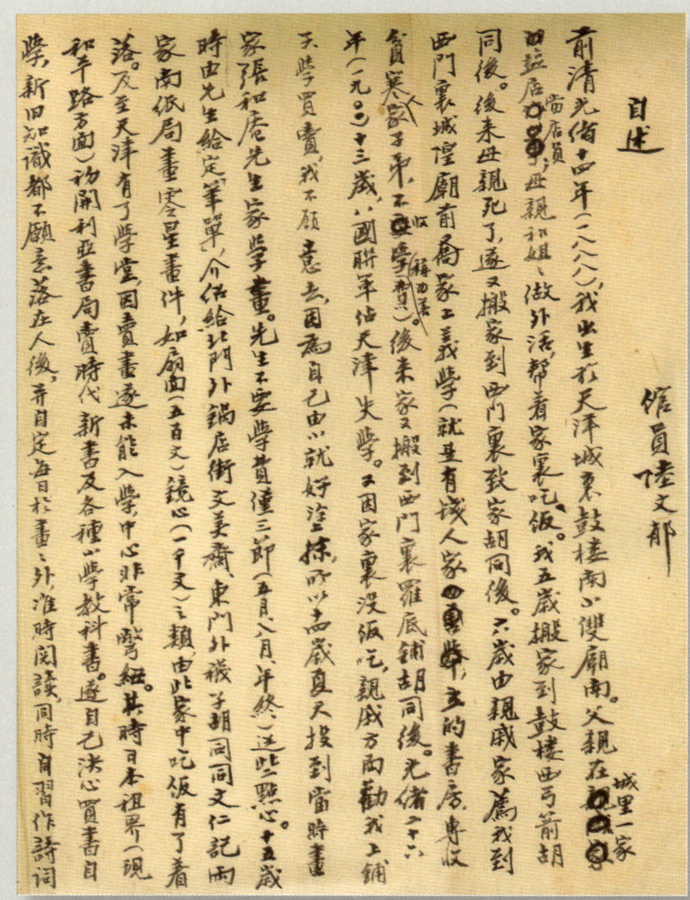

自述

館員陸文郁

前清光緒十四年（一八八八），我出生於天津城裏鼓樓南小僂廟南。父親在城里一家益店當店員；母親和姐姐做外活，帮着家裏吃飯。我五歲搬家到鼓樓西弓箭胡同後。後来母親死了，遂又搬家到西門裏致家胡同後。六歲由親戚家薦我到西門裏城隍廟前喬家工義學（就是有錢人家立的書房，専收貧寒人家子弟，不收學費）。後来家又搬到西門裏羅底鋪胡同後。光緒二十八年（一九〇二）十三歲，八國聯軍佔天津失學。又因家裏没飯吃，親戚方面勸我上鋪子學買賣，我不願意去，因為自己由小就好塗抹，所以十四歲夏天投到當時畫家張和庵先生家學畫。先生不要學費，僅三節（五月、八月、年終）送些點心。十五歲時由先生給定「筆單」，介紹給北門外鍋店街文美齋、東門外襪子胡同同文仁記兩家南紙局畫零星畫件，如扇面（五百文）、鏡心（一千文）之類，由此家中吃飯有了着落。及至天津有了學堂，因賣畫遂未能入學，中心非常懊惱。其時日本租界（現和平路方面）初開利亞書局賣時代新書及各種小學教科書。遂自己決心買書自學，新旧知識都不願意落在人後，并自定每日於畫畫之外，准時閱讀，同時自習作詩词練寫字，符合畫面上一整套玩意。這是常從畫譜上看到，有人只會畫不會題以為可恥的原故。一九〇〇？（忘記）江南水災，大公報館英斂之、顧材度組織小小書畫慈善会，在報上登載徵求書畫家熱心助賑事，我應徵到大公報館認識了英、顧二人。顧為大公報主筆，其時兼任英租界海大道（大沽路）南方公立兩等旅學的監學，遂介紹我去教了一年多的圖畫唱歌。後我又在醒俗、人鏡等報館担任畫圖，期限全不長。光緒三十三年（一九〇七）天津新河北成立北五省師範學堂，我的旧同學金廣才（他在當時翻譯儲材所日文班畢業）担任博物科助教，教習是日本人大津。金與大津全不善畫圖，遂由金每、約我去代他們義務畫些講義小圖，並邀我在星期日同他們出外采集教材。我由此得到生物采集、研究、描述畫圖上的興趣。時我家住在西門里鼓樓府烟胡同以北。是在光緒三十四年（一九〇八）我同金組織了一个生物研究會，當時是玩的興致。後，這会就在我家成立起來，采集、製標本、編寫生物學雜誌（抄寫，未印刷），都在作畫室來搞，幹的很高興（起勁），幹了三年，到辛亥革命（為止時）。同時不斷足購日文動植物參考書，學習生物上的新知，因而同金學淺近日文，專備看書用。又在晚間入東門外青年会英文夜校習英文。其時買到日本植物學家松村任三著的植物名彙，其中对於我國植物名稱寫的非常豐富詳盡，我每閱至，念説日本拿我們中國當他的外庫，一朝日本能登上中國大陸，這都是他們（日本）的寶藏云云，當時我心裏聽着太不愉快了！每每想我們不能自己給自己國家編植物名彙，供給自己的國用麽？這個意念由此便刻在心中。宣統二年（一九一〇）開南洋勸業會，天津考工廠徵赴賽物品，我應徵送去天津生物研究會雜誌（自寫本）十六本，植物標本一百多張（附來得有銀獎）。辛亥（一九一一）革命秋，我因受革命思想感召由普育女学校校長溫子英（人镜画报是他办的，当时我担任画报稿，很熟识的）介绍，加入孫中山先生的同盟会（當時清政府統治下，不能公開活動）。時天津紅十字分会成立，組織戰地救護隊，成立救護訓練班，教授簡易救護学，一个月畢業，登報招生，班設青年会、北洋軍医学堂、馬大夫医院、東門外女医局四處，各設一班，我遂加入青年会的訓練班，我認為我能到前敵救護傷兵是我應盡的責任，並由這，能得機会投入革命軍，是我最愉快的事。学習畢業後，我分到赴前敵救護的第一班（一班十二人，隨有担架夫十二人，期限半月，再換第二班），遂隨全中李绍良、常采臣二大夫帶隊前往，指定浦口附近（時北軍在蚌埠一帶，南軍在浦口对面的大江南岸）。乃由津浦車南行，方到徐州，被張勳的軍隊截留，不能前進，在徐住了半个月交代回来。中華民國元年（一九一二）同盟会改組為國民黨，我遂為國民黨當然的普通黨員（僅挂名，無政務）。民國二年（一九一三）正月間，見黨人政治腐敗，濫拉人入黨，為選舉議員，相爭賭斗，大打出手，遂決意出黨，予行審查（此後遂未參加任何活動）。其時嚴慈約（嚴範孫的兒子）接辦直隸省立勸工陳列所，改名為商品陳列所。將派人作直隸全省實業大調查，並蒐集物品，以沿海水產一區蒐集的魚類需要製成標本，遂由華石斧（天津老教育家，任陳列所編輯課主任）找到我，是知我會製標本的原故。我的求知慾本來旺盛，藉此機可多得生物采集標本，用來積累我試編植物名彙的資料。於是在民國二年（一九一三）四月間担任了直隸沿海水產區調查的事，歸後便入了商品陳列所陳列課為課員。本課任務是商品之陳列和說明兩項。民國三年（一九一四），日本開大正博覽會，遂於三月間由所長嚴慈約派我赴日本為中華民國直隸省出品經理員。五月被調回天津，參加巴拿馬賽會直隸出品協會展覽會事。九月派為直隸赴美賽會隨員，時嚴慈約為赴美賽會的中國直隸省代表，我是隨嚴專理美術陳列事宜的，十一月間由上海登輪赴美。民國五年（一九一六）春回國。又參加嚴華二位籌備組織的博物院事，我贈院許多陳列品如昆蟲、植物標本等（及世界人種照片等），所以博物院成立，約我為博物院董事（並時常去幫忙）。這時我已由各方面陸續蒐到不少編植物名彙的資料，於民國六年（一九一七）開始在所務餘暇時作編彙工作。民國十年（一九二一）秋間堅決辭去商品陳列所事務，重行回家去實畫（這時嚴升實業廳長，脾氣太張，雖他仍兼所務，已不能像從前實心共事）。民國十？·（一九二？·忘記）直隸省立婦女職業傳習所刺繡班圖畫教員張瘦虎死，所長紀衛瞻找我幫忙，因每星期只一天，不礙我作畫，遂去担任了一個時期。這時我已堅決自食其力來賣畫，同時專一（在作畫外）編植物名彙，便打算如此了我一生。因在婦女職業傳習所教圖畫關係，該所刺繡科畢業學員要求到我家學畫，不能辭却，於是我便作畫、教畫、兼編彙。這時天津嚴範孫、林墨卿（天津求於嚴黨、林黨的頭目）組織的廣智館，將要開館，向各方面徵求陳列品，林自任館長，親身找我幫忙，我贈館許多昆蟲、蛤螺、植物標本（并各地古蹟風俗照片畫片等）。因而約我為廣智館董事。民國十？（一九二？·忘記）同在張和庵先生學畫的同學陳恭甫和北京湖社的李珊島要求我同他們一起辦畫会，再三推托不開，借到廣智館後樓組織了城西畫会，招收了些男女學員，成立後因收入不多，陳李只教了月餘，相繼不幹了。我問學員們如願學，我全可担任下去，否則當下退學費解散会（因剛收第二個月學費不久）。學員齊說願學，我自而首肯，輔導了三年（畫会由溥）結束。民二十？（一九三？·忘記）北京成立靜生生物調查所開展覽会，我贈了植物標本、昆蟲標本、蝦蟹標本等約幾百品，所中回贈我多期生物論文，由此得到許許多許多編彙資料，同時加入中國植物學会為普通会員。天津淪陷（一九三七）後搬家到老西開聯興里，仍旧彙畫，編彙亦未停止。其時由編彙資料中，先整理出詩經上的植物一百多種，遂先把這部分整理了大概，成為「詩草木今釋」初稿。天津崇化學会正由鄭菊如先生講詩經，遂約我為該会學員每星期去講一次詩經上的草木。因而私立崇化中學又約我担任講授動物學，這時是民國三十？（一九四？忘記）。當時街面上人心荒亂，生計蕭條，無多畫件，遂實際停止彙畫。除在家編植物名彙外，即到崇化講課，接連直到天津解放後一年多，這時我已六十多歲了。後來辭去崇化，專一編彙。到一九五三夏天，植物名彙初步寫成底稿十四冊，於當年（一九五三）的七一共產黨生日由我住的紅橋区大寺前派出所將植彙全稿十四冊送交中國共產党天津市委員会轉北京作為我向毛主席的獻礼。本年冬彙稿十四本由主席的办公廳轉交了中國科學院的植物研究所，并得到科學院復函。本年（一九五三）六月間天津成立了文史研究馆，七月间我被聘为文史馆馆員。次年一九五四的七一共產党生日，我又將清鈔的「詩草木今釋」一册向毛主席獻礼，是由文史馆轉呈的。自從我把植彙向毛主席獻礼後，仍繼續作彙補的工作，並对原彙稿大加補充。同時應天津晚报的要求嘗寫天津歷史沿革及旧事蹟，如天津第一個公園、天津旧交通等等，这是因我曾應旧大公報要求寫過天津旧事跡的原故。及到天津成立了美协分會，又被約入會，我既然前後妄畫四十多年，現在我們新中國建立，我以國畫為工農兵服務，應是義不容辭的，所以我編彙補的工作多麼忙，每有展覽約我畫，我必畫。同時我不斷到文史馆學習。只以我過去積勞太甚（往前因編彙蒐索材料，東翻西檢，每每徹夜），神經衰弱時時作痛，非常苦惱。又因心臓病（心臓肌痙攣）不時發作，起初还好，後來对於到馆學習，常致缺席，中心十分遺憾！一九六六，彙補工作及補充前彙的事，完全終了，共計寫成「植物名彙正編」十五册，「補編」五册。接着又整理我旧存的植物標本，並編號記寫它对人類社会的應用関係，到一九六七年冬完全办成。

七月二十三日清抄畢

一八八八（清光緒十四年）一歲，生於天津。

我原籍浙江山陰縣荷湖村，北遷天津已二百餘年，高曾時期，爲所謂「書香之家」，卽家庭至我生時，家業已敗落，從大家庭分出，父親一生爲小職員，

我生時，住天津城裏鼓樓南小陵廟街。

一八九三（清光緒十九年）六歲　上學。

時城內西門裏李國香家立有義塾，專收貧寒子弟，遂由親友保送上學。時住西門裏郭家胡同，父親已賦閑（寄寓河南道口鎮親戚的鹽店裏作的），筆墨書籍一切全由母親及姐姐做針活（爲人家做衣服及鍼黹等）來供給念書。後轉高氏書房，楊氏書房，至十三歲已能作文作詩（八比試帖）

一九〇〇（清光緒二十六年）十三歲，失學。

本年舊六月十八日天津城陷，八國聯軍侵據天津，我全家避難文安縣蘇橋鎮本族，歸津以後，遂無錢再行上學。時住西門裏羅底鋪胡同。親戚中勸「學生意」，我中心鄙薄商人，不願因「學生意」而給掌櫃的鋪床倒尿壺。同時族兄杏林啟發我，試爲五七言古近體詩；並學填詞；我天性好畫，這時已能成幅（當然不好）。

一九〇一（清光緒二十七年）十四歲，學畫。

天津張和庵先生，名兆祥，係南北知名的畫家。由一父執郭六先生引薦，我遂到張老師家學畫「寫生花卉」；兼習書法。

一九〇二（清光緒二十八年）十五歲，棄畫；又到普通學堂漢文班旁聽；並開始閲讀新學書籍。

本年春間由一舊同學郎振銘介紹，得到他的普通學堂漢文班充貲旁聽（時郎為英文班學生。該校址在城東門裏經司胡同，上午漢文班，下午英文班）。郎由此上午聽講，下午學畫。本年夏天由張老師為介紹為各南紙店畫扇面、挑山、掛屏等裝款（畫一扇面津錢五百文，加一方五十個老錢），以維持家庭生活。同時天津日租界旭街（現和平路中間）開有利亞書局及賣新學書籍，郎開始購買新書閱讀（多小說及各小學教科書，多為上海小說林、文明書局、廣智書局出版）。次年（一九〇三）夏普通學堂停辦，英文班肄業生全數轉入北洋大學堂（在西沽即現北洋大學），郎遂二次失學！後天津逐次成立小學堂，郎以擔負家庭生活，繪畫晝夜工作，遂不得時間再為專心入學，遂從此失學！

一九〇七（清光緒三十三年）二十歲，賣畫；兼任小學圖畫唱歌教師。

時天津法租界海大道（現大沽路）有浙江廣東兩省僑商合辦的「南方公立兩等小學」（即現在天津市西「廣東」「浙江」兩校的最早前身）由該校監督顧叔度約為初一、二年級兩班圖畫（初一毛筆畫；初二鉛筆畫）樂歌教師（每星期去兩半天共四堂）其餘大部分時間在家畫。次年（一九〇八）即辭去該校職，專賣畫。時住西門裏鹽店胡同內。

一九〇八（清光緒三十四年）二十一歲，賣畫；任小學教師；又開始組織生物研究會。

時天津立有北五省師範學堂（地址在新河北吕緯路法政橋西，現在為省師範學校）創辦為李伯芝；博物教習大津（日人）的助教金廣才是郁的舊同學。余每週郁爲畫教授用各種圖（因余及天津皆不工畫），由此天津每由余約郁星期日到學堂給他幫忙，由此得對動植物學門徑甚感興趣。遂由郁與余又約集了幾位舊同學組織生物研究會，以郁的畫室爲集會研究之所，會費每人每月銅元一枚（當十）（以畫畫收入一部分補貼），由郁向天津加藤洋行、東亞書華局等向日本定購植物標本及應用參考書籍；又在津仿製捕蟲網、採集箱（壓迫板）等，每星期去天津周近採集一次（植物和昆蟲……），漸及於魚類、爬蟲類，但之方論以到甚麼便把他摹畫、解剖，記載下來（或製標本。）（當然謬誤上有許多錯誤）這個組織搞到辛亥革命時（一九一一）會員都漸散去了爲止。又南開兩等小學校（於辛亥年後開）明年改組消息，遂辭去教學事。

一九一〇（清宣統二年）二十三歲，去英畫開始學英文。

入天津青年會英文夜校插入D班，次年（一九一一）十月，以國語變
史提前畢業（只差一學期）。
一九一三（民國二年）二十六歲，任職直隸省商品陳列所。暫時停止英文。
時天津商勸工陳列所改組為直隸省商品陳列所（在河北公園內）。用所之命，先作全
省實業調查兼蒐集物品，分全省為十區，其中十區為「沿海水產
區」，此區蒐集物多為魚類須調劑若干標本（大部分液製）遂由該
所所長嚴慈約（名智怡）請華石斧約余出而幫忙，遂於四月間將英文暫時停止，
為所中沿海水產區臨時調查員，把直隸省渤海沿岸北由山海關南到接山東
省的老黃河口踏查了一遍；又踏查了該水區域的東西兩淀（勝芳西大
泊及白洋淀等），歸後任所中陳列課課員，担任出品陳列說明、保管、諸

事。次年（一九一四）春，以直隸出品任理員名義派赴日本參加大正博覽會（會期三月至七月）；

同年冬又以赴賽隨員名義同嚴慈約等赴美參加巴拿馬太平洋萬

國大博覽會（該會一九一五年二月開幕，會期一年）；又為所裏擔任美國

加里弗尼亞省農業調查事，一九一六年春回國（為所中出品科科長；即原陳列課）參與籌備組織河北博物院事

（時院長為嚴范孫，副院長為華石斧，該院即現在天津市立第一博物館前身）；一九一九年又兼任直隸省農事試驗

第一分場主任（在山海關海邊專辦水產試驗——因當時水產歸入農業）（月俸大洋二百[illegible]）。

一九二一（民國十年）三十四歲，辭去所職（場職），重行專心，並預備編輯植物名彙。

由一九一三至任所謂實業界職務至一九二一，共九個年頭裏，任職所內，

除凡有關於實業方面的報告、計劃、條陳等，（或書面，或開會時口頭

提出）之事，能見諸實行，於是在本年十月辭去所職（場職），專以專查。因

在實業的範圍內[illegible]

時[illegible]當年為[illegible]（嚴慈約）[illegible]也信他，此時亦有議案向直開會時通過，由陳列所呈言

元共二百零四元，但費每月農事分場百元左右，四元減到二千元，減千減萬，任費由[illegible]用的機關

时整理植物名條，預備編輯植物名彙（此事起因於在陳列所往圖書

成立時，彼时所担任为陳列、說明、標簽等，曾写說明標

籤时，於名稱的辯證最为困难，舊書方面須「大海撈針，爬羅剔

抉」；新書當时多為日譯或教會刊行，亦有多了「張冠李戴」，日本

每逢一名常、多日不能確定，所以立志仿

照日人松村任三植物名彙办法，自行編使合於吾國通俗所用，因多方面蒐

集材料，極甚繁雜，乃按部先写名條，以漢名为主，學名为輔，着手

蒐編（將四部中找一人擔任將來書成便於參用）时住城内鼓樓西大康家胡同

一九二三（民國十二年）三十六歲，賣畫；教畫；預備編植彙。

时有直隸婦女職業傳習所刺繡科學生章亞子、林振璋等；河北

女師範學生梁靖齋、王秉康等先後來家學習繪畫，從學生陸續有來者，續有去者。

一九二五（民國十四年）三十八歲，工作同前；為天津廣智館董事。

時天津紳耆嚴範孫、林墨青籌設組織的天津廣智館成立（係假借山東教會所辦的廣智院而規模較小，位址在津城西北城隅文昌宮街），約聘為董事，義務擔任動植物方面說明；及指示館人練習畫圖製表；并學習生物淺說（於左廂上陳列所時所編，有時借由看守者人閱讀，及對參觀人說明的加以整理材料作好準備對參觀人說明之用；[illegible]），欲廣人之智，先廣己之智，[illegible]藉以鼓勵館人。

一九二九（民國十八年）四十二歲，工作同前；又任職城西五會；編邃廬畫談。

时有北京湖社（湖社系当时北京由金拱北所办的画社）会员李珊岛（在津汇文学校教画）联合鄙旧同学陈恭甫（张老师弟子与鄙学画同时）要鄙同组织城西画会，由鄙借广智馆北楼为教室招收男女学员，课画所精国画的山水、人物、花鸟、鱼虫等，开办三年停止。在教画时为诸学员（家中女生及会中男女生）编著蘧庐画谈（专论花卉，由广智馆星期报登载或刊行）以为讲义。时住南开联兴里。

一九三三（民国二十二年）四十六岁，卖画；教画；编名章；并担任天津广智馆陈列主任；又编诗草木今释。

本年夏天津广智馆董事会约鄙到馆担任陈列部通盘整理事，鄙以卖画教画忙迫力辞不得，乃允除休息日（星期一）外每日上午来馆半日。馆人要求讲解诗经上的草木，遂陆续编「诗草木今释」，登之广智馆星期报（七七事变后津沦陷停刊，诗草木今释才编约一年）。住地同前；后迁居南门外太平庄。

一九三四（民国二十三年）四十七岁，工作同上；加入中国植物学会为普通会员。北京静生生物调查所成立后，都往参观，得拜识胡步曾先生（中国植物学会成立者）由胡先生介绍为该会普通会员。同时以拟编中之植物名汇草稿请阅，承胡老师认为有用，遂益坚都编著名汇之心。

一九三七（民国二十六年）五十岁，工作同上；又完成诗草木今释。七七天津沦陷，都迁居老西开福荫里，[illegible]，编名汇外；完成了诗草木今释。广智馆方面以日军强租其前院驻「西头队」，报已暂时闭馆停止入览，因时英法租界被日军封锁，（是因开不画入法租界，在封锁中）郁不能到馆，馆事乃暂时停顿。

一九四七（民国三十六年）六十岁，停止卖画，写画。编植物名汇；担任广智馆陈列兼技术工作；又到崇化学会晚班主讲诗草木今释。

胜利前日军撤去西头队；广智馆重行开馆，馆长李琴湘约郁重整馆藏，陈列兼技术事，郁遂个人迁居馆中。时郁家亦早迁来八区西北城隅小影巷法真寺胡同一号。郁本年停止卖画，写画。除馆事外，便编植物名汇；又应崇化学会（在东门内文庙偏院）之约为该会晚班主讲诗草木今释。

一九四八（民国三十七年）六十一岁，工作同前；又任崇化中学动物学教师。

黌中學（在天津東門内文廟舊址）於本年暑假成，仍都担任初中一年級動物學教師（共四班），聊以不應，幾經往返，以得暫时先任（植物編著李式停擺不能担筆）（大量彩繪圖）勉强成於一九四九暑假前該初中一年四班結業。

一九四九 六十二歲（天津解放。），再度担任厦習作自力更生工作；兼編帝名象。

解放前夕，館中陳列部分經陳亞長捷施大大有損失（即櫥架玻璃一項大小計破碎八百多塊）乃勉强[illegible]支持（作品於前一年紀念）以易更生產，在教育局指導下，隨着人民需要，依科學方法改變陳列添製模型標本等供眾覽。

一九五〇 六十三歲，辭去作職，專搞編纂工作。

本年春间蒙化中学缺乏动物教师，于是又去补任了一学期，乃旋决辞去。

承大理安排就绪，又应了各董事同意，在县长期完全交归教育局主办。在教育局前之三月中，都把作中人（同仁）事（職務）布置妥帖，都遂对董事会方面辞卸依戚，以便专一办编纂工作。这时编纂的材料，我前大力整留，专一整理，实形繁忙，而都又年老，甚愿有生以前，完成此业，遂决计辞去一切，来搞这工作，曾教育局工作中董事会交接任务时，都以董事名义召开会，当场陈明编纂苦心，颇蒙同方赞许。从都遂由作遷出，借居西北隅小将巷清真寺胡同五號。這时都專一編纂名义，无经济收入，一切個人衣食住行等用度及購置書報皆由兒子荇、兒媳章亞子（皆小学教師）、長孫忠元（市

一九五一　六十四歲，專搞佛象工作。

王中二博物館職員[illegible]工作（工作的前身即廣部工作）供給。[illegible]

初稿已整理并鈔謄出來將及七冊（由「一」部到「四」部）（內含植物漢名將及二万「種」的植物名實六千，估計明年（一九五二）此際，可以初步完畢。如果生命保住存在的話，將這整個的我，和我由學習所能的一切工作，完全獻給偉大的毛主席領導下的國家人民！

诗草木今释

手稿横188毫米、纵263毫米，共计56页，影印时略有缩放。

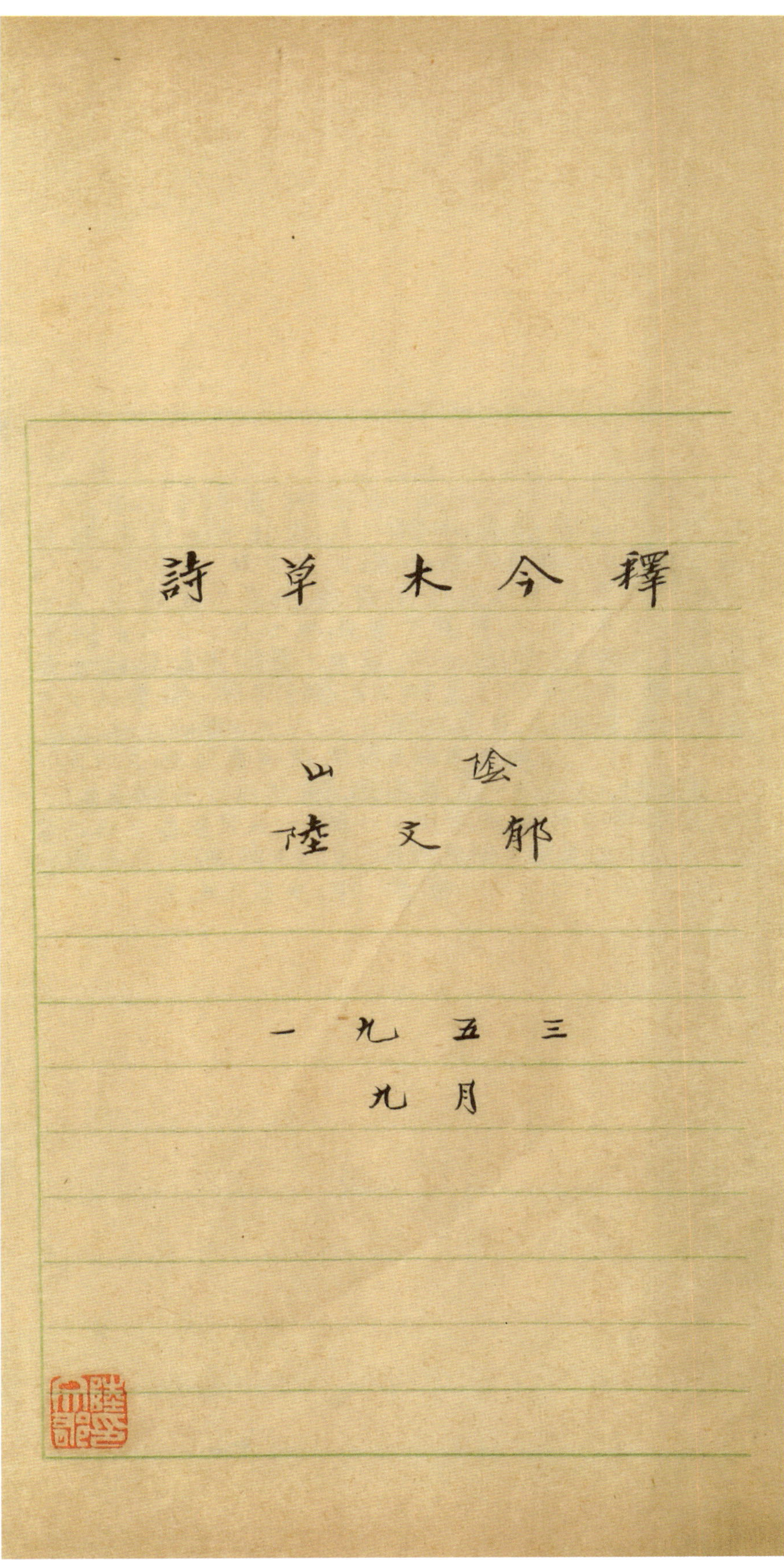

詩草木今釋

山陰
陸文郁

一九五三
九月

弁言

舊日之言詩者，雖尚「訓詁」，然於草木，或辭焉而不能詳；或詳而不能盡；或比類而誤解，幾至於不可爬梳。有清末造，外人之治植物學而有事於我國者，並就實見，參覈我之舊籍，廣徵博引，著為專書，然非供我之用。故至於今日，我之為我者，仍舊貫也。是以我之治植物學者，雖欲資用國學不可能；而治國學者，又向於草木漠然不加重視！偶有引證，亦不辨真是非，書之云云者，亦云云而已。而不知草木之於人生，關係綦重。舊稱讀詩，可多識草木之名，惟能真知名，然後才能真致用也。

爰本斯旨，乃成斯輯。溝通新舊，一本真知。非欲成一家之私言，蓋希能為一國之公用焉耳。惟自知學識淺陋，魯魚亥豕之訛，所不能免，海內通家，幸匡正之。

一九五三年九月 著者

凡例

一、詩經所載草木，凡舊注疑似者，皆按植物學一一考正。

二、詩經所載，有為公名字，如：松、柏、楊、柳、瓜、藻、……之類，舊注未能肯定者，皆以現代植物分佈情形，參酌當時該國境所必有，舉例釋出。

三、日本舊時本草學者，引用漢名，往往有誤，而國人近著，遂有誤引日本之所誤者，凡屬詩經所載，皆為改正。

四、凡屬一種，皆以：漢名、科名、學名、形態、產地、用途六目，盡其所知分述。於人生關係，尤三致意。

五、以上六目之外，有應加按語者，則以：郁按，附加於後；或更引至友姚品侯之言，以為參考。

六、詩句最初所載之漢名前，冠以號數，以便與索引參照。其已出者，皆注明見前某風、某篇、某句，不再複述。

七、本著之釋名，為求真知，便應用，故無論傳也、疏也、箋也，一一皆本實物立言，一洗專宗一家之弊。

八、漢名、學名，皆編為索引，附於書後，以便檢索。

詩草木今釋

山陰陸文郁著

國風

周南

參差荇菜　（關雎）

1　荇菜　一名荅一名苦菜一名鳧葵，一名莕葵，一名水葵，一名荅公鬚，一名荇絲菜，一名水鏡草，一名䓝，一名屏風，一名靨子菜，一名金蓮子，一名接余。救荒本草謂之金蓮兒，藕蔬菜。俗稱菱角草，亦稱金絲荷葉。河北安新一帶所產黃花兒菜，即是物也。中國北部植物圖誌則稱之蓮葉荇菜。說文則稱之菨餘。其葉曰莕。

本植物屬龍膽科

學名 *Nymphoides nymphaeoedes Britton.*

形態：多年生草本，水生。莖圓柱形，沉水中，暗紫綠色。葉圓心臟形，質厚，葉柄下部膨大而包於莖。夏日，由葉腋出花梗，伸水上，開花冠五裂之深黃色花；每裂邊緣具睫毛。果為蒴。

產地：池塘，或溪流中。

用途：觀賞植物。又藥用：消渴，~~去熱~~，利小便。又食用：莖以苦酒浸之為菹，脆美可按酒。又救荒：土人每採其莖，及葉柄，淘去其皮食之。

葛之覃兮　（葛覃）

2　葛　一名雞齊，一名鹿藿，一名黃斤，一名絺綌草，俗稱葛藤根，又稱雞齊根，亦稱葛根。

本植物屬豆科

學名 *Pueraria hirsuta, Matsum.*

形態：多年生含木質之蔓生植物。莖長二三丈具纏絡性。葉由三小葉组成，有褐色毛茸。秋日，由葉腋抽花莖，開多數紫赤色蝶形花，排成總狀花序。果實扁莢。

產地：南北皆產；江浙尤多。有野生者；有種植者。

用途：為著名纖維料植物，故古人用以為絺綌。又為澱粉植物，根長三四尺，於其中採澱粉，供食用，為澱粉中佳品，稱葛粉。又為糊用。今則由莖採纖維，織葛布。其细莖可代繩。又可編籃。藥用用根：止渴，利便，解酒，去煩。又其花乾之可煠食，韓翃詩：「葛花滿把能消酒」者是也。

采采卷耳 （卷耳）

3 卷耳 亦書菤耳。一名務，一名苓耳，一名枲耳，亦書葈耳。一名胡枲，一名常枲，一名常思菜，一名蒼耳，一名爵耳，一名豬耳，一名耳璫草，一名地葵，一名葹，一名羊負來，一名道人頭，一名進賢菜，一名喝起草，亦書喝起菜。一名野茄，一名縑絲草，一名襢菜。鄭康成謂之白胡荽。李白謂之卷葹草。東北稱回菜埸子花，又稱母豬癩。津俗稱蒼子、蒺藜狗子。

本植物屬菊科

學名 *Xanthium japonicum*

形態：一年生草本。莖高四五尺。葉卵形而尖；邊緣有缺刻及鋸齒。夏日，枝梢著綠色花；花單性，雌雄同株：雄花之頭狀花序，在花莖上部；雌花之頭狀花序，隱於結合成囊狀之總苞內，此總苞全面生刺，結果以後，刺更堅硬，常鉤著衣服上。

產地：隨處皆產。

用途：詩疏謂：「可煮為茹，滑而少味」陶弘景則曰：「傖人皆食之」東坡雜記則謂：「花、葉、根、實皆可食」救荒本草則曰：「嫩苗煠熟，水浸，淘拌食，可救飢。其子炒去皮，研為麵，可作燒餅食」是古人嘗以為食用植物之證。今除救荒外，有採其實搾油者，稱蒼子油。津中炸油條（俗稱果子，北京謂之麻環）者，每以蒼子油摻麻油中用之，謂油條特脆。入藥舊用實：主療風溼，攣痺。近有採其莖葉取其浸出液，用為收斂藥者。

郁按：博物志謂：「洛中有人驅羊入蜀，胡枲子多刺，黏綴羊毛上，遂至中國」此羊負來之名所由來也。

葛藟纍之　（樛木）

4　葛藟　即藟，亦書櫐，亦書葛虆。一名千歲虆，亦書千歲藟。一名虆蕪，一名苣瓜，一名巨荒，一名推虆，亦書蓷虆。俗稱烏娃子，亦稱千歲木。和漢三才圖會則謂之甜茶。

本植物屬葡萄科

學名　*Vitis flexuosa, Thunb.*

形態：山地自生之蔓性植物，大體類野葡萄。葉三角卵形。六七月頃，於葉之對方生花莖，開黃綠色小花，排列為複總花序。花後結小漿果，紅黑色。

產地：河南　湖北　江西　浙江　雲南　廣東。

用途：漿果可食，莖汁味亦甘。又藥用：益氣，續筋骨。

葛藟荒之　（樛木）

葛藟縈之　（樛木）

葛藟　見上。

桃之夭夭　（桃夭）

5　桃　一名旄，一名冬桃，一名旄桃，一名毛桃。俗稱毛桃子。其園藝品種名稱甚多。

本植物屬薔薇科

學名 *Prunus Persica, Batsch.*

形態：喬木。葉長橢圓披針形。花單生，五瓣，淡红色，春開。果實為畧圓形之核果。

產地：東北 河北 山東 甘肅 寧夏 浙江 江蘇 湖北 四川 雲南 廣東。

用途：核果供食用。為吾國往古廣行栽培之果木。因園藝上關係，形色、味皆不同。現代產者如：六月白，瑪瑙红，扁桃，深州蜜之類是也。花觀賞用。又其本淺出液，稱桃膠，可代糊用，俗謂之桃黏子。

郁按：賈祖璋中國植物圖鑑六四三頁桃之附註謂：「桃的品種極多，可分果實扁平的蟠桃；果實有尖嘴的北中國系，如天津水蜜桃和肥城桃；果實渾圓小形的西班牙系；果實大形淡色的南中國系，如著名的上海水蜜桃；果實有香氣的波斯系和果面無毛的油桃共六大類」所謂蟠桃即扁桃，天津水蜜桃即深州蜜；天津附近葛沽又產一品小形之桃，稱葛沽桃。

采采芣苢　（芣苢）

6　芣苢　一名地衣，一名車前，一名馬舄，一名蝦蟆衣，一名當道，一名牛舌草，一名車前草，一名車輪菜，一名蓬，一名牛遺，一名勝舄，一名田貫草，一名錢貫草，一名錢串子。逸周書王會篇謂之桴苡。津俗則謂之霸王鞭；或謂之大車前。

本植物屬車前科

學名 *Plantago asiatica*

形態：宿根草本。莖短縮不明瞭。葉大橢圓形，全邊，有五至七個肋脈，叢生。夏日，葉間抽花莖，上開多數小花，排列成穗狀花序；萼四個，花冠漏斗狀，四裂，微黃白色，雄蕊四，雌蕊一。花後結小蓋果。種子黑色。

產地：隨處自生。

用途：嫩葉可為茹；云大滑。種子舊供藥用，稱車前子，治難產。今則云莖葉和種子都可作鎮咳藥。

言刈其楚（漢廣）

7 楚 一名荊，一名楛，俗稱荊梢，或稱荊燒，又稱荊子樹。

本植物屬馬鞭草科

學名 *Vitex chinensis* Mill.

形態：小灌木。葉掌狀複葉；小葉三數至五數，羽狀，中央者較長大，邊緣有鋸齒或成深缺刻樣。夏秋間，枝梢開青紫色小花，排列成圓錐花序。花後結小蒴果。

產地：東北 河北 山東 河南 陝西 江蘇 四川 廣東

用途：古以其枝條供刑杖之用。葉可入藥。枝之嫩者編筐筥，老者用以為薪。古所謂荊釵，殆是物所製者也。

郁按：梢，燒，皆楚字音轉。荊梢，荊燒即荊楚之連讀；亦若菰，一名蔣之連讀為菰蔣也（菰 *Zizania latifolia*, Turcz. 其嫩莖肥大，即茭白）。

言刈其蔞（漢廣）

8 蔞 一名蔞蒿，一名艾蒿，一名購，一名蔏，一名蔏蔞。植物名實圖考謂之野艾蒿，謂之菴蕳。臺灣謂之生艾。俗稱白蒿子。

本植物屬菊科

學名 *Artemisia vulgaris*, L.（var. *vulgatissima* Bess.）

形態：多年生草本。莖直立。葉羽狀分裂，頗似艾；葉

背有白毛甚密。秋日，葉間出花莖，上開小頭狀花，排列成穗狀花序。花後結實，纍纍滿小枝上。花冠筒狀，色淡黃，

產地：隨處自生。

用途：舊供食用，謂其莖生食之，香而脆美；其葉可蒸為茹。今為救荒植物。又藥用：利腸，開胃。又其葉可為艾之代用品。

召南

于以采蘩 （采蘩）

9 蘩 一名繁，亦書作蘩。一名皤蒿，一名游胡，一名由胡，一名旁勃。俗謂之白蒿。

本植物屬菊科

學名 *Artemisia Sieversiana, Willd.*

形態：多年生草本。莖通常單一。下部之葉為二回轉羽狀複葉。花序為由多數小頭狀花，排列成之稀疏長總狀花序。

產地：隨處自生。

用途：古以為菹；又蒸食。今為救荒植物。

言采其蕨 （草蟲）

10 蕨 一名虌，亦作鼈。管子地員篇誤作䕭，又誤作蹷（據陳碩甫詩毛氏傳疏所證）。又名柔虌。救荒野譜謂之蕨萁。廣東新語謂之龍頭菜。俗謂之蕨菜，米蕨草。其初生者稱拳菜，老者稱紫蕨。

本植物屬水龍骨科

學名 *Pteris aquilina, L.*

形態：多年生草本。莖匍匐地下，隨處生葉，葉甚大，為數回轉之複葉，長約三四尺；小葉有缺刻。初夏，於小葉緣邊，生繁殖器（即孑囊羣）。

產地：多自生山野中。

用途：嫩葉未展開時，上部卷曲，供食用；熱河平泉承德一帶，俗稱如意菜。其地下莖，含有澱粉，稱蕨粉，亦可採之供食；或為糊料。又可打碎之

9

為繩，頗耐水濕。

郁按：爾雅：「綦，月爾」條下郭注：「即紫綦也」。廣雅：「茈綦，蕨也」。郝氏義疏以為：「茈綦即紫綦……即紫蕨」又引後漢書馬融傳：「茈萁，芸菹」以為：「茈萁亦即紫綦」也。又與下文「蕨，鼈」互證，余以為是。

言采其薇（草蟲）

11 薇 爾雅謂之垂水。李時珍以為即野豌豆，所謂大巢菜者也。

本植物屬豆科

學名 *Vicia angustifolia* Bth.

形態：一年生草本，長達二三尺。葉為羽狀複葉，其頂端有卷鬚，以為纏絡之用。春日，由葉腋出花莖，開數個淡紅紫色之蝶形花。花後結扁莢。

產地：普通生山野中。

用途：嫩莖葉可為蔬，或入羹。種子可炒食。救荒植物也；又為牧草。

郁按：今之引用薇字以名植物者，就所知凡五：二為苔蕨植物，屬薇科，即：*Osmunda regalis*, L. 及 *O. r.* L. var. *Japonica* Milde.，三為顯花植物，屬豆科，即：*Vicia gigantea* Bge.（此種亦名野豌豆），*V. hirsuta* Koch.（小巢菜）及本文所據者也。傳云：「薇，菜也」詩毛氏傳疏：「菜名薇也」說文云：「薇，菜也，似藿」家士衡疏以為：「山菜，莖葉皆似小豆，蔓生……藿可作羹」爾雅「薇，垂水」注：「生於水邊」顧野王云：「水濱生，故曰垂水」陳啟源稽古編云：「垂水，生水旁，不生水中。澗，溪，潢，潦，皆山間水，薇生其旁，無害為山菜」陳碩甫按：「此說似得之；四月篇云：『山有蕨薇』……」云云。薇科之薇，當係日本初時引用者；明治二十四年刊行之有用植物圖說卷之一〇六七下，注「薇」；松村任三明治三十九年刊行之改正增補植物名彙第二百頁同條，亦引注「薇」字；至大正四年之改訂植物名彙前編漢名之部，於第二百四十七頁之同條下，刪去「薇」字，而於第三百七十六頁野豌豆及小巢菜各條下，加注「薇」字，是松村氏已確認薇為豆科之植物矣。而一九二〇年商務印書館所出三版之植物學大辭典，乃仍於第一四三三頁薇科之同上條，引用「薇」名，是完全據舊日籍來者。至於李時珍之認為大巢菜，乃據說文而定，今從之。

于以采蘋　（采蘋）

12　蘋　一名芣菜，一名四葉菜，一名田字草，一名破銅錢，一名四臂菜。說文作薲。左傳杜注，則謂之大蓱。

本植物屬蘋科

學名 *Marsilia quadrifolia*, L.

形態：為生於淺水之多年生草。莖柔軟，匍匐泥中。莖之上方，出長葉柄，柄端輪生小葉四片；葉柄之長，隨水深淺，必達水面。莖之下方，出變形之根狀體。夏秋之際，葉柄下部特分歧為小枝，着二或三個以上之囊狀體，中含胞子。

產地：普通淺水中多有之。

用途：左傳謂：「可薦鬼神，羞王公」，是古時曾為食用植物，故有芣菜、四葉菜等名。家士衡以為：「可糝蒸為茹；又可以苦酒淹之按酒」，今世或為救荒植物。

郁按：爾雅：「苹，蓱。其大者蘋」，義疏引經典：

「作萍，以别於苹……」實際，萍為顯花植物，屬浮萍科，與蘋無與。又本草舊説，謂蘋：「五月開白華」，義疏尚引之，違離特甚。開白華者，植物名實圖考稱馬尿花；江蘇植物名錄稱白蘋，屬水鼈科，學名為 *Hydrocharis asiatica, Mig.* 唐于鵠詩：「偶向江邊採白蘋」，明陳繼儒詩：「秋老蘋花貼岸開」，皆指後一種。因此數類每雜生淺水中，此古人隨而誤認之由也。又睡蓮 *Nymphaea tetragona, Georgi.* 屬睡蓮科，亦水生植物，或誤以為白蘋；余師張公和菴曾爲之於百花箋譜，查恬青（名凌漢）題詞：「碧無塵兮南澗濱，秋生起兮漾白蘋……」引用經典本條「于以采蘋，南澗之濱」，則更習非勝是矣。因此一誤，近今又影響多人，合為指出。

于以采藻　（采蘋）

13　藻　説文作藻。毛詩傳曰聚藻。左傳曰薀藻。爾雅曰莙，牛藻。本草綱目則謂之水藻。種子植物分類學講義謂之杉葉藻，北稱杉菜藻，東北俗則謂之結骨草。

本植物屬溫藻科

學名　*Hippuris vulgaris, L.*

形態：為多年生水生草本。莖長達一二尺許。葉細長，呈線形而輪生。夏日，於葉腋出無花冠之兩性小花；具一雄蕊，一雌蕊。果實為小形核果。

產地：亞歐美之温帶寒帶，有沼澤地方皆產之。

用途：古時用途同蘋；家士衡謂「熟挼，去腥氣，米麪糝蒸為茹，甚滑美」。今僅用為救

荒植物。爾雅

郁按：「莙，牛藻」條下郭注：「馬藻」，義疏非之，極是；然認三倉注：「細葉蓬茸，生一節長數寸，細茸如絲，圓繞可愛，長者二三十節……」者以為是，則又誤矣。蓋馬藻俗稱大葉藻，學名為Potamogeton gaudichaudi Cham.，屬眼子菜科，一名若葉藻；三倉注者，則為蟻塔科之藻，學名Myriophyllum spicatum L.，一名鰓草者是也。皆無與於詩之本條。

蔽芾甘棠（甘棠）

14 甘棠 一名杜，一名棠，一名白棠，一名棠梨。羣芳譜謂之野梨。俗稱杜梨。

本植物屬薔薇科

學名 Pyrus betulaefolia Bunge.

形態：喬木，高三丈餘。葉長橢圓卵形；葉緣有鋸齒，上面光澤，下面具絨毛。春夏間，枝頂攢開具長花梗之白色五瓣花。秋末，結略圓形褐色小果。

產地：河北 河南 山東 陝西 湖北 江蘇。

用途：為一種姿態頗佳之落葉樹，古來多植於公廨或墓園；其幼樹可作接梨之砧木。木材緻密，供製器具，文具，印板等用。葉可蒸曬代茶。果可食，惟不佳，當其熟時，市間每有賣與小兒食者。又關於救荒：花可煠食，或曬乾磨麪作燒餅，可濟饑。葉嫩時，可煠熟調油鹽食之。

摽有梅（摽有梅）

15 梅 一名柍，一名櫞。本字為某，亦書作楳。亦作楧梅。

本植物屬薔薇科

學名 Prunus mume Sieb. et Zucc.

形態：喬木，高達三丈餘。葉廣橢圓形，先端尖，葉緣有鋸齒。早春，先葉開花，有紅，白二色，普通五瓣；亦有重瓣者。花時香氣甚濃。花後結核果，初為青色，成熟後黃色。

產地：江蘇 浙江 湖北 四川 廣東。

用途：為頗崇高之觀賞植物；自古文人墨客咏之於詩，形之於畫，方之為高潔之士，演為風習，至今不衰。故園藝培養，品類極多，或以香勝，或以韻勝，名稱之衆，不可殫述。其木材色紅而堅密，可為櫛及算珠之用。果實以酸知名，故古時用以和羹，因其酸也；又其生乾者，曰酸梅，供夏日梅湯之需。糖漬者，曰青梅，為製糕點不可少之物（近時津中多以青杏漬之，為代用品）；又或煮而乾之為脯及蜜藏。今則供製梅醬，或陳皮梅，為國人嗜食之品。

白茅包之　（野有死麕）

16　白茅　一名茅茹草，一名絲茅草，一名白茅菅，一名兼杜，一名地菅，俗名黃狗毛。芽名茅針。根名茅根，蘭根，茹根，地筋。救荒本草則謂之茅芽根。

本植物屬禾本科

學名 *Imperata cylindrica* Beauv.

形態：多年生草本，高一二尺。地下莖根狀，蔓延土中。葉細長而尖。早春，先葉開花；花為具有小苞片，特稱為穎之裸花，多數集生莖之上部，成穗狀。果實有甚密緻之白色長毛。

產地：普通山野，路傍皆有之

用途：葉作苫蓋，或製蓑；古以供祭祀苞苴之用。地下莖嫩白，味甘可食；春生苗亦柔嫩，救荒植物也。又果實上白毛，可為發火之料。入藥用地下莖；除伏熱，利小便。

林有樸樕　（野有死麕）

17　樸樕　一作樕樸。一名槲，一名柞，一名棫，一名心，一名槲樕，一名櫟橿子，一名金雞樹，一名大葉柞，一名大葉櫟。一名欂欏，亦書欂羅，亦書柀欏。一名青岡，亦書青剛。又稱大葉柀欏，又稱槲樹。日本謂之柞槲。

本植物屬山毛櫸科

學名 *Quercus dentata*, Thunb.

形態：為高七丈餘之落葉大喬木。葉大倒卵形，具短柄，叢生枝梢，邊緣有大波狀鈍齒。五月頃，開單性花，雌雄同株。雄花集成下垂之穗狀花序，果實為圓卵形堅果，具殼斗（亦稱皂斗），殼斗外面，有多數披針形鱗片。

產地：東北，河北，山東，山西，湖北，四川，雲南，以及江浙諸省皆產之。

用途：為一種風致樹，於造林以外，常栽植於寺廟，塋墓，或公園中。樹皮供染料，又染魚網，及鞣皮料用。其材於建築（如門檻，鐵道枕木），器具（傢具，器械）皆宜；又可為薪炭。葉飼柞蠶。其嫩者又可佐食。又為紙之代用品（包物，及墊蒸籠）。種子可食，能濟荒，又為糊料。藥用仁，能止痢。葉稱槲若：活血，利小便。皮稱赤龍皮：止赤白痢，腸風，下血。

白茅純束（野有死麕）

白茅 見上白茅包之。

唐棣之華（何彼襛矣）

18 唐棣 一名棣，一名鬱，一名榶棣，一名常棣，一名郁李，一名奧李，一名鬱李，一名爵李，一名雀李，一名車下李，一名英李，亦書側李。一名棈李，一名赤棣。山海經謂之棈木，嘉興府志則稱之曰馬鞭花。

本植物屬薔薇科

學名 *Prunus japonica*, Thunb.

形態：為高達六七尺之小灌木。葉廣披針形，有鋸齒。春日先葉開淡粉色或白色花；五瓣，或重瓣；重瓣者，稱多葉郁李。果實核果，形小而圓，熟則呈紫紅色。

產地：遼東，遼西，吉林，松江，山東，陝西，江

蘇浙江湖北福建廣東

用途：觀賞植物。果實味酸甘，適於生食；核仁藥用。

郁按：今本毛詩傳及爾雅皆曰：「唐棣，移」，陳碩甫傳疏據晨風篇：「山有苞棣」傳：「棣，唐棣」，又引論語子罕篇皇侃疏云：「唐棣，棣樹也」，玉篇云：「榶棣，棣也」，并謂「可訂今本毛傳及爾雅釋木之誤」。移，扶移，一名青楊，屬楊柳科，與此大異（參照後小雅鹿鳴之什常棣之華）。

華如桃李一（何彼襛矣）

桃 見前周南桃夭桃之夭夭。

華如桃李二（何彼襛矣）

19 李 一名嘉慶李，亦稱嘉慶子。梵書謂之居陵迦。本植物屬薔薇科

學名 *Prunus salicina* Lindl.

形態：高三丈餘小喬木，小枝光滑，紅褐色。葉為楕圓之倒卵形，有細鋸齒。春開白色花，五瓣，具長花梗，常三朵集生。果實楕圓形，熟則黃色，或紅紫色。

產地：河北河南湖北湖南四川雲南安徽江蘇浙江諸省皆產之。

用途：為我國最普遍之果木；因其花美麗，多植庭園中，為觀賞之用。變種甚多，名稱亦眾，園藝家多用接木法繁殖之；以山桃為砧木。果實之名者：舊有御黃李，形大而肉厚，核小而味甘，王禎農書中曾稱之；近則以檇李最著名，皮色鮮紅，漿多味美，產浙江嘉興、桐鄉兩縣。

彼茁者葭（騶虞）

20 葭 一名蘆，一名葦，一名蒹葭，一名葭華，一名蘆竹，一名蘆葦，亦稱蘆子亦稱葦子。其笋曰虇，亦曰[illegible]，俗名蘆笋。其花曰蓬蕽。

本植物屬禾本科

學名 *Phragmites communis* Trin.

形態：多年生草本。春日，由宿根出新莖，剛硬中空，高達五六尺，或至丈餘（河北省懷安縣東西沙城、田莊、石家莊、王家堡等處，多以肥沃之田種葦，品質異常壯大；莖之徑約五分餘，高達丈七八尺，特稱旱葦。見華石斧直隸省第二區京北山嶽報告書）。葉互生，長披針形，兩尖端尖銳。秋日，莖頂抽大花穗，開多數呈紫色之穎花，排列為圓錐花序。花後結實，有白毛，以助其飛散。

產地：為到處水邊，溼地之自生植物。

用途：此植物植之水邊，堤畔，可固隄防。莖之較細者可編簾；白香山詩：「紙閤蘆簾著孟光」者是也；津中稱葦簾；日本則稱曰葭簾。較粗者編排為罧（俗稱簿或稱箔）以得魚；或剖之為織席，製蓆之大用，席稱葦席。又為柴草中之主要物。或截其一部，製為小腐，供小兒玩物，或其他雜用。其植之旱田者，曰旱葦，高過丈以外者粗如小竹，可代竹竿之用。其笋可食。其地下莖，曰蘆根，藥用。

郁按：西餐中之俗稱龍鬚菜（此指粗如食指之園藝上栽培種，非我春夏採野生之細者）者，當其罐頭初輸吾國，謬稱之為蘆笋，至今此名，通行滬上，實為百合科植物之石刁柏（亦書石刀柏）*Asparagus officinalis* L. var. *altilis* L. 之嫩莖也。與本條之蘆笋無與。

彼茁者蓬（騶虞）

21 蓬 一名飛蓬，一名蓬草。日本謂之柳蓬。

本植物屬菊科

學名 *Erigeron acris* L.

形態：多年生草本。莖高二三尺。下部之葉，具葉柄，葉身倒披針形而兩端尖，葉緣微鋸牙形。上部之葉無葉柄，葉身成線形而全緣。秋期，於莖頂出多數頭狀花，共排列為圓錐花序；每頭狀花之總苞片線形，鈍頭，內具兩形花，中部管狀，周圍舌狀，舌狀花白色，亦成線形，其長與管狀花等，或超出之。花後結瘦果，具冠毛，赤褐色，有光澤。

產地：山間，或原野，尤喜生於有溪流之周近。

用途：種子可濟荒。

邶風

汎彼柏舟　（柏舟）

22　柏　一名椈，一名側柏，一名扁柏，一名崖柏，亦書厓柏。一名香柏，一名黃心柏，一名扁松，俗稱雲片柏，亦稱柏刺。津俗則謂之松蠟。

本植物屬松柏科

學名　*Biota orientalis*, Endl.

形態：為尖塔式或叢生之喬木，高達數丈。葉小形，鱗狀。三四月間，開小單性花，而雌雄同株。果實為球果，由六鱗片合成。

產地：東北 河北 河南 山東 山西 陝西 甘肅 江蘇 江西 安徽 湖北 四川 浙江 雲南 貴州 福建 廣東皆產。實為吾國北部草原帶之固有樹。

用途：木材緻密，質重而芳香，可作器具，雕刻，及文具（圖案版）等用。又以其保存期長，適於土木工及水中用材。種子藥用，或榨油供食用。此種態度良佳，甚宜為風致樹。自古多栽植於宮殿，園囿，廟宇，陵墓。近又有密栽裁剪，以之作藩籬者，或單植為觀賞之用。

吹彼棘心　（凱風）

23　棘　一名樲，一名酸棗，俗稱棘鍼。

本植物屬鼠李科

學名 *Zizyphus jujuba Mill. var. spinosus. Hu.*

形態：落葉灌木樣，或喬木，高可達三四丈，具刺針。葉互生，長圓形或卵形，邊緣有鈍鋸齒；葉面平滑，有光澤，且具三個平行之弓狀脈。初夏，開黃綠色五瓣小花；常二三花腋生。果實核果，暗紅色，核大，味酸。

產地：我國北部，普遍野生。

用途：幼株可偏為藩籬。木材堅緻，器具用及各種材用；刻字最佳，同於棗木。果實肉薄，味酸，乾之為泥，稱酸棗泥，俗稱酸棗抹糕，小兒喜食之。

郁按：河北習見樹木圖說謂：「花泌花糖最多，為河北重要之養蜂植物。」

棘心夭夭（凱風）

吹彼棘薪（凱風）

棘 見上。

匏有苦葉（匏有苦葉）

24 匏 一名瓠，一名壺，或作壺瓜。一名瓢瓜，一名蒲蘆，一名壺盧，或作壺盧瓜，亦作瓠瓜蘆，亦書瓠盧瓜。一名匏盧瓜，一名瓠瓢瓜，一名瓠瓜子，一名殼瓜。說文謂之瓠瓜。論語謂之匏瓜。俗稱葫蘆，亦書胡盧。

本植物屬胡盧科

學名 *Lagenaria leucantha Rosby.*

形態：園圃栽培一年生蔓草。莖有卷鬚。葉掌狀，淺裂。花單性，雌雄同株，花具長花梗，夏開五裂合瓣花，白色。果實為瓠果。

產地：原產印度及阿非利加。吾國自古栽培於各地。

用途：果實之鮮嫩者，可為蔬；老者或為供玩之用；或剖之為容器；又入藥。葉嫩時可茹。本植物多作棚栽植之，頗添園圃風致。

耶按：詩毛氏傳疏引義疏云：「匏葉少時可為羹，又可淹煮極美。故詩曰：『幡幡瓠葉，采之亨之』……」又以豳風「斷壺」證箋云：「瓠葉苦，謂八月之時……」。本植物變種，就所知凡五，述如下：

(一)扁蒲 *Lagenaria leucantha Rosby. var. clavata, Mak.* 果實長橢圓形，多於嫩時供蔬用，北方所謂瓠子是也。其老者，亦可剖為容器。

(二)懸匏 *L. l. Rosby. var. Cougourda, Mak.* 果實老熟後，多剖為舀水之瓢。或為搵油用之油葫蘆。又有上部細長如柄，下部圓大，直徑四五寸者，則可作勺用。或於未老時，人工整理其上部為環扣，以供玩具。

(三)匏 *L. l. Rosby. var. depressa, Mak.* 果體扁壓，古以為笙竽之座，上設簧管，為八音之一。或截之以為飲器，詩大雅「公劉」所謂：「酌之用匏」是也。近人或於未熟時範以模，使成熟後有花紋；或於成熟後，加以雕鏤或火畫，截其上，鑲口，加蓋，以供飼育鳴蟲之用，所謂蟈蟈葫蘆是也。

(四)壺盧 *L. l. Rosby. var. Gourda, Mak.* 果實中部有縊，經人工整理之，頗有大小之分。古以為酒器，或盛藥，所謂藥葫蘆是也。今則多用為供玩之品；當其未摘時，垂垂碧葉間，頗有風趣，故畫家每畫之。

(五)天生一寸小葫蘆 *L. l. Rosby. var. microcarpa, Mak.* 其果甚小，至大不過一寸。每株結果頗多，果之中部亦有縊，其周正者，或用為佩物，老年人用之，與䰅梳，古枲，同編而懸之襟頭者，殆此物也。

采葑采菲一（谷風）

25 葑 一名蕪菁，一名蔓菁，一名葑蓯，一名須，亦書蕦。一名須從，亦書須蓯。一名蕘蕪，一名豐，一名蕘，一名豐蕘，一名芥蕘，一名大芥，一名芥葑，一名九英蔓菁，一名九英菘，一名諸葛菜，一名馬王菜，一名大頭菜。或謂之温菘。蒙古人呼為沙吉木兒。

本植物屬十字花科

學名 *Brassica campestris L. var. Rapa* (Hook. f. et Anders.)

形態：越年生草本。根多肉，為扁圓錐形，或球形。葉初叢生，倒披針形，或長橢圓形，邊緣有不整齊之鋸牙。春日，擢莖，開黃色十字花，排列為總狀花序。花後結長莢，種子褐色。

產地：原產地為西部亞細亞及歐洲。現在於吾國各地，均有栽培。

用途：為頗著名之食用植物，自古各農家種之，品種甚多。劉禹錫嘉話錄云：「諸葛亮所止，令兵士獨種蔓菁者：取其纔出甲，可生啖，一也；葉舒可煮食，二也；久居則隨以滋長，三也；棄去不惜，四也；回而易尋而採，五也；冬有根可食，六也。比諸蔬其利甚溥；至今蜀人呼為諸葛菜。」又溪蠻叢話謂：「苗傜地方，產馬王菜，即諸葛菜，相傳馬殷所遺」，今大江以北多種之，以為常蔬。入藥用根、葉。種子亦可搾油，供燃燈用。津中每於冬日製漬菜用×

采葑采菲二（谷風）

26 菲 一名芴，一名蘆，一名息菜，亦作葸菜。一名宿菜，一名土瓜，一名土酥，一名菔，一名萊菔，一名蘆肥，一名蘆菔，一名葖，一名雹突，亦稱雹葖。一名蘿蔔，一名蘿菔，一名蘿瓝，一名紫花菘，一名温菘，一名葍。吳謂之楚菘，廣南謂之秦菘，唐謂之㖶逮。

×蔓菁稱曰辣疙疸菜，蓋製時摻入一種蘿蔔，所以辣也。多冷食之，實於減熱快胸膈。

俗稱春蓮花,又稱淌湯花。

本植物屬十字花科

學名 *Raphanus sativus. L.*

形態：越年生草本。根圓柱形。葉大羽狀分裂,裂片不整齊。春月,莖梢分枝著花,花淡紫色,白色,帶紅色,花瓣四,雄蕊六,花序排列為總狀花序。果實為長角。

產地：我國南北皆產,要以北產者為佳。

用途：根部生,熟皆可啖,又鹽漬,醬漬,蝦油漬為小菜;又嘗綫切入沸湯為羹湯;細末為餡。葉亦可為蔬,生拌亦佳。又於冬日煖洞以小蒲簍水浸其種子使發子葉,拌食尤鮮美。種子又入藥。本植物因栽培關係,品種甚多。以天津所產者最著名,特稱天津蘿卜。

誰謂荼苦 （谷風）

27 荼 一名苦,一名選,一名荼草,一名苦菜,一名苦苣,一名苦蕒,一名游冬,一名褊苣,一名老鸛菜,一名天香菜,一名苦地膽,一名苦萵麻,一名鵝菜。河北謂之曲曲菜,津俗則謂之曲菜。

本植物屬菊科

學名 *Sonchus oleraceus. L.*

形態：二年生草本。莖,葉皆含白汁。莖具稜條。葉互生,長橢圓形,有缺刻狀不齊之羽裂,葉端及羽裂皆銳頭,葉身下面有白粉。春夏之交,抽花莖,開黃色頭狀花,完全由舌狀花合成。果實瘦果,具白色冠毛。

產地：吾國南北田野間皆產。

用途：為著名之救荒植物。莖,葉醬拌,糖拌,生食之佳。津中於入夏後,小童多掘自野中,沿街叫賣。識者每於買得後,掐下老莖埋土中,俟出新葉摘食,鮮嫩勝於野採者,而不苦。餐館中亦嘗用以登盤供客,視為時蔬。每年河豚上時，新茶方茁，以之佐魚白，或以為勝於荻芽也。又入藥。

其甘如薺 （谷風）

28 薺 一名護生草，一名地米菜，一名薺菜兒。其子名蒫。

本植物屬十字花科

學名 *Bursa bursa-pastoris* Britton.

形態：一年生，或越年生草，高尺餘。下部之葉，為羽狀分裂；上部之葉，有缺刻或鋸齒。花小形，白色，四瓣，具四強雄蕊，花序排列為總狀花序。果實為扁平有三棱之短角果。

產地：田園，路傍，隨在有之。今有種者。

用途：著名之救荒植物也；其子水調成塊，煮粥作餅，甚黏滑；又為食用植物：葉作葅羹，或為蔬，供餡用。又藥用，有明目之效。

鄘按：平津一帶食品之水餃，或春捲，有薺菜餡者。然所謂薺菜，有兩種，其一為此。

旄丘之葛兮 （旄丘）

葛 見前周南葛覃葛之覃兮。

山有榛 （簡兮）

29 榛 一名亲，一名榛栗，一名平榛，俗稱榛子，亦稱山白果，山板栗。

本植物屬樺木科

學名 *Corylus heterophylla*, Fisch.

形態：灌木，或小喬木，高二丈許。葉大，廣卵形，基部心形，先端尖，邊緣有不整齊鋸齒。早春，開小花，單性，雌雄同株。雄花花序為長穗狀，下垂，褐黃色；雌花則數個相集，構成頭狀花叢。果實堅果，被以鐘形殼斗。

產地：東北 河北 熱河 陝西 甘肅。

用途：木材堅硬，緻密，可製手杖，傘柄，及其他細工之用。果實為自古著名之乾果。古禮：「女贄榛，栗，棗，脩」之榛，即是物也。種子於食用外，亦可榨油。又入藥，謂益氣力，實腸胃，令人健行。

隰有苓 （簡兮）

30 苓 一名蘦，一名蒤，一名大苦，一名赤藥，一名紅藥子，一名黄藥子，一名虎杖，一名苦杖，一名大蟲杖，一名斑杖，一名酸杖，一名酸桿，一名斑根，一名端陽，一名乾菸，一名酸蒲筍，一名金陽草，一名剛藥台，俗稱高粱筍子。

本植物屬蓼科

學名 *Polygonum reynoutria* Makino. Z.（多年生）

形態：草本。莖高一二尺，至四五尺不等，有節。葉卵形而尖，葉底往往成截形。夏秋間，葉腋開帶紅白色小花，排列成穗狀花序。花單性，雌雄異株。果實三稜而薄如翅。萼宿存。

產地：山野間随在有之。

用途：地上莖嫩者可煠食，用以救荒。根莖入藥有通經，利尿之功；對於肋膜炎，淋病，亦為有效藥。

鄘按：爾雅「蘦，大苦」下郭注：「今甘草也」大誤。而其下形態之描述，有：「莖赤有節，節有枝相當」則確是苓。下又云：「或曰，蘦似地黄」足見郭並未識苓也。而郝懿行義疏則謬贊郭說，對沈括筆談及蘇頌圖經之有力明證，（筆談謂：「郭注乃黄藥也，其味極苦，故謂之大苦，非甘草也。甘草枝葉悉如槐。」圖經亦同茲說。）而一筆抹煞曰：「俱不足信」，文人武斷，亦已甚矣。甘草 *Glycyrrhiza uralensis* Fisch. 為豆科植物，形態確同沈說。又爾雅「蒤，虎杖」與此同為一物。

鄘風

汎彼柏舟　（柏舟）

柏　見前邶風柏舟汎彼柏舟。

牆有茨　（牆有茨）

31　茨　一名蒺藜，一名蒺蔾，一名旁通，一名屈人，一名止行，一名豺羽，一名休羽，一名升推，一名即棃，一名旱草，一名薋。說文作薺。俗稱白蒺藜，亦稱黄果刺，或書吉利草。

本植物屬蒺藜科

學名　*Tribulus terrestris, L.*

形態：一年生或二年生草本。莖偃臥，布地如蔓狀。葉為偶數羽狀複葉而對生；小葉五七對，稍長橢圓形。夏日葉腋出小花，五瓣，黄色。果實由五個小乾果合成；每果具長短二種之刺，微似菱，甚尖銳。

產地：多產海濱砂地。

用途：果實炒黄去刺磨麪，或蒸食，用以救荒。又入藥。

爰采唐矣　（桑中）

32　唐　一名蒙，一名女蘿，一名菟絲，一名王女，一名兔丘，一名兔絲，一名菟蘆，一名菟縷，一名兔絲子，一名無葉藤。王女又訛作玉女。本草又合稱唐蒙兔絲子。又或作菟絲子。江蘇宜興則謂之金燈藤。

本植物屬菟絲子科

學名　*Cuscuta japonica, Chois.*

形態：為一年生之寄生蔓草。初由種子發芽生根。成長後其莖遂纏繞他植物之莖部或枝梢；而纏繞之部分，盛生寄生根，伸入寄主體內，以吸其養液。其原有之根，乃漸消失。春夏間，開小花；花密生為聚繖花序。花冠鐘形，上部淺裂為五，白黄色。果實為球形之蒴。

產地：自生於各地原野。

用途：古人或采以為食，故傳曰：「菜也」。實為頗著名之有害植物。種子入藥，舊謂能益氣健人。

爰采麦矣　（桑中）

33　麦　一名來，一名秾，一名來麦，一名小麦，俗稱麦子。梵書則謂之迦師錯。

本植物屬禾本科

學名　*Triticum aestivum L.*

形態：二年生或一年生草本，高達三四尺。莖剛硬，有節。葉細長而尖，下部成葉鞘包圍於莖。具平行脈，葉緣粗澀。夏期，莖端開小穎花；排列由多數小穗狀花序合成之複穗狀花序。小穗狀花序，則又各由四五個小穎花合成；且兩側具有内外兩殼，外殼有芒。果實為穎果，具較短之芒。

產地：原產於小亞細亞土耳其一帶，現在吾國栽培之區域，幾占有北半部各省。

用途：自古為吾國栽培重要農產物之一；因栽培之結果，而有種種品類。吾國向於秋間種之，來夏收割，故有秋麦之名；又每與大麦合稱「二麦」。「二麦」豐收則田有秋，其於民食之重如此。由種子治出之粉末，俗稱白麪，以種種作法，供食用之需。且通體無棄材，其稈，俗稱麦莛，為工業上著名之編帽材料；又製玩具；或造紙。

爰采葑矣　（桑中）

葑　見前邶風谷風采葑采菲一。

樹之榛栗一　（定之方中）

榛　見前邶風簡兮山有榛。

樹之榛栗二　（定之方中）

34　栗　一名栵，一名栭，一名栵栭，一名栵栗，一名栭栗，一名山栗，一名板栗，一名錐栗，一名茅栗，一名茅栗，俗稱栗子。滬俗則謂之天津良鄉。

本植物屬山毛欅科

學名 *Castanea mollissima, Blume.*

形態：喬木，高達三四十尺。葉披針形，邊緣有尖銳鋸齒。夏期開單性花，黃白色；雄花為長葇荑花序；雌花則三個集生，包以有針狀芒刺之總苞。果實堅果。

產地：河北 山東 山西 陝西 江蘇 浙江 江西 湖北 四川 雲南 貴州 福建 廣東

用途：自古為重要果樹之一，故栽培區域甚廣；河北良鄉之產，果小而味佳，故為各省冠。滬上新栗上市時，輒以紅紙榜書「天津良鄉」，過者皆知其為佳栗也。至所以標天津者，殆以為出口地歟？其木材甚堅，保存期長，甚適於建築及器物之用；又樹皮含有鞣質，可充鞣皮；及染料之需。葉可飼柞蠶。

椅桐梓漆— （定之方中）

35 椅 一名水冬瓜。

本植物屬椅科

學名 *Idesia polycarpa, Maxim.*

形態：喬木，高達五十尺。葉具長葉柄，葉身心臟形，尖端銳，邊緣有鈍鋸齒。夏初，開小花，排列為圓錐花序而下垂。雌雄同株，雄花綠黃色；雌花帶淡紫色。果實球形漿果，熟則變紅。

產地：常自生於山野。湖北 湖南 雲南為多。

用途：為行道樹，及庭園樹，甚有佳致。其木材，可為種種小家具之用。

郁按：詩傳文：「椅，梓屬」，陳氏詩毛氏傳疏謂：「依正義本當作椅桐，梓屬」。爾雅「椅梓」注：「即楸」。陶弘景又以「桐」稱「椅桐」，故本草綱目無椅之專條，蓋認椅即桐也，相混實甚。余以為「樹之榛栗，椅桐梓漆」，自當為各別之六種。不能認椅桐為一物也。且詩小雅湛露篇：「其桐其椅」分別甚明。

椅桐梓漆二（定之方中）

36　桐　一名白桐，一名泡桐，一名黄桐，一名花桐，亦書華桐。一名榮，一名榮桐，一名白花桐，又誤稱椅桐。山東俗稱梧桐。

本植物屬玄參科

學名 *Paulownia tomentosa, Steud.*

形態：喬木，高三丈餘。葉對生，有長葉柄；葉身廣卵形，尖端尖，基脚心臟形；葉緣全邊，或三裂。春日，枝端開多數白色或紫色花。排列為複總狀花序。花冠下部具長筒；上部為稍不整齊之五裂。花後結蒴果，具多數扁而薄之種子，有翅。

產地：原產於吾國及朝鮮。各地均有栽培。

用途：為往古著名之培養樹。其木材緻密而不彎曲，甚宜於薄板，故為造琴瑟，及各種樂器良材。又供箪，笥，書箱，几案等家具之用。又以紋理美麗，用之於建築上種種裝飾。以其質量輕鬆，用之以造木屐，及魚網上浮子。由其樹形之姿態美，及開美花，故又多用之於園林觀賞；或行道樹，海岸林。在日本種植，幾遍全國。

椅桐梓漆三（定之方中）

37　梓　一名木王，一名椅梓，俗名楸豇豆子，亦稱楸緣。或誤稱楸樹。日本謂之木角豆，木豇豆，雷電木。

本植物屬紫葳科

學名 *Catalpa ovata, G. Don.*

形態：喬木，高達三四丈。葉廣卵形而掌狀三裂，或五裂。夏月，於枝梢出尖塔形之圓錐花序，開鐘狀漏斗形花；下部筒狀，上部五裂，不整齊，黄白色；有橙黄色條紋，及紫褐色斑點。果實莢果，甚長如箸，此楸條之名所由來也。

產地：為吾國原產。東北 山東 湖北 貴州 河北均有之。

用途：木質輕而易割，自古為造琴瑟良材；又可供建築、器具之用。日本則以之製木屐，亦取其輕也。樹態甚美，故多植園庭，為風致樹，供觀賞之用。又可為行道樹，種之路傍。果實煎汁，有利尿之效。又嫩時，可代豇豆角，供蔬食。樹皮及葉亦入藥。

椅桐梓漆四 （定之方中）

38 漆 說文作桼，俗名漆樹。

本植物屬漆樹科

學名 *Rhus verniciflua*, Stokes.

形態：喬木，高達二三丈。葉為奇數羽狀複葉；具小葉五七對，小葉卵形，或橢圓卵形而全邊；具毛茸。五六月頃，開小花，黃綠色，排列為下垂而稀疏之複總狀花序。花單性，雌雄異株。雌株於花後，結不正形扁滑核果，黃綠色。

產地：河北 山東 陝西 湖北 湖南 四川 雲南 貴州 廣東

用途：吾國從古即栽培之；今盛栽培於陝西 貴州 四川 湖南 湖北。木材理疏質輕；能耐水溼；有彈力；又堅軟適合，易於割裂，故古人用造琴瑟；或以為弓材。尤宜製箱及裝飾材用；亦可為漁網上之浮子。又從其樹之內皮，割取漆液，供髹物之用，近且為大宗重要之輸出品。嫩葉可食。果實可取蠟製燭；又可飼家畜。核可榨油，供燈火。乾漆入藥。

降觀于桑 （定之方中）

39 桑 俗稱桑樹，亦曰家桑。其子名葚，或作椹，或作黮。

本植物屬桑科

學名 *Morus alba, L.*

形態：喬木；惟栽植者年年刈取，不令長大，故通常呈灌木狀。葉卵形，緣邊有鋸齒，且為種種分裂。四月頃，開單性小花，淡黃綠色，各排列為小穗狀花序。果實甚果橢圓形，成熟後帶白色，淡紅色，或紫黑色。本植物品種頗多，故樹幹之色，枝條之狀態，葉之形狀，大小，光澤，皆有不同。

產地：吾國原產。現遍布於歐洲亞洲美洲各國。國內則江蘇浙江安徽江西湖北四川雲南廣東河北均產。

用途：為吾國最古之栽培樹類。其葉有飼蠶之大用。木材緻密，古人每取之以為弓，禮所謂「射人以桑弧蓬矢，射天地四方」是也。又可造器具，或作種種細工物。又栽植成灌木狀者，使多生枝椏，以時為用：(1)葉生繁多，供給育蠶；(2)枝條繁多，截取之後，擘其內皮纖維，以製紙，稱桑皮紙。其內白條，稱桑條，供編筐之需。根皮又入藥，有治淋病，消渴，及利尿，祛痰之效。果實供食用，或搗作餅，藏以濟荒；又可釀酒。

說于桑田 （定之方中）

桑 見上。

言采其蝱 （載馳）

40 蝱 一名貝母，一名商，一名勤母，一名苦菜，一名苦花，一名空草，一名藥實，一名土貝，一名浙貝，一名家貝，日本謂之編笠百合。

本植物屬百合科

學名 *Fritillaria* ~~*verticillata, Willd. var.*~~ *thunbergii.* ~~*Baker.*~~ *Miq.*

形態：多年生草本。地下具有二個肥厚圓鱗片合成之鱗莖；其地上莖高一二尺。葉狭長，輪生；並端三葉特狹小而尖端卷曲。三四月頃，梢上葉腋出短梗，各開一下垂之花；花六瓣，鐘狀若笠，外面淡黃綠色，有較深之綠色條紋，內面淡黃色，有淡綠之縱條，而交以紫色之細點，呈網狀；故日本有編笠百合之稱。

產地：為吾國原產，山西產者著名。其他江蘇、湖北、湖南、安徽、河南、浙江等省皆產。

用途：為著名藥用植物；有祛痰、鎮靜、止嗽，及治吐血、瘰癧等症之效。又供觀賞，用為園藝小品或盆栽。

芃芃其麥 （載馳）

麥 見前桑中爰采麥矣。

衛風

綠竹猗猗 — （淇奧）

41 綠 一名蓋草，一名黃草，一名菉竹，一名菉蓐，一名戾草，一名盭，一名盭草，一名王芻，一名鴟脚莎。東北謂之馬耳草。湖北謂之綠蓐草。日本謂之八丈青茅。

本植物屬禾本科

學名 *Arthraxon ciliare. Beauv.*

形態：越年生草本。細莖匍匐地上，長一二尺許，其尖端直上，分數枝。葉卵形，或披針形；邊緣有毛，且於葉鞘布粗毛。九月頃每枝梢攢出數個由小穗合成之穗狀花序；各長寸許，褐紫色；小穗披針形，具內穎，外穎；外穎糙澀；穎內後分內殼，外殼，外殼有芒。

產地：隨處原野有之。

用途：此草為自古有名之黃色染料，故漢書百官公卿表：「諸侯王金璽盭綬」注謂：「盭草出瑯琊，可染」至今日本八丈島盛栽培之，用以染絹，所謂「八丈絹」也。

綠竹猗猗二 （淇奥）

42 竹 一名藩，一名扁蓄，一名萹竹，一名萹筑，一名扁竹，一名扁辨，一名扁蔓，一名編草，一名水萹筑，一名粉節草，一名道生草。

本植物屬蓼科

學名 *Polygonum aviculare, L.*

形態：一年生或多年生草。莖高尺許，瘠長而有節，好匍卧。葉互生，橢圓形；披針形；或線形而鈍頭，具短葉柄；葉質較厚，深綠色；葉鞘白色，包於莖每節間之下部，此粉節草之名所由來也（李時珍謂：「節間有粉」非）。五六月於葉腋出短梗，開小花，單生；又或三五個簇生；花被五片，淡綠色，有白緣；或紅緣。花後結稜形瘦果。

產地：到處田野，路傍皆有之，殊於乾燥之地域為多。

用途：苗葉可茹，每用以救荒。又供藥用為利尿劑，其他治霍亂，黃疸，[illegible]痔，女子陰癬，小兒蛔蟲等，皆有效。又為飼料植物，羊類喜食之。

綠竹青青一，二 （淇奥）

綠竹如簀一，二 （淇奥）

綠 竹 皆見上。

葭菼揭揭一 （碩人）

葭 見前召南騶虞彼茁者葭。

葭菼揭揭二 （碩人）

43 菼 一名荻，一名亂，一名萑，亦作雚。一名剡，一名藡，一名蒹，一名薕，一名菅，一名烏蓲，亦作烏區。一名荻芒，一名巴芒，一名馬尾，一名蔣荻，一名騅。俗稱狼尾巴花。其花穗稱萑苕，又名荼。

本植物屬禾本科

學名 *Misconthus sacchariflorus Benth. et Hook.*

形態：多年生草本。由地下之匍匐莖，從節抽莖，高達五六尺。葉細長。秋日，於莖頂出大花穗，開多數小穎花。

產地：水邊及原野之稍溼潤處，隨在有之。

用途：莖編簾用，稱荻簾；又為罧箔之用；又可為薪。其萌，可食。

耶按：荻芽曾為古人所賞。歐陽修六一詩話載梅聖俞河豚詩云：「春洲生荻芽，春岸飛楊花。河豚當是時，貴不數魚蝦。」又謂：「南人多與荻芽為羹，最美」。

桑之未落　（氓）

無食桑葚　（氓）

桑之落矣　（氓）

桑　桑葚　皆見前鄘風定之方中降觀于桑。

籊籊竹竿　（竹竿）

44　竹　苦竹，一名真竹。其筍稱竹筍，亦曰竹萌，亦曰竹芽，亦曰竹胎，亦曰竹子。

本植物屬禾本科

學名 *Phyllostachys bambusoides* S. and Z.

形態：多年生常綠植物。其根莖橫走地下，於初夏生筍，約月餘而成稈；稈圓筒狀，其巨者，徑可五寸許，高可六十尺，節間距離，往往達一尺五寸以上。其稈節有二稍顯著之輪狀隆起，每節出一或二條之枝。籜革質而廣濶，有暗色斑點。葉身長可五寸許，披針形，尖端尖，且於下面基脚，布以細毛，每二片或四片着生枝端。此種常不開花，然有時於夏期六七月出花穗，開多數小穎花，偶亦結實，稱竹實，或竹米。

產地：我國南部諸省，隨在有之。

用途：吾國自古多種為風致林。且全體無棄材，故史記貨殖傳有：「渭川千畝，其人與千戶侯等」之言。其稈，依其巨細，供種種器物之用。筍及米，皆供食用。又入藥。

耶按：宜為釣竿之用者，苦竹外，尚有種種：如

淡竹 *P. puberula. Munro.*，人面竹 *P. bambusoides. S. and Z. var. aurea. Makino.* 其著者也。至於產筍之竹，本種與淡竹外，尚有江南竹 *P. pubescens. H. Leh.*，亦稱孟宗竹，於浙江最有名。

檜楫松舟一（竹竿）

45　檜　一名栝，一名圓柏，一名刺柏，一名檜柏，一名刺松，一名珠柏，一名紅心柏，一名觀音柏，一名崖柏樹。日本則謂之柏槙，白身，柏心，白心，又謂之二色柏。

本植物屬松柏科

學名 *Juniperus chinensis. L.*

形態：常綠喬木，高達六十尺，幹直而枝上昇，構成尖塔式之樹型。葉二式：下部針狀，甚銳而堅硬，三葉輪生，又或對生，葉之上面具隆起；上部之葉則漸成鱗片形，密貼枝部。四月頃，開小花，單性，雌雄同株，或異株。雄花鮮黃色，多數集成小短穗狀花序，着生於枝之先端。雌花僅為三數個裸出之胚珠，生於枝頂，或葉腋間。果實球形，具數個突起，褐色，被粉樣物。

產地：東北山東山西陝西江蘇浙江湖北湖南四川雲南福建江西河北河南甘肅安徽貴州蒙古。

用途：自古為觀賞用品，多植於園庭，寺觀，以及墓地。木材堅硬緻密，芳香，耐久力強，頗堪器物之用。又為造鉛筆桿之良材。惟生長太遲緩，似不適於造林。

檜楫松舟二（竹竿）

46　松　一名短葉松，一名短葉馬尾松，一名赤松，一名油松，俗稱紅皮松。

本植物屬松柏科

學名 *Pinus tabulaeformis. Carr.*

形態：常綠喬木，高達六十餘尺。葉針形，較馬尾松為短，每簇二枚，間偶有三枚者；

葉質較堅硬，深藍綠色，具白粉。五月頃開小花，花單性，雌雄同株。雄花排列為短葇荑花序而叢生，橙黃色；雌花包有數鱗片，每鱗片基部着生二個裸出之胚珠。果實為球果，成熟後為暗褐色，俗謂之松塔。

產地：東北河北山東山西陝西甘肅寧夏綏遠江蘇江西安徽浙江湖北四川雲南貴州。

用途：為自古有名之觀賞樹類，故詩中、畫中，多描寫之，惟每與南省盛產之馬尾松 P. massoniana Lamb. 混視為一種，近年始識別之；以其樹皮灰暗，葉質硬而葉長較馬尾松僅及半而強也。木材質堅實而重。供建築、器具之用；尤宜於船艦、橋梁。又可為大柴桿。其樹脂俗稱松香，應用甚廣。又可燒松烟，為製墨最佳之材料。又供藥用，於松皮稱赤龍皮；松葉稱松毛；松花粉稱松黃；松脂稱瀝青。

郝按：能為舟材之松不一種；而古衛國所居，介乎河南河北之間（由河南沁陽汲縣一帶，以至於濮陽以西）。其環境自以短葉松為饒產，因擧以為例。

芄蘭之支（芄蘭）

47 芄蘭 一名蘿藦，一名雚，亦稱雚芄；亦稱雚蘭。一名雀瓢，一名白環藤，一名斫合子，一名雞腸，一名薰桑，一名羊角菜，一名羊嬭科，一名羊婆嬭，一名合鉢兒，一名細絲藤，一名水皮花，一名婆々針扎兒，一名婆々針袋兒，一名婆々針線包。

本植物屬蘿藦科

學名 *Metaplexis japonica* Thunb.

形態：蔓性多年生草本，含白色乳液。莖部由纏絡他物以上昇。葉互生，卵狀心臟形，先端尖，具長葉柄。七八月，由葉腋出花莖，開十許個具有花梗之小花，排列為總狀花序。花冠合瓣，五裂，外面白綠色，內面淡紫色，密生白毛；且具有低環形之副花冠。果實為蓇葖，略呈卵狀披針形而長，或魚様水雷形。種子甚扁，有長白毛。

產地：東北，河北，山東，江蘇，福建，河南。

用途：葉及種子供藥用，舊謂補虛勞，益精，强陰；又搗種子及白毛，為止血劑。搗葉傅腫毒。白毛又可代棉之用，或布包之為針插。又可為治印色或墨盒中之合用物。葉乾燥後熏燒之，有除諸臭氣之妙。莖可用以束物。

芄蘭之葉　（芄蘭）

芄蘭　見上。

首如飛蓬　（伯兮）

飛蓬　見前召南騶虞彼茁者蓬。

焉得諼草　（伯兮）

48　諼草　一作萱草，亦作諠草。一名忘憂，一名療愁，一名丹棘，一名宜男，一名鹿葱，一名鹿劍，一名妓女，一名黄花，一名黄花菜，一名金鍼菜，一名金珍花，一名真金菜，一名土黄花，一名土金針，一名金針花，一名綠葱茶。救荒本草謂之川草花。達俗簡稱川草。

本植物屬百合科

學名　*Hemerocallis fulva. L.*

形態：多年生草本。新芽由宿根上出。莖短縮。葉狹長，類根生，葉之下面，稍有白粉。夏期，抽花莖，高一二尺，上開數個大形花，排列為繖房花序；花被六片，分二層，外層較狹，橙黄色，具美麗斑紋。雄蕊六本，葯紫色。子房三室，花柱長。果實蒴果。

產地：為吾國原產。随處栽培者尤多。

用途：觀賞植物。嫩葉可為蔬。花於鮮乾皆供食用，稱金鍼菜。又供藥用：苗，花祛煩熱，消食，利溼；根煎汁，洗滌瘍腫，潰瘍等，頗有效。

郁按：另一種黄花者，花被無斑紋。其花對鮮乾供食用，亦稱金鍼菜，學名 *H. minor. Mill.* 平、津所食，強半是此。

投我以木瓜　（木瓜）

49　木瓜　一名楙。

本植物屬薔薇科

學名 *Chaenomeles sinensis, Koehne.*

形態：為高二十餘尺之小喬木。葉身橢圓形，葉緣具細鋸齒，先端尖銳。春日於枝端開單生五瓣花，白色，或淡紅色。雄蕊二十個，子房五室。果實長橢圓形，稍類瓜，成熟後，淡黄色，具芳香。

產地：為吾國原產。山東安徽浙江湖北等省皆有之。

用途：木材供種種器具之用。果實以芳香著名。舊時宣城種蒔最多，當果成時，鏃紙為花，黏果上，成熟後去紙，果面滿布花文，如生來者，宣人以充土貢，故一時有「宣城花木瓜」之稱；惟果味多澀，不宜生食，宜供玩，宜蜜漬，或去種子搗為泥，入蜜與薑作煎亦佳。又供藥用。且可製酒，稱木瓜酒。

郁按：亡友姚品侯云：「山東菏澤縣城東張莊，種植木瓜者甚多，率本矮枝密，修理為灌木狀，以期果密而易摘。當果半熟，即行摘下，以綠色滿布斑點者為貴，售時四果為一盤。鄉人每燒熟去種，夾餅而食，其味酸甘。」

投我以木桃　（木瓜）

50　木桃　一名樝子，一名白海棠，一名鐵腳梨，一名木瓜花，一名和圓子，一名貼梗海棠。

本植物屬薔薇科

學名 *Chaenomeles lagenaria, Koidz.*

形態：為高二十餘尺之小喬木。葉身卵形或長橢圓形，葉緣具鋸齒，先端尖銳。春日，開深紅五瓣或複瓣花；亦有淡紅或白色者，單生；或數個簇生。雄蕊多數。果實圓形；或卵形，成熟後黄色；或黄綠色，具芳香。

產地：為吾國原產：山東甘肅湖北湖南雲南四川山西陝西江西安徽等省均有之。河北栽培者亦多。

用途：為有名之觀賞植物。日本美國盛栽培之。其他入藥，製酒，與木瓜同。

投我以木李（木瓜）

51 木李 一名榠樝，一名蠻樝，一名榅桲，一名木梨。

本植物屬薔薇科

學名 *Cydonia oblonga* Mill.

形態：為高達十尺餘小喬木，枝椏叢生。葉身卵形，或橢圓形，下面密生毛茸。春日，於枝端開白色，或淡紅色五瓣花；雄蕊多數。果實橢圓形，萼部宿存，具芳香。

產地：原產地為亞洲中部。吾國及日本早有栽培。

用途：果實味甘酸，適於生食，或蜜煎。又入藥。

王風

彼黍離離（黍離）

52 黍 一名虋，一名穈，一名糜，一名芑，一名秬，俗稱黍子，亦稱黃米，亦稱黏米，亦稱黏黍米。其一稃二米者曰秠。不黏者曰稷，一名穄，一名粢，一名穈，俗稱穈子。

本植物屬禾本科

學名 *Panicum miliaceum* L.

形態：一年生草本，高達四五尺。葉細長，尖端銳，葉身及葉鞘皆有粗毛，其舌狀片則生長軟毛。夏秋之際，於莖之上端，抽多數密簇而纖細之圓錐花序；其小穗，各具一花，有短梗。

產地：原產地印度。吾國北部，沿黃河流域皆有之。

用途：為吾國農作物栽培最早者之一。其米

為粥飯，為糕點，又釀酒入藥。其不黏者磨麪為餻，又調糊，或沖食。其花莖製帚，亦甚佳。

郁按：津俗臘八粥，多用黍米，取其黏也。其磨麪摻棗或豆蒸而切食者，曰切糕，亦稱盆糕。團而入豆沙為扁圓形，加麻油煠者，曰炸糕。其先蒸而後油煎者曰黏糕，北京則謂之黃米麪大灼。團而入糖餡，滾以綠豆麪者，北京謂之驢打滾。其所釀酒津俗稱黃酒，供調味用。山東稱老酒，供飲用。糜子之磨麪為餻者，津俗稱糜子麪餑餑。其發酵加糖或棗而蒸者，曰飾糕。調糊加胡麻鹽者，曰麪茶。沸水沖而撒糖者，曰茶湯。

亡友姚品侯云：「吾國釀造之最早者即黃米酒，淵明所飲者是也。至於山東舊登萊青屬所產之老酒，係黃米加煬後始釀者，故其色深而味微苦」。

彼稷之苗　（黍離）

彼稷之穗　（黍離）

彼稷之實　（黍離）

稷　皆見上彼黍離離。

不流束楚　（揚之水）

楚　見前周南漢廣言刈其楚。

不流束蒲　（揚之水）

53 蒲　一名香蒲，一名甘蒲，一名醮石，俗稱蒲子，亦稱蒲蓮，亦稱蒲棒。其花粉名蒲黃。其蒻名蒲蒻，亦名深蒲，亦名蒲筍。野菜譜則謂之蒲兒根。

本植物屬香蒲科

學名 *Typha latifolia*, L.

形態：多年生之水生草本。莖細長，圓柱狀，高五六尺。葉互生，多肉，長三尺許。夏日，莖端抽穗狀花序，於同株上生無花被之兩單性花：雄花居上部；雌花居下部，而緊相接，且多數密集，成蠟燭形。

產地：淺水中所在有之。

用途：其莖下白即蒲筍者，自古供食用，周禮謂之：「蒲菹」。肉齏醋浸，皆香美；今則更以牛乳汁和羹，所謂「奶湯蒲菜」者是也。蒲筍及蒲黃又入藥：筍則除煩熱，利小水；黃則外用為止血劑；內服為利尿劑。葉供編織用：如蒲席，蒲扇，蒲包，蒲簍，蒲墊，蒲團之類。其小花梗之毛茸，為坐褥之填充物，稱蒲絨，亦稱蒲花；澄懷錄謂「蒲花褥」云：「山齋之用，採蒲花如柳絮者，熟鞭，貯以方青囊，作坐褥或臥褥，春則暴收，甚溫燠」，今之蒲墊皆用之。又蒲席亦冬日之用，取其暖也。又或剝葉極薄，為小弓之絃，束紙鳶上，高騫時，凌風而鳴，謂之風箏。

中谷有蓷 （中谷有蓷）

54 蓷 一名萑，一名鵻，一名藬，一名蘈，一名茺蔚，一名益母，一名益明，一名貞蔚，一名豬麻，一名火枕，一名大札，一名臭穢，一名臭草，一名牛頵，一名野天麻，一名天麻草，一名鬱臭草，一名苦低草，一名夏枯草，一名土質汗。河北謂之益母草，東北俗謂之天天開。救荒本草謂之鬱臭苗。

本植物屬唇形科

學名 *Leonurus sibiricus, L.*

形態：一年生草本，高達三四尺。莖方形。葉對生，葉之根出者，圓形，邊緣有缺刻，至莖部之上者，則漸成深分裂，為三個裂片，各裂片緣邊又有小缺刻。夏秋之際，於莖上部之每葉腋間，着生一團淡紅紫色之唇形花。花後，結小而長形之四稜果實。

產地：隨處原野間多有之。

用途：藥用：明目，益精，調經血。又嫩苗可茹，古用以濟荒。

緜緜葛藟（葛藟）

葛藟 見前周南樛木葛藟纍之。

彼采葛兮（采葛）

葛 見前周南葛覃葛之覃兮。

彼采蕭兮（采葛）

55 蕭 一名萩，一名荻，一名萩蒿，一名牛尾蒿，一名艾蒿，一名香蒿，一名鄉蒿。

本植物屬菊科

學名 *Anaphalis yedoensis. Maxim.*

形態：多年生草本，全體密被白色軟毛。莖高一尺餘，分枝極多。葉線形，葉緣向下面反捲。夏秋間，於莖頂開多數頭狀花；總苞片珠白色，花冠僅具筒狀花，黃色，冠毛白褐色。

產地：多生於河邊砂地，或乾燥原野。

用途：可以合香。古時或代燭用，以其有香氣也。又供祭祀，禮郊特牲云：「蕭合黍稷，臭陽達於牆屋，故既奠然後焫蕭合羶薌」。詩毛氏傳疏謂：「合馨香者，是蕭之謂也，蓋以蕭染脂，合黍稷燒之」。

郁按：馨，羶古同義。

彼采艾兮（采葛）

56 艾 一名冰臺，一名醫草，一名黃草，一名艾蒿，一名生艾，一名灸草，一名病草。

本植物屬菊科

學名 *Artemisia vulgaris L. var. indica, Maxim.*

形態：多年生草本。莖直立而硬，高達二三尺。葉長卵形，為一回或二回之羽狀分裂；各裂片長橢圓形，鈍頭。葉上面深綠色；下面密被白質毛茸。上部葉無葉柄，分裂亦較單簡。夏秋之際，由梢上葉腋出花莖，開多數淡紅紫色僅具筒狀花之小頭狀花；小頭狀花復又多數排列成穗狀花序。果實為瘦果，缺冠毛。

產地：山地、路旁，隨在有之。

用途：從古著名之藥用植物也。河南湯陰產者，稱北艾；浙江四明（今鄞縣餘姚一帶）產者，稱海艾；湖北蘄州（今蘄春縣）產者，稱蘄艾。內服為止血劑；外科灸家用之，稱灸草，韓昌黎詩：「灸師施艾炷，酷若獵火圍。」舊以一灼謂之「一壯」，以壯人為法也。其嫩葉可茹，摻麥麴而蒸之，曰艾餅；或亦用以濟荒。其乾者撚為繩，炷以熏蚊，曰艾繩。又製艾絨，為舊日吸烟、打火鐮時引火之用。又為舊風俗方面之用物，例於端陽節採艾，插之門戶，以禳毒氣；小兒則剪葉為虎，懸之襟頭。又製艾酒、艾糕，以祛瘟疫，李義山識所謂：「……採艾佳辰」者是也。今則花農廣培植之，仍以供舊端陽之需。又製印泥，擣艾葉如綿，和蓖麻油，加硃砂拌之。日本江州伊吹山、野州標地原等處，產艾甚多，亦採其葉下毛茸，供印泥之用。

毳衣如菼（大車）

菼 見前衛風碩人葭菼揭揭二。

丘中有麻（丘中有麻）

57 麻 一名大麻，一名火麻，一名黃麻，一名漢麻，一名小麻，一名[illegible]麻，一名線麻。雄者名枲，又名枲麻，又名牡麻，又名華麻。雌者名茡，亦書作芓；又名蕡，又名黂，又名茡麻，又名苴麻，又名種麻，又名麻母。其花名麻花，又名麻勃。其實名麻蕡，又名麻蘊，又名麻藍，又名青葛。其苗名山絲苗。

本植物屬大麻科

學名 *Cannabis sativa*, L.

形態：一年生草本，高達七八尺。莖有淺稜。葉為掌狀複葉，具托葉及長葉柄；小葉狹披針形，緣邊有粗鋸齒。夏期開花，花單性，雌雄異株。雄花五瓣，黃綠色，具五雄蕊，藥已大形，懸垂，排列為圓錐花序；雌花僅具綠色透明質之花被一，包裹於雌蕊子房部之外。果實瘦果，質硬，稍扁卵形。

產地：原產地為中央亞細亞。

用途：吾國自古盛栽培之：於早春種者曰春麻，晚春種者，曰秋麻。漚其皮，剝其麻，為衣被之用，古所謂：「其服麻絲」是也。今為纖維工業用之大宗。又為火藥之原料。種子製香料，又搾油又為著名之藥用植物：多用於鎮靜劑，催眠劑；又治便秘，利尿，月經不順；於癲癇，鎮痙皆有效。又其葉陰乾之切為細絲，入烟草中吸之，可治喘息。又仁可食，實可供，故周禮：「朝事之籩供蕡」，月令：「食麻」。

丘中有麥　（丘中有麻）

麥　見前鄘風桑中爰采麥矣。

丘中有李　（丘中有麻）

李　見前召南何彼襛矣華如桃李。

鄭風

無折我樹杞　（將仲子）

58　杞　一名杞柳，一名柜柳，俗稱筐柳，亦稱刀柳。

本植物屬楊柳科

學名 *Salix cheilophila* Schn.

形態：灌木，高丈餘，嫩枝有絲狀毛。葉線狀倒披針形，邊緣有細鋸齒。初夏開花，花單性，雌雄異株：雄花具二雄蕊，雌花具一雌蕊，各包以一黃綠色苞片，而多數排列為葇荑花序。果實蒴果。種子微細。

產地：吾國北部，及四川。

用途：為吾國從古栽培樹類之一。其柔條愈伐愈茂，性韌，皮易剝離，為織編筐筴之良材。

郇按：詩傳謂：「杞，木名也」，盧鄭注并云：「杞，柳」，今依之。與以小雅：「集於苞杞」之為枸檵者異。

无折我树桑　（将仲子）

桑　见前鄘风定之方中降观于桑。

无折我树檀　（将仲子）

59　檀　一名翼朴，一名青檀树，俗称檀树。

本植物属榆科

学名 *Pteroceltis tatarinowii, Maxim.*

形态：落叶乔木，高达四五丈。叶互生，长卵形，具三条主脉，叶端尖锐，缘有锯齿。花单性而小。果实为有翼之小坚果，具长柄。

产地：河北、山东、河南、陕西、甘肃、湖北、四川、贵州。

用途：木材坚硬，为建筑用、器具用良材；尤适于为车轴之用。

郁按：名檀之树，种类甚多，科属亦各异，而此独释为翼朴者，盖据诗疏而定也。诗疏引齐人谚曰：「上山斫檀，挈榼先殚」，又引故里语曰：「斫檀不谛得系迷」，系迷，挈榼也，一名挟榼，其学名为 *Celtis bungeana Blume*，即今之所谓朴树。诗正义引义疏云：「檀木皮正青，滑泽，与系迷相似」，又传谓：「檀，彊忍之木」，正义作：「彊韧」，即坚韧，今翼朴与朴树粗观其相视，且甚坚韧。古人视坚木多谓之檀，此又翼朴释檀之由也。

颜如舜华　（有女同车）

60　舜　一作蕣，亦作䑞。一名椴，一名榇，一名木堇，一名木槿，一名朝生，一名朝菌，一名日及，一名花奴，一名王蒸，一名赤槿，一名木槿花，一名木槿树。一名茶金條，一名篱樟花，一名藩篱草，一名朝开暮落花。

本植物属锦葵科

学名 *Hibiscus syriacus, L.*

形态：灌木，高可达十尺。叶互生，具短叶柄，葉身稍卵形，或三裂，有粗鋸齒。夏秋間，於梢頭葉腋，出花梗，開大形五瓣花，又往往有重瓣者。花色白，紅或淡紫，以及其他種種之色，甚美麗。雄蕊多數，花絲合着成管狀，包於雌蕊之外。果實蒴果。

產地：原產小亞細亞。吾國產東北 山東 河北 河南 陝西 浙江 湖北 湖南 四川 雲南 福建 廣東。

用途：自古多栽種於庭園，或作生籬，即所謂槿籬也。其嫩葉可茹；又可揉作飲料，用以代茶。其白色花及根皮，供藥用；於胃腸加答兒，吐瀉，又其他腸出血等有效。

顏如舜英 （有女同車）

舜 見上顏如舜華。

隰有荷華 （山有扶蘇）

61 荷華 一名蓮，一名荷，一名蓮花，一名荷花，一名藕花，一名芙渠，一名芙蕖，一名芙蓉，一名蓮藕，一名水芝，一名水華，一名水芸，一名澤芝，一名水旦，一名玉環，一名浮友，一名静客，一名芙渠花，一名水芙蓉，一名草芙蓉，一名君子花，一名藥藕草。其花已發者曰芙蕖，未發者曰菡萏；其莖（花梗、葉柄）曰茄；其葉曰蕸；其本（葉芽及其老者藕梢）曰蔤；其實（花托之發育部分所謂蓮房）曰蓮；其根（地下莖）曰藕；其中（果實，通常視為蓮子者）曰的，又曰薂；的中（種子中幼芽所謂蓮心）曰薏。

本植物屬睡蓮科

學名 *Nelumbo nucifera* Gaertn.

形態：多年生水生草本。地下有肥厚長大之根莖。葉身為大圓盾形，具長葉柄。夏日，抽長花梗，開一白色，或淡紅色之大形花，甚美麗。萼片四五個，花瓣多數；雄蕊亦多數。果實堅果，包藏於花托發育部分（蓮房，俗稱蓮蓬）之中。

產地：原產地為亞洲，我國隨在栽培之。

用途：為我國從古盛行栽培之水生植物，愛翫極多，實有名之觀賞植物、藥用植物、兼食用植物也。於觀賞方面，又或詠之於詞章；形之於繪畫；又為佛教象徵上之名物。於藥用名亦至多：實曰蓮實，曰藕實，曰石蓮子；芽曰藕蔤，曰藕絲菜，蔤嫩時可採為蔬也；幼芽曰藕薏，曰苦薏；雄蕊曰蓮蕊鬚，曰佛座鬚；花床花托部分若漏斗外形者，曰蓮房，曰蓮蓬殼；葉之嫩者，曰荷錢；貼水者曰藕荷；出水者曰芰荷。於食用以白花種為最普，其根莖嫩者主生食，曰白蓮藕，曰果藕，曰糖藕；老者或蒸煮食之，或煬為時蔬，亦可夾餡煠食，或碎切為餡；又製出之澱粉，稱藕粉，供沖食，或調羹用，江南之「西湖藕粉」（杭州），河北之「勝芳藕粉」（文安），皆為名產。種子稱白蓮子，或簡稱蓮子，鮮嫩者生食，或為時鮮果品，湯品配合物；老者蒸為飯，浸以糖，或為羹，或為泥，或為糖餞，皆食中上品。花瓣亦可煠食。鮮葉包肉，調味加以糯米，蒸食之曰荷葉肉；又蓋沸粥上，使染其色香，曰荷葉粥，然御時常棄其葉，首胥為夏中美肴。乾葉又為包物用大宗。

山有橋松　（山有扶蘇）

松　見前衛風竹竿檜楫松舟二。

隰有游龍　（山有扶蘇）

62　龍　一名紅草，一名葒草，一名龍古，亦作龍鼓。一名鴻鶵，一名水葒，一名石龍，一名天蓼，一名大蓼，一名馬蓼，一名葒蓼。俗稱狗尾巴花，馬子銀花，苦芭蓼子草。

本植物屬蓼科

學名 *Polygonum orientale*, L.

形態：一年生草本，高五六尺。莖葉帶紅色，共有粗毛。莖直立，有明瞭之節。葉為大形之長卵形，葉端尖，具長葉柄。秋日，於莖頂枝梢，抽下垂之花莖，開多數淡紅色五瓣小花攢簇為穗狀花序。花後，結黑色小栗子形之瘦果。

產地：随在近水處有之。

用途：往往為觀賞用而栽種於庭園隙地。其花果供藥用。葉為包物用大宗。

茹藘在阪 （東門之墠）

63 茹藘 一名茜，一名蒨，一名蒐，一名韎，一名茜草，一名茅蒐，一名韎韐，一名地血，一名牛蔓，一名茜根，一名苗根，一名金線草，一名土茜苗，一名染緋草，一名血見愁，一名風車草，一名過山龍，一名四補草，一名西天王草，一名鐵塔草，一名風車兒草，一名染絳草，一名四岳近陽草。

本植物屬茜草科

學名：*Rubia cordifolia, L.*

形態：為蔓性之多年草本。莖方形，中空，列生下向小刺。葉四個輪生，具長葉柄；葉身卵狀心臟形，有三至七個之平行脈。秋月，於葉腋或莖之頂端，出多數黃白色合瓣五裂之小花，排列為聚繖花序。果實為漿果，二個合生。

產地：山野間随在有之。

用途：從古盛行栽培，由根採紅色素，今所謂「阿里乍林」(*Alizarin.*)之結晶體，供染料用。史記云：「千畝卮茜，其人與千戶侯等」是也。又藥用，有通經之效。苗葉亦可食。

東門之栗 （東門之墠）

栗 見前鄘風定之方中樹之榛栗二。

不流束楚 （揚之水）

楚 見前周南漢廣言刈其楚。

有女如荼 （出其東門）

荼 見前衛風碩人葭菼揭揭二。

郁按：詩傳云：「荼，英荼也」。又豳風鴟鴞傳：「荼，萑苕也」，所指皆為荻華。與邶風

谷風「誰謂荼苦」之荼不同。~~蓋此所謂荼，即蒳，即荼，即芀，今禾穗之義。荏即荑，即荻；荏荼即荑之穗，而即荻之華也。~~

雖則如荼　（出其東門）

荼　見上。

縞衣茹藘　（出其東門）

茹藘　見前東門之墠茹藘在阪。

方秉蕑兮　（溱洧）

64　蕑　一名蘭，一名蕳，一名水香，一名女蘭，一名香草，一名蘭草，一名蘭香，一名香水蘭，一名燕尾香，一名大澤蘭，一名蘭澤草，一名煎澤草，一名省頭草，一名都梁香，一名孩兒菊，一名千金草。

本植物屬菊科

學名 *Eupatorium chinense, L.*

形態：多年生草本。莖高四五尺。葉對生，葉面滑澤，葉身上部者單一，廣披針形或長橢圓形；下部者，通常為三深裂，葉緣有粗鋸齒。至於色澤，莖葉皆帶紫紅色，且具有頗強之香氣。秋日，於莖頂密生頭狀花，排列為繖房花序；頭狀花之總苞成數列，小花全部為管狀花，淡紫色。

產地：湖北、安徽、江蘇、河南等處。

用途：為往古著名之香草，於採用野生者外，頗有種植者，如楚辭：「滋蘭九畹」是也。今日本列為「秋之七草」之一，亦盛行栽培。此種可煎湯供浴（今俗仍有「蘭湯沐浴」之說）；可和油澤頭；可佩於身，以祓除不祥（楚辭：「紉秋蘭以為佩」）；可置髮中，令頭不膩，故其名有水香、煎澤、省頭之稱。而中原古俗，尤於三月上巳，視為采蘭令節。~~[illegible]~~又供藥用，於黃疸病及水腫等，頗有效。

郁按：~~蕑之本字，實指此種~~，孔子猗蘭操：

「蘭為王者香」皆指此種。今乃以俗稱草蘭者目為蘭，其誤始於黃山谷謂：「一幹一花者為蘭，一幹五七花者為蕙」，而不知蕙為薰草，亦別是一種。試問草蘭能佩乎？能薰乎？乃竟謬種流傳，習非勝是，近之畫家於所寫草蘭，乃引典題識，實為張冠李戴。

贈之以芍藥（溱洧）

65 芍藥 一名芍藥，一名將離，一名犁食；亦書梨食。一名白术，一名解倉，一名餘容，一名餘客，一名鋋，一名揚花，一名離草，一名攣夷，一名留夷，一名新夷；亦書辛夷。一名黑牽夷，一名沒骨花，一名婪尾春。

本植物屬毛茛科

學名 *Paeonia lactiflora* Pall.

形態：多年生草本。莖高三尺餘。葉為二回三出之複葉，小葉卵形，或披針形，葉脈帶赤色。初夏，由莖間抽長花梗，開大形美麗之花，有紅、白、紫諸色；雄蕊多數，鮮黃色。果實為骨葖。

產地：原產地為西伯利亞。吾國內地，隨處有之。

用途：為我國往古盛行栽培之香草。楚騷所謂「畦留夷」者是矣。此種由栽培之結果，變生品種甚多，較之原態，益形妍麗。故凡名園勝地，無不盡力培植，是以騷人墨客，題詠圖寫，代有名作；又復錫以佳名，著之專書。析津日記載：「芍藥之盛，舊數揚州，劉貢父譜三十一品；孔常父譜三十三品；王通叟譜三十九品，亦云瑰麗之觀矣。今揚州遺種絕少，而京師豐臺，連畦接畛，倚擔市者，日萬餘莖」。蓋園賞瓶供兩皆宜焉。根供藥用，白者稱金芍藥，根稱白芍；赤者稱木芍藥，根稱赤芍。治腹痛、腸加答兒、下痢、腰痛等症。又於一般的婦人病，有顯著之功能，如採白花新鮮以砂糖漬之，每日三四回少量服用，治子宮病，有妙效。

齊風

折柳樊圃（東方未明）

66 柳 一名小楊，一名楊柳，一名垂柳，一名吊柳，一名清明柳，一名垂絲柳，俗稱垂楊柳。

本植物屬楊柳科

學名 *Salix babylonica*, L.

形態：為高達二三十尺之落葉喬木。具特長而下垂之枝。葉線狀披針形，光滑，邊緣具細鋸齒。春日開花。花單性，雌雄異株。花序為葇荑花序。雄花具二雄蕊；雌花具一雌蕊。果實蒴果。種子具絨毛，飛散時恰如落雪，所謂「柳絮」是也。

產地：原產地為北部亞細亞。吾國江蘇、浙江、湖南、湖北、江西、四川、廣東、雲南皆產；栽培之種，幾遍全國。

用途：為從古著名之風致樹，多栽培於庭園、寺觀、道路、堤防。又以插條即活，故應用尤廣。實為文藝上之名物，古人於別離時，多折贈之。其材可為器具、薪炭；其嫩葉芽可採作飲料；嫩枝可編筐。

葛屨五兩（南山）

葛 見前周南葛覃葛之覃兮。

蓺麻如之何（南山）

麻 見前王風丘中有麻丘中有麻。

維莠驕驕（甫田）

67 莠 ~~一名莠草~~，一名狗尾草，一名光明草，一名阿羅漢草，俗稱搬不倒。

本植物屬禾本科

學名 *Setaria viridis*, Beauv.

形態：一年生草本，高一二尺。葉細長，下部成鞘狀，包裹於莖。夏日莖端出多數小穎花，排列為穗狀花序。

產地：隨處原野、田邊，所在有之。

用途：古方士多採其莖，為眼病上施手術之所需，故有光明草之稱，今無用者。小兒多喜採之，以供玩，但為頗佳良之牧草。

維莠桀桀　（甫田）

莠　見上

魏風

糾糾葛屨　（葛屨）

葛　見前周南葛覃葛之覃兮。

言采其莫　（汾沮洳）

68　莫　一名酸模，一名蕦，一名酸迷，一名莫菜，一名蓚蕪，一名酸母，一名當藥，一名乾絳，一名山羊蹄，一名山大黃，俗稱牛舌頭。

本植物屬蓼科

學名 *Rumex acetosa*, L.

形態：多年生草本。莖高二尺餘，有明瞭之節，又有顯著之縱溝，紅紫色，有酸味。葉具長葉柄，葉身橢圓狀披針形，葉端尖，葉底稍箭形，托葉鞘狀，包裹於莖。春日，於梢上分小枝，開多數帶紅色之小花，排列為穗狀花序。花單性，雌雄異株。花後結瘦果。

產地：隨在有之。

用途：藥用植物。其乾燥之花煎服之，有健胃、解熱之功；根、莖治疥癬，於僂麻窒斯，亦有特效。又嫩葉亦可茹，或為羹，救荒用之。

言采其桑　（汾沮洳）

桑　見前鄘風定之方中降觀于桑。

言采其藚　（汾沮洳）

69　藚　一名蕮，一名澤瀉，一名水舄，一名水瀉，一名鵠瀉，一名及瀉，一名蕍，一名莭，一名芒芋，一名禹孫，一名水香菜。

本植物屬澤瀉科

學名　*Alisma plantago* L. var. *latifolium* Kunth.

形態：多年生水草，高達二尺餘。葉身近橢圓形，葉端尖，具長葉柄，叢生。夏日，由叢間抽花莖，梢上生數個輪生小梗，每梗上着數個小花；白色，三瓣。

產地：水澤之所在有之。

用途：有毒植物。然古時亦有采其葉以為蔬者，故義疏云：「徐州廣陵人食之」是也。其根，葉，實，亦供藥用。

園有桃　（園有桃）

桃　見前周南桃夭桃之夭夭。

園有棘　（園有桃）

棘　見前邶風凱風吹彼棘心。

坎坎伐檀兮　（伐檀）

檀　見前鄭風將仲子無折我樹檀。

胡取禾三百廛兮　（伐檀）

70　禾　一名粟，一名穀，一名粱。禮記謂之薌萁，俗稱穀子。爾雅於紅苗者謂之虋，白苗者謂之芑。

本植物屬禾本科

學名　*Setaria italica* Beauv.

形態：一年生草本，高二尺餘，以至五尺以上。莖直立。葉披針狀線形，兩面共粗澀，葉緣亦粗糙。夏期，於莖頂開多數小穎花，排列為密錐花序，花軸密生粗毛。結果後，果穗下垂。

產地：原產於歐羅巴洲。廣栽培於吾國北部。

用途：為吾國最古栽培之農作物，向稱嘉穀。品種頗多，通常紅苗者性黏；白苗者性不黏。喜籠馬者，多用紅苗穀以飼馬，以其食此則鳴善也。實為吾國北部最普遍之食糧，統稱小米，蓋以稻稱大米也。可為粥飯，飯即古所謂黃粱。又可磨麵為饢，俗稱小米麵餑餑；或摻紅蔗糖為之，尤香。為煎餅則適於捲油條食之。亦可釀酒，作餳。

郁按：豳風七月十月納禾稼條下，詩箋云：「禾者，今之小米」，可為禾即穀之證。

胡取禾三百億兮（伐檀）

胡取禾三百囷兮（伐檀）

禾 見上。

無食我黍（碩鼠）

黍 見前王風黍離彼黍離離。

無食我麥（碩鼠）

麥 見前鄘風桑中爰采麥矣。

唐風

山有樞（山有樞）

71 樞 一名荎，一名藲，一名蓲，亦作櫙。一名刺榆，亦名小刺榆。

本植物屬榆科

學名 *Hemiptelea davidii* Planch.

形態：落葉喬木，高可達三丈餘，幼樹具硬刺。葉長橢圓形，邊緣有粗鋸齒。花單性，雄花具四雄蕊；雌花具一雌蕊；又間生兩性花。果實為小堅果。

產地：遼東 遼西 吉林 黑龍江 山西 河北 江蘇 浙江 江西 湖南。

用途：木材堪供製器具之用，惟以濫伐結果，多成灌木狀，成材者少。其葉淪為茹，甚美滑，可以濟荒。

隰有榆（山有樞）

72 榆 一名枌，一名家榆，一名錢榆，一名白榆，一名鑽天榆，一名白皮榆。

本植物屬榆科

學名 *Ulmus pumila. L.*

形態：落葉喬木，高達四五丈。葉橢圓形，或長橢圓形，邊緣有鋸齒，葉端尖。春時，先葉開花，花小形，花被五片，帶綠褐色，簇生。果實為翼果，俗稱榆錢。

產地：東北 河北 山東 江西 四川。

用途：為行道樹，或庭蔭樹，甚佳美。其材可供建築、器具，或薪炭之用。其皮磨碎成粉，有黏性，供製香之料；或膠合丸石。又可充饑，濟荒，達人稱之曰榆樹皮麪。又製合滷（以秫米麪，或麥麪，摻榆樹皮麪，壓而滷為條，煮，拌食用）者，多和用之，亦取其黏也。其纖維可績為布。其根出黏汁，可供製紙之糊料。其葉可為羹。實可蒸食；又可釀酒；或製醬，即崔寔月令所謂：「醔醶」亦稱「榆仁醬」者是也。又供藥用。

山有栲（山有樞）

73 栲 一名山樗，一名野鴉椿，一名楓櫪樹。

本植物屬省沽油科

學名 *Euscaphis japonica Dippel.*

形態：小喬木，高丈餘。葉為奇數羽狀複葉，由五個或七個小葉合成，小葉具短柄，邊緣有鋸齒。初夏之候，開五瓣黃白色小花，排列為圓錐花序。果實為肉質蓇葖，至秋變紅。

產地：江蘇 浙江 江西 湖北 湖南 四川 貴

州福建。

用途：其葉或用以代茗。

那按：就所知稱栲者凡四，一即野鴉椿，一為栲櫟 *Castanopsis ceratacantha* Rehd. and Wils.，一為樗，即臭椿 *Ailanthus altissima* Swingle.，一為構 *Broussonetia papyrifera* Vent.。稱山樗者有二，一即野鴉椿，一為樗。毛氏傳云：「栲，山樗」，傳疏謂：「山樗名栲」，正義引爾雅郭注云：「栲似樗，生山中」，是栲非樗也明矣。構之稱栲，来自日本，當然非是。至於栲櫟，據義疏云：「今所云為栲者，葉如櫟，可為車輻，或謂之栲櫟」，然此為山毛櫸科植物，此科少見羽狀複葉者，證之爾雅釋文引方志云：「櫄、樗、栲、漆，相似如一」，蓋言木本而葉又皆相似也；豈有櫄（即椿）、樗、漆，皆羽狀複葉，而栲為單葉，能相似乎？且義疏謂：「山樗葉似樗，而多鋸齒」，益足證明為野鴉椿，故以野鴉椿釋詩。

隰有杻（山有樞）

74 杻　一名檍，一名杻子，一名土橿，一名萬歲，一名牛筋，一名遼椵，一名糠椴，一名大葉椴，一名菩提樹。

本植物屬田麻科

學名：*Tilia mandshurica* Rupr. et Maxim.

形態：喬木，高達五六丈。葉圓心臟形，尖端稍尖，邊緣有不整齊之粗鋸齒，下面被灰白色絨毛，葉柄長。夏期，於葉腋出花梗，具廣線形長苞，苞下與花梗合着，梗端分歧，開五瓣黃白色小花，排列為聚繖花序。果實瘦果。

產地：東北，河北，河南，山東，江蘇。
用途：木材供器具及雕刻用。古以為弓材，弩幹，取其韌也。其皮稱「椴皮」，可製紙。纖維極強，供綢繩織物之用，稱「椴麻」。

山有漆（山有樞）
漆 見前鄘風「定之方中」椅桐梓漆。

隰有栗（山有樞）
栗 見前鄘風「定之方中」樹之榛栗。

椒聊之實（椒聊）
75 椒聊 一名椒，一名茮，一名朻，一名梂，一名檓，一名茮菉，一名[illegible]菉，一名樧，一名花椒，一名家椒，一名秦椒。
本植物屬芸香科
學名 *Zanthoxylum simulans* Hance.
形態：小喬木，高二丈餘，枝條有寬扁之硬刺。葉互生，為奇數羽狀複葉；小葉光滑，長橢圓形，邊緣有鋸齒。夏期開小花，排列為聚繖花序。果實為小球形蒴果，熟則裂開。
產地：河北，山東，陝西，甘肅，江蘇，浙江，江西，湖北，四川，福建。
用途：嫩葉及果實，供食料及調味用。果實又入藥，或為煎劑，有驅蛔蟲之效。木材可作杖。

綢繆束楚（綢繆）
楚 見前周南漢廣言刈其楚。

有杕之杜（杕杜）
杜 見前召南甘棠蔽芾甘棠。

集於苞栩（鴇羽）
76 栩 一名櫟，一名樸，一名枹，一名芧，一名杼亦作柔。一名橡，一名柞，一名枹櫟，一名柞櫟，一名麻櫟，俗稱橡碗子樹。
本植物屬山毛櫸科

《救荒本草》《野菜谱》札记

手稿横136毫米、纵239毫米，共计61页，影印时略有缩放。原稿无题名，《〈救荒本草〉〈野菜谱〉札记》为编者根据内容所加。

長史卞同序

植物之生於天地間莫不各有所用苟不見諸載籍雖老
農老圃亦不能盡識而可亨可芼者皆躪藉于牛羊豕而已
自神農氏品嘗草木辨其寒溫甘苦之性作為醫藥以濟世
人之夭札後世賴以延生而本草書中所載多伐病之物而於
可茹以充腹者則未之及也敬惟周王殿下體仁遵義孳孳為
善凡可以濟人利物之事無不留意嘗讀孟子書至於五穀
不熟不如荑稗因念林林總總之民不幸罹于旱澇五穀不熟
則可以療飢者恐不止荑稗而已也苟能知悉而載諸方冊
俾不得已而求食者不惑甘苦於荼薺取昌陽棄烏喙因得
以裨五穀之缺則豈不為救荒之一助哉於是購田夫野老得
甲坼勾萌者四百餘種植於一圃躬自閱視俟其滋長成熟
迺召畫工繪之為圖仍疏其花實根幹皮葉之可食者彙次為

書一帙名曰救荒本草命臣同為之序臣惟人情於飽食暖衣之際多不以凍餒為虞一旦遇患難則莫知所措惟付之於無可奈何故治己治人鮮不失所今殿下處富貴之尊保有邦域於無慮之時乃能念生民萬一或有之患深得古聖賢安不忘危之旨不亦善乎神農氏嘗百草以療斯民之疾殿下區別草木欲濟斯民之饑同一仁心之用也雖然今天下方樂雍熙泰和之治禾麥產瑞家給人足不必論及於荒政而殿下亦豈忍觀斯民仰食於草木哉是編之作蓋欲辨載嘉植不沒其用期與圖經本草並傳於後世庶幾萍實有徵而凡可以亨芼者得不躪藉於牛羊鹿豕苟或見用於荒歲其及人之功利又非藥石所可擬也尚慮四方所產之多不能盡錄補其未備則有俟於後日云

僉事李濂重刻救荒本草序

淮南子曰神農嘗百草之滋味一日而七十毒由是本草興焉陶隱居徐之才陳藏器日華子唐慎微之徒代有演述皆為療病也嗣後孟詵有食療本草陳士良有食性本草皆因飲饌以

調攝人非所救荒也救荒本草二卷乃永樂間周藩集錄而刻
諸今亡其板濂家舍時訪求善本自汴攜來晉臺按察使石岡
蔡公見而嘉之以告于巡撫都御史蒙齋畢公公曰是有裨荒政
者乃下令刊布命濂序之按周禮大司徒以荒政十二聚萬民五
曰舍禁夫舍禁者謂舍其虞澤之厲禁縱民采取以濟饑也若沿
江瀕湖諸郡邑皆有魚蝦螺蜆菱芡茭藻之饒饑者猶有賴
焉齊梁秦晉之墟平原曠野彌望千里一遇大侵則鵠形鳥面
之殍枕藉于道路可悲已後漢永興二年詔令郡國種蕪菁以
助食然五方之風氣異宜而物產之形質異狀名彙既繁真贋
難別使不圖列而詳說之鮮有不以虺床當蘼蕪薺苨亂人參
者其弊至於殺人此救荒本草之所以作也是書有圖有說圖
以肖其形說以著其用首言產生之壤同異之名次言寒熱之性
甘苦之味終言淘浸烹煮蒸晒調和之法草木野菜凡四百一
十四種見舊本草者一百三十八種新增者二百七十六種云或
遇荒歲按圖而求之隨地皆有無艱得者苟如法采食可以
活命是書也有功於生民大矣昔李文靖為相每奏對常以

四方水旱而言范文正為江淮宣撫使見民以野草煮食即
奏而獻之畢蔡二公刊布之盛心亦類是夫

救荒本草總目

草木野菜等共四百一十四種 出本草一百三十八種 新增二百七十六種

草部二百四十五種

木部八十種

米穀部二十種

果部二十三種

菜部四十六種

葉可食二百三十七種

實可食六十一種

葉及實皆可食四十三種

根可食二十八種

根葉可食一十六種

根及實皆可食五種

根笋可食三種

根及花可食二種

花可食五種

花葉可食五種

花葉及果皆可食二種

葉皮及實皆可食二種

莖可食三種

笋可食一種

笋及實皆可食一種

救荒本草

草部　葉可食

野生薑

野生薑　本草名劉寄奴生江南其越州滁州皆有之今中牟南沙崗間亦有之莖似艾蒿長二三尺餘葉似菊葉而瘦細又似野艾蒿葉亦瘦細開花白色結實黃白色作細筒子蒴兒蓋蒿之類也其子似稗而細苗葉味苦性溫無毒

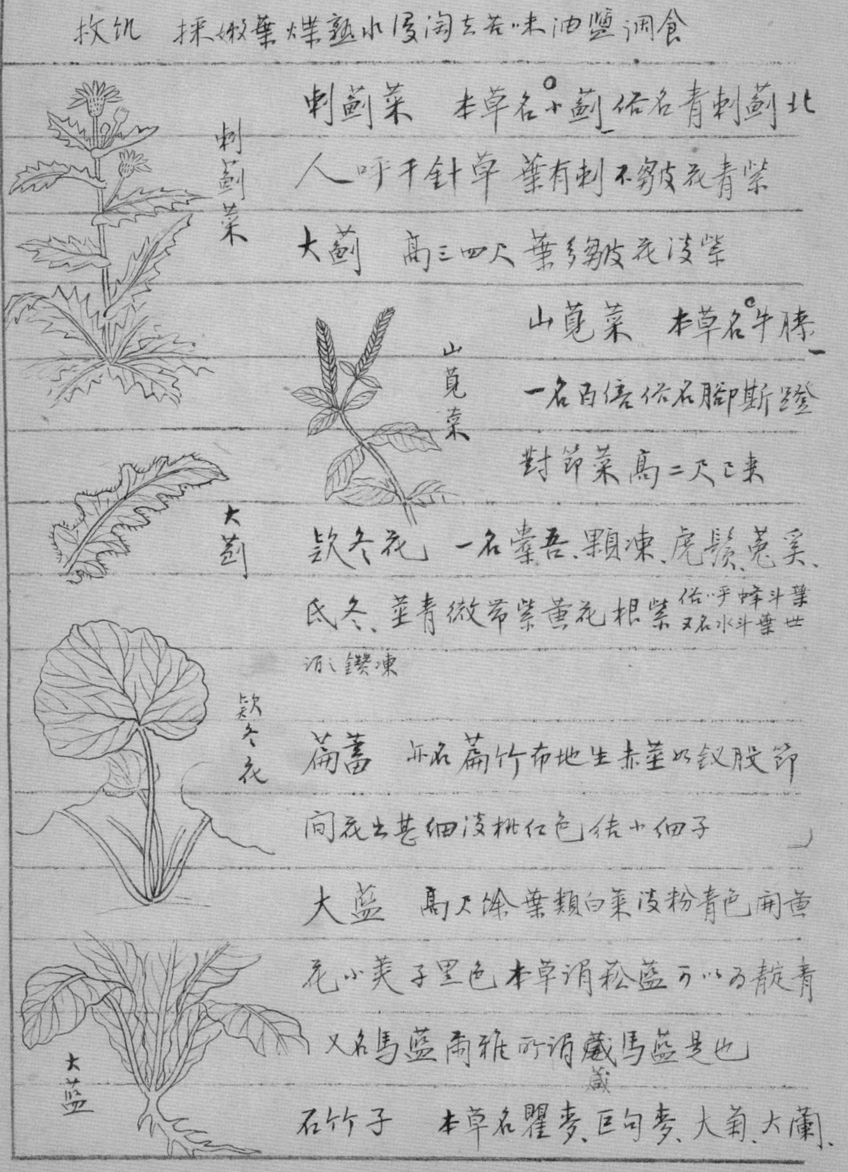

救饑　採嫩葉煠熟水浸淘去苦味油鹽調食

刺薊菜　本草名小薊　俗名青刺薊　北人呼千針草　葉有刺不皺　花青紫

大薊　高三四尺　葉多皺　花淡紫

山莧菜　本草名牛膝　一名百倍　俗名脚斯蹬　對節菜　高二尺已來

款冬花　一名橐吾、顆凍、虎鬚、菟奚、氐冬、莖青微帶紫　黄花　根紫　俗呼蜂斗葉　又名水斗葉　世謂之鑽凍

萹蓄　亦名萹竹　布地生　赤莖如釵股　節間花出甚细　淡桃紅色　結小细子

大藍　高尺餘　葉類白菜　淡粉青色　開黄花　小莢　子黑色　本草謂菘藍可以為靛青　又名馬藍　爾雅所謂葴馬藍是也

石竹子　本草名瞿麥、巨句麥、大菊、大蘭、

又名杜母草、鷰麦、蘥（音葉）麦，高一尺，红白花，结蒴小黑子

红花菜 本草名红蓝花，一名黄蓝，高二尺，茎叶有刺，红花花乾可染红及作胭脂

萱草花 俗名川草花，本草一名鹿葱，花名宜男，开金黄色花

車輪菜 本草名車前子、當道、芣苢、蝦蟇衣、牛衣、勝舄菜，尔雅云馬舄，幽州人谓之牛舌草

白水红苗 本草名荭草、鸿䳺，赤白二色，尔雅云红蘢古，其大者蘬，郑诗云隰有游龍是也

黄耆 一名戴糝、戴椹、獨椹、芰草、蜀脂、百本、王孫，出綿上者为綿黄耆，葉似槐，黄紫花，小尖角長寸許

威靈仙 一名能消，高一二尺，茎方，多细茸白毛，葉似柳而阔，有锯齿，葉作層生，每層六七葉相對排，花浅紫或碧白色，作穗

馬兜鈴 根名雲南根，又名土青木香

旋覆花 一名戴椹、金沸草、盛椹，上黨田野人呼为金錢花

爾雅云蕧盜庚

防風 一名銅芸、茴草、百枝、屏風、簡根、百蜚、葉似青蒿葉而稀疏莖似茴香细白花

防風

鬱臭苗 本草茺蔚子是也一名益母、益明、大札、貞蔚、皆云蓷益母也 亦謂蓷、臭穢、葉似荏子葉又似艾葉而薄小節節開小白花黑茶褐色子三棱细長

鬱臭苗

澤漆 本草一名漆莖大戟苗也高二三尺 莖紫赤色開黃紫花似杏花而瓣頗長摘葉有白汁

澤漆

酸漿草 本草名酢漿草、醋母草、鳩酸草、俗名小酸茅 每莖端叢生三葉黃花黑子

蛇床子

蛇床子 一名蛇粟、蛇米、虺床、思益、繩毒、棗棘、牆蘼、爾雅一名盱 高一二尺 青翠作叢似蒿枝葉似黃蒿葉又似小葉蘼蕪、藁本、白花如傘蓋狀

茴香 一名蘹香子北人呼土茴香

夏枯草 本草一名夕句、乃東、燕面、高二三尺葉對生似旋

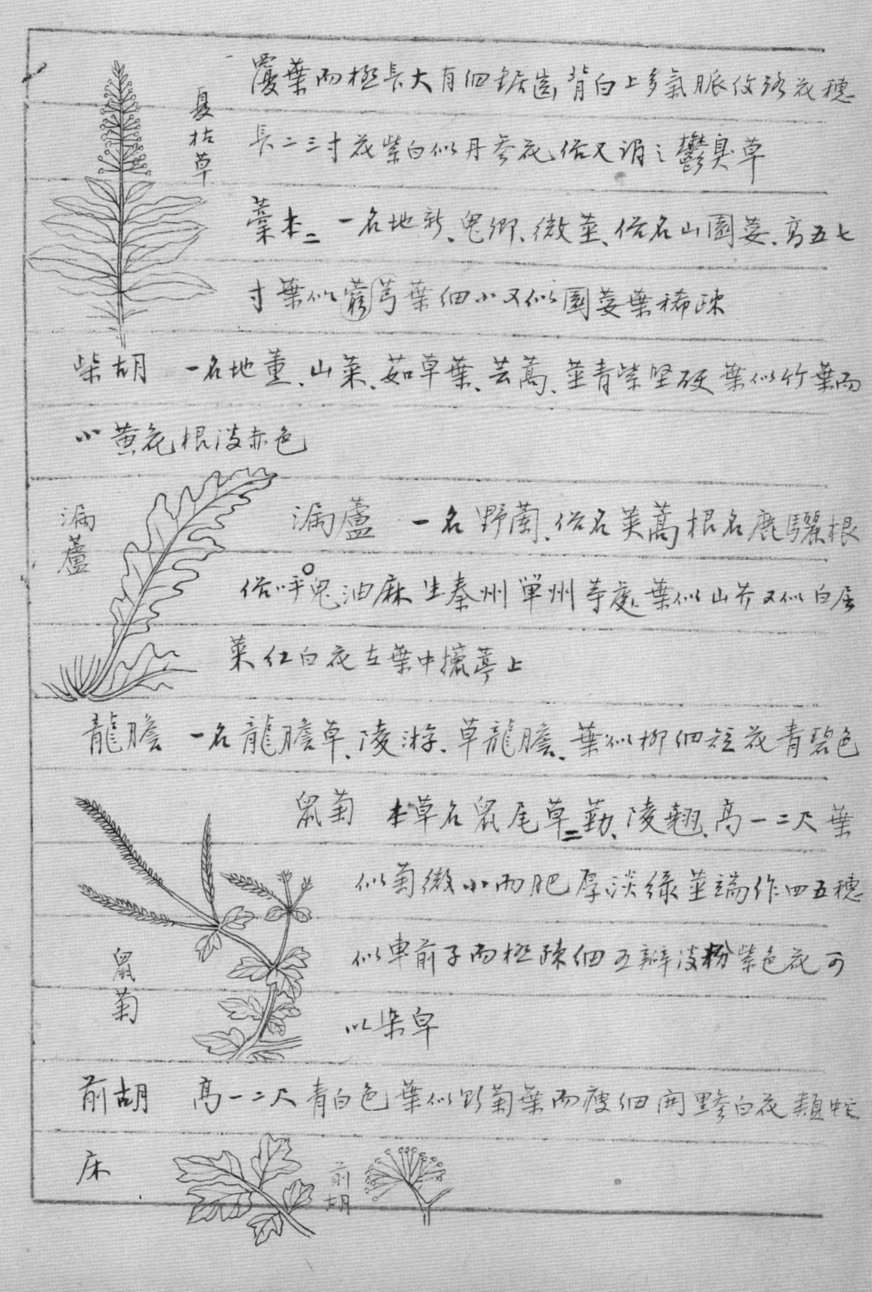

覆葉而極長大有细鋸齒背白上多氣脉紋路花穗長二三寸花紫白似丹參花俗又謂之鬱臭草

藁本二 一名地新、鬼卿、微莖、俗名山園荽、高五七寸葉似蘼蕪葉细小又似園荽葉稀疏

柴胡 一名地薰、山菜、茹草葉、芸蒿、莖青紫堅硬葉似竹葉而小黄花根淡赤色

漏蘆 一名野蘭、俗名莢蒿根名鹿驪根俗呼鬼油麻生秦州單州等處葉似山芥又似白屈菜红白花在葉中攢葶上

龍膽 一名龍膽草、陵游、草龍膽、葉似柳细短花青碧色

鼠菊 本草名鼠尾草二葝、陵翹、高一二尺葉似菊微小而肥厚淡緑莖端作四五穗似車前子而極疏细五瓣淡粉紫色花可以染皁

前胡 高一二尺青白色葉似野菊葉而瘦细開黲白花類蛇床

地榆　花如椹子紫黑色又類豉故名玉豉

川芎　一名芎藭、胡藭、香果，苗葉名蘼蕪、微蕪、江蘺、葉似芹而微細窄有花又白花

葛勒子秧　本草名葎草、葛勒蔓、葛葎蔓、澁葎蔓、

猪牙菜

猪牙菜　本草名角蒿、莪蒿、蘿蒿、蘪蒿、葉似青蒿葉花紅赤色結角長二寸許微彎

連翹　一名異翹、蘭華、折根、軹、三廉、爾雅謂之連、連苕、黄花結房似山梔子

桔梗　一名利如、房圖、白藥、梗草、薺苨、高尺餘葉似杏而長每四葉相對葉名隱忍

青杞　本草名蜀羊泉、羕泉、羊飴、俗名漆姑高二尺餘葉似菊稍長花紫色子類枸杞生青熟紅根似遠志

馬蘭頭　本草名馬蘭北人見其花呼為紫菊

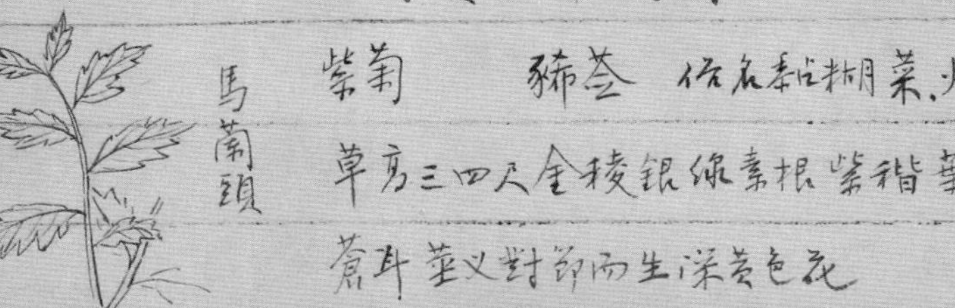

豨薟　俗名粘糊菜、火杴草高三四尺金稜銀線素根紫稍葉類蒼耳葉又對節而生深黄色花

○若係查不出者

澤瀉

澤瀉　俗名水蓄菜、水瀉、及瀉、芒芋、鵠瀉、葉似牛舌草纹脉竖直三瓣小白花

竹節菜　一名翠蝴蝶、翠娥眉、笪竹花、倭青草、南方名淡竹葉

獨帚苗　葉如竹柔弱细小葉梢间结小青子科老时可为帚南人名落帚

歪頭菜　茎就地叢生葉似豇豆而狭長背微白兩頭並生一處紅紫花结角

兔兒酸

○兔兒酸　一名兔兒漿所在田野有之苗比水葒矮短茎葉皆類水葒其茎節密其葉亦稠比水葒葉稍薄小味酸

鹻蓬

鹻蓬二　一名鹽蓬茎似落藜有線楞葉似蓬而肥**壮**结青子極细小葉微鹹

○蔄蒿　田野中處處有之高二尺餘茎幹似艾其葉细長鋸齿葉抪茎而生

水萵苣　一名水菠菜水邊多生高一尺許葉似麥藍葉而有细纹

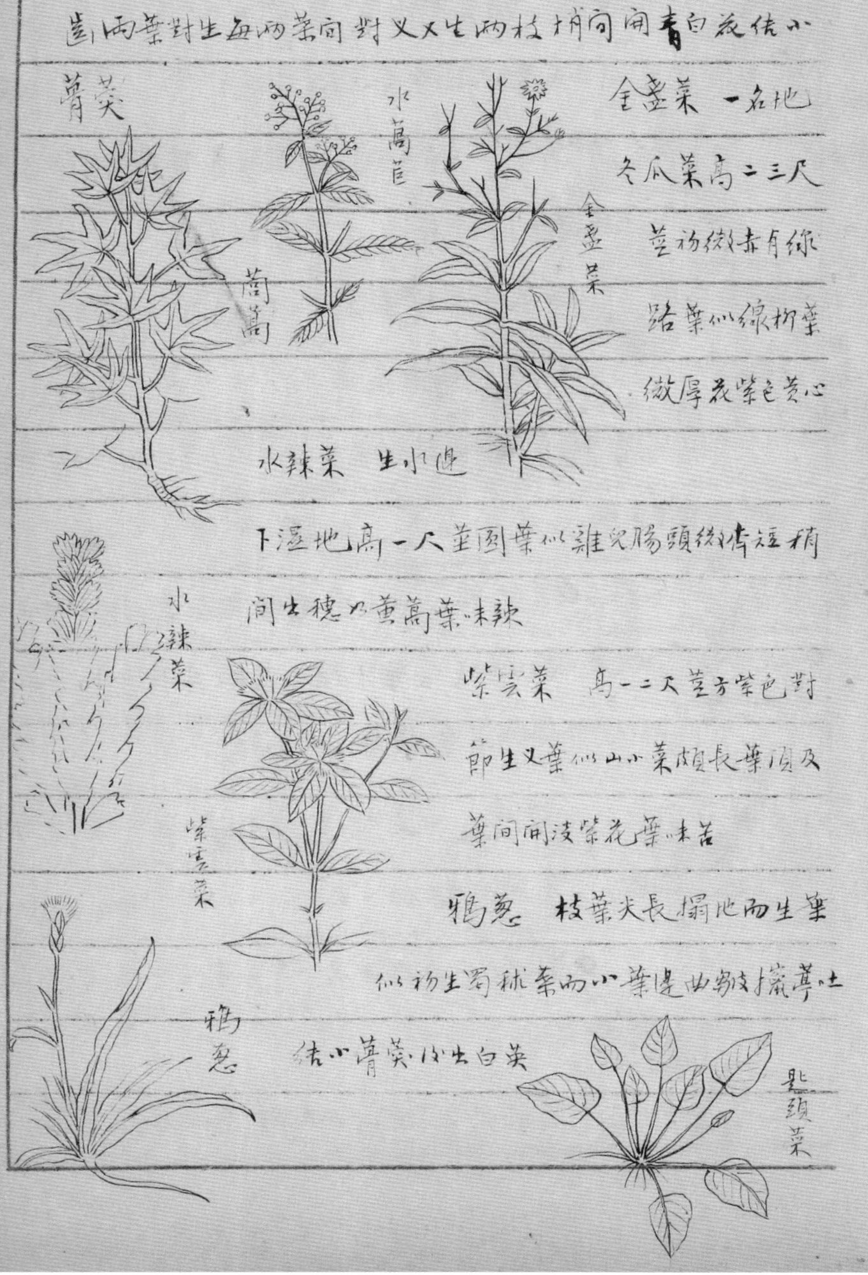
崗兩葉對生每兩葉間對叉又生兩枝梢間開青白花結小
菁葖
金盞菜 一名地
冬瓜菜高二三尺
莖紋微赤有線
路葉似線柳葉
微厚花紫色黃心
水萵苣
蔄蒿
金盞菜
水辣菜 生水邊
下濕地高一尺莖圓葉似雞兒腸頭微齒短梢
間生穗如黃蒿葉味辣
水辣菜
紫雲菜 高一二尺莖方紫色對
節生叉葉似山小菜頗長葉頂及
葉間開淡紫花葉味苦
紫雲菜
鴨葱 枝葉尖長搨地而生葉
似初生蜀秫葉而小葉邊出皺攢葶吐
結小菁葖後生白英
鴨葱
匙頭菜

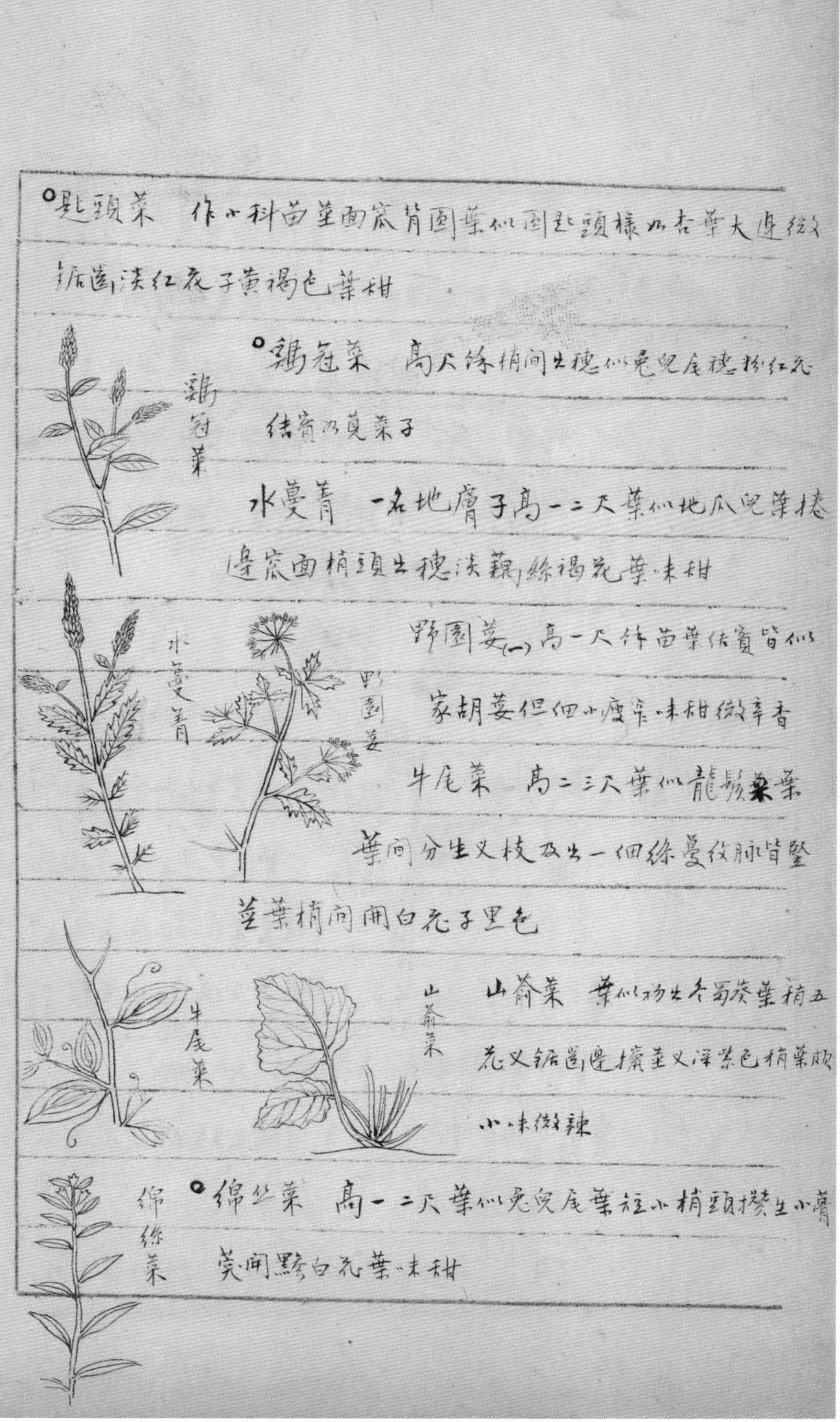
○匙頭菜　作小科苗莖面窊背圓葉似圓匙頭樣如杏葉大邊微
鋸齒淡红花子黄褐色葉甜
○雞冠菜　高尺餘梢间出穗似兔兒尾穗粉红花
结實如莧菜子
水蔓菁　一名地膚子高一二尺葉似地瓜兒葉揸
邊窊面梢頭出穗淡藕絲褐花葉味甜
野園荽(一)　高一尺許苗葉结實皆似
家胡荽但细小瘦窄味甜微辛香
牛尾菜　高二三尺葉似龍鬚菜葉
葉間分生叉枝及出一细絲蔓纹脉皆豎
莖葉梢間開白花子黑色
山蓊菜　葉似初出冬蜀葵葉稍五
花叉鋸齒邊攢莖叉深紫色梢葉頗
小味微辣
○绵丝菜　高一二尺葉似兔兒尾葉旋小梢頭攢生小蓇
葖間開白花葉味甜

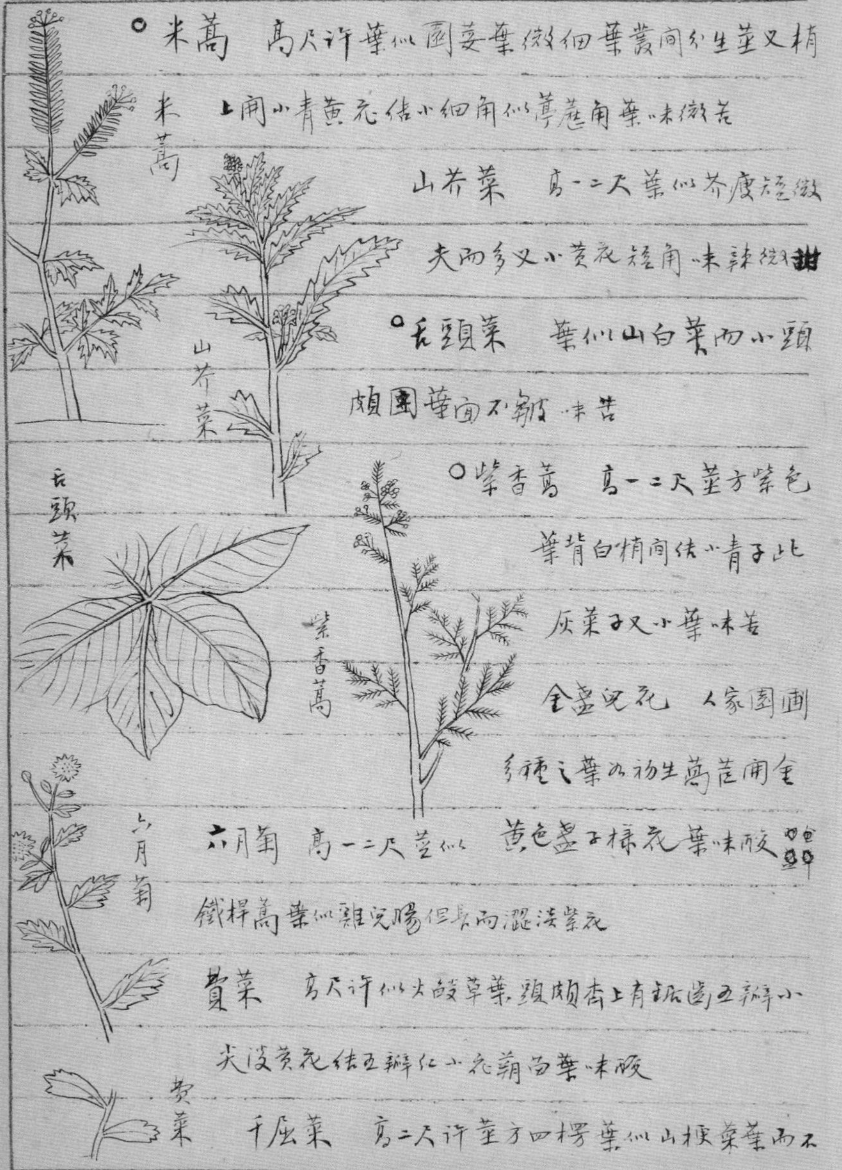

○米蒿 高尺許葉似園荽葉微細葉叢間分生莖叉梢

上開小青黄花結小細角似葶藶角葉味微苦

山芥菜 高一二尺葉似芥葉短微

尖而多叉小黄花短角味辣微甜

○長頭菜 葉似山白菜而小頭

頗團葉面不皺味苦

○紫香蒿 高一二尺莖方紫色

葉背白梢間結小青子比

灰菜子又小葉味苦

金盞兒花 人家園圃

多種之葉比初生萵苣開金

六月菊 高一二尺莖似 黄色盞子樣花葉味酸

鐵桿蒿葉似雞兒腸但長而澀淡紫花

費菜 高尺許似火酸草葉頭頗杏上有鋸齒五瓣小

尖淡黄花結五瓣紅小花蒴白葉味酸

千屈菜 高二尺許莖方四楞葉似山梗菜葉而不

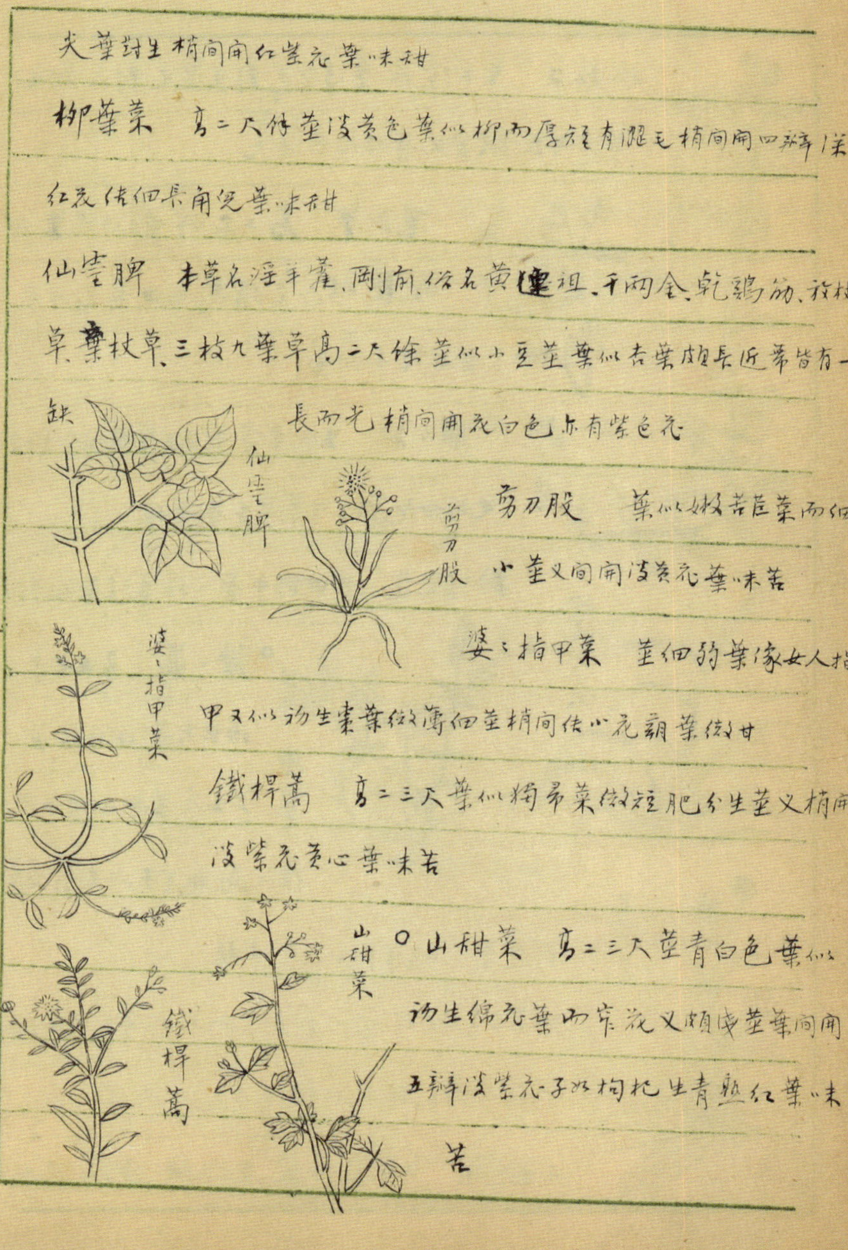

尖葉對生梢間開紅紫花葉味甜

柳葉菜　高二尺餘莖淡黃色葉似柳而厚短有澀毛梢間開四瓣深紅花結細長角兒葉味甜

仙靈脾　本草名淫羊藿、剛前、俗名黃連祖、千兩金、乾雞筋、放杖草、棄杖草、三枝九葉草高二尺餘莖似小豆莖葉似杏葉頗長近蒂皆有一缺長而光梢間開花白色亦有紫色花

剪刀股　葉似嫩苦苣葉而細小莖叉間開淡黃花葉味苦

婆婆指甲菜　莖細弱葉像女人指甲又似初生棗葉微薄細莖梢間結小花蒴葉微甘

鐵桿蒿　高二三尺葉似獨帚葉微短肥分生莖叉梢間開淡紫花黃心葉味苦

○山甜菜　高二三尺莖青白色葉似初生綿花葉而窄花叉頗淺莖葉間開五瓣淡紫花子如枸杞生青熟紅葉味苦

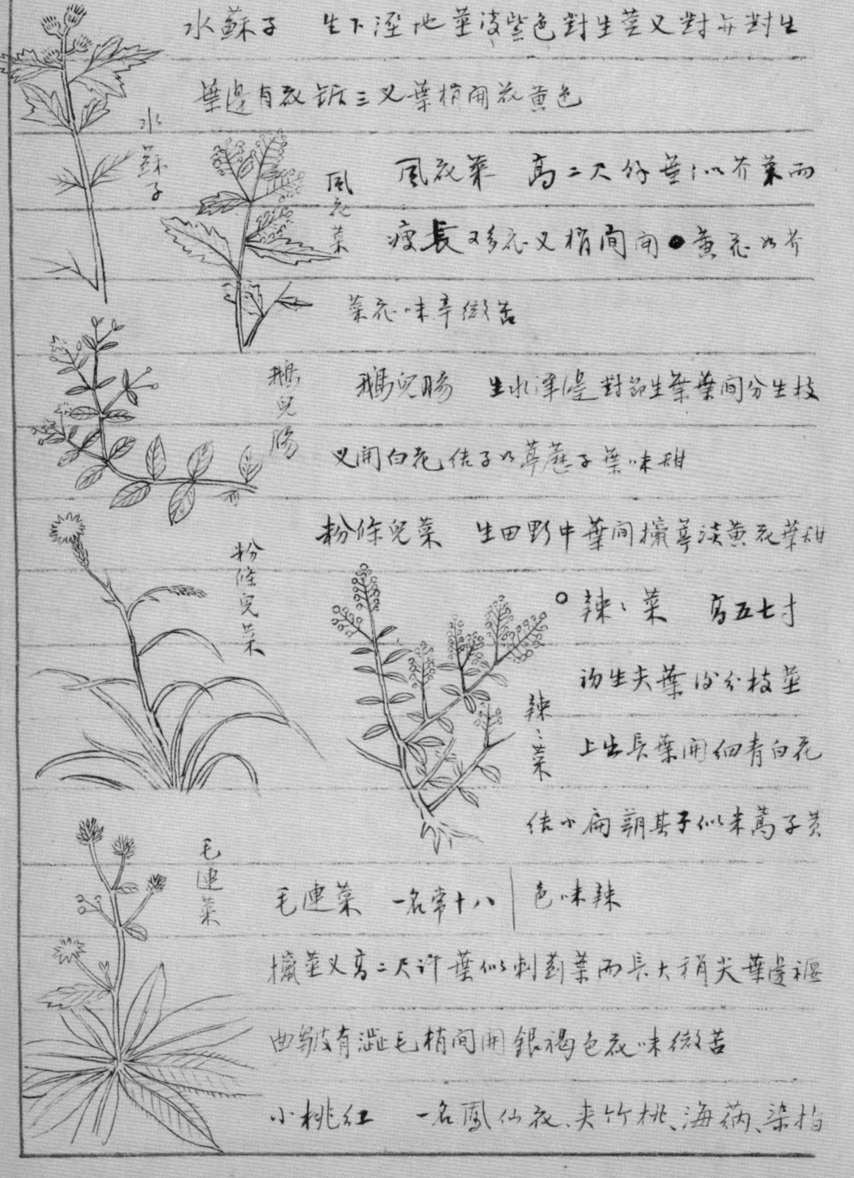

水蘇子　生下溼地莖淡紫色對生莖叉對分對生
葉邊有鋸齒三叉葉梢開花黃色

風花菜　高二尺許莖、似芥菜而
瘦長又多花叉梢間開●黃花如芥
菜花、味辛微苦

鵝兒腸　生水澤邊對節生葉葉間分生枝
叉開白花結子如葶藶子葉、味甜

粉條兒菜　生田野中葉間攛葶淡黃花葉甜

○辣、菜　高五七寸
初生尖葉後分枝莖
上出長葉開細青白花
結小扁蒴其子似米蒿子黃
色味辣

毛連菜　一名常十八
攛莖叉高二尺許葉似刺薊葉而長大稍尖葉邊褶
曲皺有澀毛梢間開銀褐色花味微苦

小桃紅　一名鳳仙花、夾竹桃、海蒳、染指

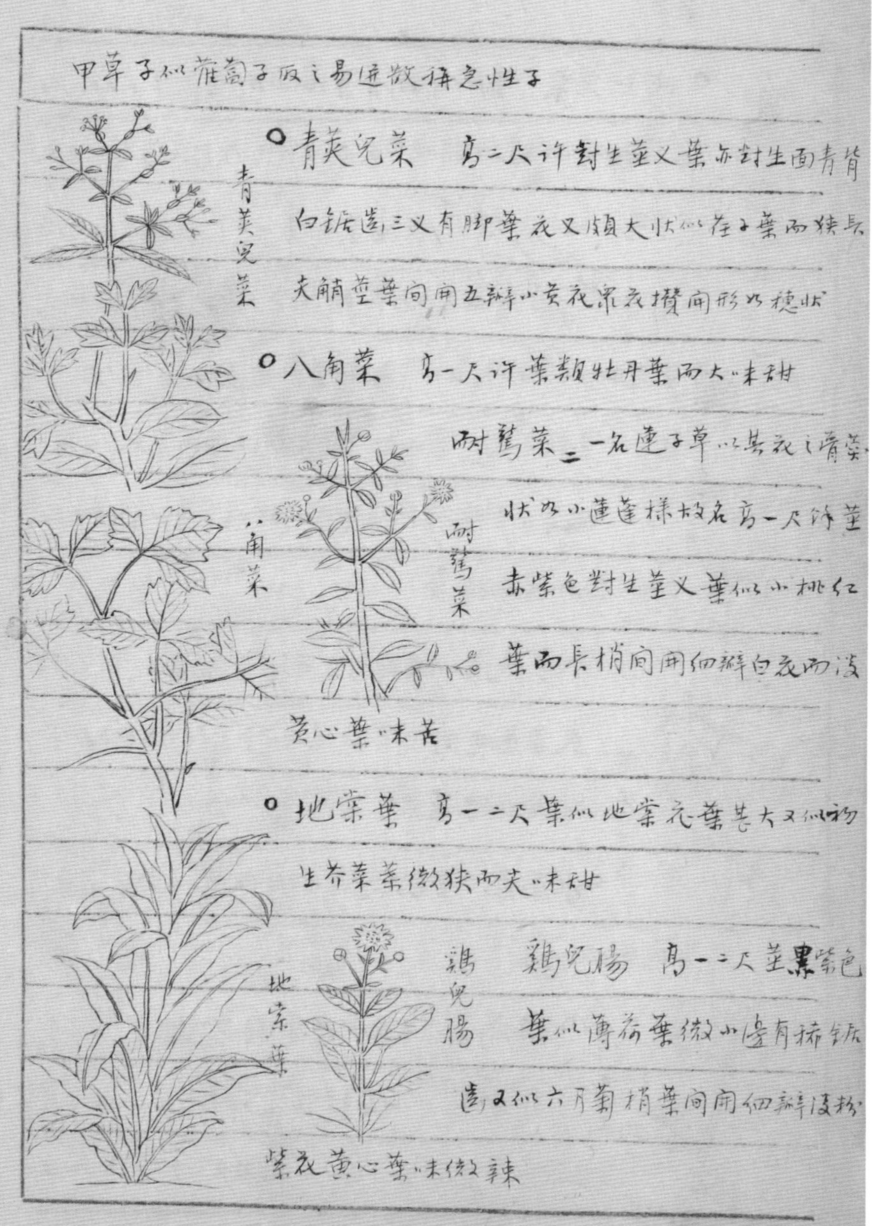

甲草子似雁窩子反〃易遊散拜急性子

○青莢兒菜　高二尺許對生莖叉葉亦對生面青背白鋸齒三叉有腳葉花叉頗大狀似荏子葉而狹長尖艄莖葉間開五瓣小黃花眾花攢開形如穗狀

○八角菜　高一尺許葉類牡丹葉而大〃味甜

耐驚菜　一名蓮子草以其花之蓿蓇狀如小蓮蓬樣故名高一尺許莖赤紫色對生莖叉葉似小桃紅葉而長梢間開細瓣白花而淡黃心葉〃味苦

○地棠菜　高一二尺葉似地棠花葉甚大又似初生芥菜葉微狹而尖〃味甜

雞兒腸　高一二尺莖黑紫色葉似薄荷葉微小邊有稀鋸齒又似六月菊梢葉間開細瓣淡粉紫花黃心葉〃味微辣

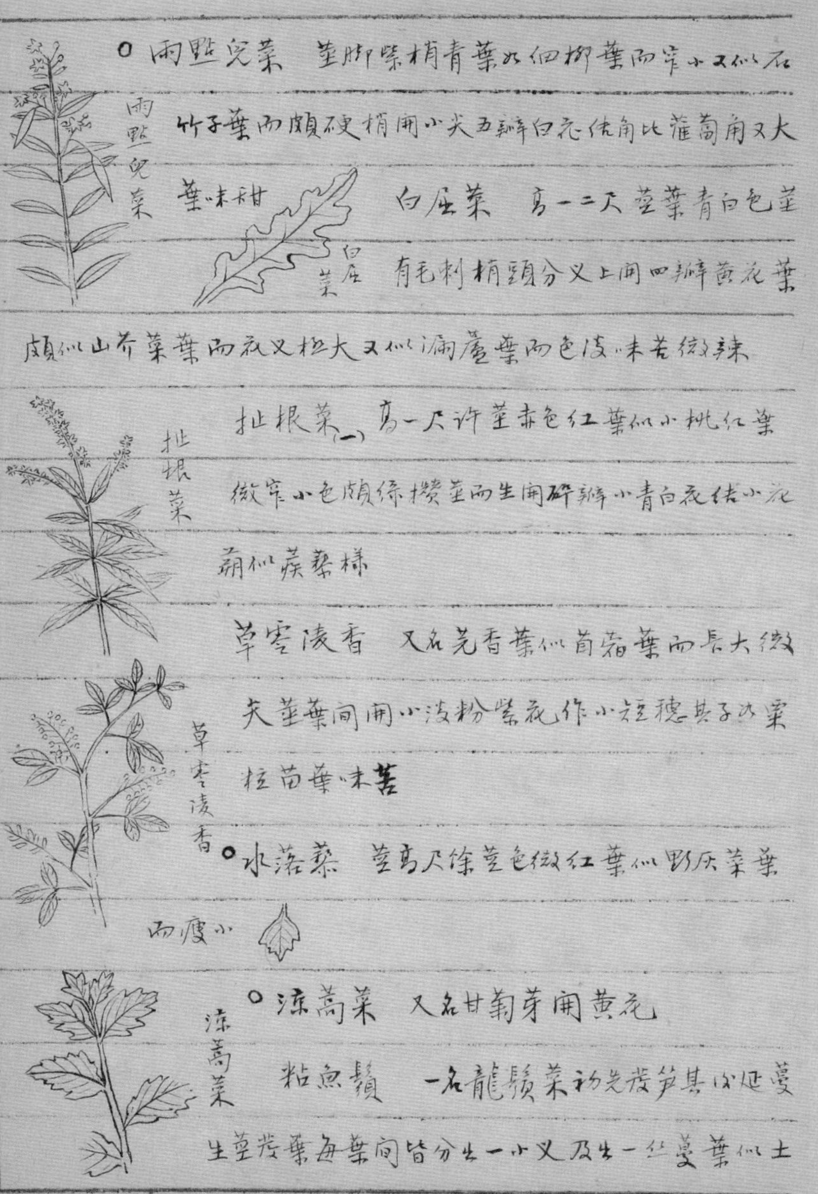

○雨點兒菜　莖腳紫梢青葉如細柳葉而窄小又似石
竹子葉而頗硬梢開小尖五瓣白花結角比蘿蔔角又大
葉味甜
白屋菜　高一二尺莖葉青白色莖
有毛刺梢頭分叉上開四瓣黄花葉
頗似山芥菜葉而花叉極大又似漏蘆葉而色淡味苦微辣
扯根菜(一)　高一尺許莖赤色紅葉似小桃紅葉
微窄小色頗綠攢莖而生開碎瓣小青白花結小花
蒴似蒺藜樣
草零陵香　又名芫香葉似苜蓿葉而長大微
尖莖葉間開小淡粉紫花作小短穗其子如粟
粒苗葉味苦
○水落藜　莖高尺餘莖色微紅葉似野灰菜葉
而瘦小
○涼蒿菜　又名甘菊芽開黄花
粘魚鬚　一名龍鬚菜初先發筍其後延蔓
生莖發葉每葉間皆分生一小叉及生一絲蔓葉似土

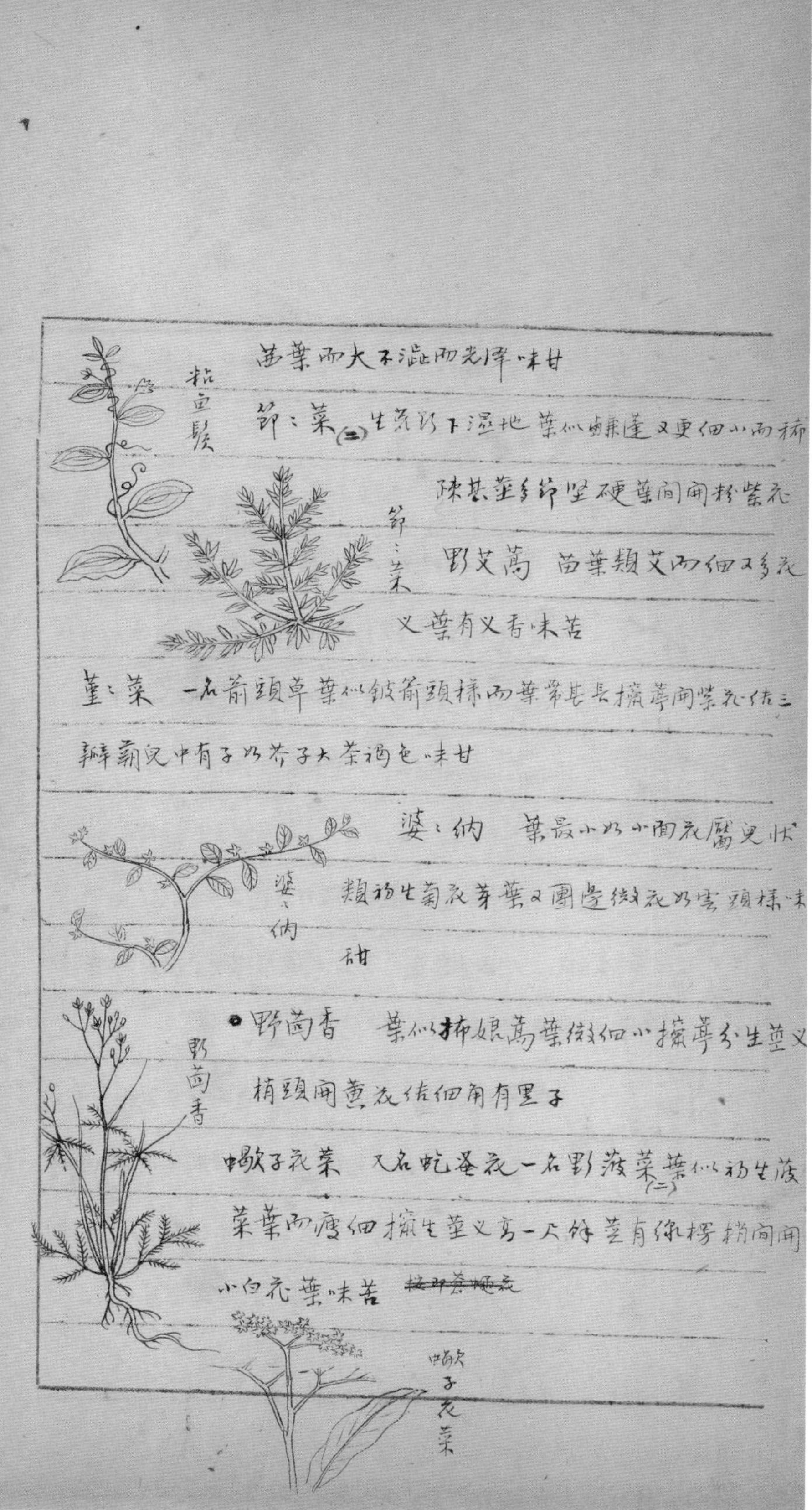

苗葉而大不澀而光澤味甘

節々菜（二）生荒野下濕地葉似鵝蓬又更細小而稀疎其莖多節堅硬葉間開粉紫花

野艾蒿 苗葉類艾而細又多花叉葉有艾香味苦

堇々菜 一名箭頭草葉似鈹箭頭樣而葉蒂甚長攛葶開紫花結三瓣蒴兒中有子如芥子大茶褐色味甘

婆々纳 葉最小如小面花屬兒狀類初生菊花芽葉又團邊微花如雲頭樣味甜

野茴香 葉似抪娘蒿葉微細小攛葶分生莖叉梢頭開黃花結細角有黑子

蝎子花菜 又名虼蚤花一名野菠菜（二）葉似初生菠菜葉而瘦細攛生莖叉高一尺餘莖有線楞梢間開小白花葉味苦

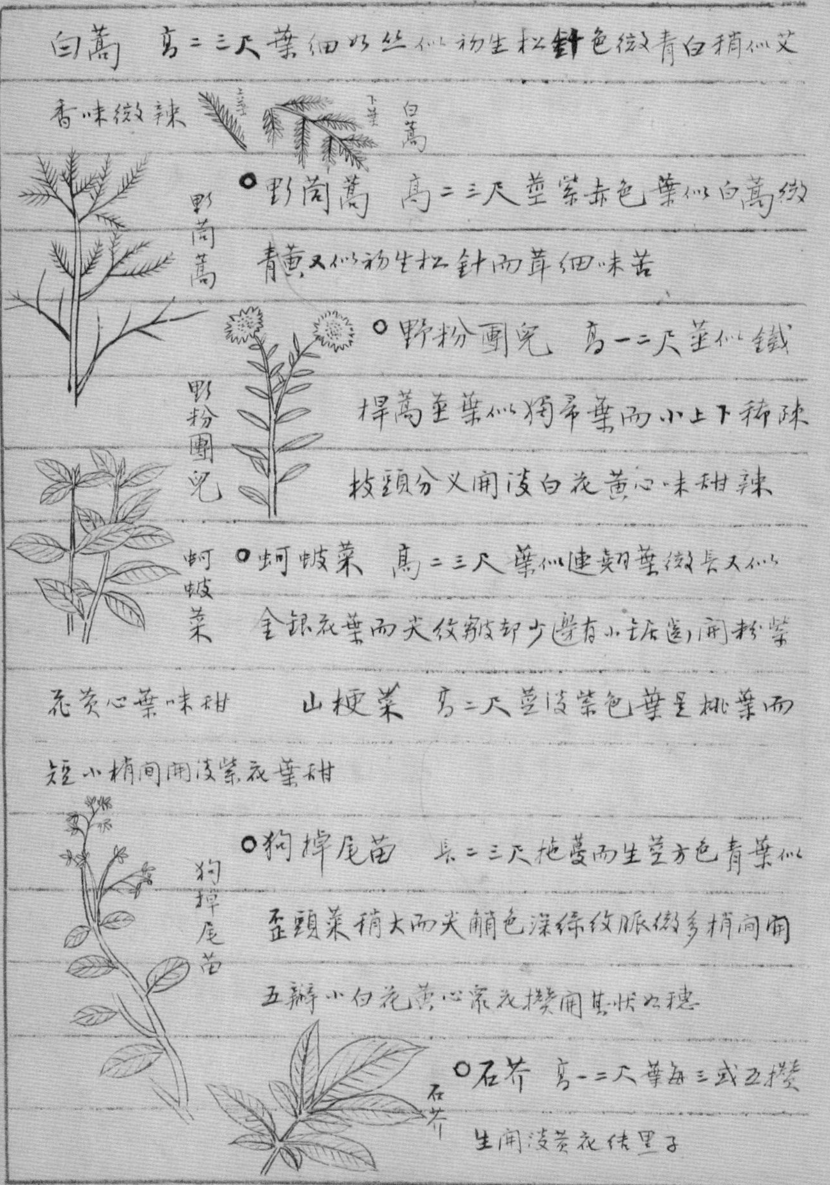

白蒿 高二三尺葉细如丝似初生松針色微青白稍似艾香味微辣

上茎 下茎 白蒿

○野蔄蒿 高二三尺茎紫赤色葉似白蒿微青黄又似初生松針而茸细味苦

野蔄蒿

○野粉團兒 高一二尺茎似鐵桿蒿茎葉似独帚葉而小上下稀疏枝頭分叉開淡白花黄心味甜辣

野粉團兒

○蚵蚾菜 高二三尺葉似連翹葉微長又似金銀花葉而尖紋皺却少邊有小鋸齿開粉紫花黄心葉味甜

蚵蚾菜

山梗菜 高二尺茎淡紫色葉是桃葉而短小梢间開淡紫花葉甜

○狗掉尾苗 長二三尺拖蔓而生茎方色青葉似歪頭菜稍大而尖艄色深绿纹脉微多梢间開五瓣小白花黄心衆花攢開其狀如穗

狗掉尾苗

○石芥 高一二尺葉每三或五攢生開淡黄花结黑子

石芥

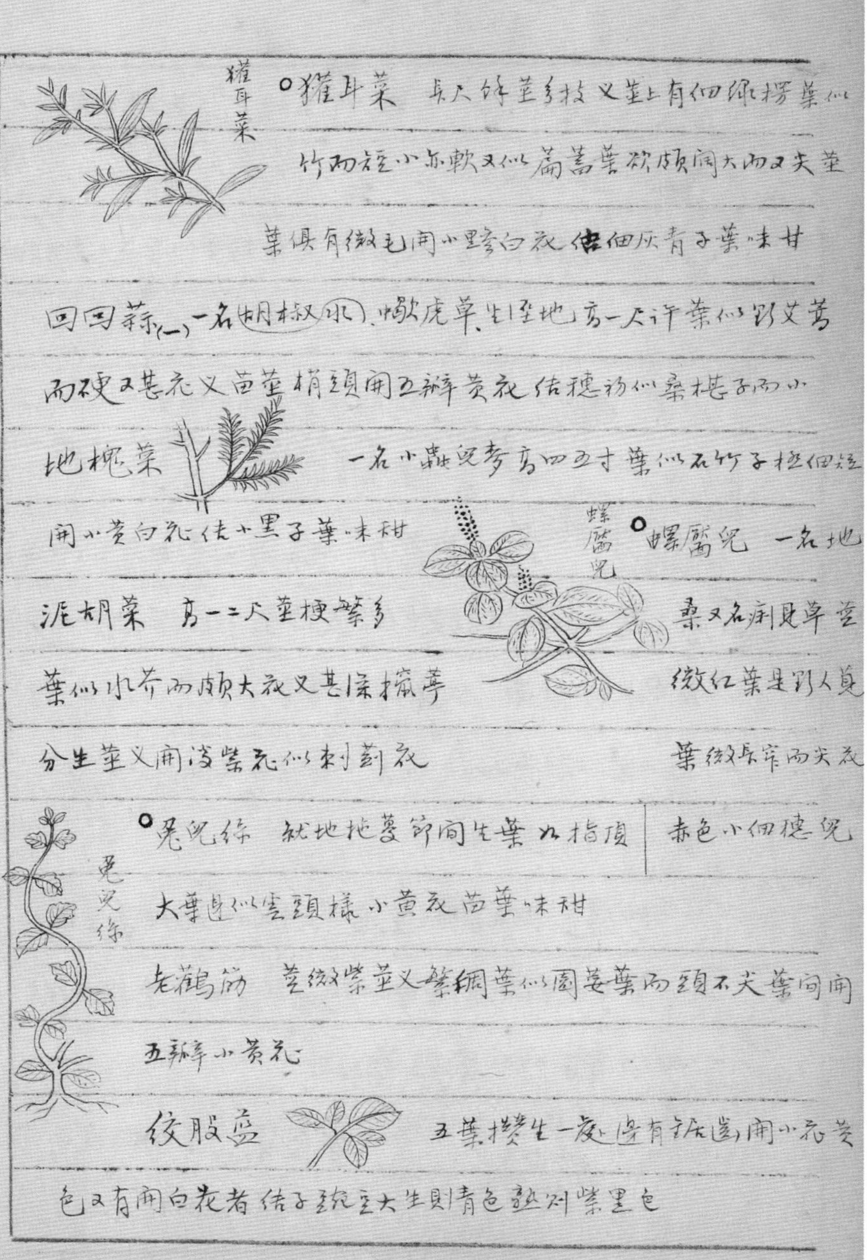

○獾耳菜　長八九寸莖多枝叉莖上有細線楞葉似竹而短小亦軟又似萹蓄葉微頗闊大而又尖莖葉俱有微毛開小黲白花結細灰青子葉味甘

回回蒜(一)一名胡椒水、蠍虎草、生濕地，高一尺許葉似野艾蒿而硬又甚花叉苗莖梢頭開五瓣黃花結穗初似桑椹子而小

地槐菜　一名小蟲兒麥高四五寸葉似石竹子極細短開小黃白花結小黑子葉味甜

○螺黶兒　一名地桑又名痢見草莖微紅葉是野人莧葉微長窄而尖花赤色小細穗兒

泥胡菜　高一二尺莖梗繁多葉似水芥而頗大花叉又甚條㩳葶分生莖叉開淡紫花似刺薊花

○兔兒絲　就地拖蔓節間生葉如指頂大葉邊似雲頭樣小黃花苗葉味甜

老鸛筋　莖微紫莖叉繁稠葉似園荽葉而頭不尖葉間開五瓣小黃花

絞股藍　五葉攢生一處邊有鋸齒開小花黃色又有開白花者結子豌豆大生則青色熟則紫黑色

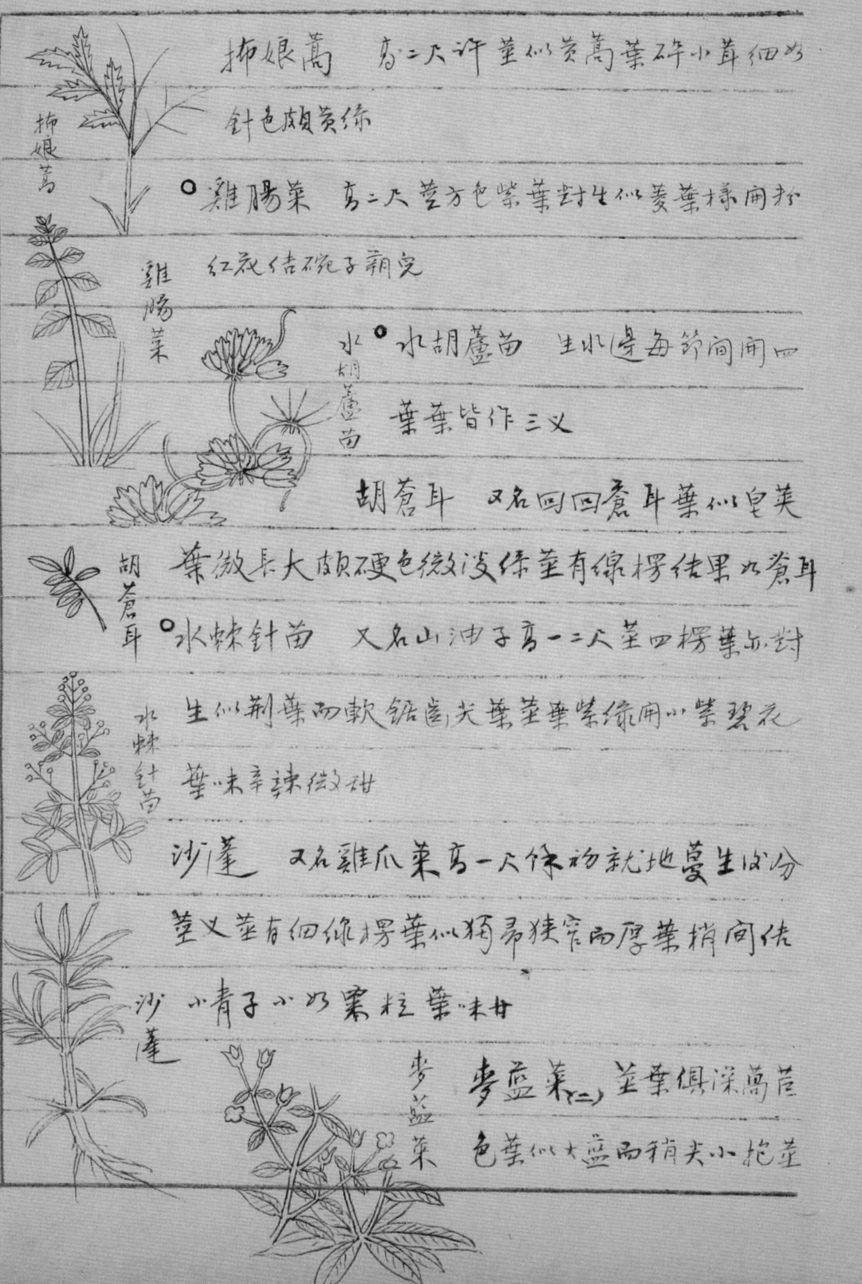

抪娘蒿　高二尺許莖似黃蒿葉碎小茸細如針色頗黃綠

○雞腸菜　高二尺莖方色紫葉對生似菱葉樣開粉紅花結碗子蒴兒

○水胡蘆苗　生水邊每節間開四葉葉皆作三叉

胡蒼耳　又名回回蒼耳葉似皂莢葉微長大頗硬色微淡綠莖有線楞結果如蒼耳

○水蕀針苗　又名山油子高一二尺莖四楞葉亦對生似荊葉而軟鋸齒尖葉莖葉紫綠開小紫碧花葉味辛辣微甜

沙蓬　又名雞爪菜高一尺餘初就地蔓生後分莖叉莖有細線楞葉似獨帚狹窄而厚葉梢間結小青子小如粟粒葉味甘

步藍菜(二)　莖葉俱深蔥色葉似大藍而稍尖小抱莖

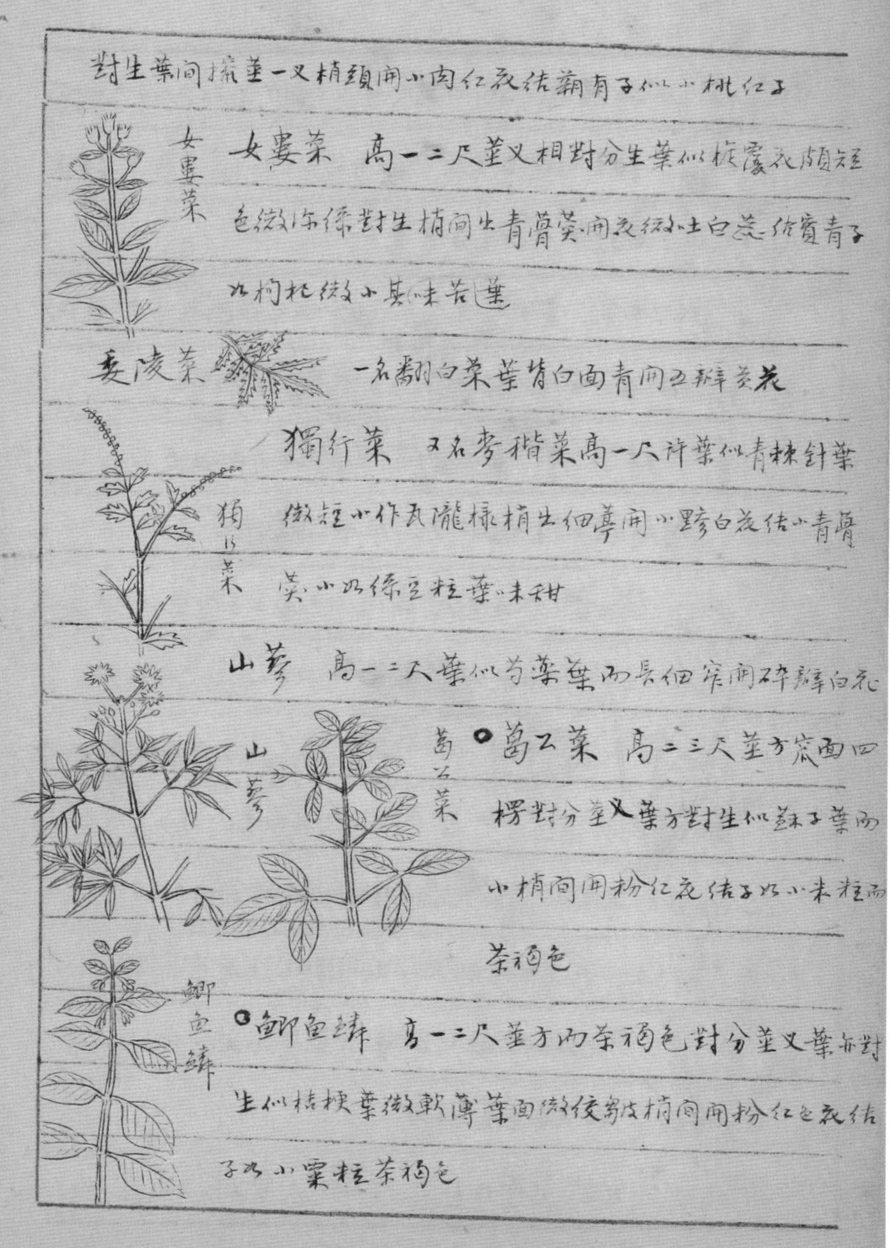

對生葉間攛莖一叉梢頭開小肉紅花結蒴有子似小桃紅子

女婁菜 高一二尺莖叉相對分生葉似旋覆花頗短色微深緑對生梢間出青膏葖開花微吐白蕊結實青子如枸杞微小其味苦葉

委陵菜 一名翻白菜葉背白面青開五瓣黃花

獨行菜 又名麥秸菜高一尺許葉似青楝針葉微短小作瓦隴樣梢出細葶開小黪白花結小青膏葖小如緑豆粒葉味甜

山蓼 高一二尺葉似芍藥葉而長細窄開碎瓣白花

葛公菜 高二三尺莖方窊面四楞對分莖叉葉亦對生似蘇子葉而小梢間開粉紅花結子如小米粒而茶褐色

鯽魚鱗 高一二尺莖方而茶褐色對分莖叉葉亦對生似桔梗葉微軟薄葉面微皺紋梢間開粉紅色花結子如小粟粒茶褐色

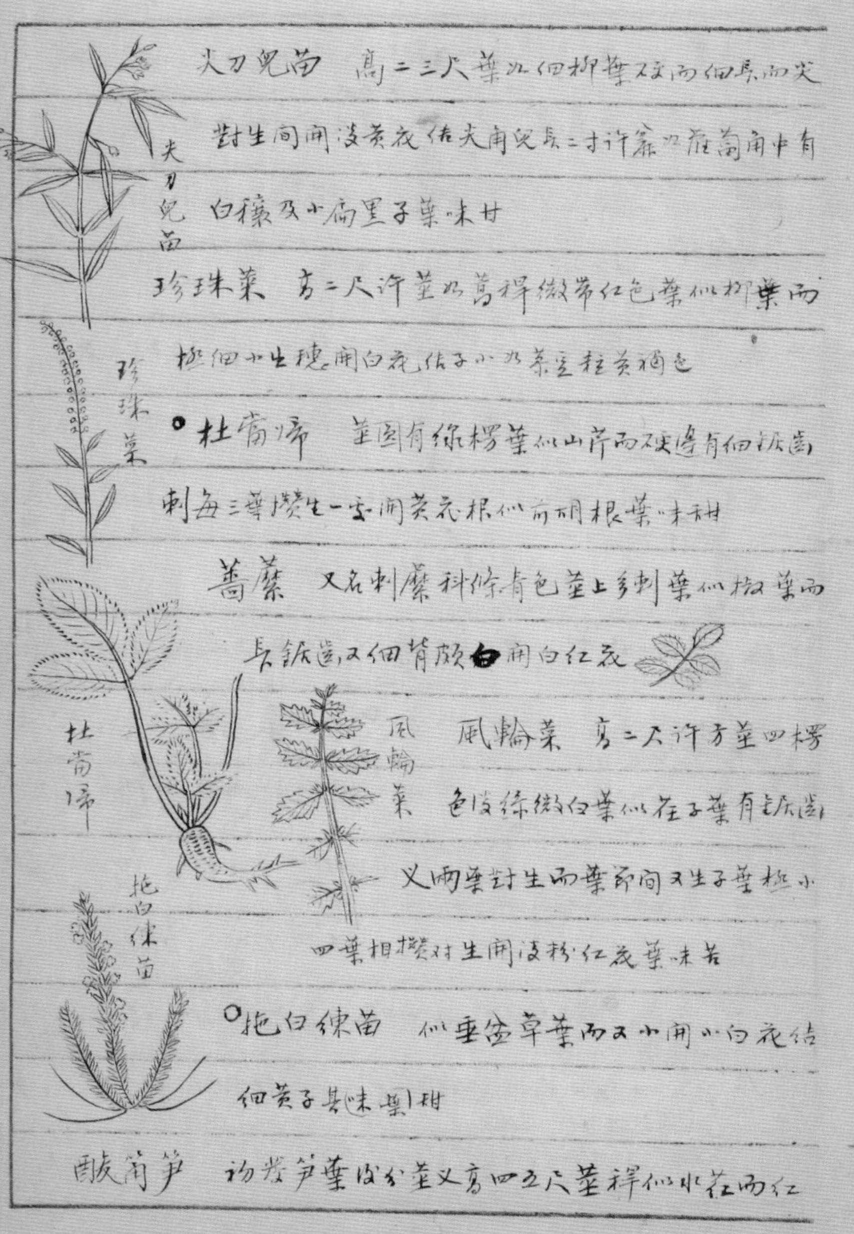

尖刀兒苗　高二三尺葉似細柳葉又似兩細長而尖對生開淡黃花結尖角兒長二寸許麁似蒲角中有白穰及小扁黑子葉味甘

珍珠菜　高二尺許莖似蒿稈微帶紅色葉似柳葉而極細小生穗開白花結子小如菉豆粒黃褐色

〇杜當歸　莖圓有線楞葉似山芹而硬邊有細鋸齒刺每三葉攢生一處開黃花根似前胡根葉味甜

薔蘼　又名刺蘼科條青色莖上多刺葉似椒葉而長鋸齒又細背頗白開白紅花

風輪菜　高二尺許方莖四楞色淡綠微白葉似荏子葉有鋸齒又兩葉對生兩葉節間又生子葉極小四葉相攢對生開淡粉紅花葉味苦

〇拖白練苗　似垂盆草葉而又小開小白花結細黃子其味(葉)甜

酸桶笋　初發笋葉後分莖又高四五尺莖稈似水荭而紅

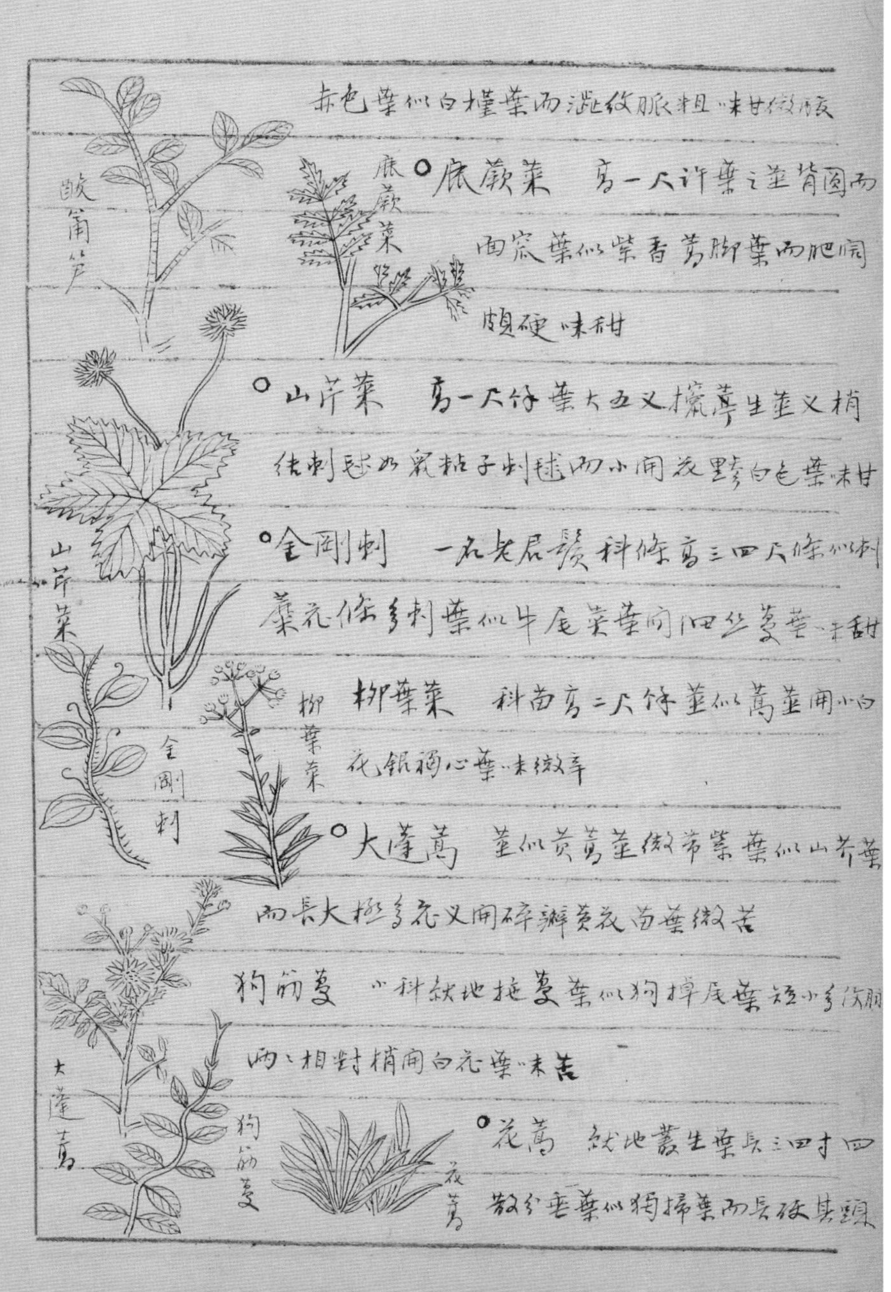
赤色葉似白槿葉而澀紋脈粗味甘微酸

○底蕨菜　高一尺許葉之莖背圓而
面窊葉似紫香蒿腳葉而肥闊
頗硬味甜

○山芹菜　高一尺餘葉大五叉攢莖生莖叉梢
結刺毬如鼠粘子刺毬而小開花黲白色葉味甘

○金剛刺　一名老君鬚科條高三四尺條似刺
蘼花條多刺葉似牛尾菜葉而四丝蔓莖味甜

柳葉菜　科苗高二尺餘莖似蒿莖開小白
花銀褐心葉味微辛

○大蓬蒿　莖似黃蒿莖微帶紫葉似山芹葉
而長大極多花叉開碎瓣黃花苗葉微苦

狗筋蔓　小科就地拖蔓葉似狗掉尾葉短小多紋脈
兩兩相對梢間白花葉味苦

○花蒿　就地叢生葉長三四寸四
散分垂葉似獨掃葉而長硬其頭

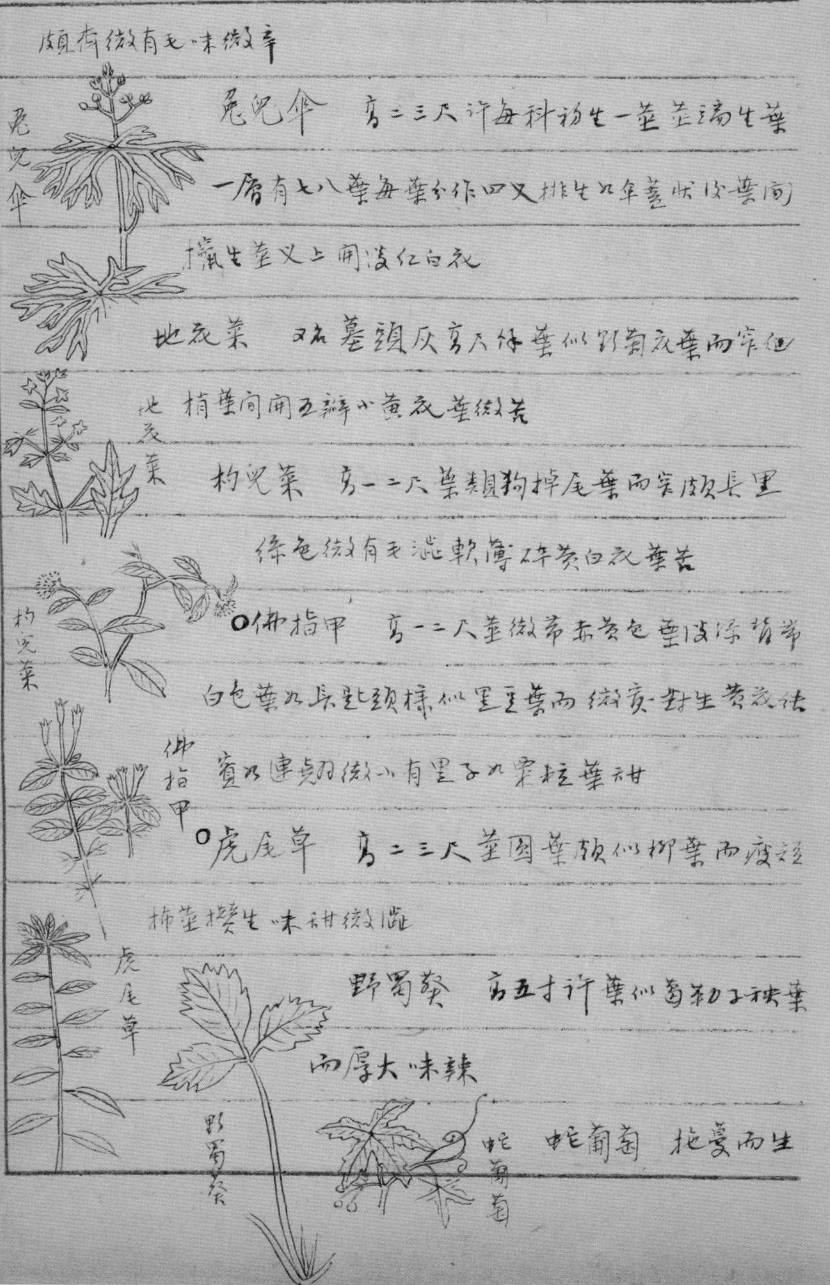

頗香微有毛味微辛

兔兒傘　高二三尺許每科初生一莖莖端生葉一層有七八葉每葉分作四叉排生如傘蓋狀後葉間攛生莖叉上開淡紅白花

地花菜　又名墓頭灰高尺餘葉似野菊花葉而窄細梢葉間開五瓣小黃花葉微苦

杓兒菜　高一二尺葉類狗掉尾葉而窄頗長黑綠色微有毛澀軟薄碎黃白花葉苦

○佛指甲　高一二尺莖微帶赤黃色葉淡綠背白色葉如長匙頭樣似黑豆葉而微寬對生黃花結實如連翹微小有黑子如粟粒葉甘

○虎尾草　高二三尺莖圓葉頗似柳葉而瘦短梢莖攢生味甘微澀

野蜀葵　高五寸許葉似葛勒子秧葉而厚大味辣

蛇葡萄　拖蔓而生

葉似菊葉而小花蘂碎莖葉間開五瓣小銀褐色花子如蔬至生青熟紅苗葉味甜

星宿菜　小科苗葉似石竹子葉而細小開五瓣小尖白花苗葉味甜

水蓑衣　生水泊邊葉似地梢瓜葉而窄葉間結小青蓇葖

牛嬭菜　拖藤蔓而生葉似牛皮消葉而大對生梢間開青白小花葉味甜

小蟲兒卧單　一名鐵線草搨地生莖色紅開小紅花苗味甜

兔兒尾苗（一）高一二尺葉似水蘇而短其目大葉味酸

地錦苗　高五七寸莖葉似園荽葉間開紫色結小角兒苗葉味苦

野西瓜苗　俗名秃漢頭一尺許開五瓣銀褐花紫心黄蕊花罷作蒴內實如楝子大

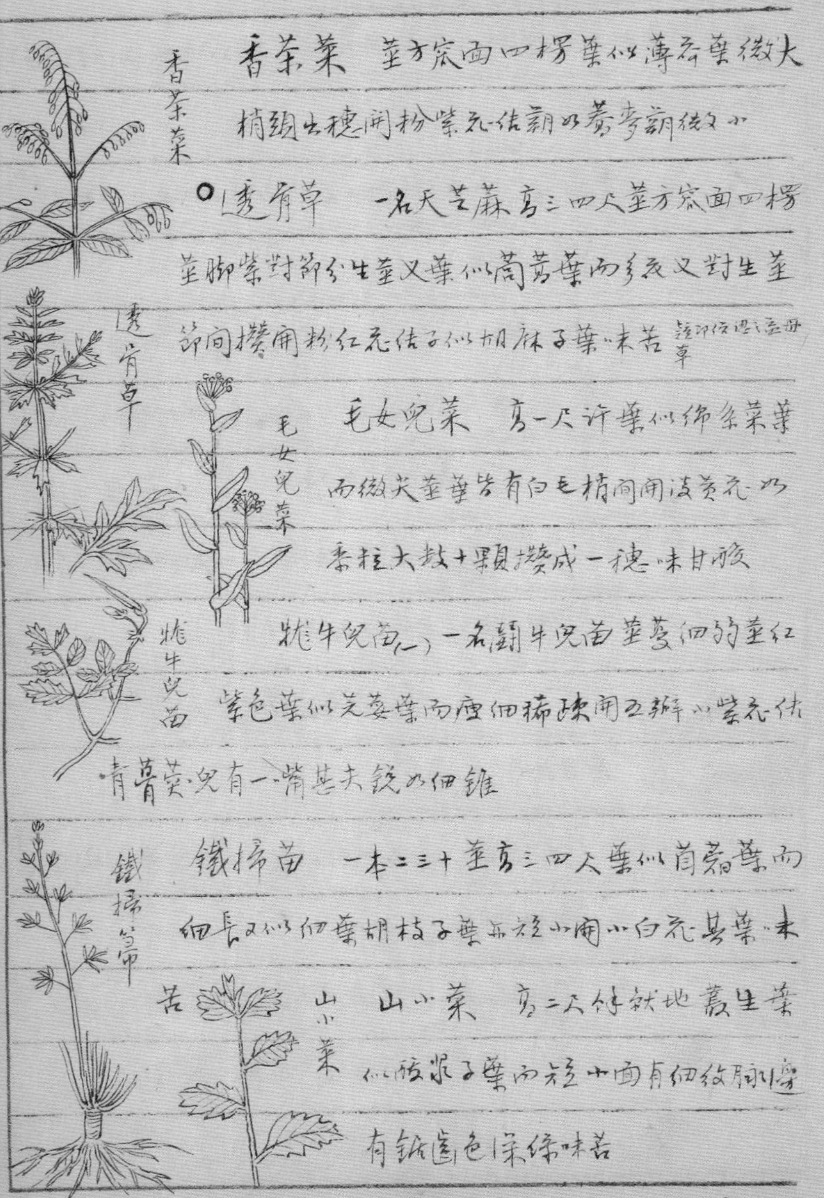

香茶菜　莖方窊面四楞葉似薄荷葉微大梢頭出穗開粉紫花結蒴似荏子蒴微小

○透骨草　一名天芝麻高三四尺莖方窊面四楞莖脚紫對節分生莖叉葉似蔄茹葉而多花叉對生莖節間攢開粉紅花結子似胡麻子葉味苦　疑即俗謂之益母草

毛女兒菜　高一尺許葉似綿絲菜葉而微尖莖葉皆有白毛梢間開淡黄花如黍粒大數十顆攢成一穗味甘酸

牻牛兒苗(一)　一名鬬牛兒苗莖蔓細弱莖紅紫色葉似芫荽葉而瘦細稀疎開五瓣小紫花結青蓇葖兒有一嘴甚尖銳如細錐

鐵掃帚　一本二三十莖高三四尺葉似苜蓿葉而細長又似細葉胡枝子葉亦短小開小白花其葉味苦

山小菜　高二尺許就地叢生葉似酸漿子葉而短小面有細紋脉邊有鋸齒色深綠味苦

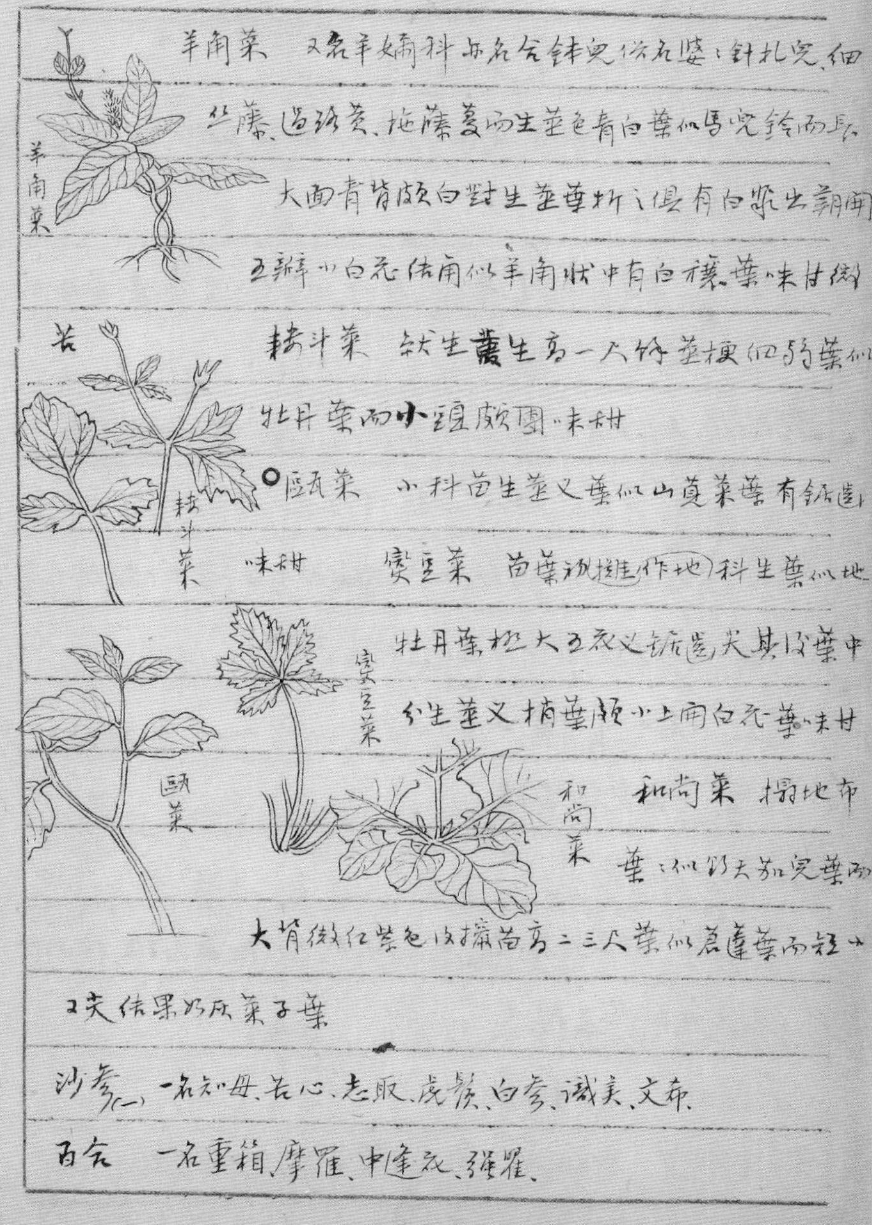

羊角菜　又名羊妳科　亦名合钵儿　俗名婆婆针扎儿、细丝藤、过路黄、拖藤蔓而生茎色青白叶似马兜铃而长大面青背颇白对生茎叶折之俱有白汁出叶间开五瓣小白花结角似羊角状中有白穰叶味甘微苦

耧斗菜　就生丛生高一尺许茎梗细弱叶似牡丹叶而小头颇团味甜

○瓯菜　小科苗生茎叉叶似山苋菜叶有锯齿味甜

变豆菜　苗叶初搨（作地）科生叶似地牡丹叶极大五花叉锯齿尖其后叶中分生茎叉梢叶颇小上开白花叶味甘

和尚菜　搨地布叶叶似初大茄儿叶而大背微红紫色后攛葶高二三尺叶似蒿蓬叶而短小又尖结果如灰菜子叶

沙参（一）一名知母、苦心、志取、虎须、白参、识美、文希、

百合　一名重箱、摩罗、中逢花、强瞿、

萎蕤 一名女萎、荧、玉竹、馬薰

天门冬 俗名萬歲藤、婆羅樹、本草名顛勒、地门冬、筵门冬、巔棘、淫羊食、管松

章柳根 本草名商陸、蓫薚根、夜呼、白昌、當陸、章陸、蓫(廣雅)馬尾(廣雅)莧陸(廣雅)

麦门冬 本草名羊韭、爱韭、馬韭、羊蓍、禹葭、禹餘糧、

苧根 苧根 高七八尺一科十數莖葉如楮葉而不花叉面青背白上有短毛葉間出細穗花如白楊而長每一朵凡十數穗花青白色子熟茶褐色根黄白色如手指粗

蒼术 一名山薊、山薑、山連、山精、

菖蒲 一名堯韭、昌陽、

溪蓀 一名蘭蓀

葍子根 俗名打碗花、兔兒苗、狗兒秧、燕葍根、秧子根

纏枝牡丹 一名穰花

荻蘆根 俗名甜絲不毒

○野胡蘿蔔 葉似家胡蘿蔔俱細小葉間攛葶生莖叉開小白花

家衣撑開如傘蓋狀結子比蛇床子大

綿棗兒 一名石棗兒 根類獨顆蒜又似棗形而白 味甜

土圞兒 一名地栗子

野山藥 藤似葡萄條稍细藤頗紫色葉似家山藥而大微尖根比家山藥極细瘦甚硬皮色微赤味微甜

金瓜兒 苗初生似胡蘆葉微小莖方莖葉俱有毛刺開五瓣碗子黄花結子如馬瓟大生青熟红根形如雞彈微小皮土黄色内則青白色味微苦

细葉沙參 高一二尺葉如石竹子葉而细長開紫色花

雞腿兒 一名翻白草 葉背白似地榆而细長開黄花

山蔓菁 高一二尺莖葉皆萵苣色葉似桔梗不對生根如沙參如手指麄皮灰色中白色味甜 即今之地參

老鴉蒜 葉出土四垂狀如蒲而短背起劍脊根如蒜味甜

山蘿蔔 高五七寸葉似菊而闊大微有艾香每莖五葉排生梢開紫花

地參 又名山蔓菁高一二尺葉似初生桑科小葉又似

桔梗葉微長開花似鈴鐸樣淡紅紫色皮色蒼肉里參白色味甜

註詳前之山蔞青四圍語全相彷彿只產地不同也

獐牙菜

獐牙菜 生水邊苗塌地生葉似龍鬚菜葉而長窄嫩薄葉頭圓而不尖根如牙根而嫩色黑灰味甜

雞兒頭苗

○雞兒頭苗 稍生葉五個攢生有花叉小鋸齒兩五瓣黃花根如香附子而鬚長皮黑肉白味甜

雀麥 本草名燕麥、蘥、苗似燕麥而細弱

回回米 本草名薏苡仁、解蠡、屋菼、起實、贛、草珠兒、西番蜀秫、

蒺藜子 本草名旁通、屈人、止行、豺羽、升推、即藜、茨

苘子 本草名檾實 即苘麻　　稗子 脚葉頗帶紫色

䅟子 苗葉似稻但差短　　川穀 結子似草珠兒

莠草子 苗葉似穀而葉微瘦梢間細毛穗

野黍 科苗較家黍細弱穗亦瘦小

雞眼草 又名掐不齊　　燕麥(一) 苗似麥但細弱結細長穗

潑盤

潑盤 一名托盤高五七寸莖葉有小刺葉背白結子作穗如半柿大類小盤堆石榴顆狀下有蒂

承以柿蒂味甘酸　　絲瓜苗 丝瓜

地角兒苗　○地角兒苗　一名地牛兒苗搨地生一根分數十莖葉似胡豆葉微小葉生莖面每攢四葉對生一處生梢開淡紫花結角似連翹角而小

馬廄兒　就地拖秧而生葉似甜瓜葉極小開黃花結實比雞彈微小

山綠豆(一)一名山豌豆高尺許莖窊面劍脊葉似竹葉而齊短兩兩對生淡紫花結小角豆扁味甜

龍芽草　一名瓜香草高一尺餘莖多澁毛開五瓣小圓黃花結青毛蓇葖

地稍瓜　高尺許葉似獨帚葉而細窄尖硬開小白花結角長大如蓮子兩頭尖艄

錦荔枝　又名癩葡萄

雞冠果　雞冠果　一名野楊梅高五七寸葉似潑盤葉而小開五瓣黃花結實似紅小楊梅狀甜酸

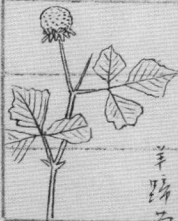

羊蹄苗　一名東方宿、連蟲陸、鬼目、蓄，俗呼猪耳朵苗搨地生後攛生莖叉花青白

成穗子三棱

蒼耳　本草名葈耳，俗名道人頭，喝起草，胡葈，地葵，葹，常思，羊負來，卷耳，苓耳

姑娘菜　俗名燈籠兒，又名掛金燈，酸漿，醋漿

土茜苗　本草名茜根，地血，茹藘，茅蒐，蒨，牛蔓

王不留行　又名剪金草，禁宮花，剪金花

白薇　一名白幕，薇草，春草，骨美，葉類柳葉而闊短花紅色又云紫色結角似地稍瓜而大有白瓤

蓬子菜　莖有紅紫線楞葉似鹼蓬葉微細

胡枝子　亦名隨軍茶

米布袋　生田野中苗搨地生梢頭攢結三四角

天茄苗兒　高二尺許莖有綠楞葉似姑娘草葉大而開五瓣小白花子似野葡萄大紫黑色味甜

苦馬豆　高二尺許莖上有細毛葉似胡豆葉微小枝葉間開紅紫花結殼如拇指頂大頂間多虛俗呼羊尿胞內有子茶褐色

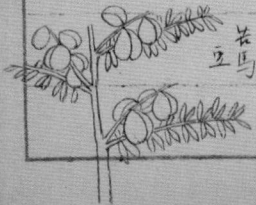

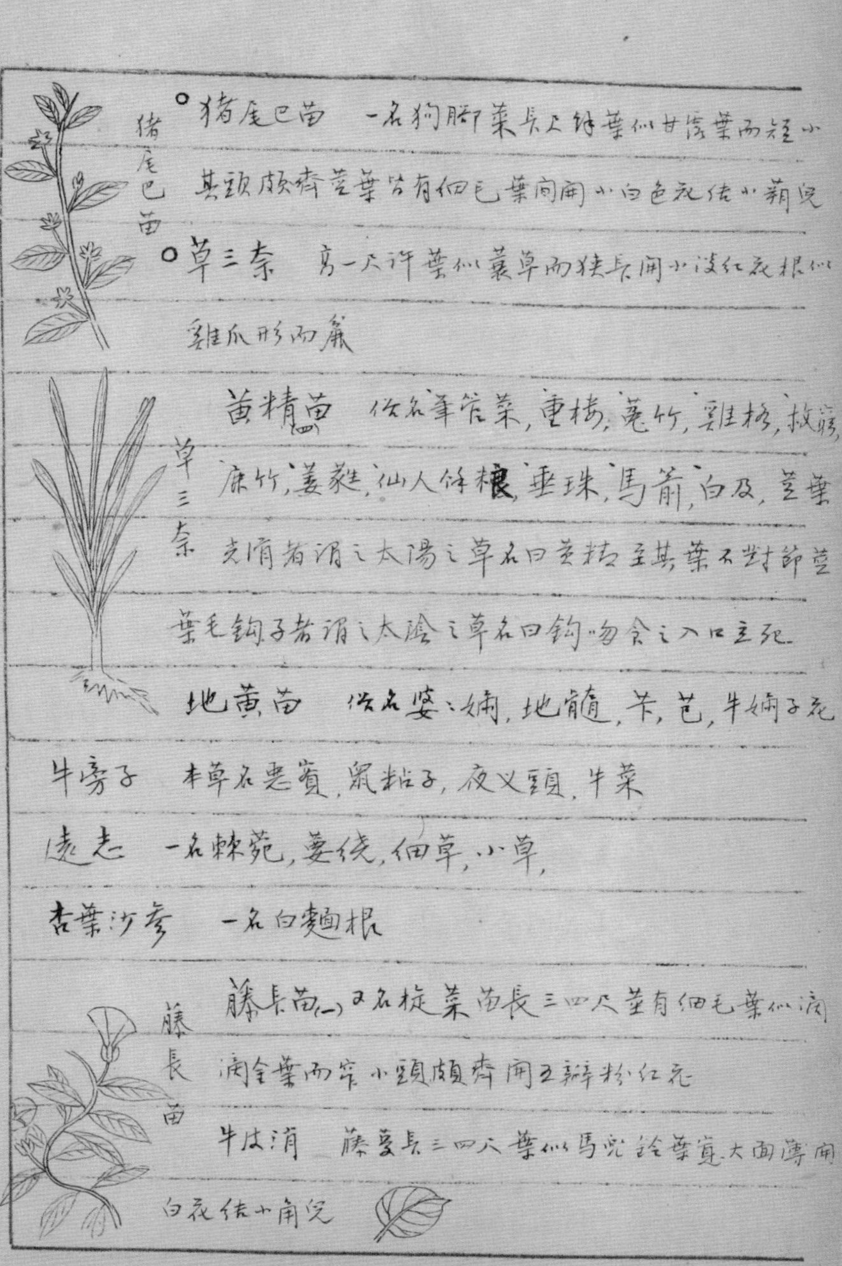

〇猪尾巴苗　一名狗脚菜長尺餘葉似甘露葉而短小其頭頗齊莖葉皆有細毛葉間開小白色花結小蒴兒

〇草三奈　高一尺許葉似蓑草而狹長開小淡紅花根似雞爪形而麄

黄精苗　俗名筆管菜，重樓，菟竹，雞格，救窮，鹿竹，萎蕤，仙人餘糧，垂珠，馬箭，白及，莖葉光滑者謂之太陽之草名曰黄精至其葉不對節莖葉毛鉤子者謂之太陰之草名曰鉤吻食之入口立死

地黄苗　俗名婆婆妳，地髓，芐，芑，牛妳子花

牛蒡子　本草名惡實，鼠粘子，夜义頭，牛菜

遠志　一名棘菀，葽繞，細草，小草，

杏葉沙參　一名白麵根

藤長苗(一)又名旋菜苗長三四尺莖有細毛葉似滴滴金葉而窄小頭頗齊開五瓣粉紅花

牛皮消　藤蔓長三四尺葉似馬兜鈴葉寬大而薄開白花結小角兒

菹草　生陂塘水泽中茎如麻線長四尺餘葉形似柳葉而狹長故名柳葉菹又有葉似蓬子葉者

水豆兒　一名藏菜茎葉比菹草又细狀類细線根下有豆如退皮菉豆瓣味甘

水葱　生水边及浅水中科苗彷彿家葱而極细長梢頭结蓇葖開黪白花

蒲笋　其苗乃香蒲即甘蒲也一名雎，醮，

蘆笋　其苗即葦子草爾雅謂之葭華

茅芽根　本草名茅根，蘭根，茹根，地菅，地筋，兼杜，白茅菅，茅针

葛根　一名雞齊根，鹿藿，黄斤，

何首烏　一名野苗，交藤，夜合，地精，陳知白，桃柳藤，九真藤，

瓜楼根　俗名天花粉，括楼實，地楼，果臝，天瓜，澤姑，黄瓜，

磚子苗　一名岡子苗

菊花 一名節華，日精，女節，女華，女莖，更生，周盈，傅延年，
陰成， 金銀花 本草名忍冬，鷺鷥藤，左纏藤，金釵股，
老翁鬚，忍冬藤， 望江南三 其花名茶花兒或名槐豆，決
明， 大蓼 黑三稜 荇絲菜 又名金蓮兒，藕蔬菜，
水慈菰 俗名剪刀草，剪搭草， 茭笋 本草有菰根，
菰蔣草，茭草，茭白，菰菜， 茶樹 本草茗，苦搽，
夜合樹 本草名合歡，合昏， 木槿樹 即木槿
白楊樹 黄櫨 椿樹芽
椒樹 本草蜀椒， 南椒，巴椒，蓎藙，
椋子樹 本草有 椋子木 雲葉
黄楝樹 凍青樹 高丈許枝葉似枸骨子樹凌冬不凋
開白花结子如豆粒大青黑色
○穁芽樹 科條似槐條葉似冬青葉微長白花结
青白子 ○月芽樹 又名芿芽莖似槐條葉似歪
頭菜葉兩兩對生
○女兒茶 一名牛李子，牛筋子，
（即凍緑）

黄櫨

穁芽樹

女兒茶

省沽油　又名珍珠花 每三葉攢生 開白花似珍珠色

○回回醋　一名淋樸樕树 高丈余 似兜櫨树葉而厚大 边有大鋸齒 或三葉五葉攢生一莖 開白花 結子如豌豆 熟則紅紫色

○白槿树

槭树芽　老葉兒树　青楊树

○龍柏芽　兜櫨树

青岡树　檀树芽　葉似槐 開淡粉紫花　山茶科

○木葛　高丈余 枝似杏枝 葉似杏葉而圓 又似葛根葉而小

花楸树　白辛树　木欒树

○烏棱树　葉似省沽油葉而背白 開白花 結子如梧桐子大 生青熟烏黑

刺楸树

○黄絲藤

○山格刺树

○統树　高丈余 葉似槐葉而大 卻頗軟薄 開淡紅花 結子如菉豆大 黄茶褐色

○報馬树　枝似桑條 葉似青檀葉而大 边有花叉

椴树

○臭蓀　高四五

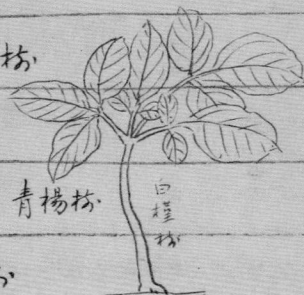

尺五葉攢生開花白色　堅莢樹　○臭竹樹　葉似楸葉而厚

面青背白　○馬魚兒條　俗名山皂角葉似初生刺蘗花葉而小

枝梗色紅有刺似棘針微小

○老婆布鞋　科條淡蒼黃色

葉似匙頭樣色嫩綠而光俊

○雞核樹　俗名雞李子高四五尺枝條

有刺葉而似枸杞葉而尖長花開白色結子紅紫色狀類五

味子　酸棗樹　爾雅謂之樲棗

橡子樹　本草橡實櫟木子也其殼名橡斗

荊子　本草有牡荊實一名小荊實俗名黃荊

實棗兒樹　本草名山茱萸一名蜀棗雞足、鬾實、鼠矢、

孩兒拳頭　本草名莢蒾一名擊蒾、弄先、

○山梨兒　一名金剛樹又名鐵刷子高三四尺枝上有

刺葉似杏葉頗團小開白花結實似葡萄粿大熟則紅

黃色　山裏果兒　一名山裏紅又名映山紅果　無花果

○青舍子條　科條微帶柿黃色葉似胡枝子葉而光

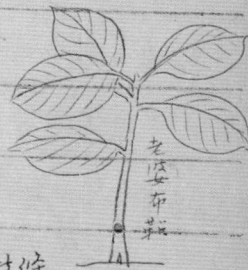

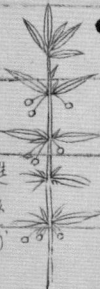

稍微尖開淡粉紫花結子似枸杞子微小生青後變紅熟則

紫黑

白棠子樹　一名沙棠梨兒一名羊嬭子樹又名剪子果葉

似棠葉而窄小色頗淡白結子如豌豆大

揚棗

○木桃兒樹　高五尺枝條上氣脈積聚爲疙

瘩狀類小桃兒極堅實葉似楮葉而狹小有

細鋸齒梢間開淡紫花結子如楝桐子而大熟

則銀褐色

木桃兒樹

○石岡橡　高丈許葉似橡櫟極小而薄有鋸齒開黄花結

實如橡斗而極小

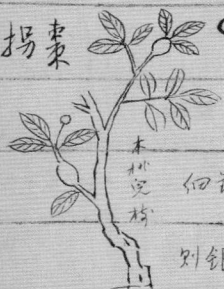

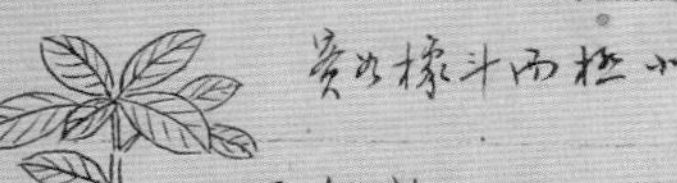

石岡橡

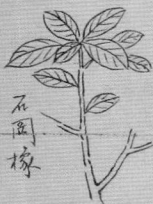

○水茶臼　科條四五尺莖有小刺葉似大葉胡枝

子葉而有尖開黄白花結果如杏大狀似甜瓜瓣

而色紅味甜酸

野木瓜(一)一名八月樝又名杵瓜

○土欒樹　木高大堅勁人常採斫爲秤幹葉似木葛葉

微狹而厚背頗白微毛開淡黄花結子小如豌豆而扁

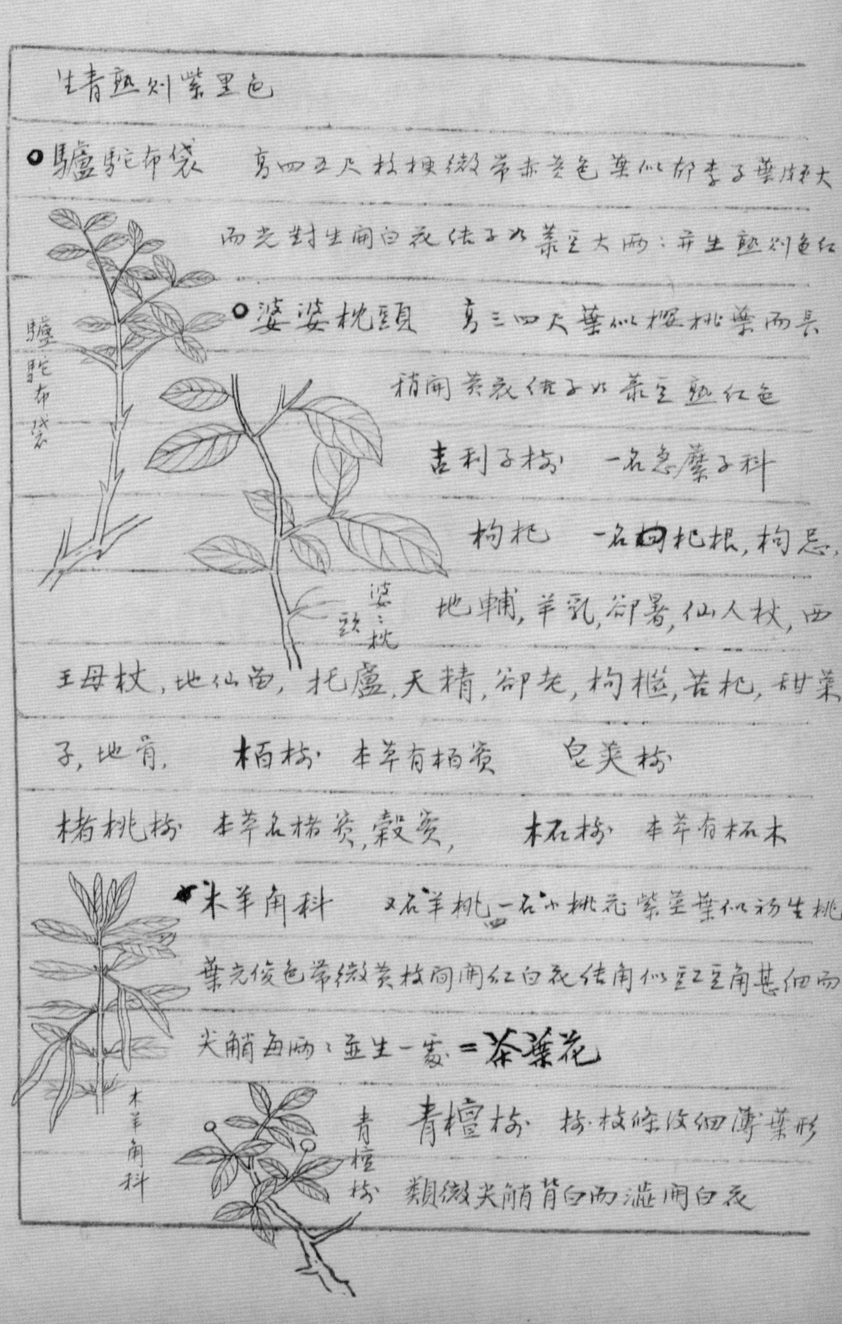
生青熟则紫黑色

○驢駝布袋　高四五尺枝梗微带赤黄色叶似郁李子叶颇大而光对生开白花结子如菉豆大两两并生熟则色红

○婆婆枕頭　高三四尺叶似樱桃叶而长稍开黄花结子如菉豆熟红色

吉利子树　一名急縻子科

枸杞　一名枸杞根，枸忌，地辅，羊乳，却暑，仙人杖，西王母杖，地仙苗，托盧，天精，却老，枸檵，苦杞，甜菜子，地骨，

栢树　本草有栢实

皂荚树

楮桃树　本草名楮实，穀实，

柘树　本草有柘木

●木羊角科　又名羊桃一名小桃花紫茎叶似初生桃叶光俊色带微黄枝间开红白花结角似豇豆角甚细而尖艄每两两并生一处＝茶叶花

青檀树　树枝条纹细薄叶形类微尖艄背白而涩开白花

臘梅花　　藤花菜 原图係藤花　　科條叢生葉似皂角葉而

大淺黄綠色枝間開淡紫花味甘

壩齒花　本名錦鷄兒又名醬瓣子

楸樹(一)甚高大木可作琴瑟葉類梧桐而薄小葉梢作

三角尖叉開白花味甘

馬棘(一)科條高四五尺葉似蒺藜葉而硬稍間開粉紫花

形狀如錦鷄兒花微小味甜

槐樹芽　本草有槐實　　棠梨樹　葉有鋸齒開白花

文冠花　　陝西人呼為崖木瓜花彷彿藤花而

色白穗長四五寸結實狀如枳殻而

三瓣中有子二十餘如肥皂莢子　　桑椹樹 即桑

榆錢樹　本草有榆皮一名零榆　　竹笋

野豌豆　開粉紫花　　勞豆　葉似黑豆

葉而窄小開　淡紫花豆似黑豆極小

山扁豆　　回回豆　又名那合豆葉似蒺藜葉而細鋸

齒開五瓣淡黄花如蒺藜花樣結角如杏仁樣而肥有豆如

牽牛子微大，味亦甘

胡豆 葉似苜蓿葉而细，莖葉间開淡葱白褐花，结小角，有豆如䜱豆

味甜 蚕豆 山菉豆 苗莖似家菉豆，微细，開白花，角亦瘦

小豆黯綠色 荞麦苗 荞麦 御米花 本草名罂子粟，象穀，

米囊，囊子， 赤小豆 山絲苗 本草有麻蕡，麻勃，荸，

麻母，即大麻 油子苗 本草有白油苗，俗名芝麻 即芝麻

黄豆苗 黄豆 刀豆苗 刀豆 眉兒頭豆 南名扁豆，豆色黑褐

而皆白眉 ○紫豇豆苗 与豇豆同，惟结角色紫，長尺许

蘇子苗 一名紫蘇苗 豇豆苗 山黑豆 三葉攢生，居中

葉大，傍兩葉微圓小，開紅花，角比家黑豆瘦小。

舜芒穀 俗名红落藜，高五尺餘，葉似灰菜葉而大，微帶红色，莖亦

高粗，可為拄杖，其中心葉甚红，葉间出穗，结子如粟米颗，灰青色，味甜

櫻桃樹 胡桃樹 柿樹 梨樹 葡萄 李子樹

木瓜 ○櫨[×]子樹 高丈许，葉似冬青葉，稍闊厚，背色微

黄，结果似木瓜，稍圓，味酸甜微澀 郁李子 菱角

軟棗 君遷子 野葡萄 俗名烟黑，似家葡萄，但皆细小

×櫨 該是樝 因樝子与木瓜同原也

梅杏树　野樱桃　葉似李葉更尖白花結實比樱桃小

熟則鲜红　石榴　杏树　棗树　桃树

沙果子树　一名花红即柰有多種

芋苗　本草名土芝俗呼芋頭　蓮藕　雞頭實芡

铁荸脐　本草名烏芋　蔓菁菜　莧菜

苦苣菜　本草即野苣，褊苣，天精菜，　馬齒莧菜　又名

五行草　苦蕒菜(一)俗名老鸛菜　莙薘菜　邪蒿

同蒿　冬葵菜　本草冬葵子　蓼芽菜　本草有蓼實

苜蓿(一)開紫花 紫苜蓿　薄荷　一名雞蘇又有胡薄荷俗呼

新羅薄荷又有南薄荷葉微小　水蘄　俗作芹菜一名

水英　荆芥　本草名假蘇，鼠蓂，薑芥，

香菜　高一尺許莖方窊面四棱莖色紫赤葉似薄荷葉微小

邊有細鋸齒亦有細毛梢開花穗淡藕褐色味辛香

銀條菜　葉似莴苣擫葶高二尺許開四瓣淡黄花結蒴似

蕎麥蒴而圓中有小子如油子大

後庭花　一名雁来红葉中心红色又有黄色相間亦有通身红

者亦有紫色者　　火焰菜　苗葉俱似菠菜但葉梢微紅形如火焰結子亦似菠菜子苗葉味甜　　山葱　一名隔葱，鹿耳葱　葉似玉簪葉微團葶似蒜葶梢頭似葱蓇葖白花

○背韭　葉頗似韭葉而寬大根似葱根味辣

水芥菜　似家芥菜葉極小色微淡綠葉多花叉開小黃花結細短小角兒味微辛

遏藍菜　　牛耳朵菜　一名野芥菜高一二尺苗莖似萵苣葉似牛耳朵形而小葉間分攛葶叉開白花

○山白菜　葉頗似家白菜而莖葉細長葉尖角背有鋸齒叉

○山宜菜　又名山苦菜葉似蒲公英葉而大葉根兩傍有叉背白

山宜菜

山苦蕒　高二尺餘莖似萵苣葶而節稠其葉甚花有三五尖似花苦苣開淡棠褐花表微紅　图上花形類菊當似菊科者

南芥菜　葉似芥葉（菜）但小而有毛澀梢頭開淡黃花結小蒴

山萵苣　葉似萵苣而小葉脚花叉頗少葉頭微尖边有細鋸齒攛葶開淡黃花

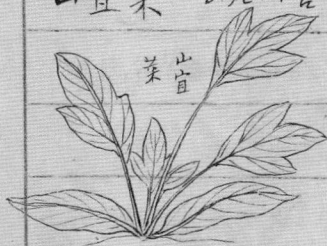

黄鵪菜　葉似初生山萵苣葉而小葉脚边微有花叉又似
孛孛丁葉而頭頗團攛葶高五六寸許開小黄花

黄鵪菜

○蠆兒菜　葉似匙頭樣頗長又似牛耳朵
菜葉而小微澀味苦葉塌地生

孛孛丁菜　又名黄花苗　南人俗名黄花郎　本草蒲公英

山薤

○紫韭　似韭葉團细而瘦攛葶開花似韭花狀粉紫色

○野韭　似韭苗葉極细弱葉團比紫韭又细小攛葶開
小粉紫花

甘露兒

地瓜兒苗　莖方
四稜葉似薄荷微長大根形類甘露兒更長味甘　元庵先生於甘露下云又
一種与甘露同而根作直枝云即俗名銀條菜　辛按非本書前之銀條菜（十字花科）
乃与地瓜兒苗相似　按因地瓜兒苗与甘露兒皆屬唇形科極相似惟地瓜兒苗
根直云即与元庵先生說合

澤蒜　又名小蒜　生山中者名蒚　疑是錯字
苗似细韭葉攛葶開淡粉紫花根似蒜而甚小

樓子葱　俗名龍爪葱

○薤韭　一名石韭　似蒜葉而
窄狹花似蒜花頗大根似韭根甚粗味辣

○水蘿蔔　生下濕地葉似蒿葉形而厚大鋸齒尖花葉又似
水芥葉亦厚大後分莖叉梢開淡黄花結小角兒根如白菜根

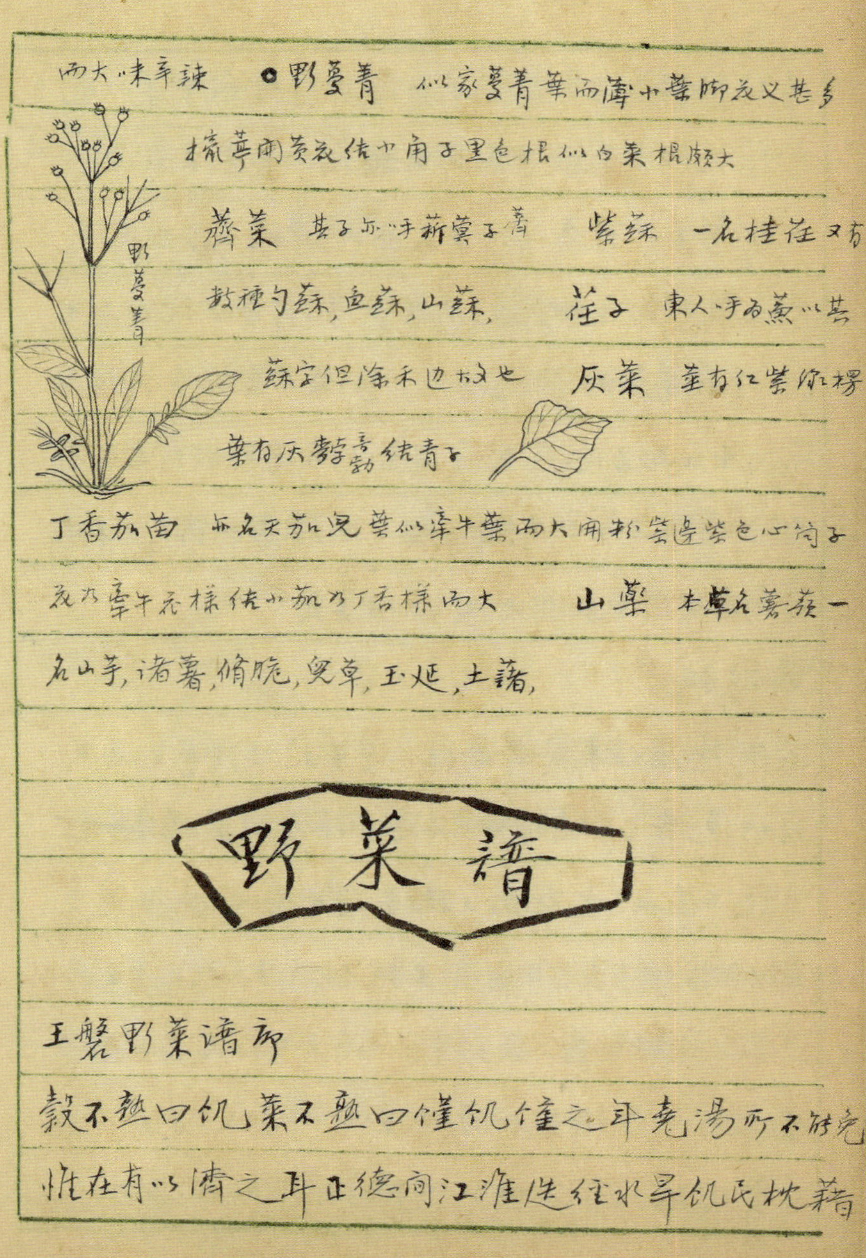

而大味辛辣　●野蔓菁　似家蔓菁葉而薄小葉脚花叉甚多
梢頭開黄花結小角子黑色根似白菜根頗大
薺菜　其子亦呼菥蓂子蒿　紫蘇　一名桂荏又有
数種勾蘇、魚蘇、山蘇、　荏子　東人呼爲蘇以其
蘇字但除禾边故也　灰菜　莖有紅紫線楞
葉有灰𦼮音勒結青子
丁香茄苗　亦名天茄兒葉似牽牛葉而大開粉紫邊紫色心筒子
花如牽牛花樣結小茄如丁香樣而大　山藥　本草名薯蕷一
名山芋、诸薯、脩脆、兒草、玉延、土藷、

野菜譜

王磐野菜譜序

穀不熟曰饑菜不熟曰饉饑饉之年堯湯所不能免
惟在有以濟之耳正德間江淮迭經水旱饑民枕藉

道路，有司雖有賑發，不能遍濟，率皆採摘野菜以充食，賴之活者甚衆。但其間形類相似，美惡不同，誤食之，或至傷生，此野菜譜所不可無也。予雖不爲世用，濟物之心未嘗忘。田居朝夕，歷覽詳詢，前後僅得六十餘種，取其象而圖之，俾人人易識，不至誤食而傷生，且因其名而爲詠，庶幾乎因是以流傳，非特於吾民有所補濟，抑亦可以備觀風者之採擇焉，此野人之本意也。同志者因其未備而廣之，則又幸矣。

張綖跋

昔陶隱居注本草，謂誤注之害甚於注周易之誤。其言雖過，要之有補於世也。吾西樓著野菜譜，觀其自敘，與隱居之意照較又微矣。雖然，無逸、豳風其言稼穡艱難至矣。自井田廢，王政缺，民生之艱尤有不忍言者。斯譜備述小民艱食之情，凡我仁人君子觀之，當惻然而感，惻然而傷，由是而講孟子之王道、周官之荒政，思艱圖易，使怨咨者以安樂，而以顧不特

多识庶草之名已也，故曰可以备观风者之采择意正在此欤

然则斯谱也孰谓其微矣孰谓其微矣

白鼓钉

白鼓钉，白鼓钉，丰年赛社鼓不停，凶年罢社鼓绝声，鼓绝声，社公恼，白鼓钉，化为草 即蒲公英

猪殃殃

猪殃殃，胡不祥，猪不食，遗道傍，我拾之，充糇粮

丝荞荞

丝荞荞，如丝缕，昔为养蚕人，今作挑菜侣，养蚕不成衣，挑菜不满筥，张家姑，李家女，陇头相见泪如雨 二三月采熟食 四月结角不用

浮蔷 雨久花

采浮蔷，涉彼沧浪，无根可托，有茎可尝，野风浩浩，野水茫茫，飘荡不返，若我流亡

入夏生水中 六七月内采 生熟皆可以食

牛塘利

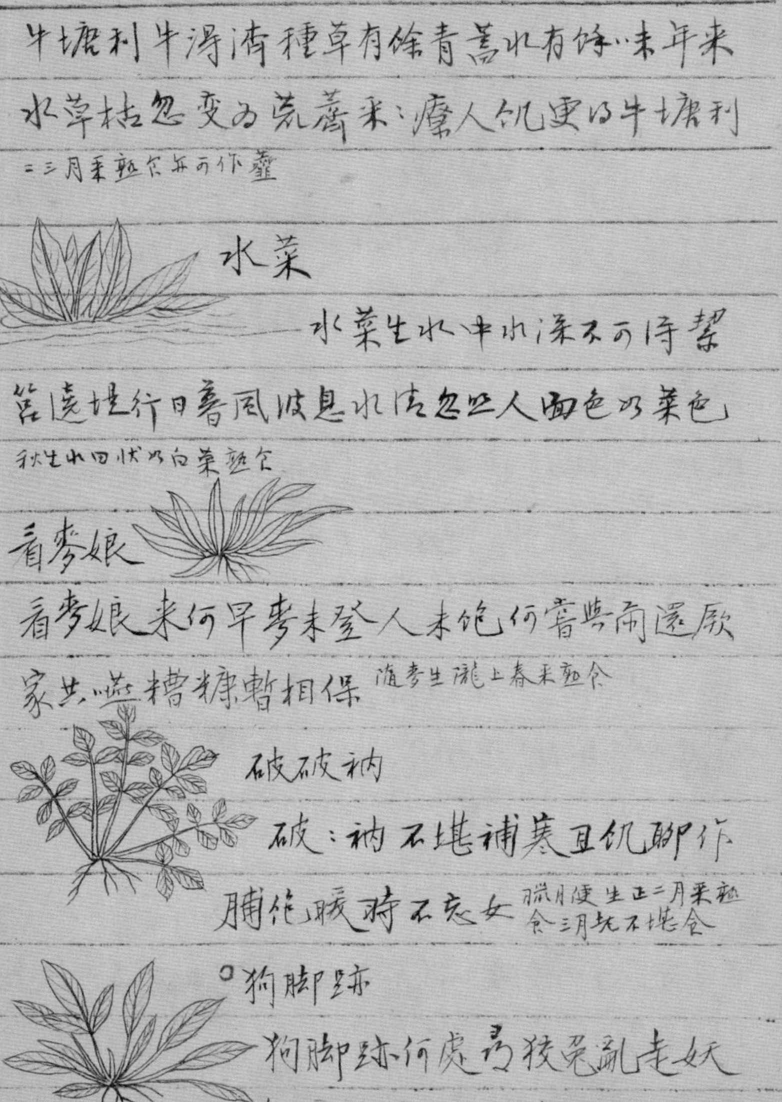

牛塘利牛得济種草有餘青盖水有餘味未年来水草枯忽变为荒蕪采采療人飢更为牛塘利

二三月采熟食亦可作虀

水菜

水菜生水中水深不可得幫筏遠堤行日暮風波息水清忽照人面色如菜色

秋生水田状如白菜熟食

看麦娘

看麦娘来何早麦未登人未飽何當與爾還家共嚥糟糠暫相保 随麦生隴上春采熟食

破破衲

破破衲不堪補寒且飢聊作脯飽暖時不忘女 臘月便生正二月采熟食三月老不堪食

狗脚跡

狗脚跡何處尋狡兔亂走妖狐吟北風揚沙一尺深狗脚跡何

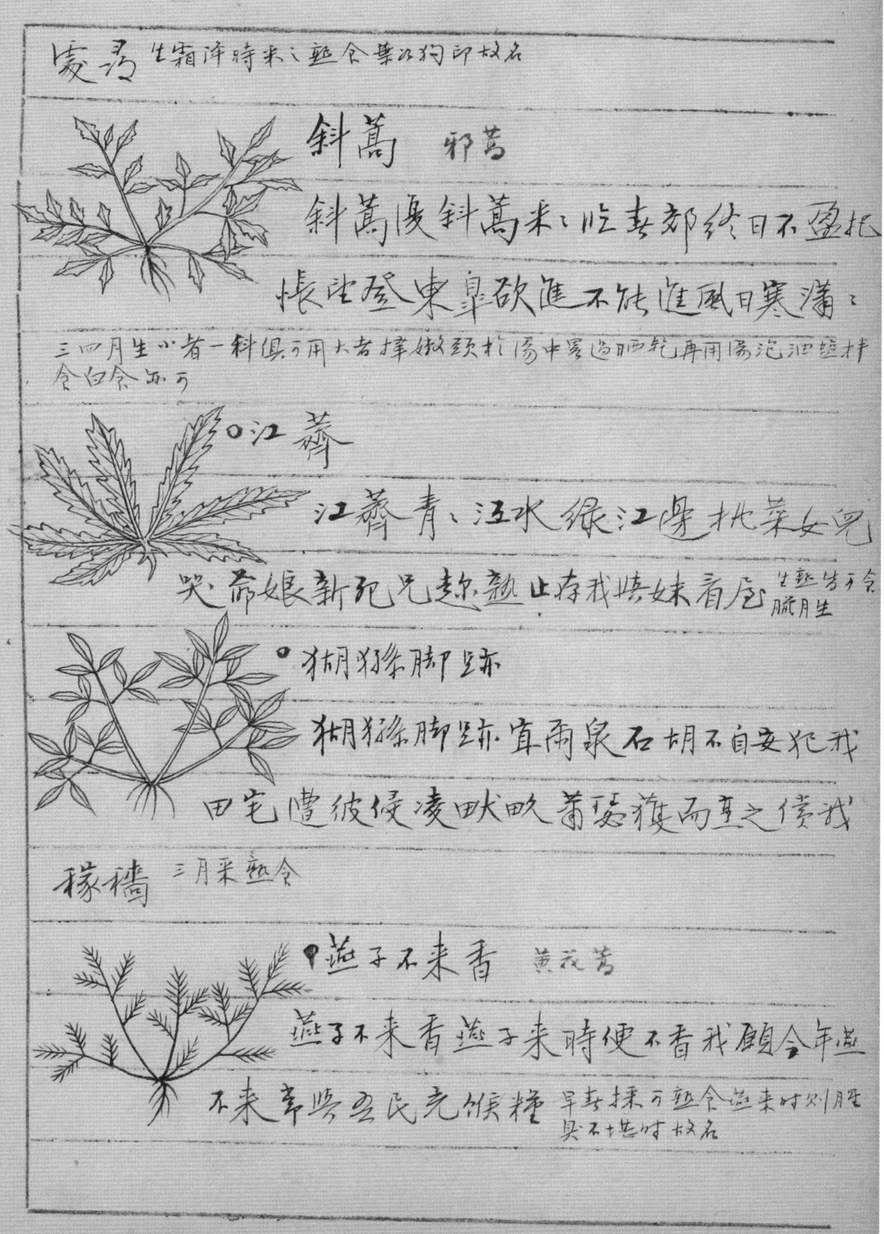

[illegible] 生霜降时采之熟食叶似狗印故名

斜蒿 邪蒿

斜蒿复斜蒿采采临春郊终日不盈把

怅望登东皋欲进不能进风日寒萧萧

三四月生小者一科俱可用大者择嫩头於汤中略过晒干再用汤泡油盐拌食白食亦可

江荠

江荠青青江水绿江边挑菜女儿

哭爷娘新死兄远远去止存我与妹看屋 生熟皆可食 腊月生

猢狲脚迹

猢狲脚迹宜向泉石胡不自安犯我

田宅遭彼侵凌畎畎萧萧获而烹之偿我

稼穑 三月采熟食

燕子不来香 黄花蒿

燕子不来香燕子来时便不香我愿今年燕

不来常与野民充饥粮 早春采可熟食燕来时则腥臭不堪时故名

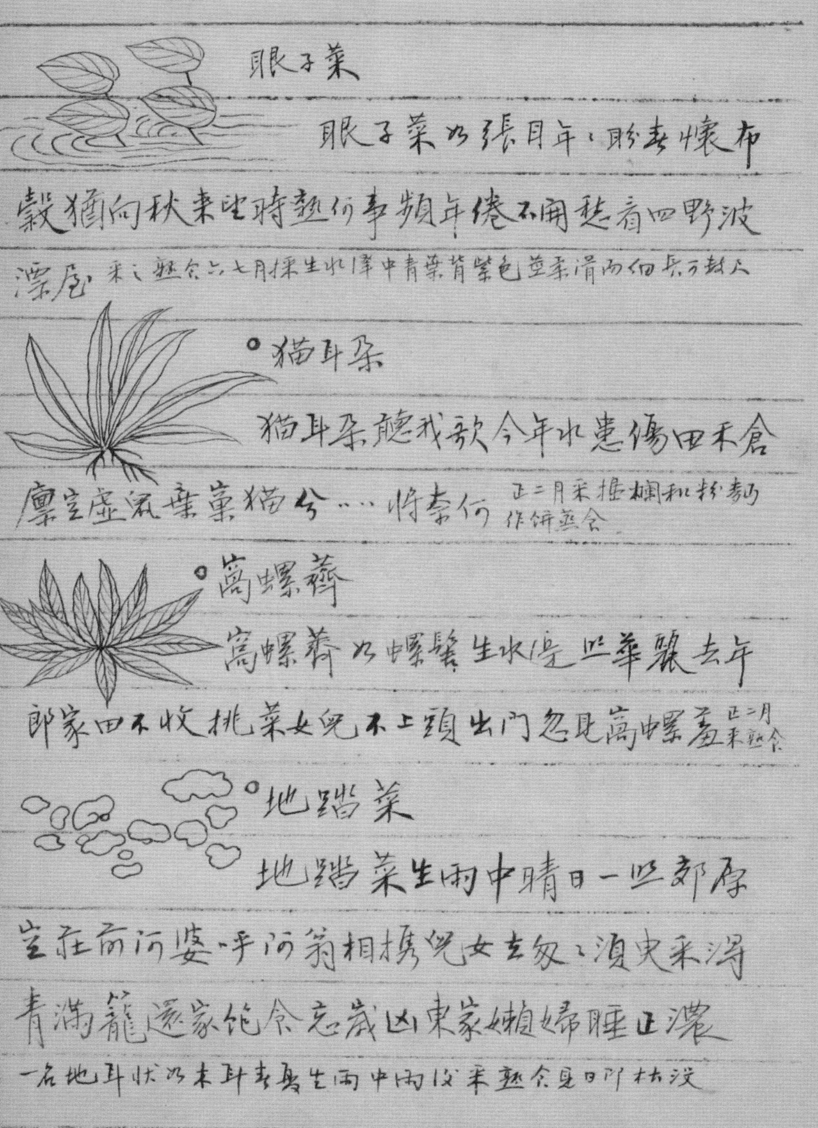

眼子菜

眼子菜，如張目，年〻盼春懷布穀，猶向秋來望時熟。何事頻年倦不開，愁看四野波漂屋。采〻熟食。六七月採，生水澤中，青葉背紫色，莖柔滑而細，長可數尺。

猫耳朵

猫耳朵，聽我歌，今年水患傷田禾，倉廩空虛鼠棄窠，猫兮……將奈何。正二月采，搗爛和粉麪作餅蒸食。

窩螺薺

窩螺薺，如螺髻，生水邊，亦華麗。去年郎家田不收，挑菜女兒不上頭。出門忽見窩螺薺。正二月采熟食。

地踏菜

地踏菜，生雨中，晴日一照郊原空。莊前阿婆呼阿翁，相攜兒女去匆〻。須臾采得青滿籠，還家飽食忘歲凶。東家懶婦睡正濃。一名地耳，狀如木耳。春夏生雨中，雨後采熟食，見日即枯沒。

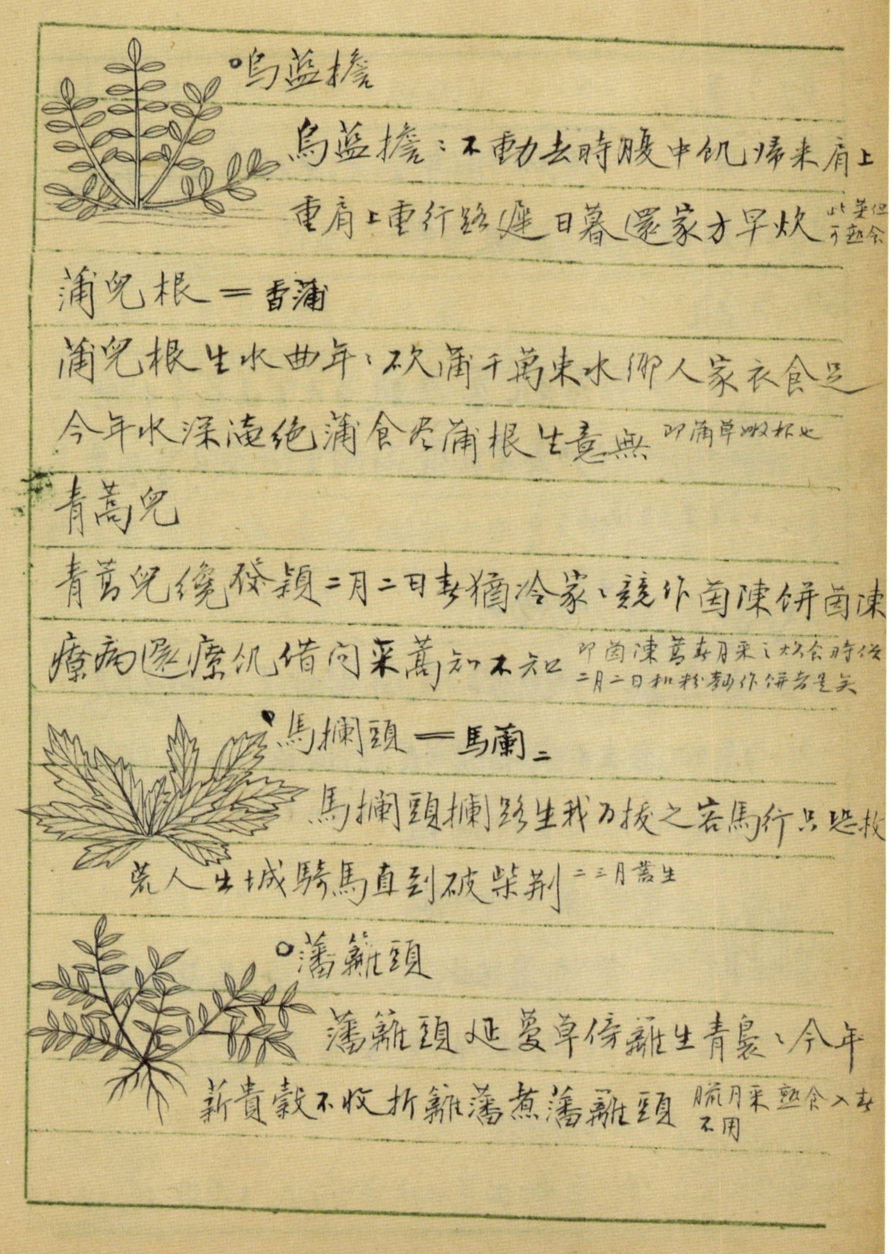

○烏藍擔

烏藍擔〻不動去時腹中飢歸來肩上
重肩上重行路遲日暮還家方早炊 此菜但可熟食

蒲兒根 = 香蒲

蒲兒根生水曲年〻砍蒲千萬束水鄉人家衣食足
今年水深淹絶蒲食蒲根生意無 即蒲草嫩根也

青蒿兒

青蒿兒纔發穎二月二日春猶冷家〻競作茵陳餅茵陳
療病還療飢借問采蒿知不知 即茵陳蒿春月采之炊食時俗二月二日和粉麵作餅者是矣

●馬攔頭 — 馬蘭二

馬攔頭攔路生我乃拔之容馬行只恐救
荒人出城騎馬直到破柴荆 二三月叢生

○藩籬頭

藩籬頭延蔓草傍籬生青裊〻今年
新貴穀不收折籬藩煮藩籬頭 臘月采熟食入春不用

馬齒莧

馬齒莧〃〃〃風俗相傳食元旦何事年來采更頻終朝賴爾供飡飯 入夏采

○野落籬

野落籬舊庭院昔為里正家今作逃亡屋年來荒蕪滿階生挑菜人穿屋裏行 正二月采頭湯過可食

○雁腸子

雁腸子遺溝壑是今年絕飲啄肉氣低垂去不前若遭饑鶻相擒搏〃若彼雁今有羽翰何況人生行路難 二月生九月開黃花熟生皆可食

茭兒菜　＝菰

茭兒菜生水底若蘆芽勝菰米我欲充饑采不能滿眼風波淚如洗 入夏生水澤中即茭芽也

○倒灌薺

倒灌薺生旱田上無雨露下有泉抱甕

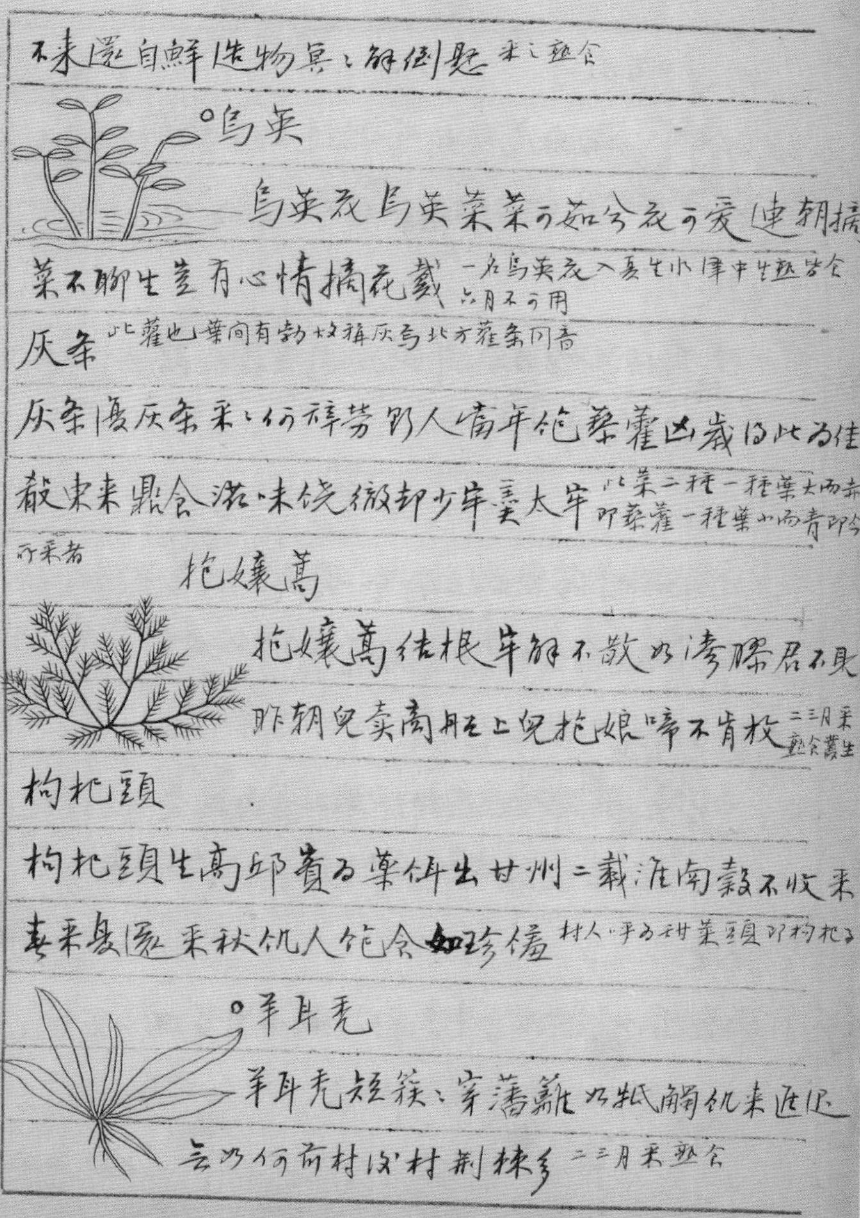
珠還自鮮，造物莫之解倒懸。採之熟食

○烏英

烏英花，烏英菜，菜可茹兮花可愛。連朝摘菜不聊生，豈有心情摘花戴。一名烏英花，入夏生水澤中，生熟皆可食，六月不可用

灰條 此藜也，葉間有勁粉，故稱灰。與北方藜條同音

灰條復灰條，采采何辭勞。野人當年飽藜藿，凶歲得此為佳肴。東家鼎食滋味饒，徹卻少牢羹太牢。此菜二種，一種葉大而赤即藜藿，一種葉小而青即今所采者

抱孃蒿

抱孃蒿，結根牢，解不散，如漆膠。君不見昨朝兒賣客船上，兒抱娘啼不肯放。二三月采，熟食，叢生

枸杞頭

枸杞頭，生高丘，實為藥餌出甘州。二載淮南穀不收，采春采夏還采秋，饑人飽食如珍饈。村人呼為甜菜頭，即枸杞子

○羊耳禿

羊耳禿，短簇簇，穿籬薪，如紙解。饑來匠足云如何，前村後村荊棘多。二三月采熟食

○苦麻薹

苦麻薹帶苦嘗雖逆口勝空腸但願收

租了官府不辭喫天田家苦 三月采用葉搗和麪作餅

剪刀股

剪刀股剪何益剪得今年地皮赤東家羅綺西家綾

今年不聞剪刀聲 春采生食

水馬齒

水馬齒何時落食玉粒銜金嚼我民饑荒盈溝壑惟

皇憐之剔厥齒化為野草充藜藿 生水中采之熟食与旱馬齒菜相類

○黃花兒

黃花兒郊外草不愛爾花愛爾充我飽

洛陽姚家深院深一年一賞費千金 正二月采熟食

野莧菜

野莧菜生何少盡日采來充一飽城中赤莧美且肥

一錢一束賤如草 春采熟食類家莧

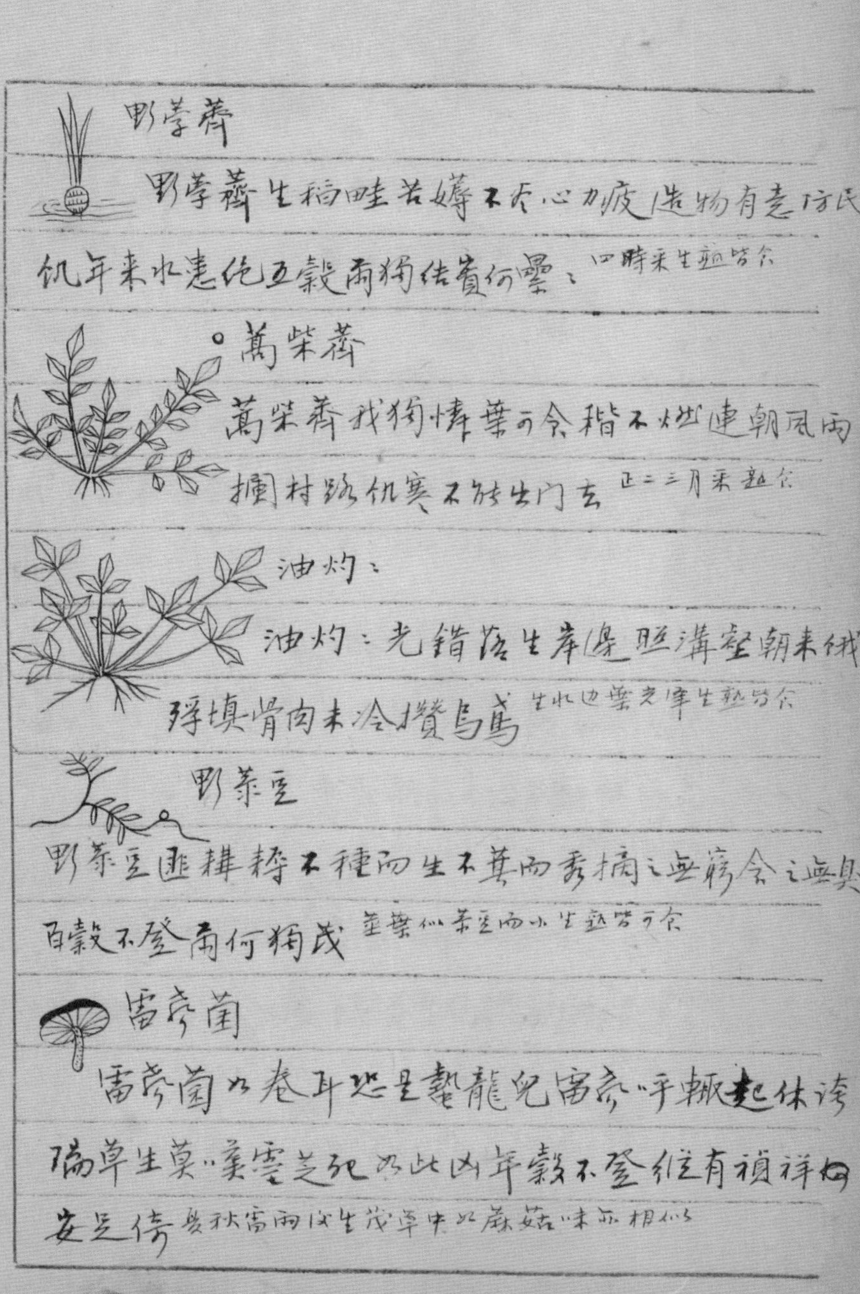

野荸荠

野荸荠生稻畦苦薅不尽心力疲造物有意防民饥年来水患绝五谷尔独结实何累累 四时采生熟皆可食

萬柴荠

萬柴荠我独怜叶可食稍不燃连朝风雨拥村路饥寒不能出门去 正二三月采熟食

油灼灼

油灼灼光错落生岸边照沟壑朝来饿殍填骨肉未冷攒乌鸢 生水边叶光泽生熟皆可食

野菉豆

野菉豆匪耕耨不种而生不萁而秀摘之无穷食之无臭百谷不登尔何独茂 茎叶似菉豆而小生熟皆可食

雷声菌

雷声菌如卷耳起是蛰龙儿雷声呼辄起休夸瑞草生莫羡灵芝死如此凶年谷不登纵有祯祥何足倚 夏秋雷雨后生茂草中如蘑菇味亦相似

蔞蒿

采蔞蒿采枝采葉還采苗我獨采根賣城郭城裏人家
半凋落 春采苗葉夏秋莖心可入茶

雀兒綿單

雀兒綿單託彼終宵以茵以余匪絲
匪縠年饑願以充我餐任穿我屋蔽南
寒 三月采此菜甚多延鋪地而生

○掃帚薺＝地膚

掃帚薺青簇簇去年不收空倚屋但願今年
收兩熟場頭掃帚掃秀禿 春采熟食

菱科

采菱科……小舟日日臨清波菱科采以餘幾何竟
無人唱采菱歌風流無復越溪女但采菱科救饑
餒 ~~折取菱角~~

○燈蛾兒

燈蛾兒夜滿地化作草青青遭此饑
荒歲曾見當年遶絳紗於今燈火幾人家

二月采熟食

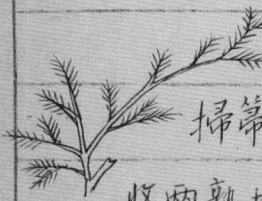

○芽兒拳

芽兒拳生樹邊白如雪軟如綿煮來不食淚如雨昨朝兒賣他州府 正二月采

薺菜兒

薺菜兒年年有采之一二遺八九今年後出土眼中挑菜人來不停手而今狼藉已不堪安得花開三月三 可薺去月采之

○板蕎蕎

板蕎蕎兮吾不識生無路兮入無室將尋道兮歸空山草爲衣兮木爲食 正二月采之炊食三四月結角老不堪用

碎米薺(一)

碎米薺如布穀想爲民飢天雨粟官倉一月一開放造物生生無盡藏 三月采

老鸛觔……去年水涸無纖鱗蝦蟻蛭螺亦不聞老鸛力何在觔獨存 二月采之熟食

○天藕兒

天藕兒除亦除活生民如雨粟昨日湖邊聞野哭忽憶當年採蓮曲 根如藕而小熟食葉不可食

鹅观草

鹅观草满地青、鹅食饱年来赤地不堪观又被饥人

分食了鹅观草 正二月采青

○牛尾瘟—蕴藻

牛尾瘟不救疗疫气重流远村黄毛牸乌毛

犊十存九四遭之一存摩挲犁耙

泪如泻田中无牛更无种 生深水中叶如发茎如藻

○兔丝根

兔丝根美可尝千万结如我肠饥人得食不辍口

肠细食多犹八九 一名兔丝苗春采叶苗秋冬采根蒸食味甘多食令人眩晕

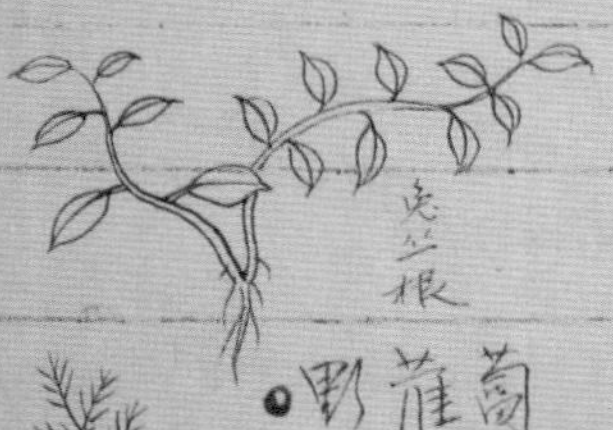

○野蘿蔔

·野蘿蔔生平陆匪蔓菁若蘆菔求之不难

烹易熟饥来获之胜粱肉 叶似蘆菔故名

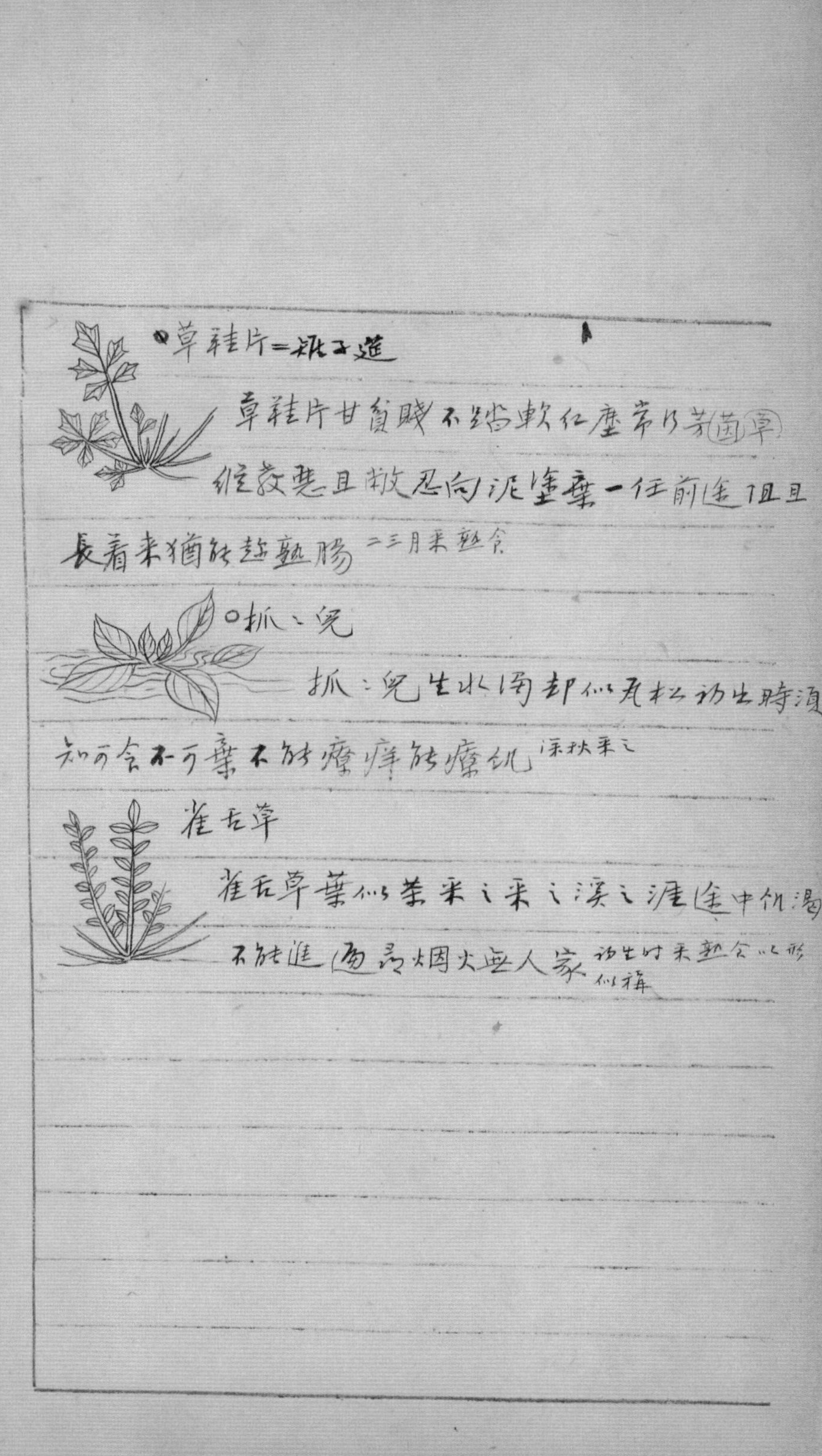

○草鞋片＝粃子蓮

草鞋片甘貧賤不踏軟紅塵常行芳草甸

綻破悲且歎忍向泥塗棄一任前途阻且

長着來猶能趁熟腸 二三月采熟食

○抓〻兒

抓〻兒生水渦却似瓦松初生時須

知可食不可棄不能療痒能療饥 深秋采之

雀舌草

雀舌草葉似茶采〻采〻溪〻涯途中饥渴

不能進遍尋烟火無人家 初生时采熟食以形似雀

稻作谈余

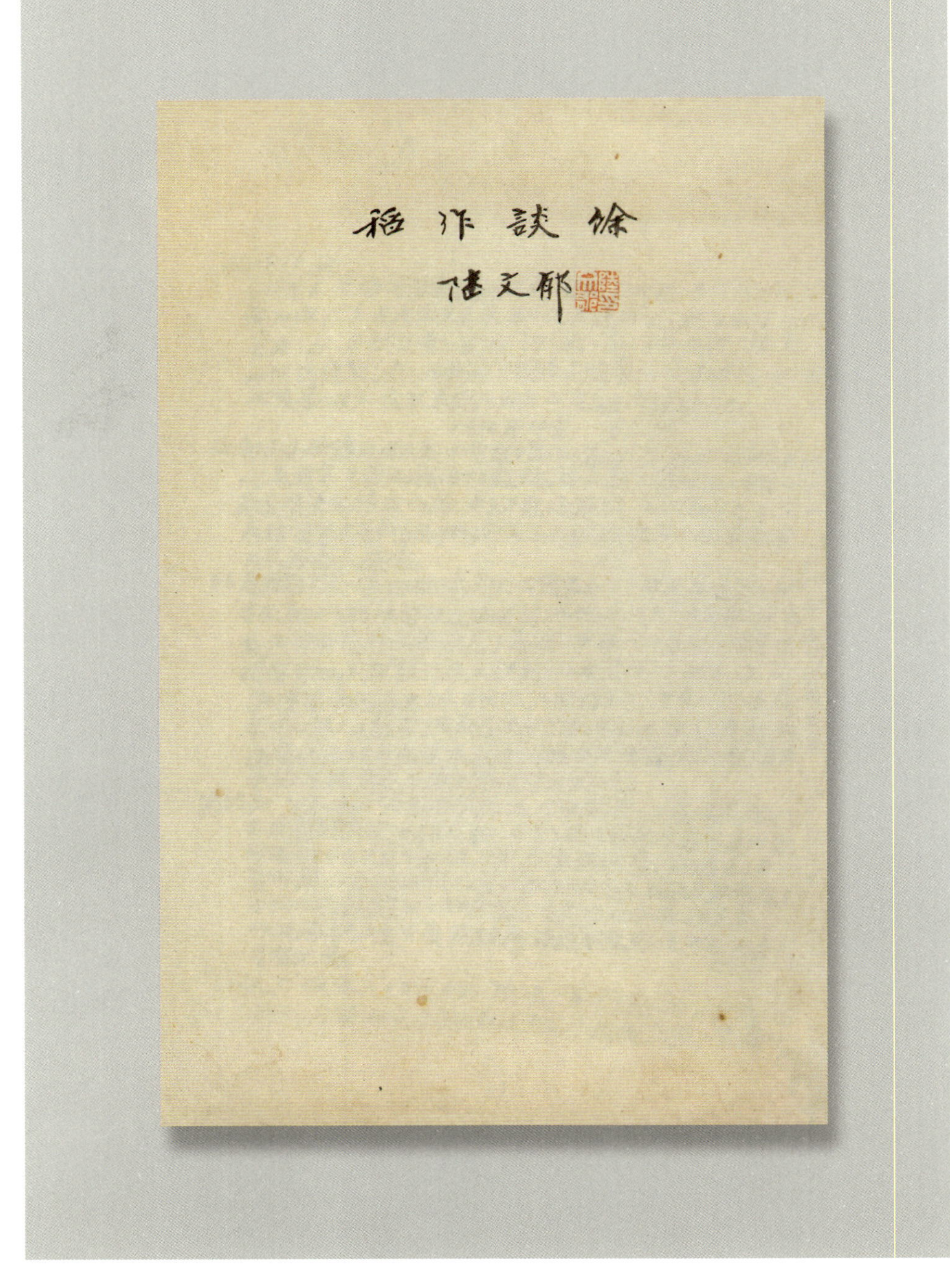

手稿横180毫米、纵280毫米，共计10页，另有4张夹页，影印时略有缩放。

稻作談餘

天津歷史博物館教我寫「稻子栽培史」，这对我一知半解的淺薄知識說來是無法交卷的。因為既然說到「史」，就应該寫出來源，本本全面夠得上「史」材，否則斷斷落落不能系統起來，那如何能說「史」呢？我對稻子栽培是個素人，現為求實關係，就我略微知道的來說說，姑且叫它「稻作談餘」吧。

1960年10月 陸文郁

一、稻為禾本科植物稻屬中的栽培種，學名：Oryza sativa L.，是世界上廣為栽培的穀類。為人類社会生活上主要而最有價值的糧食作物。由多年栽培演進，品種異常之多（各產稻國家各有許多品種），而且它的被栽培在人類生活史上是非常久遠的。

二、就着我國有史以來的說法，我们的國家在上古便是奄有黃土地帶及長江下游一大部分近海可耕地的。农业生产大宗固然是麥、黍，而稻亦同時或相繼有了栽種。由殷代甲骨的卜辭中有稻字可知。不過「殷代农业穀物以麥黍為主，稻為其次」（吳澤著：「中國歷史大系古代史」，下簡稱大系）。甲骨文中又有舂字，可知殷人已熟習了用杵舂米的方法。这種由經驗得來的技法演進，在上古是需要很長時間的。由此推想，稻之栽培未必始於殷，或要上溯到無文字的時代。

三、「史記」的「夏本紀」：「令益與眾庶稻，可種卑濕」。这固僅是司馬遷由旧聞的傳述，然證之殷人甲骨卜辭中的稻字舂字等的寫法，及「鄴中片羽卷下第十九頁載，安陽殷墟遺址中曾出土有玉質的杵」（大系），可知殷人对於種稻及舂米已经是非常進步。由此又可推想夏代已知令眾庶在卑濕地方種稻，是有可能性的。雖說由夏至商殷距離年代不遠，至今还未發現確鑿的夏代有徵之物。

四、「詩经」的「豳風」：「十月穫稻」；「周頌」：「豐年多黍多稌」，「詩傳」：「稌稻也」。實際，稌是黏稻，就是糯。又「周禮」夏官」：「東南曰

揚州，其穀宜稻；正南曰荆州，其穀宜稻」……，稻在我國從古為重要食糧之一是肯定的。稻的大别有三：(1)粳，晚熟，叫晚稻、(2)秈，早熟，叫早稻、(3)糯，即稌，黏，叫黏稻。粳、秈皆不黏。「字林」云：「糯，黏稻也；秔(粳)，稻不黏者」。「群芳譜」云：「粳之小者謂之秈」；又云：稻有「早、中、晚三熟，水旱二類。南方……宜水稻；北方……宜旱稻」；又云：「其穀之紅白大小不同。芒之有無長短不同。米之堅鬆、赤白、紫烏不同。味之香否、軟硬不同。性之溫涼寒熱不同……」。由此可知稻在我國很久時期的栽培中，早有許多品種。今再扼雜言之，由周秦以来，於書史上，代有栽培稻作的記載，如「禮記」：祭宗廟之禮，謂稻為嘉蔬；「周禮·地官」有「稻人」、漢有「稻田使者」，掌稻作的事。秦時開鄣江堰，四川盆地，稻作大行，成都平原遂從古為稻穀豐产之区。漢班固「西都賦」：「下有鄭白之沃，衣食之源……溝塍刻鏤，原隰龍鱗，決渠降雨，荷插成雲」，鄭指鄭國渠、白指白公渠，皆秦鑿涇水所開，以溉稻田。「說文」云：「塍，稻田之畦也」。晉郭義恭「廣志」：「粳有烏粳、黑穬、青函、白夏之名」，又云：「南方有蟬鳴稻」。後魏賈思勰「齊民要術」：「今世（後魏）有尾紫稻、青杖稻、飛青稻、赤甲稻、烏陵稻、白地稻、孤灰稻」—烏陵、白地，指的是旱稻。「本草」：「秈稻一名占稻，似粳而粒小」，—占，指占城國，今為越南南部地區，秈稻亦有許多品種，如：六十日秈、八十日秈、百日秈等，現在更有五十日早稻，則是插秧後五十日成熟。糯稻亦有多品，如「群芳譜」：蘆黄糯、金釵糯、烏香糯、小娘糯等凡十餘種。稻的品類到明代已有百十種內外，清代尤多，據「授時通考」說，各省稻的品種有一千五百多。但这多品種，亦代有興替，並非全能保留到了今天。又「新唐書」的「郭元振傳」：「元振為涼州都督，遣甘州刺史李漢通闢屯田，盡水陸之利，稻收豐衍」：这又是唐時西北已經種稻之証。如今新疆維吾尔族自治区亦大行種稻，可以說我國地跨三带，處處皆能發展稻作。至於南省地腴气暖，栽培稻穀更是早在北方之先。最近中國农业科學院江苏分院编的「稻作學講義」(下減稱「講」)在第二章第一節所說：「当時(指殷代)南方是苗尼族、瑤尼族等居住区域，缺乏文字紀載，以自然條件來說，南方栽培稻作应早於北方」，是很對的。

五、「講」在第二章「稻作起源和發展」的第一節「我國是稻作栽培的起源地」裏，開頭說：「我國稻的起源栽培於新石器時代，距今約有五千年，從出土的古物中可以証明。一九二一年在河南澠池縣仰韶村出現新石器時代的石鋤、石鐮及陶器之繩席印紋等，推定当時已有农业，在一片陶片上，印有穀痕，用庆家法研究，認為是稻穀的印痕；一九五六年湖北京山縣發現新石器時代的泥牆上也有稻穀的印痕；一九五八年浙江吳興出土中又發現新石器時代的稻穀粒子；最近安徽肥東縣大陳墩發現新石器時代稻的化石，都証明該時代我國已經栽培稻作了」。由這節參照范文瀾的「中國通史簡编」第二節的「夏朝遺跡」(范說：「本節所說，祇是一种假設」)裏說：「禹部落本在西方，文化应属仰韶系統」。如此，則司馬遷「史記」的「夏本紀」說夏代种稻，是可証实那旧聞傳說，八九成是可信的事跡了。「講」又說：「稻的栽培起源，在殷朝以前是可以肯定的」。並指出：「廣東廣州、遂溪，廣西玉(鬱)林，雲南思茅，台灣及海南島，現今尚有野生稻存在。尤以廣州的野生稻与栽培稻种類最為近似。由出土的遺跡，与野生稻的存在，足可說明我國是稻作栽培的起源地」了。

六、我國的字書裏，關於稻的專用字很多，大致皆与稉、秈、糯相合，另有品种專稱及舂米、漬米等，以及稻的秀穗、稻的因風搖动皆有專用字，茲檢列如下：

(1) 稻的總稱：稻　从稻的名有一：䄻

䄻　音桃，「集韻」：「稻也」。一稻字的輕音讀。

(2) 稻不黏者：秔　从秔的名有五：稉、粳、秏、粬、糃稉、粳，是秔的異寫。

秏 音耗，「説文」：「稻屬」；伊尹曰：『飯之美者，南海之秏』。——秔，禾旁亢音。从亢音的字有二讀，如讀：坑、炕、骯等，即上之稉、粳。如讀：杭、航、頏等，它的聲轉即秏。是秏即秔之讀杭、航、頏的聲轉。

秵 音歆，「集韻」：「白米」。——聲轉同上。

秸 音葛，「集韻」：「白米」。——聲轉同上。

秈 从秈的名有八：籼、粞、穕、秲穲、穛、粭、稴、積。籼、粞是秈的異寫。

穕 音餐，「集韻」：「白穕，稻名」。——秈字的重音讀。

秲穲 音世類，「集韻」：「稻名也」。——秈字的輕音双聲。又与「羣芳譜」所載稻之一品稱香穤的互為聲轉。香穤又名香子，粒小而色斑。按：字書無穤字，当即是穲。

穛 音萃，「廣韻」：「稻也」。——秈字的重音聲轉。

粭 音皆，「集韻」：「米之別名」。——秈字的輕音聲轉。

稴 音咸，「集韻」：「稻名」。——秈字的陽平讀。

積 士格切，「集韻」：「白米」。——秈字的聲轉。

(3) 稻之黏者：稌 就是糯，从糯的名有二：穤、稬。穤、稬是糯的異寫。

(4) 紅稻：䆄 音檀，「集韻」：「赤䆄，紅稻也」，粀 音祇，「集韻」：「赤米」，䅩 同粀，䅊 音誹，「集韻」：「稻赤米曰䅊」。——稻品有胭脂赤、桃花米即紅米。「羣芳譜」謂：「有一秈性不畏卤……」，旧直省昌、濼豐、寧一带所食之稉子（旱稻），米粒粉紅色，即此。

(5) 黑稻：秩 音膚，「集韻」：「黑稻」。䅏 音匪，「集韻」：「稻名」。穑 音燔，「集韻」：「稻名」。——䅏、穑為从秩的名字，為秩的聲轉。稻品有烏口稻、烏稉、黑穬皆色黑而耐水与寒冷。

(6) 紫稻：稹 音賓，「説文」：「稻紫莖，不黏也」，徐曰：『即紫莖稻』」。——按：即紫芒稻。

(7)烏稻：稜 音凌，「集韻」：「烏稜，稻名」。

(8)白稻：稄 音曳，「集韻」：「白稄，稻名」。粇 音曳，「海篇」：「稻名」。—即「貨志」所說的白叟，叟、曳之音轉。

(9)稻先熟：秜 音匿，「集韻」：「稻先熟者」。

(10)自生稻：稆 音呂，「集韻」：「穭本字」；「後漢獻帝紀注」：「自生稻也」。穭 同稆，「韻會」：「自生稻也」；又通旅，「前漢天文志注」：「野生為旅」—此句对上文「孳生為旅」言，当是自生，即遺粒所生。稄 音促，「字彙補」：「今年稻死，來年自生也」。—遺粒所生。秜 與上稻先熟的秜字同而音不同，音尼，「說文」：「稻今年落來年自生」。

(11)稻豐產：稈 奴勤切，「集韻」：「稻穀穰也」。—穰或穣，就是豐產。

(12)稻刈穫(割稻)：稧 音條，「廣韻」：「吳人謂秧稻曰稧」。—秧稻就是割稻未成捆。

(13)稻稔實(稻成熟)：稍 音胄，「廣韻」：「稻稔實也」。粙 音胄，「集韻」：「稻，實也」。

(14)稻不實：䅧 音厭，「集韻」：「稻不實」。

(15)稻秀穗：采 音遂，「六書正譌」：「从爪从禾，象秀實之形」；「博雅」：「粱、黍、稻，其采謂之禾」。

(16)稻穗搖動：穲稏 音罷亞，「正字通」：「稻搖動貌」，通作罷亞」；杜甫「詩」：「罷亞百頃稻，西風吹半黄」。

(17)精米：粲 音璨，「集韻」：「精米」。糃 音唐，「集韻」：「精米」。粸 音英，「集韻」：「精米」。䊪 作回切，「集韻」：「精米也」。

(18)粗米：粡 音同，「篇海」：「粗米」。䊐 音頃，「集韻」：「粗米」。糙「正韻」：「粗米」。糲「篇海」：「米不精也」。粹 音律，「集韻」：「糲米」。

(19)碎米：粞 音西，「類篇」：「碎米曰粞」。糌 音資，「字彙補」：

「碎米也」。

(20) 米屑：粯 音覓，「類篇」：「米屑也」。粠 音麪，「集韻」：「米屑也」。

(21) 壞米：𥼶䅩 音擿束，「廣韻」：「壞米」。𥽢䅩 音離束，「集韻」：「擅米也」。桀、粃、粿 皆音必，「海篇」：「惡米也」。

(22) 藏米：糈 音儲，「類篇」：「糧也」。一按：「周禮地官」的「廩人注」：「糧謂糒也」。即存儲之義。

(23) 舂米：𥻦 音顛，「五音集韻」：「米一舂也」。䊂 音作，「博雅」：「舂也」。

(24) 漬米(淘米)：粍 音名，「集韻」：「漬米也」。糬 音釋，「韻會」：「漬米也」。

(25) 炊米：糪 音擘，「說文」：「炊米者謂之糪」。

(26) 入米(買米)：糴 「廣韻」：「入米也」。

(27) 出米(賣米)：糶 「說文」：「出穀也」。—「史記貨殖傳」：「糶二十病農」的「注」：「索隱曰：『米賤則農人病也』」，以是知「說文」的「出穀」即是出米。

由上所舉從古以来文字記載上的專用字，亦可証明稻之從古以来在我國社会生活上的關係是如何久遠，如何密切而重要了！今之通俗对於稻的大別專用字則為：(1) 秔(说文)、粳(廣雅)、粳稻或粳稻(俗稱)—晚熟稻。(2) 秈(詩義疏)、秈稻、秈米(俗稱)—早熟稻。(1)、(2)又通稱稻(詩經)、稻子、稻米、粳米、大米、米(皆俗稱)，—不黏者。(3) 稌(詩經)、秫稻(氾勝之書)、糯(正字通)、糯稻、糯米、江米(皆俗稱)—黏者。又稻作栽培按水田、旱田通俗稱名則為：(1) 水稻(俗稱)。(2) 陸稻、粳子、旱稻(皆俗稱)。「管子」对旱稻稱陵稻，可知旱稻的栽培亦很早，周時便有旱稻了。

七、稻作在我國地理上分布大致情形：(1)「產於淮水以南地帶的米，以蘇北為重要产地，多係秈米」。(2)「太湖及巢湖流域為全國著名稻米区，前者多集中無錫，後者多集中蕪湖。無錫、蕪湖遂成為全國著名的米市。所产米以粳米為主，秈米次之」。

「淮南及寧、鎮一帶亦為产米區域，秈米為主」。(3)「贛南一帶，夏季長达五个月，平時雨量在一千五百公厘以上，稻米可獲二熟。秈稻生長期較短，多产長江以北。粳稻及糯稻的生長期較長，多产於長江以南。其豐产地為鄱陽、雲夢、湘江」。(4)「稻米在溫州以南地区，每年收穫兩次：頭稻四月下秧，七月收穫。二稻於頭稻收後下秧，十月收穫」。(5)「稻在粵江三角洲及廣東西南沿海平原一帶产出最豐，可年收二次，海南島可栽收三次，大致皆屬秈米」。(6)「四川盆地、漢中盆地皆产水稻，要以成都平原产出最豐」。——以上據褚紹唐「新中國地理」所述。(7)「雲貴高原稻区，以單季中秈為主，高山地区有粳稻及糯稻，山坡有旱稻」。(8)「北方稻区，以粳稻為主，東北多行直播」。——以上據「講」。(9)天津一帶，地處黃河流域的下游，对於稻作栽培，為期較晚，所栽培的全屬粳稻。至於東北秧稻，據「講」謂：「八十餘年前，朝鮮農民移居鴨綠江、松花江下游，試種水稻。五十餘年前日本帝國主義在瀋陽附近開闢水田……我國東北人民目擊朝鮮族栽培水稻獲得高产，相率效法。最近二十年以來已擴展至黑龍江北部了。水稻向北推移，育成抗寒早熟的品種，擴大水田面積是稻作栽培上的大躍進」。余在另紙应加入此

八、稻作播秧期 因我國國土廣大，各地方的气溫相差很多。據農业部粮食作物生产局编的「水稻栽培技術」上說：「南方水稻区（廣東、廣西、雲南、貴州、福建、台灣等省），一般早稻播秧期可在二月下旬到三月下旬；單季中稻三月上旬到四月上旬；單季晚稻四月下旬到五月上旬；双季間作晚稻三月中下旬到四月上中旬；連作晚稻五月下旬到六月下旬。中部水稻区（江蘇、浙江、安徽、江西、湖北、湖南、四川和上海市），早中稻播秧期可在四月上旬到中下旬（有一些地区，双季早稻也在三月底播秧的），單季晚稻五月中下旬；双季間作晚稻四月下旬到五月上旬；連作晚稻六

月上旬到下旬。北方水稻区（遼寧、吉林、黑龍江、河北、山西、陝西、甘肅、山東、河南、內蒙、新疆和北京、天津两市），東北地区播种期可在四月下旬到五月中、下旬，南部較早北部較迟。華北地区可在四月中下旬播种。西北地区在五月中下旬到六月上旬。除中部晚粳稻地区外，一般地区为了早播早种，稻得豐收，在適合播种的時期内还要争取適当的提早播种。但是在平均气温平稳上升到10—12度時，才可進行水稻播种，各地要根據气温情况，耕作栽培制度和羣众習慣，適当掌握。

九、旧直隷（河北）省東塞各地在过去种稻情形。根據一九一三年「直隷省商品陳列所第一次実业調查記」所載，种稻地区遠及於蒙古接壤。如朝陽、平泉、承德、滦平、隆化各縣皆有稻作栽培。朝陽僅栽陸稻，当地称為精（粳）米，但所种不多。平泉的豹河两岸及黑山口下二道河皆种稻，供当地食用，並用稻稈造紙。承德的頭溝、六溝、黄土坎、上下板城、高四台等處皆有稻作栽培。承德种稻的原因，基於清光緒八九年—1882—83時因雨水太大，田地多被沖刷，由頭溝人開始种稻，以後他村效仿，种稻者遂逐年增多。又因稻田每年被水淤墊，於是沙田皆变為沃土，故各村种稻，皆極力擴充。頭溝所產的米亦精且著名，稱曰「莊米」。滦平地處滦河上游，种稻亦有可觀，興州河、伊遜河一帶，有河套四五十里，開水田者年多一年，產稻為數甚多，能外銷古北口、密雲縣等處。隆化旧無种稻者，每視沙河中廢棄地畝，以為可惜！後有人試行畫畦种稻，得到收成，而且沙田被河水年年淤澱，皆成肥沃水田，稻產逐年加增，頗得厚利，於是种稻者日益增多。他如長城以内較暖地区，如豐潤、玉田、遵化等處在過去所栽水稻，皆為名品。豐潤紅蓮稻，玉田蚊嘴稻，在清代皆曾充貢品，遵化所产的黄蚊嘴稻在当時亦頗有名。

陸稻栽培亦多，俗稱粳子。臨榆、撫寧、昌黎、灤縣、興隆等處都栽種陸稻，各供当地及鄰縣食用。通縣、寧河、文安、霸縣、靈壽、磁縣、邢台、陽和亦产水稻。撫寧、昌黎、玉田、遵化、保安（涿鹿）、磁縣又皆或多或少栽有糯稻（磁縣稱糯稻叫黏稻子）。

十、天津周近種稻地區，在清末民初時—1900前後到1910以後—僅為鹹水沽、葛沽、小站及海河北岸軍糧城一帶。葛沽、鹹水沽所产，旧頗有名，稱葛沽稻。小站所产稱小站稻。天津對於種稻見諸史書的很晚，僅在明代，最为人所熟知者为明代的汪应蛟，接續着推行種稻的为清代的藍理。小站種稻係在清末1900年以後，由小站駐軍墾種的所謂「軍田」。民初時，商品陳列所作全省商品調查時，我經与小站駐軍方面交涉，接洽前往調查，未得允許，故無詳記。汪、藍種稻事皆見天津史乘。汪，安徽人，在明朱翊鈞（萬曆）二十九年—1601時，為保定巡撫，在津推行屯田種稻，招募当地散軍和土著萬人，分田墾殖。由天津城南向東南沿着海河向下直到葛沽，開闢了很大面積，分為十個部分，編成十字，稱「十字圍」，一時很著成效，田盡豐收。汪去以後，稻田日就荒廢，到了清初，只剩了賀家口和葛沽兩圍稻田。藍是福建人，清玄燁（康熙）四十年—1701時，任天津總兵，繼汪之遺跡即賀家口、葛沽兩圍稻田，重行整理，招来福建的农人數十家，領导着天津旧籍农户，把水田按着墾種人的姓氏畫成若干圍分課耕種，一時稱为「小江南」，亦稱「藍田」。藍去以後，田事又日漸荒廢下去，至終祇剩了一个徐胡圍（現名西湖圍）。葛沽、鹹水沽一帶是始終接續着種稻；徐胡圍到清末時僅成了一个貧郊小村，村前一大片水，養着許多白鴨。

清季天津詩人李雲楣（字采仙）有描述明汪应蛟十字圍詩：「天津城南地窪下，雜樹不植百草枯，忽逢霪雨聚行潦，汪洋巨浸成江湖！人謂近海地鹵斥，荒穢不治誠堪惜！忽来大令展经猷，欲效浙閩事開闢。無水則鹹清則潤，穿渠引水吾弗吝，編作十字分十圍，禹稷之功一人任；復修五牐同啟閉，從此津門知水利，斗畝方罫滿城南，頓使磽區成腴地……」。又錢塘人汪沆（字西顥），汪沆、蔣詩（字秋吟）皆有詩說到藍田。汪的「津門雜事」中一首：「藍田雨過稻花香，吠蛤（蝦蟆）聲中趁夕陽，喚作小江南也稱，偎衣一帶抱迴塘」。「詩注」云：藍田在城南五里，……河渠圩岸周數十里，召浙閩農人課種其間，得田二百餘頃，車戽之聲相聞遍野，土人號為『小江南』」。蔣的「沽河雜詠」中一首：「車戽周遭響正喧，水田漾漾『小江南』。農人共說藍田蹟，昉自將軍舊姓藍」。「詩注」與汪的相仿，不贅。由這三詩，亦可証天津舊時種稻情形一斑。

天津當1937被日本帝國軍隊蹂躪以後的淪陷八年中，日軍在天津周近大開稻田種稻，如：小站、軍糧城、蘆台沿海河一帶，以及東淀方面的文安、霸縣等，於舊有稻田外又開闢甚多，所栽多為粳稻的名品，所謂「銀坊」，收成後全供軍用，對中國人則嚴禁食稻米，并把所有農間自種的麥穀搜括無餘。同時日軍建廠以機器碾米、磨麵，並以稻糠榨油作植物油肥皂等。日本投降後國民黨接收碾米、磨麵、製皂各廠，把所有機器全數拆成零件賣掉，充肥腰包，實堪痛恨！解放後，天津在黨領導下，推廣稻作合理的栽培，日有發展；尤其小站所種的「銀坊」等正大力的按八字憲法向前推展着。最末說：「銀坊」稻的來源，據楊開渠講的「双季稻、粳稻、再生稻的性狀研究」—1958四川人民出版社出版的上說，大意是：1907年，日本富山縣寒江村老農石黑岩次郎在他種的「愛國稻」的田地裏發現的。因為田裏施肥過多，所種的「愛國稻」全倒伏了，獨有一株不但沒倒伏，而且分蘖多，稈和穀穗都非常強健。老農便注意的採它作種子，由於穀色白無芒，便命名「銀坊主」，意義是白色的和尚。1921年，在富山縣成了被獎勵的品種。其後便如火燎原的發展起來，壓倒其他品種，急激的普及，進入朝鮮後勢力更非常突出。成了日、朝名種。「銀坊」的特點是：分蘖多、稈高、晚熟、強健、為適於多肥栽培的豐產種。—現在廣以栽培於我國各地。

乌纲

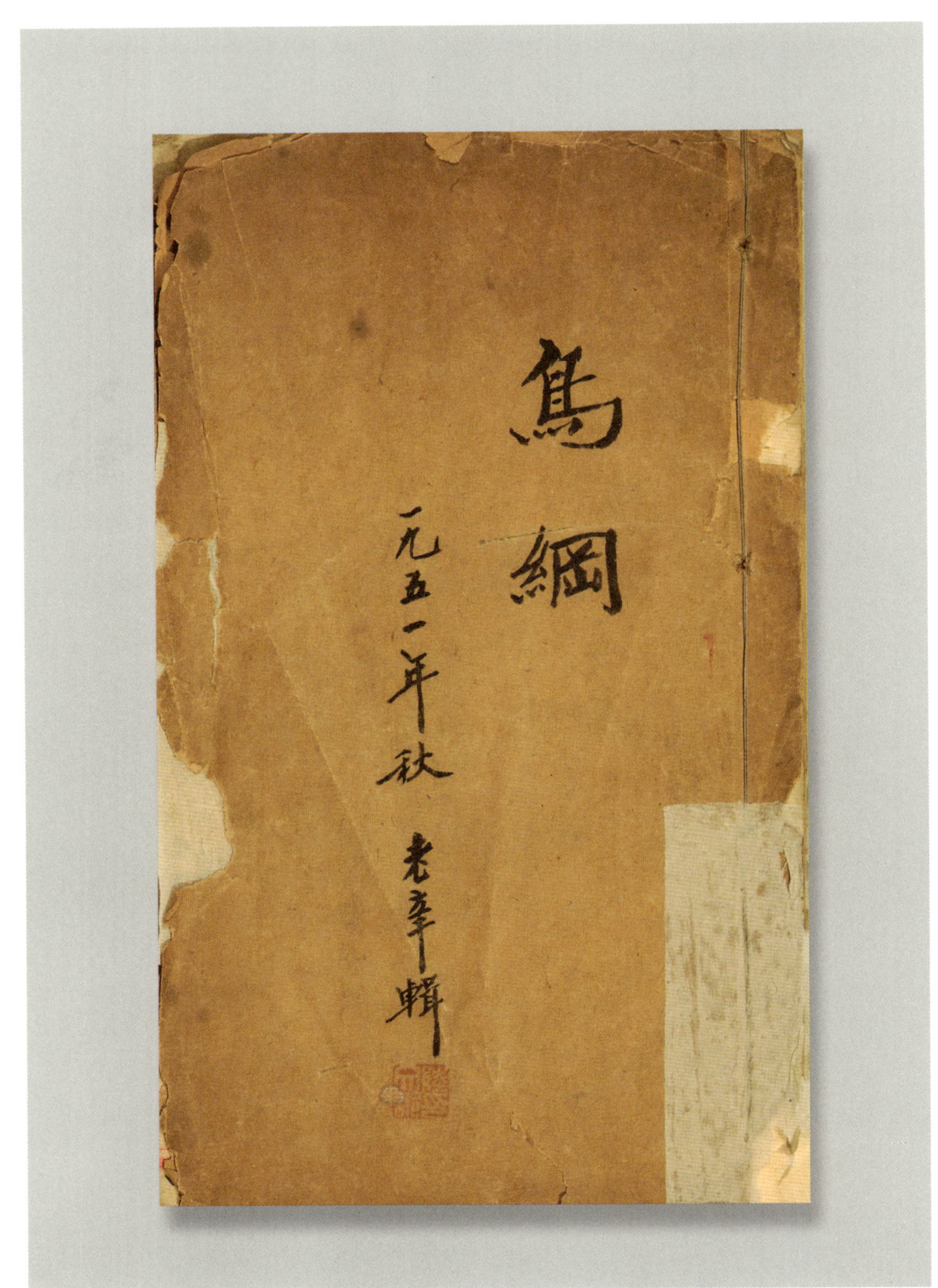

手稿横133毫米、纵239毫米，共计101页，影印时略有缩放。

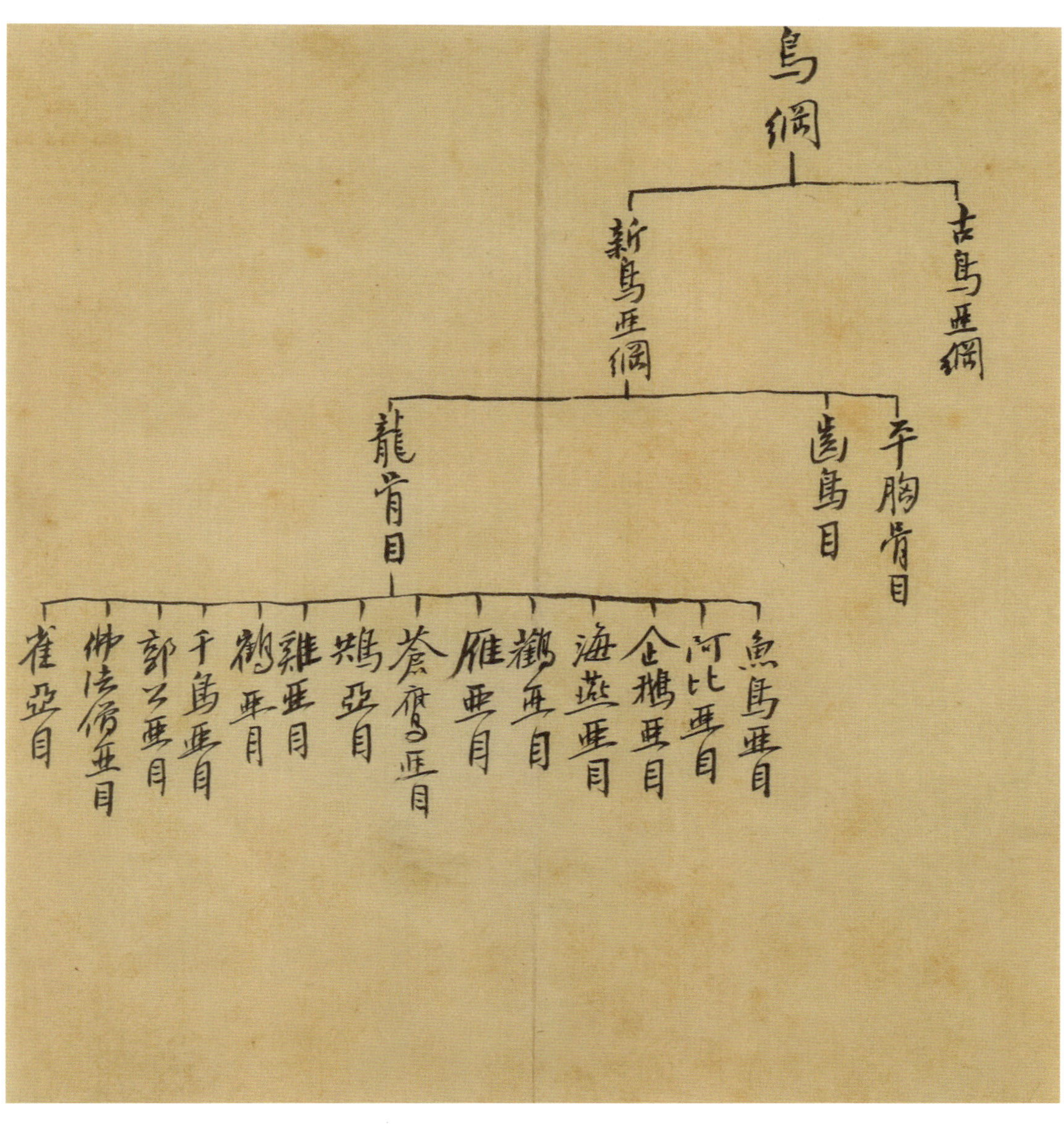
鳥綱
新鳥亞綱
古鳥亞綱
龍骨目
齒鳥目
平胸骨目
雀亞目
佛法僧亞目
郭公亞目
千鳥亞目
鶴亞目
雞亞目
鳩亞目
蒼鷹亞目
雁亞目
鸛亞目
海燕亞目
企鵝亞目
河比亞目
魚鳥亞目

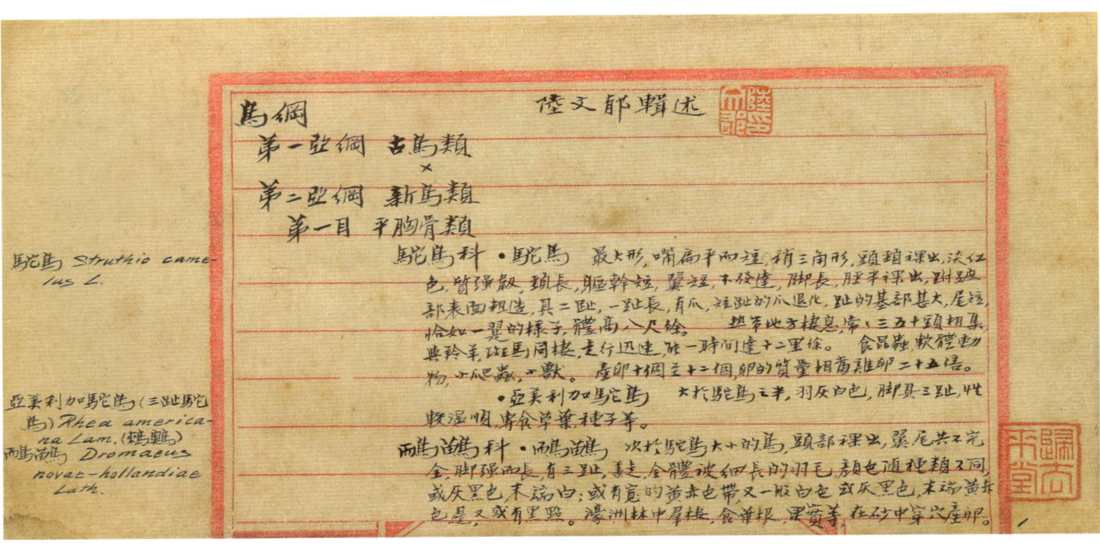

鳥綱　　陸文郁輯述

第一亞綱　古鳥類
×
第二亞綱　新鳥類
第一目　平胸骨類

駝鳥 Struthio camelus L.

駝鳥科　•駝鳥　最大形，嘴扁平而短，稍三角形，頭頸裸出，淡紅色，皆強毅，頸長，軀幹短，翼短，不發達，腳長，脛半裸出，跗蹠部表面粗造，具二趾，一趾長，有爪，短趾的爪退化，趾的基部甚大，尾短，恰如一叢的樣子，體高八尺餘。　熱帶地方棲息，常三五十頭相集，與羚羊、斑馬同棲，走行迅速，能一時間達十二里餘。　食昆蟲、軟體動物、小爬蟲、小獸。　產卵十個至十二個，卵的質量相當雞卵二十五倍。

亞美利加駝鳥（三趾駝鳥）Rhea americana Lam.（鶆鷞）

•亞美利加駝鳥　大於駝鳥之半，羽灰白色，腳具三趾，性較溫順，專食草葉、種子等。

鴯鶓 Dromaeus novae-hollandiae Lath.

鴯鶓科　•鴯鶓　次於駝鳥大小的鳥，頭部裸出，翼尾共不完全，腳強而長，有三趾，善走，全體被細長的羽毛，顏色隨種類不同，或灰黑色，末端白；或有寬的黃赤色帶，又一般白色或灰黑色，末端黃赤色是，又或有黑點。澳洲林中羣棲，食草根、果實等，在砂中穿穴產卵。 1

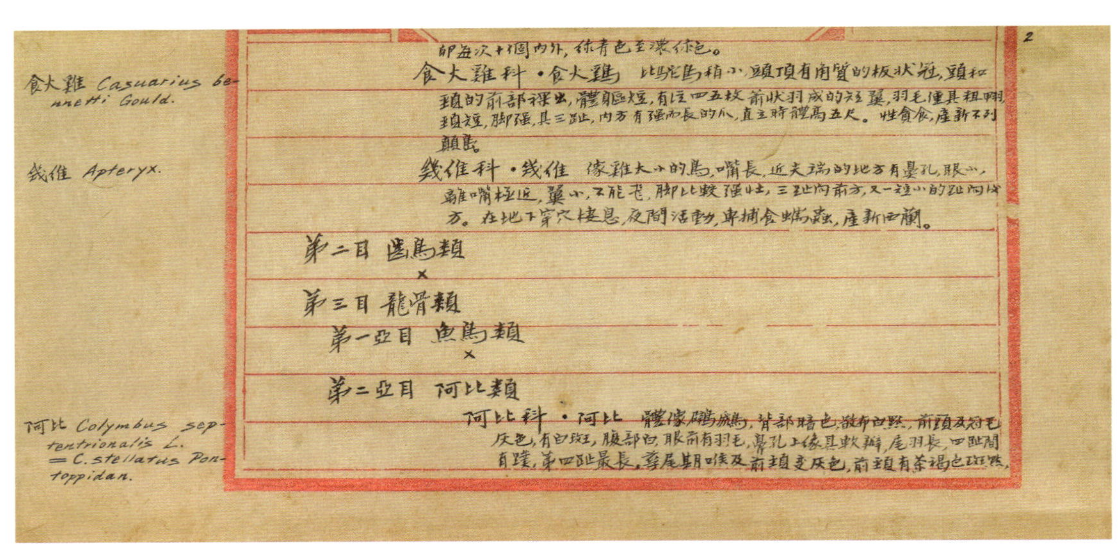

2

卵每次十個內外，綠青色至濃綠色。

食火雞 Casuarius bennetti Gould.

食火雞科　•食火雞　比駝鳥稍小，頭頂有角質的板狀冠，頭和頸的前部裸出，體軀短，有僅四五枚箭狀羽成的短翼，羽毛僅具粗幹，頸短，腳強，具三趾，內方有強而長的爪，直立時體高五尺。性貪食，產新不列顛島。

錢維 Apteryx.

錢維科　•錢維　像雞大小的鳥，嘴長，近尖端的地方有鼻孔，眼小，離嘴極近，翼小，不能飛，腳比較強壯，三趾向前方，又一短小的趾向後方。在地下穿穴棲息，夜間活動，專捕食蠕蟲，產新西蘭。

第二目　齒鳥類
×
第三目　龍骨類
第一亞目　魚鳥類
×
第二亞目　阿比類

阿比 Colymbus septentrionalis L. = C. stellatus Pontoppidan.

阿比科　•阿比　體像鸊鷉，背部暗色，散布白點，前頭及頸毛灰色，有白斑，腹部白，眼前有羽毛，鼻孔上緣具軟瓣，尾羽長，四趾間有蹼，第四趾最長，夏羽期喉及前頸变灰色，前頸有茶褐色斑點，白嘴阿比 C. adamsii Gray.
鸊鷉 Podicipes fluviatilis philippensis Bonnat. = P. ruficollis japonicus Hartert.
赤襟鸊鷉 P. griseigena holboelli Reinhardt.
白羽鸊鷉 P. nigricollis nigricollis Brehm.
耳鸊鷉 P. auritus L.
冠鸊鷉 P. cristatus cristatus (L.)
企鵝 Aptenodytes patagonica. (鰭腳鳥)

翼長九寸，嘴長二寸。夏期北方寒地棲息，冬期南來。

• 白嘴阿比 稍大形，嘴大而彎曲，背部黑色，具白斑，頭頸共黑，腹全白，下頸外側有多數白條，翼長一尺三寸。

鸊鷉科 • 鸊鷉 小鴨大的鳥，上部蒼黑色，具斑紋，胸黃，有紫斑，腹白，腕翼五枚，兩羽白，嘴短黑，腳赤，後方位，尾短，翼長四寸。棲息湖河，出沒水中。以藻類及其他枝葉在水面造浮巢。

• 赤襟鸊鷉 最大種，翼比較甚小，冬夏共頭頂呈暗褐，足葉狀，爪扁平葉狀，翼長六七寸。

• 白羽鸊鷉 嘴稍小形，喉頸黑，嘴稍上方反曲，腕翼白，翼的內方大部分亦白，翼長五寸。

• 耳鸊鷉 耳蓋黑，前頸褐色，腕翼全白，翼長五寸。

• 冠鸊鷉 ……

第三亞目 企鵝類

企鵝科 • 企鵝 體形類鸊鷉，嘴堅硬而尖，頸稍長，翼短小如手，足近尾位，全身羽毛呈鱗狀，前三趾有蹼，尾短小。南極地方羣棲，巧於游泳，又能潛行水中。在地上時，體直立。

第四亞目 海燕類

3

海燕 Procellaria furcata Gm. = Oceanodroma furcata (Gmelin)
黑海燕 P. melania Bp.
白腰海燕 P. leachi Temm. = O. leucorrhoa leucorrhoa (Vieillot).
穴鳥 Bulweria bulwerii bulwerii (Jardine & Selby.)
水凪鳥 Puffinus nativitatis Streets.

4

海燕科 • 海燕 體形似燕，體色蒼灰，嘴上面隆起，尖端鉤曲，耳羽和兩蹼黑褐，肩羽翳羽的先端及下尾筒白而有陰翳，脇下及小覆翼是暗褐，尾叉狀，有蹼膜，翼長五寸。常在水面游泳，又時時掠水面迅速飛行，造巢於懸崖絶壁，以種種植物種子與唾液造成，直徑四五寸，周圍達二尺，頂部有窪，用以藏卵。棲息地阿拉斯加南岸，阿留申，千島……

• 黑海燕 大形種，體色煤黑色，尾深叉裂，翼長五寸餘。

• 白腰海燕 小形種，體色濃黑褐，腰部白色，尾叉裂，翼長五寸。

水凪鳥科 • 穴鳥 體形一般像海燕，嘴短，先端稍粗，彎曲，有管狀鼻孔，體色黑，翼長七八寸。

• 水凪鳥 體形類信天翁，嘴堅牢，尖端向下方彎曲，體上面一般褐色，下面白，前頭冠毛白色，下覆翼是稍褐色，嘴腳蒼色，翼長一尺三四寸，嘴長二寸。從陸地到島嶼成羣棲息，春期在陸上穿穴造巢，只產一個白色卵，雖因其捕食魚類而稱害鳥，然由其與鷗羣飛迴之處，得依其方向而知魚羣之所在。產地北太平洋中部諸島嶼，年中於一定處所棲息，不因季節

大水凪鳥 *P. leucomelas Temm.*

赤足水凪鳥 *P. carneipes Gould.*

灰色水凪鳥 *P. griseus Gm.*

細嘴水凪鳥 *P. tenuirostris Temm.*

長尾水凪鳥 *P. cuneatus Salv. = P. pacificus cuneatus Salvin.*

白腹水凪鳥 *Oestrelata hypoleuca Salv. = Pterodroma leucoptera hypoleuca (Salvin.).*

遷徙。

• 大水凪鳥 頭部及顔面白色，具褐色斑點，下面一般白色，尾褐色，嘴角色，趾肉色，翼長尺餘。從樺太、千島到琉球，於海上常見。

• 赤足水凪鳥 稍小形，上下兩面共暗褐色，下部兩霞赤褐色，嘴脚蒼色，翼長一尺二三寸，嘴長一寸七分。分布於由日本北部到南澳洲。

• 灰色水凪鳥 小形，體色一般暗褐，下部兩霞大部分白，嘴脚呈暗色，翼長一尺一二寸，嘴長一寸五六分。分布方面甚廣，由北千島到麥哲倫海峽，在大西洋方面分布更廣。

• 細嘴水凪鳥 最小種，體暗褐，下部兩霞蒼灰色，嘴脚暗色，翼長一尺餘，嘴長一寸五分。產樺太到琉球

• 長尾水凪鳥 上部褐色，下部白，頭頸側面及脇腹共灰色，後趾僅有痕跡，翼長一尺二寸，嘴長一寸五分。產北太平洋，於硫黄島、小笠原島常見。

• 白腹水凪鳥 與上記諸種異，上部黑褐色，臀部帶灰色，前頸頭頂及下部共白，腋下亦白，下霞翼是大部分褐色，翼長八九寸，尾長四五寸。

5

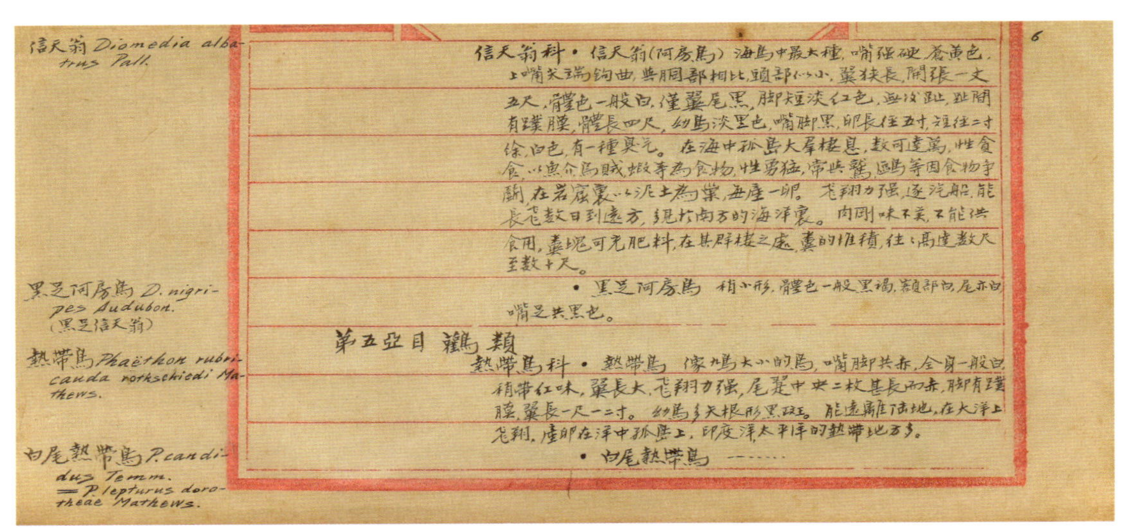

6

信天翁 *Diomedia albatrus Pall.*

信天翁科 • 信天翁（阿房鳥） 海鳥中最大種，嘴強硬，蒼黄色，上嘴尖端鉤曲，與胴部相比，頭部小小，翼狭長，開張一丈五尺，體色一般白，僅翼尾黑，脚短淡紅色，無後趾，趾間有蹼膜，體長四尺，幼鳥淡黑色，嘴脚黑，卵長徑五寸，短徑二寸餘，白色，有一種臭气。在海中孤島大羣棲息，數可達萬，性貪食，以魚介烏賊蝦等為食物，性勇猛，常與鷲、鷗等因食物爭鬥，在岩窟裏以泥土為巢，每產一卵。飞翔力强，逐汽船，能長飞數日到遠方，現於南方的海洋裏。肉則味不美，不能供食用，糞堆可充肥料，在其群棲之處，糞的堆積，往往高達數尺至數十尺。

黑足阿房鳥 *D. nigripes Audubon.*（黑足信天翁）

• 黑足阿房鳥 稍小形，體色一般黑褐，額部白，尾亦白，嘴足共黑色。

第五亞目 鸏類

熱帶鳥 *Phaëthon rubricauda rothschiedi Mathews.*

熱帶鳥科 • 熱帶鳥 像鳩大小的鳥，嘴脚共赤，全身一般白，稍帶紅味，翼長大，飞翔力强，尾是中央二枚甚長而赤，脚有蹼膜，翼長一尺一二寸。幼鳥多矢根形黑斑。能遠離陸地，在大洋上飞翔，產卵在洋中孤島上，印度洋太平洋的熱帶地方多。

白尾熱帶鳥 *P. candidus Temm. = P. lepturus dorotheae Mathews.*

• 白尾熱帶鳥 ……

鰹鳥 Sula leucogastra Bodd. = S. leucogaster plotus (Forster).

鰹鳥科 · 鰹鳥　嘴長，邊緣有鋸齒，顏裸出，上面暗褐，從喉到上胸亦暗褐，從下胸腹部及下尾筒白色，脚蒼黄色，體長二尺八九寸，翼長一尺五六寸，嘴長三寸八九分。幼鳥全體褐色，頭頸及下部蒼色。在日本各沿岸飛翔，營巢小笠原島海濱，每產二卵，淡綠色。　一鰹鳥科

赤足鰹鳥 S. piscatrix L.

· 赤足鰹鳥　脚珊瑚赤色，全身的翮羽褐色而被有白毛。幼鳥褐色，下部少蒼色。日本沿岸多。

琉球鰹鳥 S. sula Linn.

· 琉球鰹鳥　產南島一帶……

鸕鷀 Phalacrocorax capillatus T. & S. = P. carbo hanedae Kuroda.

鸕鷀科 · 鸕鷀　軀體較細形的水鳥，嘴暗黑色，上嘴尖端鈎曲，下嘴縱扁，與頤喉等共黄色，眼周裸出黄色，眼很光亮，後頭部粗生黑短毛，形成冠毛，頸部黑，下面一般黑而有綠色光澤，翼羽尾羽共黑，尾羽十四枚，足黑，有蹼膜，體長二尺五六寸，翼長一尺二寸。能游泳水面，巧於捕魚，步行甚拙，飛翔甚速，夏期在海中，冬期多來河流，營巢海濱，產卵常三個。

[應用] 供漁業上使役。

海鸕鷀 P. carbo L. = P. capillatus (Temm. & Schl.).

· 海鸕鷀　體形一般同前種，頭部有黄色的裸出部分，肩羽及雨覆羽暗褐色而有黑緣。

[應用] 同上

7

8

鵜鳥 P. pelagicus pelagicus Pallas.

· 鵜鳥（姬鵜）　稍小形種，頸部到背面有紫色光澤，肩羽及雨覆無黑緣，尾羽十枚，翼長九寸三分，產北海道。

千島鵜 P. bicristatus Pall.

· 千島鵜　小形種，形色同上種，頭部裸出部橙赤色，產千島。

軍艦鳥 Fregata minor Gm. = F. ariel ariel (G.R. Gray).

軍艦鳥科 · 軍艦鳥　稍大形的黑色鳥，嘴稍長，上嘴先端鈎曲，眼周及前頸部裸出，咽喉部呈囊狀，頭頂赤，背面黑色有金屬光，翼狹長，手翼第一第二特長，脚短，四趾，有蹼，尾長，深叉裂。雄的腹面和脚皆黑，雌腹面白，脚淡紅，翼長二尺餘，嘴長三寸，幼鳥背面黑，嘴頭頸，腹面白，脚蒼白。飛翔力强，常於距陸地六七百海里地方見出，不僅捕食魚類，尚每每追逐他鳥而掠奪其食餌。

孳尾期五月，在海岸的樹木或絶壁間以枝葉造巢，產一個純白色的卵。產小笠原島，太平洋各島嶼，直南達澳洲。

鵜鶘 Pelecanus.

伽藍鳥科 · 鵜鶘（伽藍鳥）　嘴長大，下嘴下方有大皮囊，體色一般白，稍帶赤味，有黑色切風羽，趾間有蹼，巧於游泳，捕食魚類，

白鷺 Ardea garzetta Linn. = Egretta garzetta garzetta (L.).

鷺科 · 白鷺　嘴長而黑，先端尖，頸部細長，全體純白，後頭有二三本細長的白色冠羽，尾羽十二枚，脚稍長而黑，趾黄色，有長爪，翼長八九寸。在近水的樹林中為羣棲息，常常涉探淺水，捕

食魚蟲，以枝葉在樹上營巢，每產三四卵。

中鷺 *A. intermedia* Wagler. = *E. i. intermedia* (Wagler.).

• 中鷺　稍大形種，純白色，背胸有長蓑毛，嘴冬期黄色，至夏期則僅基部黄色，餘部分黑色，脚黑，翼長一尺。

猩猩鷺 *A. coromanda* Bodd. = *Ardeola ibis coromandus* (Boddaert.)

• 猩猩鷺　最小純白種，夏期頭頸胸背生赤褐色羽毛，嘴黄色，翼長八寸餘。

蒼鷺 *A. cinerea* Linn. = *A. c. rectirostris* Gould.

• 蒼鷺　最大形種，頭部黑，有黑冠毛，背面銀灰色，頸的前面有縦走的黑色點列，翼黑，腹面白，幼鳥頭翼皆灰色，脚赤色。分布海南至大陸上。

黑鷺 *A. jugularis* Wagler. = *Demigretta sacra ringeri* Stejneger.

• 黑鷺　體一般黑色，帶灰味。由琉球至對馬島見出。

五位鷺 *Nycticorax nycticorax* Linn. = *N. n. nycticorax* (L.)

• 五位鷺（鵁鶄）　稍大形鳥，具強而彎曲的嘴，上面一般帶綠黑色，嘴黑，頭頂有數條細長的白羽，翼尾共灰色，下面一般白而多少灰以淡灰色，翼長一尺餘，嘴長二寸二三分。幼鳥叫星五位，背面灰褐，翼有白斑，尾翼十二枚，脚黄色。日間潛森林中，夜間活動，来池沼捕小魚小蟲為食，營巢樹上。

溝五位 *Gorsachius goisagi* Temm.

• 溝五位　稍大形，背面灰褐或黑褐，有暗色小斑點，嘴暗綠，頭頂及下頸部赤褐或黑褐，翼羽一般呈暗色，先端灰褐，腹面褐色，有黑褐色、白色等斑點，尾暗色。

大嘴五位 *Nycticorax crassirostris* Vigors.

• 大嘴五位　上嘴黑，下嘴白，尖端黑，頭部黑，背面一般赤褐，

9

10

頭有白眉，以方垂白色長羽，翼長九寸餘。

簑五位 *N. javanicus stagnatilis* Gld.（阿穆爾綠鷺）= *Butorides striatus amurensis* (Schrenck.)

• 簑五位　稍小形，背面灰黑，多少帶綠色，腹面一般灰白色，頭頂垂綠黑色冠羽，覆翼翼邊緣白色，翼長七寸八分，嘴長二寸三四分。

赤頭鷺 *N. prasinosceles* Swinh.

• 赤頭鷺（赤頭五位）　體色一般白，頭頸赤褐，胸背多少綠色味，翼長八寸五分。幼鳥頭頸共黑褐，具褐色條線，胸有黑褐條斑。產地中國南部，印度，日本。

葦鳽鶄 *Ardetta sinensis* Gmelin. = *Ixobrychus sinensis sinensis* (Gmelin.)

• 葦鳽鶄（葦五位）　小形鳥，嘴真直，細長，頭部灰黑，頸部赤褐，背部暗褐，兩覆黄褐，蹠蹼部被毛，尾羽十枚，尾與翼羽共灰黑色，翼長五寸。夏日在蘆荻間營巢產卵，捕魚為食，夜鳥。

大葦五位 *Nannocnus eurythmus* Swinhoe. = *I. eurythmus* (Swinhoe.).

• 大葦五位　小形鳥，體色一般類前種，色稍濃，上部有多少白點，頭上黑，頸部背面黑褐，腸腹灰色，嘴真直，蹠蹼部被毛，翼長五寸。產東北黑龍江一帶，秋期南来到江南。

大鷺 *Herodias timoriensis* Cuv. = *Egretta alba alba* (L.)（風標公子，鷺鷥）

• 大鷺（白鶴子）　大形純白種，脛帶黄味污點，嘴冬期黄色，夏期黑色，翼長一尺四五寸。繁殖地，華北，西伯利亞東部。

紫鷺 *Phoyx manillensis* Meyen. = *Ardea*

• 紫鷺　大形種，嘴綠黄，頭部及冠羽皆黑，背部與翼共灰黑色，胸部紫赤色，兩肩垂灰色和褐色的蓑毛，胸前垂灰白

色其毛，脚赤黑色。琉球產。

朱鷺 Ibis nippon Temm. = Nipponia nippon (Temminck.)

朱鷺科·朱鷺 大形鳥，體一般白，帶桃色，嘴長，頭頂有冠毛，顏面裸出呈赤色，脚長而赤，趾間基部有蹼膜，翼長一尺五六寸。棲息沼澤河湖近邊，捕昆蟲魚介為食，營巢樹上。夏期蕃殖於北海道，冬期南來到江南。

黑朱鷺 I. melanocephala Lath. = Threskiornis melanocephalus (Latham)

·黑朱鷺 體色一般白，肩部有灰色其毛，嘴脚共黑，頭頸裸出黑色。幼鳥肩無其毛，頭頸共有褐色短毛。

篦鷺 Platalea leucorodia Linn. = P. l. major Temm & Schl.

篦鷺科·篦鷺（漫畫） 大形鳥，體色一般白，頭上有淡黃色冠毛，頸長，嘴篦狀而黑，末端黃色，喉及眼周裸出黃色，脚長而黑，翼長一尺二三寸。幼鳥無冠毛，翼端黑。沼澤河海近傍棲息，以嘴啄索泥中或水中蟲魚為食，營巢樹上產卵，卵通常四個。分布從東洋西伯利亞到歐洲。 =朱鷺科

黑面篦鷺 P. minor Temm & Schl.

·黑面篦鷺 稍小形，嘴及顏面裸出部暗褐或黑色，產朝鮮，於臺灣見之。

鸛 Ciconia boyciana Swinhoe.

鸛 科·鸛 大形鳥，嘴長，暗黑色，由前額以下完全角質，肩羽及翼帶黑味的白色，手羽僅外翻一部分白色，眼周圍裸出赤色，頸長，脚亦長而赤，脛部以下無羽毛，足有角質鱗，內側的趾較外側者短，爪平甚小，尾羽十二枚，翼長二尺五六寸，嘴長達九寸。江湖 11

近傍棲息，以魚介為食，在高樹上或殿堂的空所，以枝葉羽毛為巢，性溫和，可馴養。分布中國北部及日本。 12

鍋鸛 C. nigra Linn.

·鍋鸛 近似種，腹白，體一般黑褐。分布亞洲，歐洲。

紅鸛 Phoenicopterus.

紅鸛科·紅鸛（赤鸛） 體長大，恰像鸛，嘴彎曲，成特別形，有非常長之頸及脚，翼有極鮮嚴的深紅色部分，前方三趾間有蹼，後趾小不能踏地，尾小。常步涉淺水中，以頭部入水探索食物，造巢產卵，卵常二個。產地上海沿岸。

第六亞目 雁類

鴨 Anas boschas L. = A. platyrhyncha platyrhyncha (L.)（野鴨，青頭鴨）

鴨 科·鴨 稍大形的水鳥，於夏期雄的頭頸共為閃紫綠的黑色，肩胸共赤；雌的下部一般茶色，而有點多的暗色點，腋下及下部兩還白色，大雨覆灰色，其先端黑，近先端有白色帶斑，冬期雄的頭部像雌的，同時肩胸的赤色部分漸消滅，體長雄的二尺一二寸，雌的二尺一寸，翼長雄一尺六七寸，雌的九寸六七分。候鳥，雁後來雁前去，於淡水或海水為羣游泳，以貝類小魚昆蟲為食，性敏捷，巢在水邊叢草中，以草莖和綿羽造成。 =雁鴨科

[應用] 肉供食用，味美。 [生肉成分] 水分 70.82 蛋白質 22.65 脂肪 3.11 無窒素物 2.33 灰分 1.09

小鴨 *Nettion crecca* L. = *Querquedula crecca crecca* (L.)

• 小鴨　小形種，夏期嘴全黑，頭頸共胡桃色，頭兩側上部咽喉及胸部有黑色球狀斑，雌嘴亦黑，上部一般黑，各羽邊緣白，於外側次切風羽的外瓣為天鵝絨樣黑色，其內側三枚則呈金屬樣綠色，翼長七寸。繁殖於千島，冬期南下到臺灣。

軽鴨 *Anas zonorhyncha* Sw. = *A. poecilorhyncha zonorhyncha* Swinhoe.

• 軽鴨（夏鴨）　大小像鴨，雌雄色彩相似，雄比雌色稍暗，雄嘴的先端帶黃色，有很明瞭的眼帶，胸部多少胡桃色，喉頸共白，腹中及下尾筒亦白，大雨覆有寬的黑帶，翼長四尺。四季共常見，常混在他種中成小羣游泳。初夏田沼邊營巢產卵。

巴鴨 *A. formosa* Georgi. = *Querquedula formosa* (Georgi).

• 巴鴨（味鴨）　比小鴨稍大，雌雄共黑嘴，雄頭頂黑，後頭部閃綠色金屬光，頰部呈煤色，眼下有黑橫帶，咽喉部黑，上部一般胡桃色，胸部類小鴨，次列風切天鵝絨樣黑色先端白，兩覆先端胡桃色，雌嘴的基部相接處兩側有顯著的白色圓斑，翼長七寸，性敏捷，飛翔甚巧。產地東洋區沿海一帶。

葭鴨 *A. falcata* Georgi. = *Querquedula falcata* (Georgi).

• 葭鴨　屬於大形種，雄嘴黑，冠毛暗紅，頭側銅綠色，喉白，腕翅的外翮黑，雌上部一般黑，下部一般有大暗

13

14

點，雌雄共於上部有黑白的彎曲羽毛，下部呈鱗狀，腋下及下覆翼翅白，大覆翼翅灰色，而先端有白色陰影，翼長雄九寸，雌八寸餘。產東洋，常大羣游泳。

縞味鴨 *Querquedula circia* L. = *Q. querquedula* (L.).

• 縞味鴨　雄嘴黑，在夏期雄雌很相仿，雄雄的兩覆蒼灰色，冠毛帶黑味，有寬的白色眼帶，胸呈鱗狀，到腹腹成彎曲狀，次列風羽比前種多蒼色而僅有金屬光，翼長雄六寸五六分，雌六寸四五分。產地南日本到臺灣一帶。

長尾鴨 *Dafila acuta* L. = *D. a. acuta* (L.)

• 長尾鴨　有長而黑色的嘴，僅下部兩覆白，雄的色彩夏期像雌，覆翼翅先端胡桃色，至冬期則頭部灰褐，頸部一般白，沿後頸部中央有彎曲羽毛，背部及腋腹共有彎曲羽毛，下部一斑白，翼長一尺。分布由千島到臺灣一帶，冬期每每為大羣（一萬匹以上）飛行。

綠嘴鴨 *Mareca penelope* L.

• 綠嘴鴨　嘴綠色，先端黑，腋下及下部兩覆有褐色斑點，雄上部密生彎曲羽毛，兩覆白，前頭及冠毛煤色，頸赤，上胸部稍紅色，腋腹有彎曲羽毛，下尾筒黑，雌的上部通常兩上胸及腹腋稍紅色，翼長一尺。冬期常大羣由日本南來到臺灣，繁殖地在北極地方，營巢多用禾本科枯草。

廣嘴鴨 *Spatula clypeata* L.

• 廣嘴鴨　嘴近尖端部分較寬成匙狀，雄嘴黑，頭頸

黑带絲，上胸部白，肋覆青，次列風切的外翮綠色，下部赤，雌的翼有青色綠色部分，體長雄一尺九寸，雌一尺六寸五分，翼長雄九寸餘，雌八寸。分布由千島至臺灣及華南一帶。

丘葭鴨 *Anas strepera L.*

• 丘葭鴨 雄上部一般灰黑色，各羽毛都有白緣邊，呈鱗狀，尾黑，雌上部褐色，羽有煤色緣邊，胸腹共白，體長雄一尺九寸，雌一尺八寸五分，翼長雄一尺，雌九寸五六分。產日本一帶，飛時不成大群。

鴛鴦 *Aex galericulata L.*

• 鴛鴦 類小鴨，羽毛最美麗，雄前頭綠色，有強光澤，至冠毛而漸變紫色，至後頸長冠長則呈銅赤色，隨之下部成暗紫色及綠色，冠毛下部暗綠色，而頸側長羽成胡桃色，其中央有白色條帶，背臂及上尾筒、小覆翼是有似角的褐色部分，而發暗黃銅色的光澤，體側、胸腹及下尾筒白，下腹部成有光澤的胡桃色，肩是若鋼樣的灰綠色閃青色光，體長一尺三寸上下，又雌的頭頂冠毛共灰色，嘴的基部一帶，眼上到後頸部一帶共白色，頸、喉、下胸、腹及下尾筒白，體上部與上覆翼是共帶褐的橄欖灰色，手是褐色，腕是褐橄欖色有綠色光澤，尾褐橄欖灰色，體長較雄稍小。產地臺灣，夏期常見於東部西伯利亞、日本、中國北部湖泊亦常見出。營巢多在水邊樹洞裏。

△翼上部有黃褐色飾羽一對，形似銀杏葉。

15

16

琉球鴨 *Anas javanica Horsf.*

• 琉球鴨 大小類鴛鴦，雄嘴黑，冠毛暗褐，下部一般赤褐，覆翼是紅色，上部蒼黑，有胡桃色緣，尾紅色，雌雄共被褐色冠毛，下部煤色乃至褐色，翅長六寸五六分，能游泳、潛水，並巧於攀木，冬期常成大群飛行。產印度，常來到臺灣琉球。

筑紫鴨 *Tadorna cornuta S. G. Gm. = T. tadorna (L.)*

• 筑紫鴨 頭頸共綠黑色，而下背白，臂、上尾筒、腹側及腹部皆赤褐色，僅下尾筒及臂部分黑。分布南日本至琉球。

白頰鴨 *Clangula glaucion. L.*

• 白頰鴨 雄嘴黑，頭亦黑，而近嘴基部有圓形白斑，背部黑，下頸及咽喉部白，下面一般白，雌嘴亦黑色，而上部灰黑色，頭部暗紅，雌雄腹腹共暗色，中央腕是白，上頸側的羽毛，由去鼻孔五分以上處起始。分布千島至臺灣。在堤的凹處或樹洞營巢。

冰鴨 *C. hyemalis L.*

• 冰鴨 有小形的嘴，鼻孔前寬處僅達六分，上頸側的羽毛由距鼻孔二分處起始，前頭、冠毛、後頸、喉及上背、上胸皆白，肩是亦白，腹、頸側、胸、翼及背的一部皆黑，雄嘴基部和尖端共黑，而中央部分暗黃，翅長八寸。產北日本。

黑鴨 *Oidemia americana S. & R. = Melanitta nigra americana (Swainson.)*（美洲黑鴨）

• 黑鴨 有大形之嘴，全身黑色或暗褐，鼻孔近尖端處開通，鼻之前方寬約達一寸，嘴尖端黑色，基部黃色，上嘴基部膨起成瘤狀，頭頂雄天鵝絨黑色，雌暗褐色，腹腹暗色，翼無白色部分，翅長雄八寸，雌七寸五六分。由千島到日本東京一帶見出，冬期常為大羣飞起。

天鵝絨金黑 O. fusca stejnegeri Ridgway. = Melanitta fusca stejnegeri (Ridgway).

• 天鵝絨金黑　雄嘴先端稍白，中央部稍黄，基部黑，上嘴基部瘤狀膨起，稍前方曲，頭部黑色，眼下有白斑紋，腹腹暗色，中央腕莖白，上頸側的羽毛，由去鼻孔二三分處起始，分布北歐北亞。

鈴鴨 Aethyia marila L. = Nyroca marila mariloides (Vigors)

• 鈴鴨　雄頭頸上背及胸部皆黑，腹白，肩部有彎曲羽毛，雌一般褐色，雌雄嘴共綠色，慘先端中央黑，腹下白，下尾筒褐色，頭頂多白色，背及肩有白色彎曲斑，翼長雌雄共八寸四分。產臺灣。

毛綿鴨 Somateria spectabilis L.

• 毛綿鴨　冠毛灰色，下背及肩部黑，頸基部的毛羽由側面生者比中央部遙向前方擴展，背部白，前頭顏面部分赤，腹蒼青。

鸕嘴鴨 Mergus merganser merganser L.

• 鸕嘴鴨　嘴狹長像鸕鷀，邊緣有鋸齒，雄頭頸共黑，背及肩亦黑色，背尾共灰色，下部白，雌頭部及上頸褐色，有冠毛，上部灰色，雌雄共次列風切白，尾羽十八枚，翼長一尺餘。造巢樹洞中，為養魚之害。

磯鴨 M. serrator L.

• 石鉄鴨　比前種稍小形，而中央腕莖之半白色，雄嘴較前種小，頭部黑，頸及其他部分白，下頸部稍赤色，上背肩部 17

18

及手莖天鵝絨棣黑色，腹腹和臂部具卷曲羽毛，下部白，有冠毛。雌頭頸稍赤，上部蒼灰黑色，下部白，翼長雄九寸，雌八寸。產臺灣千島一帶。

小鸕嘴鴨 M. albellus L. = Mergellus albellus (L.)

• 小鸕嘴鴨　小形種，中央腕翼呈暗色，有狹而白色的縁帶，雄下部白，頭、頭頂、頸及後頭的兩側均黑，背部黑色，尾暗灰色，腹腹有卷曲羽毛，雌下部白，胸有蒼色點，冠毛暗褐色，後頸胡桃色，翼長雄七寸，雌六寸。冬期於日本見出，由北海道至長崎，產地歐洲及亞洲中北部。

小嘴鴨 Histrionicus histrionicus L. = H. h. pacificus Brooks. (太平洋小丑鴨)

• 小嘴鴨　有小形之嘴，其鼻孔前方寬徑五分，上頸側的羽毛從鼻孔口方向後作半環狀，雄嘴黑，頭頂赤黑，眼先部白，頭側青色，稍後方有白斑，上有赤條，胸喉間具白色環，背部青色，下部黑色，腹腹赤，雌一般暗色，頭兩側有白點。在岩際樹洞營巢。分布　由千島到日本九州北部。

赤羽白 Aethyia baeri Radde. = Nyroca rufa baeri (Radde).

• 赤羽白　雄頭頸共黑，胸腹、腹下、腸腹共赤，雌一般赤色，雌雄共次列風切白，先端黑，翼長雄七寸餘，雌六寸六七分。分布日本北部及朝鮮。

星羽白 A. ferina L. = Nyroca ferina ferina (L.)

• 星羽白　雄嘴較前種小而體却大，頭頸共赤，上胸及背部黑，其他的上部及腹腹有微小彎曲的羽毛，嘴先端黑其餘部分蒼色，雌雄共腋中白，次列風切殆一樣灰色。分布日本朝鮮。

全黑羽白 A. fuligula Linn. = Nyroca fuligula (L.)

• 全黑羽白　雄上部一般黑，胸黑，腹白，冠毛黑，總狀，雌頭頸共稍黑，上部其他部分暗褐色，無冠毛，腹部白，雌雄共嘴先端黑，其他部分蒼色，腋下白色，次列風切亦白色，先端有寬黑帶，下尾筒黑或褐，頭頂有極微小白色部，背或肩有白而彎曲的斑痕，翼長雌雄共七寸餘。夏期繁殖於千島樺太一帶，冬期南下至臺灣。

苔綿鴨 Eniconetta stelleri P. = Polysticta Stelleri (Pallas)

• 苔綿鴨　頭部白，頸周有青黑色環，背部黑，肩部白，腹部淡褐。此種與前之毛綿鴨皆繁殖於東亞及西美之極北部。

家鴨 Anas domestica L. (鶩)

• 家鴨　一般同於野鴨，由人工飼養，品種甚多……

鵠 Cygnus bewickii jankowskii Alphéraky.

鵠　科 • 鵠（天鵞，白鳥）大形的鳥，體形類鵝鳥，頸長，上嘴有黃色部黑色部，其黃色部不達鼻孔前方，而黑色部則延及口角後方，全體白色，體長三尺六七寸，翼長一尺六七寸。幼鳥羽毛灰色。河湖近傍或海濱棲息，以葉根、種子、昆蟲、蠕蟲為食，以枝葉茅草築巢產卵，卵綠色，常七八個。繁殖地東部西伯利亞，分布亞洲東部沿海一帶，北到樺太，南到臺灣以南。 =雁鴨科

大鵠 C. musicus Bechst. = C. cygnus (L.)

• 大鵠（大白鳥）大形種，上嘴黃色部由上端基部起 19

達於鼻孔前方，而黑色部僅到口角，全身純白，幼鳥灰色，翼長二尺。繁殖地冰島國、歐洲北部、亞洲北部。 20

〔應用〕可飼養，依此得多數變種。

雁 Anser albifrons albifrons (Scopoli).

雁　科 • 雁　嘴扁平，被軟皮，蒼黃色，But末端硬，內緣列生數多角質板，上面一般淡紫褐色，前額白色部不達眼的後方，下面白有黑間白的斑紋，腳黃色，在體的近後部，前三趾間有蹼，後趾小，翼長一尺五六寸。繁殖地亞歐美北部草原地方，分布由大陸北部直到南半球各地。候鳥。 =雁鴨科

小雁 Anser minutus Naum. = A. erythropus (L.)

• 小雁　酷似前種，前額白色部達向後延長，腳黃色，嘴蒼色。

鴻 A. segetum serrirostris SW. = A. fabalis serrirostris Swinhoe.

• 鴻（菱喰）色一般類原鵞，嘴先端黑，嘴的中部橙色，基部暗色，腳黃色，翼長一尺七寸。

原鵞 Cygnopsis cygnoid (L.)

• 原鵞　嘴黑，上面深褐，有淺色橫斑紋，腹白，腹側有黑褐橫寬條紋，翼長一尺五寸餘。繁殖於東部西伯利亞。

白雁 Chen hyperboreus hyperboreus (Pallas).

• 白雁　體色一般白，只手羽黑，於其基部有灰色陰影，覆翼羽亦灰色，嘴淡紅，腳暗紅，翼長一尺四寸內外。幼鳥頭頸背及胸共灰色，嘴腳褐色。繁殖地亞洲東北部到美洲北極地方，偶於東北及朝鮮見出。

四十雀雁 *Branta canadensis leucopreia* (Brandt).

• 四十雀雁 體暗色，冠毛有黑色部分，前頭及喉的黑色部分不到胸部，尾羽常十四至十六枝，翼長一尺二三寸。

黑雁 *B. bernicla nigricans* (Lawrence.).

• 黑雁 頭的兩側具白色冠毛樣的斑彩，其中央部有白色的襟狀輪，在黑的胸部和暗色的腹部之間有條斑，翼長一尺二寸。

鵞 *Anser domestica.*

• 鵞 體形類雁，嘴黄色，基部具肉瘤，因人工飼養，多變種。[應用] 肉卵供食用。[肉的成分] 水分三八·〇二 蛋白質一五·九一 脂肪 四五·五九 灰分 〇·四八

第七亞目 蒼鷹類

=鷲鷹科

蒼鷹 *Astur palumbarius* Linn. =*Accipiter gentilis schvedowi* (Menzbier.).

鷹 科 • 蒼鷹 稍大形鳥，上嘴鈎曲，側緣不見缺刻，僅呈波狀，下嘴小，先端恰如切斷，頭頂黑，以頭見白色及暗褐色雜斑，體上面一般暗褐，下面白，羽軸暗褐，兩有數個淡褐色條帶，下尾筒白，脚强壯，脛部被羽毛，跗蹠部黄色，四趾共有銳爪，尾羽黑褐色和灰色横條帶兩者互相排列，末端白，翼長一尺二寸。夏期棲息深山，至秋末逐食來平原，性兇暴，捕食鳥獸。

鷂 *Accipiter nisus* Linn. =*A. n. nisosimilis* (Tickell.).

• 鷂 小形，類蒼鷹，下部暗赤色，喉部羽毛常有暗形箭形斑，體長雄一尺三寸，雌一尺四寸，翼長雄八寸，雌九寸餘。繁殖地東亞。[應用] 狩獵用。

21

22

雀鷹 *A. virgatus gularis* Temm. & Schl.

• 雀鷹(雌的叫雀鷂，雄的叫雀鵰) 小形種，形態類似前種，喉下中央有一黑條，雄雌皆上部暗色，下部蒼褐色而交以白帶，雌於下部見褐色條斑，脚長，跗蹠部無羽毛，體長雄一尺餘，雌一尺二寸，翼長雄六寸餘，雌七寸餘。性勇猛，易馴。[應用] 狩獵用。繁殖地朝鮮琉球臺灣。

澤鵟 *Circus aeruginosus aeruginosus* (L.).

• 澤鵟 大形種，上嘴鈎曲，兩側有缺刻，雌雄共上部暗赤色，喉胸白而多雜以褐色，腹、脇、脛，及下尾筒共赤褐，尾羽有黑色及灰色横帶，手羽第一至第七者同長，體長雄二尺餘，雌二尺一寸餘，翼長雌雄共一尺六寸餘。繁殖地歐洲至西伯利亞。

雀鵟 *C. cyaneus cyaneus* (L.).

• 雀鵟 較前種小，雄喉胸共蒼青灰色，腹、下尾筒、脇、腿共白，下部灰色，雌與前種之雌酷似，雄體長一尺七寸，翼長一尺三寸餘，捕蛇鼠蛙等為食。產亞歐兩洲北部。

狗鷲 *Aquila chrysaëtos japonica* Severtzow.

• 狗鷲 大形種，嘴灰色，被黄色蠟膜，嘴强大，上嘴鈎曲，邊緣無缺刻，眼大而深凹，有突出之眉，虹彩淡褐色有金色光，體色一般深褐，頭和頸交以鳥色，背面各羽有暗色陰影，翼羽末端律色具白陰影，尾褐色，有不規則灰色條斑，脚短，甚強，周圍有三寸許，被毛，足被大形鱗片，有鈎爪，

體長三尺二三寸，兩翼開張達七尺五六寸。棲息深山幽谷，捕野兔、羚羊、小羊為食。繁殖地東亞。

羌鷲 *Halioeëtus pelagicus pelagicus* (Pallas.).

•羌鷲 嘴黃色，上面灰黑色，下面黑褐色，肩羽和兩腰純白色，尾羽十二枚，和腳羽共為白色。產亞東一帶。捕魚類為食。

白尾鷲 *H. albicilla albicilla* (L.).

•白尾鷲 頭部蒼白，嘴黃色，全身灰褐色，尾羽十餘枚，白色，海濱湖水近傍多，食魚類的死肉，及小獸等，在海濱絕壁營巢，夏期去北方寒地，冬期南來。

角鷹 *Nisaëtus nipalensis orientalis* (Temm. & Schl.).

•角鷹 大形種，後頭有冠毛，顏面及腹部白色，有暗褐色縱條，尾羽有近白色與黑色橫斑紋，腳被羽毛，趾約三分之一處覆羽毛，體長三尺，翼長二尺。繁殖地日本，分布由中國南部到印度。

隼 *Falco peregrinud calidus* Lantham.

•隼 小形猛禽，上部暗褐，頭部黑，上嘴彎曲呈鈎狀，耳羽有散在的黑斑點，下面乳白色，具斑條，頸喉有橫走黑條斑，尾羽尖端白，腳強具四趾，皆有鈎爪，體長雌一尺八寸，雄一尺四五寸，翼長雌一尺四寸餘，雄一尺一二寸。性銳敏，飛速，捕食小禽。繁殖地亞東。

[應用] 狩獵用。

23

24

稚子隼 *F. subbuteo subbuteo* (L.)

•稚子隼 上部灰色，下部大致同前種，腿部羽毛赤褐色。

茶隼 *F. tinnunculus japonensis* Ticehurst

•茶隼 小形種，上面褐色，多黑斑點，下面淡色，有縱列黑點，雄頭部灰蒼，尾亦灰蒼，有黑條帶，雄體長一尺四寸，雌一尺三寸，翼長雄一尺，雌一尺三寸。繁殖地亞東。

白隼 *F. rusticolus candicans* Gmelin.

•白隼 上面一般蒼白，下面白，有深淺黑色斑紋，尾全白有橫斑紋，體態美麗。繁殖於樺太、千島。

鳶 *Milvus migrans lineatus* (Gray.).

•鳶 中形鳥，嘴藍黑色，基部蠟皮淡綠黃色，上嘴鈎曲，前頭頰、咽喉，帶白色，耳羽濃褐，上面褐色，多少夾以黑紫色，各羽軸及風切羽黑，胸部濃赤褐色，尾一般淡褐，先端稍叉狀，外側羽濃褐色，中央羽淡褐色有暗褐橫紋，腳暗黃色，趾黃綠色，四趾共有鈎爪，翼長一尺六寸。捕蛇、蜥蜴、鼠、魚為食，營巢高樹上。

耕鳩 *Butastur indicus* (Gmelin.).

•耕鳩 小形種，上面赤褐，頭腰共有白斑，翼尾共有黑橫帶，下面多白色橫條。

八角鷹 *Pernis opivorus japonicus* Kuroda.

•八角鷹 中形種，上面褐色，頭頂灰色，尾羽有暗黑色四橫條，下面一般帶淺褐-未的白色，有褐色條及點斑。捕食蜂類及其幼蟲。

大鵟 *Buteo hemilasius* T. & S. = *B. leuco-*

•大鵟 稍大形種，全身濃褐色，額具白眉狀斑，耳羽

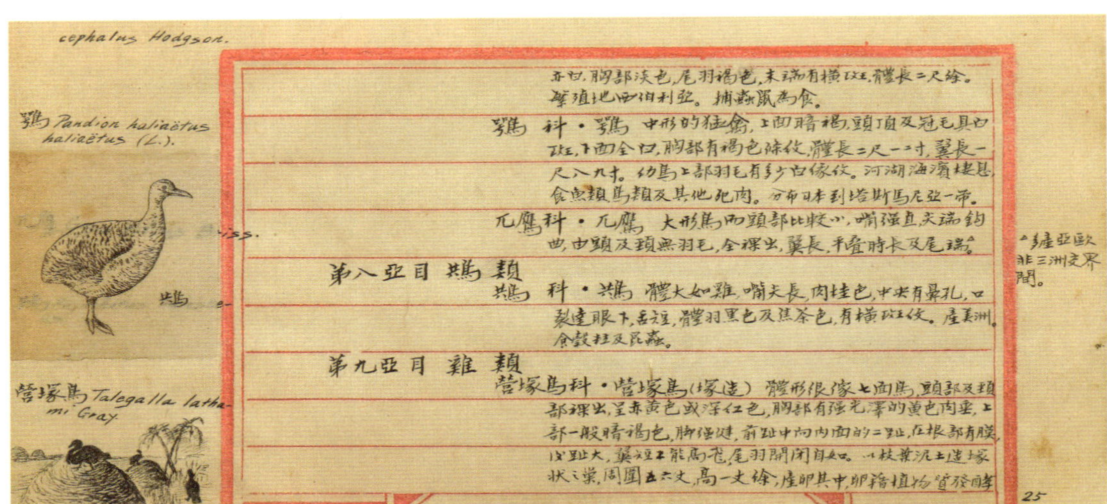

cephalus Hodgson.

鶚 Pandion haliaëtus haliaëtus (L.).

䳍

營塚鳥 Talegalla lathami Gray.

赤白，胸部淡色，尾羽褐色，末端有橫斑，體長二尺餘。繁殖地西伯利亞。捕鼷鼠為食。

鶚科·鶚 中形的猛禽，上面暗褐，頭頂及冠毛具白斑，下面全白，胸部有褐色條紋，體長二尺一二寸，翼長一尺八九寸。幼鳥上部羽毛有多少白緣紋。河湖海濱棲息，食魚類鳥類及其他死肉。分布日本到塔斯馬尼亞一帶。

兀鷹科·兀鷹 大形鳥而頭部比較小，嘴強直尖端鉤曲，由頭及頸無羽毛，全裸出，翼長，平疊時長及尾端。產亞歐非三洲交界間。

第八亞目 䳍類

䳍科·䳍 體大如雞，嘴尖長，肉桂色，中央有鼻孔，口裂達眼下，舌短，體羽黑色及焦茶色，有橫斑紋。產美洲。食穀粒及昆蟲。

第九亞目 雞類

營塚鳥科·營塚鳥（塚造） 體形很像七面鳥，頭部及頸部裸出，呈赤黃色或深紅色，胸部有強光澤的黃色肉垂，上部一般暗褐色，腳強健，前趾中向內面的二趾，在根部有膜，後趾大，翼短不能高飛，尾羽開閉自如。以枝葉泥土造塚狀之巢，周圍五六丈，高一丈餘，產卵其中，卵藉植物質發酵

25

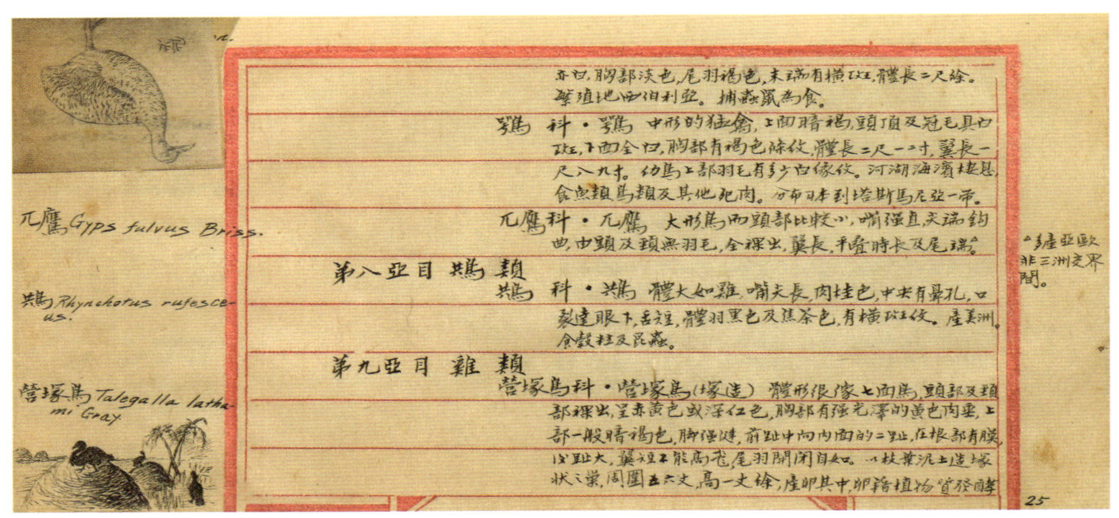

兀鷹 Gyps fulvus Briss.

䳍 Rhynchotus rufescens.

營塚鳥 Talegalla lathami Gray.

赤白，胸部淡色，尾羽褐色，末端有橫斑，體長二尺餘。繁殖地西伯利亞。捕鼷鼠為食。

鶚科·鶚 中形的猛禽，上面暗褐，頭頂及冠毛具白斑，下面全白，胸部有褐色條紋，體長二尺一二寸，翼長一尺八九寸。幼鳥上部羽毛有多少白緣紋。河湖海濱棲息，食魚類鳥類及其他死肉。分布日本到塔斯馬尼亞一帶。

兀鷹科·兀鷹 大形鳥而頭部比較小，嘴強直尖端鉤曲，由頭及頸無羽毛，全裸出，翼長，平疊時長及尾端。產亞歐非三洲交界間。

第八亞目 䳍類

䳍科·䳍 體大如雞，嘴尖長，肉桂色，中央有鼻孔，口裂達眼下，舌短，體羽黑色及焦茶色，有橫斑紋。產美洲。食穀粒及昆蟲。

第九亞目 雞類

營塚鳥科·營塚鳥（塚造） 體形很像七面鳥，頭部及頸部裸出，呈赤黃色或深紅色，胸部有強光澤的黃色肉垂，上部一般暗褐色，腳強健，前趾中向內面的二趾，在根部有膜，後趾大，翼短不能高飛，尾羽開閉自如。以枝葉泥土造塚狀之巢，周圍五六丈，高一丈餘，產卵其中，卵藉植物質發酵

25

之熱而孵化。產澳洲，新西蘭。

三斑鶉 *Turnix blakistoni* Swinhoe.

三斑鶉科·三斑鶉　體形類鶉，上部全呈胡桃色，下部及胸部淡青色，至下方漸變胡桃色。產琉球。

印度三斑鶉 *T. taigoor* Sykes.

·印度三斑鶉（南鶉）　產印度，為熱帶地普通種，分布至琉球一帶。

雉（東雉）*Phasianus versicolor versicolor* Viellot.

雉　科·雉　形質類家雞，雄胸部腹側一樣暗綠色，頭頂銅綠色，後頭左右有像耳狀的羽總，眼周裸出部赤色，翕暗綠而有紫色影斑，和褐色的條斑，上尾筒綠灰色，尾甚長，上面灰綠，有純黑橫紋列，下面黑，體長二尺七八寸，翼長九寸，尾長一尺六寸餘。雌的翕羽中央部黑，往往有鏽色條斑，而先端綠色，胸腹羽毛有顯著黑帶，體長二尺三寸，翼長七寸五分，尾長九寸三四分。棲息平原叢中。產日本。

高麗雉 *P. colchicus karpowi* Buturlin.

·高麗雉　雄頸周有白色輪帶，翕及腹側地色而有光輝，呈橙褐色，胸部羽毛有甚狹之紫色緣紋，體長三尺，翼長八寸五分，尾長一尺九寸，雌背體長二尺三寸五分，翼長七寸五分，尾長九寸五分。產東北各省及朝鮮，分布由華北直到廣東。

臺灣雉 *P. formosanus* Elliot.

·臺灣雉　與前種類似，產臺灣。

鷳雉 *Syrmaticus soemmerringii scintillans* (Gould.).

·鷳雉（山雞）　體形一般類雉，雄眼周裸出部赤色，後頭無耳狀羽總，全身銅赤色，支黑斑紋，有光輝，肩腰腹部色淺有斑紋，尾甚長，往往達三尺，黑色有赤褐色及白色寬橫條，交互排列，雌色彩一般暗，尾短。

赤山雞 *S. s. soemmerringii* (Temminck.).

·赤山雞　體形一般呈紅色及黃金色，翼長九寸餘，產日本。

白腰山雞 *S. s. ijimae* (Dresser.).

·白腰山雞　大致似前種，腰部白色。

錦雞 *Phasianus pictus* L. = *Chrysolophus pictus*.

·錦雞（金雞）　雄頭上有黃金色冠毛，頸橙黃色而有黑色橫斑，背面暗綠色而交以紫色，下面與肩共赤色，腰黃色，尾長較身上約達一倍半，雌羽色一般暗褐色，或帶黑色或褐色意味，雌雄嘴共紅色，腳灰黑，體長一尺二三寸（尾部除外），性易馴，中國西南部山中原產。

［應用］飼玩。

白鷳 *P. nycthemerus* L.

·白鷳（越禽）　體形略似前種，冠毛黑色，體上部純白色，尾長，中央尾羽亦純白色，兩側有多數黑斜紋。原產中國南部。［應用］飼玩。

雞 *Gallus domesticus* Briss.

·雞　最普通的家禽，世界廣飼養，變種極多。

［應用］肉，卵供食用。

原雞 G. bankiva Temm.

28

• 原雞（野雞） 體長形，肉冠及肉瓣共小，耳瓣赤如肉冠，共深紅色，尾羽斜以垂下而不揚起，足粗强黄色。産印度及馬来諸嶌。

珠雞 Numida meleagris L.

• 珠雞 顔面淡青色而帶紫，嘴强大，先端尖，基部有紅而軟骨性的小突起，頭頂亦有軟骨性突起，赤青色，頤喉部具軟骨性肉瓣，稍三角形，淡青色，頸部長，從後頸至頸的中部有針状的羽毛，全體為帶青灰的黑色，散布以大小圓白點，脚短，暗色，尾垂直下垂。原産於非洲西部，從中古時歐洲便飼養成家禽，每年産卵百餘，西印度亦有野生者生殖甚繁。

鶉 Coturnix coturnix japonica Temm. & Schl.

• 鶉（鵪鶉） 小形鳥，頭部小，嘴小，軀體肥满，尾短，上面一般赤褐色，散布黄色縦帶與暗褐色横紋，頭部暗褐，有三條縦走之褐蒼色線，從胸側到腹側赤褐色，有褐蒼色横紋，腹部白，雄的頤喉部帶赤褐色，甚老者喉部又有錨状黑斑，體長六寸，翼長三寸六七分。繁殖於東北黑龍江一帶，晝間潛伏草間，夜出求食，每乘風為大羣遷行。

［應用］肉軟味美，供食用。

赤喉鶉 C. communis japonica Seebohm.

• 赤喉鶉 酷似前種，稍小形，雄頭兩側及頤喉帶赤色，雌的頤和喉的羽毛圓形，翼長三寸四五分。産地日本。

雷鳥 Tetrao mutus Montin.

雷鳥科 • 雷鳥 比鳩稍大形的鳥，嘴像雞，眼上有小形肉冠，夏期雄眼上有赤色斑，上部黑色而有褐色散在的小點紋，翼全白，下部多少呈白色，雌上部黑色有黄褐色斑紋，冬期雌雄共變為純白色，雄頭頂和尾的外側黑，雌只尾部黑，體長一尺四五寸，翼長七寸七八寸。高山或寒帶平地棲息，在地上營巢産卵，性愚鈍，易捕獲。 =松雞科

松雞 Tetrastes bonasia vicinitas Riley.

• 松雞 雌雄色彩甚相似，上面有白灰、褐、黑等雜斑，翼初列風羽茶褐色，而外緣淡褐，下面灰白色，多黑色及黑褐色斑點，尾中央二羽有像鷹羽的斑紋，其他末端白，近尖處有黑帶，脚除趾外皆被白毛，雄頤部呈黑色，周圍白直達至喉下，雌眼上肉冠比雄的小，翼長七寸餘。産東亞，分布到歐洲。

鷓鴣 Francolinus chinensis Osbeck.

• 鷓鴣 鳩大的鳥，頭頂暗紫赤色，上面灰色至灰褐，嘴紅色，頬及喉帶黄褐色，眼的近傍有横走黑帶，耳是赤褐，肩是蒼灰，腹部帶黄色，下尾筒有同樣色澤，尾是中央灰褐，外側的先端暗赤褐，脚深紅，雄有短小的距，翼長五寸五分，羣棲地上，以昆蟲蚯蚓為食。産中國、蒙古、波斯。

29

30

吐綬雞 *Melegris gallopavo L.*

吐綬雞科・吐綬雞（火雞，七面鳥）　大形鳥，嘴强大，稍彎曲，頭具紅色肉瘤，喉下垂紅色肉瓣，頸部屈曲，背面稍隆起，脚長大，趾真直，尾下向，羽毛因品種而異，有青銅色、黑色、白色、赤黄色、暗黑色等，喉下肉瓣隨時變色。北美原產。

［應用］飼養供愛玩或食用。

孔雀 *Pavo cristatus L.*

孔雀科・孔雀　體形頗雄，頸稍長，眼周裸出，青黄色，頭上有直立冠毛，冠毛末端有枝狀毛，頸胸共金綠色，雄尾甚長，羽軸白色，明細長分離，金綠色，有美麗眼狀斑，脚强，適於疾走，翼比體短小，群棲熱帶森林中，營巢地上，以穀物果等為食。原產印度，現在到處飼養，幾成家禽。

爪哇孔雀 *P. muticus L.*

・爪哇孔雀　顏的裸出部呈青色和黄色，胸頸共金綠色，冠毛全體具枝毛。產爪哇、馬來半島及暹羅。［應用］飼玩。

第十亞目　鶴類

鶴 *Grus japonensis (P.L.S. Müller.)*

鶴科・鶴　稍大形鳥，嘴長强直，綠色，頭頂呈赤色，頸長，軀幹亦瘦長，全身純白色，喉至下頸部上面、翼的一部分、尾端黑色，脚長，直立時高達四五尺，幼鳥頂部不紅，頸部亦不黑，而為茶褐色，脚黑，蹠部極長。候鳥，繁殖地黑龍江一帶。好涉淺水，捕小魚為食。

鼠鶴 *G. grus lilfordi Sharpe.*（玄鶴）

・鼠鶴（黑鶴）　全身灰白色，嘴黄綠色，頭頂有赤斑，頸背、前頸、眼的前部、耳羽及咽喉共黑色。繁殖地西伯利亞到堪察加，分布中國東南部到日本。

白鶴 *G. leucogeranus Pallas.*

・白鶴（黑袖鶴）　稍小形種，體色一般白，手羽黑，頭部裸出而濃赤色，嘴脚共桃色。繁殖地東部西伯利亞。

蓑羽鶴 *Anthropoides virgo (L.).*

・蓑羽鶴（姊羽鶴）　最小形種，全體灰黑色，頰部有纓狀白色，前頸垂下纓狀黑毛。產中亞，有時來亞東沿海。

真名鶴 *Grus vipio Pallas.*

・真名鶴（白頂鶴）　體一般灰黑或灰蒼色，頭頂往頸背到翁全白，上部咽喉白，眼周裸出部赤色，脚暗赤色。繁殖地東部西伯利亞。

白頭鶴 *G. monachus Temminck.*

・白頭鶴（鍋鶴）　體一般灰色，前頸頭頂及眼的前部黑色，其頭的一半及上頸部白色。繁殖地東部西伯利亞，分布亞東，有時到歐洲及非洲北部。

鴇 *Oris tarda dybowskii Taczanouskii.*

鴇科・鴇（地鵏）　比雁較大的鳥，頭部扁平，耳羽毛，與頸部共青灰色，背部黄褐有黑色斑紋，腹面一般灰白色，翼較小。多在平原上，捕食小蟲蠕蟲，又食穀物，脚强壯，走行甚速，常群棲。產中國北部及西伯利亞東部。

［應用］肉嫩美，供食用。

31

32

秧雞 *Rallus aquaticus indicus* Blyth.

秧雞科 • 秧雞（水雞） 中形鳥，嘴稍長，淡黑色，稍彎曲，背面一般煤褐色，具白斑，兩尖小褐色，中央部黑，翼亦長，頰部黑褐色，由眼上部到頰部灰赤色，有淡黑色橫斑，腹面灰黑色，尾短，下尾筒黑。體長四寸餘。 棲息於近沼澤的草地，巧於游泳，又行走迅速，不能高飛，以蚯蚓昆蟲為食，營粗造的巢產卵。產中國及西伯利亞。 ［應用］肉味美，供食用。

緋秧雞 *Porzana fusca erythrothorax* (Temm. & Schl.).

• 緋秧雞（夏秧雞） 稍小形，背面橄欖褐色，胸部栗茶色，羽軸無白色部分，但第一手翼的外羽有一兩個白點。棲息草原，到夏日常移住水田裏，喜營巢稻棵的下部。

小秧雞 *P. pusilla pusilla* (Pallas.).

• 小秧雞 小形種，背部有白色小點，手翼的第一外翈白，下尾筒白具黑斑紋，下腹部淡褐有數多黑白條帶。產中國、印度、西伯利亞，冬期南下到菲律賓。

縞秧雞 *P. noveboracensis exquisita* Swinhoe.（花秧雞）

• 縞秧雞 比前種又小，背面茶褐色，散布白色小點，咽喉及胸部多小白點，手翼第二羽概白色。產中國、西伯利亞、日本。

琉球大秧雞 *Crex sepiaria* Stejn.

• 琉球大秧雞 大形種，背面一般褐色，腹面黑色，有白斑，頭部暗赤，喉帶青色。產琉球八重山。

白眉秧雞 *Porzana quadristrigata* Gowll.

• 白眉秧雞……

鶴秧雞 *Gallicrex cinerea* (Gmelin)（董雞）

• 鶴秧雞……

鷭 *Gallinula chloropus indicus* Blyth.

• 鷭（田雞） 一般像雞，全身灰黑色，嘴黃色而短，前額有赤色板狀體，尾短，下尾筒中央黑，兩側白，腳綠色，趾間有葉狀膜，翼長七八寸。棲息沼澤河湖近傍，捕蠕蟲、昆蟲、小魚、貝類為食。繁殖地臺灣、日本，分布東亞。

大鷭 *Fulica atra* (L.)

• 大鷭（骨頂） 全身煤黑色，前額有白色板狀體，尾甚短，趾細，三趾兩側有葉狀膜，翼長八寸五六分。繁殖地朝鮮。

稻雞 *Gallinula phoenicura* Penn.

• 稻雞 產中國南部及臺灣。

第十一亞目 千鳥類

白鴴 *Charadrius alexandrinus dealbatus* (Swinhoe.).

千鳥科 • 白鴴（千鳥） 小形鳥，上面蒼褐，頸部有白色環狀斑，手翼外羽的基部有白斑，嘴腳稍長，翼長四寸餘。在溼潤的低地群棲，秋期去南方，春期來北方，多數群飛，以昆蟲蠕蟲為食。產中國南部、海南島、臺灣、琉球。

小千鳥 *C. dubius curonicus* Gmelin.

• 小千鳥 上部褐色，頸部環狀斑黑色，前頭黑色與眼周黑色相連，翼長四寸。繁殖地亞東。

胸黑 *Pluvialis apricarius fulvus* (Gmelin.).

• 胸黑（黑襟鴴） 上面黑色，而具褐色斑，頭頂黑色，夾以淡黃色，由眼前至額以至耳周，又接連由喉至胸及前腹為幅廣的黑色，後腹白，翼長七寸。繁殖地北西伯利亞

33

34

東部。

小嘴千鳥 *Eudromias morinellus* (L.)

• 小嘴千鳥　嘴短小，頰部白，而有黑色環，腹面黑褐，胸有白色環。繁殖地北亞，北歐。

劍鴴 *Charadrius placidus* Gray.

• 劍鴴　色彩像小千鳥，尾劍狀，前頭黑色不與眼周連，常見於中國中部至喜馬拉雅山一帶。

蒙古鴴 *C. mongolus mongolus* Pallas.

• 蒙古鴴　嘴稍大，上部蒼褐，下部白，由頸頂經上頸至胸前赤褐，尾端無黑色帶，翼長五寸。繁殖地蒙古，至東部西伯利亞。

斑鴴 *Squatarola squatarola hypomelaena* (Pallas.).

• 斑鴴　最大形種，像胸黑，上面褐色，散布白點，腋處的黑色部分特寬大，翼長七寸七八分。

京女鷸 *Arenaria interpres interpres* (L.)

• 京女鷸（鵯鴴）　小形種，嘴較短，喉及上胸部黑，腋下及腹部共白，背部赤褐。繁殖地冰島國，北歐，西伯利亞，阿拉斯加。

燕鴴 *Glareola pratincola maldivarum* Forster.

• 燕鴴　體形有像燕的地方，翼亦較長。繁殖地，東部西伯利亞。　＝燕千鳥科

都鳥 *Haematopus ostralegus osculans* Swinhoe.（蠣鷸）

• 都鳥　由頭部上胸部，肩翼及手翼一般黑，其他部分皆白，嘴強直而長，腳亦較長，共鮮紅色，體下面白，趾有蹼膜以趾缺，翼長一尺三四寸。群棲海濱，以貝類為食，在岩洞或草原營巢產卵。繁殖地，北日本及朝鮮，分布黑龍江及東南沿海一帶。

黑都鳥 *H. niger* Pallas.（玄蠣鷸）

• 黑都鳥　體一般黑褐色，嘴鮮紅色，腳肉紅色，產琉球一帶，亦常於美國海岸見出。

跳鳧 *Microsarcops cinereus* (Blyth.).

• 跳鳧（計理）　比鴴稍大的鳥，嘴眼間有黃色小斑，上部褐色，腕翼，腹及尾共白，手翼黑，尾翼先端褐色，胸有黑環紋，腳長，有小形後趾，翼長九寸三四分。飛時鳴聲如呼Kelii……四月間在田畔雜草中產卵，以昆蟲蠕蟲為食，雄者有警戒性，遇敵則高鳴急飛空中。分布中國，蒙古，日本。

田鳧 *Vanellus vanellus* (L.)

• 田鳧　比前種小形，有冠毛，雄雌色彩顯著的相同，惟雄胸部深黑色，背及肩共綠色，翼紫黑色，往第一至第四手翼先端有淡色斑紋，腹下腹下共白，上下尾筒共胡桃色，有小形後趾，翼長八寸，以蠕蟲，貝類昆蟲為食。繁殖地北歐及北部西伯利亞，結巢沼澤中。

田鷸 *Capella gallinago gallinago* (L.).（鷸）

鷸科 • 田鷸（真鷸）　嘴長，基部被軟皮，前額部區劃明瞭，頭頸脊皆茶色，黑色相混成花紋，腹部白，翼裏面小羽多純白，嘴長二寸二三分，翼長四寸二三分，尾翼十四枚，皆幅廣，

35

36

大鷸 Capella hardwickii (Gray.).
中鷸 C. megala (Swinhoe).
小鷸 Lymnocryptes minima (Brunnich.).
山鷸 Scolopax rusticola (L.).
青鷸 Capella solitaria (Hodgson.).
針尾鷸 Gallinago solitaria Hodgson.

雌雄區別難。繁殖地西伯利亞，常三五或數十羽為群飛起，食水濱泥裏蠕蟲。平常鳴聲滴……滴……，在生殖期中則變作切概……切概……。

• 大鷸（大地鷸） 形色易同前種相混，翼羽一般黑褐，無黄色圓紋，翼裏面小羽皆黑白像鷹斑，尾翼十八枚，夏期常見於中國沿岸，非律賓並擴展到澳洲。

• 中鷸（中地鷸） 大致像前種，惟尾翼之數二十枚。

• 小鷸 色彩像鷸，背面有金屬樣光澤有紫黑色部分和棕色部分，尾翼十二枚。分布朝鮮臺灣。

• 山鷸 最大種，上面褐赤色而有黑色及淡褐色斑紋，胸腹全淡褐色，有帶黑味細的橫條斑，翼和脇有如鷹羽狀的斑白，尾翼十二枚，楯廣，基部黑色，末端銀白。繁殖地西伯利亞，分布亞東各地。

• 青鷸 上面黑褐，有白的細小雜斑，翼翼一般煤黑色，末端白，翼裏面有黑白鷹斑的小羽，下面灰白有斑紋，尾翼十八枚。繁殖地中國，蒙古。

• 針尾鷸 形似鷸，尾翼二十六枚，最外六枚甚狭，繁殖地西伯利亞分布到馬來，印度。

玉鷸 Rostratula benghalensis benghalensis (L.)
大反嘴鷸 Limosa japponica baueri Naumann.
黑尾鷸 L. limosa melanuroides Gould.
小姥鷸 Calidris canutus rogersi (Mathews.).
姥鷸 C. tenuirostris (Horsfield.).
篦鷸 Eurynorhynchus pygmeus (L.).
紫鷸 Tringa striata Linn.

• 玉鷸 嘴端稍下方彎曲，上面棕色，有黑及淡褐色斑紋，翼和尾羽有圓而淡褐色的斑點，胸部黑的是雌，暗色的是雄，比較一般鳥類，此種卻是雌的比雄的色澤鮮美。產非洲，印度，中國，分布地區很廣。

• 大反嘴鷸 嘴先端較向上，其長約達頭長二倍，體一般暗灰褐色。

• 黑尾鷸 類前種，從腰部到尾部有黑白條帶，產東亞。

• 小姥鷸 小形種，冬期背面灰色，臀部及腹部白，至夏期背面黑色，各翼邊緣橙赤色而交小白色，臀部帶赤色，腹面栗茶色，嘴脚共黑。產東部西伯利亞。

• 姥鷸 背灰色，腹部白，胸部有黑色部分，嘴脚共黑。

• 篦鷸 背灰黑，腹面褐，嘴脚共黑，嘴端篦狀。產西伯利亞東北。

• 紫鷸 背灰色或暗褐，散布白斑點，頸下及胸部灰褐，腹部白，嘴基部黄色，脚赤黄色，腰及上尾筒殆黑色，第七至第九脆翼殆白色。產北部寒地，冬則南來。

37

38

猿濱鷸 *Erolia testacea* (Pallas)

鮮卑鷸 *Limicola falcinellus sibirica* Dresser.

稚鷸 *Pisobia minuta ruficollis* (Pallas.).

雲雀鷸 *P. minutilla subminuta* (Middendorf.).

鶉鷸 *P. acuminata* (Horsfield.).

大嘴鷸 *Macrorhamphus griseus* Gmel.

磯鷸 *Tring hypoleucos* (L.)

反嘴鷸 *Terekia cinerea* (Güldenstädt.).

·猿濱鷸　夏期上面黑褐，下面赤銹色，冬期上面一般灰色，下面白色。

·鮮卑鷸　小形種，背面暗褐，交以白色，腹面白，胸部有暗黑帶赤的斑點，嘴黑，先端稍向下方彎曲。

·稚鷸　小形種，夏期背面黑，腹面茶褐，至冬期背面灰色，腹面白色。

·雲雀鷸　形色像雲雀，脚淡红。

·鶉鷸　體色一般類鶉，上尾筒中央暗色，胸旁有暗黑條紋，尾羽十二枚。

·大嘴鷸　羽毛類似大反嘴鷸，嘴則較直而長，春秋之間，多見於海濱。

·磯鷸　嘴長稍扁，基部柔軟，翼尖銳，腸腹白，手翼及腕翼大部分有大白斑，常成小羣棲息沼澤或乾燥砂地，食昆蟲，蚯蚓，亦往往食小鳥及小甲殼類。繁殖於北方，夏期南來。

·反嘴鷸　嘴稍反上，腕翼白色部分多，手翼及臂部無白色部，腰及上尾筒灰色，脚黄色，嘴長一寸六七分，翼長五寸三四分。產東部西伯利亞。

流蘇鷸 *Totanus pugnax* Linn.

赤足鷸 *Tringa totanus eurhinus* (Oberholser.).

青足鷸 *Glottis nebularius* (Gunnerus.).

黄足鷸 *Tringa incana brevipes* (Vieillot.).

草鷸 *T. ochropus* (L.)

鷹斑鷸 *T. glareola* (L.)

鶴鷸 *T. erythorpus* (Pallas.).

·流蘇鷸（襟卷鷸）　比鳩稍大，嘴較短，頸部羽長垂至胸下，上部雄褐色，有幅廣的黑帶，手翼，腕翼，及中央上尾筒無白色部分，春期好棲息溼潤地帶。

·赤足鷸（銅鷸）　大形，眼上有细白眉，上面蒼色，具暗黄斑點，下面一般白，腰純白，胸部有灰色縱條斑，脚長，赤色。

·青足鷸　上面一般白，腕翼全灰色，頭頸有黑色條纹，腰尾純白，脚綠色，嘴長二寸餘，翼長七寸餘。

·黄足鷸　大形種，嘴真直，脚黄色，上面蒼褐，下尾筒及腹部白，臂部及上尾筒灰色，腋下暗灰，嘴長一寸五分，翼長六寸五分。

·草鷸　嘴綠褐色，眼上有白眉，頰有暗色點，上面暗褐色，具白斑，下部白，胸部有暗點，尾白，末端有黑色横帶，脚綠色，嘴長一寸三四分，翼長五寸五六分。

·鷹斑鷸　小形種，頰有黑條斑，上面橄欖色，散布黄色斑纹，腋下白，有灰黑色點斑，尾有帶斑，嘴長一寸，翼長五寸，繁殖地，北歐中歐北亞東亞。

·鶴鷸　上面黑色，具小白點，腕翼有灰色横帶，腰

39

40

灰色鰭足鷸 Phalaropus fulicarius (L.)
赤襟鰭足鷸 Lobipes lobatus (L.).
大杓鷸 Numenius arquata orientalis Brehm.
中杓鷸 N. phocopus variegatus (Scopoli.).
小杓鷸 N. minutus Gould.
黦鷸 N. cyanopus Vieillot.
濱鷸 Erolia alpina sakhalina (Vieillot.).

純白，無條斑，下面一般灰黑，脚長，橙赤色，至夏期則體上黑褐部分變灰青色。產北歐及西伯利亞。

• 灰色鰭足鷸　上面灰褐色，下面一般白，嘴幅廣而短，足有鰭狀附屬物，至夏期體的大部分變為赤褐色，頰白色甚顯明，且由前頭經頂上至後頭灰黑。繁殖地，北歐，北美及西伯利亞。

• 赤襟鰭足鷸　上面一般黑褐，頸褐赤，下面白，背有褐色條紋，冬期褐赤部分變為灰白。繁殖地同上。

• 大杓鷸　大形種，嘴特長而稍彎曲，下背部及臀部白，腋下無暗色斑，上背及肩部有白色斑紋，形成麻斑，嘴長六寸，翼長一尺二寸。產西部西伯利亞。

• 中杓鷸　稍小，下背部無白色部分。產東西伯利亞。

• 小杓鷸　小形種，全部一般帶褐味。產地同上。

• 黦鷸（黑頰鷸）　一般類大杓鷸，嘴較短不甚彎，體的色彩較濃而褐，喉胸腹斑點較多。產東部西伯利亞。

• 濱鷸　第九手羽至第七大部分白色，尾端尖，脚黑，

41

三指鷸 Crocethia alba (Pallas.).
鷗 Larus canus major Middendorff.
海貓 L. crassirostris Viellot.
三趾鷗 Rissa tridactyla pollicaris Stejneger.
百合鷗 Larus ridibundus sibiricus Buturlin.
黑頭鷗 L. saundersi (Swinhoe.).

夏期背褐色，冬期灰暗。產北部西伯利亞。

• 三指鷸　脚缺後趾，色近灰白。產北部西伯利亞，北部美洲。

鷗科

• 鷗　嘴末端屈曲成鈎狀，上面一般蒼灰色，下面白色，翁多灰色，有褐色條斑，尾先端幅廣，有暗褐色帶，圍眼部赤色，脚綠色，翼長一尺四寸，飛翔力強，能由高空急轉直下，突入水中，以捕魚類，故此鳥飛翔之處，即為魚集合之所。分布，東亞，歐洲的大部分。

• 海貓　上面蒼灰，翼的先端有白色斑點，下部一般白，尾先端有寬黑帶，翼長一尺五寸。繁殖地，樺太到臺灣，分布中國海一帶及東部西伯利亞。

• 三趾鷗　脚趾皆黑色，後趾缺或甚小，翁銀灰色，其他部分全白，翼一般真珠樣灰色，第一風切的外部黑，嘴黄色，翼長一尺一二寸。產千島及日本北海道。

• 百合鷗　小形種，上面淡灰色，嘴，脚，趾皆珊瑚樣紅色，翁蒼灰，頭部夏期暗褐色，至冬期則呈白色，尾全白，翼長一尺一寸。產樺太及日本北海道。

• 黑頭鷗　嘴短粗，頭部黑。分布東洋一帶。

黑脊鷗 L. argentatus vegae Palmén.

• 黑脊鷗　上面暗灰色，脚黄色，後趾甚小，翕淡蒼灰色，手翼內翮的淡色斑呈楔形，翼長一尺八寸。

白鷗 L. hyperboreus Gunnerus.

• 白鷗　大形種，僅翕呈灰色，其他純白色，脚肉色，翼長一尺五六寸。分布極廣，東洋以至歐美無處不有，夏期繁殖於極地，冬期南下。

白羽鷗 L. leucopterus Fab.

• 白羽鷗　酷似前種而小形，翼長一尺三四寸，分布極廣，等於前種。

大黑脊鷗 L. schistisagus Stejneger.

• 大黑脊鷗　同黑脊鷗的一般形色而較大。

燕鷗 Sterna hirundo longipennis Nordmann.

• 燕鷗（鰺刺，鷰）　嘴黑而強直，尖端尖，大致與頭等長，脚短細而黑，前三趾小，有蹼膜，翼長而尖，初列風切先端無白緣，次列風切則有之，初列風切內瓣的褐色部其寬度二倍於外瓣，上尾筒全白，尾成叉狀，尾羽外側白色或暗灰色，夏期頭上、額、後頸共黑，翼長八寸四分至九寸一分，幼鳥全體紗暗褐，冬期額部變白色，頭現白色條紋。海濱棲息的鳥類，能游泳，或高飛，每在海上飛翔中，急轉直下以啄捕魚類。繁殖地樺太、千島。

大燕鷗 Thalasseus bergii cristatus (Stephens.).

• 大燕鷗（大鰺刺，大鷰）　背面暗灰，頭上有黑的冠狀羽毛，初列風切內瓣有區劃明瞭的白色部分和褐色部分，夏期頭部雖黑色，至冬期則生黑白條紋，翼長一尺三四寸。繁殖地，千島至臺灣一帶。

白眉燕鷗 Sterna anaethetus anaethetus Scopoli.

• 白眉燕鷗（白眉鰺刺）　背蒼色，下部灰白色，眼嘴間有黑帶，直達鼻溝，初列風切的羽軸上面，由暗褐到黑色，翼長八寸五六分。產琉球、臺灣及熱帶地方。

黑脊燕鷗 S. fuscata nubilosa Sparrman.

• 黑脊燕鷗（黑脊鰺刺，烏領鷰）　由頭上到後頸部一般黑，背、翼、上尾筒皆暗褐，眼嘴間黑帶不達鼻溝，翼長一尺。產琉球、臺灣。

小鷰 S. albifrons sinensis Gmelin.

• 小鷰（小燕鷗，小鰺刺）　額部白色，嘴黄色，末端黑，從頭頂到後頭部黑，眼嘴間具黑帶達鼻溝，手翼外方三枚有白斑，尾白，足黄色，翼長六寸五分。產馬來諸島及澳洲，有時來中國南部。

紅鷰 S. dougallii bangsi Mathews.

• 紅鷰（紅鰺刺）　背淡灰，頭上黑，頰白，嘴脚紅色，尾深分叉。

瀬鷰 S. aleutica Baird.

• 瀬鷰（白腰鰺刺）　背黝灰色，前頭白，腰部白，頭上、後頭黑，脚黑，翼長一尺内外。產樺太，分布白令海峽及北太平洋諸島。

滄鷰 S. sumatrana sumatrana Rafflis.

• 滄鷰（黑襟鰺刺）　前頭、頂上、頰部皆白，眼有黑帶

44

連至后頸部，下是一般白，嘴足黑褐，翼長七寸。分布於中國海菲律賓，澳洲，印度洋。

黑燕鷗 Anous stolidus pileatus (Scopoli.).

• 黑燕鷗（黑鰺刺，玄鷗） 周體褐色，前頭至后頸蒼白色，尾楔形。

白鷗 Gygis alba kittlitzi (Hartert.).

• 白鷗（白鰺刺） 全體光澤白色，嘴黑，圍眼部细黑，脚暗色，翼長七寸五六寸。分布東海印度洋澳洲及地中海。

馬島鰺刺 Anous minutus marcusi (Bryan.).

• 馬島鰺刺 像黑燕鷗，頭上蒼白色帽較廣且向后延長。産南馬島。

浮鷗 Hydrochelidon hybrida Pallas.

• 浮鷗（黑腹鰺刺） 産臺灣。

盗賊鷗 Stercorarius pomarinus mutcheri (Mathews.).

盗賊鷗科 • 盗賊鷗（賊鷗） 形質全異於鷗，羽色概黑灰煮褐，尾蓋上面側部有白纹，又或隱而不顯，初列風切大部分具白色斑纹，尾部幅廣，如燃成的圓形有两小尖。

黑盗賊鷗 S. parasiticus parasiticus (L.)

• 黑盗賊鷗 形態像前種，羽毛煤黑色帶褐味，下面大部分白，尾羽較長。繁殖地，西伯利亞。

海雀 Synthliboramphus antiquus (Gmelin.).

海鳥科 • 海雀 比鳩小的鳥類，有側扁的短嘴，翼尾皆短，趾間有蹼膜，跗蹠部前面的鱗網狀排列，趾端的爪側扁而鈎曲，夏期頭及頸部前面黑褐，冠毛 ＝海雀科

两側及下頸两側有白色條斑，胸腹黑，冬期於肩羽不現白色部，而咽喉及前頸則變白，翼長四寸七八分。棲息於近北極的海洋方面，冬期冰雪之候則南来，營巢岩礁上，每年二回産卵。以翼及蹼在水中潜游捕魚，故此鳥游泳之處，即魚羣所在地。脚位腹部后方，棲時直立如企鵝。

小海雀 Phaleris pusilla (Pallas).

• 小海雀 此類中最小種，嘴前半部暗赤，后半部褐色，嘴峰基部有角質突起，背面一般黑，肩羽有不判然的白斑，下面由暗色至白色，冬期嘴峰的突起消失，翼長三寸。産阿留申羣島到阿拉斯加，分布北太平洋島嶼。

擇捉海雀 Aethia cristatella (Pallas.).

• 擇捉海雀 嘴根黄赤色，先端青白色，口角有半圓形的附属物，背面一般黑，腹面一般灰褐，額有黑色冠羽，頭上又有白色细長羽纓，冬期嘴变褐色，口角的角質附属物消失，翼長五寸。繁殖於樺太，千島。

白鬚海雀 A. pygmaea (Gmelin.).

• 白鬚海雀 嘴赤色，先端和下嘴基部白，背面暗褐，腹面由淡褐到白色，前額具褐色冠毛，由眼前部的白斑的部發生细長的白色羽毛，翼長四寸。産地同前種。

斑海雀 Brachyramphus marmoratus perdix (Pallas.).

• 斑海雀 小形種，背面暗黑色，雜以散在的黄褐色斑點，肩羽在夏期有淡褐色横條，至冬期則成白色，腹面

45

46

灰白有暗色斑紋，翼長四寸。產樺太、千島。

冠海雀 *Synthliboramphus wumizusume* (Temminck.).

• 冠海雀　頭上有细長黑冠毛，顏面至前頸及頬皆黑色，頭頂至後頸以下白，其餘部分顏色像海雀。

海烏 *Uria aalge inornata* Salomonsen.

• 海烏（鵜鶘）　頭及後頸部灰褐，鼻孔被羽毛，上面一般暗黑色，下面白，手翼（初列風切）羽軸上面殆白，腕翼（次列風切）末端白，下尾筒白，缺後趾，翼長六七寸。繁殖地：樺太、千島、朝鮮。

海鳩 *U. columba columba* (Pallas.).

• 海鳩　嘴黑，翼之表面有黑色帶，散見白色斑紋，翼長五寸六七分，孳尾期腹背皆黑。產北太平洋島嶼及阿拉斯加。

海鴿 *U. carbo* (Pallas.).

• 海鴿　嘴較長，眼周有白色部，雌雄共上面黑色，雌下面白色，雄則交以黑色，脚具三趾，有蹼，翼長七寸。棲息於千島至日本北海道。

海鸚鵡 *Simorhynchus psittaculus* Pall. = *Fratercula psittacula*.

• 海鸚鵡　上嘴恰如楕圓形，下嘴末端尖銳，橙黄色，上面一般灰黑色，下面白，孳尾期喉頸等現暗色，頬部生長而白色的羽總，跗蹠部被细鱗，翼長四五寸。產千島，多棲息於白令海峽。

善知鳥 *Cerorhinca monocerata* (Pallas.).

• 善知鳥（烏頭）　頭部、頸、胸共灰黑色，頬部

有白的羽總，嘴橙黄色，夏期鼻間有灰黑色側扁的隆起，至冬期則脱落，脚黄色，跗蹠面有鱗板，體長一尺三寸五分，翼長七寸，此鳥所集之處，即魚群所在，漁人每藉此目標能得大群的魚。北方寒地棲息的鳥類，分布於北太平洋沿岸及島嶼。

花魁鳥 *Lunda cirrhata* (Pallas.).

• 花魁鳥　比鴨小的鳥類，上面黑褐，下面稍淡色，嘴基部淡綠，末端朱赤色，頬有淡紅肉瓣，由顏面延展到頬白色，眼周紅褐，後頭部有淡黄色羽總，至冬日頭的側面黑褐色，嘴基部暗褐色而末端白，幼鳥亦同，翼長六七寸。廣分布於太平洋北部，每群聚於海濱岩礁上。

角目鳥 *Fratercula corniculata* (Naumann.).

• 角目鳥　頬部有橙赤色肉瓣，嘴基部黑，末端赤，背面黑色，腹部白，至孳尾期，頭側生白羽，至冬期頬部成暗色，嘴亦暗褐，幼鳥亦同，翼長五六寸。產樺太、千島。

雉鳩 *Streptopelia orientalis orientalis* (Latham.).

雉鳩科 • 雉鳩　嘴褐色，眼黄色，有紅色輪，頭頂灰色而 ＝鳩鴿科
雜以橄欖色，頸兩側有黑色及赤褐色斑紋，覆翼羽及肩羽赤褐而有黑點，翼羽暗色，先端蒼色，前頸及胸部淡紫紅色，腹部白，尾羽中央二枚褐色，他則皆暗色，而先端白且赤，體長一尺二寸，翼長七寸。棲息林中，在樹高處造

47

48

巢産卵，雌雄同棲，每年二三回繁殖。秋末来平原，四時常見。
[應用] 肉可供食用。

斑鳩 S. decaocto decaocto (Frivalszky.).

• 斑鳩 與前種近似，肩翼臂是共褐灰色，頸部背面有黑色半環紋，翼長六寸七八分。

紅鳩 Turtur humilis T.

• 紅鳩（南京鳩） 小形種，履翼翅及肩是呈如葡萄酒的紅色，頭及腰灰色，頤白，頸背有暗黑色環紋，腹及尾下白，雌羽色不甚美，一般為淡白之茶褐色，胸部為帶淡紫的灰色，頸背黑環前緣有灰白色邊緣。產中國南部，臺灣，非律賓。

冠鳩

• 冠鳩 體色一般灰黑而帶綠味，翼及尾黑灰，翼有純白斑紋，頭頂具毛冠。產爪哇，新西蘭。

青鵤 Sphenocercus seiboldii seiboldii (Temminck.).

青鵤科 • 青鵤（青鵤） 嘴尖端少膨大變為角質，其他部分被軟皮，鼻孔蔽軟瓣，上面綠黃色，而頭上及下面黃綠色，腹部有白色部分，手翼及尾外側之羽黑褐，下尾筒淡黃綠，雄翼上有大的暗赤斑，脚趾短小，四趾共踏地，赤色，體長一尺二寸，翼長五寸。夏期棲北方平原或深山，至冬秋間来近人家所在附近覓食。 =鳩鴿科

琉球青鵤 Sphenocercus permagnus Stejn. = Treron permagna Stejn.

• 琉球青鵤（鶻鵤，琉球青鵤） 稍大形，頭胸

腹不一樣黃綠色，而一般有暗褐色斑點。

烏鳩 Carpophaga janthina T. = Janthoenas janthina janthina (Temminck.).

• 烏鳩 大形的鳩，體色一般灰褐色，而雜有赤紫及綠，而遂呈青銅色，頭，頸，背，胸部具有強光澤，體長一尺五寸，翼長九寸。

旅鳩 C. versicolor Kittl.

• 旅鳩（小笠原烏鳩） 形似前種而稍大，上下面共呈稍蒼色，頭，喉微帶赤，風切及尾暗黑色，胸旁各羽色綠有紫色邊緣。

河原鳩 Columba intermedia Strickl.

河原鳩科 • 河原鳩（河原鴿，野鴿） 中形鳥，嘴短，末端稍膨大，角質，其他被軟皮，鼻孔蔽軟瓣，上面暗黑色，腰部白色或灰色，從頸至胸有綠紫色光澤，腹部暗灰色，翼大有二條黑帶，脚的四趾皆着地，翼長五寸三四分。多群棲於平原多砂礫的地方，或是海岸多岩石的地方，以穀物種子為食，在岩礫空隙的地方營巢，每年産卵二回，雌雄交互孵卵。 =鳩鴿科

家鳩 C. domestica Gmel.

• 家鳩（鴿） 最普遍的飼玩禽類，變種極多。
[應用] 飼玩，或食用，卵亦為食用美品。

第十二亞目 郭公類

杜鵑 Cuculus poliocephalus poliocephalus Latham.

杜鵑科 • 杜鵑 中形的鳥，上面灰黑，手翼内側有白横

49

50

紋，頭部灰色，嘴稍彎曲，基部黄色，先端暗色，下面一般白，多暗色橫走細條斑，尾灰黑色，中央尾羽沿羽軸具白色小斑，外側現橫紋，脚黄色，二趾向前，二趾向後，體長九寸五分，翼長五寸餘。初夏由南方渡來，初秋南方去，捕蟲類為食。

筒鳥 Cucullus optatus optatus Gould.

• 筒鳥　上面濃青灰色，有黑色橫條斑，下面白，有帽廣的黑色橫條斑，雌鳥喉的基部暗赤，此鳥於上述的普通型外，有赤色型，即體的濃青灰色，變為赤褐，條斑依舊，體長一尺一寸五分，翼長六寸五分。

郭公 C. canorus telephonus Heine.

• 郭公（布穀，鳲鳩）　稍大形種，上面鉛灰色，背部有黑色條斑，下面一般白，有細的暗色橫走條斑，喉及上胸部灰色，雌的喉部赤，體長一尺一寸五分，翼長七寸，幼鳥下面淡黄色，有橫走黑條斑，上面從頭至尾，一般焦赤茶色。春來秋去，捕食蟲類。

鵑鳩 Hierococcyx fugax hyperythrus (Gould.).

• 鵑鳩（慈悲心鳥）　體形似郭公，上面灰黑，頭頰亦灰黑，喉帶白色，胸腹淡赤茶色，下尾筒白，尾羽灰褐，有黑紋，體長一尺一寸，翼長七寸，習性同杜鵑，夏期從南來，秋期南去。本科鳥類皆不自造巢，為寄託性蕃殖。

佛鳩 H. sparveroides Vigors.

• 佛鳩（大鵑鳩）　較前種大，上面褐色，頭及頸灰黑，翼的風切（撥風羽）内瓣有白色橫斑，尾灰褐，有四個黑褐橫條，喉及上胸有多數灰褐縱斑與赤褐斑，下胸及腸腹有多數黑褐橫斑，上嘴黑，下嘴綠，口角及脚黄色，翼長七寸二三分，尾長六寸六七分。產中國，西伯利亞，喜馬拉亞，馬來半島等處。

鸚鵡 Palaeornis torquatus.

鸚鵡科 • 鸚鵡（鸚哥）　體長一尺，尾長而尖，羽色綠，嘴赤而強大，鈎曲，上嘴與頭連接處，可為緩的隨意動作，下嘴極短小，為上嘴所蔽，舌大而軟，基部甚發達，頤黑，頸周圍有赤色細環紋。產印度及非洲西岸。[應用] 飼玩。

綠朝雲 P. derbyana L.（中國鸚鵡）

• 綠朝雲　體一般綠色，前頭眼尖，頰下部皆黑，頭頂冠毛前部及眼緣綠色，其餘部分及耳部紫青色，上面，下面及下尾筒綠色，翼的中央帶黄，下尾筒及頸兩旁有淡紅色細紋，延及腹部全下面，尾羽上面綠，兩側的外瓣淡黄，中央尾羽及兩側的一對色青，而基部有綠色寬緣紋，尾羽下面帶黄味之橄欖色，嘴黑，體長二尺，翼長九寸，尾長一尺，嘴長一寸半。產中國南部。
[應用] 飼玩。

51

52

桃色鸚哥 *Calopsittacus roseicapilla* L.

•桃色鸚哥（桃鸚） 冠毛蒼紅白色，上面灰色，至翮端漸濃成褐色，至臀部上尾筒又漸白色，從眼至眼下部到下面及下尾筒色濃紅，上尾筒到尾灰色，眼的虹彩濃紅色，嘴白，腳暗褐，體長一尺四五寸，翼長一尺，尾長五寸。產澳洲。

錦鸚 *Platycercus eximius.*

•錦鸚（五色鸚哥） 體長七八寸，嘴小，尾部亦不長，頭至胸部紅色，喉白，其餘雜以黃綠藍青黑等色，產澳洲。

鴞本青 *Stringops habroptilus.*

•鴞本青（鴞鸚） 體長一尺八寸，尾長適中，體一般綠色，有黃色及黑色點，眼旁羽毛如鴞。產新西蘭。

砂糖鸚鵡 *Coryllis galgulus.*

•砂糖鸚鵡 頭上濃青色，脊、翼、腹皆綠色，胸及尾皆紅色，尾下方黃，嘴赤或黑。產婆羅洲及其他南洋諸島。

阿蘇兒 *Melopsittacus undulatus* L.

•阿蘇兒 小形種，體上面淡黃，散布黑綠色斑紋，額面黃，頰有黑點三，下面綠色，翼長六寸。產澳洲。

雪衣娘 *Calopsittacus galerita* L.

•雪衣娘（葵花鳥） 頭大尾短，頭頂有黃色冠毛，有時開展如花，體色一般白，或略黃，耳旁及尾端黃色較濃，眼周裸出色白，嘴腳黑，體長二尺，翼長一尺五寸，尾長八寸。產澳洲。

本科種類很多，大多數為伺玩的鳥類。

第十三亞目 佛法僧類

魚狗 *Alcedo atthis japonica* (Bonaparte).

魚狗科·魚狗（鴗，河蟬，翠鳥） 嘴長而強直，有角稜，末端尖銳，上部一般青綠色，頭部濃橄欖綠色，有綠青色斑紋，眼下有綠青色帶紋，眼以為強光澤的橙黃色，頤，喉黃白色，胸至腹橙褐，尾短，足短小，褐赤色，腳三趾向前，體長五寸五六分，翼長二寸四五分，嘴長一寸二分。為近水樹林中棲息的鳥類，常窺伺水面，待魚上泳，突下啄捕，頗為養魚之害。產地及分布區域甚廣，中國，印度，日本，英國，馬來群島到處皆有，至北緯五十度以北不見蹤跡。 =翡翠科

赤魚狗 *Halcyon coromanda major* (Temm. & Schl.).

•赤魚狗（深山魚狗） 嘴赤而大，上部一般暗赤色，臀部中央，有青色斑紋，下部一般淡黃，捕食昆蟲，營巢樹洞。產朝鮮及日本。

山魚狗 *H. pileata* (Boddaert.).

•山魚狗 嘴濃紅色，甚大，上部一般紫青色，翕，肩，翼，背部中央及臀部為光澤強的紫色，上尾筒及尾翼紫青色，冠毛，顏側，耳翼和頰部共黑，以頸周圍有廣寬的白色毛襟，喉

53

54

白，其白色部延及胸部中央，腹部兩側以下及其餘部分皆濃橙黃色，體長一尺，翼長四寸五分，嘴長一寸八分。產朝鮮，日本。

山翠 *Ceryle lugubris lugubris* (Temminck).

• 山翠 最大形種，雄的胸部和頸側有褐黃色陰影，腋下及下尾筒共白，胸部有暗色稀疏的斑點，頭上冠毛及翼尾皆具顯著黑白相間的斑紋，雌的胸部頸側共白色，而散布黑點，腋下及下尾筒褐黃色，體長一尺二寸，翼長六寸五分，嘴長二寸。產日本，分布東洋各地及朝鮮。

笑鴗 *Dacelo gigas* Glog.（笑翡翠）

• 笑鴗 體長約一尺，羽色一般褐，略帶白色，鳴聲如人笑。產南澳洲，喜啄食爬蟲，如毒蛇之類有益於人。

蜂虎 *Merops ornatus* Latham. = *M. apiaster.*

蜂虎科 • 蜂虎（蜂喰） 嘴長，稍彎曲，先端尖銳，翼長而尖，尾叉狀，頭頸及背皆栗色，尾筒黃，尖端綠，腋翼及手翼藍綠尖端黑，喉部橙黃，頸周一帶深藍，體長一尺，春間成羣飛翔，徘徊於耕地花園一帶，捕食蜂類，為養蜂業之害，且間接於農作物方面之害亦不小。產熱帶地方。

戴勝 *Upupa epops saturata* Lönnberg.

戴勝科 • 戴勝 嘴細長，稍彎曲，頭頂有長冠毛，為美麗的金黃色，體色一般紅灰，肩羽及初列風切黑而有白橫紋，尾黑色，有山形白帶。候鳥，夏期來北方，冬期去南方，腳趾適於行走，飛翔亦速，在地上羣棲，捕食昆蟲蠕蟲。產亞

歐兩洲，冬期常於北非洲見出。

鴞 *Strix uralensis hondoensis* (Clark.).

鴞 科 • 鴞 稍大形鳥，頭部圓，嘴短，上嘴鈎曲，被覆下嘴，眼大，眼周圍環生粗剛的羽毛，鼻孔隱在粗毛下，頭頂濃褐，顏部灰色，眼周毛圈（即粗剛的羽毛）灰白色，上面灰色具褐色條斑，肩部各羽外瓣白，有細褐色條斑，翼褐色，先端白，有淡褐色橫紋，兩覆呈褐色而周緣白，上尾筒淡褐，多不規則斑點，尾羽亦淡褐，末端白，有灰褐色橫斑六個，腹部黃白色，有濃褐色大條斑，體長二尺二三寸，翼長一尺二三寸。夜中活動的鳥類，日間潛藏在樹洞裏或森林中，黃昏後出而求食，捕小形禽獸或爬蟲兩棲類等，羽毛柔軟，飛翔無聲，性溫順易馴，可飼養。 —梟鴟科

小耳木兔 *Asio flammeus flammeus* (Pontoppidan.).

• 小耳木兔 稍小形種，顏面灰白，頰部褐色，頭部上有短小的角羽，毛圈基部白色，先端稍黑，外緣褐色，背部淡赤褐色，有濃褐色條斑，肩翼的外翈淡褐，有不規的橫斑及卵圓形大白斑，覆翼翼羽帶黑味的赤褐，內翈有濃褐的橫斑，下面一般淡黃，胸側及腹側有褐色條斑，尾赤褐，先端白，中央尾羽具七個褐色斑，兩側的則有五個褐色斑。歐亞美各地皆產。

55

56

彪木兔 *Asio otus otus* (L.).

·彪木兔　背部黑褐，具白色及橙黃色斑紋，顏面和頸部共灰白，有稍長的角羽，耳羽黃色，散布有小點紋，毛圈基部白，先端黑，手羽的初列有粗寬的黑褐色橫斑，其中又有鮮明的橙黃色斑，次列灰白色有暗褐的雲紋，胸部白，腹部橙色而羽軸色褐色斑，上尾筒橙黃而末端有暗褐雲紋，尾羽灰黑，基部橙黃，中央有七個大暗褐斑。

青葉鴞 *Ninox scutulata scutulata* (Raffles.).

·青葉鴞　頭大而圓，體上面一般黑褐，無斑紋，肩羽及三列風切有數個白斑，尾灰褐有褐色廣斑，下面白，密布褐色粗直斑。廣分布於亞洲。

白鴞 *Nyctea scandiaca* (L.).

·白鴞　全體純白，有稀疏的褐色斑紋，頭部有黑點。繁殖地，北極地帶

鴟鵂 *Otus bakkamoena semitorques* Temm. & Schl.

·鴟鵂　頭部圓形，上嘴鈎曲，先端銳，眼大而圓，有毛圈，頭有突出角羽，體色一般淡褐，多黑色斑紋，後頸部有幅廣的蒼色條帶，嘴腳共黑。棲息岩洞或樹洞，捕食小形動物，易馴，可飼養。

鵂鶹 *O. scops japonicus* Temm. & Schl.

·鵂鶹　小形種，眼周毛圈粗糙，褐灰色，眼上部黑褐，頭上有角羽，上面一般淡褐，有黑色和暗褐色大小斑紋，上胸部帶黑味，腹部近白，有淡褐色橫紋。

縞鴞 *Bubo blakistoni blakistoni* Seebohm.

·縞鴞（大耳木兔）　最大種，耳角極顯明，毛圈外緣及前額白紋亦極顯明，體色灰褐，有黑褐色斑紋，腿及蹼白色。多產亞東近北地方。

[應用] 本科種類頗多（約二百餘種），性大半易馴，可飼養用以捕鼠，勝強於貓。

夜鷹 *Caprimulgus indicus jotaka* Temm. & Schl.

怪鴟科 ·夜鷹（怪鴟，蚊母鳥）　為鳩大的鳥，頭部扁平，嘴亦扁平而成三角形，口裂非常之大，嘴的邊緣有數多剛毛，雌體上面灰褐色細暗色小形斑點，頭頂有稍廣的三條黑色縱斑，其左右又有縱列的二條小黑紋，翼長達尾端，初列風切黑褐色，有赤褐色斑紋，下面暗色，現褐色橫條，喉下，下尾筒淡褐，尾稍長，中央二尾羽暗灰色，具暗黑色橫條，其他部分皆黑褐具褐色斑，雄的稍大，頸側有黃金色雜紋，手羽有白斑，尾先端有白的橫帶斑，雌雄共對蹠部被短毛，體長一尺七八寸，翼長九寸，候鳥，春夏二季常見，晝伏夜出，捕食蚊虻、白蟻等，冬期去南方，在緬甸到尼泊爾一帶過冬。

臺灣夜鷹 *C. stictomus* Swinhoe.

·臺灣夜鷹　與前種近似，產臺灣。

57

58

蜂鳥 *Trochilus*

蜂鳥科・蜂鳥　為鳥類最小型的鳥，嘴細長，成管狀，舌能自由伸縮，翼狭長，尾翼甚長，殆達於尾端，腕甚短，羽色甚美麗，有金属光澤，脚弱。飞翔極速，食昆蟲，亦食花蜜。產北美洲。

金蜂鳥 *T. colibris L.*

・金蜂鳥　背綠色，有金光，下面白色，雄的喉部鮮赤色。產北美，分布於美國及加拿大。

擘雀 *Calypte anna*

・擘雀　體小，喉部紅玉色，有光澤，頭頂及耳羽亦紅玉色，翼之風切較長，青綠色，尾呈扇狀，嘴細長，尖端稍向下曲。產美洲。

本科種類多，皆產美洲大陸南部。

佛法僧 *Eurystomus orientalis calonyx Sharpe.*（三寶鳥）

佛法僧科・佛法僧　像鴿大的鳥，全體一般濃綠色，嘴短大，朱色，先端鈎曲，翼尾共有青紫色斑，尾短，脚赤，體長一尺，翼長七寸。產熱帶地方，夏期到溫帶來。喜黄昏時出來，夜間亦甚活潑。

雨燕 *Micropus pacificus pacificus (Latham.)*

雨燕科・雨燕　體形像夜鷹，上面暗黑褐，有綠色光澤，翼有狭的白緣邊，到長成便不分明了，臀部有純白的一個横帶，又有狭長褐色的箭形斑，頭喉共白，亦有褐色箭形斑，下面，下部雨覆，及下尾筒共褐色，各羽有白緣及黑色條紋，嘴黑，脚淡紅色，體長七寸，翼長七寸。營巢於人家簷下，樹洞，岩窟等處，好群棲，捕食昆蟲。冬期南渡到澳洲，夏期北來直到東蒙古，東部西伯利亞。

針尾雨燕 *Choetura caudacuta caudacuta (Latham.)*

・針尾雨燕　眼前到鼻間有大白點，連合前頭部全呈白色，頭頂，頭側黑褐，有金属光澤，背部肩羽，臀部蒼褐，背中央色最蒼，臀部羽根白色，翼尾共黑，有綠色和鋼青色的光澤，雨覆及上尾筒濃鋼青色，次列風切的內瓣白色，喉，腹，下尾筒白，其他的下面全煤黑，下腹部各羽基部白，下部脇腹為強光的青黑色而交以白色，下部雨覆黑褐，稍帶金属光，體長八寸，雌稍小形。冬期在南方，春期北來。

蟻鴷 *Jynx torquilla japonica Bonaparte.*

啄木鳥科・蟻鴷（蟻吸，鶺鴒）　雀大的小鳥，體有褐色斑，大羽的外瓣，具暗褐色與銹色交雜的點斑，其他部分與肩羽有奇麗的點紋，尾羽具不規則的黑條紋，其間亦有斑點，又散列無數暗褐點，頭有毛冠，嘴長而銳，蒼灰色，舌圓筒形而長，伸縮自如，能引出樹中的昆蟲，足短細，趾長，二趾向前，二趾向後，體長五寸九分。

59

60

以銳利長鉤爪巧於攀樹，在樹洞營巢。歐亞皆產。

啄木鳥 *Picus awokera awokera* Temminck.

• 啄木鳥　鳩大的鳥，嘴真直而堅，基部有剛毛，鼻孔接額甚近，舌細長，先端有逆鉤，伸縮自在，上面一般橄欖色，雄頭部紅色，雌灰色，頰部黑，眼下部有紅斑，覆翼羽稍帶黃色，手羽暗褐，外側有多數白色斑，腰部有鮮黃斑，下面淡綠，有暗色橫斑，尾羽羽軸剛直，上面暗綠色，下面灰色，脚短，具四趾，兩向前，兩向後，體長一尺，翼長五寸餘。夏日棲息山林，冬日來原野覓食，巧於攀樹，以尾支體，以嘴啄樹皮，搜索蟲類。

赤鴷 *Dryobates major hondoensis* Kuroda.

• 赤鴷（赤啄木鳥）　稍小形，上面一般黑，有藍色光澤，頰部灰色，後頭白，雄頭頂有紅色斑，覆翼羽一部分白，其他則有白橫斑，下面灰色，胸部左右黑，下尾筒鮮紅，尾羽中有四枚皆暗黑色，其他有白橫紋，體長八寸三四分，翼長四寸六七分

森鴷 *D. leucotos stejnegeri* Kuroda.

• 森鴷（大赤啄木鳥）　大形種，上部一般黑，腰部白，下面一般白，下腹部及下尾筒鮮紅，體長一尺，翼長五寸六七分。

小鴷 *D. kizuki nippon* (Kuroda.).

• 小鴷（小啄木）　小形種，前頭及冠毛褐色，雄特於後頭部有赤色小點，頰及頸側有白色條線，背面多黑白橫斑，腹部有茶褐色縱斑，尾羽中央黑，外側有暗褐橫斑，體長四寸四五分。產東北。

山鴷 *Picus canus jessoensis* Stejneger.

• 山鴷（山啄木鳥）　很像啄木鳥，背，肩，臂黃橄欖色，雄前頭赤，下部灰白，雌前頭冠毛係灰色，具黑斑，無紅色斑，下部橄欖白色，體長一尺五寸，翼長五寸餘。產東北及朝鮮，日本北海道。

熊鴷 *Dryocopus martius martius* (L.).

• 熊鴷　大形種，全身黑色，雄頭冠毛至後頭呈紅色，雌僅後頭紅，體長一尺三四寸，翼長九寸。

錐鴷 *Dryobates minor amurensis* (Buturlin.)

• 錐鴷　小形種，上面一般黑色，頭頂雄赤雌白，頰至後頸白，背有白橫帶，下面灰色，有暗褐色縱線，體長五寸，翼長三寸二三分

木叩 *Dryocopus richardsi* Tristram.

• 木叩（木醫）　大形，酷似熊鴷，雄頭頂具赤色冠毛，眼下有紅斑，雌頭青黑，體一般黑，腹部，下背，腰部，下尾筒，腋下部，手羽先端皆白，翼長九寸五分，體長一尺三四寸。產對馬島，分布朝鮮一帶。日本特認為天然紀念物，深加保護。

61

镀鴷 Dryobates leucotos namiyei Stejneger.

• 镀鴷（波江啄木鳥） 很像森鴷，上面黑，背上有横走的三條白紋。翼長五寸五分。

蝦夷啄木 D. major japonicus Seebohm.

• 蝦夷啄木 像赤鴷，頰、胸、腹皆白，覆翼羽白的部分較寬大。

情鴷 Iyngipicus kisuki T.（九州小啄木鳥）

• 情鴷 像小鴷，但上面與前頭冠毛褐色，下面有灰色斑點，雄的頭頂略帶紅色，體長五寸。

鋭鴷 I. k. nigrescens Seeb.（琉球小啄木鳥）

• 鋭鴷 與情鴷相似，産琉球。

第十四亞目 雀類

雲雀 Alauda arvensis japonica Temm. & Schle.

雲雀科 • 雲雀（鷚、天鷚、百靈） 雀大的鳥，上面一般褐色，多暗褐色點斑，嘴較大，鼻孔被毛，下面一般淡褐，喉部多褐色小點，胸有褐色縱斑，腹部白，尾外側二羽純白，内側二羽外翈紅，内翈暗褐。後趾爪長，翼長三寸餘。原野棲息，春日在麥田桑林間營巢。捕昆蟲為食，喜向空飛揚，高聲鳴囀。

大鷚 A. a. pekinensis Swinhoe.

• 大鷚（大雲雀） 大形種，像雲雀，翼長四寸。

濱鷚 Chionophilos alpestris flavus (Gmelin.).

• 濱鷚（濱雲雀） 頭上左右有耳狀羽總，顴、頰兩部，上胸共黑。

鶺鴒 Motacilla grandis Sharpe.

鶺鴒科 • 鶺鴒 小而瘦形的鳥，頭圓而黑，前額純白，嘴纖細，咽喉部一部分白一部分黑，上面一般黑，翼長而先端尖，有白斑，胸部黑，腹部及尾筒白，尾羽十二枚，長而黑，下面灰白，體長六寸二三分。四季常見的鳥，徐行時尾上下振動，捕食昆蟲。

白頰鶺鴒 M. alba leucopsis Gould.

• 白頰鶺鴒 像前種，惟顔面白，頰白，下喉黑。産對馬島，分布中國。

長爪鶺鴒 Calcarius japponicus coloratus Ridyway.

• 長爪鶺鴒 像黄鶺鴒，上面一般黑褐色，而帶蒼灰，下面純白，胸部帶灰黑，腹部帶黄，翼黑，翼羽有白緣，尾羽黑色，外側二羽有白色斑，夏期頭上、顔、頰、胸黑，至冬期黑色部分全退，背有深黑褐斑點。産朝鮮、樺太一帶。

黄鶺鴒 Motacilla cinerea caspica (S. G. Gmelin.).

• 黄鶺鴒 上面一般綠褐，上尾筒帶黄色，翼黑，僅中翼羽有白色緣，眼上有顯著的白眉紋，喉部冬期呈淡白色，夏期則為黑色，體下面一般鮮黄色，尾羽中央全黑，兩外側白。夏日棲息山林，至秋來平原。

白鶺鴒 M. alba lugens Kittlitz.

• 白鶺鴒 上面一般灰褐，兩翼具白斑，下面白微帶綠味，頰部白色，有黑條斑，咽喉白，上胸黑，

64

尾羽兩外側白，其他黑，下面灰白，體長六寸二三分，冬期黑色部分變為蒼褐或暗褐。

山鶺鴒 *Dendronanthus indicus* (Gmelin).

• 山鶺鴒（岩尾[?]鶺鴒） 上面茶褐色稍帶綠，翼黑，翼羽有白緣，肩部有顯著二幅廣的橫白紋，下面一般白，咽喉部具二條黑橫帶，且中連成⊥形，尾羽中央二枚綠褐，其次黑，最外側有白斑。產中國，印度。

木鷚 *Anthus hodgsoni berezowskii* Sarudny.

• 木鷚 像雲雀的鳥，上面一般橄欖褐色，有鮮明的黑點，下面灰白色，喉頰共有橄欖褐色淡影，胸部有散在的黑點，後趾爪長，體長四寸六七分。夏期在山地，秋期來平原。分布歐亞兩洲。

田鷚 *A. spinoletta japonicus* Temm. & Schl.

• 田鷚（田鷚） 與前種類似，上面一般暗赤褐，有黑色斑點，下面淡褐，胸部多黑點，後趾長。冬期多來水田園圃，搜捕隱伏蟲類。

赤胸田鷚 *A. rufogularis* Brehm.

• 赤胸田鷚 與前種相似，惟胸部至腹色褐赤，體上面暗色斑顯明，後趾的爪不甚長。

鶇 *Turdus eunomus* Temminck.

鶇科 • 鶇（百舌，反舌，喚春，報春，喚起，懷春） 中形鳥，上面一般赤褐色，嘴稍長黑褐色，眼有白眉斑，臂羽及大覆翼羽橄欖色，腋下似朱古律的胡桃色，腰

部帶褐色，尾羽暗褐，下面一般白，散布暗褐色紋，體長九寸，翼長五寸。秋期成大群南來，春期北上。產東北亞洲。

赤腹鶇 *T. chrysolaus chrysolaus* Temminck.

• 赤腹鶇 上面一般褐色，腹中央及下尾筒白色，腹側至胸部濃褐，腋下蒼灰，外側尾羽有微小白色部，體長九寸餘，翼長五寸。

白腹鶇 *T. pallidus* Gmelin.

• 白腹鶇 上面濃赤褐色，胸腹淡[?]灰色，下尾筒白色，外部尾羽先端有大的白色斑，眼上無白色眉斑。產黑龍江一帶，冬期南來。

黑鶇 *T. cardis cardis* Temminck.

• 黑鶇 稍小形，嘴黃色，雄的很像白眉的雄，而眼上沒有白色斑條，上面黑，下面白，翼裏面有白色斑，胸部腹部多些黑色斑，雌的上面橄欖灰色，而散布着白色，下面白，腹側有暗色斑紋，翼長五寸內外。繁殖於山地，鳴聲可愛。

八丈鶇 *T. naumanni* Temminck.

• 八丈鶇 大小像赤腹鶇，上面橄欖褐色，眼部具白色條斑，尾羽外側近末端有小形白點，腹側有褐色斑點。產西伯利亞。

白眉 *T. sibiricus davisoni* Hume.

• 白眉 稍大形的小鳥，雄體上面一般黑，覆翼

65

翅及腰部稍灰青色，眼上部有顯明的眉狀斑，體下面黑色，稍帶灰青，手翅基部有長白色斑，尾翅尖端有白點紋。此雌的上面茶褐，有黄褐色眉狀斑，下面以胸部及腹側有黄褐色味的月形黑斑，體長九寸，翼長四寸二分。夏期在山地，初冬去南方。

大虎鶇 T. dauma amami Hartert.

• 大虎鶇　是虎鶇的近似種，比虎鶇大。產琉球北的奄美大島。

虎鶇 T. aureus aureus Holandre.

• 虎鶇（畫眉）　上部一般黄褐，有暗色斑，眼上有白眉斑，喉腹及下尾筒殆白色，胸部稍黄褐，各羽有橫位新月形的黑帶。產中國、日本、朝鮮。

綠衣畫眉 T. terrestris Kittl.

• 綠衣畫眉　上面褐綠，眉狀斑不甚分明，下面概白色，胸部有大斑紋，覆翼羽有暗褐色斑紋。

白眉鶇 T. obscurus obscurus Gmelin.

• 白眉鶇　很像赤腹鶇，上面橄欖褐色，眼具顯明白眉斑，尾羽外側近末端有小白點。產臺灣。

赤鶇 T. celaenops celaenops Stejneger.

• 赤鶇　近似前種，頭頸皆黑，下面濃赤褐。

岩鶇 Monticola philippensis magna (La Touche.).（磯鶇）

• 岩鶇　雌體上面灰黑帶青，有新月形黑斑而為鱗狀，腹暗色，亦有月形斑，雄體上面暗青，僅有幾個黑白點，初列風切及尾羽黑色，下尾筒赤褐，延及腹部，

體長八寸半。

岩雲雀 Prunella collaris erythropygius (Swinhoe.).

• 岩雲雀　頭灰褐，背赤灰褐而混以胡桃色，嘴基部黄色，鼻孔被覆膜樣物，喉灰白色，有黑色斑紋，胸部灰褐色，腹部胡桃色，初列風切末端白，尾羽末端有白色部和褐色部，上尾筒胡桃色，中央暗色，體長七寸，翼長四寸。華北、阿穆爾、貝加爾湖一帶多。　△成顯明斑紋，

茅潛 P. rubida rubida (Temm. & Schl.).

• 茅潛　比前種小，嘴形同，鼻孔被膜狀物，頭部黑褐，上面赤褐，有黑褐斑紋，喉胸共褐色，臀覆胡桃色，而中央黑，尾黑褐。棲息高山及高原。

山雲雀 P. montanella (Pallas.).

• 山雲雀　與岩雲雀相似，頭及頰黑，眼上有幅廣而長直到後頸側部的鮮黄色眉斑，喉胸腹大部分鮮黄色，上面胡桃褐，翼覆及各列風切褐黑或黑共有白緣，尾黑色。棲息高山。

駒鳥 Luscinia akahige akahige (Temminck.).

• 駒鳥（鴝）　大小像鶯，上面一般橄欖褐色，少帶赤味，額、喉帶橙赤的胡桃色，胸及腹側蒼灰色，腹部中央白，尾為帶橙赤的胡桃色，而又少交以赤味，雌腹部褐色，體長五寸，翼長二寸七八分。夏期在林中，冬來平原，捕食昆蟲。

68

嘤駒 Luscinia komadori komadori (Temminck).

• 嘤駒(赤髭) 雄上面濃褐色,有强光澤,額頰喉胸側及腹側共黑,腹部白。雌的比雄凡是雄體黑的部分皆為乳白色,而有灰色邊,腹和下尾筒共白或灰白。體長五寸三四分,翼長二寸七八分。産琉球。

知更雀 L. namiyei.

• 知更雀(本島赤髭) 雄上面赤褐較濃有光澤,額喉皆黑,腋下腹側下尾筒皆灰色,胸部白。雌胸部褐灰。翼長二寸三四分 産琉球

野駒 L. calliope calliope (Pallas.).

• 野駒(紅頦) 雄上面橄欖褐,眼上有白眉斑,喉部為有光輝的朱色,胸灰色。雌體一般褐色,喉茶褐色,尾橄欖褐色,體長六寸,翼長三寸。産中國南部到印度一帶。

塞駒 L. sibilans.

• 塞駒(縞駒) 上面赤褐,翼褐色而邊緣帶黄褐,尾赤黄棗褐,下面蒼褐,胸及腹側的羽有暗色邊緣,體長四寸六七分,翼長二寸六七分。親於塞外。

青駒 Larvivora cyane (Pallas.).

• 青駒(小琉璃) 雄上面青色,頰部及頸側黑,翼黑褐,下面白。雌上面橄欖褐,但上尾筒紺青色,下面淡赤褐,體長五尺二三尺,翼長三寸。産樺太、千島、西伯利亞。

野鶲 Saxicola torquata stejnegeri (Pallot.).

• 野鶲 羽毛冬夏不同,冬期頭至脊各羽端呈銹

色,根部黑色,腰間各羽末端銹色,根部白色,故上面皆呈銹赤色,喉上部淡茶色,各羽根皆黑色,臣下喉至胸腹赤色,翼有白色部,其餘則褐或黑灰色,而有胡桃色緣邊,至夏上部銹色部分全變為黑色,腰部白色,嘴較高而尖,體長五寸,翼長三寸餘。夏日棲息山林,秋冬來平原。

朗鶲 Phoenicurus auroreus auroreus (Pallas.).

• 朗鶲(茶鶲,上鶲) 雄背部及咽喉黑,胸部脊部胡桃色,頭上至頸上灰白色,尾較前種長,帶褐黑色,翼有大白斑。雌全體茶褐,下部稍淡,翼的白斑亦較小,體長五寸四五分,翼長二寸八九分。

青鶲 Ianthia cyanura cyanura (Pallas.).

• 青鶲(琉璃鶲) 上部青色,下部白色,腹側橙褐,眼上有白眉斑。雌上部橄欖褐色,眼上無眉斑,腹側亦橙赤色。

種子島駒鳥 Luscinia akahige tanensis (Kuroda.).

• 種子島駒鳥 大致像駒鳥,雌雄類似,體色比駒鳥淡。

鷦鷯 Troglodytes troglodytes fumigatus Temminck.

鷦鷯科 • 鷦鷯(巧婦鳥,溝鷦鷯) 小形鳥,△上面赤褐色,翼及體以方散布細黑色横條斑,下面灰褐,由腹到臀有黑色横條斑,尾是具數多并行横紋,體長三寸二三分。夏期棲息山地,冬期來平原,捕食昆蟲。 △眼上有白色眉狀斑。

69

70

千島鷦鷯 *T. fumigatus kurilensis* Stejn.

• 千島鷦鷯　似家鷦鷯，嘴稍長大。產千島一帶

河烏 *Cinclus pallasii hondoensis* Momiyama.

• 河烏　體上下一般朱古律色，尾短，脚長而帶蒼青色，體長八寸，翼長四寸。常在溪流覓食，巧游泳。

燕 *Hirundo rustica gutturalis* (Scopoli.).

燕科 • 燕　最普通之鳥，嘴黑基部扁平，上面紫青色，翼尾共黑，尾散布白點，前頭及喉栗色，下面一般白，翼特長先端尖銳，殆達尾端，尾深叉裂，體長五寸四五分，翼長四寸二三分。候鳥，春末來北方，秋期去南方，在馬來半島到澳洲一帶過冬，飛翔迅速，捕蟲甚巧。

赤腰燕 *H. daurica nipalensis* Hodgson.

• 赤腰燕　酷似家燕，頭側及腰部赤褐，下面有黑色縱斑，尾無白點。習性同燕。

琉球燕 *H. tahitica namiyei* Stejneger.

• 琉球燕　比燕稍小，尾叉裂淺，上面黑，有綠色光澤，喉部赤褐，下面暗色，下尾筒有黑三角形白紋，尾下面有白帶紋。產琉球。

岩燕 *Delichon urbica dasypus* (Bonaparte.).

• 岩燕　上面黑，有藍色光澤，翼尾黑無光澤，腰部白，下面一般青白色，尾較短叉裂亦淺，翼長不達尾端，脚趾端被白色。夏來秋去，在馬來過冬，營巢在深山絕壁間。

穴砂燕 *Riparia riparia ijimae* (Lönnberg.).

• 穴砂燕　最小形種，上面蒼褐，有淡褐色斑，下面白，胸帶蒼褐，尾叉裂甚裂，體長四寸五六分，翼長二寸餘，夏期渡來，在海濱河畔砂中穿穴為巢。

連雀 *Bombycilla garrula centralasiae* Poljakov.

連雀科 • 連雀（十二黃）　頭部及長冠毛灰褐，眼前以嘴基部、咽喉部皆黑，眼上部稍帶赤，背胸灰味的胡桃色，腰部灰色，次覆翼羽先端具赤色斑點，其前面有白色長形斑，以方有淺黃色長形紋，下尾筒紅色，尾的先端呈黃色，體長六寸五分。群棲山林，冬期來平原。產地方面廣，亞歐北美皆產。

緋連雀 *B. japonica* (Siebold.).

• 緋連雀（十二紅）　稍小，與前種極相似，惟尾的先端紅色。

鵙 *Lanius bucephalus* Temm. & Schl.

鵙科 • 鵙（百舌）　比雀大的鳥類，嘴強壯，上嘴勾曲，先端銳，側緣有齒狀缺刻，雄頭頂赤褐，頰部黑，有白眉斑，背灰褐，翼羽具小白點，邊緣褐色，頤喉白，胸腹及脅腹淡胡桃色，雌背尾共濃褐色，頰不甚黑，下面有鱗狀斑，翼無白點，體長六寸三四分。夏期山地棲息，秋期來平原，好棲枝端，鳴時尾上下動，捕食小動物。

71

72

赤鵙 *L. cristatus superciliosus Latham.*

• 赤鵙　雄頭部黑，前頭部白，從頭到尾上面呈濃褐色，翼無白點，下面一般白，胸腹淡黃色，雌色彩不如雄的鮮明。春期北來，秋期南下。

大鵙 *L. excubitor bianchii Hartert.*

• 大鵙　稍大形，從頭到尾上面灰色，前頭上尾筒上有白色陰影，頰部黑，翼黑，肩腰白，翼有一個白點，下面一般白，尾羽黑，末端白，雌胸部有灰白細橫條斑。產西伯利亞。

虎鵙 *L. tigrinus Drapiez.*

• 虎鵙（雉兒鵙）　由頭上至後頸灰色，頰黑，無眉斑，背濃茶褐色，有黑橫條，翼尾赤黑色，下面白。雌的胸腹側有淡黑橫條斑。繁殖地，西伯利亞南部。

縞鵙 *L. lucionensis Linn.*

• 縞鵙（琉球鵙）　頭上至後頸灰色，至背部漸變為帶褐色，腰及尾赤褐，額灰白，眼前後黑，雌上面赤褐，翼無白點，頤喉白，下面帶褐色。產華北，冬期去琉球。

大唐鵙 *L. spberocercus Cabanis.*

• 大唐鵙　大小和色彩共像大鵙，背腰共灰色，翼白色部分多，翼長四寸，尾長達四寸七分。

鳾 *Sitta europaea hondoensis Buturlin.*（木廻）

五十雀科 • 鳾（五十雀）　大小像雀，有像啄木鳥的嘴，有像山雀的尾，背面一般灰蒼色，頰有黑條，翼翅黑而足

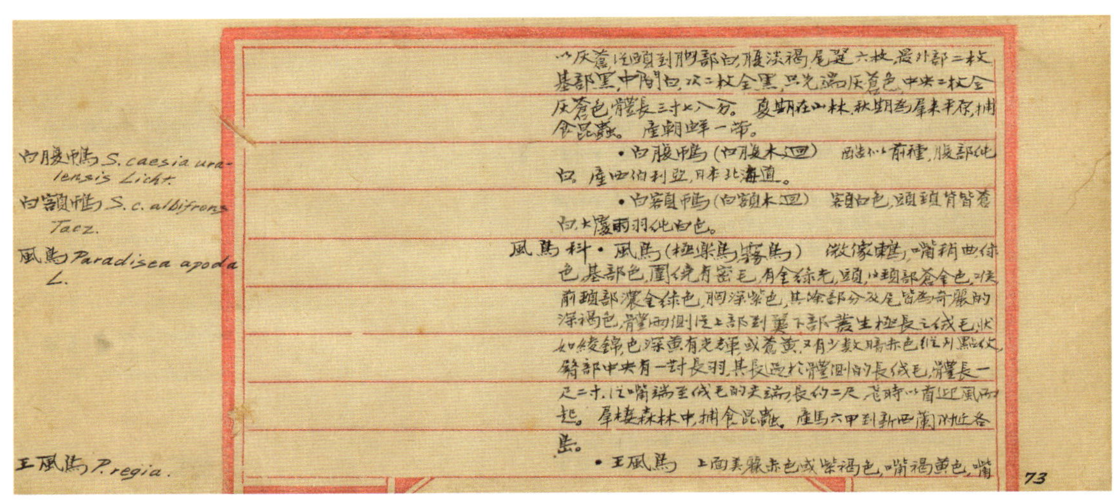

以灰蒼，從頭到胸部白，腹淡褐，尾羽六枚，最外部二枚基部黑，中間白，次二枚全黑，只先端灰蒼色，中央二枚全灰蒼色，體長三寸七八分。夏期在山林，秋期為群來平原，捕食昆蟲。產朝鮮一帶。

白腹鳾 *S. caesia uralensis Licht.*

• 白腹鳾（白腹木廻）　酷似前種，腹部純白。產西伯利亞，日本北海道。

白額鳾 *S. c. albifrons Tacz.*

• 白額鳾（白額木廻）　額白色，頭頸背皆蒼白，大覆雨羽純白色。

風鳥 *Paradisea apoda L.*

風鳥科 • 風鳥（極樂鳥，霧鳥）　微像鵲，嘴稍曲，綠色，基部色，圍繞有密毛，有金綠光，頭，後頸部蒼金色，喉，前頸部濃金綠色，胸深紫色，其餘部分及尾皆為奇麗的深褐色，體兩側從上部到翼下部叢生極長之絨毛，狀如綾錦，色深黃有光輝或蒼黃，又有少數暗赤色縱列點，仗腰部中央有一對長羽，其長過於體側的長絨毛，體長一尺二寸，從嘴端至絨毛的尖端長約二尺，飛時以首迎風而起。群棲森林中，捕食昆蟲。產馬六甲到新西蘭附近各島。

王風鳥 *P. regia.*

• 王風鳥　上面美麗赤色或紫褐色，嘴褐黃色，嘴

73

74

基部及頭的前部圍繞似天鵝絨樣的密毛，喉及胸上部濃紫赤色，胸下部有幅廣的金綠色帶，體及下尾筒白，體兩側在翼下部有暗褐色毛，其尖端濃金綠色，能隨意擴張，臀部中央出二條長羽軸，其先端的一側生幅稍廣金綠色羽枝，體長五寸，尾端的長毛達六寸。產新基尼亞。

金風鳥 *P. sex-setacea.*

•金風鳥 體為奇麗的深黑色，至頭部則漸帶灰，喉部生綠色鱗狀羽，羽各有黃金色邊緣，頭的兩側有六本長細羽，其先端擴為小盤狀，金色，此細羽可自由搖動。產新基尼亞及威格島。

赤霧鳥 *P. rubra.*

•赤霧鳥 雄頭上有金綠色之冠毛，頸鮮綠，翼赤褐，上面灰綠，胸部帶灰綠，腹尾翅共黑褐，體側出細羽多數成總狀，純紅色極美麗，體長約一尺。僅產於新西蘭相近的維霞小島。

雀 *Passer montanus saturatus Stejneger.*

雀科 •雀 最普通的鳥，嘴圓錐形而黑，頭上及頸部為像胡桃色的褐色，頭兩側白，而中央有大黑斑，上面一般褐，多黑褐斑紋，下面除咽喉部黑色之外，概灰色，雌色一切較暗，體長五寸八分，翼長三寸二分。棲息人家近處，唯雜食。每年產卵二三回，繁殖極盛。

黄雀 *P. rutilans rutilans (Temminck).*

•黄雀 稍小形，頭頂，腰部共赤褐色，咽頸部黑色，雌頭頂褐色，咽頸不黑，體長五寸，翼長二寸七分。

蒿雀 *Emberiza spodocephala personata Temminck.*

•蒿雀 頭部橄欖綠色，背部赤褐，有黑條斑，翕赤褐，有暗褐色條斑，下面一般黄色，散布多數暗色點，頭黑，雌黄色，喉胸有褐色斑，體長五寸六七分，翼長二寸五分。夏棲山林，秋期來原野。

寒雀 *E. aureola aureola Pallas.*

•寒雀（縞蒿雀） 雄上面黑褐，散布黑斑紋，前頭眉頰及耳羽共黑，翼有白點，喉部黑，胸部暗赤，腹部黄色，下尾筒白，雌上面淡褐，下面淡黄，喉部灰白，體長五寸，翼長二寸七八分，產中國，西伯利亞，歐洲。

黑蒿雀 *E. variabilis Temminck.*

•黑蒿雀（黑雀） 雄上面暗蒼灰色，下面蒼灰色，雌上面褐色，下面蒼色。

白頰鳥 *E. cioides cioides Bonaparte.*

•白頰鳥（黄道眉，鵐） 雄上面一般光輝的褐色，翕及上背部有細黑色條線，頰，眉共白，耳翼及眼前以黑，下面淡赤褐，雌頰眉共黄色，耳翼暗褐，下面淡褐，體長六寸。秋期棲於近山林的原野。

深山白頰 *E. elegans elegans Temminck.*

•深山白頰 頭部黄色，有黑冠毛，頭側及頸共黑，有黄色條帶通過眼的前後，上面一般褐色，下面白，喉部向

75

下有黄白黑三横带，體長五寸七分，翼長二寸七分。產西伯利亞及日本。

赤頬 E. fucuta fucata Pallas.

• 赤頬（赤鵐） 形色共頬白頬鳥，惟耳羽濃褐，胸部脇腹有黑點斑，腹白，喉白或带黄色，體長五寸三分，翼長二寸四分。產中國、西伯利亞、日本。

田鵐 E. rustica Pallas.

• 田鵐（頭高） 頭有高聳黑色羽毛，連到後頭皆黑，顴、耳羽黑，眼上眉斑長至後頭，喉、頸白，上面赤褐有斑點，翼黑，胸部及脇腹有濃褐色幅廣的條斑，腹及下尾筒白，雌色一般暗淡，體長五寸二分，翼長二寸六分。產亞歐兩洲。

鍋冠 E. yessoënsis yessoënsis (Swinhoe.).

• 鍋冠 像白頬鳥，上面一般黑灰而带褐，頭部黑，背部、上尾筒共胡桃色，而微带淡黄，下面白而少带黄，咽喉部黑，雌一般色灰暗，有眉斑，體長五寸二分，翼長二寸二分。

白領鵐 E. schoeniclus pyrrhulinus Swinhoe.

• 白領鵐 像前種，下面全白，頸有白色環，雄頭黑，雌頭部不黑，喉部兩側有廣濶黑带紋，體長五寸半。

白髮鵐 E. leucocephalos leucocephalos S. G. Gmelin.

• 白髮鵐 頭的中央部白色，其兩旁及顴黑褐，有灰色緣，後頭以下至背淡赤褐，有濃色斑，翼及尾羽黑褐，有黄色緣，尾羽外部四羽大部白色，面部栗色，眼下至耳羽有白斑，腹面白，胸及脇淡赤褐色，有斑點，翼長三寸。產北亞洲。

野鵐 E. sulphurata Temm. & Schl.

• 野鵐（野鵐） 上面一般綠色带黄味，冠毛及頸部橄欖褐色，上面有黑褐色斑點，下面一般淡黄，散布暗色點，體長四寸六七分，翼長二寸四五分。產亞洲東北部。

鶍 Loxia curvirostra japonica Ridgway.

• 鶍（交嘴鳥，交喙鳥） 雀大的鳥，上下兩嘴互相反曲交叉，雄赤色，頭頸，胸、背及腰部皆橙赤或橙黄色，雨覆暗赤褐，翼羽及尾暗色，尾叉狀，足短爪強，雌黄綠色。棲息深山茂盛的林中，好啄食松子，產亞歐美三洲。

斑翼鶍 L. leucoptera elegans Homeyer.（雙斑鶍）

• 斑翼鶍 頗似前種，雌雄翼羽皆有白條斑，幅廣而極顯明。產地阿穆爾、堪察加、歐洲。

白腹鶍 L. c. albiventris Sw.

• 白腹鶍 像鶍，下面腹部白色。

桑鳲 Eophona personata personata (Temm. & Schl.).

• 桑鳲（蠟嘴） 中大的鳥，有圓錐形短粗的大嘴，黄色而基部青黑，體腹背共為带褐味的灰色，頭及尾呈光澤的紺色，翼紫紺色有白條斑，體長七寸。繁殖地東西伯利亞烏蘇里河口附近，分布於中國南部及臺灣一帶。

小桑鳲 E. migratoria migratoria Hartert.

• 小桑鳲 頗前種，嘴尖端綠色或黑色，腹部及翼的先端白色。於朝鮮、臺灣見出。

鴲 Coccothraustes coccothraustes japonicus Temm. & Schl.（蠟嘴雀）

• 鴲 嘴圓錐形，淡橙色，喉及眼先部黑，手羽紫黑色，上面濃褐，下面灰白，上尾筒褐色，下尾筒白，尾先端白，

78

體長六寸五六分。棲息山林中，秋來平原。分布中國西伯利亞。

花鷄 *Fringilla montifringilla L.*

•花鷄　比雀稍大的鳥，嘴圓錐形，背面一般黑，腰部白，喉胸褐色，頭背黑，翼有白斑，腹白，雌頭背暗褐，體長雄六寸，雌五寸五分。

鶸 *Carduelis spinus (L.).*

•鶸（金翅鳥）　雀大的鳥，雄上面帶黃的青綠色，腰部濃黃，頭頂黑，眼上有黃眉斑，下面一般黃綠色，腹有黑色小斑，雌頭部灰黃，體長四寸，翼長二寸。

紅鶸 *C. flammea flammea (L.).*

•紅鶸　雄上面淡赤褐，具黑條斑，頭頂紅色，眼上有白眉斑，腰部灰白，下面淡色，雌下面一般暗色，體長五寸。產西伯利亞及歐洲。

榛[illegible] *Leucosticte arctoa brunneinucha (Brandt.).*

•榛[illegible]　背部褐色，腹面淡紅，頸赤褐，腰部濃翼翼淡紅色，頭灰白，喉頰黑，上面下面皆粗深褐斑，體長六寸三分，翼長四寸。

[illegible]鶥 *Erythrina rosea (Pallas.).*

•[illegible]鶥（大猿子鳥）　體一般濃紅色，背有黑條斑，頭到喉有白陰影，腹部一部分白，雌背為帶紅的銅色，腰紅，腹部白，體長六寸，翼長二寸六分。產中國西伯利亞。

紅[illegible] *Uragus sibiricus sanguinolentus (Temm. & Schl.).*

•紅[illegible]（紅猿子鳥）　小形種，尾比較長，背一般青褐，有暗黑色斑點，腰部赤，腹面一般赤，雌比雄腹則不赤，翼

具白色條紋，體長五寸二三分，翼長二寸四五分。產千島、樺太。

小紅鶸 *Carduelis flammea exilipes (Coues.).*

•小紅鶸　像紅鶸而小，體色亦相仿，惟喉黑，成頭暗褐黑，腰白。繁殖地，北極圈內一帶。

磧鶸 *Chloris sinica kawarahiba Temminck.*

•磧鶸（河原鶸）　比雀稍大形的鳥，雄頭部青，背暗褐，腰橄欖褐色，下尾筒黃，翼基部黃色，中央有黑的長形斑，先端帶灰色，雌頭部褐，背亦褐，下面白微黃，體長雄五寸三四分，雌五寸，翼長雄三寸二分，雌三寸。產中國，日本。

小磧鶸 *C. s. minor (Temm. & Schl.).*

•小磧鶸（小河原鶸）　酷似前種，稍小形，頭頂灰色，上面暗褐帶黃，翼基部黃色，下尾筒黃色，雌下尾筒白色，體長五寸，翼長二寸八分。產中國。

鷽 *Pyrrhula pyrrhula griseiventris Lafresnaye.*

•鷽（拙老婆）　雀大的鳥，頭部黑，有圓錐狀黑短嘴，嘴有光澤，頰、咽喉深紅色，背青灰色，胸腹灰赤，翼尾黑，上尾筒白，脚暗褐，雌一般暗色，喉不紅，體長五寸七分。夏期棲息山地，冬期來平原。

千島鷽 *P. kurilensis Sharpe.*

•千島鷽　似前種，背蒼褐帶灰味，下面亦蒼褐，僅胸部紅色，體長五寸。

照鷽 *P. rosacea Seeb.*

•照鷽　上面稍紅色，有灰色陰影，下面蒼紅色，下腹部及下尾筒白，雄體長五寸七分，雌五寸二分，翼長三寸。

79

80

松雞 *Pinicola enucleator urupensis Buturlin.*

• 松雞　嘴稍彎曲，雄上面朱赤色，散布褐黑色斑點，翼黑，覆翼羽有白斑，腹帶赤味的蒼灰，雌頭頂帶黃綠，背灰赤，體長七寸，翼長四寸三分。

十姊妹 *Uroloncha domestica Flower.*

• 十姊妹　雀大的小鳥，羽毛常呈白色與淡褐的交雜色，或有黑白斑，嘴像雀，色淡黑，腳淡茶色。產中國。

金絲雀 *Serinus canarius (L.)*

• 金絲雀　比雀稍小，很像鶸，全體白黃色，尾翼共長，嘴淡紅色，眼黑，腳比較長，帶黑味，變種極多，體長約三寸五分上下。原產地為大西洋中加納稣群島。

烏鴉 *Corvus coronoides hondoensis Momiyama.*

烏　科 • 烏鴉（烏，鴉）　稍大形之鳥，嘴強直而黑，有光澤，基部有剛毛，被鼻孔，上部黑色，翕羽基部暗色，而有綠色光澤，咽喉部有披針形羽毛，到胸部則無，腳比較細黑色，四趾共踏地，趾端有鈎爪，體長一尺七八寸，翼長一尺三四寸。在近人家林木裏棲息，性雜食貪食。各地繁殖。 =鴉科

細嘴烏 *C. corone corone L.*

• 細嘴烏（鴉，老鴉）　與前種同大，嘴顯然狭長，翕羽基部蒼灰而有綠紫色光澤，翼長一尺二寸到一尺四寸。

渡烏 *C. Corax behringianus Dybowski.*

• 渡烏　大形種，嘴甚厚，翕羽類細嘴烏，基部殆白，而綠紫光澤，胸前羽毛披針狀，翼長一尺六寸到七八寸。繁殖地，樺太，千島一帶。

燕烏 *C. dauricus dauricus Pallas.*

• 燕烏　小形種，頸周有白色襟毛，胸腹，腋腹全白，翕羽基部暗灰，翼長七八寸。產亞洲東北部。

唐烏 *C. neglectus Schl.*

• 唐烏（慈烏）　很像燕烏，頸至胸腹部灰褐色。產中國及西伯利亞。

山烏 *C. frugilegus pastinator Gould.*（深山烏）

• 山烏　稍小形種，嘴狭長，翕羽基部暗灰，有綠紫色光澤，成熟的鳥前頭及眼前部裸出，翼長一尺二寸。

星烏 *Nucifraga caryocatactes japonicus Hartert.*

• 星烏　嘴尖長，鼻孔向上處帶白色，全體暗褐，散布白點，翼及尾帶黑味，尾羽尖端白，翼長七寸三四分。產亞洲東北部。

藍鵲 *Cyanopica cyanus japonica Parrot.*

• 藍鵲（長尾鳥）　中形的鳥，嘴像懸巢，頭頸青黑色，背部灰色，臂部至尾空青色，尾羽長，先端白，喉胸共白，從腹到下尾筒呈微密之灰色，翼羽空青有白緣，翼長五寸餘。產亞洲東部。

懸巢 *Garrulus glandarius japonicus Temm. & Schl.*

• 懸巢（樫鳥）　中形鳥，形狀類烏鴉，上面赤褐而帶灰色，下面淡褐，頭上毛黑白相交，眼先部黑，手羽的外瓣先端白基部殆黑，喉部白，腹灰赤，翅灰黑色，小羽有藍白斑紋有瓷光，嘴腳色黑，體長七寸。棲息山林中，秋期為羣來平原，其巢在樹枝上懸造。產日本。

81

82

寒鴉 G. glandarius pallidifrons Kuroda.

•寒鴉（御山懸巢） 前頭頭頂似胡桃色的淡黃色，手翼外側羽蒼灰，頭頸紅褐，頬黑，鼻部剛毛尖上黑冠毛上有黑斑，覆翼莖色青有黑條紋，腰白，尾黑，體長一尺二寸。產西伯利亞及日本北海道。

屋烏 G. sinensis Gld.

•屋烏（唐懸巢） 體色一般葡萄酒色，上下尾筒白色，眼下有廣濶黑條紋，腕翼近尖之五枚，其外側中央部帶白、黑及青色，手翼之外側基部黑色，故兩翼下各有白點，飛時易見，鼻具粗毛。產中國到琉球。

瑪䳟 Lalocitta lidthi (Bonaparte.).

•瑪䳟（瑠璃懸巢） 額、眼前、眼下、喉皆純黑，由上頭到後頭直連絡到喉胸間呈濃而暗之瑠璃色，翼的大部分黑色，覆兩羽呈瑠璃色，有多數黑横紋，背、腹大部分赤褐色，翼長五寸六七分。產琉球。

朝鮮䳟 Pica pica sericea Gould.

•朝鮮䳟（䳟） 似懸巢的烏，頬上部褐黑色^肩部白，腹背白，翼翼紫黑色，尾翼黑而有青銅色光澤，尾較長而尖。產西伯利亞、中國、日本。

^帶青紫色光澤

晨䳟 Pica rustica.

•晨䳟 頭頸、喉、背各部有黑絨毛，尾翼皆黑，有藍色及青銅光，胸腹及翼的内側純白，尾長而尖。

椋烏 Spodiopsar cineraceus (Temminck.).

椋烏科•椋烏（噪林烏） 頭部黑色而散布白毛，嘴黃色尖端黑，背褐色，翼赤褐色，下面灰黑，喉胸亦灰黑，腰白，尾黑褐，脚強，黃色，全烏形狀很像鶇，體長五寸三四分。捕食昆蟲，產中國北部到東北，分布朝鮮、臺灣、日本亦有。

小椋烏 Sturnia philippensis (Forster.).

•小椋烏 小形種，頭部灰白，而散布褐色點，頬部赤褐，背面黑，帶褐紅味，有光澤，下面一般白，喉下至腹側灰黑，翼黑，有綠色光澤，有白帶，雌上面赤褐，頬淡色，翼尾黑褐，帶綠光，無白帶，下面白。夏期見於樺太、千島一帶，冬期到東印度諸島。

唐椋烏 S. sinensis Gm.

•唐椋烏 比椋烏稍小形，上面灰黑，翼基部白，其餘部分黑，有綠色光澤，下面灰白色，尾翼中央二枚黑，有綠色光澤，其他皆白色，雄比雌體色鮮明。

繡眼 Zosterops palpebrosa japonica Temm. & Schl.

繡眼科•繡眼（白眼） 雀大的小烏，眼周圍有白色毛環，上面從頭到尾端及翼的全部，皆鮮橄欖綠色，喉黃色，胸腹灰色，下尾筒黃，體長四寸。春暖時來平地，常在花間來往，專吮花蜜，又捕食有害昆蟲。

鵯 Microscelis amaurotis amaurotis (Temminck.).

鵯　科•鵯 中形的烏，頭頂灰蒼色，喉灰色，嘴真直，耳羽褐色，背部灰蒼，有黑褐帶斑，腋下淡卵色，下面一般灰黑色，腹部有白斑，翼尾共暗褐，下尾筒灰蒼有白斑，翼長四寸。秋期成大羣由北方來，直分布到琉球一帶。

83

84

環眼兒 Apalopteron familiare familiare (Kittlitz).

•環眼兒　上部橄欖綠色，下部黄色，眼周白，眼先到眼以眼下黑色成三角形，前頸有黑横紋延長至眼上到眼後，頭頂褐黄，尾灰褐。產小笠原島一帶。

山椒鳥 Pericrocotus roseus divaricatus Raffles.

山椒鳥科•山椒鳥（山鶺鴒）　大小像鶺鴒，上面一般灰色，額白，後頭及眼周黑，翼尾皆半白半黑，嘴黑，下面全白，體長六寸三四分。夏期來亞東各地，至冬期去馬來半島、菲律賓、婆羅洲。　=山椒喰科

琉球山椒鳥 P. r. tegimae Stjneger.

•琉球山椒鳥　頭額暗灰褐，頰、喉共白，背褐，胸灰色，翼尾黑。產琉球。

文鳥 Padda oryzivora (L.)

金腹科•文鳥　雀大的鳥，嘴圓錐形基部紅色，至末端漸變為薔薇白色，背部藍灰色，頭頂至上頸為有強光的黑色，頰有大白斑，初列羽覆及風切羽黑，邊緣灰色，下背、腰尾共黑，下面一般淡紅，腳赤，體長五寸六七分。原產地爪哇、蘇門答臘、馬六甲地方。　=文鳥科

梅花雀 Amandava amandava amandava (L.)

•梅花雀（紅雀）　體色一般紅色，散在數多小白點，嘴圓錐形紅色，頭頸翼及尾暗紅色，腳紅色，雌上面深褐，下面黄，翼有白點。產中國南部、印度。

金腹 Lonchura atricapilla atricapilla (Viellot).

•金腹（素娥）　小形的鳥，羽毛一般呈茶色，有光澤，頭、

頸、咽喉至胸黑，腹部赤淡茶色，下腹黑，嘴、足共淡青黄色。產印度、喜馬拉雅、緬甸、馬來半島。

山雀 Parus varius varius Temm. & Schl.

四十雀科•山雀　雀大的鳥，上面青灰色，頭頂黑，前後頸有白色，前頭及頰白色，嘴、喉、上胸黑，肩部赤褐，胸腹一般赤褐，體長四寸餘。夏期棲息山中，秋來平原為大羣。　=山雀科

蜜雀 Parus varius owstoni Ijima.

•蜜雀　像山雀，頭頂亦黑，交有褐色，喉部黑，下頸及胸部、肩部濃褐，其餘各部分比山雀體色特濃厚。

日雀 Parus ater insularis Hellmayr.

•日雀　上面灰青色，頭上及冠狀毛青黑色有光澤，喉黑，頰頸側、後頸白，羽翼灰黑，邊緣灰蒼色，有二條白横帶，下部稍白，帶淡褐，尾翼灰黑，有灰蒼色緣邊，體長二寸六七分。夏期在山林，秋來平原。產中國、西伯利亞、歐洲。

小雀 Parus atricapillus restrictus Hellmayr.

•小雀（十二雀）　稍小形種，上面綠灰色，頭部黑，頤及喉灰色，頰、頸側白，翼黑或褐，腹部稍白，尾黑或黑褐，體長四寸。夏期棲息山中，秋來平原，捕昆蟲為食。

注雀 Parus major minor Temm. & Schl.

•注雀（四十雀）　頭上有黑，頰白，背面肩邊黄綠，至後方漸成灰蒼色，腹部乳白色，正中有不規則黑條，前與胸喉相接，尾灰蒼，翼羽黑，至邊緣則成白乃至灰青條紋，翼上又有横白條，體長四寸。捕食昆蟲時常逐飛樹梢。產華北及東北。

85

86

亨猕雀 *P. palustris hensoni* Stejneger.

·亨猕雀　大致類小雀，惟頭上黑色較深，喉部亦黑色，比小雀尾似稍長。

盼得来 *Remiz pendulinus consobrinus* (Swinhoe.).

·盼得來　小形鳥，體一般淡褐黄，上面稍带灰味，頭，頰，喉白，眼先至眼後黑。產朝鮮。

䳄 *Aegithalos caudatus trivirgatus* (Temm. & Schl.).

·䳄（長尾鳥，柄長）　頭部中央白色，兩側有黑色條带前端遶圍眼部，嘴極短小，上面黑色，雜以淡紫，翼黑有白斑，下面一般白，腹部多少带淡紫色，尾羽特長中央四枚全黑，外側白，體長四寸三四分，尾長二寸餘。夏期繁殖山林，捕食昆蟲，秋期羣來平原。

縞䳄 *A. c. japonicus* Prazak.

·縞䳄（縞柄長）　酷似前種，頭部白色，下面雪白，體長四寸七分，尾長二寸四分。產日本北海道一帶，分布西伯利亞到歐洲。

戴菊 *Regulus regulus japonensis* Blakiston.

·戴菊　比雀小，嘴甚细，鼻孔覆羽毛，頭頂有菊花状黄橙色冠毛，兩側有黑色带斑，上面橄欖綠色，翼尾深灰褐，下面灰白，腕翼先端有二白斑，雌冠毛黄色，體長三寸。產中國，南西伯利亞，日本，分布喜馬拉雅，歐洲，直到英國。

旋木雀 *Certhia familiaris japonica* Hartert.

旋木雀科·旋木雀（木走）　雀大的小鳥，嘴稍彎曲，尾羽強，像啄木鳥，頭上，頭側，頸，翕，背部中央，上覆翼羽，及肩羽共黄　＝木走科

褐，暗褐，而有白色及灰色雜斑，下面一般白，爪甚尖銳。山林中棲息，常在樹上攀援迴旋，捕蟲蟻為食。產日本南部。

北木走 *C. f. familiaris* L.

·北木走　體態顏色都像前種，只上面為淡黄褐，雜斑亦特別較淡。產樺太，朝鮮。

八色鳥 *Pitta nympha nympha* Temm. & Schl.

八色鳥科·八色鳥（八色鶇）　頭頂褐色，具黑條斑，嘴黑，由頭的兩側到頸部黑，有淡黄色較细長的眉斑，上面青綠色，腰及小雨覆藍靛色，有金屬光澤，初列風切有幅廣的一黑横條，大雨覆及次列風切暗綠色，喉白，腹的中央及下尾筒真红色，尾黑色極小，先端藍靛色，跗蹠部和趾共青白色，體長七寸二分。性活潑，飛翔迅速，捕昆蟲為食。產朝鮮，臺灣，於中國北部時而見出。

相思鳥 *Leiothrix luteus* Scop.

知目鳥科·相思鳥　雀大的鳥，由頭至背带黑味的橄綠色，嘴赤而較小，咽喉部黄，胸部橙赤色，腹部蒼灰带綠味，尾黑淺叉状。產中國，印度。春秋兩季多見於北京附近。

秦吉了 *Eulabes intermedius* (A. Hay.).

九官鳥科·秦吉了（九官鳥，了哥）　像鶇大小的鳥，或比鶇大，體毛一般紺黑色，很光澤，有黄色肉冠，嘴基部肉红色，其餘黄色，足亦黄色。性伶俐，有記憶力，能學語言。產中國南部，安南，北部馬来及印度

大耳九官鳥 *E. javanensis* (Osbeck.).

·大耳九官鳥　黄色肉冠較大，餘同前種。產馬来一帶。　○至爪哇

87

88 =鮫鶲科

鴝鶲 *Zanthopygia narcissina narcissina* (Temminck.).

鶲 科·黄鶲　體形像青鶲，上面一般黑，眼上具黄眉斑，喉，胸，腹側，腰皆為鮮黄色，翼有大白斑，尾黑，雌上面一般橄欖色，下面带灰褐色，腰部黄绿，下腹白。夏期棲息山林，冬期来平原。

鮫鶲 *Hemichelidon sibirica sibirica* (Gmelin.).

·鮫鶲　上面灰褐，下面暗白色，有黑褐色斑條，翼羽有数個有暗白色邊缘。

小鮫鶲 *Alseonax latirostirs latirostirs* (Raffles.).

·小鮫鶲　上面灰黑色，下面暗白色，翼尾黑褐，雌上面深灰褐，有暗白色斑點。

小燕 *Siphia mugimaki* (Temminck.).

·小燕　上面灰黑，眼以有白紋，翼深灰褐色，肩部有大白斑，尾翼黑，咽喉，胸，上腹栗褐色，下腹漸白，下尾筒白。

蝦夷鶲 *Hemichelidon griseisticta* Swinhoe.

·蝦夷鶲　頗像鮫鶲，胸，腹暗白色，斑條不明瞭。產樺太，千島。

練鵲 *Tchitrea atrocaudata atrocaudata* (Eyton.).

·練鵲（三光鳥）　比雀稍大，雄頭及喉黑色，有紺靛色光澤，嘴青色，基部扁平，先端少鈎曲，口邊有数條粗毛，頭上有黑色長冠羽，背面紫黑色，翼尾共黑，尾翼中央二羽特長達一尺餘，雌體色一般淡，無特長尾翼。繁殖地，朝鮮，日本，夏期在山林，秋期南来到中國至馬来一带過冬，捕食昆蟲。

竹林鳥 *Cyanoptila cyanomelana cyanomelana* (Temminck.).

·竹林鳥（瑠璃鳥）　嘴扁平而黑，先端鈎曲，口邊有數條粗毛，上面一般美藍青色，頬，喉至胸黑色，腹部白，體長四寸餘，雌體色一般橄欖褐，咽喉白，胸淡橄欖色腹白。夏期棲息山林，冬期来平原，捕食昆蟲。產中國，朝鮮及日本。

鶯 *Horeites cantans cantans* (Temm. & Schl.).

鶯 科·鶯　比雀小的鳥，嘴細，脚细，上面一般暗橄欖褐色，眼上有灰白色眉斑，翼尾共褐色，下面灰白色，雌比雄較小，翼長二寸六七分。夏期棲息山林，冬来平原。

鵟 *Locustella ochotensis ochotensis* (Middendorff.).

·鵟（先入）　上部一般橄欖褐色，有眉斑，頤，喉及腹中央殆白，胸，脇腹及下尾筒有淡蒼褐色的陰影，脚足爪共蒼褐，體長五寸五分，翼長二寸餘。產樺太，西伯利亞。

蝦夷先入 *L. fasciolata* (Gray.).

·蝦夷先入　較前種大，體色稍深，帯赤褐色，頬有暗白點，眉斑稍帯灰味，喉部有淡灰褐細横斑紋，翼長三寸内外。

内山先入 *L. ochotensis pleski* Taczanowski.

·内山先入　體色大致同鵟，稍大形，嘴峰亦稍大。

葦原雀 *Acrocephalus stentoreus orientalis* Temm. & Schl.（割葦）

·葦原雀　體形像鶯而大，嘴尖端少曲，上部橄欖褐色，具红色淡影，眉斑不分明，下部带黄味的白色，喉有暗色斑點，尾稍長，體長六寸，翼長二寸八分。夏期多在葦原中營巢產卵，捕食昆蟲。

小葭切 *A. bistrigiceps* Swinhoe.

·小葭切　大體像前種，稍小形，頭頂两側有幅廣暗

89

90

黑色帶，眉斑白，清楚。

鵐 Acanthopneuste occipitalis coronata (Temm. & Schl.).

• 鵐（蟲喰） 體形像鶯，頭部橄欖色，有不規則灰白條斑，眉斑淡灰白色，由嘴根達後頭，上面橄欖綠，翼褐色，各羽先端灰白而外瓣成黃綠色，複翼羽前端有灰白斑點，胸部灰色，至腹部漸白，尾褐，外瓣黃綠，內瓣灰白，翼長二寸。在山地棲息，於斷崖樹幹穿穴營巢，捕食昆蟲。產中國東南西伯利亞到日本。

小鵐 A. borealis borealis (Blasius.).

• 小鵐 似前種，體色帶黃味，複翼羽先端有灰白色斑點。產蒙古，東南西伯利亞及日本。

黃眉鵐 A. b. xanthodryas (Swinhoe.).

• 黃眉鵐 嘴細，眉斑黃白色，頭部濃橄欖色，上面橄欖色，下面帶綠黃色，雨覆先端見黃色斑點，翼長二寸五分，產中國，日本。

蝦夷蟲喰 A. tenellipes (Swinhoe.).

• 蝦夷蟲喰（柳鵐） 一般像鶯及前種，上面濃褐色，下面白，眉斑長。

藪鵐 A. occipitalis ijimae Stejneger.

• 藪鵐 像小鵐，上面色稍濃，喜在叢藪中。

草原鵐 Locustella lanceolata (Temminck.).

• 草原鵐 體形像雪加，色較淡，帶綠味，胸腹側有斑點。

雪加 Cisticola juncidis brunniceps (Temm. & Schl.).

• 雪加 體形像四十雀，上面一般帶青味的淡紅褐色，

有小縱斑點，羽中央有黑色條紋，眼有白眉斑，翼羽有赤褐色緣邊，喉腹白，胸側稍胡桃色，尾羽先端有白斑。在蘆葦中棲息。

大雪加 Bradypterus pryeri pryeri (Seebohm.).

• 大雪加 與前種相似，尾無白斑。

黃鳥 Orioles indicus Jerd.

黃鳥科・黃鳥（黃鶯，黃鸝，高麗鶯） 體一般美麗的黃色，眼先，眼周，頭的後部相連為大黑環，大雨覆的內瓣，雨覆，初列風切，尾羽等皆黑，但以上各羽外緣及先端呈灰白或黃色，嘴赤色，跗蹠部鉛黑，體長八九寸，翼長六寸。性情活潑溫和，食植物果實。產中國，朝鮮，東部西伯利亞。秋末南去到臺灣，馬來，印度一帶過冬。 =高麗鶯科

▲ 本目（雀類）所包含的鳥類，大多數於［應用］上為著名的籠鳥（飼玩品）。

鳥綱（補遺）

第二亞綱 新鳥類

第一目 平胸骨類

游駝 Rhea darwinii.

駝鳥科・游駝 體比亞美利加駝鳥小一些，羽毛褐色，有白斑，產南亞美利加洲南部巴塔哥尼亞地方。

91

92

第三目 龍骨類

第九亞目 雞類

耳雉 *Crossoptilon matchuricum.*

雉科·耳雉（滿洲大雞） 體色雖一般黑，但頭部濃，漸次淡退至背部則成濃褐色，體大於雉，頭側由下嘴基部有白色細羽，呈密總狀向上，經過類，耳到後頭側方呈耳狀，後背有細長暗白色羽毛直覆上尾筒，尾羽略似駝鳥羽狀，白而長，至末端向下彎曲成黑色。產中國東北部，冬期常大羣來平原，於北京附近一帶見出。

小綬雞 *Bambusicola thoracica (T.).*

·小綬雞（小壽雞） 體形似鶉而大，羽色斑紋亦微似，頭，頰，喉黃橙色，微帶褐味，眼上有幅較廣的天藍色眉斑，起於前頭嘴基部，延長到後頭上頸部分，胸部亦天藍色，腹側羽依深赤褐像魚鱗斑，腳甚强。產中國南部。

△善鳴，叫聲强大，

竹雞 *B. sonorivox (Gould.).*

·竹雞 大致似前種，眼先，眼周，頰，頸側，胸部相連為深天藍色，前頭，頭頂至後頭黑褐，喉部赤褐，上面各羽有白斑點，腹側魚鱗斑較大，性質同前種。產臺灣。

沙雞 *Syrrhaptes paradoxus Pallas.*

沙雞科·沙雞（鵽鳩，突厥雀） 頭部像家鴿，體形像雞，嘴小，背部暗褐，有多數黑色橫條紋，頭灰褐帶黃味，喉暗赤褐，胸灰色帶黑味，腹灰白至下腹成黑色，而稍帶淡紅，胸腹分界部分多有橫條紋，腳短强，有三趾，上面密生細羽毛，初列風切及中央尾羽先端特延長成針狀。產中國北部沙漠周近草地，及西伯利亞。

第十三亞目 佛法僧類

金絲燕 *Collocalia esculenta L.*

雨燕科·金絲燕 體形似雨燕，腳短，翼尖超過尾端一寸許，嘴暗褐，頰有褐斑，背部褐，有金絲光澤，尾大部分白色，喜營巢海濱斷崖峭壁的高處，巢係由海藻（石花菜類）構成，就是食物名品的「燕窩」。繁殖地，婆羅洲，蘇門答臘，新幾內亞，馬達加斯加。

第十四亞目 雀類

馬蘭花 *Cyano-sylvia robusta (Butl.).*

鶇科·馬蘭花（小川駒鳥） 體形似野鴝，上面橄欖褐色，眼上有眉斑，前端到上嘴基部，眼下有四白紋，亦起於嘴的基部，向頰後延長為環，與眉斑後端相接，頭頂有小淡褐斑紋，頰橄欖褐色，有小縱黑紋，咽喉至胸部青紫色，中有橄欖褐橫斑，胸腹分界處又有白色橫帶紋，及褐色斑，腹白，下尾筒黃褐，尾呈深橄欖，先端稍叉狀，雌喉部無青紫色。產西伯利亞，冬期來中國，印度過冬。

93

鷚鶴 *Aethiopsar cristatellus* (Gm.).

藍壽帶 *Urocissa caerulea* Gould.

冠壽帶 *U. sinensis* (L.).

94

椋鳥科·鷚鶴（八哥） 體形像椋鳥，羽色概純黑，背上帶紫色光澤，頭以背及腰帶綠，翼黑，初列覆雨羽尖半白，其餘羽基部亦多為白色，尾羽黑，尖端白，頭上羽毛稍延長，額羽向嘴基部微卷曲成短纓狀，嘴淡黃，嘴根籥微紅色，腳橙黃。產中國中南部及臺灣。

鴉科·藍壽帶（山娘） 體形略像練鵲，頭頸喉皆黑，上下面一般深天藍色，嘴朱色，下尾筒白，尾羽中央二羽特長，帶灰味青色，尖端白，兩側尾羽黑，亦尖端白。產臺灣。

·冠壽帶（山鵲） 體形同前種，額，眼先，耳羽，頰，喉，上胸，一般黑，頭頂有長冠毛，前端三分一黑色，雜小白斑，餘部至尖端白，背，翼帶灰味深青色，嘴朱色，腹及下尾筒真白，腳橙赤味的朱色，尾翼中央二羽特長，尖端白，兩側尾羽亦先端白。產中國。本種同前種，性皆較獰猛，喜捕食小鳥。

木醫61	巧婦鳥69	白鵫鳥27	白眉燕鷗43	田鶲64	百靈62	赤鵐76	赤足水風鳥
木鷚64	本草赤鬚	白尾鷲23	白眉秧雞32	田鷚64	百合鷗41	赤雀鳥12	5
毛綿鴨17	68	白眉鳥66	白眉鯵刺43	田鷸35	竹雞92	赤鴨66	赤襟蠟足鷸
水雞32	冰鴨16	白羽鷗42	白羽礁鷗3	穴鳥4	竹林鳥88	赤鬚68	40
水風鳥4	玄鷲44	白腹鴨73	白腹木廻73	穴砂燕71	老鴟80	赤喉鶲28	(八画)
爪哇孔雀	玄雀鳥31	白腹鶇65	白腰山雞27	(六画)	耳雞92	赤山雞27	亞美利加
30	玄蠣鷸35	白腹鶚77	白腰海燕4	交嘴鳥77	耳礁鷗3	赤羽白18	駝鳥1
大雞30	玉鷸37	白頂雀鳥31	白腰鯵刺43	交喙鳥77	(七画)	赤腹鶇65	京女鷸34
王風鳥73	白眉65	白頷鵐76	白額木廻73	先入89	亨孫雀86	赤腰燕70	味鴨13
(五画)	白眼83	白頭雀鳥31	白頰鶺鴒63	企鵝3	佛鵝51	赤足鷸39	夜鷹57
丘陵鴨15	白隼24	白頰鳥75	白鬚海雀45	吐綬雞30	佛法僧58	赤霧鳥74	姉羽鶴31
北木走87	白雁20	白額鴨73	白尾熱帶鳥	地鵏31	杜鵑49	赤頭鷲10	怪鳥57
印度三斑鶉	白鳥19	白頰鴨16	6	朱鷺11	沙雞92	赤魚狗53	拙老婆79
26	白鴞56	白髮鵐76	白腹水風鳥	灰色水風鳥	角鷹23	赤啄木鳥60	岩燕70
四十雀85	白鷸33	白鶴子10	5	5	角目鳥47	赤胸田鷚64	岩鶇66
四十雀雁	白鷲44	白鶺鴒63	田雞33	灰色鰭足鷸	赤頰76	赤襟鷿鷉3	岩雲雀67
21	白鷗42	白鯵刺44	田鳧35	40	赤鷲60	赤足鰹鳥7	岩鶺鴒64
布穀50	白鷺8	白嘴阿比3	田鵐76	百舌64,71	赤鵐72	赤頸五位10	東雉26

松雞29	金雞27	青鶲69	柵長86	軍艦鳥8	鷹81	珠雞28	隼23
松鷸80	金絲燕93	青鳥48	砂糖鸚鵡52	食火雞2	鷹鸚葉82	真鷸35	馬蘭花93
河鳥70	金絲雀80	青鷸36	相思鳥87	風鳥73	鷹椋鳥83	真名鶴31	骨頂33
河蟬53	金翅鳥78	青葉鳩56	盼得來86	風標公子10	浮鷗44	秧雞32	高麗雉26
河原鳩49	金蜂鳥58	青足鷸39	突厥雀92	(十画)	海鳥46	秦吉了87	高麗鶯91
河原鴿49	金風鳥74	青頭鴨12	紅雀84	原鷲20	海燕4	笑鳩54	(十一画)
河原鶸79	金黑羽白19	(九画)	紅頷68	原雞28	海貓41	笑翡翠54	啄木鳥60
波江啄木鳥	長尾鳥81,86	信天翁6	紅鳩48	剖葦89	海雀44	素娥84	御山鷽巢82
62	長尾鴨14	冠鳩48	紅鷲43	夏鴨15	海鳩46	胸黑33	晨鵲82
狗鷲22	長爪鶺鴒63	冠壽帶94	紅鶲78	夏秧雞32	海鵲46	往雀85	旋木雀86
知更雀68	長尾水風鳥	冠海雀46	紅鶸78	姬鶇8	海鸚鵡46	茶隼24	梅花雀84
禿鷲23	5	冠鷿鷉3	紅雀鳥12	家鳩49	海鸕鷀7	茶鶲69	深山白頰75
花雞78	阿比2	南鷸26	紅鯵刺43	家鴨19	流蘇鷸39	草鷸39	深山魚狗53
花秧雞32	阿房鳥6	姥鷸37	紅猿子鳥78	朗鶲69	鳶80	草原鵐90	琉球燕70
花魁鳥47	阿蘇兒52	屋鳥82	美洲黑鴨16	旅鳩49	烏頭46	蚊母鳥57	琉球鴨16
虎鶇72	雨燕58	星鳥81	苔綿鴨19	桃鸚52	烏鳩49	連雀71	琉球鵯72
虎鶇66	青鴝68	星羽白18	茅潛67	桃色鸚哥52	烏鴉82	針尾鷸36	琉璃鶲69
金腹84	青鶻48	柳鶯90	計理35	桑鳸77	烏頸鷲43	針尾雨燕59	琉璃鰹鳥7

琉球青鷗48	野鵐77	寒雀75	菱喰20	黑鷺9	黑襟鰺刺43	賊鷗44	瑠璃懸巢82
琉球青鷗48	野鵐77	綫雉2	越禽27	黑鸛31	黑面琵鷺11	鈴鴨17	種子島駒鳥
琉球大秧雞	野鷄28	斑鳩48	雁20	黑尾鷸37	黑足阿房鳥6	雉26	69
32	野鵯68	斑鶲34	雲雀62	黑朱鷺11	(十三画)	雉鳩47	緋秧鷄32
琉球小啄木	雀74	斑海雀45	雲雀鷸38	黑海燕4	塚造25	稚鷸38	緋連雀71
鳥62	雀賊22	斑翼鷗77	黃雀75	黑燕鷗44	塞鴝68	稚兒鵰72	綠嘴鴨14
琉球山椒鳥	雀鷂22	朝鮮鵲82	黃鳥91	黑脊鷗42	滄鷺43	稚子隼24	綠朝雲51
84	雀鷹22	椋鳥82	黃鶯91	黑蒿雀75	溝五位9	雷鳥29	綠衣畫眉66
盜賊鷗44	雪加90	森鶯60	黃鶲88	黑袖鶴31	溝鷸鷸69	冕翁32	蒿雀75
細嘴鳥80	雪衣娘52	極樂鳥73	黃鸝91	黑襟鴴33	猿濱鷸38	鼠鸛31	叢原雀89
細嘴水凪	馬鹿鰺刺44	渡鳥80	黃眉鵐90	黑都鳥35	照鶯79	(十四画)	葦五位10
鳥5	魚狗53	游鴕91	黃道眉75	黑頰鷸40	瑠璃鳥88	幘鶯62	葦鸊鷉10
彪木兎56	(十二画)	猩猩鷺9	黃足鷸39	黑頭鷗41	葭鴨13	慈鳥81	蒙古鴴34
郭公50	喚春64	畫眉66	黃鶺鴒63	黑鰺刺44	蒺花鳥52	慈悲心鳥50	蓑衣鶴31
都鳥34	喚起64	筒鳥50	黑雀75	黑盜賊鷗44	蜂喰54	榛鷄78	蒼鷺9
野鴨12	喜知鳥46	筑紫鴨16	黑雁21	黑脊燕鷗43	蜂虎54	漫畫11	蒼鷹21
野鴝68	報春64	紫鷺10	黑鴨16	黑脊鰺刺43	蜂鳥58	滿洲大鷄92	翠鳥53
野鵐49	寒峯82	紫鷸37	黑鶇65	黑腹鰺刺44	跳鳧35	熊鷹61	臺灣雉26

臺灣夜鷹57	蝦夷蟲喰90	磧鷸79	鴉55	鍋鸛31	霧鳥73	鶆鷞1	鶇鵐59
輕鴨13	遼鶴31	簑五位10	鴉鸎52	鍋鸛12	鵙71	鶉鷸38	鷗鷗78
銅鷸39	銳鶯62	縞駒68	鴉本青52	鷲42	鶩21	鷓鴣28	鸊鷸40
鳶24	駝鳥1	縞鵐57	鴨12	鶚49	鵲19	鶚鵬92	(二十一画)
鳴鵐50	駒鳥67	縞鵰72	鵟鷹15	鵙25	鵐75	(二十画)	鷲89
(十五画)	鵐鵲82	縞鶲86	鴗53	鴻20	鵜鳥8	嚶駒68	鷯86
劍鴴34	鶆80, 80	縞味鴨14	(十七画)	鵂鶹56	鵜鶘8	懸巢81	鷚78
廣嘴鴨14	鵃72	縞柄長85	戴勝54	鵁鶄9	鵜鴨46	蠣鷸34	鶺鴒63
樫鳥81	鵜31	縞秧雞32	戴菊86	鴯鶓1	鵜鶘鷗7	蠟嘴77	鷗鳩48
潮鶯43	(十六画)	縞蒿雀75	礫雀58	鮫鶲88	(十九画)	蠟嘴雀77	(二十二画)
熱帶鳥6	噪林鳥82	錦雞27	濱鷚62	鮮卑鷸38	懷春64	鷁89	鑽鶯62
稻雞33	擇捉海雀45	錦鸚52	濱鷸40	(十八画)	繡眼83	鷃25	鷚62
篦鷺11	澤鵟22	錐鷹61	濱雲雀62	藍鵲81	鶉鵐90	鷂21	鷗41
篦鷸37	燕70	頭高76	環眼兒84	藍壽帶94	蟻吸59	鶖19	鸛30
練鵲88	燕鳥81	鵐90	磯鴨17	蟲喰90	△鶺鴒82	鷗77	鸛鷸39
蝦夷鶲88	燕鴴34	鶲77	磯鶇66	鷹斑鷸77	鶸28	鶗鴂50	鸛秧雞32
蝦夷先入89	燕鷗42	鴝67	磯鷸38	鷄27	鶚83	鶇64	鷓鴣29
蝦夷啄木62	營塚鳥25	鷗鵂56	鍋冠76	雞鷹22	鷦鷯24	鶫鴴34	鰺刺42

△蟻鴷59

天津市十四县史料

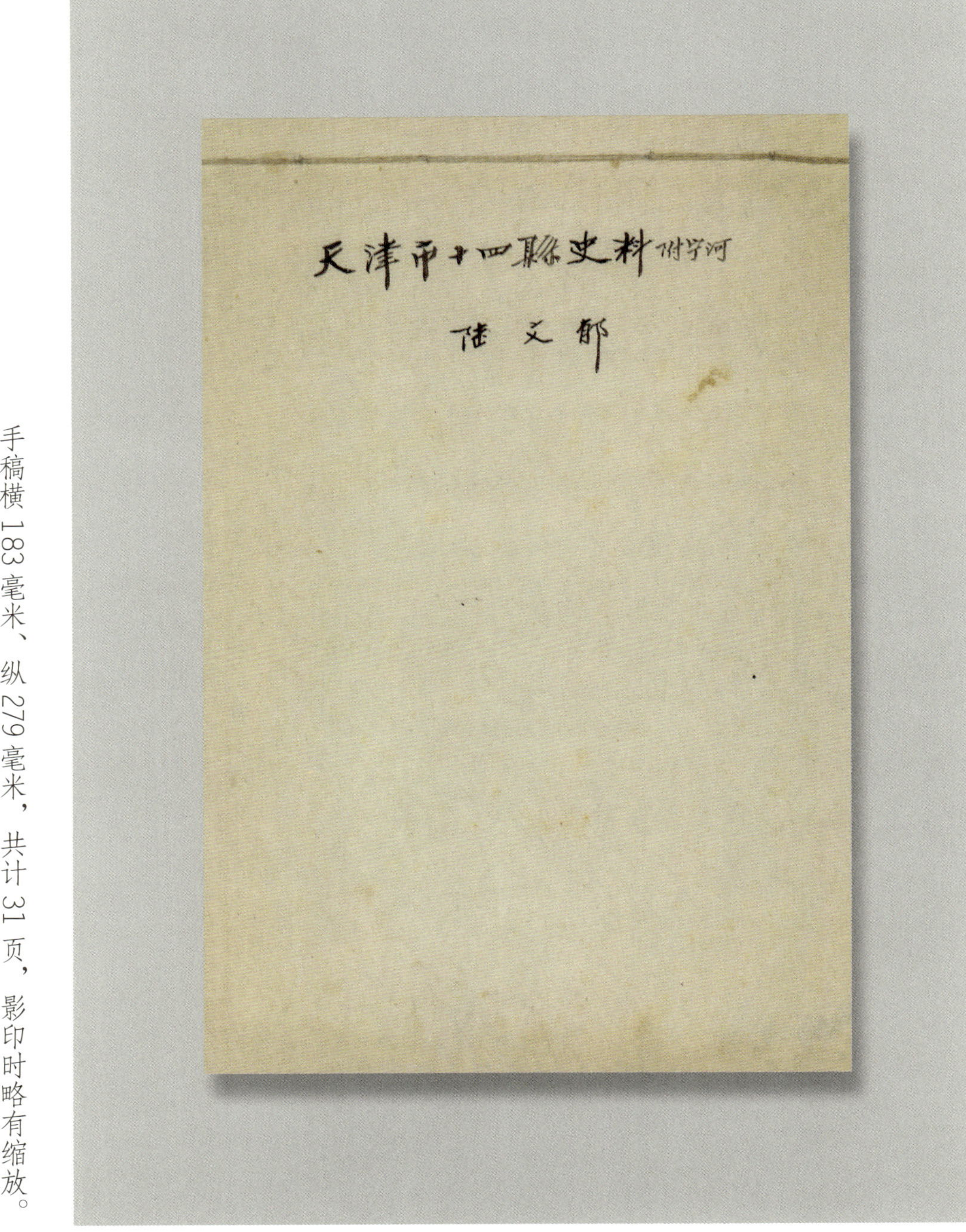

天津市十四縣史料 附宁河

陸文郁

手稿横183毫米、纵279毫米，共计31页，影印时略有缩放。

天津市十四县史料

天津市十四縣關於歷史方面之建治沿革，山川古跡，社会动態，人民生活，地方生产（後三項例举1900前後，雖僅六十年前，由此亦可溯知前跡），就個人積累之短淺資料輯述，並各加按注，用供参考。1960.7 陆文郁

六、静海（青縣、大城）

静海，宋清州渦口寨地，為靖海縣，明改靖為静，清因之，属直隸天津府。

青縣周時為清國（春秋：隱公四年"夏公及宋公遇於清"註："清衛邑"是清為衛所滅，成為衛邑。証之詩："清人在彭"可知），唐為芦台軍地，後置乾寧軍乾寧縣，遼於軍置寧州，宋為清州乾寧郡，金稱会川，元為清寧府，明為青縣，清因之，属直隸天津府。

大城漢时為东平舒縣，晉為章武國治，後魏改章武郡，五代時周改為大城縣，清属直隸順天府。

青縣設縣一九六一、八月一日起，九月十六日公布

山川古蹟：

"中山 青縣南，巖懸瀑布，俗呼高士岡"。（？）

"西山 青縣西南，山高峻，頂平，茂林修竹，景極瀟灑"。（？）

"峭帆亭 青縣"。

"盤古墓「九域志」：乾寧軍有盤古墓。「明統志」：在青縣南七里"。

（以上四條，據類腋輯覽——清室間姚培謙述原本，丹徒趙克宜角山樓增輯。郁識短，僅能於所述認為有不可靠處加以（？）。下同）

浣園 静海邑西。明静海邊維新有"飲邑西浣園閑蝶"詩，高

甬儆有"雨后游浣园"诗，清高得睿有"忆浣园梅花"诗（见津门诗钞）。文中子墓「长芦志」云在静海县河西南旧东城县之崇德乡。

×杜林将军墓青邑南。（现杜林镇，俗称杜林木，木系墓之讹）清青县人刘天叙有"杜林将军墓"诗（见津门诗钞），诗谓"家国同销之纪，载阙传素"云云，係不知杜林为何时人（墓在镇西北里许，相传墓地即陣亡处 1960.8.5 補注 ）。

杜林将军战事不见记载，或以为南宋，或以为明末，或以为应是宋南渡金占河北时，中三说似之

蔺军台 明末操驻军处。在静海城东（现津浦路、马厂减河及独流减河之间三角地带。属唐官屯人民公社。）

2. 静海旧日赶集地点日期：

本城（四九），中旺（三八），唐官屯（四九），束子牙（四九），瓦子头（二七），独流（三八）。

〃 庙会地点日期：

本城五月廿七日，唐官屯四月廿八日，中旺四月初八日，独流四月廿八日。

（以上赶集、庙会是由来久矣的人类社会动态，此风直沿至1937——民国二十六年。）

青县旧日赶集地点日期：

本城（二五、七十），兴济（一六），杜林木—杜林镇，按现河北省国划归沧县，误刊杜林（二七），新集—辛集（四九），流河镇（三八）。

〃 庙会地点日期：

本城九月十五日，盘古（盘古墓所在地？）九月初九日，杜林木十月初一日，八郎堂（三月十八日），兴济九月初一日。

大城旧日赶集地点日期：

本城（三九），王口镇（二七），白杨桥—白洋桥划归任邱（一六），六里埋（四九），广安—大广安（二六），姚马渡（五十）。

〃 庙会地点日期：

本城九月十五日，賈村—划归任邱四月二十三日。

3. 静海（青县、大城）1900前的人民生活大致情形：

静 食料：主要小米、棒子， 补助秫米。

衣服：〃 洋布， 〃 水线布。

住房：〃 灰房、瓦房， 〃 草房。

燃料：主要柴，　补助烟煤。
嗜好品：烧酒、烟叶、纸烟。

青　食料：主要小米、棒子，　补助秫米。
衣服：〃洋布，　〃水线布。
住房：〃草房，　〃灰房、瓦房。
燃料：〃柴，　〃烟煤。
嗜好品：烧酒、烟叶、纸烟。

大　食料：主要小米、秫米、棒子，　补助白面。
衣服：〃洋布，　〃土布。
住房：〃土房、瓦房，　〃—。
燃料：〃柴，　〃煤。
嗜好品：烟叶、纸烟。

4. 静海（青县大城）1900前后主要生产品（能外销—县外、省外。下同）：

静：青麻（各村），醋、酒、蒲织品—席、包、扇等，苇席（独流及周近各村）。

青：草帽辫草帽（本城兴济），线辫（各村），杂粮—棒子高粱豆类谷子（境内）。

大：大布—土布（各乡），苇席（东滩），酒（南赵扶、姚马渡、王香屯等处），水产品—鲤鲫（县东北洼泊）。

按：静海北通武清安次，东北及东界天津，南连青、沧，西接霸县大城。地居南运河流域，又为旧日津、德（州）水陆通衢，交通便利，商业兴盛。人民生活受天津影响很大（富者安、劳者苦）。大镇为独流。名产之酒醋，就独流一镇，有烧锅十五处，制醋者有十三家，销路之广，远及南省。青县在静海南，西接大城、河间、献县，南、东西两邻沧县。地势平坦，宜于农作。东临南运河，交通便利。人民生活情形同于静海。草帽辫为生产大宗。大镇为兴济，兴济濒南运河，为杂粮、草帽辫、苇席等之著名集散地。当日未設郵局之時，沿南运河一帶之草帽辮子莊，多兼理由天津沿运河往臨清甚至投寄山東、河南各沿河流地区往来信物，收費津錢十文（制錢五）上下，甚稱方便。 大城在静青西，西接文安、任邱，西南通河間，北連霸縣。東從中亭河延緣北境；子牙河、里龍港流經縣南，地脈肥沃，交通便利。惟城東北時患東淀水患。农产甚豐，人民（地主）稱富。名产為燒酒，味極醇厚。大鎮為王口鎮，商業繁盛，有當商、錢舖之類；又為木廠、葦席之集散地。大城為京近平原地区，屬順天府，由金、元以降，供应大封建主為閹寺（俗稱老公）者多，所以風俗、習慣一般較静青為奢靡。黑者多由此進得到發隆，（旧日文安霸縣以至武清一帶頗因此習）。

二、滄縣（滄州市）

滄縣漢渤海郡浮陽縣，後魏置滄州，隋初名棣州，唐為景城郡，清仍滄州名，属直隸天津府。民國後改滄縣。

（設立滄州市 一九六一、八月一日起 九月十六日公布）

1. 山川古蹟：

"清風樓 滄州"

"燕留城 滄州東。「史記燕世家」：莊二十七年，山戎來侵，齊桓公救燕遂北伐山戎而還，燕君送桓公出境，桓公因割燕君所至地與燕。「括地志」：燕留故城在長蘆縣東北十七里，即齊桓公所與地。"（長蘆，地名，北周置縣，在滄縣西北）

"盟亭 滄州南。「輿地紀要」：古燕齊分界處，二國嘗結盟於此，因名"。（以上類腋輯覽）

滄州旧城 在縣城東南，四十五里。有鉄獅，面東向。李唐前渤海巨鎮。（民國元年村人穴地得旧城石磚，鐫有永和二年重修款識。）

2. 滄縣旧日趕集地點日期：

風化店（一六），旧州（三八），王官屯（五十），七里店—七里淀（四九），王寺（三八），小集（二七），新縣—划归盐山（五十），孟村—划归盐山（四九），石斯河（三八），捷地（二七），李村—划归黄驊（二七），同居鎮—划归黄驊

（三八）。

〃 廟会地點日期：

本城四月初八日、四月二十八日、九月二十五日，北關三月十五日，旧州四月初四日，王官屯四月十五日，孟村—划归盐山四月十八日，新縣四月二十八日，王氏—王寺划归交河四月初六日，馬落坡三月初三日，李天木三月十五日。

3. 滄縣（滄州市）1900前後人民生活大致情形：

食料：主要 白粳米，　補助 小米。

衣服：〃 洋布，　〃 水綫布。

住房：〃 灰房、瓦房，　〃 草房。

燃料：〃 柴，　〃 烟煤。

嗜好品：燒酒、烟葉、紙烟。

4. 滄縣（滄州市）1900前後主要生产品：

生牛皮（城關、境内），冬菜（城内各菜園），草帽、草帽辮（城關以外各村），盐（嚴鎮場，縣東北沿海之大浪淀、母豬港、大灘窪）（現划入黄驊），海产（歧口）（現划归黄驊），蝦油蝦醬（歧口）（現划入黄驊）。

按：滄縣北接青縣、静海、天津，西與獻縣、交河為鄰，南通南皮，東界盐山，東北臨渤海。地脈除南运河部分可耘农作外，餘多磽瘠之区。過去（明清時代）諺"滄為難治之州，盐（山）為難治之縣"。地方不靖，首屈一指。实則官民對立，不能融洽，械斗事由来已久。其詳案例，可参照黄驊。大榆為城東北二十餘里之馬落坡，旧製馬鞍式大草帽，稱"馬落坡草帽"，明清以来，為夏日旅途乘馬最佳之遮陽物事。本縣名产冬菜分葷素兩種，年产甚多，銷路遠及廣東、香港。境内織土布者（為一種寬面布）有二百餘處，所織甚好，惟尚不足自給。縣屬回民甚多，在1900以後，城關界内有屠牛作坊二十餘處。

三、盐山(庆云)

盐山周時名無棣，漢為高城縣，隋置浮水縣，尋改盐山，唐置東盐州。清仍盐山名，屬直隸天津府。

庆云周時名無棣，漢為陽信縣，隋析置無棣縣，明改庆云，清因之，屬直隸天津府。

庆云設縣 一九六一 八月一日 九月十六日公布

1.山川古蹟：

"盐山，一名峽山。「隋地理志」：盐山有盐山、峽山。"(?)

"無棣河「隋書地理志」：清池縣西南有無棣河。"

"老烏山 在庆云縣。「寰宇記」：無棣縣有老烏山。「縣志」：起縣治東南，由學宮跨文運井，左緣城址，蜿蜒一里餘，至於南津北岸。"

"馬谷山「輿地紀要」：庆云縣東北七十里，明月沽東，俗謂之大山。"(?)

"平津鄉 盐山。「公孫弘傳」：以高城之平津鄉戶六百五十封弘為平津侯。"

"千童城 盐山東北。「輿地志」：秦始皇遣徐福發童男女千人入海求仙，築城僑居童男女，故名。"(?)(以上類腋輯覽)

古黄河口 在盐山與山東濱海交界處。

高城 縣城北，今旧城鎮。

2.盐山(庆云)旧日趕集地點日期：

本城(逢單日，即一三五七九)，高灣(二七)，羊二莊—刘归黄驿(三八)，舊縣(三八)，望樹街—望樹鎮(二七)，韓村—刘归黄驿為黄驿縣委会所在地，(三八)。

〃　廟会地點日期：

本城六月二十四日、十月初一日，羊二莊七月初四日、十一月十一日，舊城—旧高城刘归黄驿三月十五日，孟家店—孟店四月十八日，望樹街四月二十五日。

庆云旧日趕集地點日期：

本城(一六、三八及每月十五日)，嚴家務(二七)，板达营—板营

（五十），尚家堂（二七），黑牛王（四九）。

〃 廟会地點日期：

城內四月十五日，板达营四月初八日、十月二十日，尚家堂六月二十四日。

3. 盐山（庆云）1900前後人民生活大致情形：

盐 食料：主要 小米、棒子， 補助 白秫米。
衣服：〃 土布， 〃 洋布。
住房：〃 草平房（泥坯房）， 〃 灰平房、瓦平房。
燃料：〃 柴， 〃 煤。
嗜好品：燒酒、烟葉、纸烟。

庆 食料：主要 小米、棒子， 補助 秫米。
衣服：〃 土布， 〃 洋布。
住房：〃 草平房（泥坯房）， 〃 灰平房、瓦平房。
燃料：〃 柴， 〃 煤。
嗜好品：燒酒、烟葉、纸烟。

4. 盐山（庆云）1900前後主要生产品：

盐 大布（土布，南鄉及旧县各村），枣（南境），鸭梨（极南境），羊毛（東南境），盐（海豐鎮划归黄骅），虾油虾酱（十八铺划归黄骅），海产（十八铺）。

庆 大布（土布，城南各村），枣（撒家店、三宅家、王家集一带林王家、尚家堂等處）。

按：盐山西通南皮，西北靠沧县，南接庆云，南東與山東交界，東北臨渤海。地質瘠薄，农业極不發达。沿海十八铺（今隸黄骅），春秋两季，渔捞事业旺盛，海产甚多。县中回民（孟村一带）多養羊，产羊毛，由山東樂陵小行販收買运銷青島。盐产亦豐，但由官賣（私販者處極刑—斬）；漁业由商包捐包办，於是沿海渔民在商家極端剝削之下，生活非常穷苦，民風盛起於豪猾，此級仇恨至深（詳論县革）。大鎮為旧城、羊二莊。庆雲北連鹽山，東、南、西三面與山東交界。土脈同於鹽山，無多农产。惟田北部山東樂陵，家家栽棗（每家都有成株），是以棗的生产，為县大宗，銷路远达江浙。

四、吳桥（景县、故城）

吳桥 隋将陵县地，五代周置保順軍，金置吳桥县，清属直隸省河間府。

景县 晉地，名條，漢為脩、廣川、觀津三县地，隋改脩為蓨（蓨县），唐置觀州，後改景州，宋為永静軍，元仍置景州，清因之，属直隸河間府，民國後改景县。

故城 漢晉县地，晉為東武城，隋分武城置歷亭县，唐置故城县，宋改名恩州，元仍故城县，清因之，属直隸河間府。

人、山川古蹟：

“吳川 吳桥南门外，古黄河堤”

“鳴犢河 景州西南。「漢書地理志」：靈县河水别出為鳴犢河，東北至修，入屯氏。”

“張甲河 在故城及景州界。「漢書地理志」：信城县張甲河，首受屯氏别河，東北至修，入漳水。”

“廣川臺 景州東，上有傑閣，旧為官僚游憩之所，元脩尹（景州尹）呂思誠移董子祠於此，因名。”（董仲舒，廣川人）。

“董家里 景州西南廣川鎮，即仲舒下帷读書處，一名董學村。”

~~△“細柳營 景州。「周勃傳」：文帝擇勃子賢者，皆推亞夫，迺封為條侯。後匈奴入邊，以亞夫為将軍，軍細柳。”(?)（以上類腋輯覽）~~

開福寺浮圖 俗稱景州塔，高凡十一級，在城之西北隅，五十

~~△細柳，據漢文帝紀應在陝西。類腋誤。郁注~~

里外可以望见。

2、吴桥（景县、故城）旧日赶集地点日期：

本城（一六），濮店铺（三八），连窝店—窝店（五十），安陵驿（三八），连镇—划入交河（二七）。

〃 庙会地点日期：

本城三月十三日、九月十六日，连镇五月十三日，余家集—于集四月二十八日，孙公庙三月十三日。

景县旧日赶集地点日期：

城内（二四、七九），安陵—即吴桥安陵，因在两县交界处（三八），留智庙（三八），龙华镇（五十），孙镇—孙家镇（五十）。

〃 庙会地点日期：

留智庙四月初八日至二十三日。

故城旧日赶集地点日期：

本城（一五九），西南关（三七），郑家口（逢双日，即二四六八十），二朗（郎？）闸（二七）。

〃 庙会地点日期：

本城六月二十日、十月二十日，东关三月二十八日，西关二月初二日，郑家口二月初十日。

3.吴桥（景县、故城）1900前后人民生活大致情形：

吴 食料：主要 小米、棒子， 补助 白秫米。
衣服：〃 土布， 〃 洋布。
住房：〃 草平房， 〃 灰平房、瓦平房。
燃料：〃 柴， 〃 烟煤。
嗜好品：烧酒、烟叶、纸烟。

景 食料：主要 小米、棒子， 补助 红秫米。
衣服：〃 土布， 〃 洋布。

住房：〃 草平房， 〃 灰平房、瓦平房。

燃料：〃 柴， 〃 烟煤。

嗜好品：烧酒、烟葉、纸烟。

4 吴桥（景县、故城）1900前后主要生产品：

吴：大红枣（各村），棉—短绒棉半製品"片花"（各村），大布—土布（東南各村）。

景：大布—土布（西南鄉、龍華鎮左近）。

故：红白薯（各村），棉（各村），青麻（境内），挂麵（城内外各村），花生（西北境）。

景縣設縣 故城設縣 一九六二、八月一日 九月十二日公布

按：吴桥南、西為山東省界，西北通景县，北連東光，東毗宁津。地味膏腴，風俗開通。物产棉最多，工业較發展，全县軋棉机有一百五十餘架（購自天津日商田村洋行），自軋自製成為"片花"，織染工业亦有可观。清末民初時，曾办本县物产展览会（民二時為第三次），奖励生产，頗有成效。大镇为連镇。

景县在吴桥之西，西界武邑、棗強，北通阜城、東光，南接故城。在津浦路未修之先，景县為由都赴山東德州之大路，当時行旅往来，多食宿於此，实為衝要之区。地味不薄，而农产不豐。因人多習商，钱来較易。風俗趋於浮華。景县大镇为龍華、劉智廟。故城在景县南，西接棗強，南東兩面與山東交界。地質多沙，故除花生、红白薯生产為县大宗。著名产品為挂麵，全境製挂麵者三十餘處。品種分鳳尾、龍鬚、蛋清三種，蛋清最好。大部分銷售县外。外县商家且有来县定製。人民風尚勞动朴实，近於山東。大镇为鄭家口。

五、交河（泊头市阜城、東光、南皮）

交河漯中水县地（一曰建成县），金置交河县，清因之屬直隸河間府。

阜城 漢置，後改昌城，唐更曰漢阜，清仍阜城，属直隸河間府。
東光 漢置，清属直隸河間府。
南皮 秦置，清属直隸天津府。

1. 山川古蹟：

"天胎山 東光南，又名天臺。"(?)

"胡蘆河 阜城西北，即衡、漳下游，又名劉麟河。"(阜城北劉麟橋處)

"魯陽山 在東光縣，為縣巨觀。"(?)

"九河故道「通志」：在南皮，渠迹尚存。徒駭在西北，太史在古皮城南，馬頰在城南，覆鬴在東南，胡蘇在西城下，簡潔(絜)在城西，鉤盤在西北，鬲津在東南，其一則河(九河)之經流也。"(?)

"寒水井「寰宇記」：南皮縣西一里。魏文帝(曹丕)與吳質書云：『憶昔南皮之遊，馳騁北場，旅食南館，浮甘瓜於清泉，沉朱李於寒水』即此井也。"

"簡子城「九城志」：永靜軍境有東城。『圖經云：昔趙簡子築，今名簡城』「明统志」：在阜城縣東南三十里。"

"胡蘇臺「漢地理志」：東光有胡蘇亭"

"竇氏青山 東光西北「水經注」：即漢文帝(劉恒)竇后父少翁冢也。遭秦之乱，漁釣隱身，墜淵而死。景帝(劉啓)立，后遣使填以葬父，起大墳於觀津城東南，故民號曰青山。"(以上類腋輯覽)

成平故城「爾雅」郝疏：今河間府交河縣東，有漢成平故城。

*東光故城「爾雅」郝疏：今河間府東光縣有漢東光故城。

2. 交河(泊頭市阜城東光、南皮)旧日趕集地點日期：
城内(三八)，泊頭鎮—泊頭市(五十)，富莊驛(五十)，郝村(一六)，高川—高川汎划归滄縣(二七)。
" 廟会地點日期：
本城東関三月十五日，文家廟村—文廟三月十五日。
阜城旧日趕集地點日期：
本城(一四、七九)，古城鎮(三八)，漫河(五十)，劉麟桥(三八)，建桥(一六)。

* 漢雋不疑墓 南皮城外東隅。青縣劉天義南皮咏古有雋不疑墓詩。~~1960.8.5老年補~~
燕友臺 遺址在南皮城内即曹丕燕友處。

〃 庙会地點日期：
本城東関自八月初七日到九月初九日，建桥十月初九日。
東光旧日集地點日期：
本城（三八、四関輪流），燈明寺（一六），秦村（二七），于家集（五十），
王家集—王集（四九），土山（二七），南霞口（二七）。
〃 庙会地點日期：
本城五月二十五日、十一月下旬，崔家桥—崔家庙二月下旬，秦河九月中旬，
王家集四月二十八日，燈明寺十月中旬。
南皮旧日趕集地點日期：
本城（三六九），董村（五十），砥桥镇（四九），半壁店（五十）。
〃 庙会地點日期：
本城六月中旬、十一月中旬，董村十月中旬，砥桥十一月中旬，半壁店九月中旬，黑龍村二月中旬，青草窪三月二十四日。
3.交河（泊頭市、阜城、東光、南皮）1900前後人民生活大致情形：
交 食料：主要 棒子， 補助 小米。
衣服：〃 土布， 〃 洋布。
住房：〃 草平房， 〃 灰平房、瓦平房。
燃料：〃 柴， 〃 烟煤。
嗜好品：烧酒、烟葉、纸烟。
阜 食料：主要 小米棒子， 補助 秫米。
衣服：〃 土布， 〃 洋布。
住房：〃 草平房， 〃 灰平房、瓦平房。
燃料：〃 柴， 〃 烟煤。
嗜好品：烧酒、烟葉、纸烟。
東 食料：主要 小米棒子， 補助 白秫米。
衣服：〃 土布， 〃 洋布。
住房：〃 草平房， 〃 灰房、瓦房。
燃料：〃 柴， 〃 烟煤。
嗜好品：烧酒、烟葉、纸烟。
南 食料：主要 小米棒子， 補助 白秫米。
衣服：〃 土布， 〃 洋布。

住房：〃 草平房，　〃 灰房，瓦房。
燃料：〃 柴，　〃 烟煤。
嗜好品：烧酒、烟叶、纸烟。

4.交河（泊頭市、阜城、東光、南皮）1900前后主要生产品：

交：小麦—秋麦（各鄉），梨（各鄉，東北境特多），平果棗（泊頭），棉綫帶（各村），染纸—五色纸（泊頭）。

阜：綫織品—棉綫帶、腿帶、被面等（各鄉），棉頭繩—頭綢、二綢、三綢、四綢等（各鄉）。

東：棉（各鄉，秦村、燈明寺特多），大布—土布（東南鄉），綫織品—花被面、兰白綫被面，腿帶等（各鄉），豆油（各鎮），鐮刀（磚门村）。

南：梨（西北境），棉（境内，城東南特多）。

按：交河北界獻縣，西通武強、武邑，南接阜城、東光，東鄰南皮、滄縣。地處南运河西岸，地味肥厚，交通便利，為小麦豐产之区。人民生活，自以秋麦耘、收為根本之計；織帶之业副之，男耕女織，大部分能家給人足。泊头為縣大鎮，為縣产果品集散地。鎮产平果棗，頗以鬆脆、甜著名，惟所产不多。阜城为交河南鄰小縣，西界武邑，南依景縣，東通東光。地境人工，同於交河。棉織事业比交河為盛。縣中各村，女童八九岁即習織帶，其地風俗，女子未嫁前必習織各種綫帶，否則甚以為耻。故綿織业为生产大宗。大鎮為建桥、古城。東光在阜城之東，西北通交河，南鄰景縣、吴桥，東及東北為南皮環繞。地處南运河流域，产棉最多，織帶事业同於阜城。城内南北二街較為繁盛，因当津浦車站，有商店多家、煤棧数家。豆油作坊全縣二十餘處，油銷天津。大鎮為燈明寺、秦村。南皮在交河、東光之東，南通寧津，東鄰塩山，東北界滄縣。地当南运河流域，又为古九河经由之區，全縣之地，盡屬膏腴，棉业生产旺盛，果樹培植亦多，特以梨（洋梨）为最。人民勤於所业，風尚較为樸厚。大鎮为石氏桥、半壁店。至於九河名稱故址，據「南雅」、「禹貢水注」及他書所引證之近世地圖，謹述於此。(1)徒駭，今在山東霑化。上流在禹城西南。(2)太史，「導河書」：在德州安德縣東南，經滄州臨津縣西。「明一统志」：在南皮縣北。？(3)馬頰，今在山東無

南皮設縣、東光設縣 一九六一 八月一日 九月十六日公布（以交河部分行政區域划分）

棣西北，上游由德州市南，東行经德平、樂陵。(4)覆鬴，「導河書」：覆鬴在永静軍阜城縣東，经東光縣西北。(5)胡蘇，「漢志」：渤海郡東光有胡蘇亭。？(6)簡，「史记正義」：简在貝州歷亭縣界。？(7)絜，「輿地廣记」：简絜在臨津。「金史地理志」：南皮縣有潔河。？(8)鉤盤，「元和志」：棣州陽信縣鉤般(盤)河，经縣北四十里。「後漢書袁紹傳」注：其枯河(鉤盤)在今樂陵縣東南……今名枯槃河。(9)鬲津，「元和志」：德州安德縣鬲津枯河在縣南七十里；平昌縣鬲津枯河，南去縣二十里。(实際，九河今確知者祗徒駭、馬頰二河。)

六 河間(肃宁)

河間春秋時為晋東陽地，戰國時為燕、趙、齊三國境，秦属鉅鹿、上谷二郡地，漢置河間國，東漢併入信都，後魏於樂成縣立瀛州，後置河間郡，宋為河間府瀛海軍，元為路，明復為府，清因之，領一州(景州)十縣(河间、献县、阜城、肃宁、任邱、交河、宁津、吴桥、故城、東光)，民國後廢府存縣。

肃宁河间地，宋置平虜寨，又改肃宁城，金升為縣，清因之，属直隶河间府。

1、山川古蹟：

"日華宮 府城。漢河间献王德所築，置客館二十餘區，以延文學士。"

"瀛海樓 府西南。"

"瀛臺 府東南。"(類腋輯覽)

2、河間(肃宁)旧日趕集地點日期：

本城十字街(每日清晨)、西门裏鐵獅子廟(三六九)、二十里铺(五十)、興村(二七)、米各莊(三八)、刘各莊(四九)、東城鎮(一六)、景和一景河(四九)、卧佛堂(五十)。

〃 廟会地點日期：

本城五月二十八日，二十里铺二月初三日、九月初九日，米各莊十一月初五日，東城九月初九日，卧佛堂十月初五日，刘各莊四月十八日。

肃宁旧日趕集地點日期：

城内衙门口(每月初二日)、西门内大街(每月二十二日)、東関大街(每月初九日、二十四日、二十九日)、東関南街(每月初九日、十七日)、西関北街

（每月初四日、十二日、十四日），西家街（每月十九日）。

〃　庙会地点日期：

本城西関三月初八日、九月初二日。

3.河间（肃宁）1900前后人民生活大致情形：

河　食料：主要　小米、棒子，　　补助　秫米。

衣服：〃　洋布，　　〃　土布

住房：〃　草平房，　　〃　灰平房、瓦平房。

燃料：〃　柴，　　〃　烟煤。

嗜好品：烧酒、烟叶、纸烟。

肃　食料：主要　小米，　　补助　秫米。

衣服：〃　土布，　　〃　水线布。

住房：〃　草平房，　　〃　灰平房、瓦平房。

燃料：〃　柴，　　〃　烟煤。

嗜好品：烧酒、烟叶、纸烟。

4.河間（肃宁）1900前后主要生产品：

河：小麦（境内），花生（各村），大布—土布（城、镇、各村），洋线布（城镇各村），草纸（城西各村），毛头纸（城西各村）。

肃：梨（县南各村镇），花生（各村），爱國布（城内喆記布厰）。

按：河間北界任邱、高陽，西連肃宁，南鄰献縣，東與青县、大城相接。地勢平衍，土質多沙。民间多種花生、棉花，当時得鄰縣高陽影響，纺织业略見發展。又仿鄚州廟会情形，於城内居民稠密、商賈輻輳之地，由清末宣统年间新立一廟会，由旧四月初一日起，為廟会集市，当時因係新設，不如鄚州。肃宁為河間西鄰小县，北通高陽，西接蠡县，南與饶陽、献縣相接。地質、民情、物产同於河间。纺织业在当时正在開端，織户皆在城西各村；城内喆记生产之爱國布，除銷当地外，鄰县亦頗有定織者。

七、寶坻

寶坻，漢泉州縣地，金置寶坻縣，尋升為盈州，清仍寶坻，屬直隸順天府。

1.山川古迹：

蓟运河 县北。

鲍邱河 城西。

2.宝坻旧日赶集地点日期：

本城（一三五七九），新集镇—辛集镇划入蓟县（一四六九），大口屯—大口屯镇（一六），林亭—林亭口、林亭镇（二七），新安镇（一六）。

〃 庙会地点日期：

——

3.宝坻1900前后人民生活大致情形：

食料：主要 小米、秫米， 补助 白面。

衣服： 〃 土布、洋布， 〃 —

住房： 〃 土房、瓦房， 〃 —

燃料： 〃 柴， 〃 煤。

嗜好品：烟叶、纸烟。

4.宝坻1900前后主要生产品：

桑（农事试验场及人民自种甚多），柳条器（林亭、新安），大布—土布（洋线织。各乡），爱国布（城内），棉纱（新集镇），羊毛毡、绒毡—骆驼、牛绒（城西邵家铺、广林木村），烧酒（城内），苇席（八门城）

按：宝坻北连三河、蓟县，西邻香河、武清，南通宁河，东毗玉田。旧为蓟运（北）、鲍邱（西）、青龙湾（南）、箭竿（西南）诸河流环绕，地势洼下，常有水患。但土壤肥沃，交通便利，在清末时农、工、商业（尤其是新安镇之布店、纺纱厂、铁厂等）皆有可观。故当地有"金宝坻"之称，而"金宝坻"之实利，并不在一般劳动人民手里。河流名产，有：银鱼、紫蟹、金翅鲤等，前二种在前明时曾充贡品（当地绅耆自诩）。清末民初宝坻劳动人民来天津谋生者，多业剃头，在当时几占天津本行业十分之六七。大鎮為新集鎮。

八、武清（安次）

武清漢雍奴縣，唐改名武清，清因之，屬直隸順天府。

安次漢安次縣，元升為東安州，明改為東安縣，清因之，屬直隸順天府，民國改安次縣。

安次設縣 一九六一、八月一日起 九月十六日公布

1、山川古蹟：

“固安河即易水，東過安次縣界”。

“雍奴水武清南，今名三角淀”。（類聊夜錄覽）

安次故城今縣城西北，即元東安州旧城。

2、武清（安次）旧日趕集地點日期：

本城（一三六八），河西務（二六七九），楊村（五十），南蔡村（二四、七九），

王庆坨（一六、三八），崔黄口（二四、七九）。

〃 廟会地點日期：

——

安次旧日趕集地點日期：

本城（五十），廊坊（三八、五十），楊稅務（二七），萬漁城（五十）。

〃 廟会地點日期：

本城十月十一日。

3、武清（安次）1900前后人民生活大致情形：

武 食料：主要 棒子、秫米、小米， 補助 白麵。

衣服：〃 土布、洋布， 〃 —

住房：〃 土房、瓦房， 〃 —

燃料：〃 柴， 〃 煤。

嗜好品：烟葉、紙烟。

安 食料：主要 棒子、秫米、小米， 補助 白麵。

衣服：〃 土布、洋布， 〃 —

住房：〃 土房、瓦房， 〃 —

燃料：〃 柴 〃 煤。

嗜好品：烟葉、紙烟。

4.武清(安次)1900前后主要生产品：

武：棒子、高粱、小麥、(全境)，黄豆(全境)，韭(河西務)，花生(西鄉)，燒酒(各鎮)，茯苓糕(楊村)。

安：梨(西鄉)，杏(西鄉)，山楂(西鄉、南務村)，桃(西鄉)，草帽辮(各鄉)。

按：武清北界通縣、香河，西接安次，東鄰寶坻，南接天津。地勢窪下，北運河、永定河、龍河、鳳河縱橫綿延於其境內，故時有水患，而永定河、鳳河為害尤甚。清末民初時，幾無一年不被水災。雖近處京津，交通便利，在当時於民生(勞动者方面)無所補益。豐收之時，棒子、高粱(秫米)、小麥較為大宗，亦僅近銷京津。洋廣雜貨由津輸入，尤以洋布、洋火(火柴)、洋油(煤油)為最多。一般人民因窮境艱苦，多求食於外。較著名之高粱酒(全縣二十餘家)及楊村名産茯苓糕(俗名楊村糕乾)皆操之資产阶级、地主之手。又如河西務村著名食品之"油粉豆腐"味甚佳美，而当時製造者僅有兩家，製造方法，秘不傳人，不能發展。大鎮為楊村、王慶坨、崔黄口。安次在武清之西，北界大興，西連永清，南鄰霸縣。永定河蜿蜒境內，時遭水患，災况有時甚於武清。因而全縣土質，皆屬沙性，生产甚少，豐收之年亦不能自給。西部各村雖产果類，亦僅銷於鄰縣。民元大水，果樹淹死十分之八(大部分為桃)，人民窮苦情形，可以想見。安次教民甚多，在過去為京南耶穌教發展重點之一(安次外為通州、三河)。安次所屬村莊皆甚小，率多十數家、五六家，四五十家者不多。僅城西北南務村當鮮果上市時設果類大市。京津東省客商来購，熱鬧一時。

九、黄驊

黄驊為由旧滄縣東北部、旧鹽山北部及旧天津東南上沽林周近沿海地区划出之新縣。縣人民委員会所在地為韓村。

1.山川古蹟：

南减河滄縣城近南运河支流東北行，经吕家桥，東入高家泡。

石碑河為宣惠河東北蔡家窪下游，又北東行径韓村鎮北入母猪港（以上二水皆由歧口入渤海）。

搬倒井韓村鎮東。

2、黄骅境内旧日趕集地点日期：

李村（二七），同居（三八），羊二莊（三八），韓村（三八）。

〃　旧日廟会地点日期：

舊城—舊高城三月十五日。

3、黄骅境内1900前后人民生活情形：

食料：主要　秫米，　補助　小米。

衣服：〃　水线布，　〃　土布。

住房：〃　灰房草房，　〃　瓦房。

燃料：〃　柴，　〃　—

嗜好品：烧酒、烟葉。

4、黄骅境内1900前后主要生产品：

海产—鲜鹹魚蝦蟹等（歧口、十八鋪），盐（韓村東南海豐鋪，歧口左近母猪港、大溝窪），蝦油蝦醬（歧口、十八鋪）。

按：黄骅轄地，旧稱"苦海沿邊"，人民生活極端清苦。沿海各村大多數以"治海田"（捕捞海产）為业。清末民初在旧封建势力下，对漁捐一項，歷来是官督商办，地方豪强，交接官府，抽簽奉差，剝削漁民。在沿海設立捐局（此种办法，由来已久。后又变本加厲，把持海田，立有所謂漁业公司—如淑興漁业公司等），門外立黑紅棍，"懸虎頭牌"四面，上書"捐局重地、禁止偷漏，如敢故違、定行究懲"。作威作福，不可嚮邇。对於捐項，又巧立名目，有：船捐、旗捐（由局发有小红旗，插治漁船上，如不領旗，便算私偷，一被查出，滿船捞獲全数没收，外尚罰款、入魚捐（按所捞数目）、秤捐等等，另外尚有種種勒索，致使漁民，勞力多而实得少，無法生活，群起暴动，搗毁捐局的事，是数見不鮮的。官府無法處理，每每掩耳盗鈴，寵任包捐者自行商辦，官不因此而丢，商不因此而罷，上下勾结，出人說合，至終所謂"人爭一口氣，佛受一炷香"圓圓面子，而不"栽角力斗（根头）"便算了结，到頭还是漁民忍气無處申訴。此種沿海居民與資产阶级、地主之阶级斗争的事实，向無記載。因漁民多不識字，而稍能"拿筆管"者，多係與漁民对立的人，不是官府爪牙，便是地方蟊蠹。我们可由京劇之"打漁殺家"知其一二。旧滄縣之歧口，旧鹽山十八鋪現皆歸黄驊，旧為"治海田"之出發地，歧口尤為重要。十八鋪在歧口南，名稱是：狼坨子、馮家鋪、楊家鋪、徐家灘子、大辛堡（鋪，下同）、小辛堡、陳家堡、季家堡、范家堡、劉家鋪、賈家鋪、李家堡、趙家堡、沈家堡、前唐堡、後唐堡、閻家堡、張巨河莊。（此皆漁民初来治魚之寄居地，年久成村。又旧諺："辛三木，呂家橋，雁過亦得拔一毛"是說兩村為盗者多殺人一奸商越貨一剥削的錢，不能服，实則由此正反映出此處長期的阶级仇恨、阶级斗争。）

十、任邱（大城、文安）

文安設縣 一九六八、八月一日 九月十六日公布

任邱漢鄚縣地，因遺任邱城於此，始置任邱。唐分鄚置任邱縣，明、清因之，清屬直隸河间府。

大城詳靜海。

文安漢置。清屬直隸順天府。

1、山川古蹟：

"桂巖 任邱西北，多桂樹，為邑勝概"。（？）

"蓮花泊 任邱南，蓮舟漁唱交雜柳陰，為邑勝地"。（？）

"掘鯉淀 任邱北。『寰宇記』：鄚縣西二十里，俗名掘鯉淀。『左思魏都賦』：掘鯉之淀，蓋節之淵"。（魏都賦李善注：掘鯉淀在河間莫縣之西，淀者如淵而淺也。所指即今白洋淀，在縣西北）

"閻邱臺 任邱北。『寰宇記』：在鄚縣南。『漢書』：閻邱壽王，高陽人也。耆老傳此臺是讀書處"。

"藺相如冢「寰宇記」：在鄚州。"
"子貢陂「九域志」：在任邱。漢王遵字子貢，為東郡守，退居此陂，故名。"
"扁鵲宅「記纂淵海」：在鄚州東門外，有藥王祖業詒，又有廟在長桑君廟西。"
"趙北口「一統志」：任邱北五十里，白洋諸淀之水，皆由此東流，有堤長七里"。
（以上皆類腋輯覽）
×任將軍墓 任邱為漢平帝時中郎將，元始二年築城，遂以名城。城西里許有任將軍墓。
漳河旧蹟 鄚城東。
鄚州城址 鄚城北，土壁矗立（俗諺："鄚州城，一塊土。過了任邱河間府"）。
千里堤 鄚城西北。
古界坊 在趙北口北端，與雄縣分界處。坊上鐫"燕南趙北"四字，為明嚴嵩書。坊近有石碣書"雄鄚南界"。
東淀 在文安縣勝芳鎮西，俗稱西大泊。稱東淀係对白洋淀一名西淀而言。
十二連橋 在趙北口。俗稱"趙北口十二連橋"，白洋諸淀之水由桥下住流而東。桥名：（1）[illegible]陽（2）航洪、（3）普濟（4）廣惠、（5）通濟（6）景蘇、（7）迎暄、（8）延爽、（9）拱極、（10）太平、（11）来薰、（12）？（桥名係郁1913旅徑趙北口所記）

2、任邱（大城、文安）旧日趕集地點日期：
本城（逢單日），常豐-長豐（三八），大尚屯（一四七），梁召鎮（一六），呂公堡（四七），議論堡（四八），北罕（一六），石門橋（三八），青塔（二五八），鄚州（二五八）。
〃 廟会地點日期：
梁召鎮廟九月二十七日，鄚州廟四月初一日至三十日，辛中驛十一月初一日。
大城 詳靜海。
文安旧日趕集地點日期：
本城（二四六八十），勝芳-划归霸縣（一三五七九）
〃 廟会地點日期：
——

3. 任邱（大城、文安）1900前后人民生活大致情形：

任 食料：主要 小米， 補助 棒子。
衣服：〃 土布， 〃 洋布。
住房：〃 草平房， 〃 灰平房、瓦平房。
燃料：〃 柴， 〃 烟煤。
嗜好品：燒酒、烟葉、紙烟。

大 詳静海。

文 食料：主要 棒子、秫米、小米， 補助 白麵。
衣服：〃 土布、洋布， 〃 —
住房：〃 土房、瓦房， 〃 —
燃料：〃 柴， 〃 煤。
嗜好品：烟葉、紙烟。

4. 任邱（大城、文安）1900前后主要生产品：

任：秫米—高粱（境内），蘆葦、蒲（西北鄉），大布—土布（縣東北各村），淡水水产—魚、蝦、螃等（縣北淀泊）。

大：詳静海。

文：小麥（全境），藕、藕粉（勝芳），芡米（名产，不多外銷。勝芳），蘆葦、蒲（勝芳），鹽席（鹽場所用。勝芳），淡水水産—鯉、蟹等名产（東淀、勝芳），甲魚（勝芳），松花—京松花、水松花（勝芳）。

按：任邱北通雄縣，西界安新、高陽，南鄰河間，東連大城。地勢平衍，土質多紅粘土，宜於穀類。西北淀泊又多水产。人民生計一切較優於他縣。縣屬大鎮有九：鄭州、青塔、大尚屯、常豐、梁召、吕公堡、北罕、議論堡、石門橋，皆為縣之各鄉貿易之樞紐。鄭州年有廟会，非常熱鬧，該處多大商自建之寬敞房屋，借廟節為人貨棲止之地。先前松靛、松麻為任邱出产大宗，後以洋靛入口，松靛亦遂絕跡。 文安北通霸縣，西界雄縣，南東鄰任邱、大城。大清河經流縣境之北，交通甚便，土地肥饒，豐年所獲，可以家給民足。但城東北一帶，地勢低下，俗稱“文安窪”，常被水患。故人民生活，不甚富裕。勝芳為縣大鎮，有錢舖、當舖、布舖、洋廣雜貨舖等，極形繁盛。織席亦與水产、尤為大宗。惟此類較大商业皆操之有财势者之手，劳动人民所得無幾；而水患時受災者則多先及於劳动人民之身。故俗諺有："富自富，貧自貧，水來也門坑窮人"。旧日民情由此可以想見。勝芳鎮西有小村叫"南樓"，民國二年（1913）時，村僅十餘户，业養鴨，地極潮濕低下，據村老言，說該處原為一城，不知何年陷於水，陷時只餘城南北門未塌，以遂於此成二小村叫南樓、北樓，首稱叫"樓上"（北樓距南樓說有三里）。又說治漁者在附近淀泊裏往往網入水以為物所撞，入水摸之覺水底泥沙中似有房脊及簷角等物云云。

十一 霸縣（永清固安）

永清設縣 一九六一、八月一日起 九月十六日公布

霸縣秦上谷郡地，漢屬益昌縣，唐改為永清縣，後周置霸州，清因之，屬直隸順天府，民國後改霸縣。

永清 漢益昌縣，隋置通澤縣，唐改名武隆，又改回會昌，後改永清縣，明、清因之，清屬直隸順天府。

固安 漢方城縣，隋置固安縣，明、清因之，清屬直隸順天府。

1、山川古蹟：

"巨馬河 「水經注」：巨馬河，亦曰涞水。袁本初（紹）遣別將崔巨業攻固安不下，退还，公孫瓚追之於巨馬水。「畿輔志」：在永清南，自盧溝河分流至固安經縣界三角淀。"

"督亢 「燕策」：荆卿曰：誠能得樊将軍頭與燕督亢之地圖獻秦王，……，注謂督亢坡在幽州泡陽縣東南，今固安縣有督亢陌。劉向「別錄」云，"督亢，膏腴地"。

"草橋 霸州北。方十里皆泉，會橋下土人以泉故宜花，遂以花為业。都人賣花擔每晨千百散入都門。「長安客話」：霸在宋世，蓋與遼分界處，州北一里舊有界河，相傳楊延朗建草桥於此，關因以名。"（草桥關）

"益津關 「長安客話」：霸固唐益津關也。石晉以賂契丹（晉石敬塘割燕雲十六州與遼，其一曰莫州。霸未稱霸之前屬莫州。莫即鄚州）。周復三關（奪回瀛、莫二州地。瀛即河間），始置州曰霸。益津八景其一曰「霸臺朝陽」，然古霸臺在州署後圃，將臺第一抔土耳"。（類腋輯览）

抔（Pou）一塊的意思。郁注

苏公橋霸縣城東南。宋蘇洵（老泉）官於此。（今蘇桥镇）

2. 霸縣（永清固安）

霸縣旧日趕集地點日期：

本城（一六），煎茶鋪（二七），蘇桥—刘旧任邱（五十），南孟鎮（五十），策城鎮（五十），堂二李—堂二里（四九）。

〃 廟会地點日期：

本城十月間。

永清旧日趕集地點日期：

本城（一六），南閣镇（四六），韓莊—韓村（一六、四九），别古莊（二七），后奕村—后奕（五十），李家口—李口（三八），信安镇（三八）。

〃 廟會地點日期：

南閣鎮四月十八日，信安鎮十一月初八日。

固安旧日趕集地點日期：

本城（三八），牛頭—牛駝鎮、牛陀（二七），馬莊（四九），宮村鎮（二四七九），渠溝鎮（四九）。

〃 廟会地點日期：

商各莊—相各莊四月初七日。

3. 霸縣（永清固安）1900前後人民生活大致情形：

霸 食料：主要 棒子、小米， 補助 白麵。

衣服：〃 土布、洋布， 〃 —

住房：〃 土房、瓦房， 〃 —

燃料：〃 柴， 〃 煤。

嗜好品：烟葉、纸烟。

永 食料：主要 棒子、秫米、小米， 補助 白麵。

衣服：〃 土布、洋布， 〃 —

住房：〃 土房、瓦房， 〃 —

燃料：〃 柴， 〃 煤。

嗜好品：烟葉、纸烟。

固 食料：主要 棒子、小米， 補助 白麵。

衣服：〃 土布、洋布， 〃 —

住房：〃 土房、瓦房， 〃 ——
燃料：〃 柴， 〃 煤。
嗜好品：烟叶、纸烟。

4、霸縣（永清固安）1900前後主要生产品：

霸：小米、秫米（各鄉），小麥（全境），青麻（東南鄉），火硝（縣境），葦席（蘇橋鎮）。

永：小米、棒子、秫米（各鄉），紅白薯（城西一帶），梨、杏、桃（城東），柳器（城東北韓村一帶）。

固：梨（城西、城北），杏（城北、城東），桃（城北城東），棗、葡萄、脂麻、花生（皆各鄉），羊毛毯（城東南褚家營）。

按：霸縣北接永清、固安，西連新城，南毗文安，東通靜海。地處於牛河、大清河之間，地宜農作；水陸交通，皆甚便利（東順大清河至天津，北經固安通黄村入都）。惟地勢較窪下，人民時遭水患，生計無甚可觀。富有者多經營於外，或交接官府，生活趨於浮華。蘇橋為縣大鎮。永清南連霸縣，西接固安，東北界安次。地多沙質，林业較盛。惟永定河蔓延縣之東北，時泛濫為水患，人民艱苦。富有者多事於外，同於霸縣。大鎮數信安，有糧棧、當鋪、洋廣雜貨鋪數家。信安號稱"小天津"，所以俗諺説"金石溝（在勝芳、左各莊之間，瀕大清河），銀勝芳，不及信安一夜晌（晚上）"。其意是石溝、勝芳雖富足，不如信安鎮一晚上銷費的多。由此反映出當日流濁奢華的一斑。固安在永清之西，西界涿縣、新城，南連霸縣，北接宛平。全縣地勢低窪，永定河流經縣境東北，水患頻仍。而縣城所在地更如釜底。溯自清光緒三十年（1904）以來，永定河遭決多次，固安首當其衝，而尤以清宣統三年（1911）為最劇。人民轉徙流離，行常以麥糠酒糟相掺為充饑之物，貧病凍餓，不堪言狀。然固安旧為山東通過薊州赴北京必經之途，故富家商業（如錢鋪當鋪、茶葉店、洋廣雜貨之類）皆能獲利。

十二 宁津（東光、南皮）

宁津隋胡蘇縣，唐更名臨津，金改宁津縣，明、清因之，清属直隸河間府。

東光 見交河。

南皮 見交河。

1.山川古蹟：

臨津故城，縣西。

黄河故道，縣北。

2.宁津（東光、南皮）旧日趕集地點日期：

本城（一六），柴胡店鎮一味護鎮（五十），小庄（五十），象牙鎮、相衙鎮（二七），大柳鎮（二七）。

〃 廟会地點日期：

本城四月二十二日、九月十五日，柴胡店四月二十八日。

東光 見交河。

南皮 見交河。

3.宁津（東光、南皮）1900前後人民生活大致情形：

宁 食料：主要 小米、棒子， 補助 秫米。

衣服：〃 土布， 〃 洋布。

住房：〃 土打墙房， 〃 草平房。

燃料：〃 柴， 〃 烟煤。

嗜好品：燒酒、烟葉、紙烟。

東 見交河。

南 見交河。

4.宁津（東光、南皮）1900前後主要生产品：

宁：棉（各村），花生、花生油（各村鎮）棉綫帶、花絛帶、腿帶（城東各村），豆油（城鎮）。東（境内）。

東見交河。

南見交河。

按：宁津北連南皮，東界山東樂陵，南界山東德平，西通吴桥。樂陵产棗，吴桥产棉，故宁津亦以棗棉出产最好。地瘠亦等於吴橋。全縣打油作坊特多，当時共计三百多處（豆油坊百余家、花生油坊百五十家、棉子油坊五十余家）皆為資本家所設，很能獲利，而一般人民則皆甚勤苦。除全縣农副业，小工业（作缝带等）外，無多生产。以柴胡店為當地大鎮。

十三 獻縣（武强、饒陽）

獻縣漢樂成縣，東漢改名樂陵，隋改廣成，又改樂壽，金升為壽州，尋改獻州，明降為縣，清因之，屬直隸河間府。

武强燕武隧地，漢置武隧縣，晉析置武强縣，元置東武州，明、清仍稱武强縣，清屬直隸深州。

饒陽趙饒邑，漢置饒陽縣。明、清因之，清屬直隸深州。

1. 山川古蹟：

"萬春山 獻縣東，桃花放時，爛如鋪錦。"（？）

"河間獻王墓 獻縣東北。「金史地理志」：樂壽有漢獻王陵。"

"武强山 縣境。"（？）

"雁河 武强南。"

"饒河 饒陽西南。"

"危渡 饒陽北。"（係指劉秀冬日渡滹沱東陽處）「漢光武紀注」：今俗猶謂之危渡口。"

"蕪蔞亭 饒陽東北。"

"先春臺 饒陽東，旧名上方臺，周圍五里，春日草卉先芳。"（以上類腋輯覧）

2. 獻縣（武强、饒陽）旧日趕集地點日期：

本城東街（三九），本城西街（一五七），淮鎮（二七），杜生（一六），归沧县（四九），河城街（二七），泊屯—东樊屯（三六九），单桥—沙窝桥、沙河桥—划归河間（四八），窝北—划归河间（一六），大章（三八），商家林（二七）。

〃 庙会地点日期：

本城三月二十五日、九月十五日，商家林九月初九日，泊屯十月初九日。

武强旧日赶集地点日期：

本城—划归石家庄市深县（二五八），小范—小范铺、小范，划归石家庄市深县（三六九），沙窑—沙洼（三八），孙家庄（一六），黄甫（四九）。

〃 庙会地点日期：

本城四月、十月、十一月、十二月皆以初二日为正期，小范二月十五日、四月十五日，六月十五日，十月十五日。

饶陽旧日赶集地点日期：

本城—划归石家庄市深县（一六小集，三八大集），张岗—东張岗（五十），尹村—大尹村（四九），留楚—留楚村，划归石家庄市深县（二七），小堤—划归石家庄市深县（四九）。

〃 庙会地点日期：

本城三月初六日、三月二十七日、五月二十七日、九月二十二日、十二月十八日，張岗镇二月二十五日、十月二十五日，尹村镇二月十四日、十月十九日，留楚二月初七日、十月初七日，小堤十一月十九日。

3. 献县（武强、饶陽）1900前的人民生活大致情形：

献 食料：主要 棒子， 补助 小米。
衣服：〃 土布， 〃 洋布。
住房：〃 草平房， 〃 灰平房、瓦平房。
燃料：〃 柴， 〃 烟煤。
嗜好品：烧酒、烟叶、纸烟。

武 食料：主要 小米、秫米， 补助 棒子、糜子、绿豆、白面。
衣服：〃 土布， 〃 洋布。（衣多左衽，即左大衿）

住房：〃 瓦平房、灰平房，〃 草房。
燃料：〃 柴，〃 烟煤。
嗜好品：酒、烟葉、紙烟。

饒 食料：主要 小米、秫米、綠豆，補助 棒子、䅟子、白麵。
衣服：〃 土布，〃 洋布。（衣多左衽，即左大衿）
住房：〃 瓦平房、土平房，〃 草房。
燃料：〃 柴，〃 烟煤、煤炸。
嗜好品：酒、烟葉、紙烟。

4、獻縣（武强、饒陽）1900前的主要生产品：

獻：梨、杏（西南各村），葡萄（境内），青麻（境内），麥辮（各村），草扇（商家林一帶）。

武：梨（全境），大硝、不淨之硝酸加里（圍城各村），洋綫布（四鄉），年畫（本城、四鄉）。

饒：小米（全境），果脯一花紅脯（城北劉莊、索家莊），梨（劉莊、索家莊），綢一饒陽綢、饒綢（耿尚口村），洋綫布（大尹村），綫織品一褥套、衣包、綫褡、腿帶、挺帶等（全境）。

按：獻縣北界河間，南通交河、武强，東連青、滄，西接饒陽。滹沱河由西來；滏陽河由西南來，交會於縣西，滙為大片"潦水"，東北入子牙河，故地質多沙，人民以農為業；生产每不能自給，而仰給外縣（例如土布）。梨、杏、葡萄出产，較為大宗。較大鎮為商家林，有麥辮（即草帽辮）草扇收莊七八處，運銷外地（各縣、天津、山東西北境等處）。武强東界河間，南連冀州，西北通深州、安平、饒陽。滹沱河淹灌於北，胡盧河圍繞於南。气候溫和，土質適於農作。人烟稠密，而生活一切墨守旧規。生产方面，無多發展。民間藝術，旧有年畫，為本城及四鄉出品，共有四十餘家，用洋粉連紙印染，工藝不及楊柳青。小範為武强大鎮。饒陽北界獻縣、肅寧，西接安平，南連深州、武强，東通獻縣。地勢傾斜，西北隆起，東南低下。滹沱自西南入境，圍於縣南部。地質多粘土，年有荒歉，雨多則南境患潦，雨少則北境患旱。居民有產者多經商。城東北二十里尹村為饒陽大鎮。名产饒綢，出自耿尚口村，織法因秘不傳人，故當時年产僅四千多疋，不能發展。

十四 蓟縣

蓟縣秦渔陽郡地，漢無終縣，唐置蓟州，宋置尚武軍，遼改廣川軍，明、清仍稱蓟州，清屬直隸順天府，民國以改蓟縣。

1.山川古蹟：

"崆峒山"「一統志」：蓟州東北，一名翁同。旧傳黄帝问道處"。(在城北五里許，為燕山之一嶺，山不甚高，下有碑大書"崆峒山"三字)

"盤山"「長安客話」：蓟州北山以盤旋得名，亦名盤龍山"。

"北平城"在蓟州境。「括地志」：漁陽縣東南七十里有北平城，倚燕山以為版築"。(趙駿輯覧)

竇公墓 在崆峒山半，為後周竇禹鈞埋骨處(即旧三字經："竇燕山，教五子"之竇公，其五子儀、儼、侃、偁、僖，稱竇氏五龍)。

蓟運河 流经縣境，交通便利。

2.蓟縣旧日趕集地點日期：

本城(一六)，邦均(二四七九)，下倉(二四七九)，上倉(五十)，馬伸橋(五十)，段家嶺(三八)，侯家營(一三五七九)。

" 廟会地點日期：

本城四月二十二日，五阿山四月十四日。

3.蓟縣1900前後人民生活大致情形：

食料：主要 小米、秫米、棒子雜豆， 補助 红秫米、白麵。

衣服：" 土布， " 洋布。

住房：" 草房石墙， " —

燃料：" 柴(山柴、地柴)， " 煤。

嗜好品： 燒酒、烟葉。

4.蓟縣1900前後主要生产品：

秫米、小麥(全境)，核桃、栗(北境)，花生(沿河各村)，藍-藍靛(西北鄉)，藥材-野山參、防風、桔梗、黄精、柴胡、麝香等(北山一帶)，皮張-羊、鹿等(全境北山)，土布、洋线布(與宝坻接壤各村)，燒酒(邦均鎮)。

7

按：蓟縣北倚長城，西界平谷、三河，南通宝坻，東與遵化、玉田接壤。東北部山区鑛產豐富，但過去迷信風水，全未開發，以鐵言之，滿山幾全為鐵構成。泃河繞於北，黎河經於南，下滙為蓟運河，交通極便。縣北接清陵（東陵）方面，旧日产藥材極多，尤以麝香為当地名产。民國後，清陵林木全被砍伐，麝遂絕踪，麝香乃不可得。人民生活，多務農及小工业，全縣生計，均仰給於麥秋。邦均、馬伸桥為縣大镇。

以上為天津市十四縣就所知之史料概述。十四縣外，宁河一部分划入市中，附述於下：

宁河漢泉州界，金為寶坻，明因之，清雍正九年析置宁河，屬直隸順天府

寧河設縣 一九六一、八月一日起 九月十六日公布（以漢沽市部分行政區域划分）

1. 山川古蹟：

梁城 相傳五代劉仁恭築梁城即此（類服輯覧）

軍糧城 縣西南。為元時海運屯糧處。

蘆臺 縣南 城鎮前，周近隅皆淳潦，蘆葦甚盛，春秋間雁鳧飛起，千百為羣。

2. 宁河旧日疑系地點日期：

本城—划归唐山市（四九），芦台—划归唐山市（三八），潘莊—划归唐山市（五十）。

3. 宁河1900前後人民生活大致情形：

食料：主要 米、秫米， 補助 棒子、白麵。

衣服：〃 土布、洋布， 〃 —

住房：〃 土房、丸房， 〃 —

燃料：〃 柴， 〃 煤。

嗜好品：酒、烟葉、纸烟。

4. 宁河1900前後主要生产品：

鹽（沿海），海产魚蟹蝦蛤及蝦油蝦醬等（沿海各村），蛤灰（沿海各村），蘆葦（芦台）。

按：宁河北接玉田、寶坻，西南鄰天津，東臨渤海。地勢窪下，常有水患。北塘一带為著名漁区，其立局收税一切情形，参照前驛。

天津地区植物栽培沿革

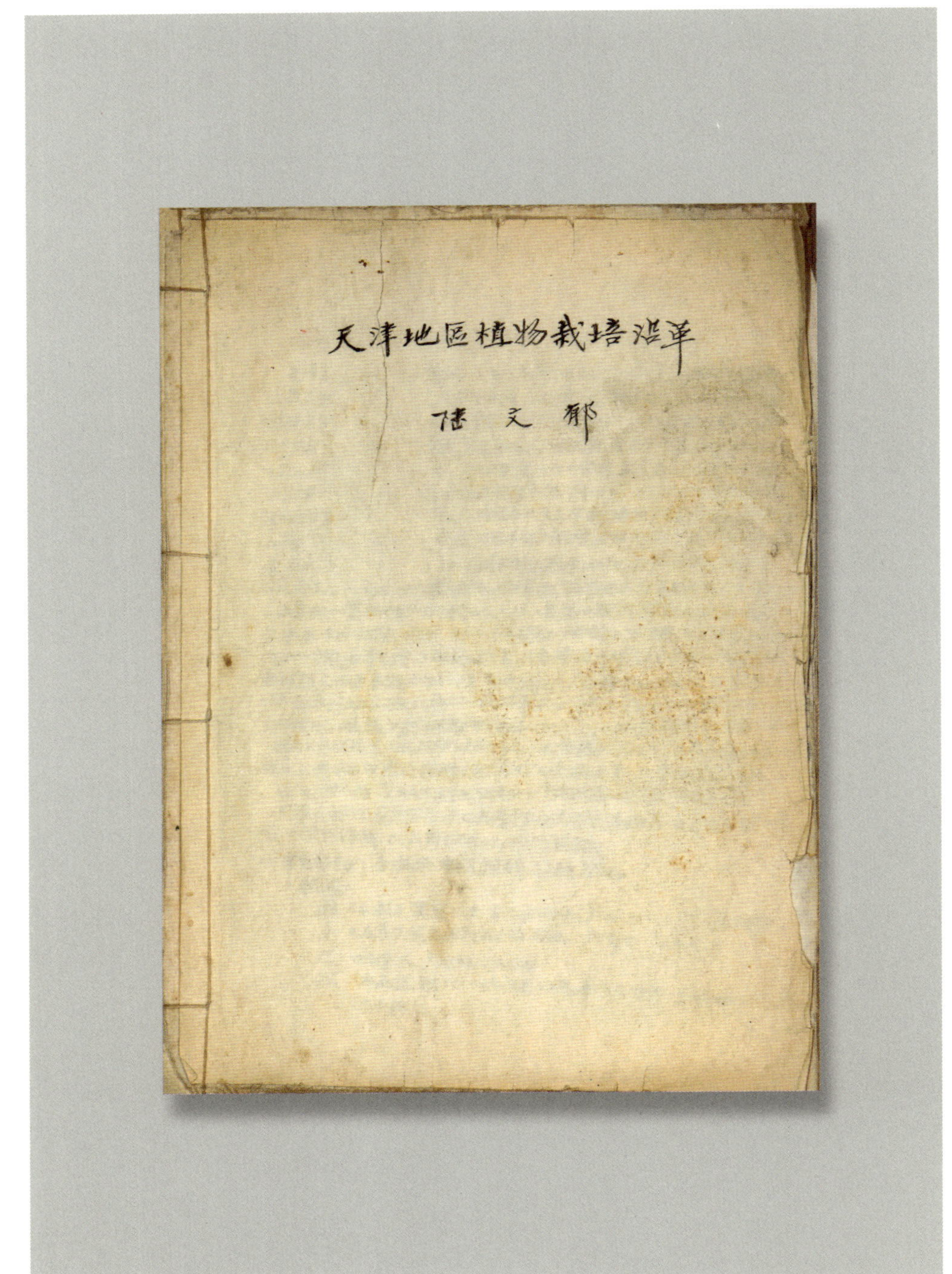

手稿横183毫米、纵280毫米，共计17页，影印时略有缩放。

天津地区植物栽培沿革　1960.8　陆文郁

天津是瀕海的沖積地，土質硗瘠，旧稱"九河下梢"，自然的港灣河汊縱橫交錯。人類來此定居当然是在遠古時候，因為生活上種種要求，自然要誅鋤草茅，樹藝穀類。这种情形，總是早在有文字先的時期。但旧日歷史对天津这塊地区，~~直到金代在~~这里立直沽寨才有紀載。金在直沽寨駐軍屯田，这里先住的人們已早有作物種植，屯田方面，便与民田參错其间，甚或大量的以官家势力侵有民田，破壞了原始栽培物的定型（当然多是田产作物和少許開田時殘存的樹木）。接着元代在此立海津鎮，明代在此立天津衛，依样駐軍屯田，定然是更变本加厲。人民自修阡陌、自開溝渠，利於农作的经营，至此不斷受到官軍屯田的破壞，日子久了，更是百弊叢生。直到明朱翊鈞（萬曆）二十九年—1601保定巡撫汪應蛟对他的主子—大封建主奏請墾殖屯田的事，說"海濱屯田，試有成效，酌議留軍佣墾，召民兼種，以資兵餉，以永固重地。天津一带，若以閩、浙瀕海治地之法行之，穿渠灌水，未必不可為稻田……以軍墾田，以田分民，軍能墾而不能盡種，民能種而不能自墾。軍有月糧而無佣值之費，民無勞役而享可耕之田"云云，实际軍墾是短期民種是長期，如此行了一个時期，这是天津種稻的開始，亦是天津地区对於栽培植物最早有紀載的一段沿革。其后清代的藍理又繼續種稻，亦只行了一个時期。后来接上載湉（光緒）年间—1875以后，小站駐軍種稻。民國二十六年—1937，日軍侵天津，大開稻田。如此直到了天津解放，我们新國家中華人民共和國成立，天津由此对植物栽培有了合理的安排計劃，正規的勞作生产。

茲就個人短淺所知，溯述解放以前植物栽培大致情形如下。

天津在解放前完全是一个旧式繁華的商業区，植物栽培方面，只可分為三項：一、食用植物，二、工用植物，三、观賞植物。

一、食用植物：分穀類、豆類、蔬類、瓜類、果類。

1 穀類：

穀　又名穀子、粱、粟、小米，有黄白二種。产西、西北各鄉。（禾本科）

黍　又名黍子、黄米，有黏與不黏兩種。产境内。（禾本科）

稷　又名糜子。产境内。（禾本科）

秫　又名高粱，有红白二種，亦有黏者。食用外，造酒。产西、西北各鄉。（禾本科）

玉蜀黍 又名棒子（玉米）。有黄白二種。产境内。（禾本科）

玉蜀黍先時种者為当地或鄰境所产品种，墨守旧規，不事选种，成色至為不齊。1900以后，基於風气開通及当時农業學堂（河北巡警路法政桥北法政學校前身）、农事試驗場（現宁園東）相继建立的影響下，知道了玉蜀黍选种办法，採用了美洲产優良品种的馬牙玉蜀黍种子試种，所得成效甚著。

小麥 又名麥子。产境内。（禾本科）

大麥 有有芒及無芒二种。食用外，造麯。产境内。（禾本科）

蕎麥 甜蕎。产境内。（禾本科）

稻 水稻。又名稻子、大米。产葛沽、咸水沽一带，小站。（禾本科）

"葛沽稻"旧很着名。1900前為天津唯一的稻种。

天津种稻原始记如下：

1."十字圍"

明朱翊钧（萬曆）二十九年—1601，保定巡撫汪應蛟（安徽人）在津屯田种稻，先在白塘口、葛沽一带，按照福建浙江沿海開淤治田的方法，置牛敷器，開渠築堤，先開闢了二千多畝的水田，结果很有成效。接着招募了當地的散軍和土著窮人分田墾种。由天津城南向東南沿着海河向下直到葛沽開闢了很大的面積来种稻。分為十字部分，偏成十字，叫作"十字圍"。一時田盡丰收，籍無閒曠。过了些年，汪走了，"十字圍"就荒廢了，至後只剩了賀家口和葛沽两圍，葛沽由那时起一直种稻到今未歇。

2."藍田"

清愛新覺羅玄燁（康熙）四十年藍理（福建人）任天津總兵，继续着賀家口、葛沽两圍僅存的稻田，重行整理，墾殖了二百多頃地，招来浙江、福建的農人数十家，領导着天津旧籍農户分課耕種，并把水田按着墾种人的姓氏分成若干圍，平均每田一頃用水車四部，插秧時候，歌声與水戽抖水声相和，真有江南插秧時風味。一時把天津比作"小江南"，把這片水田稱作"藍田"。以来藍去了，田事荒廢了，到現在祇剩

下一了徐胡園的村名（現名西湖園），便是当時按姓分園
一個遺跡。
"小站稻"種稻時在1900以後，所採稻種全用朝鮮優良品種銀坊
且用日本育種办法，故質量皆較以前為佳。俗稱"小站稻"。

2 豆類：

黃豆、青豆 又名大豆。产西、西北各鄉。（豆科）
黑豆 又名料豆。产西、西北各鄉。（豆科）
小豆、紅豆。产西、西北各鄉。（豆科）
綠豆 品種不一，有毛綠豆、明綠豆等。产西、西北各鄉。（豆科）
芸豆 产西、西北各鄉。（豆科）
豇豆 产西、西北各鄉。（豆科）
蠶豆 产西、西北各鄉。（豆科）
豌豆 产西、西北各鄉。（豆科）

以上除小豆紅豆外，又皆供蔬用。見下蔬類。
旧時種豆，多是專畦来種。1900以後，天津方面曾一時試行"穀豆
間作法"，在高粱或玉米地里間行来種，又通風、又長的旺，往
變方收成都好。
過去，天津方面於蠶豆、豌豆通常很少吃鮮的（祇大飯館有由豐
台来的）。以来食用條件發展，便有了專供鮮食的園产品。
統上穀類、豆類田作方法，基於1900以後，农事上的知識，較前進步，
一切栽培方式皆多多少少的優於以前，但進度慢。亦有墨守旧規，一成不
變的。

3 蔬類：分食根、食莖、食葉、食花、食果、食種子的六項。

食根類：蔓菁 又名蔓菁疙瘩。亦可鹽漬。产西鄉沿河一帶。（十字花科）
芥菜 又名芥菜疙瘩、疙瘩頭。鹽漬叫鹹疙瘩、疙瘩頭，又醬漬
為"佛手疙瘩"。产西鄉沿河一帶。（十字花科）
胡蘿蔔 又名紅蘿卜。蔬用外鹽漬。产西鄉沿河一帶。
（繖形科）
蘿蔔 品種不一，有：白蘿蔔、早蘿蔔又稱蘿蔔頭、水蘿蔔、青蘿蔔
多品。鮮食外鹽漬、醬漬。产西鄉沿河一帶、津東南沿海
河一帶。（十字花科）

1900前後，青蘿蔔以小劉莊出產的最有名，俗叫"小劉莊蘿蔔"。供市上零食，尤其在冬日晚間，為夜消零食。後因津地市區擴大，"小劉莊蘿蔔"遂絕跡。又一般青蘿蔔多作紡錘形。白蘿蔔俗叫拴馬樁。後採日本種栽植，所以蘿蔔更長大。白蘿蔔一般皆圓柱狀，日本種長可一尺四五寸。另一品種紫水蘿蔔細紡錘狀較青蘿蔔乾瘦些，皮裏紫色，肉水紫色，種的極少，專供立春節食用（切絲、油醬拌食），因其叶音稱為"子孫蘿蔔"，以圖吉利。後無。

薯蕷　又名山藥、家山藥。葉腋生的珠芽稱山藥豆。產西鄉沿河一帶。（薯蕷科）
先時天津種的薯蕷較多供市上蔬用，但生長極遲緩。後來馬鈴薯生產又多又快，蔬用普於薯蕷，種薯蕷者遂漸少。

紅菜頭　為菾菜一品種，形狀紡錘形或長圓形。舊時專供租界上外人西餐之用。產東樓、西樓。後來津人有食者，產地遂及西、西北鄉。（藜科）

綠豆芽　用豆類中綠豆水浸生芽。食用有二品：(1)原樣供食，稱綠豆菜、豆芽菜、綠豆菜。(2)掐去子葉，僅用根芽供食，稱豆莛，亦稱掐菜。此種加工多鄉間婦女為之。產梁家嘴一帶。（豆科）

黃豆芽　用豆類中黑豆水浸生芽供蔬用。加工情形同上。產梁家嘴一帶。（豆科）

食莖類：萵筍　為萵苣變種，莖特粗壯，供鮮食或醬漬。產西鄉及東鄉沿河一帶。（菊科）

馬鈴薯　又名洋山藥豆、山藥豆、土豆。產東鄉沿海河一帶。（茄科）
1900前後，天津無馬鈴薯，其食用之燴菜、蒸食皆用薯蕷（其時他處如張家口一帶早栽培馬鈴薯供主食用，叫山藥蛋）。其後津中漸有種者，津人起初不認，認有羶氣味。天津所種，為白皮品種。紅皮者尤後。

擘藍　又名苤藍。食用外鹽漬、醬漬。產西鄉沿河一帶。（十字花科）

甘藍　又名洋白菜。產東南鄉。（十字花科）

蒜　鱗莖（蒜頭）及花梗（蒜薹，俗稱蒜毫）皆供食。鱗莖又鹽漬（鹹蒜）、糖漬（糖蒜）；花梗醬漬。產西鄉沿河一帶。（百合科）

葱　又名大葱。產西鄉沿河一帶。（百合科）

玉葱 又名洋葱葱頭。产東樓西樓、海河沿岸一带。(百合科)
洋葱旧時所种专供租界上西餐用。后来食用普遍,在民國以后—1912以后,种量逐多。

荸荠 俗稱"葛沽荸荠"簡以供市上零食。产葛沽、咸水沽。(莎草科)
附注:天津飯館所用荸荠及鮮貨店所賣稱"南荠"或"南荸荠",由南省来,非本地所种,個大肉嫩。"葛沽荸荠"亦製粉,稱荸荠粉。1912以后以"南荠"在津市銷量日增,葛沽所产遂日少。

菊芋 又名菊藷、洋薑。塊莖鮮食外盐漬、醬漬。产西鄉沿河一带。(菊科)
洋薑本朝来品,1900以后,天津才有种者。因其种植易、生产多,栽培遂普遍。又以花可观賞,植於地邊、籬畔,便可大量收成。

藕 嫩者稱果藕,供鮮食。較老者蔬用或醬漬。产津南一带。(睡蓮科)
旧日所用藕皆由勝芳来。天津有种者純為观賞其花(蓮花)。民國后某一次大水,勝芳所产完全"鬧壞",勝芳業种荷者一時全来天津,在南郊一带開池种荷,天津遂為蓮藕产地。

香莛 即韭菜花莖。炒食如蒜毫。产西鄉沿河一带、東南鄉沿河一带。(百合科)

食菜類:白菜 品种不一,大致分"青麻葉"、"白麻葉"。最先,本地种(所)多為青麻葉。产西鄉及楊柳青一带。(十字花科)
白菜天津种者不多,供給食用皆由外来。白菜名產地安肃,所产稱"安肃大白菜"。民國初年—1911以后,天津的农事試驗場(旧直隸省农事試驗場。安肃今徐水縣)曾试行种植,成色很好,不減其原产安肃。以后多為青麻葉,熬湯不白,未能推廣種植。"白麻葉"者旧叫"唐山菜",雖葉較多筋,熬湯白,津市欢迎,故栽培多屬此類。

韭 又名韭菜。产西鄉、北鄉、東南鄉沿河一带。(百合科)
冬日暖洞烘培者如黄芽韭菜(细西供點青用者)、青韭菜(韭黄。有多品如:露头青、野雞脖……)等皆由豐台供給津市。民國后,天津東樓西樓有冬日烘培者;农事试驗場曾於夏日試产韭黄(在畦中蓋以瓦盆,使色純黄,長四五寸便割鲜嫩香皆同冬焙，饭馆试销甚好。但以手续繁，未能推广。

菠菜 产西卿沿河一带。（藜科）

芹菜 产西卿沿河一带。（繖形科）

芫荽 又名香菜。产西卿沿河一带。（繖形科）

茴香 产西卿沿河一带。（繖形科）

香椿 为椿初生嫩叶。产境内，不多。（楝科）

蘿蔔菜 即蘿蔔种子在冬日暖洞以簍烘培出子叶者。产東楼、西楼。（十字花科）

豌豆苗 以豌豆种子同上法簍装烘培者。产東楼、西楼。（豆科）

油菜 产西卿、東南卿沿河一带。（十字花科）

1900前仅東南卿栽种，供租界一带南方人食用，城厢一带无食者。後来食者渐多，西卿亦有种者，但始终不如白菜供用的多。

雪裏蕻 又名雪裏红、石榴红。鲜食外多盐渍。产東南卿沿河一带。（十字花科）

食花類：菜花 又名花椰菜。产東楼、西楼。（十字花科）

初時菜花由外来，仅供租界西餐及南方人食用。後来食用渐普（当在1940前後），栽培者始较多。

菜花的供食部分，係其密集未发育之花及花芭。初极贵重，後栽培多，遂於鲜食外，始有酱渍。

※韭菜花 即韭之嫩花芭。盐渍。产地同韭。（百合科）

以上食茎者尚有茼蒿，俗名蒿子杆；食叶者有生菜，即莴苣本种之变种，因多用生拌食之，故名生菜；食花者有鲜黄花，即萱草及黄花所种的未开花蕾；又解放前天津中原公司六楼上餐堂用广東菜做法，於烩青虾仁中加以晚香玉花瓣。因原料在津或生产不多（如黄花）或仅多用为观赏植物（如萱草、晚香玉），附记於此。

食果類：茄 又名茄子。产西卿沿河一带。（茄科）

紅茄 又名番茄、西红柿、火柿子。产東楼、西楼。（茄科）

紅茄原为舶来品。1900以前只供给租界西餐之用。1911以後，农事试验场大为栽培，并製番茄酱油试銷。然普遍食用并分極淺，僅在解放前十年中。栽培者亦在是時才大量種植。

番椒 又名辣椒、辣子，種類不一。鮮食外，鹽漬、蝦油漬。产西鄉沿河一带。（茄科）

芸豆角 即芸豆嫩实。俗名豆角。鮮食外醬漬。産西、西北各鄉。（豆科）

豇豆角 又名菜豆角。鮮食外，醬漬、蝦油漬。产西、西北各鄉。（豆科）

花椒 調味料。产西鄉（少）。（芸香科）

茴香 又名小茴香，即蔬用茴香所结果实。調味料。产西鄉沿河一带。（繖形科）

食種子類：落花生 又名仁果。供零食（炒或炸）外醬漬。产西鄉。（豆科）

芥菜子 研為泥稱芥末，調味料。产西鄉沿河一带。（十字花科）

胡麻 又名脂麻、芝麻。搾油、製醬外，為燒餅面上之附加料；又和餡用。产西、西北鄉。（胡麻科）

鮮蠶豆、鮮豌豆 皆蔬用。产西、西北鄉。（豆科）

青豆嘴兒 即青豆水浸微出芽者，亦叫豆嘴兒。此種加工，多婦女為之。产城近各村。（豆科）

豆芽 即用黄豆浸漲，不出芽供食。加工情形同上。产城近各村。（豆科）

·4 蓏類：

胡瓜 又名黄瓜。鮮食外鹽漬、醬漬、蝦油漬。产西鄉沿河一带。（胡蘆科）

冬瓜 又名枕頭瓜。産西鄉沿河一带。（胡芦科）

倭瓜 又名北瓜，有"將軍帽""磨盤"两種。产西鄉沿河。（胡芦科）

西瓜 产西鄉沿河。（胡芦科）

南瓜 又名白瓜。产西鄉沿河一带。（胡芦科）

甜瓜 又名香瓜。产西、南鄉。（胡芦科）

天津早年所产甜瓜僅有"綫瓜瓤""老頭樂"等幾品，他如"蝦蟆皮""羊角脆"皆由外来。1912以後品種才多。"羊角脆"種子採諸山東，在津种一次後便变劣，不能再用。

菜瓜 又名酥瓜。鲜食外醬漬。产西鄉沿河一帶。（胡芦科）

西胡盧 又名西葫。产西鄉沿河一帶。（胡芦科）

絲瓜 供食外，多取絲瓜瓤供洗滌用。产各村，人家亦多栽种。（胡芦科）

瓠子 嫩果供食用。天津有种者不多。（胡芦科）

5 果類：

桃 西、西北鄉，葛沽。（薔薇科）

葛沽种桃較早，為一种外貌美而漿液不足之硬肉品，但生長極強健。产量不多，而供銷城市，都很有名，稱"葛沽桃"。清載淳（同治）十三年時—1874，日本劝业寮官吏到我國作实业視察，来天津搜集"葛沽桃"苗木很多，归日本試种，發展到現在，用作果醬原料，稱為"天津水蜜"。

梨 产西、西北鄉，沿海河一帶，新城鎮。（薔薇科）

杏 产西、西北鄉，沿海河一帶。（薔薇科）

海棠 产西、西北各鄉，沿海河一帶。（薔薇科）

棗 产西、西北沿河一帶，海河沿河一帶。（鼠李科）

葡萄 产西、西北鄉，梁家嘴一帶。（葡萄科）

沿梁家嘴一帶旧日之南運河岸种葡萄者最多，亦頗有名。陸吉林有由青鎮抵津過梁家嘴詩："鱼盐市近未停篙，客裏秋懷借酒陶。忽地信安灣一轉，沿流先見紫葡萄。"由此可想見当日情景。信安灣即西大湾子。民國後—1911—後，南运河裁弯取直，梁家嘴葡萄遂绝跡。

桑 产西、西北鄉。（桑科）

無花果 产西北鄉，北鄉一帶。（桑科）

胡桃 产西鄉沿河一帶（胡桃科）

天津果園不多，供應城市所用大多數由外来。但天津為北方果品集散地，故外人多誤天津為果产重地。由旧日北方果子到上海後，上海果舖用红紙標寫"新到「天津良鄉」"可証也。

二、工用植物：天津栽培种類有：纖维、木材、油料、糊料、染料等，但多不作工用，分喬木、灌木、草本（包括含木質者）三項記述如下：

1. 喬木：

扁柏（松柏科、材用：雕刻、文具）又名側柏，津俗稱松蟠。為尖塔式或叢生之喬木。天津無大樹。過去租界花园中及道路中間多密栽為綠籬式，無成材者。津人墓地有栽者亦不多。

檜（松柏科、材用：器具、鉛筆桿）又名檉、刺柏、桧柏。樹型尖塔式，具兩種葉，下部針刺狀，上部鱗片狀。旧日多栽花园及墓地，旧河北公園（河北中山路十月电影院處）、種植园（現寧园方面）栽檜甚多。墓地方面在現城西張家樹林对河某氏墳塋前有多株，大稍直口沿河楊家墓园裏多栽桧柏，但無大株。

楊（楊柳科）大致有兩種：白楊（材用：建築、器具、造紙、牙籤、火柴桿）又名大葉楊、響楊。早春先葉開花。山楊（材用：箱板、火柴桿）又名火楊、小葉楊、鑽天白。花园、墓地所栽大半皆此兩種，外如北運河畔旧武庫地帶、旧租界上花园、大營門附近沿海河地方之行道樹皆不外此。

柳（楊柳科）天津栽植最多，且亦最早。大致亦有兩種，一種枝條上揚者為河柳（材用：器具、建築，枝條可供編筐等）又名江柳、柳樹。一種枝條下垂者為線柳（材用：建築、器具、編筐）又名倒栽柳，亦名垂柳、垂楊柳，但不是南省（蘇、浙、贛、湘、鄂、川、廣、雲等處）所有之垂絲柳（亦稱垂柳、楊柳）。此兩種堤邊、河岸、花园、人家、道旁、墓地隨處多有。尤其是河柳種的最多。元朝人成始信《泛桃花口直沽舟上述懷》詩：“直沽洋裏白沙村，百丈牽船日未昏，楊柳人家翻海燕，桃花春水上河豚。”由此可聯想那時居人栽培桃柳的情形。明朱翊鈞（萬曆）三十二年—1604天津大水，衝決了城西教場的河岸，一直東來，漫了太平街，到了城下，浸城磚二十四層，天津河防同知陸敏捷申請提留兩營班軍修築城堤一道，繞城西南兩面，堤頭在西头海会寺前，堤尾到达閘口，堤上兩旁栽了很多柳樹，周圍堤坊稱“柳林堤”（亦稱陸公堤）。以來亦因水患，在教場旧堤上填土栽柳。其他如河東小樹林，西頭傅瓜園（鈴鐺閣學校附近）、河北武庫、河東唐家口通東局子大道上，南北运河、海河沿上到處全有大片江柳或垂柳，但多數是種後任其自然生長，不加修整。約略計之，当以枝條上揚之江柳為多。

胡桃（胡桃科、材用：机、椅、箱匣、文具等）又名核桃。西鄉沿南运河一帶村間有，不多。

榆（榆科、材用：建築、器具，糊料—樹皮、及根，等）又名家榆、白榆、鑽天榆。堤上、墓園有之。春日先葉開花，舒葉後，果熟飛落，即榆錢。榆葉常受蟲蛀，因種後不加修整、防害（病、蟲害），每到夏日，全株無一啥葉。

槐（豆科、材用：建築、車輛、家具，染料—花及果），旧日以其象徵人文蔚起，政教發揚，多種之於"明堂""辟雍"（即古之宮室、大學），故天津文教所在如文廟、書院、教官衙門多種有槐樹；那時所謂"書香人家"亦多種槐。旧城廂鼓樓南問津書院便種有槐樹兩株，并額題"雙槐堂"。此外道傍、村畔亦有多株，以其樹本挺立，樹枝開張，葉密而蔭多，為極佳之行道樹。1900以後，洋槐大量來津，種槐者遂漸少。

刺槐（豆科、材用：家具、農具、鐵道枕木等）俗名洋槐。本自外來，但以其不擇土壤（除過濕地外）發育迅速，樹姿美而花香，故多喜種植。來津以後，生長極良好，幾成歸化植物。鐵路、花園、街道、廣場栽培極盛。

合歡（豆科、材用：馬鞍、車輪、几、椅）又名馬纓花、絨花樹。多種於花園或人家，為著名之庭園風致樹、行道樹。

樗（苦木科、材用：車輛、木磚—隔潮濕用，又造紙）又名臭椿。花園人家多有，不擇土壤，繁殖極易。為津中常見之樹，曾為英、法、德、意、美，即由吾國搜採栽培為行道樹，且植之鐵道傍、花園裏，又因其能保持水土，種之堤岸。（莊子謂樗，立于塗匠者不顧，認為無用之材，實屬大謬）

欒（無患子科、材用：小器具，染料—黃色：花；青色：葉）又名木欒樹、烏葉子、烏拉（欒）葉。旧租界花園中及道旁偶見。

大葉梣（木犀科、材用：武術家用之"蠟竿"）又名大葉苦櫪。旧租界花園、道旁多有。

梓（紫葳科、材用：建築、器具）旧租界花園及道上有之。

篠懸木（篠懸木科、材用：箱籠、烟盒、層板）俗稱法國梧桐。舶來品，但在我國栽種良好（上海栽植極多），天津旧租界種為行道樹，人家亦偶栽種為庭蔭樹，但不多。

此外，如構（桑科、纖維造紙用）又名花葉穀；君遷子（柿樹科、材用：文具、家具）俗名元棗。鄉間及旧租界花园亦有之。

2. 灌木：

明开夜合（衛矛科。材用：桌几、家具）又名白杜。灌木或小喬木。花园人家、旧日西鄉及回民墓田有之。（為極有價值造林之樹）

文冠果（無患子科）灌木或喬木，樹姿美，為庭园樹。旧租界花园有之。

檉柳（檉柳科）灌木或小喬木。為柔婉多姿之風致樹。堤岸、道旁、花园皆有栽植（野地不少自生幼苗，惜無培護，随生随滅）。津中檉柳自五月開花起，直至九月，實有三种：(1)桧状檉柳，花期為五月；(2)五蕊檉柳，花期八月至九月；(3)檉柳，又名三春柳、觀音柳，花期七月至九月。三种俗名統稱红柳。（宋寇宗奭說檉柳"一年三秀"；明李時珍說檉柳"一年三次作花"，蓋檉柳花葉皆極細小，全樹姿態又粗观相似，故誤認為一种而一年三次開花也。）

梣（木犀科。材用：建築、船艦、农具、家具）又名秦皮、苦櫪。為灌木或小喬木。繁殖極易，生長迅速。旧日租界花园、街道栽植極多。

3. 草本：

棉（錦葵科。纖維：為一种長絨花，油料：种籽）在津生产不多，僅供絮衣之用。产西鄉。

苘麻（錦葵科。纖維：紡織用）又名青麻。多种村外地邊，淨麻不多。剝麻后麻杆供柴用。

大麻（大麻科。纖維：紡織用，油料：种籽，亂麻又可製紙）又名火麻、小麻、綫麻、白麻、好麻。過去大麻皆由蔚州（蔚縣）供給津市應用，麻店門外多標"蔚州白麻"。津鄉有种者不多。（1937年以後，鄙居老西開時，曾見旧英租界大片曠地野生大麻極多，高約三四尺，且極旺盛，当為遺落麻籽所生，往行之人，無注意者，不久，除草建房，完全剷去。）

此外，如蜀葵（錦葵科）根莖粘液為造紙用粘胡料；蓖麻（大戟科）种子榨油即蓖麻子油；向日葵（菊科）种子榨油，除食用外，可供製肥皂與油漆之用。但天津旧日种此，皆僅供观賞。

三、观賞植物：分地方栽、省際栽、舶来栽。

1 地方栽：

木本者：

海棠、桃花、杏花、碧桃、绯桃、榆葉梅、鸞枝、刺玫、月季、玫瑰、等。（薔薇科）

牡丹（毛茛科）天津祇在春節時，有由暖洞烘出的唐花，以盆景供观賞。

迎春、連翹（綬带、黄丹）、丁香（有栽培）。（木犀科）

石榴花（花、樹多品）。（安石榴科）

藤蘿（豆科）

凌霄花（紫葳科）

以上各品栽，皆由西鄉南运河一带花廠培養供用。有專畦、有暖窖，细意经营，四時不息。至如桃杏花在城、鄉各處；海棠、丁香、藤蘿、凌霄在花园人家，皆很早便有栽植。

栽花事业，天津發展很早。其原因当基於清愛新覺羅氏入關以後，天津鹽商豪富大起園林，又為玄燁（康熙）、弘曆（乾隆）南巡經過地区，蓋造行宫，佈置園景，在在需用花木，豐台較遠，搬運不便，建廠供應，实為必要，安排日久，遂成專业。

草本者：

菊花、金盏草、藍菊（江西臘）、香芙蓉（香蓉）、向日葵（轉子蓮）等。（菊科）

蜀葵（大麦熟）、錦葵（小麦熟）、秋葵等。（錦葵科）

芍藥、翠雀花（毛茛科）

鳶尾（蝴蝶蘭）、射干（扁竹花）。（鳶尾科）

魚兒牡丹（荷包牡丹、荷包花）。（紫堇科）

蓮（荷花）、睡蓮（水浮蓮）。（睡蓮科）

鳳仙（海納）。（鳳仙花科）

牽牛花（喇叭花，兩栽：圓葉，三裂葉）。（旋花科）

秋海棠。（秋海棠科）

晚香玉。（石蒜科）

玉簪花（玉春棒）、萱草（川草）。（百合科）

葒草。（蓼科）

雞冠花、老少年（老來少）、胭脂。（莧科）
洛陽花。（石竹）。（石竹科）
慈姑花。（澤瀉科）
仙人掌、仙人球等。（仙人掌科）
蓖麻（大麻子）。（大戟科）

以上各品種，以菊花培養品類最多，而且時出新品，人人愛好。三秋時各花廠競出名花，幾成專市。他如向日葵、蓖麻、紫茉莉、牽牛、蜀葵等，皆久已深入民間，成為城、鄉住户習養之觀賞植物。

芍藥品類亦繁，1900以後，津門李氏曾於城東北王串場建園培植，稱"百二十四畦芍藥園"。園中所養不下三四十品，各標名稱。一時往觀者絡繹不絶于途。後竟無繼起者。

仙人掌，原非國产，但早由美洲輸入。在南省雲、廣方面，已成歸化植物，後傳入天津，培種亦很容易，現亦成為人家習見品種。

2 省際種：

木本者：

玉蘭、辛夷、白蘭花（把蘭花）。（木蘭科），產華中、華南。
茉莉、桂花（金桂丹桂二種）。（木犀科），產華東、華南。
梔子。（單瓣、重瓣二品）。（茜草科），产華南。
紫薇。（千屈菜科），产華南、華東。
瑞香。（瑞香科），产東亞。
山茶花（多品）。（山茶科），产華南。
梅花（多品）。（薔薇科），产華東。
香薔薇（香水月季）。（薔薇科）产雲南。
夾竹桃（單瓣、重瓣二種）。（夾竹桃科）歐产，南省多年栽種。

草本者：

蘭花（有多種）。（蘭科），产華南、華東。
仙鶴蓮（報春花）。（櫻草科），产華西。
石菖蒲（錢蒲，品類很多）。（天南星科），产中南亞。
廣東萬年青。（天南星科），菲律賓产，廣東多年栽種。

以上無論草本木本，皆盆栽培養，因供應四季，時由南來補充。夏日開花者，可於花期為臨時露天栽植，冬日置溫室中過冬。

省際品种，在天津花农方面統稱"南花"。"南花"在天津亦能多年培養，如白蘭花，皆多年老本，高约丈餘，在專建之暖窖中，温度、濕度、土質、陽光，皆不異原产地方，用是開花極盛。当開花季節，花农朝夜照看，及時检摘，加工穿對，供應市上。

另有專養石菖蒲者，帶以假山石配置盆景，或以上水石栽蒲其上供市。

3 舶来种：

一品冠（仙客来）。（櫻草科），产希臘至叙利亞。1900以天津始見。

四季海棠（洋海棠）、纓絡海棠等。（秋海棠科），产热带、亞热带地区。1920前以天津始見。

飛燕草（洋翠雀、洋牡丹）。（毛茛科），产南欧。1900以天津始見。

洋月季（法國薔薇）。（薔薇科），产欧洲、西亞。早有。

一品紅（聖節花）。（大戟科），产墨西哥及中美。1930前以天津始見。

菖蒲蓮（紅菖蒲、清河蓮）。（石蒜科），产墨西哥、古巴。1900前便有。

玉簾（葱蓮）。（石蒜科），产南美。1900以天津始見。

蝴蝶梅（三色堇、小鬼脸）。（堇菜科），产欧洲。早有。

金魚草（洋彩雀）。（玄参科），产地中海地区。早有。

墙下紅（一串紅、洋象牙紅）。（唇形科），产南美。1940前以天津始見。

大麗花（天竺牡丹）。（菊科），产墨西哥。早有。

大花美人蕉（有多品）。（曇華科），产美洲。早有。

唐菖蒲（十樣錦，有多品）。（鳶尾科），产热带非洲。早有。

天竺葵（洋繡球，有多品）。（牻牛兒科），产南非洲好望角。早有。

倒挂金鐘。（柳葉菜科），产南美秘魯。早有。

千日蓮（瓜葉菊有多品）。（菊科），产非洲西北堪那利島。1920前以天津始見。

文竹。（百合科），产南非洲。1930前以天津始見。

龜背竹（蓬萊蕉）。（天南星科），产墨西哥热带雨林中。1900以天津始見。

馬蹄蓮。（天南星科），产南非洲。1900以後天津始見。

龍舌掌。(石蒜科)，产热带美洲。早有。
橡皮樹。(桑科)，产亚洲热带。早有。
胭脂血(朱顶红，有栽之)。(石蒜科)，产秘鲁。1930前后天津始見。
鬱金香(洋荷花，有栽之)。(百合科)，产欧洲及小亚细亚。1930前后天津始見。
鳳眼蓮。(雨久花科)，产热带美洲。1900以后天津始見。
馬利筋(蓮生貴子)。(蘿藦科)，产美洲热带。1930前后天津始見。
九重葛(子孫萬代)。(紫茉莉科)，产巴西。1940前后天津始見。
山影拳(山影)。(仙人掌科)，产巴西。早有。
魔鬼花(鹿角)。(蘿藦科)，产非洲及阿拉伯荒漠地带。1910以天津始見。
虎刺
金剛纂(麒麟刺、番子刺)。(大戟科)，产馬達加斯加。1900以天津始見。
石蓮華。(景天科)，产墨西哥。早有。
洋八寶(玉之儒)。(景天科)，产日本。早有。
荷花玉蘭(泰山木)。(木蘭科)，产北美南部。1900年以天津始見。
大波斯菊。(菊科)，产墨西哥。早有。
龍鬚海棠(半支蓮，死不了兒)。(馬齒莧科)，产巴西。早有。种子落地自生，几成歸化植物。
桂竹香(金香梅)。(十字花科)，产南欧。1900前后天津始見。
洋水仙(風信子)。(百合科)，产小亚细亚。早有。
旱金蓮(金蓮花)。(金蓮花科)，产南美。早有。
竹節蓼(扁竹)。(蓼科)，产南太平洋鎖羅门羣島。早有。
待宵草(夜来香)。(柳葉菜科)，产智利、阿根廷。1900以后天津始見。
曇花。(仙人掌科)，产墨西哥。1920以后天津始見。
松葉菊。(番杏科)，产南非洲。早有。
山小菜(風鈴草)。(桔梗科)，产欧洲。早有。
洋爬山虎(北美爬墙虎)。(葡萄科)，产北美洲。早有。旧租界方面，無论教堂、花园、住宅栽者最多，沿房脊墙面，紛披垂侥，秋来一片红葉，非常美观。

蟹爪（螃蟹掌）。（仙人掌科），产巴西。早有。

令箭荷花。（仙人掌科），产墨西哥。1900以后天津始見。

風鈴佛桑（花籃）。（錦葵科），产東非洲。1900以后天津始見。

以上所举各种，天津花农皆栽培得法，生产很多。有些品种，在天津栽培非常合宜，竟成地方原有植物，不復知其為舶来种了。

天津穆竹孫宅（回民。在西头太平街口路北）培養观賞植物甚多。並築溫室廣搜舶来新种，培養極好，四時不断。養有許多新种。穆善油畫，常对花寫生，一時知名。（1900以后—1937前）

另有曹稺香氏（回民。住西北城角文昌宫街）喜栽培观賞植物，在其院中配合畫意，分組栽置。（1900前后天津名畫家張和菴所畫花卉常以配置得宜知名中外。日本人於1900年后搜張畫甚多，而仿其意佈置園景。日租界清水洋行等院中都曾見到，儼然為真形的張和菴畫，曹即如此）。茲举一例：曾在其院之一角立太湖石，石傍种芭蕉四本，蕉下种萱草，根下布二三碎石，培以鐵草，真如一幅名畫。

天津旧日植物栽培情形，於上述外，尚有散見典籍中者及鄙個人見聞所及，補述一二，用作結语。

天津於入清以后，以近在京口門，為北方衝要地區，一時商賈往来，人文薈萃，极受大封建主之重视（玄燁—康熙、弘曆—乾隆，皆曾来過天津）。尤其鹽商豪富，於此大起园林，先有遂閒堂張（張霖書畫築遂閒堂、問津園，故址在於旧金鐘河畔），继有于斯堂查（查日乾，天行築水西莊於城西南運河畔），一時流風所被，凡屬有产業的所謂文人，全大大小小的起蓋些别墅，种些花木（如康家园—康堯衢先人築，园名南溪，在城南；杜大村—龍震築，地址未詳）。大一些廟宇，象和尚、道士，亦為逢迎官客，交接富人，於廟裏養些花竹（如南门外普陀寺即海光寺住持成衡，金家窯附近之香林院—早妃，道士王野鶴等）。他如有名宅門於自住的庭院隙地或别建小園培養名花，如：桃、杏、海棠、丁香、藤蘿、芍藥、荷花之類，用為怡情之需。至於一般人民聚居之處，最低限度，亦要种些茉莉、石榴花、向日葵、蓖麻、牽牛花、扁豆，又或養些荷花、种點慈姑，作為勞動餘暇慰情娛目的資料。其后天津闢為商埠，淪為半殖民地，外人来者日多，在租界上起教堂，蓋花園，舶来花木遂由此遠渡重洋，進入天津，天津方面除此於旧有花樹外，增加了好多新的品類。1900以后，天津有了河北公园（現河北中山路十月电影院以)、种植园（现宁园方向）等，东边都有计划的布置花草樹木（松柏楊柳桧合歡、槐、樗之類），很有可观。尤其种植园不僅栽植花草樹木供观赏，尚有許多田園农作；并陳列~~標本加以~~作物標本、種籽及果類浸製標本，加以說明，長期開放，供人观览。在当時这种办法，對植物栽培認識上算是比較有意義的了。

至於稻产，北方宜粳，南方宜籼，以這所种全属粳稻，質量实高於籼。只以過去勞动人民，久受地主壓搾，工作热情不高，所以稻之産量亦不能高。解放以后，在党的領导下人民已翻身，当家作主，精耕細作，貫徹农业八字憲法，产量提高，所产粳稻，多在千斤以上。其餘一切种植生产，亦無一不是"一日千里"。

天津书画家小记

手稿横188毫米、纵266毫米，共计96页，另有4张夹页，影印时略有缩放。

天津書畫家小記

序言

天津為北方近海之區，自明代建衛以來，日趨繁要。南北碩彦，以接近京畿，僑居者遂日衆。洎於清代，人文尤盛。是以蹟學之士，書畫名家，多來津入籍。文藝之作，或散載書冊，或傳說至今，而真蹟方面，以經歷次劫火，日就凌亂，或幾於淹沒無聞，是津門書畫家見聞，不可不亟於蒐輯也。惟郁孤陋，所識無多。於書畫家或僅知名字，或稍得端倪，約畧述筆，稱曰小記。公諸社會，藉作拋磚。其於近代作家有可傳而其人已棄世者，皆隨點畫之分，一例附入。

一九六二年七月

山陰 辛農陸文郁時年七十有六

1092×787 1/16 20×20=400

第 1 頁

凡例

凡例

一　本輯所載，互有詳略，不足稱傳。僅供素材，以資搜採。

一　所載各家，有早見諸刊物者，有僅見作品而其人其事得諸傳聞者，亦有僅得諸傳說未見其作品者，皆一一載入，不以個人意識強加去取。

一　津門為北方文化重地，而建衛歷史年份短淺。居津之人十之八九來諸外地。故本輯取廣義的，凡属寓居而作品傳津較多者悉行收入。

一　國畫一門向來以繪畫、題語款識圖章為畫面上一全組，故古人多以詩書畫三絕見稱。印人鐵筆篆等於書而於繪事間隔尤深。今不事苛求，凡有一長，即行闡發。

一　本輯係由多方搜集，~~僅得作家四百三十九人~~當必尚有漏載。一俟後續有所得，再行補入。

一　收入人名不以時代為先後。以姓氏筆畫多少順序排列，以便檢索。

一　記中事實凡引諸刊物者以括弧注明所引

1092×787 1/16 20×20=400

凡例

冊籍。凡得諸先輩所言及友好談及者，不敢掠美，亦以括弧注大名於下。

一　各家正載外，有鄙個人所知者，則加按注於其後。

1092×787 1/16 20×20=400

第 1 頁

目録

59

1092×787 1/16 20×20=400

目錄

1092×787 1/16 20×20=400

目錄

第4頁

目錄

武雲章　武登善

九畫　查為仁　查禮　查為義

查善和　查淳　查林　查彬

查凌漢

柳維新

胡峻　胡濬　胡溶　胡溎

胡峻門　胡夢蘭　胡澍　胡鈞

胡永春

侯士鈴　侯秉衡

姜蔗樵　姜溫和　姜擇善　姜秉善　姜益善　姜世恩　姜吉生　姜世瑩

沱圻

英華

姚彤章　姚進　姚應龍

肖泉

十畫　徐鑾　徐兆慶　徐雲

徐子明　徐士鑾　徐鴻儀　徐世昌

徐世光　徐世章　徐思珍　徐濤

徐風　徐和鑾　徐鳳翥　徐學樵

徐宗浩

馬長海　馬家桐　馬阜　馬念慈

袁浩　袁克文

1092×787 1/16 20×20=400

目錄

1092×787　1/16　20×20=400

目錄

1092×787　1/16　20×20＝400

目錄

1092×787 1/16 20×20=400

目錄

1092×787 1/16 20×20=400

43

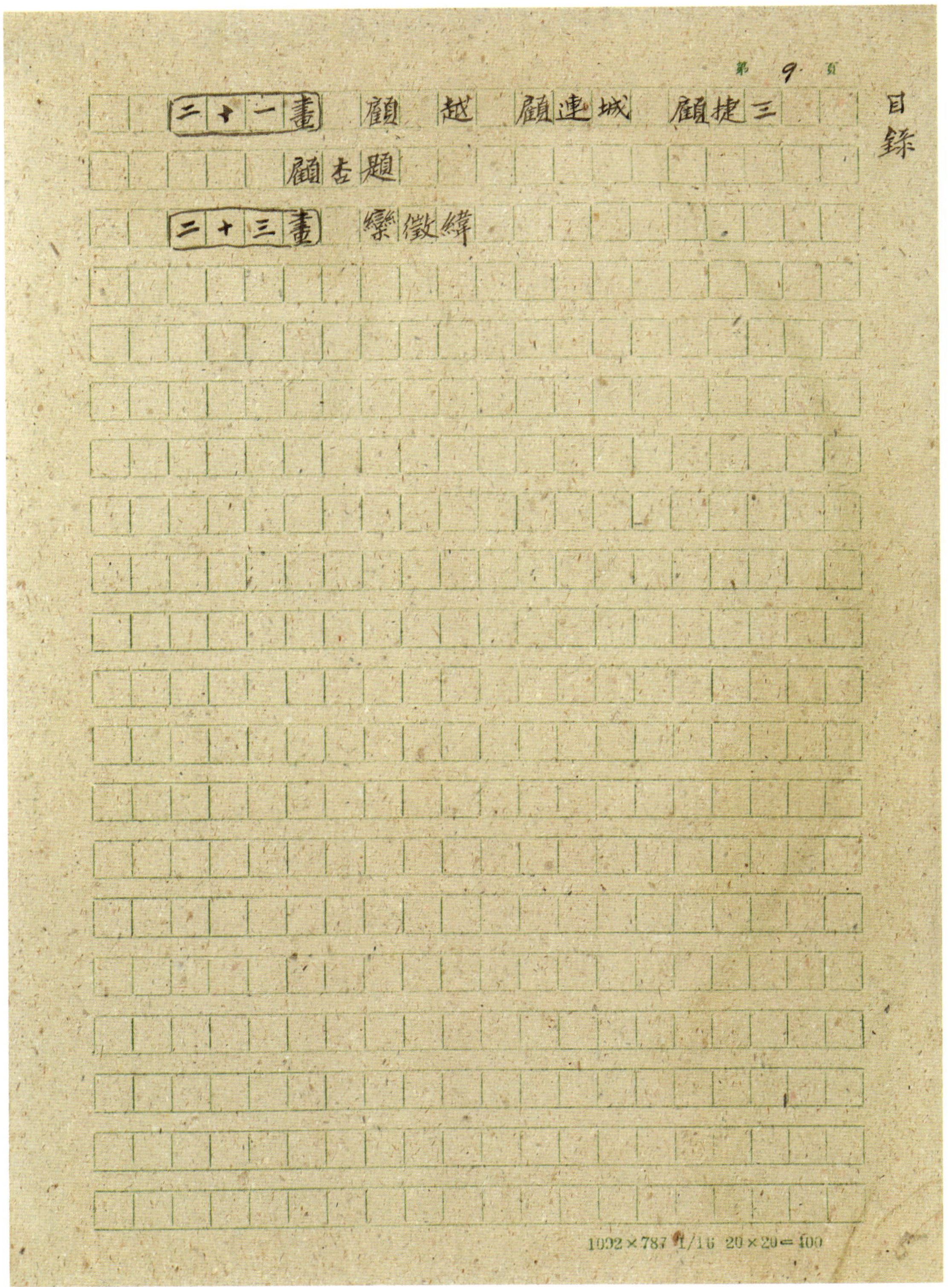

第 9 页

目錄

1092×787 1/16 20×20＝400

天津書畫家小記

山陰 陸文郁辛農氏輯

三畫

于溥 字澤遠。「工山水。」（圖繪寶鑑續纂）

于克勤 字澤九。「能書，尤善蘭竹。隨意揮灑，高致絕倫。」（清朝書畫錄）「擅蘭竹，高致絕倫。」（津門雜記）

于荔孫 「澤九長子。善山水、蘭石。」（單以簡言）

四畫

牛培 字因之。「畫有師法。」（揚州畫舫錄）

牛稔文 字用餘，號香隱，又號師竹。館名迎旭軒。能詩，善書。津門詩鈔載有其詩。

牛菊隱 善書。

尹澍 字澂甫。「善畫蘭竹。」（清代畫史補錄）（清朝書畫錄）「擅蘭竹。臨池寄興，高致絕倫。」（津門雜記）「字澄甫。善書，尤工墨蘭。」（增廣歷代畫史彙傳補編）「楷書，竹蘭。」（津門紀畧）

按：澂甫館名說硯齋。曾見其仿諸曦菴蘭

三畫 于 四畫 牛 尹

四畫 尹王

石，書卷之氣盎然。亦畫山水，不多作。又喜編寫通俗戲劇，多取材於聊齋志異。由北京奎德社在京津兩地演出。

尹承綱 「字勖詢。澂甫長子。工書，集唐宋各家之長，尤嫻於蘇黃。晚年作字，益臻純熟。榜書則朴素安閑，行草則盤紆飛舞，入於化境。（胡佑青言）

尹承綬 「字勖誠。澂甫次子。善畫蘭竹。」（胡佑青言）

尹承維 「字襄詩。澂甫四子。善山水，由麓臺入倪黃之室。邱壑在胸，筆墨滄潤，所作水墨扇件，下筆輕快，索者可立待而得。」（胡佑青言）

按：澂甫三子工篆刻。胡佑青忘其名字。姑記於此待考。

王玉璋 「字鶴舟，別號松巢外史。僑寓吳門，更號厂隱山人。熟習騎射，妙解音律，豪情逸氣，往往於酒後發之。而六法尤為擅場。遠宗北苑，近接麓臺，得渾灝淵懋之氣，所謂筆端具金剛杵者。……往在粵東時，鄭雲麓贈詩有云：『添得佳譚留畫苑，王康州後復雷州』。人遂以王雷州呼之。又性愛端硯，收藏極夥，弄筆之

四畫

王

暇，摩挲不倦，故名所居為涑雲館」(墨林今話)

「臣憚小幅筆意沉着。體貌純摹司農」(桐陰論畫三編)

按：鶴舟與戴醇士齊名，一時稱「南戴北王」。

王文瀞　字清淮。「原籍廣東南海，久寓天津。與查濮客、張笨山、龍東溟締交。畫寫意人物、花馬樹石，古逸天趣，在黄癭瓢、苦瓜和尚之間」(津門詩鈔)

王震生　字伯威，號鶴孫，鶴舟孫。工山水。

王鳳儀　善山水。與金芥舟友善。

王成烈　字訪舟。「號倉南小笠。善畫。天津詩人梅庚仙嶺有：『題王訪舟畫』詩：訪舟學畫於陳青笠，自出手眼，別具面目。好用粗毫濃墨」(津門詩鈔)

按：訪舟有詩才，嘗以小詩題畫，清朗可誦。

王癸生　善畫竹。

王問泉　善花馬。嚴臺孫藏有其所畫花馬橫披，曾出陳河北省金石書畫文献展覽會。

王世贊　善山水。曾見其山水小冊。

王永泉　「字伯川。工畫花卉」(增廣歷代畫史彙傳

補編)

王文錦 「工花卉」(增廣歷代畫史彙傳補編)

按：文錦字雲舫，館名菜根香館。曾見其墨梅扇面，一遵古法。

王汝成 字聿觀。工山水。郁曾見其所畫長卷，純用溼筆，準繩古法。楊仲甫藏有聿觀山水挑，曾出陳於河北省金石書畫文献展覽會。

王鼎平 字鑄九。「畫花鳥蟲魚，規行矩步，體韻精妍」(津門雜記)(清代畫史補錄)(增廣歷代畫史彙傳補編)

按：鑄九先生曾學畫於孟公綉邨。嘗為文美齋南紙書局畫箋紙，詩筒。又擅寫真。性沖和謙抑，不與人於技術上爭短長。為清同光間津門畫家四子之一。(文美齋在北門外鍋店街路北，為天津最老之南紙局。開業約在清康乾時。初名四美齋。今無。)

王祿朋 字翼雲，號秋坪。「秋坪先生，少負才名。工行楷篆隸諸書，為翁覃溪所稱」(津門詩鈔)

按：吳省欽著白華前稿，有：「題王祿朋左手篆書却寄」詩。

王學海 字觀濤，號問渠。「字法十三行」（津門詩鈔）

王 聰 字玉笈，號野鶴。「王野鶴能詩畫」（汪西顥津門雜事百咏詩注）

按：王野鶴為香林院道士。善畫。

（香林院在河北獅子林金鐘河畔。早圮。）

王振聲 字劭農。「工書，善畫花鳥」（韜養齋筆記）

按：劭農號爛柯山樵。齋名芙蓉山館。北通籍，寓天津甚久。能詩。曾為文美齋畫有花箋。

王潔珊 「花卉，書法」（劉子清言）

王恩瀚 字叔誠，號桂生。善書畫，喜寫蘭。隨意揮筆，不拘繩墨。曾見其楷書團扇。

王恩澎 字雲生。「行楷」（津門紀略）

王恩淮 字晉賢。善書。與王仁堪時稱「南北王」。曾見其扇頭小品，於瓷青絹地以赤金端書小楷，極謹嚴娟秀之致。

王 釗 字雪民。擅鐵筆，為天津名印人。所刻貞卜周秦文字，非常精到。邊款以貞卜文刻之，

四畫　王

尤見特色。金石甲骨文字之學，考覈甚深，邃不讓乃兄綸閣先生。卒年五十餘。

按：雪民為近今印人中第一把好手。傳弟子甚多。卒後，弟子孫東蔵擬為師刊行印譜，徵題及鄙，鄙為長詩述其大意。茲附於此，以見一斑。沽上印人王六哥，鐵筆大力迴山河。師古不泥具卓識，縋幽探奧成婀娜。天人工巧兩稱絕，想見游刃如揮戈。阿兄簠室老經學，寢饋金石相摩挲。籀斯遺文廣搜采，周秦漢晉無乖訛。晚傳模楷得孫子，規隨點畫精切劘。不以姿媚悅凡俗，師弟輝映山峩嵯。今茲所治不世寶，欲救三病期無頗。索題乃及不才走，西笑徒慙繆篆何。憶識雪公二十載，春秋佳日時相過。早見精鐫那有數，惜如散雨隨烟波。幸藏傑構三十紐，精當入妙誠不磨。願附斯集導後進，莫哂寸木高岷嶓。

王承勳　字石臣。善楷書。

王廷瑜　字菊舫。「行書」（津門紀畧）

第7頁

四畫 王

王治平 字硯農。善書。曾見其所臨王居士磚塔銘，極見工力。

王兆泰 字心裔。善楷書。

王維珍 字蓮西。善行楷。「字穎初，一字席卿，號
王敬 蓮西，一號蓮谿，又號大井逸人。書法率更，參
王維 以米董。（清朝書畫家筆錄）
兼似。為天津學歐書者第一好手。其刊行之大楷樣本，當時學童多習之。（胡佑青言）

王賢賓 字竹林，硯農子。善花卉，尤喜畫梅。亦善書。晚年習養生術，著「意氣功」刊行。卒年八十餘。

王敬熙 字蓮品。善書行楷，尤喜作擘窠書。詩學
王益 精醇，著有「蓮品詩鈔」行世。子。善楷書，所臨樂毅論最精到。「君直善皮黃，為津門首屈一指之名票友，私淑譚鑫培，模擬其聲調表情，居然譚鑫培也。嘗為救災義演。某次粉墨登場，正值譚在津，趨聆之下，首肯者再。（李采蘩言）

王守恂 字仁安，亦書紉盦，號阮南，晚稱拙老人。為津門名詩人。書法瘦勁，擅長小幅。

1092×787 1/16 20×20=400

第8頁

西畫　王

按：通州徐石雪初来津，即日謁見仁安，執弟子禮，受詩學。仁安為麗泉族姪孫。

王金鰲　字古僕。寫山水，花卉，大筆揮灑，殊有別致。又善西畫，鉛筆畫尤佳。嘗教授圖畫於天津中小學校。天津女教育家陸闓哉，又輔追悼會時，古僕為畫鉛筆半身像，神態如生。古僕頗有收藏，所收漢唐陶俑及古貨幣，曾出陳於河北博物院。并著有「半兩錢譜」。

（河北博物院為嚴慈約、華石斧二君組織。一九三七年七月天津淪陷，為日軍所毀。）

王印　「字君石。工書，善漢隸行草。為天津文學家兼名書家顧叔度先生越之及門弟子。偶寫竹，風韻有法度，但不多作。」（胡佑青言）

「君石曾於南門外圖書館結社為書課之會，於時有繆繼珊、王學敏、曾法欽及王守民先生皆與會焉。」（唐尚熙言）

王書掄　「字元度。教育家。工書，善畫。喜作博古、什物小品，用古法而有新韻。又喜蒐古錢幣。惟性介寡交，不輕為人落筆，錢幣亦不輕示人。」（胡佑青言）「篆書有名於時。」（姜毅然言）

王世瓚　「伊斯蘭教人。善山水，壽石，習作小幅甚精湛。興至則作大幅，筆氣豪放，色墨淋漓。曾於津東馬路宣講所舉行個人畫展，觀者認

王　鏞「字潤卿。籍保定，長期鬻畫於津。善寫意花鳥，賦色淡雅明快，人爭寶之。」（姜毅然言）

第　9　頁

為後起勁手。惜早卒，年未及三十。」（胡佑青言）

「世瓚能篆刻」（唐商典言）

王新銘　字吟笙。教育家。善書。晚年習山水，粗毫皴點，不拘成法，而磅礴之氣甚足。卒年八十有八。「有嘯園詩詞草傳世」（姜毅然言）

王翰臣　善書畫，尤喜作蘭石。

王金銘　字曉泉。吟笙兄。善山水，顧不多作。

王　驥「字士良。教育家。精文學、醫術、書法，工魏碑。天津舊如意巷小學校建築，多有其題刻。」（胡佑青言）

王鴻儀　工書端楷，小字尤善。

王毓嵱　吟笙女。童年所作山水、花鳥，便有可觀。人稱之惲如娥第二。惜未盡其才，早卒。

王經嫺　字君習。吟笙姪孫女，趙松聲入室弟子。善山水，又能書能文，寫作俱佳。卒年二十有二，人皆惜之。

王　瀹　字夢齡。馬景韓弟子。善花鳥。

王士蓮　字似蓮，號紅渠館主。為天津蘧廬畫社女弟子。家藏名書畫甚多。其所畫「秋林雀噪圖」，名詩人王仁安、高彤階皆有題咏。彤階詩有「攢眉世事喧如許，寫出秋林雀噪圖」之句，

1092×787　1/16　20×20=400

第10頁

四畫 王卞方元　五畫 史

一時為人傳誦。士連聰敏靜豔，搴止安閒。同學皆謂對士連可祛燥氣。惜早卒，年才十九。

卞寅清　字靜波。善行楷，尤長擘窠書。「善擘窠書，硬健遒逸。」（津門雜記）

方洗心　「香林院道士。善畫山水，多自題其詩。」（津門詩鈔）

方爾謙　字地山，別署大方。江都人，流寓津門以老。工詩，善書，尤長屬對。其書法自具一格，可謂前無古人。求書者日踵相接，得之者亦無不滿意而去。且能於相知之家書者，出新聯語以合其生平。又為藏泉名家，所收多異品，見載於丁福保古泉大辭典。地山於津彥知交甚多，與李琴湘、趙幼梅、管洛聲輩時有倡和。嘗為郁書聯「無事此靜坐，有時還讀書」。

元弘　字石庭。海光寺僧。晚稱高雲和尚。善指畫。夏渊若藏有高雲老人挑，曾出陳於河北省金石書畫文獻展覽會。「精於書畫，尤工詩，著『杜鵑集』，故又號杜鵑和尚，又號紅薑老人。」（津門詩鈔）「釋元宏，會稽人。善畫。」（國朝畫識）

第 11 頁

五畫 史 白

按：天津查蓮坡在圜扉時，曾延紅薑課業，師弟之情最契。

（海光寺舊名普陀寺。在南關下。早圮。）

五畫

史修　字治平。善畫。取法新羅。清乾嘉間名重鄉里。

史源緒　字鶴洲，又字嘯周，號竹泉居士。「以畫名家，尤工篆刻。有『竹泉畫譜』『竹泉詩集』『自怡印存』」（新天津志）「善山水，花卉，人物，界畫。其界畫極工而不需界尺，無論縱橫，運筆成之。又善鐵筆，為津門名印人。其才其藝均出飛鴻堂之上。」（王吟笙言）

史鑑　字晉狐，號鏡湖。工楷書。「先生性方正。高春江，潮少受學於公，公折紙課書，遂成寫家。」又「公寫四庫全書。」（皆津門詩鈔）

史雨汀　善書。

白宗魏　滿洲正白旗人。在津鬻畫最久。善山水，人物，花鳥，走獸，界畫尤佳。於扇頭寫重樓複閣，極盡其能事。性卞急，類徐文長。卒年未四

12

五畫　司甘

十。

按：宗魏花鳥走獸，多細筆，頗似南蘋。

司馬鍾　字繡谷。籍江蘇，寓津最久。善花卉，翎毛，走獸，落筆輕快有致。津人得其畫幅者為多。繡谷喜飲酒，每謂：「微職不足道，得酒足快也。」蓋時供職天津，故求畫者多贈以佳釀。「上元人。擅寫意花木及翎毛，走獸。落筆豪放，氣勢遒逸。張雪鴻張桂巖後，獨樹一幟。性傲，嗜酒，酒酣，一夕可了數幀。尋丈巨幅，頃刻而就。墨瀋淋漓，酒氣勃勃，如從十指間出。或作草蟲水族，一兩筆，頗極生動之致。往來京師，名日益重。嘗聞鄉人某，落魄不得歸，君慨然曰：『吾未能解囊，當助以手。』於是磨墨伸紙，洋洋揮灑，成十數幅贈之，辦歸計。豪情逸氣，概可想見。亦善山水，不多作。」（墨林今話）

按：繡谷在津時，主北門裏大儀門西王氏，即王蓮品先輩家。一時沽上名流，多與往來，宴飲無虛日。而繡谷公暇，亦幾於無日不畫。

甘眠羊　「善書」（王直民言）「初學翁方綱，繼變其法，自成一派。」（姜毅然言）

20×20＝400

六畫

如山 「字冠九。清蒙旗少數民族。居津最久。善書法，筆致樸厚，喜撫六朝。舊日天津廟宇，救火會等有其所書對聯匾額甚多。（胡佑青言）

朱兆慶 字卜工，號午莊，又號桂園。善草書。「與金竹坡先生筆意相似。（津門詩鈔）

朱岷 字導江，號客亭，又號七橋，又號崙仲。原籍武進，查蓮坡延之來津，遂家焉。以書畫名於時。著有「燦南草堂詩稿」「中盤紀游」「唱和詩鈔」。其畫多山水，筆下渾淪充沛，不事雕鐫，純以氣勝，有山雨欲來風滿樓之概。住查氏水西莊最久，故查氏得其畫亦最多。曾為查恂

六畫 如朱

1092×787 1/16 20×20=400

六畫 朱任 七畫 吳

叔寫「秋莊夜雨讀書圖」卷，恂叔為文記之。一時題咏甚富。「畫在陳白陽、藍蝶叟之間。竹石花木，濃奇蒼秀，各盡其致。尤善指畫鍾馗，意態如生。同時以畫游津門者，尊為畫中禪伯。」又「隸摹中郎，草摹懷素，行書學黄庭堅，無不追其神骨。」（皆津門詩鈔）「隸書喜寫鄭谷口。」（陳筱莊言）

（水西莊為清康乾時查天行別墅。在城西南運河南岸。早圮。）

朱錫鬯　江南人。寓津以老。善畫。汪沆「津門雜事百咏」有句云：「柳朱繪事技殊工」句，朱即指錫鬯。

任文華　字梅盦。天津遂廬畫社女弟子。善工筆寫生花卉，有自畫百花長卷。惜未得盡其才，早卒。

七畫

吳人驥　字念湖。善畫，有「題畫竹」詩。夏消若藏有念湖竹挑，曾出陳於河北省金石書畫文獻展覽會。「性倜儻，修髯偉岸，工畫竹，旁及詞曲。有『吳髯』之稱。」又「（清）乾隆乙未七月，吳人驥

七畫　吳沈

第 14 頁

「善　廬詩存有病中懷吳六弟念湖詩，知其行六」（唐商與言）

繪思源莊送別圖」王學海題籤」（皆津門詩鈔）

（思源莊為清初張霖祖塋，旁起別墅，題思源莊額，在金鐘河畔。早燬。郁幼時，耳老人指其處似人距錦衣衛橋至近。）

吳轂祥　「字秋農。秀水人。工山水，初學文衡山，又善花卉人物。工整秀逸，脫落時蹊，蒼渾滄潤，幾自成家。」（增廣歷代畫史彙傳補編）「山水。」（津門紀畧）「工山水。游京師，聲譽鵲起。」（寒松閣談藝瑣錄）

按：秋農僑居天津甚久，當時天津南紙局如：文美齋，士寶齋，錦盛祥，同文書局等皆有其潤格，故津人得其畫者甚多。

吳佐亭　「善山水。」（劉子清言）「佐亭名景濂。」（唐商與言）

吳伯年　伊斯蘭教人。善寫真，兼長花馬走獸。

沈　銓　字師橋。「號青來。山水師石田，花卉宗南田。生平慕黃山之勝，與莫葵齋裹糧同游，凡山中怪石，古松，奇花異卉，咸為圖繪，無不逼肖。」（墨香居畫識）「字季掌。善畫。」又「青來善繪事，著色花卉，得張桂巖所傳，當時重之。」（皆津門詩鈔）「師橋於繪事外，尤擅篆刻，白文浮漢人神髓，朱文仿唐宮印，亦能酷似。嘗見沈青來印譜鈐印本於仰古齋段子雄所。」（唐商與言）

按：青來又號直沽漁隱。著有「六琴十硯齋

1092×787　1/16　20×20＝400

第15頁

七畫　沈辛

讀畫記」。其山水、花卉皆見重於時。嘗見其所畫寫意蔬果，率筆鈎點，淡逸有致。青來與南蘋同姓名，一天津，一吳興，合稱「南北沈」。

沈峻　字存圃。善詩書。館名「欣遇齋」。著有「欣遇齋詩鈔」。家居鬻書自給。顏所居曰：「隨緣」，自署曰：「陶令歸來惟乞米，鄭虔老去尚簽詩」。（津門詩鈔）

按：存圃書法為世所重。楊香吟詩有：「欣遇齋中老謫仙，騷壇遊戲八十年。長吟短歌洩不盡，墨池揮灑如雲煙」之句。足徵老而詩書不倦。

沈兆澐　字瑩川，號雲巢。存圃子。善書。

沈式齋　「山水、花卉」。（津門紀畧）

沈荷生　「工花卉」。（增廣歷代畫史彙傳補編）

沈文和　善書。嚴臺孫藏有其所書聯，曾出陳於河北省金石書畫文獻展覽會。

辛樾　字蔭圃。「花卉、翎毛，揮灑縱橫，有天然生動之致」。（津門雜記）（清朝書畫家筆錄）

按：蔭圃筆致瀟灑，類海上朱夢廬而滄潤過之。曾為文美齋畫花箋詩筒，刊行於

1092×787 1/16 20×20=400

第 16 頁

七畫 辛李

世。又善人物，鈎拂似任伯年。

辛元煇　字小圃，蔭圃子。善畫。「花卉，人物」（津門紀略）

辛澤恆　「字牧春，李桐圃弟子。蒼松，古柏，花鳥，人物，各臻其妙」（劉子清言）

辛壽培　「字虎臣，教育家。善書，於誠懸極有根柢，晚年專擅平原，形髓俱得。曾寫印「學生習仿字範」及「正氣歌」行世。又喜摹東坡，間作漢隸。畫花卉，拳石，亦殊饒逸致」（胡佑青言）

按：虎臣先生爲郁之師，在戚屬爲郁之表兄。郁從學時才八歲，先生曾爲書扇，款稱表叔，書法極精到，竟爲同學偷去，至今悵悵。郁初學誠懸，即先生所教也。

李友太　字仲白，號大拙。工書善畫。「工畫人物，山水，然不爲人作。工製硯，製墨，老輩猶有藏者。與孝弟堂劉氏，遂閒堂張氏所製并珍於時」。又「生於（明）崇禎五年，七十八歲二目猶炯炯如寒星」（皆津門詩鈔）「讀書不爲舉業，好古其天性也。常覃精於金石之文，凡篆籀分隸，碑碣圖書，一切鼎彝古器，考核品題，摩挲不

1092×787　1/16　20×20＝400

七畫 李

能去手。臨書無尚筆，結體方嚴，與其人適相肖也。（朱函夏李大拙傳）

按：大拙書畫，因不為人作，傳世絶少。

李大讓　仲白子。工書。「大拙先生子大讓，工草書，得其家法，名重一時。亦不輕與人書。」（津門詩鈔）

李芝圃　「字卓菴。處士友太女也。工寫大士像……五十四歲卒。」（天津縣志）「知書，工繪事。白描人物，不下李龍眠……家貧，作大士像鬻以自給。」（王又樸李大拙先生傳）

李紱磬　字桐圃。工畫人物，善寫真，又工花卉。「以牡丹得名，時稱『李牡丹』。與李育稱『南北李』，設色妍麗。」（增廣歷代畫史彙傳補編）「工秀，得龍眠之遺。」（津門詩鈔）

李應斗　善書。法歐陽率更。「津門前輩學歐書者，前有李公應斗，後有周公步瀛，皆足楷模後學。」（津門詩鈔）

李春澤　字潤笙。善書。「行楷。」（津門紀略）

李鐵梅　善書。舊問津書院有其所書對聯，絶佳。（問津書院在城裏舊鼓樓南路西。清乾隆年間由集堂捐建。現為鼓樓南小學。）

李秋原 善書。嚴臺孫藏有秋原所書對聯，曾出陳於河北省金石書畫文獻展覽會。

李鳳池 善書。王錫綸藏有其所書工楷團扇面，曾出陳於河北省金石書畫文獻展覽會。

李桐菴 善書。「右父家藏于澤九墨蘭六尺大屏為桐菴所題，故知與于為同時人。」（唐商燕言）

李釗 字所其，號勉菴。文安縣人，定居天津。工刻印。汪西顯「津門雜事百咏」詩：「篆印昔年數李老，窺幽蝸匾析秋毫。有時謝客還自秘，不是解人不奏刀。」又蔣秋吟「沽河雜咏」詩：「印章自昔推文氏，鐵筆於今數所其。獨得漢銅香一瓣，不隨時好格尤奇。」由二詩之描寫可知勉菴所作風格一斑。「工篆印。性孤介，有不當意者，雖千金不應也。」（汪西顯津門雜事百咏詩注）「吾友王堅白藏有所其刻印，邊款所其二字，細若毫芒，不可拓取。」（唐商燕言）

李雲章 字商卿，號一卿。善書畫。畫尤長於梅蘭石，且每畫必題詩，詩亦清夐可誦。與張公和菴友善，每有所畫，輒共相商榷，縱談忘時。商卿岸然道貌，如羲皇以上人。

李竹坡 善作大幅，粗毫斫拂，梅石尤奇。又能書，

1092×787 1/16 20×20=400

喜長題。竹坡鬚髯飄拂，莊顏絶俗，儼然陳老蓮畫中高士。焦百詩藏有竹坡所畫花卉屏，曾出陳於河北省金石書畫文献展覽會。

「竹坡名鑄璠」。（宦齋魚言）

李瀓浠　字幼竹。竹坡子。善人物。同文書局印有所畫信箋。

（同文書局為天津舊南紙箋扇店之一。在東門外襪子胡同内東瑞路北。今無。）

李曈曦　字二聃。竹波子。以字行。善山水，書法亦佳。與張公和蓉友善。嘗同窗几作指畫，張公指畫松芝竹石，二聃指畫山水，作「富春山色圖」，寫成互視，相與大笑。如東坡南宫對几揮毫時興致，真疑座上有春風也。二聃善調詼，與穆壽山遇，則各縱談故實，描摹盡致，時人稱為「二笑」。張公殯出時，李穆同往唁，因穆為伊斯蘭教人，二聃與郁陪穆餐於一清真食館，客中某指曰：「今三笑矣」。

李文濤　字叔同。别署甚多，如：李嬰，李欣，李息，息霜，息翁，微陽，黄昏老人等。善山水，人物。書法亦極佳。皆不拘拘於一格，而殊多韻致。尤長鐵筆及西畫。曾游學於日本，以音樂名於時。

七畫 李

同時與留東同學組織「春柳社」，為吾國新劇首倡者之一。與歐陽予倩、李濤痕等排演「茶花女」「鳴不平」……實開吾國話劇界之先河。歸國後，曾教授美術於西子湖畔。後棄家為僧，隱於西湖，稱弘一法師，又稱慈力院髪目。

「叔同學書於吾宗靜岩先生極肖。既乃一變其體。民初國歌一卿雲歌為叔同譜曲。」(唐[illegible]言)

李明超　字石君。四川籍，家於津門。善指畫山水、花鳥。惟太求工，不似高其佩之大氣磅礴。又嘗助之以筆。聞其作畫時不使人見，有客來則掩之。

李文治　字采蘩。善折枝花卉。嘗學畫於張公和巷，但為日不久。又善書，私淑劉石菴。然其志不在書畫。投老窮困，不得已鬻書賣畫終其生焉。與劉竺生友善，其畫上題詩，多為竺生所作。

李金藻　字芹香，亦書琴湘，晚號擇廬。教育家，又為津門名詩人之一。善書兼善山水，但不多作。偶爾揮毫，韻致天然，不失矩範。卒年七十餘。「書法李北海，并擅飛白書，揮洒自如，為近代所無。」(姜毅然言)

李品清　芹香兄。山水絶佳。

李儒生　善山水。

李古梅　善畫。

李　儒　字子中。僑寓天津。善畫花卉，筆墨不失古法。

李士賢　字竹林。善畫花卉，學張公和花行筆敷色之法，有似處。又善鼓琴，尤精琵琶。

李紹震　善花卉、人物。

李霞山　（善畫米家山水。號江邨散人。伊斯蘭教人。）

李夢白　「善蘆雁」（胡佑青言）

李荷生　「工花卉，用筆着色，謹守古法」（胡佑青言）

李學曾　字子龢，號曾齋。善書畫。墨筆蘭石，筆致瀟灑有趣。

李錫田　「字野耕。善花卉。中年從李釆蘩問業，後又肆力宗吳昌碩，藝更增進。又喜書法、工文學，畫上題句，多雋永可喜」（胡佑青言）

李廷玉　字貫忱。能書。曾組織書法研究社，一時從學者甚多。

李世超　「字中介。善書。精魏碑、龍門造像及十七帖，尤善榜書，雄强厚重。曾石印所臨龍門數品，學者多寶之」（胡佑青言）

李精皋　字鶴鳴。「善書。精鑒別，富收藏」（胡佑青言）「鳴皋字晴軒，所收古書拓本頗多故物」（[illegible]言）[illegible]

七畫 吕何杜邢

吕纘祖　字峻發，號修祉。滄州人。善行楷。「博學工書。」（津門詩鈔）

吕繼龢　「籍靜海，寓津售技，擅花鳥。能以通草貼附為大鏡屏，鑲嵌染色，極工麗。曾設廣文齋於北海樓。」（王直民言）

何績甫　工楷書。嚴臺孫有績甫所書小屏。曾出陳於河北省金石書畫文獻展覽會。

何維賢　字緘三。從幼嗜於語言，人以「何啞叭」呼之。善山水，花卉。能左右手同時行筆。

何家駒　字子良。「楷書。」（津門紀畧）

杜　彤　字子丹。「善行楷。」（津門紀畧）「子丹楊柳青人。於時翰林書皆館閣體，獨子丹能魏書，拔俗出衆。」（高治源言）

杜寶楨　字筱琴。善書。嘗為商家書匾額。

邢元植　號野航處士。善畫。「邢山人，工畫山水。性喜遊，遇佳勝處輒留連經數月。築『若野園』，顏所居曰：『岸舟』，吟嘯其中。慕金芥舟先生之為人，晚避居津南之邢家墊，耕以自食。」（津門詩鈔）

按：野航欲築已然亭，畫為小幅自娛。楊一崑題詩云：「惱人俗眼竟難青，作畫敲詩酒一瓶。滿腹雲烟揮不盡，聊成小幅已然亭。」

邢一峯　善畫。其所畫花鳥，喜用「院體」，於畫後更以石青或墨填地。

1092×787 1/16 20×20=400

七畫　宋汪余沙

宋玉亭　善畫花卉、翎毛，尤喜畫柳燕。時人多與調訊，呼之為「玉馬兒」。蓋以其字玉亭，而又每於花枝上喜寫白玉馬（即金絲雀）也。「玉亭名永裕，行十二。」（唐商魚言）

宋志良　善書。嚴臺孫藏有志良所臨褚遂良文皇哀冊，曾出陳於河北省金石書畫文獻展覽會。

宋悅森　「為穆壽山畫友。善花卉。」（單以簡言）

汪　濤　善書。夏潤若藏有其隸書聯，曾出陳於河北省金石書畫文獻展覽會。

余尚炳　字犀若。工花卉。與水西莊諸名流時相觴咏。「號月樵。原籍紹興，後家天津。」又「與查蓮坡、奈埪昆弟同社詩人。工繪事。」（皆津門詩鈔）

按：犀若又號問畬山人。

余廷霖　字竹泉。善書，能畫。嘗繪「慈雁圖」以寓思鄉之意。姚品侯藏有其所書對聯，曾出陳於河北省金石書畫文獻展覽會。「竹泉自號白頭童、跳笑兒、老孩子。山陰人。嗜酒，嗜硯，性酣嬉淋漓，草書出入百家。」（津門詩鈔）

沙用章　「字煥亭，號碩石，又號雪若。世居武清，清

1092×787　1/16　20×20＝400

七畫 沙 八畫 金

末來津鬻畫，因居津。初畫山水，後改花卉，草蟲，用宋人鉤勒法。及見張公和菴之作，爲之折服，盡棄其舊習而宗之。行筆以秀潤工整見長。卒年八十有三。（蕭心泉言）

八畫

金璿　字子衡。能畫虎，兼善畫貓，亦工仕女。畫後每自題詩，皆清朗可誦。又能指畫，有題「指寫睡貓」詩。

金玉岡　字西崑，號芥舟。清康乾時名詩人之一。善畫，足跡半中國。「（清）乾隆時，以山水名於世。惜墨如金。著『黄竹山房詩集』。」（增廣歷代畫史彙傳補編）「芥舟先生，高淡性成，沈淵於學。慕陶弘景，林和靖之爲人，寄心霞外。工詩，善畫，自成一家。所繪尺幅片紙，人以爲寶。」（津門詩鈔）「先生高潔恬淡，不求仕進。博覽群書，工詩，善畫。當道重其學，徵聘不就。性喜游，金金門嘗書坡公句贈之曰：『身游萬里半天下，僧卧一庵初白頭』。其風概可想。」（金芥舟先生本傳）

按：芥舟晚號黄竹老人。平時游跡所到遍

第25頁

八畫 金

山水勝處，輒伸紙為小稿，曰：「此吾之詩料，兼畫料也。」每於佳處流連多日。著有：「天台雁蕩紀游」、「黃竹山房詩鈔」、「旅浦集」……。其所畫「天台雁蕩圖」，有查次喬、萬梅堂、余楓溪、劉牧崖、沈華田諸人題詩。晚年隨鄭熊佳為粵東之遊，擬登羅浮未果。卒於電白縣，年六十有三。梅樹君輯芥舟詩，嘗別為立傳，並謂：「沽上詩人，前有張舍人笨山，後有黃竹老人，遙遙相接。」又謂：「先生風期高曠，信義自許。金金門太守謫戍遼東，無人偕往，先生慨然同行，因探長白、鴨綠之勝，積詩一卷而回。嘗遊都門，於騾馬市街間吟曰：『雪嶺界空天際白，無人回首望西山。』後一叟拍公肩曰：『君得毋仙乎？』蓋英夢堂也。相與酒肆定交而去。」

金永　字永和，號蓮塘。芥舟季子。善畫。「永和敦孺慕，急家難，不避艱險。芥舟先人卒於粵東，隻身往返，萬餘里奉柩旋葬，歷盡顛危。畫得芥舟遺意，能寫溪山小景，有逸態。」（津門詩

1092×787 1/16 20×20=400

鈔）

按：永和畫多小幅，嘗自題詩其上。郁光族兄杏林曾藏有其所畫扇，郁幼時見之。

金勝　字嶺雲，芥舟從子。善畫，嘗為華麓堂寫「泛湖圖」并題詩其上。「嶺雲先生善畫山水，得芥舟家傳，主於氣韻，秉志沖淡，風格脩然。嘗馳驅營壘之間，筆書旁午，不廢詩畫。」又「一邱一壑，繼武黃竹。」（皆津門詩鈔）

金佩　字芥孫，館名佛眉精舍。芥舟孫。善山水，傳其家法。其寫意之作，儼然芥舟氣韻。

金銓　字鈞衡，號野田。芥舟族孫。善書畫，又能詩，蘭竹尤妙。有與吳澹湖合寫竹蘭幅，時喬五橋、朱玉儕在座，玉儕為詩題之。郁曾見野田所臨聖教序。「工草書。」（欲起竹間樓存稿十君詠詩注）「書法鍾王。李海門符清贈句云：『六書褚登善，五字韋蘇州。有道貧何病，無田菊是秋。』風概可想。（津門詩鈔）

金鈺　善書。夏渊若藏有其所書挑，曾出陳於河北省金石書畫文獻展覽會。

金達清　字龍節，號墨禪。工山水，傳其家法，尤喜

1092×787 1/16 20×20=400
16×200

见夹页一

溼筆皴點，極滄潤。「工畫山水，善承家學，蔚可觀。」(津門雜記)「喜仿大米。」(增廣歷代畫史彙傳補編)(寒松閣談藝瑣錄)「龍節先生冬日，在向陽玻璃閣子前，戴風帽，着皮馬褂，足下登脚爐，口銜旱烟袋，架眼鏡，坐畫案前，為索者寫山水方冊。高年直貌，使對者降心。」(周鐵珊言)

金世熊　字康溪，號力農，晚號竹坡。善草書。「學無所不窺，尤工草書，名重一時。筆珊珊如玉骨，不着人間煙火氣。當時津門善書者，如喬公耿甫，金公銓，皆名顯一時，而不及公之超逸。」(津門詩鈔)

按：竹坡一號力崖。見米斗莊述金竹坡詩題下註。詩有：「高才同謝朓，飛筆擬張顛」之句。

金紹驤　字竹村。善書。「竹村書法董香光，得其秀逸。」(津門詩鈔)

金雲溪　善書。嚴臺孫藏有雲溪所書對聯，曾出陳於河北省金石書畫文獻展覽會。

金仁壽　字志青。介舟族人。善畫。花鳥蟲魚，皆其所長，筆下極超脫。志青無有所畫，嘗爲之張公和菴。志青年少於張公，長身玉立，倜儻健談。嘗爲文美齋畫花箋，得者寶之。「恭壽弟。（唐南魚言）

金恭壽　字向辰。苏舟族人。善山水，守其家法。偶作花卉盆景，適意之作，不求妍麗。

金菊舫　苏舟族人。善山水，顧不多作，似不欲以畫炫於世者。

金　雯　字雨文。善山水。「畫山水，善承家學，蔥蔚可觀。」（津門雜記）

金　鎔　「流寓天津。號子陶。善寫意人物、走獸，尤長於山水。」（韜養齋筆記）

金　梁　字息侯。滿洲人。文學家。善篆書，筆法不求妍媚，自成一派。在津知交甚多，有名於時。晚年手戰，篆法益奇。嘗爲人寫匾額作大引書，益形奇特有致。按：金晚年居津，嘗爲郁書聯「三聯詩書畫重游泮美感」。

孟毓梓　「字緒邨。花鳥、山水、人物，筆墨蒼秀，悉具古法。」（津門雜記）（清朝書畫家筆錄）

按：孟公山水學於陳青笠，尤善寫真。花鳥似司馬繡谷。文美齋同仁某，藏有孟公所畫仕女直幅，由張公和菴補籐蘿。文美主人焦書卿謂：「孟公畫時余在座，張公時尚侍孟公左右也。」

孟繼壎　字志青。「能書，善畫蘭。」（清朝書畫家筆錄）「擅蘭竹。臨池寄興，高致絕倫。」（津門雜記）

（畫）孟周

「篆隸，蘭花。」（津門紀略）「善畫。」（增廣歷代畫史彙傳補編）

按：志青又字治卿，有齋曰「綠莊嚴館」，書畫之餘，喜蒐藏古貨幣，精品極多。

孟繼坤　字筱蕃。善書。「行楷。」（津門紀略）

孟廣慧　字定生。志青子。精金石之學，於書法無所不通，無所不能，為津臨摹南帖北碑第一妙手。又精鐵筆，得者寶之。「篆隸。」（津門紀略）

周　棠　字召伯，又字少白，號蘭西。浙江山陰人，居天津甚久，主文美齋焦氏。山水、花木師白陽、青藤。晚年喜畫石。津人得其畫者甚多。當時凡託情求畫不與筆潤者，則署款「白畫」。

周　焯　字月東，號七峯。善書，工刻印石。收藏甚富。金石書畫，琳瑯滿室。「專力於古，工詩，精小篆，八分，摹印。嘗刻一石曰『癡絕』。」（津門詩鈔）「周七峯有佳硯，忽墮為數片，粘好如一，即作『詩銘』自刻於四周，寶之更甚。」（金芥舟黃竹山房集）

周人驥　字芷囊，號蓮峯。善書。「周蓮峯善射，工詩，精於書法，人得片紙隻字，皆寶惜焉。」（牛次

原周人驥(涛)

周步瀛 「善書，學米芾」(津門詩鈔)

周彥伯 善山水。夏渊若藏有彥伯所畫山水幅，曾出陳於河北省金石書畫文献展覽會。

周讓 「字述曾」(唐鹵魚言) 字鐵珊，亦書鐵衫。善墨竹、墨菊，尤喜畫蝶。花卉、拳石，有興亦偶作。其所畫得意者，則往往款書鐵衫。偶作指畫，舌畫亦佳。豪飲健談。有印章曰：『酒囊飯袋』，極得意。酒醉後，每每狂言驚四座，自比唐之焦遂。性褊急，喜誇大，遇其所不善，嘗面折之。或稱之為『鐵舌周不讓』，蓋珊、衫與舌音相諧也。後周聞之發狂笑。一次有求畫竹者，以人情來，希少酬，周不肯，來人苦求，周語不相讓。時陳恭甫在座，勸之，周笑答曰：「汝不知吾為『鐵舌周不讓』乎？」後恭甫與郁談及，并謂：「鐵珊說話太不周到」，郁笑謂：「昔文點寫松多苔點，或戲之曰：『文點松，文也文，點也點』，今可對『周讓竹，讓不讓，周不周』，究竟周讓似覺不順」，因相與大噱。

(文點寫松事，見畫徵錄)

周怡菴 「四川籍，久居津。善山水。」(米鎮魔言)

第31頁

八畫　周邵松

周興九　天津名印人。能畫，不多作。其摹寫古金、陶、磚、瓦、佛像等，蒼硬處逼真拓本。又能於石、牙章邊款刻鐵夾細字，筆力瀟灑，過於于嘯軒。「在毅然畫會學畫。又擅刻瓷。」（姜毅然言）「興九曾學治印於王雪民先生。」（唐商魚言）

邵玉清　字履潔，號朗巖。善書。「工楷書。曾書金剛經百本。」（津門詩鈔）

邵梁　履潔子。工書。「梁以書名。早殁。」（津門詩鈔）

邵瑞澄　字鏡波。善書，有名於時。「精八法，揮毫落紙，氣足神完。」（津門雜記）「行楷。」（津門紀略）
按：郁曾見邵公於扇頭書顏魯公爭坐位，極精湛。

邵瑞璘　「字玉嶠，鏡波弟。善書。筆在趙董之間。作小行楷亦雋妙。」（胡佑青言）

邵博仁　「字荷生。善書，體小行楷，有家法，極似鏡波。」（胡佑青言）

邵長生　「工花卉。曾學畫於李采蘩，筆工色妍，一守師法。小楷也殊工秀。惜早卒。」（胡佑青言）

松年　字小夢，滿洲人。善書畫，又工詩。來津寓文美齋主人焦書卿處。山水、花鳥、蟲魚、走獸

1092×787　1/16　20×20＝400

無所不畫，不拘拘於繩墨，以古拙見長。為文美齋畫百花箋紙，隨意命筆，不矜工巧。行書脫胎於爭坐位，圓渾流暢，得其三昧。小夢津中友好甚多，與梅氏、穆氏及劉小亭尤為莫逆。

武雲章　字秋嵐。工書。遺筆豪肆。所作榜書，多飛白，頗疏朗。袁渊若、嚴臺孫皆藏有秋嵐書聯，曾出陳於河北省金石書畫文獻展覽會。

武登善　「字曉山。善金石篆刻。字工魏碑，喜摹趙之謙。(胡佑青言)

八畫 松武　九畫 查

九畫

查為仁　字心穀，號蓮坡。善書。書為文名所掩，不以書名。「為仁一名成甡，又號花海翁。父日乾，號天行。原江西臨川人，世居天津。著有「蔗堂內集外集」「蓮坡詩話。(津門詩鈔)

按：河北博物院畫刊曾載有蓮坡書自填好事近詞影片，筆下秀婉可喜。

(河北博物院原址，在鐵路工人文化宮東。今無。)

查禮　「查禮，字恂叔，號榕巢。山水、花鳥精緻，尤善墨梅。(墨香居畫識)「山水、花木，雅逸有法。(清朝書畫家筆錄)

按：恂叔原名為禮，又名學禮，字魯存，又號

1092×787. 1/16 20×20=400

九畫 查

儉堂，榕巢，茶坨，藕汀，鐵樵，鐵橋，香雨，紅螺山人，晚又號九峯老人，澹宜居士。查蓮坡弟。原籍宛平人，由其先人居津，遂入天津籍。善畫，能詩。着有「銅鼓書堂詩集」「經業茶鐺集」「沽上題襟集」「桂海隨筆」等。其所畫梅，能於蒼老中見韻致。生清康熙乙未（54年1715），卒乾隆壬寅（47年1782）。年七十七歲。

查為義　字集堂。「集堂風期清遠，有山人林下之致。善蘭竹，花卉，墨筆居多，間有着色，亦具閒淡蕭疏之趣。嘗見先生墨竹「雙竿烟雨」別具逸態」（津門詩鈔）「蘭竹秀勁」（歷代畫史彙傳附錄）

按：集堂為查蓮坡弟。工詩，善書畫。生平好義，以所居宅捐建問津書院。姚品侯藏有集堂行書七言對聯絕精，曾出陳於河北省金石書畫文献展覽會。

查善和　字用咸，號東軒，又號介仲。蓮坡次子。善書。着有「二十四史然疑筆錄」「東軒詩草」。

查淳　字厚之，號篆仙，又號梅舫。儉堂子。善書。着有「梅舫詩鈔」「湘灘合稿」。

1092×787 1/16 20×20＝400

九畫 查

查林 字桂一，號茂亭，又號花儂，别號松生，守樗。儉堂孫。善畫梅。著有「有芳集」「釀秋軒草」「滇吟」「湘中詩餘」。

查彬 又名曾印，字伯埜，號憩亭，又號湘鄉。集堂孫。善畫山水。有自畫「伯埜畫冊」，其所畫蘭竹，亦超逸有致。著有「湘鄉漫録」「采芳隨筆」「小憩舫詩草」等。

查凌漢 字鐵卿，又書帖青。查蓮坡後人。詩文書畫，音樂劇曲，無所不通。為人極倜儻，或稱之為「今世王武」。尤善畫蟲魚。與張公和菴友善。張公為文美齋畫百花箋紙，鐵卿各題小詞其上，共百首，既切所畫花名，兼顧書素往来，懷人勞結之意，一時稱為雙絶。清光绪庚子之役（一九〇〇）文美齋箋版焚燬，時鐵卿已歸道山。亂後，文美主人焦書卿重請張公續畫百花箋紙，張公仍題鐵卿詞其上，得之者寶藏至今。陳郁文先生處藏有鐵卿為畫扇，水墨金魚，上有自題七律，畫意詩情，令人嚮往。（陳郁文先生，伊斯蘭教人。善於鑒古，里人稱之陳八先生。與張公和菴、馬公景含、王公鼎平，

孟公定生等友善。喜談津門名人軼事。於金芥舟查蓮坡等言之甚詳)

柳維新　浙江人，寓津以老。善畫。汪沆「津門雜事百首」有「柳米繪事技殊工」句。柳即指維新。

胡峻　字崧廬。江南人。與朱導江同時來津入津籍。善畫山水。一時朱胡齊名。

胡濬　字芝孫。善書，得平原神髓，尤精於榜書。hidden

胡溶　字敬丞，芝孫弟。善行楷，專宗右軍。題所居曰：「鑄晉齋」。

胡湗　字湘荃，一字香泉。工書畫。字法平原，酷似其兄芝孫。花鳥初學孟公綉邨，後間參如米夢廬。

胡峻門　工書。喜臨吳郡書譜。「峻門名祖寬」(廬言)

胡夢蘭　工繪畫。放筆如任伯年；工筆學老蓮。又喜用錢慧安鐵線描法畫人物於鴨蛋殼，一時人爭索之。

九畫 胡 侯 姜

胡澍 「善篆書」（語美畫刊） 「字甘伯。安徽績溪人。精刻通聲韻之学，並通醫著有内經校義」善篆隸」（錢玄同言）

按：甘伯與趙撝叔之諍友善。邦藏有清同治九年趙胡校經所用之鹿角膠墨。

胡鈞 字少章。蓉城人，寓津以老。善畫，山水，人

胡永春 「字季雍。原籍武清，在津銀行界供職多年。工書畫。書法褚遂良，功力頗深。曾參加穀然畫會習畫山水，細筆渴墨，得清秀雅淡之致。」（姜毅然言）

1092 × 787 1/16 20 × 20 = 400 第 36 頁

物，花鳥，蟲魚，殆無不能。尤喜作綠梅與絳梅參錯，益形嬌豔。卒年七十餘。「晚年以畫隱於津門。所繪花卉，人物，純合古人矩度，而清奇之氣，縹緲之致，尤非尋常畫手所能。」（趙幼梅記胡少章先生）

侯士鈐 字曉崟。工書法。曾以精楷書鄉人楊春農所輯「絕妙集」影印行世。

侯秉衡 善畫花卉，翎毛，頑石。

姜蔗樵 善山水。「蔗樵名廷錕」（唐商無言）

姜溫和 「字雲波。擅寫意花鳥仕女。收藏名家書畫甚多，終日披覽。性嗜酒，於畫不輕落筆，故流傳甚少。清道光十年生，光緒二十六年無

1830 1900

疾而終，年七十一歲。」

姜秉善 「字少雲，雲波次子。工書法，知名鄉里。曾宦游江南，卒於蜀中。」「楷書」（津門紀畧）

姜擇善 「字心從，雲波三子。善書，名於時。偶作竹石，以書法行之，妙秀自然。清咸豐二年生，1852 光緒二十九年卒，1903 年四十一歲。」「行書」（津門紀畧）

姜益善 「字受謙，雲波六子。工花鳥，尤善畫竹。嘗以白堊為牆，取竹影而寫之，墨瀋淋漓，生趣宛然。惜不永年，清同治十二年生，1873 光緒二十六年卒，1900 年方二十八歲。」

姜吉生 世籛 字 「少雲次子，善山水，曾游學日本。」

姜世恩 「字慧田，少雲長子。工山水、花鳥。曾游峨嵋諸峯，寫川中十二景巨屏幅，並擅岐黄術。清光緒元年生，1875 民國十年卒，1921 年四十六歲。」

姜世瑩 「字秀峰，心從長子。擅設骨花卉。清光緒十五年生，1889 民國十五年卒，1926 年三十七歲。」（皆姜毅然言）

九畫 范 英 姚 省

范　圻　字蓮如。順天籍，老於津。工詩詞，善山水。與梅樹君善，為梅花詩社舊侶之一。

英　華　字斂之。滿洲人。館名安蹇齋。文學家，又為名書家。書法於山谷功力最深。天津最早之大公報即由斂之所辦，與顧叔度最善。晚年退隱西山，稱萬松老人。以其所書著為「萬松心畫」行世。

姚應龍　字雨亭。善畫。曾為張楚山畫竹牀圖。

按：張楚山任職餘干縣，以忤上司去職。歸時僅攜一竹床。里中善詩，畫者多咏繪其事。

姚彤章　字品侯，號研香，又號蘇齋，布帆。善行楷。精鑒賞，收藏甚富。

姚　進　字禮門，品侯子。精小學，善篆書。喜集宋詞為聯，曾輯「聯垢」一冊。(胡佑青言)

省　泉　釋名麗清。芥園廟和尚。善蘭竹石。「檀蘭竹」高致絕倫。(津門雜記)

(芥園廟在城西南運河南岸，今無)

十畫

徐鑾　字烟玉。精繪事。(天津縣志)

按：烟玉為李大拙室。善畫，尤工繪大士像。大拙善書畫，女卓菴得其傳，亦善畫。子太讓善書。一門風雅，當時為邑所稱。

徐兆慶　字易齋。善書。「學淳化閣」，又「工書法，得米南宮神髓。嘗於徐晴圃家見其所書手卷，筆墨縱橫肆宕，得意作也。」(皆津門詩鈔)

徐雲　字稼若，號文山，又號眉巖居士。原籍蘇州，移家津門。善書畫。款題「吳門徐雲」，以示不忘本也。作書時，嘗以瓦盆代硯，以供揮翰。卒年五十一。「行草書得晉唐人筆意。津門廟刹楹帖，匾額，往往是公手筆。間畫花卉，竹石，皆生動有逸趣。」(津門詩鈔)

按：文山與金芥舟友善，每相過從。芥舟嘗謂「文山，其貌如紫門霜月，其意如野水閒雲。」

徐子明　名恩炘，以字行。孟繡邨弟子。擅寫真，仕女宗錢慧安，極靈活超脫之致，四十歲以後專作花卉，翎毛，極妍麗致。為清同光間津門畫家四子之一。

1092×787 1/16 20×20=400

按：徐公黄鬚微跛，貌極慈祥。於傳真、花鳥外，尤善以油調色畫玻璃鏡心。且凡有所畫，嘗商之張公和菴。故鄙每於張公座上見之。

徐士鑾　字沅青，亦書苑卿。善畫蝶。

按：沅青清同光間供職京師，引舊傳「太常仙蝶」事，謂仙蝶喜酒，嘗来其寓所，呼老道則止酒杯上。徐乃對而寫之。因名其館曰「蝶訪齋」，蓋藉以增其畫蝶之聲價也。鄙曾見沅青畫「太常仙蝶」小立幅，一古色斑斕之青銅酒爵，上有飛蝶，赤質而黑章，前翅尖端有殘缺處，即尋常金鵲子蛺蝶也。鈎染極細緻。爵側寫平果半個，心點西核。全局配置殊簡，當有趣。

「沅青著有《古泉叢考》四卷、《蝶訪居泉拓說字》」。（寓齋漫言）

徐鴻儀　字小雲。「畫花卉、禽獸，落筆豪放，潑潑生機」（津門雜記）

徐世昌　「字菊人，晚號水竹邨人。工書，餘事作畫，筆致秀逸」（增廣歷代畫史彙傳補編）

徐世光　字友梅，號健廬，菊人弟。善行書，又善畫梅。卒年七十有三。

字端甫，號雪跋，又號濠園居士。館名雙石鼓硯齋。39頁

十畫 徐

徐世章　菊人弟。善草書。「收藏極富。余曾收得吾津文獻"耆飲昇平冊"即端甫故物，曾著錄於志徐隨筆者。」（唐商忠言）

徐思珍　字寶如。善花卉。

徐濤　「原名士雰，中年後改名濤，字蟫慶。善山水，花鳥，走獸，間寫人物，博古，怪石。隨所業醫，涉游粵，桂，峨嵋，遍賞山水勝景，故下筆奔放，氣勢雄偉，蒼勁蒼渾，別具風格。隨畫成詩，亦豪宕可喜。」（胡佑青言）

按：蟫慶於清季習醫，與郁光兄斐卿同學。曾邀劉壽萱與郁，合作花鳥大屏。蟫慶行筆如風，酣暢類任伯年。又曾為人畫礦石標本，為國民耳畫報寫時聞小圖，誠多才與藝者也。

徐風　字北民。善金魚。

徐和鑾　「善人物，山水。喜作大堂幅及橫披。筆墨嶄新羅。」（胡佑青言）「曾出家為僧於津西楊柳青。」（姜毅然言）

徐鳳翥　字儀廷。「善楷書。」（津門紀略）

徐學樵　善書。嚴臺孫藏有其所書屏，曾出陳於河北省金石書畫文獻展覽會。

徐宗浩　字養吾，號石雪。原籍江蘇武進人。善書法，宗趙吳興。善畫，喜摹古，尤長墨竹。又喜吟咏，著

1092×787　1/16　20×20＝400

「石雪齋詩稿」。

按：石雪詩書畫外，又精篆刻，有「遂園印稿」傳世。石雪於津中知交甚多。曾學詩於邑名詩人王仁安，學文於趙生甫。郁得所贈書畫便面，畫爲墨竹，筆致蕭逸，饒書卷氣。上題小詩，亦清麗可誦。

馬長海　字滙川，號清癡，又號婁山農。善書。「查氏藏公墨迹最多。書法遒逸，鐵畫銀鈎。」（津門詩鈔）

馬家桐　「字景韓。工山水、花卉。臨摹古蹟尤能亂真。」（清朝書畫家筆錄）「畫山水、花鳥，仿古亂真，其筆可想。」（津門雜記）「花卉、翎毛。」（津門紀畧）「仿古亂真，其筆法之妙，獨步一時。」（增廣歷代畫史彙傳補編）

按：景韓亦號景含，亦作井蘩，醒凡，又別署耿軒主人、未思居士、橄瀋園丁、扃東居士、韶印廬主。所畫多臨古，不喜自出機軸。曾學畫於孟公綉邨，爲清同光間津門畫家四子之一。又精於鑒賞，尤善刻印，亦善書篆隸。與孟定生、廣慧、王孝禹、

十畫 馬袁畢高

瓘最友善。惟景韓與定生皆以摹古亂真名，當時稱為「津門二甲」，蓋以甲叶假音也。「余嘗見所刻於先師倫閣先生篋笈中者凡三四方，皆得漢人風。」(唐尚惠言)

馬皐 「字覺非。善書，尤長顛草。性豪放，喜交友，不分爾我。」(朱鎮麐言)

馬念慈 字在兹。善寫竹。

袁浩 「字養源。工書，善醫。」(津門詩鈔)

袁克文 字寒雲。河南項城人。寓於津。為金石家、文學家、書家。篆隸真行，皆有獨到處。收藏極富，古貨幣尤多。又善畫，顧不多作，偶用減筆寫松石，殊饒古趣。又善飲，喜皮黃，每每粉墨登場。誠可謂詩酒風流，多才與藝。惜卒僅中年。

畢紹宗 「以字行，號也香。工書，畫山水宗婁東二王，渾厚天成，無劍拔弩張之態。」(墨林今話)

畢研農 善山水。畫有秀野山莊圖。

高喆 字濬谷，號琅村。能書。「善吾廬詩存附錄諸賢考云高喆字琅村，號濬谷。」(唐尚惠言)

高秉 字青疇。「周七峯有佳硯，易簀時，贈之友人高青疇寶之。青疇名秉。善書。」(金芥舟黃竹山房集)

高邁倫 字湫石。善畫梅，能書。「公草書習山谷，

见夹页二

十畫 高 孫

真卿。與喬五橋齊名。(津門詩鈔)

高桐軒　善楷書，工人物，尤精傳真。「能變舊法粉臉為水色，益覺潤脱像生。(胡佑青言)「桐軒名論章。」(寧商魚言)

高　潮　字春江。受學於史鏡湖。善書。

高凌霄　「字寫峯。世居津西永豐屯賀家樓後。家藏頗富。工書，善畫。字法董其昌，畫在白陽、青籐之間。尤愛作蔬果、魚蟹。墨筆爆澀互用，率筆寫出，頗得雋逸之趣。偶作駿馬圖，襯以淺草疏柳，朗俊可喜。惜年僅逾不惑，未能永壽。(胡佑青言)

高凌嶽　「字覲唐。善行楷、榜書，尤為雋拔。晚年致力魏碑，筆法一變。」(胡佑青言)

高春桼　「字叔達。工繪事。」(增廣歷代畫史彙傳補編)「叔達為寫峯後人。善畫，下筆秀逸，有家風。東游日本習繪畫，惜早卒，未得竟其學。」(胡佑青言)

孫麗泉　善山水。

孫士琛　字澤民。教育家。能書，善畫，但畫不多作。曾見其所畫石，題「洞天一品」，筆下極超脱有致。

孫　雲　字夢仙。羅朝漢室。善花卉，喜作工筆設色，姿態如生，若聞香息。

孫維源　字季泉。「楷法歐陽率更」（津門紀略）

孫秉箴　王雪民入室弟子。善鐵筆。工力不讓乃師。實津門印人後起之秀。雪民卒後，秉箴集其師平生所作，擬輯為專集印行，而遽以疾逝。

展桂森　字香府。善寫花鳥。

唐毓厚　字靜岩。「山水，篆隸」（津門紀略）

凌　雲　字叔瑩。「行書」（津門紀略）

十一畫

梁　洪　字崇此。「崇此先生，書法宗蘇長公」，又「所書橫幅，筆致遒逸，類米南宮」（皆津門詩鈔）

按：崇此又號芝梁。善書，能為各家體。

張　霔　字帆史，號念藝，又號笨仙，笨山，秋水道人。館名綠豔亭。能書畫，但不常作，有自題畫菊詩。蓋畫法從書法蛻變來也。「笨山草書，全得張顛神骨」（陳子翽龍東溟傳）「幼穎悟，工書，擅詩」（長蘆志）「髫齡時，便善臨鍾王。乃年四十六而即逝」（徐序東笨山詩跋）「念藝

十畫　孫展唐凌　十一畫　梁張

十一畫 張

學王右軍，張長史。」又「先生書法，逸古蒼勁，人以為寶。城內無量菴額三字，係公手書。過者無不仰羡，後為僧換去。」（皆津門詩鈔）

（無量菴在北門裏戶部街。早圯。）

張坦 字逸峯，號眉洲散人，又號青雨。笨山姪。善書。「學詩於王沆亭；學書於趙執信。淵源有自。」（天津縣志）

張壎 字聲伯，逸峯弟。善草書。

張鯉 「一名鯉涔，字禹門，號法上閒鷗。工畫，善詩。」（津門詩鈔）「字子魚。善書畫，工詩文。書學趙秋谷，畫法高且圓。幼為方望溪、查初白所器許。歿年僅三十九，為津人所惜。」（天津縣志）

張道渥 字水屋，又自號張風子。善山水。「工畫，善書，能詩。」（津門詩鈔）「山右張水屋，浮山人。字封紫，因自號張風子。好騎驢，又號騎驢公子。工詩，善山水。嘗寫華山小幀，山麓畫水環之，曰：『蓮華當生水中也。』」（墨林今話）「山水秀潤，邱壑畦徑，隨筆所至。脫盡窠臼，迥不猶人。」（清朝書畫家筆錄）

按：水屋性憚車馬之險，在京華時，外出則跨一驢。其友羅兩峯畫「張風子騎驢圖」題詩戲之。水屋遂作「題騎驢圖」絕句十九首，載津門詩鈔。

十一畫 張

張如鉽 字彝伯，號蘭谷。善書。「蘭谷工書法，學歐陽率更體格，傳自同邑梁崇山先生。」(津門詩鈔)

張賜寧 字桂巖，號坤一。滄州人。工繪事。「與羅兩峯山人，聘齊名。僑寓揚州，傳畫法於長子百祿。著有黃花吟館詩集。」(津門詩鈔)「寓維揚。花鳥，人物，靡不工，而山水尤蒼秀渾厚，超然拔俗。」又「桂巖兼善墨竹。」(皆墨林今話)「花卉筆力勁逸，設色亦古雅清潔。」(清朝書畫家筆錄)

張百祿 字傳山。桂巖子。僑居維揚。善畫。曾見其蔬果絹本冊頁，純以率筆點拂，不事鉤勒，色鮮墨潤，意趣天然。「山水花卉，克傳家法。」(墨林今話)

張震 字春巖。傳山子。善畫。

張景嵐 字笑山。工楷書。

張石松 善書。「學王右軍張長史。」(津門詩鈔)

張虎拜 字錫山。工書。「工楷書。凡其先人碑銘，墓誌，篆刻，罔非先生所書。」(津門詩鈔)

張湘 字楚山，又號礎珊。善書。「公少負雋姿，有文名。書法最工。住邑城西永豐屯。時與汪身、紀春有『永豐屯三小才子』之稱。」(津門詩鈔)

見吾廬詩存附錄諸賢考，張湘字楚山，又字礎珊，號虛舫。(廖禹叔言)

按：楚山任職[illegible]餘，不[illegible]，其上司某愛其書法，[illegible]其不康[illegible]之，不與書，以是罷職，僅[illegible]其隨身竹床[illegible]。

十一畫　張

張長林　字明山。善以丸泥捏塑人像，有名於時。又善畫。曾見其葛仙煉丹圖便面，筆法布局，皆頗精當。皴點用滲筆。「明山以捏塑世其家。向所捏作戲齣人物，各班角色，形象逼真。為人作小照，尤其長技。只須與人對面坐談，搏土於手，不動生色，瞬息而成。面孔徑寸，不僅形神畢肖，且栩栩如生，鬚眉欲動。」（津門雜記）「精於捏塑，能手丸泥於袖中，對人捏像。且談笑自若，從容不迫，頃刻捏就，逼肖其人。故有『泥人張』之稱，譽馳南北。現其後人，仍世其業。」（天津誌略）

張世廣　字孟皋。工畫花卉。「折枝花，用筆疏朗可喜。」（墨林今話續編）「畫花卉，近司馬繡谷。」（增廣歷代畫史彙傳補編）

張　湖　字錦波，號然然山人。善寫蘭竹石，饒有書卷氣。

張樾蔭　「字若村。蘭竹木石，淡蕩秀逸，書生本色。」（津門雜記）（清朝書畫家筆錄）「山水，竹蘭。」（津門紀略）「吾鄉張若村先生，工詩善畫，不拘小節。家貧以畫為生活。然非窘急時，求之不易得也。嘗以泥金作小竹，題句云：『我今方信筆尖富，千點黃金萬箇多。』」（藏齋隨筆）

第47頁

十一畫　張

按：若村，錦波子。蘭竹石似若翁而能變。又能山水，尤善寫蟲魚。「一日就書塾座旁壁上墨污，戲寫蜥蜴，適館東來，不敢坐，以為真者，若村笑，因此失去教職。蓋其館東平生最惡蜥蜴者。若村題詩所畫壁上而去。詩云：「一時筆下走龍蛇，春近無端失館家；自是嫌容遭世棄，料無人更護輕紗」。若村不合時俗，窮而棲於賣酒家，日久不能償值。一日有使者持五十金来索畫，并遞其主人大紅名片，若村辭不受，使者去。賣酒家大聲責，時若村方餐，係酒家為備者，酒一小壺，雞卵一，店主遽持去。若村笑不言，但以指擊桌，唱「秦瓊賣馬」，店主大聲喝曰：「那是你的馬」。片刻前使者復至，酬值倍之，并謂大人将来候，若村允為畫竹，辭見客。留畫值，自留若干，餘悉與酒家云。」文美齋焦書卿為郁言。時郁年未二十也。郁家有若村畫貓橫幅、金魚團扇，郁幼時見之。清光緒庚子（一九〇〇）後失去。

張振　善花卉。李晴峯藏有其所畫挑，曾出陳

1092×787　1/16　20×20＝400

於河北省金石書畫文獻展覽會。

張體信　字翔生。善書。「篆隸」(津門紀略)

張樹之　字德滋，號津槎。善書。

張式芸　字書田。善行楷。

張昌言　字虞齋。善書。「楷書」(津門紀略)

張兆祥　號和菴。善畫花鳥。設色妍雅，備極工緻。折枝花尤覺秀麗生動。著有『百花譜』行世。(清朝書畫家筆錄)(韜養齋筆記)「翎毛，花卉，着色清妍，極工緻。與馮俊甫友善。有『百花箋譜』行世。」(增廣歷代畫史彙傳補編)「畫花卉，翎毛。兼通西洋照相法。」(津門雜記)「工筆花卉。」(津門紀略)

按：先師和菴公初學畫於孟公績卿。與馬公景含、王公鑄九、徐公子明同學，在清同光時稱為「津门四子」。中年以後，縱覽百家，淹貫眾長，山水、人物、翎毛、草蟲、蔬果之屬，無所不擅。而花卉於南田、小山、忘菴之後，尤能獨樹一幟。野逸富麗兼而有之。又善畫玻璃，以油調色極細膩，於玻璃上反畫折枝花，或為鏡心，或為燈片，乾

十一畫 張

後裝置，如以真花貼玻片上。於鏡心則以藍或黑色絨呢襯托玻片後，所畫儼若不脫色之真花標本，而文繁簡合宜，照應得勢。若為燈片，則於燃燭後觀之，敷色匀淨，無或厚或薄之弊。尤於花瓣上筋脈，畫時以針劃之，燭光映照，與真花之透明度相同，真絕藝也。同硯劉信民得其傳，惜早卒；郁與陳恭甫皆未得學。一九〇〇年前，天津城隍廟及甕城關帝廟皆有先師所畫方燈，於每歲上元節夜「設擺」時懸，庚亂後不知所在。鏡片所畫，城北張氏（海張五家），王氏（王益孫家）及城西黄氏（黄振德家）皆有。郁曾於一范姓家見所畫秋海棠，鮮豔如真者，後為日本人購去。公所畫「百花箋譜」非一冊：（一）上有查鐵卿題詞，（二）公補題查鐵卿詞者，（三）嚴範孫題者。以上三種，於裝冊外，有單頁百頁一組者，風行海內，當時稱為「珠璧」。北京清秘閣，上海九華堂等於公所畫花箋，皆有翻刻，於以

1992×787 1/16 20×20=400

第50頁

十一畫 張

知當時之為人所愛重也。公於「百花箋」外，另有所畫，亦文美刊行，歸之「集錦箋」中。公重寫生，行筆、點色，全本天真。嘗於城西黃氏、城北王氏，封荷池為圖，以丈二大紙為花寫照。郁曾假王氏所藏公畫芍藥大幅，展示諸弟子，覺花之形色、盡態極妍，觀之神移，幾如身在衆香國裏。後王氏分居，不知此大幅在誰手矣。公書法極佳。篆隸行楷，俱能摹寫盡致，但為畫名所掩。石承濂藏有公書曹全碑，每以示郁。郁遂以所藏公書爭坐位全文贈石，俾成合璧。後石物故，公之墨蹟不知誰屬。公生清咸豐二年壬子（一八五二），卒光緒三十四年戊申（一九〇八），年五十七。

（文美齋「集錦箋」紙大小不一。小如詩箋、便條，大如聯箋。紙色、印色皆不一，且有詩筒、函封，有書有畫。書者、畫者，皆為當時名手，不一其人。由真跡鐫刻極精。摹刻者如黃癭瓢、陳曼生；畫刻者公外，如

1092×787 1/16 20×20=400

辛詮、圖、查鐵卿、錢吉生、沈心海、金志青等。一九〇〇年後日人來津者，多由文美齋以重值向光師索畫，并篤購各種箋冊，以是光師筆跡流入東瀛甚多。)

張之萬 字子青。南皮人。善畫山水，有逸致。子青在蘇時，喜拙政園泉石池榭之勝，葺而新之。嘗謂僚友曰：「余能寢饋其中，則如接衡山謦欬，筆墨當大進也。」其藝情之高如此。「工畫山水，擅婁東諸家之勝，而尤醉心於石谷。」(寒松閣談藝瑣錄)「公像貌清癯，長身鶴立。自幼喜畫，至老不衰。雖位至方面，不廢筆墨，性情尤和易近人。」(陳郁文先生言)

張紹緒 字柳堂。「精八法，揮毫落紙，氣足神完。」(津門雜記)

張嶽嵐 「字曉岩。(清)光緒時，以指墨畫竹名。」(增廣歷代畫史彙傳補編)

張玉叔 善山水。張德孫藏有其山水挑，曾出陳河北省金石書畫文獻展覽會。

張城 「字受甫。善寫人物，尤工仕女，時有『張美人』之稱。」(增廣歷代畫史彙傳補編)「受甫。花

卉,人物。(津門紀畧)

按:亦字壽父,號瘦虎。原籍四川,流寓津門遂家焉。其所畫仕女,對之可以蠲忿。清末小軍閥段芝貴以女藝人楊翠喜獻之貝子載振,希得黑龍江巡撫事,瘦虎畫「昇官圖」投之醒俗畫報,以刺諷當世。圖為楊翠喜高坐,手持扇,扇上畫黑龍江圖,一官跪扇前作乞求狀。几上以瓶插芝桂。右上橫篆「昇官圖」,款「醒漢題」,左下角書「愁父稿」,小印白文「城」字。蓋楊方鬻藝某劇園,市上有其持扇像片,瘦虎摹其真相,故此寫意畫,一見便識。瘦虎為文美齋亦畫有花箋。又曾為民元後直隸省立婦女職業傳習所高級刺繡科圖畫教師,並授徒傳其所畫。

(醒俗畫報為天津最早之畫報。館址在城西北隅。時清光緒三十三年,一九〇七。)

張景堯　善金魚。

張子紳　善花卉。「山水、人物亦擅長。」(王直民言)「子紳學畫於張明山。」(姜毅然言)「子紳名尚巍」(唐商魚言)

第53頁

十一畫

張萬祥　「字吉貞。教育家，久長東門裏營務處小學校。善文學，精音律，工書，能畫，尤善操古琴。」（胡佑青言）　吉貞嘗得古琴，滌垢時見有建中四年進呈字，乃唐琴，真希世之珍也（唐商恩言）

張

張問行　「字在衡。工隸書，善畫蘆雁」（胡佑青言）

張　哲　善書。夏渊若藏有其所書挑，曾出陳河北省金石書畫文獻展覽會。

張問陶　「字仲野，號船山，又號藥庵退守。四川遂寧人。工書，善畫。興來作擘窠書，筆酣墨飽，遒勁絕俗。「書法放野近米海嶽。山水、花鳥、人物、雜品悉隨筆為之，風致蕭遠。又工畫馬及鷹，最得神俊之氣」（墨林今話）「船山先生一次在宴會上，興來作畫，寫杏花垂柳，用筆極簡。畫後題詩云：「紅杏一兩枝，綠楊三五筆，無意畫春光，可遇不可必」」（姚品侯言）

按：船山去天津南游時，「懷天津舊游」詩，有：「十里魚鹽新澤國，二分烟月小揚州」之句。全詩載「津門詩鈔」。

張　琰　善楷書。

張嘯崖　善書。嚴臺孫有其書聯，曾出陳河北省金石書畫文獻展覽會。

1092×787　1/16　20×20＝400

十一畫 張

張　灼　善書。

張　壽　字鐵生，號君壽。館名篆廔。能詩，善書。收藏最富。於歷代碑帖，上及甲骨，篆籀，無所不窺。尤善臨摹。行書宗山谷，為津郡名書人。文學駢散皆佳。

張景嵐　字笑山。善楷書。　石政棠笑山已見45页此重出应删

張厚璋　字德孫，號鑫源。原籍南皮，為于青族人。久寓津，遂家焉。善篆書，工楷尤勝。津教育家華石斧先生遺著「文字系」總十五冊，以卷帙浩繁，中多古文籀篆，不便活字印行。德孫以全力為之繕寫，並為序、例，乃得影印傳世，厥功甚偉。

（華石斧先生，名學涑。為理化專家。曾辦鐵輔實業學堂，造就人才最多。金石文字之學，上及甲骨，尤為精邃。著作宏富，「文字系」其一也。）

張厚瑾　字鈞孫。德孫之弟。善篆隸。曾以集夏承碑字聯語贈郁。又工鐵線篆，更擅刻石，於秦漢小鉥尤為精到。「善畫金魚，極工緻生動，别具一格。」（姜毅然言）

張穆齋　「字人牧。原名良樸。伊斯蘭教人。習篆刻从穆壽山入室。又徧參名家，上追周秦古陶

張德珍　「字席臣，亦書錫臣。號石夫。精篆刻。著有鏤雲精舍印譜存。」(王直民言)

第55頁

研求不息。書法學吳昌碩。(胡佑青言)「篆刻家王長印、藍雲等皆為其入室弟子。人牧鐵筆於津門，影響甚大。」

十一畫

張　曹　梅

曹香士　伊斯蘭教人。善寫竹石，有逸氣。(姜毅然言)

按：香士先生，為亡友曹穉香叔度先君。鄙於穉香家見其所畫竹石大幅，頗似諸日如。「香士名杰。」(唐蔚魚言)

曹鴻年　「字恕伯。書畫皆能。其題款書不寫恕伯，畫不寫鴻年。」(增廣歷代畫史彙傳補編)

按　恕伯為伊斯蘭教人。為王鑄九先生及門弟子。嘗學書於顧叔度。又精篆刻。館名松壽軒。天津名教育家。中年後脫卸教育事業，專一書畫。晚年改名宏年。性狂傲。書聯喜為邊跋，畫喜長題，每每加以圈點。門前自刊匾額曰：「藝林獨步」。卒年七十餘。

梅履端　字雅村，號三渠釣叟。館名拙石山房，故老年又自稱拙石老人。善畫竹、蘭、梅。夏渊若藏有雅村蘭竹中堂，曾出陳於河北省金石書畫文獻展覽會。「中年學畫。竹法文與可，蘭師鄭所南，梅法梅花道人。」(津門詩鈔)「工蘭石。」(增廣歷代畫史彙傳補編)

張懿齋　「字廣德。世居天津大沽。工楷書。在十二歲時，即能書擘窠大字。又善畫蘭竹。其所書匾額、碑文甚多。」(陳林祥言)

張穆齋　功力至深，曾手摹十鐘山房印舉諸印，積久輸為倣古印譜及吉語印譜行世。(唐蔚魚言)

第56頁

十一畫 梅

按：郁曾見其所畫蘭石團扇，款題館名且居軒。

梅成棟 字樹君，號吟齋，雅村子。館名欲起竹間樓。擅文學，又為名詩人。善畫竹蘭，頗清雋。畫名為詩名所掩。

按：樹君為清嘉道間天津名教育家。與邑人侯肇泰於城西北隅建立輔仁書院。又曾於查氏水西莊舊址起梅花詩社，以繼清康乾時張查二氏之文事風流，一時稱盛。著作宏富，有「欲起竹間樓詩草」「津門詩鈔」「秋吟集」等行世。畫不恒作。文美齋焦書卿有樹君蘭花方冊一，曾以示郁，云為樹君畫贈崔曉林者。

（輔仁書院在城西北隅文昌宮街。現文昌宮小學前身即輔仁院址。崔曉林名旭，慶雲名詩家，與梅樹君友善，常相倡和。）

梅寶璐 字小樹，別號羅浮夢隱、樹君子。天津名詩家。齋名聞妙香館。善行楷，尤長篆隸。有「聞妙香館詩存」行世。

1092×787 1/16 20×20＝400

十一畫 梅

按：天津城中心鼓樓，舊有小樹隸書楹聯，聯曰：「高敞快登臨，看七十二沽往來帆影；繁華誰喚醒，聽一百八杵早晚鐘聲。」清光緒二十六年（一九〇〇）八國聯軍陷天津時失去。後由華璧臣以正楷補書，無小樹原書之丰韻矣。

（一九五二年八月鼓樓拆卸，華聯亦不知所在。）

梅元捷　字子駿。善書。「精八法，揮毫落紙，氣足神完。」（津門雜記）

梅之楨　字香坨。工詩，善書。

梅秀巖　善書。學米南宮。

梅　潔　字青士。陳青立弟子。善山水，多用溼筆，滄潤可喜。嚴臺孫有青士所畫山水長卷，曾出陳於河北省金石書畫文獻展覽會。「一長輩畫家，以青士年少，欺之。每言於人曰：『小梅大筆墨差得遠。』一次青士寫層巒疊嶂巨幅，極意為之，蒼秀之氣撲人，故不落款，示於羣中。長輩畫家審視久，謂青士曰：『你未必及此。』青士曰：『此正小梅大所寫者也。』」（陳郁文先

第58頁

十一畫 梅 郭

生言）

梅振瀛 「字韻生。工詩，善篆隸行楷。山水蘭竹亦饒雅致，尤喜畫金魚。（清朝書畫家筆錄）（增廣歷代畫史彙傳補編）「書法精工，詩畫三絕」（津門雜記）「行楷竹石」（津門紀略）

梅承瀛 字環洲，韻生從弟。「工人物仕女及寫真。神映骨秀，迥異凡流」（清朝書畫家筆錄）（增廣歷代畫史彙傳補編）（津門雜記）

梅曾熙 字祉光。善行楷，小字尤謹嚴可愛。

梅石道士 「梅石道士，住香林院。善畫梅石。」（津門詩鈔）

郭 崑 字良璧。「以人物仕女，名於北方。尤長臨摹。寫意亦好」（畫徵錄）「沽上以畫名者，本朝（清）郭崑，曾入畫苑」（津門詩鈔）

郭祖忠 字蘭雪。善山水，追蹤石谷，筆姿遒健。「聰穎過人，淡於名利。遨遊南北，遍歷山川。退而從事丹青，希蹤石谷。筆力遒健，識者推崇。（河北博物院畫刊）

按：蘭雪行楷極佳。郁曾見其所畫團扇，筆下乾溼互用，有清閒淡遠之趣。

1092×787 1/16 20×20＝400

十一畫

郭陳

郭式恂　「字晨九。善文學，工書法。用筆出入東坡，但少頓側之峰。」(胡佑青言)

陳良翰　字季宣。「善書，工詩文。」(津門詩鈔)

陳元復　字方來。籍江蘇無錫，居津久，家焉。善山水，師王石谷。嘗為查溪客畫方冊十二，溪客以詩題之。「字西巖。善畫。」(津門詩鈔)

陳大年　原名永齡，號松崖，一號萊峯子。善畫。「松崖鬚眉蒼古。善畫松石，人物得吳小仙、張平山遺意。久游甘陝之間，愛絕幽蹈險，以討山水之樂。」(津門詩鈔)

陳靖　字青立，亦書青笠，號雨峯。工詩，善山水。遇於得意之作，喜自題小詩。與梅樹君友善，梅有詩云：「寫幅梅花當臥游，梅花香繞夢魂幽。怪來紙帳涼於水，一夜西風雪滿樓。」青立愛之，為繪其意於冊，人皆稱賞。「雨峯山人畫，嘗受學於羅克昭，羅學於張宗蒼，張學於黃尊古、鼎，黃學於王麓臺、原祁。學有淵源，得太倉之嫡派。所畫千巖萬壑，一樹一邱，無不各入天然妙境。烟姿雨態，清蒼古秀。間繪花卉，蕭疎生動，得白雲外史之神。嘗游楚，為畢

十一畫 陳

秋帆推賞。劉純齋（錫嘏）品公畫在文沈之間。南游十餘年歸，覽山川之秀，學益大進。其人如長松瘦石，落落寡言。鬻畫自給，尺幅片紙，爭購不得。所居曰：「讀石山房」，有齋曰：「振雅軒」。（津門詩鈔）「王宸弟子。善山水。」（畊硯田齋筆記）

陳恩培　字紹卿。善書。「善擘窠書。硬健遒逸。」（津門雜記）

陳挹爽　善書。嚴臺孫藏有其書聯，曾出陳於河北省金石書畫文獻展覽會。

陳景謨　「工寫梅。」（增廣歷代畫史彙傳補編）

陳毓琛　字潤璋。善書。「精八法，揮毫落紙，氣足神完。」（津門雜記）

陳　珍　字亞聞。能詩，善畫。

陳　玠　字貫人，號石汀，又號拙誠老人。善書。

「石汀老人書學，得之陳香泉奕禧，與之神肖。」又「石汀老人與李大拙、龍東溟、梁崇比、黄六吉，如竹林之游，風期清高，絶異時流。詩主淡遠，往往公自手書。」（皆津門詩鈔）

按：天津縣志陳應夏傳謂：「應夏子八人，玠

1092×787 1/16 20×20＝400

第61頁

十一畫　陳

工書。

陳家懿　字恭甫，後單名懿，又改名彝。學畫於張公和蓭。善花卉，金魚。後專畫菊。恭甫儉學，
惟志不在學而在利，嘗入資為典史，分發廣東，依其伯氏某，以累敗，鐵羽歸。又操計然術不善，落拓以死。卒年五十餘。
~~不能書，畫上款題，皆由張君壽為之代筆。~~

按：恭甫與郝同於一九〇〇年後從張公學畫。恭甫年長於郝，而學畫晚於郝半載。嘗與張君壽組織醒華畫報。~~又善藝菊。年五十餘。~~恭甫儉學，尤不善書，故其款題多由張君壽代筆。

陳雲彰　字少梅，原籍湖南，遷津居十餘載。善山水，人物仕女，偶亦寫花卉。筆下清秀入骨。其追踪馬夏之作，尤擅勝場。後移居北京，早卒。
按：「年四十六歲」（宮爾鐸言）

陳寶泉　字筱莊，教育家。善書。館名退思齋。有「退思齋詩存」問世。

陳召棠　字棣生。工書，善畫。字精四體，畫精花鳥。惜中年卒。（胡佑青言）「棣生五十二歲卒。」（宮爾鐸言）

陳序齋　善工筆寫生花鳥。家中飼籠鳥甚多，每對鳥描寫其姿態、色澤，所謂畫鳥能聲者也。惜不永年，早卒。

陳曉珊　「善蘆雁。」（胡佑青言）

陳子羊　善篆刻。刀法之精，與周與九抗行。為二（剣後之錚錚者。）

陳松齡　「字鶴延。善山水。」（王直民言）

19□×□ 1/16 20×20=400

见夹页三

陳鍾年　字蒿洲。教育家。善書，於魏碑最為致力，一時無兩。與顧叔度友善。卒年八十三。

十一畫　陳　敖　陸　巢

~~紂後之錚錚~~者。

敖　鉞　又名鄉，字佩芬，以字行。從梅韻生游，善寫竹石、金魚。年八十餘能於扇頭寫小文竹。

陸　鈞　字秋生，錢塘人，家於津。與余竹泉、梅樹君友善。能詩善畫。有「研盧雅集圖」傳世。

陸仲篪　字蓉生，號秋江。原籍浙江山陰，久居津遂家焉。善畫宗司馬繡谷。卒年僅三十六。

按：郁少時嘗於戚家見先仲父秋江公所畫花馬大屏，行筆設色一宗繡谷。公又精劍術，戚家嘗言之。

陸　彤　字錦卿，善書。

陸炳文　字幼鄉，號公蔚。善蘭石，博古，喜寫曼生壺。嘗為文美齋畫花箋詩筒。又能書。為人和易寡言。「蘭花」（津門紀略）

陸德恆　字菊坨，善書。

陸繼周　字純甫，善書。「行楷」（津門紀略）

巢章甫　善畫蘭竹，有書卷氣。顧體弱多病，不恆作。嘗於刻竹名手與地生所組書畫展覽會上，應索者之求，與彭春谷及郁畫合筆扇面。惜早卒，年僅三十餘。

按：章甫藏有漢印甚多，又酷愛南宋鐵泉，[illegible]精湛不易之品，卒[illegible]後不知流落。

第63頁

十二畫

華蘭 字省香，號春浦。善畫。（津門詩鈔）

華金壽 原名鑄，字竹軒。善書。「行書」（津門紀畧）

華世奎 字壁臣。善書，於顏平原「小麻姑」功力最深。其所書「古滕生氏家詞記」端楷直追平原。「行楷」（津門紀畧）

按：壁臣性倨傲，自居清之遺老。至死髮辮不剪，直自忘其為漢人也。每歲抄康潤書扇濟貧寒，但多為其門人代筆，扇頭必印小章曰：「小直沽人」，蓋以天津為小直沽，此則以小直沽於人也。故印此章之扇，十之九贋鼎。擘窠大字，如索者非其所書，亦多以代筆與之。死時囑家人以清之朝服殮葬，乃清儀為。

華世銘 字韻卿。「楷書」（津門紀畧）

華學瀾 字瑞菴 「行書」（津門紀畧）

華景顔 字伯銓。善書。且於書道無所不長，尤精篆隸，甲骨，金石之學考研極精。辛亥革命後，北京「大清門」額三字除去，易書「中華門」三字，即伯銓所書。華石斧先生著「國文探索一斑」所載「華夏文字變遷表」由象形文字孳衍至

1092×787 1/16 20×20=400

见夹页四

第64頁

於溪魏以下，擧例篆書，尤爲伯荃生平最精意之作，可謂一時無兩。（伯荃为石斧族弟，且同为同盟會
按：伯荃與津甲骨学家王倫閣同出津名教育家華石斧之門。）

華俊聲　字少蘭。行楷。（津門紀畧）

華竺橋　字敬孫。「篆隸」（津門紀畧）

十二畫
華馮彭喬

馮鶴鳴　「字欣農。喜畫松，古拙雄健。（增廣歷代畫史彙傳補編）「又善畫金魚，花鳥，筆下生動可愛。（聞以蔚言）

馮學彥　字俊甫。涿州人，家於津。「花卉宗南田。善花卉。詩文詞曲，各擅其長。尤精指畫。（增廣歷代畫史彙傳補編）

彭暘　字春谷。四川丹稜人。晚年遷寓於津。善青綠山水，人物，花卉，亦工妥。
按：春谷與郝及其弟子鄭瑞階冀組織「中原畫友會」於中原公司六樓，每星期集畫一次，津中畫人一時多往從之。郝與春谷合作幅甚多。春谷卒時年七十九。
（中原公司在和平路。今爲天津百貨公司。）

喬耿甫　字默公，號五橋，又號法上僑樵。善書。郝曾於遠戚桑氏見其所書行草大屏，筆致適

會員印由石齋先生介紹入會者。所與三君善，均以金石甲骨之學著作，石齋品先而倫閣。伯荃尤專治伯荃於甲骨，惜無著述。

1092×787　1/16　20×20＝400

十二畫　喬　湘

肆可喜。「五橋善草書。法上自米尊江、徐文山諸公後，善書者推金喬，金謂野田。喬神於淳化閣帖，肆放之中，含秀絕之致。能以髮濡墨作擘窠大字，名馳閩粵間，海內人爭購之。性疏狂，不拘行檢，年六十餘死。」（津門詩鈔）「五橋喜詼諧，當時人呼之為『糕乾鋪』，聞之不怒也。」（耿子明言）

按：五橋弟六橋，名樹勳，昆季俱有才名。五橋以書，六橋以詩，當時津人呼之為「津門二喬」。六橋鬚眉含古趣，人戲謂之「寫意山水」，則兄之顏貌，亦可推知其趣矣。

湘　南　名成衡，僧人，原籍嘉興，住海光寺，工詩畫。汪西顥沆亟稱之，其「津門雜事百咏」中有：「湘公禪藻清無敵」一詩，注謂「湘南工詩畫，著有『一笠集』。」「衡書畫俱入逸品，所作詩絕類大蘇。又輯『海光寺志』八卷。」（津門詩鈔）「（清）康熙間嘗供事內廷。聖祖（玄燁）賜大臣書扇，後面多衡畫，款題臣僧成衡謹寫。筆亦古雅，蓋取法於王少司農。」（畫徵錄）

按：清康熙（玄燁）時，天津總兵藍理建普陀

1092×787 1/16 20×20=400

十二畫 惲 黃

寺城南，延成衡住持。後改名海光寺。

惲源濬　字哲長，號鐵簫。籍江南，僑津，住查氏水西莊，後家焉。善畫花卉，着色、墨筆各極其妙。尤以墨牡丹著稱。姚品侯得鐵簫像冊，郁為題籤。鐵簫像，手持簫，着湖色輕衫，如臨風玉樹，是其三十許時所畫也。「格後齋能家學」（耕硯田齋筆記）「工書畫。行書極雅趣。花卉頗妍麗。」（甌鉢羅室書畫過目攷）

（查氏水西莊，查蓮坡先人查天行別墅。在城西南運河南岸，今芥園處。）

惲如娥　鐵簫玄孫女。從十二齡即能畫，頗為當時士人所重。余階升堂題「惲如娥畫牡丹」詩云：「慧筆憑教麗彩加，絲雲影裏燦紅霞，鳳毛合字神仙壻，富貴他年似此花。」注謂：「如娥十二齡，善畫。」郁曾見其十三齡所畫牡丹直幅，鉤染皆合法，且極妍麗。款書：「十三齡惲如娥寫。」惟絹地碎裂，可惜也。梅樹君有題「惲如娥畫屏詩」，有：「艷筆奪天工」之語。

黃掌綸　字吟川。福建閩縣人，入津籍。善書畫。「吟川工書畫。書學山谷，瘦峭多姿。求書者踵

第67頁

十二畫 黄

門，津人多收藏之。畫不輕作，一樹一石，亦適逸不俗。人謂似張雪鴻。（津門詩鈔）「酷嗜金石。詩學樊川，書法懷素，畫宗關仝，筆極清刻。」（清朝書畫家筆錄）

按：吟川天分過人。書畫不宗一家，山水，花卉，隨意抒寫，各得其神。

黄寶康　又名康，字養泉，號潔民。善畫人物。「潔民天資明敏，少與趙芷仙、仝馬景涵、家桐游。姜頴生、筠来津，嘗主其家。潔民尊人鐵卿先生鎧收藏極富。故潔民少時得其薰陶，即工繪事，尤精人物。又善鼓琴，崑亂皮黄，與孫菊仙研究有年。」（姚品侯言）

（姜頴生又名詩。安徽人。工山水。孫菊仙號稱老鄉親，擅皮黄，初為票友，後鬻藝，来往各地，到輒稱老鄉親。與當時譚鑫培齊名。唱作道白別具風格。發聲宏抗，如黄鐘大呂。）

黄山壽　字勗初。武進人。居津甚久。清光緒庚子（一九〇〇）八國聯軍陷天津時，勗初正在津，故有印章曰：「沽上餘生」。善書畫。山水，人物，仕女，花卉，皆精到。其仕女宗改七薌。嘗為同文

1992×787　1/16　20×20＝100

黃北瑱「逸儒從子。善畫博古，極似人逸儒。」（姜毅然言）

仁記畫花箋名花百種，極盡其能事；惜同文雕板之技，不如文美，印刷亦遜。「山水、人物。」（津門紀畧）「肋初十餘歲即能畫。」又「六法之外，又工篆隸。」又「作『擁髻圖』畫幅，古雅妍秀，玉壺、渭長之後，所僅見也。」（皆寒松閣談藝瑣錄）

黃葆謙　又名柏，字益如，號聽竹居士。善花卉，亦能山水。對索畫者多以「盆景、博古」應之。有圖章曰：「不受促迫。」「益如又字逸儒。花卉與綺谷相似，尤善蘭竹。」（增廣歷代畫史彙傳補編）

焦百詩　善畫。筆致舒暢可喜。

單學琴　字嗣華。善竹、蘭、石，又善隸書。詩詞亦佳。

十二畫　黃、焦、單　十三畫　楊

十三畫

楊一崑　字二愚，號無怪。善書畫。山水有士氣。楊笑周藏有無怪行書聯，筆致絕精，當為無怪得意書也。曾出陳河北省金石書畫文獻展覽會。「公書學王孟津。」（津門詩鈔）

按：無怪為清乾嘉時名文學家，教育家。曾著「皇會論，天津論」以通俗韻語描述當時天津風土人情，可謂淋漓盡致。兩論載「津門雜記」中。

1032×787 1/16 20×20=400

第69頁

十三畫　楊

楊光儀　字香吟。齋名碧琅玕館。清咸同間名教育家，又為名詩人。善行草。着有「碧琅玕館詩鈔」行世。

按：香吟先生，為吳昌碩老師。吳北來嘗謁師，並為畫荷花長卷。先生「碧琅玕館詩續鈔」吳題辭有：「古城隅繞三津水，問字雲亭數往還」之句。蓋香吟先生世居津城東南隅二道街之貢院胡同也。

楊國治　善行草。尤能作擘窠書。

楊小亭　善書。

楊柳谷　「工山水及附景人物。寫景喜畫楊柳。有春光艷冶，碧陰柔媚氣象。」（胡佑青言）

楊滌盃　字冠如，號觀如居士。精鑒賞，富收藏。善花卉，亦偶寫翎毛，走獸，筆下極超脫。晚年移居北京，顏所居曰：「西安擁畫廬」。

楊文錕　「字鑑泉。自署所居曰：『得月簃』。善花鳥蟲魚，人物走獸。細筆繪蝶栩栩如生。性好騎射，故愛馬而尤喜畫馬，行駐奔逸之態完全出之寫生。作品流傳，外籍商行多選為商標。惜年僅中壽，技法未臻絕妙。」（胡佑青言）

楊德詮　「字竹君。籍大興，寓津教學。書法誠懸平原，兼擅人物花鳥，惟不輕與人作。又精醫。」（王直民言）

第70頁

十三畫　解　靳　鄒、十四畫　褚　管

解道偉　善書。

解道亨　字通也，一字通野，又號法上髯。善書。「好作字，出入趙董之間，而自成機杼。求書者日不暇給」（津門詩鈔）

靳石庵　蠡縣籍，久居津。畫學白陽，未盡其法。早卒。

鄒岱東　「善書。筆似劉石庵，而結體則放縱」（胡佑青言）

十四畫

褚爽　字西山，號澄嵐，鹽山人。善山水。吳蓮洋有「為褚澄嵐題畫詩」。「工詩善畫，著有『南村草』」（津門詩鈔）

管鳳龢　字洛聲，武進人，寓津家焉。善書法，又為名詩家。於八里台居處臨水建「新農園」，與嚴範孫等組織城南詩社，每當春秋佳日，聚津地內外名詩家於其園中，為吟讌暢游之叙。洛聲務農事，於園中養蜂多箱，取蜜分房之事，躬自為之。又養「來客亨」雞，「安國樂」兔，勤劬處理，興致勃然。雖時有文酒之會，不誤臨書，不誤所事。郁曾兩次至園參觀，布置井井，儼

1092×787　1/16　20×20＝400

然農家也。洛聲和易近人，無名士驕矜之習。卒年七十餘。

（新農園在八里台東興家窑河畔。一九三七之秋日軍陷天津園毀。）

趙執信　字秋谷，山東益都人，寓津最久，主張魯菴家。善書法，一時津邑人多得其書法之傳。

趙　埜　原名夢庚，字堯春，號雪灘。天津北倉人。精鐵筆，亦善畫。與梅樹君交最契。「雪灘意態如閒林野水，片石孤雲，胸無谿壑，而自然逸遠」又「得其鐵筆者，如獲秘寶」（皆津門詩鈔）

「好吟詠，嗜金石，精篆刻，善繪事」（廣印人傳）

趙　仝　「字子仙。精篆刻，善山水、人物，兼宗南北，書味盎然」（清朝書畫家筆錄）「畫山水、人物，尤精鐵筆」（津門雜記）

按：子仙亦書芷僊。

趙鍾靈　「字菱洲。善山水。說者謂其石峭林枯，渤然雪意」（津門雜記）（清朝書畫家筆錄）

趙鑾華　字芝軒。善山水。與河東某寺主持友善。因避市囂，借居該寺中。興至時，每就寺之殿壁，精意寫山村林壑，大筆揮灑，極盡其能事。

1092×787 1/16 20×20=400

十四畫 趙齊

但箋扇店及慕名來求畫者，嘗置之不與作，追索急則擲還之。以是餐每不繼，晏如也。

趙松聲　善山水，尤擅畫松。並著有「松譜」，有名於時。偶寫人物，亦有獨到處。卒年五十餘。

趙世滐　字虛谷，芝軒子。工山水，傳其家學，有韻致。

趙斯桐　字鳳九。善蘭石，顧不多作。與李采蘩友善。

趙元禮　原名體仁，字元禮，號幼梅，又號藏齋。館名明燈夜雨樓。名詩家兼名書家。書法醉心髯公。與嚴範孫、管洛聲、李琴湘等友善。

按：幼梅寫蘇於天津稱第一。曾以最得意之「藏齋居士臨觀海堂帖」印本贈郁，精到之處，直逼髯蘇。後有多士題詩，楊僧若謂「東坡畫字如有神，藏齋學之能亂真」是也。

趙師龍　字澤生。畫花卉，筆下甚瀟灑有致。入北京輔仁大學文科，惜未畢業卒。

齊治平　善金魚。

十五畫

趙曉嵐　一名小松，字大年。善書畫，擅長文竹，書法行草篆隸俱佳。又擅音樂，精於撫琴。原籍宛平，寓津，售畫以終。（姜毅然言）

鄭金聲　善書。與喬五橋、金野田齊名。

鄧　櫆　字修五，號黃庭，慶雲人。善書。「修五少孤，力學不倦，工書」（津門詩鈔）

劉　錫　字夢齡，號韻湖。工行楷書，善花卉，能詩。有「寫梅閣集」二卷、「題畫詩」一卷。「韻湖天姿清粹，長身玉立。工行草書，善畫梅，兼通音律。卒年三十四」（津門詩鈔）

按：韻湖亦善鐵筆。由其詩有「鐫得青田石小印，芭蕉窗下試硃砂」句知之。高彤皆「韻湖偶吟」跋謂韻湖卒年三十六。

劉　錞　字聲于，韻湖弟。善書。

劉香五　善書。

劉文煊　字紫仙，又字秋埜，號雪柯，山陰人，寓津以老。工詩，善山水。與查蓮坡最契。「雪柯先生工詩善畫，筆墨絕塵，兼倪黃之勝。年登大耋，神明不衰」（商寶意越風）

劉　訓　「字仲山。善畫。其簡筆山水，具超逸之致」（津門詩鈔）「山水落落數筆，即超逸無倫」（河北第一博物院畫報）

劉　陳　「字小亭。工詩，精篆刻，善山水」（清朝書畫

家筆錄)「詩筆清奇。畫山水學南宗嫡派。兼工鐵筆。」(津門雜記)(增廣歷代畫史彙傳補編)

「曾學畫於孟公綍卿。」(陳邡文先生言)

按：小亭先生，伊斯蘭教人。嚴範孫曾請其摹米襄江畫「秋莊夜雨讀書圖」，該圖意趣在於雨，乃所摹乾筆皴擦，而款題以年老不能寫雨云云，殊失原題意境。

劉廷彬　字子槃。「畫花馬，工行楷。法晉宋元，卓犖巨擘。」(津門雜記)(清朝書畫家筆錄)

劉瀛洲　「善畫蟬柳。」(胡佑青言)

劉遜菴　工山水，極滄潤。又能詩，善書。

劉承德　「字子修。善花卉。」(津門紀略)

劉克寬　字信民。伊斯蘭教人。張公和菴入室弟子。張公油畫玻片之法，信民得其傳。花卉極佳。其寫生秋棠，尤見工力。惜未得盡其才，早卒，年僅二十餘。

劉嘉琛　字幼樵。善行楷，偶作分隸，亦極佳妙，顧不多作。「行楷。」(津門紀略)

劉孟揚　字伯年。伊斯蘭教人。善書，學於顧叔度。

劉彭年　字信菴，亦稱杏菴，號壽籛。善書。「行楷。」

十五畫 劉 穆 樊

（津門紀畧）

劉老芝　山東人，市隱於津。善書畫，左右手皆能之，而退筆尤佳。畫筆輕快，書法類急就，有殊致。

劉靄亭　「專工榜書。嘗客瀋陽，為該地書寫匾額甚多。」（胡佑青言）

劉春霖　字潤琴。肅寧人，久寓津，家焉。善楷法，極俊麗。有工書「般若波羅密多心經」刊本行世。

樊淦慈　字筱舫。善寫蘭石，寥寥數筆，殊有風致。又工書，能詩。詩亦清新可誦。「行書」（津門紀畧）

穆　倩　「字楚帆。善花鳥草蟲，師法南田而別具風致。」（津門雜記）（清朝書畫家筆錄）「工花卉、翎毛、草蟲，得甌香風趣」（增廣歷代畫史彙傳補編）

按：楚帆為伊斯蘭教人。又號芝沅。畫筆極雋爽。嘗與曹香士以畫酬答。

穆雲谷　字壽山。伊斯蘭教人。善畫，率筆點拂，似徐青藤。尤善鐵筆，有「壽山印譜」行世。

按：壽山與李二聃、顧叔度善。且嘗以所刻

1092×787 1/16 20×20＝400

第76頁

十五畫 穆 潘

印商之叔度，叔度每有所指示，似壽山曾受傳刀法於叔度者也。壽山並善於郁，嘗索郁畫梅。壽山長鬚飄拂，健談善笑，時人呼之「老髯」。為郁刻石章至多。晚年潛心醫學，頗有得，濟人甚衆。

穆蓬熙　字竹孫。伊斯蘭教人。善畫。山水、花卉皆清逸有韻致，顧不多作。尤精油畫風景。世居城西小彩巷口。性嗜觀賞花卉，於所居闢地建花園，更築暖室培熱帶植物。於仙人掌類，西洋蘭類培植尤多。秋日藝菊，幾及千品。同時羅雲章家之「羅園」養菊極有名，而不及「穆園」所植花品之盛。故「穆園」之經營，一時無兩。竹孫性平易，春秋佳日，無論識否，凡投片来「穆園」參觀者，極盡招待之誼。故當時學校團體報館記者来「穆園」者實繁有徒。「花卉油畫」(天津誌略)

穆　潛　字良忱。伊斯蘭教人。善山水，學王石谷。卒年七十餘。

潘聯桂　「字小峯。津南人。畫山水」(增廣歷代畫史彙傳補編)

1092×787 1/16 20×20=400

潘世長 字則久。顧叔度弟子。工行草篆隸，尤擅於行，得米董神髓。津商家多有其所書匾額。（王直民言）

蔣祝田 善畫花鳥。 [illegible]（[illegible]言）

十六畫

諸邦靖 「善篆書，遍臨秦諸刻石，工力深厚。[illegible] 揮毫無倦意，數十年如一日。[illegible]」

閻子揚 字道生。武清羊坊港人，居津甚久。善書畫人物仕女，宗改七薌、費小樓。郁友李貫三藏有道生所畫梅花仕女橫幅，設色淡雅，極靜逸之致。

十七畫

厲杜訥 字近公，靜海人。「善楷書」（清朝書畫家筆錄）

厲宗萬 字衣園，號滋大。杜訥孫。善山水。「筆致靜逸，設色古淡」（清朝書畫家筆錄）

戴明說 字道默，善書畫。楊炎周藏有其所畫墨竹幅，曾出陳於河北省金石書畫文獻展覽會。「字道默，號巖犖，晚號定圃，滄州人。工詩善畫。」（津門詩鈔）「墨竹飛舞生動，得吳仲圭法。坡石苔草亦雄渾老健，不讓古人。」（徐石雪言）按：道默山水亦極佳，顧不常作。

戴王綸 字經碧，號一齋。道默子。善書畫。「一齋工文，善書，能畫蘭。」（天津府志）

薛錕 字月樓，龍門人，流寓津門家焉。善書畫。書法精於魏碑。津市商家匾額每見其所書，

1092×737 1/16 20×20=400

十五畫 潘 蔣 十六畫 閻 諸 十七畫 厲 戴 薛

自署「龍門薛錕」。

薛　岑　字筱樓，月樓子。書傳其家法。

繆桂蔭　字香農。善畫人物。七十一歲猶能畫「百子圖」。卒年七十五。

按：郁曾見其自製以絹包鑲之八仙，大僅二寸餘，鉤勒染色，極工緻，眉目神態，酷似錢吉生。又見其「祝壽圖」扇面，画小兒捧一大桃，亦極有致。

繆炳澤　字潤生，亦書大澤，香農子。善山水、人物、仕女。山水喜用枯筆，得二雲荒寒之趣。人物、仕女宗錢慧安。生平嗜酒，量亦甚洪。醉筆尤有神。

韓大信　善山水。

蕭文澄　字寄觀。善書，尤長篆隸。

蕭濟昌　字鶴雛。善篆籀及小楷。畫工花鳥，精俏迎人。偶作山水，亦清秀。惜卒年三十餘。（胡佑青言）

謝　魁　字占一。籍豐潤。善畫仕女、小景，自成一格。在津鬻畫多年。（陳林祥言）

十八畫

魏芹舫　善楷書。嚴臺孫藏有其楷書小屏，曾出陳於河北省金石書畫文獻展覽會。

十七畫　薛　繆　韓　蕭　謝　十八畫　魏

1092×787 1/16 20×20=400

魏野堂　善畫蟹。張虎士環極有：「題魏野堂畫蟹」詩。

魏恩錫　字少卿。善行草。「又善畫竹蘭」。（姜毅然言）

十九畫

羅朝漢　「字雲章」。善寫竹石。（增廣歷代畫史彙傳補編）

按：雲章室人孫夢仙，子澤霖，女沛如、真如、康如、惠如皆能畫。雲章有菊圃，人稱之「羅園」，藝菊極多。雲章在時，每歲重九開「菊花會」一時稱盛。

邊浴仁　善畫。

龐鶴舫　善楷書。嚴臺孫藏有其所書小屏，曾出陳於河北省金石書畫文獻展覽會。

二十畫

嚴振　字香孫，原名振修，善書。「精八法。揮毫落紙，氣足神完。」（津門雜記）

嚴修　原名慎修，字夢扶。後改名修，字範孫，亦書范蓀，別號偍屚生。香孫弟。名教育家，名詩家。書法極有工力，善行楷。藏書甚富。名其齋曰：「蟫香館」。平生以教育為心，為津郡辦學最早之人。天津著名之南開學校即嚴公手創。

「公不以書名，而自具一種醇穆之氣。鄉人論書家者，每以華孟嚴趙並舉，蓋兼謂華壁臣孟定生趙幼梅三君子也。公善隸書，尤喜畫山水而不輕示人。同習者尹溎甫也。」（陳中嶽蝶香館别記）

嚴　侗　字臺孫。範孫族弟。善蘭石，有書卷氣。又能畫。

關雲煒　「字雨珊。工花鳥。」（增廣歷代畫史彙傳補編）「雨珊所作山水，有法度。人物均有所本。」（胡佑青言）

按：雨珊亦長於博古，若黄逸儒，惟不能書，所畫只鈐一章。

二十畫　嚴關

二十一畫　顧

二十一畫

顧　越　原名文敏，字捷軒，後改名越，字叔度，號當湖外史。原籍浙江，家於津。善篆隸行草，私淑何道州。正楷極有功力，上追平原。渢㵿蘇黄，皆形神兼到。藏書甚富。南帖北碑，殆無不有。又善鐵筆。又為名文學家。為天津最早大公報主筆，又同温支英組織人鏡畫報。性純真，不喜酬應世故，時人以為不近人情。卒年五十餘。

顧連城 「字鏡孫」工書。專摹顧叔度先生所撫何紹基筆法。（胡佑青言）

顧捷三 「以字行」城隍廟小學校長。字工顏柳，筆劲體嚴，學生多宗之。（胡佑青言）

顧吉題 善行草。

二十三畫

欒徵緯 「字硯卿」工書及篆刻，能畫花鳥，頗饒韻致。（清朝書畫家筆錄）「工篆隸行楷，兼鐵筆。畫山水、花鳥。」（津門雜記）

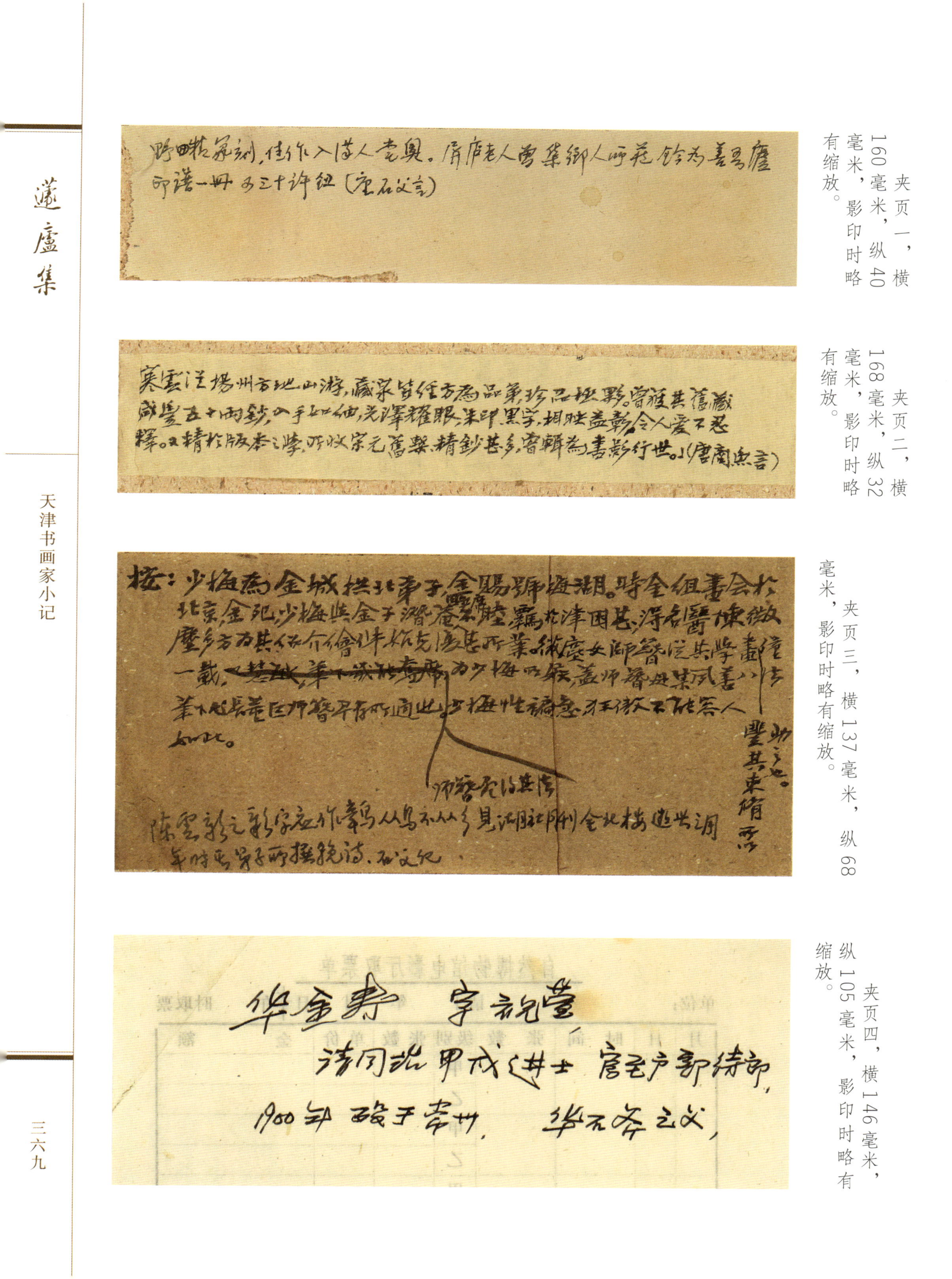

夹页一，横160毫米，纵40毫米，影印时略有缩放。

夹页二，横168毫米，纵32毫米，影印时略有缩放。

夹页三，横137毫米，纵68毫米，影印时略有缩放。

夹页四，横146毫米，纵105毫米，影印时略有缩放。

天津方言一斑

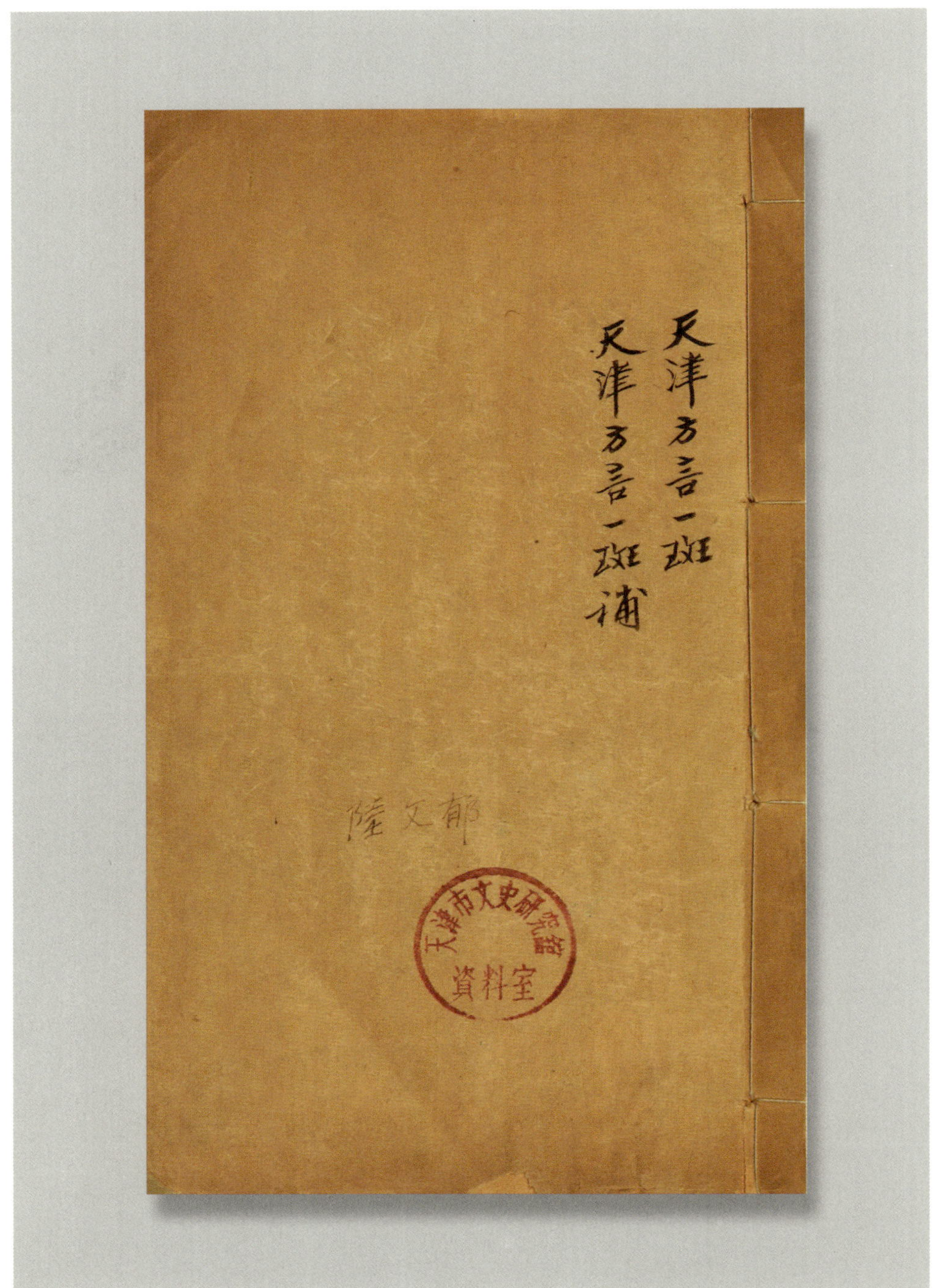

手稿横188毫米、纵263毫米，共计25页，影印时略有缩放。

天津方言一斑

老辛

此係一九三〇年前後天津廣智星期報所寫，經張德孫剪貼為冊，贈之前河北博物院，今展轉歸於天津市歷史博物館。館員李濟才據以示余，余又於工餘之暇為方言補若干附于後，并自鈔一冊如此。

一九五四年八一建軍節鈔前記

天曰天上　天青無雲曰藍天兒　天晴曰晴天　天陰曰陰天　陰雨曰雨天兒　淫雨不晴曰連雨天

日曰日頭，亦曰太陽，亦曰太陽爺，亦曰爺爺　日所照處曰太陽地，亦曰爺爺地兒　日蔭曰陰涼兒

月曰月亮，亦曰月亮爺　新月曰月牙兒　月所照處曰月亮地　月所不照處曰月黑地　月暈曰風圈

星曰星星　銀漢曰天河　彗星曰掃帚書星　流火曰流星，亦曰火星，或謂之賊星

雲曰雲彩　晴雲曰白雲彩　陰雲曰黑雲彩　欲陰而雲曰上雲彩　晴雲飛空曰過之雲　夕日照雲紅如火者曰火燒雲　雲紅如火而下有黑雲映之者曰雲喫火　反是則曰火喫雲　秋雲如羅曰蛤蜊雲兒　雲痕一抹者曰掃帚書雲　朝雲陰於東南

謂晝必雨暮雲陰於西北謂夜必雨者曰早看東南晚看西北
朝霞曰早霞　晚霞曰晚霞　以霞之朝晚占雨暘者曰早霞陰晚霞晴
虹霓曰絳
電曰閃　電光一瞥曰打閃　雷發聲曰打雷　雷電交加而甚者曰大雷大閃　雷聲遠
而沉者曰悶捫雷亦曰沉雷　其近而巨聲震屋瓦者曰大刮拉亦曰響雷亦曰劈雷
落雨曰下雨　微雨曰小雨　霢霂曰毛毛雨亦曰濛濛雨亦曰濛叢雨　急雨曰暴雨亦曰大闖雨亦
曰一個點的雨又曰搬倒天河　急雨而風曰暴風雨亦曰粗風暴雨　讚雨之細密而應時者
曰點點入地　晴而忽雨者曰雲彩雨　由東雨而西晴者曰串轍雨　視夜雨而晝晴以為
豐年之兆者曰黑夜下下雨白日日晴　打的糧食沒處盛　一春无旱至端陽收始雨者
曰大旱不過五月十三
霧之迷漫曰霧氣騰騰
露曰露澄　露珠曰露水珠兒
雹曰雹子　降雹曰下雹子
微雪曰飛雪花　狀雪之大曰鵝毛大片　以中秋不見月為次歲上元夜雪之兆者曰八月
十五雲遮月正月十五雪打燈
霰曰飯撥不落盧　霧淞曰樹掛

風之起曰刮風　暴風曰大風　旋風曰風暴兒亦曰旋落風其甚巨者曰大旋風　狀微風而爽肌者曰小風兒　又狀冬日之微風而寒峭者亦曰小風兒　塵沙蔽日而晝晦者曰黑風
雨後而風驅熱而爽人者曰涼風兒　多日不雨而燥風者曰乾風　深秋之西風曰哨子風
冬日之北風而巨者曰老北風　夏日炎氣扇人者曰熱風　風挾塵沙者曰黃風

春曰春天　夏曰夏天　秋曰秋天　冬曰冬天　夏亦曰熱天　冬亦曰冷天　秋爽曰涼天兒
晝長曰長天　晝短曰短天　一日曰整天　半日曰半天　形容時間之長曰多半天亦曰老半天　上午曰上半天亦曰早半天　下午曰下半天亦曰過半天亦曰過半晌兒　少遲一日曰一半天
遲一二日曰明後天亦曰一兩天　遲二三日曰兩三天　遲之數日曰等幾天亦曰過幾天　晝曰白天亦曰白日　謂日之長曰長天老日的　今日曰今兒個　昨日曰昨兒個亦曰夜隔　二日前曰前兒個
三日前曰大前兒個　明日曰明兒　後日曰後兒　再後日曰大後兒
朔至望曰上半月兒　望至晦曰下半月兒　本月曰當月兒　前月曰上月　後月曰下月
女子應嫁之月曰行嫁月　月中應忌之日曰月忌日子
紀年曰歲　閏年曰閏月年　嗟歲之不時曰年頭兒
黎明曰曚胡亮兒　晨曰早晨亦曰大清早晨亦曰清早兒　午前曰前半晌兒亦曰早半晌兒
正午曰午正　午後曰後半晌亦曰晌午手　日夕曰天夕西　黃昏曰擦黑兒亦曰摸媽扎眼兒
入夜曰晚上　中夜曰黑夜些　初更響柝曰起更經

天氣微暖曰暖和　微涼曰涼快亦曰爽快　狀熱之甚曰絢熱　狀寒之甚曰絢冷　謂臘月七八日為最寒之日曰臘七臘八凍死兩叶馬韻三叶麻韻

今曰今兒個　古曰老時候

正月元旦曰大年初一　元日煮素餡水餃曰吃素扁食　二日黎明以香供上祭曰接財神　二日食煮麵條　三日食合子　者曰初一扁食初二麵初三合折望家賺　五日曰破五兒　作水餃曰揑小人　八日九日食合子曰合折加八愈過愈發　合折加九愈過愈有　九日放焰火曰烟火兒　十一日食合子曰合折揭彎　上元曰正月十五兒亦曰燈節兒亦曰元宵節　上元觀燈曰逛燈　又以江米包糖餡為丸煮食之曰吃元宵　又蒸麵鼠或蝟供佛前曰刺蝟老鼠　十六日婦女相約出走觀者曰走百病兒　二十四日晚以灰畫大圈於庭室中置穀米銀錢至翌日正午始撤去者曰打囤亦曰填倉　是日燒飯及為魚羹曰填倉填倉乾飯魚湯由元日至上元總稱之曰正月節兒　正月書吉語為聯貼之門上者曰貼對子　以紅紙剪吉語懸貼門楣者曰挂吊錢兒　佛祖前所供飯其上揷有紙剪之花曰飯花兒　懸祖先像曰懸影　以麵夾棗層層累積供之佛祖前者曰花糕　焚香曰燒香　設供曰上供　燃爆竹曰放鞭　賀歲曰拜年　新年時婦女不入鄰室曰忌人　四五日後擇吉請異姓婦女來家道吉語以破除忌人者曰開市　立春曰打春　立春日食薄餅曰吃春餅

二月二日曰二月二亦曰龍抬頭　是日以豆粉為糕切而炒食者曰吃悶子亦曰煎悶子　又以木炭

摔炕沿曰敲〻〻炕沿彥螆子蜈蚣不見面 五日作水餃曰捏小人嘴 又拆舊衣物曰絞小〻人 又食乾花糕曰嚼小人

清明節祭掃祖塋曰上墳 又平時祭掃亦曰上墳 焚冥物紙錢等曰燒紙 又平時焚化冥物亦曰燒紙

天中節曰五月當五兒 亦曰五月節 以黃紙印符語及胡盧懸貼門楣者曰門符胡盧 又剪綵加以虎及他種物事以彩索繫諸兒身者曰老虎搭拉兒 食角黍曰吃粽子

夏至節食麪條曰冬至餛飩夏至麪

六月上旬晴明無雨曰六月六看穀秀

立秋日食甜瓜曰齩秋

七月七日曰七月七 日中婦女以盂盛水置針於水面觀其影曰落料花針 中元節曰七月十五亦曰鬼節 晚刻以彩紙糊為巨舟焚之以渡幽魂者曰燒法船 以紙為蓮花內置燈燭放諸河者曰放河燈

中秋曰八月十五亦曰八月節 中秋月圓曰八月十五月兒圓 晚刻拜月曰圓月兒 拜月時置一蝲使爬沙者曰爬月兒

重陽曰九月九 食江米棗糕曰吃黏糕 登樓或登閣者曰登高 又售棗糕者亦呼曰登高

以香積為塔形焚之以供北斗星者曰攢香斗

十元節曰十月一亦曰鬼節　於門前焚冥物曰送寒衣

冬至日以麪皮裹肉餡為餛飩煮食曰包餛飩

十二月八日曰臘八　以雜米豆為粥施之於人曰臘八粥　又煮青黃豆施捨之者曰結緣豆　二十三日祀竈君曰祭竈　以麥餳蘸胡麻為團或元寶形用以祀祭竈君者曰糖瓜　諺云

糖瓜祭竈新年來到

除夕曰大年三十兒亦曰三十黑夜下　晚餐煮肉餡水餃曰吃偏食　守歲曰坐夜亦曰熬夜　又平時終夜不寢者亦曰熬夜　宵分拜祖及與長年行禮曰辭歲　又以芝麻稭布地以足踏之曰彩歲　燒巨香一炷供佛前不待其盡又從而續燒之者曰接香

自十二月中旬備置諸食品以為新年之需者曰辦年菜　以勒魚（俗稱鰳魚）及糕點一種稱為福喜字果子者置鍋中不使其空曰壓鍋

以入伏中伏最熱冬至三九最寒者曰冷在三九熱在中伏

端陽中秋除夕曰三大節

水成災曰鬧水亦曰發水　因雨而澇成荒歉者曰下澇啦亦曰澇年頭兒　豐稔曰好年頭兒

荒旱曰旱年頭兒

舊都曰京城亦曰北京城　去舊都曰上京　津東沿海河各村鎮統曰海下　津沽曰天津衛亦曰本地　津城南數十里郊野統曰衛南窪　津城北各村鎮曰北鄉　城南各村鎮曰南

鄉　圍城馬路曰四馬路　租界一帶俗曰下邊　城市周近俗曰上邊
街曰大街　談　巷曰胡同兒　兩牆夾巷而少門者曰背胡同　小巷曰小胡同　陋巷曰背嘎啦兒
狀巷之多曲曰拐灣抹角　轉角處曰犄角兒嘎啦兒　亦曰嘎哈啦兒　城堞曰城[illegible]靠
入城曰進城
地曰九地　亦曰地下　亦曰九地下　郊野曰開窪　郭曰墻子　鄉曰鄉下　亦曰莊上　菽麥粱
穀之田曰地　瓜田曰瓜地　蔬菜之田曰園子　掘井見水之處曰泉眼　閘塞曰卡子　墳塋
曰墳地　叢邱曰亂葬喪岡子
庭院之有東西南北房者曰四合　亦曰四合套　其有三面房屋者曰三合　其庭巨有中廳而
通前後院者曰兩捲　偏院曰跨院兒　耳房曰套間兒　簷張若廊有門窗以諸物者曰
廈子　廁所曰中廁斯　亦曰茅廁斯　正寢曰上房　其左右曰廂房　重門曰二道門兒　亦曰
屏門子　頭門曰大門　大門起脊者曰門樓　其起脊而周以屏門若屋者曰虎座兒　亦曰過道
平牆為門不起脊者曰一字牆兒　門脊之螭吻曰獸頭　門中無重門而遮以木屏者曰棟
屏子　屋有全瓦頂者曰瓦房　兩側瓦而中灰者曰灰瓦房　全灰者曰灰房　草泥頂者曰
草房　亦曰土房　亦曰土坯房子　由室門至後壁之直徑曰進身　其橫徑曰廈當　窗曰窗戶
窗門通上下能開闔者曰槅扇　竈曰竈戶　竈之燒薪者曰柴竈　燒煤者曰煤竈
炕以磚者曰磚炕　土坯者曰土炕　木者曰木炕　一院為一家者曰獨門獨院兒　兩三家

者曰同院兒　多家合居者曰雜院兒　家中人少曰清門靜戶的
父曰爸、亦曰爹　母曰娘亦曰媽、　嫡生稱父之側室曰姨媽　庶生稱父之嫡室曰娘　稱本
生母曰媽、　祖父曰爺、　祖母曰奶、　曾祖父曰老爺字重爺　曾祖母曰老奶、字重奶　父之
姊妹未嫁者曰姑、　已嫁者曰姑媽　姑媽之夫曰姑父字重姑　祖之姊妹未嫁者曰太姑　已
嫁者曰姑奶、字重奶　姑奶、之夫曰姑爺字重爺　母之姊妹未嫁者曰姨　已嫁者曰姨娘　父之
兄曰伯、拜祇平聲亦曰大爺字重大　父之弟曰叔、亦曰伯、拜祇平聲　凡稱父之兄為大爺者於父之弟則伯
伯之兄曰哥、　弟曰兄弟　姊曰姐、　妹曰妹子　兒曰兒子亦曰小子　女曰閨妮　孫曰孫子兒
孫女曰孫女兒

外祖曰老爺字重老　外祖母曰老、　舅父謂母之兄弟也曰舅、　舅父之室謂母之嫂婦也曰舅
母　姑舅之子相稱曰表兄弟　其姊妹相稱曰表姐妹兒　兩姨之子相稱曰姨兄弟　其
姊妹相稱曰姨姐妹兒　姊妹之子曰外甥　姊妹之女曰外甥女兒　嫁者對於兄弟之子曰內侄
對於兄弟之女曰內侄女兒　外孫曰外孫子兒　外孫女曰外孫女兒
舅姑之所謂舅曰公、　舅姑之所謂姑曰婆、　夫兄曰大伯拜祇子　夫弟曰小叔子　妻父
曰丈人　妻母曰丈母亦曰丈母娘　妻兄曰大舅子　妻弟曰小舅子　妻之姊曰大姨子亦曰
大姨兒　妻之妹曰小姨子亦曰小姨兒　母之姊丈或妹丈曰姨父夫　姊丈曰姐夫　妹丈曰妹夫
婿曰女婿亦曰姑爺字重姑　已嫁之女曰姑奶、字重姑　兩婿相謂曰連襟兒　婿之父與妻之父

相呼曰親慶家 壻之母與妻之母相呼曰親慶家母
義父曰乾爹 義母曰乾娘 義子曰乾兒 義女曰乾閨妮
長輩曰先生 幼輩曰相公 平輩曰弟兄 女曰姐妹兒 兄與弟渾稱曰哥們兒 長幼渾稱曰爺們兒 婦女渾稱曰娘兒們兒 父子或叔姪或師弟同稱曰爺兒兩叶馬韻 姊妹或姊弟同稱曰姐兒兩叶馬韻 母子或母女同稱曰娘兒兩叶馬韻 兄弟或兄妹同稱曰哥兒兩叶馬韻
總角之交曰發小兒弟兄 不分彼此曰過亦曰過的着亦曰不分亦曰過的多
師曰先生 弟子曰學生 工藝人稱師曰師父 稱弟子曰徒弟 通家曰自家 疏遠者曰外人
重外字
有官職者曰官兒 士曰文墨人亦曰念書人 詩書門第曰書香人家 農家曰莊稼人亦曰種地的 鹽商曰商綱 商人曰買賣人 工人曰手藝人 賣菜傭曰挑鍋賣菜的 泥水匠曰泥丸兒匠亦曰做繳活的 肩重勞力者曰粗魯人亦曰拉粗耙子的亦曰抗叶陽韻大個兒的 醫曰醫生 卜曰算卦的 星曰算命的 巫曰頂神的亦曰看香的 女巫曰姑娘子亦曰姑娘婆子 相曰相面的 相地曰看風水的 伶曰唱戲的亦曰戲子 作雜劇者曰吃生意的 男僕曰下人亦曰當差的亦曰指使人 主家曰上人 工界雇用人曰伙計 女僕曰老媽兒亦曰老媽子 婢曰丫頭亦曰指使丫頭 業賤務者曰下三濫 僧曰和尚 道曰道士 尼曰尼姑 無所事事而到處閒散者曰打油飛 乞丐曰要飯的 乞丐而專號叫於街巷者曰叫街的 盜竊入宅者曰小偷兒 道人

竊物者曰小綹　入宅劫奪者曰明伙　道中劫奪者曰劫道兒的
商家曰買賣家兒亦曰買賣鋪亦曰字號家　銀錢商曰內行家兒　其他諸商皆曰外行
家兒　工藝家曰手藝（作紙平音）坊　初習商者曰學買賣的　習商而能理事者曰同事
司賬簿者曰賬上亦曰管賬　總理一商號之事者曰掌櫃的　股東曰東家　因讀書而
從師曰拜老師　從師為學曰上學　因學藝而從師曰認師父亦曰學徒亦曰學手
藝　為師立據約三年學成效力一年者曰寫字兒　徒弟卒業曰出師　執藝曰耍手藝
介紹買賣曰跑合兒
為男選婦曰說媳婦兒　為女選壻曰說婆婆家亦曰說主兒　媒妁撮合曰說親亦曰提
親亦曰保親　定婚曰定親亦曰換帖　成婚曰完親亦曰成家　娶曰娶媳婦兒亦曰完
婚　嫁曰出閣亦曰出門子　女已定婚曰有主兒　行嫁曰過門　嫁女曰聘閨女　結婚時
行禮曰拜天地　新婦初謁壻家長輩及會見平輩晚輩者曰分大小兒　新婦初歸
寧不過宿者曰回門　回門後第一次歸寧過宿者曰住頭趟家　第一次歸寧為某日而次
月仍某日者曰住對月　以後再歸寧則曰住家　壻家曰婆婆家　母家曰娘家
頭前曰腦門兒　頭後曰後腦勺兒　睫毛曰眼睫子毛　頰曰嘴巴子　下頦曰下巴頦（科）亦曰下巴
喉曰喉嚨眼兒　胸曰心坎子　背曰後脊梁（娘）　臂曰胳膊　腋曰胳子窩　肘曰胳膊肘
腕曰手腕子　手指間曰手跒跁　腿之裏曰腿腋子　膝蓋曰膊膝蓋兒　足腕曰腳脖

子　足指間曰脚踻趾　鬚曰鬍子　髮曰頭髮　鬚之翹曰鬍爪兒　頷下鬚曰頷

海下條

生育曰添　生子曰添孩子　兒初生曰落草　兒生至一月曰滿月　生至數月者曰幾個月

兒不足十月而生者曰不夠月　過十月而生者曰過月　初生而殤曰草滅　幼而殤曰糟蹋

啦亦曰糟踐啦。兒生周歲以花果書筆等置兒前徒自擇取以驗兒之志趣者曰抓周兒

姙娠曰有身子亦曰不方便。

强曰强壯　健曰結實亦曰壯實　弱曰不結實亦曰康薄兒　瘦曰瘦乾扎拉的　痛曰疼

小疾曰不舒服亦曰不舒坦　病曰病啦　癒曰好啦　死曰完啦亦曰過去啦亦曰不在啦

弔唁曰弔紙　未殮或初殮往弔者曰弔熱紙　諷經曰念經　死三日晚諷經者曰接

三　諷經至夕出而焚冥紙路中者曰燒冥門紙兒　不以僧而以儀仗音樂前導出

焚冥紙者曰送路　晚諷經曰放焰口　殯曰出殯　相送者曰送殯　賀壽曰拜壽　賀

喜曰道喜　無論喜喪而備酒筵者曰有吃喝兒　聚筵曰坐席　飲曰喝　吸曰抽　徙旋

曰解手兒　如廁曰解大手兒

孝曰孝純　德曰德行　謂婦女之賢曰賢惠　才曰才情　能曰本事亦曰能耐　慧曰

聰明亦曰伶俐　愚拙曰笨亦曰胡塗　文曰安靜亦曰沉穩　野曰野模野樣的　急曰急

屁兒亦曰抓粗哇切撓亦曰躁　遲緩曰顢頇亦曰黏糊亦曰肉亦曰鬆亦曰皮鬆肉躁　美曰俊

誇人之鮮麗曰賽水葱兒　有丰姿曰俏皮　作態曰摇俏　誠作態曰勁兒　嬌曰
嬌嫩　失態曰風　亦曰瘋顛朝世　故作失態曰發顛兒　亦曰發瘋　無容止曰少條失教　醜曰
醜陋不堪的　粗笨曰笨不濟的　粗笨而野曰傻大黑粗的　瘦而俏曰瘦溜溜的　識人之
不穩重曰飄風　識胖者曰蠢笨　亦曰笨貨　亦曰笨揣叶灰韻　亦曰胄笨　勤曰勤謹　懶曰懶惰
富曰寬綽超　亦曰富裕　貧曰窄癟　亦曰不寬綽超　寬裕曰鬆動　儉省曰細項　亦曰
夾細　亦曰緊拘　不在意曰大意　亦曰不在乎　識小曰小氣屁　大度曰大方　有城府曰
穩　亦曰涵養　亦曰深沉　亦曰有身分　無城府曰直心眼兒　亦曰直腸漢　壯觀曰體面
性急曰急性子　亦曰性緊　性緩曰鬆搭搭的　志節曰氣性　亦曰剛强　亦曰大性　聲名
曰名望　亦曰名氣　識重輕曰有分寸　不識重輕曰中着的不着　奢華曰浮華　吝
嗇曰扣索　亦曰打算盤　貪鄙曰貪　亦曰欺　亦曰愛小便宜　諂佞曰巴結　亦曰溜　亦曰捧　亦曰奉
承　識曰見識　感曰感激　識廣曰開眼　豔羨曰羡慕　毀曰糟塌　譽曰誇奨　懷
思曰想念　亦曰惦記　暗算曰算紀　亦曰琢磨　譖人之有謀曰有玩意兒重玩字　無謀曰没
梅麽兒　蒙恥曰出醜　亦曰態寒蠢參　亦曰現世　亦曰現眼　識浮譽曰露脸　故以示人曰
顯弄龍　蠻曰横　亦曰苗　癡曰傻　妒曰嫉妒　亦曰多心着重多字　口吃曰跒科吧　亦曰結
皆巴　氣浮曰荒失　識氣浮曰神不守舍　冒昧曰冒失　識其冒昧曰楞頭科腦　亦曰冒
失鬼　識淺識者曰没見過天日　識善於應變者曰隨風轉柁　亦曰因風使船兒

騙曰龍繞亦曰賺亦曰套弄冷　欺蒙曰打糢媽糊眼　欺曰欺負　佯作態曰裝腔作勢
愉快曰痛快亦曰高興　喜曰喜歡　被騙曰上套兒　以誹語譏人使不相睦者曰激事攏
對兒　亦曰調三伙四亦曰串老婆舌頭　狀人之暴怒曰耍嗎都、亦曰吹鬍子瞪眼　冒人
之有物曰充嗎都　酒後謾罵曰耍酒瘋兒　故作癡曰裝瘋賣傻　譏人之遲延曰等
陶亦曰等害亦曰挨磨　譏詐作人情者曰虛他澎悶　譏不識喜怒曰不知好臉兒歹
臉兒亦曰不知眉眼高低　全不聽從曰滿没妹聽啼　譏無稽之談曰瞎說八道亦曰胡
說八道亦曰胡謅白裂叶上聲　亦曰瞎扯亦曰胡扯　譏好為誑語者曰滿嘴没妹舌頭　臟人
曰臟磨人亦曰磨人　迷曰迷糊　不求解曰糢糊　譏人之性冷曰乾干　譏不肯助人曰尖
譏人之好譏誚曰損　謂小兒之頑皮者曰胡亦曰胡臭兒　謂小兒之喜鬧者曰發料亦曰
料貨　合理曰接板接眼　不合理曰蠻来　晦氣曰攙霉　辛苦曰辛、苦、　不討厭
曰仁義　討厭曰遭殃人　蔑視其形状曰神兒亦曰好神兒亦曰色上聲兒亦曰樣兒　形其好潔
己曰不沾塵兒亦曰不攙陳兒　作事瞞人曰偷、摸、亦曰啾、咕、　譏其文曰斯文一抹的
不直接罵人曰指桑罵槐亦曰指狗罵雞　行巧曰玩兒招兒　煩曰麻煩　心煩曰煩氣
亦曰翻騰　不喜曰不念叶平語　憂貧曰為難亦曰為難遭灾叶上聲　揣想曰琢磨亦曰擣
叶平扯　善聚散曰好離好散　譏多人同時同一趨向者曰起哄亦曰齊上扈家村　譏人之
困之曰扛山　贅曰累贅　慳曰嗇刻　占先曰竄粗窪切先兒　譏人之乍来忽去者曰

一溜烟兒　譏人之作可憐態者曰可憐不淂淂妻切閻去聲兒的　譏人之顛曰顛三倒四
譏人之强為牽挽曰拉拉扯扯　譏人之不實曰没妹溜兒　胡纏曰胡打歪纏　胡言曰
瞎白話　胡做曰胡打歪鑿則搖切亦曰胡蒯蒯亦曰胡歪上聲差　譏相應合者曰裏勾外
連兒亦曰勾串連伙　譏言以不清曰套頭裹腦　故難人曰刁包兒　撩曰惹　要
挾曰拿　譏人之故作規行矩步曰大搖大擺　譏人之身短行速者曰地裏蹦　閒
談曰道詖科亦曰說閑白兒　譏不實作而空捱時間者曰磨撐亦曰推摸　為事遲緩曰摸莫刀切
擘　訛索曰訛人　行難於步曰挪　譏口不實言曰打花花哨亦曰打哈皮醬亦曰打八卦
倉皇曰荒張　狂曰狂氣　强曰剛强　僵曰木　譏佯作意者曰裝着玩兒亦曰成心
匆忙曰忙忙叨叨的　嬰兒童之聰敏曰精亦曰靈　羞曰臊　不振作曰委微隨　恃曰仗
技曰能耐亦曰本事　狀藐視曰瞧一眼兒瞟一眼兒亦曰看落不上　狀尊視曰高看亦曰瞧的
起　自矢曰賭誓發咒　形容其已甚曰賽麼兒似的　謂其為累曰累贅兵　謂其動作
合度曰懂規矩亦曰有裏兒有表兒
譏人屢作辭曰混技多端　語氣曰口氣　意曰心氣兒　倨曰伴兒　卑而為曰輕舉妄動
瞞人曰背人　厭曰厭氣　惹厭曰討厭　心損於人曰發壞　假曰虛　作賤曰蹂賤　毁人
譽曰糟踐人　擾曰攪和亦曰攪亂　擾人曰打攪　急曰火兒啦　怨曰氣忿　怒曰生
氣　中傷曰刺張平打張平　諫曰勸　情面曰面子亦曰情意　色然怒曰變臉亦曰翻啦

變臉曰翻腔兒啦　面請曰改人亦曰拿人改　徒旁識請曰請惑　鬧曰鬧哄　暴曰暴躁　和曰和睦妹　固執曰寧去聲亦曰執亦曰紂謬　引逗曰逗弄稜　想念曰念叨　為所拘曰木亦曰翅亦曰僵亦曰卞不來台　恤曰憐恤胥亦曰周濟　察曰察考　搏鬭曰打架　屢為菲濟語曰嚌吶吶亦曰翻、亦曰叨、　絕交曰擘擺低平聲啦亦曰裂啦　離開曰擘擺低生平　心有所寃屈曰委屈亦曰寃屈亦曰窩囊　結習曰習氣　不理曰不答理　面有不悅色曰搭拉着臉子亦曰臉上寒下水兒来　不知禮曰怯切　無能曰乏　狎曰囉唣　閑談曰談天兒　識因循時日而不定者曰初八明兒後兒

月中多所進益曰望月兒亦曰好月兒　反之曰背月兒亦曰歹月兒　月發變新曰變月兒　工作以月計者曰包月兒　祈雨曰求雨　以物蔽雨曰擋雨　避雨曰背、雨　冒雨曰挨淋亦曰挨澆亦曰着隻切澆雨　觀風色曰觀風兒　巡哨曰巡風兒

索債曰要賬亦曰討賬　避債曰躲賬　欠債曰拉賬亦曰拉虧空　欠而不付以語支吾者曰搪賬　節時以物奉之富家希多得酬者曰打抽秋豐亦曰打网　借債度節關者曰打饑荒　欠而不償又從而挪借曰前拉後拉拉前　應辦而不辦多延時日者曰打蹭蹬　睡無容止而手足翻覆四張者曰打把什亦曰打撲登　小兒浴時以手足激水亦曰打撲登　行而身欲仆者曰打趔趄　小兒初學步曰打踜、　以言支吾不為人用者曰打出溜　狀地面或冰面之滑曰打滑又　寒噤曰打冷戰　噴嚏曰打嚏噴分　款欠曰打呵哈欠心

欠伸曰伸懶腰　乘貲為餐曰搭伙食注　因其價之昂而低之曰打價兒　故因其價
之昂而故低之曰打落鞚去　薙髮時有割破者曰打掌子　低語於耳曰打差〻又博
而抽贏數十之一者曰打頭兒　以掌擊人曰打巴掌　以蠟鬆木曰打蠟　狀魚蝦之鮮活者曰打蹦
怒跳亦曰打蹦　購物而受欺曰打眼　衣物寬大皺而多縱褶者曰打縷柳　對不通言者以手
狀物曰打手式　梳髮為辮曰打辮子　鐘鳴曰打鐘　禮時擊銅點曰打點　宵中擊柝
曰打更往　汲井曰打水　置水於盆中亦曰打水　行漁曰打漁　行獵曰打獵亦曰打圍　繩索曰
打繩　以細繩結絡曰打絡子　以紙畫縱橫線曰打格　凡油酒醋醬油麵醬麻醬豆漿
等之行沽金銀飾品銅錫鐵器之製造又或針之折盤碗之破燒餅之烙柴草之採皆
謂之打
法律曰律條　舊章曰老理兒　規定曰定規　無法曰沒妹辦法亦曰沒妹章程　方曰
方法兒　無理由曰沒妹講兒　鄰人訪談曰穿釧門子亦曰穿釧亞門子　數板凳　閒談
曰提閒話兒　不談曰別提　不能談曰沒妹法兒提亦曰沒妹個提頭兒　攜曰領　佳曰好
回曰回来　散步曰溜達亦曰轉個圈兒　徘徊曰来回溜達　循小巷散步曰穿釧胡同兒
沿牆下而行曰溜邊兒亦曰溜牆根兒
謂此道中人曰行杭家亦曰在行杭　門外漢曰外行杭　何妨曰碍麼去聲的　不妨曰不碍事
惡其聒耳曰興營亦曰吵的荒亦曰鬧的荒　憑曰倚靠亦曰捱靠兒　有所仗曰有主心骨兒

何曾曰多喒　罷休曰算啦　漫曰占　尋曰找亦曰尋須切摸亦曰找尋　探尋曰打聽
常常曰動不動兒亦曰一来　總曰統共亦曰通腦兒亦曰歸了包堆　謂不能隐曰紙包不了
火亦曰瞞不住人　不知其由曰不知底細亦曰摸不着根　謂深知曰知根知底　序曰排場
籌備曰鋪排　放置曰安排
約相集曰聚會亦曰湊湊　偉獲曰彩頭兒　不能偉獲曰大海撈針　無效曰白費　如白費
力白費心白耽擱功夫　甘受欺曰瞑目受死兒　不足恃曰不準成亦曰靠不住　歸曰回去
展曰打開　若曰如果　事成曰辦妥　雅曰雅致　細曰細致　敞曰敞快　空靈曰透靈
獎曰誇　直曰梗直　謂已停當曰有啦　等待曰候兒候兒　偶然曰偶爾　甚曰太亦曰過於
收曰欽　岌岌乎曰险一點兒亦曰差去聲一點兒　中獎之中曰得　至曰到　可將就曰去去罷亦
曰將就點兒罷　强支持曰招招架架亦曰對付　閑曰閑　悶曰悶氣　倦曰累　倦而欲睡曰困啦
據理曰按理兒　呼喚曰招呼亦曰叫　禍患曰禍害　盼切曰盼望　殿後之殿曰督　相見
曰見面　熟習曰鍊　安眠曰睡覺教　引導曰領　晝卧曰躺着　夜卧曰躺下　小眠曰
躺躺兒亦曰沉沉兒亦曰歇歇兒亦曰倒倒兒　暢曰痛快　尊崇曰尊敬　性情曰性子　爭
競曰爭差　必須曰非此不可　應聲曰答應　畏曰害怕

以上凡一千零六十餘條　為未成之作　羊自記

天津方言一斑補

老年

天久陰以或久雨以而晴者曰「這算晴啦」亦曰「這天兒打起来啦」亦曰「打起天兒来啦」 晴而爽曰「响乾的天兒」指洗衣而言曰「這天收乾兒」 溽熱曰「滷」亦曰「滷熱」亦曰「悶熱」指洗衣而言曰「不收乾兒」亦曰「没個乾」亦曰「天發滷」 天晴亦曰「好天兒」

冬日曝陽曰「晒晒太陽」 冬日讓人進室曰「暖和暖和」 夏日讓人息陰曰「涼快涼快」 薄雲遮日而微光者曰「太陽晃子」 薄雲遮月而微光者曰「月亮晃子」 有時十六夜月較十五圓者曰「十五不圓十六圓」

狀星之閃光曰「扎嗎眼兒」 民俗以舊曆七月底應收秋如舊曆七月而雷者則曰「七月打雷遍地是賊」

先霡霂而以雨或先雨而以霡霂者曰「雨前毛毛不雨」「雨後毛毛不晴」 雨而陰晦忽明者曰「亮一亮」「下一丈」 豪雨而時久者曰「抬了海来啦」 大風揚塵而陰晦者曰「抬了山来啦」 謂朝虹在西或夕虹在東者曰「東絳雲彩西絳雨」 雨而泥濘難行曰「泥濘拔下醬」

有霧曰「下霧」 暑著夜納涼覺衣潮溼曰「下露溼」亦曰「有露溼」 簷見微霜曰「下霜」 夜曰「黑下」 晝曰「白下」 狀晝之極短曰「没白天啦」亦曰「一眨就黑」 狀夜之極短曰「没晚上啦」亦曰「一眨眼兒天亮啦」

久晴而風忽微雨者曰「打打暴土兒」 讚久晴而雨者曰「下點兒好哇」亦曰「得下啦」 雨時以盆花

置雨下曰「澆澆滋生」。狀寒之甚亦曰「够勁兒」。中秋落雨以為明春旱兆者曰「八月十五下一陣，旱到来年五月盡」。夏至食麪條，冬至食餛飩，亦曰「冬至餛飩夏至麪」。「大卡銀錢望家賺」。

片刻曰「一會」，亦曰「一時兒」，亦曰「一扎摸眼兒」。遲一會曰「打瞪兒」。指人之日不出門曰「不論好天歹天」，亦曰「見天見」，亦曰「天塌啦亦溜溜出去」，亦曰「說下大天来亦溜溜出去」，亦曰「下以刀子頂鍋亦溜溜出去」。形容其迅速曰「沒見明光月光」。

由津東沿海河各村鎮来津曰「上来」，反之曰「下去」。由津西或津北各地到津曰「下衛」，反之如去津西之楊柳青或津北之楊村則曰「上楊柳青」或曰「上楊村」。

稱祖母之姊妹曰「姨奶奶」（奶奶二字重讀）。稱祖母之姊妹丈曰「姨爺爺」（爺字重讀）。

有資財或房產者曰「有產業」，亦曰「有家當」，亦曰「有根」；反之曰「沒產業」，亦曰「沒家當」，亦曰「沒根」。

賃屋而居曰「穿房簷」。貧無立錐曰「上無片瓦，下無錐渣」。以房產為業者曰「養房產」，亦曰「吃瓦片兒」。商家照顧櫃檯者曰「穿木頭裙子」。鹽店賣鹽者曰「挖鹽勺」。

對年節備辦物事者曰「應時到節兒」。除夕前預留蒸飯一盂，上置棗，插飯花，備新正再食者曰「接年飯」。

伯父於弟之子或叔父於兄之子皆曰「姪兒」，亦曰「姪子」。祖孫或長幼同稱亦曰「爺兒倆」。夫婦相謂大多數指兒女言之，曰「誰他爹」或「誰他娘」，如「老蓋兒他娘」或「小丑兒他爹」，又或「鎖住兒他媽」、「小頭兒

×廳之前有廊而其背有羣房儲物者曰「前出一廊後出一廈」

他爸々」又或互呼曰「我說」或曰「嗳」尤其商人中幾成夫婦相謂之代名詞 其肯以名或字相呼者極少數

識者相見互呼以行不以姓曰幾爺 如「二爺」「三爺」但行一者謂之行大曰「大爺」行十一者曰「一爺」行十二以下則直以數呼之如「十五爺」於婦人則稱幾奶々（如「三奶々」）肯稱以姓則曰某幾爺於婦人則稱某幾奶々 如「張五爺」「李六爺」「王二奶々」行最少者俗曰「弟老的」稱之則曰「老爺」字「鍾爺」（分際上與另稱老爺二字者不相混） 然王姓多不欲行八每自次一數 商業中於顧客之不識者尤其飯館中率稱曰「二爺」不敢稱「大爺」（識者除外）蓋以「二爺」比諸武松尊之也（肩挑者不如是其商業或飯館所以然者不詳其因） 商業中人互呼以姓不以行曰某爺 如「周爺」「趙爺」 又於對方曰「你們沈爺」「你們韓爺」於自方曰「我們劉爺」「我們董爺」

與大門平排之屋面內而背臨街者曰「倒座兒」 前院之正室曰「大廳」亦曰「客廳」 中廳曰「過廳」 廳而有廊者其廊曰「廊簷」×廊而由正廳或中廳之側通後院者曰「穿廊」 正廳或中廳之側通道至內院（無論幾數）或後院者曰「箭道」 宅而庭次多者曰「好幾道院」 院各有門者曰「好幾個門兒」 宅有二庭者曰「兩道院」 有三庭者曰「三道院」 中廳之前有起脊垂簷之門者曰「垂掛門」（前謂二道門或屏門子係指木建為多扇屏門者與此不同此則或再有「虎座」） 宅後或其旁另門外通者曰「後門」 居四合或兩

捲者曰「大户」亦曰「大家」亦曰「大户人家」居一宇墻一家或兩三家者曰「小户」亦曰「小家」亦曰「小户人家」無住所而於河邊以木支為棚上敷泥若團瓢者曰「窩鋪」窗鑲玻璃而內有開掩之木門者曰「窗户門」其外為木板而備橫門者曰「窗板」在門外臨街者曰「門板」（商家多有之）通俗之屋三間左右為內室而中室外通者曰「一明兩暗」其內室曰「裏間」中室曰「堂屋」三間之左或右一間為內室二間明敞者曰「兩明一暗」兩間一內室一外室者曰「裏外間」僅一室者曰「獨間」堦曰「台堦兒」檻曰「門坎子」巷之通者曰「活胡同」其不通者曰「死胡同」或忌死字稱為「寶胡同」巷之間通路突寬敞若巨庭者曰「大院兒」舊居傳數世而代有名人者曰「老家兒」其先世無所聞而崛起建新屋者曰「暴發户兒」亦曰「新發户兒」一姓之居同宅而各食者曰「同居各爨」又分宅者曰「分居各爨」係為巨族之舊居而分賃多户者曰「大雜院」內室之一以板壁與中室分而漥其亮槅者曰「落地罩」其左右內室通中室之門側其玻窓者曰「婆婆眼兒」

飯以讓少坐曰「閙閙口兒」讓茶水曰「喝碗」讓食曰「吃點兒」讓坐曰「坐坐兒」亦曰「歇歇兒」

臨時代人工作曰「替工」亦曰「打補釘」非長期工作者曰「短工」其長期者曰「長工」幫忙者曰「打雜兒」貨物之順利鬻淨者曰「抖手」否則滯存不易售者曰「打芭」

以殷勤或能說笑為人所喜者曰「有人緣兒」亦曰「吃香」否則曰「沒人緣兒」亦曰「不吃香」

狀無食曰「挨着」亦曰「餓着」亦曰「喝西北風」狀無衣曰「光着」亦曰「凍着」狀無事事曰「閒着」

亦曰「跋着」亦曰「蹲生着」亦曰「挺生着」狀無以為生曰「沒轍」狀無錢曰「沒落兒」狀無方法曰「沒招兒」亦曰「沒詞兒」亦曰「沒咒兒念」識人之無實亦曰「沒根」識人之無行曰「沒品」亦曰「沒出息」識人之面急曰「沒臉」亦曰「沒皮沒臉」識惹厭曰「貧氣」亦曰「憨皮賴臉」亦曰「臉憨皮厚」亦曰「皮憨肉厚」亦曰「討木臉」惹厭曰「嬉皮笑臉」自願曰「甘心樂意」識人之偽作多識曰「自充明公」識人之不以正路而得志者曰「歪打正鑿兒」故惹曰「找碴」亦曰「找斜碴兒」亦曰「找哥人」故難人亦曰「挑刺兒」亦曰「雞蛋挑骨頭」識得意而故詡於人前者曰「乍刺」亦曰「賣派」識故作不知者曰「裝着玩兒」亦曰「裝不懂」亦曰「裝算」亦曰「裝了個[illegible]」識故不承者曰「一問三不知」識故作沉穩者曰「裝掙子」亦曰「裝掙子玩兒」亦曰「裝不要緊」識張大其辭者曰「吹」亦曰「吹大祿」識以言語引人入彀曰「順說六國」亦曰「說的天花亂墜」識好為誑語者亦曰「除了唾沫沒實話」識人之約而言無行者曰「吐個唾沫就是燎泡」識人之對衣或食之不檢者曰「找病」識好惹事曰「招是惹非」識惡環境曰「是非坑」識故驚人者曰「乍毛」亦曰「鬧乍毛子」識其貌態曰「扎兒咧兒」亦曰「狂勁兒」亦曰「臭巴濟」識不與人交往者曰「死門逃户」識人之固執曰「死把字」重死亦曰「死眼兒蠟」識扶不起者曰「死狗扶不上牆頭去」識人之自誇者亦曰「賣派」識商人之誇耀者曰「生意口」識務商之不與人通融者曰「出門認的櫃上，回家認的老婆」識不守矩而言引多方面者曰「東拉西扯」亦曰「東胡盧拉西架」識因讒人而已得勢者曰「損人利己」否則曰「損人不利己」購物付款時謙讓者如相識也曰「別給啦」或曰「帶着吧」手接款時也曰「迷誇花的」

各場合（如食飲、沐浴等）中逢相識欲代之付款必曰「我候啦」或曰「我候吧」場合中執事者亦必曰「兩便啦」 設欲代付者堅付之則曰「實候啦」

勸人之鬥氣不可太甚者曰「打人别打臉罵人别結（低平聲）短」 漫罵有所指曰「罵海街」 實指者曰「指鼻子挫臉」亦曰「叫碴把兒」 能辯曰「伶牙利齒」 否則曰「拙嘴笨顋」 潑賴曰「賣味兒」亦曰「撒潑賴肉」 鬥而勝曰「够味兒」 如勝而彼此讓亦曰「咱爺兒們兒够味兒」 反之曰「栽啦」亦曰「栽觔斗」亦曰「不够味兒」 僵亦曰「僵板」 無效亦曰「白搭白」 欠債亦曰「拉饑荒」 方法亦曰「訣法」 故作態曰「做派」

不苟求曰「含糊」 驟不能避曰「不容還轉」 合理亦曰「按步就班」亦曰「有裏有表兒」 妒亦曰「黑兒呼着」 不入耳之言曰「雜言語」 婉言曰「委宛」亦曰「不得罪人兒」 口不擇言曰「直腔」（直）亦曰「得罪人」 不守矩而做曰「東一斧子西一鑿子」 於社會濫其所交者曰「不問好人歹人」亦曰「趕上朋友是弟兄」亦曰「爛板凳」亦曰「濫騰人兒」 蠻亦曰「直橫不打得兒」 定準曰「說一不二」亦曰「定而不可移」 細述曰「一五一十」

支吾曰「左五右六」 不入格曰「不三不四」 形其不乾曰「不吃水兒」 形其不染曰「不上色」（上聲） 髭鬚至必反之者曰「不吃味兒」 日曬不退色者曰「不燒（去聲）色」 不耳淨曰「不冷淨」 不識相曰「胡臭兒」亦曰「糟蛋」 讚人之胖曰「肥胖大耳朵」 形人之懶而互支吾者曰「大懶支小懶一支小瞪眼」 形其如不聞曰「話全落了地下」亦曰「裝耳旁風」

野步曰「下窪」 踏草曰「青草沒科兒」 土塊雜行曰「基利疙瘩」亦曰「脚底下絆子」 滑而轉曰「基利古魯」 水之回漩曰「漩（去聲）落渦兒」 水之流曰「溜兒」 馬之飛旋曰「打旋兒」 魚之躍亦曰「打挺兒」

「紅白喜壽事兒」亦曰「三件大事」亦曰

或曰「喃頂喃」

作商曰「做買賣」穿街售物者曰「小買賣兒」亦曰「街面頭上買賣」作小生意曰「做小買賣兒」炕之能燒柴而冬暖者曰「熱炕」亦曰「暖炕」狀煖炕之舒適者曰「棉被熱炕大枕頭」諂佞亦曰「溜捧奉承敬」病之不治者曰「乾癆氣臌噎膈閻王請下客」由訛詐而動野甚或自殘傷者曰「摔打磕勒」其投其所好為局詐者曰「坑崩拐騙」婚或娶大作排場者曰「辦喜事」壽者曰「壽事」亦曰「做壽」喪者曰「喪事」亦曰「白事」統喜喪而言之曰「大事」亦曰「紅白事兒」以助理大事之當行而被約請者曰「吃紅白飯兒的」喪者由死日計以七日為一期者曰「七」如「頭七」「二七」「三七」以至「七七」大行喪者停柩七七每七諷經者曰「頭七經」「二七經」等總稱之曰「累七做齋」其間行事排場有種種，如「成服」「送路」「伴宿」「家祭」「題主」「點主」「諷經」「轉咒」「洗佛」「渡橋」「祭門」「路祭」名目之多直不勝直其殯出故長其路線儼如出會賽神曰「出大殯」貧而好禮者柩停三七曰「三七出殯」其上之者曰「五七出殯」「七七出殯」亡者百日諷經者曰「做百日」亡者壽日行事者曰「作冥壽」人之奇窮不行喪柩停三日出棺者曰「起早兒」抬無力抬出由善堂或掩骨會義舉抬埋者曰「白抬白埋」

日常用度以及行事之用款者統名之曰「挑費」行事收出以「挑費」與所收之禮儀合計之關情者亦問曰「怎麼樣」答者亦曰「不賠錢」或曰「差點兒」其識參與喪事者曰「賠哭賺吃」或曰「多少落點兒麼兒」

人之貴曰「傻傻和和」人之精曰「鬼鬼搖搖」人之顛曰「勺勺道道」亦曰「勺裏勺道」太親曰「說說笑笑」

太逗曰「打々鬧」 太厭曰「頬々氣」 太擾曰「遭々殃」 太擁曰「擠々擦」 太多說曰「嘮々叨」 太髒曰「髒々和」 太溼曰「水々漬」 太乾曰「乾々巴」 太潮曰「溼々塌」亦曰「潮々烘」 太模糊曰「模々糊々」亦曰「迷々糊々」亦曰「含々糊」 太黏曰「黏々糊」 太稠曰「醬々糊」亦曰「醬々和」 太稀曰「湯々水」 太不整飭曰「邋々塌」 太老曰「哆々嗦」亦曰「顫々巍」 狀胡忙曰「抓々撓」 狀無實曰「假々薄」（架） 狀人之粗曰「粗々剌」 狀人之遲笨曰「肉々囊」 狀人之不舒展曰「抽々揑揑」 狀不莊重曰「裂（上聲）々哈」 狀屢斥而不注意者曰「皮々歪」 狀謾罵曰「罵々咧」亦曰「呵々咧咧」 狀肥之甚曰「腫々囊」 狀食之無肉葉之有味者曰「癢々索」 狀猶疑曰「二々胡」 狀男子之有女氣者曰「娘兒々們兒」……

以上補凡三百九十餘條 姑作結束吧 一九五四年八月七日鈔畢 辛記

蜗庐散文

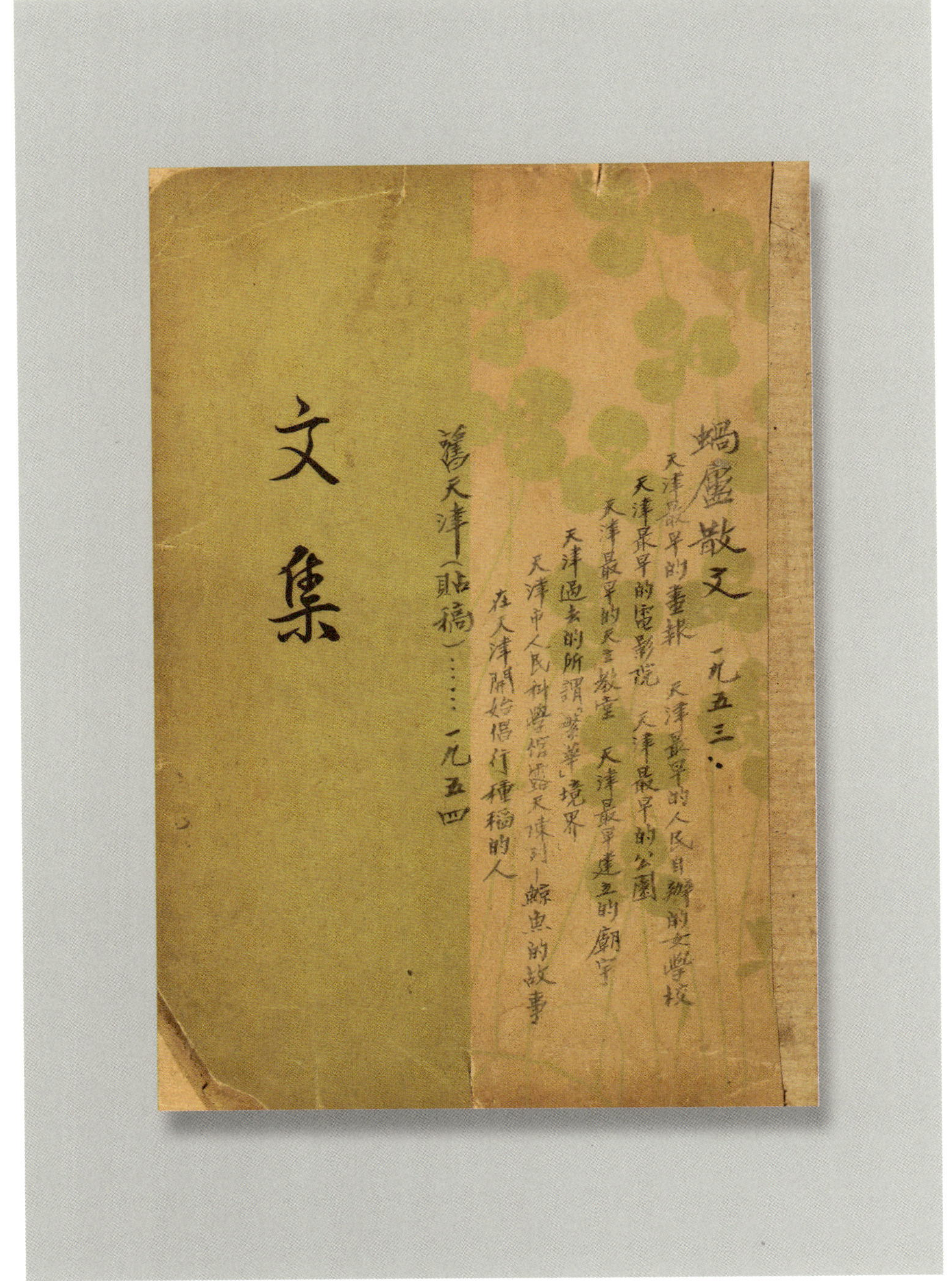

手稿横122毫米、纵180毫米，共计63页，影印时略有缩放。

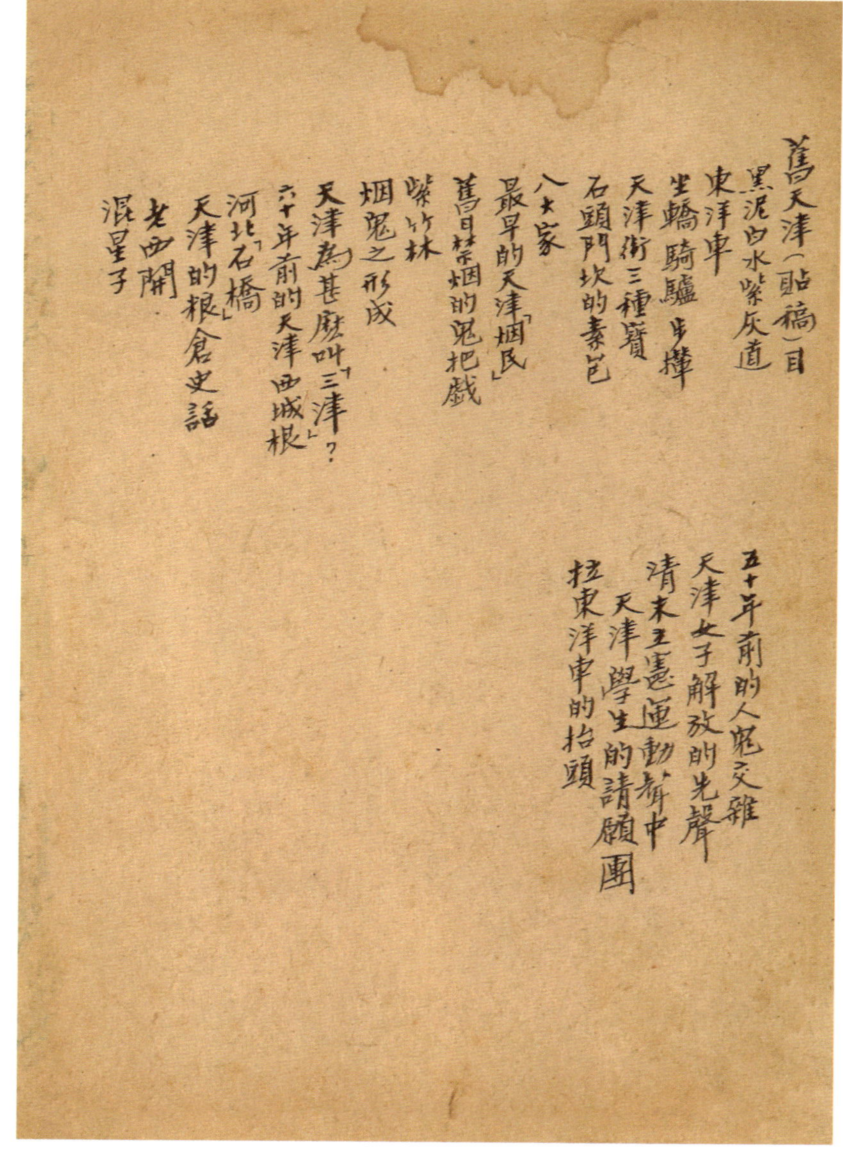

舊天津(貼稿)目

黑泥白水紫灰道

東洋車

坐轎騎驢步撵

天津衛三種寶

石頭門坎的素包

八大家

最早的天津「烟民」

舊日禁烟的鬼把戲

紫竹林

烟鬼之形成

天津為甚麽叫「三津」?

六十年前的天津西城根

河北「石橋」

天津的根倉史話

老西開

混星子

五十年前的人鬼交雜

天津女子解放的先聲

清末立憲運動聲中

天津學生的請願團

拉東洋車的抬頭

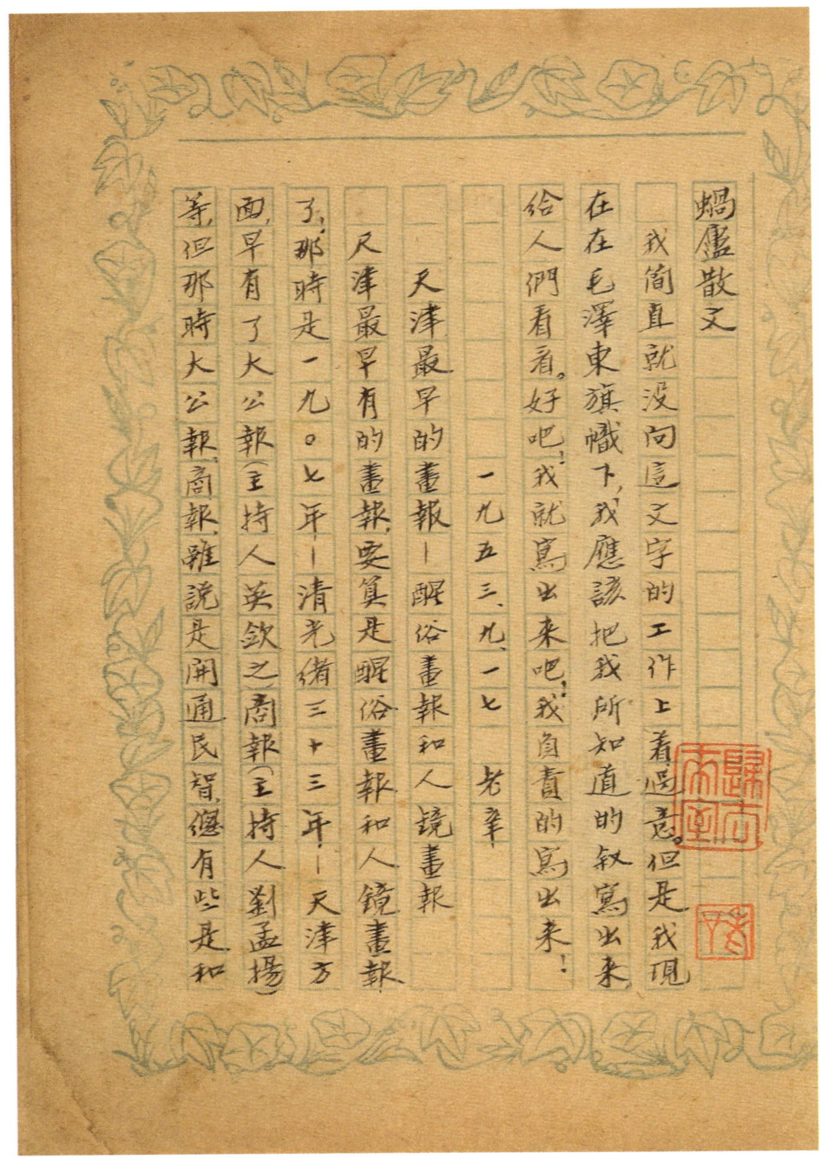

蝸廬散文

我簡直就沒向這文字的工作上着過意，但是我現在在毛澤東旗幟下，我應該把我所知道的叙寫出來給人們看看。好吧！我就寫出來吧！我負責的寫出來！

一九五三、九、一七　老辛

天津最早的畫報——醒俗畫報和人鏡畫報

天津最早有的畫報，要算是醒俗畫報和人鏡畫報了。那時是一九〇七年——清光緒三十三年——天津方面早有了大公報（主持人英歛之）商報（主持人劉孟揚）等，但那時大公報、商報雖說是開通民智，總有些是和

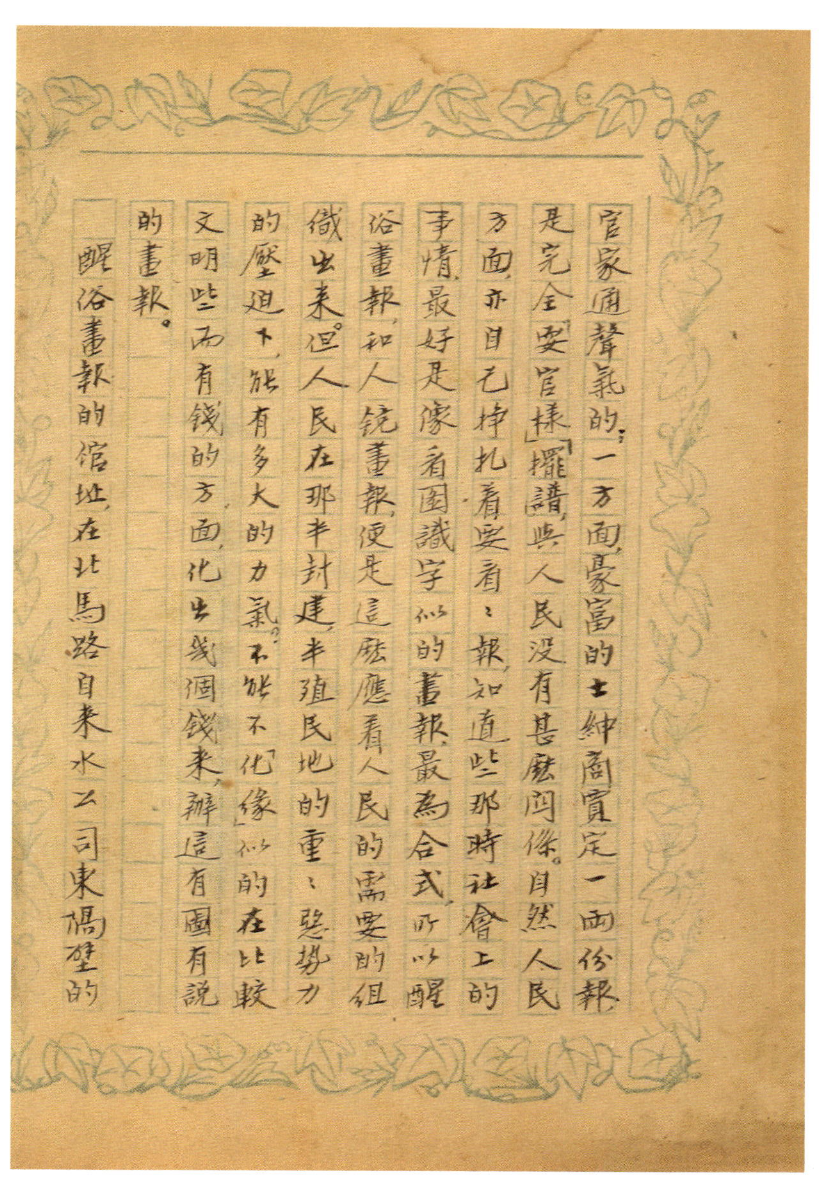

官家通聲氣的；一方面，豪富的士紳商賈定一兩份報是完全要官樣」「擺譜，與人民沒有甚麽關係。自然，人民方面，亦自己掙扎着要看看報，知道些那時社會上的事情，最好是像看圖識字似的畫報，最為合式，所以醒俗畫報，和人鏡畫報，便是這麽應着人民的需要的組織出來。但人民在那半封建，半殖民地的重重惡勢力的壓迫下，能有多大的力氣？不能不「化緣」似的在比較文明些而有錢的方面，化出幾個錢來，辦這有圖有說的畫報。

　醒俗畫報的館址，在北馬路自來水公司東隔壁的啟文西閱報社裏，報館主持人是溫子英（普育女學堂堂長），吳芷洲（南開學堂英文教習）編説的是少數民族清真教的張紹山（西頭慈惠寺小學堂堂長）畫圖的是陸文郁（名畫家張和庵的弟子）。這畫報是是豎本的，一個月三本，最初第一本與人民相見，是在一九〇七年一月下旬，剛一出版是兩千份，在當地差不多便銷去了一半還多，很博好評。

人鏡畫報是一九〇七年六月間開辦的，館址在那時日租界德慶里（現在福仙池澡塘的地方）館的主持人是溫子英，編説的是顧叔度（文學家兼書家）畫圖的

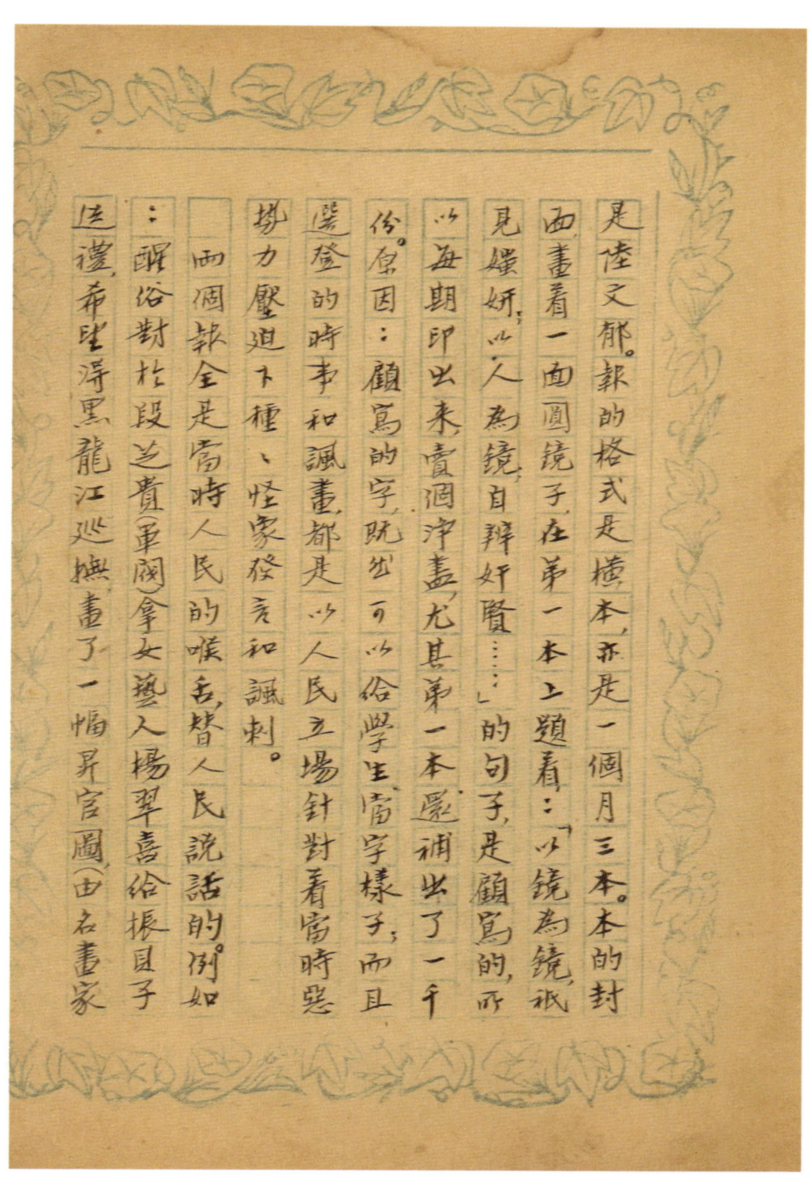
是陸文郁。報的格式是橫本，亦是一個月三本。本的封面畫着一面圓鏡子，在第一本上題着：「以鏡為鏡，祇見嬌妍；以人為鏡，自辨奸賢……」的句子，是顧寫的，所以每期印出來，賣個淨盡，尤其第一本還補出了一千份。原因：顧寫的字，既然可以給學生當字樣子；而且還登的時事和諷畫，都是以人民立場針對着當時惡勢力壓迫下種種怪象發言和諷刺。

兩個報全是當時人民的喉舌，替人民說話的。例如：醒俗對於段芝貴（軍閥）拿女藝人楊翠喜給振貝子送禮，希望得黑龍江巡撫，畫了一幅昇官圖（由名畫家

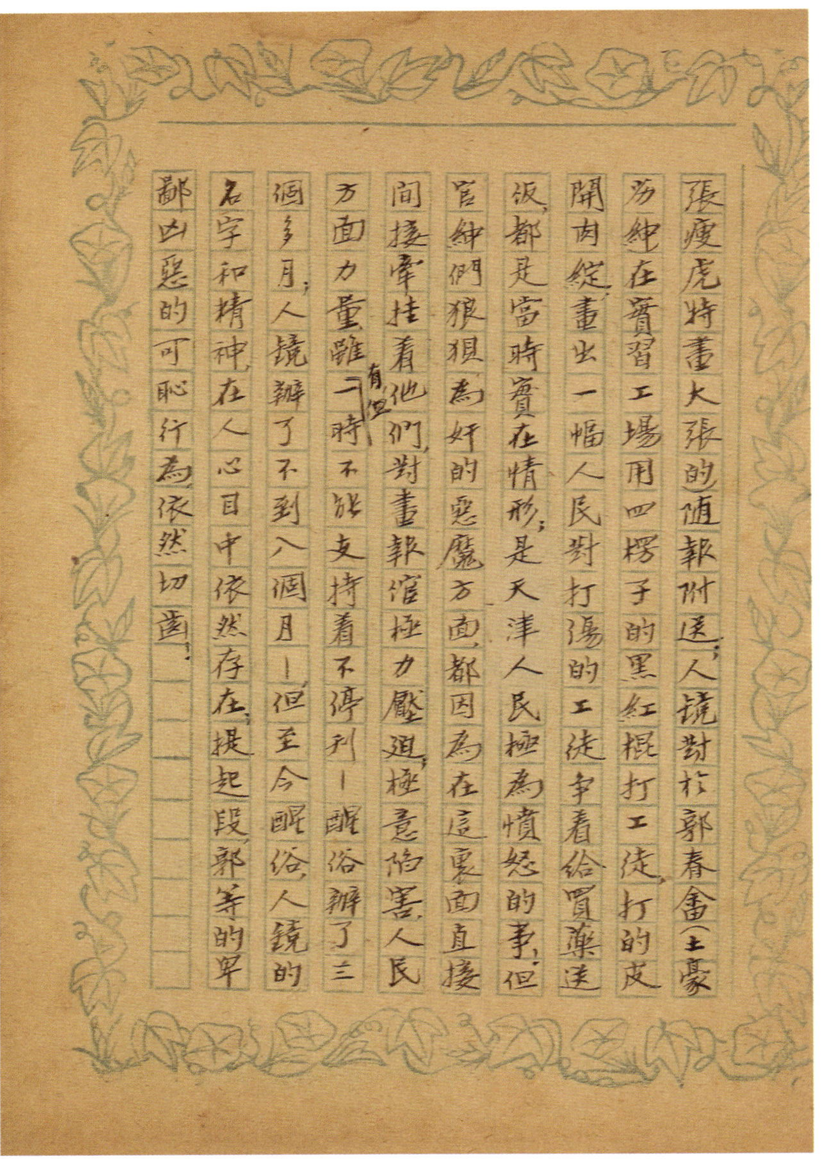

張瘦虎特畫大張的随報附送；人鏡對於郭春畬（土豪劣紳）在實習工場用四楞子的黑紅棍打工徒，打的皮開肉綻，畫出一幅人民對打殤的工徒爭着給買藥送飯，都是當時實在情形；是天津人民極為憤怒的事，但官紳們狼狽為奸的惡魔方面，都因為在這裏面直接間接牽挂着他們，對畫報館極力壓迫，極意陷害人民方面力量雖有但一時不能支持着不停刊——醒俗辦了三個多月；人鏡辦了不到八個月——但至今醒俗，人鏡的名字和精神在人心目中依然存在，提起段，郭等的卑鄙凶惡的可恥行為，依然切齒！

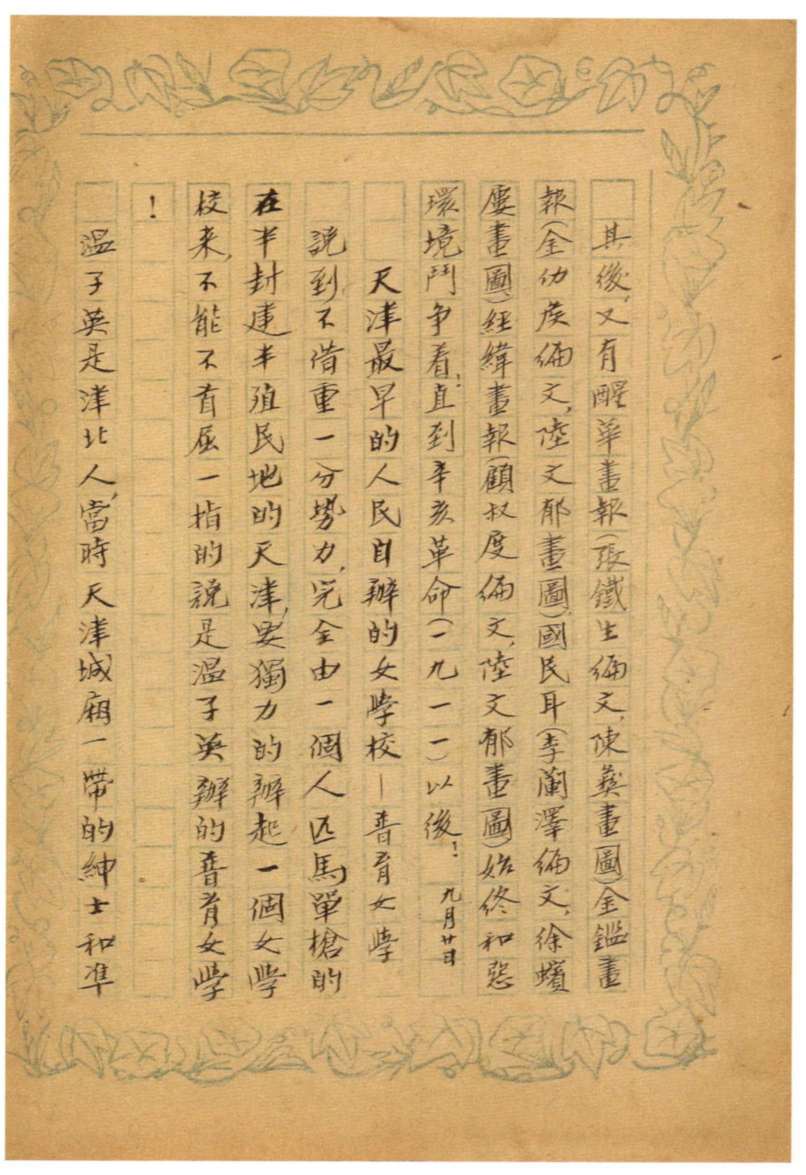

其後，又有醒華畫報（張鐵生編文，陳燊畫圖）金鑑畫報（全幼庚編文，陸文郁畫圖）國民耳（李蘭澤編文，徐蟾慶畫圖）經緯畫報（顧叔度編文，陸文郁畫圖）始終和惡環境鬥爭着，直到辛亥革命（一九一一）以後！ 九月廿日

天津最早的人民自辦的女學校——普育女學

說到不借重一分勢力，完全由一個人匹馬單槍的在半封建半殖民地的天津，要獨力的辦起一個女學校來，不能不首屈一指的說是溫子英辦的普育女學！

溫子英是津北人，當時天津城廂一帶的紳士和準

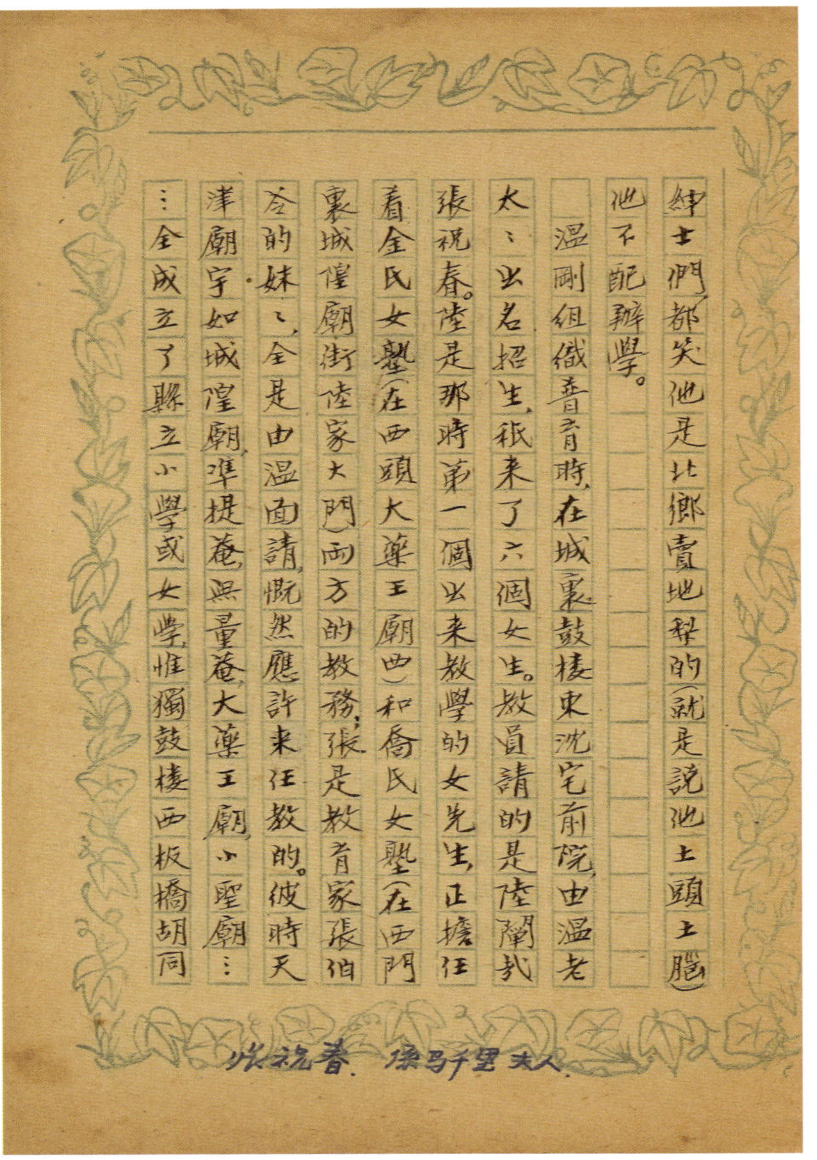

紳士們都笑他是北鄉賣地發的（就是說他土頭土腦）他不配辦學。

溫剛組織普育時，在城裏鼓樓東沈宅前院，由溫老太太出名招生，祇來了六個女生。教員請的是陸蘭秋、張祝春。陸是那時第一個出來教學的女先生，正擔任着全氏女塾（在西頭大藥王廟西）和喬氏女塾（在西門裏城隍廟街陸家大門）兩方的教務，張是教育家張伯苓的妹妹，全是由溫面請，慨然應許來任教的。彼時天津廟宇如城隍廟、準提菴、無量菴、大藥王廟、小聖廟……全成立了縣立小學或女學，惟獨鼓樓西板橋胡同

張祝春。係馬千里夫人。

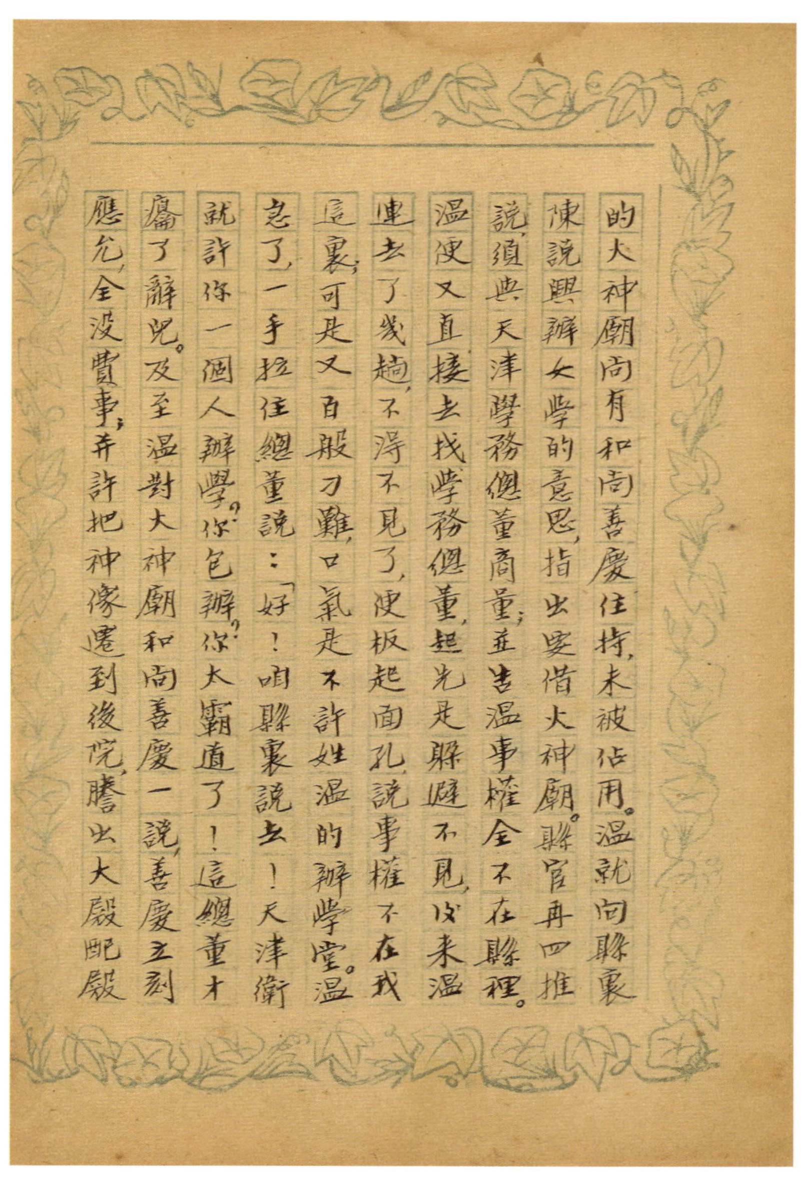
的大神廟尚有和尚善慶住持，未被佔用。溫就向縣裏陳說興辦女學的意思，指出要借大神廟。縣官再四推說，須與天津學務總董商量；並告溫事權全不在縣裡。溫便又直接去找學務總董，起先是躲避不見，以来溫連去了幾趟，不得不見了，便板起面孔，說事權不在我這裏；可是又百般刁難，口氣是不許姓溫的辦學堂。溫急了，一手拉住總董說：「好！咱縣裏說去！天津衛就許你一個人辦學？你包辦？你太霸道了！」這總董才鬆了辭兒。及至溫對大神廟和尚善慶一說，善慶立刻應允，全沒費事；並許把神像遷到後院，騰出大殿配殿

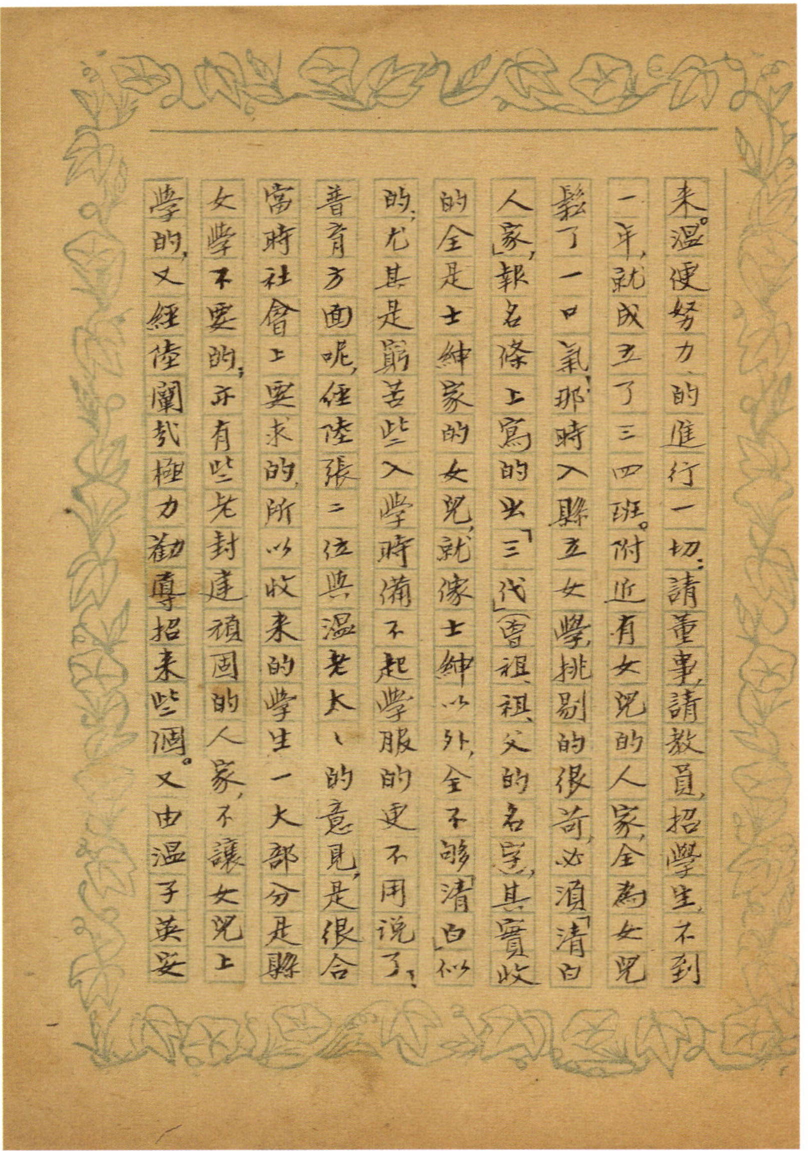
來溫便努力的進行一切：請董事，請教員，招學生，不到一年，就成立了三四班。附近有女兒的人家，全為女兒鬆了一口氣，那時入縣立女學挑剔的很苛，必須「清白人家」，報名條上寫的出「三代」（曾祖，祖，父的名字），其實收的全是士紳家的女兒，就像士紳以外，全不够「清白」似的，尤其是窮苦些入學時備不起學服的，更不用說了。普育方面呢，經陸張二位與溫老太太的意見，是很合當時社會上要求的，所以收來的學生一大部分是縣女學不要的；亦有些老封建頑固的人家，不讓女兒上學的，又經陸蘭芬極力勸導招來些個。又由溫子英安

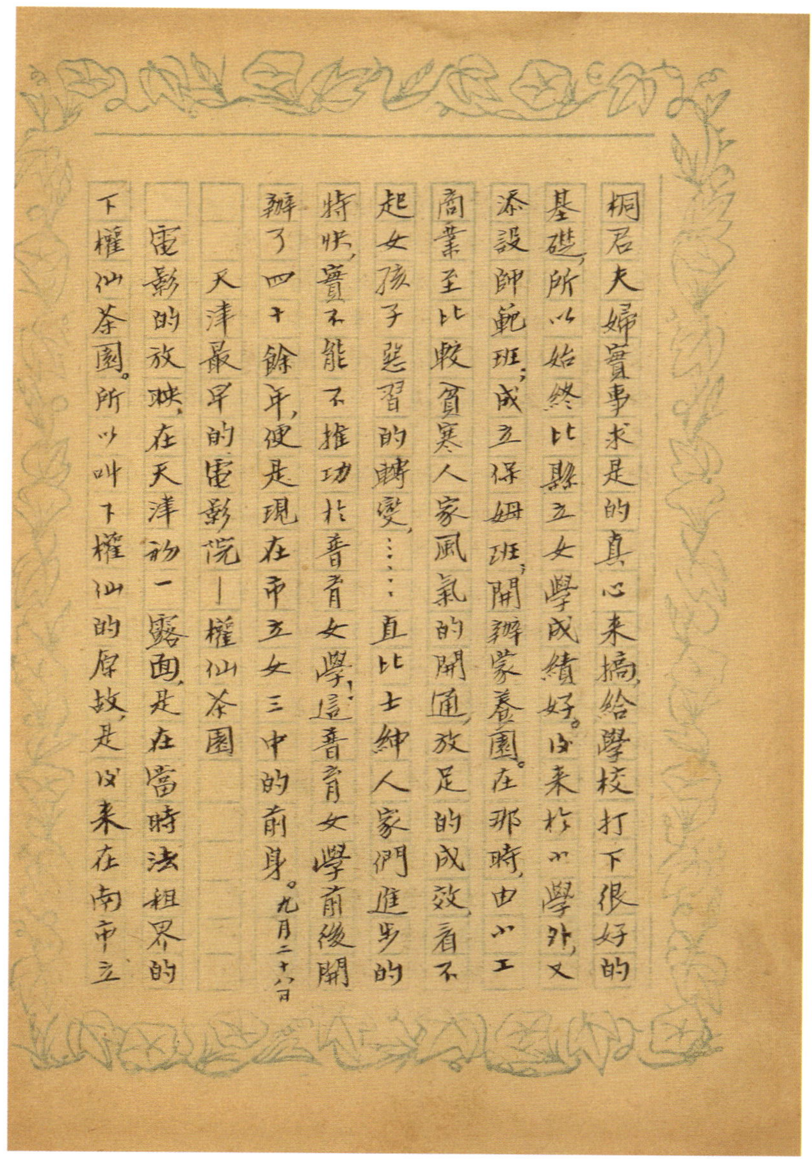

桐君夫婦實事求是的真心来搞，給學校打下很好的基礎，所以始終比縣立女學成績好。後来於小學外，又添設師範班，成立保姆班，開辦蒙養園。在那時，由小工商業至比較貧寒人家風氣的開通，放足的成效，看不起女孩子惡習的轉變……直比士紳人家們進步的特快，實不能不推功於普育女學，這普育女學前後開辦了四十餘年，便是現在市立女三中的前身。九月二十六日

天津最早的電影院——權仙茶園

電影的放映，在天津初一露面，是在當時法租界的下權仙茶園。所以叫下權仙的原故，是以来在南市立

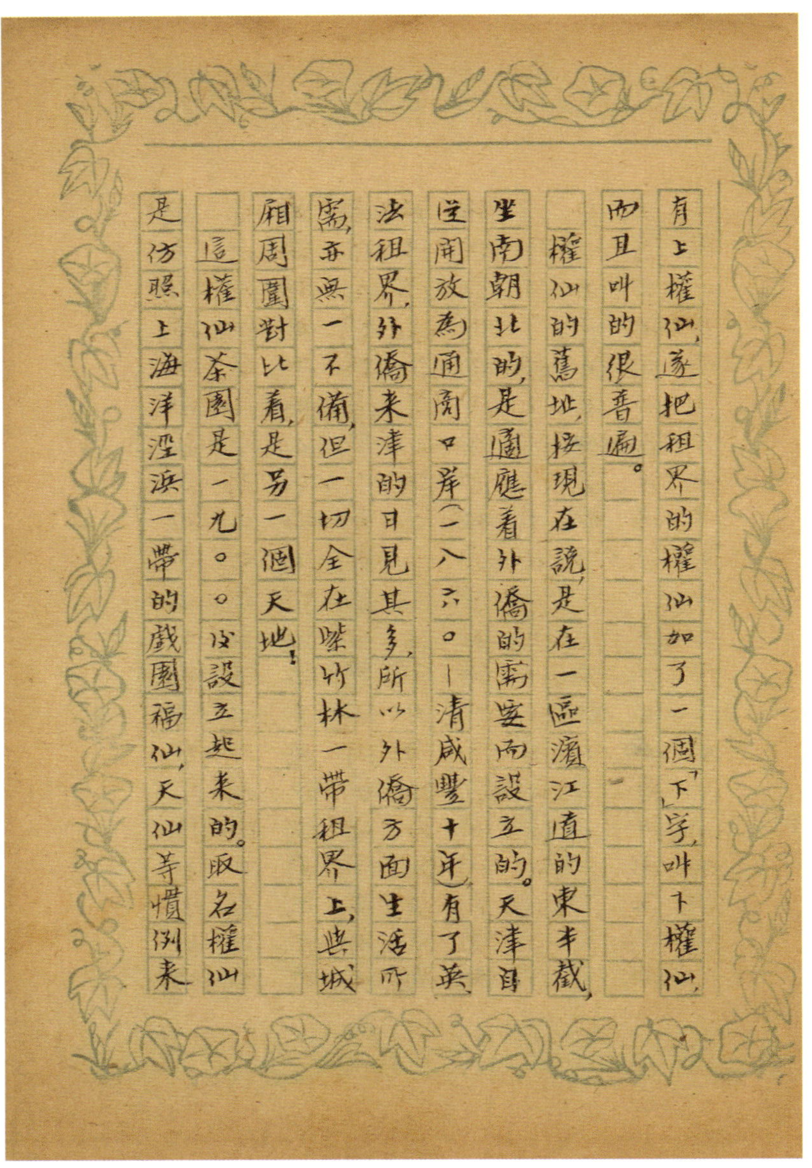
有上權仙，遂把租界的權仙加了一個「下」字，叫下權仙，而且叫的很普遍。

權仙的舊址，按現在說，是在一區濱江道的東半截，坐南朝北的，是適應着外僑的需要而設立的。天津自從開放為通商口岸（一八六〇——清咸豐十年）有了英法租界，外僑來津的日見其多，所以外僑方面生活所需，亦無一不備，但一切全在紫竹林一帶租界上，與城廂周圍對比着，是另一個天地！

這權仙茶園是一九〇〇以設立起来的。取名權仙是仿照上海洋涇浜一帶的戲園福仙，天仙等慣例来

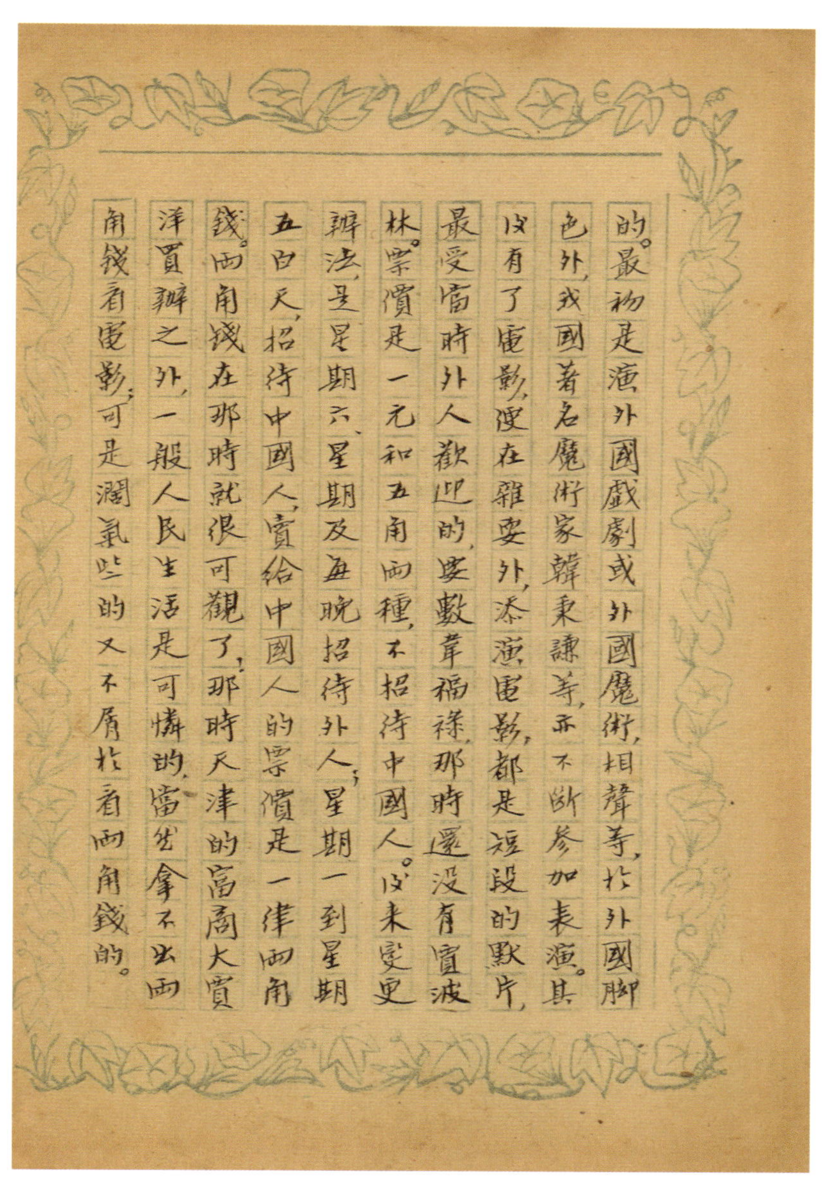
的。最初是演外國戲劇或外國魔術，相聲等，於外國脚色外，我國著名魔術家韓秉謙等，亦不斷參加表演。其次有了電影，便在雜耍外，添演電影，都是短段的默片，最受當時外人歡迎的，要數韋福祿，那時還没有賈波林。票價是一元和五角兩種，不招待中國人。後来变更辦法，是星期六、星期及每晚招待外人；星期一到星期五白天，招待中國人，賣給中國人的票價是一律兩角錢。兩角錢在那時就很可觀了！那時天津的富商大賈洋買辦之外，一般人民生活是可憐的，當然拿不出兩角錢看電影；可是濶氣些的又不屑於看兩角錢的。

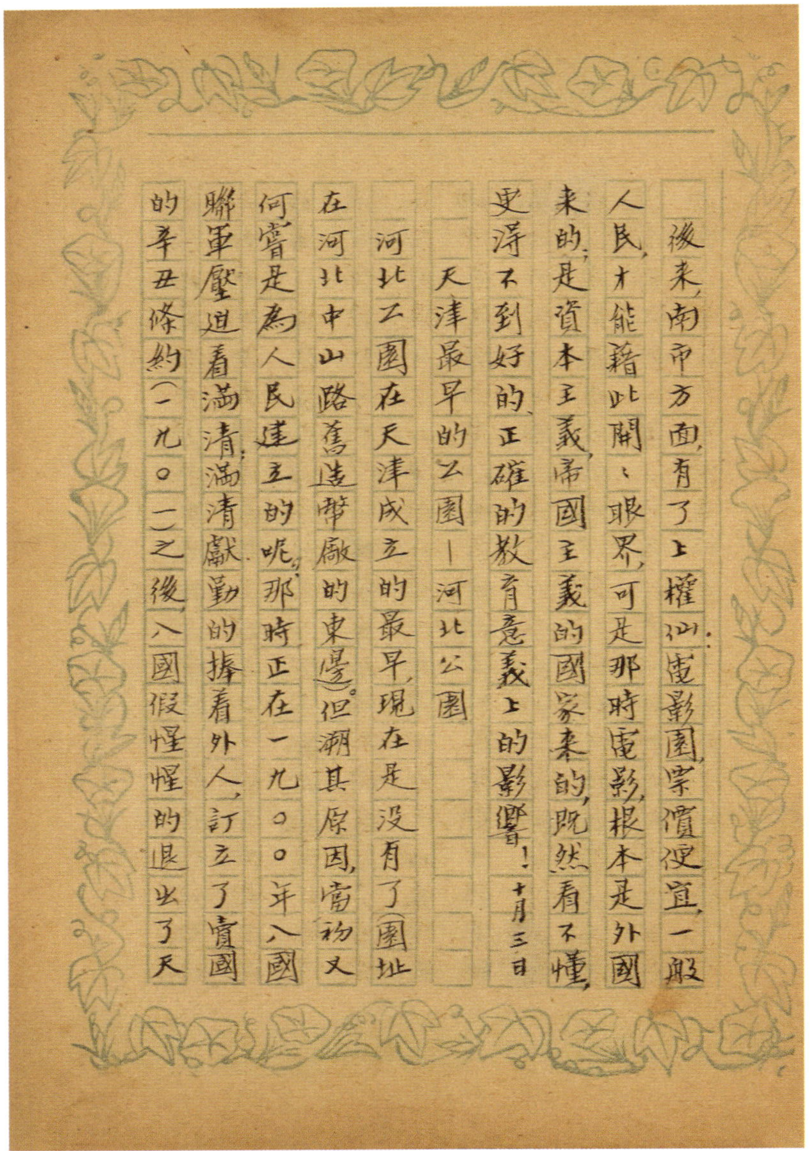

後来，南市方面，有了上權仙電影園，票價便宜，一般人民，才能藉此開開眼界，可是那時電影，根本是外國来的，是資本主義帝國主義的國家来的，既然看不懂，更得不到好的正確的教育意義上的影響！ 十月三日

天津最早的公園——河北公園

河北公園在天津成立的最早，現在是沒有了，園址在河北中山路舊造幣廠的東邊。但溯其原因，當初又何嘗是為人民建立的呢，那時正在一九〇〇年八國聯軍壓迫着滿清，滿清獻媚的捧着外人，訂立了賣國的辛丑條約（一九〇一）之後，八國假惺惺的退出了天

津袁世凱坐着直隸總督，在這任着外人居住來往的地區能不比並着立起個公園來嗎（那時紫竹林英租界已有了英國花園——現在市人民政府花園——門外挂着中英文的牌子寫明「華人止步」）？

河北公園的地方，原是亂葬崗子；河北大經路（現在的中山路）是在立公園以前新開的，從前沒有。京山鐵路（那時叫京奉鐵路——關裏段）的天津北站（那時叫新車站，是對着老龍頭的老車站說，從前亦沒有。這全是袁世凱又替前清壯門面，又獻媚外人在他督直時辦的。既然新建了北站，自然需要一條大馬路通着東馬

（一八九九時這里駐有軍營最多，一九〇〇聯軍佔天津後遵辛丑條約天津不准駐兵，這條路便改稱為大經路）

路直通到租界；河北大胡同亦是這時開闢出来的（原是不整齊的通路）；自然亦要有一個公園来點綴一下，亦好看一些。所以人民對這方面叫作新河北（因北門外過南運河原有河北大街）。新河北未開闢之先，這方面靠着子牙河附近，祇有東窰窪西窰窪兩個小村，和一個廟宇大悲院，再向北祇有孫仲英花園（一九〇〇年前私人蓋造的）。其餘大片地方是所謂「荒郊野外」，除了亂葬崗義地，便是在草叢裏通着附近小村的人行小道。自從開了大經路，立了公園，便漸漸有了人家，立了學堂，熱鬧起来。

公園外，是一個琉璃瓦的牌坊，一進去是西行市房，

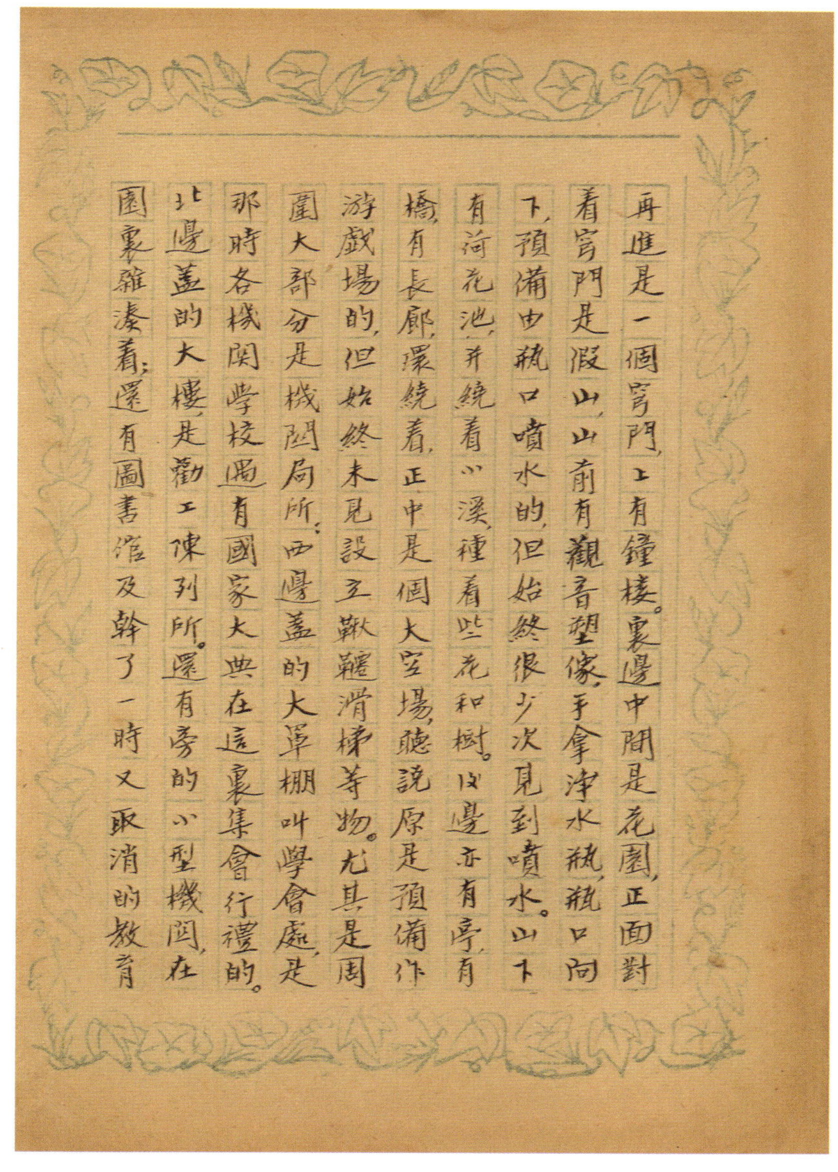

再進是一個宮門，上有鐘樓。裏邊中間是花園，正面對着宮門是假山，山前有觀音塑像，手拿淨水瓶，瓶口向下，預備由瓶口噴水的，但始終很少次見到噴水。山下有荷花池，并繞着小溪，種着些花和樹。池邊亦有亭，有橋，有長廊，環繞着。正中是個大空場，聽說原是預備作游戲場的，但始終未見設立鞦韆滑梯等物。尤其是周圍大部分是機關局所：西邊蓋的大草棚叫學會處，是那時各機關學校遇有國家大典在這裏集會行禮的。北邊蓋的大樓，是勸工陳列所。還有旁的小型機關，在園裏雜湊着；還有圖書館及幹了一時又取消的教育品製造所……簡直這裏不像是公園，很像是官廳附屬的花園。祇是有一個滿庭芳照像館（亦開了不久，後来樓座歸了武士會）和一個花廠子，并允許人民来遊逛罷了！以来幾經變遷，機關改了樣，辛亥革命（一九一二）以後，北邊是直隸省商品陳列所，這公園便歸所裏掌握着，很整頓了一下子。一九一四，在園裏開過一次巴拿馬直隸出品展覽會；一九一八，開了一次天津博物院成立展覽會，算是很熱鬧了一陣。以来，學會處地方，歸了私立法政學校；東邊舊滿庭芳以大樓建了省議事會，公園部分，開過藝園和露天茶社，亦出過燈謎，

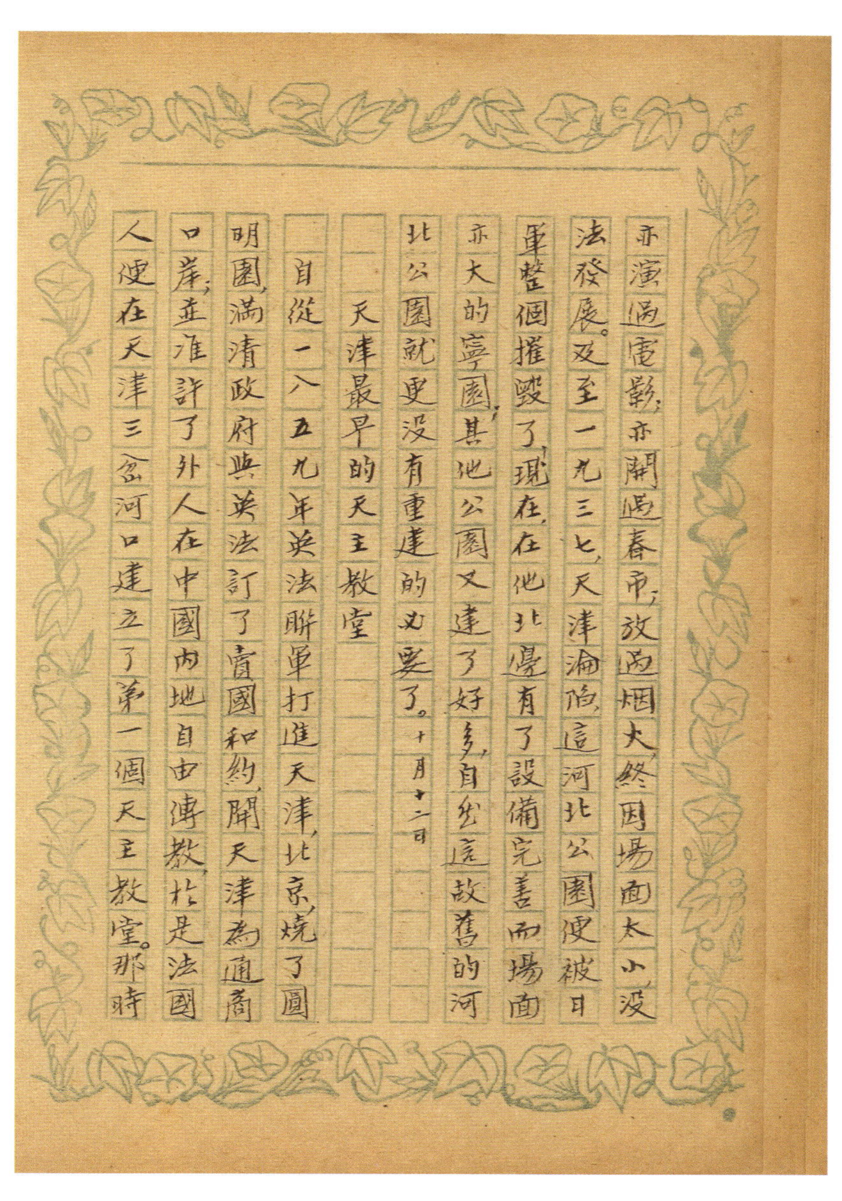

亦演過電影，亦開過春市；放過烟火，終因場面太小沒法發展。及至一九三七，天津淪陷，這河北公園便被日軍整個摧毀了，現在，在他北邊有了設備完善而場面亦大的寧園，其他公園又建了好多，自然這故舊的河北公園就更沒有重建的必要了。十月十二日

天津最早的天主教堂

自從一八五九年英法聯軍打進天津，北京，燒了圓明園，滿清政府與英法訂了賣國和約，開天津為通商口岸，並准許了外人在中國內地自由傳教，於是法國人便在天津三岔河口建立了第一個天主教堂。那時

正是清咸豐十年（一八六〇）。中國大部分地區，就在這時，繼續着由古老的封建社會轉入半封建半殖民地，尤其是京口門的天津，正「適當其衝」，更急劇的轉變着！紫竹林闢了英法租界，外國人隨便來往，傳教的神甫和「姑奶奶們」，換穿中國衣服：神甫是袍子馬褂，大銅鈕子；「手拿着」旱烟袋（天津淪陷前後，當神甫還是那樣，[illegible]都知道的）「姑奶奶們」是梳着圓頭，穿着大鑲大滔，挽着畫花大袖的衣裳，下邊青裙子，祇是腳下兩隻皮靴子，（又學了一口不好聽的官話）亦是隨便的登門穿戶，干涉民事。天津人民，本來「閉門自守」的慣了，驟然間來了些面生可疑的外國人，當然相安是不易的。有時起了衝突，官衙方面，總是偏相着外國人！可

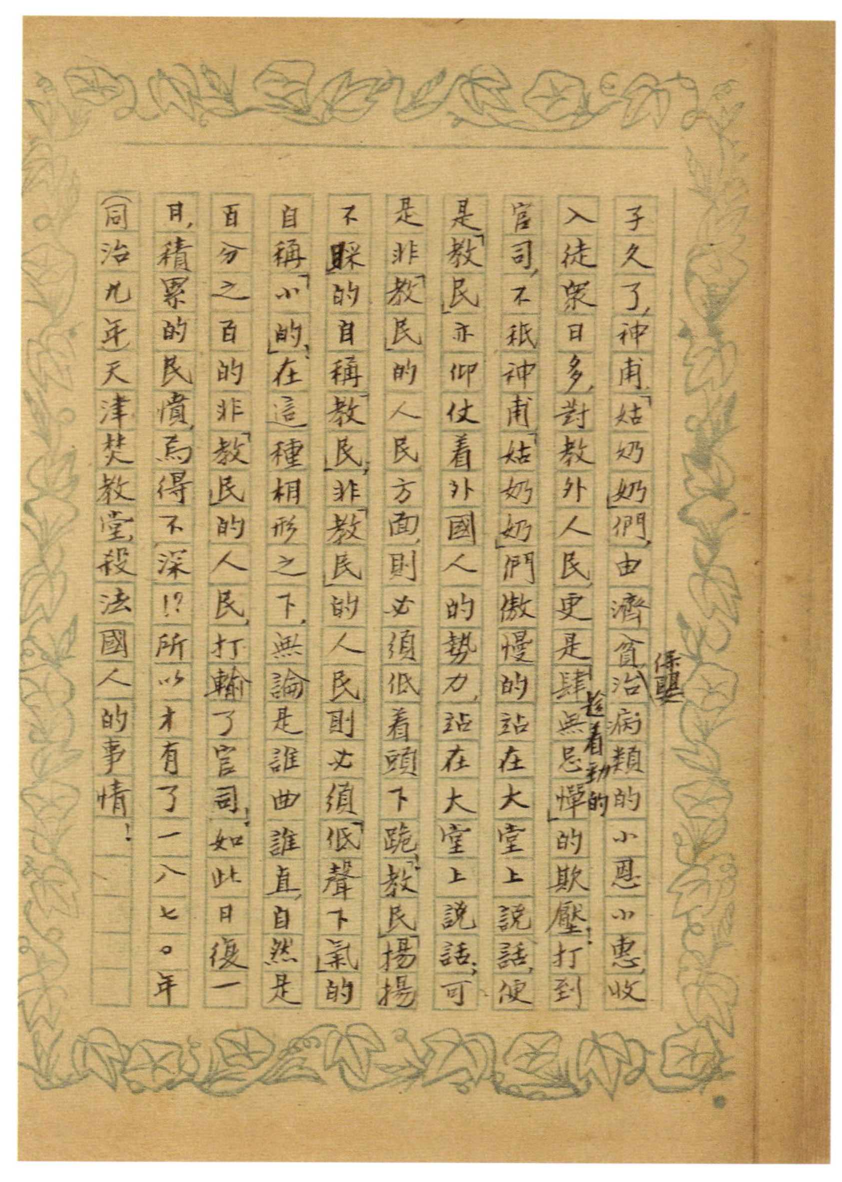

子久了，神甫「姑奶奶們」由濟貧治病類的小恩小惠收
入徒眾日多，對教外人民更是肆無忌憚的欺壓；打到
官司，不祇神甫「姑奶奶們」傲慢的站在大堂上說話，使
是「教民」亦仰仗着外國人的勢力，站在大堂上說話，可
是非「教民」的人民方面，則必須低着頭下跪，「教民」揚揚
不睬的自稱「教民」，非「教民」的人民則必須「低聲下氣」的
自稱「小的」，在這種相形之下，無論是誰曲誰直，自然是
百分之百的非「教民」的人民打輸了官司，如此日復一
日，積累的民憤焉得不深！？所以才有了一八七〇年
（同治九年）天津焚教堂殺法國人的事情！

原来三岔河口的北岸，有個望海寺，寺裏有樓，面向着海河，俗稱叫「望海樓」。乾隆下江南時，在這裏題了一塊匾額是：「海河樓」，所以俗稱又叫「河樓」。英法聯軍到天津時，因這裏正是水陸要衝，遂先佔據了望海樓，退兵時便壓迫着滿清官吏把「望海樓」這片地方劃給他，立了第一個天主教堂。又派来神甫和「姑奶奶」們，明着說是「傳教」，實際是披着宗教外衣作政治探子，到處鑽頭鑽腦，又勾引些地痞無賴，作他們的爪牙，欺侮民衆。民衆的憤怒，自然由此日見加深，「一八七〇」年五月，初肇事時，不過是小孩子們向教堂扔磚頭，打破玻璃，民

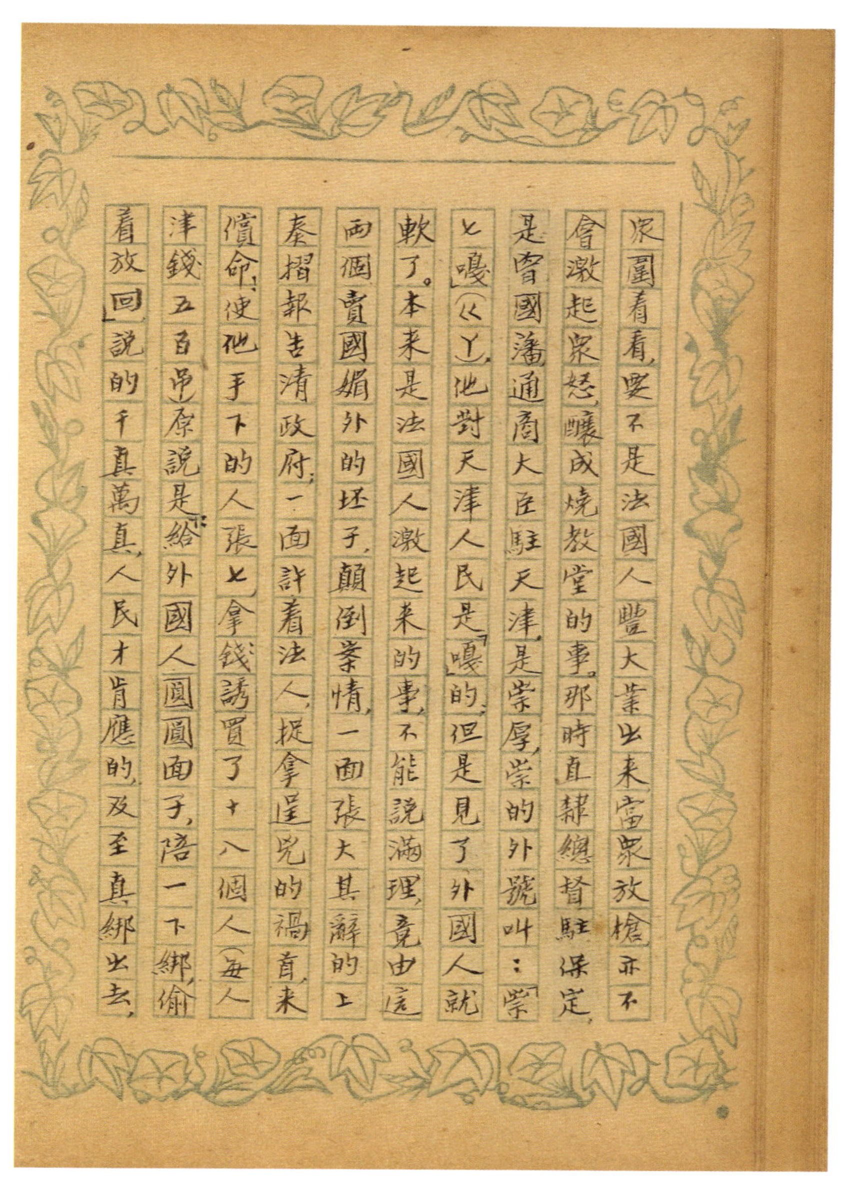
衆圍着看，要不是法國人豐大業出来當衆放槍，亦不會激起衆怒，釀成燒教堂的事。那時直隸總督駐保定，是曾國藩；通商大臣駐天津，是崇厚。崇的外號叫："崇七嘎（ㄍㄚ）"，他對天津人民是"嘎"的，但是見了外國人就軟了。本来是法國人激起来的事，不能説滿理，竟由這兩個賣國媚外的坯子，顛倒案情，一面張大其辭的上奏摺報告清政府；一面許着法人，捉拿逞兇的禍首来償命；使他手下的人張七拿錢誘買了十八個人（每人津錢五百吊），原説是給外國人圓圓面子，陪一下綁，偷着放回，說的千真萬真，人民才肯應的，及至真綁出去，使都真砍了頭！聽說後來，崇七嘎出衙門，回衙門，總有小係子（就是護勇，俗稱：「大褲腿脚子」）圍遶着他的轎子，護衛着他，怕人民對他行刺；張七從做了這殺人的事，精神失常，每每怕看鏡子，腦子裏總刻劃着那十八個人頭，晚上叫人伴着他在班房裏睡；一有聲響，就喊着藏躲。

我小時候，聽老年人說「燒河樓」（亦叫「燒毛子樓」）的事，說的方面，聽的方面，沒有不切齒痛恨的，並且說：「這是法國鬼子在天津的第一個天主教堂，就不留好紀念兒！」「十八個大小鬼子，真冤枉！」「曾國藩？憑麼還

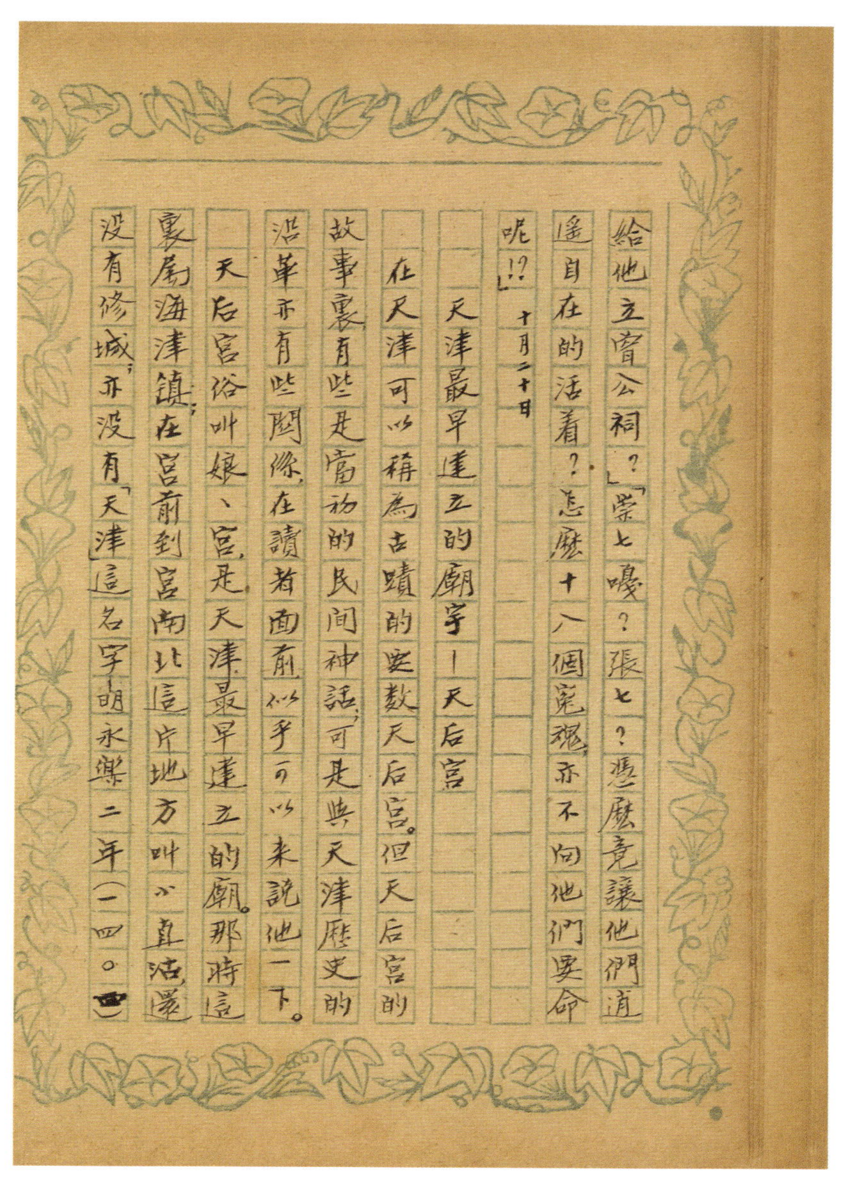

給他立甯公祠」？「崇七嘎？張七？憑麼竟讓他們逍遙自在的活着？怎麼十八個冤魂，亦不向他們要命呢！？」

十月二十日

天津最早建立的廟宇——天后宮

在天津可以稱為古蹟的要數天后宮。但天后宮的故事裏有些是富動的民間神話，可是與天津歷史的沿革亦有些關係，在讀者面前，似乎可以來說他一下。

天后宮俗叫娘娘宮，是天津最早建立的廟。那時這裏屬海津鎮；在宮前到宮南北這片地方叫小直沽，還沒有修城，亦沒有「天津」這名字，明永樂二年（一四〇四）

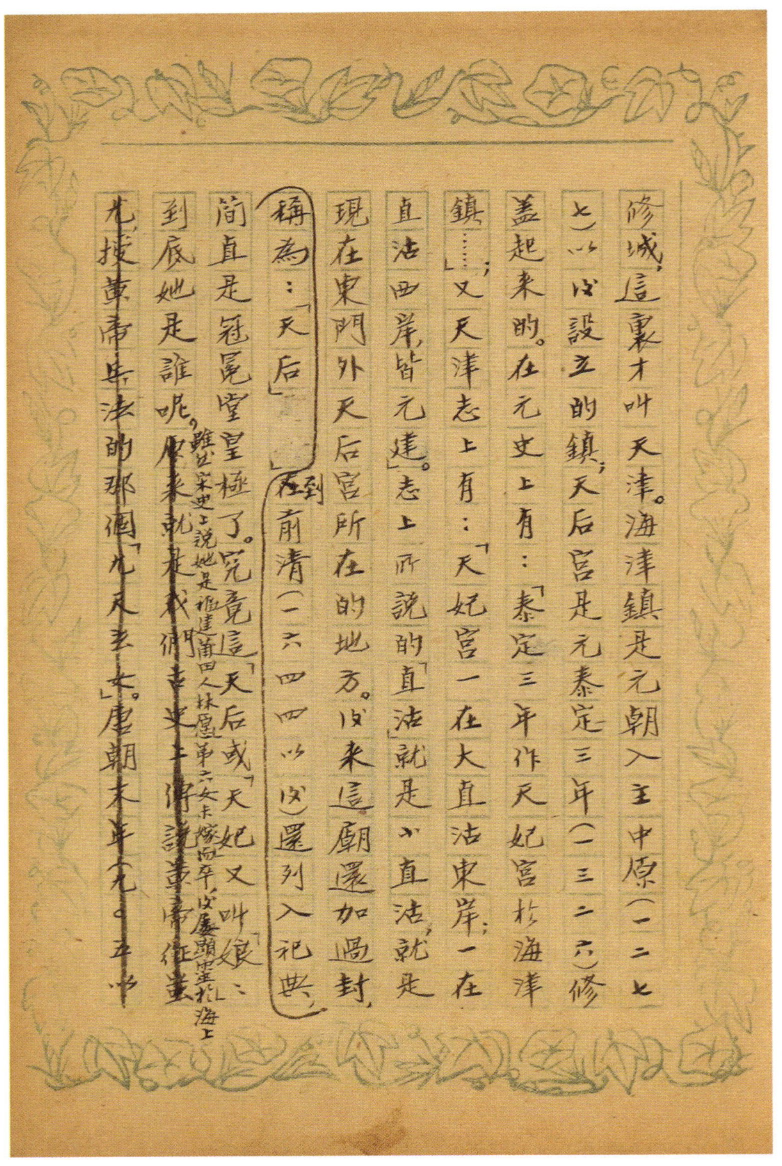

修城，這裏才叫天津。海津鎮是元朝入主中原（一二七七）以後設立的鎮；天后宫是元泰定三年（一三二六）修蓋起來的。在元史上有：「泰定三年作天妃宫於海津鎮……」；又天津志上有：「天妃宫一在大直沽東岸；一在直沽西岸，皆元建」。志上所說的「直沽」就是小直沽，就是現在東門外天后宫所在的地方。後來這廟還加過封，到前清（一六四四以後）還列入祀典，稱為：「天后」簡直是冠冕堂皇極了。究竟這「天后」或「天妃」又叫「娘娘」到底她是誰呢？雖然宋史上說她是福建莆田人林愿第六女，未嫁而卒，後屢顯靈於海上原來就是我們書上所說黃帝征蚩尤，授黃帝兵法的那個「九天玄女」。唐朝末年（九〇〇年

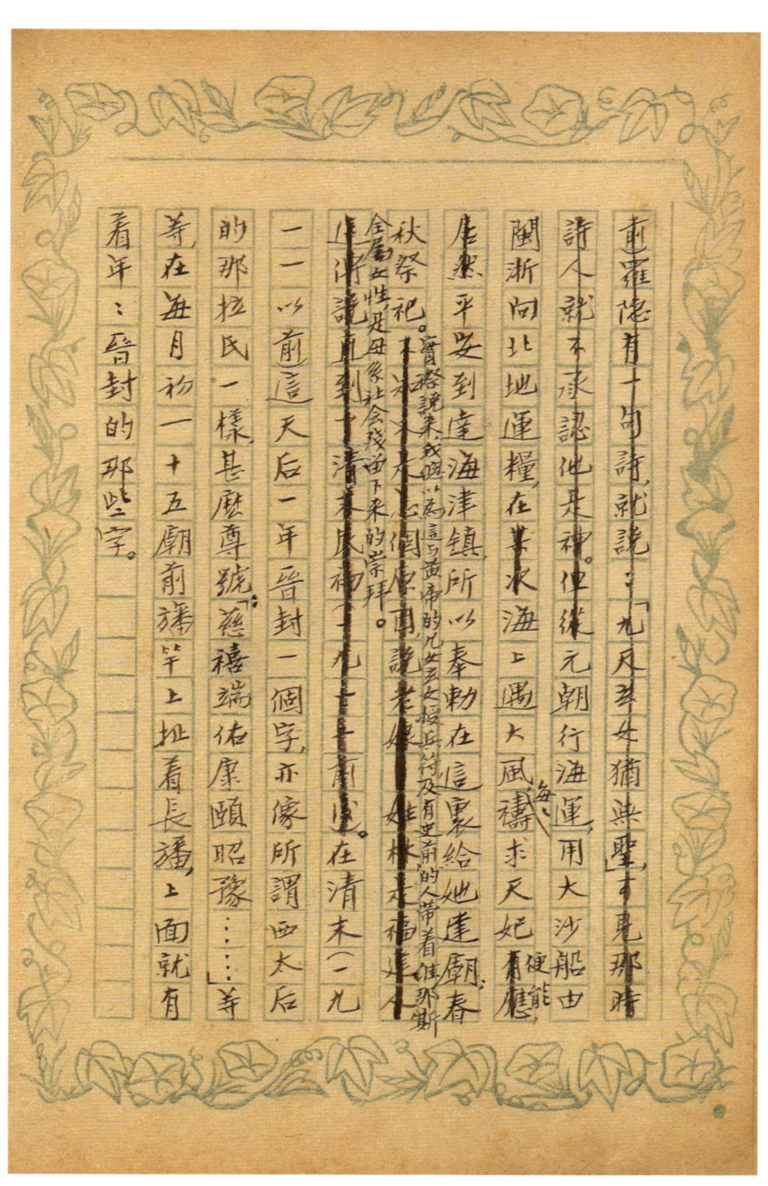

連羅隱有一句詩，就說：「九天玄女猶無聖，未見那時」詩人就不承認她是神。但從元朝行海運，用大沙船由閩浙向北地運糧，在海上遇大風，禱求天妃便能應驗，平安到達海津鎮，所以奉勅在這裏給她建廟，春秋祭祀。實際說來，我總以為這與黃帝的九女玄女授兵符及有史前的人帶着催那斯全屬女性，是母系社會殘留下來的崇拜。在清末（一九一一）以前，這天后一年晉封一個字，亦像所謂西太后的那拉氏一樣甚麼尊號：「慈禧端佑康頤昭豫……」等等，在每月初一、十五，廟前旛竿上扯着長旛，上面就有着年年晉封的那些字。

原来从元朝行海運起，糧船上辦差的人，大都全是湖廣閩浙善於駕駛海船的人，他們很信仰天后，為的海道來往平安，所以裝卸船前後，都要對天后禱告或祝謝。海津鎮（天津）既是卸糧的口岸，自然要修建天后宮了。當日卸糧碼頭，在現在玉皇閣前河邊，每到糧船来到碼頭上很是热鬧。起首是官家海運，所卸的糧，一部分由海津鎮（天津）的潞河（北運河）用漕子船運到大都，就是現在北京；一部分存在。鎮上特備的皇糧倉庫用撥船運去，現在的北倉，南倉，就是那時存儲皇糧的地方。天后宮裏原先僅供着天后，後来又附會出許多

蓬廬集

蜗庐散文

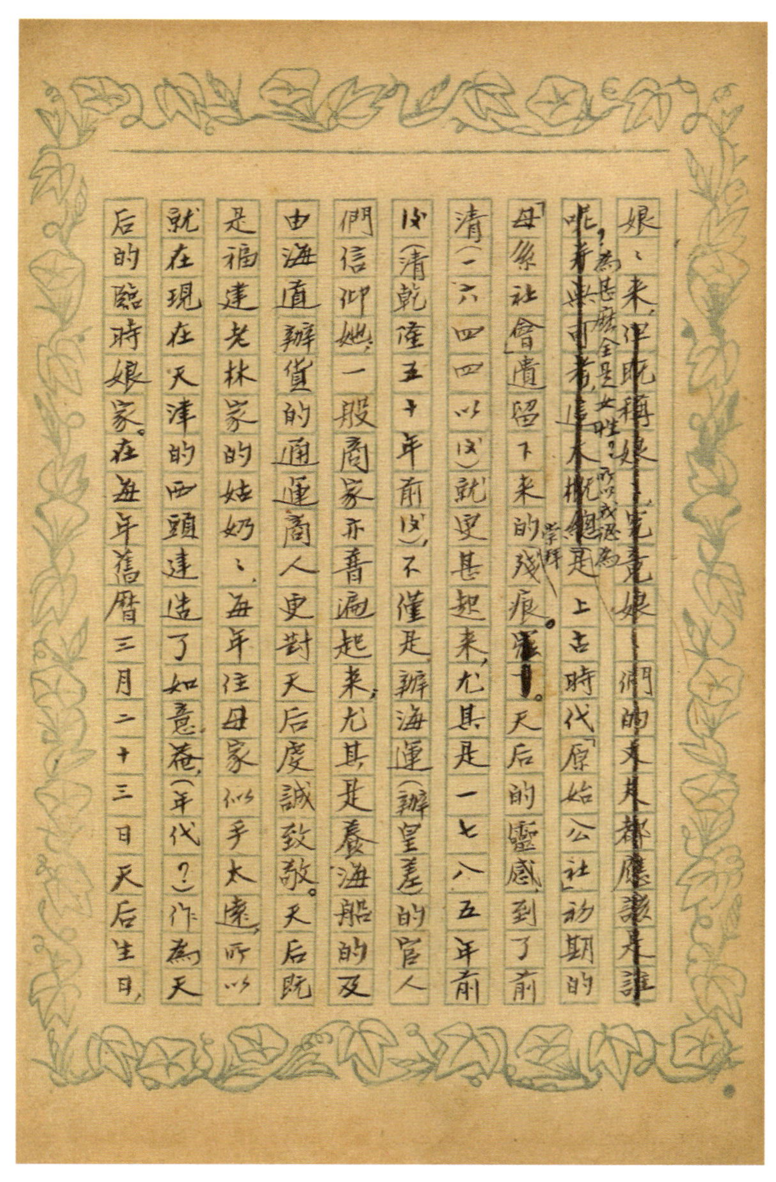
娘々来，渾既稱娘々，究竟娘々們的来歷都應該是誰
呢？為甚麼全是女性？所以我認為大概總是上古時代「原始公社」初期的
「母系社會」遺留下来的残痕。天后的靈感到了前
清（一六四四以後）就更甚起来，尤其是一七八五年前
後（清乾隆五十年前後），不僅是辦海運（辦皇差）的官人
們信仰她，一般商家亦普遍起来，尤其是養海船的及
由海道辦貨的通運商人更對天后虔誠致敬。天后既
是福建老林家的姑奶々，每年往母家似乎太遠，所以
就在現在天津的西頭建造了如意庵（年代？）作為天
后的臨時娘家。在每年舊曆三月二十三日天后生日，

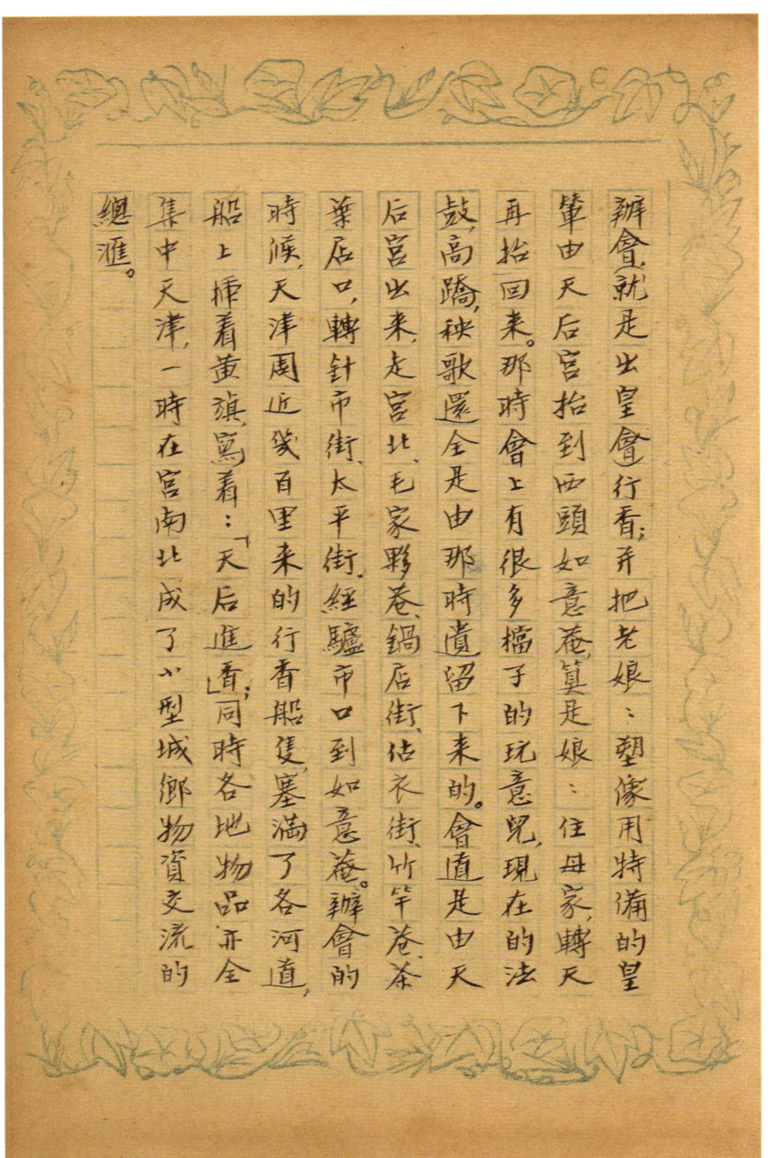

辦會，就是出皇會行香；并把老娘娘塑像用特備的皇輦由天后宮抬到西頭如意菴，算是娘娘住母家，轉天再抬回来。那時會上有很多檔子的玩意兒，現在的法鼓、高蹺、秧歌，還全是由那時遺留下来的。會道是由天后宮出来，走宮北、毛家夥菴、鍋店街、估衣街、竹竿菴、茶葉店口，轉針市街、太平街、經驢市口到如意菴。辦會的時候，天津周近幾百里来的行香船隻，塞滿了各河道，船上插着黄旗，寫着：「天后進香」；同時各地物品亦全集中天津，一時在宮南北成了小型城鄉物資交流的總滙。

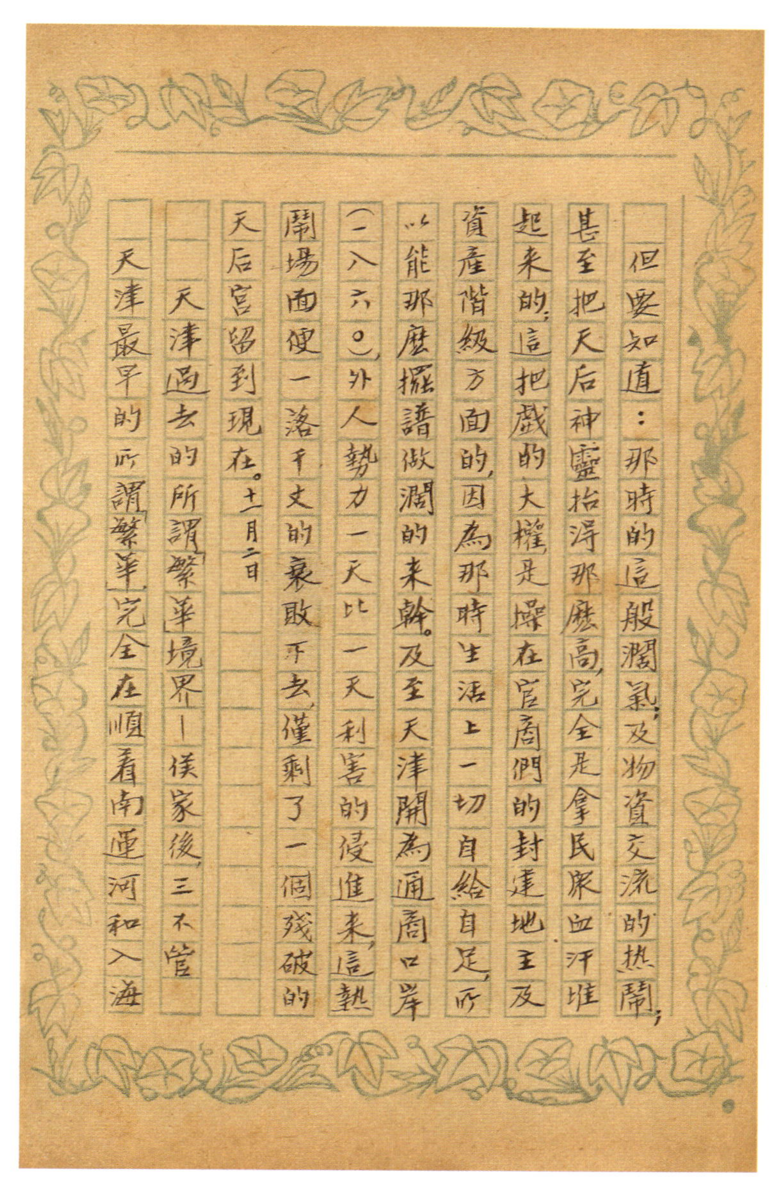

但要知道：那時的這般濶氣，及物資交流的熱鬧；甚至把天后神靈抬得那麼高，完全是拿民衆血汗堆起来的；這把戲的大權是操在官商們的封建地主及資產階級方面的，因為那時生活上一切自給自足，所以能那麼擺譜做濶的来幹。及至天津開為通商口岸（一八六〇）外人勢力一天比一天利害的侵進来，這熱鬧場面便一落千丈的衰敗下去，僅剩了一個残破的天后宫留到現在。十一月二日

天津過去的所謂繁華境界——侯家後，三不管

天津最早的所謂繁華，完全在順着南運河和入海

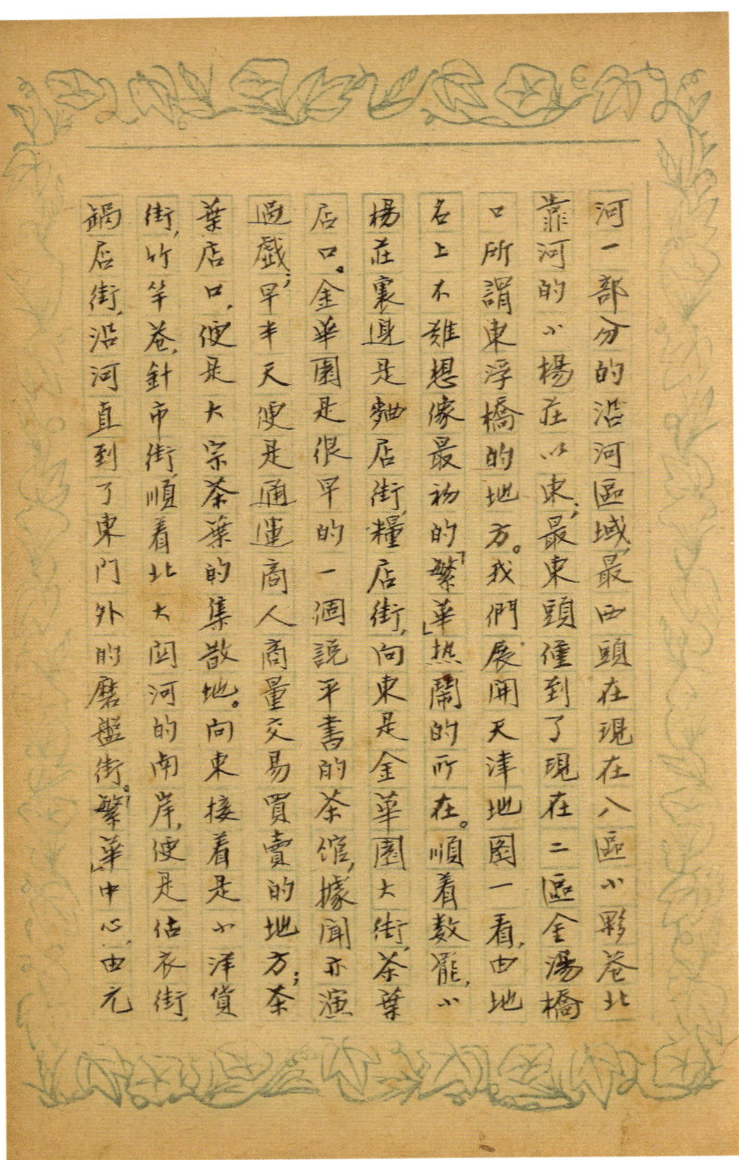

河一部分的沿河區域，最西頭在現在八區小影巷北靠河的小楊莊以東；最東頭僅到了現在二區金湯橋口所謂東浮橋的地方。我們展開天津地圖一看，由地名上不難想像最初的「繁華」热鬧的所在。順着数罷，小楊莊裏邊是蚰店街，糧店街，向東是金華園大街，茶葉店口。金華園是很早的一個說平書的茶館，據聞亦演過戲；早半天便是通運商人商量交易買賣的地方；茶葉店口，便是大宗茶葉的集散地。向東接着是小洋貨街，竹竿巷，針市街，順着北大關河的南岸，便是估衣街，鍋店街，沿河直到了東门外的磨盤街。「繁華」中心，由元

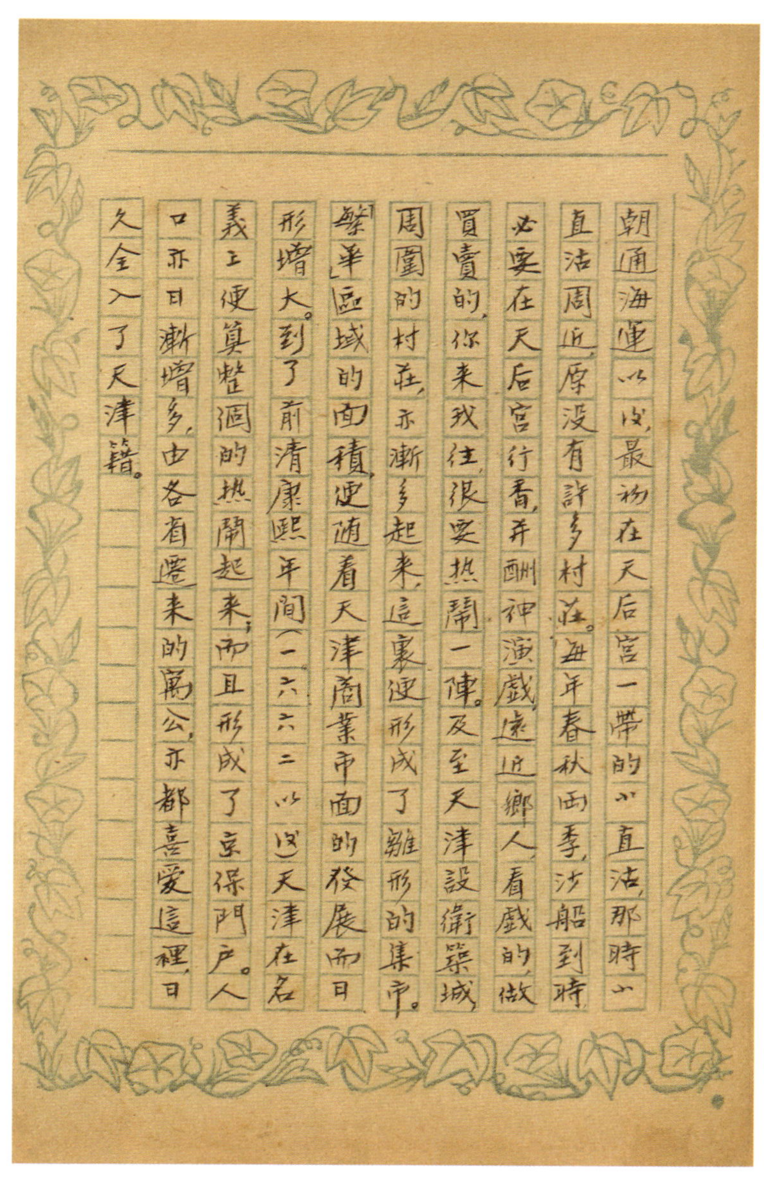

朝通海運以後，最初在天后宮一帶的小直沽，那時小直沽周近，原沒有許多村莊。每年春秋兩季，沙船到時必要在天后宮行香，并酬神演戲。遠近鄉人，看戲的，做買賣的，你来我往，很要熱鬧一陣。及至天津設衛築城周圍的村莊，亦漸漸多起来，這裏便形成了雛形的集市。「繁華」區域的面積，便隨着天津商業市面的發展而日形增大。到了前清康熙年間（一六六二以後）天津在名義上便算整個的熱鬧起来；而且形成了京保門户。人口亦日漸增多，由各省遷来的寓公，亦都喜愛這裡，日久全入了天津籍。

實際說來，那時繁華區域，僅是上述的由金華園到東浮橋一帶，而「繁華中心」，已由古老的天后宮前轉到了北門外。揚無怪的「天津論」起頭說：「天津衛，好地方，繁華熱鬧勝兩江……」，又有的說：「天津衛，賽揚州，城裏穿心大鼓樓……」，實則不論比兩江，比揚州，全是指着北門外一帶，與城裏無関。城裏大部分是衙門（道，鎮，府，縣，等文武衙署」，書院（問津，會文）廟宇（白衣菴，関帝廟，水月菴，文學，武學，城隍廟……）住戶和四角的四個大水坑，實沒有「繁華」可言。但是北門裏的戶部街，只家胡同，東門裏的二道街，水窩胡同，多有富商大姓的宅子（大部分

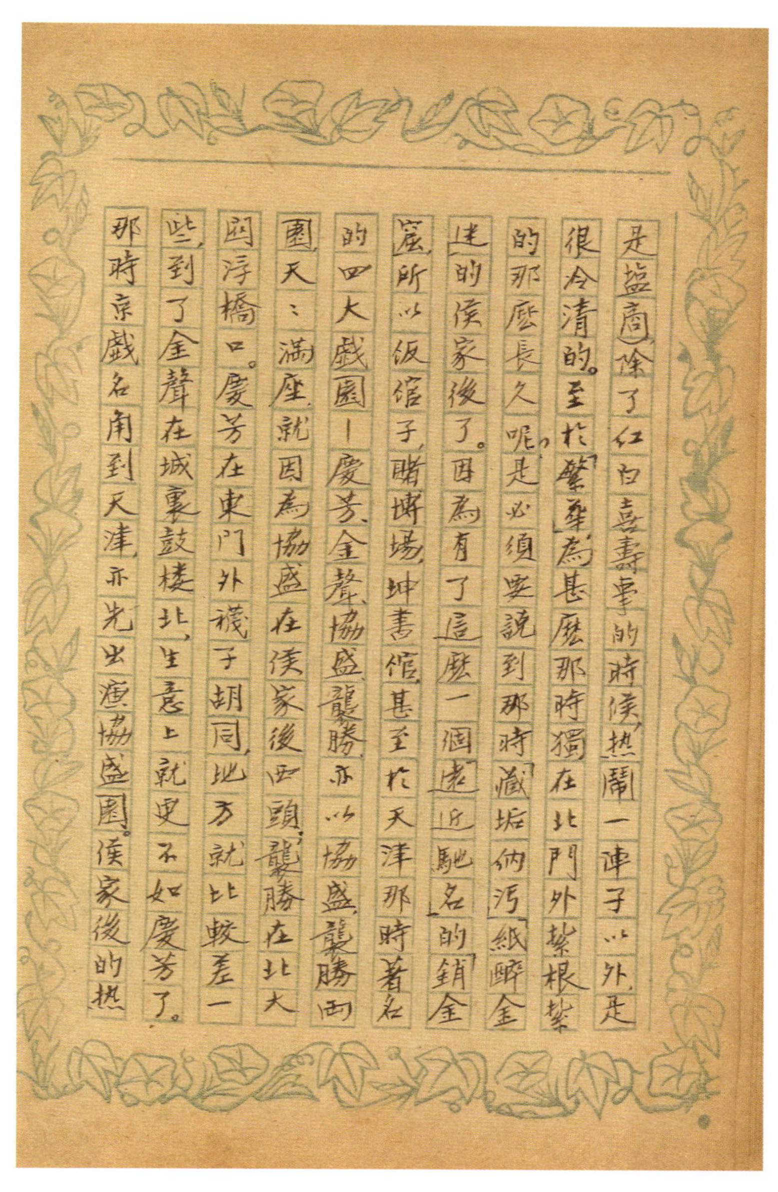

是鹽商，除了红白喜壽事的時候，熱鬧一陣子以外，是
很冷清的。至於「繁華」為甚麽那時獨在北門外緊根緊
的那麽長久呢？是必須要說到那時「藏垢納污」「紙醉金
迷」的侯家後了。因為有了這麽一個「遠近馳名」的「銷金
窟」，所以飯館子，賭博場，坤書館，甚至於天津那時著名
的四大戲園——慶芳、金聲、協盛、襲勝，亦以協盛，襲勝西
園，天天滿座，就因為協盛在侯家後西頭，襲勝在北大
關浮橋口。慶芳在東門外襪子胡同，地方就比較差一
些，到了金聲在城裏鼓樓北，生意上就更不如慶芳了。
那時京戲名角到天津，亦先出演協盛園。侯家後的熱鬧中心，又數歸賈胡同，江又胡同一帶；等而下之的，是老君堂，蘆子坑。那時天津人，除了一部分比較「束身自愛」的，及住在黑暗面的西城南城，所謂背角（ㄍㄚ）落（ㄌㄚ）子的貧苦人外，對上述「繁華」地區，可以說大多數真是「如蠅逐臭」「如蟻赴羶」；同時講吃講穿，擺譜作闊，所以對於這一切派頭上說，那時有：「窮學富，富學娼」的俗語。這種「繁華」怪象，由一六六二時的清康熙朝以前，直保持到一八六○的咸豐十年，足足是胡混了二百來年。

自從天津闢為通商口岸，外人侵入，有了英法租界，輸入了鴉片，以上的「繁華」地區，算是多加了一項新鮮

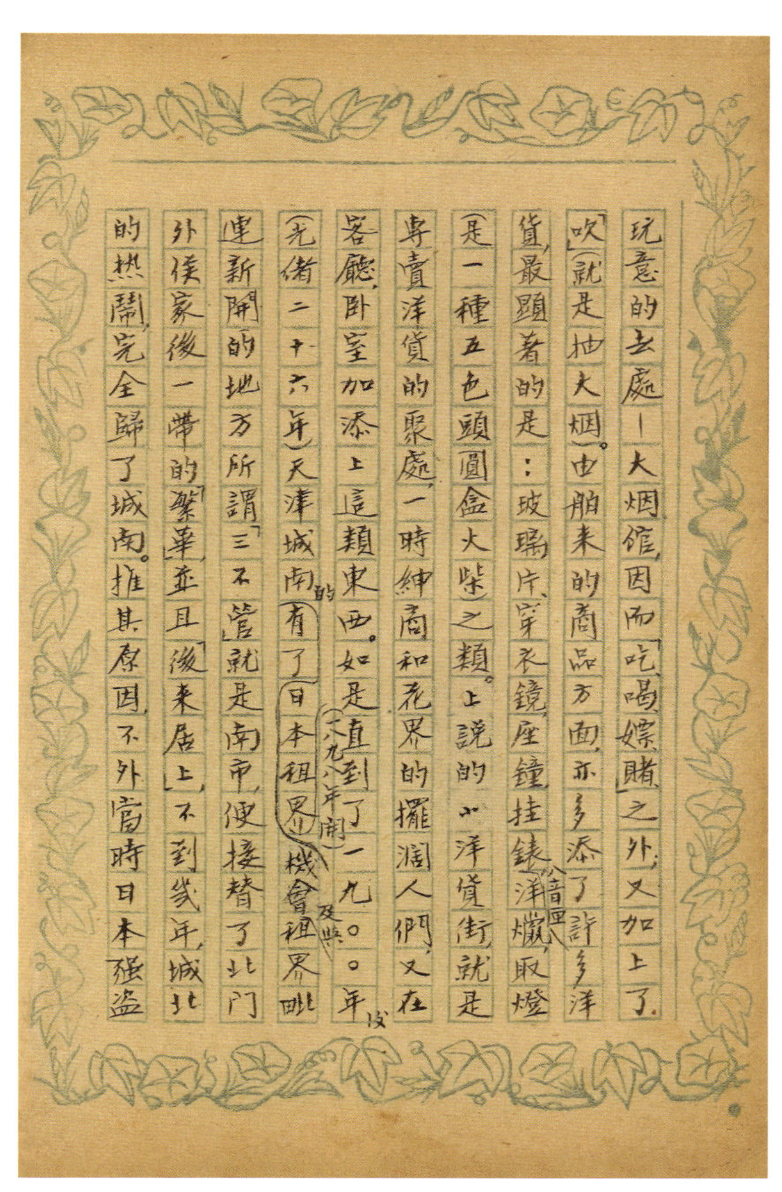

玩意的去處——大烟館，因而「吃、喝、嫖、賭」之外，又加上了「吹」（就是抽大烟）。由船来的商品方面，亦多添了許多洋貨，最顯著的是：玻璃片、穿衣鏡、座鐘、挂錶、音匣、洋蠟、取燈（是一種五色頭圓盒火柴）之類。上說的小洋貨街，就是專賣洋貨的聚處，一時紳商和花界的擺濶人們，又在客廳、卧室加添上這類東西。如是直到了一九〇〇年（光緒二十六年）天津城南的有了日本租界（一八九八年開）機會及與租界毗連新開的地方所謂「三不管」就是南市，便接替了北门外侯家後一帶的「繁華」並且「後来居上」，不到幾年，城北的热鬧，完全歸了城南。推其原因，不外當時日本强盗的外交辣手，趁着八國聯軍剛佔天津，北門外一帶往正失城時燒殺搶掠，商業全未恢復，由他血手所抓到的租界與華界尚未劃清，他便由假親善，勾結漢奸匪類，包庇烟賭，包庇私商，并把他意想佔領的近城地方先完全「繁華」了起来。他的初意，租界北沿條劃到東南城根，南市包括在内，向西直推到南門口。當時其餘七國——俄、比、奥、意、英、法、德方面，尤其是英、法，因「均勢」關係，竭力從中阻撓，日本鬼以来不得不在劃界時，把南市放棄。最是笑話的，當未劃清交界以前，南市曾出了甚麼案子，天津縣交涉員推諉，照會日、法領事，由日、法兩

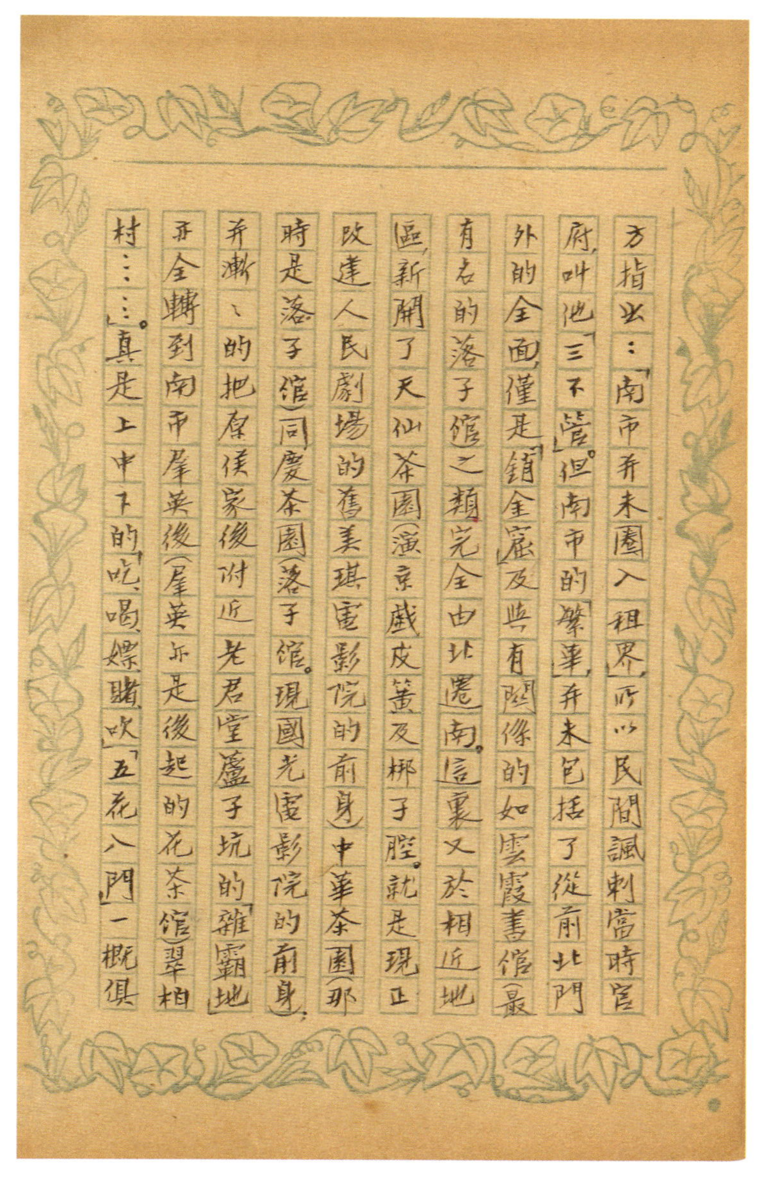

方指出：「南市并未圈入租界，所以民間諷刺當時官府，叫他「三不管」。但南市的「繁華」并未包括了從前北門外的全面，僅是「鎮全巖」及些有關係的如雲霞書館（最有名的落子館）之類，完全由北邊遷南。這裏又於相近地區，新開了天仙茶園（演京戲皮簧及梆子腔。就是現在改建人民劇場的舊美琪電影院的前身）中華茶園（那時是落子館）同慶茶園（落子館。現國光電影院的前身）；并漸漸的把原侯家後附近老君堂、蘆子坑的「雜霸地」并全轉到南市。群英後（群英亦是後起的花茶館）翠柏村……真是上中下的「吃、喝、嫖、賭、吹」「五花八門」一概俱

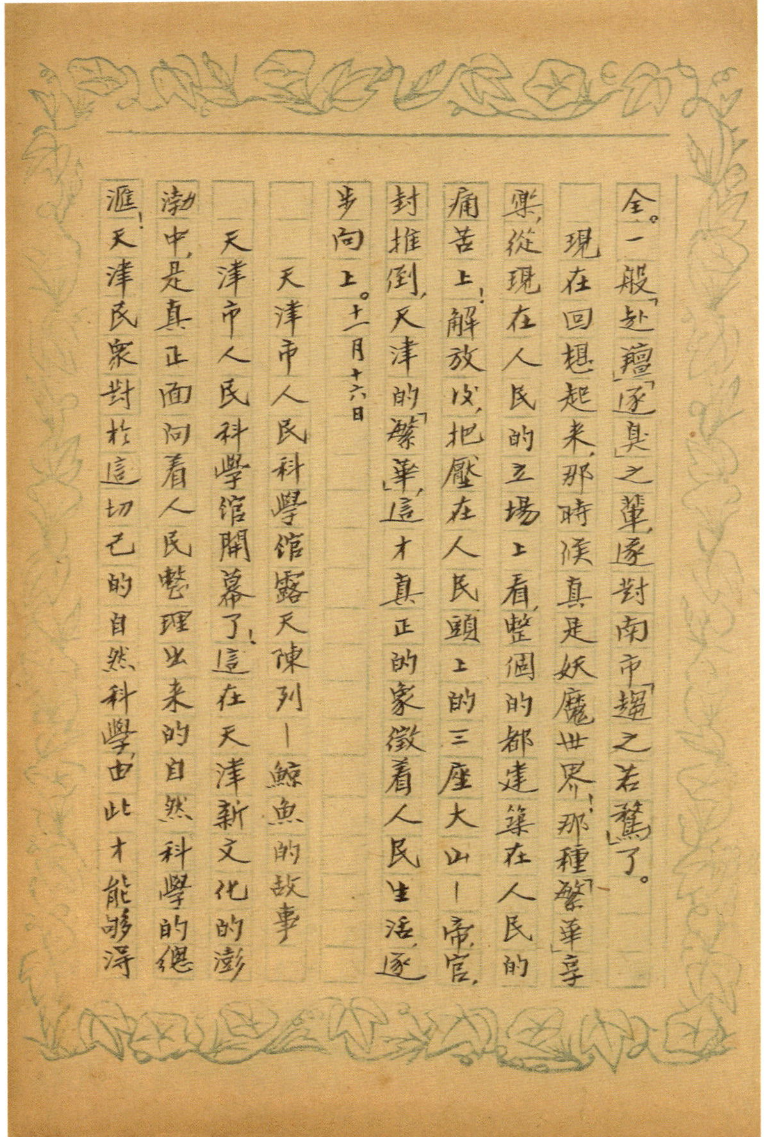

全。一般「赴羶逐臭」之輩，遂對南市「趨之若鶩」了。

現在回想起来，那時候真是妖魔世界！那種「繁華」享樂，從現在人民的立場上看，整個的都建築在人民的痛苦上！解放以，把壓在人民頭上的三座大山——帝官，封推倒，天津的「繁華」這才真正的象徵着人民生活逐步向上。十一月十六日

天津市人民科學館露天陳列——鯨魚的故事

天津市人民科學館開幕了！這在天津新文化的澎渤中，是真正面向着人民整理出来的自然科學的總滙！天津民衆對於這切己的自然科學，由此才能夠得

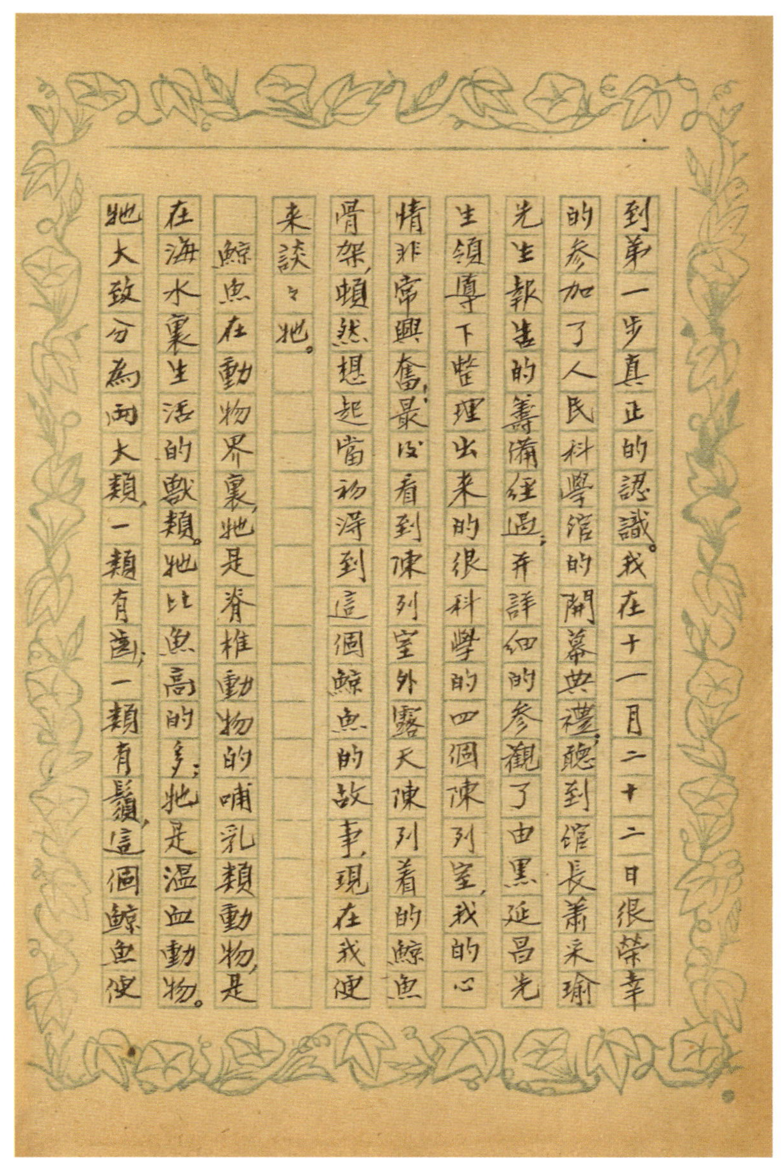

到第一步真正的認識。我在十一月二十二日很榮幸的參加了人民科學館的開幕典禮，聽到館長蕭采瑜先生報告的籌備經過；并詳細的參觀了由黑延昌先生領導下整理出来的很科學的四個陳列室，我的心情非常興奮，最後看到陳列室外露天陳列着的鯨魚骨架，頓然想起當初得到這個鯨魚的故事，現在我便来談々牠。

鯨魚在動物界裏，牠是脊椎動物的哺乳類動物，是在海水裏生活的獸類。牠比魚高的多；牠是温血動物。牠大致分為兩大類：一類有齒，一類有鬚，這個鯨魚便

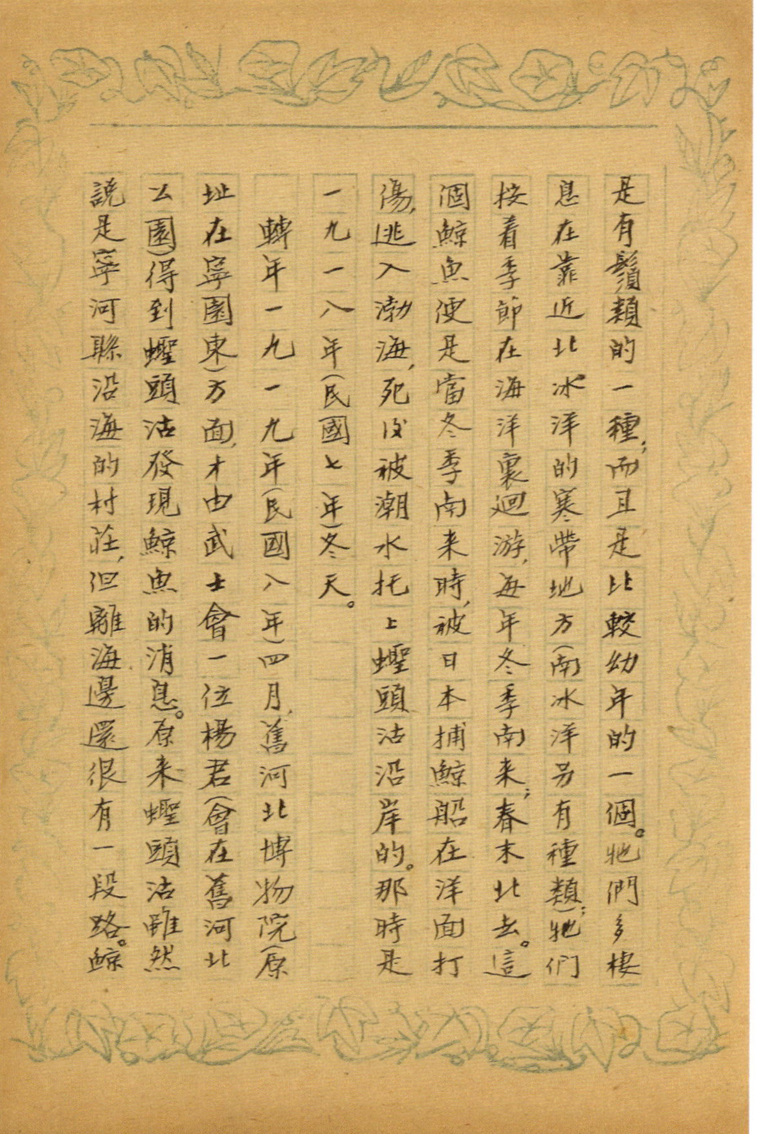
是有鬚類的一種，而且是比較幼年的一個。牠們多棲息在靠近北冰洋的寒帶地方（南冰洋另有種類）；牠們按着季節在海洋裏迴游，每年冬季南來，春末北去。這個鯨魚便是當冬季南來時，被日本捕鯨船在洋面打傷，逃入渤海，死後被潮水托上蟶頭沽沿岸的。那時是一九一八年（民國七年）冬天。

轉年一九一九年（民國八年）四月，舊河北博物院（原址在寧園東）方面，才由武士會一位楊君（曾在舊河北公園）得到蟶頭沽發現鯨魚的消息。原來蟶頭沽雖然說是寧河縣沿海的村莊，但離海邊還很有一段路。鯨

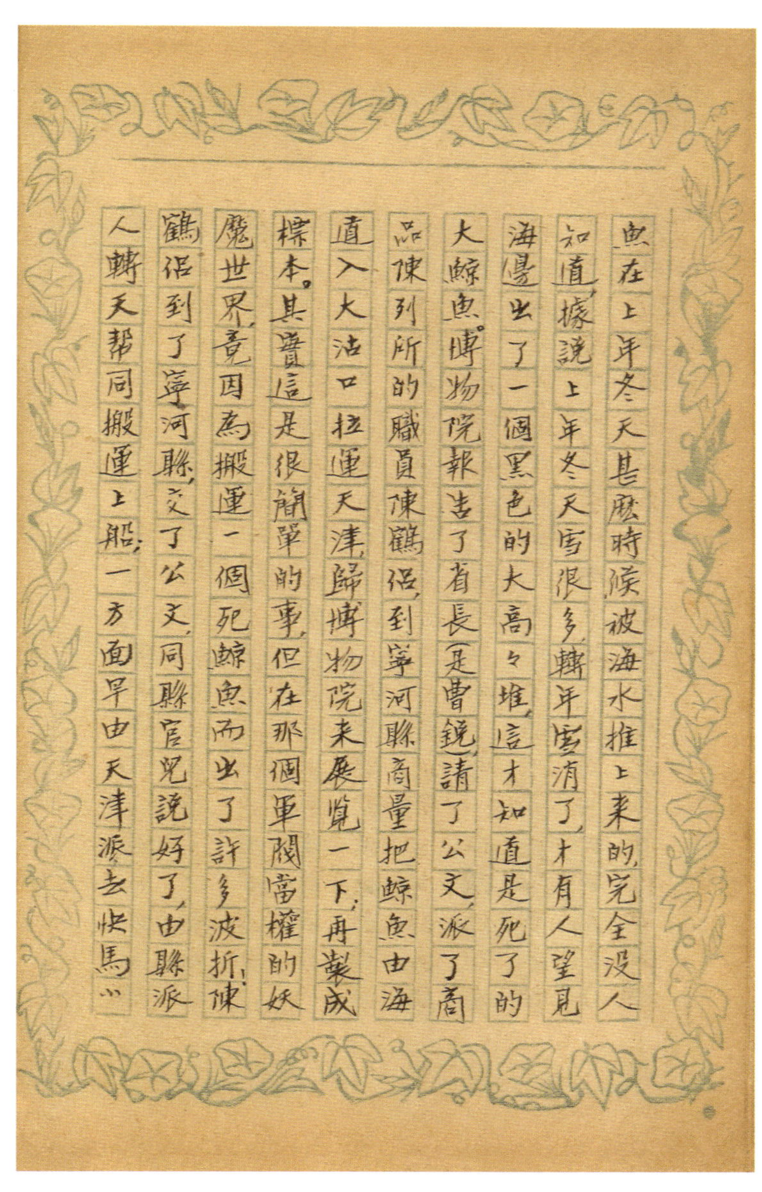

魚在上年冬天甚麽時候被海水推上来的，完全没人
知道，據說上年冬天雪很多，轉年雪消了，才有人望見
海邊出了一個黑色的大高々堆，這才知道是死了的
大鯨魚。博物院報告了省長（是曹銳）請了公文，派了商
品陳列所的職員陳鶴侶，到寧河縣商量把鯨魚由海
道入大沽口拉運天津，歸博物院来展覽一下；再製成
標本。其實這是很簡單的事，但在那個軍閥當權的妖
魔世界，竟因為搬運一個死鯨魚而出了許多波折，陳
鶴侶到了寧河縣，交了公文，同縣官兒說好了，由縣派
人轉天幫同搬運上船；一方面早由天津派去快馬…

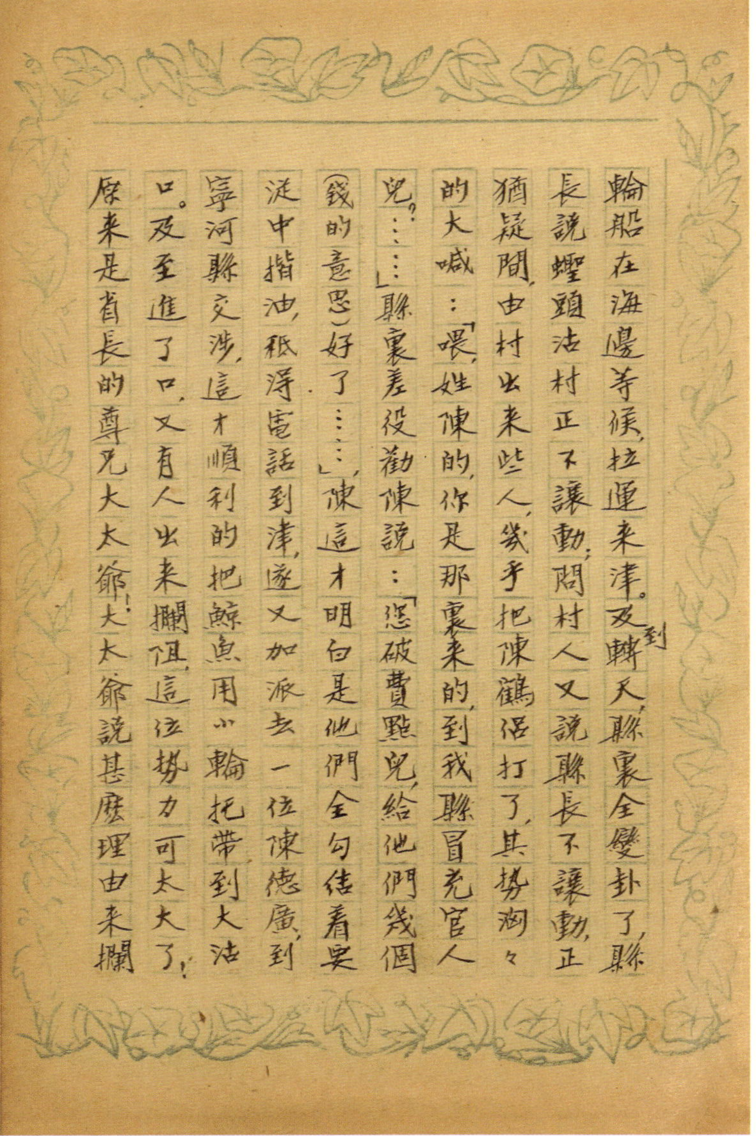

輪船在海邊等候，拉運来津。及到轉天，縣裏全變卦了，縣長說蟶頭沽村正不讓動；問村人，又說縣長不讓動，正猶疑間，由村出来些人，粥手把陳鶴侶打了，其勢洶洶的大喊：「喂，姓陳的，你是那裏来的，到我縣冒充官人兒？……」縣裏差役勸陳說：「您破費點兒，給他們幾個（錢的意思）好了……」，陳這才明白是他們全勾結着要從中揩油，祇得電話到津，遂又加派去一位陳德廣，到寧河縣交涉，這才順利的把鯨魚用小輪托帶到大沽口。及至進了口，又有人出来攔阻，這位勢力可太大了！原来是省長的尊兄大太爺！大太爺說甚麼理由来攔

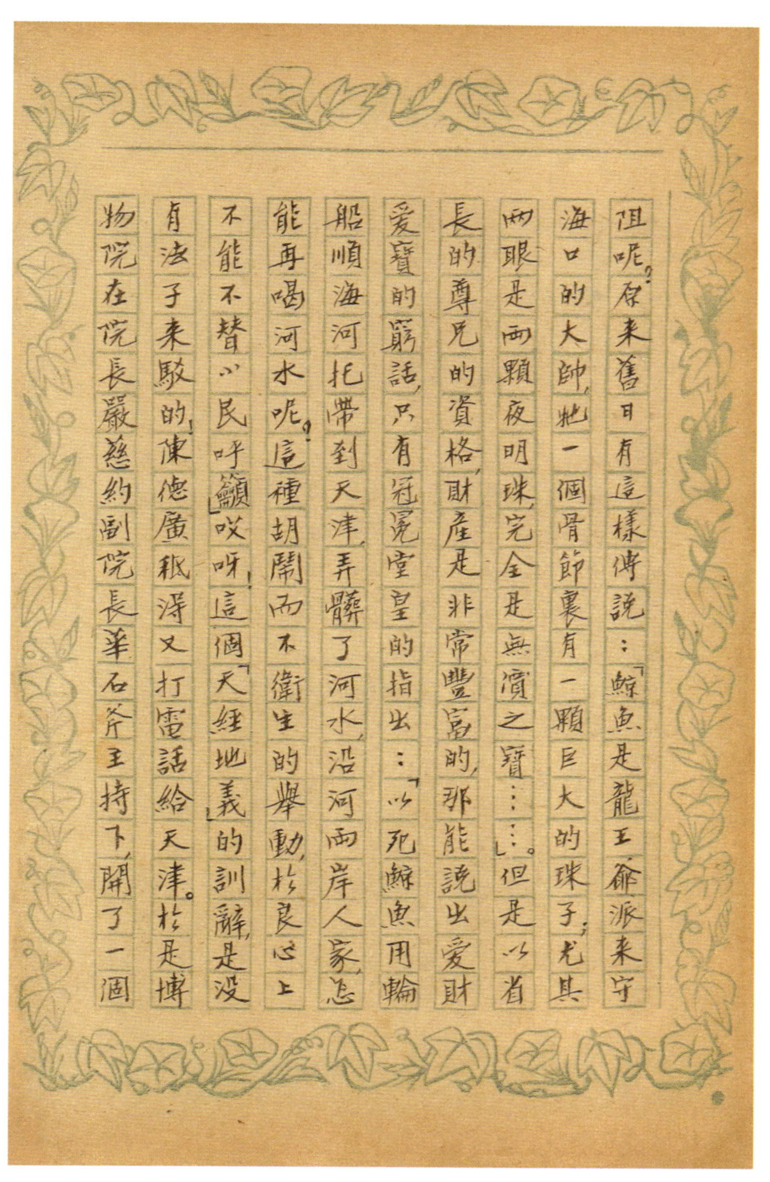

阻呢？原来舊日有這樣傳說：「鯨魚是龍王爺派来守海口的大帥，牠一個骨節裏有一顆巨大的珠子；尤其兩眼是兩顆夜明珠，完全是無價之寶……」。但是以省長的尊兄的資格，財産是非常豐富的，那能說出愛財愛寶的窮話，只有冠冕堂皇的指出：「以死鯨魚用輪船順海河托帶到天津，弄髒了河水，沿河兩岸人家，怎能再喝河水呢？這種胡鬧而不衛生的舉動，於良心上不能不替小民呼籲」哎呀！這個「天經地義」的訓辭，是没有法子来駁的！陳德廣秖得又打電話給天津。於是博物院在院長嚴慈約副院長華石斧主持下，開了一個會研究辦法，我在會上說：「鯨魚身上是光滑的黑皮，沒有毛；亦沒有鱗，整體拖帶到津以亦不易上岸，不如在大沽口當衆截成幾段，有無真珠自然看出来了；然以用船裝到天津；在開會供人觀覽前，把鯨身逐段對齊；用泥封好；外面塗附瀝青（臭油）既然像鯨的原色，又可防止腐臭氣味。」當時大家贊成這個辦法，買了七八罐防腐「迷辛」藥水，和淨水混合成乳白色噴射劑，用煤油大筒裝成十幾筒，派我携帶到了大沽口，會上陳德廣，定於四月十九日在海岸支解鯨魚，把大沽塘沽一帶所有官紳全請来參觀。屆時，陳德廣當衆割解；另有

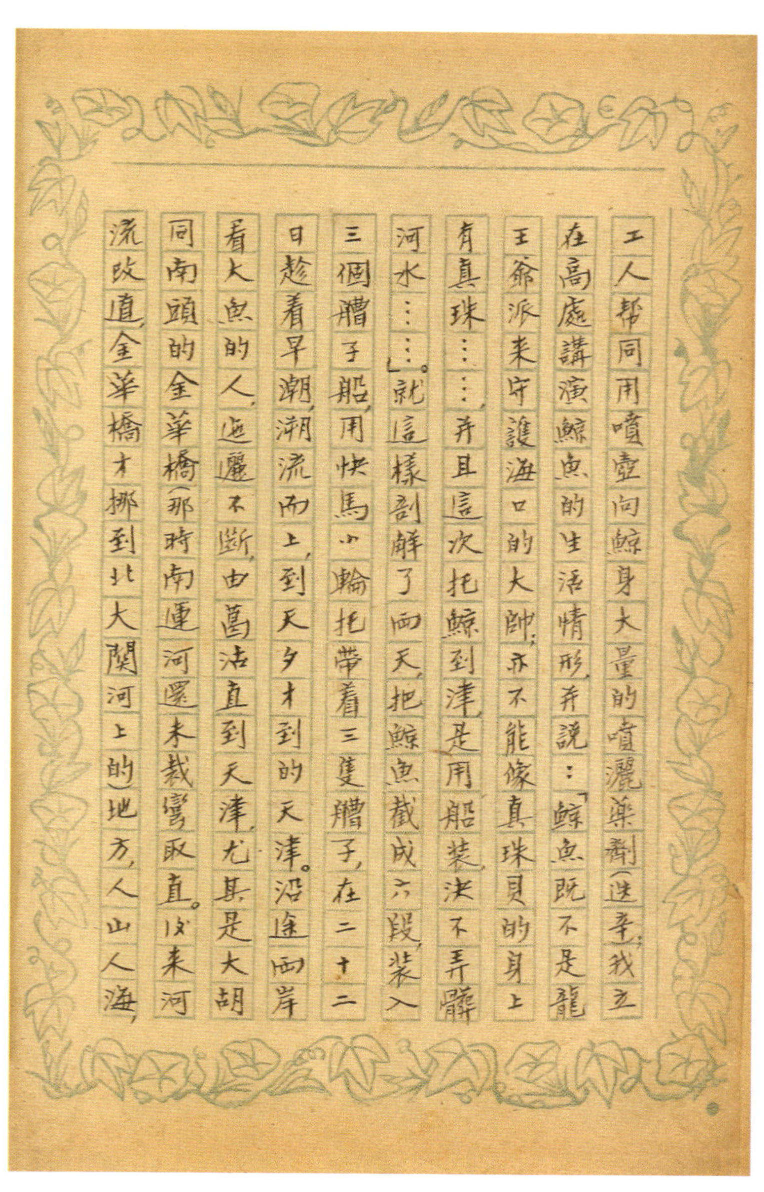

工人帮同用噴壺向鯨身大量的噴灑藥劑（迷幸，我立在高處講演鯨魚的生活情形，并說：「鯨魚既不是龍王爺派来守護海口的大帥；亦不能像真珠貝的身上有真珠……，并且這次把鯨到津是用船裝决不弄髒河水……」。就這樣剖解了兩天，把鯨魚截成六段，裝入三個艚子船，用快馬小輪拖帶着三隻艚子，在二十二日趁着早潮，潮流而上，到天夕才到的天津。沿途兩岸看大魚的人，迤邐不斷，由葛沽直到天津，尤其是大胡同南頭的金華橋（那時南運河還未裁彎取直。以来河流改道，金華橋才挪到北大關河上的）地方，人山人海，電車都停開了，接着把鯨魚運入大胡同的舊金華商場，連夜趕着陳列，修整，裝潢，畫圖表，寫說明。由二十六日到二十九日開了四天觀鯨會。二十九日夜裏把鯨魚運往農事試驗場（舊場址在寧園東），鯨油鯨肉及內臟全已腐毀，完全做了肥料；骨架歸博物院做成骨骼標本。這個鯨魚全長五丈四尺，重三萬餘斤，如果新鮮的話，全體無棄材（鯨油製最佳的機械用油，鯨肉製食用罐頭——很像牛肉，鯨骨做骨製用器，鯨鬚做精巧編織工藝品，內臟作肥料等）。可惜的是當日骨骼很完全，天津淪陷時（一九三七），博物院被日敵摧毀，貴重物品，

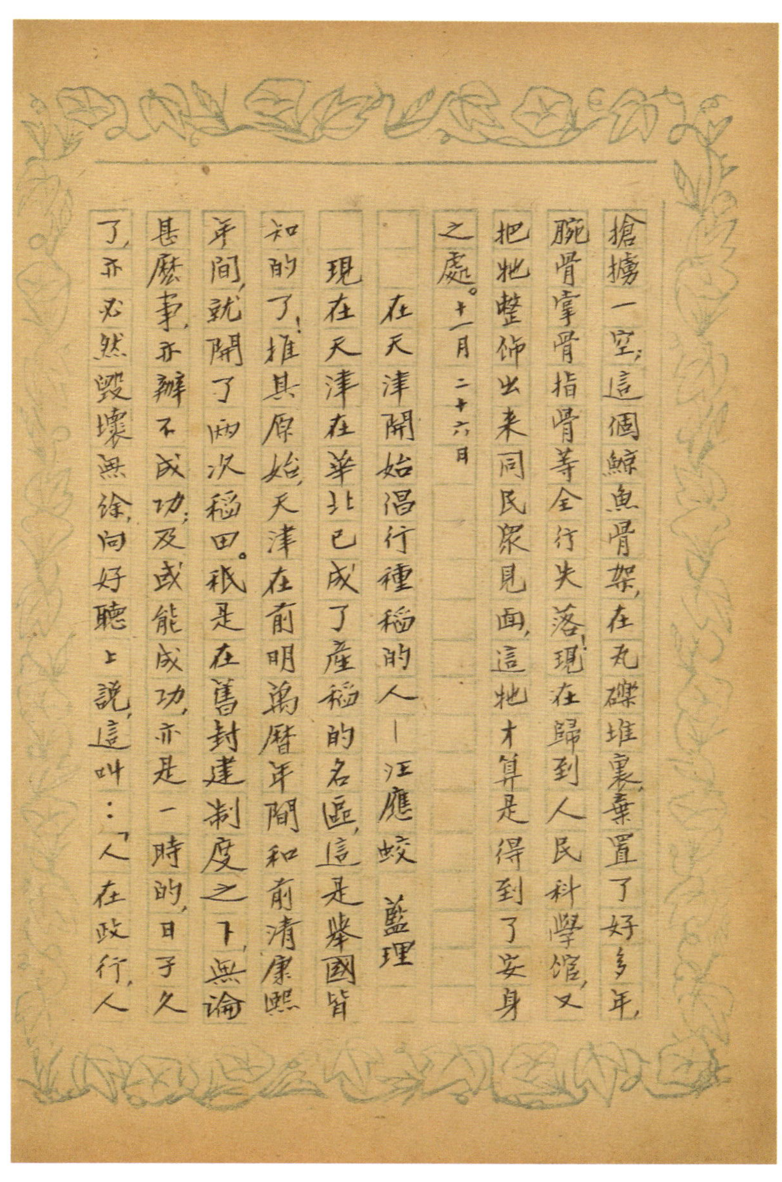

搶擄一空，這個鯨魚骨架，在瓦礫堆裏棄置了好多年，腕骨掌骨指骨等全行失落，現在歸到人民科學館，又把牠整飾出來同民衆見面，這牠才算是得到了安身之處。十一月二十六日

在天津開始倡行種稻的人——汪應蛟　藍理

現在天津在華北已成了產稻的名區，這是舉國皆知的了！推其原始，天津在前明萬曆年間和前清康熙年間，就開了兩次稻田。祇是在舊封建制度之下，無論甚麼事，亦辦不成功；及或能成功，亦是一時的，日子久了，亦必然毀壞無餘，向好聽上說，這叫：「人在政行，人

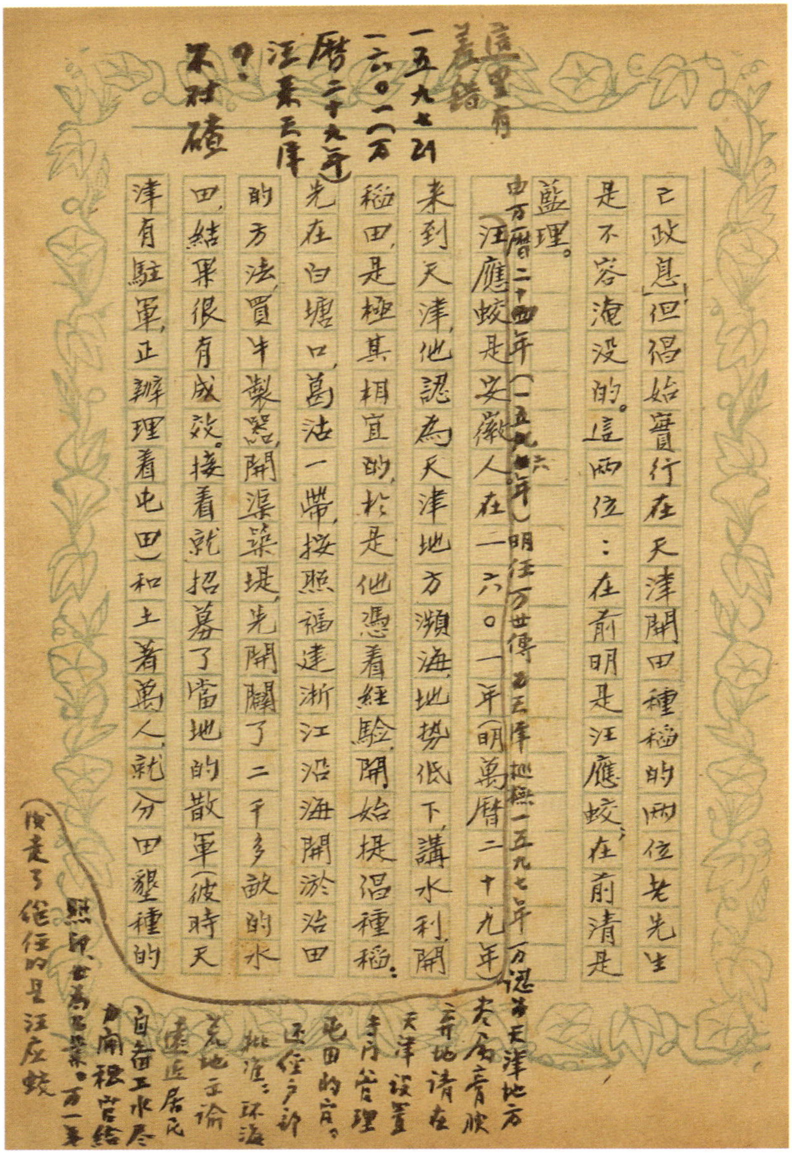
亡故息。但倡始實行在天津開田種稻的兩位老先生是不容淹没的。這兩位：在前明是汪應蛟，在前清是藍理。

汪應蛟是安徽人，在一六〇一年（明萬曆二十九年）来到天津，他認為天津地方瀕海，地勢低下，講水利，開稻田，是極其相宜的。於是他憑着經驗，開始提倡種稻。先在白塘口、葛沽一帶，按照福建、浙江沿海開淤治田的方法，買牛製器，開渠築堤，先開闢了二千多畝的水田，結果很有成效。接着就招募了當地的散軍（彼時天津有駐軍，正辦理着屯田）和土著萬人，就分田墾種的

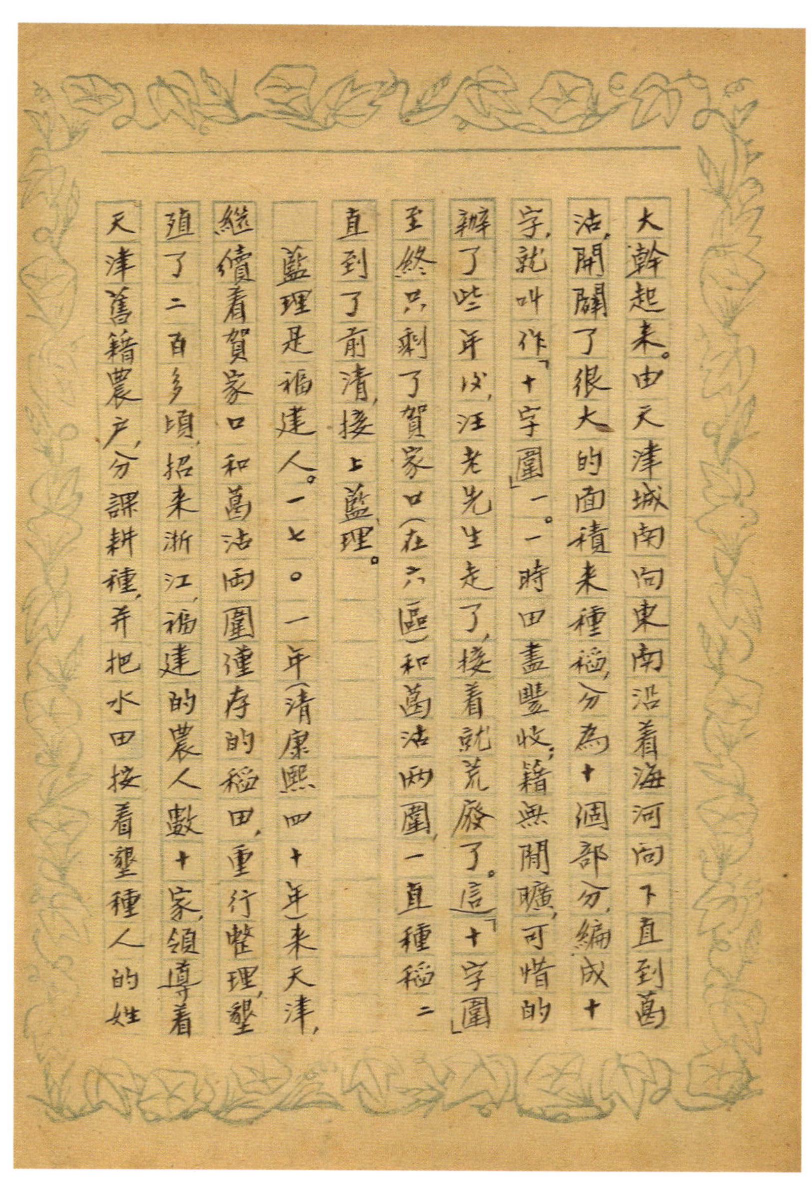
大幹起来。由天津城南向东南沿着海河向下直到葛沽，開闢了很大的面積来種稻，分為十個部分，編成十字，就叫作「十字圍」一。一時田盡豐收；籍無閒曠，可惜的辦了些年以，汪老先生走了，接着就荒廢了。這「十字圍」至終只剩了賀家口(在六區)和葛沽兩圍，一直種稻二直到了前清，接上藍理。

藍理是福建人。一七〇一年(清康熙四十年)来天津，繼續着賀家口和葛沽兩圍僅存的稻田，重行整理，墾殖了二百多頃，招来浙江、福建的農人數十家，領導着天津舊籍農户，分課耕種，并把水田按着墾種人的姓

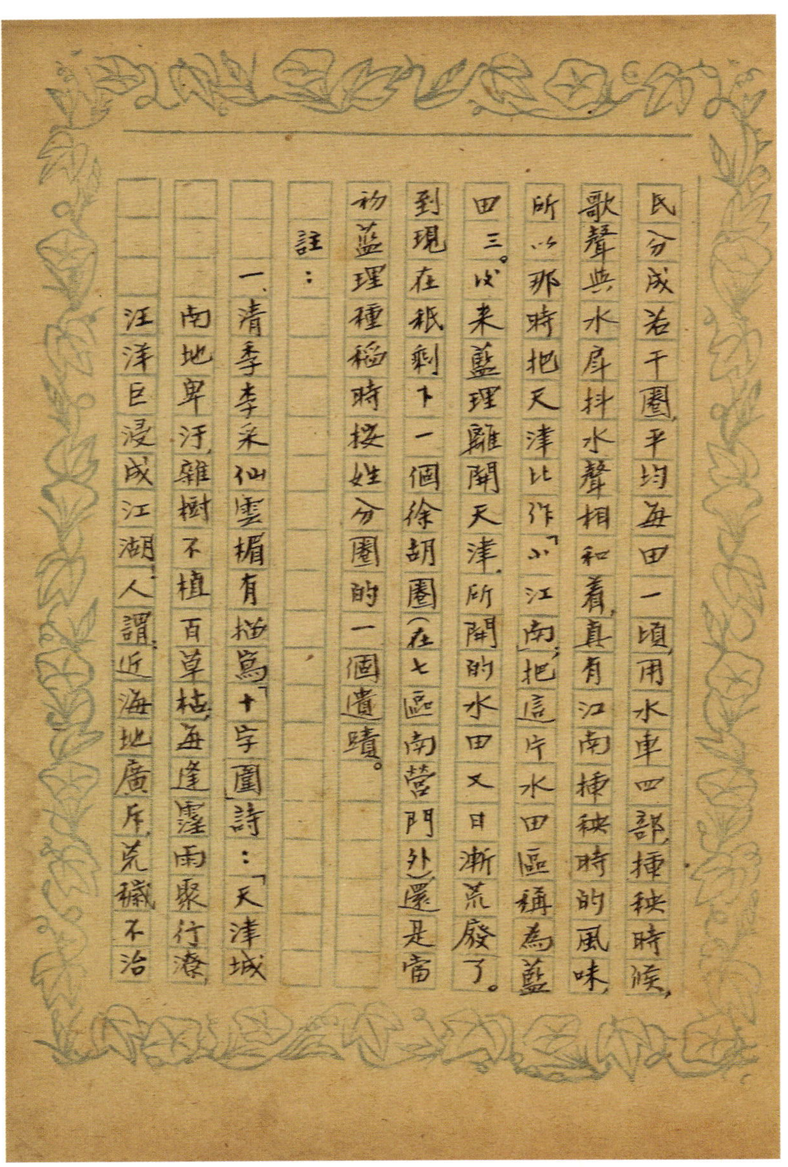

民分成若干圍，平均每田一頃用水車四部，插秧時候，歌聲與水戽抖水聲相和着，真有江南插秧時的風味，所以那時把天津比作「小江南」，把這片水田區稱為藍田三。以来藍理離開天津，所開的水田又日漸荒廢了。到現在祇剩下一個徐胡圍（在七區南營門外）還是當初藍理種稻時按姓分圍的一個遺蹟。

註：

一、清季李采仙雲楣有詠爲「十字圍」詩：「天津城南地卑汙，雜樹不植百草枯，每逢霪雨衆行潦汪洋巨浸成江湖，人謂近海地廣斥，荒穢不治

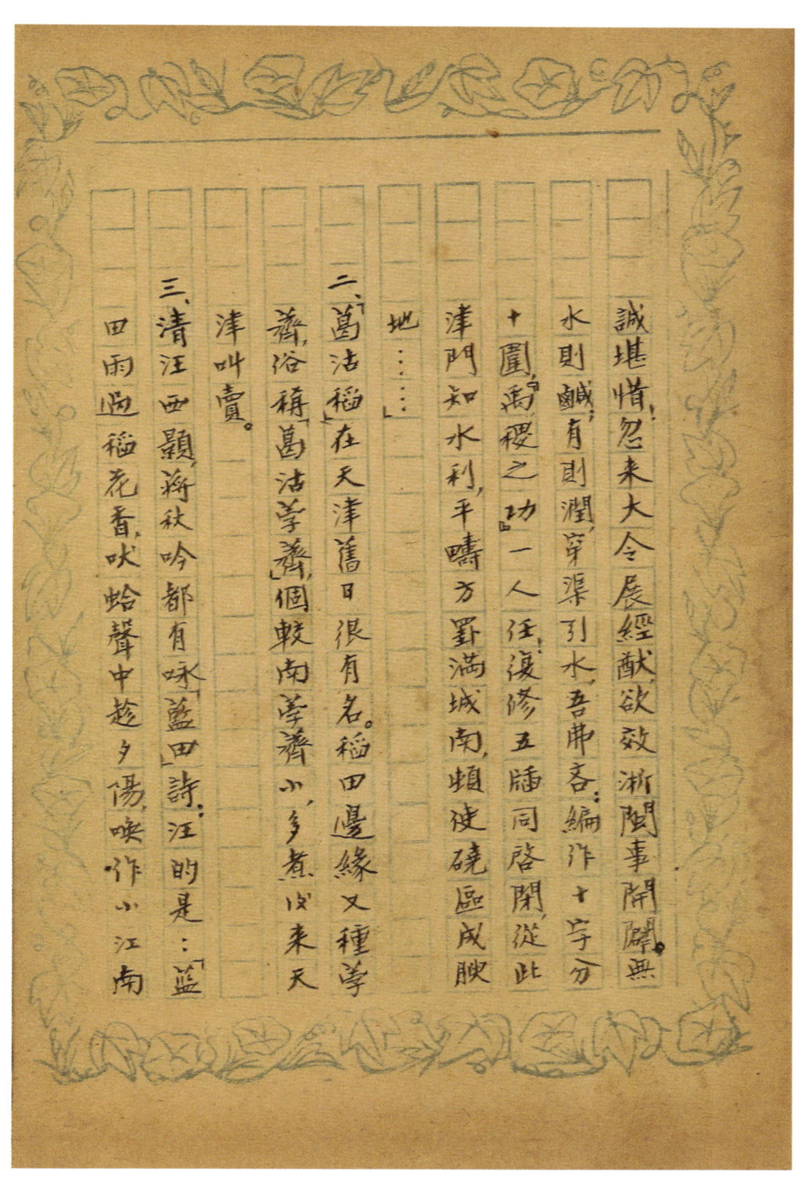
誠堪惜！忽来大令晨經猷，欲效淅閩事開闢。無水則鹹；有則潤，穿渠引水，吾弗吝：編作十字分十圍，「禹稷之功」一人任！復修五牐同啓閉，從此津門知水利，平疇方罫滿城南，頓使磽區成腴地……」

二、「葛沽稻」在天津舊日很有名。稻田邊緣又種荸薺，俗稱「葛沽荸薺」，個較南荸薺小，多煮，收来天津叫賣。

三、清汪西顥，蔣秋吟都有咏「藍田」詩：汪的是：「藍田雨過稻花香，吠蛤聲中趁夕陽，喚作小江南

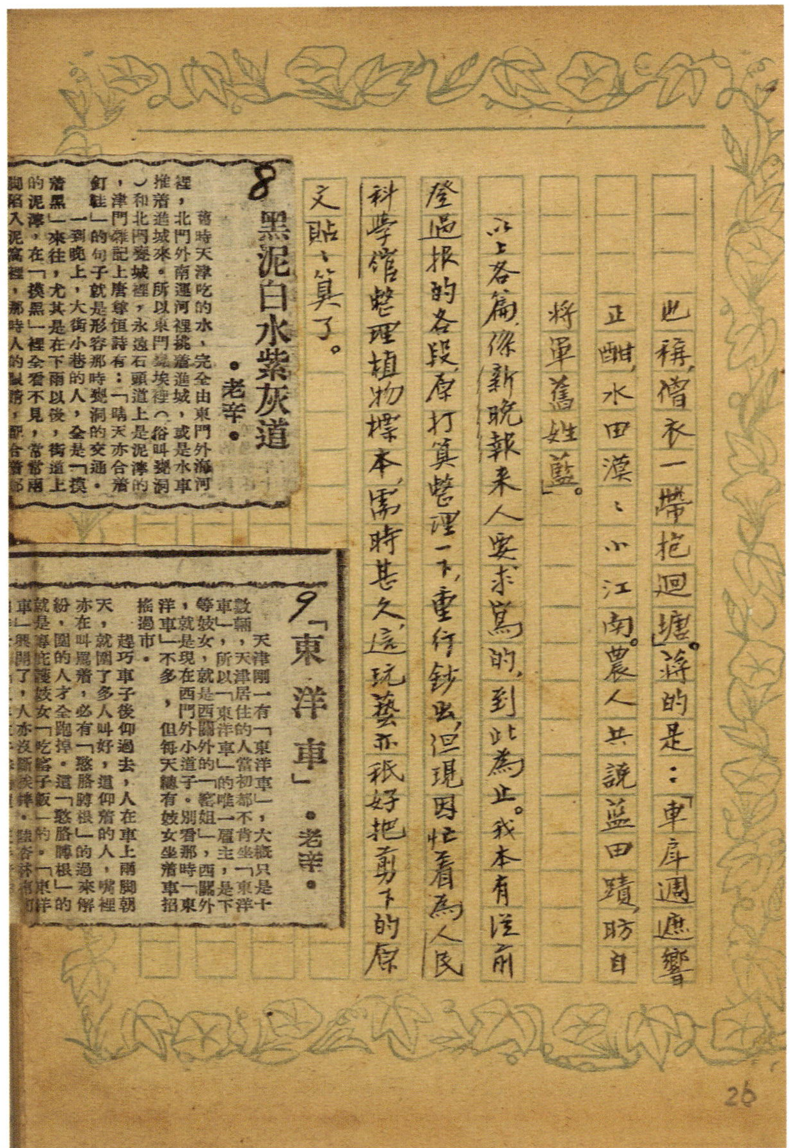

也稱，僧衣一帶拖迴塘。講的是：「車庠週遮響正酣，水田漠漠小江南。農人共說藍田蹟，昉自將軍舊姓藍」。

以上各篇係新晚報來人要求寫的，到此為止。我本有注前登過報的各段，原打算整理一下，重行鈔出，但現因忙着為人民科學館整理植物標本，需時甚久，這玩藝兒祇好把剪下的原文貼貼算了。

8 黑泥白水紫灰道

・老宰・

舊時天津吃的水、完全由東門外海河裡，北門外南運河裡挑着進城，或是水車推着進城來。所以東門甕坱裡（俗叫甕洞）和北門甕城裡，永遠石頭道上是泥濘的，津門雜記上唐尊恒詩有：「晴天亦合着釘鞋」的句子就是形容那時甕洞的交通。

一到晚上，大街小巷的人，全是「摸着黑」來往，尤其是在下雨以後，街道上的泥濘，在「摸黑」裡全看不見，常當雨脚陷入泥窩裡，那時人的腿脖，[illegible]

9「東洋車」

・老宰・

天津剛一有「東洋車」，大概只是十數輛，天津居住的人當初都不肯坐「東洋車」，所以「東洋車」的唯一僱主，是下等妓女，就是西關外的「窰姐」，西關外，就是現在西門外小道子。別看那時「東洋車」不多，但每天總有妓女坐着車招搖過市。

趕巧車子後仰過去，人在車上兩脚朝天，就圍了多人叫好，這仰着的人，嘴裡亦在叫罵着，必有「憨膀蹬撥」的過來解紛，圍的人才全跑掉。這「憨膀膊根」的就是專吃護妓女「吃賠子飯」的。「東洋車」[illegible]

26

8 黑泥白水紫灰道

·老辛·

舊時天津吃的水、完全由東門外海河裡，北門外南運河裡挑着進城，或是水車推着進城來。所以東門[illegible]埃德（俗叫甕洞）和北門甕城裡，永遠石頭道上是泥濘的，津門雜記上唐尊恒詩有：「晴天亦合着釘鞋」的句子，就是形容那時甕洞的交通。

一到晚上，大街小巷的人，全是「摸着黑」來往，尤其是在下雨以後，街道上的泥濘，在「摸黑」裡全看不見，常常兩脚陷入泥窩裡，那時人的眼睛，都[illegible][illegible]那個時代，就得像老鼠一樣才行，必要在黑暗裡認清「黑泥白水紫灰道」，不然，摔到泥裡，水坑裡那是常事。

傳衛某巷裡有一竿「天燈」，那完全是慈善家施捨的，當然行路的走到那有「天燈」的巷子裡是太高興了；但還有爬上竿子去偷「天燈」的，另一方面來看，那慈善家不是顧到人民，他施捨「天燈」，完全是爲他自己的「陰功德行」上所謂「行善」；所謂「善有善報」，照着「文昌帝君陰騭文」上「點路燈以照行人」辦的，爲的是那時的「天上神仙」「經行到此」，把這慈善家姓名記在「善惡簿上」，那怕自己七八十歲沒兒子，亦可因此感應的他七八十歲老伴生個白胖大小子。

清光緒十年（一八八四——）前後，天津才有東洋車，因爲車是日本興來的，當時全是鐵輪，在道上拉着；發生很大聲音，跟那單輪推水的車子，吱吱吼吼的互相應答、聽着教人心煩。剛一有東洋車，誰亦不肯坐，在男子方面，認爲這東洋車不雅觀，不夠「譜」；女子方面平常不出大門，偶而「走親戚」、「回娘家」，全坐「二人抬」小轎，垂着轎簾，認爲才「夠個派頭」。

老話新談

9「東洋車」

·老辛·

天津剛一有「東洋車」，大概只是十數輛，天津居住的人當初都不肯坐「東洋車」，所以「東洋車」的唯一雇主，是下等妓女，就是西關外的「窰姐」，西關外，就是現在西門外小道子。別看那時「東洋車」不多，但每天總有妓女坐着車招搖過市。

趁巧車子後仰過去，人在車上兩脚朝天，就圍了多人叫好，這仰着的人，嘴裡亦在叫屈着，必有「憨胳膊根」的過來解紛，圍的人才全跑掉。這「憨胳膊根」的就是專[illegible]護妓女「吃豁子飯」的。「東洋車」興開了，人亦沒斷送掉。[illegible]云「東洋車子[illegible]不如，最好小心經驗處，莫致一命送嗚呼」。

那時拉「東洋車」的眞是受盡欺負，沒有地方許他停車，（因爲各處都有「口兒上」）只有沿街拉着空車，走着喊着：「坐車呀」，雇車的亦是路上行人走着雇。若果是人家出來雇，「口兒上」的干涉，因爲「口兒上」有「鍋伙」，預備有轎子、驢子、轎車、地扒車等各佔[illegible]一個方面，吃這行飯的大多數跟「混星子」有連絡，現在的闖行把頭們就是那時殘留下來的。楊無怪天津論所說的：「老君、老悅，各霸一方，四海、九如，各稱一黨」，這「鍋伙」就是那裡邊的一部份。

老話新談

此二图为上图附页

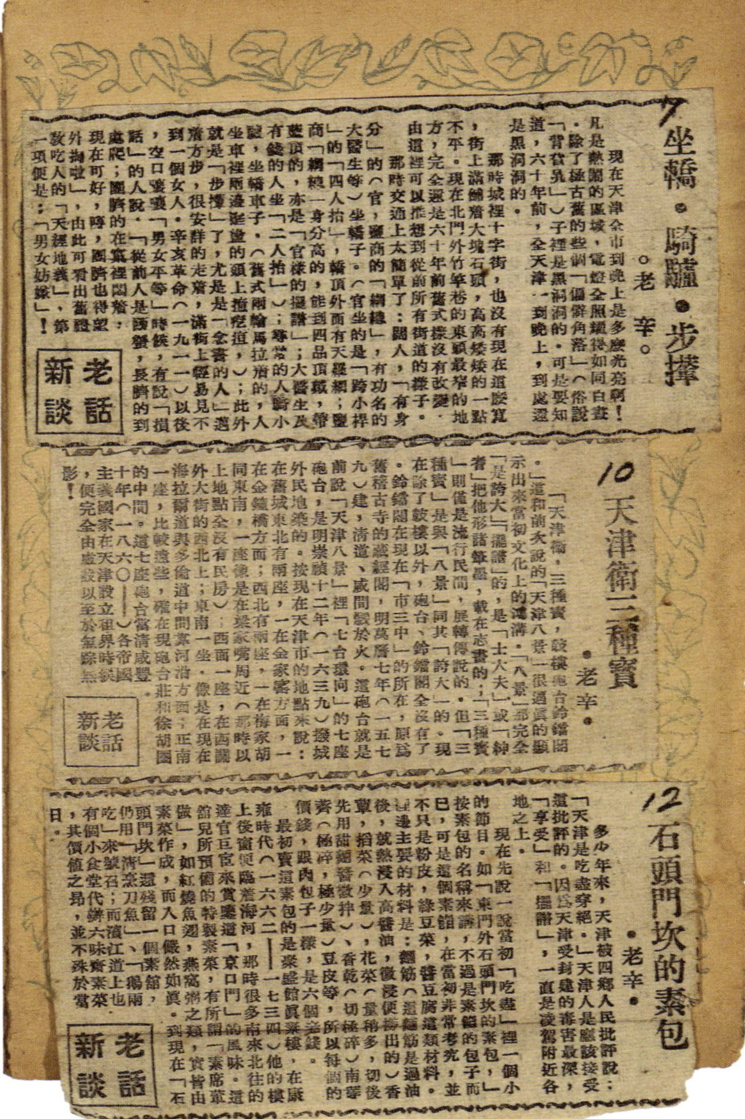

7 坐轎・騎驢・步撵

○老辛○

現在天津全市到晚上是多麼光亮啊！凡是熱鬧的區域，電燈全照耀得如同白晝・除了極古舊的些個「偏僻角落」（俗說「背旮旯」子）裡是黑洞洞的・可是要知道，六十年前，全天津一到晚上，到處還是黑洞洞的。

那時城裡十字街，也沒有現在這麼寬，街上滿舖着大塊石頭，高高矮矮的一點不平。現在北門外竹竿巷的東頭最窄的地方，完全還是六十年前舊式樣沒有改變・由這裡可以推想到從前所有街道的樣子。

那時交通上太簡單了：闊人，「有身分」的（官，鹽商的「綱總」，有功名的大醫生等）坐轎子。（官坐的是「跨小桿」的「四人抬」，轎頂外面有天羅網；鹽商「綱總」身分高的，能到四品頂戴，帶鹽頂的，亦是「官樣的擺譜」；大醫生及有錢的人坐「二人抬」）；尋常的人騎小驢，坐轎車子・（舊式兩輪馬拉着的，人坐車裡兩邊搖盪的頭上擂疙疸，）；此外就是「步撵」了，尤其是「念書的人」邁着方步，很安詳的走着，滿街上輕易見不到一個女人・辛亥革命（一九一一）以後，空口嚷嚷「男女平等」時候，有說「損話」的人說・「從前人是騎驢，長騎的到處爬；圖騎的在篇裡閱着：現在可好，時，圖騎也得望外掏啦」，由此可看出舊禮教吃人的「天經地義」、第一項便是；「男女妨嫁」！

老話新談

10 天津衛三種寶

・老辛・

「天津衛，三種寶，鼓樓砲台鈴鐺閣。」這和前文說的「天津八景」很適宜的顯示出來當初文化上的淺薄・「八景」那完全「是誇大」「擺譜」的，是「士大夫」或「紳者」把他形諸筆墨，載在志書的；「三種寶」則僅是流行民間，展轉傳說的・但「三種寶」是與「八景」同其「誇大」的。現在除了鼓樓以外，砲台、鈴鐺閣全沒有了・鈴鐺閣在現在「市三中」的所在，原爲舊稽古寺的藏經閣，明萬曆七年（一五七九）建，清道、咸間燬於火。這砲台就是前說「天津八景」裡「七台環向」的七座砲台，是明崇禎十二年（一六三九）撥城外民地築的。按現在天津市的地點來說：在舊城東北有兩座，一在金家窰方面，一在金鐘橋方面；西北有兩座，一在梅家胡同東南，一座像是在梁家嘴周近（那時以上地點全沒有民房）；西面一座，在西關外大街的西北上；東南一座，像是在現在海拉爾道與多倫道中間靠河沿方面；正南一座，比較遠些，確在現砲台莊和徐胡同的中間。這七座砲台當清咸豐十年（一八六○——）各帝國主義國家在天津設立租界時候，便完全被拆毀以至於無蹤無影！

老話新談

12 石頭門坎的素包

・老辛・

多少年來，天津被四鄉人民批評說：「天津是吃盡穿絕・」天津人是應該接受這批評的・因爲天津受封建的毒害最深，「享受」和「擺譜」，一直是淩駕附近各地之上・

現在先說一說當初「吃盡」裡一個小的節目。如「東門外石頭門坎的素包，」按素包的名稱來講，不過是素餡的包子而已，可是這個素餡，在當初非常考究，並不只是粉皮，綠豆菜，醬豆腐這類材料。裡邊主要的材料是：麵筋（這麵筋是過油後，就熱浸入高醬油，微浸便撈出的）香蕈，掐菜（少量），花菜（量稍多，切後先用甜麵醬微拌）、香乾（切極碎）南薺（極碎，極少量）豆皮等，所以每個的價錢，跟肉包子一樣，是六個大錢。

最初賣這素包的是素盛館眞素樓，在康雍時代（一六六二——一七三四）他的樓上後窗便臨着海河，那時很多南來北往的達官巨宦來賞鑒這「京口門」的風味・這館兒所預備的特製素菜，有所謂「素席葷做」，如紅燒魚翅，燕窩粥之類，貨皆由素菜作成，而入口儼然如眞・到現在「石頭門坎」還殘留一個素舘，仍用「濟素刀魚」、「獨兩吃」來號召；而濱江道上也有個小食堂代鱗六味齋素菜，其價值之昂，並不殊於當日・

老話新談

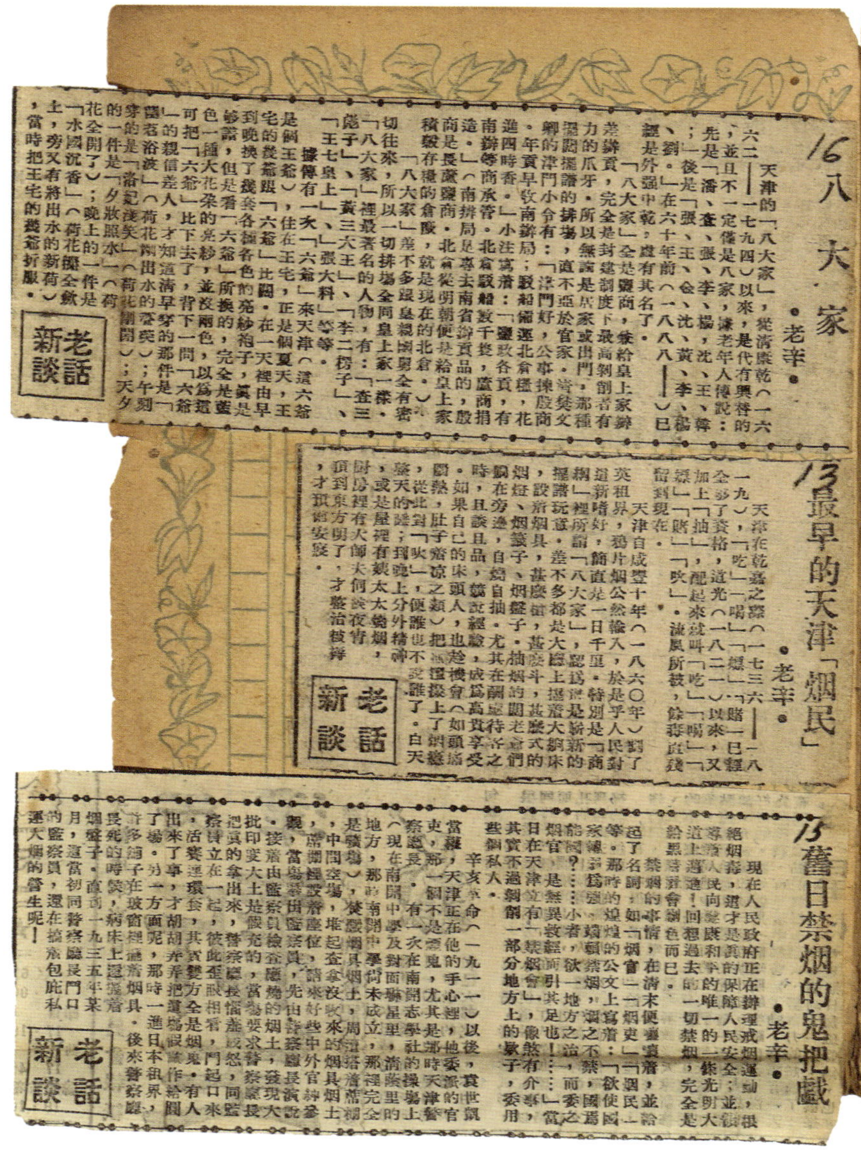

八大家

・老辛・

天津的「八大家」，從清康乾（一六六二——一七九四）以來，是代有興替的，並且不一定僅是八家，據老年人傳說：先是「潘、查、張、李、楊、沈、王、韓」；後是「張、王、金、沈、黃、李、楊、劉」。在六十年前（一八八八——）已經是外強中乾；盛有其名了。

「八大家」全是鹽商，乘給皇上家辦差辦貢，完全是封建制度下最高剝削者有力的爪牙。所以無論是居家或出門，那種擺闊擺譜的排場，直不亞於官家。當樊文卿的津門小令有：「津門好，公事揀殷商。年貢早敬商辦局，鹽船備運北倉鹽，花進四時香。」小注寫着：「鹽政各貢，有南辦等，商承辦。北倉鹽船數千艘，鹽商捐造。」（南辦局是專去南省辦貢品的，殷商是長蘆鹽商。北倉從明朝便是給皇上家積穀存糧的倉廒，就是現在的北倉。）「八大家」差不多跟皇親國舅全有密切往來，所以一切排場全同皇上家一樣。「八大家」裡最著名的人物，有：「查三態子」、「黃三六王」、「李二楞子」、「王七皇上」、「張大料」等等。

據傳有一次「六爺」來天津（這六爺是網王爺），住在王宅，正是個夏天，王宅的養爺跟「六爺」比闊。在一天裡由早到晚換了幾套各種各色的亮紗袍子，真是夠瞧，但是看「六爺」所換的，完全是舊色一種大花朵的亮紗，並衣兩色，以為這可把「六爺」比下去了，背下一問「六爺」的親信差人，才知道清早穿的那件是「醬客浴淺」（荷花初出水的時候）；午刻穿的是「洛起淺美」（荷花闊閉）；天夕的一件是「夕妝照水」（荷花全開了）；晚上的一件是「水國沉香」（荷花擬全斂上，旁又有將出水的新荷），當時把王宅的養爺折服。

老話新談

最早的天津「烟民」

・老辛・

天津在乾嘉之際（一七三六——一八一九），「吃」「喝」「嫖」「賭」已經全夠了資格，道光（一八二一）以來，又加上「抽」，配起來就叫「吃」「喝」「嫖」「賭」「吹」。流風所被，餘毒百載，留到現在。

天津自咸豐十年（一八六〇年）劃了英租界，鴉片烟公然輸入，於是乎人民對這新嗜好，簡直是一日千里。特別是「商綢」裡所謂「八大家」，認為這是新新的擺譜玩意。差不多都是大廳上擺着大鋼床，設前烟具，甚麼苗，甚麼斗，甚麼式的烟燈、烟簽子、烟盤子。抽烟的闊老爺們銅在旁邊，自燒自抽。尤其在調處待客之時，且談且品，鑲說經論，成爲高貴享受。如果自已的床頭人，也趁機會（如鋼諂鬪熱，肚子癮涼之類）把不擅擦上了。獵，從此對「吹」，便誰也不說誰了。白天簽天的蓮；我魂上分外精神，或是屋裡有鎮太太鑄烟，厨另裡有大傅大何談夜宵，損到桌方閒了，才盤治樓舞，才瑣的安寂。

老話新談

舊日禁烟的鬼把戲

・老辛・

現在人民政府正在辦理戒烟運動，根絕烟毒，這才是真的保障人民安全；並徹底導人民向幸和平的唯一的一條光明大道上邁進！回想過去的一切禁烟，完全是給黑暗社會潤色而已。

禁烟的事情，在清末便嚴查着，並給起了名詞的，如「烟會」「烟吏」「烟民」等。那時的煌煌的公文上寫着：「欲使國家[illegible]爲營、[illegible]頓禁烟，還之不禁，國焉能國？……小者，欲一地方之治，而委之烟官，是無異[illegible]經而引其足也！……」當日在天津立有一「禁烟會」，像煞有介事，其實不過剝削一部分地方上的[illegible]子，委用些剝私人。

辛亥革命（一九一一）以後，袁世凱當[illegible]，天津正在他的手心裡，他委的官史，那一個不是烟鬼，尤其是那時天津警察廳長。[illegible]

老話新談

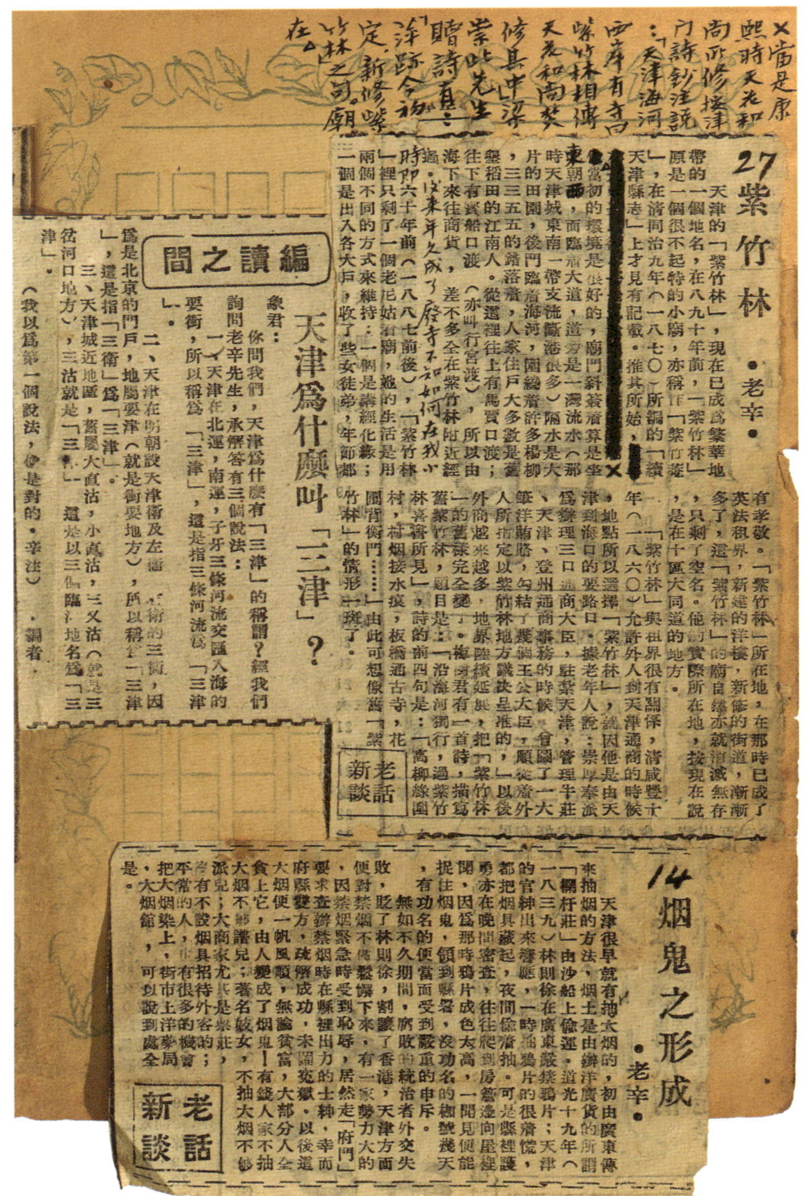

×當是康熙時天光和尚所修。據津門詩鈔注說：「天津海河西岸有寺曰紫竹林，相傳天光和尚焚修其中，梁崇此先生贈詩有：「淨跡今初定，新修蟒竹林」之句。廟在△

27 紫竹林

·老辛·

天津的「紫竹林」，現在已成爲繁華地帶的一個地名，在八九十年前，「紫竹林」原是一個很不起特的小廟，亦稱作「紫竹菴」，在清同治九年（一八七〇）所編的「續天津縣志」上才見有記載。推其所始，

當初的環境是很好的，廟門斜簽着算是坐東朝西，面臨着大道，道旁是一灣流水（那時天津城，東南一帶支流斷港很多）隔水是大片的田園，後門臨着海河，園繞着許多楊柳，三三五五的錯落着，人家住戶大多數是蓄墾稻田的江南人。從這裡往上有馬買口渡；往下有義船口渡（亦叫行宮渡），所以由海下來往商貨，差不多全在紫竹林附近經過。以來年久成了廢寺不知如何在我小時即六十年前（一八八七前後），「紫竹林」裡只剩了一個老尼姑看廟，她的生活是用兩個不同的方式來維持：一個是誦經化緣；一個是出入各大戶，收了些女徒弟，年節都有孝敬。「紫竹林」一所在地，在那時已成了英法租界，新建的洋樓，新修的街道，已漸漸多了，這「紫竹林」的廟自然亦就消滅，無存，只剩了空名。他的實際所在地，按現在說，是在十區大同道的地方。

「紫竹林」與租界很有關係，清咸豐十年（一八六〇）允許外人到天津通商的時候，地點所以選擇「紫竹林」，就因他是由天津到海口的要路口。據老年人說：崇厚派爲辦理三口通商大臣，駐紮天津，管理牛莊、天津、登州通商事務的時候，曾圖了一大筆洋賄賂，勾結了幾個王公大臣，順從着外人所指定以紫竹林地方議款是准的，」以後外商越來越多，地界陸續延展，把「紫竹林」的舊蹤完全變了。梅函君有一首詩，描寫舊紫竹林，題目是：「沿海河獨行，過紫竹林喜齋所見」，詩的前四句是：「高柳綠園村，村烟接水痕，板橋通古寺，花圃背衙門……」由此可想像舊「紫竹林」的情形一斑了。

老話新談

編讀之間

天津爲什麼叫「三津」？

象君：

你問我們，天津爲什麼有「三津」的稱謂？經我們詢問老辛先生，承解答有三個說法：

一、天津在北運，南運，子牙三條河流交匯入海的要衝，所以稱爲「三津」，還是指三條河流爲「三津」。

二、天津在明朝設天津衛及左衛、右衛的三衛，因爲是北京的門戶，地屬要津（就是衛要地方），所以稱爲「三津」，還是指「三衛」爲「三津」。

三、天津城近地區，舊屬大直沽，小直沽，三叉沽（就是三岔河口地方），三沽就是「三津」，還是以三個臨河地名爲「三津」。

（我以爲第一個說法，當是對的。辛注）·編者·

14 烟鬼之形成

·老辛·

天津很早就有抽大烟的，初由廣東傳來抽烟的方法，烟土是由辦洋廣貨的所謂「繝杄莊」由沙船上偷運。道光十九年（一八三九）林則徐在廣東嚴禁鴉片；天津的官紳出來響應，一時抽鴉片的很慌，都把烟具藏起，夜間偷着抽。可是縣裡護勇亦在晚間密查，往往爬到房簷邊向屋裡聞，因爲那時鴉片成色太高，一聞見便能捉住烟鬼，領到縣署，沒功名的枷號幾天，有功名的便當面受到嚴重的申斥。無如不久期間，腐敗的統治者外交失敗，貶了林則徐，割讓了香港，天津方面便對禁烟不僅鬆懈下來，有一家勢力大的，因禁烟緊急時受到恥辱，居然走「府門」要求查辦禁烟時在縣裡出力的士紳，幸而府縣變方，疏辦成功，未闊究獄。以後還大烟便一帆風順，無論貧富，大部分人全食上它，由人變成了「烟鬼」，有錢人家不抽大烟不夠譜兒；著名妓女，不抽大烟不夠派兒；大商家尤其是綢莊，沒有不設烟具招待外客的；平常的人，也有很多的機會把大烟染上，街市上洋藥局，大烟館，可以說到處全是。

老話新談

六十年前的天津「西城根」

·老辛·

舊天津的「西城根」，指的是西門外向北直到西北城角一帶，那是天津最老的唯一的「雜霸地」（現在這名詞專指潑人說了）。城裡紳商一生不肯從這裡走一次；西頭住的老舊家，在當時如武宅、高宅、金宅、穆宅等（這幾家資財與「八大家」相等），如有酬應進城，必由北城根進北門，而城裡住宅更是不肯「出西門」，自亦必由東門北門出城，家裡有自備的轎子，轎夫，途徑遠一些沒關係，因爲「出西門」是斬犯挨砍的代名詞。

六十年前（一八八八前後）在西城根這條街（現西馬路的外半邊）的兩旁，十之五六是說書場的席棚子，以西關下等妓女唱時調的佔過半數，其餘是說平書的（如聊齋、水滸、三國）和百鳥王的相聲；孫寶子柳三掛的文戲法，至於賣藝的武戲法種種，全是撂檔子的明場，那時有閒階級的人特多，沒有一個場子不是坐滿了人，玩藝是完一檔斂一回錢，每座至多六個老錢，至少兩個老錢，有時混星子們把特有色的磕了，打起架來（照例是在妓女唱時調的棚子），帶到衙門（在鼓樓北沈家柵欄）裡打手簡，打竹條，全不在乎，有時一手托着一個生雞蛋（據說打完手簡托雞蛋可以消腫），帶着手下的牙子們，照舊到場子裡攪，必得有人借來說合，每天拿到「份錢」纔完事，如果這裡有拉洋片的，賣野藥的，食品攤（牛羊肉餅，鍋貼），剃頭棚……。

在這西城根來回打混不花錢的有「野書房」逃學的學生和鋪子裡出來辦事的「學買賣」的。還有特殊的就是城牆上的籠子掛着人頭，旁有示衆的木牌上寫着犯人姓名罪狀，如：「房上借錢斬犯某某……」；城牆破裂的地方，又常有像泥鬼的孩子們在爬城。管城的小官，所謂「四門千總」有時帶着潑人到這裡巡查，每每是大搖大擺的走過去完事。有的在街西土坯房子的房山或後房簷下擺浮攤的到天夕總有人來斂地方兒錢（土坯房主的小管家「外找」）最少每攤四個老錢。西門外以南是一無所有；西北城角轉過北城根，只有幾家大烟館。這情形直到拆城修馬路爲止，這雜霸地的大部分玩藝便轉到三不管（是一九〇〇年後新開闢的地方，後稱南市）去了。

老話新談

河北「石橋」

·老辛·

從前的河北大街，僅是南頭靠近北大關方面熱鬧一些，往北但僅到了三條石，再往北就沒有鋪家了，不過現在一直到了大紅橋，完全成了買賣街。那時河北住家稠密的地方，亦僅是關上，關下靠南運河沿方面，東頭到了三官廟大街，西頭到了藥王廟後街，至於陳家溝，巷家場（西面）小紅橋（東面）全是臨水的小村。那時，大石橋是南北交通的要道，橋下是子牙河（俗稱下西河）及南運河支出會流的小水，東行由三條石大街北尚折到三岔河口附近，再與子牙河。天津縣志謂：「大石橋在北門外河北，離城二里，順治十一年（一六五一）造。」

大石橋河流兩旁，種着許多垂柳桃花，且有許多魚罾在河裡治魚；並有小漁船，週沿烟水間，因係兩河支流，水波較穩，魚蝦特多，那時梁家嘴，鐵家場，在子牙，南運兩河間，像個河套，地勢低下，所以上邊小水之外，又有橫三豎四的小邊，小窪，葦蕩子的，養豬的亦多聚居在這裡。當着夕陽西下時候，波光掩映，帆影三五，大有江鄉風味。汪闌增「石橋晚望」詩：「市廬遙施是晴舉，白石橋頭柳萬縷，秋去秋來胸過隨，堤南堤北水平舊……」：廳差天一茶日同友人石淹晚步」詩：「行吟忘日暮，橋外踏胥蕪，水後東西淀，春生大小沽……」，足可證明當年石橋周近情形。

這裡又是每天結的小魚市場，當着魚蝦盛的旺季，總有多數漁船聚集大石橋邊，大多是來自勝芳（東淀）新安（西淀）一帶，隸鬢，鹽魚，鎖魚，白魚，黃鱷，白鑄，都是兩淀名產，價值亦很便宜，陸杏林有「石橋買魚」詩：「石橋夾岸小橋開，北招南晉趁棒回：市得西沽半現酒，又將變尾管鄰來」。後來天津人口越來越多，附近小村與城市遂成一片，河北大街延長到北營門外，石橋埋在街心，（前幾年河北大街，修下水道挖掘溝管，在今「石橋胡同」前，曾在地下一丈左右深，挖出了石橋舊跡的長方形巨石。）稜東又關了北開，所以到現在瀆調天然的小魚市場便隨着時代轉移到金網橋西來了。

蘧廬集

蜗庐散文

22

老西開

·老辛·

天津先有「西開」，在清光緒二十五年（一八九九）開闢的；次有「南開」，在二十六年（一九〇〇）八國聯軍佔天津以後；再次到宣統年間（一九〇九以後）才有的「北開」。現在我來說說「西開」。

當光緒二十五年以前，南門外大部分是曠無居人，只東南上有個盧莊子；沿着海河有一個馬買口；一個紫竹林；一個小白樓；盧莊子是四圍墳圈子和大坑，長着些蘆葦；馬買口是一個鬮河種菜的小村；紫竹林是英法租界，面積並不大，僅是沿海河的一長段；小白樓是天津最早的廣東街，這四處都隔離着，不相連屬。

在這種情況下的天津，竟有幾位眼光較遠的先生們，知道天津一定要繁華起來，一定面積要展大，所以相度地宜，隨着外人的眼光（因為還幾位先生，大部分是作洋事的）更知道是向南開展。於是集股招工，就在一塊漫野裡，建築起街道來，就是現在「老西開」的貫陽路，這裡限城廟和紫竹林成犄角之勢，對着紫竹林說，取名叫「西開」。街道兩旁，全蓋的是樓房，一切規模全仿當時上海的四馬路，戲園子有五個起名亦同上海，是：天福茶園，天桂茶園，天仙茶園，天喜茶園，天蟾茶園，所邀腳色偏重外江派，四家演大戲，一家演蹦蹦戲（坤班），所演的戲大部分是全本的，如：「武松殺嫂」，「佛門點元」等，全在報子上寫着「嶄新切毛，一夜演完」。以外是洋餐館，彈子房（天津最早的檯球場），又夾雜着賣洋廣雜貨的檯杆莊，出帖子的銀錢號，陸稿薦南味坊，海上春鮮貨莊……晚上滿街燈火，照耀如同白晝（最老式的一種電燈或水月電燈）整天整夜，游人如蟻。那時由城裡往「西開」，衛有一條道，由南門外經崔家大橋，盧莊子，又經過兩邊是水中間一條小道的去處，總要花費一個多鐘點才到（坐東洋車）。在一般人的心裡到了「西開」，簡直是到了上海。

可惜這西開繁華，時間太短，光緒二十五年夏秋間建設成功的，轉年四月間在一個大風天，一把火完全燒光。直到後來這大片漫窪全起蓋了房間，修了街道，這「西開」才復活，又給她加上一個老字，全不是從前景況了！

老話新談

23

天津的糧倉史話

•老辛•

天津初有倉厫，遠在明永樂十三年（一四一五），其時由統治者下詔旨，把一切海運，悉行罷去，（因海運官每每舞弊，勾結海奸匪，在海路間，把官糧卸置荒島，並就擱日期，假報遇風失事，內外蒙蔽，空費官帑，無法查辦）凡有官運米糧，概由「裡河」裝卸，所謂「裡河」就是現在的北運河，南運河（那時俗間統叫運糧河）並詔令天津衛官變蓄倉厫以存貯糧食。宣德間（一四二六以後）又在天津增築三倉，都在東門裡天津道衙門西（現在的倉門口，倉厫街就是三倉所在地，天津道衙門舊址在一九〇〇年以後，全蓋民房，惟尚有胡同，稱津道東箭道；津道西箭道）當時命戶部主事一員為監督。三倉大致情形，計：「天津衛大運倉」共六厫三十間；「天津左衛，大盈倉」共九厫四十五間；「天津右衛廣備倉」共七厫三十五間，又各有官廳三間，門樓一座，左衛還有土地祠，右衛還有關王廟。戶部分司衙門，在三倉北，衙門係坐北的，門前大道，都舖着大塊的方石，東通着府學，縣學，西通着北門裡，這西街到現在還叫戶部街。

那時天津戶口分官籍和土著，官籍，大半是由各地圈撥來的，所以天津志書上所載：「豐衣足食，安居樂業」全是他們；至於天津土著，受着封建主的殘酷壓迫，地方統治者半個眼看不上，休想有一粒米穀到土著的口中。所以當時有民謠說：「三倉米，白花花，屬官家。咱是誰？汗珠打腳面，半個米粒看不見！」「三倉米，粒粒香，屬官場。咱是誰？別偷米，大皮鞭子不打你！」又有「小車班班，逃到鄰縣，鄰縣挑丁，逃到鹽城，聞不見米穀香，鞭子打不到背脊上！」（鹽城像是解放後由河北劃歸山東的鹽山縣，現改為靜遠縣）。

崇禎年間（一六三〇前後）李自成有北來消息，天津方面，建立城守營（舊模範小學所在地，至今還叫中營），大修武備，及至李自成到北京，崇禎弔死煤山，天津的貪官汚吏趁着機會，勾結着官紳在職的丁衆，把三倉搶掠個乾淨，並焚燬厫間，成了光地，到清雍正時（一七二三以後）才又再建倉厫。天津衛志說：「三倉為李自成焚燬無存」據考李自成並未到了天津，這實是編志書的「官官相諱」「官樣文章。」

老話新談

老話新談

「混星子」

•老辛•

「混星子」是天津的一種赤手空拳結夥的土棍，俗常亦叫作「混混兒」、「光棍」、「耍人兒的」⋯⋯。

清楊無怪的「天津論」，描述「混星子」一般情形，有：「小帽歪、衣襟敞、提眉橫目、慌裡慌張，這個說，你這一回不夠板，過節兒全不講。那個說，甚麼事我全不聽，過堂臉，有人犯了他邊界，聚夥成群來打伙，鐵尺斧把，竿子鳥槍，趕上房，開水磚頭，望下淌，打倒了，抬着去驗傷，鐵鎖琅璫，套在爲首的脖子上⋯⋯，打鞋底，奈何妨，打板子說不解癢，幾百竹條，打不出一聲嚷，從此把名揚，寶局上來送錢，各行漏規皆有量⋯⋯」。

「混星子」能混出飯碗子來，就依仗着這種流氓行爲。他們勾結「官人兒」，把持地面，各霸一方，設若遇到某種利益，雙方起了爭執，就要打群架，在打群架之先，必有說合人，出面調停，如果成功了，這調停人從此可以「兩面吃」，以後凡關於雙方之事都由這調停人一肩担起，所謂：「一手托兩家」，要是調停不好，打起群架來，敗的方面，算栽了觔斗，打破飯碗，從此聲名藉地，如果打算恢復，必要暗中聚衆，窺伺仇人舉動，仇人走單了，一擁而上，指出仇人姓名，喊一聲打，這仇人急忙側身倒地，兩手抱頭，打的方面，木棍齊下像雨點，專打下半截，但許傷不許死，如果仇人始終不哼不叫，還算夠「人物字號」。這時便又有調停人出來，說：「得啦，夠面子啦，把某爺扶起來，看受傷了沒有？」如果眞受了傷由打人的方面，用籤羅抬回，給敷藥養傷，好吃好喝好待承，倒成了「不打不成相識」，從此栽觔斗的算「圓了面子」；被打的，亦算「夠昧兒」，都有了地盤，都有了施展。

就這樣，這「混星子」算整攪擾了天津三百多年！他們遺留下的餘毒，更是變本加厲，如：流氓集團的黑旗隊，把持交通，剝削人民的惡腳行頭子，以及勾結反動統治，作反人民的各種罪惡。直到現在，才由我們的人民政府的大力鎮壓，和搬運工人的群衆制裁。才逐漸肅清了這些騷擾社會安寧的流氓。

25

五十年前的人鬼交雜

•老辛•

最近在人民政府領導下，由市衞生工程局主辦的清理市區浮厝露棺，當八月十五日，全部竣工後，清理的數目，竟達七千零八十一具之多，這次掃數的大清理，實是天津有史以來空前的創擧！由此使我溯想到五十年前的人鬼交雜的天津！

那時統治者的口頭上，挂着是「關心民瘼」、「剔除積弊」……；土豪劣紳們迎合着統治者的心裡，在頭上頂着大匾是「恩同父母」、「萬家生佛」……，還把戲長期的扮演着，只苦了一般人民，在還封建的惡勢力下，殘酷的被壓迫着，剝削着，輾轉在半死不活之間，無人過問，無人憐憫，所以偌大的天津到處是活人跟死人摻雜着，在高官厚祿的大人先生所謂「大人不侵細故」，眼裡向來是看不見慘象的，即便有「抬埋會」、「掩骨會」，那全是下本錢在善舉上，希望得好報的，何嘗是爲人民！

我在前清末年和同學們在天津周邊採集生物標本的時候，無論東西南北，幾於無處不是活人跟死人摻雜着。尤其是葬埋淺薄的地方，和浮厝的薄皮子棺材，或是蓆捲的，太數見不鮮了。那時本市西門外西關大街的西頭和南大道交點地方以西，是亂葬崗子之一，好大一片地，只見高高下下的墳墓，半掩着土像墳頭的，整個白碴棺材橫七豎八的，簡直沒法子數。凡是寄居天津沒家業的，或是雖有家而置不起墳地的，在死後大多數全葬在這種地方：這裡滿地面上蓋着一層鹽鹼，太陽照着白花花，亮晶晶的簡直是一片「墳海」！這「墳海」周邊，就有人家來住，三三五五的，遠望着像沙漠村，人家之外，大部分還是墳地，一眼望不到邊。像這種樣的地方，當初不僅是城外，到處皆是，而城裡四角蓄水坑的邊子上，亦全是擺着羅着的棺材丘子。

其後，幾十年來雖然因爲居民的增多，住宅區的擴展，津郊向外開拓，墳地區域也遠移郊外。但是浮厝露棺，還是密佈在「墻子」邊沿內外，沒有人過問，直到今年，才作一個全盤的深埋棺清理。只從這工作上，就可以看出人民政府是爲人民解決問題的！

老話新談

天津女子解放的先聲

·老辛·

目前天津市，正醞釀着成立區婦女代表會。使我想到早年婦女解放運動，有一說的必要。

就我所知，在一九〇〇年以後，天津很有一般熱心志士在提倡立學校的同時，倡言婦女解放。認為全國四萬萬人，女子佔半數，必須與男子一樣在社會上作事，才合道理。那時天津唯一報紙就是大公報，在大公報上最初登一女權論」的，是呂碧城，她說：「女子不能籍着兩隻腳，專給男子作玩弄之具……」大公報館的經理是英斂之，在報上發表呂的論說，鼓吹男女平等。英斂之的太太英淑仲，和呂碧城友誼很深。英呂兩位又和天津第一位提倡女學的陸闓哉一同倡辦女學，由林墨青、陸哲園大力支援着，先組了兩個私立女小學：一是齊氏女塾，在城隍廟，陸家門西的齊也香家裡；一是金氏女塾，在西頭大藥王廟前金宅。招收女生方法，完全由陸闓哉到附近的人家去勸導，一面在大公報上登載消息。當時勸導女孩子上學，必須先解除兩種束縛：一方是先解放了兩隻腳；一方是說服家長肯放出來上學。金喬兩處由此各有了女學生二三十人，由陸闓哉輪班教授。

接着林墨青要求縣政府撥款，並逐漸的立了幾處女小學；溫子英同着他的老太太亦在鼓樓東沈宅院，設立普育女小學，最初僅有六個學生，由陸闓哉、陶淑修，迅任教授，後來學生多了，遷至鼓樓西街積善同後，就是現在由教局接收的市立第三女中的普育女中。彼時傅增湘亦成立了女子師範學堂，就是現在女師學院的前身，校長是呂碧城；又有女子高等學堂，校長是許編蛙，一時天津女子解放運動，很現「蓬勃氣象。辛亥革命同時，由陸闓哉、呂碧城、許編蛙等糾合各校師生組織女子參政同盟會，以為國事更新，女子可由此抬起頭來，但袁世凱一上台，還女子參政同盟會首先便被解散！

老話新談

清末立憲運動聲中 天津學生的請願團

·老辛·

前清末葉，天津有好多士紳，都要清「國家要立憲，地方要辦學」。請清皇室憲覺到如果不徇財[illegible]（京津一帶）人民所請，一定位子要不保，何況在海外又有孫文等極力鼓吹革命，為了收拾人心，滿有假意做作，姑息一時。是以對於立憲，絕無誠意，不要看他允許各省籌設立議事會，參事會，並遣派載澤等（光緒三十一年）（一九〇五）到歐洲各國考察憲政。

人民方面，早看透這把戲，所以一方在報紙上呼喊，如：「欲救國家危亡，必應早行立憲」；「國家之籌備立憲，真乎？僞乎？」的論評，喚起人民注意；一方由各省組織要求早開國會的請願團。這請願團由光緒三十二年（一九〇六）到宣統二年（一九一〇）前後醞釀了四次，全是由各省學生舉代表來天津，先會集在袁子胡同的縣議事會，再由天津招開大會舉出總代表一起赴京請願。

前三次請願，全有人出來疏通，完全支吾過去，未成事實。到第四次規模大些，由東省二千學生來津發起，又會集在津各省學生，在議事會開會，當場組成「學界同志會」舉溫子英為會長，約定日期，先到督署（現金鋼橋北路西的市立第二醫院）請願；如不成，便全體赴京，當時有北洋師範學生方君，割指瀝血，在大塊白布上用指血寫出「請開國會，腦指發行，一會[illegible]學生，人人激憤。於是在宣統二年（一九一〇）十二月某日有學生三千多人由溫子英領導齊到督署，遞上禀帖，其時直隸總督是陳夔龍，看見學生來勢太盛，不得已允為代奏，學生始散。究不知他奏了些甚麼話？過了兩天上諭下來，辭見是：「諭民政部及步軍統領衙門，迅速將東省代表送回原籍，各安學業，以後如再有衆議鬪等事，即飭地方官查拿嚴辦……」。結果，陳夔龍向東省送走了學生；在天津解散了同志會；往新疆發配了溫子英！

實際呢，那時的請願，不過是一種改良主義，並不是真正徹底的解決辦法，乃竟遭到統治者的如此敷衍！

老話新談

珍藏百年手稿出版工程

邃盧集

（下）

陆文郁 著

天津出版传媒集团
天津人民出版社

蘧庐梦影痕

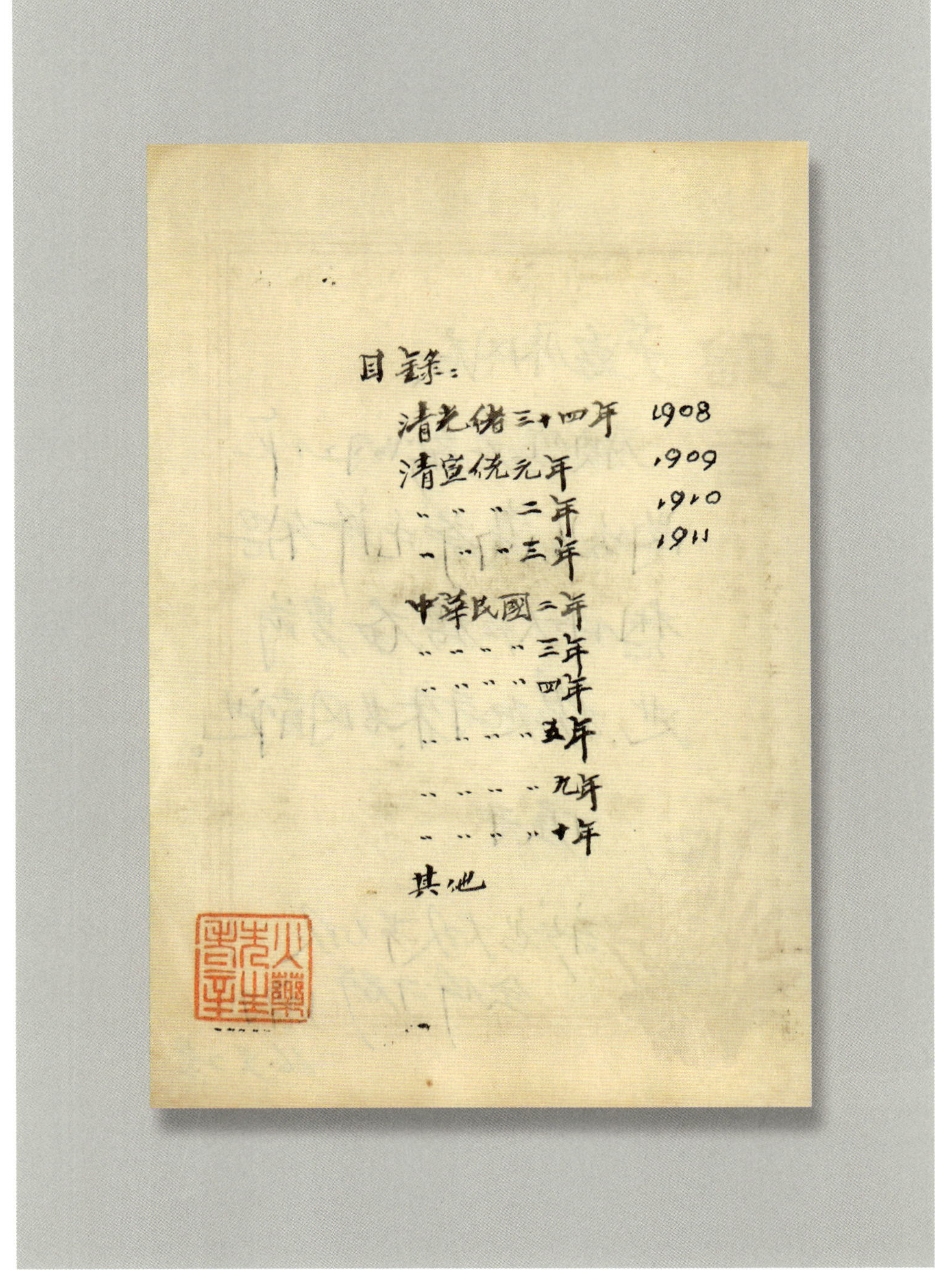
目錄：

清光緒三十四年 1908

清宣統元年 1909

〃〃〃二年 1910

〃〃〃三年 1911

中華民國二年

〃〃〃〃三年

〃〃〃〃四年

〃〃〃〃五年

〃〃〃〃九年

〃〃〃〃十年

其他

手稿横117毫米、纵170毫米，共计148页，另有若干夹页，影印时略有缩放。

蘧廬夢影痕

山陰老辛輯

清光緒三十四年（農曆）

與金廣才組織生物研究會
會址 天津西門裏鹽店胡同後
會員 陸辛農 金廣才 陸蒸民 顧炳度 曹穉香等
對於生物採集研究編說畫圖組小雜誌
寫採集記

六月三十日（農曆）
晴熱午前十一鐘半同斐兄廣才本石隨京奉車赴都於黄村下車時午後三鐘炎熱異常因循往南苑之途且隨地采集時迷道至晚十鐘始到南苑借寓一學堂中

七月（農曆）
新秋采集紀事
暑氣半消新涼乍至遥茵香殘游龍紅醉一

新秋采集紀事

清光緒三十四年七月雨汶

暑氣半消，新涼乍至，菡萏香殘，游龍紅醉，當此時也，賞秋者㩗二三知己遊行山野之間，飽餐新秋之色。是故劉郎有早秋之詩，而蘇子有泛舟之遊也。然人必生當無事之世，或有流連風月之樂。方今二十世紀生存競爭時代，蒿目時局，日益阽危，講學演說，急起直追，猶恐不及，何暇為此乎？雖然，考究博物學者則可得領略之焉。蓋博物一科，重於野外觀察及實物采集，故稍涉獵斯學者莫不手蟲網而背芳函也。往來芳草之間，追逐溪澤之畔，偶得一二異種，投置函中，負載以歸，休憩高樹之下，坐聽蟬聲，笑看蝶舞，濃綠浸人，飛紅如雨。雖四時之景不同，而以秋為尤佳，蓋萬物雖萌蘖於春，而實繁茂於秋也。戊申七月二日，余與浩然生（即金廣才）采集於大興南苑。時值雨後，景色宜人，日光初放，遠眺西山一帶，隱約烟雲間作蔚藍色，與浩浩天光遥相掩映。營圃之北皆園田，黍稷稻粱，連畦接畝，濃綠如雲。再北則深淙然自西而東流者泡子河也河之間有閘即一壓厚之木板而兩岸之堰绝高欲至河之北岸過閘他無由焉而閘則殊矮上寬僅尺餘不能容兩足因躍而下之身搖搖欲左右仆且河流甚深設一不慎即顛墜焉浩然生在余後余不能揣知其中心作何若料驚惕之狀當余同也至北岸循河而西蘆荻漸繁沿河之小路忽絶乃深入其中約里許蘆荻盡則見有土壟蜿蜒西趣楊柳交互其上蓋非可以行人之路也因勉行之楊柳枝葉相掩覆如偏麗籬兼以草荊木棘時時刺人久之路漸轉北左右若小溪水草高尺許青蔥如針既而路又西轉繞數武而路忽盡惟見碧波一望豁然開朗青菱紫芡蕩漾其中水之東有小村在焉因循其淺處涉而過村主殷勤出迎且導至村以觀藕花紅蓼白蘋彌望皆是且於花光之中時見二三村女棹艇歸來皆翛然有塵外致意武陵桃源海上仙山亦不是過也惟時日已將暮遂買舟繞泡子河正溪而返浩然生曰今日之游樂乎余曰樂則樂矣然非少負冒險性質者不能也因作詩以記之蓋以遙和劉郎之作而追述蘇子之役也詩曰野水澂空碧荒村景物幽早涼生遠樹激雨鑄新秋忽過高人宅遙臨紅蓼洲船頭歸去晚不語趁沙鷗

2-1

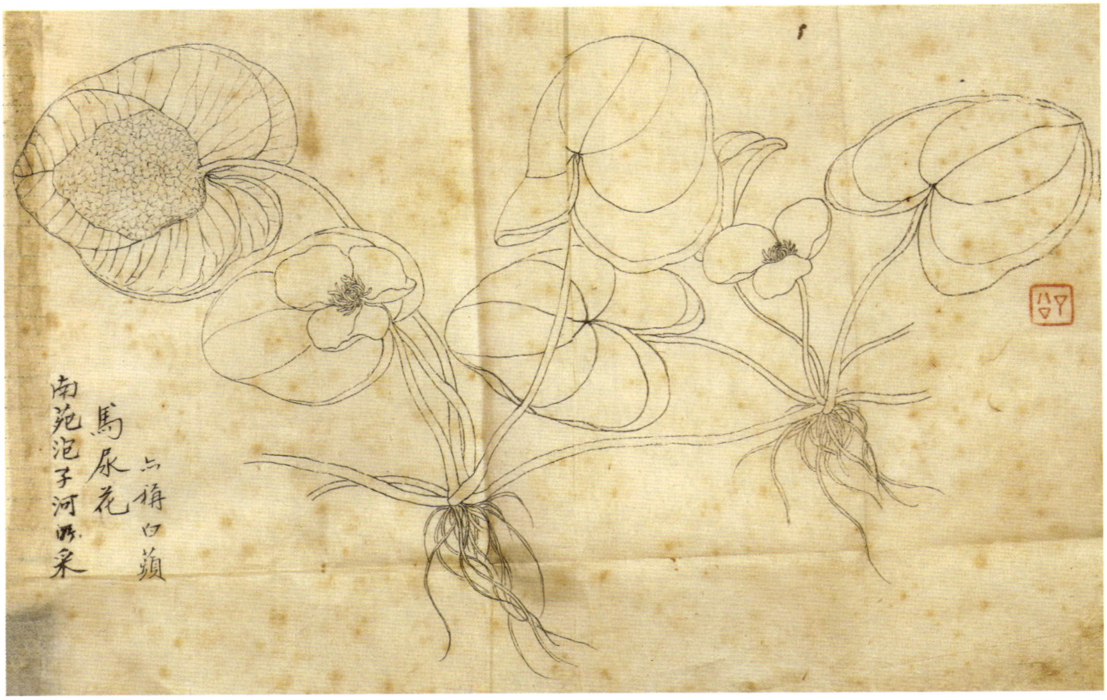
馬尿花

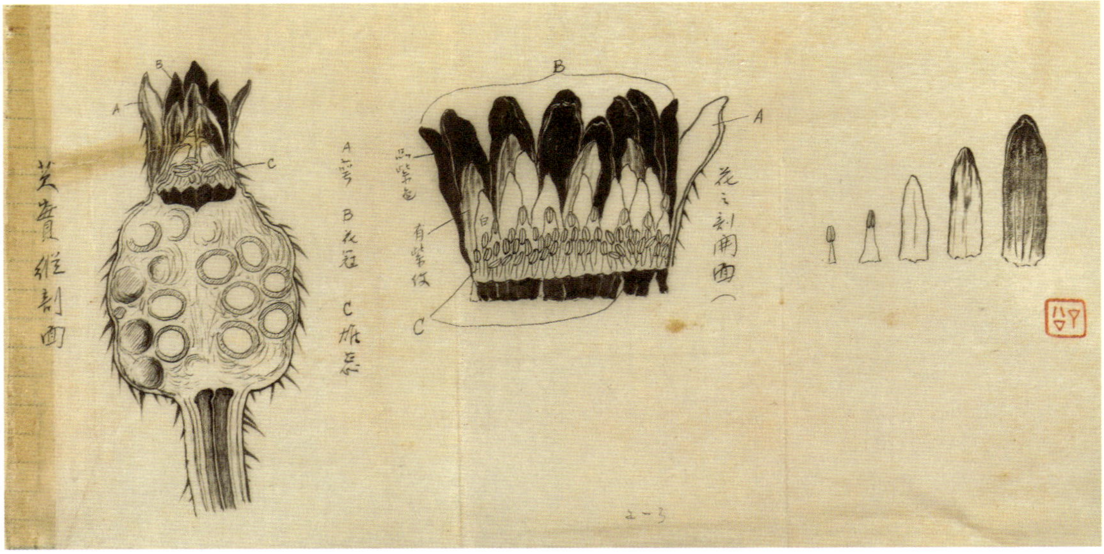
芡實縱剖面
A萼
B花冠
C雄蕊
花之剖開面
有紫纹
白
A
B
C

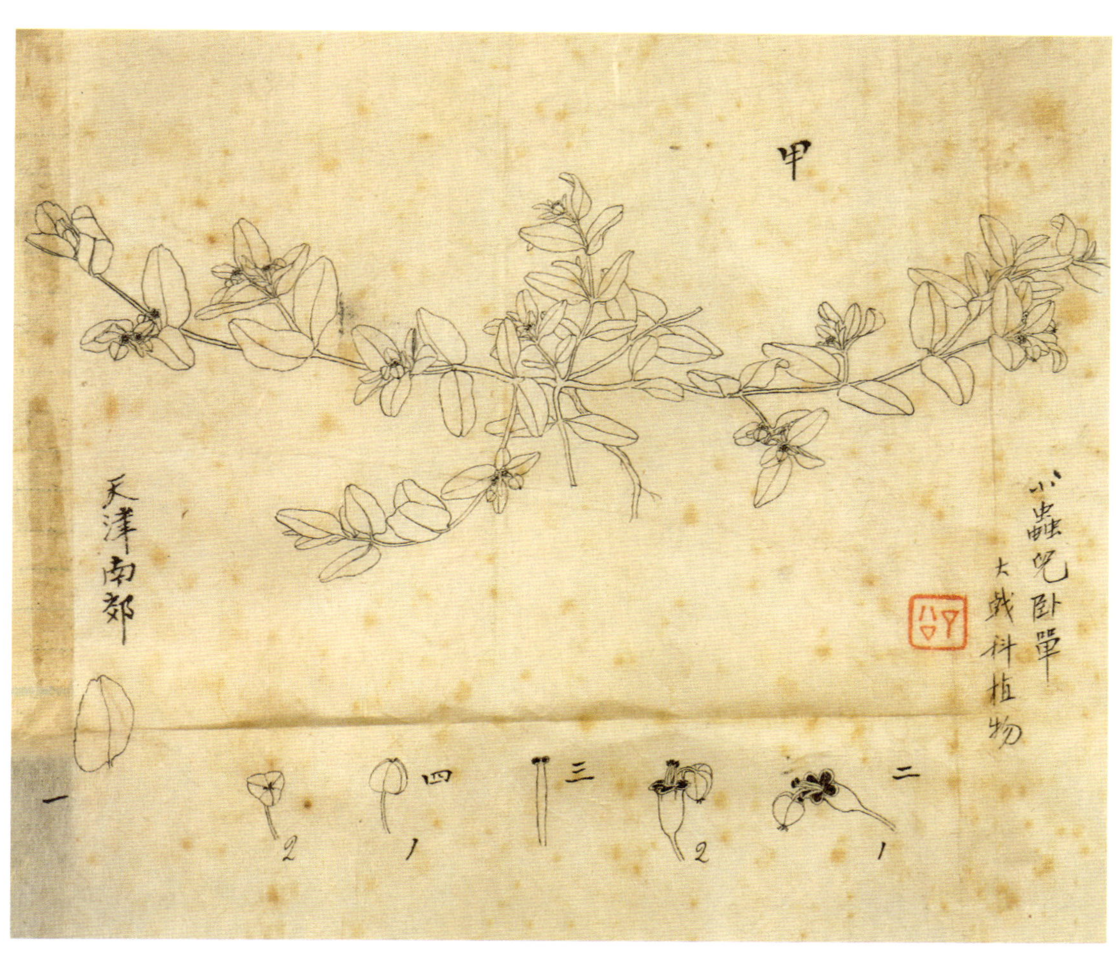
甲
小蟲兒卧單
大戟科植物
天津南郊
一
二
1
2
三
四
1
2

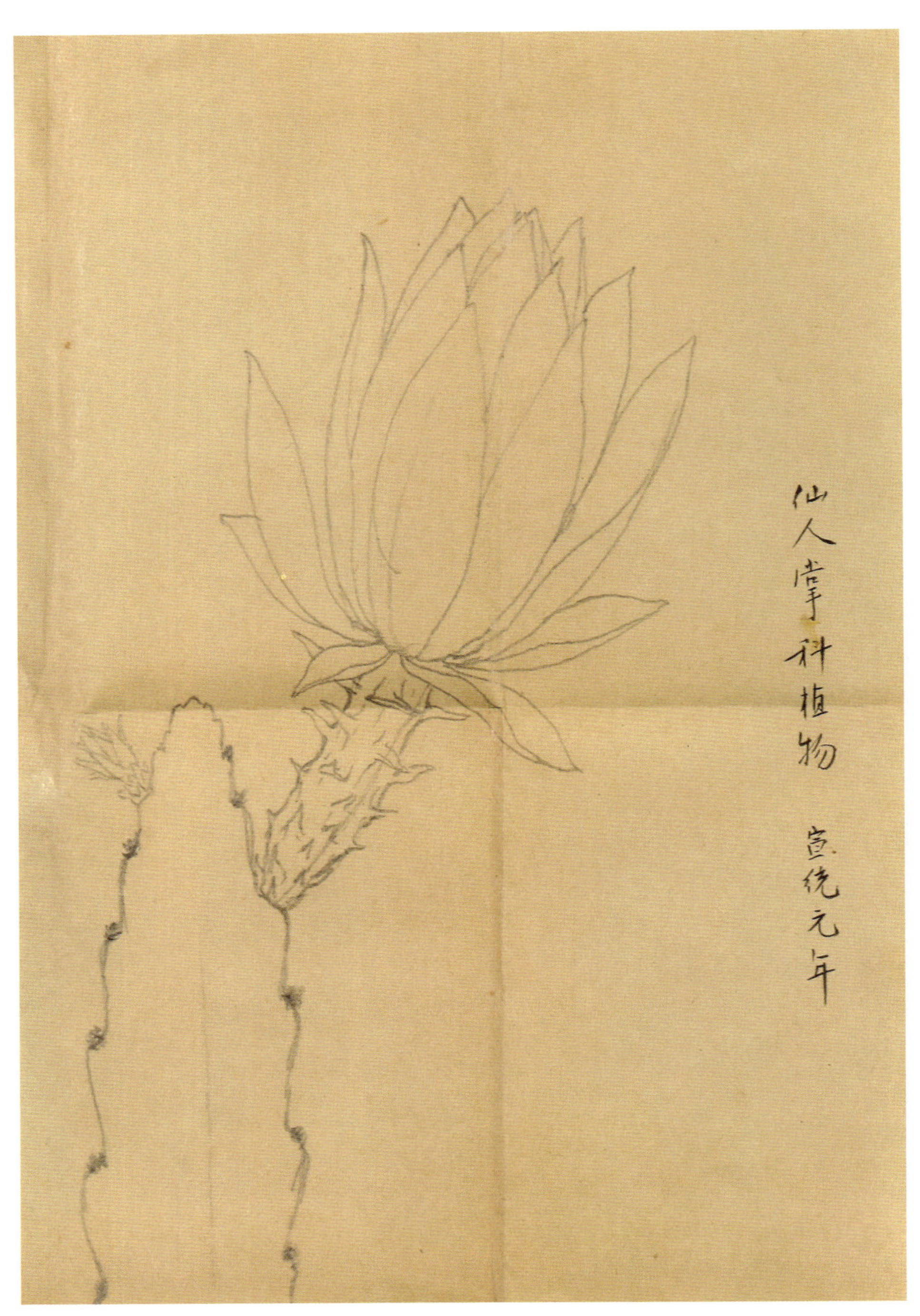
仙人掌科植物
宣统元年

清宣統元年（農曆）

四月（農曆）
京西采集紀游
猛進此先鞭壯心自兹遂莽莽五大洲是我采集地
一

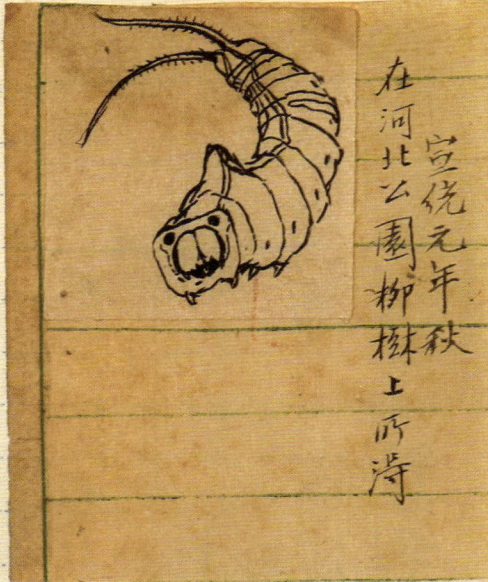

宣統元年秋
在河北公園柳樹上所得

京西采集紀遊　清宣統元年四月

猛進此先鞭壯心自茲遂莽莽五大洲是我采集地此余四月四日答兄斐卿之作也兄以醫客於都之南苑故余昨歲嘗有南苑之行今春又以醫術兼測繪學堂事移任於京西萬壽山之大有莊頭促余再作京西遊皆以事羈不果赴憾事也最後來函敦促益迫適余之瑣事亦就緒於是乃於四月九日北上

京西者宛平縣屬西部之渾稱距津門不過三百里耳余之遊也若較諸哥侖布之西渡大洋麥哲蘭之浮赴南洋群島紅衰立克之遊亞洲豈可同年而語雖然此吾冒險發軔之初姑記所見聞以為吾生物會胚胎時代之紀念

一、途況　九日早刻乡山姪送行至新車站時旅客尚寥寥若晨星然鬻食物者賣汽水者已麕集站旁未幾車站之鐘鐺鐺鳴入下賣票處之小門闢矣時旅客漸眾紛紛爭購票倏忽數百人摩肩並足儼若秋雁之排空而持警棒者故作莊嚴態往来蹀躞若有所察探者然既而京奉車来余隨衆入車回視送别者騈立於岸或向車中人道珍重或殷殷問歸期且有愁眉相對豈是重有憂者以余測之必有萬不得已之事不能不決此一行萬千悲痛含蓄其中爲乃小小離亭竟將社會上萬彙千形畢現於此良可感喟時余遠矚見整齊之屋高聳之樓以至一花一木一鳥一蟲無不與余具别離之意少頃汽笛一聲而岸向後行矣余性固豪放豈能以區區之情絆吾游蹤雖然而心頭之突突止與車聲格格相應合也余倚坐車窗下對面之人有談者睡者吸烟者語聲鼾聲烟筒聲及轉轂之聲嘈雜莫辨以冷眼觀之區區之車箱亦自具小社會之現形故偵探者無以此爲研究上大好之資料及起視車外則青青之田園垂垂之楊柳皆藹然有塵外致我不知復有熙熙攘攘之世界十二鐘至都正陽門下車遥見孫溥祿已竚立人叢中蓋吾兄遣其接余者遂同用餐於西河沿改乘人力車所行路間風物無可述惟時時自念不知萬壽山之景狀何似凡人耳某某名勝恨不立時置身其間及當其境亦不過平常已也然過時思之始知後来無不若過去者之佳妙是時余腦中如波浪起伏不能自已故車所經處未嘗注目亦不知行已若干里矣久之過海甸至大有莊路凡幾曲乃抵吾兄寓所時兄方假寐見余至始起兄之同事二人一朱君思一一楊承三也晚餐後出散步由萬壽山北西行至青龍橋而止路側有小溪村女坐石上浣衣杵聲清脆撼碎客思余詩所謂不隨西子吳宮去閒坐溪頭自浣裳者蓋指此也時一輪上升遂踏月返余兄弟以别久煮茗挑燈語徹夜不

休

二、西山妙峯佛節之景色　讀吾記者試問冷泉之居人於某月日之晨有戴草笠負芳囊騎驢而過者即吾輩也是日為四月十日之早，鐘余兄弟即出南安河橋於是跨衛而西朝日逢射山膚返光映於松柏間藍紫交錯吾兄指山間石壁示余曰此頭格二格也又指一山頭有(恍若)城堞者曰此望兒山也凡所經古蹟多為宋楊氏屯兵鏖戰之所在蓋得之土人言也既經大口二口(山石之土名)三口地上亂石觸壘蹄有聲山螽斯跳躍草石間大如將指山半闢田植以麥青葉可愛過此為冷泉寔龍潭楊家莊溫泉至北安和至妙峯山下矣遂代驢以步路間鬻食物者悉以葦棚見人過則高唱所鬻之食物山居婦女皆倚坐門外以麥稈製帽及玩物以博蠅頭是處路狹甚婦女坐者腰翹高蹠乃彎度削處過津門出京都至此僅見之風尚矣山最下曰澗溝過澗溝為响墻拾級而登頗覺自在至朝陽院稍稍困苦矣遂入朝陽院茶棚休息院中朝備茶夕設粥以餉來者幹事人高聲歌唱余不解或曰彼使汝禮佛之辭余意求之始知所歌為「上得山來先參駕坐下再吃茶」語遂效他人之禮式禮佛焉既已乃逐隊飲茶時來往者頗衆悉禮佛飲茶而去彼等咸稱之曰香客去時必互道「虔誠」余兄弟遂亦道「虔誠」而出更上為山神廟瓜搭石山路益險狹來往禮佛者無不汗出如瀋觀此則是日天氣可知矣吾兄弟至此始得特異之植物若干種再登為三瞪眼上天梯實山中最險峻處迪道旁山坡花卉甚夥遂擒正

直力攀山坡而上，藉得多種植物。俯視山下數百丈不止，雖得肆意采集，亦險矣哉。山之巔
曰妙窪茶棚設焉。由此瞭望，則全都一覽，惜為烟塵所迷，不甚清楚。設天晴雨霽，當纖
細畢見。山半樹林叢如附石之蘚苔，左右諸山峯大者如丘，小者幾與地平，不復可見。地上之
墳墓儼若假山石錯置之几物，宮殿樓閣亦僅成伏羲所畫之卦文，兼以綠樹參差，其
中又若小兒雜畫，縱橫綠於紙上，復亂點以黃綠諸色。以視人間世之景，況亦蟻封狗竇
已也。自視其身又幾若天可捫、星可摘者，然一置身人羣中，則又隨蟻封狗竇而小矣。
由妙窪而西下行，為三叉澗，四山環之，蒼翠之色沁骨爽肌。山樝、山桃、玫瑰之屬，喬木灌木雜生道周，
清香襲人。夕日照之，二作清影，縱橫石上，如淡墨所畫之散亂蘭竹，筆亂怒生石罅中。鬼臼
之則翹立如小傘。其他不知名者萬態千妍，無不具競存之意，此實一絕好天演之場耳，亦最佳
之采集地也。然專一拜佛者若路間無可觸目之物，至樹光山色亦不暇領略，蓋心腦中除一佛外
無他物混淆其中，且恭敬之意、戰兢之色直現於顏面。余嘗聞老人言：凡登妙峯者，稍不
虔，神即鞭之，甚或罰墮山澗死。令人人咸具誠心，有由然也。獨余以佛界中蠢物，日與木石相交接，
亦可笑已。過此無復可記，惟山間居民皆以石板蔽屋頂，青青然頗有雅趣。澗西鬻食物者之
葦棚鱗次櫛比，因擇一少清淨者哺啜焉。繼復由此而西，沿山路曲折以上，仰視坐肩輿者，雜
於山半叢樹間，時隱時現；復下視山路，則漸如長蛇蟠屈矣。再上，道旁皆松林，林下砂礫不生小草。
及至山頂（即所謂金頂者），竟無可流連之處，觸目僅破廟耳。乃購桃枝杖三，以為下山之用。廟外有鬻紙花

及絛帶者凡香客下山時必購數種以取諺所謂「帶福還家」之意購得之花悉插諸
頭上且戛冠以麥稈製之帽遠望之幾不辨為男女吁亦異矣禮佛者或肩輿或步行
乃有手擎烘爐之香三步一叩頭步至山頂以禮佛者余所見為一二十許之婦人且有於叩頭
之外衣赭衣加鎖鐐於頸足步至山頂以禮佛者余所見為一三十許之男子雖精神上現有困頓
之意乃勉強以竟其事孰謂吾人無堅忍冒險心者惜乎所用在此點耳時日已薄暮
四山翁然有睡意返至上天梯已昏黑不辨物乃以桃枝杖摩挲石級而行幸有指路之燈咱
下至山巔凡四十里所設路燈皆天津在恩氏一人所助多情之月不照者真成盲人瞎馬夜半深池矣徑過之茶棚皆張燈
鼓罄以待來者余等凡兩次食粥於其中最後至北安和時已夜半茶棚中息者殆滿不得已
就廟階息焉舉耳四聽鼾鼾聲大作至夜三句鐘始通籌笨車東行轔轔轆轆之中早超過
望兒山北回視妙峯燈火猶閃閃作晨星之餘光也
三頤和園之游　妙峯之游既已乃於十二日復作頤和園之游焉是日同游者十六人直由園門之左
而入對園門巍然而位於西者曰仁壽殿棟柱窗檻咸作朱色殿脊之瓦金碧交輝燦爛受朝日之光
返景過目殿前有太湖石卓然挺立殿右分植牡丹葉大于掌過殿而西有關門曰玉瀾門門中南
向垂以畫簾者玉瀾堂也再北則宜芸門宜芸館在焉關門之西多花木青桑之條粗可盈把
地錦絡石之類繞於山石之周翠葉拂人其他草花皆翹然作笑靨群色相映光怪陸離即老
於畫者亦不能描寫其萬一也再西為長廊廊之間錯置以亭留佳、對鷗舫、鏡瀾、秋水、魚藻軒、山色湖光共一樓、清遙皆亭也廊長約里許至清遙盡矣廊位於昆明湖北岸一片瀲灩之湖光時由花木間窺其一面由鏡瀾之北入排雲門徑穿廊南向為排雲殿列於左右者玉華館雲錦殿也再北佛香閣在山即萬壽山之半矣閣東西為亭四曰敷華、擷秀、轉輪藏、五芳閣再下則為萬壽山昆明湖六字之石碑渾銅鑄成之銅殿閣之後曰衆香界為閣所蔽不得見然由秋水亭魚藻軒望之則瞭然矣長廊之西過一殿為寄瀾堂々前有板橋湖水淙々然過其下蓋通於北部諸溪者寄瀾之南數武為清晏舫又曰石舫突出湖中一船形建築物也上為樓拾級登之覽湖上諸景無不奔集於視線之下洋々然大觀哉由寄瀾而北曰十丈亭穿堂殿斜門殿曰延清賞樓曰以有天亭西面隔以溪曰迎旭樓澄懷閣再北為穿心樓東折入山路矣南望後大廟遺址五山坡之上亦一點綴風景之物過橋為清可軒假竹亭東北行隔溪為蘇州街之遺趾高宗稱太上皇時屢念蘇州因立此以娛老破橋猶垂虹溪上其池斷壁頹垣不堪入目又前往後宮門為矚新樓々前為方池圍於池之四面者曰澄爽齋涵遠堂湛清軒蘭亭其次為和春堂飲露亭浣秋亭知春亭兩間於亭閣者一澹碧一引鏡也既由諧趣園宮門南行徑赤城霞起關為景福閣頤樂殿々之對為三重之劇臺演劇之諸機關備焉殿兩側廂廊壁間皆繪仙女筆墨陋劣不足觀且凡經過之處其匾額所書皆擁腫無生氣蓋帝王家取中者捨富麗渾厚之外無一有焉過此為德和園至延年井畢矣延年井者實位於仁壽殿之左緣吾繞萬壽山一周由西而北折東北而出也然所歷者僅約園中十之一身回憶妙峯下視全都之景咸成蟻封狗竇頤和園者亦蟻封狗竇之一小部分已也而今覺其宏大壯麗延耀光輝杳冥雲霧者何耶豈眼光收縮視一寸而為十尺者哉然以余度之棟梁楯檻悉為人民之骨殿礎石悉為人民之爪花木青葱者悉為人民之毛髮湖水蕩漾者悉為人民之腦漿其他山巒盤石之突兀又何一非人民之肉所纍積楹闌窗檻之朱色又何一非人民之血所塗染嵌屋之金玉飾簾之珠翠又何一非由人民之精神性命所吸取者也吾願為人上者散鹿臺之財以賑荐饑不較諸朱門酒肉臭野有餓死骨之為愈乎雖然肖為此者果誰也耶

四、香山碧雲寺寺景　余既歷頤和園之景物夜中遂不復成寐腦筋紛亂不可遏止刻所歷諸景觸目咸令余生悲愴之心憶余來時往過過之地滿目瘡痍即煌煌帝都之居民亦有菜色獨斯園中景物皆含春氣狀至融和是真諺所謂貧家多荒歲富家自豐年甚樂不均者也遂擬於翌日往香山吸收清爽之氣蓋亦掃蕩心腦中所積頤和園之塵垢焉十三日午後余兄弟乃由青龍橋而西途間皆鄉村風味所謂倚閭門巷野人家者慈悲似之蠶寶盛開於石墻之隙蔦鳥嘤嘤於松柏之上村雞臥土中爬羅小蟲雄者翹一足格格作聲農家之犬隔籬遙吠似驗有生客之來高聲報主知者桑麻雞犬雖有晉桃源遺意余自覺塵容俗狀形穢滋甚但不知吾兄心中作何觀念也既而往玉泉山北而西亂石塞途行頗困難石塊大小不一顏色亦殊或赤如豬肝或潔如美玉或黝然若黑奴之顏面或數色相雜幾不能舉其狀然細審之亦一若人間世一一模型也。過此复往明西林寺之遺址，從目四望，香山附近諸景咸萃赴于眼簾矣。時午正二刻鐘，日光正烈，浮雲過天，空際陰影直印山頂，若西方美人履以幽冪者然。山之近者作蒼綠色，蓊鬱之氣浸人；遠者則紫成天半，晴雲模糊而不可復辨。山趺寺院甚多，寶藏寺在北，卧佛寺則與余之目光作直綫，而碧雲寺者在視綫之南矣。其他寺院不勝覼縷。樓閣紺碧之色，點綴諸山之間，儼然畫圖。余擕遊碧雲寺，遂紆道而行。及近視之，實因山而築者也。遂由石道以上，亂石觸脚，悉索作聲。過石道為宮門，石所積也。額上鐫四字曰極樂真境，或剝落不辨。過此為通路，路盡則禪門現矣。額上亦鐫字曰紺翠凌虛。門中為大院落，凡乘馬往遊者咸繫馬於此。院西登石級，為宏大之廟門，門中左右置巨像二，高丈餘，即俗所謂哼哈二將者也。左側者上唇緊壓于下唇之外，鼻孔深張，作呼氣之狀；右側者則大張其口，若出巨聲於喉龍，中設真能出聲者，當者必立倒。二像貌皆猛惡，周體筋肉皆高突，條條可見。又各有小鬼承其足，作慴伏狀。至所繪彩色，西人見之，不得不稱為美術，惜泥塑易壞耳。再入為四金剛造像，皆已損壞。過此中庭有金魚池，二庭之兩廡泥像多幾及萬，捨正中三大像外，餘皆甚小像，為羅漢修淨之狀，又兼塑所謂七十二雉者，自西徂東，不能畢視。穿中門而入為羅漢堂，凡合八十一室，為一者，中列羅漢五百，大逾人身，木質而飾以金，或坐或立，狀態不一。由堂而北為僧院，花木甚多，七葉樹高數丈，葉大而光澤，花正吐芬，蓋前代物也。院西佛殿有像極巨，亦飾以金，像前置爐，凡禮佛者於此處進香焉。像後幛以屏風，屏後通門，亦位巨像，像周亦塑七十二雉之像，較前互有差異。殿後為方院、盡有平臺石坊五處、上鐫字曰西方極樂世界阿彌陀佛安養道場由臺之兩側歷堦而升凡數轉抵最高處亦一臺也臺中央為浮圖他高四隅亦各有浮圖上皆作菩薩趺坐之像鐫刻甚工惟東南隅浮圖向西之一像甚美麗鼻高而目秀膚澤而腰細余不知作像時此胡以他若西人亦奇也廟後多松柏搖風作梵聲令人肅然生善念是日天氣殊清爽由此東望都景歷、可數即大內之宮殿亦絢爛照眼眺望久之日已將暮不能再勾留遂於廟中采集植物數種並向住持僧乞得七葉樹花葉數枝而返甫至玉泉山北月光已溶、然照塔尖矣

五、西頂廣仁宮及萬壽寺佛節之風物　京俗凡佛節之日婦女入廟禮佛者甚衆雖遠不憚其勞妙峯既罷繼其後作佛節者為卧佛寺碧雲寺西頂南頂北頂萬壽寺等處然皆不若妙峯禮佛之虔余游香山之日適當碧雲寺佛節而往者捨游憩之外無復有禮佛者其他諸寺則塵囂之氣殆滿遠邇於碧雲清淨之意趣然亦不可不一觀其風物以為京西暢游之煞尾西頂廣仁宮者破寺也循頤和園宮牆之南曲折而進至大經路則寺頂遙、在目蓋余之游也當以此為最近往游之時為香山行之後二日路間風景佳甚余詩有云村花黄似孩兒菊野水青於卵色天即園南大器營附近之景也經路之旁為長溪乃昆明湖之尾閭用以洩水者經路之南端有橋曰長春橋過橋近廣仁宮矣廟外車馬甚多鬻食物及玩物者諸品羅列有若博覽會所陳之模型標本者但不整齊耳廟中游人擁擠兼以售物之攤雜陳于中老樹偃垂枝撐幹花葉拂人繞、紛、然令余無著足地舉目望之僅見萬頭攢動而已時人氣香烟以及諸物之臭味充乎空際

之間致使里徐之天氣為之一滯間有唱書者賣藝者作種種娛人雜劇以博觀者一笑藉以得錢又有嗜肉食者置大鐺於前持肉糜之㨪塊切入鐺中以煎之油烟腐腥之氣不可近而購者紛集或蹲或坐圍而食焉即彼長衣高髻者亦持箸于桑羨如老儒之談性理書一一咀嚼其味以此與餒而肉敗者本非人之所宜食今乃以為甘美不亦異乎既而出廟由長春橋沿路東南行路間往來游廟者無有間斷行久之始抵萬壽寺寺門中亦有哼哈二將從較碧雲寺為遜寺中亦多巨像繪畫頗新惜乎人一面致使諸菩薩盡成胞姊妹過穿殿而入庭中羅列山石突兀有奇趣再入為佛殿巨像之周列架龕置佛滿中復陳羅漢像皆頗有生氣寺外有賽馬場茶棚中游人滿焉余兄弟乃稍觀賽馬之狀由原途返而京西之游亦盡於此翌日遂乘京奉車回天津回憶前塵直一夢耳

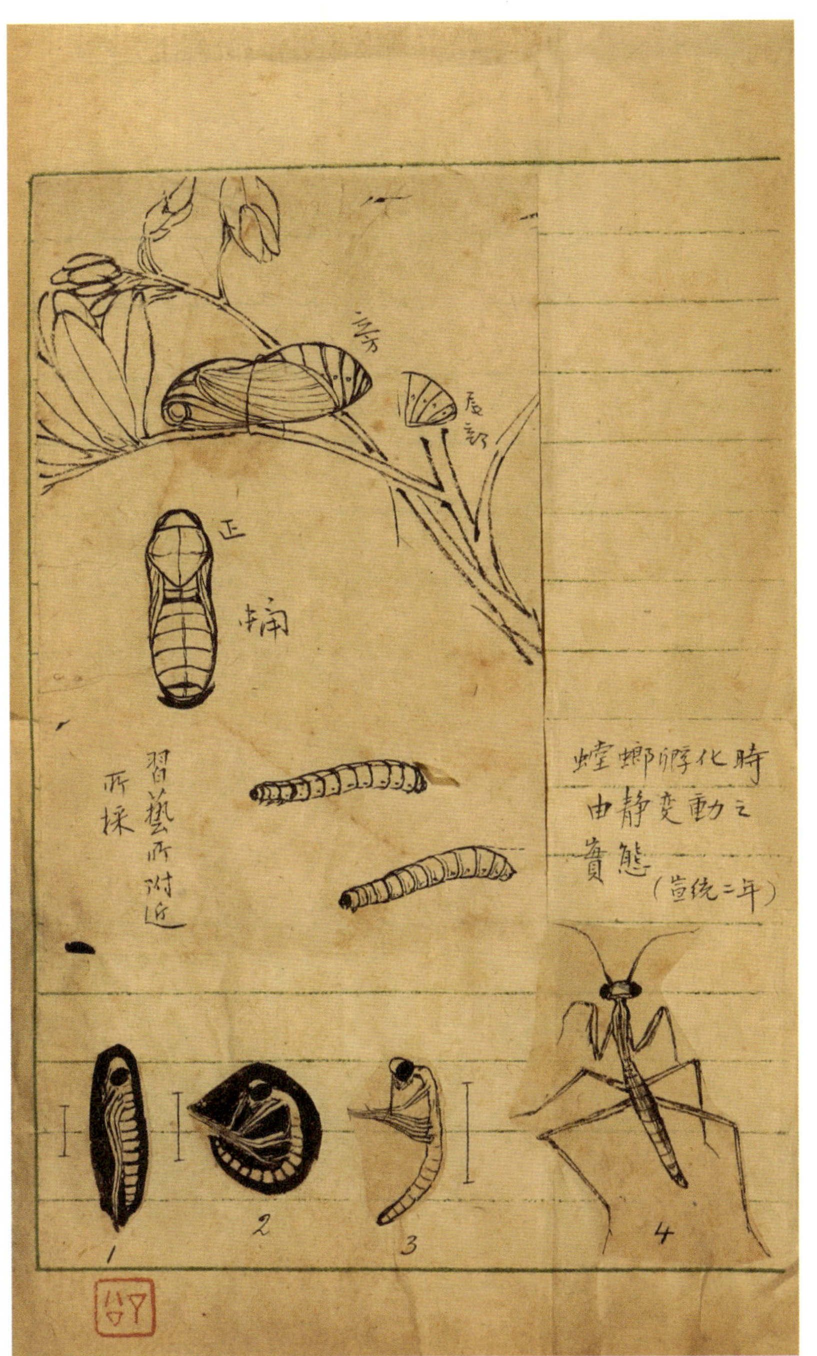

侧
后影
正
蛹
習藝所附近所採
螳螂孵化時由静变動之實態
（宣统二年）
1
2
3
4

蝦殼蛾後脚第五附節之一部
放大九十六倍
同蛾觸角一部分
放大九十六倍
同蛾複眼
放大九十六倍
觸角端放大
黄蝶
豹纹蝶
金鵲子
紋白蝶
花玳瑁
胭脂蜆
蝶之觸角先端情形（放大九十六倍）
脊纹蛾幼蟲實寫（真大）

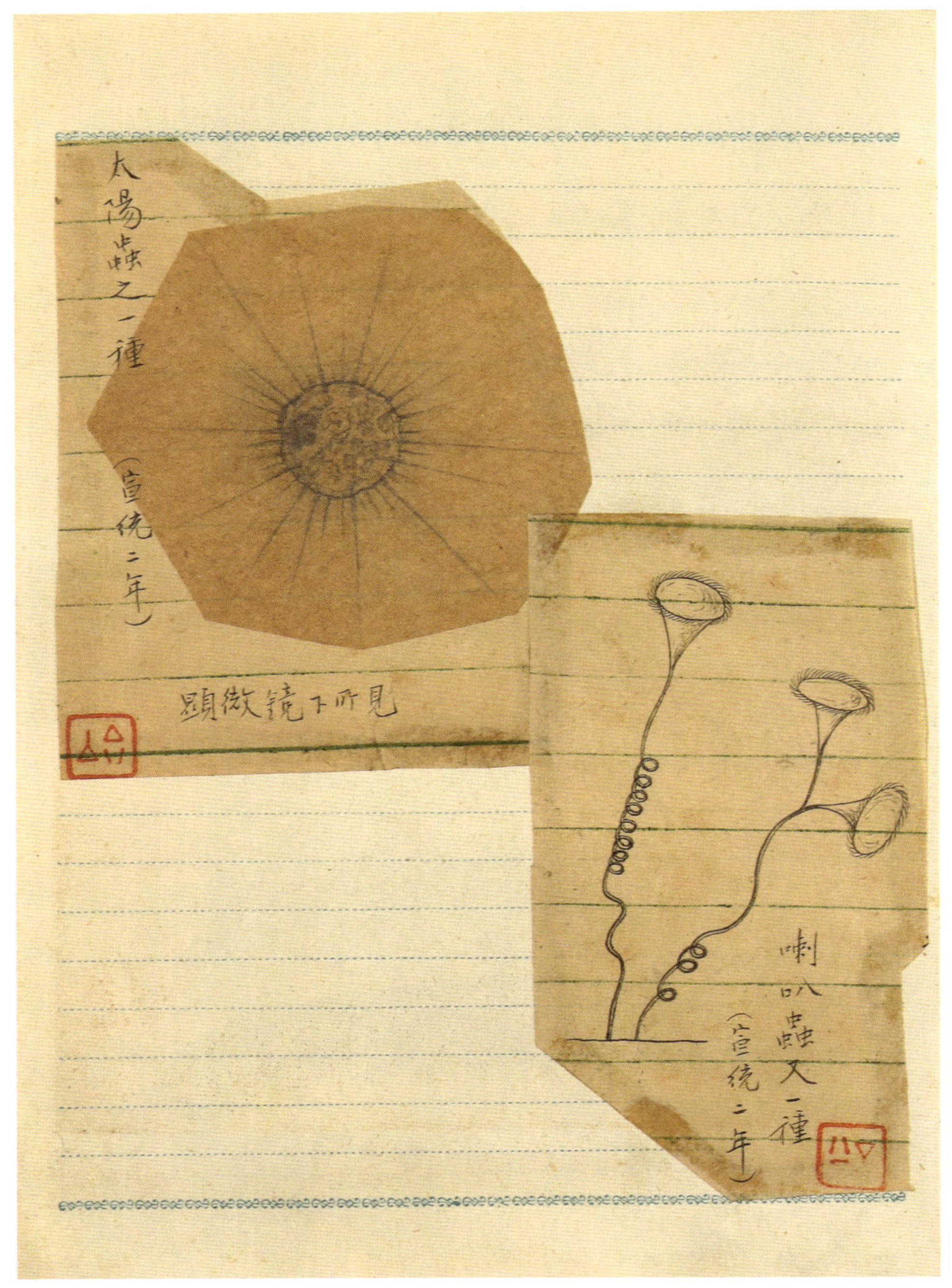
太陽蟲之一種
（宣统二年）
顯微鏡下所見
喇叭蟲又一種
（宣统二年）

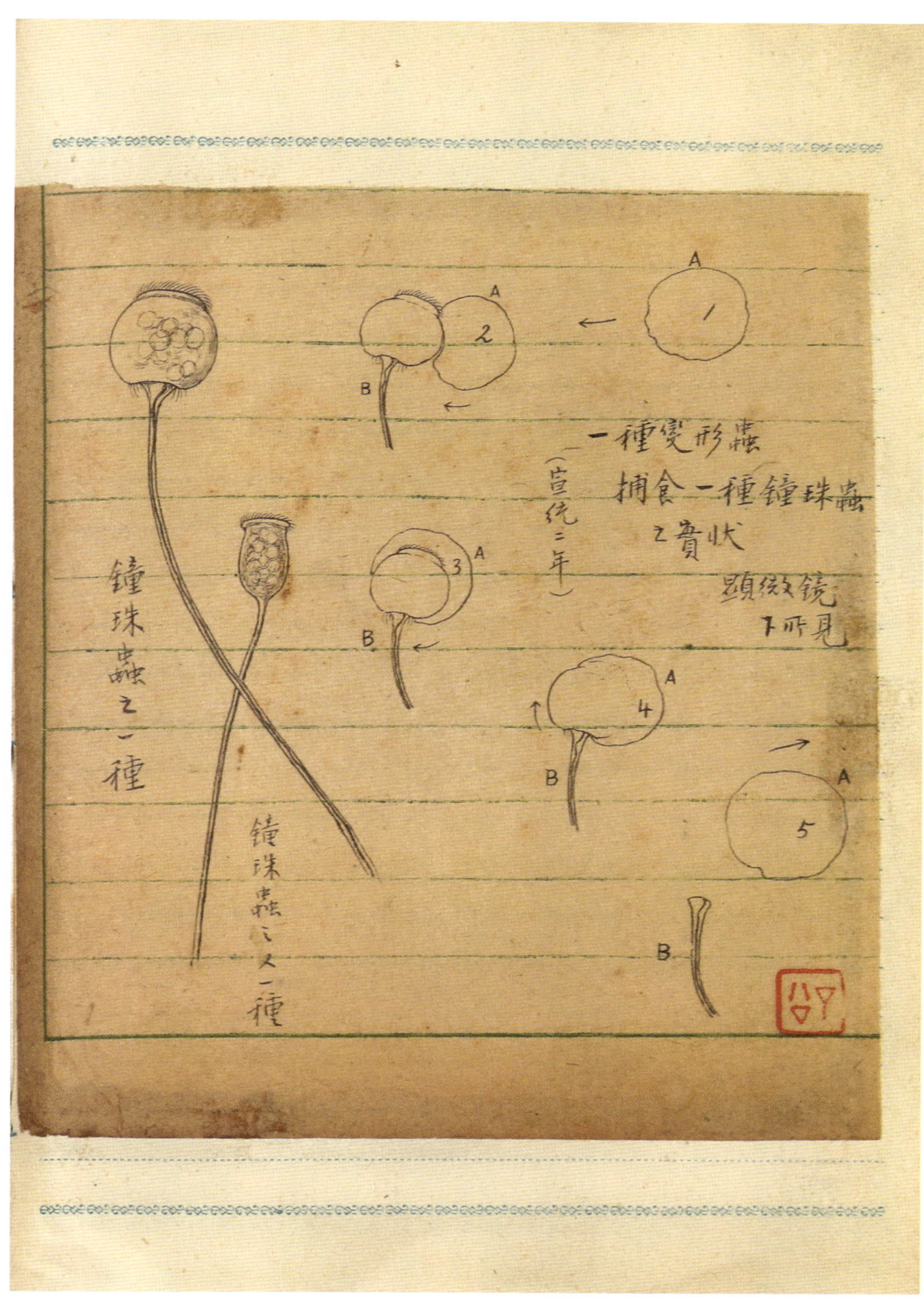

一種變形蟲
捕食一種鐘珠蟲
之實狀
顯微鏡
下所見
(宣统二年)
鐘珠蟲之一種
鐘珠蟲之又一種
1
2
3
4
5
A
B

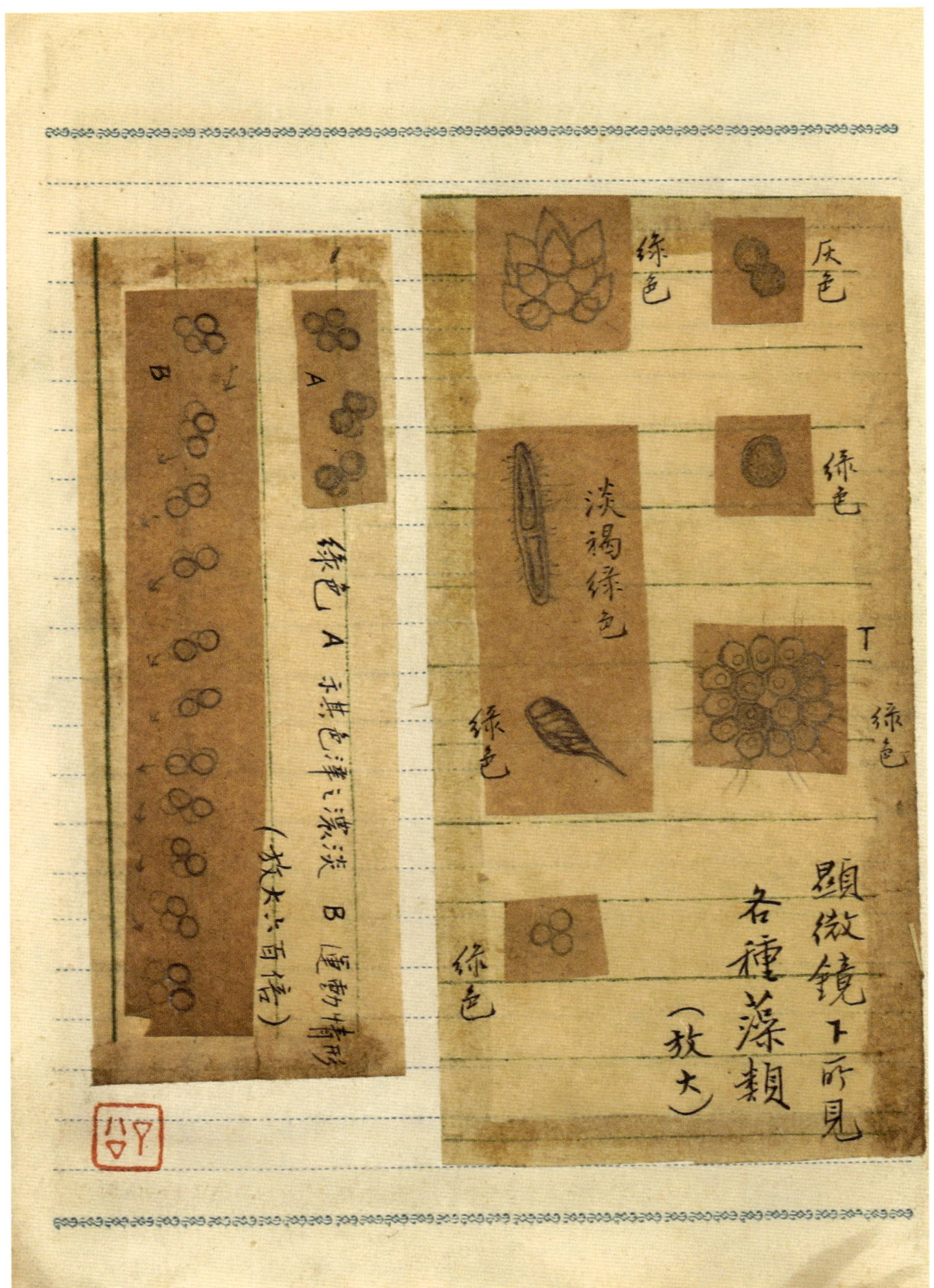
顯微鏡下所見
各種藻類
（放大）
綠色 A 表其色澤之濃淡 B 運動情形
（放大六百倍）
A
B
綠色
灰色
淡褐綠色
綠色
綠色
T
綠色
綠色

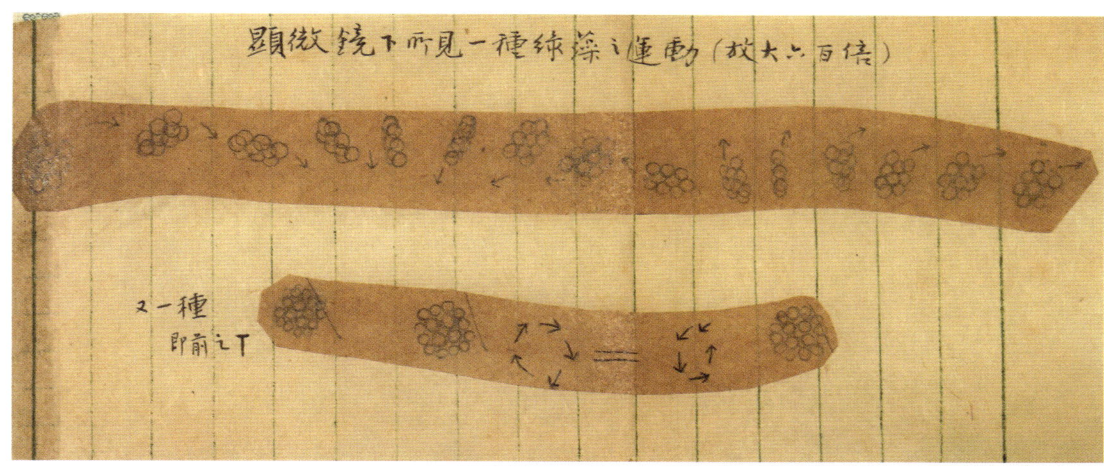
顯微鏡下所見一種綠藻之運動（放大六百倍）
又一種
即前之下

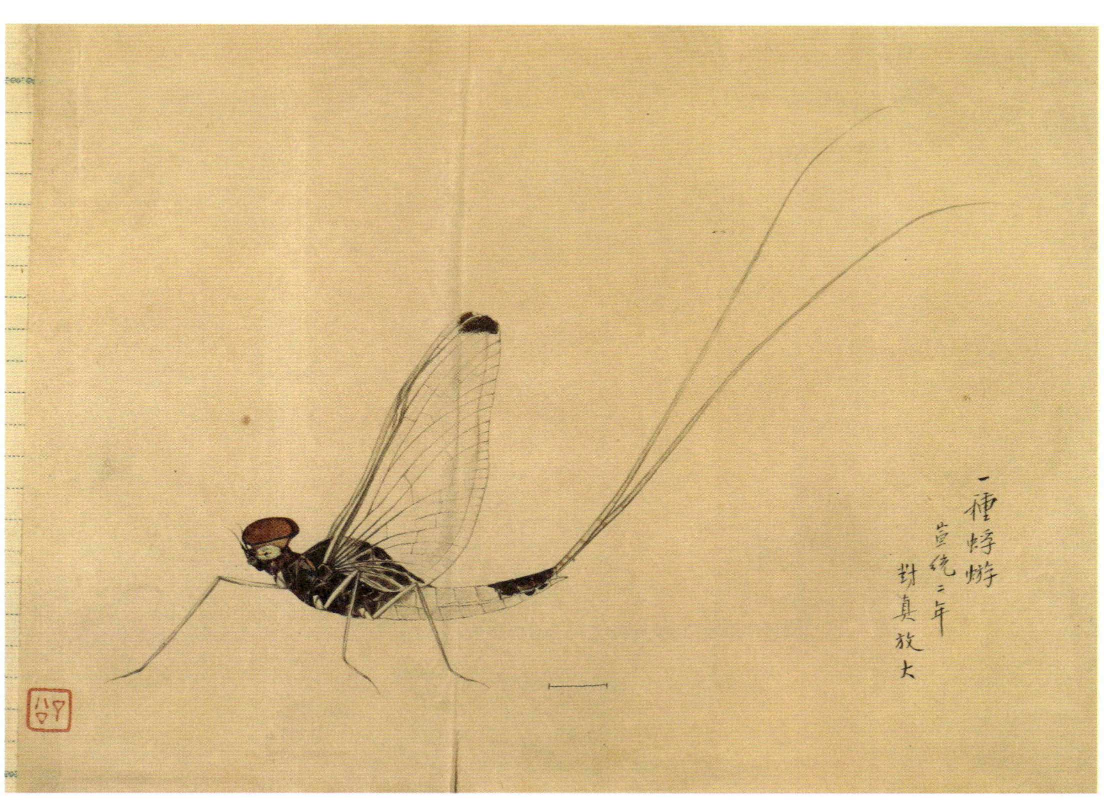
一種蜉蝣
宣統二年
對真放大

龜
背正面
清宣统二年
回頭式
目
前足
口
背旁面
胸腹面

鴻跡萍蹤錄胥　宣統二年

發端　陸子窮處乎市城之間終日無所益無感慮々焉如有所失悵々焉若有所思一似索莫不得其志者然客過余而問曰子何憂亦憂何愁掩齋門以枯坐而不生趣之是求雖然子亦有所樂乎曷用以告我余曰吾樂亦多矣恐非子所識也步芳草以尋詩采幽叢以寄畫穿苔捕蜨落花浣衣袂以輕飛倚柳聽蟬清風入襟而一豁偶逢知己共話所懷凡此者何一非吾求生趣之道乎至若掩門枯坐悄々而凝慮々者正以有所感觸適為子見耳今宵風雨悶人曷剪燭為竟夜之談乎簷鐵因風其鳴鏘々蕉葉著雨其聲漸々以齋寂然案燭微爆陸子背案而立手小簿而言曰吾之所樂或為子之不屑為雖然吾將差以語子

一、北郊之采集

(一)有之則惟吾生物會之會員　試問一切學者有於積雪未消北風烈々之時而奔走於無人之曠野乎曰有之則惟吾生物會之會員是日也風冽々而如刀天沉々而似墨小窓對坐語覺無聊廣才曰吾儕曷散步乎作庚戌年第一次之采集乎余躍然應之躡袂而出乃喚渡於張家墳前之河流時流水嶒崚隨水而下衝船身崩然作巨響音令人心悸者久之北岸之樹尚無一些子逢春之象僵枝抱幹猶在夢中惟園牆下之老榆迎人微笑且若曰眾其醉也惟我獨醒此番之采集庶不辜負於子矣

(二)是蓋全其姓而廣才其字者也　子不見夫拘僂古木之下若有所事之人乎是蓋所謂全其姓而廣才其字者也廣才得以鋸於故物市中遂利用為搜蟲之具未幾得蛹三幼蟲一蛹紫褐色形精而堅蓋一種甲蟲越冬之蛹也幼蟲乳白色肉而軟聞窩樹孔中若有所據無干於人者是亦一種甲蟲過冬之幼蟲也是日對鏡如同行遂使其置於紙函中以備生物會一個研究料

(三)陸子情人　微雨初過野芳帶笑淡雲猶澄林鳥呼人羣眾攜蒸民之手散步其間

樂可知也時積泥滿道剪刀股逐風香一種紫草門豔晴野之間別開境界色者迎人而顫笑香者含雨以嬌羞撩予情人肯別赴香色之區乎

(四)忽曰得之矣忽曰失之矣　「辛農辛農速捕之有蜂來矣」時一人立叢綠中蛇床之花細碎如雪肩高過其腰既聞語聲遂持網作勢或側而捕之或低而掬之忽曰得之矣忽曰失之矣喜戚之態倏時千變較之政界諸公見上司而對下民者其顏面之幻化不知更迅速幾千百倍噫此何人此何人諸君試一猜想

(五)所謂英雄不得用武之地　黑蜻蜓飛翔空中似無數墨痕亂落于蔚藍紙上或映日光則又如萬點寒星倏明倏滅吾儕立村弄中夾身為短籬牽牛金澤之葉紛披拂人而廣才於此所謂英雄不得用武之地竟能舉網而獲蜻蜓斯亦一可為紀念之事也

(六)試捕此黑衣赤幘者　河北無葛而所謂葛上亭長者黑衣赤幘連袂而游乃叢花弱柳之間一任其匆匆留行樂此亦近今三不管收納諸貴人之小影也吾恨不能殺此群獠試捕黑衣赤幘者

二、南郊之采集

(一)樂趣如予者捨予之外實未一見也　八里台者與津城相距八里之謂也昨歲曾與廣才蒸民一采集之雖無多得而景物固亦有宜人之處屈指年來春風又至於是把袂而起與蒸民重作八里台之采集焉旭晨時候微風徐徐道間不見遊人影而路間電燈猶閃閃未

息乃相與過櫻橋西南行蓋将由王頂堤而東進也路間叢草没人亘東西不見盡處余擬深入之蒸民曰曷詢之土人以向王頂堤之進途果安在余曰然既有牽牛過者問之鞭西南指因循其向而進時草中零露沾衣一线之陽光方透於東方地平線上曦曦如此中心之樂不可遏抑乃放聲按步而歌徐徐響入雲路旁之叢草亦俯仰若答似曰吾居是有年矣識人亦衆矣然樂趣如子者捨子之外實未一見也此固余中心之揣擬然是直中實無一可以較余者俺樵採捕蝗之人咸直出於此經四千年來從未見若余等考察生物而注及者也是毋怪王頂堤之村人嘖嘖以吠余既而過斷連之破橋入荒涼之村墟即所謂王頂堤者雖文於南洋之諸族而窮苦之情形亦同其趣因無可留戀遂循河東行岸旁青蔡蒼耳之屬高逾人首乃分枝理葉而進行數里而前面一水横焉萍葉蕩溢深漁烟隔水沙鷗三五驚人飛鳴水鄉之趣固佳而采集前途其奈何哉團團蜜開甚繁因與蒸民采集之且采且歌曰采集采集兮津南之鄉亂草没人兮荒徑迴腸八里台兮将偕趣祇見流水兮不見其處流水前横兮風漾其波風漾其波兮水紋如羅沙鳥畏人兮飛鳴而逝吾獨何為兮見水而止歌竟余先涉蒸民繼之水深及股約幾分鐘許至前岸據地而息移時抵八里台風物猶昨村外之肆尚懸帘以招過客而塞蹄人跡固即於門外灰塵之間一一可認從又東行至三義莊而發園之藤花盛發踰墻外媚態猶洸人也

(二)似清明紙灰隨風而起　鐘鳴四句廣才来矣室廉忽動鏡如至矣偶窓微嗽斐

御之睡魔去矣案書忽捲年豐之繪事畢矣天氣疏爽薄雲蔽空微風其來驕陽不見而采集之興趣矣於是前者驅後者繼携網負匣已來於南溪之畔矣叢蘆塞道粟蛾亂飛似清明紙灰隨風而起因東張西顧以采集未幾滿於毒瓶之中矣天色暮矣陰雲合矣風欲定矣雨將來矣吾等其歸殆至風定雨來而可憐之蛾已上於展翅板矣

(三)噫！此死地也　日既出人聲繁　陸子因采集以出直往于櫻橋之南野鳥亂叫羣卉競妍既抵圍墻爰涉急湍河東西之景物竟劃然而異焉水之東也芳草如烟水之西也亂塚連拳吾奚為而趣是蓋將有所考研路過一叟負薪而走問之前途果何所有叟曰此西義地也亂塚纍纍終歲不青破棺絕槥斷碣藏銘枯骨猶白燐大星熒焉獸浪跡沙草不榮繞西南之一角捨是以外亦何所稱余曰噫！此死地也吾何心而此往乎

三、東郊之采集

(二)快哉入吾網矣　諸君乎其亦見吾會所藏匣中有所謂「あかたては」赤多蝶之義即所謂黑裾兒者者乎是蓋於夏五月間由田家莊所得者也田家莊者在津之東南其去大直沽不過數里遙耳是日同行者為廣才蕙民過白河直抵於圍墻之下墻根野若花佃碎開千萬朵小紅風盪香氣襲衣墻外毛莨遍野嬌黃之色與日爭光蛺蝶小灰蝶之屬遠近紛飛擧網即是廣才忽昂首曰有蜨入柳叢矣余遂登圍墻之坡援網待之廣才亦以網捍振樹葉甫動而蜨飛快哉入吾網矣

四、西郊之采集

(一)楊枝河長　校場之西楊高六七丈初春作花不得攀折余昨歲曾詩紀之有云非不見楊々枝行長者是也一日道經其處積雪尚滿村坳而亂坡枯塚之間花木兩抱枝環蔓而腫時一人出以揚之巔削其複枝蓋使增其高也斧下久之而鏗然之聲始至既而廢枝盡落人亦懸轉抱樹而下問之固無用作薪耳因乞其數枝花方胎而斷々然猶木筆也

(二)花玳瑁時代　「噫！今日花玳瑁何其多也采集三年今茲可記發此言時廣才負網而立面現愉快之狀並民適以置蟲囊納胡蝶於內點首應之拜農答曰誠哉此三年之第一次也蓋雖屢々采集而得花玳瑁惟今一日惡畦之間翩々獨多花吾會三年之歷史而特以此日為花玳瑁時代不亦宜乎

(三)以期必達於成蛹之目的　於大稍直口茜草上得秋燕幼蟲飼養已數日矣而采集之茜草於今已盡故不得不再行采集以期必達於成蛹之目的雖然大稍直口不為近矣距城十五六里朝去而午歸非一二鐘間可以往返者憶曾於此園得綠蛾之塋墓間茜草獨繁而他處固未見也遂於朝露未晞之時負囊而往穿榛履莽汗發沾背卒能達吾目的滿載而歸或曰路間無他見乎曰有之哉村之藍牽牛花開大如掌也

(四)吾采集之興來而蝶蛾之厄運至矣　顛跛籌茶車高下郊原直車行一河邊日色一何燠閼將河所為前村折芳草不計歸來晚惟願去及早咏此詩時拜農適坐於驢車之上

廣才蒸民反倚其背，乎風鞭影淂、西馳幾村之景物未一注意未幾至小園御者曰蜨也何其巨也順其鞭望之修眉巨翅斕然有輝余曰止吾祈捕焉遂持網下車一擲而淂或見而問曰此亦有所用乎余簡告之既而轉幽邃之叢林入荆榛之野直係陰遮地蟬聲四起是時心腦中幾疑身在亂山之藂森氣逼人而吾等之目的地行將至矣黃家墳之白楊盖已岸然見其枝葉已而至其地下車而趨愉快之狀非言可喻吁吾采集之運來而蝶蛾之厄運至矣是日本為采集植物而去而所淂之厌蝶蛺蝶獨多鳳蝶亦夥而植物反無幾也

（五）苦亦樂也　苦莫苦於盛夏之采集而樂亦莫樂於盛夏之采集也溽暑之際汗氣蒸濤藤枕簟扇猶不可以禦暑矧匆匆東西奔馳為采集之旅行乎然翔於空秀於野者實以是時為最繁夥且人之生於世本無所謂苦無所謂樂也不過比較的苦樂而已聞荆之土蜂雖見載於各國而近來一見乃於此終年最熱之一日竟發見於大積直口附近之河畔蓋為一種土蜂生於莖之頂端者也時同行者當赤日麗於中天蒸灼之苦匪可形容雖然新植物滿囊矣苦亦樂也

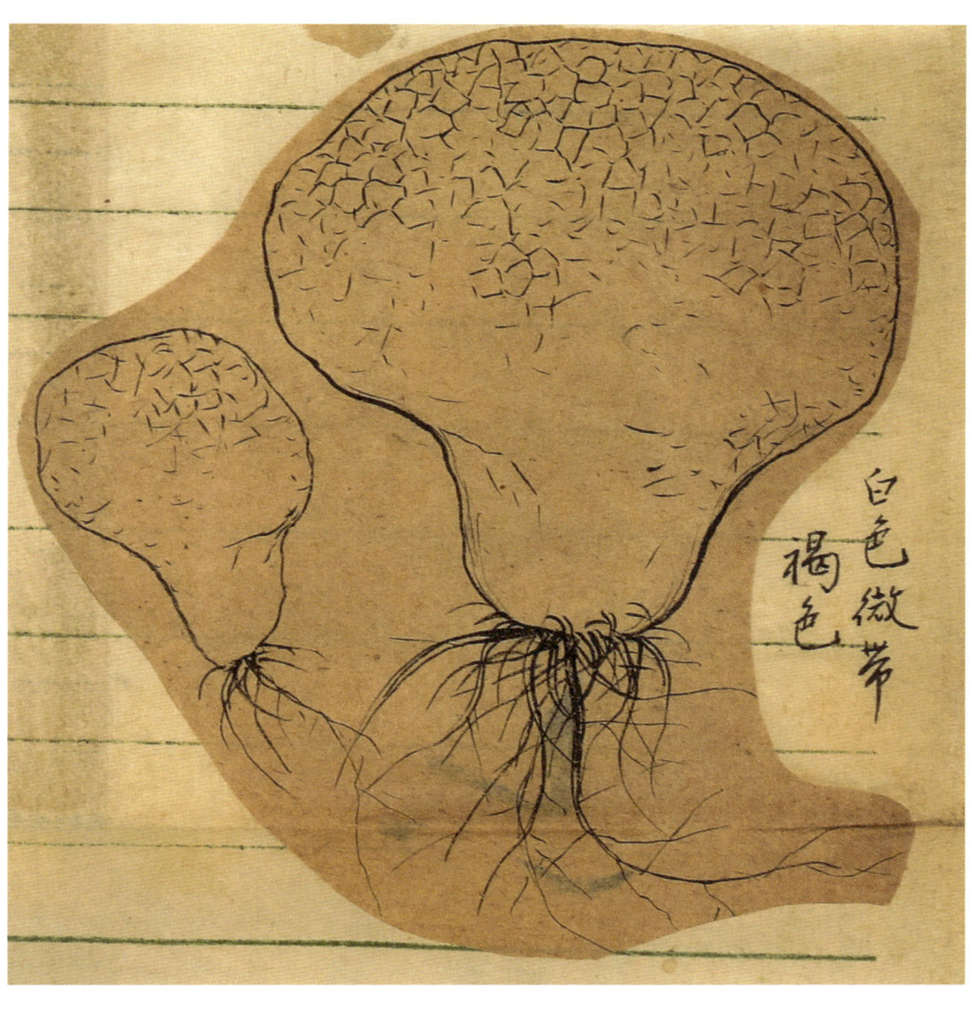
白色微带
褐色

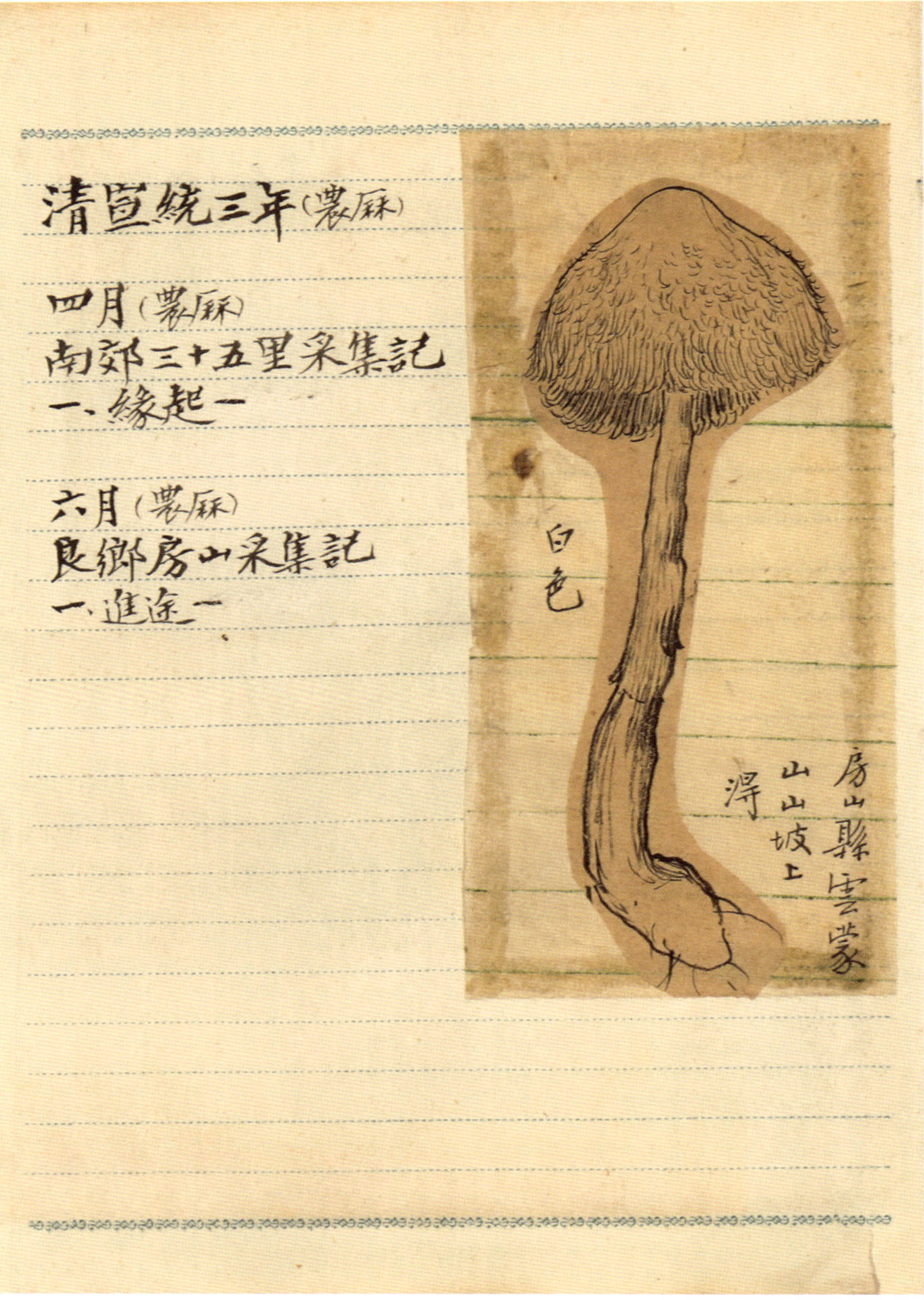

清宣統三年（農曆）

四月（農曆）

南郊三十五里采集記

一、緣起一

六月（農曆）

良鄉房山采集記

一、進途一

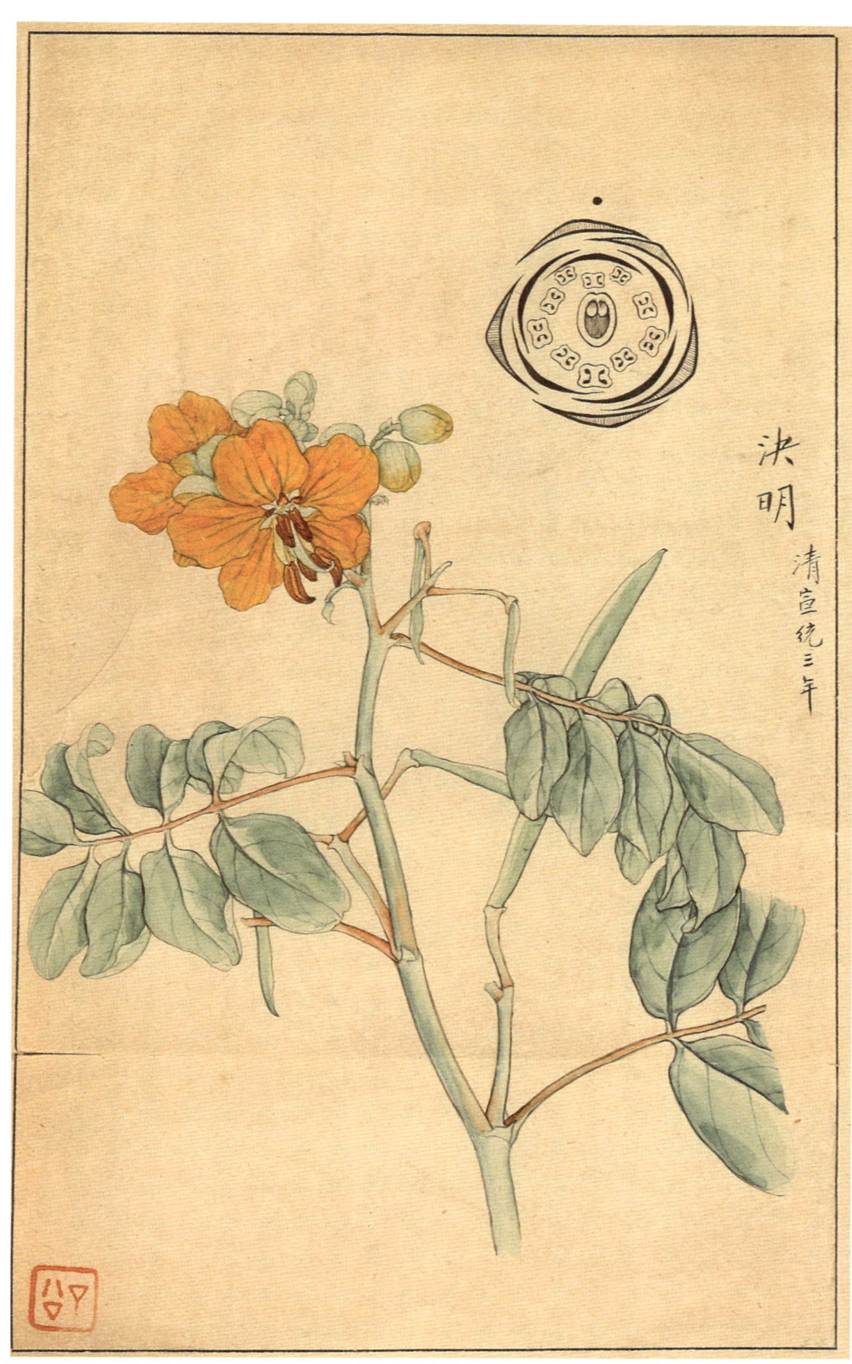
决明
清宣统三年

南郊三十五里采集記　清宣統三年四月

一、緣起　津俗四月十五日至二十八日為南鄉峯山廟節會，時男女拜香者來往相屬於道。庚子戰役之前，凡賽馬者多自童家樓往黑牛城前莅，今則咸取道八里台，而茶棚亦沿茲途而設，沸節香火極一時之盛焉。

二、紀程　宣統三年辛亥閏四月二十有七日，實為俗謂末廟之前一日也。是日早六鐘，同廣才、龔臣及兄燮卿作三十五里之采集，實即以峯山為終止之的。往時經八里台、李七莊、王欒莊、門家道口、大寺，直抵于胡家樓而止，峯山廟在是。返時路稍東偏，蓋由張家道口、集莊子、四合成窰、黑牛城、童家樓而歸。游園亦往而采集之品，其奈少何。緣此三十五里之長途，捨村田之外，則所謂青青之樾者實未一見，雖謂此一片漫漠之平野為戈壁，又奚不可。

三、記聶忠節殉難碑　過八里台之南有橋，曰八里橋。光緒庚子戰役之前，捨村老外，津人無知者。迨至戰事既罷，八里橋三字遂成庚子戰史中之名跡，所謂物以名顯，地以人彰。蓋當時識南提督聶士成實死節於此。兵戈既息，住直督袁世凱為立石亭，亭位於橋南數步，巍然而東向，一任雨打風吹，都無知覺。行人每過於此，咸瞻望徘徊，不忍卒然去。嗚呼！英風何在，空留遺恨之碑；戰血未乾，已成攬古之地。故人之犧牲此軀殼以戰績浮名者，咸樹碑鐫銘，昭垂于千古之下，渠知不轉眼間而鴟巢于上，狐遂于下，草長苔荒，淒涼誰過問者。即偶有徘徊瞻望之人，非當日同蒙屢劫，即為憑弔之詩家。捨此則僅二三村老於茶餘酒後，以此為談助已耳。至若零星碎骨，交雜於沙石之間，久乃化為塵壒，即碑碣亦無新息，僅於夕陽西下時常留陰影而已。設一日荊榛滿道，碑為所封，或頹埋于土礫之中久而不見其跡則雖夕陽依舊而碑影亦泯滅無存至此則斯人之軼事末葉告終矣故當余立於鼎公碑下時斗覺傷懷之淚幾欲奪眶而出而碑面獨受日光作死灰色一任吾悽惋悲涼不一見答而不知余固當時歷劫人也

四記海市　余既徘徊於鼎公碑下頓覺世間萬事悉如塵夢庚子劫火猶在目前出居指計之十二年於茲矣而此十一年中所歷又幾成水泡塵珠滾滾遂流而逝古人所謂人生如夢既死而醒豈妄也哉於是沿途觀覽遐邇至於王樂莊過莊則一片平陽細草嫩黃遙遙接於天際四野村樹可在十里外疏落若沙漠田東望則蔥鬱之林木畫界天地間如遠山一抹迴顧王樂莊漸入地平線下矣此時忽睹奇景蓋於遠東林木之外驟現空虛世界起始僅一片晴雲既而漸凝集變為樓市通明朗澈久乃益真竟若華盛頓之長街又似崩碑邑之古嚴幾疑天空之中復有世界是時余輩樂極靈魂躍躍幾欲脫軀殼隨此幻形以去俄頃雲氣漸疏而樓市之形亦漸歸烏有矣昔有人言旅行北方沙漠者三十餘日不見人烟模糊變盡方焦愁間遙天忽現村樹眾驚喜即之數百里不見近兆始知為蜃樓幻形一人云村田如不遠矣否則此幻影胡從而來眾是之未三日果得村焉當黑牛城陷之役時於陰雨中現形且當天津有城時於晨鐘初動之際登南樓而南望則如見一方形之城現雲霧中是即黑牛城之城象至陽光一射則幻影立消有謂為蜃氣所聚而徙出者有謂如百里外有方城以晨間空中水氣而映畫者是時余年僅十齡以外故未得一見其真庚子之役天津城毀而方城之

家亦不兆矣。又余友曾稱香言當幼時一日將夕，突見晴雲中現重樓之象，居人咸謂為古鈴鐺閣之現形，實則津城衛安門城樓印映者也，所指歷歷。余近來實見，而今竟于此三十五里中得擴眼界，雖然，盍令余生無謂之感。所謂蜃樓海市者固幻也，而熙攘之世界又何往而非幻哉。

五、記峯山廟節　吾不云乎，吾至峯山之日為末廟之前一日乎。凡村近之人咸知捨是日外欲再往者又須待逾久之時，以鼓或羅羅作，或請休假，而村塾蒙師對其高足亦解此牛鼻之繫，任自尋游樂之所歸。村嫗嫗、素不稍假辭色於其媳，致使日居愁苦間無伸眉之一日者，至是亦或任其自由對鏡理妝，樂而大張其吻。蓋此佛節正神天善教眾生，而眾生果得赦矣。於是背者扶者，徒步乘車，轂摩肩接，不計途路之修長，而其一變視線咸集於峯山佛囑之項，猶猶然作數環匝也。廟居曠野中，僅前後兩殿，寺門早圮，而如此之盛亦不復修葺，故唱佛聲磬之聲直繞出村曲之外。所奉之神有仙姑，有娘娘，有三皇，有大神，有藥王，以及其他諸神，咸於此香盛節得香豔溫存之福。烟塵繚繞，履舄雜遝，而人聲亦漫成一片，大似當春叢綠之林，雜鳥鳴其間，雖格磔滴瀝之不同，然趣旨一也。方余蒞廟時，適值村會賽神，鼓樂喧闐，而方旗飄蕩，搖漾風中，作流波之動。扮演之諸色，如漁父、頭陀、黑蚌之精以及傻公子、小俾哥等，其不相伴類亦同於廟中之供佛。而凡游廟之車皆行列周近，幼婦少女坐立車圍之外，延頸而觀，而黑蚌之精固扮為武裝之女，纖腰窄袖，作種種取媚之容以餉觀者。廟外陳食物攤處，葦棚以為此十四日佛節之長計，夜為寢室，晝為食廳巖邇情形進所經道其次則售玩物者如草編之帽木花之籃皆懸垂棚槅間纍纍然紅紅綠綠相雜而如雲之游女群集爭購以各餽其婦姊妹或弟之家求且藉此為魏足之地其地無可述惟吾入廟時曾見二三少婦坐藥王神像之側以臉偎貼神手而口中喃喃有所言問之村老謂人身有不舒爽者苟一觸藥王之手無不立愈今少婦蓋患胃疾者也然媚神一事素非吾之所解以為供香禮佛恭謹貢奠何媚之云有而此次之見其外象不謂之媚也得乎吾此記設為陳人所觀必且怒斥其多作怪調顧吾寫佛節風物猶不十分曲肯請諸君待明年香火盛時可一為周覽也

六、記黑牛城故蹟　憶余兒時城中耆老之人嘗相聚促談往事而於津南黑牛城故蹟獨詳雖不可盡信而滄桑之變理或然歟蓋謂黑牛城為某朝一大城市南北商賈咸湊于此邑官即署城內巡營之弁來往梭巡四鄉赴城鬻物者摩肩於道民事爭執呈署日三四起盜賊亦視此為萑苻之藪穿窬掠奪之事時有聞焉後以頻繁地震驟然陷為片水時正朝市未罷全城之人悉為淪沒是日天陰而風凡附近之村咸聞水聲如吼若自天而降午時昏黑如夜怪沙急雨掩人父子母女相抱屏息不敢聲如是歷幾晝夜始晴明見日群相驚喜但赴市者獨不見歸而猶不知黑牛城陷也鄉老運物向城出村僅數里茫茫遙見片水相對驚愕如夢中好事者乃探查其地勢始知城陷為水無已遂運物復歸人人相道咸謂為千古未有之奇劫甚以每於天陰將雨之際則水中現全城朝市之象即城沒時之狀也闤闠之上絡繹有人直奔衛蝠之居一人尚立櫃臺前面偏向於內口銜淡巴菰之烟管而居中之人亦各有狀景物歷歷顧寂無聲響近村之人觀者皆驚悲駭歎一叟忽指曰彼負物于首者非吾家之老六耶時彼負物之人頭面驟現視之果然於是叟大號哭聲浪一發而水中城市頓杳其後水涸亦不復見然每陰雨則仍成積潦漁者往焉一夜有老漁傍舟叢蘆下方一交睫忽睹城市而已則亦立闤闠之上視來往者頭面咸帶戚容仰見白日青光四射若午時而市上捨己之外差不見影巡官乘馬過闠而罵吾無影驚極而醒始覺身在叢蘆之下時夜氣張壓溼重欲雨忽飄風過耳際似聞微語曰勿淹留聞將至矣漁者駭極捫索小路而奔不敢回顧但隱隱聞市賈呼車馬之聲出於身後或謂漁者所聞即當日城陷時市人最後之語也以上皆耆老言未添改一字今吾直徑是聞則已集成村落麥秀垂黃連阡接壟而村農三五坐憩豆棚之下爲齊東之談村姑亦美小兒坐樹陰時爲格格之笑是此安泰情形又誰知前此固曾經浩劫者哉

良鄉房山采集記　清宣統三年六月

一進途　宣統三年之夏兄斐卿以野外測量醫官之事居良鄉招余一探形勝時余方教授於都之南苑六仍余身行南苑游當勞倒時擬先往南苑旋以兄事將竣乃

變宗旨先往良鄉焉六月十二日晨天大陰雨蒸民遂別衣履盡濡余登車以行數十里
即見晴陽開遠外眺覽萬樹千村咸掃面而過村旁之櫝蘺草原中閒串者震
越失次而揚村萬莊等處以雨澤頻繁村田化為溪潦村兒游泳其中六七輩古木雜
花而丟橋卯水中雖甚有奇趣然災深矣路旁之柳疎密相間直至於鄉門無有間斷
蟬聲與響有時穿車而飛或觸落衣帶上拂之不去十一鍾餘車抵鄉之正陽門而止乃
易登京漢車一鍾餘至良鄉蓋其間僅馬場蘆溝橋長辛店三站而已下車以遊遍
西行見古塔矗立燎岡之上直可為赴良鄉者一絕好標準焉

二古塔之游　既入城抵兄寓所乃稍息進餐且議出遊之事時天色陰沉如墨細雨復連綿而
至幸未幾即晴霽雲在空夕陽不烈乃相與踏步出游直抵於燎岡古塔之下或謂此即昊天塔也
塔前面正殿久圮無跡而鐵佛猶立于敗磚殘瓦中古色斑斕任風雨已不知幾何年日以殿亦擯
毀往往持道士架棧椽圍短垣以為供佛之地（此處確為道士供佛奇甚自注）因叩關入而三耆朽龍鍾之人咸出
照拂且引余出佛座以蓋塔階在是也乃進登兄先行余次之得祿又其次也塔五層每層
凡有門四而塔心向門之處均塑佛象但已朽毀剝落佛光猶恍惚可認焉雖按級可盤旋上
出塌處多亂磚塞道轉角之處復洞黑如墨於是捫索而前覽周壁龕之右露齒角蛇
行獸狀猿升猱進葉頭部不致誤觸于壁設是時果觸着則人必立僵蓋以通靈活潑之軀驟入黑
闇境界必昏暈不可名狀且階級斷落之處高幾及丈而窗門下處復狭如蛇穴力攀久之始

達至第五層上興猶未盡復仰攀至於塔頂周望一過心曠神怡既極而靈魂躍躍直欲呼長風而撮紅日因在第五層四壁作俯瞰圖焉但遙雲山盡收入片紙之中故不覺摹繪之久圖方畢而陰雲又挾扶風雨而來料不能再多留遂速下其因難較上登尤甚又兼天陰日暮塔中全行漆黑爬至轉角遲疑之處幾至相撞幸兄攜有火柴得以燭照歸路既至地見道士方倉皇欲上尋吾輩且謂曰塔之第三層實南宋時孟良盜骨處也凡登者至第三層咸心怯而退今至頂者可云壯矣余笑而頷其首因布施出時天益陰惡方下燎閃則雷電更加雨風大至在張皇奔走間猶隱隱聞古塔寺門訇然閉矣

三記寓中夜況　兄寓所曰魁元館一良鄉著名逆旅也為舍無多而清潔宜夏兄居二椽尤涼爽適人終日不見驕陽之入院中雞畜雖有時擾人清淨然亦農家之趣也方余自古塔冒雨歸來館中已上燈大因盡卸沾溼之衣話古塔之游相顧大樂晚餐既已暮雨亦休兄使滌為余理卧具而加行帳於上蓋因蚊類大多夜出而覓食人為所擾致終夜不能寐時兄亦理行帳防此微物擾若防敵既而四壁俱寂安然寢矣間有一二諜者混入亦不殲盡無遺滅燈後有螢火飛入室中兄呼余視之且謂曰此真夜深燈落螢入幃也時微月窺窗萬籟俱寂恍惚中幾疑為吾釣游之區也津郡固無螢火今青光閃爍若即若離似示余以旅居幽寂之況頓念故鄉

晨夕景狀猶歷歷在心孰知不瞥眼間而遠在三百里外者今吾懷離鄉井奔波于山重水複之間目的既遠所望亦奢（指所求生物　自注）兄弟與鄉聚首旨趣正同（兄亦為生物研究會會員之一　自注）而携手直前為樂奚有窮哉

四石梯之行　翌日五鐘即力驅睡魔而起據案凝思以籌畫吾後此旅行之法而黃丸蜂群飛窗外嗡嗡作聲以採金橘之香蜜於是乃秉筆記吾昨朝之事未幾兄起乃稍稍進餐幾十鐘則蹇驢纏影采集者上道矣乃出良鄉之西門直由太平莊進發蓋擬至房山之石梯也前行經大馬村、小馬村、馬家溝、韓家溝、岡上、至坨里、近石梯矣自良至此里數凡二十又五而經路間景物則適山徑彎環亦層變不同平野之地角嵩翹笑靨向人沿山坡一帶丹參則已大盛亦若灌木山棗亦黃綠方華光葉映日遠望如被霜雪蹇驢踏石作清脆之響與山谷鳥蟲斯唱者互為酬答白花鳳蝶翩翩林木間儼若絕世美人時於嬌紅輭綠中一窺其面而山民居舍多構于叢林之陰或依山為壁疊石成牆短椽數間置較諸宏壯之臺閣益形其高致凡城居者至是則塵念立消蓋山林移人之志深也既至石梯乃捨驢入某會館而息會館者為測繪之教員學生寓所正殿供關雲長像而周倉則戎裝捉大刀侍立其旁周壁亦歷歷繪關公戰蹟設在庚子之役前者人人咸加敬恭今則支帷設帳用作寢憩之地而神亦不降崇逕去犁少村人謂神運已衰須知神原土偶土偶本無靈也既而出石梯之口采集于孟家灣見世文子泉弟弗逆同往者僅徐桂臣耳徐事於測繪學堂性慷爽凡旅遊冒險之事不少讓人今接個臣函自謂固有樂也

五、孟家灣遇雨　憶吾自戊申采集凡數次冒雨而以津大覺庵之一次稱最是時覽萬樹千村悉蒙雨腳之中周顧徘徊幾不知身在何許但津近無山雨景尚弗臻佳妙今奔波邃道左亂山奔水間浪游人得眼福矣方余與徐桂臣邐迤而前凡數歷村曲始抵山坡之上是時天色陰黑沉寂無聲惟孟家灣流水淙淙作山谷斷續之泣俱攀青螺之類疾揚上下以將擇宜而棲而山鳥喋聲亦掠羽直投林樹陰雲噴吐起於頭面間亂山悉為所蒙以上蒼冲巨靈之掌直攫萬景以去者遙聞騾綱隊隊作淹流激石之聲泣策之人亦漫度村曲或為雞吠隱隱度林坳而避高僂路之汽車亦以夭張持雨襄襄歸行時急風掃面微帶溼霉之氣知雨來矣於是急轉山坡而下未數武暴雨大行遂冒之而進如浴身巨瀑中雄雄然心弗能主而村籬雜花交錯雨中益形妍麗山徑彎環亦全成溪澗且以雨腳下注銀線橫飛激成千百浪花滾滾挾波以去以此即精於畫者亦弗得寫其真而吾乃身歷而實見之不亦快哉

六、記留台矣　由良鄉至房山為程約二十七里有奇途間除董村溝外無可留連十五日晨與見蹊衢至房得采集於是既而歇足於房山城隍廟閒城西有山曰留台矣者昆蟲植物頗豐於是商個臣函而進約數里抵其巔有廟曰三元廟在祀典者其嘗月食俸若干廟有巨鐘委堂

下不得擊，相擊之有聲，則必出無頭人命之案。亦若良鄉縣署之燈以弗燭，則事出矣。故俗有「良鄉燈，房山鐘」云云之諺（良鄉縣署有燈，晝夜掛檐頭，獨此不使滅，兄嘗指示余。自注）。廟凡二院，尚清潔，有觀院以為廟，田豆黍滿之，蝶蛾蠅蜂之屬驚人而飛，捕數頭置蠹籠中視之，多為不見於津者，如鹿子蛾其一也。廟周多柳及樗，而奠奠亦復蒙絡石間，巨葉如掌。循視村田，咸經橫作無數綫徑，人行田中，蠕蠕若干蟲蟻。俄而西山出雲，有將雨之意，知不可留而歸。計偕往者為斐兄、文子、泉、余，競五日，而是日路途所經為蘇莊、官道、閆村、大紫草塢、小董村，此屬於良鄉者；而房山之屬則為大董村、董村溝、馬各莊、姚洛府也。房山城為石築，雉堞無孔，故鄰縣有「不開眼房山縣」之誚。其東西門額字猶記之：東門曰開德（內）、曰近光（外）；西門曰蟠趾（內）、曰攬秀（外）。

七、記游萬佛堂王禪洞

望後一日，偕兄出良鄉西北關，孟家窪進，往石梯，經村凡五，安莊、晏莊、崇各莊、土洞、水峪是也。既至，少休息，乃進行，蓋將至萬佛堂也。堂為山麓巨寺，不知建自何代。途經孟家灣、新開口、漫水河，凡約八九里，至柳樹底下村，近寺矣。寺外有二塔，其形各殊。寺南向，門有巨坊，坊前為山溪。寺之西倚雲蒙山麓，終日陽光不下，陰晦若暮。溪源即出是山陰，流凡七十里。而歲有歐人避暑於此，挺身入探，燭照三十餘里，陰露溼重，至大不能燃而出，卒未見極。溪出山之處洞口下，處水碰湍有聲，流急而反靜若弗動者。洞口之下架石板若橋，寬僅容人一而坐而弗可行也。內窺，後有橋，上往龍王像，像以空山自陰晴不可睹。洞之上為石佛之殿，作廣室屋形，周壁鐫佛約萬，此寺之所因而名也。洞額鐫字曰「大曆古跡萬佛龍泉寶座」，洞外壁亦鐫字曰溥沿澤潤洞口苔蘚之類蒙茸可愛梓高三丈餘探枝水上葉大如盂長角垂々至短者亦逾尺岸傍秋海棠盛開滂水採之水深而寒沁肌骨豆瓣菜團々作叢開為某歲德意志人所植今凡通溪々流咸聯葉邊並成無數羣落矣其他雜花多為所未曾見溪流而東跨溪而築者為水碓之房山人用以屑麥者時方工作隆々有聲激流犯碓白沫四濺此製自古於工力皆捷然非湍流者弗特矣既而入寺々聽悟定雲上人偕以將遊王禪洞而文于咸不欲從乃自別歸時天陰欲雨遂進登雲蒙山途多犖确之石且多荊棘行時循道而上凡數轉過負煤者問以王禪洞之所在手西北指告以山坳有廟柏者是矣既而雨忽且風遂避于高錢路第一站站長鄭喜亭亦喜治植物學者談甚洽而黃蓍半夏固培植於棠上也識頃雨止鄭告以向王禪洞之便途乃嚮之而進穿林拂棘披荊得達吾所欲達之的洞凡四王禪其一也聞道士言此蓋鬼谷子修行之區而孫龐學藝之所也顧學藝之臺今亦弗能按考道士延余進茗以齋湯已沒不得少勾留遂盤跚下途間草木猶承積雨濕一觸拂則如斷索之珠簌々淫人襟袂既至山麓乃循途返石梯簡言之又冥行二十餘里至晚十鐘始歸良鄉寓所

八、慢水河附近之景　方吾之游萬佛堂也曾於慢水河附近作長時間之采集得物既多而是間之景狀亦不可不一描寫河居亂山中緣山泉經流處也流絕急而不深清澈見底巨石纍々突兀堆河流中遙通咸同一兆河至滂廣無橋梁僅疊石渡人流至疊石之處怒湧々自石罅過幽響蕭々無間晝夜瀰河之山咸聳立為撐空之壁其頂沒雲仰視久之則暈眩不可名狀壁身蒼赭石紋作大斧劈之皴，古苔附之，竦竦下垂，相其勢似為連山，徑巨浸沖激，久遂磔然為兩，嶒崚石塊即古昔巨浸之所激盪而過，成為千古之偉觀也。山西壁攢石築道，歷時既久，土盡而石疎，嶙嶙焉如齒牙之列。過道而南，則磽确不復成道，人行亂石上，郭索作蟹走聲，蹇躃叩之，硿硐尤響。既而途益險，路益迷，而芳卉滋蘩，不能望極，為景固臻妙，乃未得一一寫之，亦可憾也。

九、南車營之游　嘗游王禪洞時，曾聞南車營植物之夥，采集者不可不一涖焉。於是乃於十九日同斐兄、孫浮、孫祿、徐柱、徐臣循途往。既至慢水河之南，近沿雲蒙之麓，轉西而南，途間咸磽确，為碎圓之石。過峯石疊橋南行，久之，附於途之東者為平溪，即慢水河上游，雜花滿中，其東岸接山腳矣。既而涉溪而過，急流打足，成浪花，躍高數尺，其沫濺鬢如濛濛之雨。東入兩山間，復折向半壁店之途，經一村，村舍築仰皆古，喬樹圍可三十，蒼葉下覆，人乘涼蔭中，皆規規有古意。又前久之，山土質色赭而黃，詢之，則黃土坡也。時方過雨，山徑積泥水尺許，而山人即其處漚麻焉，日久草爛，味薰薰，出飛蠅千百頭，作聲如殷雷之鳴。泥水沾衣色黑，而雜下是蓋騾隊負煤之所經也。俄而至南車營，高綫路第二站，因稍休息，遂復循高綫車軌軌所向深入叢山中，作房山采集之殿尾。既轉山，沿山脊而上，周視眾峯若在腋底。時正午，日曬天，且行且汗。山脊至狹，不敢左右視。如此約二三里，始漸寬闊，彌望皆羊齒之屬，叢叢若灌木，天南神巨葉大如虎掌。蛺蝶群飛，忽惹人眉睫而過，顧以草深石滑，不克網得。如此又行久之，至灌場嶽，有

手石如砥乃坐而進餐解囊糗出壺水相顧大樂乃復采集於周近浮物至豐而止場
峪猴兒坑終乃尋山間之捷徑下至半壁店遂連夜向歸途方至石梯已暮色動四山矣
十歸宿　采集旅行既畢復於二十日循李郝孫之約至房山城攝影於城隍廟李唐
古槐之下晚遂宿于城中次日旋良復往一日乃返津門計此次之行為程約四百餘里為
時計十日采集次數凡十有三經歷之村凡三十有四（自津至良途中不計　自注）此區區之行在吾亦固足
自豪但與周世界為一覽者其比例復何待言世人間萬事無大小皆屬夢幻惟吾之所浮
既製為標本復彙而研究之他日撿視咸克指為某地之所出則吾之夢尚屬真耳
李農筆記

海市蜃楼
即景實寫
所見余送出日記簿
于王蘭莊漫野中
赴奉山廟來集時
清宣统三年四月

中華民國二年 1913

四月　日

晚刻睡甚早忽門外剝啄聲甚急出問乃華石斧先生僕人請余至其家有要商也以居相近遂長衫不襪而往蓋直隸商品陳列所以初改組將派員調查全省惟水產事業一項無人石斧遂向所長嚴慈約薦余任之嚴喜華告余且勸余勿卻余當即答應可以

日

往商品陳列所見嚴及李第田黃潔塵俞品三等議調查事久之所中派調查員十六人以全省分十區　一、內蒙接壤區三人葉吉甫（大興）黃潔塵（徐水）俞品三（大興）　二、京北山嶽區二人華石斧（天津）米劍村（遷安）　三、順天平原區一人劉雨辰（棗強）　四、京西山嶽區一人李第田（大興）　五、正趙山嶽區一人郭際昌（高邑）　六、中部平原區二人陳筱雲（蠡縣）王仲青（靜海）　七、運河流域區一人鄧子甫（大城）　八、直南三府區一人鄭襄臣（天津）　九、京津西南區二人王墨樵（天津）非西林（大興）　十、沿海水產區一人陸文郁（天津）

沿海水產區（內地河湖水產附）計共十九縣豐潤灤縣昌黎撫寧臨榆寧河天津靜海青縣滄縣鹽山慶雲安新雄縣任邱大城文安霸縣樂亭應到地點計三十七處除縣城外為留守營秦皇島北戴河洋河口施各莊湯家河小集鎮軍糧城鹹水沽葛沽大沽塘沽北塘蘆臺歧口新安鎮蘇橋鎮勝芳鎮

十九日

日昨嚴以水產學校學生將為沿海旅行使余隨往參觀歸後再實行調查今日午後到水產學校訪校長孫子文談隨同旅行事晚宿水產學校

二十日

晴為水產學校春假期沿海旅行啟程之日夜二鐘即起三鐘隨行校長孫外為漁撈教員馬場製造教員飯田助教劉緒卿張品題體操教員陳幼田學生七十餘於法租界萬國橋登快馬小輪船下行船為官用巡海者之一載重四十噸入海速率一鐘可二十餘華里八鐘往葛沽兩岸桃花成林漁舟來往烟水間清景如畫未幾抵塘沽登岸息於新豐棧十一鐘隨京奉車東北上至下午四鐘十分到留守營下車息於榮德店以店窄人多遂分學生一半入正街余與校長

教員等隨之借息於裕源昌錢鋪舊屋

二十一日

晴早五鐘起隨隊往西河岸觀漁途經好馬營鍾家營楊家莊八鐘到見村人織掛子網(羅網)用一號棉線合五股織之寬長皆丈餘謂之一領用時多領相連橫海中網目二寸方魚觸之遂掛而不得脫網須煮以豬血始合用網上緣縛輕木浮子下緣縛陶製或石製沉子入海后始能若垂簾式阻魚之游魚前進遂掛入網目……

西河岸為洋河口之西岸一望皆沙之中惟生海濱植物咸甚矮小草屬禾本科莎草科豆科菊科等因采數莖夾小冊中乃復登沙嶺見渤海矣海水蔚藍照眼怒濤激灘作澎湃聲回望撫寧諸山聯立如列屏乃陳攜來食品於沙嶺之上團坐野餐天風泠然心為之爽……至洋河口觀漁復拾蛤殼並購比目魚二尾持歸留守營

二十二日

陰雨早七鐘隨京奉車南來八鐘至昌黎下車入站旁同和永貨棧時雨益暴以棧不敷用遂留學生於此余與校長教員等冒雨入城先至韓文公祠訪韓樹笙先生(名玉霖為文公三十四世孫)年七十善書余就案頭紙筆為作墨菊一幀先生亦書

沿海觀漁四大字為贈……借居清聖祠又游古塔寺
以雨故至晚始由城外購来食物草草一餐既伴清聖宜乎
終日飢腸康康也

二十三日

晴隊行往圍林鎮距城四十里途經連二莊太平莊羅家營帰
官營寓鎮雲聚店及一舊典鋪中

二十四日

原擬至七里海觀漁以雨而阻

二十五日

晴回昌黎游碣石山水巖寺山中梨花盛開又游紗帽山
晚聞華石斧先生已来此寓忠厚店

二十六日

到忠厚店訪華石斧先生　偕京奉東来北塘觀北塘河口滿
地皆蛤殼晚宿小神廟

二十七日

晴由北塘河口登快馬小輪沿海南行遠望海天一色漁
舟甚夥布帆搖曳水天之際船人曳網者多十餘人每一網起

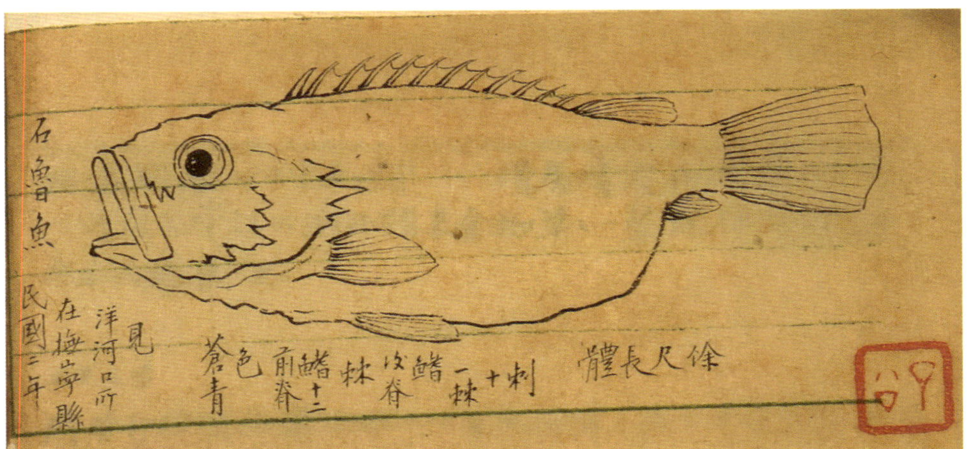
石魯魚
民國二年
在撫寧縣
洋河口所
見
蒼色青
前脊鰭十二
枺
後脊鰭
一枺
十刺
體長尺餘

則海鷗群去繞船飛鳴忽揚忽下星星作小白點時水產
學生以海溫表試海底溫度凡四次皆最低溫五十五度係
到大沽入海河至大沽造船所前登岸而長吳秋舫留午餐
下午原輪上行晚十鐘抵津

五月七日一六月九日

四今日起實行沿海水產調查並
製標本用品於行李外攜有鉛鐵標
集函等遂將調查旅行分作四次此
邀約鄭仁軒陶性存同行 今日為
三十分隨京奉車起行十二鐘抵胥各
和棧次日早以車北上經徐各寨細
合店又經東軸山那田莊至豐潤

產
司
了
和
陶
水
農
馮見
敬亭梁潤田
詢調查事次
日調查海貨
產銷情形又
至城北涌家

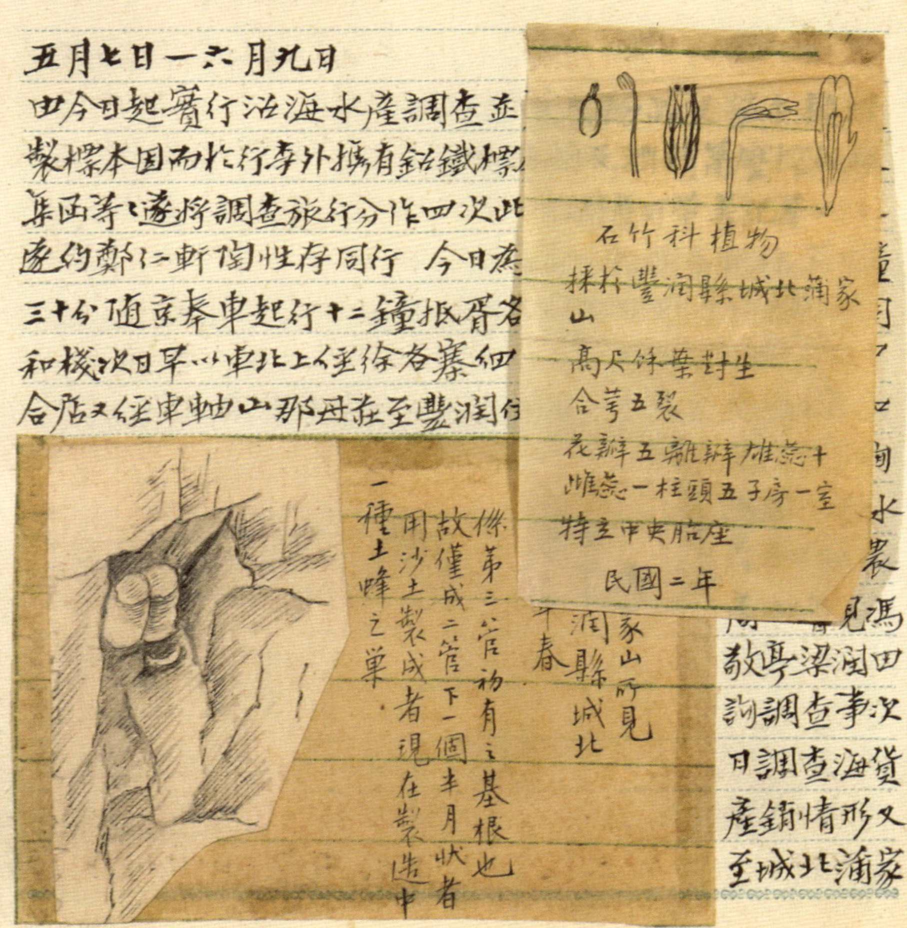

石竹科植物
採於豐潤縣城北涌家山
高尺餘葉對生
合萼五裂
花瓣五雜雄蕊十
雌蕊一柱頭五子房一室
特立中央胎座
民國二年

家山所見
潤縣城北
年春
係第三管初有之基根也
故僅成二管下一個半月狀者
用沙土製成者現在製造中
一種土蜂之巢

則海鷗羣來繞船飛鳴忽揚忽
學生以海溫表試海底溫度凡四
到大沽入海河至大沽造船所前登
下午原輪上行晚十鐘抵津

五月七日—六月九日

由今日起實行沿海水產調查並蒐集物品及製魚類浸製標本因而於行李外携有鉛鐵標本箱及酒精筩壓榨板採集函等等遂將調查旅行分作四次此次調查可帶書記等二人遂約鄭仁軒陶惟存同行　今日為第一次調查開始早九鐘三十分隨京奉車起行十二鐘抵胥各莊南河頭車站下車住同和棧次日早以車北上經徐各寨細雨星星中打尖於老莊子四合店又經東軸山那母莊至豐潤住南門裏義盛軒訪縣知事梁傑三詢該縣沿海水產事又訪農商兩會見馮敬亭梁潤田詢調查事次日調查海貨產銷情形又至城北蒲家

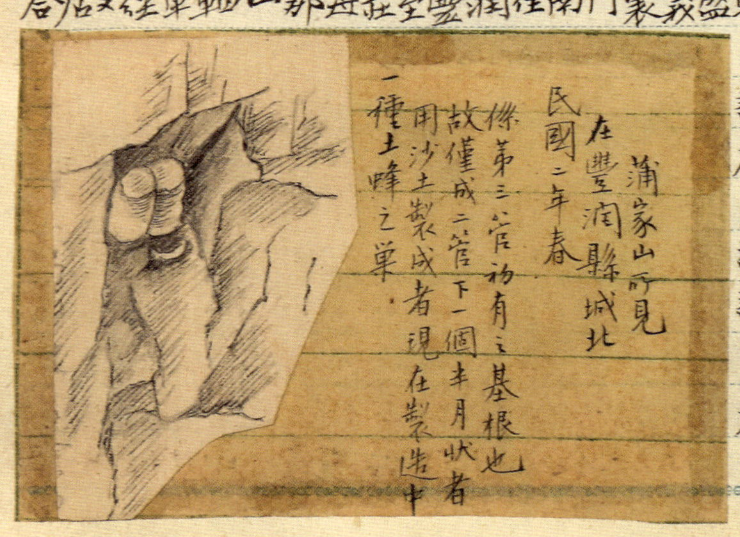
蒲家山所見
在豐潤縣城北
民國二年春
係第三管初有之基根也
故僅成二管下一個半月狀者
用沙土製成者現在製造中
一種土蜂之巢

山又次日為集期觀查一過城南有大天宮寺有浮圖曰落雁塔有臺曰資生臺塔十三級座八面十一日赴唐山車往劉各莊至唐住玉和客棧次日至灤縣大風揚塵住南門裏德發店研究大頭魚（鯛魚）午後雨訪縣知事袁樹滋又為集期調查灤河魚鯉極有名集上所售魚類不外鰈（偏口）鯛（大頭又稱姑東）石首（二種黃花稱黃鱗子白花稱白鱗子又稱白米子魚此者鰓蓋有一大黑色斑點）比目對蝦……次日隨京奉車至留守營住永順棧十五日早起聞窗外輪蹄蹄聲聒耳皆由海岸裝鮮魚去撫寧城者十一鐘用餐炒對蝦片一品甘脆無比緣以距海近所得鮮也午後以車去撫寧往紫荊山下午四鐘餘至住鼓樓東慶裕棧遊紫荊山得植物多種又訪縣知事黃介臣巡警局長楊壽廷購魚類三種一為鰆（燕魚）以太巨不能浸製乃為圖（原大）而烹食焉過洋河遊鋒子山黃知事回訪乘綠呢大轎旗鑼傘扇夾擁而至皇皇如也十七日由北戴河車站赴臨榆次日至住臨榆南關裕通棧城門內尚有正黃旗鑲藍旗等官廳破屋旗籍婦女則如意頭高巨釵壓鬢猶具前清風格男則籠雀在手小帽齊眉失居指大尚如此閒情不問生計可嘆也……訪縣知事楊幼蘭以去津未規規勸業所萬雲閣詢沿海漁業情形二十日赴秦皇島途經孟家店渾河店孫家莊黃土坎東鹽務至午抵島上住連陞棧（距海濱僅里餘）下午循海岸西行拾貝殼若干觀漁人以延繩釣鯛魚每舟三人計二舟幹繩長二百四十丈每距二

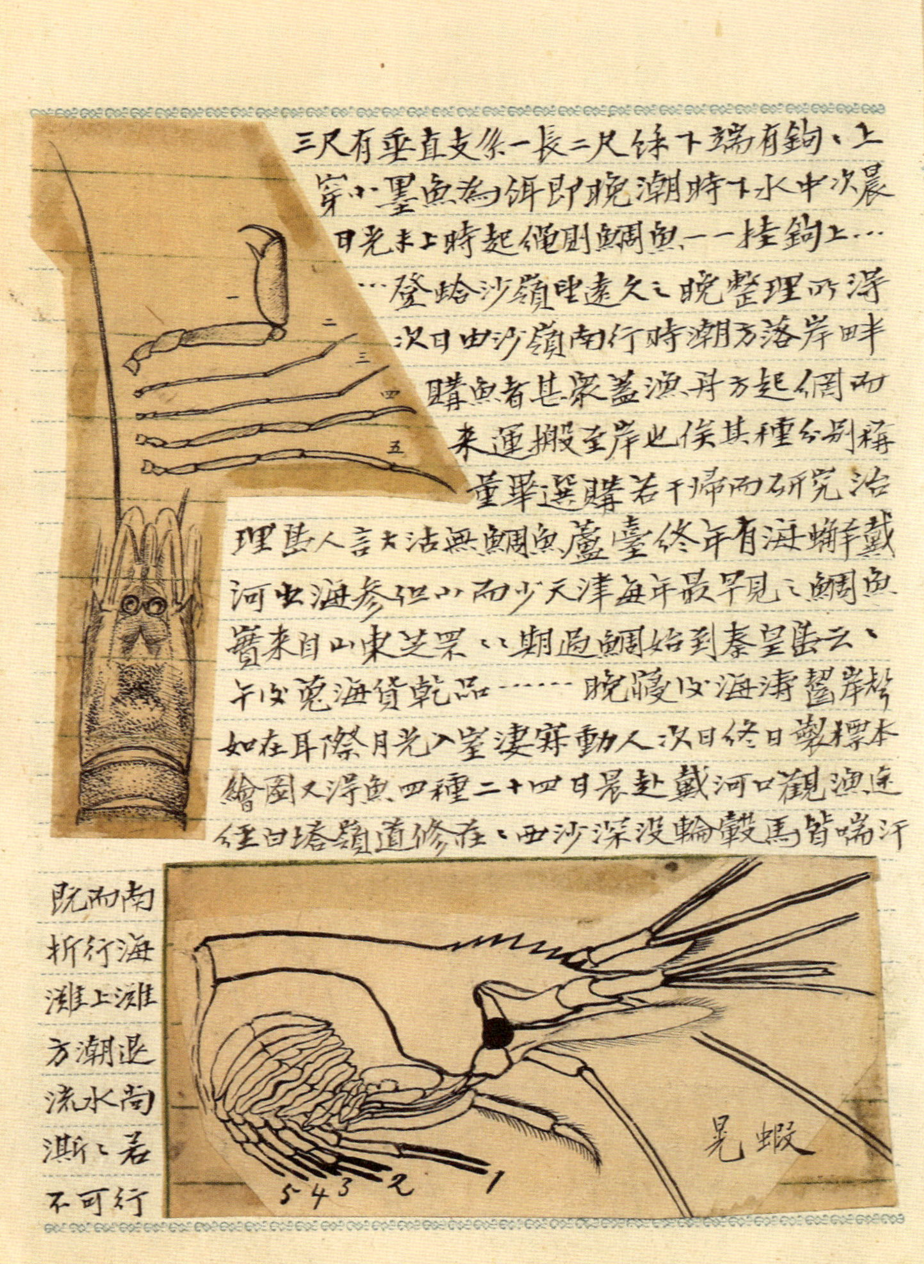

三尺有垂直支條一長二尺餘下端有鈎、上穿小墨魚為餌即晚潮時下水中次晨日光未上時起繩則鯛魚一一掛鈎上……

……登蛉沙嶺望遠久之晚整理所得次日由沙嶺南行時潮方落岸畔購魚者甚衆蓋漁舟方起網而來運搬至岸也俟其種分別稱量畢選購若干歸而研究治理甚人言大沽無鯛魚蘆臺終年有海蟹戴河出海參但小而少天津每年最早見之鯛魚羣來自山東芝罘、、期過鯛始到秦皇島云、午後蒐海貨乾品……晚後以海濤齧岸聲如在耳際月光入室淒寂動人次日終日製標本繪圖又浮魚四種二十四日晨赴戴河口觀漁途徑白塔嶺道修荏、西沙深沒輪轂馬皆喘汗既而南折行海灘上灘方潮退流水尚澌澌若不可行

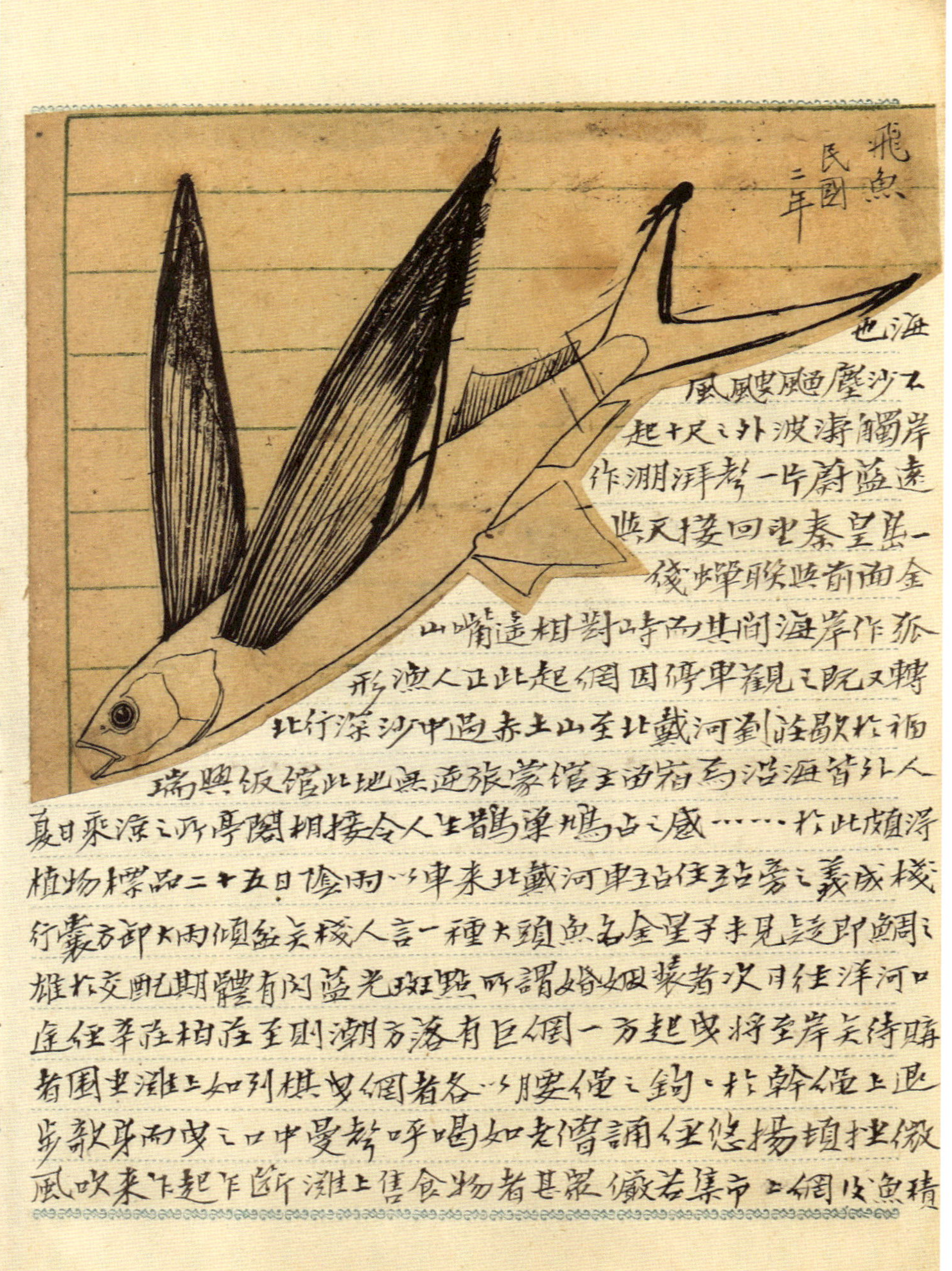

也海
風颼颼壓沙ㄊ
起十尺之外波濤觸岸
作淜湃聲一片蔚藍遠
與天接回望秦皇島一
綫蜿蜒與前面金
山嘴遙相對峙而其間海岸作弧
形漁人正此起網因停車觀之既又轉
北行深沙中過赤土山至北戴河劉註歇於福
瑞興飯館此地無逆旅蒙館主留宿焉沿海皆外人
夏日乘涼之所亭閣相接令人生鵲巢鳩占之感……於此頗得
植物標品二十五日陰雨以車来北戴河車站住站旁之義成棧
行囊方卸大雨傾盆矣棧人言一種大頭魚名金星子未見疑即鯛之
雄於交配期體有閃藍光斑點所謂婚姻裝者次日往洋河口
途經草莊柏莊至則潮方落有巨網一方起曳將至岸矣待觀
者圍聚灘上如列棋曳網者各以腰僂之鈎鈎於幹繩上退
步欵身而曳之口中曼聲呼喝如老僧誦經悠揚頓挫微
風吹来乍起乍斷灘上售食物者甚眾儼若集市之網收魚積

如丘因揀購四種由南戴河越後營返往寓聞此一網

可得雜魚數千斤值刻售盡魚
々種類不下數十……二十八日
隨京奉車來昌黎復改乘騾車
南行途經飲馬河橋上東華集
鎮適中大風掩日午後至施各莊
寓東興店々門懸豬頭以示該店有肉食也此地距海距城
皆遠必集日始得食鮮三十日赴樂亭赤日在空大風揚塵顛頓
中經黃土廟西渡溹河沙深沒轂又經黑王莊入樂亭界
至晚六鐘抵城住東關外會順園訪知事孫約齋六月一日
為樂亭集日甚形熱鬧調查一過蒐集乾海產品多種次日去湯
家河鎮途往馬坨高各莊龔各莊辛莊至時親詢之下僅得乾品若
干而歸三日由樂赴豐潤之小集鎮途程百一十華里途多沙極

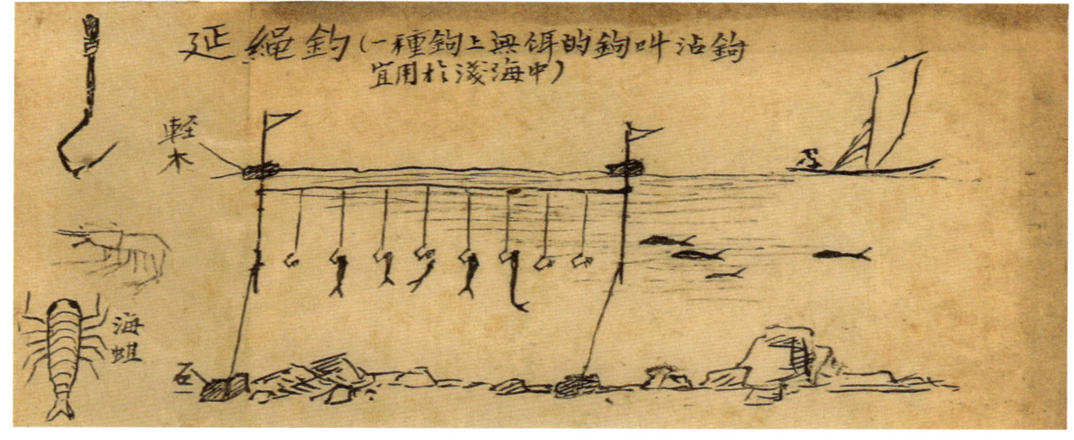
延繩鈎（一種鈎上無餌的鈎叫沽鈎
宜用於淺海中）
輕木
海蛆
石

蹦高魚 民國二年
能出水上樹

為難行經高各莊過清河石橋高家坨孟莊下午四鐘始抵史各莊打午尖途中極荒僻犯杜林遭大虹至暮又經一韓家莊晚十鐘始至小集街上全無燈火住北街田家老店，無單間客房而伙炕方修理店主遂以櫃房相讓而自歸家為冷食以寢次日陰雨調查乾鮮海產品原擬由此赴北塘以路甚難行改道由胥各莊去軍糧城小集至胥凡四十里因雨路極難行途經宋家營鎮褚家港等處八日隨京奉車來軍糧城下車時值大雨住薛家老店夜中大飽跳蚤九日調查一遍次日返津

六月二十二日—七月七日

今日為第二次調查途程短而得物多早雇車赴鹹水沽僅五十華里住街西德盛店采集一種跳彈塗俗呼蹦高魚胸鰭發達呈足狀腹鰭相合若吸盤能出水行沙泥間又嘗登樹二目生頭頂上高突可四瞭見人至則躍入水中……又於村西得植物多種村產葦甚多故街上多蓆鋪……二十五日到葛沽寓村東樹興店此地商家較鹹水沽為少而種稻之水田甚多且種荸薺葛沽稻葛沽荸薺以至葛沽桃在北省甚有名又產蟹甚多黃白滿殼至為肥美又產一種螃蟹葉子甲方形較小次日參觀水田葛距鹹僅二十里二十七日早十鐘以車赴大沽僅三十里大沽與途旅主聚成德糧店鄭峻峯家大沽向分二村

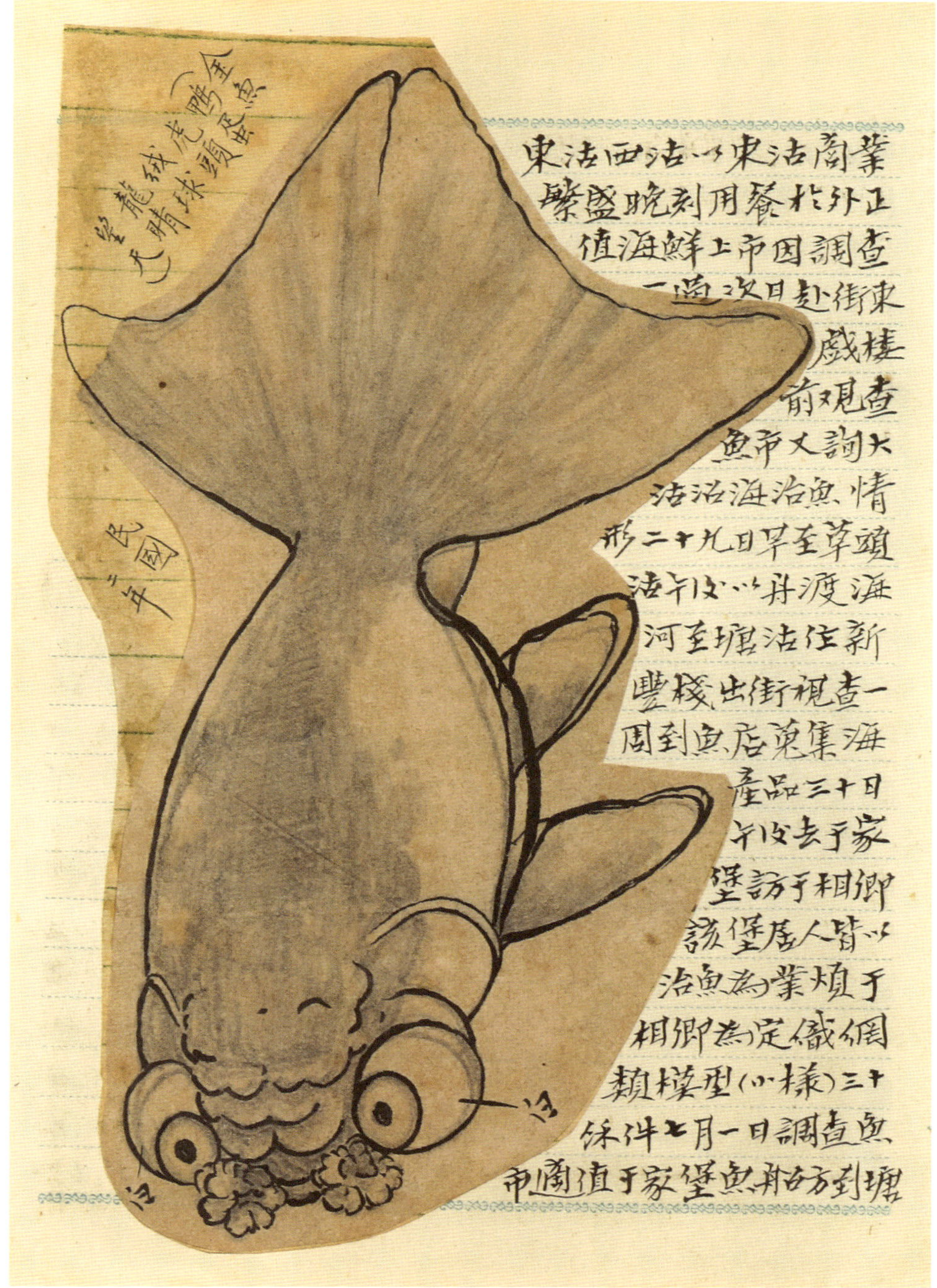
東沽西沽以東沽商業
繁盛晚刻用餐於外正
值海鮮上市因調查
一遍次日赴街東
戲樓
前觀查
魚市又詢大
沽沽海治魚情
形二十九日早至草頭
沽午後以舟渡海
河至塘沽住新
豐棧出街視查一
周到魚店蒐集海
產品三十日
午後去于家
堡訪于相卿
該堡居人皆以
治魚為業煩于
相卿為定織網
類模型（小樣）三十
餘件七月一日調查魚
市適值于家堡魚船方到塘

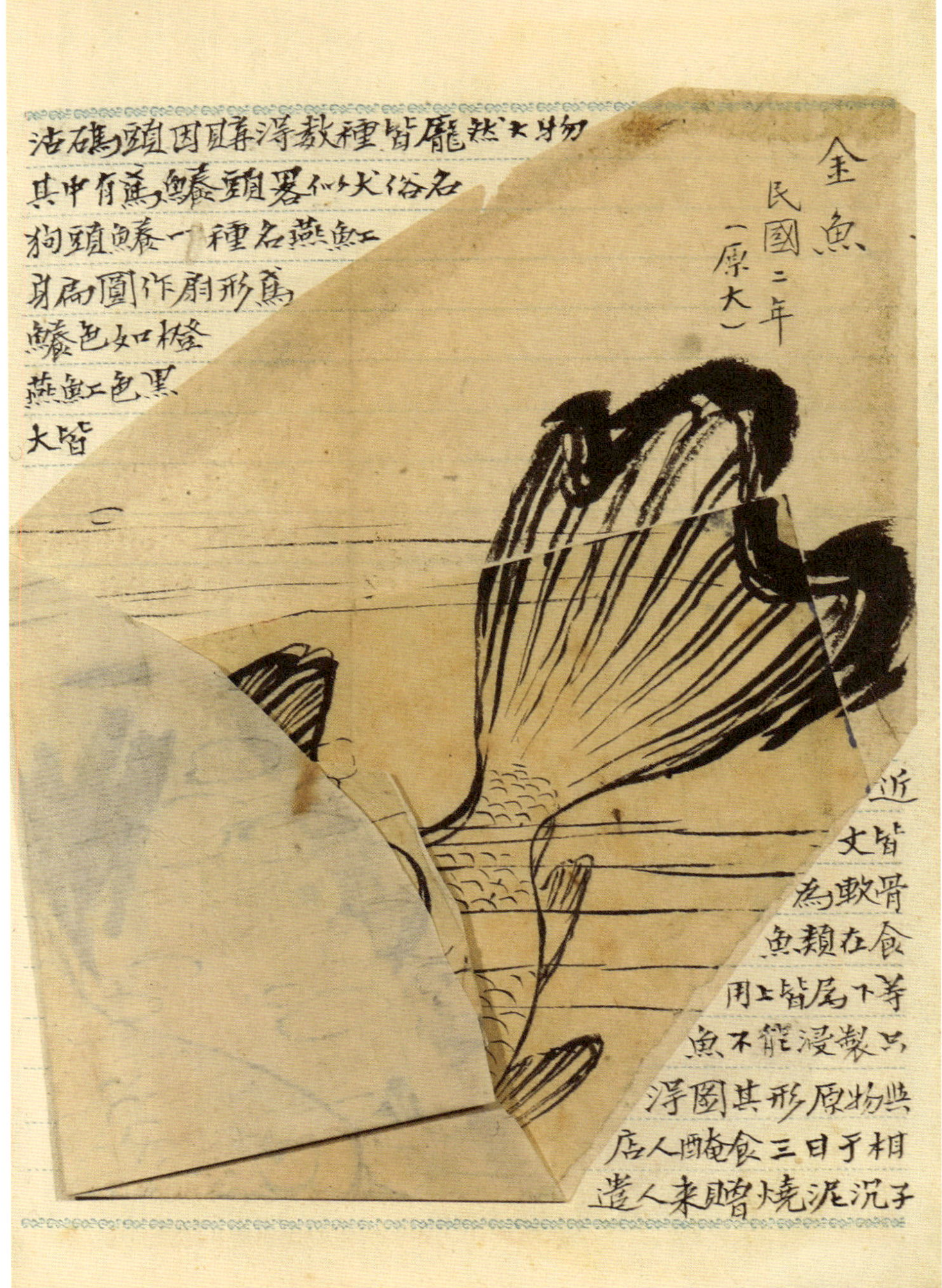
金魚
民國二年
（原大）

金魚
民國二年
（原大）

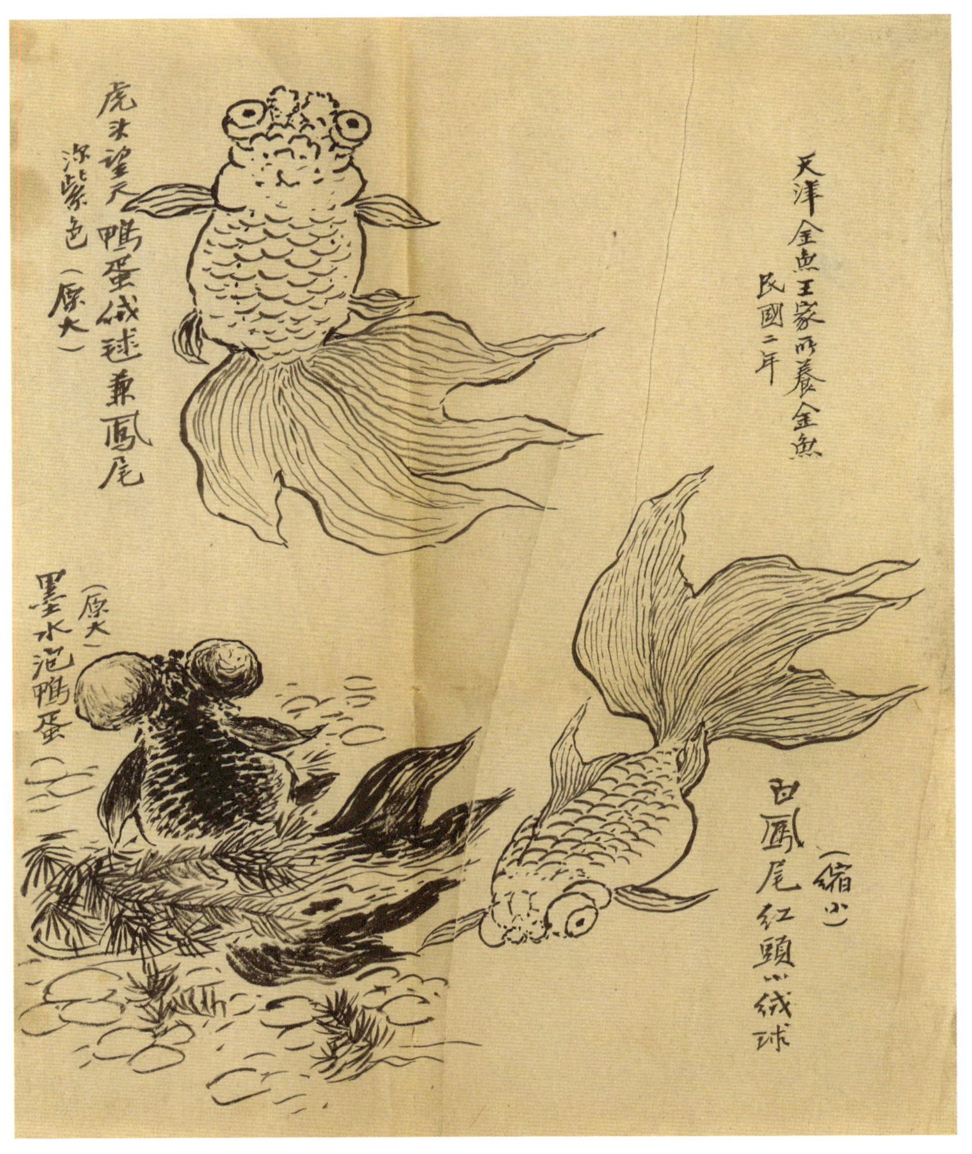
虎头望天
鴨蛋絨毬兼鳳尾
浓紫色（原大）
天津金魚王家所養金魚
民國二年
墨水泡鴨蛋（原大）
白鳳尾紅頭小絨球（縮小）

二個為于家堡窰上所製四日赴北塘住街南李家店訪張履謙詢漁業事張贈海花二個即蠑螺卵五日出街观查下午随京奉車赴蘆臺驛县即至該處為寧河縣巨鎮全縣精粹悉聚於此六日為集日街上鬻物魚鮮之外以葦席為大宗余所住街東之廣興店內寓客商亦多有文昌閣甚幽静往遊一過七日回津

七月十四日—八月二日

晴早十鐘同仁軒性存隨津浦車赴静海縣十二鐘到又雇車入城住街南雙慶店午后訪縣知事王召前又到街上觀覽一過次日雇船赴獨流鎮沿河經口子門五里莊馮家村劉家營等兩岸楊柳成行泥鼈曝日見人躍入水中而遁如此十八里到獨流此地有三街惟臨河一街較热鬧今日集市四鄉来者磨肩於道鬻鮮魚者甚夥以紅白鯽最美观紅者如朱白者如玉且有花者紅白交雜者益形妍麗街後有村婦三五以蒲葉織小包……又買舟往南泊觀漁夕刻返棹王召前来談久之次日城西采集於溪潦中浮紅娘華風船蟲車

民國二年在滄縣所見小船

軸藻及其他藻類多種見花带蛇吞蛙實狀蓋蛇之吻裂甚大每一伸咽蛙必進口寸許數咽而盡蛇頭隆起如瓜

久之陰處下移漸入腹矣……十七日静海集日上午調查
下午整理魚類標本十八日随津浦車往青縣住東關德
聚棧訪知事張宏周到南海子觀治魚二十日随津浦車
往滄縣經興濟姚官屯二站住滄東門内福星棧棧為回民
所開待余等頗優以余鬚適於居齊意為同教人也余亦樂与
之周旋午後訪知事徐樹廷次日周覽城市見治魚小舟形
若箱首尾平齊欹側盪漾舟各有罾咸漁於溪之周次或依
叢草或傍斷岸儼然入畫晚縣署送來往歧口護照一紙二
十二日夜三鐘即起以車赴鹽山因上月大雨途間積水不易行
須有繞道之處故里數多於平時或且倍焉（由滄至鹽約八十餘
華里）首途時皎月在空淨無纖雲出滄城東關經于家橋時晨曦
始上停車購食既而直出四中十二鐘至舊州尖於東關潘家店城內
悉為回壟遠望鐵獅在破磚殘瓦中倍形淒寂出州經張莊
子五龍堂村舍零落復無喬樹之蔭道間夾日蒸灼沙塵刺
鼻四鐘後返照尤熱久之至桂甲林見鹽山城矣城無雉堞
僅存土壁入城後住西門内同盛館室既卑濕窗亦折檔居其
中令人頓生古念夜中熱甚蚊不能睡次日訪知事劉秉堃復往
商會詢水產事以漁期早過竟無所得乃往慶雲更無所見慶城
僅有一門市情更不如鹽晚住齊家店蚊蚤臭蟲出沒逐客大為所窘
次早回鹽適為集期亦無可蒐采二十五日早以車往羊二莊因道上
荒僻請縣派一馬巡為護途經周邊務張治舍郭二莊趙村
至暮抵莊歇足魏家老店詢店主以赴歧口之途有曾往者云里數

凡八十里沿途多沮洳薮澤之場稱曰大窪途中無可憩處出近歧口時始經一村曰張巨河莊且途中惟舊曆三四月運鮮魚者經此至秋夏雨澤多乃無人來往緣寥曠既極又復低濕蚊晝間復多大蚊故出往者則當以夜御夫馬迎亦皆云然乃當晚起身夜風拂面且挾露氣途中多為茂草全無轍迹冥冥北行至半夜卒遇片水就月光望之三面不見其極馬足踏處水為激點點如落雨且水勢東下車為所蕩乃急勒馬反轍木然而思前顧茫茫惟流雲皎月與水鳥驚人啞啞飛鳴而已遂不得不返東羊二莊次晨六鐘餘抵羊人馬成受大蚊之嘬乃修函由此寄津請示一面回滄候示晚回鹽山住東門外順德店夜雨轉日返滄住東門內悅來店由二十八日至八月一日卒不得所中來示遂於二日返津（羊二莊寄所之函又三日才到）

八月七日—二十六日

此為第四次調查早與仁軒性存随五鐘餘京奉車北上至豐臺易京漢車下午二鐘抵安肅下車寓北關正和店出觀城內外一遍次日陰微雨踏街而東經王莊水磨頭小營村至寨子雨大急歇趙家店九日買舟赴安新住北關外王家店午後調查十日為集期觀查街市又以舟往藻淀得水生植物甚多此地盛產白魚晚遂得餐鮮美出依城河采集十二日循依城河以舟東北行時淫雨為災沿途見農家被水狀況意為慘目既入

西淀至下午四鐘至新安鎮住東門外高府店新安為安新局巨鎮商業較縣城為盛高府店之主人為清初巨宦高景之後故店門尚懸順治御賜匾額次日赴市調查又整理沿途所得標本復買舟調查鎮近各村往來宋家莊梨樹地以及大小亞橋之間十五日以舟赴雄縣由新安東門外登舟經宋家莊四家莊張家淀郭李口下李莊至下午三鐘到雄縣矣遂住於南関外之東王店始用午餐店中除余等外竟無他客入城視查覺疑為鄉也非城也城南大清河上駕橋曰瓦濟橋之頭商家甚夥五代周世宗自將伐遼取瓦橋関即此或謂今雄縣南門即古関地晚大雨一夜次日冒雨出觀沿河以習治漁現状十七日以車冒雨之任邱途經趙北口十二連橋沿路雨中風景殊饒詩興遂於輪蹄顛頓中得七絕十二首近午打尖于鄚州南関旅舍時雨益大既復冒雨行至香城鋪泥濘難不可行晚七鐘抵任邱西関住東郭店次日詢查一過無所得並聞由此去大城途中不靖因此時正高粱王出沒之期是不可以行險乃仍回趙北口寓南関外慶興店二十日冒大雨舟行往苑家口次日先至霸縣視查隨至蘇橋鎮住靳家店二十二日到勝芳住仙洲姪家夕刻出觀街市由芳雇舟去大城之臺頭鎮王家口調查於沿魚上技法隨有所獲又回芳整理所攜於二十六日以舟返津

中華民國三年 1914

三月八日—十日

晴與徐賢生隨午前十一鐘半之京奉車由天津新車站上車東行蓋以中華民國直隸省出品經理員赴日本大正博覽會與賽也行時直隸省商品陳列所所長嚴慈約至車站相送開行時風甚巨至晚六鐘抵至臨榆下車寓南關外同豐公司此次直隸出品共計十三箱皆由轉運公司辦理直接寄日　大正博覽會係日本所謂內國博覽會蓋為祝賀日本皇統之萬世一系無約外國參加與賽之例乃日本浪人某某三數人揚言藉此加強日支親善到中國公使館口頭上約中國出品與賽中國公使為陸宗輿及使館同仁林鐵錚郭東泉等全以不見公文僅口頭來說遂輕視不理並未向我政府報告消息不料該浪人等竟來中國到北京面見政府要人大加責難指中政府藐視國交並直接見袁世凱於是袁怒責陸同時應浪人之請通令各省出品與賽並派參與賽會監督直隸方面遂由督軍兼省長朱家寶令商品陳列所所長嚴智怡籌備出品與賽所中乃派員蒐採審擇裝潢打箱轉運由民二冬令整忙亂三個多月才辦理就序派余與徐克煌赴日　徐係留日學生初畢業回國正來津向嚴謀差嚴遂派為余之副手所謂書記兼翻譯余則為出品經理員……次日晴早七鐘三十五分由臨榆直京

(イ138)
LAW COURT IN FORMER DAY.
舊裁判
(朝鮮風俗)

奉車出關往瀋陽途經前所前衛荒地綏中縣東新莊寧遠州連山高橋女兒河錦州雙陽甸大凌河石山站羊圈子溝幫子青堆子打虎山繞陽河白旗堡新民府巨流河興隆店馬三家子至晚七鐘至瀋陽下車住於站近之日本旅舍瀋陽館沐浴飲食居處皆甚考究祇以不通言語處處聽賦生指揮覺少悶苦耳入館時脫履而登地板上鋪席子即日本所謂疊直至各室皆鋪疊也故室之大小每稱疊若干即知室之尺寸矣下女引至一室中為置二座墊而去余與賦生各據墊休息約刻許乃進晚餐餐已入浴浴室有下男為之搓澡浴已易和服所謂有襖而無褲者談時趺坐於又地

之時本與各桌二魚肉一碟為雜飯下坐每椀下為且於雙
妹食日余前小各一牛一菜漬末佳旁侍一記再之托盤
又上為養徐置上菜一另漬糖蔔極女服飯食女盛必小

手捧獻敬恭之狀不可言喻睡時展大褥覆大被遂眠於火地火炕之上十日晴稍涼早八鐘早餐也述旅主人為備馬車送余二人至車站乃隨安奉線火車東行車上除余等外皆日人九鐘四十分車開途經渾河撫安陳相屯姚千户屯石橋子火連寨本溪湖福金橋頭南坟下馬塘連山關祁家堡草河口通遠堡劉家河秋木莊雞冠山四臺子鳳凰城高麗門湯山城五龍背蛤蟆塘沙河鎮至暮抵安東縣乃下車入日本食館余二人各購辨當一份食之辨當者乃以長方匣二一盛飯一盛各種小菜及冷魚雞肉等匣木片製上附箸及薄紙一方束以便行路者御之極便辨當價分三等每份五角者有雞肉三角五分者有魚一二片二角者則專為三四品漬菜余等所購為五角者雞二片魚三四片漬菜三四品皆頗可口余輩食量不大一份足矣食後匣箸皆棄去食後登往朝鮮之火車南行至此出國界入朝鮮境矣

十一日—十二日

晴稍涼昨晚登車出國界後車外不見燈火行客皆預備寢息余輩亦然昏夢中已行過韓國北半何時過鴨綠江竟不得知晨興經一站曰水色未幾至漢城停車處即城之南大門站上脚夫皆日人旅館接客者亦皆日人出站行頗遠始有韓人負大椅(若山背子)接客者余與稚生自將所攜入一街息於日本之清光館之中不備餐稍息遂出外周

食於一小小飯店店中所備為四數羅蕎麥蓋湯麵上置一油炸大蝦者亦甚可口食已赴街遊觀觸目皆日人商店蹤至街上吹喇叭賣糖的皆日人也間遇韓人除負擔者外衣履亦甚楚楚乃乘電車觀皇宮博物院院中所陳多皇宮舊物頗令人生悲涼之感觀久之出入院中喫茶館飲茶并於留音機聞韓國之曲觸耳生穢亡國音也生無何索然出又歷遊韓人聚居之地日人稱為鮮人町房舍溝渠率不修整往一巷竈烟自墻根以圓穴上衝以致滿巷皆烟過者迷目細審所以蓋家屋入門處皆下行庭低於巷室低於庭各有數尺故墻根圓穴即室之高處出烟突者無怪歷數街外觀多矮屋也蓬蓬之陋於此可見時有小學生過吾前其所着木屐為整木刻成甚形笨重鮮人町近有斜街多韓人賣店皆食品雜貨亦有國僑所設肆大書某廛之國僑多山東籍於日語外率能韓語街上有多處貼有高麗名產人參廣告人參多寫成人三……韓人裝束猶若吾國唐宋時風度只以國破家亡見之刺腦既而又遊大圓覺寺公園并購韓人風俗明信片多張歸時日已將暮入一日本飯館晚餐為米飯一碗上蓋以雞蛋等類吾國之蓋澆飯每碗二角五分就食者多人斯時滿街皆日人木屐之聲清光館所居之街稱本町通最寬之街為鐘樓街漢山在城之北由街可望上有李

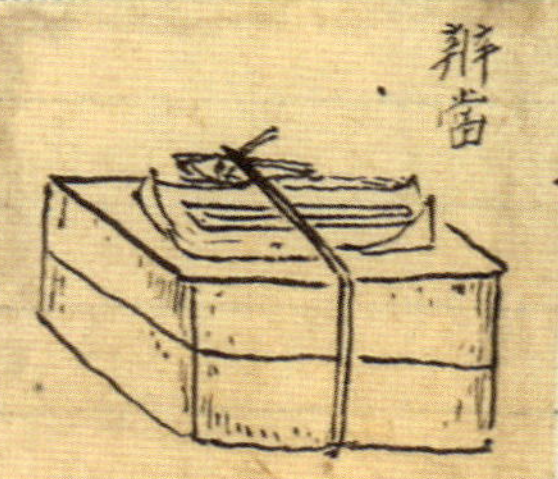

朝鮮舊官服頗類前明
女裝則類宋
(イ350) FORMERLY CIVIL OFFICER AND WIFE. (朝鮮風俗)舊文官夫婦
望廬住客韓
人女子內服
衣短裳長裙
腰高束至胸
際色尚雅淡
不外白黑卵
青三色髻梳
頭後彷彿吾
國之團髻兩
橫扁上戴小
冠々前垂紫
總至於眉間
冠後以長繩
束髻繩間有
一圓形飾物
或穿以珠衣
外有用被服
者於外出時
多被於頭上
下覆兩肩即
日人所謂被
衣風俗也夢

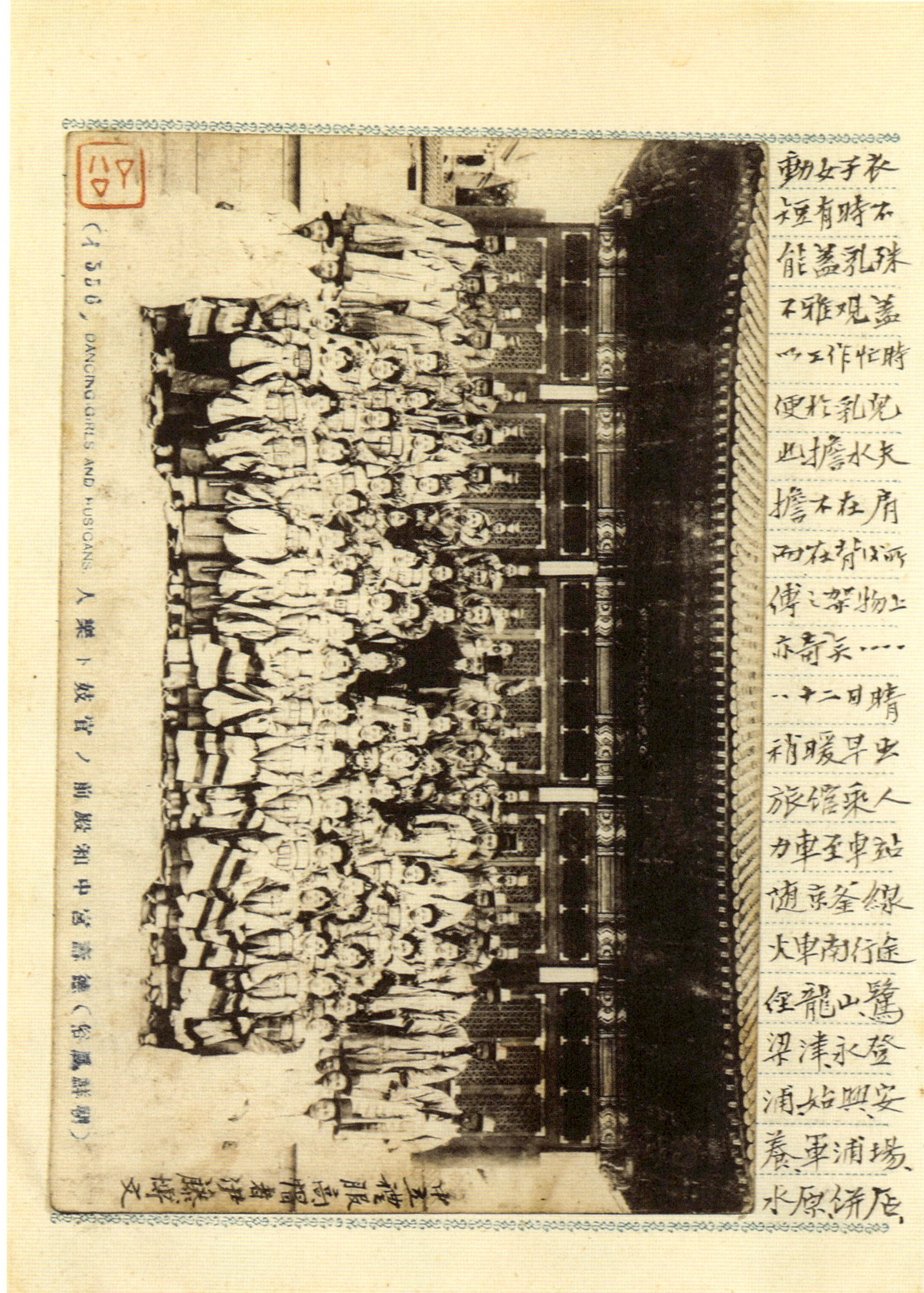

動女子衣短有時不能蓋乳殊不雅觀蓋以工作忙時便於乳兒也擔水夫擔不在肩而在背以所傳之架物上亦奇矣……
……十二日晴稍暖早出旅館乘人力車至車站遊京釜綫火車南行途經龍山鷺梁津永登浦始興安養軍浦場水原餅店

眼式頗類前明

（朝鮮風俗）童子

烏山、西井里、平澤、成歡、天安、小井里、
全義、鳥致院、芙江、新灘津、大田、
沃川、伊院、深川、永同、黃澗、秋風嶺、
金泉、金烏山、若木、倭館、新洞、大邱、
慶山、清道、榆川、密陽、三浪津、院洞、
勿禁、龜浦、釜山鎮、草梁、再前至釜
山下車時已昏暮乃在碼頭小飯
館用餐已登弘濟丸輪渡久之
向日本下關開行朝鮮南端至此
盡矣今日途中所見青山綠水草木
鮮華在在應添旅人之興但胸有
成見以爲大好河山爲日人所僭
據直不啻籠罩於黑幕之下聞大
車轉轂之聲皆儼然如亡國人
呻吟悲泣復何心而有歡哉

十三日一二十日

陰稍涼早七鐘船已越日本
海峽抵下關停泊碼頭外在
船上早餐已換乘小汽船渡至岸登偕同覺
生歷遊下關街市一匝以時過雨道上頗泥濘街間商店甚夥既而
入車站見各處皆貼有雲丹鬼蠶廣告雲丹即海膽之卵鬼蠶乃一

種蟹背甲紋若鬼面者皆此地名產在站息約刻許遂發赴
東京之通車開行後車窗猶帶雨滴也途間所經村舍皆
頗清秀此時又落雨偶由車窗外望見橘林甚多
黃顆垂垂間以桃李又襯一種結豆如相思
子者鮮紅如火至為美觀余本擬次經此觀
之笑樂而鼠生則數年留學習見已久故寧坐
看小說飯時由站上購辨當并茶茶之
售也附以粗瓷之壺及碗共價一角飲
後壺碗即可棄去亦旅中便法也晚刻
經神戶大阪到京都後已將夜半人聲
雨聲及站上濺泥聲嘈雜至不能
睡次日天明時雨益暴車窗悉溼
外望見松林一帶林外有水駕長橋
既而至靜岡蒲原蒲原者為海老之
名產地也又過沼津橫濱等站過
橫濱至東京矣因於新橋車站下
車時雨益急鼠生戚友數人在站
相接衣履盡溼出站乘電車至
神田錦町美豐館館為下宿房
舍規模甚小而清潔可人因擇
一廣間與鼠生同寓館中住中國人
甚多皆留日學生余因鼠生而識者為林劍楚陸仲漁林徐

朝鮮官伎
宮妝之像

舊所謂長袖善舞其長袖蓋如此

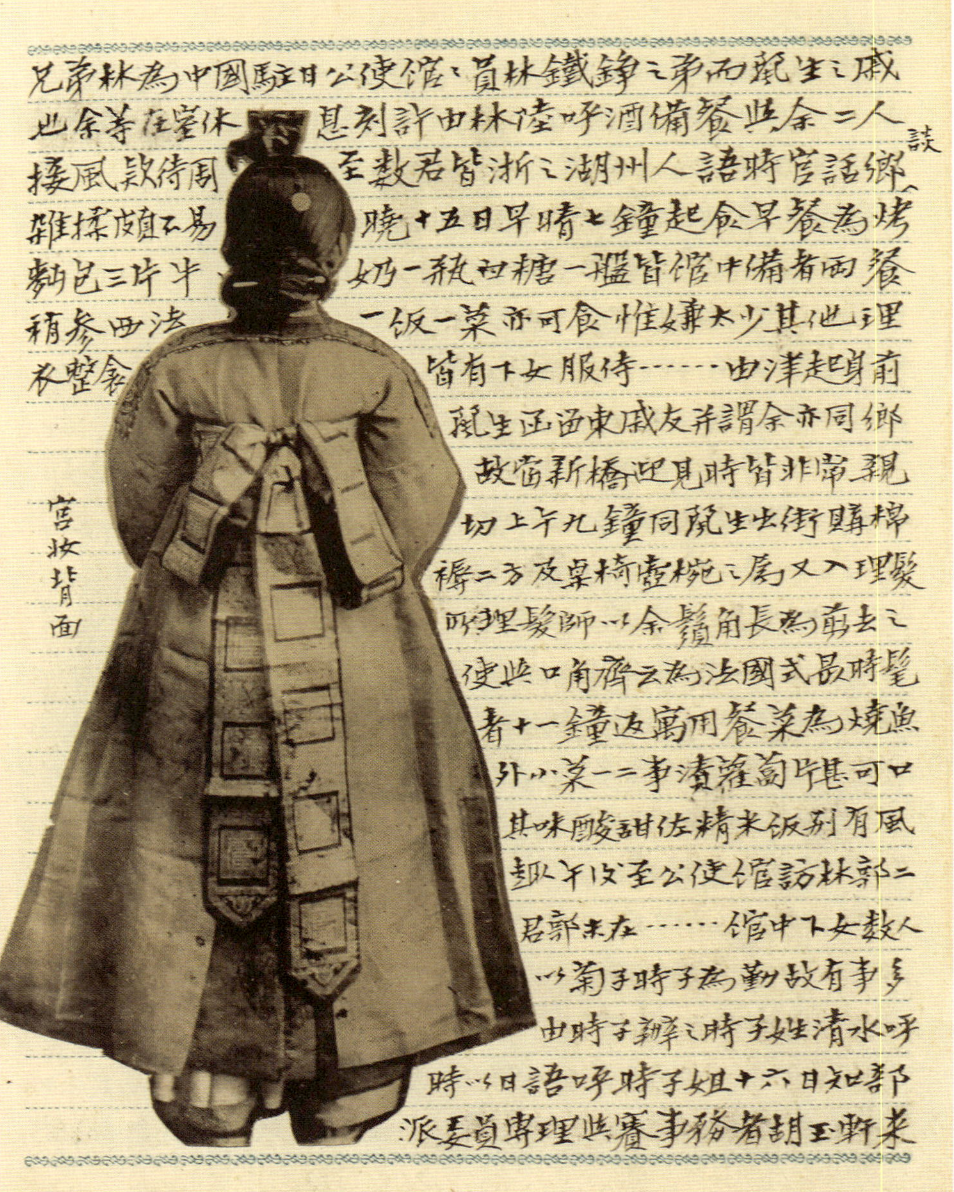
兄弟林為中國駐日公使館〻員林鐵錚之弟而凱生之戚
也余等在室休息刻許由林陸呼酒備餐與余二人談
接風款待周至數君皆浙之湖州人語時官話鄉音
雜揉頗不易曉十五日早晴七鐘起食早餐為烤
麪包三片牛奶一瓶白糖一罐皆館中備者兩餐
稍參西法一飯一菜亦可食惟嫌太少其他理
衣整衾皆有下女服侍……由津起身前
凱生函西東戚友并謂余亦同鄉
故當新橋迎見時皆非常親
切上午九鐘同凱生出街購棉
褥二方及桌椅壺碗之屬又入理髮
所理髮師以余鬚角長為剪去之
使與口角齊云為法國式是時髦
者十一鐘返寓用餐菜為燒魚
外小菜一二事漬雜蔔片甚可口
其味酸甜佐精米飯別有風
趣午後至公使館訪林鄭二
君鄭未在……館中下女數人
以菊子時子為勤故有事多
由時子辦之時子姓清水呼
時以日語呼時子姐十六日知鄧
派委員專理與賽事務者胡玉軒來

宮妝背面

寓東京九段坂上松葉館余與徐訪之以外出投片而去到上
野公園博覽會場遊覽一遍場中館舍尚未完全築畢然開
會期已定為二十日次晨訪胡玉軒……李道衡來陪余等赴
日華貿易館并約食西洋料理於館中晚寫出品詳冊備交胡
十九日接大正博覽會辦事處送來入場徽章二個……據我
使館人謂日本浪人等以手段要挾我國出品仍係有日政府背
後支持所以浪人乃能出面見袁正謂日本外交手眼向來一打一
通尤其對吾國之軟弱更是一抑一個仁余聞此言後中心甚為憤
懟……博覽會之始經營也在大正即位之時各館之篤梁式則
在大正二年天長節開會日則預定大正三年三月二十日即明日也會
場分為二第一會場在上野公園其陳列各部為工業館礦業
館林業館教育學藝館水產館美術館拓殖館朝鮮館表
慶館博物館園藝館北海道館滿洲特別館體育館演
藝館外有農林苗木陳列小動物舍大動物舍及興行物之
南洋館座禪館美人島旅行館礦山館等第二會場在不忍
池畔其中陳列各部為運輸館農業館染織館染織外館
外國館動力館機械館臺灣館冷藏庫等外有日華貿易館
在第二會場入門其中陳品皆可售賣吾國出品陳之外國館其
可售者則歸日華貿易館惟須繳櫥費又有日支交通會者為國
人所立其理事長為宓鐵錚該會出有大正博覽會指南承贈
與一冊其中所敘會事甚詳茲節錄上野公園情形大略如下

上野公園在下谷區園廣二十五萬三千坪地勢高燥

丘陵起伏老樹扶疎引人入勝園中多櫻花之開時節士女絡繹不絶有帝室博物館面上野廣小路其西北有若滴山老杉摩空陰森幽邃忍岡臨不忍池林木葱鬱其東曰清水臺其南稱櫻之岡俯瞰上野車站仰觀淺草公園之高塔隅田川口東京灣之烟波亦在指顧間也清水臺有觀音堂其鄰有摺鉢山東照宮在櫻之岡北藝路以通山下有石磴若干級以連接不忍池之周約半里夏日藕花盛開故有小西湖之稱……二十日博覽會開幕早徐志一來午後訪胡玉軒辦與會事務晚同祝生志一至錦輝館觀電影演時有專員旁立說明並肖其姿表達影中人語言……近日天氣暖上野櫻花盛開

二十一日—三十一日、

辦理與會事務……參觀兩會場各館二十四日直衡約余等至其家便餐直衡往千駄谷並偕觀青山練兵場陳列之飛機……晚籌對日華貿易館租用陳列櫥及出品裝潢事二十九日在會場監督佐藤商店雇工做陳列架臺事直衡鐵錚皆為幫忙不少午刻同直衡鐵錚劉伯敏丁伯涵等會餐於會場之西洋料理日華貿易館出品分八類一教育學藝商品二水產商品三飲食商品四化學工業商品五染織工業商品六機械商品七運輸類商品八製作工業商品我省出品中以合於一三八三類出品提歸此館陳列者為醬

菜銀器泥人張泥人三十一日在日華貿易館辦陳列事

四月一日—三十日

連日辦日華貿易館及外國館中我直隸物品陳列裝潢事至七日晚完全蒇事……陸公使約同鄉晚餐在座有浙江出品經理員及浙江實業觀光團共六十餘人李道衡林鐵錚皆任招待……陳列架檯凡二式陳醬菜及蜜煎熟用者為四層半圓凹形之檯敷以綠呢平々而直鋪蓋醬菜蜜煎由玻瓶透出之光澤為黑褐紫色襯以無光之綠色呢當非常妍雅又製一花形小額自畫彩色花卉而隨形剪成中央橫書朱字中華民國斜書黑字直隸名產陳銀器者則為山形隨其高下敷以紫呢々々之垂下至於櫥底者使折皺高下如坡陀起伏海水噴薄蓋思以體相稱之銀器置於山相不相稱之陳列檯間相形當益見其趣而紫白輝映尤足爽目……八日晚使館林鐵錚約食同座皆浙之同鄉……十日同凡生劍楚志一錢里千遊吉野觀櫻花又遊百花園復至淺草公園登凌雲閣所謂十二階者又觀水族館夕刻食料理於東亭十六日弔李道衡母喪李母在北京故宅病亡李不得歸今日在本願寺誦經遙祭寺在日比谷殿宇甚宏敞正殿三神像中座最巨龕亦修廣前為寶座々前長案供李母神牌前有巨爐々側有供品四豆々側燃白燭諸人所送之奠物則列案下左右神座前數武側置二几各坐一僧殿台之下左右置巨鼓大磬其旁設

小几展經卷坐五僧僧後為直衛跪處直衛後即余等跪處
余等後為高欄欄外復跪日本男女若干人皆隨誦經經便籍以
超度其先人者僧誦經之先先吹樂樂音至簡中一僧吹管左為
笙右為笛聲直而帶曲已而鐘大鳴且擊鼓磬如是久之樂止乃
誦經聲低平無轉折不似吾國之所謂和唱者誦時惟右側一
僧擊二木為節如木魚聲經卷亦為法華楞嚴板製皆同中原惟
讀音異耳神殿內外皆金塗頂柱藻繪數色甚新四鐘餘
誦經畢群起直衛致謝又稍息出寺遊日比谷公園園在皇城西
南櫻田門外廣五萬餘坪有六門曰日比谷、櫻田、霞、西幸、幸
有樂園內池沼亭榭假山噴水春有櫻秋有楓較淺草幽
靜……會場南洋館有馬來人手蹈及南洋食人種族浮
觀覽一過並購來明信片六張其中之一片為世界無錢徒步旅
行者之肖像餘五片為婆羅洲谷雅克人保留人首情形及新
幾內亞人像二十五日余與孫生同劍楚志一叔餘王志行凌楫
民觴陸仲漁於吾國料理館揚子江蓋仲漁日內歸國也二
十九日參觀會場外之衛生館館中陳列各病症模型照像
及許多為余前所不知物事遂細觀一過并擇要另記十之
二三——（并畫有小圖數紙日記入我之憶賴雜筆中）三十日
同直衛往兩國橋金石舍標本部及錦町島津製造
所參觀兩家皆售教育品及各種標本模型者而島津
尤著名入其室幾於目不暇給蓋滿室皆標本儀器模型
也因購海藻標本五十張昆蟲標本一函專索鳳蝶科者

世界無錢徒步旅行者劝日本人名

像著歐服而非印人之纏頭且濃

歇甫於治四十四年九月辭母國

清

現我國已改建共和而白人仍以之

北清匀法呼之真令我憤恨

之國

所主人踟蹰對久之允為豫裝作成日送至寓所又購折疊捕蟲網一毒瓶一函針並昆蟲函用以標籤若干而共計用日金二圓五角（鳳蝶一函價不在內）……

五月一日—十八日

二日午刻島津派人送來鳳蝶科標本一函凡十一種價日金五圓……直衡來約遊箱根定九日同往因稍待東近日與會事務九日下午五鐘同稚生隨大車赴箱根路間風景較前次往橫濱時大殊前則紅櫻紫堇今一變全為濃綠矣發至橫濱直衡登車相見歡然車稍停復行經程ケ谷戶塚大船藤澤沿途皆農村風物頗形清整此時天色已暮車上電燈大明窗外或山或樹咸黯黯有睡意既而又至

世界無錢徒步旅行者日本人名菅野力夫生於明治二十年其
像著歐服而如印人之纏頭且濃髯上題云「萬里遠征壯心雄
歇當於治四十四年九月辭母國以察朝鮮南滿臺灣南
清（現我國已改建共和而日人仍以北清南清呼之真令我憤恨）之國狀又南來新加坡越馬來
半島之南端行蘇門答臘一週乃由緬甸更北窺雲南國
境渡鄭爾喀斯坦踏幽玄之喜馬拉耶高嶺以訪西藏海拔八
千尺之西母拉市又從駱駝背上橫行達爾沙漠經俾路芝阿
富汗入波斯以弔回回教國之古蹟因軍事偵探關係嫌疑
為人所捕由英國官憲護送入孟買遂不得再西行於大正三年二
月第一回壯圖終了乃歸國計行旅日期二年又六閱月行程三萬
五千里今歲入夏擬續行第二回之長途用埋男兒之骨於萬
里異鄉之地云云

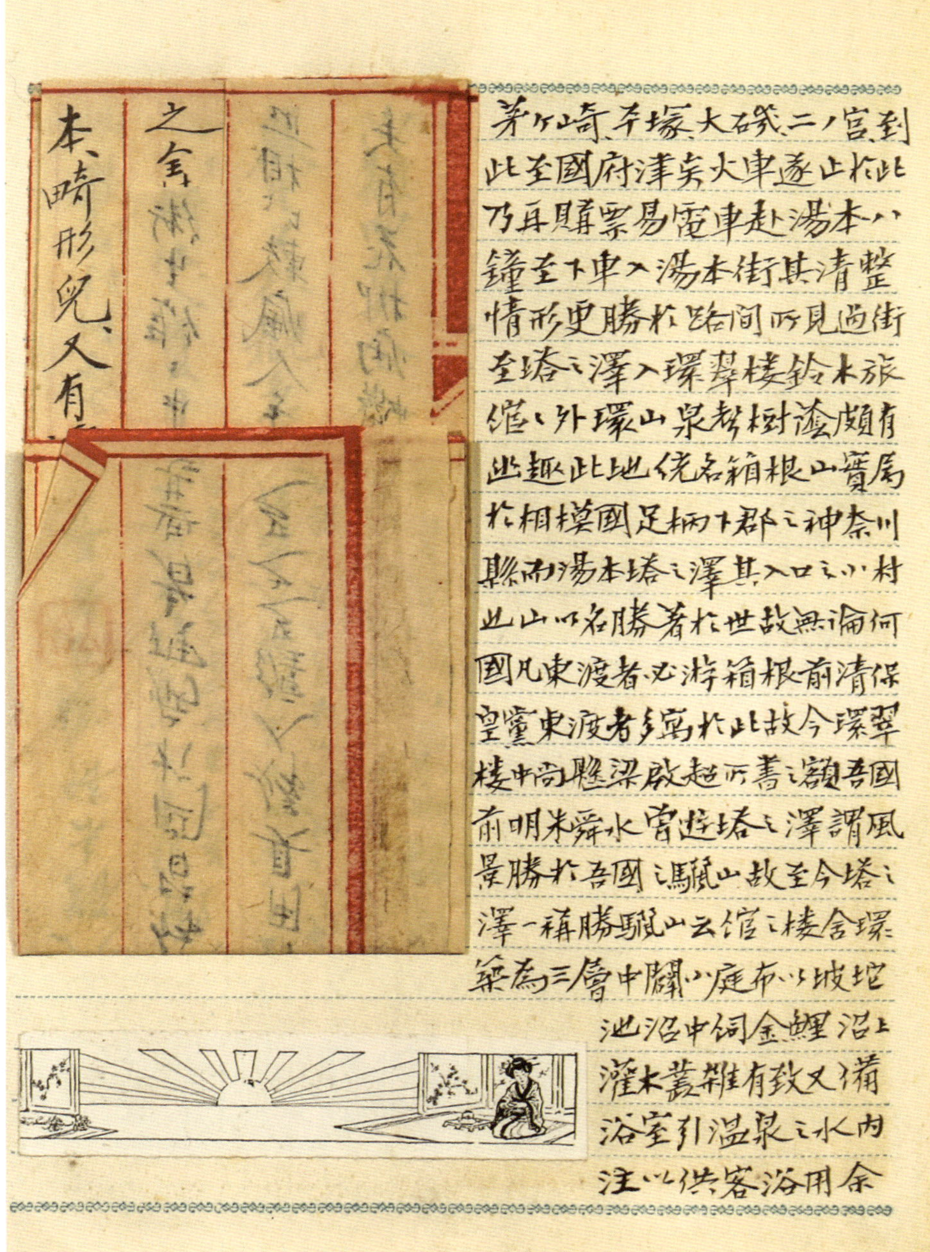

本、崎形兒、又有

之舍

茅ケ崎、平塚、大磯、二ノ宮、到此至國府津乘火車遂止於此乃再購票易電車赴湯本八鐘至下車入湯本街其清整情形更勝於路間所見過街至塔之澤入環翠樓鈴木旅館、外環山泉杉樹蔭頗有幽趣此地統名箱根山實屬於相模國足柄下郡之神奈川縣而湯本塔之澤其入口之小村也山以名勝著於世故無論何國凡東渡者必游箱根前清保皇黨東渡者多寓於此故今環翠樓中尚懸梁啟超所書之額吾國前明朱舜水嘗遊塔之澤謂風景勝於吾國之驪山故至今塔之澤一稱勝驪山云館之樓舍環築為三層中闢以庭布以坡陀池沼中飼金鯉沼上灌木叢雜有致又備浴室引溫泉之水內注以供客浴用余衛生館々中陳列各病症模型照像乃口為强健兒及病兒照相々較瘋人手造各物有初时編製極精細者至末則不成形矣有花柳病蠟型內一極毒症第三期現状𢀖男子頭部蠟型陷額凹鼻令人作三日嘔此室為無料者乃複室須納費五分美二角醜生不欲觀急走而過第則觀覧甚細如二貫八百目之大瘤、內臓之全轉位、八貫目大睾丸、十七歲女子筋肉乾燥標本、人體透明標本、畸形兒、又有酒浸男子頭顱約四五具有横剖或縱剖為左右干

翰墨齋製

片者皆係剖學上重要之參考品其他人體各部酒浸者甚多
外有屍蠟、木乃伊、南米インヂヽ種之人頭、非常之小直徑不過三英寸爲世界珍品旁有
說明謂某日僑在南米中部某地經過一大森林適值インヂヽ人及他種人惡戰
時當日夕該日僑懼爲兩方所見乃避一高樹上下瞭他種人比較稍大皆高不及三英尺
共約百餘人戰甚酣手中所執率刀矛之屬戰至月上インヂヽ人敗走他種其
俘インヂヽ一人砍之道邊流血甚慘他種分食其肢體盡而去久之無聲息日僑
乃自樹下覓之得其頭而歸以酒精浸
之頭雖小而其髮甚多且長四披鬚髯亦然
及古代劓黥刖各刑印圖等

樓上所陳皆關於台灣全島者有吸鴉片用具婦人纏足之足
部蠟型及綉鞋之類令人對之慚汗係皆關於病理者無甚
特異

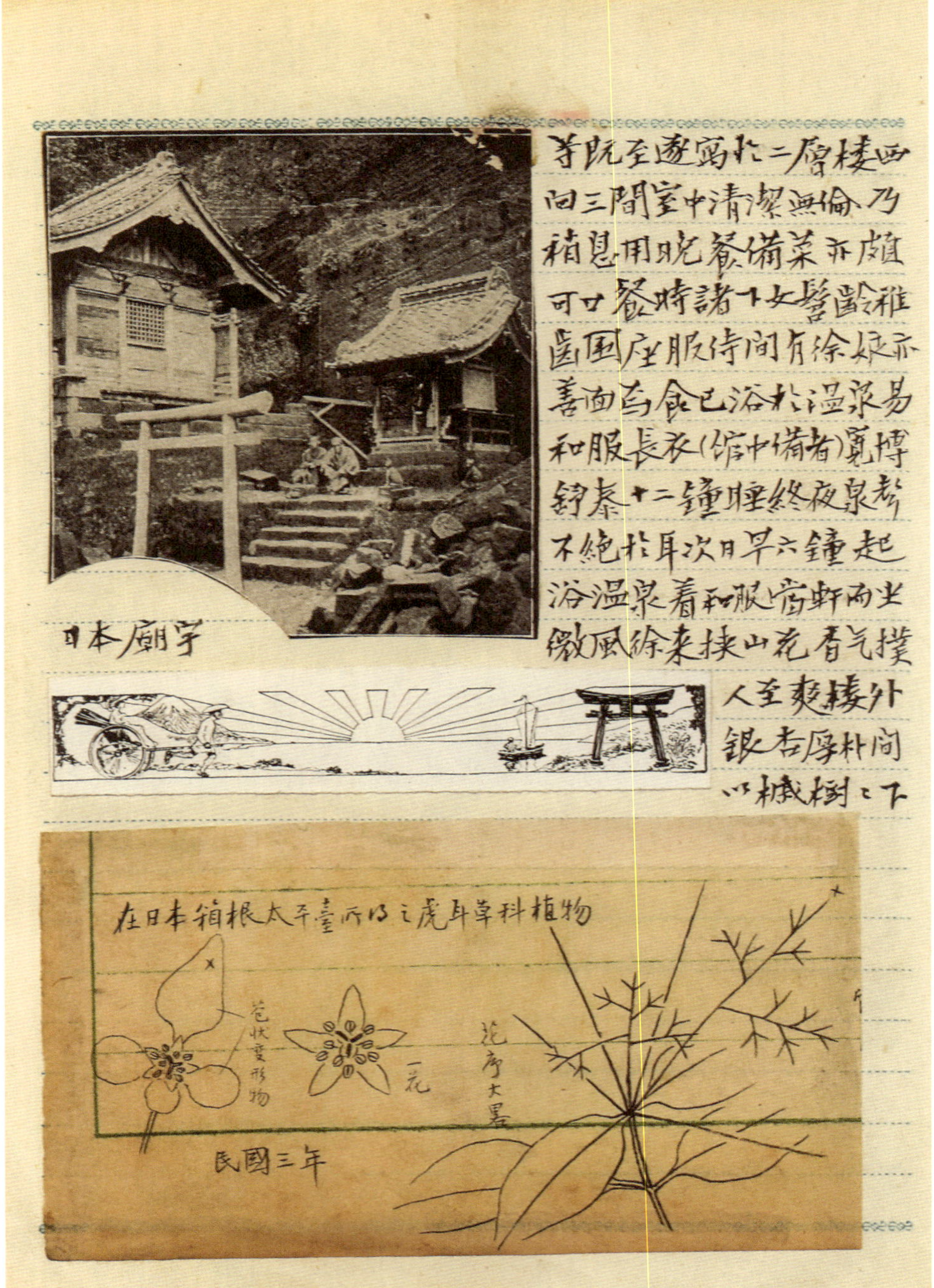

等既至遂寓於二層楼西
向三間室中清潔無倫乃
稍息用晚餐備菜亦頗
可口餐時諸下女髻齡稚
齒國座服侍間有徐娘亦
善面焉食已浴於温泉易
和服長衣（館中備者）寬博
舒泰十二鐘睡終夜泉聲
不絕於耳次日早六鐘起
浴温泉着和服、當軒而坐
微風徐來挾山花香氣撲
人至爽樓外
銀杏厚朴間
以槭樹之下

日本廟宇

在日本箱根太平臺所得之虎耳草科植物

民國三年

大連湾附近
大連湾附近海中

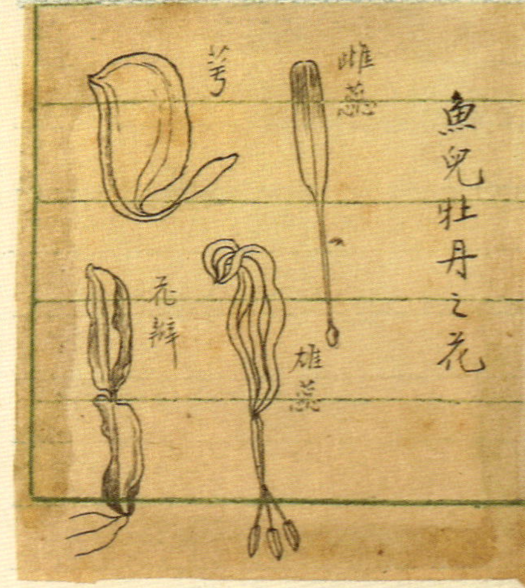

溪植杜鵑花各色悉備花下
築石為道々外搭木為廊々外
山泉環山而流無間晝夜聲如
急雨泉流激石白沫飛濺如
雪窩中泄滔即引山泉為之所
飼金鯉外向有華鯉金魚、襯以苔
藻杜鵑花開正繁映泉流浮其
清潤之氣妍麗悅人黑玳瑁麝香
蝶之屬穿枝掠葉而飛以吸花蜜
隔泉流皆小築積石為基數木

The cascade of Yumoto. (Tamadare-no-taki.) 湯本玉簾の瀧

為屋僥
長廊接
板橋而
屋脊時
為茂樹
所掩或
僅於濃
綠中見
其一角
屋皮聳
然翠者
為塔之

澤山々全蒙碧樹木見山
膚林鳥時而鳴聲滴歷
如山鶯之囀又或如燕雀
亦若樂夫此佳山水者……
……已而館主進早餐々已
乃與孫生直衝出遊戲至
水力電氣塔之澤發電所
參觀又由此循山徑而上
徑不陡而平淨如砥鼓凡
人力車自動車咸安然往
來焉徑旁雜花殊艷芊
齒石草尤繁仰望山半全為

濃綠之色間有一二處鮮紅點點者野生杜鵑也有時山石突兀橫截路隅若虎之伏若獅之蹲或不成一形而怪特有奇趣石之嶂泉水伏而流聲淅淅然非一處也者或巨而或細又或點滴為蘇碎聲已而至太平臺稍休息於茶館浮虎耳草科植物一種稍記其形態夾之日記本中矣前行久之至宮之下有長街多鋪家遂入嘉樂處進食為天麩羅蕎麥已復行轉

No. 1. Miyanoshita. 宮の下温泉全景の一

山坂入一賣物所參觀其寄木細工因購一寄木小樺寄木者即吾國所謂木片鑲也由此深入叢山中崎嶇犖确時而疎林流泉時而叢林深澗時而溪時而橋百轉千迴景色屢變至此處合於通途之旁依林有小築修竹四圍再前至小涌谷之以千條瀧著名瀧廣凡占山之半壁條條如脫索之珠其聲潺然無慮幾千百條直滴入山根溪流以去瀧側小茶棚設竹床備遊客觀瀧之用余坐

小涌谷 千條の瀧

箱根

之林距瀧至近渇抱膝而靜觀
焉瀧懸山麓十流出苔斑駁爲
瀧所浸益青蒼可喜溪流中多大
石有似人之拄杖者有若達摩面壁
者或立或坐觀之益肖溪水曲折
環石而流偶激入石罅小沫噴
濺則若爲哀歎之音時有飛鳥黑章
修尾立石上翩然鳴余起視則驚
飛向西南而去若隔山矣溪側山石之間多奇卉采蘭科植物一
種即所謂蝦根者由此復前進豁然開朗道旁有修潔逆旅曰

Mikawaya hotel, Kowakidani.　小涌谷温泉三河屋ホテル之景

三河屋
者因入
焉屋亦
稱鳳来
棲登其
棲倚欄
而望遠
望山巒
起伏或
蒼或赭
或紺碧
濃淡若

雲烟蔽近山山半多樹葉色綠赭相半遠近幽殊不同焉參
乃喚酒望山而飲以山光飛落襟袖間心靈至適坐約兩
刻許行時屋主贈吾輩各浴巾一以誌念巾白色上印三河屋鳳
來樓六字皆篆書歸途遇山女背負筐采蕨及蕗因購其一握以
備晚餐之需已而因山途歧出與颿生相失於底倉附近至宮之下
街始相遇遂以人力車歸歸後沐浴進餐御所謂牛鳥(ヤシトリ)
者(即生雞片生牛肉片玉葱松蕈烘之於銀罏上小鐺者)而益之
以購之蕨芽香美殊不可狀復因直衡颿生之議沽正宗酒添盤
飧(紫菜捲魚片等)聚飲諸下女於是皆修容閱服而至一徐娘引
之共八人圍坐拇戰笑譃一室脂香四噴下女中亦有名時子者兩
相較此為勝也十一日與颿生直衡攝一影又游湯本觀玉簾瀧

Sokokura. 底倉溫泉之全景

照樣原大
滿黑有黑点
点有白边
凸眼珠

瀧上全掩茂樹之處纏絡紫藤時正花開清香沁人瀧即由藤陰而下倒瀉千尺寒光射目真奇景也晚為環翠主人作畫主人以竹扇為報並各奉浴巾巾上印環翠樓鈴木箱根溫泉諸字明日返東京十六日接天津陳列所函謂津中已拿馬直隸出品協會將開展覽會於公園促余速歸助理一切大正會事可專託之龍生云云余於是整備歸裝擬以海程歸國適二十日有天草丸自神戶開往大連遂擬十九日先以大東去神戶道衡乃為函預寄神戶田中屋使屆時以館人照拂余之購票登舟事……

五月十九日—二十五日（離日京時別友別下之姊詩收秋蟬中）

晴午後三鐘五十分由東京乘急行車往神戶龍生劍楚道衡志一里千志行等皆至新橋送別各有所贈未幾車開久之別東京矣時當夏季途間濃綠浸人偶有金黃之色點綴田畝間者蕓薹之花也他則或為小園或為斜閣神社之坊齊然一見途穿山洞一未幾至大船稍停復行越大磯後天已昏黑及過沼松車人已漸備休息余亦暫然住此獨夜次早過京都大阪到神戶又前至三之宮下車田中屋旅館中人早在站相候隨之至館休息用餐購票登天草丸該舟下椗處距岸甚遠駕舢板往時風高浪急乘以四兩舢板人多益形顛簸登舟衣帽皆濕十鐘舟行遂大睡以蘇四體夜中又雨……舟上余外中國人僅有山東丁星垣故登舟後舟人安置余之臥處近丁二十一日晴風甚出

（天草夜別丁君詩載秋蟬中）

艙面眺望下岡景色未幾至門司泊焉時舟客上下甚多起卸貨尤為喧鬧下午一鐘開行晚經玄海洋顛簸不堪如此一夜二十二日舟行稍穩高麗半島已隱隱在望既而眾島畢現率荒寂似無居人舟人言此沿海諸島昔曾為海盜所據經韓人剷除僅餘黃壓枯骨晚來天黑燒火滿山此時已將入黃海晚來舟人扮戲開娛乘客二十三日早出艙面空無所見下午三鐘許始遙遙見大連燈塔未幾舟停中流有小汽船來載醫官至舟驗客驗已舟乃進口泊焉乃登岸坐馬車至長勝棧稍息進晚餐當即隨由此往長春之大車北來次日天明時經南臺七鐘至瀋陽城南下車少刻隨十鐘往臨榆之急行車西來晚宿臨榆天泰棧二十五日早九鐘登車下午至津

九月十日—十一月六日

巴拿馬直隸出品展覽會在河北公園開會後經過審查給獎凡是得獎物事又經過嚴格選定可赴美與賽者由八月開始編號記帳填表裝箱派余籌辦一切余督率之以陳列所同仁趙信臣張墨莊助理之至九月初完全辦妥共計一百五十箱分三批寄上海交由中央籌備巴拿馬賽會事務局放洋運美嚴智怡裏裕壽由省署派為直隸赴美賽會代表由局派余與胡泰年陳幼卿朱延平屠坤華為赴美隨員趙鴻年張文翰為助理本日起連日與赴美同仁購備出國用一應什物服

裝弁照像備貼護照之用赴美輪船票由魯卿（婁）為購定係滿洲號一等艙位七二等艙位二船於十一月七日由上海開行十月二十九日慈約（嚴）麟生（胡）坤華（屠）劍村（朱）墨莊（張）隨津浦車換滬寧車去上海三十一日晚七鐘三十分余與魯青（婁）幼卿（陳）信臣（趙）亦由天津總站隨上述車去上海並頭等睡車房間二余與魯青一室八鐘車開次早過兖州晚八鐘過江至南京下關換登滬寧睡車十一月二日晨到上海北車站下車換乘馬車至三馬路大新街孟淵旅社余住三樓三十五號室午後同幼卿信臣墨莊出游英租界各馬路晚同魯青又散步南京路一帶四日晚賽會監督陳琪約餐各省赴美代表隨員於小花園都益處五日同慈約麟生往中央賽會事務局與沈芑舫等議赴賽事務各省代表同在……

十一月七日—三十日

晴早整行裝下午四鐘與同仁等以車至輪船碼頭由小舟載登停泊吳淞口外之滿洲號輪船入頭等艙室余為八十七號與幼卿同室滿洲號為美國太平洋郵船公司所有載重二萬七千噸艙室甚潔盥漱諸具皆備上層有吸烟室又有藥工各種游戲物事日凡三餐早八時午一時晚七時餐前吹喇叭以告客晚餐前喇叭吹二次一次在餐前四十五分鐘備客淨面理髮着禮服此因西俗重晚餐之故餐時備有精印菜單序寫之食湯魚肉蔬水果咖啡等水果以上由湯起皆有數品使客擇用

並不拘數如肉類有三四品且各附有土豆米飯等級量大者便可多用菜單上半為風景紀念片每客前有一單飯後可取作紀念物或僅扯留風景片大致皆沿途風景名勝或古蹟喝咖啡時可改索冰淇凌或可〻或牛奶餐廳門前設桌上列大盤基斯供船客隨時撿食侍餐侍屋皆廣東人寢食出斷咸便船巨而穩水行幾若不動三餐之外於上午十時半下午三時半尚有茶點二次此時入餐室〻有備否則坐甲板椅上者則侍餐者捧茶點至矣甲板上備椅多具便客之用然須登舟前預賃每椅美金一元余等於上舟時自備藤椅四標名牌焉日間小坐海風吹來精神為爽艙室備細毛毯晝間疊為花式倚置床背晚則由侍者鋪陳之牀占室之一側上下凡二周以銅欄防御居上登時以小〻板梯〻有鉤〻於欄不需時推於牀側但乘舟者日間則來甲板上蓋舟之動盪居甲板者遠望水天一色心曠神怡又或坐或步雖動盪不專注艙室中返物皆動而空氣復壅塞或益以機油之味及汽機震宕之聲易使人神志昏而嘔逆起是以除晚睡外不在室中每室床欄皆懸小盂於枕側備病舟

輪船甲板

者用之艙室外有通道餐廳及甲板之甬道吸烟室等皆在樓上轉梯上下皆甚穩便（所附三圖係由他舟廣告中剪下作為參照者構造大致相同）是舟夜半開行余室之鄰為兩西婦隔壁作嘔聲不已余與幼卿則就枕安然次日同魯青在甲板上遊戲今日餐廳中由船主定坐位余等同為B字一案九日夕舟抵日本長崎惹約麟生魯青由此登岸以車往東京待舟至橫濱時再回舟焉蓋舟中備有輪船火車聯絡票故頭等客皆得乘用也余則與幼卿坤華劉村墨莊信臣及山東代表張孔揚登岸觀覽長崎街市十日早十鐘舟離長崎經日本內海兩岸山如列屏午後風起舟稍顛簸十一日

上午十一鐘舟至神戶泊碼頭外俟日本醫官來驗病下午三鐘隨以汽船登岸歷遊一過吾國廣東人居此者頗眾在街間購畫片一紙晚登舟十二日早舟離神戶午後風起舟顛簸甚舟人謂神戶橫濱間風浪險惡過橫濱舟漸南指氣候暖波浪平定十三日午前到橫濱聞明日下午三鐘始開行候醫員驗病已與同人登岸遊觀各處行久之午餐於天珍樓偏脆所設也餐已復來街市購以畫片并遊櫻山於山下一理髮店理髮晚回舟修函一通將於翌晨同畫片寄家十四日晨餐後登岸發信十一鐘慈約等返舟李直衡丁伯涵自東京來送行四鐘徐舟行此時舟漸南趨雖大洋中天氣乃暖如季春且以日之長短較吾津亦大異蓋近日來晝夜皆較短每日午後舟人必於甬道中接挂鐘之時刻針使加速不然者至美後時日不符十五日於甬道中懸太平洋航綫圖於此舟所行路綫加赤色標記且逐日注舟行浬數以航程之報告自橫濱開行至今日共行二百八十七浬十六日夕到

輪船頭等艙樓梯

於甲板上觀西人跳舞今日舟行三百五十八浬十七日由舟客等組織一游戲會以解長途寂寞凡頭等客皆入會為會員會費納美金一元由明日起每晚行之晚餐時舟中主備多數汽球及各色紙條拋擲各座客又互相擊拋男婦歡笑之聲溢於一室今日舟行三百六十四浬十八日晚刻開第一次游戲會以歡迎東方國人於是西人男女皆着東方衣飾其有係人而東方人亦互易裝束入餐廳時滿座皆牛鬼蛇神令人絕倒余等出處殊覺寂寞余急入室以手巾為四結蒙頭面部畫花紋亦頗類一丑脚出至餐廳歸座時座客互為中外儀節真真倒錯亂至難描述余餐半覺有人以小方布掛衣背號數為二十余不解詰之餐後群出提燈游行於甲板上此時舟之左舷甲板蒙以帳幔為大跳舞間有菲律賓人奏樂其間四圍均設水月電燈光明如晝提燈游行者皆止於此坐四周椅上中央拓為舞場第一次跳舞者凡八人男女相配即着其化裝之服頗為可笑如此凡三次其後會長遂唱化裝得獎者之號數第一為西婦着相公袍帶花冠起立並在場環行一周觀者皆鼓掌第二為西女着日本村女服背小筐若採蕨者環行時且唱日本山歌第三為西婦着吾國二十年前時妝衣藍色衣水紅散脚褲髮梳為團髻以上三女次則三男第一為西人年五十許着吾國戲裝長袍兵士帽第二亦為西人三十許着日本武士裝梳其髮為大力士式第三為余環行時作獸憨態向鼓掌者致謝唱號已畢為跳舞至十一鐘半始畢客中有三日人未入游戲會亦不與他人周

旋……今日舟行三百五十五浬十九日早起與曾青甲板上散
步午後憑欄四望有小白點二當是海鷗餘則碧水四圍如
磐石然晚々游戲於樓上行々列案八各置戲具一種案前對
坐男女二人遇輸贏者則移至次案如此環轉以遲力負以速
為勝主戲者為乘客中矮角婦夫人手小鑼每種戲需時十五
分鐘時至擊鑼則勝者移案負者原坐不動於時手持名片視某
者勝即在其名片上穿一小孔以計先後勝者獎焉茲記游戲種類
一堆圖以一圖樣列案上作稿々有方格另一圖預照方格剪分之
照圖樣堆湊之一配牌以紙牌若干張由一人洗之先後一一分散
凡有對即擲案上其後從手中互相背摸一張再成對再擲一視孰先淨
手一擲牛與吾國牙牌之數不同每人五張所餘即其旁依有應上
牌而不能上者乃皆檢即者一張上之又橫牌兩側亦可續視孰先
淨手一扎花生以巨盆置花生若干旁備婦人帽針二二人各以針
刺果不須手助刺得者堆其前刺得多者為勝一記名置雜物三
十種蓋之以巾啟巾一視復蓋之默寫其名於小紙上記多者勝一製
帽以帽與飾者二旁置花飾若干男任選女任縫以速成而宜稱
者勝一趕轉圈圖畫一張為多格々中畫路水車船屋樹之屬戲
者各一牌々分人馬兔爲等以行步合理而數多者為得一縫級
以布二片混疊為花形縫之男級針女縫之速者勝至終得獎者
二人一慈約一德國人某女士也今日舟行三百六十四浬二十日晴
午後有游戲裁判事件蓋昨日下午甲板上有穿針賽跑舟客某
以小金約指為獎品并宣稱以雙方不嫻此術同等者為之如嫻

此術者不得與賽頭等客中有藝人甲請與賽並堅稱不嫻此術
初不許請再三不得已許之於是有某乙出與賽乙乃真不嫻此術者甲
手眼步武皆捷獲勝乙怒讓之再客某亦笑非之互爭無已定今日開庭
審判乙原告乃以寫字臺為審訊之案法官即倡此戲者再客某陪審
員辯護士證人均在余亦證人之一審判時貌嚴辭婉滑稽萬
狀法官每有問咸似笑似謔甲則遁辭强辯乙則核實說理
但甲以戲勝卒得仍指而審判時調笑之辭亦足以振中之人格
矣晚間音樂會跳舞者衆余觀之久之今日再行三百四十五浬又二十日

夏威夷洼基基踏浪之戲

Surf Riding at Waikiki

今日仍為二十日蓋亞洲至美洲在太平洋上是向東迎
日而行故途間晝夜日短一日今日所經過為東經一百八十度之
處遂於是多加一日不然者至美後時日差矣今日午刻十二鐘正吾津
二十一日早之六鐘此亞美過渡之方位天氣既暖又無風浪四

大坡曾之城街
In the Business District, Honolulu.
望蔚藍上下
一色太平洋
果太平此早
同惹約劍
村參觀舟
之機械房
劍村細詢
船中一切余
筆記之若署
述於此船載
重二萬七千噸
馬力一萬二千
匹速度一鐘
行十四至十八
海里吃水二
十五尺用煤一
日一百三十五噸
所謂馬力者
一馬之力可當
十人云今日時
行三百六十三
浬二十一日

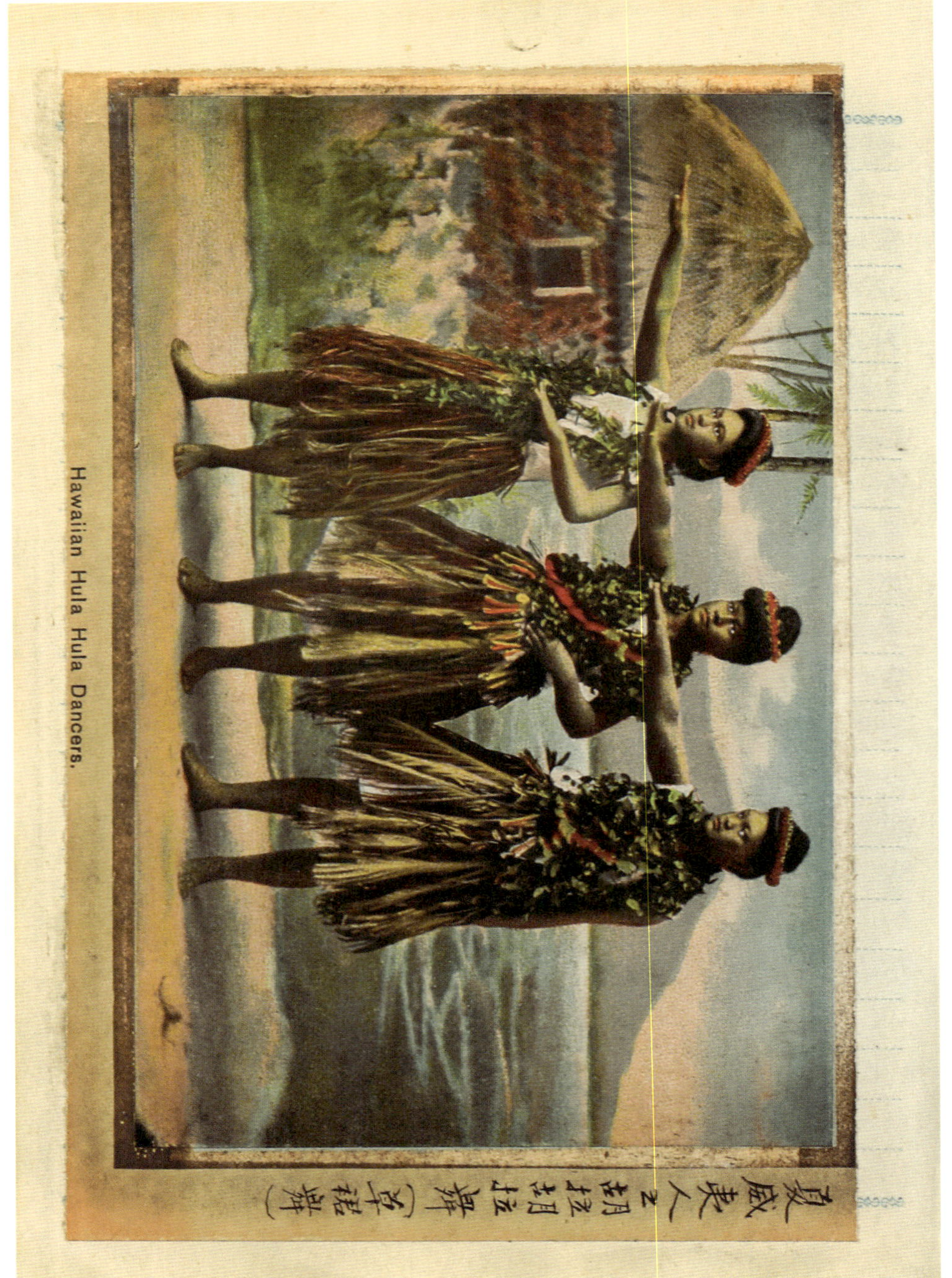
Hawaiian Hula Hula Dancers.
夏威夷人之胡拉胡拉舞（草裙舞）

夏威夷海濱的椰子林
81 Cocoanut Island on Hawaii.

晚刻觀藝人蔣生（即前浮全仍指之人）與其妻演戲法及催眠術今日舟行三百五十五浬二十二日後西抵至夏威夷島火奴魯魯城交郵寄津晚刻已遠遠見夏威夷島之燈塔閃爍作光今日舟行三百四十八浬天氣暖極二十三日晴暖

晨早起身已至夏威夷群島之火奴魯魯城港外城在阿武
(亦書奧胡)島之東南為繁華之大城市島位於西經一百五十八
度北緯二十一度之間故氣候甚熱早餐後驗病已乃於八鐘許
同慈仍晉青等登岸於碼頭附近得水植物數種除鳳梨草
科一種外皆不能一時認為何科乃夾日記本中時有華人招
待員卓海君備摩托車二來迎余輩遂分乘之行先歷一二街
至一僑胞所設肆稍坐肆主名吉今福待客甚殷因各購領巾
提箱數事余亦購一紙撚編之扁箱焉已而登車歷無數街市
街上多為碎石之路街旁皆椰子芭蕉可可波羅等樹及其他
熱帶植物多種紅紫照耀人眼或為紫藤之垂或若蔦蘿之附
或老幹蟠屈枝柯交糾者則其葉細碎漏日光如篩影或直幹
參天矗立不枝者則僅巨葉三五緣披頂上又或密葉一叢鮮紅
如火如夾竹桃繡球之類則花樹之巨大出乎意想之外仙人
掌類節節挺出幾與喬木相埒黃色肉質之花繁開其上此
時兩車入山矣山道修坦多轉折左右奇景突現已而至巔
頗平曠巔名帕利Pa li車遂止下車步至巔之盡處俯瞰
島市海灘悉接於目天風颯颯吹人欲倒巔有石壁上鐫
紀功之文蓋當日全島曾割裂為若許小國互相爭攻於一
千七百餘年有科達哈達哈王者Kmehameha(王生一千
七百三十七年死於一千八百一十九年)出削平諸國統一全島紀功者
紀王功也至今島人喜談其事返車下山後至中國領事館見
領事武芷庵談久之時適微雨群鳥鳴樹間聲鏗鏘多

為不習聞於耳者已復以車行另為一遊左右皆溪鳧鴨約
萬游泳其中溪一部種荷花正開清香隨風撲人鼻觀其蓮
亦影盛植溪壟之上聞此皆國人居地籍咸廣東旁有蔗田蔗
高幾等於小樹密比如林既而至一水族館入觀館中正面
為池設噴水朱魚游泳其中中央立巨大珊瑚館四壁皆為
夾層裝玻璃中作蓄魚之所水則設管通流活而不腐魚皆
島周海中所產狀態奇特體色鮮艷紅紫藍黃及雜色斑駁
直無法形諸筆墨又有蝶魚翩翩之態尤勝於蝶又有[illegible][illegible]水底
狀類沙石飛魚（非平常所習見者）三兩雜居其中（即生物界之現
象動物篇所載之特異者）又有海鰻大烏賊復有特異之蟹紅色
而直行海膽則時時動其棘比目則時時瞬其目鮟鱇緩行
其下角河豚急泳於上……館中坐一老者前列案置水產圖冊
冊價美金二角五分因購得三冊但僅其中之數種不完全耳此時摩
托車已去出館登電車行甚久至一博物院又入觀館不售券可隨
意瀏覽樓下所陳皆島人故物及當年島皇儀仗中有鳥羽所製
形若巨撐之物甚多又有鳥羽披肩為一千七百年時所製用一種小
鳥翼下黃色絨毛織成顧每鳥翼下此毛僅二根此披肩之大可
覆半身足想見當日殺鳥之多據院中人謂凡百五十年始足成披肩
所用羽數……又陳南洋諸島物事甚多及其他動植礦標本
不能細觀因午刻尚有華僑五十餘人約餐於新人和飯館
也曾青曾為此地領事館主事居此四年甚得人望故僑胞由
無綫電報得知饗會諸人中有曾青是以歡迎設宴余出博物

院時贈浮議院圖說一冊叙叙隨登電車到新人和餐時僑胞鼓掌慶祝吾國產品進步浮參與巴博賽會慈仍書御皆起立演說四鐘半宴猶未已卒忙忙告辭回舟於碼頭各買紙質花環戴之頭上某人人未惟花妖殊為可笑余輩登舟後送行者數十人內有女士二人搖帕脫帽立於岸次余輩皆揮手卜冠致謝此時岸上音樂大作送滿洲船開行已而船徐徐出港至暮行遠回望燈塔之光閃閃然人若有惜別之意舟過檀香山(火奴魯魯)之後向東北行天氣漸寒洋中風浪驟巨舟之顛簸數倍於前晝間三餐能往餐廳者幾不及半數餘皆臥艙室中嘔吐之聲四聞余亦眩暈飯時勉到餐廳僅索加里雞飯及火腿蛋一二品而已不及上水果即歸室靜臥無論乘客及舟人行甬道中皆如醉漢余頗用為笑偶出甲板籐椅上見外舷之銅欄時而上與雲齊時而下與水平巨浪之高時而打至甲板上忽如傾瀉寒流坐籐椅者周身皆水矣……二十七日天氣稍佳早在甲板散步四望水天猶作灰青色陽光暗淡令人寡歡他人有在甲板者亦沉默不言二十八日晴冷舟身亦時較平穩余立如夢醒晨刻與粵青在甲板上推球午後稍睡晚間游戲會發獎品有面幕有胸針有小表有玩具余所得為相片夾慈仍所得為巾襪今日風浪甚小再一日至金山矣二十九日晴稍冷日間摒擋行李諸物晚刻步甲板上遙見星大一黑點或曰此金山燈塔也時

夏威夷群島
没有霧天 foggy
Days；没有瘴氣
Malaria；夏日最
高温度八十五度；冬
日最低温度五十五度。
降雨量每年十寸到
三十寸。湿度非常低。
没有暴風；没有旋
風。夏威夷本島上有
四千尺高的基勞依亞
大山，於火山口終年吐火，
為夜月間火燄熊熊，
照耀之奇景。

一千八百九十一年夏威
夷群島的大酋長加
拉考阿王 King Kala
kaua 死，以繼承者為
其妹利留奧加連尼
Liliuokalani。一千
八百九十三年利、奧
加連尼宣言為臨時
執政。一千八百九十四年
改夏威夷為夏威夷
共和國，以杭山弗 Hon.
Sanford B. 為總統。
一八九八年歸附美國
一九〇〇年正式為美國
領土

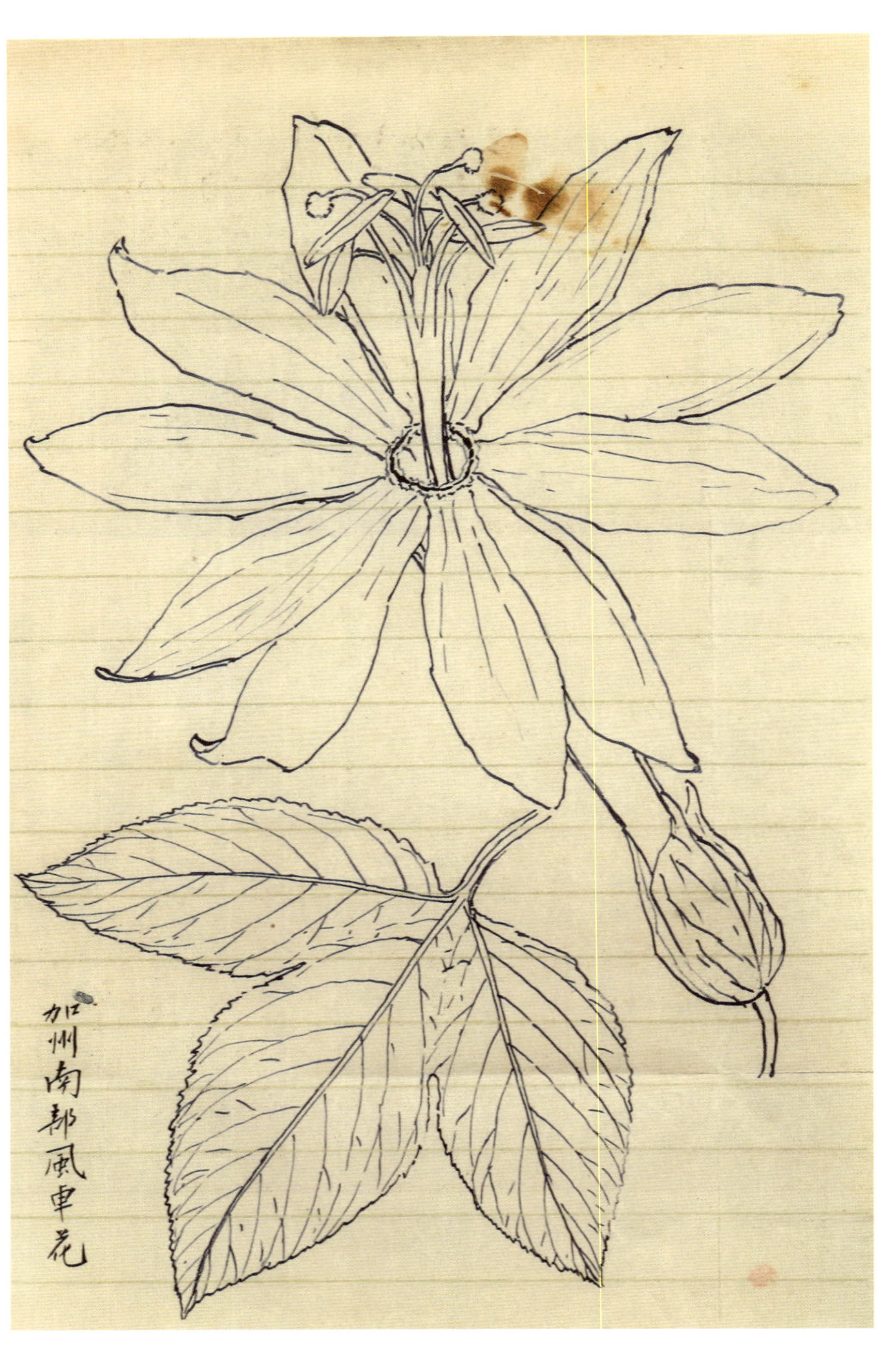
加州南部風車花

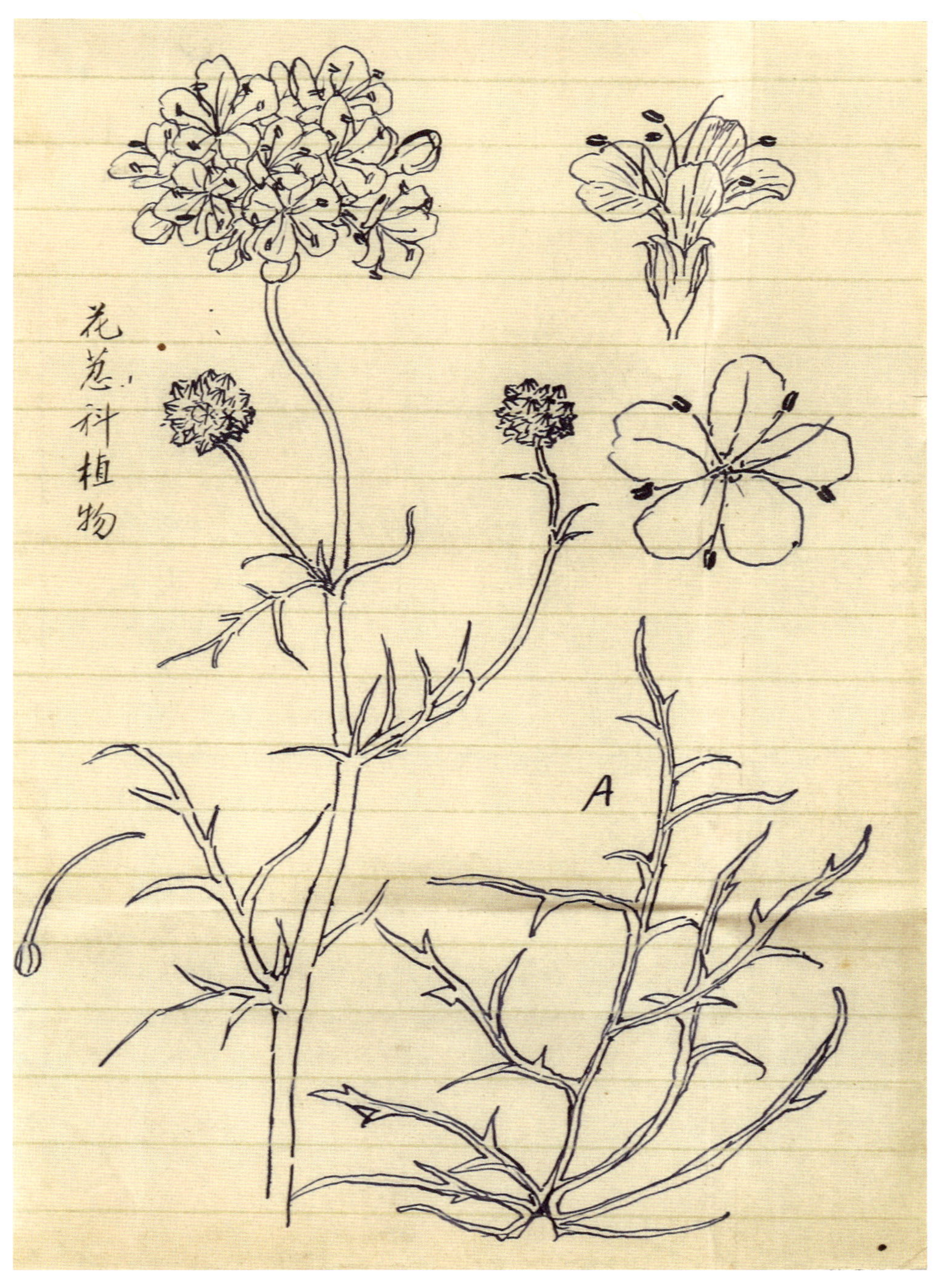
花葱科植物
A

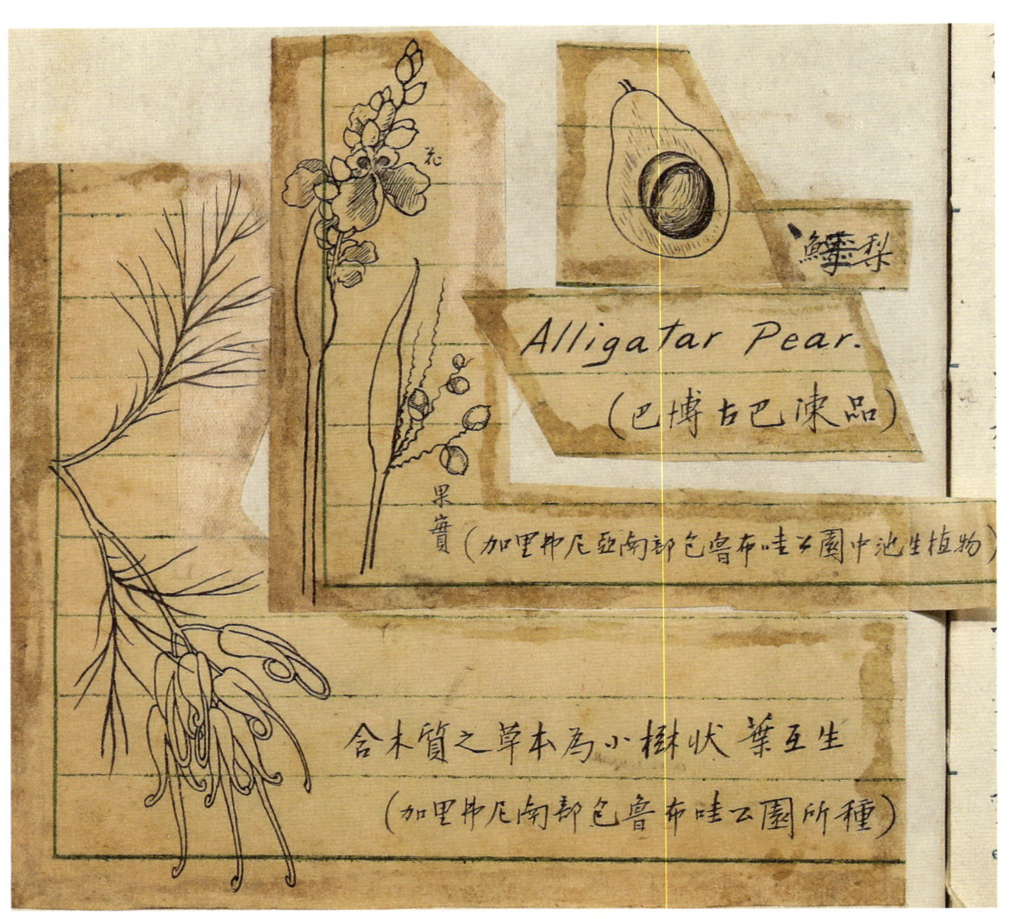
花
鰐梨
Alligatar Pear.
（巴博古巴陳品）
果實
（加里弗尼亞南部包魯布哇公園中池生植物）
合木質之草本為小樹狀 葉互生
（加里弗尼南部包魯布哇公園所種）

以舟身震行搖盪乃入室卧夜間舟入金門灣三十日陰冷早四
鐘餘起着禮服出早餐時舟已停於舊金山港外候驗病已
乃徐ゝ入碼頭泊為余等相隨登新大陸之最西岸海關檢
查員以余等為賽會來者所攜物未開驗即放行金山總領事徐
文言賽會局顧派來美之熊崇德巴拿馬太平洋萬國大博覽會之
農業館ゝ長斯陶斯密斯君皆來迎遂同乘摩陀車入舊金山（散
佛蘭昔斯科）城San Francisco.哥瑞街Geary Stre
et.斯透卧特旅館Hotel Stewart.寓為余居第三層三
百四十四號室與幼卿相處午刻用餐於館之食堂ゝ中甚寬敞同
時可坐百數十人晚同蔡仍坤華魯青劉村麟生幼卿墨莊信臣
出散步中國街同餐於上海樓未幾落雨又同至企李街Clay
St.遠東旅館訪副領事錢士青返寓時雨益暴……舊金山
為美國極西海濱之一城市屬加里弗尼亞省California.或
稱三藩市即此次博覽會所在地也舊金山天氣分濕季乾季大
致由九月間至次年二月間為濕季多風多雨俗亦稱雨季三月至八
月為乾季一滴雨亦無衣服不須皮件厚呢絨者便足可過冬天
氣在乾季亦不熱故東方居者多至此避暑斯透卧特旅館在金山
為中上等寓所樓五層入門處有吸烟室ゝ中陳設為法國路
易十五宮中吸烟室式觀報吸烟會客皆可在此食堂招待
皆為女侍卧室中具床檯椅櫥各一且備函用封紙每日房金
美金五元是時合中幣約十二元五角而三餐尚不在內中國街
一稱唐人街在金山大埠為粵僑聚居之地上海樓亦粵僑

所開肴菜皆廣東式頗可口

十二月一日一三十一日

陰晴相伴卜刻同幼卿

麟生坤華劍村信迪墨莊

出用餐於工逛樓齋游

覽各街返寓時有會場

派來之某招待員約

吾輩赴會場觀看

於是九人分乘二

摩托車往東

行極速道長平坦

久之至吾輩以為至金

山亦不知其方向時場

中建築尚未完工歷

觀各處已覺莊嚴氣象

勝於日本大正會場多矣

及至中華政府館則

殿也庭也塔也

閣也牌坊也城垣也彩繪雜糅

殊少偉大壯麗之概而館之左右一為何

根廷政府館一為加拿大政府館彼則高聳我

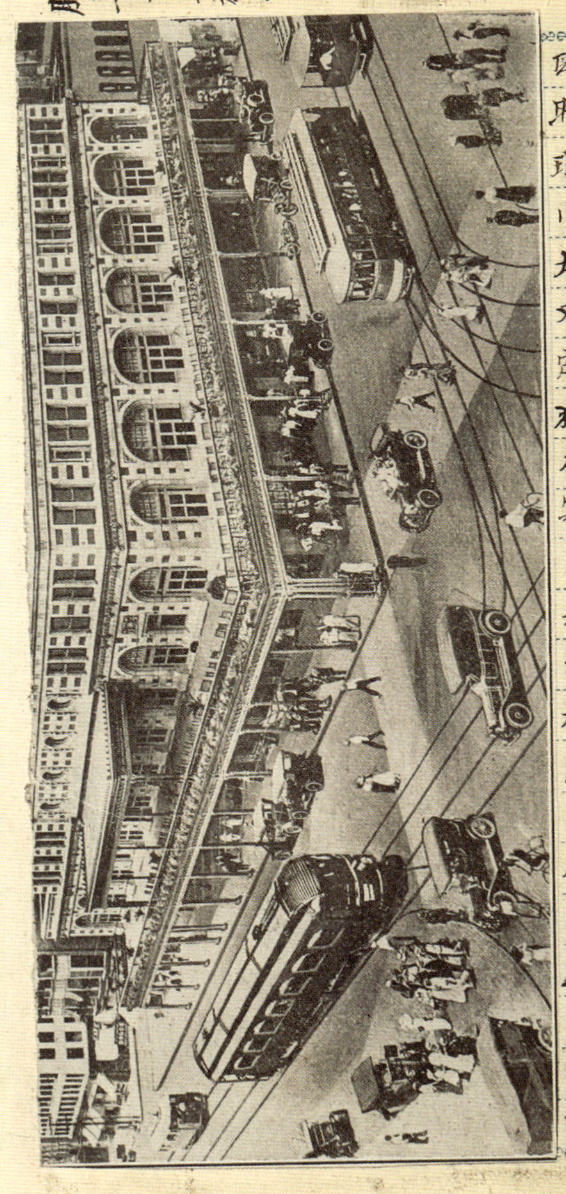

舊金山馬克街上聯會丁大旅館

則宏敞亦不必苛責矣此時負責建館之黄慕德東回踏尚與熊崇德任政府館內卧室中吾華聞之咸曰此仿太和殿式築者也……既而又至各陳列正館查視吾國所定之陳列地區記其面積廣狹之數而出晚餐於中國街杏花樓中國街籍金山大埠實即百老滙路Broadway.此次賽會所占會場面積合吾國四千餘畝在金山北海岸誠若吾所謂本地起樓臺我國在會場擇定建築政府館地基在一九一二即中華民國元年籌備巴拿馬賽會事務局定經費一百九十餘萬元並派陳閣董琪為局長兼赴美賽會監督則在中華民國二年一九一三直隸出品協會事務局在同年遵章成立……金山中國飯館

甚多如杏花樓上海樓瓊花樓小西湖江南樓等，門外高懸橫額，皆大書雜碎 Chop Suey 二字。蓋當日李鴻章使美，嘗以豐盛中餐宴外賓，有詢饌何名者，譯人無法詳述，遂總以廣東語雜碎二字括之。從此開飯館者便以此二字標榜，表示有如李鴻章所待外賓之席面豐美也。

三日，領事館主事尤漈丞來。晚刻尤與慈約及余小飲於馬克街瓊花樓。馬克街為金山最繁華之街市。四日，議賽會事，與幼卿等理工藝館出品目錄。晚赴徐領事之約，餐於大埠會新樓。五日，至會場照像，備貼附入場免費券之用。時雨甚大。夕刻移居企李街遠東旅館，與坤華同室，更賃一廣間為辦公處。由明日起辦公。十日，至會場查視

美術工藝西館各國所定陳列地區十一日午後同曾青麟生往會場查視交通工藝製造農業食品教育礦產文藝各館各國所定陳列地區晚又商各館數地板作樹架事蓋會場各正館皆甚高敞凡在其中陳列者皆可再起樓屋十二日參觀加拿大政府館開館人
PALACE OF HORTICULTURE
PANAMA - PACIFIC-
INTERNATIONAL EXPOSITION,
OPEN FEBRUARY 20,1915.
園藝館
巴博

云加拿大有專辦
賽會人員出品一切
皆有預備某地賽
會可即刻前往不
用臨時籌措新品
陸續增入不致一
時牽動巨款云云
晚政府館長能
自行廚炖雞煮
肉以餉吾輩十
三日往遊金門公
園十四日議直省
出品分配各正館
事并列詳單二十日
停止辦公一日同曾
青潔丞麟生仍卿

California Poppy—Eschscholtzia Californica

墨莊信臣午餐於大埠日本料理，以麟生主餐事，食所謂牛焉，日女
環侍，繳出到東瀛矣。飯畢同曾青士青去金門公園博物院觀
覽，中陳美國諸物事沿革、紅人雕牙編織器、加省礦產品、埃及古
物石棺木乃伊、古塚模型、古碑、古雕刻、各國陶瓷貨幣、拿破侖御床
御椅……樓上動植物標本，以為時太促，未得細觀。園中占地
甚大，有動物園，有日本茶館，有加州大松所劃之木屋……二十三

四日街上商家所售皆耶穌生日所用之禮物玩物瑣碎輝煌無法詳述二十五日耶穌節巴博會場特開場一日街頭亦非常熱鬧二十九日賽會監督陳琪及其夫人毛女士并隨員多人又部派委員各省代表皆來各省賽品多箱亦同船來晚賽會局沈芑舫江蘇代表吳競廣東代表褚澤生湖南北代表楊卓茂皆來寓又有西班牙中國領事館鄭豫慶以歐戰由西來美將繞道歸國者至亦金山與吾華相遇今晚亦來一時多士濟濟至夜午始散三十一日有售書者來寓携書目多種適有新刊書樣名曰Nature Neighbors by Color Photography計萬類三冊其他動物一冊礦物及重要植物一冊價美

California Fan Palm

PANAMA-CALIFORNIA EXPOSITION
SAN DIEGO
SAN DIEGO 1915

珊的爱勾

全共二十五元〇分五月付清国家
購一部先交價五分之二書於明
後日送到晚飯後同仁多人皆
去馬克街遊逛以今日除夕
街上無論男女識與不識皆
可互相握手互相戲謔手持之
新年玩具亦可互相搶奪並以紙
碎互擲其狂歡情形甚於狂歡節
余獨一人在寓小卧稍遲同仁歸皆來

SAN DIEGO
PANAMA-CALIFORNIA
EXPOSITION
ALL THE YEAR
SAN DIEGO 1915

寫互以紙
碎相擲噱
笑一室尤以
周詒伊陳
淮生戲謔
為甚晉青
歸湯圓分
餉諸人為
應節之需
歡欣至夜
午始散周
陳皆部派
委員

SAN DIEGO
PANAMA-CALIFORNIA
EXPOSITION
ALL THE YEAR
SAN DIEGO 1915
巴加
會場西门及長橋上游人

Feeding Time at the Alligator Farm.

中華民國四年 1915

一月一日—二月二十日

晴早着禮服與同仁等至中華會館慶賀新歲徐總領事文言陳監督閻董皆有演說館中來人甚多彼此握手并有樂隊奏樂下刻與麟生潔亟餐於上海樓女主人（羣梅大姐々）及其妹（羣梅小妹々）皆來握手互賀新歲……二日余所購博物圖譜五本送來印刷極美快觀一過擬有暇對各生物注漢名陳監督已於其寓所立監督處吾輩辦公處取消三日午後與同仁等渡海至卜技利城Berkly.訪徐領事并見其夫人已而陳監督及其夫人亦至晚刻領事夫人備餐宴客……卜技利與金山隔海相對較金山為清曠故事於金山者多喜居之四日接監督處公函任悉仍為美術部主任余與幼御任該部第一區主管坤華為第二區主管信臣為助理麟生為工藝部第一區主管魯青為鑛業部第一區主管劍村為第二區主管墨莊為文藝部助理……晚同坤華麟生幼御看定文明旅館四層樓上房間擬明日遷居……同時監督處對美術以外各部亦任定主任工藝部為陳淮生鑛業部為萬仲勛（河南代表）文藝部為周伯伊農業部為章紫珊（部派委員）交通部為夏光宇（部派委員）食品部為曾毓芳（？）教育部（？）五日遷文明旅館即在遠東旅館對面余居十四號室々

百合科植物
三月

百合科植物

根

莖　莖短縮花莖直立圓柱狀綠色

葉　根生不完全無柄葉及葉柄葉片甚長近線形尖端微

花序　繖房花序（鈍葉脈平行脈）綠色

花之部分　花莖与花梗相接之處有二個不整齊縮存之苞褐綠色

花蓋　六片分二層外層之三片較內層者尖端微鈍內層亦較狹（相合上部分裂下部筒狀）茄花紫色而淡

雄蕊　六个三長三短花絲淡茄色僅上端与花瓣分離下部全与花蓋筒狀部分合着

葯　微帶紫之白色縱裂內向腳生

雌蕊　一着生於花床中央部之頂端茄花紫色

柱頭　稍膨大粗糙

子房　長橢圓形三室胎座為中軸胎座胚珠多數

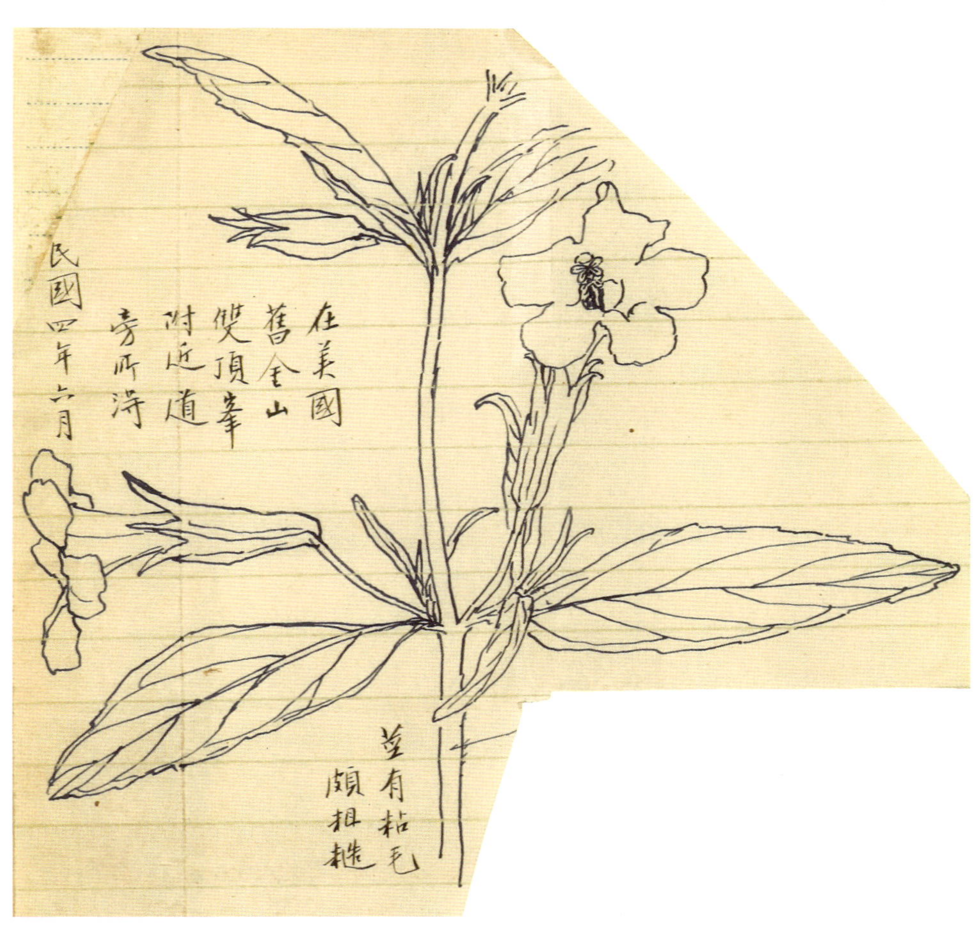
在美國
舊金山
僕頂峯
附近道
旁所得
民國四年六月
莖有粘毛
頗相糙

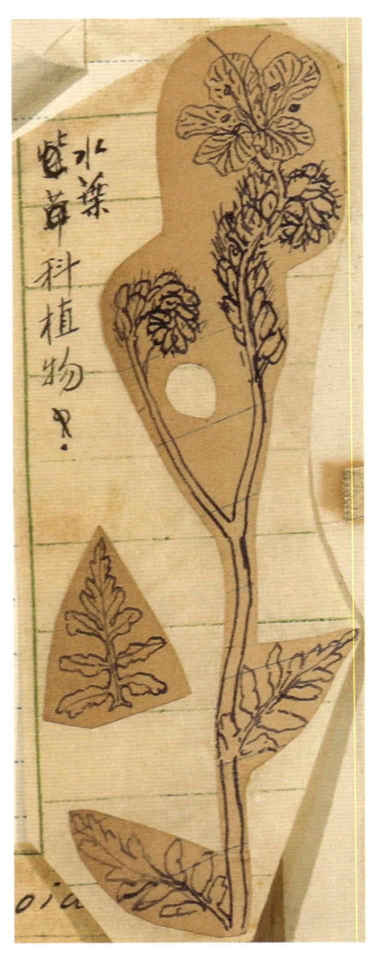
水蛙草 葉科植物？

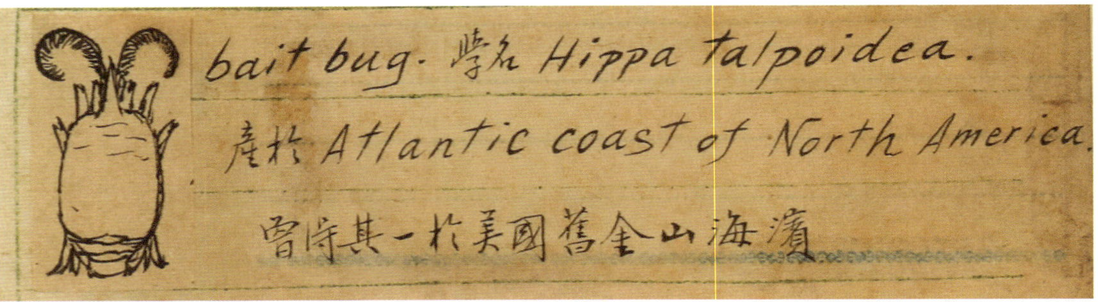
bait bug. 學名 Hippa talpoidea.
產於 Atlantic coast of North America.
曾得其一於美國舊金山海濱

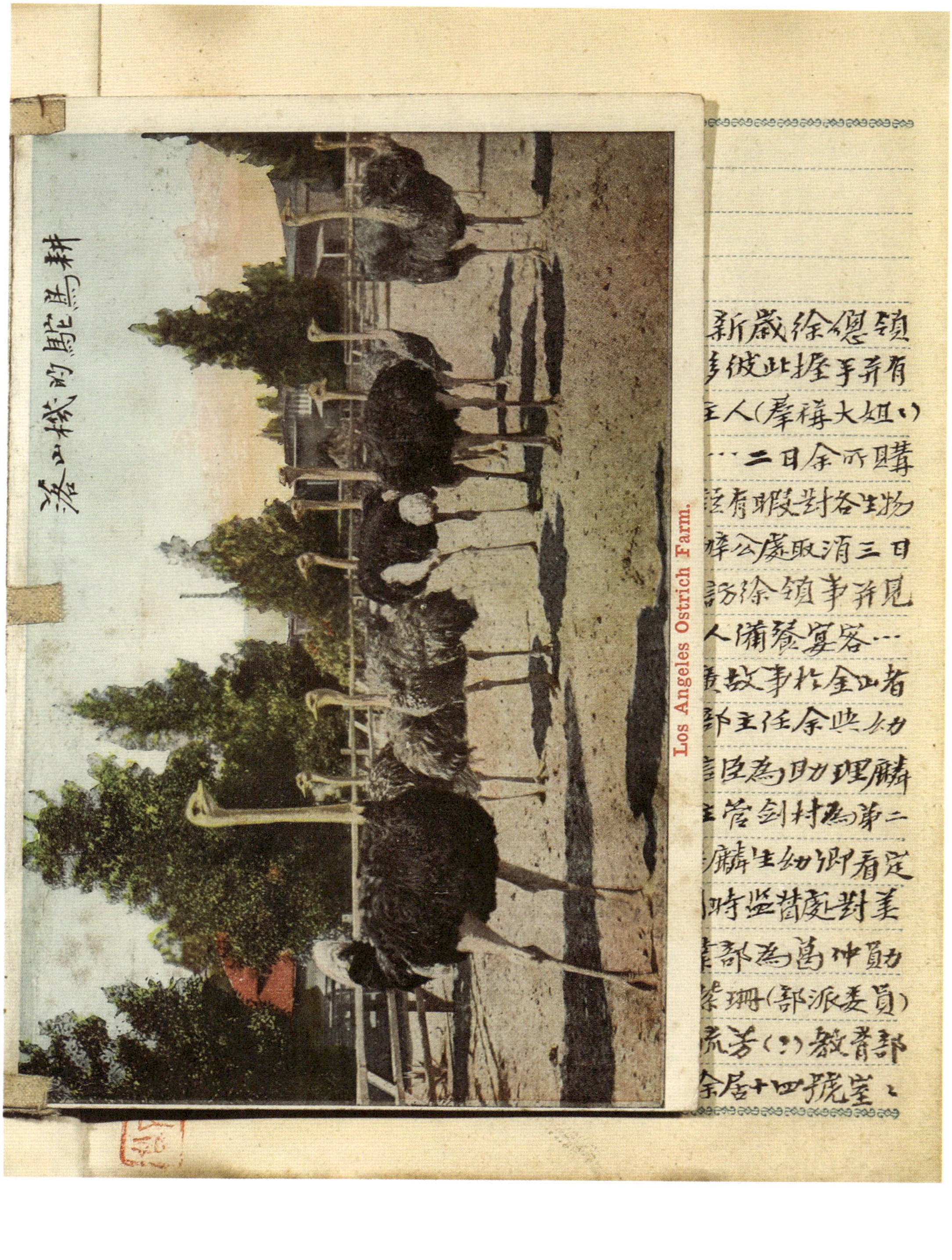
落山機的駝馬耕
Los Angeles Ostrich Farm.

較小而有西面玻窗因於壁間滿張所購畫圖且佈以名花掩窗以臥滿室皆春矣夜雨八日参观金山美術院其陳列法極疏朗嚴整之致蓋四壁各張一圖懸之適中室中央設圍椅以便坐而靜觀雕像亦各室僅三五具未稍雜有他物九日於馬克街觀花市以香菫石竹為多在一花屋中購来南美洲塞文得爾蘭S. A. Savender. (Cattleya trianae.) 一莖三花々大直徑可五英寸粉紫色君影草(Convallaria majalis L.) 十二枝又名鈴蘭小花成串白色極香共美金四元又在市上購長頸花瓶歸後插置床頭案上真魂夢皆香矣十日星期不辦公早刻對花靜臥起甚晏午後去金門公園博物院樓上所陳昆蟲魚鳥五光十色目不暇給承塵上懸大章魚其身之大過於五斗囊觸手之長約七八尺真偉物也十二日辦公歸後對賽文得爾蘭寫生十四日晴會場總理摩爾C. C. moore. 宴請中國赴賽各員於聖佛蘭昔斯旅館Hotel San Francis. 余與慈約曾青麟生等以大禮服往座中華美相間而坐共約百餘人分若干席々各六人以ABC標之余在A座餐時加州橙半個魚及牛肉各一盤咖啡一盃餐已摩爾徐文言陳蘭薰歐陽琪(副監督)等皆相繼演說餐時有照像者来照相席散前相樣已晒出與衆傳觀余定晒一張美金一元約一星期送寓席散相互握手道別……十五日公務畢與曾卿散步市外郊野中采得野生之加州罌粟數莖日本種花菱草二十二日直隸出品

箱也到館余等赴會場檢查下午同幼卿以電車去北海岸於海灘上散步久之拾來海星殼數個三十一日同幼卿信臣去海濱峭屋Cliff House周覽屋中央為游泳池分深淺三部分周為多室售各種紀念品此處有海豹島海豹三五臥於島上背風處閒看

H-1038 PUEBLO VILLAGE, "THE PAINTED DESERT", SAN DIEGO, CALIF. "PANAMA-CALIFORNIA EXPOSITION".
政府頗保
護之為點
綴風景之物
二月一日公畢
回寓盡譯
博國篤名
時大風雨
打窗振屋
信覺淒寂
中夜朦朧
人而雨聲時
時挾濤聲而
至如哭如訴
……二日晚
陳監督約餐
於寓所三日
晚國中赴
賽各館開懇
親會於江海
樓并攝影
紀念……
連日辦美術

荷蘭風景片之一

館中我美術部陳列裝潢事部計四室……十三日為舊除夕中國街非常熱鬧商家鑼鼓喧闐街上售鮮花者迎春水仙等等余游觀一過然忘身在國外近日忙於公務由晨至夜不能出館同仁等皆預購食物所謂散浮味區Sandwich者當餐即麪包去皮切方形片厚半寸中夾火腿或黄油等等……至十九日美術部第一室陳列完竣明日可同會場一起開幕二十日今日巴拿馬太平洋萬國大博覧會開幕金山全埠視今日等於慶節直不啻如耶穌生日及除夕也又當天氣晴和益增觀會者之興余早十鐘與慈约麻壽生坤華徐頌

墨西哥賣葡萄者
RECUERDO DE CHIHUAHUA
看衆赴上彩地逢赴捐迎中臺中下背場臺人際方東之
皆服車車花之塞為皆歡場說門塔側入往啟無地及會
等禮陀場以遊人知者示慶演正寶兩服出已除時人來
事大摩會禁往城衆會掌之設於珍臺禮者下海地要美

Recuerdo de Chihuahua
墨西哥賣蔬菜者

着名人士
皆洋相继
演説每一
人出臺上下
掌声雷動
午時十二鐘
举行開幕
式鳴砲升
旗一時場
中萬旗皆
上陡生渠
觀而正門
中之毅力泉
乃大噴水
雪沫四散
於是萬衆
掌声又雷動
矣……今日
入會場观
览者凡二十
四萬五千餘
人可謂盛
西班牙歌舞團
巴加
SPANISH TROUPE - SAN DIEGO EXPOSITION

癸酉美術館吾國陳列之美術部第一室亦随之開幕

二十一日一六月三十日

晴稍暖午刻同信臣劍村赴會場文藝館中國陳列部時胡伊
墨莊皆在陳列大致已畢乃又至美術館觀覽出用餐於飛魔街
匈牙利食館食已再入會場餘興部觀夏威夷女子跳舞及觀
黃石公園匈牙利食館々主之女密斯可聆Miss Kling就余華
學華語坤華教以晚安姊妹再見等々……近日加緊忙辦美術
部其他三室陳列裝潢余與坤華幼卿信臣又於辦公之暇去觀
覽會場各館及餘興部如馬戲中之象奏樂按琴跳舞馬踢
球猴用餐豹食料理等……六日美術部第二室開幕午後至
政府館商布置開館事於是各省代表及部派委員等組織臨時幹
事會着手進行慈仿及廣東代表被推為幹事長余與曾青任裝飾
諸事因同往屋崙城Okland一花木公司購各種花樹等忙々
至於夜深七日在政府館監理種花事並同李直士(部派委員)裝
飾花彩八日赴政府館同仲勛淮生直士吳藻之(名競)仍裝飾
各處花彩並督人掃除、懸燈、掛旗備明日中華政府館開館九
日會場摩爾特名今日為中華日早同仁等皆着禮服到政府館
於陳設布置周視一過又到美術館蓋我美術部三四兩室亦今日
同時開幕也午後二鐘政府館開幕監督陳琪副監督歐陽琪
徐領事善慶會場總理摩爾之代表皆相繼演說並奏國樂等
參觀之人擁塞於庭金與陳地刻赴齋同仁攝影紀念十一日

晚刻政府館臨時幹事會燕請中華會館執事於杏花樓
賓主共八十餘人十二日美術部四室皆已開幕由監督處派
有看守生照料一切故有所事皆須晚刻為之十四日星期
午後同劍村墨莊由馬克街乘五號第九街〻電車往金山
西部Sunset District.游觀甚久山不甚高而野花極
繁多為北美洲特產因各采一二枝裝日記本帶回小山名雙頂
山Twen Peaks.十五日午後同信臣赴會場美術館文藝
館農業館及美國各省館參觀此地錢如流水各地來觀
會者多自帶散濟味區入場券五角去廁所便旋有黑人為之
刷衣帽須費二角如自帶照像機須另買照像証二角五分
如在場中坐小火車或游藝場看各種游藝等每一事須
二角上下街間電車費至賤無論近遠或換車如為一公司
者每票五分報紙價至廉一份常至五七大張只二分錢……
十九日紐約省館開幕入觀一過往條興部觀巴拿馬運
河模型又到場北海岸坐礁間觀海二十二日觀教育館又
往會場西部觀美軍演水操四月一日赴馬克街西端之
碧此納維斯志Buena Vista Park.散步久〻園多松
柏蜂鳥飛止其間見人不避鳴聲細碎如戛薄玉不一種
此至小者僅寸餘顏色極美閱九日法國政府館開幕往
觀一過又觀澳洲政府館新西蘭館二館所陳天產土產皆
備以羊毛及金屬礦為大宗十七日同幼卿墨莊送曾青信臣
乘高麗號輪船返國二十七日同仁議出品審查事五月

四日夕刻徐領事請中華實業團及赴賽諸員於巴黎斯大旅馆茶會余以禮服往一時來者男女百餘人……連日參觀

VIEW OF THE GREAT SUN COURT OF THE PALACE HOTEL

會場各正館及各國政府館如暹羅政府館荷蘭政府館阿根廷政府館等二十七日會場定今日為游戲場日Zone day. 早刻有由東美十二萬票選舉及格之女王蒞會偕理摩南山軍樂相迎上午十一時女王在游戲場行加冕禮午後巡游會場

一周游戲場全部與行物皆随篤出行此日入場券之數據聞高過開幕日約倍 三十日去雙頂山采集浮来植物若干種歸後查究一過為百合科櫻草科紫草科柳葉菜科花葱科等後壓為標本手下之植物查科尚易至屬、種則難矣 六月三日参观瑞典意大利及玻利维亞三政府馆 七日自今日起美術園藝兩馆每逢星期一五夜間開馆今為星期一 十三日星期再到雙頂山采集又轉至金門公園一視晚研究所浮櫻草科之繁殖 二十一日直隸特派参观員劉嘯東郭倸昌陶孟和梁采澄来金山寓沙迷吞旅馆Hotel Samerton。二十二日同麟生訪嘯東倸昌孟和采澄下刻同飯於杏花楼留美學生孫繼丁鄒子安因伏假由美東来金山張仲述亦由美東来於下後同入會場游加拿大法蘭西意大利阿根廷中國五政府馆又观美術機械兩正馆 二十四日與慈约坤華議分配調查事宜當議定嘯東任牲畜部余任農業園藝食品三馆倸昌任鑛業工藝製造文藝各馆孟和仲述任教育馆采澄任美術馆及各政府馆剑村任交通馆及會場工程諸事繼丁任機械馆當即分頭着手進行 下後余观古巴烏拉圭等政府馆 二十九日入會場观巴拿馬運河大模型購巴拿馬記一冊海產植物小標本四十八張共美金十元五角 三十日余着手調查農業馆

七月一日—八月三十一日

晴调查農業館午刻餐於匈牙利食館遇采澄劍村四日星期同嘯東繼丁游金門公園旋繞至海岸观一海產出陳所中有鯨骨甚巨一人為之說明又至峭屋其售紀念品處有一蛤類滿殼皆棘刺大可五六寸又一螺亦有長棘較蛤尤大乃以美金二元二角五分購來日暮返今日為美國獨立紀念日會場晚特開會並放烟火余忙於編農業館報告同仁皆去余止可於燈下清靜工作連日來每日座客常滿或陪伴出遊只有晚間可稍執筆五日李道衡由日本來遇於會場中晚來寓談余又同至其所住日本帝國旅館七日午後同道衡入會場游觀各館晚請道衡食於匈牙利食館館中有名菜Gorach.係紅燒牛肉極純美譯音為哥拉失道衡笑謂菜味極香而名音極臭乃相與大笑……由九日至十二日補查農業館公司出品

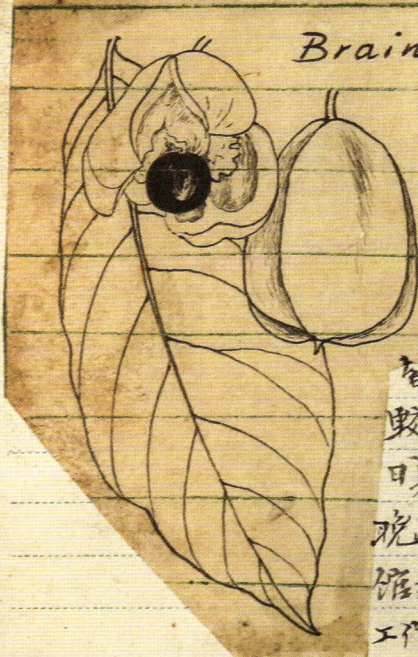

Brain Fruit.（脑果）

（巴博古巴陳品）

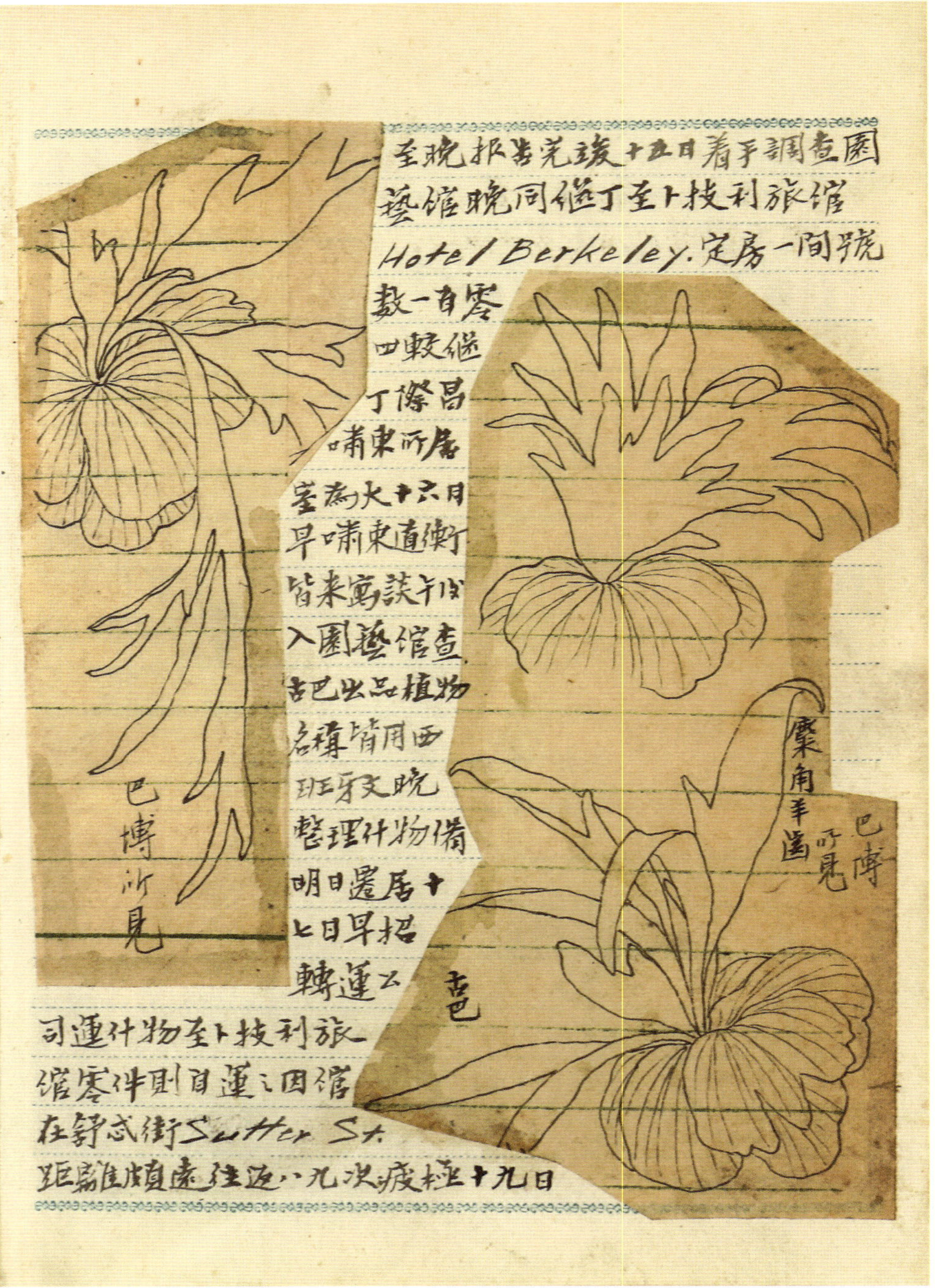
至晚报告完竣十五日着手調查園
藝館晚同繼丁至卜技利旅館
Hotel Berkeley. 定房一間號
數一百零
四較繼
丁除昌
啸東所居
室為大十六日
早啸東道衡
皆来寓談午後
入園藝館查
古巴出品植物
名稱皆用西
班牙文晚
整理什物備
明日還居十
七日早招
轉運公
司運什物至卜技利旅
館零件則自運之因館
在舒忒街 Sutter St.
距離頗遠往返八九次疲極十九日

早道衡來因約同繼丁際昌食魚生粥於士多頓街之廣東
某食館夕刻又同至會場游戲部觀所謂天地開闢戲劇
凡五幕一為混沌二為海
三有陸地四有日月星辰五
有動植物及人類采證記
之幕詳附貼於是二十二日
晴同道衡午餐於游戲部
墨西哥村食館有烤鴨一
品腹內滿裝玉蜀黍麪又
有烙餅如吾北方所食之薄
餅……二十五日與繼丁
子安渡海至卜技利城
參觀卜技利大學校
及藏書樓劇園球
場等並登一小山山
上有加里雉樹甚多
下山後又游行久之在一
咖啡店小食又看電影晚
始返金山十一日同慈約商赴
沙加免度省城調查事定十六日
起程午後在萬壽譯園藝館古巴暖
室花木名稱腦筋為之勞如十三日偏園

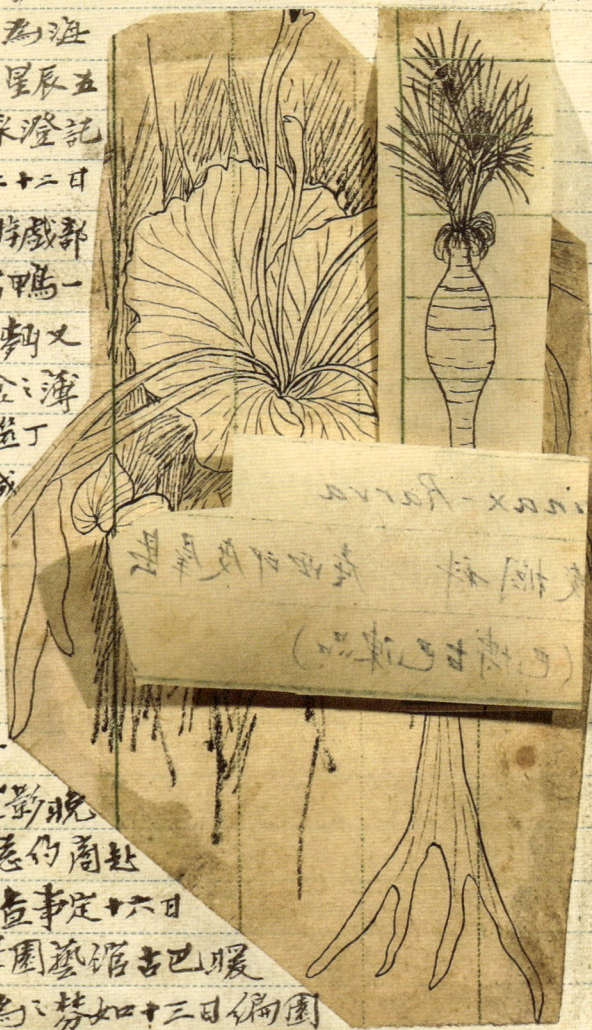

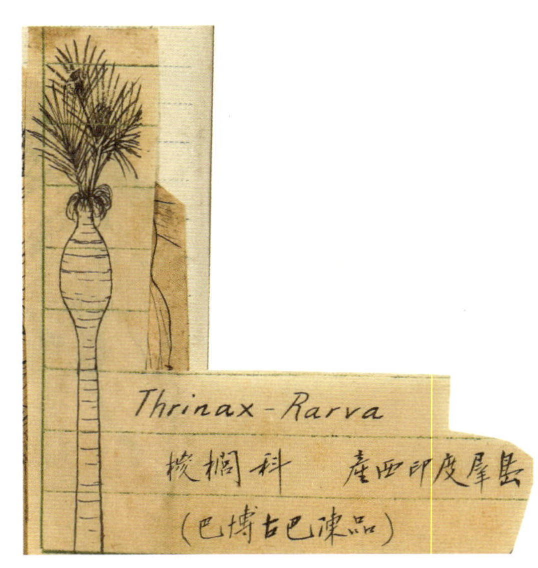
Thrinax-Rarva
棕榈科　產西印度羣島
(巴博古巴陳品)

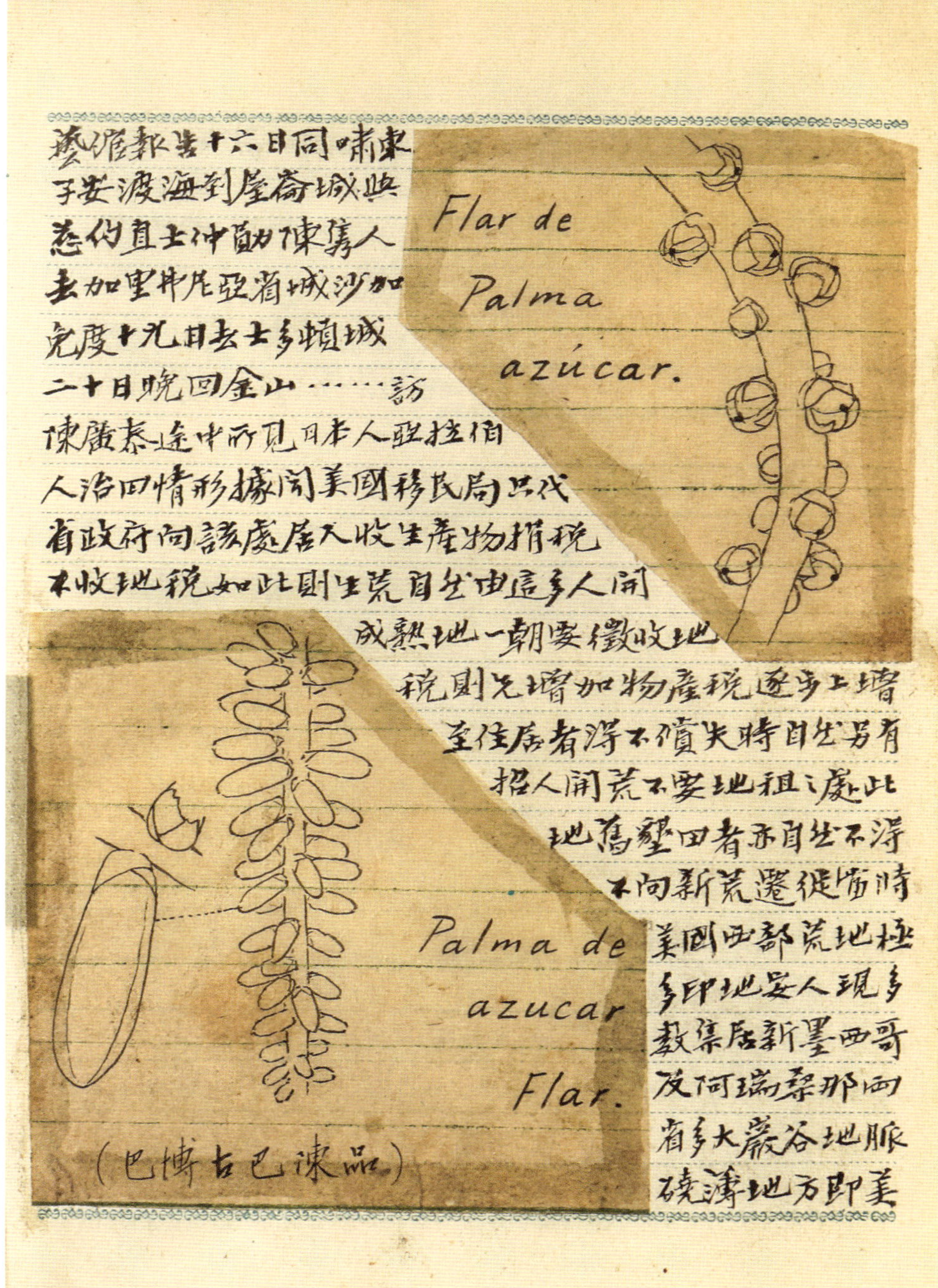

參儺報告十六日同嘯東
子安渡海到屋崙城與
慈仍直士仲勳陳雋人
去加里弗尼亞省城沙加
免度十九日去士多頓城
二十日晚回金山……訪
陳廣泰途中所見日本人亞拉伯
人治田情形據聞美國移民局與代
省政府向該處居人收生產物捐稅
不收地稅如此則生荒自然由這多人開
成熟地一朝要徵收地
稅則先增加物產稅逐步上增
至住居者得不償失時自然另有
招人開荒不要地租之處此
地舊墾田者亦自然不得
不向新荒遷徙當時
美國西部荒地極
多印地安人現多
數集居新墨西哥
及阿瑞桑那兩
省多大巖谷地脈
磽薄地方即美

（巴博古巴陳品）

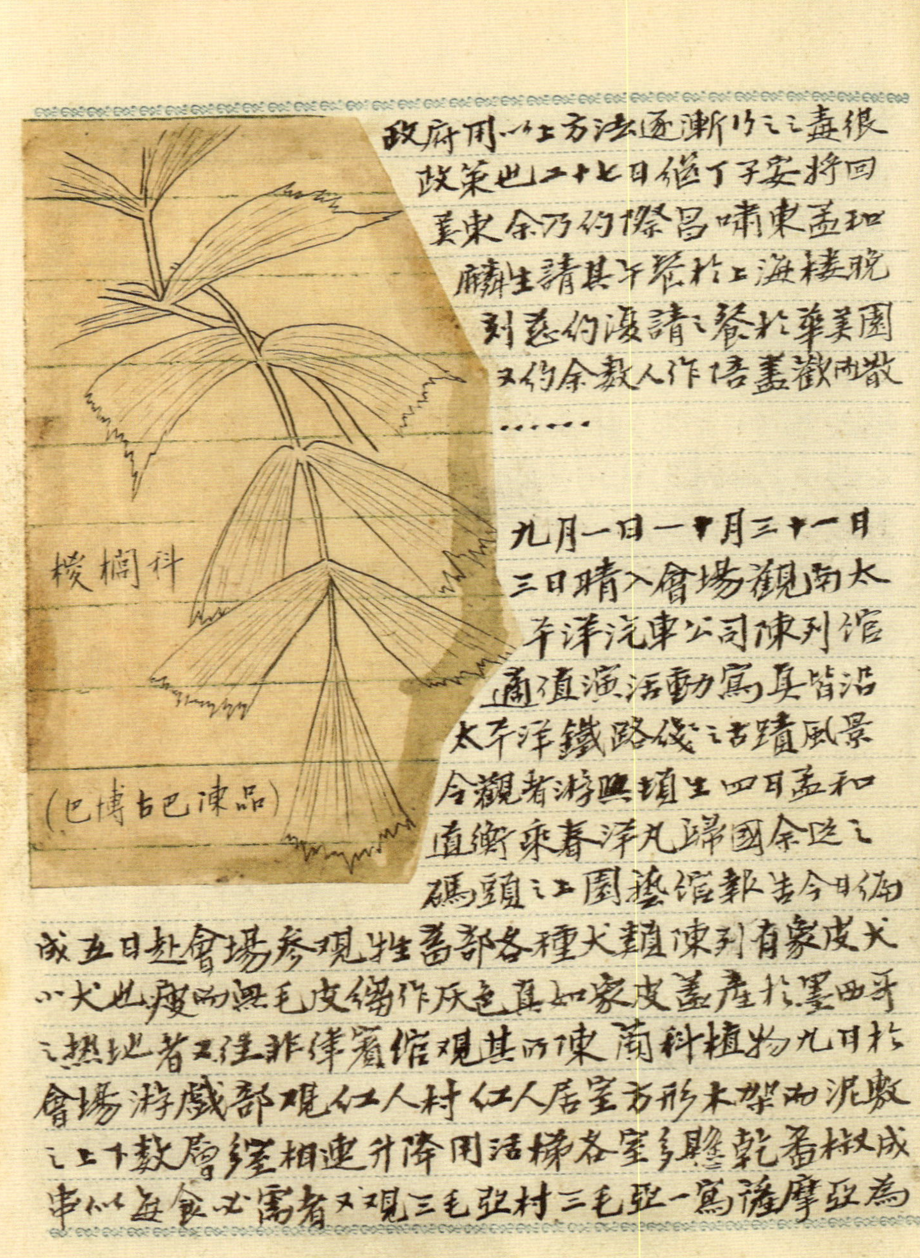

政府用以上方法逐漸行之之毒很
政策也二十七日偕丁子安將回
美東余乃約鄧昌嘯東孟和
麟生請其午餐於上海樓晚
則慈約濮請之餐於華美園
又約余數人作陪盡歡而散
……

九月一日一十月三十一日
三日晴入會場觀南太
平洋汽車公司陳列館
適值演活動寫真皆沿
太平洋鐵路綫之古蹟風景
令觀者游興頓生四日孟和
偕衡乘春洋丸歸國余送之
碼頭之上園藝館報告今日偏
成五日赴會場參觀牲畜部各種犬類陳列有象皮犬
小犬也瘦而無毛皮獨作灰色直如象皮蓋產於墨西哥
之熱地者又往菲律賓館觀其所陳蘭科植物九日於
會場游戲部觀紅人村紅人居室方形木架而泥敷
之上下數層縴相連升降用活梯各室多懸乾番椒成
串以備食之需者又觀三毛亞村三毛亞一爲薩摩亞爲

南太平洋美屬群島發見於一千七百六十八年蠻人開化程度較高……十日往會場牲畜部觀馬牛羊雞豕犬鴿兔等又觀土耳其政府館其赴賽物品皆陳之政府館中糖果一項且設有賣亭於館之一隅且製且賣游觀者圍之如堵且爭相購嘗余亦購若干其所製最佳者為一種軟糖方塊透明類吾國细糖裹之膝子糖而甜度過之此糖為大馬士革名產之一世界聞名者也十二日晴同麟生坤華潔丞嘯東仲述渡海去屋崙城之闌蒂公園 Piedmont Park. 遊覽竟日園中央有迷宮 Maze 乃以松柏類小樹密植為籬高僅過人迴環為若干重重重間無路口皆三歧入者無不欲出不得出反而為入欲入者不得入反而為出余因於余所經之口暗置小記號（小紙片小土塊）夾松枝間遂重重轉入中心之木亭并由中心木亭重重轉出不致迷惘不然者多入時不能至亭下吔吔忽近行行忽遠幸而至亭又不得出故僑胞比之八陣圖焉途之無重轉環處皆倚

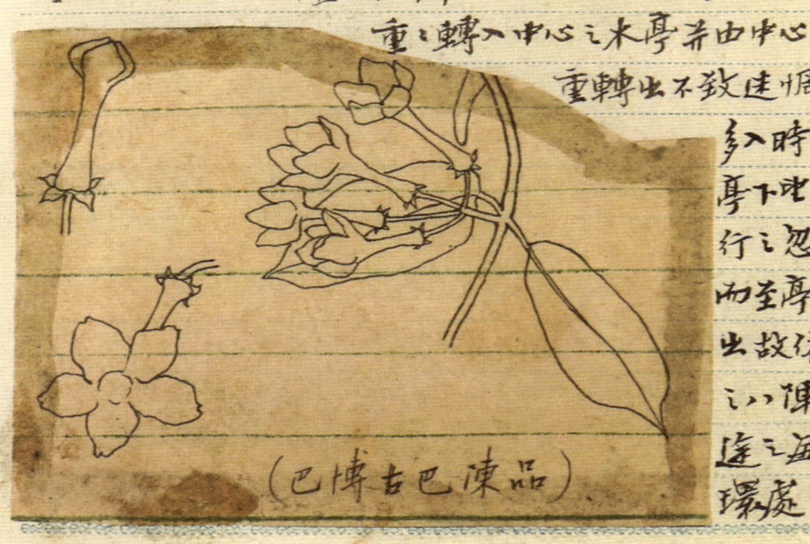

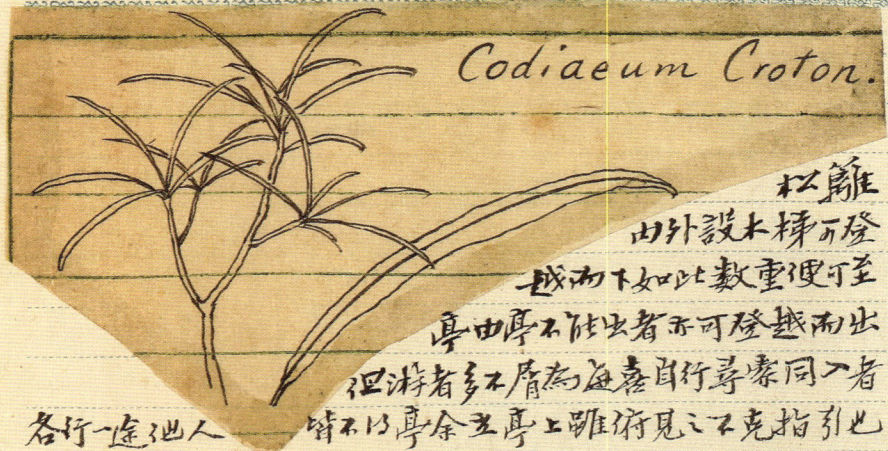

Codiaeum Croton.

松雞
由外設木梯可登
越而下如此數重便可至
亭由亭不能出者亦可登越而出
迴游者多不屑為遊嬉自行尋索同入者
各行一途他人 [illegible] 皆不得亭余立亭上雖俯見之不克指引也
園中有美術館內陳名畫百幅皆前聖路易賽會物晚返金
山十四日同慈約劍村入會場農業館撿記美國出品擬開
單以直隸商品陳列所名義向會場總理要求贈寄午刻用餐
於荷蘭政府館中食堂又觀覽一過購來荷蘭風景片多張十七
日午刻入會場觀希臘政府館所陳皆古雕石像對之如上
溯二千年與往哲接謦欬矣二十一日美術館中國陳列部完
全交於監督處接管二十三日午後與墨莊遊林肯公園得植
物標本三種往時路甚遠易電車凡三次實則與崎屋相近
二十七日入會場觀夏威夷館今日入手調查食品館出陳
物事三十日繼續調查食品館抄館中商部出品之魚類名
稱至暮十月二日早刻同慈約嘯東潔丞麟生仲華劍村渡海
至屋崙參觀一罐頭公司主人劉姓有名於僑胞中參觀後
邀余等至其家出其家人而余等介紹并款余等午餐……三

林肯公園地勢甚高而其中布置多屬人工花木深繁每於園路轉角處立名人石象令觀者生肅敬之心園之一部臨海就其高崖築為長廊有堦級可登廊中陳多椅備游者憩息望遠之用余倚廊久立覽天風颯然怒濤直觸崖脚白浪洶洶至於廊下而沒沙鷗點點飛廻海雲中有時飛近翼端直摩廊簷而去頗不畏人而人對之亦不生機心優游之態使我心羡

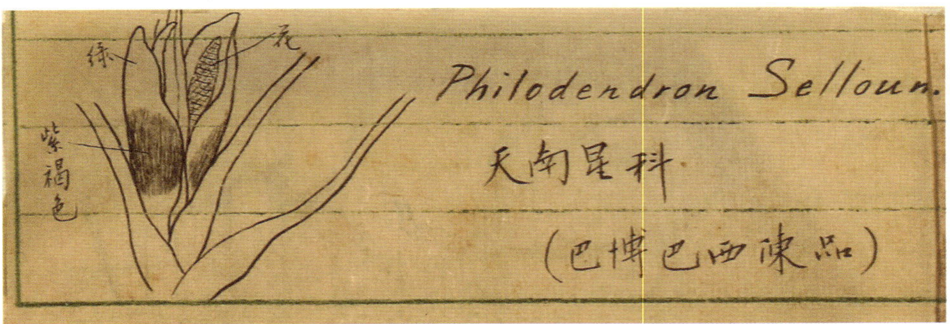
绿
花
紫褐色
Philodendron Selloun.
天南星科
(巴博巴西陳品)

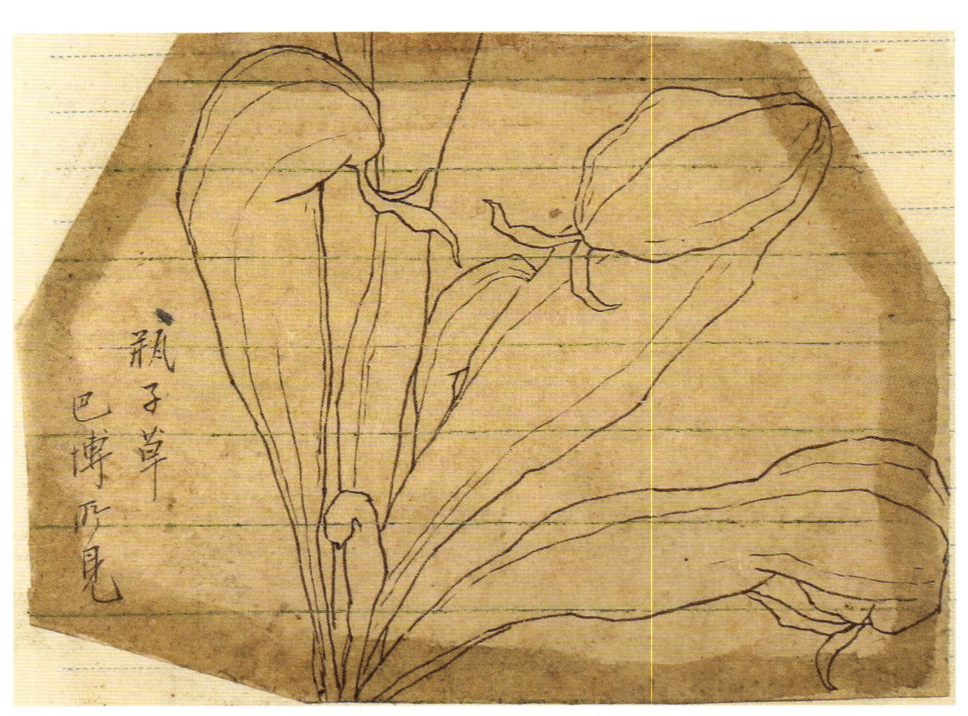
瓶子草
巴博所見

六日

今日為往南加州調查之始。早五鐘起，整行裝，六鐘四十五分至葛約家，與喃東幼卿坤華相會。七鐘二十分由碼頭隨阿拉梅達號 Alameda. 汽船渡海，登十一號汽車南行。時大霧晝晦陰。汽開人速，經屋崙城、瑞蒂地 Richmond. 瓦雷鈥蔣勳 Vallejo Junction. 帕考斯塔 Part Costa. 梅亭內茲 Martinez. 提泊爾 Tittsburg. 安提歐 Antioch. 等處，至楚阿些 Tracy. 下車。途間所經多牧場，且見鳳尾蕉高大，為余曩所未見。又經塋地一區，花園帶露，鮮色媚人。是中不知有多少情人之淚漬於辦慈之間。然死者何知，亦徒傷矣。塋前為一片草地，有水車一，風輪半在霧中，靜而不動。遠望小屋浣衣為挂繩上顧霧重不能吹乾之者反溼之耶既而車行加速出霧界矣陽光黯淡小鳥三數飛於空際此時滿目秋光車之左小山童而不樹有鳥道蜿蜒如蟲蹤車右一片平陽大似吾國津浦綫經過黃河以北情形又過番麥之田時正收穫馬車列於田次朱實纍纍如火光照人過此有連山起伏山凹楓樹甚多細碎之紅葉映陽光益形紅艷方展觀間車入綠陰中叢林蔽日青翠之氣浸人小溪抱山麓而流亂石疊其中儼然入畫菖蒲成叢點綴溪上白鷺一行見車驚飛直衝破琉璃世界而去至此又見牧場矣羣牛息食於山坡之上

大似荷蘭風物既至楚阿些遂下車蓋欲先至芙蕊斯樽城 Fresno City. 當於此易車也因於站旁小菓店購明信片數紙以爲紀念越十分鐘有他道汽車來乃換登而前沿途叢田雲接且多見養蜂之家蜂箱寘於田次百十爲行如山上俯視田家小屋之狀既經威斯提雷 Westley. 屋斯他[兩] Volta 婁斯般諾 Los Bano. 數站車外風景之足觀者遂皆倚坐假寐乃又經數站日光已西視懷中時計已將午後二鐘吾等以風起未御飲食至此遂已乾燥不可言狀而車外景狀又一若吾國京奉綫北塘附近情形草則蓬蒿土則沙鹼故益令人枯寂三鐘待抵

芙城矣乃下車有芙蕊斯轉旅館接客之車載吾等而去余与芝約居館之三層樓坤華四層幼卿五層嘯東六層因稍休息集於館之食堂用餐食堂甚小裝飾淡雅宜人餐後有新聞記者造訪稍与周旋而去芝約坤華乃往商會接洽明日在此參觀之準備晚刻同幼卿出散步購城報一份則吾等之名亦列於報端矣

七日

早六鐘起整理什物一清乃開面街之窗遠眺城景清曠宜人但距車站近車聲鈴聲汽笛聲聒耳不絕此時街頭車馬

之聲尤衆車上咸為瓜果蔬菜之類蓋赴市者也此地有電影園數家戲園一二家居民四萬七千吾國僑居者四五百人無有中國街番地名產以乾果為最雞及牛油次之十鐘餘同慈約坤華嗬東幼卿生游中國街觀中華公所所為民國三年八月十二日立似曾為一廟者又參觀僑民學堂堂中尚懸康梁保皇會及前清光緒皇帝照相學生三十餘人時未上課亦未見教員其腐敗氣象則一望而知午刻飯於悅香樓午後一鐘四十五分乘摩托車觀覽城近一週路間多是花果樹間以桃林而葡萄園尤多因觀賞葡萄情形園邊皆植一種白色瓜其大如

吾國津中所謂之南瓜閩之御人云味稍苦多用以飼猪其名
曰盤迭龍 Pine Melon. 既而入一葡萄園其所種紫實纍纍
纍大可勝李啗東廷詢種植之法坤華為譯之詢問已蒙
園主贈若干置車中復上車行於是且行且食甘香若蜜
即所謂之玫瑰葡萄也久之至一葡萄酒廠參觀廠中皆大酒甕
每甕可盛酒三萬五千加倫時正工作遂稍觀工作之狀聞芙城尚
有大酒廠年造酒可二百萬加倫此則年造百五十萬加倫也廠名
La Paloma Winery & Distillery. 又觀一葡萄脯局名
California Associated Raisin Co. 年僅作工五個月工人

罢休得葡萄以曝於曬場中十日使乾然後運至公司中以機械
去梗蒸過再除種子且扁壓之每日能製出淨好葡萄乾二十五噸
分盛於紙匣裝箱運出每匣十六两每箱三十二匣每日共計裝
八千箱休一年製出共一百二十萬箱若裝入汽車可一千餘輛也
工人作業以值之法皆每三人一組由盛匣稱量至裝入木箱得
值均分之均每人於一箱可得美金五分上下出公司時由主人贈与葡
萄乾五包包而又參觀製无花果脯公司名曰 Raedings Choi-
ce Figs & Olive Co. F. C. 時正處理無花果及包裝其法
先將无花果曬乾篩淨分其小大為類然後煮之加入曹達及鹽

煮已以人工用刀從切其半面使至蒂而止以手稍分張而扁壓之再二一排裝紙匣中每匣可六兩絲次再以匣裝箱參觀已復以車游一花園且圍城一周至夕返寓芙城有修建二一通舊金山凡二百七十英里其平如紙摩托車行走極便一通珊的愛匈城凡約三百餘英里現僅修成三分之一而後晚刻仍食於悅香樓飯已觀電影九鐘餘再歸寓坐待汽車之至蓋今晚即去芙城隨汽車而南往要山結魯斯城也十鐘二十分車至遂因登睡車由侍人預為購票至車時有黑人至站台查票一次乃入車車內分上下床藉以長幕電燈光甚暗入車者對面不能辨眼

臭氣入下層之八號床居上層者尚須以梯緣之定車早故能得優良地位也枕畔有電燈上覆半圓銅帽以籠其光使不外透可臥而觀書銅帽開闔自如闔則燈滅余以疲倦滅燈臥醒睡中聞入車者續續來無論男女皆似躡步以若恐驚睡客者其公共道德之心可謂真摯既而車徐徐動似行矣久之覺漸速有軋軋之聲而睡頗安穩夜間驗票一次

八日

早五鐘餘即起床車似一夜未停者乃入洗面之室時室中尚無人遂得從容梳洗畢復歸床睡蓋起遲則室中人衆須待

次第矣至七鐘二十分車人來整卧具亦黑人也於是歸理清則每榻成翻轉成二椅早八鐘至婁山結魯斯城下車乃再購票易他車往冊的愛勾城 San Diego. 九鐘車開道中見黑人作工者居室結為小木屋如日本式屋外搭木棚澣衣晒其上小黑兒坐木盤中手執玩花果而食他則零落人家雜居於小河之畔 河中亂石疊疊水線未涸河上有橋橋三洞人馬時過其上 橋近有牧牛之場群牛向陽齧草蔬田之蔬青翠滿畦田溝徑水條逕為在禁夫推犁馬駕甚前遠樹蒙茸半含宿霧鐵道旁雜樹紅綠間錯橘園相接瓜畦雲連有加里樹稚

而成叢林下眾舍簷烟突突似早餐熟矣小女執帚掃門
前庭葉首裹粉色之中藍衣之袖短僅及臂皓腕雙釧蕙
纖尤膩舉首見車停帚而注眉目娟秀儼然如畫此時文
經阡列布田矣瞥眼而過乃至松林林既盡則至小村村外平陽
注之無際稚橘纍纍細繞如指陽光照車上鐘十句矣車忽有起
坐者詢之車人謂前到橘城Orange City至其所以名者以產
橘多而佳也過橘城後遠望碧海蔚藍照目已而車行海岸
上白波近在咫尺海風撲面至爲爽舒久之入亂山中山既無
草木黃沙爐熱氣中人乾燥幾不可耐午後一種侍抵珊城

乃下車寓於皆畏忒旅館Hotel Jewett.館居於一街之後，適當小園，清曠無塵俗氣。館中飲食至簡單，寓客亦無多人。吾輩乃登樓，分擇其宜室。門皆開而内通，頗有迴環幽邃之趣。因稍息，入其食堂進午餐。吾五人外，僅女賓三數而已。午餐既罷，遂以摩託車南行，將往墨西哥國境一覩。例須先至移民局報告，并填注姓名，經許可後，約以本日歸。若越夜歸者，則以外人入國境論，須先報告駐美之本國領事，照會美國該地方之當局，則費周折矣。於是循例得出美國境，入墨西哥邊，經頗長之路，哩數凡四十有五。周道坦坦，又值爽秋，舒快不可言狀。遠此拿薰内兩城 National City. 隐約烟雲中車人謂爲市鎮不屬於珊城者再前則見珊的爱勾海灣 San Diego Bay. 此時至美國極南邊界有僑胞四五十家多有田園二三十畝種菜爲生仍用吾國舊法過此入美墨交界有所謂布耳人者爲荷蘭種中之一種小人高不過三尺隨車乞錢揮之不去乃與美金一角持謝不已既而至墨西哥境荒榛滿目復無道路沙塵聚爲多數小丘境埔上下車行頗困如是久之至界關關人查驗什物蓋恐爲亂黨越邊者以墨西哥時方兵亂也既知爲游歷者乃放行入關後道稍平整道旁人家三五相聚無

復成村行約數里許於曠野中突有廛肆〻前有游戲場因停車購票入觀內中一部爲賭場錢於百賭皆備游民男女十數爲羣攢賭於是美墨相半喧鬧之聲聒耳旁有小食店因坐飲橘汁曾達水有墨人盛服以絃爲樂用以娛賓食店之次有鬻明信片者列小桌置墨水及筆備游客之用余乃購數片書以寄家亦紀念也書已貼墨國郵票十分投郵此時步至一商店中購風景明信片數紙爲有他紀念品甚佳不敢多購以入美界者須稅也購已乘車辭墨西哥返入美境另行一途〻間皆橘園宜

毋子霞益孚栽殖尤夥。又繞道至珊城所屬之加羅拿得Coronado。街衢極雅潔，而所植又多熱帶花木，儼若檀香山況。而至小海峽，待船時岸邊停車甚多，前排以塞，亦若墨國渡口情形。少刻船至，車陸續登艇而渡，岸稱加羅拿得碼頭。渡後街衢益廣闊，又類屋崙城景狀矣。過城皆村落風物，久之始抵珊城寓所。晚餐後出觀電影，又食炒麵於新中國飯館。夜十二鐘寢。

九日

晴早八鐘起早餐後同慈约晤東坤華幼卿同出乘十一號電車往觀巴拿馬加里弗尼亞博覽會在會場中游觀竟日來且觀且記午刻食於食點館附設之飯店至晚出會場仍以電車返用晚餐於新中國飯館在會場購紀念片甚多費美金五圓之譜

巴拿馬紀念會之設其初未定何處珊城與舊金山皆爭爲地主其後國會決議設於舊金山珊城已籌備有成局不能反消乃改設巴加博覽會於包魯布哇公園每會期一年近聞且有延展之議

游戲部中有特設電話多處無人管理而能收費有事者可隨意用之惟須投五分之鎳幣於機關之孔中幣振機關

電話局之小燈仍失於是持機告以所索之號數而通話焉設誤投一角銀幣者則無效以值雖貴而物輕也又有路設衣櫥亦無人司櫥分若干櫥格每格一門一鎖各有專匙在門旁小洞中亦須投入鎳幣匙遂躍出以匙開格門可置衣物其中帶其門則自行關鎖匙則由游者自放衣袋中歸時再開門取物格底邊有小孔以匙送填之則仍歸洞中矣

十日

早刻總約隨汽車返金山會計一事由余兼任乃將前數日用項歸結一清自今日起當另以小冊記之矣午餐後仍同坤華幼卿啁東往巴加會場以補昨日所未觀者仍復沿途記載以備

归後之報告

十一日

晴。早同幼卿、坤華、嘯東以摩陀車出觀古蹟。車西南行，經
街衢甚多，久之出珊城，修道淨無纖塵，此時車行加速，遠望
西班牙古城，據御者謂為二百年前物，西人初來由印地安人
手中得此地，築城駐兵，六十五年前始歸美國，城距珊城十六
哩，名柏因老瑪 Poin Loma. 過此則行近海岸，遠望海水作
灰黃色，漁舟往來甚多。已而入山，山多有加里樹及鐵樹，而棗梭
果為垂垂實為加州南部特有之風物，經一廢堂教為印地安人

所奉言人死後概變動物現主此堂者為美人夫婦夫已死婦
仍主持教務信心極堅教名 Theosophist Institute. 此時車
遊玉山半途望珊的爱勾海灣有小島御人謂凡遊客至此
即於島下驗病灣近之岸有石塔為紀念美兵輪昔時被敵炸
燬之地塔長如針其磚砌四面遠觀若伏羲卦文未幾至山之巔
約及海拔五百尺有西班牙古燈塔此塔為百六七十年前物
現廢而不用居然成古蹟矣當地風景片者據寫山周多沙
除仙人掌類植物繁殖外無他植物此亦美國西南部之特殊景
狀也山之前海流環抱即所謂珊的爱勾海灣灣近之潮流有

二日支那潮由温帶來，一日日本潮則從阿拉斯加 Alaska. 來者，蓋寒潮也。已而迴車於落日礁 Sunset Cliffs. 適有賣風景片者，且能為人攝彩，因四人立海濱上，合映一象，以為紀念。又選購礁上風景片數紙，付價，以告以吾輩金山之住址，使映象洗出以後寄焉。歸時又至珊城附近一古剎，乃千七百六十九年西人所築之天主堂也。剎中陳古物甚多，咸教會物事，且闢一室陳一古情婦遺物事。婦名羅曼納 Ramona.，為英之蘇格蘭人，其母則美產。御人道其軼事甚多，語頗拉雜。總之女生而美，且慧，善為詩，以鍾情一印地安少年，父母雖不欲，而女堅志不移辛婦之，其間波折至多，迨至為社會所不直，女則得遂其願，處之泰然，不以嫁印人為墮名譽也。今室中所陳，有其溫柔之繡榻、玲瓏之鏡、釧鐲繡之鍼、慵梳之髮，種種珍物，皆令人追想當日之柔情不已。時已十二鐘有半，乃返寓進午餐。午後仍往巴加會場，以備補前兩日觀查之缺。並在商業工藝館巴西出品部購來護謨製品、瑪摒茶及茶器等，以為直隸商品陳列所參考之用，其價美金七圓。又自購巴西產蜨類一巨函，又一小函，又一金碧色大象鼻蟲，率皆特異者。蜨函中又附有甲蟲若干。此不僅東亞難得之品，即美國南部亦不恆有也，因交其全二圓五角使為寄至金山以行號行南美洲物事於心殊快耿刻餐於新中國飯館飯已散步街間見鋪紀念品頗多有畫革一為最佳畫革者印地安人以熟牛皮繪畫飾壁者也美人則效其法繪為印地安美女子其筆法高於印地安矣以美金二圓購得巴加會場之不同於巴太會場者即對於人種風俗歷史之特別著意也珊城以接近墨西哥而又為西班牙舊地故風俗上有墨西美三國性質而西班牙古蹟尤夥亦可見西人當日操陸闢地之偉圖矣

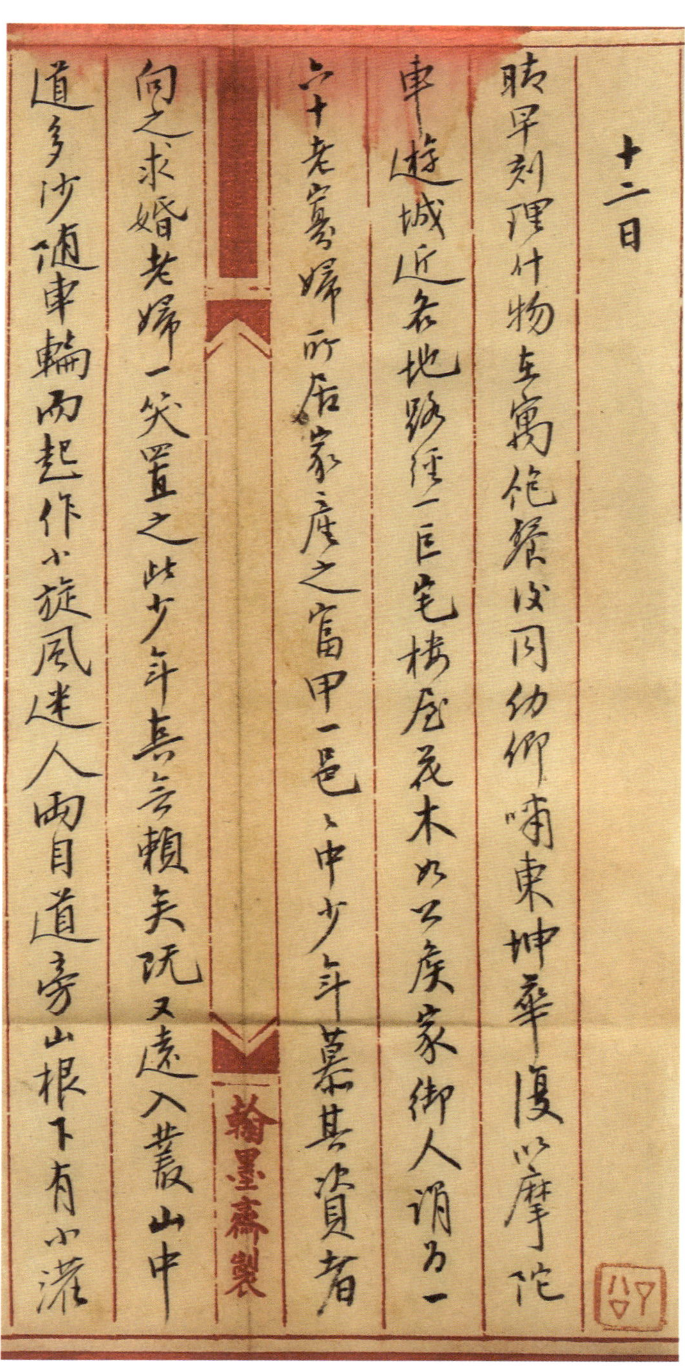

十二日

晴，早刻理什物，至寓飽餐。後因幼卿、嘯東、坤華復以摩陀車遊城近各地，路經一巨宅，樓臺花木，如公侯家。御人謂乃一六十老寡婦所居，家産之富甲一邑，邑中少年慕其資者向之求婚，老婦一笑置之，此少年甚無賴矣。既又遠入叢山中，道多沙，隨車輪而起，作小旋風，迷人兩目。道旁山根下有小溪

木方著粉花淨無一葉遠望如梅乃停車下折數枝蓋菊科
植物也花開於葉腋間少而且淡粉紫色微香狀花葉稍帶茅
實一種花後生葉者菊科中灌木甚不多見問之御者不能知名
因壓之日記簿中俟考乃再登車前山間景物倏忽千變而車
行極速過山景不克寫諸日記已而至一處停車有西班牙古剎在
焉剎壁多凹中懸小鐘剎前路歧出有樹輪囷伸枝於外上亦懸
鐘似示人以剎之所在者此景頗似吾直村間情形蓋亦廟旁樹

上題捷也入剎諸公所有僅賴垣敗壁綴以彩花令人增歎而已既又觀古剎數皆西班牙舊跡也十二鐘返乃隨十二鐘五十分之汽車別珊城北來四鐘餘至婁山結魯斯城 Los Angeles. 下車寓於春街 Spring St. 及第六街 Sixth St. 間之海屋兩旅館 Hotel Hayward. 二層樓上婁城為南加州一大都會其繁盛過於金山晚刻循各街游觀一過購明信片數紙館中附有餐室雖不甚華美而整潔可人晚餐時有伎人奏歌跳舞用娛座客彩座前各列小几上置炙爐炙一種精製之麵包名有少女司之余座旁少女美姿首年鬢不過二十外修眉媚眼髮挽為椎

结光泽胜于乌金发上侧冠白帽胸前系白色小围巾周
边挑花非常敝衣亦饰美已耳巾帽既洁与面手相映益觉
莹泽时余麵包将尽少女举手启金炉捧白瓷盘执银夹
夹娇色之嫩脆之麵包敬荐上余余心钦不啻帽殆余割食
女笑问佳乎余答谢之女流波巧笑而去坤华幼卿皆谓对斯
人能大增食量馆主人食品多销当欢迎此过客矣时伎人弹
唱环各座而行所唱似是折花赠爱之歌花名极彩环五座
时则所述多中国花矣歌音柔婉能移人情吾辈旅中尤深
慨叹既而食罢司炉之少女前道晚安余等乃出而歌辞之携情

镂意（爱）犹循以往复於脑海不已晚为函寄内子函外贅以小诗作中浴室壁上有金属装长机匣分为多格格内分装肥皂牙刷牙粉香烟之类浴者用某种以镍币五分投入某格之小孔中则物自跃出司室者每晨收理时以匙开匣取币装物焉亦便利而有趣之法也

十三日

早刻同幼卿偕东坤华往东二街调查养蜂事初至一经营养蜂器之公司主事者为一女人由此女介绍一养蜂家在考文那城Covina City并告以往该城之途须以电车往经颇长时间始到女又以电话致该城养蜂家使到站接此远客吾辈遂道谢

而出循所指前趣少至久即到電燈車站隨車行途間荒僻甚溪田茂草之外無他見至午後一鐘許至考城下車有老先生延詢吾輩即養蜂家貝可斯貝先生Mr Bixby也先生英人寓美凡十稔以養蜂爲業因邀余輩至其家經數街乃至街間甚清雅蓋鎮城也既至先生家乃觀其養蜂凡五百巢巢各有蜂數千萬就先生所言記之先生辦有養蜂雜誌自爲其主筆所以提倡養蜂之業研究有得即載之雜誌中考城養蜂家甚多先生爲最加州南部產蜜極有名即以考城名也蜂房之基俗所稱蠟坯者皆由人力以機械製成所以省蜂之工

可多釀蜜不然則蜂欲釀蜜須先造房今如此每年較前多
得蜜由百分之二十五至五十每蜂箱中置入蜂房八層蜜成後留一層
為蜂食便足餘則全行取出即為所得之蜜蜂王產卵時則另
置一小箱中兩箱相連中隔薄金屬板板上有成行之長橢圓小孔寬
窄適合工蜂之腹以便工蜂仍自由出入惟蜂王以體大不能出僅在
一箱中蓋所以防其任意到處產卵則工蜂所釀蜜皆不潔矣又
以工蜂出入各箱必見箱中有王方安然釀蜜是以不能將蜂王之一
箱隔離而另置他處如此數箱相連僅一王便足蓋一蜂王可率
工蜂幾千或至萬也蜂王產卵每日可一千五百粒至二千粒生產

期為二年由卵而幼蟲而蛹而成蟲凡需時三星期蜂之釀蜜自
春徂秋冬則休息加省橘田甚多故蜂蜜多採自橘花所得
之蜜甘潔無比最稱上等亦有時採野生植物如唇形科植物
含有揮發香氣者於蜂最宜且由此所釀之蜜香氣較橘花尤
濃但須注意田野間不可使有毒草加省有小獸曰斯空克以今
之名即鼬鼠科之所謂臭猫者也此獸頗為蜂害每昏時外出
在放置蜂箱之前掘土作聲以誘蜂類迨蜂聞聲驚而外出
則直前食之故養蜂者咸以食物置毒布草間以除此獸之害
此獸之毫可以為筆現時對於養蜂正研究游以蜂箱以車

輦運遊寓，就暖。夏季北來，冬季際則南來，以天氣和、花木

多之地爲宜。如此蜂可終歲不閒，乃蜜更多。自此歲起，將實

驗此法，以觀成效云云。余以小冊且註且記，參觀既罷，辭出。而先生

苦留，遂即其家用餐焉。先生年約六十，甚矍鑠，其夫人亦藹然

可親，方在厨治餐，將以饗吾輩。餐時，因嘗先生出最新之蜂蜜

以佐麪包。蜜二種：一橘花釀者，色澄而黃，味甘而清；一由一種唇形

科植物釀者，色紅黃而較濁，味厚而香烈，名貴佳妙。此生平第一次

嘗真蜂蜜也。餐後定購養蜂雜誌全年者一份，費美金一圓，訖

按月寄天津。陳列所中乃又觀先生家庭布置，暢談至暮始

謝别以電車返婁城

十四日

早因幼卿偕東坤華來城游之摩陀車觀城近一過午時
華僑生發號商店唐先生請午餐於其生發咖啡館并陪余
輩以電車往花萬塢Hollywood.觀活動寫真之製作
至則場院甚大凡銀幕上之設備纖細畢具有於茲者多人
坐場之一室中待拍而演余等至場之另一院方演某劇之一幕
係一麗服之女作嬝娜前行狀對面以攝影器檯機審攝之
器後立一人即導演者持傳音筒呼步數一二三等至行止則

曰二步時首稍偏五步時狀如佳女遂重步仍如前又曰可矣惟某步時太[illegible]直稍俯如此又重步曰亦疵矣女再步如質攝之唐先生云攝後洗片尚須檢查有無訛謬有則再補演之亦甚費事也不知者觀銀幕一刹只覺意趣橫生又豈能料及攝演時之繁難哉下午五鐘五十分辭婁城隨汽車開往金山之睡車北來

十五日

在汽車上夜睡至舒早刻七鐘起車人來整床具既而盥於車中至午前十一鐘許抵屋崙城碼頭下車渡海來金山寓

稍息方將往皮克濟雷旅館而慈約仲勳偕至快活角加州事一過

十六日

早五鐘半起因哺東子安随七鐘二十分之南太平洋號汽船 Southern Pacific. 渡海至屋崙城与慈約直士隽人仲勳相會同登赴沙加免度省城 Sacramento. 之汽車而行道間經沙加免度河十鐘餘至迭威斯 Davis. 車站下車該地有大學農科試驗場將往參觀也時有該場來人導余等入場蓋預为通知者車站距場約一英里有半故場中備摩托

車二輛〻而至場〻外分植花木鳳蝶之屬紛〻爭採花蜜小鳥飛鳴蟲細碎至悅人耳無花之果樹高而枝密翠葉紛披以蓋圓影霞地雜花如叢艷色遍目棱櫚蒲葵行列可數十本金蓮之花繞之圓葉如錢場前築屋數椽為公事室餘以食堂課堂實驗室等皆散築場中不相連屬清曠閒野無少塵氛之氣此時有某教員導觀林業經營之實況各部秩序井然但此時適當暑假休息學生皆未工作不得見其實習斯可憾平場中田畝雲接所植有葡萄高梁蜈草莓柑橘櫻桃之屬且有桃向日葵玉蔥花菜馬鈴薯西洋白

菜以及中國蔬菜等又有三葉芹印度小麥玉蜀黍豆類及牧草之紫苜蓿攢攢塞塞不可分數又觀其猪牛羊雞導者口講指畫幾於目不暇給午刻場中款以佳餐餐已復導觀煉乳室造葡萄酒室等至五時始畢此地天氣甚熱參觀時汗浹沾背幾不可耐此地較金山偏南故熱若到省城當更熱矣六時復隨汽車而南逕向咸而牧場又渡沙加免度河費時二十餘分鐘即至省城車站乃下車站台之外接客之車甚多有旅館名沙加免度Hotel Sacramento.者亦備車來因登之到其旅館館居於K街與第十橫街相近處余寓其五層之五一五號室慈約直士諸人皆散居各

層室中淨潔亦比且复明朗遂休息久之寄函一寄家並記朝來號間所見館中日費每室二圓兩餐在外其食堂裝飾甚精食後同寓人啃東出散步且觀電影歸後沐浴而睡夜間燥熱不能合眼忽聞雨聲淅瀝開窗視之始知館中人以自來水仰噴也如此數次涼風習習驅熱舒矣寄家函有云園藝館中花木紛繁名稱極雜棕櫚且多西班牙文以不精英文之人而著手調查欲與通英文者爭長競勝難為甚事然亦頗趣且此館出品多為余素喜研究者眼界甚大擴矣內中如西印度羣島植物夏威夷植物美國各觀賞

植物即如蘭類秋海棠類皆千態萬狀紅紫交映兼以紅葉斑葉等名賞葉植物且有檳榔蒲葵椰子棕々等更奇形異態或高聳際天或碩大無朋真可謂衆植物界珍品萃為大觀也

記沙加免度途中所見

八月十六日有沙加免度之行所以為業界之調查也是晨七時許隨南太平洋號汽船渡海是時風浪甚巨曉日猶未出漂雲布天際陰涼從人船頭諸客咸着外衣猶往來步甲板上取暖女生閨秀亦納手衣袋中髮為風掩飄拂膝金絲小裙

過膝時，候時捲綫，欲脱離而去，白浪翻花，餘沫點點如細雨浸頭面，冷若冰雪。小兒偎母抱中，伊唔索乳，顧風急帆張懷。少頃，船至長崎碼頭，乘客咸起，各有所携，排立候登岸。何吊橋轆轆而下，與船唇適接，人登矣，靴聲橐橐，驀離一時。既至車站，遂登車，亦為南太平洋號，無異與汽船之房同所辦。車甫定，車已展輪，站外雜植草花，紅綠相襯，軌道交排密如蛛網。已而至長崎城站，積停此次，登車者眾，男女絡繹。經五分鐘始已。站旁照理什物者戴赤帽，上書Porter，日本車站之所謂アカボシ者，蓋仿此也。出長崎後，遠望山巒朦朧，烟雲中草樹木蔚然在睡斯時車已加速車外景物咸一瞥不能留眼過卜技利城經小山一座上松林積翠綠至不能見極且間雜以有加里樹高侵耳插雲此時車人收票矣既收之後復以黃色票置紙漫無隻字且為插帽上使於識認往他處者有他色票蓋往迷處斯也既經瑞斯曼的Richmond.巴特叩斯塔Port Costa.二站路間車所田家風物或為叢木之叢或為乾草之積而小徑間綠點綴於村落間亦可觀也有時車行兩山間周坐枯石嶢嶢之一無所有惟石紋條條如大有力人之筋絡隱現於皮膚之內兩山既過驟然開朗為平原有小水潺洄遠遶野芳青翠牛羊散立

如展荷蘭畫圖，惟此畫圖不能久視，旋復霎然過目。此時
入一山洞，昏黑百无所見，二分鐘後忽覩天光，濃樹夾道，蒼綠
遍人。反覩車外山洞已在車後，軌道迤邐，如巨蛇之出穴。入山跌怪石
嶒崚，雜以野卉方展。覩間又復沉黑，但見白烟蒙車窓如曉
霧蓋，又入山洞矣。如是者數，經一村，村人樸質之氣現於顏面。
村舍隨山而築，無复秩序。過村而後，已近沙加免度河，河身頗
寬泛，有船名堪特拉叩斯塔 Cantra Costa，為世界著名之大
渡船，船之寬可平列汽車四，上有軌道，同於兩岸。船端平齊，
能與岸接，接則軌道接矣。船上有餐室，使以客下車御餐。蓋

車至船上船動而車停也時九鐘十三分凡十分鐘即至對岸
船上之鐘大鳴趣衆客登車既登而船止車前動徐徐上岸
開行又經奔尼西亞 Benicia. 四望皆草原淺黄嫩綠嬌媚
宜人復有小溪環岸抱石而流溪畔莎草之屬高如掩人徼
風拂之若翻影然過此多荒原黄沙映眼斯時驕陽近午
蔚藍淨無雲片汽車之上暖氣噓人余坐近車門之次旁
有睡者有坐者此时汽笛鳴矣而余帽上黄色帶亦被人拉去
知雖迷感斯近不五分鐘車遂止乃徐徐下

十七日

晴熱，早七時起，同雋人、嘯東出散步，並用朝餐於K街某食店。既乃週以K街至盡，又北行至僑胞羣居之地，亦所謂唐人街也，其邋遢情形甚於金山。既又至街間花園納涼，久之，覩來往者衣服皆較金山樸素。街間日蔭樹率多老幹，柯葉四出，濃陰覆地。午後將往一植果公司參觀，遂暫離沙加免度城東行，乘兩摩托車，隨往者為加省省長所派名牛曼，蓋慈約直士等早刻曾往謁省長也。以時車甚速，其急如風，久久至一處，有公司曰拿陶馬斯 Natomas Co.，因停車而下，牛曼為介紹公司主人淂一觀其果園情形此處距沙城約八十餘英里已接沙加免度山地以Sacramento Valley.一望皆為柑橘小樹新栽粗纔如指聞公司有地九萬英畝此時正植橘與阿列布Olive.橘本之周各裹硬紙所以蔽陽光也公司中工人凡百二十五名分四部各以機械治理果園以灌溉一事往年用馬年須灌溉四次今以機械則二次足矣至鬆地時先時用機械抓土使鬆頗費力今則以炸藥埋地中炸之土塊較摟者既省力且尤鬆也工人不許吸烟飲酒犯者立革公司每日開工人費約六百圓之譜主人乃前農部中大員農學程度極高今則短衣操作自行種植見吾輩時正持小刀與阿列布及柑

橋之茅接和容悅色無一些些子官家習氣可欽也時子安以晦東特再介紹於主人謂為中華直省農事試驗場場長主人大喜前握手以為同道請晦東茅接阿列布一株以為紀念既又參觀金鑛公司沙中淘金之實狀時正工作因得縱觀一周乃出又往觀一鑛頭公司因正停工未得細詢一切時已將暮乃以摩陀車返其速率倍於來時晚九鐘係至沙城寓所沐浴進餐又納涼久之始寢

今日往拿陶馬斯公司途中有一公司專種蛇麻至收穫拉捧皮運送各地為造麥酒之用蛇麻日本稱忽布乃譯英文

来者實為桑科蔓生植物葉三裂或五裂花單性雌雄異株果實外觀稍類松柏科植物之球果原産於歐美及亞洲西部果實含苦味質有揮發油其未熟果實乾製之爲麥酒附加苦味及芳香之大用又於藥用爲健胃劑蛇麻爲沙城大宗産品此公司培養甚多其法於田中以木爲高棚絡長繩垂至地以備蛇麻枝蔓纏絡上生之用至結實時乃就其未熟摘下之揀擇後以機械使乾燥備運輸焉公司中所用工人甚雜有中國人日本人美人阿地安人黑人東印度人意大利人猶太人及其他人類往觀時幾以入人類學館觀人種標本模型焉

十八日

晴。早同慈约同東隽人、仲勋、直士、子安先寓用早餐。已往第十三街参觀省立昆虫研究所 State Insectary. 該所在一公園中，外觀規模甚小。入門處另一方室，陳列各昆虫標本，於益虫旁附以所食之害虫，害虫旁附以所害之農產物，并各加簡短説明。室之一側復另一室，另存儲圖書及用具之所。再進另一小院，院盡則爲實驗室及益害虫飼養室在焉。所中人陪觀各室，并另説明，兼記其要。該所另專研究害益虫者，於各國皆有調查員，按期寄送生活之害益各虫，以資飼養研究。飼養室多數相連，室之外圍光线十分充足。

各窗皆密閉，糊以寒冷紗，猶通研究室之門，則中間隔以紗兩道，頗為黑暗。飼養室中為多數長方形飼養函，四圍及頂皆糊紗，一面為門，可開闔。函中置受害之檸檬二枝及粉虱，蓋以驗其果實受害之經過及粉虱之生態、繁殖等情形也。又一函裝置皆同，前惟放入二三十許小蜂，以觀察其嗜食粉虱之狀況。又另以硬質紙製不透光之方盒，置受害之松柏類植物，而盒之一端裝玻璃管通光，所以使害蟲見光群集，以便取而研究也。此害蟲軀體極小，而蕃殖速，為害最烈。又另一室專飼養小蜂類及瓢蟲類，瓢蟲皆在外採集，聚而飼之，以備運送各鄉，為農產驅除害蟲之之善法：運送之先，以置蟲之箱置冷藏箱中，此時瓢蟲則多數攢集，儼如冬蟄，不食食物，冥然若待春陽者，如此輸送至被蚜害之果場，啟箱放瓢蟲於被害作物之上，瓢蟲受日光溫暖，頓然大增其食量，捕食蚜蟲之速無與倫比，久之蚜害除矣。加省柑橘最多，而害柑橘類之蟲滋生亦繁，而除害蟲之益蟲亦有多種，現正設法使其多爲繁殖云云。出所後，至公園草地上休息，久之乃歸寓用餐。午後又參觀省城牛乳廠，其中工作分五事：一、牛乳之潔淨；二、百四十度熱之殺菌法；三、四十度之冷卻；四、裝瓶；五、冷藏。廠中人謂每日可製乳一千五百磅。既又參觀一果品罐頭公司時正工作因得見其製罐頭次第之手續一、揀果二、從切三、去核四、洗淨五、除皮六、入罐七、裝糖八、加蓋九、湯煮十、洗罐十一、貼附印刷物十二、裝箱十三、釘箱十四、運送其製箱之次第一、鋸板二、印字三、釘裝此公司每日可製成十萬餘罐有工人八百名既又參觀一造磚廠所造皆洋灰磚成形後以百五十度热使乾之乾後再燒火热二千四百餘度須時七八十點鐘每窯容磚十二萬餘觀時立距窯門甚遠而火焰熊熊炙人幾將炫暈故稍閱詢情形而出於廠近以植物數種夾日記本中備歸後製為標本以作紀念此一日中參觀多家甚覺疲乏尤幸有摩

陀車發足也晚刻收理什物備明日往斯多頓城

十九日

晴熱早九鐘三十分乘摩陀車別沙加免度前往士多頓城
Stockton. 途間道平如砥風景佳絕有時過橋甚多其中一
橋長約一英里有條橋下為大壑林木叢雜翁鬱車行橋
上如飛鳥之渡林杪別有意趣既而往一村名白勞德 Lody.
街衢房舍幽秀可愛路旁有賣瓜者門前懸一縱剖為兩
之西瓜用作標識亦類吾國之賣以其所賣物為幌子者也久之至城
遂寓於士多頓旅館時十二鐘稍息進午餐餐室裝飾與沙城

大殊沙城餐室為白色大理石柱，絡以雜花，雅潔可愛。此則純用红人風俗，棟柱皆作方形，其色則红藍黄，柱上懸鹿角，綴以方之燈，壁角則置红人之陶器，中插乾而不脱色之植物，红綠交雜，中裝電燈，晚来照耀，幾同五色琉璃，乍觀之不覺室中事事皆古之舊俗氣象。寓樓上之四十二號室，室之一端為屋頂花園，園中央設噴水，叢花繞之，簷下為長廊，置椅椅，便過萬客納涼之用，且可坐而眺遠，有河流迴繞，往往帆船二一，悉接於目。余於此盤桓久之，不忍去。午後二鐘因慈約直士諸人往商會，稍坐，並登其眺遠臺，臺甚高，可瞭士多頓全城。當由商會介紹，以一觀製革公司、麪粉公司，此公司附製雞食，排發雞食者備養雞家需用者也。以十八種物品合成，乃炭渣、骨渣、碎石、牛肉乾、大麻、向日葵子、棉子、胡麻渣、貝殼渣、小麥、大麥、燕麥、蘆粟、紫苜蓿、蕎麥、玉蜀黍、麥色高粱、及糠秕也。已而又觀一瘋人院，院中各國人皆有，院之面積佔地約六十五英畝，中有一部爲真瘋者居息之所，四面皆障以錢紗之壁，中分若干隔，每隔居一人。觀時瘋人咸由紗障外窺，或笑或詈，或爲怪聲。陪觀者謂，初事於此，夜間幾不能寢，儼若郡於鬼鄉，徹夜怪聲不絕，或大笑聲動四壁，或作長歎，或喃喃若有所咒或步聲錯亂若有追逐至天明則衆聲寂矣日出後線（弦）始夢醒今事久亦慣云〻時當晚餐余等遂到食堂觀瘋人進食亦無異常人惟皆二目灼〻四瞭若有所覓或稍食而忽哭泣侍者皆和顏悅色時〻安慰之約十五分鐘食已此皆輕瘋者也甚瘋者則送食物於紗障外伺機啟其小門以長竿置入之急閉小門而去至於食不食或棄擲之則任之而已觀後草草返寓晚刻出遊唐人街日本街〻上〻觸目皆賭局商業則密〻疏〻線亦能与美人倚者心為之感然

二十日

時趁早九鐘條有商會介紹之爰利須君Mr. Hsieh.以摩陀車來陪余等往地魯他雪克勳Delta Section.訪中國葉叢之陳廣泰陳所植田積廣生號距城約五十餘英里道途坎坷頗為難行途間多柑糖蘿蔔之田間以豆田他則果樹和蘭莓玉蔥大麥馬鈴薯玉蜀黍等亦所在皆是已而過一小河兩岸悉栽水楊而香蒲薊菜亦多風景幾同於吾國北地而於美國殊罕見焉又前見多數菊科植物多爲巨叢而大菅青蓼多高可沒人爰君謂此間田園多爲昔日中國人僑寓者所闢但其地低下每有水患後乃鑿此小河水患絕矣過一村

日厚爾特Hellt居者為中國及日本人多以賭博為業既而於荒野中見特異之木屋及天幕四望白沙茫茫荒草際天沙光映日閃爍眩人眼詢之則皆小亞細亞回人所居至此又始親亞拉伯之國境矣植物多為莧科藜科蓼科繖形科菊科旋花科蕁麻科錦葵科等以車行速僅能見狀而記其云所採擷也時已將午驕陽當天人人皆汗出如漿又久之始至陳廣泰田園主人他出僅見其守田者因詢其經營之資况而其所言純為國中之舊法不須出國二萬餘里見此舊人忖怪矣園周植垂柳多株且養雞鴨立久幾忘身在異國園之鄰近沿田者

有日本人亞拉伯人東印度人南美洲人其中以印人治田用美國新法餘則皆各仍其風俗也午後一鐘返寓餐後又參觀城近一鐵工廠廠中地方甚廣而工事房距離又遠余以為辦事上大不易而不知其有妙法也即以呼人一事論之他可知矣呼人之法以汽笛用聲之長短分為某人如聲之一長一短則為甲而一長二短則為乙他則或短先長後或二短間長或倏短或倏長總之以聲之何如即為某人之代名而某人聞聲便來矣蓋壁上列有一表記工人名及汽笛聲數此廠名 The Holt Mfg Co. 乃專製農器者也晚六鐘五十八分辭士多頓城隨汽車返金山十鐘至

萲生延看天地開闢影戲，此中暗如深夜，影中則變幻莫測。一幕有火山雷電諸影，二幕如月下觀海，但見波濤往復，三幕既有陸地，復有高山，俄而大聲崩然，山頂忽冒火光，紅液四流，是爲再起之火山，未幾火光漸淡，山河皆隱，惟見噴口四周紅液經行之跡，再視則惟見火皷，須臾火皷亦失。四幕自深夜至黎明，復至日中，以至昏暮，月光漸上，則呈佳景，月落而明星粲然，夜中則羣山如睡，寂寞寡歡，昧爽則萬物知曙，淒涼無語，亦如吾人平日所自歷者。日光之下，如處戈壁，影落山後，猶復反照煜然，晦暗之際，時聞天樂，不知其所自來，而語聲鞺鞳，讚美之歌，亦如來自天際，是直利用聲光精神之各種科學欲於此數分鐘間重翻地球死生之歷史巧奪天工者之無愧五幕亦由出入顯嘉蔭芳草野花四明漸見飛禽及四足之獸忽然而有令人不覺一裸體人曲肱而卧是為亞當俄頃欠伸而起掬水而飲摘果而食翫花以自怡悅徘徊以自鳴得意游目四顧邑然以悲似自傷其無偶也是夜大光一團有裸體女子盤旋其中天宕漸啟女子似自無意中游行而出猝見亞當若驚若羨亞當亦相顧愕然從而起與接手繼相擁抱黑幕一下遂從此畢一宗教家熱心傳教借用此

種施設以證明天帝七日創造實無可信之事洞心駭目
真可移人信仰之心然而草昧之初吾人初祖果能如是之
完好耶皓齒明眸雪膚花貌皆隨生活程度之進化
以俱來今露宿中野無一縷之著身寒暑之變霜露之
感且較今日尤劇彼二人者何修得此果其生而如是則
今日地球人類乃真退化耳埃田之園何在令人惘然

十六日采澄際昌自美東歸寓卜技利旅館之三層樓上夕劉智來室談十八日晚同采澄麟生去來問屋街劍村寓所議會場事夜十二鐘後始歸十九日在珊城所購之蝴蝶標本等今日寄來當付價美金十八元五角合前定銀共二十一元也乃展視一過經此長途郵寄毫無少損標本中蝶類之異者共二十有七內有特異之尤者為亞馬遜河流域之寶藍色大蛺蝶在天津僅於在一九〇〇年後華北博物院見之其他蛾類甲蟲亦多特異之品同行者皆笑余喜以金錢購此玩物余只笑而不答……

……二十日慈約之余同嘯東劍村往裴他留瑪城參觀一　　二十一日午後同墨莊往會場去觀蘭都拔斯館此時距會場開幕僅一月餘諸項公務皆將收束想明年一二月當能返國矣二十二日至二十五日編寫食品館報告已金山有一種食館用人極少所以省工資也其法於進門處設長檯上置多盤冷葷蔬菜點心黃油等旁置刀叉与中盛盤持盤諸物檯旁有鍋及鐺容魚肉諸熱食品有中年婦一二人司之入食者先自取持盤捡刀叉諸物再擇喜食之冷葷蔬菜等置之於所自捡之食碟然後於持盤上捡空盛盤二三來婦之前指索熱食品婦為盛之盛盤中放持盤上再自持歸座而食將用咖啡茶自向婦索之食已歸空盤及諸具於檯上

鬱金香
荷蘭名產

二十日

今日慕約余同崎東劍村往裴他留瑪城參觀早七鐘許
至碼頭仲勛亦自卜拔利城渡海來會遂同乘加殺的羅 Caza-
dero 之渡船渡海在度訥梨脫 Sausalito 登汽車轉來
回票八時四十五分車行是時天陰霧重遠處不能辨物車傍
海濱行一側為山山腳坡坨起伏淫雲匝起久之漸為平原為低
原至此車兩側皆海矣已而又見小山山下封以玷石松松之外有小水靜

而不波，已而地平線上遠樹如薺，車外細草嫩黃，羣牛正牧，見車不驚。至此見陽光矣，陽光被草原之上，嬌柔之色可愛。原盡乃山，山盡復爲草原。且經一河，河畔景物頗幽靜。至珊拉弗站 San Rafael，少停復前。站旁馬車甚多，皆運物者，雍容而非忙人所爲之。站近莊園，居舍清雅無匹，陽籬內望皆豢雞、塒錯置，極影村女燒草持鋤立其旁，叢樹交糾掩映，云有間斷。過山洞一，山原繚繞，小水紆徐。至此又經三站，曰依拿西歐 Ignacio，曰拿哇脱 Novato，曰珊痕塌梓 San Anta-nio。三站皆稍停，下車者極多。十時零五分至裴他留瑪城

Petaluma City. 乃下車裴城以養雞名故又稱雞城初參
觀一孵雞器製造廠名曰 Petaluma Incubator Co. 觀其孵雞
器及所售之雞食器之大小不等大者可孵雞數千小者則僅容數
十其主人某以余輩介紹於商會之郝士勤先生郝乃到廠相見約
午後一時許會於商會余輩乃先時已返午乃飯於城之某食館
即食其名產之雞人各一只食已購該城明信片數紙乃至商
會同郝先生以摩托車出觀養雞孵雞公司多處於度擰
瑪城 Sonoma County. 觀一公司名曰 Hicks Jubilee Hatch-
ery. 其主人為老夫婦待人極和有孵雞箱四十二每箱每次可

孵雞五百七十餘隻孵期三星期所需溫度以華氏百零三度乃宜雞種甚多所養白色者名白角足原由東亞傳來黑者曰北其孟薩加黄红雜色者曰羅利島大雞日喂三次小雞五次喂时早宜碎糧午宜青菜晚宜整糧青菜名曰刺勒亦由公司自種公司中每年孵雞四千萬隻月可得净利美金百五十圓此乃甫地一極小之營業也既又觀一農家所飼牛羊豕雞甚夥最趣者主人書以園中所結之苹果飼豕故豕皆極肥苹果皆不甚佳者夕時仍以汽車返渡海歸寓此次調查剑村记之

有僕婦欲去洗衣司讀者乃以小紙告爲書價遂按々付值
而去余與同仁每就食於此二十九日同采澄際昌幼卿
公餞劍村嘯東於上海樓蓋明日二君將隨慈約回國
也晚刻慈約約麟生劍村坤華墨莊幼卿嘯東際昌
采澄及余計十人會餐於斯邁比特旅館之餐廳慈約之
意以爲初來金山食於斯今將別亦應食於斯也流光迅
速瞬眼一年不禁感慨係之矣三十日早刻同幼卿際昌
采澄以摩托車赴碼頭送慈約嘯東劍村乘支那號
郵船返國時直士仲勛亦同船歸在碼頭握別甚
爲悵々因同慈約諸君午餐於船上午後二時船開索
然返寓

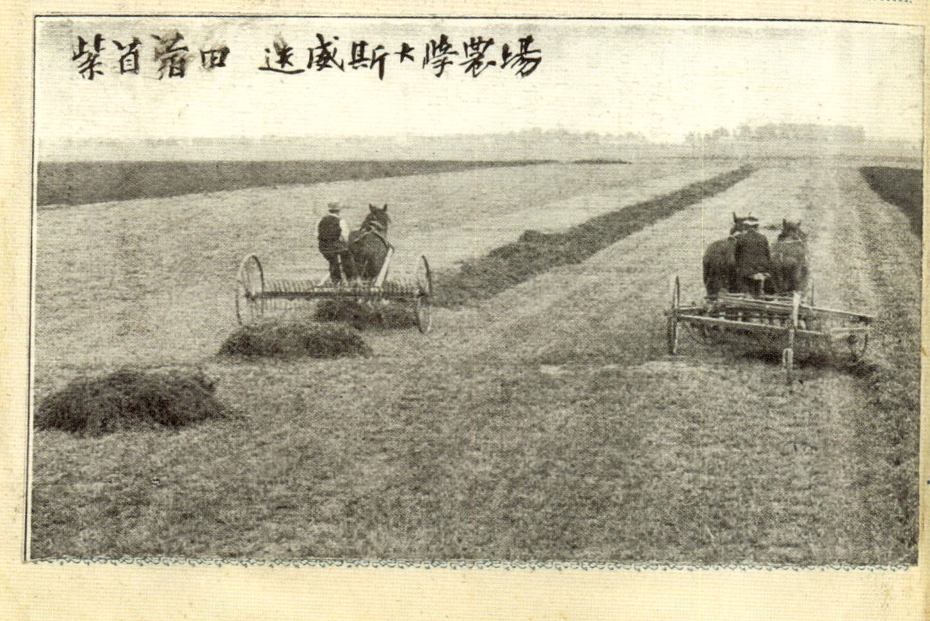
紫首蓿田 威斯康辛大學農場

十一月一日—十二月三十一日

晴午後補行調查食品館烟草公司數家且記其出品中
一家於一大玻櫥雜置全世界各種人民所用之烟袋烟斗無
慮幾千百個千態萬狀奇形怪樣設非在賽會場中是不能見
此多種也館中一家賣小菜罐頭者共有五十七種陳列為高塔
式塔之基層為一闊大之室其上凡五十七級每級陳一種小菜之
罐為一周塔尖以小電燈排成57二字每日在塔基室內
以電影放映做小菜情形且有說明本為宣傳小菜之佳
用廣招徠乃不料教導了商敵日本會場未閉幕而街上日
本食品商陳出類似之罐裝小菜既較57味美量多而又
價廉於是57乃大為減色……三日晚到墨莊移居卜技利
旅館與余隔壁六日在會場公畢出會場之西南門散步於
普利西島Presidio此處幽靜遠於市囂門內與澳大
利亞新西蘭兩館相近布置多含南洋意趣有高柵內
豢大袋鼠數頭又有禽亭飼鸚鵡多種至於花木亦多
奇異如未生苹匱之類其識者也更於入門處為花徑籬上
繞以加州特產之加州南部風車花極有意致普利西島為
美海軍駐地是處有加里樹成林中為大壑上架板橋曲
折多而長立橋上環眺惟見萬樹玲瓏日光穿漏林風颯
然空綠爽肌此中之趣實勝於會場中之萬人潮湧多多矣……
……八日同采澄麟生坤華幼卿墨莊從昌議出品裝箱前
報關及清點事宜夜深始散……二十八日早十鐘許同

大巖谷

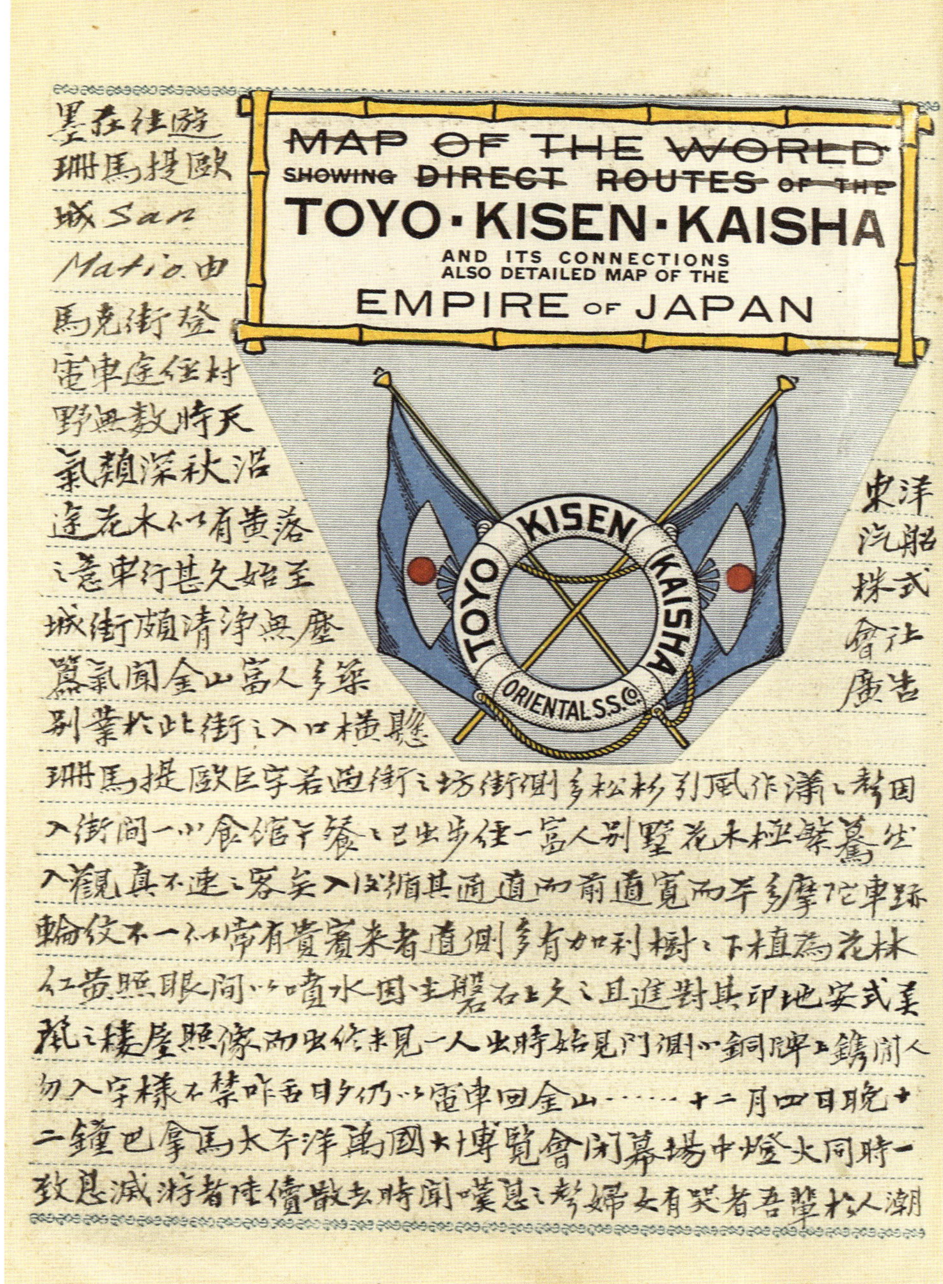

晨往游珊馬提歐城San Matio。由馬克街登電車，遠經村野無數，時天氣頗深秋，沿途花木猶有黃落之意。車行甚久，始至城，街頗清淨，無塵囂氣。聞金山富人多築別業於此。街之入口橫懸珊馬提歐巨字，若過街之坊。街側多松杉，引風作濤之聲。因入街間一小食館午餐。餐已，出，步往一富人別墅，花木極繁茂，任人入觀，真不速之客矣。入後循其通道而前，道寬而平，多摩陀車跡，輪紋不一，似常有貴賓來者。道側多有加利樹，樹之下植為花林，紅黃照眼，間以噴水園，坐磐石上久之，且進對其印地安式美術之樓屋照像而出，猶未見一人。出時始見門側以銅牌上鐫閑人勿入字樣，不禁咋舌。日夕仍以電車回金山……十二月四日晚十二鐘，巴拿馬太平洋萬國大博覽會閉幕，場中燈火同時一致息滅，游者陸續散去，時聞嘆息之聲，婦女有哭者。吾輩於人潮

中出場五日會場門前仍售票而游者寥寥午後余與幼卿
入美術館記其各陳列部之裝潢方式而出八日午後同坤
華幼卿麟生墨莊渡海至屋崙城復隨電車至屋崙陳列
所參觀所中多印地安人物品前采澄坤華曾來觀將
以直隸出品選贈該所并向其交換贈品也該所長即
會場美術館副館長人極謙沖當偕吾輩觀覽并以將
贈與之物事指告之乃經采澄選定經所長許可者多為印
地安人之物將來運歸吾直真此次來美之佳紀念也所中
對於城近所產植物多按季節摘其生活者插植之以供觀
覽匆匆間余不得詳詢其名可惜也樓下有古長鼻類猛瑪斯
Mammoth.骨骼一具其學名為Elephas primi-
genius.即類於象而曲牙周體被長毛者也……晚
始歸金山耶穌生日前馬克街上鋪家皆大陳聖節禮物
及各種兒童玩具因選購小鐘及玩具多品攜帶回家以
為紀念二十五日同幼卿墨莊去金山公園林肯公園以為
此次即與之作別矣晚刻飯於上海樓是日睹上海亞細
亞報主筆黃遠庸在余座前被暗殺之事……三十一日
午後同幼卿墨莊遊金山各街一過夕刻往麟生寓時
采澄淮生光宇皆在坐遂又邀坤華共八人同至馬克街
腓魯丁旅館之食堂用餐一

三十一日

午後因幼卿、曇莊遊金山名街。夕刻往蓤生寓，時采澄、淮生、光宇皆在此，遂又邀坤華共八人，同至腓魯丁旅館之食堂Hotel Fielding晚餐。以今日除夕，故堂中電燈皆裝以紅色紙飾，且有樂歌跳舞。歌者少婦，在小樓上隨歌舞搖曳之際，以細長紙條擲座上。為侍者亦以紙條進座客，於是互相拋擲，縱橫牽掛。跳舞者宛轉其中，時一胖婦似是館中女主，獨隨樂而舞，時以手招吾座人。蓋每座皆有男女，樂作則雙舞，吾座僅男子，相形似太寂寞，故女主極意款待也。顧吾輩不情舞，笑謝之。淮生獨謂光宇能之，告之女主，女主乃强光宇起座，如攬嬰兒，殊可笑也。時旁座有女甚美，隨其家長用餐易座之三少年相從起約女舞其家長不能阻以美國風俗於耶穌聖誕節及除夕男女間無論識否得如此也或即以此為將來求婚之機焉座上食品單印製極精其花紋皆合除夕紀念之用多案其一互相題名於上誌不忘也飯後來街上游行馬克街一帶士女如雲途為之塞來亦攜紙碎及小毛撣效美人之調謔久之與幼卿坤華滌生等相失乃獨行向歸途在士多頓街遇三少女為其所嬲幾不能脫歸寓解衣滿領帶衣衫之間無非紙碎皆三少女提領撒入者也

中華民國五年 1916

一月一日—二月六日

陰雨接天津來電屬余等歸國采澄遂定與余及滌昌墨莊先歸采澄滌昌出國時原乘美國太平洋郵船公司之高麗號船現該公司歇業一切權利義務隨之轉移故歸國時不得不乘日本船此刻天津丸八日開行采澄滌昌須往易票當由滌昌往該公司為余與墨莊購票焉午刻徐文言領事來以其攝影相贈二日陰雨至夕且大風街間玻窗震毀者甚多晚同采澄滌昌幼卿墨莊同出用飯風猶未息四日陳監督招飲晚同麟生淮生滌昌墨莊幼卿坤華采澄往陳夫人及其女書記亦列席十時歸寓五日同采澄墨莊滌昌還寓腓魯丁旅館樓上四室鄰接聚談極便此館較前寓卜技利旅館為巨又面臨馬克街熱鬧地區終日夜眾聲嘈雜與余喜靜性情大不相宜然於一切活動交際方面言之則又較之門無車馬喧聲者方便多矣現居室陳設一切皆甚考究但對我殊無一分愛戀七日今在腓魯丁旅館——　八日陰雨早七鐘起整裝十鐘辭舊金山城同采澄墨莊以摩陀車赴三十六號碼頭登天洋丸時滌昌亦到麟生坤華幼卿潔亞皆來相送余與采澄墨莊同居百三十九號艙室滌昌則為百三十號與一西人

七日

今在腓魯丁旅館正晚十鐘瑣碎零星之件皆已收束獨處一室四壁外無長一物對鏡顧影以己伴己窗外車聲震耳招牌之燈射光入窗紅綠明滅而室虛一無小響僅自聞呼吸而已倚坐床隅垂睫若睡而腦中夢如亂絲乍而憶婁城離歌之樂乍而憶珊城之遊乍而神歸沽上耳中若有妻子談笑聲乍而似聞海濱潮湧漁歌清冷飄瞥倏忽乍而喜忽而愕而尤有展轉激刺於腦中令吾心頭震震不已者則近兩星期中黃遠庸之被暗殺也時余與幼卿墨莊坐於上海樓對樓梯之一室黃則立於室外與余輩寒暄且過鄰座與章紫珊陳淮

生等聞该两此時打手華僑所僱之行暗殺者即在敝座用餐待黄该已乃

過吾座時打手遂出起立樓梯上以手銃擊之第一彈直過余頭

上著於余座後之玻鏡炸為菊花之瓣第二彈以下皆著黄矣

黄猛叫内奔直至於其所坐處而绝因黄進餐者為陳昌采

澄皆無与政事者故余思及尤懾蓋恐僑能疑吾輩与黄

有関係也黄為上海亞细亞報主筆以避仇来美或以他故来美

余不得知由係領事介紹得識後又同寓於卜技利旅作与采澄陳

昌甚相善黄被殺時采澄手執箸啟指而出陳昌則越（跳）其食檯（而過）

口呼What What之墨莊幼卿瞪目直視余則不自知作

如何狀態矣今晚清寂已極是以事事皆潮廻腦中不能抛去

然而明日登舟矣去金山矣返故土矣金山所歷尤當使飄瞥

如雲烟不必携諸腦際矣

為伴午後一鐘舟開天氣陰惡異常出金門灣時風雨甚急回望金山濛々雲水間美洲新大陸與我從此别矣久々舟顛簸甚晚刻勉強用餐僅飲一湯及咖啡乃寢天洋丸為日本東洋汽船株式會社所有船之一九日陰風浪甚巨舟簸極我竟不能起立午後來甲板上觀海水有時海平線若突然增高直與舟舷相接者晚刻風浪尤巨能入大餐室者頗寥々焉余輩僅在室食水果及茶而睡十日晴洋面本穩無風浪午後散步甲板上四望蔚藍眼境忘前兩日之苦況與墨莊跳棋三局後觀西人跳舞晚十鐘半寢此時風浪又作十一日天陰風巨浪高如山舟身顛盪較前尤甚晚刻步甲板上浪花噴沫如雨全身盡溼十二日晴靜無風浪麗日在空游行甲板上或觀書室中幾忘身在舟上晚刻舟人演電影用娛乘客十三日早陰午後晴洋面淨無風浪覺天氣乍暖知距檀香山近矣晚來與際昌閒話約明日登檀山之岸當飽餐吾國珍味一洗舟上西食之惡氣也（舟上西餐實遠不如來時）……

十四日—十六日—

十七日自過檀山至今三日天氣陰惡異常風急浪高舟客悉眩暈不可狀余每晨起即出甲板上坐躺椅上一任浪花紛沫飛滿髮際海風撲面作微寒然勝於艙室也

十四日至十六日

釆澄日記

十四日　早七時起天甫黎明隱見火列奴奴島東角之金鋼石山已息之火山口也又微茫中一點明滅之白光則燈塔也乘客急來甲板上候美人來驗病船至港外而停驗病員乘小船來驗畢船始近岸泊七號碼頭余早餐後同三君取登岸憑證登岸華人招待員卓君曾

來相邀登岸自任嚮導謝之以余等四人同行較自由也在船不甚行動故所着衣厚薄相宜登岸始知此地甚熱所服已嫌過厚步行未久即覺汗潤街道甚溼似大雨初過者行良久附四十一號電車東行向金鋼石山

至水族館下車入覽

水族館係平屋一所居中為八角形屋中央小池着小噴水前方為門此左右三方皆陳列室長方形之室也壁上飾厚玻璃蓄水族於玻璃之外每玻璃一方橫約五尺許高約四尺許以室之闊為玻璃二方其長為玻璃九方底壁及

兩旁計玻璃二十方，左右兩室之闊與後室同，左室之長為玻璃三方，合為八方，右室之長為玻璃五方，合為十二方也。共玻璃四十方，貯即四十池，水族之區別亦定。有一方數種者，有一種而占兩方者，魚之色彩花紋俱極奇巧，真平生所未見。蓋翻車魚類本多特別色彩，此館奇魚多屬此類。建築不大，但有自來水安，甚易仿效。書記南洋勸業會中水族館即仿此式，彼為四方之屋，中央亦有小池及噴水，特陳列品即在四壁，如此次巴拿馬賽會中之夏威夷政府館式，非如此館之作袷衬形長室耳。物品稍多

非紫石不可且易隨時擴充隨時收束也至看守人要雇傭
魚圖二分計二十四種每分價二角五分色彩亦鮮然活潑
潤朗之致則較貴物貴遠不及
魚有名蛺蝶者如尋常翻車魚而甚薄對其前方
視之豎處爲橫處之五六倍惟其薄者也故動作極捷有
粉青粉紅嫩黃烏黑各色其豔麗等於初綻之花鰭尖
皆作綫紋形長兩倍於身一見人影輒翩若驚鴻而去
水光映之爛若明霞僅名蛺蝶猶嫌形容未當正當謚之
曰驚蛺蝶耳

出至小亭中少俟電車有日人至謁以吾輩為同國人也附電車還至市上因入飯作時已十二鐘矣飯作為西洋式入門始知為日人所設魚羹甚佳他皆平平出仍附電車東行至海濱下車其地屋宇零星似避暑時所用有小學校學生凡數十人土人及美國人皆有之率衆約在斜坡上照像少須電車已至因附車還值學塾散課學生數十人亦附車陸續散去天真活潑至為可愛地甚溫暖土人原皆跣足西人小兒亦有效為之者滑澾奔走視為至樂至市上下車步行還船時已四時入室洗面并脫

去毛衣一件始覺輕爽至甲板上倚坐天忽大雨始覺乘
客務登岸時皆手兩傘之故吾輩始亦姑效之幸未值雨
然此時雨勢甚猛即有傘亦不能禦但稍佳耳五時五十分
啟椗岸上相送者甚多我國人中有婦人三四人小孩數人
不知何人眷屬

十五日　暮有風向後漸大

十六日　大風七時同人皆起至甲板上起坐肢體已勞尚未
嘔吐船頭低時沒入水中水滿甲板浪花高過舵樓之頂

十八日至三十一日

采澄日記

十八日 風有時稍止午後風息雖有时復盛但平穩時爲多

海面乃稍安粵人已在船頭設賭攤矣夜甲板上有跳舞

余等四人則在吸烟室中與容君暢談 容君觀槐爲純文先生嗣君 辛記

此船人載凡分三等上等在船面及更上一層二等在船面下

一層三等在船首尾之下凡兩層今日平静啟船面蓋板下視如井乃知其下尚有兩層也每層高約六尺許如猪栅又如地窖其中人殊可悯所啟處即為此中人通風處矣

十九日即二十日　昨夜已過西經一百八十度入東經矣故今日應為二十日竟日無風海行甚適

甲板上婦人有作工者数之得七人皆縫紉之屬午後張各色幃幕於其中为游戲場擲丸暨賽跑小兒為之掇卵婦女为之嚙餅与擒珏皆男子为之小兒失敗有啼哭甚哀者夜舟上一層有日本之游戲为相撲劍擊劍

舞等規律頗嚴

二十一日　小雨甲板上不能坐在吸烟室宕君來共話午後艙面有西人游戲爲競速畫騎杠鬥畫猪目等騎杠之鬥用枕囊相撲擊也夜吸烟室前有日本人之游戲爲幻術演戲跳舞等

日人游戲以八時四十五分開幕於時電光忽閃暴雷一聲極爲猛厲俄頃之間狂風驟雨時挾震擊之聲如是者約一時許忽爾平靜依然明月當空大洋中之氣候如此

日本跳舞凡四人作武士裝動作頗似盪槃之武音節及情態又似京班中之武丑詼變安詳大有張黑風味（張黑為京班中丑角有名於時辛記）但四人同奏因船身顛頓之故不甚合拍

二十二日　向際昌處借得京報共觀之夜甲板上有跳舞未及往觀

二十四日有風

二十五日午前十時船抵橫濱口外先見大島繼入東京灣海中有洲上有建築物蓋五十年前美國兵船來攻時幕府所築以為砲臺基址者也過橫須賀相距甚遠

但見岸上黑烟以積而已十二時至食堂驗病一时開飯船泊新港第四碼頭二時同三君上岸先往郵便局投信繼過公園繼往日本銀行及楂打銀行換錢不成至國人所設益大兩替店換之美金一換日金二繼至外國人居留地見有德人國美菜店途上遇張孔揚及曾君同君弟輩往覓飯繼至波路之口遇道衡邀至萬珍樓晚飯言至船上相覓不遇故來邀於此幸而相值云飯後約往中華會館親仁會粵人所設三江學堂大同學校等繼附電車至關市見有單衣赤足之而奔走者云是名寒參佛教

中之苦行者也又老尼四五人乞施於市肆門之外略如我國之化緣僧而衣服較爲整潔旋經一地榜曰游廓亦榜夾道云下等妓女所聚有男子在當路招客至於攬裾曳袖如上海雉妓尤怪之至（此時余與墨莊行稍後幾爲曳入道衡以日語怒喝之始得過 章記）余等急行而過道衡復約往東京一行預算每人所費不過數元乃赴停車場附電車北向抵新橋已十時矣道衡電詢美豐館云無餘室（即余前赴大正博覽會時所居其女侍者名曰清水時子每見道衡則詢余與羣生故道衡勸往 章記）遂雇摩脫車赴有樂町日比谷旅館余據一室室內器具倣西洋式而不甚完備天氣甚寒道衡他去余用

牛乳一盃十一時就眠所卧系小鐵床被厚而堅兩沿下垂

重量全壓身上甚不安適抑且不能御寒

二十六日　早起（七時）八時早點面包红茶牛乳等八時同三

君出寓甚至日比谷公園徒步其中良久始覺和暖

九时返寓至客室中出僕人進瓦斯爐始漸温幸

衆奏鋼琴余就火爐看添賀縣風景印片皆琵琶

湖風景中有雕刻繪画鼓幅署曰國寶佛像有極佳

者有名達摩則署曰特别保護物有石山寺風景片余

与福田康資至日本時曾游其地十時道衛來訪與作人

清異畢同出經有樂町神宮向木挽町至南品陳列所促覽一周陳列品多仍舊貫但物品幾全數變更新自巴拿馬會場收集者亦不少同道衡往訪作長石鶴卷君出已十二時至光琳飯館午餐侯辛農乃作主人作畫（此仍道衡語余者也）（食品為紅燒鰻鱺蓋日本之名餐食時有數侍女在側道衡告以余能作畫侍女中之杉浦玉及千代子二人皆求為作小幅因出顏色及紙筆然紙僅一幅為杉浦玉者為畫雁來紅一枝其千代子以一時不能得紙遂翻其所著裙之裏為白綃遂於其當前之一褶畫墨菊一枝並題詩其上云折時裙幅寫此姿為扇名花謹護持如此墨香如此色蕙馥蛱蝶逐人飛千代頗甚類而謝想膚香墨香當不可辨矣二人多以小像還贈亦旅中之韻事也幸記）三時始行附電車至淺草區高等工業學校參觀所見者為製革染色塗料等科有中國學生

五人導游者邀與相見出附電車至淺草公園往觀水
族館館小而舊設備苟簡附電車過京橋下車步行
至某加非館此肆食品西洋式紅茶尤佳與在會場
食品館中所市之錫蘭茶相近所和牛乳亦為蒸發過水
分者連日在舟中所用色味皆劣故此時愈覺其佳也至
新橋車站附電車道街仍返至橫濱赴萬珍樓晚
飯菜較昨日為佳出又至親仁會少坐始返船十一時船
未啟行
二十七日 早七時起九時見富士山於雲表高潔而安靜

洵為奇勝自此時時見之三時後全身皆見直至日暮始
為晚色所蒙
二十八日　早飯後船抵神戶十一時始登岸港中水淺船
泊港外以小輪載登至市上游觀十二時至某香樓午飯
出經行各市在生田神社少憩復行向暮始至三江商業
會議所入其室有名人寫者至其隣福建商會（業）會議
所過萬福來陳君仁兩君共談甚暢言尚有中華會館
即在本屋之後為廣東福建及三江人所共立云六時出至舊
書鋪看書（余於此購得動物辭典普通植物圖解此二書皆新出版非舊書房也　未澄記誤　章記）赴杏花樓晚

飯不佳，八時返船。甲板上有市物者，以金銀鉄鏤之裝飾品（鐵質）及印刷品、陶瓷器、玳瑁器、漆器等。夜九時眠。船前後皆運貨入艙或出艙，機聲訇然，竟夜不息。

生田神社有枯樹之幹，已空矣，一楠樹自幹中挺出，圍二尺許，高約二丈，鬱然而茂，日人題之曰壽生楠。北京勸工陳列所庭中亦有是物，余不習植物學，不知其枯者何名，寄生者又何名也。然國人知之者甚鮮，無人注意故也。

二十九日。八時船始開行，由内海綫西向，竟日所見皆島嶼，雄鬱深秀，但皆童山。船行其中甚平。向晚風漸大，然船

亦不甚動蓋此次自经一百八十度风涛之險身體之抵抗力亦漸

大稍有搖撼等閒視之矣又耐冷之力亦大有進步由於在舊金

山時常用冷水浴之故又服散拿吐瑾亦能增長此力

三十日　九时船至長崎添煤余等四人由小船登岸所经之

街道甚爲湫隘曾经渔市腥氣觸鼻所售鰹魚鰤魚等等皆剖兩零售之魚之外狀處理極潔　幸记　入外國

人居留地則漸齊整至領事館訪周佼卿僕人引至住宅在

右人井巷内小樓兩楹憑窗可以視遠佼卿十二時則至邀至

市上游覩入食肆午飯送余還船五时则别去在船面看日

人临時小市多爲食品甲板上有市賣金属器玳瑁器及印

刷物者余購運煤入艙之照片二張運煤人中有女子甚

多夜十時啟椗行

三十一日　是日船行甚平

二月一日早九時船至吳淞口外移小輪登岸投寓三馬路大新街孟淵旅社樓上旅中百無所樂又值舊歲除夕殊覺悶悶而六街車馬之聲喧闐終夜二日天破曉時為窗外喧聲驚起開簾外視蓋妓女以元旦迎財神皆豔妝乘車出遊也旅社適當熱鬧之區鼓喧聲尤衆晝間未出門三日市上甚清淨午後與采澄墨莊除昌出步各街直至黄浦灘一帶四日收理什物晚九鐘同采澄墨莊通滬寧車北來宿頭等卧車上睡甚穩除昌以事暫留滬五日早七鐘至南京下關下車登輪渡至浦口登津浦卧車沿途風物皆迎春而笑六日早刻車徑濟南午後至天津

附記　民五回國以後至民九之七八月此五個年份中去了一次馬蘭峪然次北戴河秦皇島然次上海又在山海關海濱之南海住了一年有半其間對生物方面所得之部分製成標本文字多零星之記無法搜攬從略

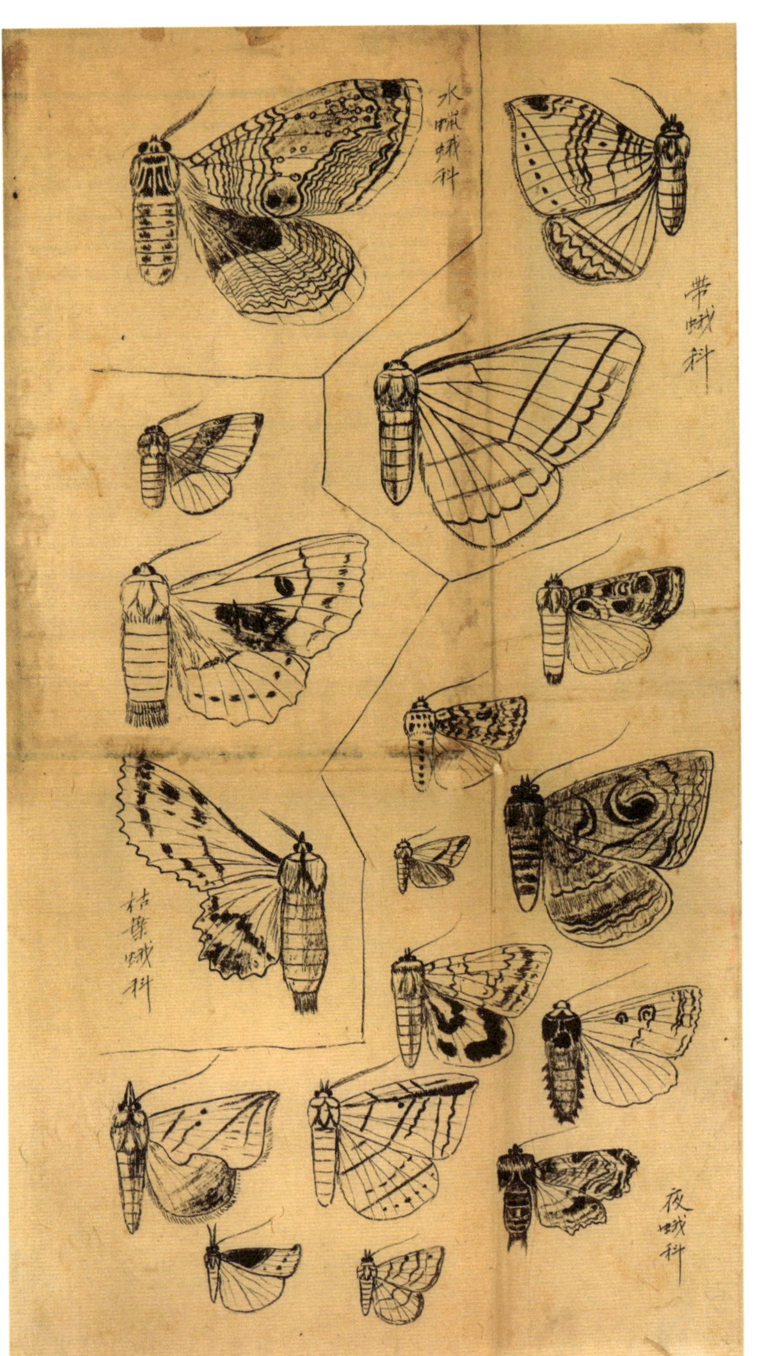
水蜡蛾科
带蛾科
枯叶蛾科
夜蛾科

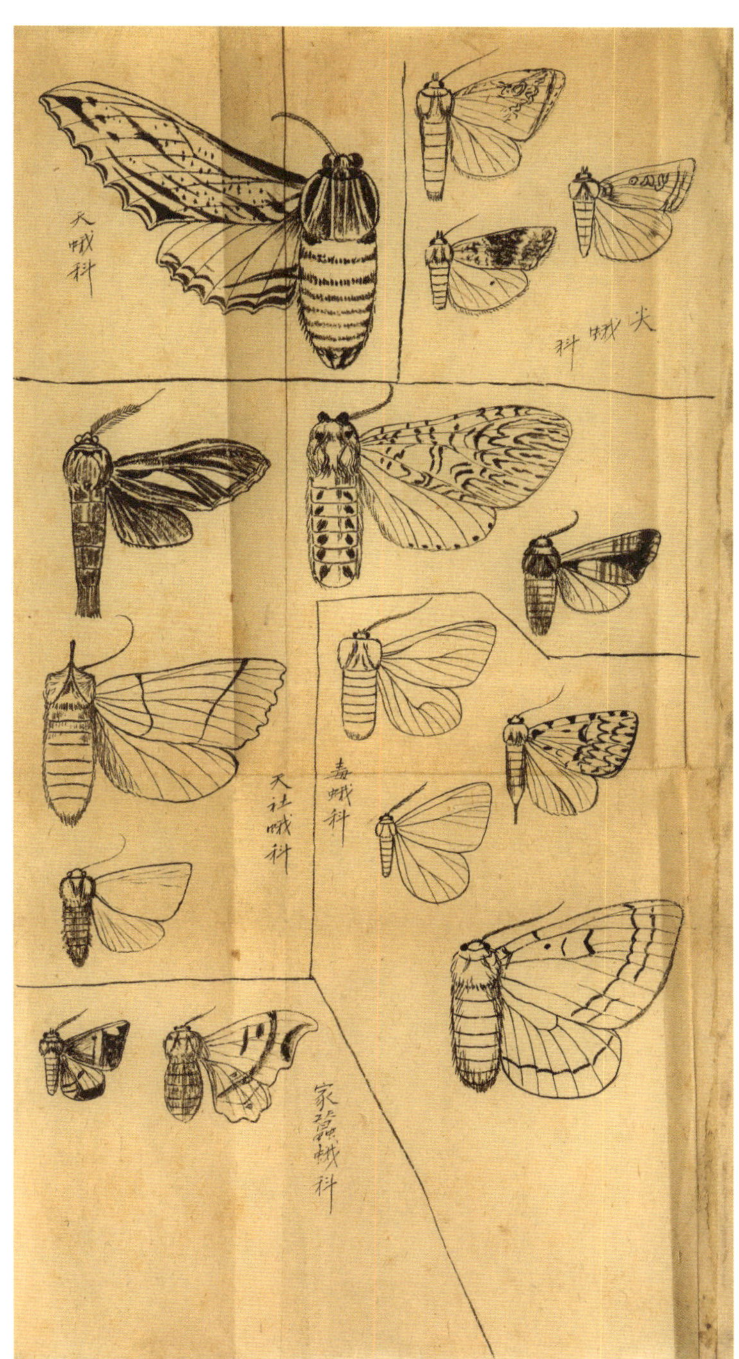
天蛾科
尖蛾科
天社蛾科
毒蛾科
家蠶蛾科

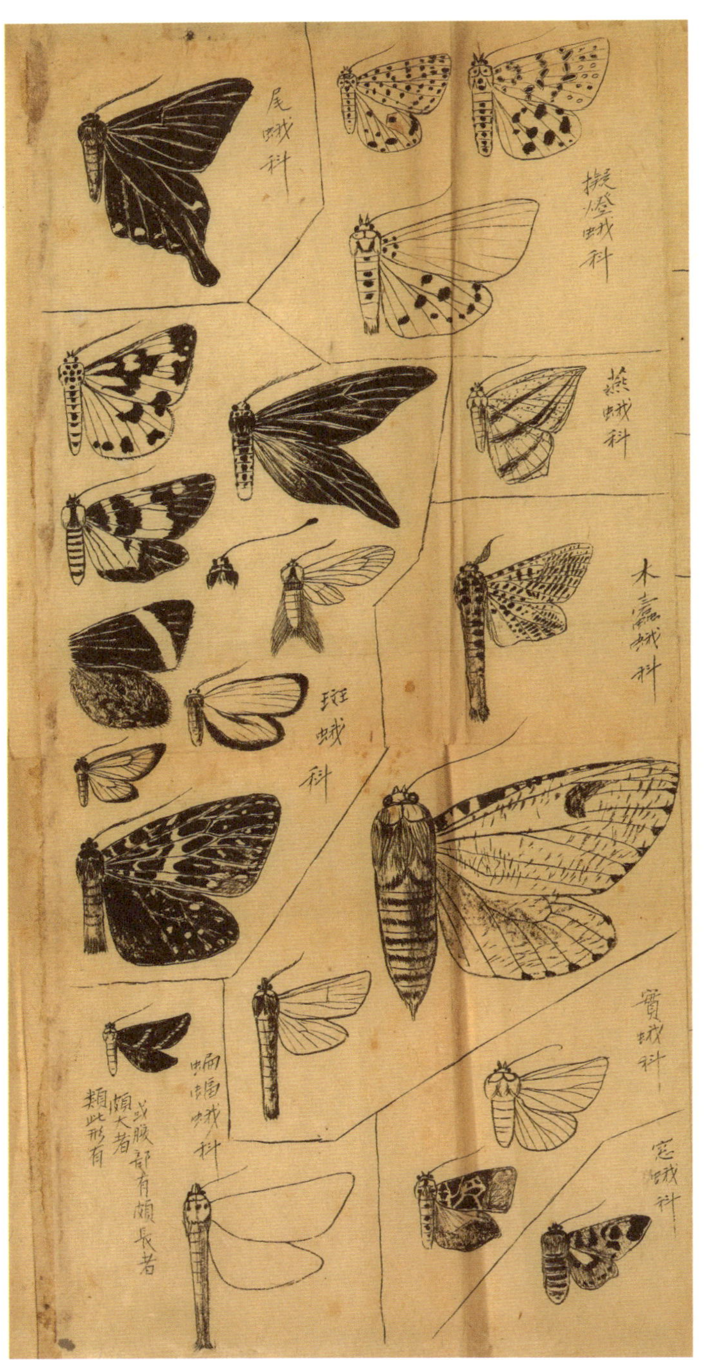
尾蛾科
擬燈蛾科
燕蛾科
木蠹蛾科
斑蛾科
蝙蝠蛾科
或腹部有頗長者
頗大者
類此形有
窓蛾科

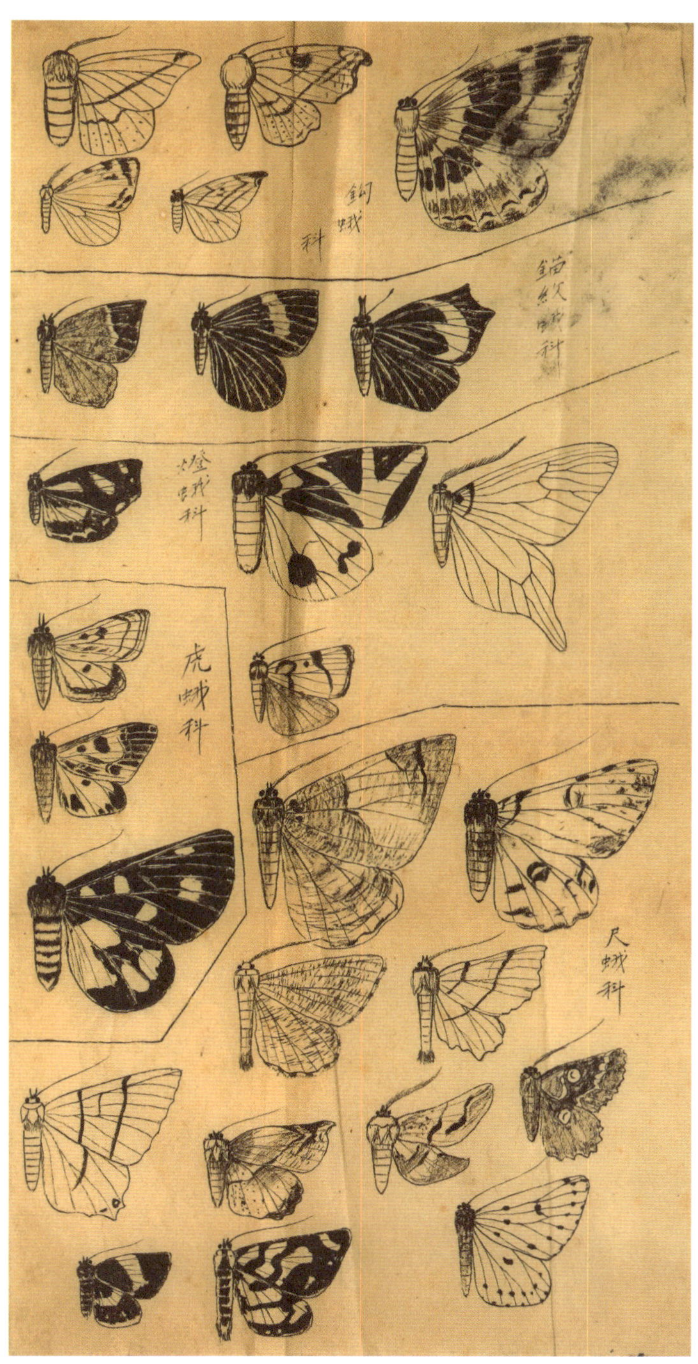
鉤蛾科
錨紋蛾科
燈蛾科
虎蛾科
尺蛾科

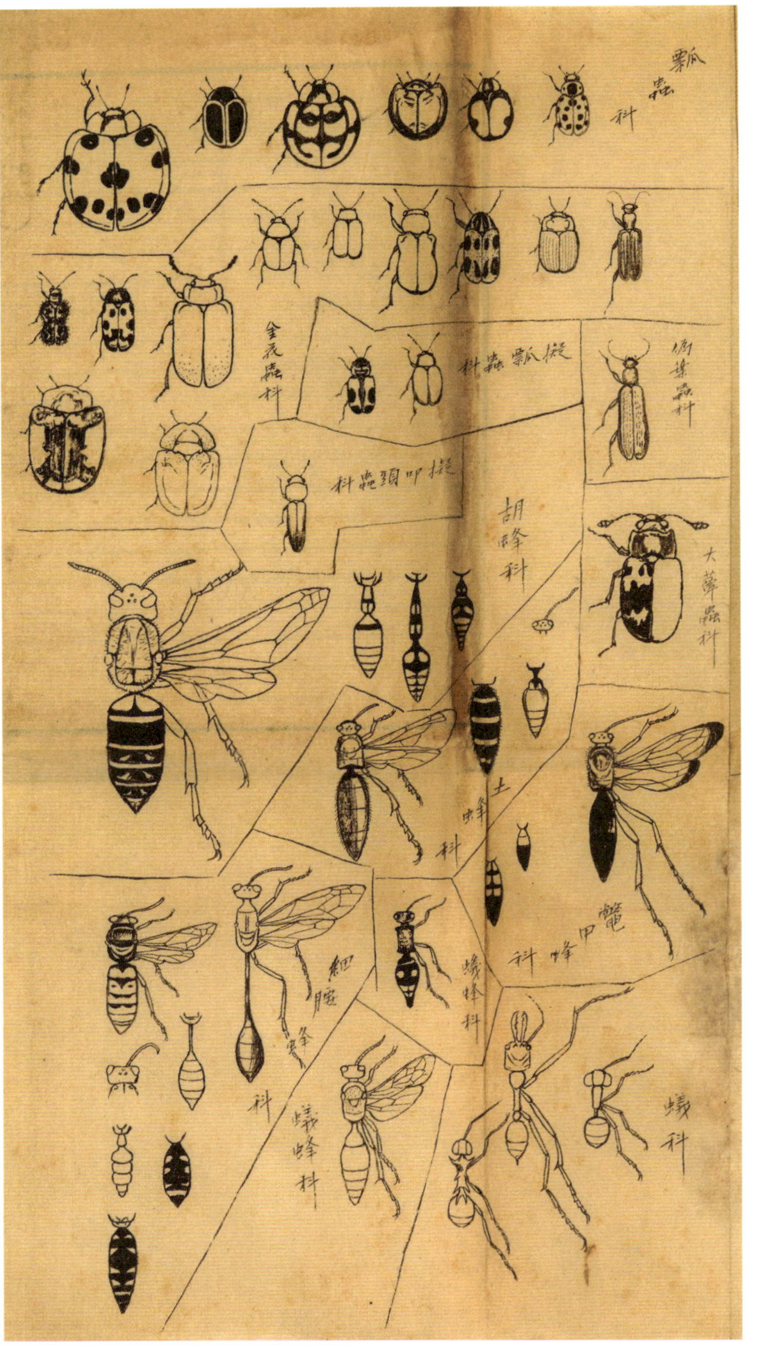
瓢蟲科
金花蟲科
擬瓢蟲科
擬叩頭蟲科
胡蜂科
大蕈蟲科
土蜂科
細腰蜂科
蟻蜂科
蟻科

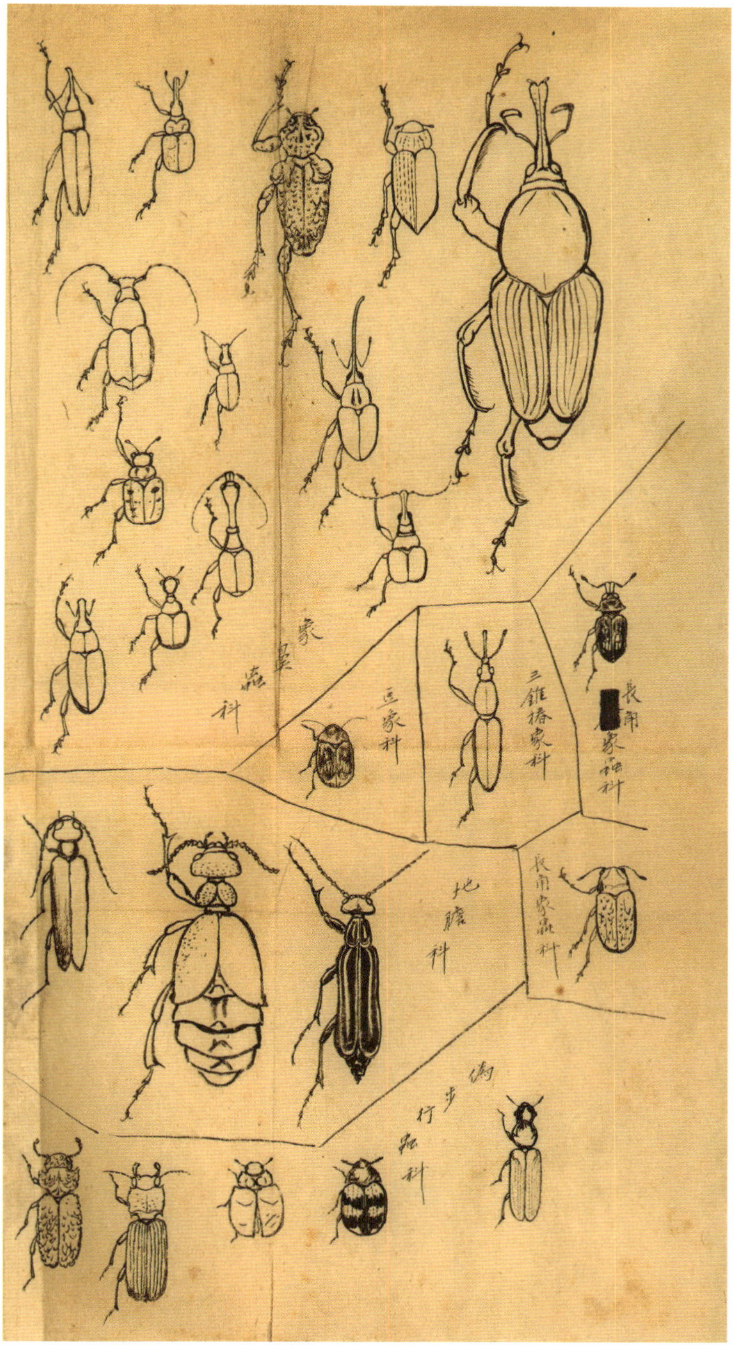
象鼻蟲科
豆象科
三錐椿象科
長角象蟲科
長角象蟲科
地膽科
偏步行蟲科

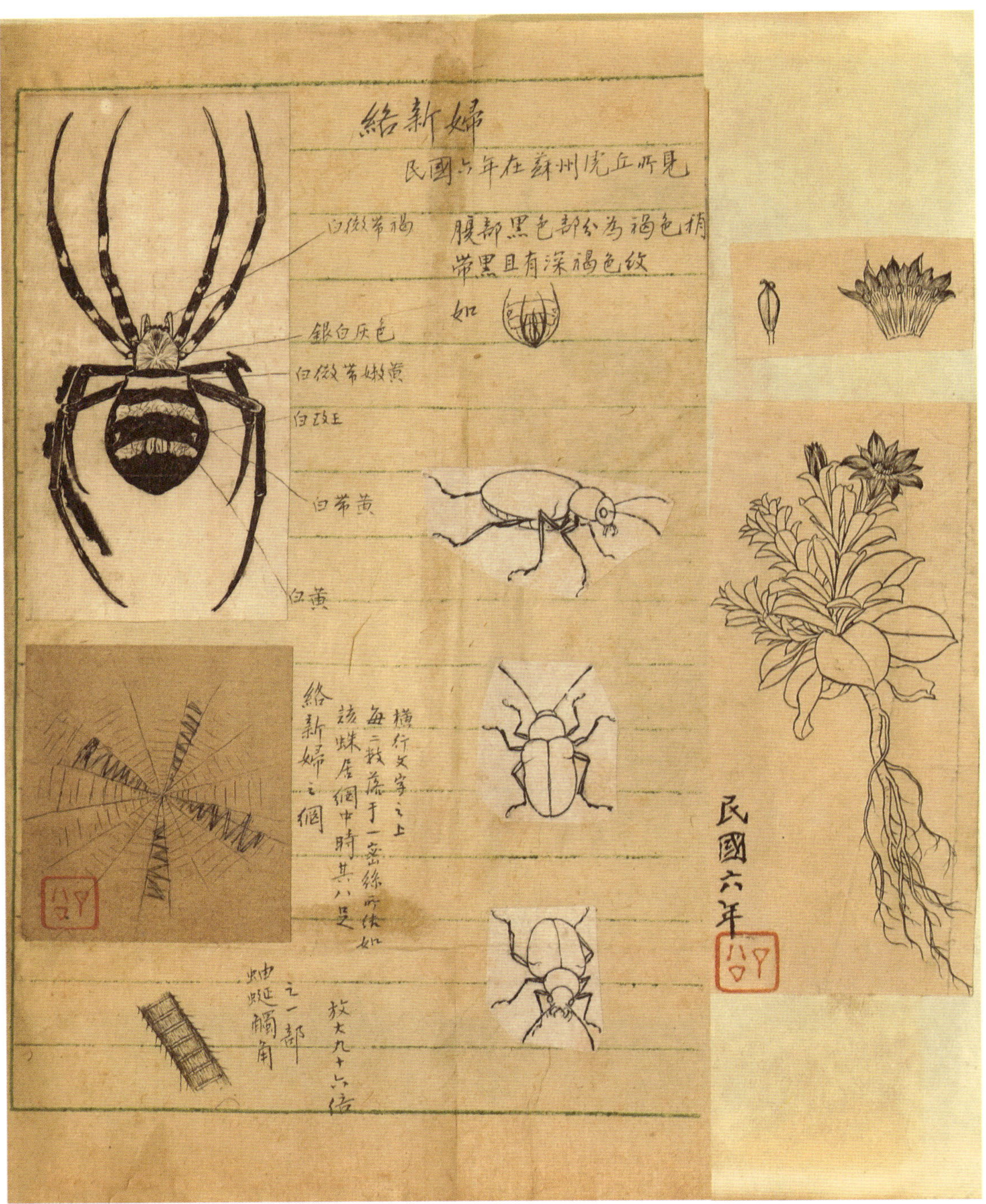
絡新婦
民國六年在蘇州虎丘所見
白微帶褐
腹部黑色部分為褐色稍帶黑且有深褐色纹
如
銀白灰色
白微帶嫩黄
白斑
白帶黄
白黄
絡新婦之網
該蛛居網中時其八足每二枝落于一帶絲而依如橫行文字之上
蜘蛛觸角之一部
放大九十六倍
民國六年

中華民國九年 1920

十月十三日—十二月三十一日

晴到實業廳議赴各縣調查實業事十四日晴暖到廳預備調查事潔塵佁曦雨辰雨田皆在潔塵記所議事項余則製調查圖計十二區第一區九縣安新高陽肅寧河間獻縣武強深縣東鹿趙縣嚴廳長恣約及潔塵調查第二區九縣深澤無極晉縣正定藁城欒縣高邑柏鄉唐山佁曦調查第三區十縣靈壽平山井陘獲鹿元氏贊皇臨城內邱邢臺沙城冀洲調查第四區十縣廣宗平鄉南和雞澤曲周永年肥鄉邯鄲成安磁縣雨辰調查第五區十縣武邑衡水棗強冀縣寧晉新河南宮鉅鹿隆平任縣雋人調查第六區十縣故城清河威縣廣平大名南樂清豐濮陽東明長垣雨田調查第七區十一縣臨榆撫寧盧龍遷安昌黎灤縣樂亭遵化豐潤玉田寧河余調查第八區十二縣大城青縣滄縣鹽山慶雲南皮交河東光阜城寧津吳橋景縣堤翹調查第九區十縣天津靜海新鎮文安任邱蠡縣饒陽博野安國安平唆岩調查第十區八縣淶水易縣滿城完縣唐縣曲陽阜平行唐閃虎臣調查第十一區九縣雄縣新城定興容城徐水清苑望都

定縣新縣佃啟調查第十二區十一縣赤城延慶龍關
懷來涿鹿宣化萬全懷安陽原蔚縣淶源北西林
部德明調查每縣平均約五元余十一縣計五十五元每縣
平均三元晚抄縣交通調查表式……二十二日余往住在
山海關々南海農事試驗第一分場々事交劉佑周接計畫執
行余遂於今日專辦調查事午後進城訪臨榆縣農會馬雨
東楊允文又往縣公署適縣長張勵光病遂訪其第一科王墨
家談良久又往商會訪張漱芳未遇調查德增號玫瑰
露酒造法二十三日晴暖漱芳雲豪雨東皆先後來各有所
談二十四晴暖調查度量衡差度又蒐集物品夕刻散步
羅城外經悽惶嶺（一名歡喜嶺）留連於文殊庵久々東
北行至威遠城舊壘攝一影二十五日暖晴寫第一次報告
并雇妥一車明日赴海陽鎮晚發報告二十六日半陰晴稍
風甚涼早六鐘起登車出臨榆西門越西羅城々西關
（一名河沿上）渡石河而西路間坡坨高下經孟家店范家
店午刻到海陽鎮里數約四十先時為通途自京奉東通
客商多以火車來往經秦皇島而此途閑矣余欲一覘海
陽故就此寥曠々途到後寓鎮北街豐盛合客棧夕
刻出步先由鎮北西行南行至西街々西端而入街上甚
冷靜至第一區警察署訪區長趙瑞庭稍談出由鼓樓
而南出南街又東行北行入東斜街少久々仍合於南街
乃返街間以南北二街商家較多東西則甚冷落聞此

地大葱甚着名雞似山東之雞腿葱肉厚而不革晚瑞庭来訪風雪終夜二十七日雪晴早六鐘起以騾車西来途间暖日烘晴遠眺蒼山積雪儼如玉屏風令客心為之一爽行二十里經鳳皇店張莊望海店東店子途間多石車甚顛頓到深河鎮入撫寧縣界矣深河有人家五七百鎮僅東西街過深河二十里經王子店至榆関鎮遂打尖於鎮西関之韓家店此處亦僅東西街居戶凡千餘家較深河為巨韓家店治食物者為主人之室年將四十尚掃眉鬢出入爐竈前店外懸酒望子食時肉包饅饅幾疑到水滸傳之十字坡見孫二娘矣過榆関鎮又二十里經榮莊米莊見治豆粉條者方以長掛出曬至暮抵撫寧縣寓東街四合店今日途中經山嶺甚多曲折高下登頓欹側余甚樂之蓋喜其狀之不平常也加以疎林映日殘雪片片坡坨間益令神爽二十八日半陰晴暖早訪縣長左蹇丞詢縣辦實業情形午後蹇丞来寓少刻往農會訪會長程占一未在又訪勸學所所長宗樹亭返里乃出觀集市之熱鬧又至南門外散步至紫荊山下循行久之復登山至其半訪所謂紫荊石婆者（山有立石狀如婦人俗呼云云縣志謂即魏之新婦山）以天晚未得返晚占一来訪二十九日晴暖早到東南城隅觀城隍廟之旁為師範講習所有學生數人方戲門外見余過如遇師尊俯首蟬聯而入余乃往農會訪占一又調查度量衡差

度午後赴勸學所李聘卿馮翊庭來晤回拜之歸後記數日來報告又出西門散步過洋河石橋而北經小李莊大李莊直至鋒子山下村人呼成山憶民二曾來此回首已七八年矣晚至縣署占一聘卿皆在暢談久之三十日晴暖極早七鐘雇驢赴台頭營鎮道出北關經大李家營小李家營程各莊田各莊大灣子等村過長嶺渡洋河至十鐘至鎮因憩於小南街中鳳樓且用午餐既而到商會訪會長丁祥符談久之并填商會調查表下午三鐘返該鎮商業甚盛為全縣商務聚集之中心居民約千五百家今日非集日乃街上商攤竟羅列十餘旅行經集鎮多而未見如此鎮者富可知矣十二月一日晴陰參半早寫第二次報告寄津午後出散步越城東關經一村名曰黑樹而東而南繞邱家營相楊乃西登紫荊山逾西峯之凹脊而過洋河水聲潺潺然在身後既而下行於山石之陰采滑苔蘚類三五種返寓二日晴暖早霧甚大八鐘騾車南來出撫寧南關過南旺莊紫荊山全濛濛之霧中至於不能見影渡石河而後霧尤重經楊柳木（村名）墳坨莊河南莊馬家峪出撫寧界入昌黎界矣時霧氣漸開西北羣山方顯冒霧氣而出浴日光蒼翠照人眼村中人畜來往坡坨間小草尚青翠殊疑為初春景色不類冬期也又過張各莊梁各莊老爺廟至午後一鐘到昌黎寓同和永客棧三日晴稍冷早入城

到縣署訪縣長汪雲寶又到農會訪周侶穆各詢該縣
實業情形久之由侶穆陪觀新中公司製貝鈕及罐頭情
形并蒐集高瀨貝之殼兩個又訪商會會長馬甫徵未在少
刻侶穆來寓談久之去新中公司張子綸謂製貝鈕手續大
致分十三步一切荒子（原貝殼切取圓形貝片）二磨平三選別
厚薄四鏇型五穿孔六擦磨七漂白八漂光九磨豔十
分別大小十一分別優劣十二縫綴（縫於紙板上）十三裝匣
且謂所用原料為二種一溝貝即本省東西淀產者（俗名
桃瓦羅）價值每一百斤銀一元七八角一高瀨貝為南洋新
嘉坡產而香港為該貝買賣聚處價值及運腳每一百斤銀
三十餘元溝貝純白西人尚之國人則愛高瀨貝以其帶珠
光也高瀨貝百斤可製大小七八千件石決明蝶貝製扣
尤佳蝶貝亦產南洋價值太昂每斤須銀一元云按溝貝
一名淡貝一名蚌貝一名烏貝民國二年余曾一調查其在吾直
之產地（勝芳之西大泊即東淀趙北口方面之白洋淀即西淀
其相通連之各河流如趙王河中亭河等）其學名為*Crista-
ria plicata* Leach.屬軟體動物門斧足綱正瓣鰓
目烏貝亞目烏貝科高瀨貝學名為*Trochus niloti-
cus* L.為同上門腹足綱前鰓目二房亞目馬蹄螺科石
決明一名鮑俗名鮑魚學為*Haliotis gigantea*
Chem.門綱目亞目皆同高瀨貝石決明科蝶貝學
名為*Pterias margaritifera* Lam.門綱同

烏貝為偽瓣鰓目珠母科臨榆縣德增號之玫瑰露酒最著名所用玫瑰皆縣北山產俗稱瑰花所用糖為關產之高等稱建白冰者撫寧台頭營商號大小有百餘家自鎮而北時有票匪之患（擄人勒贖之匪稱所擄者曰肉票）四日半陰晴冷甚早訪馬肅徵仍未在乃將應填各表交由議會前院洪順永錢號轉交限日填出出到東關視查一過晚雲甫來談五日夜大雪早止冷商會副會長李錫三來六日晴稍冷寫第三次報告寄津晚劉雲甫紹穆皆來送行蓋余明日將去樂亭也七日陰晴相半稍風寒甚早縣署派馬巡二人護送七鐘乘車南行經橋上東參集鋪十鐘至施各莊福興店打尖由昌至此凡三十五里以輕車健騾行甚速既又經陽莊鄭各莊渡灤河河中流冰巨衝舟作大聲訇然時陰雲四合寒風砭骨問之鄉人云夜當封河矣過河而後行十里餘經灰黑子坨乃復渡灤河過馬莊入樂亭界西南行十里餘至縣城寓東門外義順館八日夜雪甚大早晴訪縣長趙作民又訪商會曹雲亭勸業所王厚裳各談久之厚裳偕觀工業售品所〻長羅粹堂所辦機器刺繡工作〻者四人三人皆羅姓方以機繡甚敏捷他一人不〻初學者方習用針之法率為女工年皆在二十三十之間正為工作詳粹堂云凡有十二人分班工作既又觀工藝局有工人十餘正為織布工作晚作民及各機關人皆先後來寓談九日晴不甚冷早觀集市情形又去縣署勸業所與作民厚裳快談如舊相識十日晴暖調查油類肥料等種類價值雲亭來寓十一日晴陰參半

寫第四次報告粹堂來談晚寄報告十二日半陰晴早六
鐘起以車出樂亭而北正為樂亭集市車馬直由北城下穿
人街而過出城行久之經簫莊大岳家房子繞小道行道中多柳
林受風作聲如泉又久之越石各莊汀流河鎮乃傍灤河而北
出樂亭界入灤縣矣又經小二里莊東沙窩魯莊至長凝鎮
打尖由樂至此凡四十五里道中甚平坦頗便旅行矣後復上道
則轍痕深淺欹側不易行矣過楊各莊崗子上經馬城鎮
王法寶莊史家砦子入灤河套行尤不易度春夏時此處當為
水漫設所乘非舊製笨車必軸切而輻碎人在車上顛簸
苦不可耐再經南場裏入灤縣城矣由樂至灤凡七十五里寓
城內玉石街義合店十三日晴暖極稍風訪縣長王稷岑訪
勸業所所長曹純圃商會會長王廷棟各談久之夕刻稷岑純圃
及縣苗圃圃辭澤辰皆來寓晚稷岑送來酒食一席無法推
卻留之遂邀店主人家人及兩小學生同食十四日晴暖早參觀
苗圃又到勸業所午後隨京奉車赴唐山寓雙發棧當日訪唐
山商會會長未在見夏平揚談調查事久之得知唐山原名橋頭
屯自前清光緒二年開煤礦者粵人唐景雲久事於此遂漸稱
唐山云又謂該處居戶以劉姓為最多出商會後散步街市甚
熱鬧俗稱之為小天津晚平揚來寓十五日早六鐘隨京奉車
仍返灤縣觀集市並調查度量衡差度十六日晴暖極編第五
次報告寄津晚商會朱夢白來王廷棟來十七日晴暖早以騾車
辭灤縣北來途經偏涼汀山上有偏涼閣為清弘曆東巡

駐驛之所閣依山而築流丹聳翠儼然畫圖閣有穹門吾
車即直穿穹門而過此途坡坨高下凡二十里經西灰山白店
子鄭莊王莊至前營石梯子道始平又多沙灰蓋皆為灤河灘
夏日汎濫之所經也再前至南邱莊西渡灤河始抵盧龍
城下城基甚高即濱灤河而築聞前清光緒十二年大水全城
幾被淹沒入城後寓忠盛館由灤至此僅四十里午後稍息散
步至南街有石塔為金大定年重修又出南門登小山觀東嶽廟
晚至縣署訪縣長劉彥之十八日陰冷早出北門訪夷齊井在
菊花臺旁土丘上漫無碑碣不敢必是也臺上有三官廟已破
敗乃入城於東北隅行久之皆石岡起伏城基因之登最
高處一覽全城景物今日為集日街上甚熱鬧午後免集穀
種又觀夷齊故里夕劉彥之來勸業籌備員丘執中徐子良
來十九日陰風冷甚早到商會訪朱鴻圖談片刻出下午鴻
圖來晚去縣署填表二十日晴稍冷寫第六次報告寄津
晚雇妥一車明日赴遷安盧龍古為孤竹國地關於夷齊
古蹟甚多據永平府志夷齊井旁有碑崇禎初郡守陳立其文
曰有洌者泉在城之陰鑿井而甘淺泄而深柳色花香式暢
予襟夷齊飲此當不易心直隸風土調查記載碑雖壞猶存
而今余來乃未見二十一日晴暖早八點鐘辭盧龍上道西北
行經賈河灘八家寨周莊越磨盤山而西出盧龍界入遷
安矣又經趙店循團山（俗名棒槌山）過沙河莊石橋五里岡
等處道間頗形荒寂至午後一鐘抵遷安城寓南門裏小

南街慶元棧適值縣長張瑞生為其太翁作壽演劇不便往訪因在寓預備調查事項劇臺設北城下正為縣署之設觀者男女雜遝聲香交飛因往觀戲宛城審蘇三二齣此一路間居民飲食大致皆仿佛麵食則清油餅俗稱一握絲此作較平時烙餅不同概以小盤盛之厚而多層以箸挑之隨散為盤旋之細絲初食極佳以油多久則膩人葷食以豬為上羊次之而最擅長之作則為肝夾豚花二品有時浮油太多頗食而厭今晚使店人以大海米燒白菜佐以米飯真覺香適爽目矣由沙河莊石橋南望龍泉山下皆灤河灘也灤河發源於獨石口北匯諸水曲折南流由潘家口（屬遷安）入關經遷盧灤昌樂五縣入海凡所經流之處交通固屬便利而不加疏濬任其自然亂流則其患不為不巨流挾多沙水道時易故俗有三年河東三年河西之諺近二年來水勢甚小未致成災然不能必其常是亟應設法治理者也二十二日晴冷早到縣署訪張瑞生詢縣中實業情形又到商會見其副會長楊馥軒又到北門外勸業所訪所長孟松樵適於今早赴遵化縣據書記高鏡蓉謂行當不遠現已由縣署派人往追明日當返城余遂回寓馥軒來談且偕余觀東門外二里許闞莊之華興紙廠本年設立總經理闞伯常資本東錢十餘萬千人工九十餘製紙石閘三隻所製為油衫紙紅辛紙（俗稱仿高麗紙）及大小白紙油衫紅辛皆在院中工作年可作工七個月天冷即停工大小白紙因

在室中工作可終年抄製油衫紅辛年製二百包（油衫每包十四刀，紅辛每包六刀）因一觀一九三紙（白紙一種）之實作情形此紙長一尺七寸五分寬一尺五寸據云每日可抄八百張云。歸後又往縣署晤劉二爵法門寺新安驛晚劉瑞生來鏡蓉來谷談久之。廿三日晴暖早往商會由馥軒偕往顯記紙工廠參觀廠在城西李家窩鋪為李顯庭所辦已二十餘年先僅製大小白紙後極意研究製高麗紙之法李君曾三往朝鮮調查並在朝鮮實地作工始盡得其術由民國元年廠中購有造紙機二架及切紙製料零用機械共需東錢十餘萬千每機日作十二鐘得紙四千張現於城北三里河又購地一段以擴充紙業擬利用三里河水流安設水磨以造紙料因該河係暖流冬日不凍據謂先試驗製紙料如有效再由水利推辦他項事業李君造紙除用桑皮外又覓求他種原料如舊棉絮香蒲白茵穀草羊鬍子草秫秸三棱草等皆已研究有效此外復將研究豆稭或其他草類造紙需用之粘料除應用之刨花蜀葵根榆樹皮外現亦極力覓索他種以期價廉而工省茲記其製紙工作之次序一割桑條二去枝三整蒸（原桑條鍋蒸）四去條（去外皮）五水浸六蒸煮七去皮（係去紫色表皮使純然纖維）八乾晒九水洗十碾壓十一去膠（人工脚踏以去纖維上之粘濁物）十二藥蒸（用曹達蒸煮）十三二次水洗十四離解（以機器使解成細絲）十五加解（機器打爛）十六漂白十七三次水洗十八調料（加粘料）十九成紙（以機器成紙為巨卷）二十裁齊（機器裁）其所製各紙為油

彩紅辛大油彩油彩裱料機器改良油彩畫圖紙等銷
路則以東三省為最直隸次之山東又次之參观至夕始返寓
又到勸業所再訪松樵約一炊許松樵始自途中返乃相談
甚久松樵於博物一科研究頗深多從實地观察得来对於
農產園藝之進行諸法所談皆中肯要二十四日晴暖調查度
量衡差度又去縣署馥軒松樵皆在大談關於實業發展諸務
甚歡松樵約余同往遵化余應之余原擬由此至榛子鎮以途
中不易行乃擬改往偏涼汀由火車經唐山再往豐潤而松樵
約余者以路間經過三屯營到其家小住所以观景忠山也二十五
日晴稍涼寫第七次報告寄津瑞生鏡蓉松樵皆先後来寓與
松樵約明日到三屯營擬中夜起身便道打尖於馬步瀛家（在新
集鎮）馬為最先倡種美棉者縣長為備馬車一輛并將以馬
巡相送二十六日晴冷昨晚收整行裝未睡夜三鐘車及馬巡皆
来乃即乘車上道先至北門外勸業所會松樵而松樵喘於夜一
鐘疾作不能起蓋其年已六十不禁勞累所致余乃改道赴偏涼汀
由遵至汀里數七十餘乃車馬急馳出路經崔官營徐家崖過滦
河灘經瓜村宋莊越盧龍屬之赤窩鋪西安河耿莊子
所行皆河流淤沙幸皓月當空飛行無阻至江各莊入滦縣
界又過鄭家場至偏涼汀正午刻十二鐘適京奉快車至唐
山寓雙發棧稍息用午餐後小睡以蘇四肢夕刻出浴理
髮於第一泉遷安亦古孤竹國地至漢稱令支晉為遼西郡
隋為盧龍遼更安喜金復盧龍名以迄未改二十七日晴冷早八

鐘乘車來豐潤途程五十里經大官莊老莊子東軸山莊馬莊南
台米莊等至縣城寓南門內益增源客店午後休息半日以連
日奔波冒風甚乃服發汗劑早睡夜半內愈隔壁多興訟者
高聲談且詈聒耳不能安眠二十八日晴暖往縣署訪縣長
劉子榮又往商會訪會長何仁溥未在見其文牘員王孟園詢
縣中實業情形久之晚刻另遷一室稍覺清淨二十九日晴冷往
農會訪會長馬芥青談久之晚農會副會長高彬卿勸業員
宋魯仲皆來寓宋邀余為自治講習所學員演說辭不獲已應
以明日三十日陰雪甚冷午刻至自治講習所為學員演說
該縣亟應興辦之實業及廣為培置實業人材種種竟至
三鐘之久夕刻與農會諸君談該縣鑛農漁三項根基皆好
再盡人力推行之定收大效云云三十一日陰雪冷寫第八次報
告寄津晚彬卿以紙填畫乃往農會為畫墨花卉五幅一
芍藥二荷花三籬菊四桃柳五水仙梅花款為彬卿魯仲芥
青濯滄靖甫時窗外落雪甚大爆竹之聲不絕於耳芥青預備
茶點且食且談且畫居然如舊除夕情景幾忘隻身遠客矣夜
半冒雪回寓

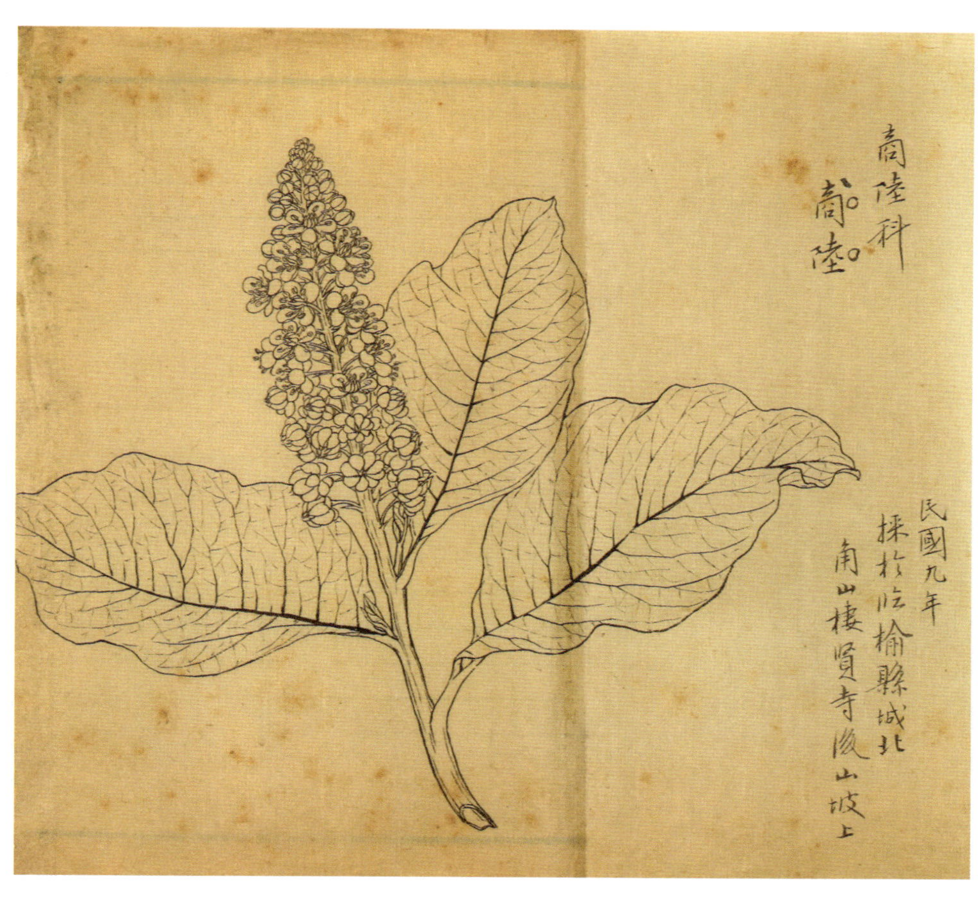
商陸科
商陸
民國九年
採於臨榆縣城北
南山棲賢寺後山坡上

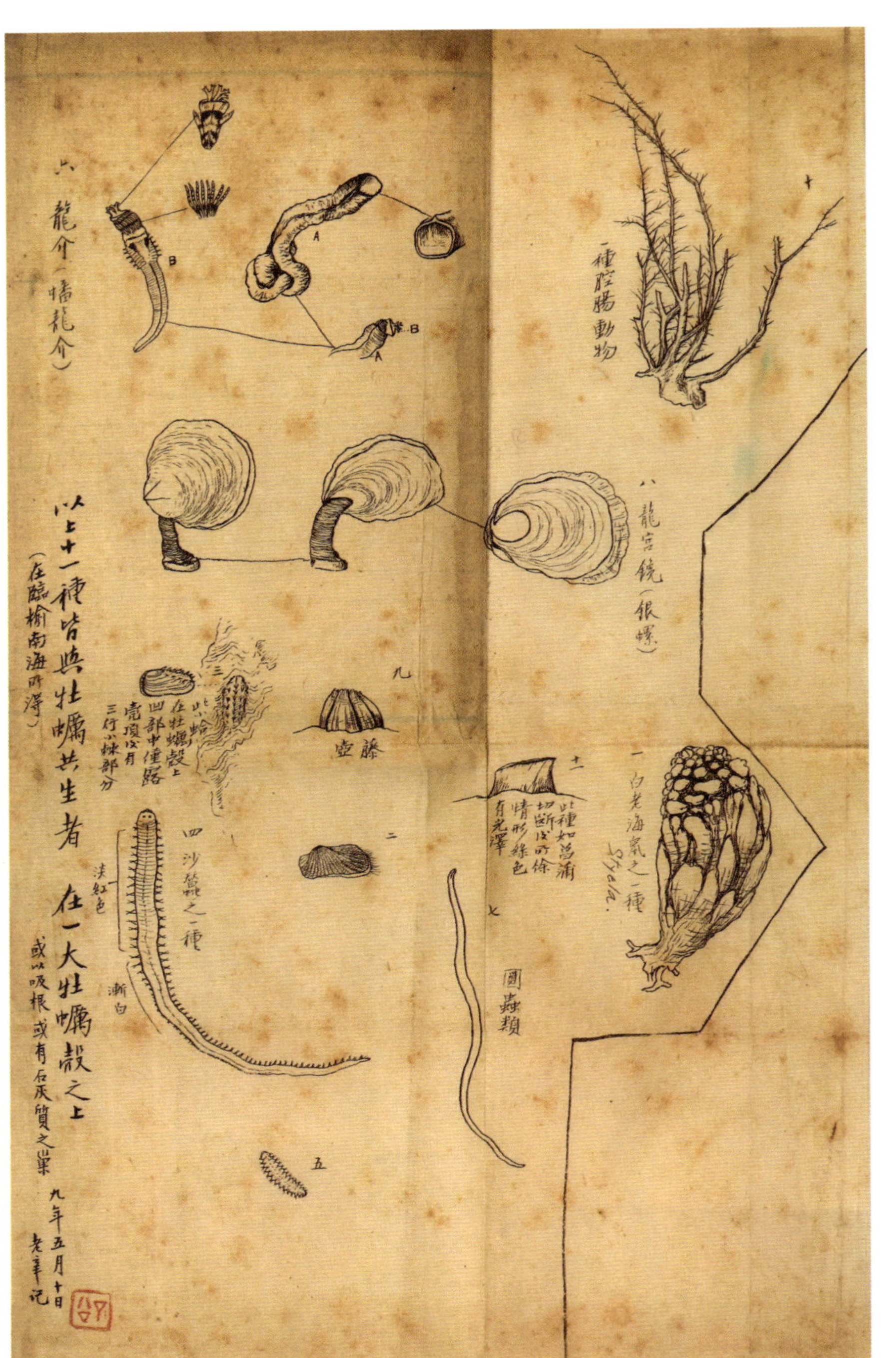
六 龍介（一幡龍介）
一種腔腸動物
八 龍宮鏡（銀螺）
以上十一種皆與牡蠣共生者 在一大牡蠣殼之上
（在臨榆南海所得）
三 此蛤在牡蠣殼上
四部中僅露
壳頂以月
三行小棘部分
九
壺藤
十一 此種如菖蒲
切断後所餘
情形綠色
有光澤
一 白老海鼠之一種
Styela.
二
四 沙蠶之一種
淡紅色
漸白
七
圓蟲類
五
或以吸根或有石灰質之巢
九年五月十日
老羊記

中華民國十年 1921

一月一日—十六日

陰風雪甚大冷極早六鐘離豐潤以東北來途經娘娘廟七里屯寶各莊坡寺渾家屯至此出豐潤入遵化界道中北風正緊攪雪成球余端坐車箱中捲簾觀景雪球撲面似玉仙人立於天上以白玫瑰和粉屑擲我輩（余與御者）表示歡迎者宜乎我輩之周體僵矣憶前赴馬蘭峪值大雪今又如之蓋兩次入遵遇雪也車馬行中東望山巒起伏如醉後白髮翁相倚而睡想景忠山亦在東北冷雲中翹首望雪中人笑其苦苦奔波殊無謂也午刻至黨峪鎮打尖公義店尖後天稍開晴又上道經君子口新店子過多山路車甚顛簸如此二十里方為平途又經疙瘩蟠龍山村至晚九鐘抵遵化寓北門內之北平飯店計由豐到此百里黨峪適在其中警察所所長石星五來談久之去二日晴冷極早刻勸業所所長徐培之勸業員劉杞忱縣公署實業科員汪承五皆來寓談因分別交以應填各表午後往訪縣長謝仲賓詢談該縣實業情形出到警察所回拜星五未在到勸業所適盧各寨尹福清來因談果樹病蟲害情形及該縣平果運搬困難事久之夕刻仲賓來寓晚商會會長吳星垣副會長李紹先縣署總務科長王體存皆來寓勸業所調查員劉矗屏來尹福清云平果以遵產稱第一

由所得漁獲物中揀来大牡蠣一個魁蛤一個魁蛤殼為

標本牡蠣則剝食之於其殼上得與牡蠣共生之生物十一種(一)白

老海鼠 Styela.之一種屬於原索動物門尾索綱老海鼠目單老

海鼠亞目(二)一種小蛤其殼稍成橫長方形殼頂偏前殼全體有

瓦樣隆起綫若魁陸且具粗硬之毛(三)一種小蛤殼稍成豆形

殼頂偏前而不隆起殼頗薄弱殼之近背緣處有棘狀突起二行

行各五七數此(二)(三)皆屬於軟體動物門之瓣鰓綱者(四)沙蠶之一種

屬環形動物門毛足綱多毛目游行亞目(五)沙蠶之一種較上

種頗小或為該動物之幼形歟(六)龍介 Serpula.此種造石灰質

之管棲息其中，管屈曲而不直，一端密閉，他端開口，出其頭部，頭之周具多数絲狀之鰓，黄褐色有紫色横斑纹，甚美麗。頭之前端若盖狀物，上有三床角様突起，頭部縮入管中时，此盖狀物正與管口合，此種亦屬於環形動物門毛足綱多毛目，惟非游行亜目，乃管住亜目者耳。（七）爲一種類似圓形動物者，體爲細長綫形，前端有裂溝，當即其口部之處，體色乳白色。（八）銀蝶 Anomia cytaeum, Gray. 一名龍宮鏡，屬軟體動物門辯鰓綱絲鰓目海月科，日本名波間柏ナミマガシハ，此貝殻薄而圓，有珠光，一殻膨大，一殻反曲，其反曲殻之近蝶鉸處爲圓孔，出足絲

翰墨齋

以着生於近海之砂濱乍覩之下頗似前尻動物一稱前肛動物腕足綱之酸

漿貝此則其足盤呈肉柱形着生於牡蠣殼上此類中有較大者

日本稱マドガイ Placenta placenta, Linn. 其殼扁平類雲母而有

光澤且透明右殼之下亦有足盤以着生海濱淺波之砂石上臺灣

土人以其貝殼置窗上代玻璃之用故稱窗貝因研究銀蝶連類

及之(九)藤壺一種 Balanus. 屬節足動物門甲殼類綱切甲亞

綱蔓脚目真正蔓脚亞目之藤壺科(十)為腔腸動物之一種其

形如樹枝狀而灰色(十一)未識其為動物或植物全體類似白菖

地上部由近根橫切之情形顏色亦帶綠而有光澤

三日晴冷到商會訪星垣午後杞忱携皮毛行業公所范
子中来談縣中皮毛業事甚詳夕刘松樵自還来到寓談甚
暢晚去東门内玉源店回看松樵四日到高等女小學校
找族姪孫女静宜乃在該校當教員者松樵贈還產物品
六種内一品稱紅粳米乃小灌木果實紅色多漿味酸又名
小狗奶子乃小蘗科之枸棘又名針莲者也午後勸業所送
来代蒐集之物品不下百種多属縣產藥材五日晴冷寫第
九次報告寄津今日来人甚多晚余又到各處辭行雇妥一車
明日往玉田此次調查以来在遵化所收穫為最多遵化古
為右北平城西関有田子春故里之碑名勝地以湯泉為最
前赴馬蘭峪曾游福泉寺泉在寺中列為遵化勝景之
一所謂湯泉浴日六日晴冷極早七鐘上道西南行赴玉
田為程九十里途経東流村南望筆架山冰雪為膚映
朝日之光益覺峭静清人煩熱已而越山之西而南経洪
水屯東新莊王各莊過黎河出北宮里打尖於柴王店一
鋪茶店時正午刻日光暖如春初因憶前赴馬蘭峪由
沙流河起身值大風雪即午尖於此時天已放晴雪消簷滴
如泉此刻追憶已過去五年今又来此如履夢境矣尖後起
程過罗山口（俗訛接龍口）出遵化入玉田界又経戴官
屯阮莊轆轤莊范家村至暮抵玉田縣城寓西街福
盛棧七日晴冷午刻到縣署訪縣長孫劭平詢本縣實
業情形又到東门裏東大寺訪勸業所所長馮利貞未在

見勸業員孫會英書
記周勗窗又到南门
外商會訪會長夏子寬
以返里未在晚刘商會
代理會長刘藹庭来
談片刻去此地實業人
材遠不如吕濼樂更
無論遷遵矣八日晴
不甚冷調查蒐集各商
品并查度量衡等午後
赴城南觀暖泉俗稱
暖泉河即光沙泉也
一統志云泉涌沙出淨
细光明土人每取以攻
玉冬月水中暖氣如霧
亦名暖泉泉在城南三
里出砂甚佳俗稱玉
泉砂能行銷各地
凡有二泉皆甚淺而積
不過畝餘而廣適
溪流水氣滃然上
沖遠望如霧沙即

尹福清云苹果以遼產稱第一，昌黎次之，懷來又次之，井陘其末焉者也。遼產果肉堅實而皮薄，糖分足。昌懷井則各有劣點，或果肉太鬆棉，或皮厚，或味中帶酸。然自奉路通，遼產遂受昌產之排擠；自京張路成，又受懷產之競。今縣中苹果事業遂一蹶不振，且本縣舊曆正月中街上所售之苹果竟有日本產者矣。蓋日產皮極厚，雖運輸不僅不易傷損也。以此則遼產皮薄之優點，以交通不便，乃適成爲劣點，可哀也。以遼昌懷三處所產較優劣，由水可驗，設置之水中，昌輕而浮，懷重而沉，遼則適在水之中層。且懷產梗太長，以裝運時不

使多剪短之然果質因此而減味適度梗短在果之凹部中摘
果時指甲須剪去不然果梗多傷果即減色平果產生
最優之地梯盧家峪然交通不便摘果時在處暑節無論
若干皆須於二三日內摘淨否則一經風雨搖落則損失巨矣
摘後即須從速包裝必須真下樹七八日即到津入窖方佳
否則成色即變運津之路線先用牲畜馱至還鄉河岸再
裝船下行至玉田窩洛沽鎮再易船至津

翰墨齋

由各泉眼噴湧泉中水深甚淺隨流漪迴盪漾々魚
為羣乍来乍逝忽若不動觀久然如身到暖國忘却在冰
天雪地中矣泉周皆稻田著名之蚊嘴稻即產於是惜
產量不豐夕刻劭平来寓晚馮利貞来九日早刻再查度量
衡差度及其他各事項午後蒐集玉田砂及水生植物數種
十日晴稍暖寫第十次報告寄津利貞来送行晚雇定一車
明日去窩洛沽鎮玉田火腿遠不如金華要亦縣中名產年
銷北京數千隻所謂東腿者銷數大可憐然玉田蚊嘴稻
米較常種堅實玉泉砂前清時城中商家有鬻者以小布
袋裝若干外貼發票疊置櫃檯上往来各商多購之（天津
舊日之雜鋪售賣）十一日晴暖早六鐘將起縣署来人謂
已派馬巡將来護送余以道途平靖辭之来人謂昨晚窩
洛沽出劫殺案護送較為妥當乃應之八鐘休上道途經
五王莊杜樹（村名）小定付（村名）于家舖丁家橋等過雙
城河直南行漫野中約三十里許又經黃家舖一莊至下午一
鐘休至窩洛沽鎮寓街西之榮陞客棧聞由此至寧河路
間亦不平靖遂留馬巡請明日護送至寧河夕刻在鎮中環
行一周還鄉河直由街間經過河上有巨橋買賣街東
西向與河流交為十字形河東半商家頗多料河西亦如之
但以昨日被掠河西街西端閣门皆閉不得入緣昨為
集日街間非常鬧熱方午後三鐘許集猶未散突来匪徒
約七八數假扮有官家要公者先入警察局廹警察導入

某貨棧時街間鋪家已有因集市將罷而閉門者聞有辦要公
者來又爭閉門出視而禍起矣計搶去三義棧棉綫在一千五
百元又騾驢各一頭萬慶成廣貨鋪一百元萬盛永洋錢鋪
五百元吉瑞恒茶食店一百元又有意合隆天德成存義合洋錢
鋪三家不知其數方肇事時商家各出槍枝抵拒當場斃匪徒
一名係以所搶騾驢馱現洋而逃街人羣追匪且逃且放槍出
街後入鎮西北隅竈神廟時日將暮街人有鳴鑼集衆者被匪
槍死一人又寓中更夫亦於足部受傷甚重三義棧之騾驢又另一
死一傷匪入廟據勢放槍人莫敢近至中夜乃逸去聞街人謂匪係
東省人蓋該鎮以富庶商家多存現銀故時遭此禍（昨年曾
被搶兩次）鎮中織布者甚多行盡各街巷無處無織機聲也
鎮為內地水陸碼頭夏秋之季雜糧鮮果由北來秋末麵
粉雜貨由南來率集於此以行交易寶坻大布亦來此鎮有關
東布客每集由此購運東去鎮中集日為舊曆二七以棉花布疋
為大宗街東布市街西棉市皆甚繁夥每集銷布約四千疋上下
棉則五六千斤先時本鎮所出棉有自紡綫者近時織布皆由天
津購綫故街間綫鋪最多此刻鎮近種棉之地每畝價已漲
至百元以上由縣城至此里數六十來時經過各村之人男婦
皆出觀吾車交頭接耳各有所談余頗訝之入鎮時鎮人出觀
尤衆余始了然蓋昨案出後雖有報告到縣中至今尚未派員
來驗余之來衆乃以為查案者故爾爾也至晚縣中仍未派人
來縣長之如是因循則縣中之庶政如何可知矣十二日晴暖

早六鐘起身南來途經劉家莊過還鄉河南趣又東行
大窪中四望儼如冰海久之入西淮沽朝暾始上出王田入
寧河縣又南過還鄉河至豐臺鎮市街甚有觀似勝於寗
潞沽鎮屬於豐玉寧三縣所轄或謂鎮中尚有寶坻一部故
東此又經豐玉兩縣界至孫莊子始再入寧河又前往前埋
珠(村名)後埋珠(村名)過薊運河越張華莊至下午到寧
河縣寓東街同和店夕刻出街視查一過縣無城垣遠觀
尚不如巨鎮計由寗至此里數六十十三日晴稍風到縣公署
訪縣長王文淵又到農會訪會長劉瑞五各談久之返寓夕
刻瑞五來寓晚王文淵送來酒席卻之不可留之余與瑞五談
縣中水產業促其擴張為大利源十四日早起遠近清淨無人
聲如鄉僻也午後文淵來談夕又到農會遇勸學所所長解蓮
圃勸學員徐筱林談久之十五日晴不甚冷以車去蘆臺往康
家莊高家坨楊莊子午刻到由城至此三十里寓街西寶泉客
棧下午到商會訪會長邵燮綬未在見其文牘主任邵贊臣
談久之又散步街市調查一過晚寫第十一次報告明日帶津
寧居東南部向缺少飲料水居民皆掘坑蓄雨雪水用之
因地近海濱鹽地浮水皆苦鹹不能飲以地下皆淤泥
不似臨榆之南海之皆砂也最佳由蘆臺掘引河南通楊
家泊直至神堂入海如此則豐潤沿海居民亦沾其益且
利於交通惜無人倡導一切聽其自然……十六日陰霧
甚重早刻以車赴站候十一鐘餘京奉車返津

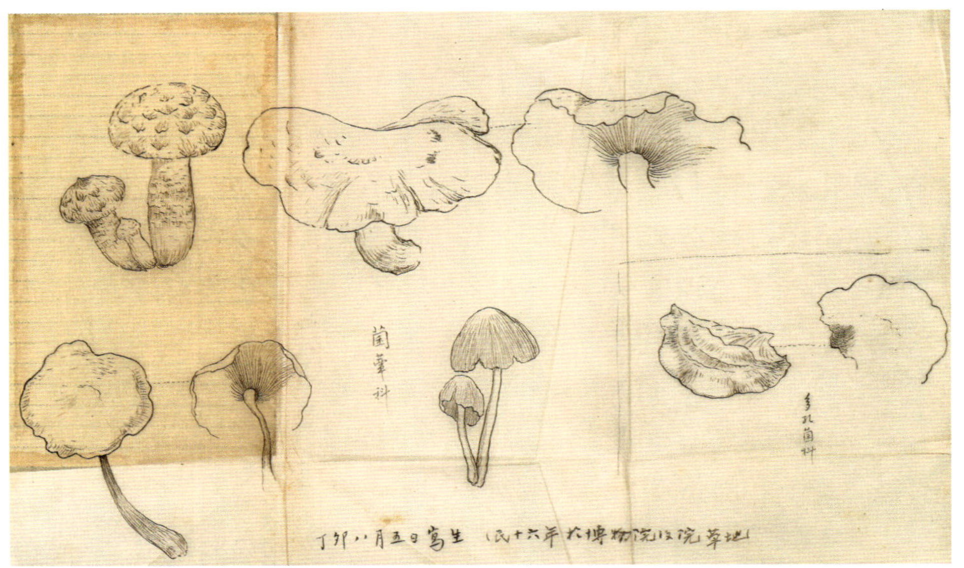
菌蕈科
多孔菌科
丁卯八月五日寫生（民十六年於博物院後院草地）

民十最以又去一次上海往商會中幫其辨商品陳列乃
廿八也

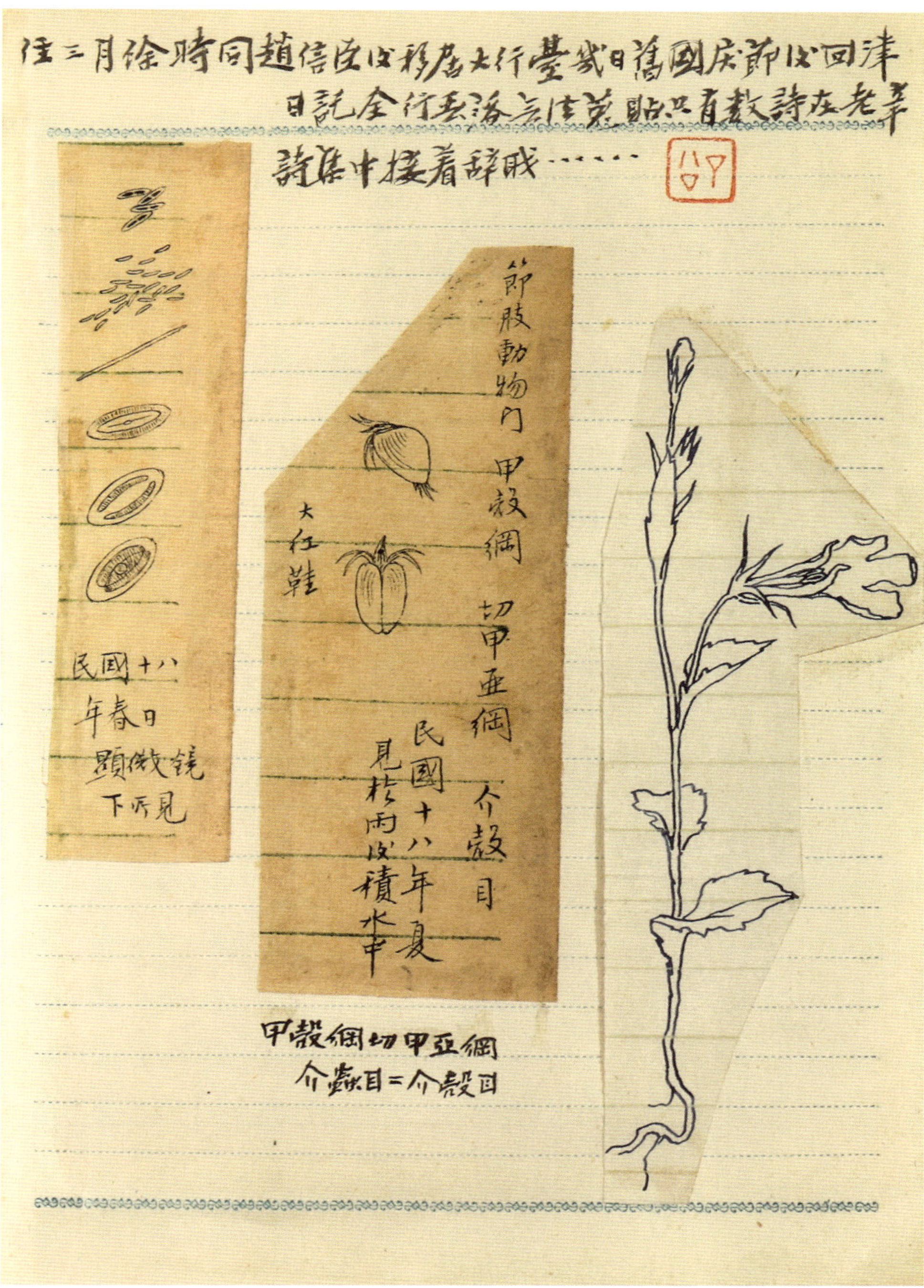

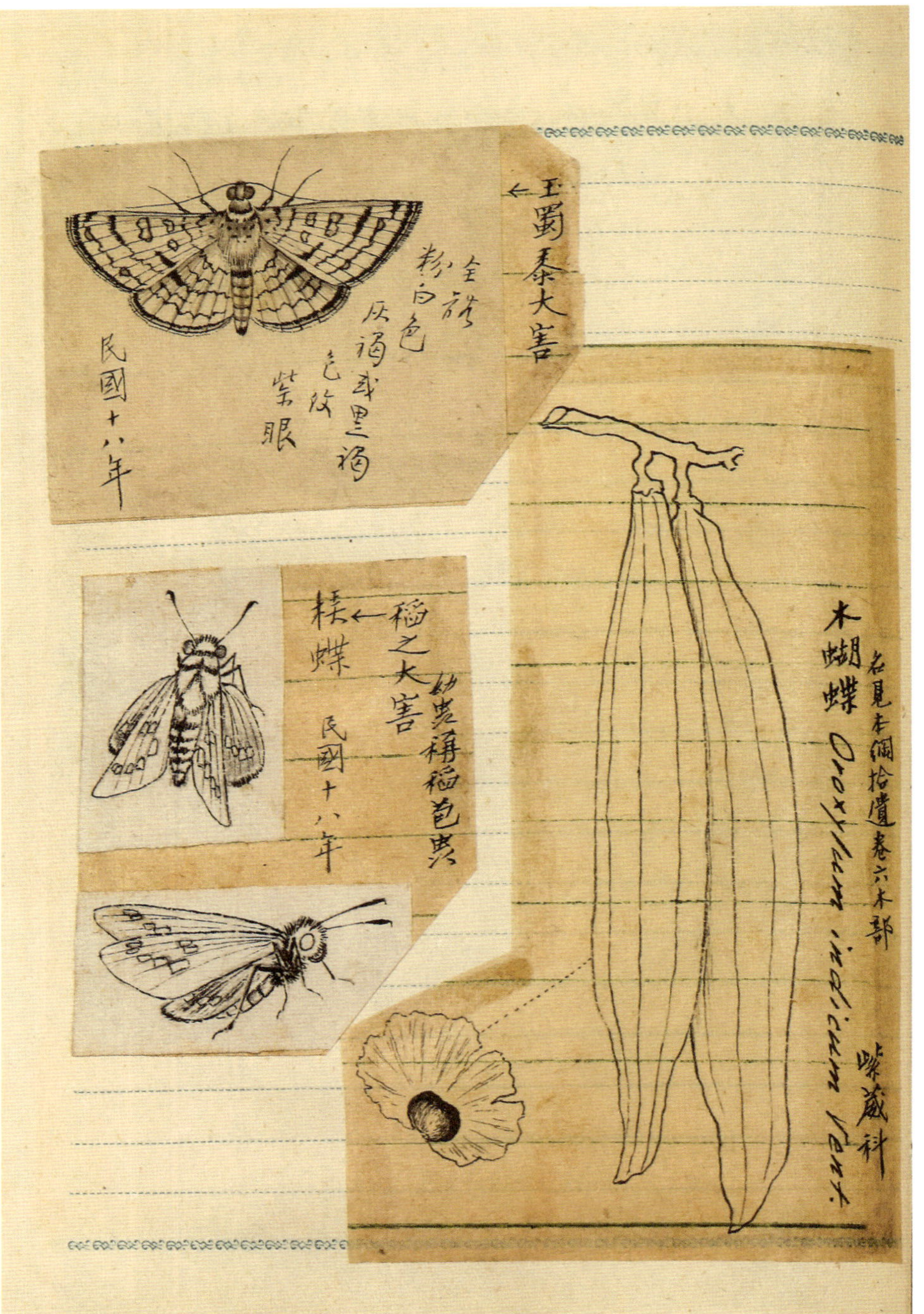

←玉蜀黍大害
全體粉白色
灰褐或黑褐色紋
紫眼
民國十八年
挵蝶←稻之大害
幼蟲稱稻苞蟲
民國十八年
木蝴蝶
名見本綱拾遺卷六木部
Oroxylum indicum Vent.
紫葳科

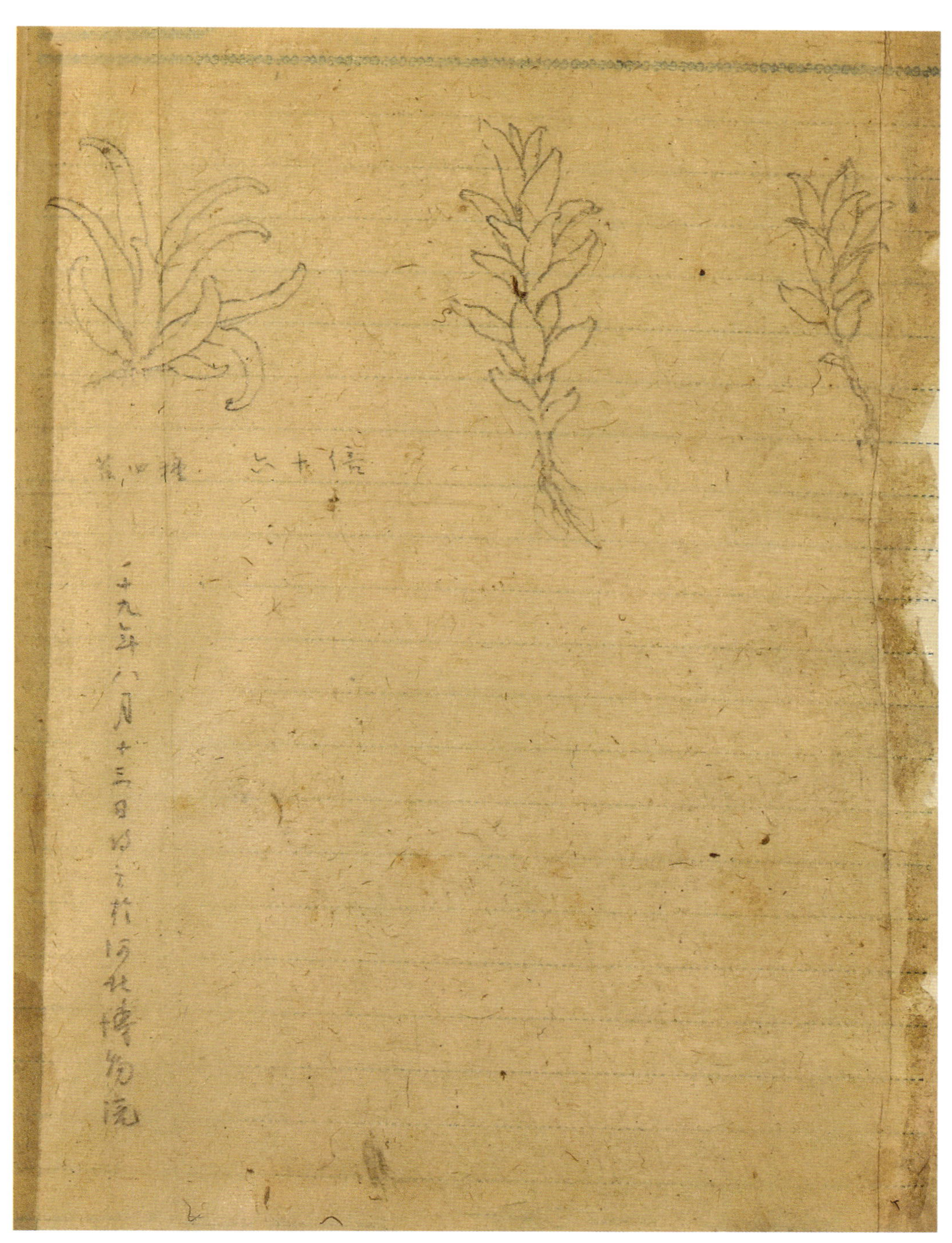
一十九年八月十三日
於河北博物院

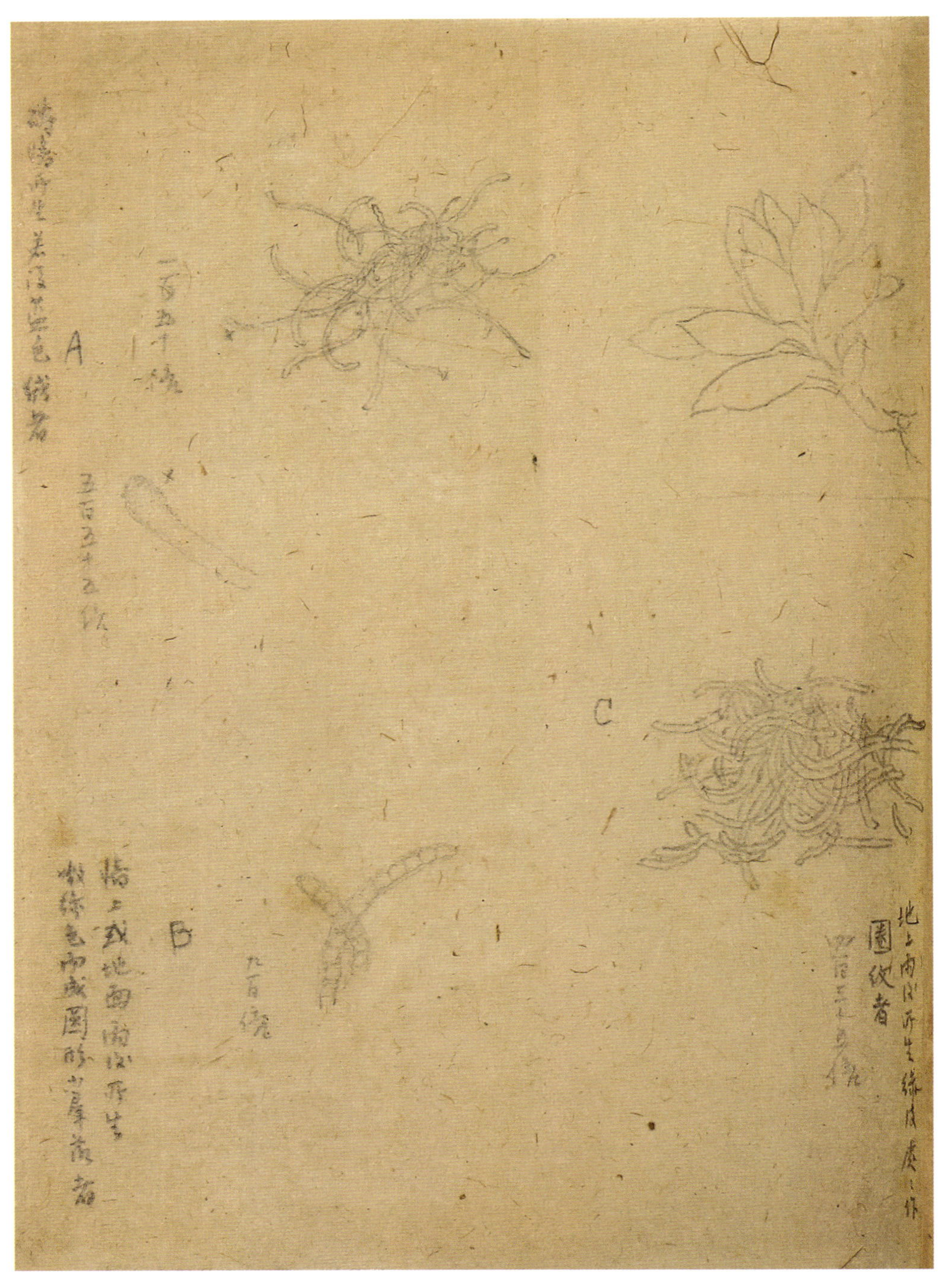
A
一百五十倍
五百五十五倍
B
九百倍
C

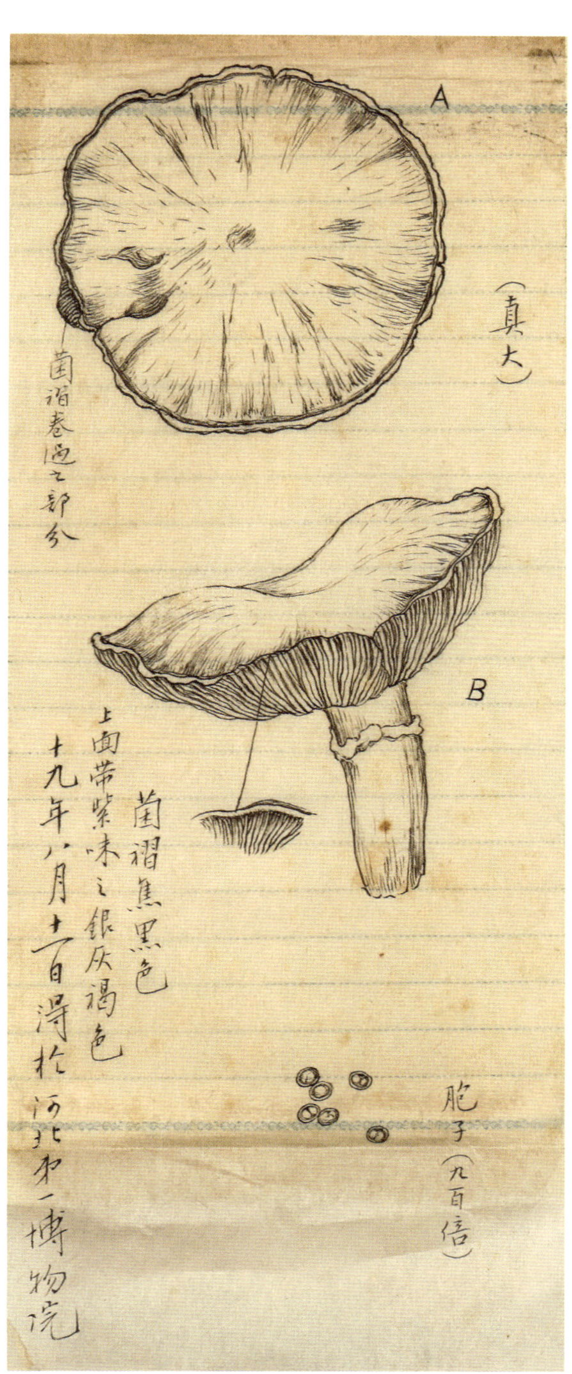
A
（真大）
菌褶卷過之部分
B
菌褶焦黑色
上面带紫味之银灰褐色
十九年八月十一日得於河北第一博物院
胞子（九百倍）

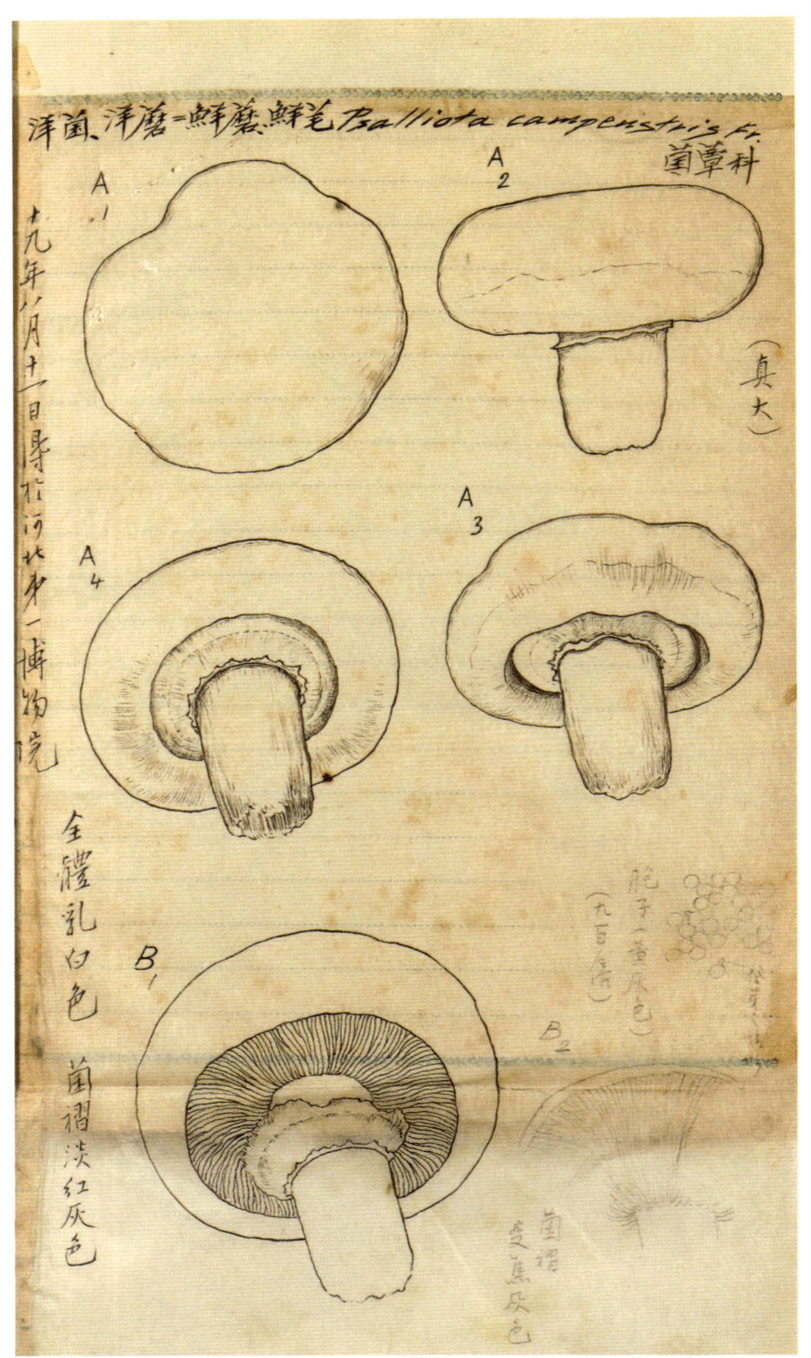
洋菌、洋蘑=鮮蘑、鮮芼 Psalliota campenstris Fr.
菌蕈科
A1
A2
(真大)
A3
A4
十九年八月十一日寫于河北第一博物院
全體乳白色
B1
B2
菌褶淡红灰色
胞子(董灰色)
(九百倍)
菌褶变焦灰色

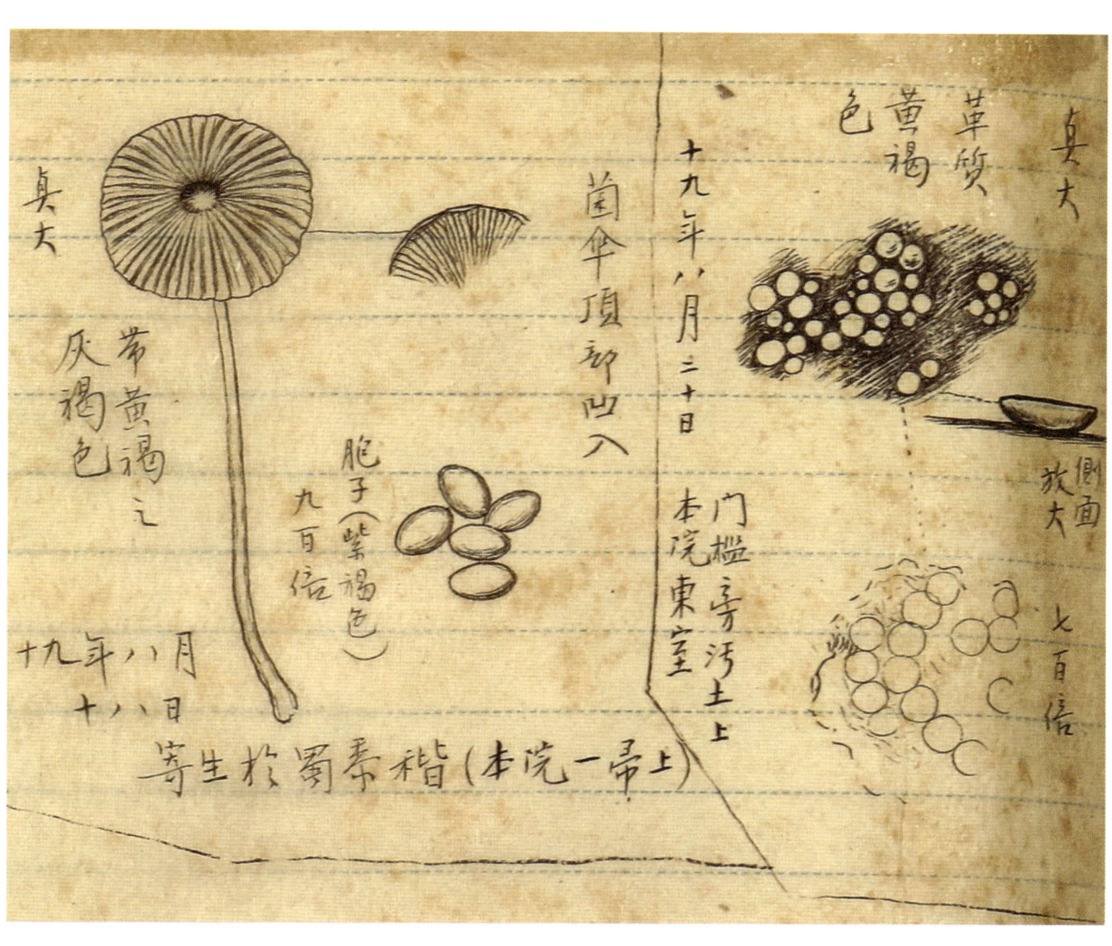

真大
帯黄褐之灰褐色
十九年八月十八日
菌伞頂部凹入
胞子(紫褐色)
九百倍
寄生於蜀黍稭(本院一帯上)
十九年八月二十日
門檻旁污土上
本院東室
真大
草質黄褐色
側面放大
七百倍

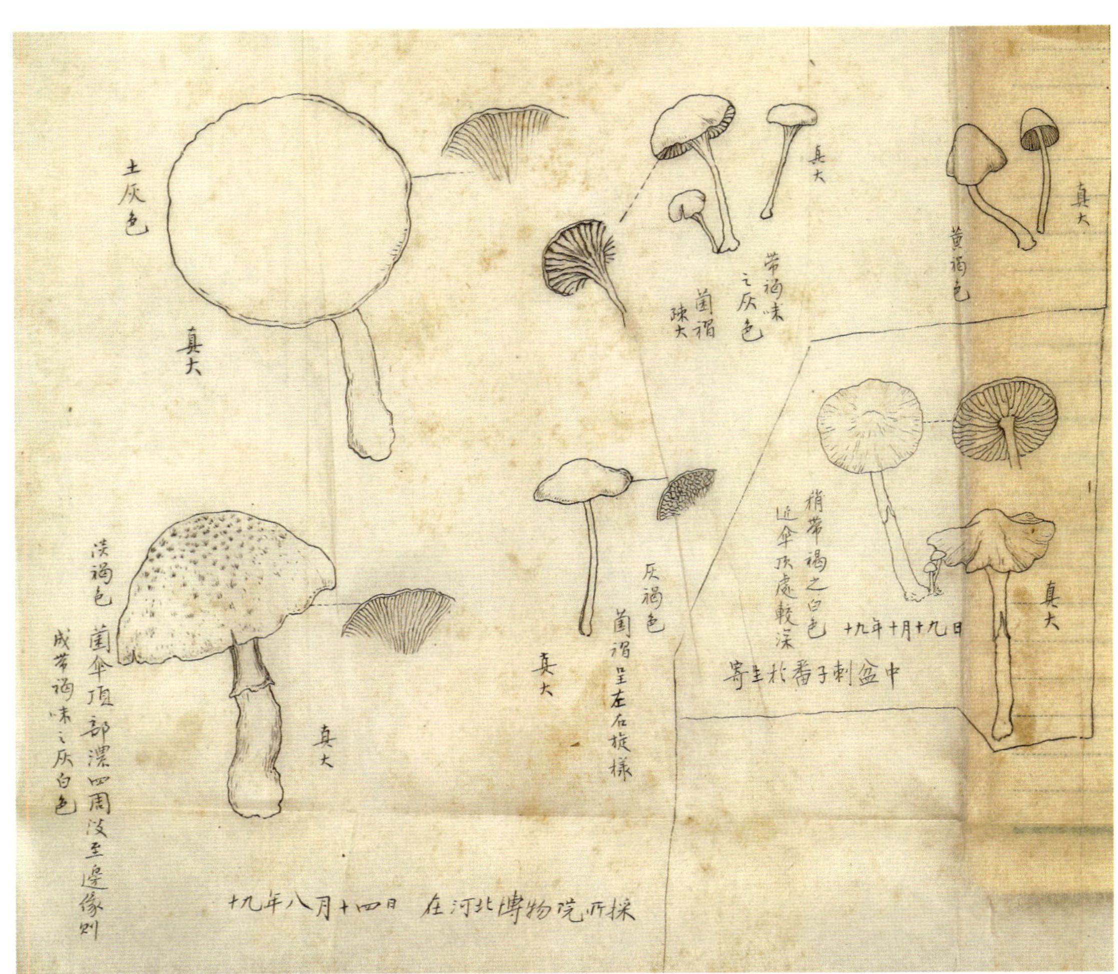

土灰色
真大
真大
帶褐味之灰色
菌褶疏大
黃褐色
真大
淡褐色
菌傘頂部深四周淡至邊緣則成帶褐味之灰白色
真大
灰褐色
菌褶呈左右旋樣
真大
稍帶褐之白色
近傘頂處較深
十九年十月十九日
寄生於番子刺盒中
真大
十九年八月十四日 在河北博物院採

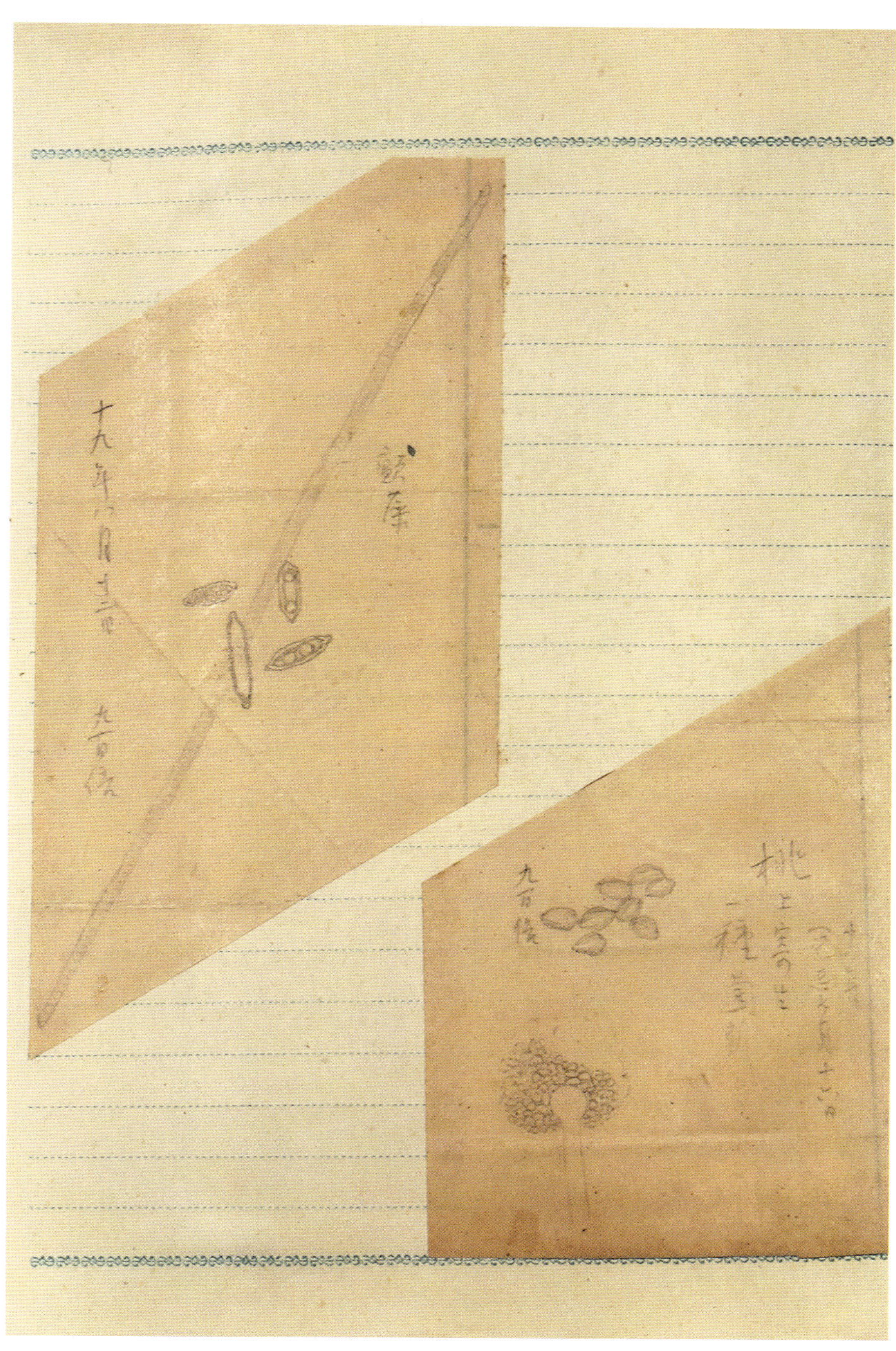

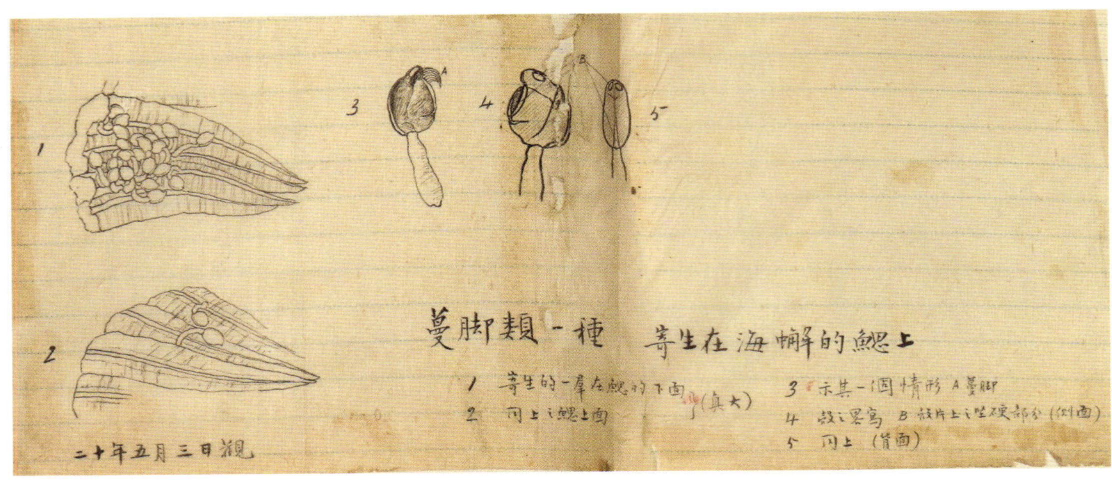
1
2
3
4
5
A
B
蔓脚類一種　寄生在海蝌的鰓上
二十年五月三日觀

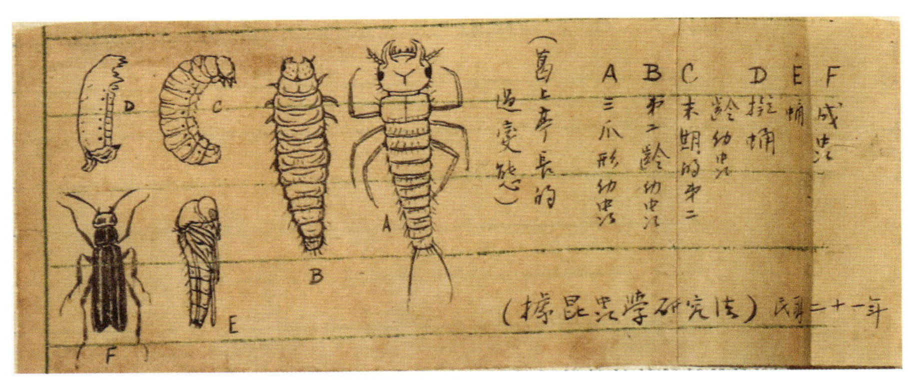
A
B
C
D
E
F
A 三爪形幼虫
B 第二齡幼虫
C 末期的第二
D 齡幼虫
E 蛹
F 成虫
(據昆虫學研究法) 民國二十一年

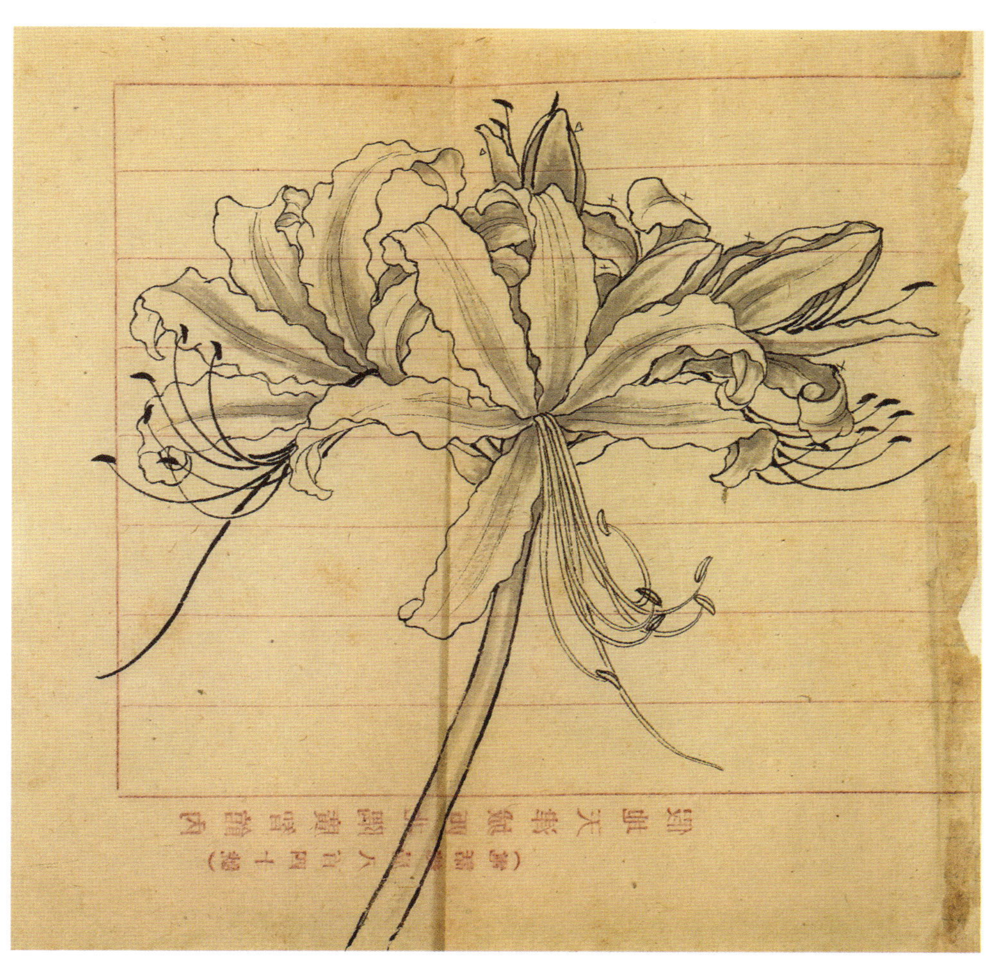

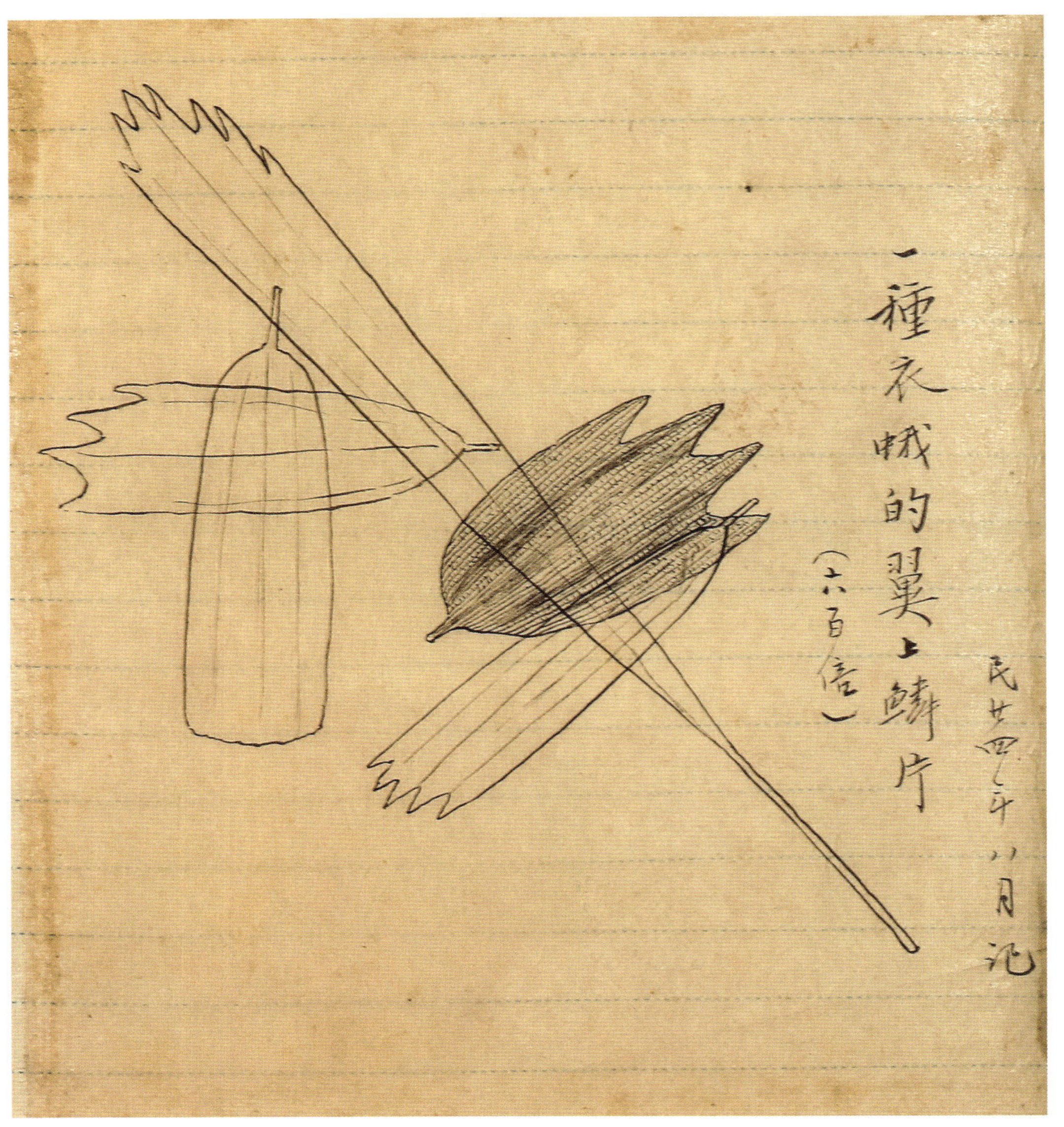
一種衣蛾的翼上鱗片
（六百倍）
民廿四年八月記

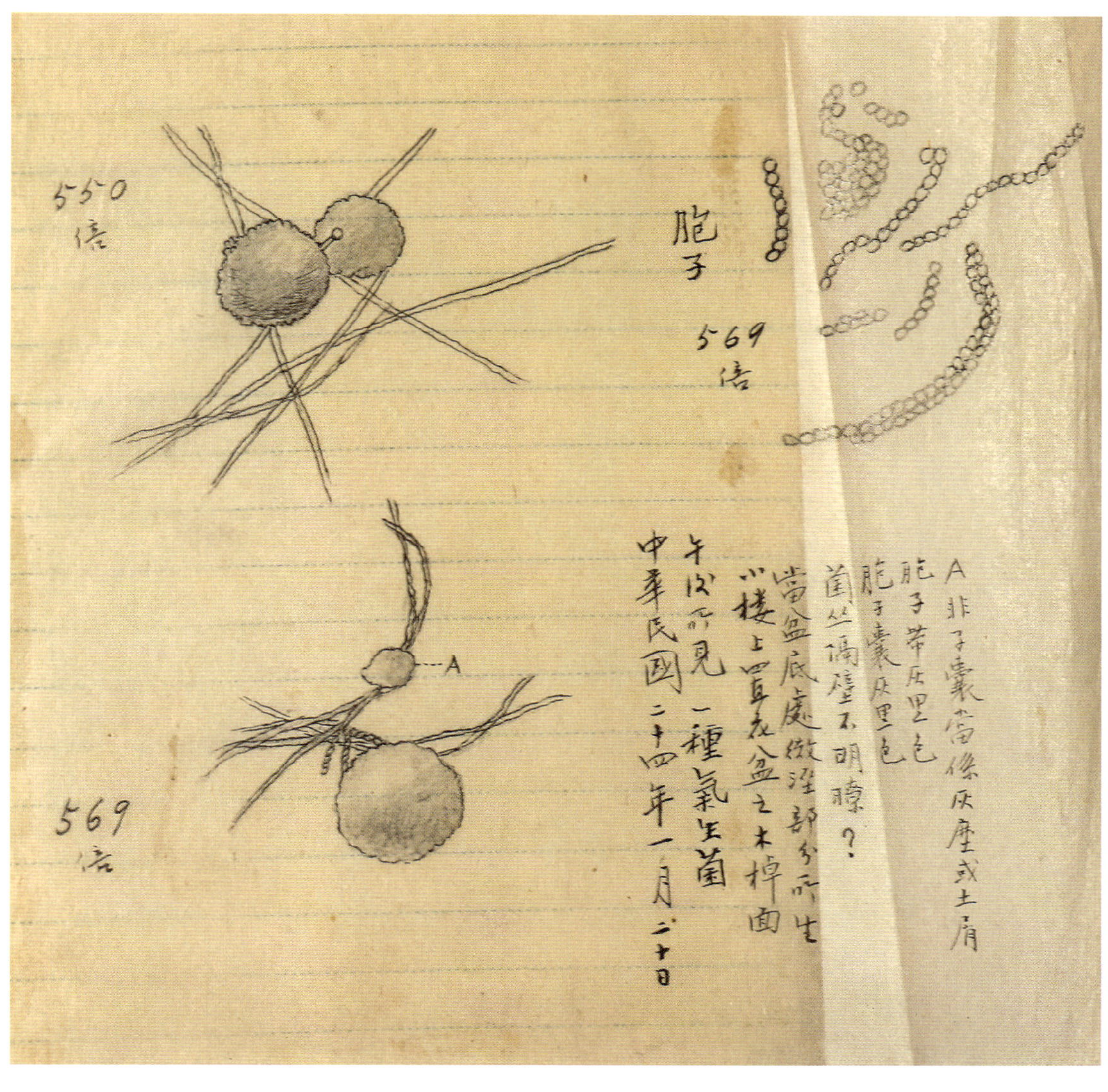
550
倍
胞子
569
倍
A
569
倍
A非子囊當係灰塵或土屑
胞子帶灰黑色
胞子囊灰黑色
菌絲隔壁不明瞭？
當盆底處微溼部分所生
小樓上置衣盆之木棹面
午後所見 一種氣生菌
中華民國二十四年一月二十日

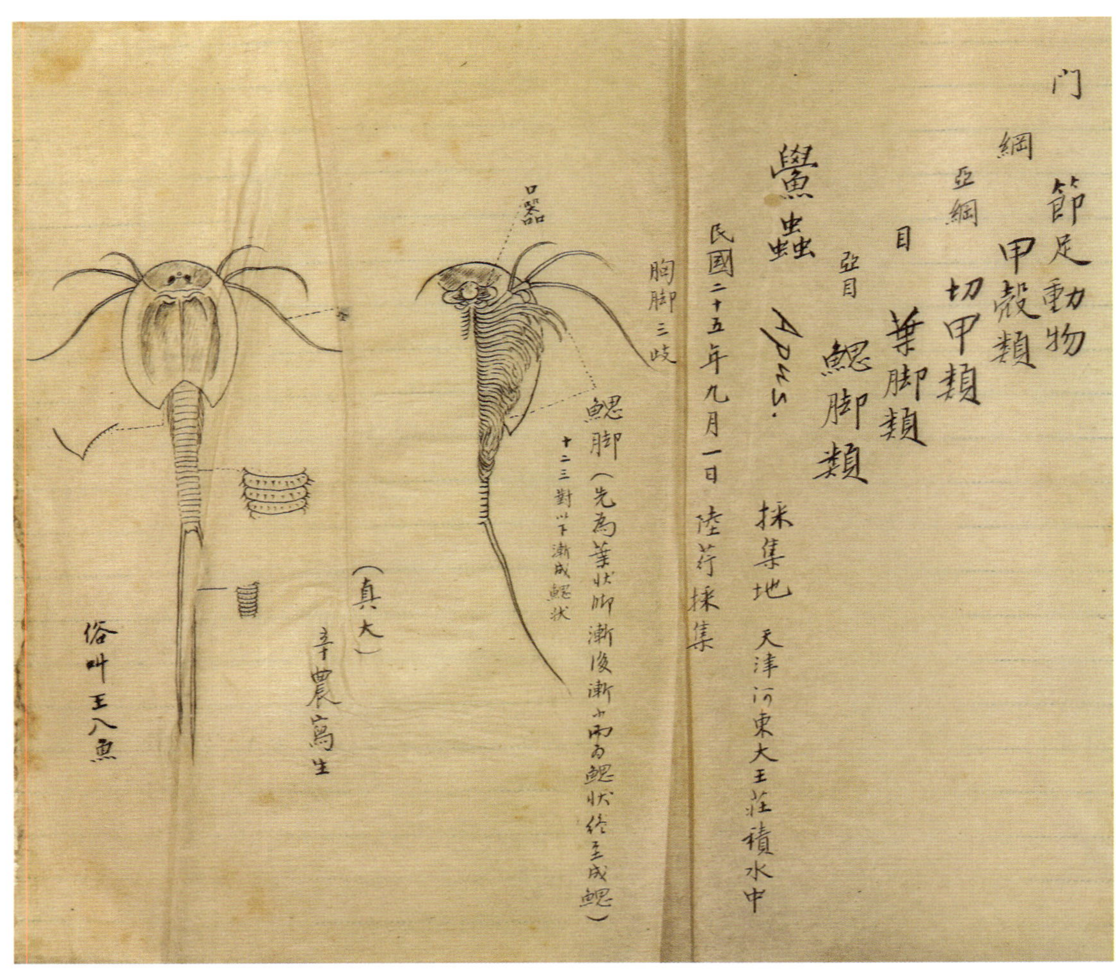
门
綱 節足動物
亞綱 甲殼類
目 切甲類
亞目 葉脚類
鰓脚類
鱟蟲 Apus.
民國二十五年九月一日 陸荇採集
採集地 天津河東大王莊積水中
胸脚三岐
口器
鰓脚（先爲葉狀脚漸後漸小而爲鰓狀终至成鰓）
十二三對以下漸成鰓狀
（真大）
辛農寫生
俗叫王八魚

余甘子＝菴摩勒 Phyllanthus Embeica L.
大戟科
1957.4
七十二老辛记
真大

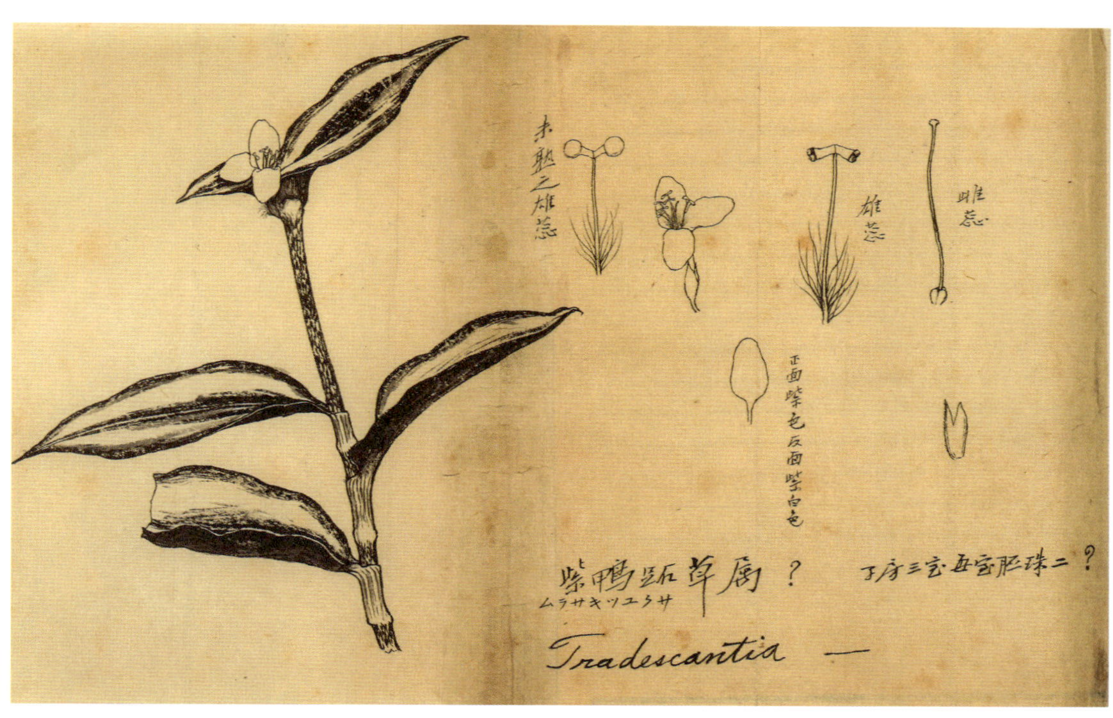
未熟之雄蕊
雄蕊
雌蕊
正面紫色反面紫白色
紫鴨跖草屬？
ムラサキツユクサ
子房三室·每室胚珠二？
Tradescantia —

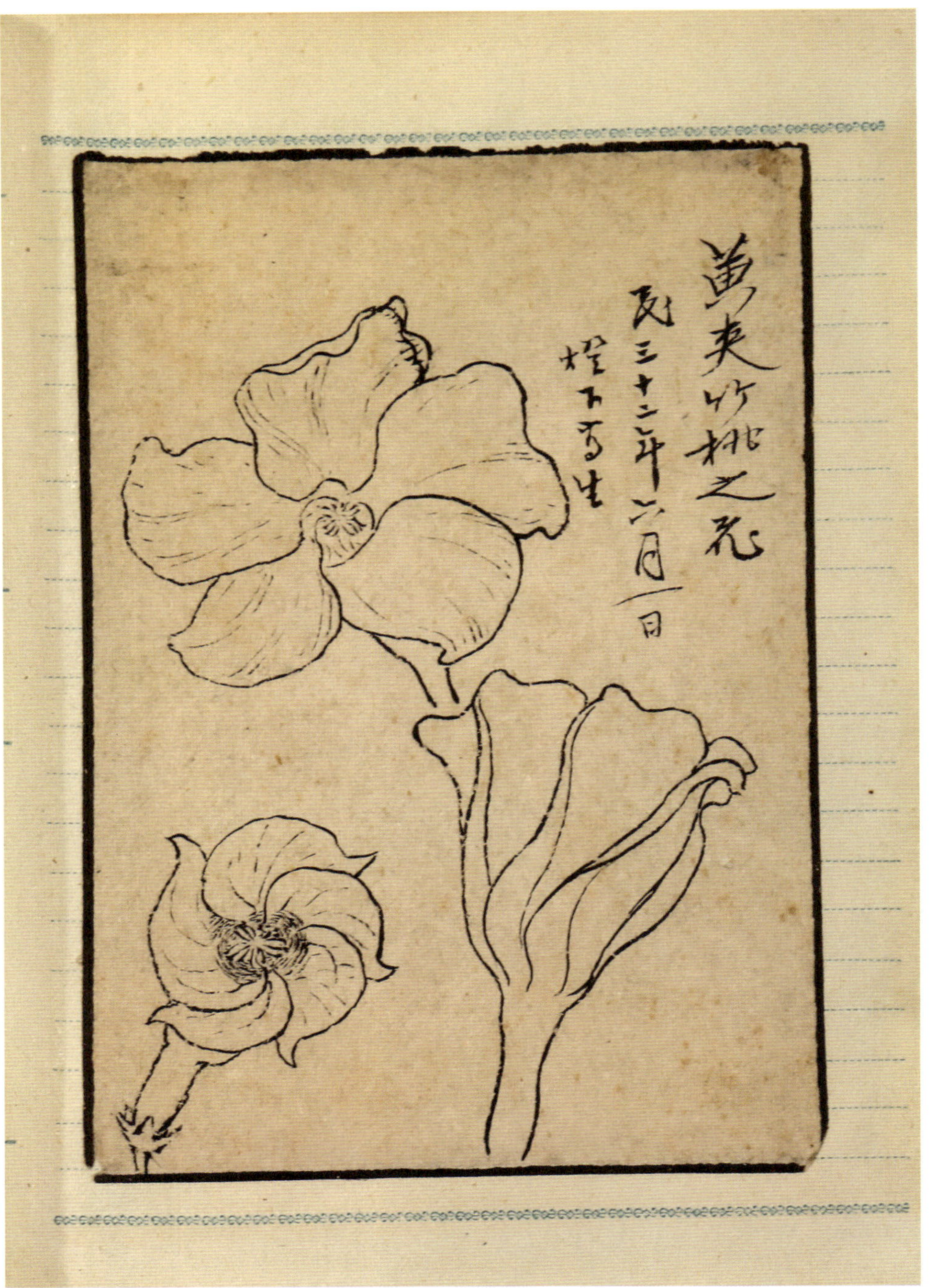
萬夹竹桃之花
民三十二年六月一日
燈下寫生

文光果

寄生白蛤仔内的小蟹—貝隐 Pinnotheres pholadis de Haan.
豆隐蟹科
真大
白蛤仔
=白顶蛤
=擬馬蛤
雌
雄
Trigonella quadrangularis Deshayes
馬珂科
Mactridae
1959年3月27日購食。(斤價八分)
肉味美似蟶。惟多沙，經煮後洗多次，以鮮小葱炒食；拌食亦佳。 七十二老人記 3.28

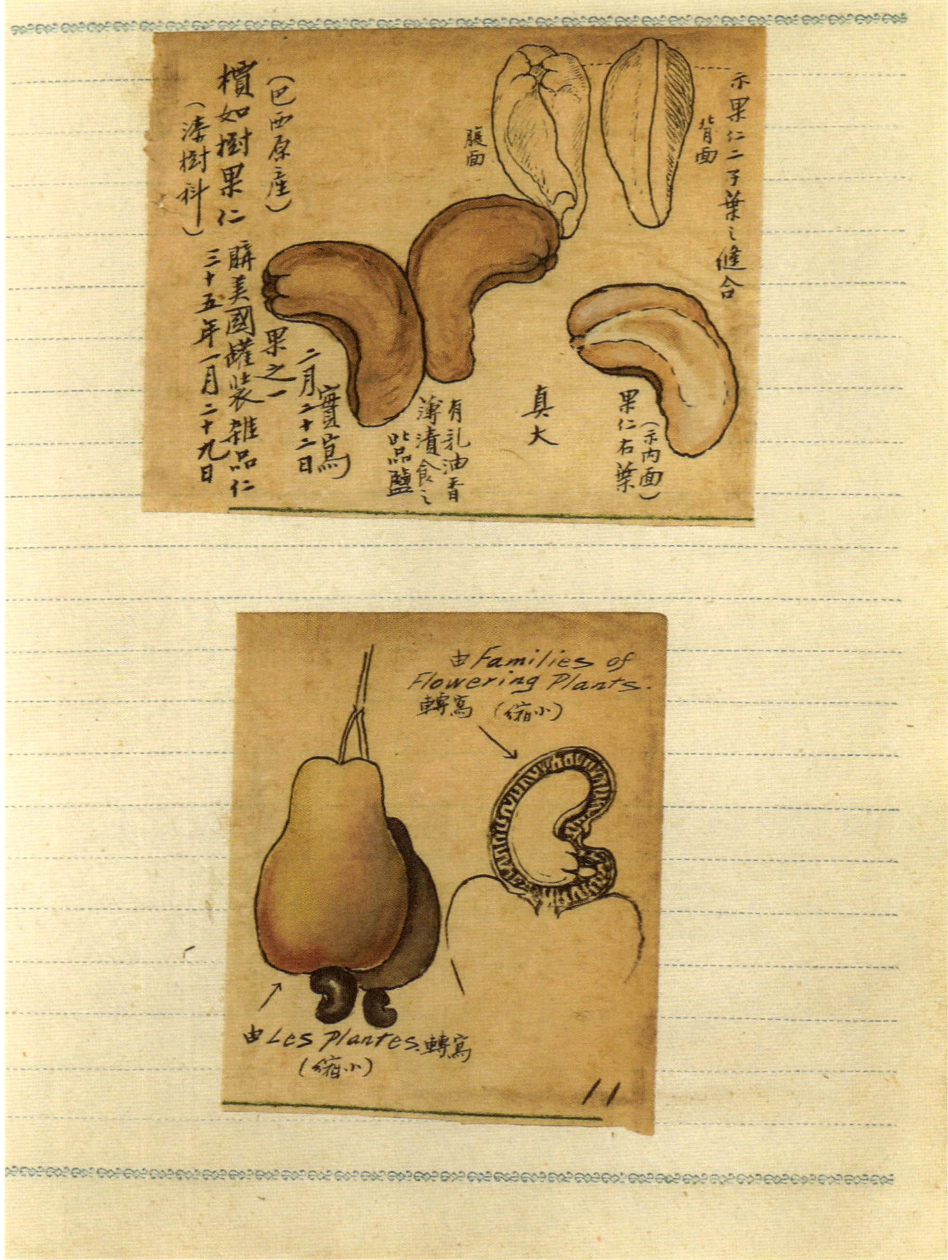
示果仁二子葉之縫合
背面
腹面
檟如樹果仁
（巴西原產）
（漆樹科）
購美國罐裝雜品仁
三十五年一月二十九日
果之一
二月二十二日寫
有乳油香
薄漬食之
品鹽
真大
果仁右葉
（示內面）
由Families of Flowering Plants.
轉寫
（縮小）
由Les Plantes.轉寫
（縮小）
11

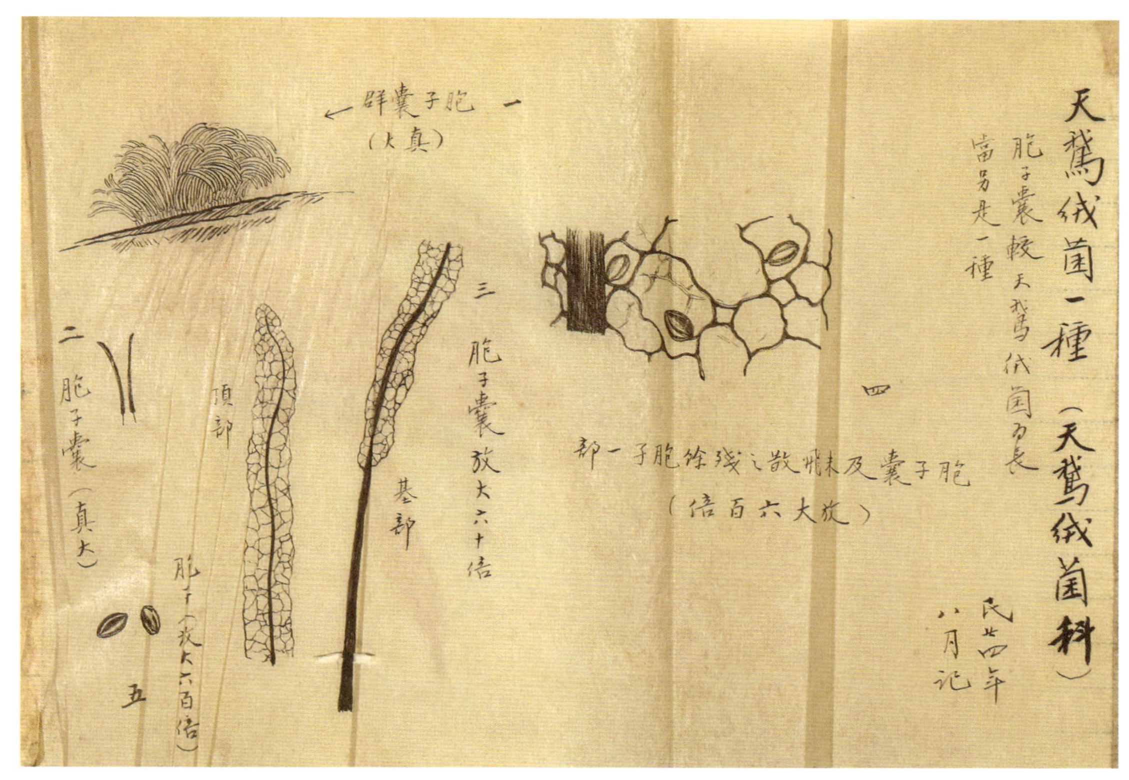

天鵞絨菌一種（天鵞絨菌科）
胞子囊較天鵞絨菌為長
當另是一種
一 胞子囊群
（真大）
二 胞子囊（真大）
頂部
三 胞子囊 放大六十倍
基部
四
（放大六百倍）
五
胞子（放大六百倍）
民廿四年
八月記

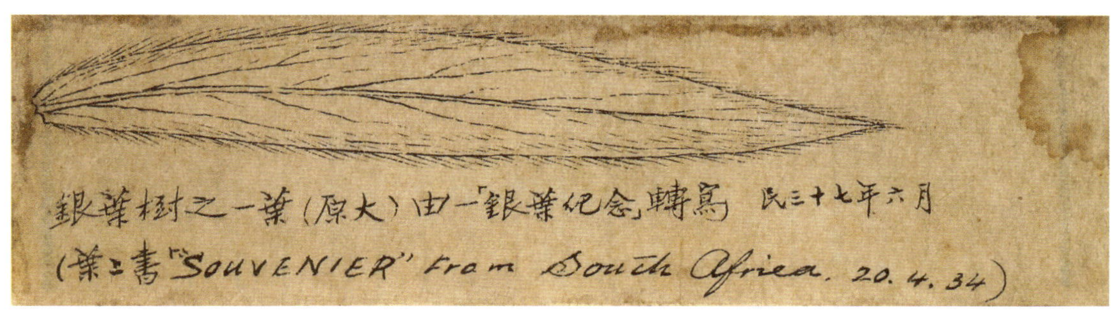

銀葉樹之一葉（原大）由一「銀葉紀念」轉寫 民三十七年六月
（葉上書"SOUVENIER" from South Africa. 20.4.34）

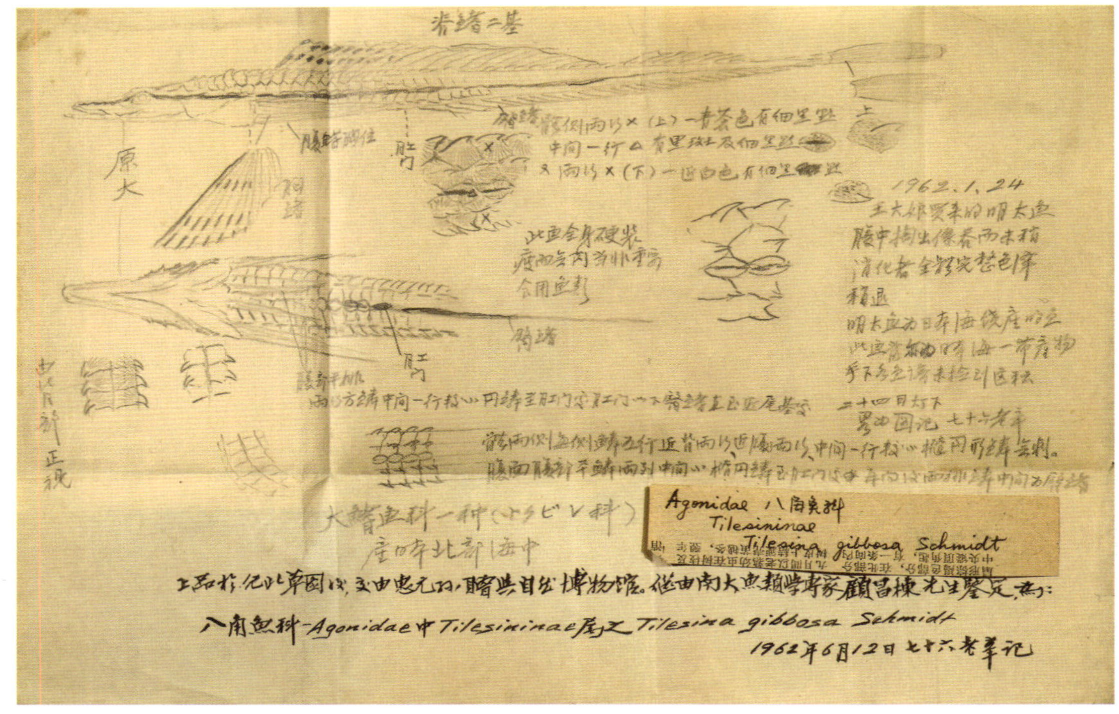
原大
1962.1.24
Agonidae 八角魚科
Tilesininae
Tilesina gibbosa Schmidt
八角魚科-Agonidae中Tilesininae屬之 Tilesina gibbosa Schmidt
1962年6月12日 七十六老華記

葉稍縮小
×呈殼狀苞
紫背萬年青＝紫萬年青＝蚌蘭
Rhoeo discolor Hance
鴨跖草科
原產地 墨西哥
1958.8.2 七十一老年寫生
參照 石井图譜二卷 303 頁

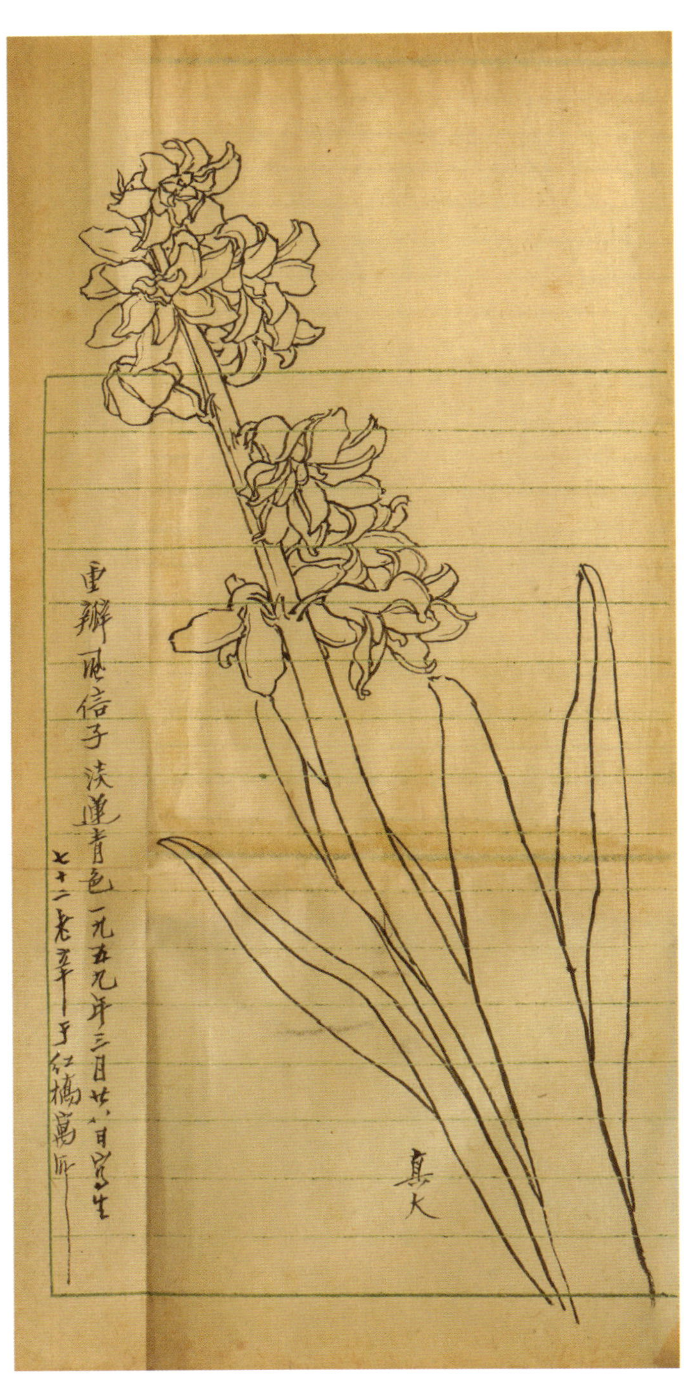
重瓣風信子 淡蓮青色 一九五九年三月廿八日寫生
七十二老辛 于紅橋寓所
真大

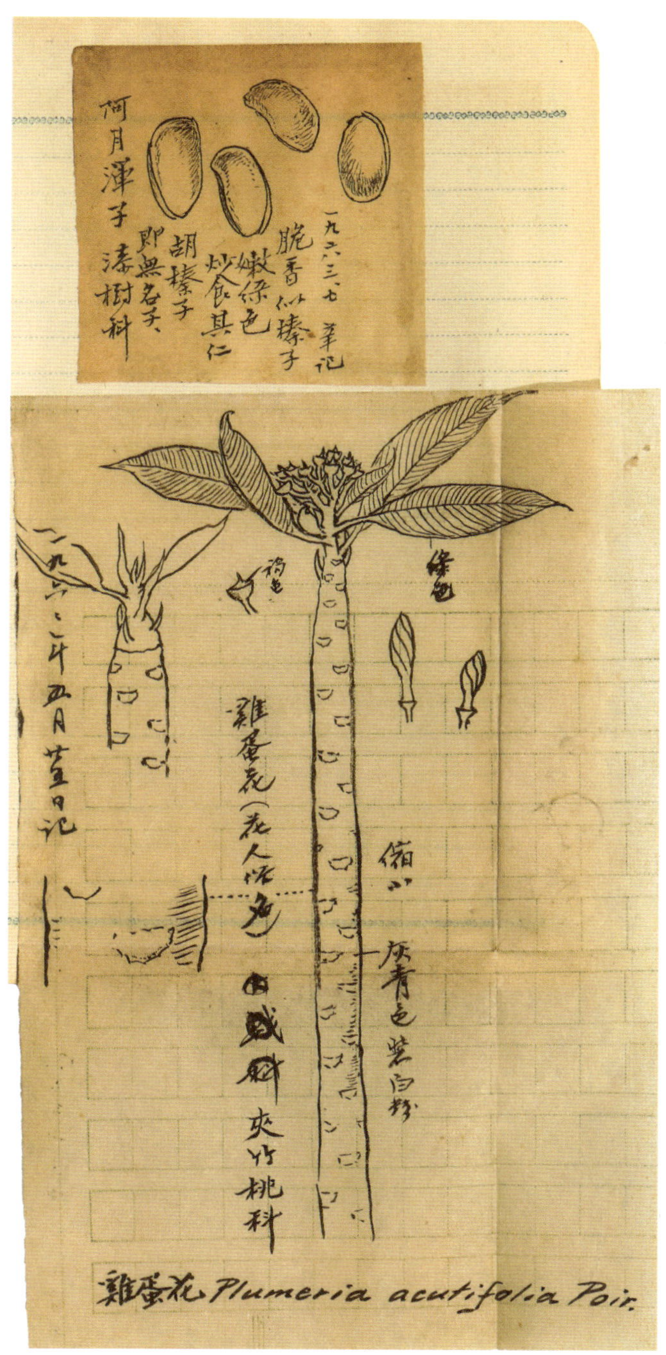
阿月渾子 漆樹科
胡榛子
即無名子
脆香似榛子
嫩綠色
炒食其仁
一九六三、七 筆記
夾竹桃科
灰青色
雞蛋花 Plumeria acutifolia Poir.

都念子
莽吉柿
馬來人稱爲Mangis英屬華僑叫牠山竺（山竹果）
Garcinia mangostana Linn. 金丝桃科植物

榴槤 Durian 果品之王也
Durio zibethinus, Linn.
Murr.
木棉科植物

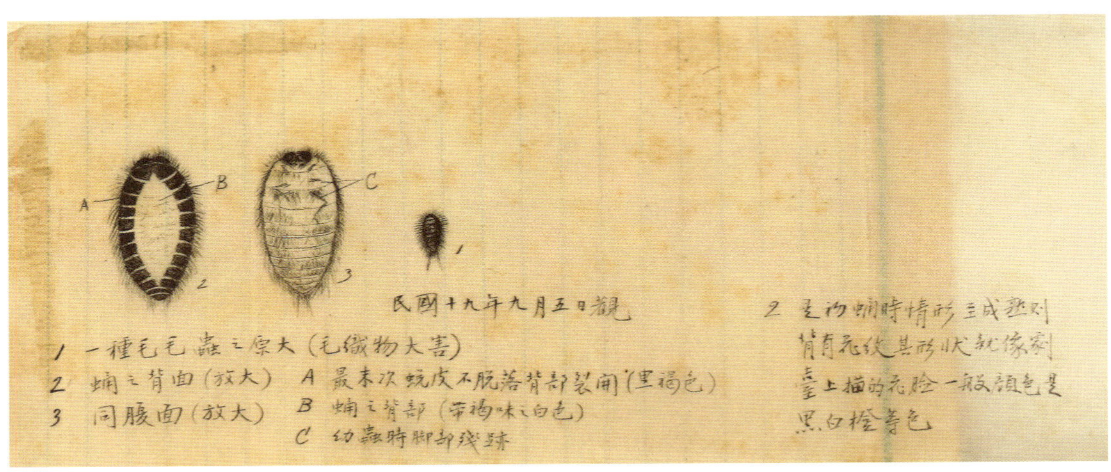
A
B
C
2
3
1
民國十九年九月五日觀
1 一種毛毛蟲之原大（毛織物大害）
2 蛹之背面（放大） A 最末次蛻皮不脫落背部裂開（黑褐色）
3 同腹面（放大） B 蛹之背部（帶褐味之白色）
C 幼蟲時脚部殘跡
2 是初蛹時情形 至成熟則
背有花紋 其形狀就像劇
臺上描的花臉 一般顏色是
黑白橙等色

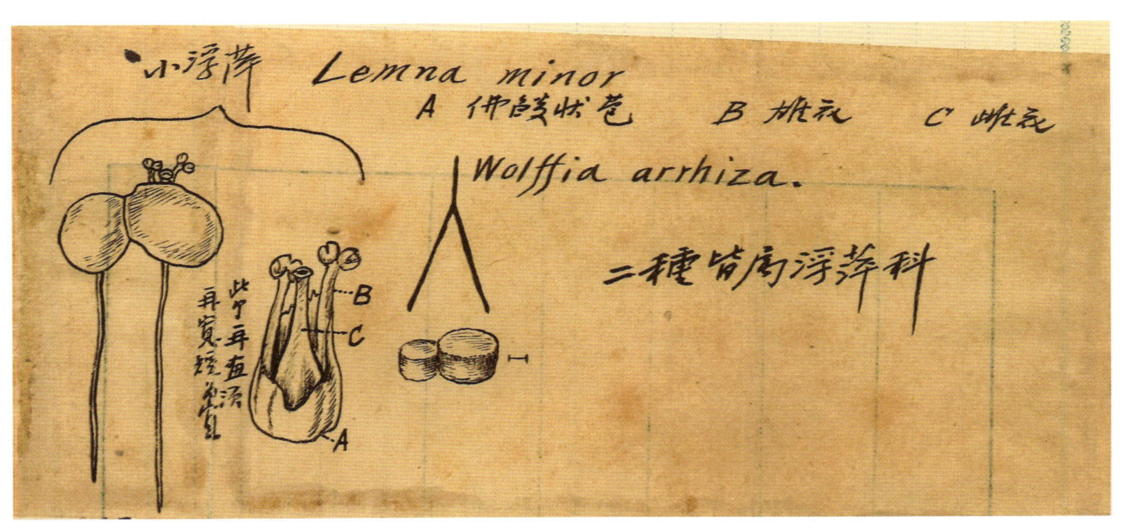
小浮萍 Lemna minor
A 佛焰狀苞 B 雄花 C 雌花
Wolffia arrhiza.
二種皆屬浮萍科
此乎再查須
再實驗為是
B
C
A

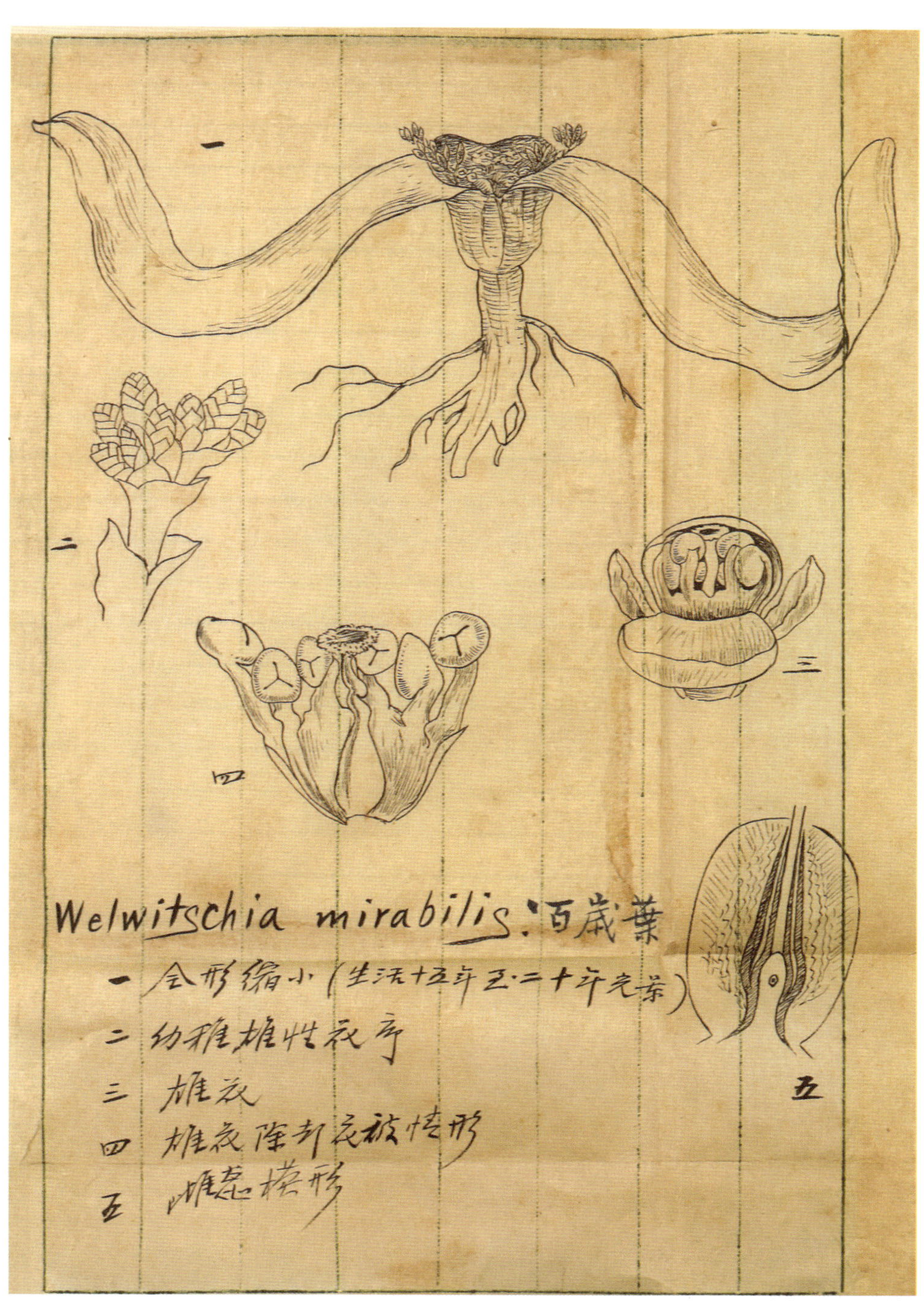
一
二
三
四
五
Welwitschia mirabilis：百歲葉
一 全形缩小（生活十五年至二十年光景）
二 幼稚雄性花序
三 雄花
四 雄花除去花被情形
五 雌蕊横形

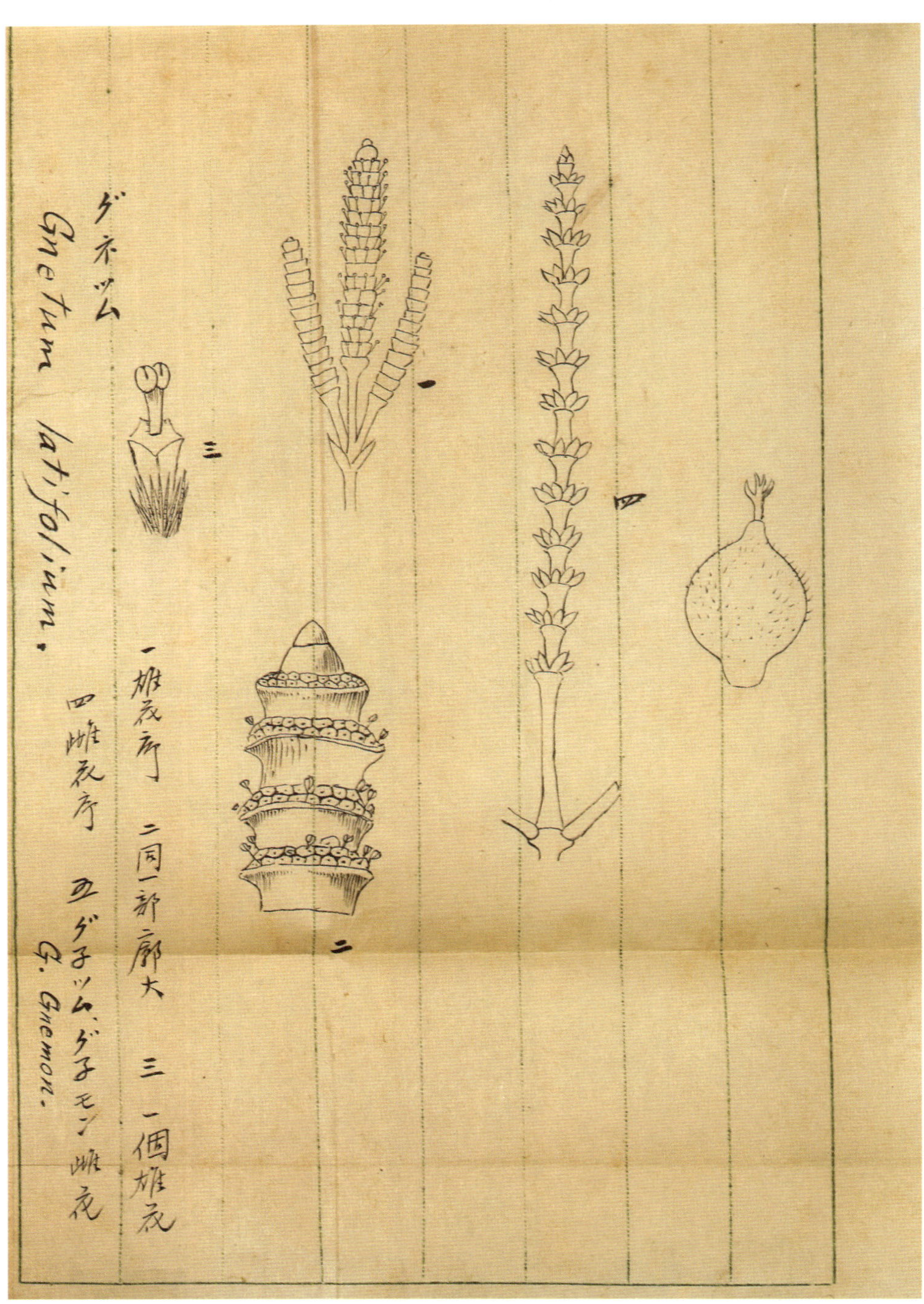
グネツム
Gnetum latifolium.
一雄花序　二同一部廓大　三一個雄花
四雌花序　五グネツム、グネモン雌花
G. Gnemon.
一
二
三
四

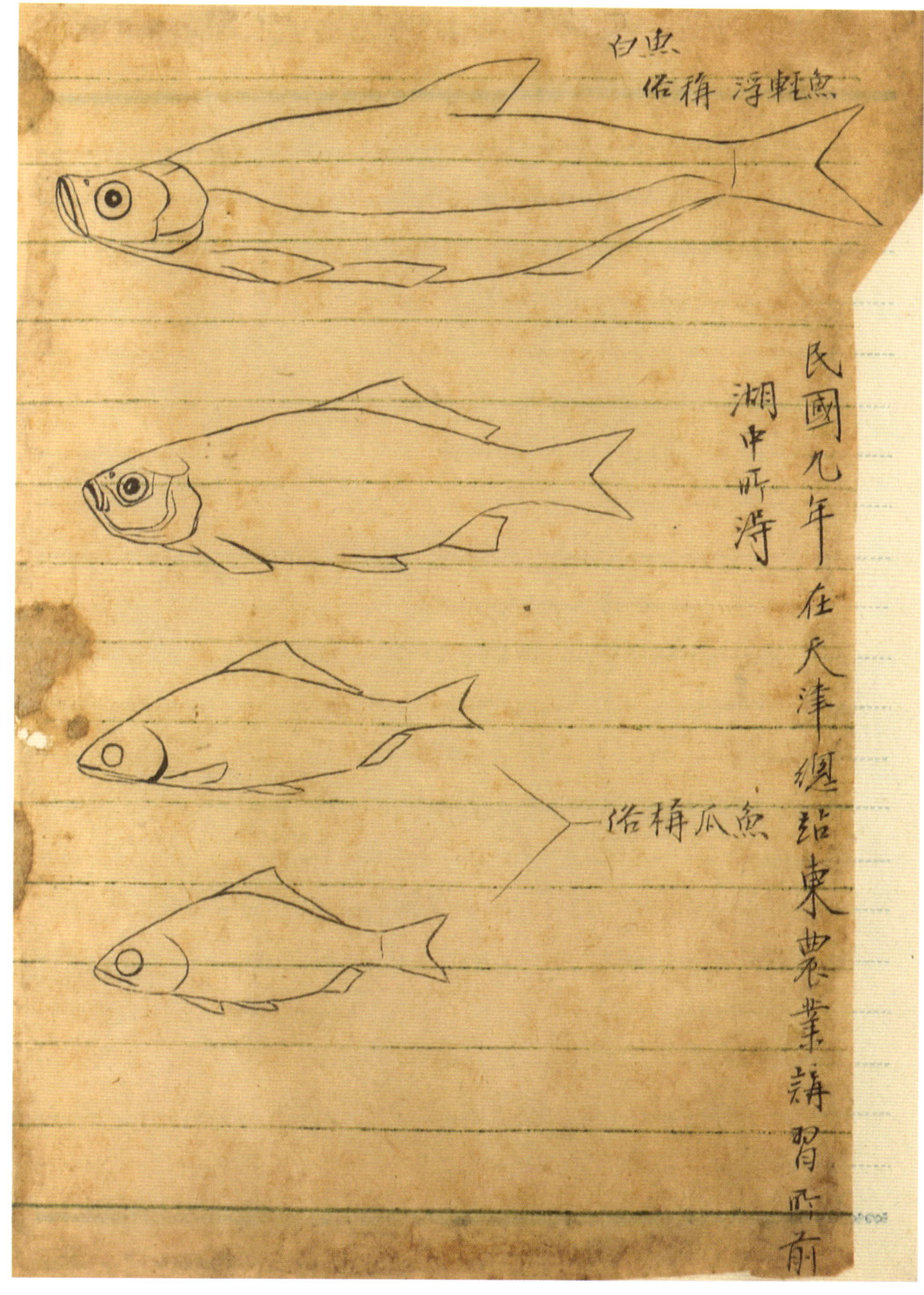
白魚
俗稱 浮鞋魚
民國九年在天津總站東農業講習所前
湖中所得
俗稱瓜魚

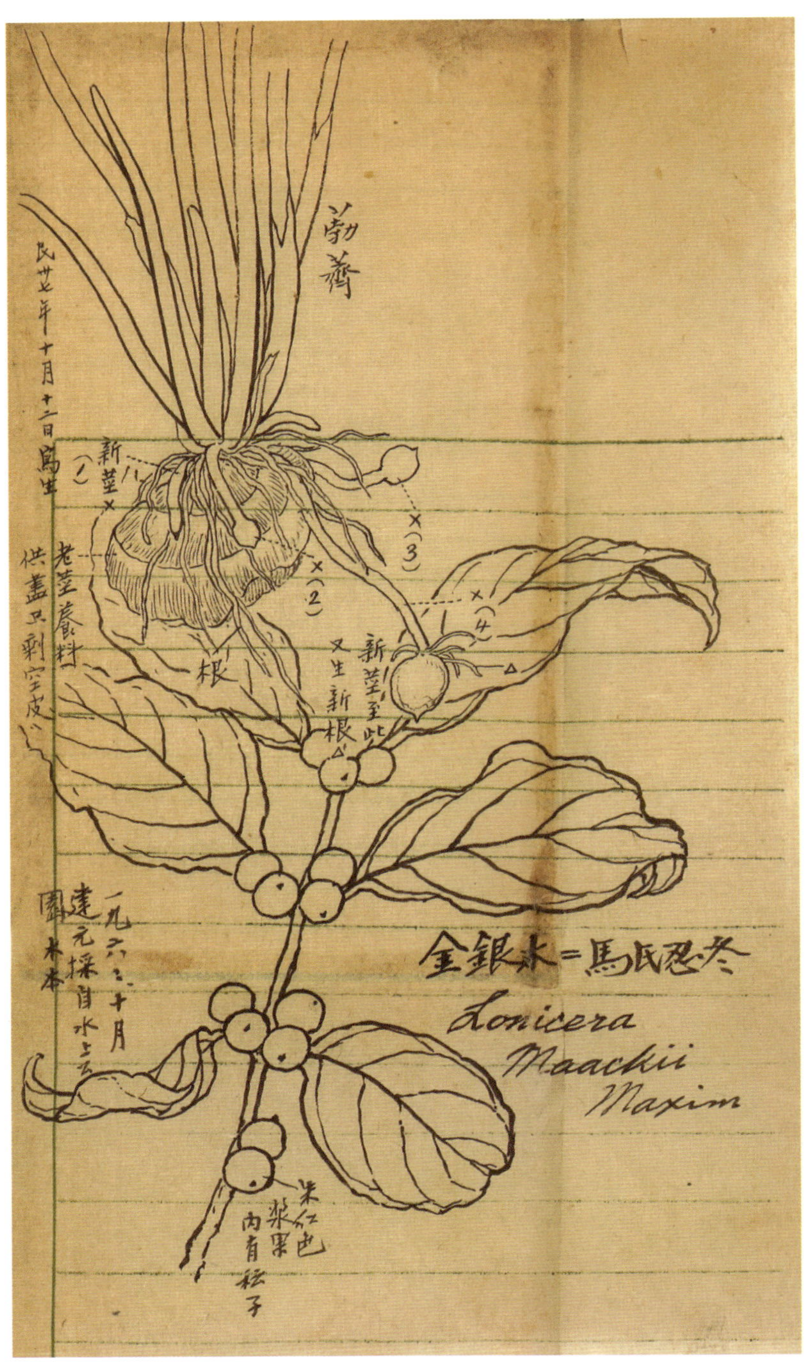

荸薺
民廿七年十月十二日寫生
新莖
老莖養料
供盡只剩空皮
根
又生新根
新莖至此
金銀木=馬氏忍冬
Lonicera
Maackii
Maxim
一九六三十月
蘧元採自水上公園木本
朱红色
浆果
内有种子

忆籁杂笔

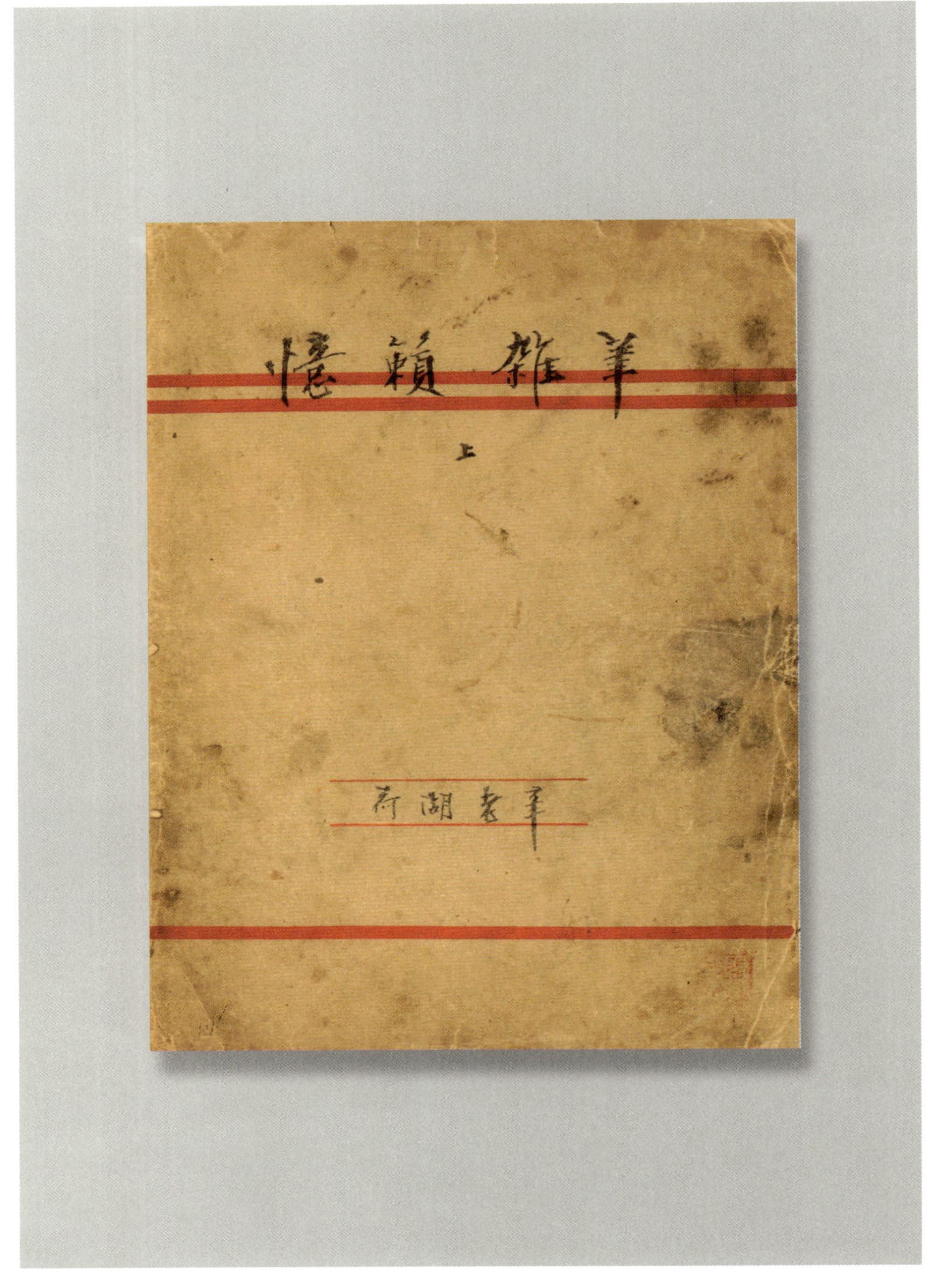

手稿横158毫米、纵210毫米，共计202页，影印时略有缩放。

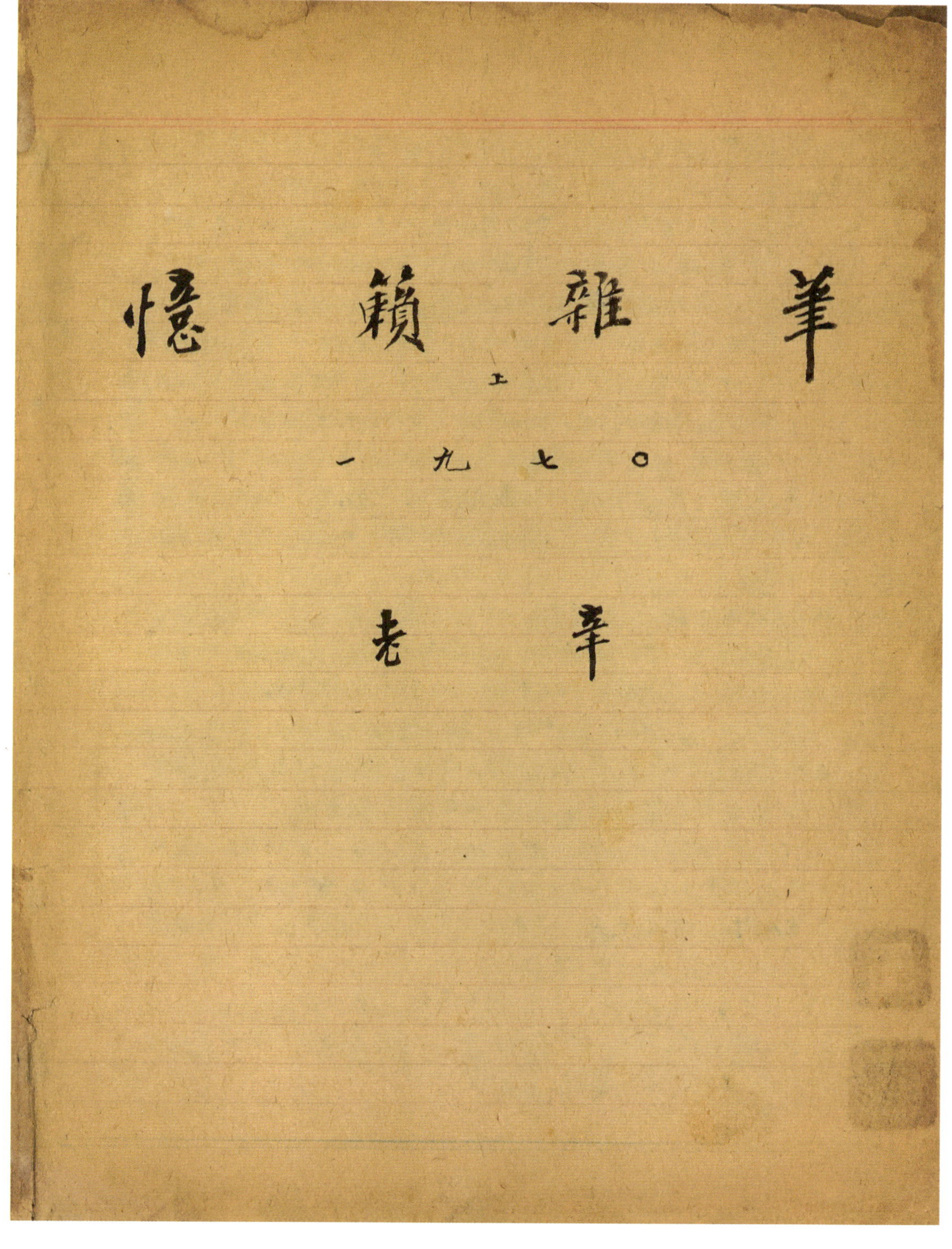
憶贛雜筆
上
一九七〇
老辛

有見戲作
灤縣德發店店人某的軼事
劉各莊書所見
赴豐潤道上口占三絶
閲於直隸—河北省實業大調查
閲於顧井度先生
嘲洪荒先生文
野眺
新涼
與廣才聯句
采集出南郭
兔絲
舟上即景
采集口占賡廣才句
生物研究會
夜合花
壺中天慢
平韻憶秦娥
蜨戀花
卜算子
津南郊采集賦
同斐卿、哥全廣才日夕散步書所見用二十一馬全韻
無題
新年寄懷
琴歌
觀王鐘聲演新劇愛國血感作
口占

憶籟雜筆目録 上

永豐屯看菊
永豐屯書望
部公村看海棠
題部公村
柳灘
丁沽秋望
潞河櫂歌
西沽晚景
西沽晚歸
石橋買魚
石橋晚望
春日同諸友人石橋晚步
堤頭晚歸
河樓春望
漁家
八月十七日去任邱冒雨往趙北口十二連橋車上得絶句十二
雄縣南車上將次趙北口
中元登海光寺樓寫望
藍田
津門雜事詩—之一
十字圍
次葛沽
之葛沽舟中雜詩
葛沽看桃花
葛沽道上
鹹水沽聞蟬
河頭題壁
鷓鴣
日暮息韓家莊問途
由樂亭赴豐潤小集鎮途上
蝶戀花

去釜山之下關
溪城
讀嚴範孫東行雜詩感作
猛看此先鞭……
太古用三絳全韻
田家用三講全韻
噫！此死地也
清明前二日行邱隴間得句
南郊晚望
南橋
柳灘
沽河雜咏
津門絶句
海光寺晚眺
津門雜咏
舟中
直沽櫂歌
直沽
津門百咏錄三
津門棹歌
直沽罛師歌
春日沽上
津門夜泊
津門春望
馬家口晚歸
循海河南行村落間秋條迎眸壓襟爲之爽得絶句二
東郊
南浦
游海光寺
晚過南城
再看佟園海棠枝已半朽
分佟園芍藥

遂開
由臨榆城遷居小南海
圍春
弔殘骨文
河北公園穿池種荷……
死
懶
小胡盧臺詩
旅中晚睡以隔壁喧囂不能入夢枕上得句時寓海上
海上晚步
浣溪沙
於千代子裙上寫墨菊題一絶
問於巴拿馬
問於我的趣美
雨窗無俚步李義山燕臺詩韻成四詩時居美洲舊金山
采集時的雜詩
明日下大峯口採磨鎌石河
陽臺
貴子港南登妙峯
磕頭嶺直上
仙花洞采集仰望大峯口上行人
雙龍嶺
雙泉行宮道上得句
東耳營
三叉澗
妙峯景物
妙峯直上
問於妙峯山
一九〇八京津路綫上
箱根
美豐館
初抵東京

香山閒步
北海漪瀾堂小坐同內子伋秋孫氏三姊妹
北平流水音遇雨同伋秋內子孫淑清芙清姊妹惠元真孫雨濃
戚氏鶼泛園
鶯啼序 詠曉
洞仙歌
醜奴兒
女弟子孫淑清許紫珊畫仕女冊頁要余為題小詞
浪淘沙 題女弟子章亞子畫扇
自哂
代女弟子孫月如寄曹汜橋詩有序
伏中謝城西畫會事觀所攝紀念小影感成二十八字
閱於張瘦虎
賣畫
水仙
吮毫
戲子
鬍考
題津門絕句選
玉田高洛洁南赴寧河道上風寒地冷信口而歌
光沙泉
客邊小唱
赴遵化途中值大風雪寄懷還安孟松樵
赴撫寧道上
清平樂
出門行謠
捕蜻蜓謠
首山行
與劉唐二君登角山
赴城車上
拂袖
潮痕

晨起澆花……
戊子舊中秋有作
危巢
所見四首
端午謠
潘氏兄弟來自蘇云南中猶華北為淪陷區慨成五律
夜起書憤
癸未紀事詩
製吉野櫻標本
新購吉野櫻於燈下初開一花……喜成二絕
小啜歸來即月簃對茗……
蝶戀花
伏中霖雨夜涼不寐起而有作
獨夜聽雨竟不寐
癸未春去即月簃車上率成三首即示月如女弟
安寧里
水中樓居
水居紀事……
後大水來
大水來
夜坐
己卯雜事詩
夕登樓有作用太白蜀國多仙山詩韻
頤和園品茗携內子伋秋及淑清芙清姊妹
赴普覺寺途中同內子伋秋及孫氏姊妹
碧雲寺
兩日游香山重別誌感……
同淑清芙清姊妹三上半山亭……
香山閬風亭小坐同內子伋秋及孫氏姊妹
雙清別墅同孫淑清芙清姊妹

深夜由小南海望秦皇島
視英臺近
視英臺近、民國十六年往北戴河養病作
記西役者之言
記聯峯山
記站旁旅居
車客之談
滬津途中口號
秦淮竹枝詞
秦淮曉渡
秦淮夜泊
石頭城
泊秦淮
記金陵之游
虎邱山樓即目
虎邱題壁
仲春虎邱
游虎邱
真娘墓
記游虎邱
記游蘇城寒山寺
虎邱
記馬蘭峪
閟於華石斧先生
送女生王貴馨家貺歸車上偶成
楊柳青
卧讀蔣維喬盤山紀游感作

說明

自己既然不承認"老病侵尋"，就得以"革命樂觀主義"来和老病鬥爭，一時亦不能忽略。我從小就好弄筆的，所以一天離不開筆，到今天依然如此。人的腦子一時亦不能閒着，必須有所寄托，並用上它，所以我自己給自己出題，把所編"植物名彙"再清鈔一遍，一面亦可以校對一下過去所鈔的錯誤，但整天自己給自己作"鈔胥"，又覺着過於單調。所以又自己出題来寫寫過去自己生活上的事情来調節一一精神。於是謅出一個名目叫"憶籟雜筆"，隨着想到的陸續雜寫出来。譬如一首詩或一首詞，亦要寫出當時組成這詩詞的動機，並有時加入他人所作用為互證。不要像讀古人"光桿詩詞"十之九不知作者當時的所由。說清楚了誰看了都明白是怎麼回事，"詞費"一點又有甚麼關係呢。我是向来反對所謂"言簡意賅"的，因為一"簡"一"賅"就把人"簡""賅"的糊塗了。完。

一九七〇年七月二十六初伏六早刻　八十四老華於天津紅橋寄寓

（以上所謂"有時加入他人所作"的他人，在當日全是官商兩方面的人，這裏引入他們的文字是專意作為當時城近地貌的參考的。）

（官商不一定是本人，有許多在當時稱為"詩人"，要知能夠"閒情逸致""雍容大雅"的来作詩，家裏總是有飯喫，本身亦有點兒功名，多半是鹽業起家，或捐個官兒，一虛銜或實職，家業就是這麼来的。）

（他們的眼睛向来是向上看的。他們的文字僅是他們由自己的意志寫出来的，完全是個"私"字。我這"憶籟雜筆"所記，"私"字方面亦很多，但是最反對文人的"兩眼向上"，我不配是文人，我寫出来的東西當然亦不希望入他們"兩眼向上"的眼。）

一九七〇年十月八日補記　老華心肌痙攣本復之後

（從亂紙堆裏找出些小圖，都附在這裏，不論畫的印的照的寫的，足可証明雜筆所記全是實話）華又記

風土記、人種志、女界鐘、世界十二女傑、社會黨、明季稗史彙編……可真雜了。我畫畫膩了、不論多忙、暫時放下筆、看它一兩篇、或一兩節、調調精神再畫。我七乱八糟的受它的薰染不少、對於詞呢、就由書上的空像作為筆下的"人中景""景中人"、學看柳三變、張三影、賀梅子、以至老姜夔、甚麼草窗夢窗的調調、来個舊名詞新排列。甚麼薔哩燕哩吳鬟哩越女哩桃柳哩鞦韆哩茗碗哩香爐哩琴哩等等、加上"窮愁苦恨""無病呻吟"、真是像煞有介事的一組織、真就"鎔景入情""鎔情入景"攀上了詞格、實際是活見鬼。我这樣填了很不少、現在大部分都丟掉了。我亦有記實的和題畫的、就着没全忘記寫在下邊。)

【蝶戀花】幾樹海棠開欲盡、憑着窓兒相對調朱粉、不是為花留艷影、却嫌春色無憑準。雨灑風摧憐瘦損、泥住花魂、不許春勾引、細寫輕描心一寸、畫中沉睡花應穩。

(这是我畫的工筆寫生海棠題詞。畫時大約是一九二幾、後来贈給我四孫女士元的愛人林克遠家。)

【平韻憶秦娥】玉亭亭、小移纖步樓中行、樓中行、芙蓉裙窄、楊柳身輕。夕陽林下解花驄、寶車款駕銀鞭鳴、銀鞭鳴、衣香猶在、人去無蹤。

(这是一九一七天津博物院成立在河北公園開展覽會時所見。不過以此作為填詞的材料而已。)

【壺中天慢】蟬聲乍響、正滿園緑漪、浸人如醉、幾樹馬纓花落也、飛滿階墀红碎、織柳黄鶯、穿花有蝶、一例閒滋味、日長午倦、還宜花底清睡。夜雨點破蕉心、重重綠剝、却誰憐憔悴、細竹編籬迴繞徑、可有鞋痕印翠、鬢影衣香、馬龍車水、渾憶前朝事、偎欄小坐、猜伊今日来未。

(这是博物院展覽會開會後二日作。大部分實寫、末二句是小寶粥上的桂花小料、否則若問伊是誰、至今我亦說不出。)

【夜合花】雲暗天街、夜涼人靜、畫園竹樹烟籠、依稀隔花微欬、聲息遙通、辨不得芳蹤、恰風来衣香细生、却尋幽徑、柳遮花掩、细意匆匆。蒼苔露溼香菱、獨憐他沿溪小步難行、人間天上、今宵鵲渡雙星、繞垂楊青青、更相合檻外吟螢似花似霧如雲如夢夜半天明。

（這寫的是夜合花詞牌的本意，完全是架空而談。我是學填甚麼都要用筆尖試試，精神上得到滋味便收住，別真掉入文孽的泥坑。）

【生物研究會】一九〇八清光緒三十四年四月初一日，我同金廣才和我的族姪孫蒸民組織生物研究會，用我住的西門裏鹽店胡同後的北屋作為研究室。規定每星期日采集一次，地點隨時酌商。會費每人每日納銅元一枚，多納者聽。定出會章，由顧叔度先生為擬呈文，送縣備案。那時清政府對革命黨防查極嚴，不准集會結社，因這個會是科學的，遂得批准，亦未來查。那時我從張和庵師學畫，同時賣畫，但無論多忙，星期日一定自己放自己一天。生物會裏采集來的東西，無論植物昆蟲，都要製成標本，並編輯小雜誌，分為采集經驗錄、譯叢、紀事、雜俎等項，每月一本，自抄自畫，裝訂成冊。到冷天無可采，便到市場買魚蝦蔬菜等來供研究。會員發展到二十餘人，完全是"玩"，談不到甚麼真正科學。同我一起真搞的為顧叔度先生、斐青兄（金廣才）、蒸民姪孫、宋煥卿、邵振銘、金仁齋、曹稚香、王彝臣等。那時天津還沒有雜誌類發行的刊物。這樣搞了四個年頭，到一九一一辛亥革命以後。前後雜誌寫了二十幾本，植物昆蟲我的和大家分的無法記數。當時我買的參考書亦很多，大部分是日文的。宣統年間南洋勸業會，我們生物研究會出品的植物標本還得了銀牌獎。那時我和廣才為充雜誌篇幅，胡亂作的詩詞很多，尤其顧先生對我出的文題，有新秋采集紀事、京西采集紀游，後者更是長篇大論，分寫了五段：一途次，二西山妙峯佛節之景色，三頤和園之游，四香山碧雲寺寺景，五西頂廣仁宮及萬壽寺佛節之風物，加上開始小引，共為六段。那一次京西采集得的標本最多。接着又去良鄉、房山，亦各有采集紀事。一九一〇宣統二年，因我賣畫太忙，蒸民姪孫進了農業學堂，功課亦多，小雜誌在這一年合訂了一厚冊，裏邊彩圖甚多。采集紀事總起來寫的，總題是"鴻跡泥蹤錄"，內分一北郊之采集、二南郊之采集、三東郊之采集、四西郊之采集，每段又有小題，分寫，文法有散有韻，全是短文。一九一一春天，因采集紀了一段"南郊三十五里采集記"和前邊寫的"津南郊采集賦"。冬天投入萬國紅十字會天津分會，自認救護生到了一趟徐州、亦得了些生物方面的標本、作了一篇“江北旅行記”分十一段、一救護隊之首途、二乘月渡黃、三記單輪車、四臨城夜色、五徐城東站之息、六早入徐城、七病院之開診、八記雲龍之游、九記雞鳴山及黃樓、十叙徐城軼事、十一歸住。

【采集口占賡廣村句】“兩岸蟲聲聞水聲、晚烟斜照小橋明”（廣村）、一叢芳草迷新漲、幾樹垂楊帶晚晴、祇為踏春來脈々、卻如振旅作行々、請君莫怨前途遠、記取依稀野色橫。

【舟上即景】“靜坐扁舟思悄然、半篙新綠雨餘天、幾株弱柳堤邊卧、一抹殘陽樹外懸、人倦風吹來古渡、漁歌晚唱聽鄰船、歸途泥滑無燈火、賴有當空月正圓”（廣村作）。烟光水影兩悠然、一葉輕浮鏡裏天、草底蛙聲鳴閣々、村前酒旆自懸々、雨來席上驚歸客、心似江頭不繫船、幾度采芳忙未了、消磨明月幾回圓。

【兔絲】兔絲復兔絲、緣何學女蘿、生來不自立、寄生他枝柯、一旦失所依、委地成蟲窠、兔絲復兔絲、緣何學女蘿。

【采集出南郭】采集出南郭、滿目多蓬藜、蛺蝶相與飛、野鳥枝上啼、行々路益遠、芳草何萋々、極目天四方、飄風吹我衣。

【與廣村聯句】“蟬聲萬樹日當午”（廣）、暑氣侵人汗如雨（辛）、“白雲淨盡青天高”（廣）、惟有炎烏照下土（辛）。

【新涼】剪々新涼透帳紗、豆棚瓜架雨絲斜、東風似解幽人意、一夜吹開紅蓼花。

（這一首新涼詩是我在北京南苑采集住在吳家的莊田裏寫的。生物研究會段所說新秋采集紀事、便是在南苑泡子河采集的情形。）（後來徐石雪一會畫竹子又會寫一筆趙字、他看見我的詩、把這首的東風改為西風、他是泥於詩格的框々主義、以為秋天就得說西風、必須春天才能說東風、他沒管實際上的自然存在。由此想到我九歲先生給講上巳踏青的故事、因我回答天津三月常々刮風沒有青可踏、幾乎挨了板子。）

8

【野眺】"信安灣(1)上又黄昏、不見垂楊綠到門、舊事全非風物改、陸公堤(2)跡悵無存"。

(1)信安灣即天津城西南運河在梁家嘴轉彎處、亦叫姚家灣、俗稱西頭灣子。梁家嘴在河北岸、沿河葡萄架很多、後來河裁彎取直、民國年間梁家嘴在河南岸、葡萄絕跡。

(2)陸公堤亦名柳林堤、是一五八六年明萬曆年間因大水東下、陸敏捷築堤防水、天津未遭災、堤首在稽古寺一即鈴鐺閣和海會寺中間接南運河處堤南延經津城西南西面、直到城東南閘口處、以小紅橋為堤尾。堤上植柳萬株、我幼時海會寺西側有大土崗子、據傳說即柳林堤遺跡、後亦除平。

(這首是金廣才所作、寫在生物學雜誌上的。)(我族兄吉林從前一首"由青鎮振津過梁家嘴"詩、"魚鹽市近未停篙、客裏秋懷借酒陶、忽地信安灣一轉、沿流先見紫葡萄"。吉林名文燕、比我年長的多、我開始學作詩他教的。研究生物是同金廣才學的。我小時一六歲住鼓樓西弓箭胡同、後跟金是同院、後來我十歲時在一位高先生一外號高大肚子那裏上學、跟金又是同窗一即同學。一九〇〇後我在張和庵師家學畫、金在播譯儲材所學日文、該所設五班、是英日德法俄、金卒業後、當上那時北五省師範學堂的博物科助教習、是日本人大津。大津與金全不善畫圖、金對大津介紹我、我遂在星期六幫他們畫講義上小圖及講課時粉板上小掛圖、我遂对於生物一門甚感興趣、所以後来才組織生物研究會。我認識自然科學是在未學畫之先、曾由邵振銘介紹到東門裏經司胡同的普通學堂漢文班旁聽、看班牆上掛着自然界動植物掛圖及班上老師講的生物界故事、雖旁聽次數不多、可是極感興趣。但不信世界萬物是上帝造的、因老師勸入教、後遂決然不去。)

【嘲洪荒先生文】鈴聲鏘鏘、先生下床、緩衣束帶、往公事房。圖挾括地(1)、藁束麻黄(2)、程若干日、旅若干鄉、簿若干冊、表若干張、一一點勘、豈敢張望、手揮雙管、目送十行。五絃飛鴻、雜亂無章(3)、紅飛墨濺、塗乙(4)紛龐。加丁(•)加主(、)加玦(コ)加璜(○)、加巳(レ)加袞(丨)、壓渺衡量、刀割塗附、補短截長、爬

9

羅剔抉剜肉補瘡、錯綜三五、滿珠陰陽、斷脰殘臂、有接骨方、游魂歸魂、有續命湯、結癥積癖、有巴豆霜。丹鉛滌浣、玉潤珠光、斧斲雕鏤、煉刺毫芒、蟲書馬篆、俗正謬匡、陸離光怪、滅裂荒唐、增減一字、難懸諸國門旁。吁嗟乎、斯燕(5)趙(6)中山(7)北海(8)孤竹(9)令支(10)無終(11)契丹(12)東胡(13)之新食貨(14)、吁嗟乎、斯點竄"堯典""舜典"(15)塗改"清廟生民"(16)洪荒先生不可一世之大文章"一華石斧。

(1)括地志是唐時調查各地民生風土的書。這指的是現今各參考書。

(2)黃麻紙是古時公事段上必須用的紙。這指的是調查用一定格式的表冊。

(3)指調查报告一部分文字混亂不清。

(4)文中落字加在旁边叫乙。

(5)燕古國名今河北省北部。

(6)趙〃〃〃今河北省南部。

(7)中山〃〃〃今定縣一帶。

(8)北海靠近渤海地方的古國。

(9)孤竹、現盧龍朝陽一帶為孤竹古國地。

(10)令支遷安一帶古國名。

(11)無終薊縣一帶古國名。

(12)契丹、舊直隸北部包有熱河察哈爾等地居住的種族。

(13)東胡、為古種族居地連接契丹、東達今東三省、北接今內蒙古。

(14)食貨、古書經上有八政、一曰食二曰貨、以後歷朝史書都有食貨志、這指的調查報告。

(15)"堯典""舜典"是最古紀事的書。

(16)"清廟生民"〃〃〃〃〃〃詩。

(這篇是一九一三民國二年直隸—河北省商品陳列所派人調查全省實業情形時、所中整理報告圖表以備編輯成書的、為李第田華石斧兩先生、華遂寫了這游戲文章。那時分派的調查員、對於所事半屬渺茫兼以文字謬誤、接二連三、不勝其改、每每校對時至三讀五讀才能作最後的清抄。我那時由華先生推薦、担任沿海水產調查、後遂入陳列所作了九年鍊鈍西頭的事、借着機會、得了不少生物上的知識、得了許多標本、編植物名彙亦由此時開始的。)

10

文獻、收改

【關於顧叔度先生】先生名越、字捷軒、號叔度、原籍浙江紹興、遷來天津、當是在他的先輩。先生性情、據一般天津所謂念書的人或稱文墨的人們說他、是不近人情的、很古怪的、有脾氣的。先生是文學很豐富的、又是着名的善書、篆隸魏碑、真草、可以出入百家、行常對書事多宗何绍基、又精篆刻、刀法上追秦漢古鈢、天津名印人穆壽山雲谷就是從顧先生學治印的一人、劉伯年孟揚就是從顧先生學文的一人。一九〇〇清光緒二十六年後、天津有了第一個大公報館、館長是英斂之、禁聘先生主持筆政、所以先生是天津第一位當報館主筆的。我與先生相識是在一次江南水災大公報倡辦"小小書畫慈善會"徵集書畫救災時、同時並認識了英斂之。以後先生担任南方公立兩等旅學教務時、又約我去教初高小學的圖畫樂歌。後我與先生又同溫子英、世霖辦"人鏡"畫報、所以交往很深、先生稱我為忘年小友。我組織生物研究會、先生多為擘畫、助成其事。我赴美時、與先生作别、便是與先生最後一面、那時先生才五十餘、我才二十七歲。我歸國後、才知先生給大姊閨釟送殯回来、以急病卒。我與先生幾年過往中、竟未看出先生有甚麽不近人情、有甚麽古怪、有甚麽脾氣、不過對於當時一般社會的風尚不合時宜而已。先生說一口半蘇浙半官話的音吐、在一般傳說中、說他是查着康熙字典咬南音、當更是無稽之談了。

(我大姊閨釟、是當時天津第一個出來當女教員的。死時天津"普育"女學校為開追悼會、顧先生送的輓聯"貞德北宮高、芸閣璅環曾早撤、秋聲東越苦、荷湖風雨不勝愁"。大姊一生未嫁、我家原籍山陰縣荷湖村、所以我賣畫常寫山陰海上自稱荷湖外史、顧先生送這聯時對老伴龐也白素說這聯是精心寫的可存為紀念……。連帶想到華石斧學涑、華伯荃景顔合送的輓聯由伯荃精篆的"家學有西雅機詩、親傳弱弟、遺範如班姑蘇妹、我印其人"。)(南方公立兩等旅學是後来"廣東"、"浙江"兩中學的前身、原校址在大法路一舊稱海大道、"人鏡"畫報館在當時日租界旭街德慶里一後為福仙池浴館地方。)

【關於直隸一河北省實業大調查】我在民國初年、認識了華石斧先生、其實彼此早就相知。此時直隸商品陳列所一原勸工陳列所、正醞釀着作一次全省實

11

業大調查。在所中籌畫調查辦法的中堅人物是華與李第四。以全省劃為八區，另以京津兩市及沿海水產特殊情形作為兩個特區，共計為十區。所長是嚴慈約。這時天津水產學堂的校長是孫子文，極力想使他的學生鑽進陳列所來担任水產調查，但嚴極力拒絕。遂由華介紹我担任這事。我是對生物學興趣非常濃厚的，所以在一九一三民國二年四月的某天的晚上突然，華來人約我即刻到他家。時我住西門裏鹽店胡同，後正在脫了襪子要睡，趕即赤脚着鞋同來人到華家。一進屋華以外坐着三人，華給介紹了葉吉甫、黃潔塵、俞品三，我亦自己報了名。當時所談就是實業調查的事，問我可不可以担任水產調查的事，我當即答應可以。其時我正以賣畫為生，整天暗言一室都拘不上，簡直肢肢都坐歪了，所以聽到旅行的勾當是非常高興。這次調查所中基本人物便是李第四、華石斧和葉黃俞一三人，都是華的舊識，並輔實學堂的學生，這又加上了我。調查的十區共派了十六人。一內蒙接壤區、二京北山嶽區、三順天平原區、四京西山嶽區、五正趙山嶽區、六中部平原區、七運河流域區、八直南三府區、九京津兩市區、十沿海水產區。那時全省共一百五十二縣。一區是葉等三人去的，二區是華，四區是李，十區是我。這區不止沿海，淡水水產亦附在內，共計為十九縣：豐潤、灤縣、昌黎、樂亭、撫寧、臨榆、寧河、天津、青縣、靜海、滄縣、鹽山、慶雲、安新、雄縣、任邱、大城、文安、霸縣。當時水產學堂師生亦作沿海旅行，我先跟着走了一趟。五月七日我的沿海水產才開始調查，我担任比其他各區繁複的多，同時須製水產浸製標本，特巨大的代以畫圖，所以啟行時攜有酒精及若干特裝魚標本的鉛鐵筒，道中須用大篷子車，於是特約鄭仁軒、陶惟存作旅行工作上的伙伴。這一次直到八月底才完。接着又調查了一次淡水貝類。公務不談，我個人對於生物現象的外貌上浮的知識是很多的，而且文藝方面自己亦認為材料上較坐在屋裏工作時豐富的多。

【赴豐潤道上口占三絕】東軸山前石塔高，浦公英子滿村坳，移畨未識征途苦，第一歡欣是小陶。打點行囊趁曉程，嫩涼天氣便人行，計來七十平川路，未至日斜已到豐。童婦圍觀〻列棋，城南簫鼓出場時，此間却有昇平象，演到宵深唱影詞。

12

（調查開始動身是五月七日，隨京奉車到胥各莊站下車，住河頭同和棧。河頭是靠站新發展的小村，房舍尚不整齊，除小店小飯鋪外，多臨時搭的土坯房及籬笆圍的鉛鐵棚，正當商家皆無，而妓家比比，且有日人開的藥房。四鄉附膻逐臭者蠭集若蚊蚋，晚間四壁管絃歌唱之聲聒耳，竟不能睡。次早五鐘雇車北上，在老莊子四合店打尖。車軸山在老莊子北，不甚高。下午三鐘便到豐潤，住南門裏義盛軒。晚間城南演灤洲影，小淘去看。南城外西行大天宮寺，有浮圖叫洛雁塔，有臺叫資生臺，有碑為明萬曆壬子豐潤知事劉憲立，文中有云"夏時避暑於此，瞻眺徘徊，話言忘暑"，輒題一詩，有"水勢欲浮層塔去，山形如擁數峯來"之句。）

【劉各莊書所見】荆棘護墻茅蓋屋，紫藤滿架對柴門。一般風物家家有，留得餘春是此村。

（這是十一日赴唐山道中所見，莊間一街，家家如此，藤蘿盛開，香氣撲鼻。）

【灤縣德發店店人某的軼事】五月十二日我到灤縣，住城南門裏德發店。店裏不供飯食，因買了一尾大頭魚，由店人某給熬，又煮的粳米飯。這時外邊下着小雨，當我對大頭魚檢查是那一種時，桌上攤着日本魚類圖譜——那時我國還沒有這類書，不能不借助他山。店人某正來沏水，一看很驚訝，突然問我您會日文，我亦很驚訝，轉問他，他先歎息了一聲，說我先給您們做飯，等吃飯時我來說說我經過的事，現在後悔亦無用了，又歎息了一聲。我說你就說說好了，何必等到吃飯。下面就是他的奇遇，我約略來記出的。

某年約五十許，貌極醜陋，現為店的夥友。我住屋的外間有竈，他給我們熬大頭魚燜飯時，坐門檻上說他甲午——一八九四清光緒二十年被日本軍擄去的事。"那時我正在烟台當苦力，在一次日軍敗仗死人極多，日軍遂到處抓人揹死屍送到火葬處，揹者皆有布條，上寫葉和所揹屍身同號的號數，屍成灰後裝瓷瓶裏，仍注前號，仍由前同號的人以布袋保持揹在背上，送到一隻輪船上。上船後船便開行，所揹不許動，晚間只得倚着艙壁坐睡，多人皆如此，所居艙外有日兵巡守監視。獨我所揹的骨灰瓶用一有金花的布裹着。

上船後，教我另在一艙間倚宿。吃飯時，別人全是一盒冷飯，獨我多給了兩片雞肉。我不識字，更不懂日本語，有一日軍人用筆寫字給我看，想是要跟我筆談，我心裏上上下下，祇得搖頭，日軍人笑着走了。這樣好幾天，我很被優待，只不許卸下揹的骨瓶，睡時也是倚着艙壁。一日船靠了岸，也不知甚麼地方，其他揹骨瓶的全一一上了岸，到我至後將登岸時，碼頭上樂隊大吹大擂，来了幾個穿軍服的高官，扶着我暈頭轉向的登岸，上了一個華麗的馬車，簇擁着，亦不知是上那裏，及至停下，進入一宮殿式的房子，到了一個大屋子裏，才有人扶着我取下我揹的花包袱，把這骨灰瓶裝進錦匣，供在案上。這時有人扶我到另一室，給我脫去破衣褲，又扶着我進入浴室，給我洗澡。當時簡直不知怎麼回事，是不是把我洗淨皮宰了給骨瓶上供。我閉上眼睛，亦就認命的豁出去了，心跳的擂鼓似的，便暈過去了。不知甚麼時候醒来，是在一華美的屋裏席上，旁一美貌婦人對着我說笑，像是安慰我。晚上她就伴着睡。早起有人扶持着給我穿衣，吃飯時婦人来同我一起吃飯，漸漸教我說日本話，日子久了，稍能談，才知我揹的死屍骨灰是一位有爵位的大將，大將既死，就以揹者代死者生前夫妻間應服之務，因日本人少，用此償補人丁。起初不許我出門，漸漸與貴婦同車遊園，或看戲，如此三年多，為她生了兩個兒子，以後我才得以隨便出入。我心裏很想家，遇見華僑某，彼此國語不通，我用日語問他，才知是西京某處。僑說他日內回上海，我央他帶我回國。到時我告日婦出去散散步，遂隨僑回了國。路費全是僑幫的，到上海僑又幫我換去日裝。及我宛轉到家，老母死了，妻亦走了道兒，困苦的這才當了店夥。到現在那婦人我不想，我很想那倆白胖的兒子。"某說完，我問他不可以再尋一個老伴麼？他說："從前老伴就是湊和着来的，她沒爹娘，我媽收了她，亦沒養兒子……"。

（灤縣南門叫"安巖門"。灤縣城是殷朝時"黄洛城"，在武丁以後由孤竹分出封給别的諸侯的。灤河鯉魚很著名。灤州東站緊靠灤河，河上小村叫偏涼汀，沿河有"偏涼虛閣"，是清弘曆—乾隆東巡駐蹕的地方。）

【有見戲作】見說城東作佛場，雙輪車子送娘行，風乾日燥應多忍，一傘能遮幾面光。

（五月十五日到撫寧那天，正是東関外的廟節，又演外臺戲，又作佛事誦經。道上去廟上的車子十分擁擠，正颳着乾風，太陽毒熱，車上四鄉來的婦女全成了土猴，塵汗淫淫，小孩們都是小泥鬼，有多人在敞車上支着傘，亦擋不了陽光。聽說廟裏供的是三太爺。）

【蝶戀花】為待車來人且住，楊柳堤邊，又見飄香絮。一霎縈迴風捲去，團團輕墮前溪路。歲月無情忙裏度，宛轉如蓬，來往無停步。最是客心難束縛，閒愁那有安排處。

（這是五月十七日我在北戴河車站候車去臨榆時順口溜的。那時正是楊花撲面，暖風拂人，似乎告我春色又匆匆逝矣。）

【由樂亭赴豐潤小集鎮途上】一鞭東來是說歸休，百里平沙入望收。久歷征途人厭倦，頻經歧路馬夷猶。無邊客思兼鄉思，幾點新愁和舊愁。前路尚遙天已晚，荊榛莽莽復誰投。一途程百一十里強，小小蓬車雙套着，經行道間淤沙中，人馬皆困。

【日暮息韓家莊外問途】村遠漫不見人家，暮色蒼茫接海涯。老樹危巢爭宿雀，小溪荒草鬧昏蛙。未能拋卻愁三疊，一指食宿行最是迷離路幾叉。年少曾經深險事，絕無艱阻且停車。一時距小集不遠，但道路歧出，漫漫無燈火。

【鷓鴣】鷓鴣聲不斷，村野正耘苗，樹老生枯蕈，溪橫卧小橋，馬遲知路遠，客久念鄉遙，卻羨漁家子，安閒早晚潮。

（這三首是六月三日由樂亭上小集道上作的。按現在河北省地圖看，樂亭到小集依然沒有直去的公路，當時雇車車夫都說這道上沒走過，沿道全是淤沙，車極難行。方出樂亭時，經丁莊、高各莊，過清河石橋，尚有田畝，鷓鴣一首就是這時作的。再西過高家坨孟莊後，就淤沙漸多，車走的越慢，馬都周身出汗了。下午四點鐘才到史各莊慶義店打尖。尖後又西行，經過一片杜林，又經大片荊棘，天上飛着成群的大蚊，人畜都被螫的奇癢。及至天昏黑一點後才又到一個村子叫韓家莊，在莊外歇了會子。據說已離小集不遠，煩了一個小童領道，到小集晚十點鍾住北街田家老店，由店主人給買来燒餅猪腸，胡亂的吃了。店主人把櫃房讓出給我們住，因店裏没有單間，伙炕正在修理，店主人只得回家去睡。)

【河頭題壁】"去時曾在河頭宿，四壁笙歌觸客愁，匝月征塵迴馬日，不堪今又宿河頭。"

(這是六月七日由小集鎮又回到河頭同和棧題壁的詩。轉天隨京奉車回行，到軍糧城，下車時風斜雨急，飽嘗雨中風味。街住薛家老店，店屋潮溼非常，睡時群蚤跳躍而出，大恃其利吻。)(軍糧城為元時海運屯糧處。城牢圮，只剩空名。該處周近坡洼，那時已開為稻田，據說外鄉人及本村所開種者已有三百多頃。)

【鹹水沽聞蟬】"淺深沽上雨初收，特向津門放小舟，借得半帆風正好，綠陰深處一聲秋。"

(這是一七××年時孟虚舟途作的一首詩。)

【葛沽道上】"海門東望葛沽堤，一路春風入馬蹄，水上桃花村外柳，紅妝多在畫樓西。"

(這是一七六×年時吳念湖人驥作的詩。)

【葛沽看桃花】"人面相看渾欲醉，不須沽酒借朱顏，布帆一片雲如錦，島上來尋度索山。"

(這是董國松的詩，董大約亦是一七××時的人。)

【之葛沽舟中雜詩】"曉日朧朧近直沽，遥遥帆影出平蕪，眼前芳草衡湘色，只少春山叫鷓鴣。""雲母窗開水上樓，依依楊柳送行舟，無端載酒彈箏過，都捲珠簾看不休。""短蒲沙帶退潮痕，花裏樓臺柳外村，暫歇吹簫倚雙槳，閒看絲網搞河豚。""海上人家沙上居，長河東下又分渠，紛紛曬網斜陽裏，可有仙人孫賣魚。"

(這是吳蓮洋雯作的四首。吳亦是一七××年時人，寓津甚久。)

【次葛沽】"十年懷此地，百里未能遊，一夕隨潮至，千門向水流，橋橫村樹靜，蟬響稻秔秋，何日期沮溺，耕烟卧壟頭。"

16

（这首是一六貳〻年時金于昇平所作的詩。金是原籍山陰後入天津籍的。）

（我对水產調查因隨處製有浸製標本及畫圖，所以由軍糧城回津，把標本畫圖交所後，再接續調查別處。第二次途程較短，是鹹水沽、葛沽、大沽一帶，是六月二十二日起程，先到距津城五十里的鹹水沽，七十里的葛沽，百里的大沽，又渡過海河到塘沽，到于家堡，到北塘，又到寧河縣的蘆台鎮，七月七日回天津的。這次標本畫圖的事非常忙碌，因而沒有一首詩，所以現在把別人所作寫在上面，藉此可知各該處情形過去的一鱗半爪。而且何以在天津發起種稻、葛沽稻何以在我小時那麼有名，下面就我所知把它寫出。）

【十字圍】明朝萬曆年間一一五七三以後，有個作官的安徽人汪應蛟來到天津，憑着他的經驗，認為天津地方瀕海，地勢低下，講水利開稻田是極其相宜的。他先在白塘口葛沽一帶推行種稻，買牛、製器、開渠、築堤，按着江南方法，先開闢了兩千多畝水田，結果成績極好。接着招募了散軍——天津那時的駐屯軍和土着萬人，就分田墾種的大幹起来，總闢了十處，溝壟相通着，編成十字，叫作"十字圍"。後来汪離了天津，這"十字圍"所種的大片稻田不僅沒人繼續，便"人亡政息"的到了清康熙四十年一七〇一，祇剩了賀家口、葛沽兩圍。我小時是清光緒十四年一八八七以後，便只有葛沽一帶還種水稻。家裏在過年時吃一頓米飯，便是葛沽稻。民二一一九一三第二次調查上鹹水沽，道上經過地方為海光寺、三義莊、東樓、土城、陳唐莊、上河圈、灰堆、雙港、高圍、白塘口、南羊碼頭等，全是人家。到鹹水沽附近才見到稻田，由此稻田蟬聯着過了葛沽棕。道上經過的東樓一帶，就是舊賀家口，現今名亦不存。相度地勢，像是現在沿海河西岸的東樓、尖山、灰堆，一直下到鹹水沽、葛沽，河西延展大片漫窪，全是當初"十字圍"所佔的地方，賀家口當是"十字圍"最北部。是不是海河北部亦部分圈入圍中，漫無跡象可尋了。

【津門雜事詩一之一】"藍田雨過稻花香，吠蛤聲中趁夕陽。喚作小江南也稱，僧衣一帶抱廻塘。"

沄新綠漲平蕪、一櫂衝開月色鋪、二十四橋都繞過、早潮隨夢落丁沽”。

（這是梅小樹寶璐詩、小樹是樹君的兒子、他是清嘉慶一七九幾時人。丁沽是丁字沽。）

【丁沽秋望】清秋望不極、客思正無涯、冷鷺一拳穩、滿塘紅蓼花、寒風下黃葉、斜日聚鳴鴉、孤棹逢搖落、淒然感歲華”。

（這是劉夢齡錫所作。梅樹君愛其才、訂為忘年友、可知為小樹同時人。）

【柳灘】“村落小河邊、人家阡陌連、野桃開向水、垂柳舞含煙、地接津門近、人從曲徑穿、來時迷渡口、隔浦問漁船”。

（康達夫堯衢詩。）

（以上各詩所寫、全是津城北由一六幾〻到一八九〇我小時的一般風物。只是舊時許多支流斷港、溝渠叢塚、隨着時代進展、大部分都應填的填平、應移的移走、一改古老的面貌。由四鄉遷來的人家日漸增多、交通日漸方便、尤其河北大街在我小時便一直通到大紅橋。街間原先經流的小河岔上橋梁、如小紅橋、石橋、三道橋、土橋等、完全絕跡。石橋在下雨後、偶微露出橋背一小部分。至今相與河北大街交叉的幾條橫街、如北營門東西馬路、三條石大街、三官廟大街、以及舊稱閘上的各小街巷、全是當初河流經過地方。由上詩裏所說“野滄”、“斷流”、“橋外踏青蕪”、“堤南堤北”、“石橋夾岸”等等、可想出當日一過北浮橋——現金華橋便是出了街市。西沽在大紅橋北。丁字沽在西沽北。這全是潞河——北運河西岸。柳灘在丁字沽對河是潞河東岸。）（一六幾〻到一八〇〇前後、三岔河口以北金鐘河上是天津的風景區。沿河全是桃柳、直到錦衣衛橋以東。清乾隆一七七幾楊虛舟廷烈送客詩、有“送君錦衣橋、水碧秋光瀉、臨流酌君酒、香浥秋蓮朵”之句。）

【題邵公村】“何處嘶黃馬、水村二月時、酒旂遮破屋、漁網掛疎籬、數里花相接九衢塵、未知草堂春日永、常以醉為期”。

【邵公邨看海棠】邵公邨裏頻相約、約我来看杜母花、何物輕盈堪比似、一枝春雪釀朝霞”。（杜母花就是海棠、因杜甫母親名海棠故云。）

【永豐屯書望】葦箔茅簷燕子風、井牀瓜圃岸西東、小桃花發誰家樹、隔水相看分外紅”。

【永豐屯看菊】獨坐秋煙古井傍、井泉澄澈道心涼、數枝楚菊渾無主、向我臨風着意黃”。

【分佟園芍藥】為愛名園種、分枝冒雨栽、無移花一樹、如聘美人来”。

【曉入佟園看海棠花下口占】絳雪千枝曉倍妍、亂紅影裏獨留連、花前欲別重迴首、遲我来看又隔年”。

【再看佟園海棠枝已半朽】“小墳煙草綠茫茫、又向佟園看海棠、樹底重来花未放、檐前依舊燕初忙、唫餘自喜門臨水、坐久何嫌塵滿牀、彈指春風二十度、年年来此一徜徉”。“蛙能翻舞鳥能歌、敗葉枯枝耐雨何、老樹花稀紅更晚、愁人髮短白偏多、沽春有約雙攜杖、去日難還一擲梭、不識海棠枝下路、此生還得幾迴過”。

（以上由“題邵公村”起各詩、全是金芥舟玉岡作的詩。金是清雍正乾隆間一七〇〇時人。詩中所寫是津城西一七〇〇到一八〇〇初年情形。邵公村就是邵公莊。永豐屯是天津初建衛時在城西最近駐軍地方、入清後變成小村。我小時那裏附近牆上還釘有木牌、永豐屯三字已模糊、那裏已成了東通雙街口西通場院大街直到芥園的一條大路了。現在地圖上名已不存。佟園就是佟家樓。我組織生物研究會采集時、這是多次經過的地方。邵公莊佟家樓那時都是村落錯落不成街道的小村、外是大片的曠野。永豐屯所在是南運河南岸。據說從前花廠子全在永豐屯、後来住戶多了、商家亦多了、成了通衢大道、花廠子移到南運河北佟家樓以西的大覺庵一帶。現在一九六〇年出的天津市區街道圖上、賀家樓後街以西空白處就是當日的永豐屯。大覺庵亦不存在。

【晚過南城】半城煙景靄蒼蒼、春水平流下野塘、何處梵王宮殿晚、數聲寒磬送斜陽"。

（金斧舟玉岡詩。梵王宮殿指海光寺。）

【游海光寺】"日暮憑欄感舊游、西陽無語下滄州、蕭蕭蘆荻疑風雨、滿浦秋聲抱一樓"。

【南浦】"秋深南浦水連天、處處漁艖唱採蓮、荷葉衣涼人去後、鷺鷥閒立柳邊船"。

（梅樹君成棟詩）

（看上金和梅的詩、可知那時津城南僅是荒涼的一片水、水邊僅有一個海光寺。藍田已經無跡。）

【東郊】"步出衛城外、行來沽水邊、青帘楊柳市、黄蝶菜花天、胸內無愁思、囊中有酒錢、自將閒杖履、行樂一年年"。

（丁名揚時顕詩。丁是清康熙一六〇〇時人）

【循海河南行村落間秋綠迎眸塵襟為之一爽得絕句二】"葡萄熟後已無瓜、楊柳蕭疏村徑斜、一樹當窗門靜掩、豆花紅處是誰家"。"香閒籬落野花開、猶有盈盈小蝶來、亦似詩人閒意態、最無聊處一徘徊"。

【馬家口[×]晚歸】"馬家口上晚煙昏、兩岸潮生月有痕、一葉小舟人喚渡、幾株垂柳辨前村"。

（陸杏林文燕詩）

（以上是津城東一六〇〇到一八〇〇初年大致情形。丁詩説"衛城"是當時還是天津衛。梅的"循海河南行"陸的"馬家口"—馬賈渡口全是海河西岸。海河東岸由梅一大前到我十二歲一八九九時、由今天的金湯橋—舊東浮橋到解放橋—馬賈渡口以東是鹽坨、一片堆積的鹽、如山如陵、遠望像積雪。當時楊香吟光儀—與梅小樹同時人有"堆鹽坨"詩、"堆鹽坨、河流東去無停波、地無青草不種黍與禾、……主人饜粱肉、奴子曳綺羅、笑指玉山高峩峩……道旁一叟淚盈把、曾是當年鬻鹽者"。實際上、詩是津城東南面。津城東北面獅子林陳家溝子水梯子一帶、是老天津住户密集的地方、向西過海河—白河接到城北城

×（梅樹君成棟詩）

西北便是由清初一六四〇年到我小時最繁華熱鬧的地區。）

【津門春望】"津門景物望初齊，解事春來問路蹊，弱柳綠依香渚北，野桃紅向板橋西，舟迴殘照漁歌靜，潮落空灘燕影低，目極前村深市裏，芳樽何日得相攜"。

（康達夫堯衢詩）

【津門夜泊】"煙波十里卧紅橋，市近魚鹽檣尚搖，滄海月明雙岸迥，估船人語一燈遥，文章氣藉金樽壯，絃管聲憐玉指調，珍重小蠻高唱處，相逢半面也魂銷"。

（長蘆王造周培新詩，王是梅小樹同時的人。）

（由上康王二詩看出當日天津日趨繁華的大致情形。）

【春日沽上】"杏花村舍水涓涓，綠野平橋接海天，楊柳泊頭三五樹，有人閑放打魚船"。（周海村焯一七〇〇年）

【直沽展師歌】"丁字沽邊春水生，桃花渡口暮烟平，年年嫁娶漁船裏，不用前溪打槳迎"。（金名山大中一六〇〇年　桃花口在津城北。

【津門棹歌】"錦衣橋枕巨門濤，白鷺沙灘晒羽毛，漁唱一聲烟雨霽，半船紅日海風高"。（李夢崖珠光一七〇〇年

【津門百咏錄三】"芥園高傍衛河家，樓閣參差映綠楊，曾是當年詩酒地，行人猶説水西莊"。"大悲舊院幾重修，朱記（竹垞）初碑可尚留，欲向窰窪尋故迹，蘆花野水四圍秋"。"大覺庵前野徑斜，千畦錦繡爍朝霞，游人漫説豐臺好，百畝風開芍藥花"。（慶雲崔曉林旭一七〇〇年

【直沽】"極目滄溟浸碧天，蓬萊樓閣遠相連，東吳轉海輸秔稻，一夕潮來集萬船"。（元人王懋德一二〇〇年或一三〇〇年

【直沽櫂歌】"天妃廟對直沽開，津鼓連船柳下催，釀酒未終舟子報，柁樓黄蛱早飛來"（舟人以黄蛱卜神來饗）。"雲帆十幅下津門，日落潮平不見痕，葦甸茫茫何處宿，一燈明滅見漁村"。"蘼蕪楊柳綠依依，檣燕檣烏去又飛，謙浔南人鄉思緩，白魚紫蟹四時肥"。（明人徐石麟一四〇〇年或一五〇〇年、

25

【舟中】“霧槳雲帆傍岸行、苦吟人坐夜三更、歸心已順東流去、七十二沽秋月明。”（郭瞿仙汝驄　小村名沽的如大直沽、西沽等有七十二、不全在天津。

【津門雜咏】“蘆雨生寒雁下汀、津門秋色好揚舲、片帆疑挂銀河水、来向天邊看女星。”“西浦清歌罷采菱、北斜暝色又收罾。一星欲濕露初白、涼殺前沽捕蟹燈。（吳縠人錫麒　北斜、村名、在南運河南岸、津城西。

【海光寺晚眺】“三津風物似南天、徙倚高樓思渺然、七十二沽秋水闊、夕陽爭放打魚船。”（李海門符清

【津門絶句】“魚鹽澤國繞汀洲、丁字沽前碧水流、記得船山曾有句、二分烟月小揚州。”（楊米人联昶

【沽河雜咏】“夕陽野飯烹魚釜、秋水蒲帆賣蟹船、睡起不知風浪惡、一篙撑出浪花圓。”（津門漁家最夥、明宋訥直沽舟中詩、“旅思搖々嗜晝眠、舟人報是直沽前、夕陽野飯烹魚釜、秋水蒲帆賣蟹船、時有白鷗沙上宿、更無青馬海東傳、老為聲利間驅遣、少讀南華四五篇。”）“皇船塢口是漁家、楊柳青々一路遮、絶似西湖好風景、二分烟水一分花。”（長蘆鹽法志、“皇船塢”在天津閘口水團）。（蔣秋吟詩

（由上詩和注可對天津舊日沿革得到簡畧的大概。）

【柳灘】丁字沽邊打槳行、柳灘村上阿姨（内子也、白二姊）迎、客来不速原為我（二姨約也、白我隨去）、酒可遙賒賴有甥、門外水流縈舊碧、園中花木足新晴、可憐似此桃源裏、聞說年時亦駐兵。

（这是民國十四年一九二五我同老伴去她二姊家所作。那時正是軍閥爭戰、柳灘一小村曾兩次遭到駐軍騷擾。）

【南橋】南橋々角沒蓬蒿、野水乘風亂打堤、燐火星光互明滅、斷碑叢塚自離迷、殘屍腐盡空貛窟、宿草燒荒見馬蹄、直是北邙原上道、秋来景色更淒々。

（这是我采集時津城西南部南開一小南郊野情形、一眼望不到邊的荒地、水坑和叢塚。後来有人指說“貛窟”不典、我說我是認真不願說謊。）

26

【南郊晚望】野天無雲淨碧空、拂衣徐徐来晚風、仰首南望望無盡、疎星幾點蒼茫中、

(这同上"南橋"是才想起来的舊作。那時津城熱閙地方全在北、西北和東南沿海河西岸直到紫竹林。南門外是從一九〇〇以後才熱閙起来的。一九〇〇以前津城裏和北門外一帶是舊天津繁盛地區。紫竹林是洋廣繁盛地區。以外是荒墳、野水、碱地、蘆葦坑和星羅棋布的小村這个台那个台的。城廂和租界是不相通的兩個世界。一九〇〇以後租界多起来了、英法以外又有了日義奧德俄比、於是城廂租界溝通成了一片。但是城西南和正西的南部原本小村就少、大部分坟地和亂葬崗子還"依然故我"的没改舊觀。)(洋廣指的是洋人和廣東人。紫竹林方面有廣東街、小白樓就是初有英租界時、某廣東人蓋的小樓、在天津是第一個白色小樓。)

【清明前二日行邱隴間得句】邱隴横斜野水濱、年年来此一沾巾、舊墳土作新墳土、未死人悲陳死人、青布小旗邨店酒、白楊高樹墓門春、年年有分須行樂、一盞先澆九陌塵"。

(金芥舟玉岡詩)

(由金詩"舊墳土作新墳土"句、想起我一段挨罵而且幾乎挨打的事。我在一次同金廣才在西郊采集、立在南運河南岸大堤上、循着河道向西望向南望、一眼望不到邊全是墳地、只沿河有大小稍直口、雷莊子、北斜、大小蔣莊等三十華里到楊柳青。我慨歎着指着墳地同金說、这裏要開田地、種莊稼、植樹、一年得多少收成、沿河又可種園子、好好能生產的地板、滿教死人佔了……。突然一個正拿鐵銑給某家坟地添坟披土的老漢、伸腰站起罵說、你他□□少說閒話、你是要挨揍怎麼着……我同金只好裝没聽見走開。天津那時有所謂"地蟲子"、專勾着官役盜賣土地、添墳用土全是起無主叢葬處的土来用。我是贊成火葬而揚灰的、反對立墳墓養"地蟲子"。)(出津城西門直向西的西關街不過兩華里再西就是叢葬處、街有木坊書"漏澤園"

三穴、破棺殘櫬露一半掩一半的橫三豎四的堆砌着。坊前就是每年秋季決口的地方，所決亦不全適當其罷，決後無領屍的，便由“地方”掩埋淺土中。有時有席捲死嬰或薄板小棺，亦淺埋於此。這裏常有野狗夜間拉食屍骸。我因采集昆蟲，偶一徑此。由此向南，壙窪裏亦大部分是墳墓，地上鹽鹼不毛，白色的乾土，偶錯雜着黃蓿鹹蓬，太陽照射着花花荅荅的像禿瘡腦袋。那附近有三座高罐式的和尚墳，高有差不多兩丈。我采集時，有座已塌的僅餘塔座，俗叫白骨塔，漫無隻字，恐是前明遺跡。那時尚沒有正式南大道，僅有由西南城角曲曲彎彎的由過路人踩出來的到西營門的小道。後來南開以西又開闢了廣開，到民國十幾年上，以上所述全行絕跡。原漏澤園處修成大街通到墻子的西營門。）

【噫！此死地也】日既出，人聲繁。陸子因采集，以西道徑於櫻橋之南。野鳥亂叫，羣卉競妍。既抵圍墻，爰涉急湍，河東西之景物，竟劃然而異焉。水之東也，芳草如烟；水之西也，亂塚連秦，吾奚為而趣是？蓋將有所考研。路遇一叟負薪而走，問之前途，果何所有。叟曰：此山西義地也，亂塚纍纍，終歲不青，破棺絕櫬，斷碣滅銘，枯骨霜白，燐火星熒，鳥獸痕跡，沙草不榮，統西南之一角，捨是以外，亦何所稱。余曰：噫！此死地也，吾何必而此經乎。

（這是一九一〇清宣統二年我的“鴻跡萍蹤錄稿”裏“南郊采集”的一段。是現一九六〇年天津地圖上廣開大街及其三四五馬路未修建以前的情形。）

（現在這裏不只有了密密雜雜的人家，有了學校，還有了劇場，舊時慘象一掃而光。）

【田家，用三講全韻】赤日正行天，桑屋鳴前港，青草齊若栽，赤粱粗如棒。納涼遇野老，柳陰任說項，欣欣志農桑，絕非惰而伉。偶題上古事，高話羲黃講。小兒不畏炎，水邊拾巨蚌，換得幾青銅，歡然投在缿。農婦誠且勤，形貌不修儻。耕者力其田，專志在耬耩。辛勞日復日，生活依鑼耩，終歲樂安然，勝彼宮於珠。

【太古，用三絳全韻】緬昔開洪濛，上下同一蒼，茶雲幕寰宇，驟雹紛升降，怪雨瀉千𣲷，狂飈萬年閧，一朝淨玄黃，畫空出修虹。芸芸小草萌，汩汩長流淙，

28

豐林蔽天日、危峯斷潾㶑。摩天飛大蜥、振翼日爲覩。巨龍腰十圍、龐形性兇憧、崇脊鱗閃青、突肉色欺絳。繼之毛羽出、紛鬬互擊撞。人類最後生、初亦智愚惷、毛茹血爲飲、渴奔澗流淙、下嚥腥膻物、終生唇齒胼。久久漸開明、沿溪事漁稷。積世出賢達、陸車水通艟、衛羣攖勁敵、執矛擁方䡴、萬兵捍邊城、遠巡車有憧。長流布輯安、穩濟舟添艤、休哉人勝天、絕漠成田巷。

（以上二首"四家"忘了是一九二幾"太古"是一九三〇、全是我作的。我的"求知慾"太旺盛、對於作詩詞不僅各體全要作来試試、還要寫前人所不知的事、押前人所不押的韻。所以早先大膽作了一首"携手歡同行"用二十一馬全韻。後来有一次在上海住三馬路大新街孟淵旅社、晚間四壁笙歌、簡直睡不了覺。我作了一首海上一題目忘了、用十五咸全韻的五言排律来消磨時間。詩稿早丢掉、多昝想起再補寫、想不起就算。那時上海社會是萬惡淵藪、稍不慎就掉進火坑。三講在詩韻裏韻脚最少僅十一字。三絳僅十九字。想来用這兩韻作全韻詩的不多。我是就韻選題、作後自讀居然飽嘗異味。三講的"[illegible]""傋"三絳的"舂""胖"押用後覺着很哏。這兩首是辭了商品陳列所後恢復我重行賣畫吃飯時作的。後来五十歲時又作了一首四紙全韻来自壽的詩、韻脚是二百〇九字。）

【猛着此先鞭、更壯心自茲遂、莽莽五大洲、是我采集地。】這是我清宣統元年一九〇九去京西采集在那篇采集紀游裏一開始的二十箇字。一個住在城裏的孩兒、真是俗語說的"初出犢不怕虎"、你好大的口氣。你會打鎗麼、你會騎馬麼、你會爬山麼、你會浮水麼、真好大的口氣。就憑看過幾本探險的小說、簡直不會走就要飛。現在八十多歲了、坐在屋裏編寫着不成功的植物名彙、每每當寫到奇異植物名稱時、這顆心簡直就飛到它那原產地去了。實際我從小買到我國出的第一部"二十世紀世界現勢大地圖"、常常鑽着畫畫的空子對着小說看地圖、如果小說正描述埃及上古事跡、我就擱下筆去破書堆裏扒出我在普通學堂旁聽時買到的"地理志略"翻出埃及金字塔風物圖、三查對案的凝神直到今天這個脾氣除不掉。我曾讀過伊林的"人類征服自然"、我對他說的"但人類不只是在沙漠裏造出沃地、他們也會把這毀壞"。向小處說、天津這塊地方既然在明代開十字圍種稻、清代又繼續有藍田種稻、怎麼後来都荒廢了呢。天津在最初築城時、城裏挖掘了活的減水坑四角四個、由城的南城牆下開有所謂"胡盧灌"、坑水由此注護城濠通到城東南面流入海河、那裏有閘、濁水宣洩後、每晨就着早潮灌進清水、後来逐漸淤了。到我小時只剩了城裏西南城根一個臭坑、到夏天沿着坑邊長巴巴蛆、漫空飛着蒼蠅、通海河當初有閘的地方、只剩了一個"閘口"的地名。由此認出舊時的造出"每每在舊時毀壞"了、只剩下舊封建社會裏白紙畫黑道的空文。

（十字圍、藍田、天津志書裏有詳載。上面我說"三查對案"看小說對地圖的脾氣未改、可是現在看的不是荒唐的舊小說舊地圖、而是嶄新的新國家新建設的文字描寫和新地圖。於是我亦變成"無產階級文化大革命"勝利發展中的白髮新人了。每每想起從前所見所聞、除對於生物知識上一部分有真的所得外、其餘完全等於噩夢。

【讀嚴範孫東行雜詩感作】瀋陽一宿至今思、鴨綠江頭夜渡時、我亦東来瀛海客、何緣鞅掌竟無詩。

（這是離商品陳列所後無意中讀到嚴的詩句、想起民三一九一四我赴日的事而寫的詩。我當時赴日是由所裏派我以"直隸出品經理員"參加日本大正博覽會去的、同行有剛由日本留學畢業回國来津的徐閬生一名克煌。買的車票是由天津直達日本東京的通票。那年我二十七歲、徐二十八歲。我只得把我賣了十三年畫的事暫時全部擱下。我們起身是民三的三月八日。赴日的出品十三箱、由轉運公司辦理直接寄日。我們當晚住臨榆南關外同豐公司。次晚住瀋陽東站附近的日本旅舍瀋陽館。十日夕刻到安東、當晚換登赴朝鮮京城的火車、車外漫無燈火、何時渡鴨綠江竟不得知。十一日早僅住一站水色使

30

到漢城。十二日晚到朝鮮南端釜山。換登弘濟丸輪船，十三日早到下關。隨開赴東京的通車起行。十四日近午到東京。住神田錦町美豐館下宿。五月十六日接所裏來的快信，說津中"巴拿馬直隸出品協會"將開展覽會於河北公園（即現中山公園），催我回國助理一切。在日事務先託徐。我遂十九日動身，先由火車到神戶，二十日隨天草丸開行。二十三日晚抵大連，遂即由此登車赴瀋，再經由山海關，二十五日下午到津。這一趟前後七十九天，作了一個扶桑之夢。後來在讀嚴範孫"東行雜詩"後，補作了五首東渡詩。嚴範孫就是商品陳列所所長嚴慈約的爹。）

【漢城】漢江曉渡水深深(1)，欲問殷周故國風(2)。獨立空留新築闕(3)，納涼猶剩舊離宮(4)。紅章赫赫光風裏(5)，白袷樓樓夕照中(6)。感物傷時倍惆悵，小桃枝亞粉牆東。

(1)余以京釜綫車來漢城，城臨漢江。(2)朝鮮有箕子墓，傳為殷周時箕子封國之墟。(3)清光緒甲午戰後，築獨立門於漢城南門外。(4)城北漢山上舊離宮由城中可望。(5)日本國旗逐處可見。(6)朝鮮人衣物尚白。

（這是我補作東渡詩第一首。現在寫此，溯想當時觸目驚心，猶有餘痛。當時日記中，有"韓人裝束，猶若吾國唐宋時風度，只以國亡家破，見之刺腦。……途中所見青山綠水，古木鮮華，在在應添旅人之興，但胸有成見，以為大好河山為日人所僭據，直不啻籠罩於黑幕之下。聞汽車轔轂聲，皆儼然如亡國人呻吟悲泣，哀河心而有歎哉。"）（當時日政府不許朝鮮人出國留學。我赴美時，有朝鮮學生七人，歷盡艱辛，由我國東北轉上海，充中國人，登美輪滿洲號赴美留學。同艙有華人某，廣東籍，於船抵長崎時，向日人告密，由日軍鐵鎖郎當的捕去這七人。誠不知告密的華人是據有何心。這日正是歐戰中德敗，日軍佔據我青島，當我在長崎某食館晚餐時，日人以慶賀青島陷落，舉行提燈會，遊行街間，大聲祝日本帝國萬歲。我中心非常悲憤，不能進食，乃投筋回船。）

【去釜山之下關】朝别鮮京夕釜山、修航直出釜山灣、乘風人可天涯遂、踏浪舟同海燕嫻、才覺忙中逃冗俗、又從嶠外見塵寰、居然我亦東行客、一雨霏霏到下關。

【初抵東京】瀟瀟連雨入東京、多謝鄉人沐雨迎（迎者多浙籍學生）、帝國風光初着眼、海天涼意若為情、同車幸有徐公美（指阮生）、分席端從急客誠（所住美豐館已無隙地強得一室）、居近神田心更愜、明朝先聽上林鶯（日本一種小鶯ウグヒス、京地有灌木處多產、時聞其聲）。

【美豐館】白木窗櫺白紙糊、齋門推挽不需樞、古風席地留三疊、今日趺肢（膝坐）笑一吾、石疊泉適花滿院、魚生糷熟女當壚、忙中別有閒情致、赤腳深衣興不孤（館中備有和服公務畢歸着之）。

（以上補作東渡詩二三四的三首。）

【箱根】箱根三日得遨遊、環翠樓中小唱酬、紅擁鵑花欣捕蝶、圖存萍迹映當流、鳳來坐若千山豁、涌谷觀瀧萬籟秋、悵絕匆匆便歸去、未凌富士最高頭。

（這是補作東渡詩第五首。箱根為相模國足柄下郡的名區。這是在東僑居李直衡約我與徐去遊的。箱根入山處為湯本、湯本之上為塔之澤、遂住塔之澤的環翠樓鈴木旅館。明朝朱舜水曾來此、稱此地風景勝於驪山、至今塔之澤遂一名勝驪山。館中植杜鵑花多盆、麝香鳳蝶繞花而飛、我捕得幾個製成標本。我們照了一張紀念像。鳳來館一稱三河屋、在小涌谷上、是處最軒敞、在該館坐若久之、飽看山色。小涌谷以千條瀧著名、懸泉沿石壁下落、無慮幾千百條、聲如急雨、在瀧前坐觀、涼沁心脾、竟忘暑熱。山中各旅館皆引温泉供客澡浴。小涌谷舊名小地獄、後改今名。）（當時在箱根山道、頗采了些種植物標本。）

【一九〇八京津路綫上】我第一次去北京時、坐的是三等車上、沒有座位、只是一個空空的車箱。旅客只得打地攤、有行李的坐在行李上、沒有的只得坐在車底板上。如果婦女帶有小孩、小孩只得在車底板上爬、或者在某人行李網籃旁邊就許有一泡尿。

32

不過婦女上路的還不多。有時裝貨的車皮（悶子車）或是裝馬的車皮（敞車）有閒空、三等車上客人擠不下、也可來坐。所好路程不太遠。那時車經過的大站頭、由津方來說、是楊村、落垡、廊坊、安定、黃村、豐台、永定門。如果坐的慢車、大小站全停、便要早六點到車站買票上車。路間往往要停下來等快車超過去再走、能够正午十二點到北京就算不錯。路上經過小站、多沒有標名的路牌、或者月台還未修好。這是京奉鐵路向西來最後的一段。沿大小站賣吃食的太多了、剛到楊村、你瞧罷、賣楊村糕乾的許多手各舉着一包、由敞開的車窗伸進來、喊着我是杜家的、我是真正……、客人隨意付錢遞那個手裏、接下那糕乾包、不一會、手全空着縮出窗去、車上客人都嘴裏嚼着糕乾。各站有各站的名物、向來是車外喊着、車上吃着、同是一張嘴、同時得到兩種功效。如果車停的時間長些、客人可以下車買碗茶喝再回車。往往客人沿道就吃飽了、到北京便不要再吃飯。

【關於妙峯山】妙峯山我曾去過兩次、一在一九〇九清宣統元年、一在一九三七民國二十六年。我小時記得每年四月裏（舊曆）、就有人在去妙峯山前到親朋家詢問帶香牌子不帶。這是檀香木小牌、當時小雜鋪都賣、在牌上寫好信士某某、託去的人帶上山、投到碧霞元君廟的香爐裏、就算那人親上了山。這是由明代傳來為北方最迷信的一個淵藪。當時這個廟節由舊四月初一到二十八、叫春山、秋山是由七月某日到八月、但我沒聽過秋天朝山的。辦廟節的執事人、不僅是自願的、而且還要向外攤錢。山上的吃喝等等一切費用亦全由施捨。我第一次上山時見到山道上的路燈、由山下到山頂廟門前凡四十里、全由天津左恩氏一人所助。可是給香客代步的山轎、山背子因雇時有代價、茶棚裏施捨的食品不給他們。一九〇九我上山走的是中北道、又稱新北道、這是入山四條道之一。彼時我同我哥哥、樊卿及孫得祿由大有莊（在頤和園附近）起身、雇了三匹驢、攜着采集用具、是專為采集去的。途經南安河橋、頭招、二招、大口、二口、三口、冷泉、黑龍潭、楊家莊、溫泉、北安和、至此到了山下、這是中北道上山的山口。第一個茶棚設在上山八里的朝陽院。我們進廟休息、廟中執事人不斷給其他多人端茶、不給我們端、正在其妙莫名、過來一個朝山的說、你們經過澗溝嚮檔、

33

是頭一次上山罷，必得拜佛後才給茶喝啦。”我們只好到佛前學着別人的做法拜了佛，這才由執事人遞過茶來。喝足以後學着道了“虔誠”（在茶棚裏起身時，必須與其他朝山的互道“虔誠”二字），又由此向上。經過山神廟、瓜搭石、三瞪眼、上天梯，這是這條山道上最艱險處。上天梯亦叫後脖子，道既狹窄而又下臨深澗，幸一邊倚山，我們由此爬上去，采了許多植物，耽着心不敢回頭。在這沒有人行小道的“植被”叢裏，越過了正直的平三里，過道石、串鎮子、狀元石、飯台子，到達了山的最高處妙峯，沒進茶棚。這裏有小飯攤，在攤上吃飽喝足，再行向前，一步低一步的到了三叉澗（又名澗溝）。這裏山民多種果樹、玫瑰尤多。出三叉澗又上行，道回旋如龍背，直達山頂。此處全是短葉松，山道上負土戴石，無物可采，與三叉澗截然不同。我的“京西采集紀遊”在妙峯、三叉澗有一段描寫：“山之巔曰妙峯，茶棚設焉。由此瞭望，則全都一覽，惜為烟塵所迷，不甚清楚，設天晴雨霽，當纖細畢見。……由妙峯下行為三叉澗，四山環之，蒼翠之色，沁骨爽肌。山楂、山桃、玫瑰之喬木灌木雜生道周，清香襲人。夕日照之，一一作清影，徃橫石上，如潑墨所畫之散亂蘭竹。羊齒類生石罅中，視之則翹立如小傘。其他不知名者萬態千妍，無不具競存之意。此實一絕好天演之場，且亦最佳之采集地也……。”我們不願拜佛，在廟外買了三根桃木杖，即刻回轉，又乏又餓，終于在山道某茶棚喝了兩次粥，最後下到北安和，在一個廟台階上睡了一陣，隨了一輛大車回大有莊，天不過剛矇矇亮，一晝夜算走了八十華里山路。一九三七我走的是北道，亦叫老北道，這次同去的是我的學生劉維良、戴蘊輝。我們由柳樹井某旅館搭汽車直到聶各莊下車，上山經過車耳營、關帝廟、雙泉行宮、磨鐮石河、雙龍嶺、仙花洞至該山最高處的大峯口。越大峯口宛轉下行，到磕頭嶺，經過一長段山脊，兩無依傍，再下至葦子港，又上行一山頂到廟。廟前有東下山口，就是我前次由三叉澗到廟的路徑。這次沿道有詩記，此處不再複述。現先把第一次來的兩首詩回憶着寫在下面。

【妙峯道上】日未出，雲靄霽，收拾芳函作征隊。相將西出南安橋，山馬喚人鳴嘁嘁。倏忽東升日半輪，劃出清涼萬千態。雲開遙見衆山青，百脈蒼光上騰盛，皆入峯峽。

轉山喙蹇蹄踏石聲，細碎、㲀鞦飲澗流，澗花香馡馥，樹色浸人潤肝肺。昂首西山立眼前，妙峯却在青雲外。

（道中西望犀山，於雲際峯頭有小白點即妙峯處。）

【妙峯景物】跨衛到山趺，々路崎嶇，負函（採集函）入仄道，茅屋結山隅。香客一何眾，捧香肩輿爭登趨，信奉一何虔，男婦傴僂相翼扶，十人登級九人病，肺葉相擊汗沾襦，未必得祥竟先苦，佞神祈佛胡為乎。我來遠跋涉，采擷為先圖，不隨善男信女拜金頂，但見古木鮮華在々堪情娛，吸花胡蝶大於手，玫瑰當路開錦荼，鬼臼挺風猥々蓋，山蒲背日凝長鬚，地衣附石耀虎眼，蒼蘚伸芒騰龍膚，又有怪石立突兀，米老若見當拜呼，更有奇花發瓊萼，徐黃妙手難為模。我欲攜家久居此，樹青花密深結廬，考研萬卷得真識，供之實用心其愉。

（這是新北道的情形。此次采集植物種類很多，全製成標本。聽說西人刊有妙峯山植物志，但始終沒尋得，不能實際對勘，至今中心耿々。）

【三叉澗】滿山亂石突兀，沿途老樹槎枒，下々高々馬道，三々五々人家。

（這是將到三叉澗時情形。現因寫上兩首時又想起的補在這裏。）

【車耳營】犀山西北擁江濤，車耳營邊路漸高，最是行人難忘得，荊籃纖手鬻櫻桃（山中小女小小荊籃盛櫻桃向行客求售。車耳營在聶各莊西，屬昌平，為妙峯山老北道入口）。

【雙泉行宮道中得句】雙泉宮上道參差，行旅當頭雀度罳（道中仰望行人出頭上，如雀度罘罳，佛節時山道上實況也）。巨石兀如攔路虎，輕輿速似過山貍（山人肩輿行甚速，於山道叢樹間時隱時現，上或下作旋螺形）。迴香客喜花盈鬢（進香回曰"回香"，客無男婦長幼下山時皆戴花，名曰"戴福還家"），望頂人憐汗滿頭（路間得早望見金頂為吉，俗曰"望頂"）。我亦隨緣拜靈感（山頂廟曰靈感宮），欲沾大士之楊枝。

【雙龍嶺】山圍樹合歇輕裝，過客偏饒飯粥香（上山時餐於雙龍嶺茶棚，執事人奉以素饈四盌）。清磬一聲天近午，甘泉雙出嶺當陽（甘泉雙出此所以稱雙龍嶺也)。誰曾涉險探奇蹟(由此再上、遇天晴時時現山市)、我自閒心擷野芳、莫道西來途更苦、看花老眼興彌長(雙龍嶺在磨鐮石河上)。

【仙花洞采集仰望大峯口上行人】仙花洞外花千樹、艷色迎陽絶可憐、擬去應妨雙眼纈、拈來欲問再生禪、玉泉東指開青嶂(由此東望玉泉山如在眼底)、芒屩西來踏綠烟。昂首雲中大峯口、行人高出萬山巔(仙花洞在雙龍嶺上。大峯口亦稱大風口、至此須加衣、且注意大風落帽)。

【磕頭嶺道上】磕頭嶺上蟠龍道、處處山花歷亂開、寺裏聽鐘參妙相、巖險采藥劈荒萊、人踰險阻方知苦、境轉幽深足暢懷、三十年來縈我夢、居然重得上陽臺(磕頭嶺在大峯口西下)。

【貴子港南登妙峯】貴子港前日欲斜、四山沉影現蓮華(港在大窪中、由此望妙高峯特立山環中、四無依倚、所謂蓮華金頂也)。人間舍利開金頂(妙峯山天仙聖母碑碣、記有"碧玉沿階、海上涌辟支之像、祥輪映幢、人間開舍利之輝"語)、天上靈旛出碧霞(宮前門旛、由港上望逼真)、祈福人供香萬炷、探奇客望路三叉(三叉澗由宮前東南下之磴道、俯視如在足底)、同來誰識山中趣、我欲從僧學出家(貴子港在磕頭嶺下、舊名葦子港、亦寫庵子置)。

【陽臺】路轉峯回四十程(由山下至此四十里)、行行愈險愈崢嶸、陽臺有路人爭上、不到陽臺路不平(妙峯即妙高峯、巔平如臺曰陽臺)。

【明日下大峯口抵磨鐮石河】萬壑風聲萬壑松(是晨大風)、朝暾擁上墨芙蓉、三山迴抱磨鐮石、一水中分削壁峯(有流泉循澗北下、遠出亂灘而去、泉上山有壁如削、所謂削壁峯也)、鈴響有時來瘦蹇(登山者可騎馬驢至此)、磴高無礙曳長筇、此行不負重來客、花滿芳函詩滿筒(妙峯山老北道途中地屬昌平)。

(我這次去妙峯山、是由劉佳良要求的。本來我個人希望再去、但找不到喜歡研究植物的同伴、如此算就擱了半生、所以劉對我一說、我便"退一步想"的答應了他、這時我已經五十歲了。其實我早由當日植物學的錚錚者胡先驌介紹我入了中國植物學會、並且開了兩次年會、一次在貴州、一次在杭州、並都給了我通知及路程單、而且沿途有專人照料。通知單上寫的方式雖然是中國字、可是排場稱謂全是洋味十足、大概在大會上的宣讀論文、必是滿口極流利的外文……、這是我向來反對的。我求知欲雖旺盛、而且這是我最愛的植物上的勾當、但我是中國人、不能"魚上大串"的跟着他們屁股後邊跑。這次劉的要求呢、亦是我不高興的、他是去給他祖母上山還願、必須到金頂去燒香磕頭、我遂約了廣智館的戴、藉此調查民俗並採製植物標本、於是三人不同心的走了一趟、我自然亦要隨和些進茶棚。劉是沒出過天津的、戴亦只到過北京、至於上山走老北道是劉指出來的。因劉家開醬園、老北道大部分茶棚供應、天津醬園業是首屈一指的大施主、這個布施、是要供給這整個佛節的、如醬醋、醬油、醬菜……當然米麵油鹽另有人布施。我們在鍵龍嶺上下吃了兩次飯、在山頂廟裏住了一夜、吃了一頓晚飯、下山的早晨在貴子港吃了一頓早點、其他茶棚、我們雖僅喝茶、可亦給擺來大白饅頭、精米粥、大盤白糖、甚或某處粥裏還有棗、並且還吃了不夠耳添。三頓飯全是四盤素菜、佐着饅頭、喝着精米粥、又佐着醬油小菜、不吃小菜可放白糖。素菜的材料是香乾、豆芽菜、白菜、粉條、筍片、麵筋、腐竹等、烹調方法亦很考校、山頂上那頓晚飯、還有棗捲糖包……。總之、天津商家的善舉、在老北道是多年有名的。我們上山時、雇了一個山背子、替携帶着什物、在茶棚歇脚時、我們給他拿出供給香客的大白饅頭、一次就是三四個、這是當着茶棚執事人不在前時捡藏起來帶出的、因為劉手裏携着小提包、茶水無法帶出、山背子吃完、就把我們水壺的水喝了、常常不夠、只好遇到有山溝處再大量的掬飲。過大峯口下行、在磕頭嶺東西一段道上、有許多繞折處、全是南倚山腰、高下不平的窄道、寬不過幾尺、向北望空空的、不敢向下看、據說從前這裏是木棧、很不易的走過這段、又過了一段山脊、才下到貴子港。下山時遇到大風、送着我們、沒覺着如何便走過這段險路。)

【采集時的雜詩】一、黄村北隴畝多、路途高下平復頗、旅行相顧汗盈把、迷離難辨黍與禾。日落西山半天黑、荆榛刺人如仰戈、吮血來大蚊、撲面飛夜蛾、營圍既見旋復失、忽東忽北空奔波、噫嘻乎忽東忽北空奔波、前途茫茫將如何。二、車聲轔轔輾香塵、中有沽上游散人、負函戴笠狀態新、筆書口問指點頻、須臾西出西直門、迤邐又到桂甲屯、暢春界碑今猶存、盛衰觸目氣咽吞、舊事如煙何須論。三、瀟瀟風雨喧篷窗、舟人理棹相紛忙、叢薄阻行進不得、奔蠅打面恣狂猖、須臾雨霽風亦止、櫓搖聲裏來仙鄉、仙鄉何名名勝芳、水田萬頃芰藕香。

（這是當初小雜誌上充篇幅的順口溜、但全是寫實。）

【雨窗無俚步李義山燕臺詩韻成四詩時居美洲舊金山】其一、春風吹遍青青陌、子規聲斷歸未得、起來盥沐來芳園、紫燕青駒渾不識、坐草聽歌噴泉西、草色如烟初剪齊、當頭午日眼生纈、奇暖撲人魂欲迷、閒情携友坐昏曙、静參妙機各不語、殘紅下林輕有聲、忽聽幽香不知所、芳泥淺印鞾痕窄、印痕淺聚飛絲白、昨宵雨晴來者誰、曾似亭亭佇皓魄、此時隔林笑聲起、又聞碎步搖瓊佩、池花拂袖霏餘芳、雙蝶掠香入花海。其二、綠陰高樓簾半捲、簾前翠袖深深見、昔曾如花今白頭、日月拋人雙跳彈、憶將海外秋涼天、蟬紗蝶粉相周旋、鋼琴忽聲笑偕舞、曲終分手心縣縣、聲息花（刺槐一名鎖塞花）絮憑託取、花上鳴禽花下語、錦傘雙遮不識愁、月滿花林未歸去、人有恩情水有源、澤水清涼江水渾、篋中猶藏舊時裙、裙不入時君非君。其三、庭花著雨晴猶溼、枝蔓葳蕤探窗入、錦屏深護調春絃、絃聲初沉轉偏急、鑪香在適心自遠、指底絃聲辨情怨、舊歡空教春雨濃、新愁不比秋雲淺、花開年年春復春、花下芳草空如茵、重簾日下不聞笑、鸚鵡隔花猶喚人、錦箋手跡挑燈弄、燈炧香微紅穗重、繡幃辜負夜深長、落月輕寒驚曉夢、東西間阻無尺素、西望天涯渺何處、憑將西地託深情、自棄他新憶儂故。其四、赤烏炎炎破空下、半載無雲雨尤寡、村舍如焦草木枯、河流湯湯變乾野、可憐叢林野燒起、飛潛相逐焰中死、千年老幹蟠火龍、霎時灰散無餘子、天時人事同一際、一朝炎盡清涼在、雨足川原芳樹滋、畫樓又見藏嬌妹、藤發柔條花鋪雲、綠陰深處鳴蜩蝶、遠人樂此不知去、又聽嬰哥叫春曙。

（這是我在美僅有的四首詩。依着李義山韻脚、抓来外國材料、用中國字調和着寫出来的、這叫西餐中吃。組詞上不免有創新、老詩人將問出於何典、則我敬謹答曰這是典新、不是典故。）

【關於我的赴美】我由日本回國助理津中巴拿馬直隸出品展覽會後、嚴慈約又同我商量"可不可以同他赴美"我說"我不會英文"、他說"他亦不會英文、但同行有當翻譯的、咱用不着多說話"……、其實、我學過英文、可是不好、而且我到陳列所不過一年、我僅是陳列課的課員、赴日的事、我就絕想不到、這又約我赴美、我自然要猶疑、上次赴日不派陳列課主任樂彩丞、而派我、這次赴美我又越過他、當然不合式。歸齊赴美前、還是由巴拿馬直隸出品協會事務局以公文派我為直隸赴美賽會隨員。時同被派的有胡麟生、陳幼卿、朱劍村、屠坤華等賽會代表、是嚴慈約、婁魯卿、由直隸省公署派的。民國三年一九一四的十月二十九日、嚴胡屠朱和張墨莊先去上海的、三十一日我同婁陳和趙信臣後去的。張趙是助理事務員。所坐的輪船是當時美國太平洋輪船公司最大的兩條之一、叫"滿洲號"-Manchuria、載重二萬七千噸。十一月七日船由上海吳淞口開行、經由日本長崎、神户、横濱、過十日經夏威夷群島的檀香山、再七日便到美國舊金山、全程至多要走二十三四天、遇見沿途風浪穩、可二十一二天便到。這次是十一月三十日天亮時到的舊金山。我在美算住了一年多、民國五年一九一六的一月八日乘日本郵船天洋丸回的國。在美除在巴拿馬太平洋萬國大博覽會美術館中國出品部分工作及全會場各部參觀外、又調查了農業、食品、園藝三館及牲畜部。又參觀調查了南加里佛尼亞的巴拿馬加里弗尼亞博覽會。於我個人的求知慾上收穫不小，於國際上鈎心鬥角、以强侵弱的情形亦知道了些，但沒有徹底的真認識。

【關於巴拿馬】巴拿馬是中美洲東南頭上的國家，是美洲中間相連最細的一段土腰。原本是南美可倫比亞共和國北部西角上的一省。美國為在那裏開運河方便，遂調唆巴拿馬以革命方式脫離可倫比亞獨立。美國在幕後大力支持，以運河開後河西岸各五公里永久租借於美國為巴報美的條件。運河便是這樣開成的，巴拿馬便是這樣獨立的。因此巴拿馬整個國家遂被運河及其兩岸切成了東西兩塊，而且美權逐刻發展，壓迫得巴拿馬人民簡直喘不過氣來，所以現在巴拿馬人民正在大力要收回運河兩岸美國佔領地。

（我國在從前淪為半封建半殖民地時代，亦參加過賽會。我不記得是那一國、是那一年，外人通知清廷，清廷委託一個外籍在中國傳教多年的中國通，拿出一筆款來，任他包辦一切。於是這傳教師便把中國陋俗上的抽大烟的烟具和纏足的小脚鞋，甚至做了小脚的蠟質模型，同許多農產上的原料品一齊寄到外國會場陳列出来，真是一場出醜的奇聞。宣統年間的南洋勸業會，那是我國舊日第一次自己辦的內國博覧會。這次參加賽會是預先美政府来邀請的，我們赴賽，總算師出有名。這次博覧會就是紀念巴拿馬運河開通，邀請世界上各國參加。會址在舊金山海岸，是完全平地起樓臺，用地約合華畝四千餘。正館為農業、食品、鑛業、交通、教育、文藝、工業、製造、機械、美術、園藝凡十一部。正館以外，為各國政府館、美國本部各省館，又有賽馬場、及牲畜部在會場左端，會場右端為游藝部。我國參加赴賽直隸外，為山東、山西、河南、江蘇、安徽、湖南北、浙江、四川、廣東等省。各正館除園藝、機械兩館外，皆有我國陳列部分。南加州的巴加博覧會設在加州極南端與墨西哥隣接的珊地爱哥城，會址

頒發的入場券每月我在会場辦公

40

在巴曾布哇公園中，風景較金山會場為佳，而且於應有盡有的各館外，特設一人類學館，於我的求知上認識了不少世界人種風俗及由猿到人的進化階段上種種生態……。）

【於千代子裙上寫墨菊題一絶】折將裙幅寫幽姿，為屬名花謹護持。如此墨香如此色，莫教蛺蝶逐人飛。

（這是由美洲回國時途經橫濱，船停泊兩日，李道衡邀往東京，於光琳飯館為其侍女裙上畫菊所題詩。時同回國者為四人，我外是樂采澄、郭除昌、張墨莊。在橫濱登岸時，李道衡來迎，堅约往東京，遂同乘電車往，到東京新橋下車時，原擬住我前次來東所住的美豐館，電問無餘室，遂雇車到有樂町住日比谷旅館，四人各據一室。李去說"明天見"。樂問我李為何不同住，我說李有家住青山練兵場相近的千馱谷。轉天李来，約午餐於光琳，吃紅燒鰻鱺。李告飯館主人說我會畫，主人喜，在飯後拿出筆墨，我給畫了一幅簡筆山水。諸侍女圍着旁觀，杉浦玉亦拿紙煩畫，我畫了一枝雁来红。千代子没有紙，坐我前，翻開所着裙當前一幅，裙裏為白絹，我给畫了一枝菊花，並題上述的詩。這天晚上才回的船。樂、郭是以巴博大會参觀員由省派赴美的，郭是直隸省立工業試驗所鑛業課主任。）

【浣溪沙】海上愁逢舊歲除，滿城簫鼓鬧長衢，絶無聊賴客中居。遠隔西洋猶有信，近歸南國轉無書，通来家事半模糊。

（這是回國到上海時所作。時為一九一六的二月一日，正是舊除夕，住大新街孟淵旅社。街上車馬喧闐，整鬧了一夜，尤其次晨去虹口天妃宫燒香的婦女和招摇過市的妓女，直喧囂到過午才略清静些。四日晚隨滬寧車北来，五日到南京下關，渡江換登津浦車，六日午後到津。以後又去上海幾次，直到民國十年一九二一，此生算與上海作别。）

【海上晚步】誰挽長江舊釣槎，匆匆急景又年華，鄉関魂夢三千里、燈火樓臺十萬家、滿眼春愁如意草、一天涼月可憐花。六街緩步歸來晚、詩卷牀頭自足誇。

（這是一個舊曆年終我去上海所作。前說用十五咸全韻寫五言排律就在這次。）

【旅中晚睡〻隔壁喧囂不能入夢枕上得句、時寓海上孟淵旅社】曉夜驅馳漫計程、又從羈旅度寒更、鈴兒響徹心難靜、鞋子聲繁夢不成、莫〻風來偏嘯竹（打牌）、不聞春好亦聞鶯（清唱）、憐余南北東西客、衣食勞勞已半生。

（這亦是在上海所作。）

【小胡盧室詩】惟有胡盧室、晚來氣獨清、畫隨情角補、書向案頭橫、小睡塵中趣、閑吟物外情、窗間幾竿竹、此意共相傾。遂〻非吾事、心清見性真、閑門延舊友、展卷對陳人、筆健園能活、搜奇識自新、片時得逸趣、即此慰精神。孤燈照虛室、瘦竹一窗風、理得推敲外、心參想像中、快談多正誼、免俗藉真窮、

窗虛蛛綴網、夜靜鼠窺燈、自在生〻趣、清涼上上乘、欲覆囊底句、丸硯墨花凝。

（這是在商品陳列所稍為清閑時作的幾首詩。由美歸來、便同嚴慈約、華石斧辦理組織天津博物院事、很忙了一陣、采集動植物製標本及陳列裝潢各事。又參與古器物研考說明、得認識了古今貨幣。時我住所中一小室、窗外有竹一叢。所中有事集議無〻於辦公後、李華田、華石斧等、亦常來我室商量籌畫、華笑着說"所中同人看我們到這屋、又不知這胡盧裏賣甚麼葯呢"、我遂管這屋叫"小胡盧室"。我着手預備編植物名彙就由這時開始、借所中圖書室的多種關於植物書籍、有閒空便查抄無〻、幹到半夜、"蛛綴網""鼠窺燈"就是夜深時的實見。冬天晚間往〻忘了爐子裏添煤、睡時不解衣、一覺就天亮了。）

【懶】拋書終日臥匡牀、一懶能教歲月長、閑恨蜂衙供早課、愛看

42

竹影過虛廊、神當凝處神全化、睡到濃時睡更香、笑我飢驅徒自苦、半生碌碌為誰忙。

【死】皮囊脫卸影全虛塵世恩仇到此除、自有大空容我化、不須淨土倩人鋤、殘骸和露雲為被、剩髮當風月替梳、笑彼癡兒空自惜、封囊纍纍竟何如。

（這兩首亦是我們胡盧室時代事餘調節精神所作。當時擬了好幾個一字題、都要以笑字轉結到現在只記得這兩首。）

【河北公園穿池種荷、掘土時、得百年前骨骼數具、綜其全與博物院、除一頭骨為女性者、置余室中、時同室李君貫三正研究人體解剖、用作頭部骨骼參考實証、晚來燈下赫然相對、成二詩詠之】一抔荒草久埋寒、百歲曾經骨欲漫、剝蝕全非圭有角、玲瓏猶似玉為攢、而今妙格圖來易、疇昔風姿想去難、我欲裝匣供几上、醉餘權當美人看。閱御閱歷幾星霜、大夢於今尚渺茫、果是欽頤稱異相、也曾宜面試新妝、憐余儻蕩遭時棄、歎彼荊榛委路傍、燈下披圖相考証、土花斑駁有餘香。

（這詩由題上已說明。原來河北公園及陳列所一帶、是一片亂葬崗子、一九〇〇年以後袁世凱督直、闢為河北大經路、並建了天津自己的第一個公園、地下當然舊棺木很多、而且積累着好幾層、並於深處發現一薄皮材、中一少女骨骼、側臥卷着腿、腿腕有捆繩痕跡、並一腿骨折、看着極為可憐、遂把她掩埋好。我作了一篇祭文弔她、現亦抄在下面。）

【弔殘骨文】維某年月日於天津公園穿池引水、得破棺一、中有殘骨、側向以臥、雙股相壓、似遭束縛、脛有折痕、若受桎傷、足指卷斂、實為女子、度其齒頸、年當及笄、棺木薄削、厚不盈寸、似草草而瘞、差勝藁葬者、相其地宜、原都叢邱、樺已剝落、漫無姓字、惘然相對、悲從中來、擷野芳以為蔬、澆池水以為漿、而弔之曰、嗚呼斯人、生而不知其何日、死而不知其何年奄然物化、非其自天、身偏胫折、股并繩纏、生有何罪、遭此兇禍。蓮兮而拗、璧兮而毁、斫樹摧花、揉紅殺紫、是以桃僵、竟為蘭死。豈無父母為服是親、豈無兄弟為冤是申、豈無族戚為之摧心、豈無鄰右為之痛嗔、含冤凶折、不克聲陳。人孰無死、死有其時、女方笄年、含秀凝姿、正宜持護、修其容儀、遽遭凌虐、横被風吹、使此弱質、棄為殘觜。今日何日、發斯荒塚、棺為風穨、骨為土拱、睹此慘象、不浮悟領、淚為之漣、悲為之哽、乃弔以文、焚諸叢梗、伊何人斯、彷彿見影。

（這是民國七年一九一八夏天的事。我真的在埋掩她後把這篇文字寫出、站在掩埋她的地方讀了一遍燒了。所裏同人看着發笑、中有一個最怕鬼的便說她黑夜就要找你来了、我笑說歡迎歡迎。）

【闖春】闖春烟霧障幽都、秦帝長城接海隅、遠戍本期消大患、雄心枉說拒强胡、蕭關野道通邊馬、破堞殘碑集塞烏、萬里遠迤無一用、空留遺恨寄輿圖。

（這是民七冬日我同實業廳張肖坡到山海關調查設立水產試驗場地點時偕張登闖春山觀長城所作。當時嚴慈約是實業廳長、張是廳第二科長、陳列所長是李希田。）

【由臨榆城遷居小南海】不作神仙海上居、来從青眼識樵漁、箇中歲月無塵滓、收拾南窗好著書。

（這是民九一九二〇春日水產試驗場移居海上時作。場址在臨榆縣城南十里的小南海海邊上、距離海濱"乾潮線"僅一里、四無人家村落、東隔石河望天后宮、海神廟、為夏日西人避暑之地、西北平沙漠漠、西南隔海望秦皇島碼頭。因該地海岸半環形、如由海濱去秦皇島是三十里。晚間島上燈火照射場址甚清楚。北通城路間僅有一四家莊。場中食物皆須由城購辦。場中鑿一井、深不及丈、水由沙底上冒、甘冽異常、用筲下提、僅得半筲多、遂即上冒、又半筲多、永遠不絕。該處滿地全是麻黄、俗叫"麻黄坨子"、其他野花

44

亦很多。晚間時有燐火、漁夫們管它叫鬼火。一次晚間我出場的院裏圍場周是木柵、由海上飄風來燐火、初見時像一小燈火乍明乍暗、一霎時來到我眼前、相距不過三四尺、中間一個極亮的核、僅綠豆大、四圍輻射光線虛虛鬆鬆的直徑足有尺餘、急速旋轉不停、我拾地上小石子坎它、正着其核、忽散成許多小燐、各有亮核光線、各個旋轉、一刹又合而為一、距我遠近同前、我一起立、霎而飄去、海上越遠越小、忽如燈滅。這種現象如不是在荒海邊上、是見不到的、我實幸運非凡、因而詞費。)

【遙聞】遙聞鶯語美嬌柔、隔却潮河水一勾、正是垂楊三月暮、綠陰陰處小紅樓。

【潮痕】潮痕日落水平涂、海澨風高晚更酣、沙上無人堆蠣屋、灘邊有鳥啄螺函、幾絲雲影浮空碧、一角帆光出蔚藍、到此似應消積鬱、瀛洲無那為誰談。

【拂袖】拂袖沙香入、開門灝氣侵、潮迴碧天湧、山與白雲深、摩詰詩中畫、成連海上琴、晚中對林鳥、同是悟禪心。

【赴城車上】其一、敝車羸馬越村荒、海鳥驚人渡淺塘、日暖平沙吹不起、微風時送野蒲香(去)。其二、兩毛銀角買叉燒、牙粉花生又各包、自是民生先為嘴、願君青眼莫相嘲(回)。

(以上這都是剛到小南海時所作。我極高興這境界、晚來與漁人出網、去海灘上閒聊天、非常有趣。只是由廳派來劉、唐兩個副手都認為這裏太寂寞、而且怕鬼、聽漁人所談、往往天黑趕即吃完飯攢被窩。有時鬧天氣、整日夜閉居室中、潮聲震耳、我便想到所讀過的海上冒險小說的描寫、我自擬是麥哲倫行到南美南頭火地的山峽中、昏不見天、船身振盪……正凝神咀嚼那滋味、突然劉、唐提出辭職……。 田家莊有一輛破車、有一位田姓老人、我每進城坐他的車、不講價、一起在城裏吃頓飯、再給一塊錢、田老愛喝酒、每次兩人吃到一塊多錢。當時過了秋天漁季、

45

便要搬回城裏，轉春再去海邊漁場。場後有墳墓，亦是劉唐犯惡的點。）

【與劉唐二君登角山】十里坡坨路，迴環信步行，澗松如磬折，山鳥解将迎，古堞千峯轉（長城），長河一線明（石河），夕陽林下路，兀坐欲忘情。

【首山行】行々重行々，步出城西門，重裘易白袷，臨老風日暄，村犬迎我吠，野鳥時為言，借問首山寺，西北蒼雲根，羣山西北望，巍乾何嶟々，行々重行々，坡坨徑嘽咺，々々復捷曲，乃到首山根，褰裳披宿莽，蹇々到寺門，寺中暫相息，迴欄登高軒，々々一何朗，煙雲如可捫，東望沃野平，南望滄海奔，北望羣山矗，西望長河湲，天風何冷々，吹我将凌騫，仰天發長嘯，天地為之昏，會當游北溟，長劍斬鵬鵾。

【捕蜻蜓謠】捕蜻蜓，々々難駐脚，東捕西向飛，西捕東向落，一網空，再網遠，三網不得過莎坂，蜻蜓遙致辭，請勿太相逼，我自優游不礙君，々胡為乎欲戕賊，望天南，顧天北，世上那能有曲直，滿腹冤愁說不得。捕蜻蜓，蜻蜓難駐脚，忽而眼迷離，却向網中落，網中那有生活路，捕入毒瓶遭毒注，瓶外蜻蜓自在飛，且莫如此自相誤。

【出門行謠】出門行，日當夕，越石灘，上沙磧，水為環，四方隅，心在家鄉身在客，安得乘風奮雙翮，北望山，南望海，山有雲，照光彩，海有浪，白皚々，人有行，心為宰，翻覆世情空變改，華髮催人不相待，出門行愁長在。出門行，乃在渝城南，渝城八九里，北望迷烟巒，東望潮河々，々何所有，石蓴兼海韭，石蓴為朝蔬，海韭充團湌，絕食且安生，可以息我軀，我身自有責，安能将何如，出門行，多嘅吁。出門行，踏黄沙，々上野草花，石竹子，繡紅紗，柳穿魚，黄金丫，合掌消，禁紫華，徐長卿，發綠葩，麻黄顆，結肥果，櫻桃大，赤如火，悶裏看花沙上坐，花若能言當慰我，出門行愁瑣々。出門行，見塵埃，天形如覆笠，莽野空，沙堆勞，北望塚纍々，沙堤上，来白衣人，聲雜哭，聲悲，人非仙人王子喬，昨日少壯今已非，人非仙人王子喬，昨日少壯今已非，来者多相識，希出門行，增歔欷。

（當時我在場裏就算搞了一年多，月々須来津領款，一開始我被求知慾驅使以為對水產漁撈可以真試驗出些新的成績，可以逐漸改善漁業上的增產。那知時機不與，那正是軍閥活長時代，財源握在他們手裏，甚麼實業不實業，有甚麼關係，場裏起先還好，漸漸幾個月發不下經費，吃飯都成了問題，還論試驗，所以看我所寫各作，先熱後冷，可證出必須吃飽才能有興。）（這一年多對於海中生物我認識的不少，如果不是在海邊上搞漁撈，住在大城市，像腔腸動物的海葵、海鰓、海仙人掌、越王餘算，環形動物的沙蠶，及一種蠕肉肉呼呼的像腸物，只能看到它們的浸製標本或畫圖，那能看到生活的。海仙人掌我看到一種短粗像瓜的，漁夫管它叫海茄子，一刺激它，它就放出鱗光。那蠕類一捏它就突然從口部射出水來。餘如海膽刺的扭動等，這我是第一次見到。晚間用孔明燈放沙上引螃蟹，燈光射到極遠，不一會，就聽到遠處燈光射處有像急泉流下的聲音，越聽越近，漁夫們笑着拿來簸箕、鐵簸、笤帚，這時燈光下螃蟹像大隊行軍蜂擁前來，我亦拿着笤帚喊着哎哇，立時掃了一簸多。漁夫說：夠咱佐酒的了。一個漁夫關着燈笑對螃蟹說："明兒再來吧。"用稱一稱，這一簸多除皮淨有差不多三十斤，螃蟹雖不大，但個個滿黃，當即煮出，全場十幾人吃了一頓夜消，收拾完畢才夜十二點，不誤出船。那天是用延繩釣大頭魚，水流風向皆合式，次晨歸來，得魚約四百幾十斤。）

【清平樂】客心正切，人語灘頭歇，海上浪花翻似雪，天際小舟如月。東來歸路遙賒，行行不見人家，日暮蒼烟四合，蹇歸踏碎黃沙。

（這是一次我去北戴河一帶調查采集回來，途經歸歸寨，天已黑了，到秦皇島已到半夜，這詞是在過歸歸寨後在驢背上作的。時我同陳德廣住島上。陳是博物院董事之一，會製動物標本，我同他曾去過馬蘭峪。）

【赴撫寧道上】千里客心爭日月，御人上道酒初醒，雲開日比黃棉襖，雪霽山如白玉屏，世路不平心自坦，柳枝欲墮眼猶青，一鞭直指榆關近，酒旆村家可暫停。

（這是民九一九二〇我搞第二次實業調查途上所作。這次調查我是屬省的第七區計十一縣臨榆、撫寧、盧龍、遷安、昌黎、灤縣、樂亭、遵化、豐潤、玉田、寧河。時我正在臨榆小南海，遂先調查臨榆。十二月二十六日雇車去海陽鎮（京奉路綫未通之前這是由京赴榆必經之地），這裏大葱極着名，葱白長肉厚不辣。二十七日途經深河鎮入撫寧縣界，近午在榆關鎮打尖之處叫韓家店，店正當十字路口，懸着酒望子，治食物的是一四十許婆娘，過客們吃的是熱騰騰的大肉包，我至此幾乎認她是水滸傳上的孫二娘了。包子做的極好，是蒸後就熱烤焦，比天津舊日鼓樓底下夜消的烤焦包好，那是冷包子烤的……。在撫寧去了一趟台頭營鎮，街上肉案竟排列十餘處，該鎮之富可知……。撫寧紫荊山上有立石，遠望像婦人，俗叫"紫荊石婆"，縣志說是"魏之新婦山"……。這次到唐山，得知其原名"橋頭屯"，前清光緒二年一八七六有廣東人唐景雲在這開煤礦，後遂稱唐山。我去時街上非常熱鬧，居人自誇為"小天津"……。盧龍是古孤竹國地，古蹟有"夷齊故里""夷齊井"……。遷安造桑皮紙，在省裏很有名，但全是土法，只有一家造的仿高麗紙不錯，產量不多……。在豐潤為其自治研究所員演講了一次該縣亟應興辦的各實業及廣為培養實業人材……。此次所去各縣，以遵化出產最多，山貨藥品皆當首屈一指……。玉田火腿俗叫"東腿"，雖不如金華，亦是名產，只是產出不多。）（豐潤現已撤消建治，原縣城稱城關，其南半設為豐南縣，由胥各莊一帶南至海。）

【赴遵化途中值大風雪寄懷遷安孟松樵】一鞭風雪冒長途，變態河山慘畫圖。天意自應工粉飾，客心曾不及冰壺。情關家國憐同病（松樵約遊景忠山，以病罷，余至豐亦小疾），理徹玄微愧壯夫（松樵精哲學，所談多玄妙）。惟問先生今健否，景忠東望悵何如。

（孟是遷安縣農會會長，辦事很熱心負責。我到遷時孟正以公務去遵化，該縣長趕即派人把孟追回來，時孟已在道上走了約四十里。回來後即到我住的店裏，這時是晚十點多鐘，不知他尚未吃飯，我同他又談了差不多一點鐘。轉天又陪我調查，孟堅約我先去遵化，途中到三屯營住他家並游景忠山，孟同我一起

48

去底時孟病了、我遂先往灤縣東站轉唐山去豐潤。孟為六十許學者、禁不住如此奔波。我在赴遵道上東望景忠山、遂感作這詩、到遵即以信附詩寄孟。時我正在沿途旅居中編有"旅中道情曲"。過日孟病愈到遵、我尚未走、把這道情曲給他看、我詞句裏有"幸生來牛命天加護"、孟說他不旦牛命、而且牛心、相與大笑。（我去遵值大雪、當時日記有一段自慰的話抄在此"道中北風正緊、攪雪成球、余端坐車箱中捲簾觀景、雪球撲面、似以玉仙人立冰天上、以白玫瑰和粉屑擲我輩表示歡迎者、宜乎我輩之周體僵矣"。）

【客邊小唱】

[旅中道情曲]

匹馬單車自在行、不須眼底計途程。任他雪地冰天裏、冷暖何曾變性情。自家老筆是也、原係浙中人氏、久寄津門、未能喚雨呼風、亦略咬文嚼字、夢中發迹、措大生涯、醉裏謳歌、窮生事業。茫茫禹跡、走遍了南北東西、漠漠神州、辨不出青黄皂白。而今風塵千里、行李一肩、馬徒蹄下識高低、客自心中爭日明。此刻寧河將近、歸里可期、穩坐車頭、寄情眼底、自不免隨着輪轂的聲兒、叶成道情幾折、將俺客中情趣、唱說一番。

笑書生、途路中、一擔書、兩袖風、天寒日暮山河迥、曉行夜宿誰相問、渴飲飢餐自供迎、偏逢村說店多豪興、真不愧老筆二字、任從他議論風生。

怪車夫、話更長、數殷周、說漢唐、太公上了文王的當、黄金買笑因妲己、烽火興兵惱霸王、漢皇反出在秦皇上、指鞭梢談天說地、罵過了多少山岡。

看疏林、日又西、望天涯、路欲迷、青山笑我風塵裏、旅懷車上尋詩句、倦眼村頭識酒旗、忽一鞭斜轉了平陽地、問前途幾時休歇、須越過着亂峯西。

入關城、索店家、鋪行囊、叫飯茶、縣官迎見多陪話、書生此刻威如虎、直筆居然小坐衙歎炎涼世態天來大、一般是舞臺傀儡、莫問心且自由他。

駕高車、馬似驢、出城闉、上野途、北來百里高低路、人從車裏翻筋斗、馬在轅前裝醉夫、幸生來牛命天加護、待停鞭開檢自照、依然是大好頭顱。

儘毫毛、大內熏、既開窗、又敞門、煤煙漚浮成癆病、竈王吐舌噴濃霧、林母張牙駕毒雲、便孫猴也難脫這生烟陣、最憐儂本來面目、竟成了大鍊金身。

冷凄凄、小被兒、自鋪張、自護持、漫從幻想生閒意、琴書有味愁中遣、鄉國關心夢裏知、便呼天道地斷聲起、一納頭天明雞叫、起來時日滿窗西。

整行裝、又着鞭、入崎嶇、避晏安、脚跟無綫如蓬轉、征人北上沿邊草、歸雁南來背塞烟、問伊誰似我曾經慣、管甚麽離情別趣、且將他歌向愁邊。

從來橄欖稱回味、苦後甜於蜜了、卻此中情、自出人頭地、我唱罷道情兒還鄉去矣。

【光沙泉】光沙之泉清且漪、令我對之舒心脾、光沙之水溫而膏、夏日掬飲寒沁齒、而今四圍冰雪凝、中有暖氣相蒸騰、浮萍如雲藻如樹、卻羨游魚此間住。

（這是我在玉田作的一首。玉田城南有溫泉、俗叫暖泉河、即光沙泉。一統志說“泉涌沙出、淨細光明、土人每用以攻玉。冬月水中暖氣如霧、亦名暖泉”。泉在城南三里、出砂甚佳、俗叫玉泉砂、舊時行銷各地。泉有兩眼、全很淺、面積不過畝餘、兩旁通溪流、水氣滃然、遠望如烟雲繚繞、砂由泉眼噴湧、泉中水藻甚茂。小魚游泳其中、我在泉邊凝視久久、竟忘身在冰天雪地中。）

【玉田窩洛沽南赴尋河道上風寒地冷信口而歌】蹊呵呦（叱騾馬聲

也）鞭更着潑刺出村東，日頭未出寒風戲，把什（御人）騾子冰在胡直衝霧陣，開雪途，南來河村西淮沽，豐台鎮後前埋珠（前埋珠：村名）。

（這是那次調查最後的順口溜。時正由玉田的窩洛沽南來，過還鄉河走大窪中，除我的車外，一個人也沒有，車夫騾子和我全是周身白霜，尤其是鬍髮皮帽上。這正是民十一一九二一的一月十二日早六鐘，天下着大霧，對面咫尺莫辨，如在夢裏，很久很久經過西淮沽，天才亮起來，出來白白弱弱的日頭兒，天又好久才經過豐潤、玉田、寧河三縣所轄的豐台鎮，直由正街穿過，全街無一家開門，亦無人影，我簡直自認是入了魔，或者走進海市蜃樓，不類人境。再前經前埋珠渡薊運河，由堅冰上行過，到了寧河縣城。十五日到蘆台，十六日回津。這年十月間我便辭去了一切職責，重復回家賣畫，直到了解放前夕。我的生活方式簡直是老海鼠，前半生浮游，後半生固定，可笑。）

【題津門絕句選】人生共有幾多日，大好光陰攀不住，力攀兩手不放鬆，白紙留將黑道去。

（這是我辭去這將及十年的我被動的原動力，恢復我的大腦司令部主權時寫出的二十八個字。我重又賣畫了。賣畫就是維護我飯碗在那時可能不被打破的惟一方法。於是把那時所愛讀的天津人的詩選抄了一本"津門絕句選"，來作為我個人的定心安神的藥。但我這選祇是胡抄，可又不是全抄，比較用選字恰當些而已。）

【鬍考】（中華民國十一年五月二十二日 時"秀才"與"鬍子"鬨於津榆道上，"秀才"吳佩孚，"鬍子"張作霖。"秀"者莠也，胥知之，或詢"鬍"義，爰作鬍考）鬍古本作胡，後世專其指，乃上加髟，於是鬍之形成矣。鬍不見諸往籍，近世字書始收入之，於是鬍之名成矣。形名既成，遂矗矗在人耳目，刪除之弗屑，又姑習而用之，乃滋其弊(1)。試剖鬍為二而考之。胡之義，說文云"牛頷垂也"，詩云"狼跋其胡"，釋名云"咽皮如雞胡"，又禮表記詩云"鵜鶘胡"，是胡本專於禽獸用之。浸假而高其資格，始託庇於人類之頷下。又鋒之曲而旁出者曰"胡"，周禮冬官考工記云"戈胡三之，戟胡四之"，揚子方言云"戟大者曰鏝胡"，是胡本具有殺伐之性，故如嬴秦之暴虐，猶懼之，秦者胡，則胡之暴虐甚於秦又可知也。髟之義，說文云"長髮猋猋也"，爾雅釋文云"扶搖謂之猋"，注云"暴風從下上"。髮長則易亂，而猋為暴風，是髟字原寓有暴亂之意。今髟加於胡上，是直以暴亂之道濟惡於强胡，雖然，鬍之質性固甚於胡，虞鬍之欲比，則胡帝胡天，而舉其所施，又無非胡作胡為，狐埋狐搰，終不足當識一盧胡也。或謂"鬍之字俗而不文，上為髟，髮毛也，下為胡，頷毛也，皆人之贅物，誠不難剪伐之以去其亂"，余曰知言哉，乃為鬍考。

(1) 張原為東北的鬍匪，由清趙爾巽招撫之，起用之，推薦之，遂成軍閥之一，世稱張鬍子。

【賤子】賤子誠無能，生計賴慘澹（指作畫），随遇而自安，素志何可撼。

【吮毫】滔滔趨濁流，賢者不可作，恨無旋乾手，力薄誠無那，生者日痴肥，勞者終生餓，不堪嗟来食，吮毫當日課。

【水仙】水盆供瑶草，幽賞添詩興，晴窗日一竿，案上仙肌瑩，佳態任描寫，銀臺金盞稱，雅格自不凡，專園非飯飣。

【賣畫】老妻為煎茶，晴窗恣點染，繪成易蔬米，筆耕歲不歉。

（這是我重行賣畫時的賣畫詩，所謂"拿筆尖掃銅子"。雖然有時忙到晚上，心裏是坦然的。編彙工作同時亦插着當搞，不讓擱淺。但我是忙人，焉能容我長期自在。那時嚴又成立了婦女職業傳習所，裏邊設髮網科、蠶桑科、刺繡科，刺繡科教圖畫的是張瘦虎，偏偏教到半截他死了，嚴遂又找我，我遂又担任了這教畫的事，所好鐘點不多，可是學刺繡的學員章亞子要求從我學畫，無法推辭。由章開端，因而刺繡學員卒業後，便三三兩兩的都到我家學畫。那時女界已經得到半開放，但舊家庭裏老封建的惡習並未全除，總以為一個女孩子上上小學就可以了，歲數大了出頭露面的"怪不成體統"，既放她出去了小學，畢業後又把她鎖在家裏，似乎又不大好，怎麼辦呢，正巧章亞子敲開了我這教畫之門。"女孩子家去一個家庭裏學畫，總比較文雅些，不致於像女中或女師的野丫頭們"……。我的小屋人太多

52

了容不下、只好以收學費一圓並限期每星期兩個半天作為限制。初時還好，後来女師學員亦揷着當子来了。幸而大部分是一時風尚的"哄"，丟一塊錢或者不丟亦沒啥，我亦不在意。甚至是結婚生孩後，孩死了，婆婆放出来"學學畫，可以散動散動，遣遣悶"。如此由民十二的一九二三直到解放前我不賣畫時為止，真正學好的不過幾人。)

【關於張瘦虎】張瘦虎名城，字壽甫，別號瘦虎，他是一個專畫仕女的畫家，俗叫他"張美人"。我不認識他。一九〇〇年後，天津嚴鄭王三家集款辦醒俗畫報，找我担任畫圖。時有段芝貴與振貝子的"美人賄賂案"，張投諷刺畫"昇官圖"於醒俗畫报館，我已預備印出，将由下期随报附贈，並對外發表。至時館外派報人都興高采烈的擠滿門外。當時報館經理是吳子洲、溫支英二人，吳懼事，硬扣住"昇官圖"不派，溫和我力爭不得，遂即辭職。張畫携歸我家。當時畫上題款是"愁父作"三字，圖章題一"城"字，我後来才知是張瘦虎。嚴派張去傳習所教畫時，張正任事於實業廳。後語美畫刊刊登這圖在民二十五，是一九三六，是七七事變天津淪陷的前一年。(美人賄賂案詳見圖後題字。嚴鄭王是嚴範孫、鄭菊如、王益孫。)

【伏中謝城西畫會事，觀所攝紀念小影，感成二十八字(壬申 一九三二)】案中萬事渺如煙，紙上空留翰墨緣。過眼不須重記起，城西小夢已三年。

(城西畫會當時在天津西北城角文昌宮街天津廣智館後樓上。)

【代女弟子孫月如寄曹汜橋詩有序 一九三三】(序)三載相於，一朝決別，情難自已，悵何如之。淚灑臨歧，對西風而嗚咽；魂銷落日，感南雁以淒其。從此法上襟期，毫端藝事，緬懷往迹，空望伊人。雖湘水之無情，希衡鴻之有信。聊将蕪句，願錫佳章。(詩)其一：劇憐別恙太匆匆，盡此餘歡一瞬中。相對無言惟有淚，願将心思訴秋風。(別前一日與穎華、蕙年在汜橋處，本希盡一日之歡，乃相對淒然不能成語。)其二：昨朝送別黯魂銷，明日江南第幾橋。會見瀛洲上月門，臨湘水照吹簫。(次日同穎華、蕙年送汜橋歸時，一路思維，深味索離之感。瀛洲在長沙，為汜橋此去寓居所在。)其三：拚教不憶年時事(年時汜橋每相訪為剪花之戲)，燈下披書强自寬。

53

昇官圖

一九〇七

民國二十有三年歲次甲戌新秋七月

偏是離懷推不却、夜深飛夢到江干。其四、畫樓重上不堪思、撫案猶懷往日姿(與汜橋同習畫於邃廬小樓上、且兩案相接、今天涯人遠、其何以堪)、我自巡簷誰索笑、湘南應發早梅枝。其五、愛憶源頭恨轉生、特多情處是無情、繞池一樣愁滋味、兩地相思對月明。其六、聯袂同登又一天、南雲翹望小神仙(汜橋蓋以新婚而去)、莫辭錦字存知己、江雁銜來五色箋。

(1)穎華李蘊音、蕙年、侯二香、汜橋、曹履晉、都是我的女弟子。侯與曹為比鄰、更朝夕相見。孫云、別時侯哭最甚。"邃廬畫社"是我教女生的臨時小名。

【自哂】(時蒐整植物名稱、舊書排纂如獺祭、深宵校籌不輟、精神疲倦、成三十字、時在南門外太平莊小樓上)畫餘事蒐采、奇文恣點勘、繁辭任總總、窮年一手擔、自哂類顛頑、苦心毋乃濫。

(那時自己不歇的窮搞往往至深夜不下樓少睡天便明了。)

【浪淘沙 題女弟子章亞子畫扇(小孩放風箏)】岸柳正搖青、佳節清明、小兒閒戲放風箏、一綫遙通雲外路、片紙前程。池上畫橋橫、暖日烘晴、隔林自在語流鶯、忽地驚他飛鵲影、約住嬌聲。

【女弟子孫淑清許紫珊畫仕女冊頁、要余為題小詞、遂就畫中人擬意為之、得如干首】[甘草子]清曉、有箇人兒尋夢花間繞、强起沒心情、卻把黃鶯惱。柳困桃慵春將了、又辜負一春花好、欲訴閒愁向芳草、怕小鬟知道。[海棠春]春光滿眼看難足、偏惹恨花低闌曲、花作可憐紅、闌繞無情綠。舊歡蹤跡尋芳躅、撫苔石應憐幽獨、悄對雪參差、更想人如玉(畫中有玉蘭一樹)。[賀聖朝]輕羅小扇撲胡蝶、把足尖輕躡、雨餘草滑卻提防、稱步兒穿貼。花邊香惹、亭陰風細、繞湖山重疊、為伊嬌喘汗拋珠、笑輸他如葉。[柳梢青]午睡醒纔、隔簾呼婢、有約將來、若椀香爐、書函畫卷、早去安排。姍姍步出幽齋、小園裏夕陽正佳、立待多時、松陰苔滑、溼了弓鞋。[憶秦娥 平韻]秋深深、小園弱柳餘清陰、餘清陰、倚闌背立、細嚼秋心。飛奴無信空沉沉(飛奴鴿名)、斷腸有淚紅涔涔、紅涔涔、怨他當日、悔到如今。[生查子]曉妝玉指寒、金獸沉煙靜、妝罷捲簾看、一白空無影。披氅下階墀、自度前溪嶺、貪折破寒枝、忘卻金鉤冷。[點絳唇]結束輕盈、春郊欲試遺風足、柳堤花曲、小踏烟痕綠。淺畫蛾眉、唇點櫻桃熟、雙鸞蹴、據鞍游目、會看香塵逐(馬伎畫中有雪騧)。[太平時]靜理香鉤不憚煩、小彎彎、自將溪畔自投竿、耐心看。忽地落紅飛下水、錦鱗翻、衿將玉臂料應寒、料應酸。[西地錦]牆外紅開葵蜀、正麥雲黃足、單衫小婢、挈壺別院、那人將浴(畫中人只此一門門外數株蜀葵)。簾外了哥聲促、勸解囊腰束、不提防處、鳥兒窺、掩銀屏一曲(後半只空寫)。[清平樂]鳳仙開了、紅映臨風篠、暑氣不侵塵不擾、池裏青蘋錢小。拋書獨坐苔磯、低鬟若思微微、料是日長人倦、彷彷午睡更衣。[秋蕊香]秋淨桐陰如洗、桐下絲調絲綺、輕揮妙手神全凝、何必高山流水。香飄金粟濃於醴、清聲倚、求凰求鳳、從今始、且把閒愁閣起。[浣溪沙]乳鴨池塘水淺深（用句）、晒衣天氣淨無塵、苧羅村裏畫中人。鋪岸草添新樣綠、當陽裙比舊時勻、一番辛苦寫來真（浣裙、旁有小兒）。[霜天曉角]淺紅深碧、短棹花間集、相似曾相識、芳懷裏通芳息。一樣情不隔、玉容花比得、最是夕陽團扇、掩映着雙尖白（畫中人二各一船其一手搓團扇、繞船有蓮花荷葉）。[高溪梅令]（小鬟樹上摘棗）雛鬟笑語嫩生生、粉牆東、好似花間小鳥語春風、攀枝雙袖籠。摘來纖手棗兒紅、脆甜鬆、貪着饒他滋味困弓弓、當心有小蟲。[女冠子]蒲團清醮、洞口白雲籠罩、靜悄悄、泉響傳心曲、松聲鬧石龕。扮來模樣好、看去道僧閒、莫被琴挑動、坐青山。[小闌干]小陽初放屋南枝、窗下坐圍棋、人面妖嬈、子聲清脆、相對又移時。縱橫如意從方陣、娘子善知幾、素手當衝、朱櫻算劫、巾幗出魁奇。

（當時煩畫者每每要求我在畫上長題，我便隨意編幾句、或寫舊詩詞能恰合所畫的、無論字的多寡、不另索潤。上述各詞不是寫在畫上、是冊頁裝裱後寫在對頁上。孫許各有一冊，我亦為各寫其上。詞之云云、小兒女語也、求其易懂、不夠詞格、牙牙可笑。）（那時賣畫賣字的都有一種怪脾氣，我是極端反對的，我始終以不易近人自處、而杜絕阿附。徐石雪賣畫、有要求題一首七絕的照潤加倍。）

[醜奴兒]一春天氣不曾晴、細雨更星星、殘燈明滅、箇人醒睡、斷續晨更。孤衾陣陣輕寒透、簷滴不堪聽、小別閒情、幾番推想、直到天明。

（這是在陳列所時一次小調查住在塘沽時所寫。現在破紙堆裏撿出補抄在此。原底未寫詞牌、彷彿是醜奴兒、錯了亦沒啥。前邊有一闋始終空着忘了詞牌。）

[洞仙歌]清明已過、尚清寒如許、怪煞東君竟何去、儘冷雲壓屋、小院籠陰、三月暮、不見紅迷芳樹。北來雙燕子、雲路迢迢、定阻金陵半江雨、

休踏短長橋、風急楊枝重、誤卻踏青兒女、便似此春來便春歸、只多了愁人望春愁句。

（這是一次在太平莊小樓教書時、天陰色凝、然不能下筆時、順口念出來的所謂自鳴天籟。）

【鶯啼序 詠曉】遙天漸消夜色、漾層雲似綺、望烟樹遠近迷濛、曉月猶在空際、乍換卻沉沉幻境、覺來一片清空、意拭新涼、最好掃余殘夢都墜。草淺輕烟、花潤宿雨、總一般清致、看華下鈫翅蛾兒、雙眉愁鎖嬌翠。小池邊碎紅點點、壓虛枝影臨空水、有蛛絲倒挂玲瓏、淺沾露淚。簾垂銀蒜、窗掩紅綃、小映竹深底、靜悄悄、不聞聲欸、料應猜着、玉臂橫牀、擁衾猶睡。此時恰是、攢程旅客、衝塵冒霧長安道、急霜蹄鞭影垂垂地、最閒溪上漁翁、酒醒移舟、一竿兀自烟裏。亂鴉翻墨、霧冰松飄風、揩想那時天氣、正衫角薄寒初透、掃面西風、寂寞閑庭、闌干十二、人生如寄、乍離還聚、板橋茅店征途況、到而今一瞥前塵矣、回頭東望芊林、繞成朝暾、蔚藍如洗。

（這是詞牌長調裏最長的一個、全詞分四段共二百四十字。我不知怎麼填法才好、讀了幾首古人所作、總嫌他空話叨叨、辭多事少、所以我用了最寬泛的題、多說些事兒、填它個"薄皮大餡"。是不是又太實在、不"玲空"了。反正我一生就填一次、嘗嘗滋味便算。還有一個詞牌叫"戚氏"、在長調裏次於"鶯啼序"、是二百〇八字。後來老伴死了、我借住女學生孫淋清家、整整住了三年、有一次給她畫紀念冊、冊上許多人寫的畫的、我認為這是我試着填"戚氏"這長調的機會到了、遂在冊上用鉛筆畫了一頁"竊泛圖"、圖上有船上坐一背面仕女、即是孫的背影、即以孫為圖中詞裏的材料、順口一溜、在冊上把這詞亦寫了。詞裏當然把這畫中人點染的像天仙、才能出色。由此認出長恨歌所寫、亦全是張大其詞、其實楊玉環不過是個女胖子、料想她的舞姿、比檀香山的"草裙舞"亦差不多少、歌詞的美實際是白樂天筆下的美而已。現把我試填的"戚氏"寫在下面。)

[戚氏 藕泛圖(為孫月如畫紀念小冊，月如為景中人，并填此調題之，時借寫月如之印月移)]畫圖間，一舸嘔啞藕花天。風似徐徐，波似輭輭，任遊情遷延。看田田，碧漪如帶夕陽閒。愛他紅萏初吐，桂棹容與勝登仙。白映沙堤，綠迷芳樹，中一水，鏡開奩。儘伊人照影，眼波上下，分外清妍。更有鷗鷺翩翻，任情去住，相伴晚風前。卻真箇雲裳花貌，坐領三千。是者般般，待明月高懸，人月可比嬋娟。清光如許，月如如月，應是一樣團圞。笑我生花筆，縱情描出，逸態居然。況又填詞按拍，暢盡情詞意而無邊。回想如夢前塵，舊恨誠何限，幸吾生幽意長縈絲。思往事，莫慘愁顏，且拈毫腕運心鑄，躍紙上縹緲鏡湖煙。對晚燈下，同看拊掌，一哂回嫣。

——同游俊侶

(我讀過一首柳三變的"戚氏"，完全敘述個人本事，叨叨續續，如秋蟲鳴砌，令人無歡。不如我這"架空起樓臺"，隨自己新創搭加以彩繪，不問人我，都看着高興。)

[北平南海流水音遇雨，同紉秋、內子孫淑清、芙清姊妹、惠元、真元兩孫]危亭臨斷岸，三面芰荷鋪，曲澗浮花(門上額題字)外，長風送雨初，遊人歸興急，客子壯心舒，更有蘭閨淑，閒情對碧芙。潑雲來遠岫，急電掣金蛇，一雨豪情足，滿園涼意賒，碧款池上葉，紅攬岸邊花，嬌嬌登臨客，當風笑語譁。

(這是民二十五——一九三六所作。時章媳亞子的母家住北京，章去看母，老伴遂約着我的兩個女生一同去，於是我亦隨着去了。我同亞子的弟弟移住前門外大施家胡同的三元店。那時一起游三海、游頤和園、還游了碧雲寺、香山……照了許多紀念像。)

[北海漪瀾堂小坐，同內子紉秋及孫氏三姊妹]北海重游地，漪瀾坐品茶，波平浮荇葉，風動落槐花(刺槐即聲息花)，面水魚同樂，看

58

山日未斜却憐木芍藥，未許護輕紗（來時牡丹零落殆盡）。

【香山閒步】披襟臨大壑，一道柏花香。心以定欺途險，人間笑爲忙。短節隨健步，怪石倚危檣。宛宛叢林路，歸時近午陽。

【雙清別墅同孫淋清美清姊妹】彎環石徑步徐徐，鳥語長林風滿裾。遙指雲山相對笑，雙清別墅看游魚。夕陽紅墜晚風輕，相望盈盈水一泓。寬絕人間真韻事，雙清別墅伴雙清。

【香山閬風亭小坐同內子紉秋及孫氏姊妹】靜宜西望眾峯稠，峭壁撐空鬼見愁（鬼見愁在山最高處）。青鬱鬱中金鳥度，碧翁翁上彩雲流。當晴呼婦鳩饒舌（時滿山皆鵓鳩鳩聲，埤雅鵓鳩晴則呼婦），選石留題客點頭（當路有大石，鐫國難二字，又款辛未九月望後三日華人吳善忠）。遲日閬風坐清絕，松聲滿耳欲爲秋。

【同淋清美清姊妹三上香山半山亭，一在清曉，一在日夕，一在夜午，景各有致，蓋明日歸去，故不憚煩勞也。各記一詩】半山亭上坐清朝，萬綠陰陰燕雀嬌（時正青燕填巢，斑鳩呼乳，而靜宜園晨鐘喚人，一時曉幕揭，眾聲動矣）。四顧無言心欲定，靜宜鐘響出林喬。右欄閒倚誦新詩，自脈嵐光映晚曦。笑指玉泉渡雲影，半山亭下立多時（余曾作香山詩，有樹陰迷石腳，雲影過山頭句，正在諷咏，適有片雲清影遠渡玉泉山頂而去）。晚峯相坐興偏饒，樹影燈光靜不囂。好是半山亭子上，一天涼月話中宵。

【兩日游香山，重別誌感，即示內子紉秋及孫氏淋清美清姊妹】拄節結侶趁晴光，聽法松前又夕陽（"聽法松"在舊香山寺石階兩側，樹甚高大，寺早圮，今爲香山飯店。松前石階右側刻聽法松三字，左刻日下舊聞考云：香山寺正殿門外有"聽法松"，其"聽法松"三字鐫之欄上，爲二十八景之一。今松猶在，而石欄鐫字已無考，因補題鐫，以彰古蹟。壬申六月海城陳興亞）。過客漫嗟來日短，終朝祗爲看山忙。畫欄棲月高憑却（曾到棲月山莊品茗望山），玉笏穿雲遠度將（"森玉笏"山高處峭壁名）、指點林亭重惜別（昨歲余同章媳亞子孫氏姊妹曾來並攝影）、晚鐘聲裏立蒼茫（時同立夕陽中望山悵然）。

【碧雲寺】晴明小作碧雲游、振旅同登最上頭（同往者凡十人）、滿耳松濤聽不盡、又從龍口看泉流。

【赴普覺寺途中同內子級秋及孫氏姊妹（普覺俗稱卧佛寺、蓋唐之兜率寺也）】夕陽十里香山路、兜率探奇悅性靈、驢背風光憑記取、一鞭便得得萬山青。

【頤和園品茗攜內子級秋及淋清美清姊妹】湖上長廊繞翠微、湖山高處出清暉（品茗於佛香閣）、珠簾畫棟開三面、瓊樹瑤林照四圍（時頗有品茗於閣上者、神姿高徹、如瑤林瓊樹、見世說、以之比淋清美清姊妹）、萬壽西容雙閣立（寶雲、五芳二閣、正在余輩座西）、昆明南望五雲飛（由此可望昆明全景）、笑余數作游仙客、更欲誅茅老不歸。

（這些是民二十六——一九三七所作。前述同劉戴上妙峯山、就是這年舊四月間。因為頭一年我的老伴帶着我的女學生孫氏姊妹來了一趟北京、這年孫氏姊妹便極力攛掇她母親孫二太太上北京、並約着老師和師母。適巧孫二爺的至友劉大爺和太太正來天津亦要上北京、於是不能辭托、我夫婦就一起答應了。我因同劉戴預先約好上妙峯山、遂在起行時、我同孫家走、讓劉戴同日單走、劉雖上路不熟、戴是常上京的、可以照顧他、並約定他們去三元店等我、我到京鋪排好、便去找他們。及至我到京後去找他們、偏偏三元店沒有閒房、帶他們到柳樹井才找到一家甚麼店忘記了、因為當時正是妙峰山佛節、差不多行常的店都住滿了香客、我們算是將將就就的得到了一個小間、好待上一天、聽說夜間三點多多就有車由柳樹井專開到妙峰山下、我們託店裏搶着買到三張汽車票。劉戴行李預先託存在三元店、我們下山後、他倆算在三元店住了一兩天回津。我便合在孫宅的羣兒游了上寫詩裏的各處。孫劉兩家是住的一個大的旅館名字早忘了、館下還有舞廳。我的老伴跟孫二太太住在一起。這次孫氏四姊妹全來了、我的學生以外是文清、梅清。游北海有文清、餘處是全體，共計十人。別香山後我先回的津。紉秋又同孫家去湯山游了兩天，才一起回津的。這年我的另一個女學生王貴馨亦隨她父親上京，亦要游香山，並打算逛八大處。他們晚去了差不多一個月，先去了三海和頤和園，就聽說宛平縣城裏不斷有日本軍人同當地駐軍"找斜碴"，風聲不好，趕即回來，不三四日"七七事變"起。）（上寫碧雲寺詩注裏說十人，有孫二太々的父親鄧三老爺在內，鄧是妙峯山娘々頂靈感宮最高的執事人之一。我這次上山前，孫二太々和我的老伴連孫氏姊妹，都想上山，劉大爺和他太々亦想去，我在山上同鄧說了，鄧說"好，讓他們開々眼吧"。及至我們下山時，聽說有一位太々坐爬山虎在某條山道一個難走的轉彎處失事，坐的抬的共三人全摔下山澗……。這事我同孫家母女一說，算打退了念頭。鄧在山上廟裏等了兩天急了，自己下山來找，遂同游了香山碧雲寺臥佛寺。）（這年我正五十歲，我的生日是在舊曆十二月二十五，我很憤氣的作了一首"丁丑五十自壽放言"，用上聲四紙全韻，裏邊有"丁孩艱苦五十年，放眼人間盡怪傀，睽々窺人宗鄰子，鋤仁滅義壞綱紀，烈火炎々起同軌，鬼神泯絕古無史，天人致誅誰為此，遭斯荼毒命為委"等句。這次天津和北平最先淪陷，日軍一佔天津，先掃滅了河北博物院、商品陳列所，因日軍由天津北站下車，院在東站東，所在河北公園，兩處全是搶空後駐軍。這時嚴華早死了，博物院是俞品三幸而逃出，陳列所長某為日軍捕去，從此無消息。接着南開學校被轟炸上平。我家那時正住大平莊，就是前述代孫月如寄曹汜橋詩裏所說的蘧廬小樓，距離南開極近。迫不得已，我全家移住法租界二十四號路孫傳芳的一個舊宅，這是孫二太々借的一大所避難的宅子。同住的我家之外，有二太々的許多親朋。每天吃飯差不多十人一桌，吃七八桌，飯食的提調就是一起去香山的那位劉大爺，那時全吃的是孫二太々家。我家實在不忍，才自己搬出，住老西開福蔭里一個小樓上。接着日本要封鎖英法租界，強迫在英法租界外作事而住在租界內的，限三天遷出，否則停止你在租界外的事務。時符兒是河東大王莊一個小學的教員，亞子媳是西頭慈惠寺小學教員，三天內那能找到住房，唯韋亞子的親戚楊家有兩間客屋算借到了，就是到今天一九七〇年還住着的屋子。匆匆忙忙的他們夫婦帶着三女智元和出生七十天的開元及他們應用的一切搬去楊家。我夫婦這裏是大孫惠元、二孫真元、四孫女士元，從此我個人算同家裏分開了。後來老伴死在老西開，孩子們歸了他們父母，我在女學生孫淑清家住了整整三年，後來才搬出，借住到廣智館的後院小樓上，這就是城西畫會我教過畫的小樓。行兒方面始終找不到房子，孩子們在夏秋間就同我在小樓上住。直到解放後，我才找到現在我還住着的所謂小影巷大寺前十二號，行兒亞子媳住的是清真巷一號，相隔不遠。）

【夕登樓有作用太白蜀國多仙山詩韻（時在封鎖中】佳夕登層樓，北郭悲群匹。塵烟迷望眼，愁景那可悉。中原聳孤塔，如錐刺天出。西指尤溟濛，歎乏飛仙術。窮寇踞妖魔，毛髮動瑟瑟。終南徒利劍，戈者空矰畢。魍魎白晝行，骨肉紛相失。何以慰心情，淚睫對西日。

（時我住的西開聯興里小樓，開窗北望西望全是平房，只有中原公司的七層樓高聳像塔，這就是現在和平路上的百貨公司。西北烟塵溟溟中，像是有我的兒子兩眼望着我這裏，也儼然嘗到思子臺夕徘徊的滋味。）

【乙卯雜事詩（時在封鎖中，然詩成非一時，顧字字真也。一九三九）】坦途竟比蜀江難，雁字重排萬首攢。咫尺可憐天樣闊，中原何處化望夫山。

（此是法租界交界處梨棧之景也。時梨棧為封卡口之一，過路人無慮無慮終日，且不得過。北望中原公司高樓，直如海上仙山。）

程門立雪嬾前蹤，片紙誰能關節通。日曬潛王緣底事，銀河隔斷注盈盈。

（凡屬交通之處，無分鉅細，咸為封卡。人立如山，驕陽在上，心急日灼，苦不可言。）

朝朝一致問殊途，衆望如歸道不孤。惟願恢恢疏而漏，那希鐵網出珊瑚。

（殊途者，心目中日盼之易過處也，或當昏夜侯守人疏忽時躍過之，或鑽過之。（偶有僥倖，然危險實多。）

乾坤分隊賭身輕，依樣同將衽席登，誰氏阿嬌初解脫，羨他出衆得先乘。

（許通過時，男女分行，各限人數，卡中鋪席，須脫履經過，并解衣驗訖，始得過焉。且過者人々羨，未過者人人感也。如此無僕終日仍不得過。）

弱質曾經鬼手馨，大仙赤脚敢生嗔，縱然忍淚人前說，雜事何堪瀆秘辛。

（喝令解衣者，率為日租界巡捕，解衣後由其摸查久々始得過焉。又派女巡查摸驗過路女子，無女巡查之處，男巡捕為之，不堪言狀。）

喫腸喫肉說荒唐，禽語能通公冶長，盡痒一言天地判，先生畢竟不尋常。

（身佩徽章，再略通日語，鞠躬而前，陳述事理，無得過焉。真者固然，冒者亦或得僥倖，以者無人前自詡，實為不堪。）

連肩什伍話生春，捷足南天過此塵，欲得箇中真識見，大家須問過来人。

（此章即狀自詡者之醜態，添枝添葉，誇示人前。）

不數天中市禁屠，也曾彈鋏賦無魚，米珠薪桂尋常事，令節徒教鬼畫符。

（節日不得肉食，只可素餐。法人某同日軍交涉半日，至夕始得允許，由卡口載来鮮肉鮮魚一車，在菜市前，不片刻售盡。）

閘門埋接似々排衙，鵝鴨新班靜不譁，腕上封題真異數，男兒亦要守宮砂。

（衆排卡口，有候至更初仍不得過者，日方巡捕則於其人腕上畫等數或印捺戳記，以為次晨能儘先過卡之證。）

大道生財回力球，虎班競買認寃頭，數成十進偏餘尾，候選依然未入流。

（河東回力球場前有西人所備之汽車，可載人通過卡口，每人代價十圓，然車只裝十人，不得增一，後至者空費十圓，仍不得過，通融無濟也。）（回力球場是當時意人所開賭場，今為第一工人文化宮。）

（以上詩共十五首，這裏摘寫的是主要的些個，由這文字裏看，雖然詞句調侃，令人哭笑皆非，實際上使人髮指的事，筆不勝寫，到現在回憶當時，真是人間地獄……。接着就是蔣匪掘花園口大水淹天津。）

【夜坐（天津淪陷三年矣 一九三九）】室暗無燈火，憂惺坐深夜（時正防空），汽笛聲擾人，探照高空射，陰晝鬼蜮行，永宵妖異詐，何時天放晴，萬姓蘇中夏。

【大水來 仿李太白"戰城南"詩體并步其韻（一九三九）】千尋鎮封沽南，千里水漫城道，汽笛慘叫波衝天，小民生命何草草，逃上高樓望，頓使容顏老。精衛無靈不銜木石，坐視滄海排浪摧桑田，子負其父女抱母，跣足跋涉哭慘然。濁流高不息，人命不待時，滅頂在俄頃，赤手相望空兩悲。月明衆聲寂，浮屍叢掛水上枝，明朝炎日浴，血出臭氣，四塞將胡為，觸殘腸破，蠅抱黑，我雖未死將何所之。

【後大水來 前章意未盡，茲補出之】大水來，一瞬汩汩流來濁黃湯，二尺三尺高，眼見四尺五尺聲洶洶。牀前兒女號赤膊，急負上重閣，水已上牀，又漫天窗，猿攀出簷，房上暫藏。遠近嘶嘶，呼母叫兒，萬手出水聲漸微，死者沫沫浮水際，生者驚心突突相愕眙，生死轉眼中，禍來難趨避，死者無聲生者悲，餓無食，凍無衣，生者漸瘦死漸肥，死者坦然生何歸。

【水居紀事 時寓福蔭里，戚好避水來者幾二十人，患難相守月餘】我家深巷中，水來幸三尺（他處有水高五六尺，尚有高至丈餘者），夫婦額汗流，門前塞磚石，小樓差可居，暫容無家客，粗食供一飽，少勝坐無席，對室一矮椽，上樓風露眠，急雨高無遮，炎日半身赤，自言山東人，避兵鹽山適，鹽山逢大旱，展轉儒津籍，為傭才幾朝，又罹洪水厄，據此命得全，欣免出流扼、雖受凌暴侵、遠勝魚腹宅。我聞慰且甦、居安死不格、恨無回天手、點水成二麥、剪害蘇犂張、萬姓慶加額。

[水中楼居]大水湯沽城、湮没萬千户、流離無楼所、沈淪誰安撫、何堪憑高望、墟市成烟浦、小楼得聚息、有食敢云苦。

(大水之来正在夏秋間。水来的那天午飯時、突然聽見警笛声、至下午三点多、街上人聲喧嚷、趕即出看、街一現在的西寧道上水順着街邊泊泊的由西向東来、一切人男女老少携男抱女都哭喊向東跑、許多車輛坐着人和傢俱亂穿插着。我住的楼下一家、前兩天搬走門鎖着、這時来了幾輛車到門前、車上人喊着老二奶奶、一看是從賢夫婦、曹家斌母家、曹大舅、劉湘一家等等、都携着包裹麵袋、老伴迎着大家上楼、這時水已進了巷。從賢和曹大舅都說、我們原車回去再拿點東西来、及到這裏楼上剛安排好、從賢和曹都一頭大汗空手回来、說他們住的胡同水都滿了、進不去了。這時我和老伴連忠元、真元兩小孫忙着用磚石堵門、幸而門对面墻根有好多磚、不知誰家的、老伴一面疊着磚、一面招呼楼上大家做吃的。所好自来水、管、茅厠、楼上都有、鍋灶亦都在楼上。這時砌大門的磚剛到了三尺多高、水亦跟着高到了三尺、小孫們無法再運磚了、趕即爬進院、幸而院裏没水、這時已經快八點了。老伴調派着把晚飯備好、搭上活腿桌子吃着飯、曹大舅說、老二奶奶這要不是楼房、離着咱住的又不遠、咱上那兒逃、曹六太太一家斌的母親說可不是、我現在心還跳呢、另一位老奶奶曹家斌的鄰居又是親戚、我現忘了她姓、帶着兩個女孩、她說我這亦来借光、没法講了、老伴客氣着、從賢開開了電燈、忽然真元、士元在楼梯下嚷奶奶說院裏水井冒水了、我趕即下楼、用小洋鐵罐淘着水到門前、隔着壘的磚、潑了兩罐水、回到屋裏楼梯下、回看院裏水差不多要和磚外的水一平了。吃完飯、没等收拾完畢、忽然電燈滅了。我趕即到我屋裏的畫桌前、拉開抽屜、摸出洋蠟、火柴點上、從賢笑說、要不是老二爺畫畫常用蠟烤顏色、咱們要摸瞎一整宿。……夜裏那能睡、床上地上人都滿了、我在畫桌上正是窗前、内外一片黑……。轉天一看、水進了楼下屋裏、没了一磴楼梯、我同從賢劉湘從樓上另一小間找出兩三條木板，由樓梯下第二磴接搭到大門口的碑台上。這時水便有些臭味了。我用顯微鏡檢查鐵罐的水，奇奇怪怪微生物有好幾十種，大概只認得幾類，我用鉛筆大致的描出，這是難中的一個好紀念。及至再用鐵罐撈水，便有難聞的味，再檢查一種生物亦沒有了。如此在水裏一個多月，水才漸退。有的地方是用機器吸水的力量才把水排淨。由這次經驗認識出，現在的勸業場、濱江道一直南下到墻子河一帶最低，當時這些處水深最低亦一丈多，南市、南馬路次之，亦六七尺。西北城角一帶最高。現在我住的這方面完全平安，沒受水患。我的一個女學生陳綸馨，她的競存女學在當時的耀華里附近，她住學校樓上，那裏水深一丈多，兩月餘水才退淨。老西開安寧里周圍地較高，那是現在四平道一帶，我住的福蔭里是現西寧道方面，亦算較高，所以水才三四尺深。安寧里周圍當時成了孤島，人都擠滿了。）

【安寧里】安寧之里誠安寧，如島出水高亭亭，獨堪濁浪排空起，宛若孤山聳翠屏。沽南皆殃此獨幸，不須舟濟拯伶仃，一時庇護數近萬，鳩形鵠面紛拘囹。是時我居福蔭里，小樓家攤成居停，惡水四圍不得出，萬蠅扇臭秋風腥，餓犬吠詹瘦見骨，淹鼠漂水膨其形，遮天大蚊聚毒霧，飲血腿蟲紛來庭，坐穢處腐越一月，才如蟄燕舒其翎。他方萬屋猶在水，又經匝月始引涇，眾擎易舉除大厄，速如以手折枯莛，巨鋼鑄管作鯨吸，純用格物非天經，計日桑田出滄海，徒步又克臨郊坰。今之我來安寧里，心舒意得如逃刑，著書南窗淚我舊，春來又見草青青。

（一九四〇之春，福蔭里的小樓換主，我不能不搬家，簡直找不到房，至終找到安寧里，同一個李太太家合住三間房，一家間半，堂屋裏靠近李家那半間，桌上供着李太太丈夫的靈牌。偏偏那時我的畫事極之忙，屋裏伸不開手，屋子間量又小，李太太把堂屋的她半間讓給我作業。以上寫的詩就是剛搬來時作的。這年六月十九，老伴就病死在這兒。當她死後入殮時，是六月二十日晚六鐘，外面正是英法租界開鎖，所以我作了一首五律，題是"開鎖"，有兩句是"萬眾欣開鎖，吾鄉正蓋棺"……。很麻煩的把老伴

接下A

66

B

【癸未春去印月簃東上，率成三首，即示月如女弟】其一、慰我種花蒔草、三年印月簃中又是一場夢醒、臨岐淚溼臙紅。其二、月夜談詩共奕、雨窗煮茗讀騷、當時備覺有味、而今剩却無聊。其三、回憶雲烟過眼、超来無限愁新、祇有卷中書畫、記牢過去皆真。

（我住孫家時、由淋清的母親孫二太太及淋清姊妹待我儼同骨肉、我視孫氏一家亦不自外。別去時當然、彼此有一種悽惋、但我住廣智館後樓仍行賣畫、孫及其他女生仍行常常来館、我仍常常去孫家、甚至解放前我全家避國民黨陳長捷的兵禍、逃到孫家、後来淋清結婚、彼此仍不斷来往。）（我在孫家三年、始終編纂工作沒間斷、製植物標本的事更行積極。因在孫家住時、正合舊諺所謂"有子萬事足，無妻一身輕"。許究方面生活用不着我去關心照顧、他們對我在孫家亦非常放心、而且我自己亦常常重視自己。所以專心致意對我自己所應為的事——賣畫、教畫、編植物名彙、及求植物上的知識、製植物標本、比我以前抓撓會来搞出方便了。當時我手下有日本的園藝植物圖譜及仙人掌及多肉植物之栽培智識等、我每每對書發嘆、不出說栽培、我甚時能看到真品呢、這時是部分的可以見到了。一則日租界壽街——現在的興安路有一個"天津花園"、是一個日本婦人開的、賣的"盆栽"和"切花"多由日本輸送来津、比天津舊花鋪種類不僅多的多、而且培植上、剪切上都非常合理、買着方便。二則國人當時對仙人掌及多肉植物有一種狂熱、於是不只花鋪玻窗裏陳列着、街上擺小攤專賣的亦很多、全數是從日本販来、並且這類可由郵寄、當時我亦常由郵向日本專賣家定購。所以在孫家住時、院中種了藤蘿、爬山虎、萱草、鳶尾、菊花、蓮花等應時到節的普通花樹、室中案上的切花天天不斷、全是我同孫去天津花園按節買来、先供觀賞研究、將謝時壓製成標本。仙人掌和多肉植物皆是盆栽、並對他畫圖、其種不活的則亦製成腊葉。這三年多我這方面的成績是太可觀了。搬到廣智館後樓、我培植的掌類及多肉植物還計有七八十種、後来除贈南開大學一部分外、在陳長捷兵禍時、全數毀了。）

【獨夜聽雨聲不寐（時丙子亡後三十六日余之女弟子孫月如之印月穆）】獨夜憐霜鬢、何堪更聽斯聲、愁共訴點、淚同滋、涼意透虛幌、此情入暝思、滅燈天近曙、依舊夢難期。

【伏中霖雨夜涼不寐起而有作（丙子亡後四十九日）】儘教擁被聽、更籌反側中懷集百憂、已是一宵如一歲、況當三伏似三秋（時久雨頓涼夜擁重衾）、狂霖欲住偏難霽、好夢期成轉謬悠、卻起開窗作閒詠、蟲聲喞、伴清愁。

（我還愛作詩詞的、不管好壞、對老伴死了那能不作悼亡詩呢、自然是要作的、而且續、叨、同婦人哭天沒有兩樣、我作了六首、題是"哭亡妻紉秋"、句子裏當然是無限悲痛的感動人心、但到現在已經事隔三十年、似乎不必再題了。還有紉秋死後五十八日、我晚上正同孫淋清念長恨歌、孫說老師不亦可以給師母寫一首長恨歌麼、我說可以、遂步着韻作了一首"悼儷詞"、彼此當時誦讀了好幾晚上、那更是叨、嗦、的沒完、似乎更不必絡、索、的抄寫了。所以只寫上面兩首、箇中滋味、亦就可以推想了。）

【蝶戀花】又是黃花重九近、佳節空佳人自無佳訊、短髮自搔愁對鏡、一聲孤雁添愁韻。滴瀝雨窗眠未允、強自矜持閒恨偏來恁、舊事一痕心上逗、輸他案上燈花穩。

（這是一九四〇快到重陽節雨窗睡不着覺時寫的。偏、又是雨。我真嘗夠了雨中滋味。大約那年亦是雨水特多。）

【小病歸來、印月穆對茗、時正秋風瑟、細雨敲窗、余憂病微瘥、別後頗增秋感、悄然不寐、寫案頭未竟芭蕉、岑寐中得此一截】眼中秋色伴蕭聊、病裏愁腸豔茗澆、別後上燈無那悶、夜涼風雨畫芭蕉。

（這是那年重九後小病支離、心緒惡劣、微瘥後與孫家姊妹去了一趟寧園、歸時會於勸業場後一西餐館、上燈前與月如茗談、久之、月如勸我早息、遂別去。晚因夜雨不能睡、遂把擱了兩三天沒畫完的畫件找補齊了。那

接下C

68

接前A

入了葬。按天津風俗,居鰥叫"鰥棍",鰥会光,房東是不賃房给"鰥棍"的,同室的鄰家是守寡的,自然埋老伴以後就得搬,只好把小孫們交還他們的父母,我去借住女學生孫洲清家。那時孫住法租界賦壁里,我於是連我一切生活上器物如畫桌、書櫥等全移去她家的客室,而就是我給她起館名的"印月簃"。白天一面我作畫、一面她習畫,晚間她怕我悲傷,伴我到十點,我就給她講唐宋詩詞、講離騷、漢賦以及各代著名的文章。畫的方面,原先她光畫仕女、現在我把其餘一切都教了。因住在她家,她的舊同學從我習畫的来了好幾位。我在孫家整整住了三年,到一九四三春天,我才搬到廣智館後樓,於是給這後樓挂上一個横額叫"望月樓"。臨别時,孫甚傷感落淚,我寫成了三首六言詩,現記在下面。)

B

C一夜簡直没睡。轉天早晨,把桌上馬扶羲畫梅以及上夜来寫的這詩,给月如看,月如很規勸我一頓,說我太自己糟蹋身子。)

【新購吉野櫻於燈下初開一花,且下垂相伴,兩萼微吐,極其嬌艷,喜成二絶 一九四一】昔年上野曾相識,今日移来小盎栽。祇為愛花心太重,挑燈不睡待花開。江梅韻格海棠柔,看取盈盈一段愁。座上東風吹未緊,問何事便低頭。

(日本東京上野公園吉野櫻特多,為明治五年由染井来的藤野寄命氏所種,故又稱染井吉野。大正三年四月我在東京,正值花開,一時萬樹紛紅,實為三島生色不少。此種先花後葉,花三四朵一攢,嬌姿如海棠,而色韻如江梅。這是我同月如由天津花園買来,是新從日本運来的,每盆售價三角。)

【製吉野櫻標本】今年才得真標格,昔識藤翁上野栽。莫笑鰥生新識寡,亦從徐市隊人来(余赴日時同行為徐克煌)。

【癸未紀事詩(情真句俚,環境使然,聊賦打油之詩,藉作送窮之什。諷詠間出,啼笑皆非,可嘆也。一九四三】(時居廣智館後樓)

69

二毛輔幣市糖糟，飼得雞肥蛋有膏，祇為粃糠難下嚥，烘雲托月佐來高。

（久歎無魚，遑言食肉，粃糠下咽，舌本難香，所賴舍飼二母雞，尚可日得兩蛋，供一家八口之用。然必喂土糧，拌以製麥糖所餘之糖糟，雞始肥。"烘雲托月"指煎雞蛋也。）（鬧水時，日本對英法租界的封鎖失了效力，水退後，便未認真繼續封卡，至一九四〇六月二十日晚六鐘實行開鎖，人民方鬆了一點心，而日軍又有新的苛政，平民不許吃大米，家家要獻銅獻鐵，夜間隨時查戶口，捡查反日的書信文件……。）

食是民天吃打頭，而今易粟竟無由，羨他藏穀稱豪甚，大道居然富可求。

（貧家日望購求數斤小米，弗得，每咽粃糠，而街上時見官用品之米麵，袋裝纍纍，汙邪滿車，所謂官者有日有中，然中亦日也。）（是時各家米麵鋪沒有米麵，擺着糠粃摻合麵及發黴的豆餅，隨時配給。）

陡聞深巷吏呼人，道是官家夜出勤，那識開門真揖盜，探囊發匱幾驚魂。

（官家以值非常時期，查戶口，驗居住證，一日多次，有時不分晝夜，而真盜亦以是法賺居戶開門入而肆掠，所謂真盜，皆與官役日捕通聲氣，所得無分鉅細皆均之。）

咀嚼真難剛克柔，箸無下處賴磚頭，漫言草草非吾食，下走從來號馬牛。

（霉壞之豆餅，須破為斷塊拾食之，不須箸也，既乾且堅，甚難嚥，決必須緩緩浸以唾液，細嚼嚼方可嚥下。）

糞地能教稻麥肥，而今代用百千回，誇它富有維他命，何事人偏命不維。

（代用食種種，豆餅，陳敗，苦硬，至難下嚥，而望望文告，誇謂富有維他命、并不弱於米麥、乃食者所得效果、只有上噯而下瀉、御之久〻、腸胃益傷、嗟〻民生、天何言哉。)

斗聞何處物平沽、片刻真成賬粥如、攢動萬頭通塞変、有行且莫出其途。　一雜和麵之高級者。

(民用既荒、一聞某處平售雜麵、則爭先恐後、蜂擁而來、每〻自朝至暮、途為之塞、待久不得、鋪被過夜、俾可次日先得、挨饑受寒、真苦哉。)

肥料加餐竟不肥、浩然下達似〻沉雷、人前市尾聽來遍、掩鼻而過敢望回。

(代用食糧全屬飼陳豆類、磨粉摻糠再蓋豆餅、於是下泄之氣再三鼓盪、街市閭閻此〻呼彼應、遂致不可嚮邇。)

箱籠無鎖任搜翻、獻出鐵床打地攤、最是毫端深忌諱、獄興文字勝康乾。

(無明無夜突然以查居住證為名、翻檢書報雜誌、遂至片紙隻字、如有可疑、便兩遭殃。)(當時獻銅獻鐵甚至門環鎖頭凡是金屬、皆須摘下送去日軍指定地點、鐵床送後、夜間只得"打地攤"睡眠。家有舊書報等、皆燒棄或掩藏、惟恐上有反日的舊記載、被日軍查出、便捉去以酷刑處死。我的"五十自壽放言"等、都是藏在炕洞裏、莫沒被抄出。)

門前置甕水盈〻、標出防空義太明、懊惱西風添把戲、偏教腹裂水晶成。

(各家門前以缸備水、標以防空字樣、凜遵文告、弗敢差池。乃一夜北風、水凝缸裂、效用雖失、依然陳設、冰塊缸碴、實為限甚。)(當時夜間不許點燈、全城一片漆黑、日軍方面探照燈徹夜空搜、怪聲時起、使人不能安睡。)

應付非常且倒輪、火鐮火石菜油燈、吸煙或以盤香點、否則搓煤用表章。

（應付非常時期，且聞倒輪怪象偲偲，咸成趣事，细描一一，拙筆何勝，姑拾纖情，用當煞尾。表革紙者，用以搓紙煤着火，柴不許用，代以火鐮火石，以及菜油之燈，皆五六十年前舊物，今則大事提倡，奇極，趣極。）

（以上詩共十三首，此處寫了十首。這是當時日軍對"華界"居民的辦法。對英法租界居民，祇是夜間不許點燈，食粮供給限數，没有獻銅鐵、查户口、查書報等事，所以我住學生家時甚安定。那是日軍以英法租界劃歸原日租界，以算是他日本的領土，以外稱"華界"的是他認為对戰敗國的佔領地。我離孫氏後，一切見聞，全是另一世界。所尚可較為安定的是兒子居住的所謂西頭，日軍給了一個好聽的名稱"良善區"，查户口等不太嚴厲，所以我能安然住廣智馆後楼賣畫。編寫"植物名彙"亦有進展，而且由查检植物新舊名稱先輯成了"詩草木今釋"。雖然如此，但是中心悲感，鬱於不可遏抑。）

【夜起書憤】以力不以德，魑魅白晝闖，手之三寸鋼，寧死不為惱（指心惱）。無端遭殄滅，冤血千年鑑，哀兵終必勝，至義應無慊，彊忍侍衆竭，臯肯何容懺。

（这是一九四三的一個冬天晚上防空時在望月楼就着月光寫出的。一個時時刻刻工作不肯空費光陰的人，硬教他黑了燈閒着，簡直是坐監牢咳。）

【潘氏兄弟来自蘇，云南中稱華北為"淪陷區"，慨成五律，為轆轤體，寫之意不能盡也。一九四四】淪陷區中已八年，強依翰墨結空缘，舊交共感半生死，新境聞愁五播遷（丁丑夏秋避難依孫氏，寄居舊法租界今興亞三區二十四號路，後移西開福蔭里，又轉安寧里，先室亡後居孫氏印月簃三年，今又来城西廣智馆之望月楼），鑿地竟成蛙蚓窟（日軍挖防空壕），飛天直是往来船（日軍飛機），問魚何得荃先失，蟫蟻徒勞不值錢。自甘修綆守枯泉，淪陷區中已八年，避轂無方憐白屋，補瘡何計問青天，鮫人半作沉

72

（日軍已呈敗相）

渊然商女猶傳從柱絃、偽笑那能却真苦、度生誰與説超禪。巧避緬懲巧盡懲、狐狸狐搰尚依然、罕羅甚上應三哭（孫綽望海賦"甚嶼與錦邈以罕羅"。禮記"有焚其先人之室則三日哭，故新宫火亦三日哭"）、淪陷區中已八年、貪效摸金施偶巢、狂徒黷武費鑽研、於今竟是燎原火、會看神州變赤田。太平彈雨悵迷天、東顧西瞻億命捐、匝地全無乾淨土、避秦難訪廣寒仙、常平倉外皆三盜（三盜者繳殺大夫非所取而取之，君辟中國之正道以襲利，見穀梁傳）、淪陷區中已八年、無可如何擔萬苦、總希寰海靖烽煙。杜甫空吟百慮牽、任他隻手蔽空天、掘苗畢竟難成活、圖影終歸未盡妍（見山谷題跋"圖形於影未盡捧心之妍"）、漁奪不蠲寬鬼蜮、敲私直逼個夫錢、嗟余逐事皆生慨、淪陷區中已八年。

（潘氏是孫二爺的朋友，避難時同住法租界二十四號路。潘氏二子後回南。一九四四春夏間來津，那時日軍已呈敗象……。）（日軍敗後，國民黨來，民間疾苦不但未得少行蘇息，而一切變本加厲，更甚於日。藉搜查漢奸於言文方面酷行檢索，像我這變動筆的，只好除偏彙和考據點甚麼外，專门賣畫，甚麼詩呀詞的只好擱起來，個"徐庶進曹營一語不發"，如此亦還免不了用畫畫應酬應酬，由此才認出來"虛名"亦是要不得的。好不容易挨過了三年多，眼前一切氣憤只好咽在肚裏。那時全國中凡是屬國民黨權力之下的地方，無論金銀，全要收歸國有，國就是蔣宋孔陳。於是那時所謂外行家的闊金客們全慌了神，希望手裏所有趕快脱出去，别由不獻給政府查出來受罰或定罪。所以市上金銀的牌價尤其是金，一天不如一天的向下跌落，而相對的物價尤其是食品一天比一天上升，即用我的生活説，一日之中早晨手裏的錢不趕即買物品花出去，到晚上便成廢紙。人心惶惶，簡直不可終日。那時的早點一個糖皮一油條的一式上有糖，不到一兩重，價值是一百二十元，而且不能保晚上還是這樣價錢。……平常一封信貼五分郵票的，這時貼孫中山像郵票，是票面原印貳拾元而改作一萬元的，這還不是止境。由此到國民黨蔣政權的崩潰前夕，錢票的票面價值在新疆發行的是六十億元。由今追昔，想想那時小民在昏天黑地妖魔鬼怪的踩踐下，怎樣又渡過日本投降後的這四個年頭……。）

【端五謠 一九四六】端五節，節端五，太平龍舟競，簫鼓岸上喧，笑人如堵。小買兒食粽才一錢，大家小戶皆喜歡。今朝一粽錢一萬，有萬難買半袋麪，國內國外皆兵亂，焦頭爛額說休戰。端五節，節端五，不太平，人民苦。

【所見四首 徒手任營，投機得意，埋伏十面，福利雙收。謂好夢方長，驚昭蘇於俄頃，寶寶不成片段，三窟枉用心思。點金雪融，靠山冰渙，挽權之術，搔首書空，不圖數載奇貨居乃尔，一朝奈何木也。又或曩病其少，今患其多，愁穰穰滿家，希紛紛脫手，不可活也。竟如是耶？遂就所見略記之詩。一九四六】大道憑空機會来，朝由徒手暮豐財，摧殘風雨如何事，避債無由高築臺。會見金夫不有躬，偏教五木出全紅，一朝大局安排定，滿眼繁華掃地空。炙手居然勢不殊，今朝落落影全無，可憐費盡心頭血，枉自雞鳴跡踞徒。翻羨書生窮骨頭，故吾依舊卻悠游，滔滔眼底渾金客，夢醒天明各自愁。

（日軍敗象將顯的時候，日軍及日商之黑者，暗將八年搜括屯積的財物，用"金蟬脫殼"法假託給他們手下的爪牙，俾朦混一時，將来得偷運出去。這般爪牙與當地奸商向有拉攏，是以頂替的人名或商號名，方面多把現貨陳散開来，或脫手出去，易成金貨，將来攜走更行方便。不料日本投降之後，一切財物不準外運，準備查封。因而託名的人或商號，便成了物主，不在查封之內。這般甲乙丙丁……一時成了財主，而原就有名的人頭更是揚揚得意。及至國民黨下令檢查所謂富戶的財底，並規定富有的定數，超過定數的財物沒收。接着通令金銀收歸國有……。一時小黑手的金錢迷夢破滅，而金錢美夢落到大黑手的蔣宋孔陳。）

【危屋 一九四八】自從津沽陷日敵，窮家南北痛分析（日軍將封鎖

74

英法租界勒令有事於城廟方面者、限日移城廟、否則停其職、蒋兒亞子媳皆任教城廟左近、乃急迫中借到現住梅氏老屋二楹、直至今日無法遷移）憂心煎熬、老妻死、兒孫不得朝夕覿、流離轉徙我三遷（妻死後由安寧里遷出、依孫氏、今居廣智館後樓）兒借梅氏依破壁、夏雨冬雪將十載、危屋群棲驚惕々、墻欹漏雨余為塗、承塵紙破寒風刮、枯坐頻吟杜老詩、兩目眩々心感々、我吳此萬家更有哀鴻陰幕々、安得排空霹靂手、撥雲見日拯群溺。

【戊子舊中秋夜作 一九四八】佳節素餐無肉、清貧負好秋光、樓外空懸明月、樓中穩睡兒郎。

（這時小孫們都同我住廣智館後樓上、小孫們是惠元、真元、智元、士元四）（樓名"望月"我當時曾書額懸之墻外過者都可望見）

【晨起澆花後刻編彙、午後揮毫、晚來講學忙々、竟日忘卻吾老、人生如此過活應知慰矣。五月十三日晨興、得此一解。一九四八】朝々作答花親戚、日々相呼為弟兄、一派真情供我識、兩般殊害為他驚（指花木之病蟲害而言、有所見急為整治、否則為害之速、足令心驚）、老雖將至猶朝氣、人果相於自熱誠、小字校讐還作畫、可能終慰有涯生。

（這時我於日常所事之外、又去東門裏崇化學會為各學員講我所輯的"詩草木今釋"。向來講詩經的、於文中所引的草木、多數認識不清、甚至種々錯解、誤人實甚、即如第一首"關雎"上的荇菜、一般就未曾實見過、講時只用書本參考、東拉西扯、十之九張冠李戴。我講時、在黑板上畫實物詳圖、名稱亦今古溝通起來、并指出詩上所有、全是在當時實用上是切己的東西、只是名稱古今不同而已、不應猜想附會、以古名的字面各別、遂認為古有今無……。）（寫這詩的高興是因能對衆講到我多年研究植物的一些效果）

【臥讀"蔣維喬盤山紀游"感作 一九四八之冬】上盤松、中盤石下盤泉，引我神往，誠繾綣然。時我擁被擁書，吟不已，與酣甘大吼轂轆起。半生可惜，真男子屁股不離方足椅（指賣畫）。年復一年，坐待死。行物蔣維喬、舞文弄墨相招邀，竟使心如止水〻我。乃是大風捲鴻毛，思躍〻兮魂飄〻，恍若置身田盤之上，撫松倚石，來聽泉流聲瀟〻。訇然槍砲大聲作（陳長捷方所謂打靶），頓生歛神入窺，意蕭索，不見松石泉，但覺大地之上人無田園，鬼無宅，死屍縱橫壓阡陌，戰火四圍相促迫。我欲挽天河，洗戰空，言無補，亦何有大力安得降魔手？伸拳搗空氣，頓足繞屋走。彷彿耳邊有人譏我傻，笑我獸手無傳雞之力，如兩老手思，有心無力行為哉。上盤松已不復見，當日之鬅茸早斫為柴燒烘〻。中盤石處〻掩藏，不速客荒草如毛骨堆白。下盤泉，填腥羶碧磷，赤血相勾連，天陰月黑光熒然，毒蛇猛獸於此出沒將百年。而況兩〻今日困守沽城，坐針氈，昂頭惟見碗大昏暗〻黑天，那有四通人道車船，便坦然臥游不應然。請兩及時奮雙拳，捶碎當前妖魔鬼怪假面具，擁真理作民氣。

（這是解放前夕我最後寫的一段順口溜。其時陳長捷的大兵到處搔擾，在西郊拆了許多民房，拆不及的索興一把火燒了，說是擴充打靶地。時我在廣智館後樓和真元小孫在晚上哄地睡了之後，我怎樣亦睡不着，起來拆過一本盤山紀游的書消磨時刻，中心非常憤懣……。）（賣畫的事亦是這年停止的。正打算專致力於編彙，又因去崇化學會講詩經的草本的關係，惹出崇化中學的龔王賓，非約我去該校給一二年級學生講動物學不可，義不容辭的去担任了二年，直至一九五一……。）

【楊柳青】村旗誇酒蓮花白，津鼓開帆楊柳青。壯歲驚心頻客路，故鄉回首數長亭。春深水漲嘉魚味，海近風多健鶴翎。誰向高樓橫玉笛，落梅愁絕醉中聽。

（這是一五二幾明嘉靖時吳汝忠承恩所作，吳籍江蘇淮安，明時稱山陽。這是我讀魯迅"小說舊聞鈔"得来關於天津風土的一首詩。天津這地方由一四〇四永樂二年建衛以来，成為赴北京必經之路，料想當時文人墨客对天津的文事記載當是不少的，惜我孤陋，所見無多。"楊柳青"是距天津舊城里僅三十里的一個鎮，地當南運河，為南北客商來往必經之地，較之鹹水沽、葛沽繁盛的多。而且在當時一般認為名稱就合於詩意。天津城北舊有地名"桃花口"，我在舊天津地圖上便沒找到，大約離城不遠，像是在去武清的道上，那裏有廟叫桃花寺，不知是誰的詩，彷彿有這麼兩句是"桃花口外桃花寺，楊柳村邊楊柳青"。楊柳青、桃花口像有人以它為題来作詩？金名山的"直法宸師歌"曾說到桃花口是前。楊柳青舊時亦稱"柳口"，是南運河靠近天津的一個水碼頭。）

【從女生王貴馨家晚歸車上偶成】晚風車上冷堪禁，新月天邊爪一痕。行盡金鐘橋畔路，萬家燈火照黃昏。

（這是我一九三五冬日去王家教畫歸来在人力車上所作的。貴馨字清清，是我族姪婦的堂妹，初學畫於李采蘩，大約不到一年李辭去。接着又請来樊少航，不到一年樊又辭去。貴馨的父遂使其姪女即我的族姪婦来我家商量，請我媳亞子去教，時亞子担任兩校功課，不能去，我遂問我去教可不可以。姪婦說她叔即貴馨的父不肯請我，現我自薦，實為求之不得，當下遂約定我去每星期教一個下午，由二時至六時。當時是一九三四年初夏。及至我去貴馨家，才知李樊二人教不久便辭去的原因，蓋貴馨的父富有藏書，復鍾愛其女，欲使女學畫，同時稍致意於文學，遂要求老師給教點詩古文辭，注意之點在"楚騷""漢賦"，李樊皆因此辭去的。李在一九〇〇前曾從張和庵師習畫未成而罷，文學極隔膜。樊善蘭石，係老教師，八比帖括之外無所知。而貴馨又極聰慧，兩師遂至無法應付。我是最大膽的，所自學亦是非常雜亂的，所以在這方面甚麼亦不怕，於是在教畫花鳥及畫上題詞之外，講了一篇"離騷"及班固的"兩都賦"，又講了賦後的"明堂、辟雍、靈臺、寶鼎"四首詩。

接着教她對對子、作詩、如此一年多、真是"教學相長"、我個人在文事上又多得了許多。如此直到貴馨結婚前夕為止、她真是文學、書畫、都有了可觀的根柢。金鐘橋原在河東小關前的金鐘河上、當時的這段金鐘河是一個S形的灣子、金鐘橋在現在元緯路對面河東小關大街西頭的河灣子上、原先這裏是木橋、叫賈家大橋、一九〇〇以後、袁世凱督直時才修建的鐵橋。以来這一大段金鐘河墊平、改成了街道、遂把金鐘橋移到金剛橋以東的南運河上。王貴馨家在河北三官廟大街東頭河沿上、所以我来去必往金鐘橋畔一段馬路、那正是天津由前明至今永遠繁華的地帶。)

【關於華石斧先生】先生名學涑、號石斧、是天津很有名的一位教育家。在前清末年(一九〇〇以前)、曾於北京辦過"畿輔實業學堂"。前說商品陳列所民二調查時的葉書甫宗謙、黃潔塵祿彭、俞品三祖鑫、以及後来到所的李貫三祥耆、楊溫輝　陳鶴侶　等、全是畿輔的學生。嚴慈約時代的陳列所辦的很有成績、完全就是華先生這班學生的力量。光緒二十三四年時、北京三貝子花園(民國後闢為農事試驗場、現為北京動物園)曾向外國定購了一大批觀賞用的鳥獸、如長頸鹿、花條馬、駝鳥……等、就是由部裏請華先生給驗收的。那時清政府上上下下、可以說就沒有認識這般動物的。據聞定購時託的某國領事代辦的、實際該領事轉託某傳教師經手。及到實物来京、該傳教師已調任不在京、所好同這批動物一同来了二個飼養鳥獸的外國把什……。後来華先生同我說、一九〇〇年八國聯軍進京、那批動物餓死了許多。由此可知華先生在當時又是一個自然科學的先進。他在那時、曾提倡在張家口北草地開荒種地、辦"首殖基公司"。又因中國那時沒有玻璃工業、他支持着周支山(原在日留學的)向日本硝子工廠學造玻璃、後来天津辦"一鳴工場"。一九〇〇年後、又因天津除舊書鋪如文美齋賣的書外、一切關涉新知識的淺近科學書籍及

78

唤醒人民的外籍及越南、印度、朝鮮、波蘭等亡國史籍、及“揚州十日”“嘉定三屠”等不能公開来賣的印品，天津完全沒有。華先生又聯合多人展轉運来，在天津鼓樓東開“有志新書局”。又在東門外玉皇閣組織“初級商業學堂”，並附設“教育品陳列館”（館裏一大部陳品，是託那時天津赴日留學的人們購買来的。開館時，我曾去参观，那是一九〇二，我才十五歲。天津創立學堂，初商就是後在東馬路的商業學校的前身。）華先生本来沒有多少錢，他推動出幾個有志於此的有錢的人，他當然亦不能空口首倡，亦得攤出一份。他辦“畿輔學堂”時，幾次向當時清政府條陳興辦實業，不理。不得已而思其次，歸齊所辦的一切完全失敗，還吃了官司。他正是伊林在人類征服自然上所指出“来早了的人”。他死的時候，他本族的叔叔華世奎（滿清的餘孽，他贊成張勳復辟，他至死帶着豚尾）送的輓聯，責備他沒有兒子。上聯末七字是“百變終須窮到死”。由此可證華先生的熱心公益而受窮的情形。華先生是同盟會的一員。民元，嚴慈約邀華先生籌辦商品陳列所時，警察廳長楊以德幾次設法，挺華先生向袁世凱獻禮，不得。一九一五民國四年秋，嚴慈約由美回来，便同華先生着手籌辦天津博物院。一九一六春我由美歸，便幾次同陳德廣（在北京崇文門裏船板胡同口開鮮花鋪，常賣動物標本的。陳信教，他會製動物標本，他亦會，並每同西人安迭生旅行打獵，南至雲貴，北到蒙疆，是華先生青眼識到的，拉為博物院籌備人員之一）出外蒐集標本，去馬蘭峪、東陵，去北戴河，去大沽等沿海一帶，並解剖鯨魚等等。又同陳布置“帕諾拉瑪”式陳列櫥……博物院開幕前，華先生又使我寫各陳品說明，又教我編貨幣說明，又帮同製“中國文字沿革表”，又同整理陳列上的甲骨等等。由此我又認識到華先生是“考古學家，是字學家”。他著有“義教鈎沉”、“山徑釋微”（此種原名不記，大致如此）、“董理文字之我見”、“說小篇”、“文字系”……僅“文字系”在他老先生死後由張德馨、俞品三鈔寫刊行，“董理文字之我見”附在“文字系”裏。其餘如“義教鈎沉”曾登博物院畫報，淪陷時院毀報停，沒登完。餘稿不知如何。華先生體弱，一九二七民國十六年夏，華先生正病痢，廣智館的林墨青趁着伏假請華先生為小學教員們講"文字系"，張德孫連夜給趕寫了一個文字系統的大表，借北大關河北甘露寺小學為開講地方，屆時全城小學教員都到了，華先生很高興，遂力疾來演講，又趕上天氣極熱，僅講了三天，便支持不住了，由此大病不起，至九月初逝世。當時我寫了一首長句哭先生，中有"宏文碩學未得展，況當國故沉淪時，昔我受知共和初，羣中無根見公遲，欣聞經綸奪前席，大計醫國無偏私，以此遭嫉幾見誣，退而窮理修文辭"……。後來林墨青為先生辦了一個追悼會，在西馬路宣講所，我又用貞卜文集了一付對聯，文是"博學如公今有幾，窮途識士古無多"。我今天寫到這裏，我還心裏很難過，可惜他沒活到今天，現在我們國家站起來了，他如九原有知，當要含笑。

（華先生很仗義，對當時一般"狗仗人勢"的人，每每歎息着說：這般妖孽總有一天要絕種，得我們國家真"挺棒"起來，站起來"……。）

（我編彙華先生幫助不少，借給我許多辭書類書，使我檢索，并給改正許多誤字，我受益很多。光緒初年洹上剛發現甲骨，華先生是天津第一個認識貞卜文的人，其次是王綸閣，裏因王是華的學生，對文字上的所謂"小學"是華授與王的，至今研究甲骨的人，皆知天津有王而不知華。）（天津博物院成立時，王綸閣出品的甲骨及鼎彝類最多。時王正編寫關於殷契的稿子，後出差去四川，將編寫的稿子按期寄院，由華先生使俞品三（時華是副院長，俞是主任）給攢集付印，即王的"簠室殷契類纂"。後王贈我一部，共四本。我認識貞卜文是從這開始的。解放後王為天津文史研究館長，我曾把我寫的"急就篇"字及"急就章識小"長卷給王看，向他領教，王把他收藏的清鈕樹玉注的"皇象本急就篇"給我看，我鈔讀了一遍。後王死，我寫貞卜文聯輓他，是"兩世知交早欽宿學，一朝捐館痛哭先生"。）

【記馬蘭峪】馬蘭峪為遵化縣屬之一鎮，在縣城之西稍偏北，

80

地勢東西北三面環山，是以稱山谷。居民則漢、滿、回雜處，而滿為眾，漢、回皆以農、商，滿則以前清之陵差而食俸。為俸少不足養，多以田獵為助。鎮街不甚敞潔，以近東門之橫街商業較盛。無集市之日，肩挑貿易者咸麕集東門內外，率日用品，紛然雜列。集時無設馬市，以鳴禽及山雞、雉雞、壽帶鳥為眾。冬春之交，集上兼鬻野獸，多為猴、麞、鹿，至狼、狐、獾、飛鼠等，率剝之而鬻皮，不僅供本鎮，常銷售於京津兩地。外此藥品中以益母膏名，食品中以茶湯麪名，玩賞品以荊根樹癭、靈芝名，餘則無可名者。鎮之西即清"東陵"，陵之外環以圍牆，陵地隨山高下，坡坨起伏，多松林，遠望蒼碧一色。林有株數，常例守陵者須按季查點報告，不得缺一。然而以松子散落，年年增生新株，惟報告時並不增多，主者巡視，數亦無加。但樹本恒較稚於從前，且不僅一年稚，年年稚也。緣守者以陵中林木例不能少，殘毀乃時時斤割樹膚，備晚來燃之，當燈火，所謂松明也。如此日日斤割，樹傷遂儼然如被海貍之嚙，傷甚則受風折矣，乃鬻其幹材，薪其枝葉，藉清潔陵道以為辭。如此巡者來而不覺，割者又不冒盜賣之罪焉。陵有多處，守者各若干家，賴以村，外圍以垣，稱曰"圈"。圈之中有小雜貨鋪，而推車賣布者、售花粉者、鬻食物者，亦無由鎮往。守者之差，以春秋祭時為忙，餘則田獵，而游湯不事者亦數數見。鎮之北三里即長城之馬蘭關，關上居民若干家，皆頗清苦，街閭亦不整潔，婦孺所著極為襤褸，所業亦僅田獵。關之外萬山雜沓，渺無人烟。沿長城而西，迤邐至於黃崖關，為"清陵"後之所謂"風水禁地"，先時不許樵採者，幾及三百年，後僅獵者、採木耳者時一入焉。禁地中山之名者曰興龍，而鎮人則稱後龍。時已開墾農者日多，且有村市，往昔情形殆不可見。鎮之東有溫泉，名勝也。泉在福泉寺中，周環以石欄，水汽溺然上沖，欄之前，築方亭，引泉入亭，為迴環之細流，若浮杯酒其上，可隨流盪漾而溫焉。泉北有碑，上刊清玄燁之溫泉行。鎮之南無多山，由唐山來鎮

馬蘭關

南

馬兰峪城关（水彩画）　　齐善

者途中僅經界山口。（這是一九一六民國五年三月末、我同陳德廣為天津博物院採集陳列品去馬蘭峪所記。在峪住了十天、路途所經是唐山、老莊子、沙流河鎮、紫王店、平安城、再前即至峪。歸時繞道經界山口至沙流河。）（在"東陵"去看了一個"太后圈"、是由山谷的西口門去的、途經景陵、孝陵、裕陵、太后陵等處。"圈"是守陵人住的地方。"太后圈"距峪十二里。福泉寺由山道繞行距峪可十五里、途中經北陵、南穡莊、湯莊、山道如旋螺、宛若羊腸、但沿途皆童山、枯燥無生氣。）（山谷人呼長城叫"老邊"、界山口叫"接龍口"、據說清玄燁（康熙）弘曆（乾隆）東巡時都由界山口經過、福泉寺近舊有駐蹕行宮早圮。按溫泉行有句"溫泉之水沸且清、仙源遙自丹砂生、沐日浴月泛靈液、微波細浪流琮琤、初經石竇漾溶溜、烈勢直與炎曦爭、瀠洄碧澗落花駐、掩映翠巘霜林明、汀洄溪轉入欄檻、甃以文石河澄泓、……殿啟披香溢石髓、盤低承露浮金莖"……。）

[虎邱]結侶來蘇城、暮宿金閶門、開窗酒肉臭、隔牆絲竹喧、薄游貴清

塵囂壓心且煩，何當虎邱寺，泉石兩無言。既涉海涌峯，小飲憨憨泉，興來索碑刻，烟蔓蒙青山，劍池落天光，水聲猶潺湲，闔閭不可見，遺跡空人間。

（這是一九一六民五夏秋間，以所事同黃潔塵、趙信臣去上海歸時住蘇州作。）

[記游蘇城寒山寺]民國五年七月之杪，既由滬做裝來蘇，遂寓於閶門之外。午餐之後，往步城中，見街市之湫隘，齷齪不可狀，垃圾之箱與食攤相錯，綜臭香紛雜莫辨。入城後，西折東北行，經閶門大街，北沿桃花塢，轉桃花橋，美野色豁然照目，無復市閭腥臭之氣。循小溪而東，望北寺塔巍然高立（塔在報恩寺中，吳赤烏年建，後燬於火，明時重建），因攝一影。原道返。已而復往游寒山寺，寺為姑蘇名勝之一，距城西門約十五里，以人力車往，迤邐向西南，循河流而趣，岸畔叢草滃青，小路頗整潔，過石橋凡六，始抵寺近。步入楓橋村，村街之湫隘尤過乎蘇城，且席棚上覆，弗能通光，油葷肉漬，泥穢不可入眼。街南北向，南端穹門刊"鐵鈴關"三字，關外直接楓橋，石築，即唐張繼泊舟之所，因立橋上稍南望，乃復入關。循街北行東折至寒山寺。寺前橫太湖支流，上築江邨橋，絕高，水畔人家歷歷如出橋下。寺之外，環以柵門，上題"妙利宗風"四字，門中為碑亭，亭後即山門，顏曰"古寒山寺"。進則為廣庭，正殿巍然南面立，頗寬敞，兩廡亦甚整潔。殿前有二柏，蒼鬱刺天，殿陰羣植芭蕉，巨葉披拂，潤綠爽人。殿中位巨龕，中嵌石鐫羅兩峯畫之寒山拾得像，楹柱四壁多名聯刻石。蓋寺已早圮，而重建者實在清宣統三年，以江蘇巡撫程德全之力為多，故寺中碑跡幾半為程所書。寺後花木叢雜，繞以迴廊，東西有二樓，東懸大鐘，西則篆額曰"芥身"。既穿東廡而東，為小偏院，廊有文衡山書之楓橋夜泊刻石，嵌於壁間，惜殘缺僅存數字，復有唐子畏、俞曲園諸名人題詠，亦勒之石。寺僧摹拓用應游客之求，因購其一二。乃又穿廊而入，則"楓江第一樓"在焉，乃速履登其上，俯瞰太湖支流，蜿蜒東彎，直與城西之河流相會，估船帆影，映夕照林林可數。因記吾輩姓名於樓壁而歸。同游者，徐水黃潔塵、章武趙信臣、山陰陸筆裳，又於蕉下同攝一影，以證游蹤。

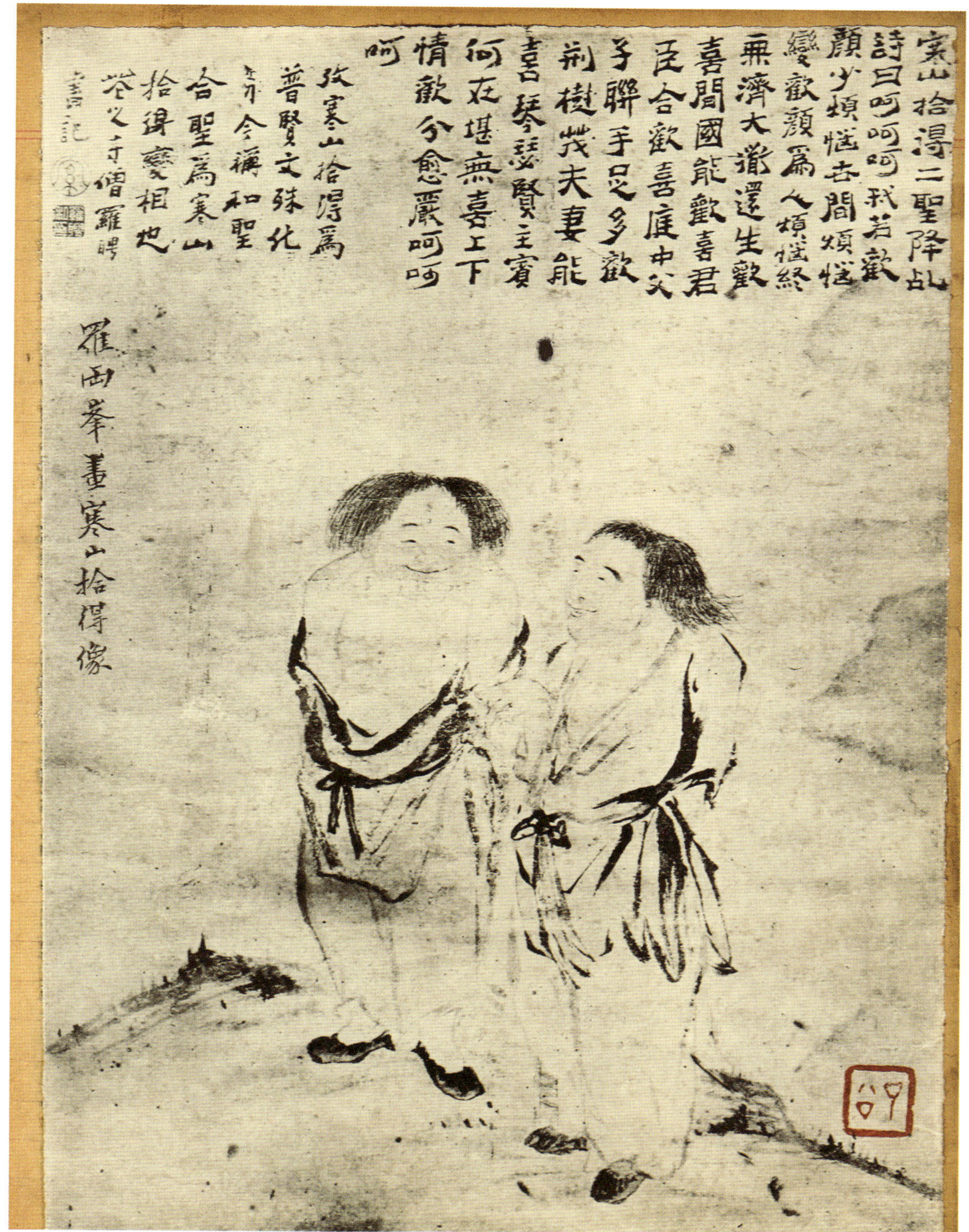
寒山拾得二聖降乩詩曰呵呵呵我若歡顏少煩惱世間煩惱變歡顏爲人煩惱終無濟大道還生歡喜間國能歡喜君臣合歡喜庭中父子聯手足多歡荊樹茂夫妻能喜琴瑟賢主賓何在堪無喜上下情歡分愈嚴呵呵呵
孜寒山拾得爲普賢文殊化身今稱和聖合聖爲寒山拾得變相也
羅兩峯畫寒山拾得像

84

（寒山寺俞曲園樾刻石說："唐張繼楓橋夜泊詩，……次句江楓漁火四字，頗有可疑。宋龔明之中吳紀聞作江村漁火，宋人舊籍可寶也。……明文待詔所書亦漫漶，江下一字不可辨，……然江村古本不可沒也。因作一詩附刻，以告觀者。郇公舊墨久無存——此詩宋王郇公寫以刻石，待詔殘碑不可捫，幸有中吳紀聞在，千金一字是江村。……"）（清沈德潛唐詩別裁對張詩第二句亦仍寫江楓。）

【記游虎邱】寒山寺游既已，乃於八月一日復作虎邱游，晨八鐘即出旅舍，直跨街西北行，是時天氣半陰晴，於旅游最適。未幾入山塘街，街之狹隘亦猶城中，道石築驢蹄踏之，作細碎之響。道不甚轉折，初多市廛，既而雜有人家，山塘河見諸道左，垂楊拂水，清影可掬。已而至虎邱矣。山臨河而不高，乃舍騎入，徑門凡二，由門中左行而登，尚不知其為山也。山環有矮垣，楣曰"擁翠山莊"，進則為"抱甕軒"，軒之後門題額曰"留仙徑"，門閉不可通。再上為"問泉亭"，亭之西數步為"月駕軒"，軒側石壁鐫"海涌峯"三字，為錢大昕所書。軒之北築廣廳曰"靈瀾精舍"，廳中雜陳棹椅，備游客坐息飲茶。由廳南望到曠朗，可見獅子山，山光空翠照人。廳階之次，植梧桐、紫薇，嫣紅潤綠，疏雜相襯。轉廳後上登，稍東行，坡下有平石，為當日生公說法之處，石之北壁刻篆曰"生公講臺"，曰"千人坐"，為李陽冰書。石壁之東為池，池上有塊石，刻"點頭"二字，即所謂頑石點頭者也。池中多白蓮，種亦自古。山壁之側有"可中亭"，亭前刻五字曰"吳中第一山"，其西則刻字曰"三仙洞"，又有"虎丘劍池"四巨字，顏魯公之筆也。池畔有金剛經石幢，為趙子昂書。其南高邱蔓草一叢者，為真娘之墓，設非立碣而書者，幾不得尋識其跡。乃繞池而東而北，過一橋，登階五十三級，為"大雄寶殿"，殿之西為"雙井橋"，臨劍池上，相傳池下為闔閭之墓，因臨池俯瞰者久之。既穿殿後進，有碑亭，樹三石碑，玄燁（康熙）二，弘曆（乾隆）一。碑亭之西巍然有浮圖，插雲七重，簷殘缺，大半雀鵲鴉之類巢焉。塔基雜生蔓草，什什不辨，通路遂披荒拂叢，至于其下，下當日尚有石坊，今久圮矣。顧周雕龍之柱，尚石破折委草中，亦無人再為修整。乃捫索陳跡久之，由原路

85

出殿前，傍蓮池行，往"試劍石""觀憨憨泉"，者為梁時憨憨尊者遺跡，久湮不可得。清光緒甲申（一八八四）僧雲閒始再獲於"試劍石"右。乃復至靈瀾精舍，飲憨憨之水，品虎邱之茶，飽興而出。昔人謂"天下名山所見不如所聞，獨虎邱所聞不如所見"，信矣。蓋方吾之至也，望之不過培塿，及入其中，則崚嶒碕礒，幽曲深邃，換步易形，言不可狀。惜予不克久淹，弗能盡其所妙，深可憾耳。然而知虎邱者眾矣，欲探覽而不得其機，今竟償吾所願，使一見虎邱之所以為虎邱者，亦生之幸也。辛巽記。

（此游仍同黃趙二人。在蘇州隨着游覽，又采集了些種植物標本。我向来無論到那裏，對野生植物非常注意，這次在上海、蘇州、南京頗得了些在天津絕對沒有的種，如馬鞭草、海州常山等。有人譏我說"你真是賊不走空"，我笑答"我還是'竊花賊'呢"。）

【真娘墓（墓在虎丘寺）】"真娘墓，虎丘道，不識真娘鏡中面，惟見真娘墓頭草。霜摧桃李風折蓮，真娘死時猶少年。脂膚荑手不牢固，世間尤物難留連。難留連，易消歇，塞北花，江南雪。"（唐白居易 七六號

【遊虎邱】"海峯何從来，平地湧高嶺。去城不七里，幻此幽絕境。芳遊光遽暮，無物惜餘景。樹暗雲巖深，花落春寺靜。野草時有香，風絮淡無影。山行紛遊人，金翠競馳騁。朝来有爽氣，此意獨誰領。我来極登覽，妙處應自省。遙看青數尖，俯視綠萬頃。逃禪問頑石，試茗汲憨井。竟行忘步滑，野坐怯衣冷。聊為無事飲，頗覺清晝永。藉草方醉眠，松風忽吹醒。"

（元郭麟孫 一二號或一三號

【仲春虎邱】"孤閣生殘照，平臺下夕陰。疏鐘不知處，人影在花林。古剎雲光杳，空山劍氣深。依依池上月，猶復照登臨。"（明章美中 一五號？

【虎邱題壁】"虎跡蒼茫霸業沉，古時山色尚陰陰。半樓月影千家笛，萬里天涯一夜砧。南國干戈征士淚，西風刀翦美人心。市中亦有吹簫客，乞食吳門秋又深。"

（清陳元孝恭尹 沈德潛注說"極熟題須一洗窠臼，此為得之"。

【虎邱山樓即目】"闔閭城南桑滿枝，闔閭城西柳絲絲。一百五日雨過溪，二十

86

四番春盡時。花妥真娘曾入夢，月明山鬼亦題詩。何妨索取銀瓶酒，一醉前山短簿祠"。（清葉硯孫永年 沈德潛注説"不必奇警，風格自高"。）

【記金陵之游】去蘇城之日，直來金陵，道中風物，似與余作別者，知余不日將渡江而北矣。獨於丹徒站近見藕花之蕩，蕩依山，山石滿封苔樹，濃翠欲滴，藕花嬌紅的的，若泥余不可驟去者。及至金陵，覽鍾山之秀，石城之雄，中心暢爽，殊不可言。下車之後，寓下關中西旅館，館中客妓雜處，香粉膩者三五往來，烟視媚行，實足以亂游者之心，乃商所以探覽名勝（時同行為黃趙二君），與得而去，不可以久留也。時潔塵之兄明齋家於此，遂於翌晨進金陵城訪之，得同游於莫愁湖上。湖在水西門外，其畔有寺曰華嚴庵，庵中正殿懸明中山王徐達像，殿後為閣，圍以廊，閣為茶寮，游者滿焉。廊之北適當湖上，湖中蓮花正開，碧葉滿望。湖之北為清涼山，綠樹如烟，蒙冪山膚，如美人當夏風披蕉葉之衣而乘涼者。山之下城壁迤邐而東，而鍾山巍然接眼。城下人家茅屋間以楊柳，蟬聲遠聞，荷香撲鼻。時見一葉小舟打槳烟波間，我疑莫愁仍在舟上。西望草樹連芊，遠巒映翠，而岀樹間孤帆動影，緩緩東入叢綠中，隱不可見。閣後復有小荷池，花亦正開，所異者蓮瓣落後，蓮房中復生小花，亦奇種也。閣中人衆，釵光衫影，紛然絡繹，而吾輩啜香茗，坐明湖，飽看山光水色，遐思莫愁當日必嘗臨流照影，對花曼歌，是以今日湖水尚帶餘香，猶含宿艷也。既而去湖，以車往秦淮之濱，買船而游。船中塗飾頗新，且有妝臺奩鏡、竹枕畫床、茗椀香爐、珠燈錦綵，所以然者，蓋備晚來招妓碰和之用，即所謂"秦淮畫舫"也。河畔酒家像館櫛比鱗次，開窗面水，酌月坐花，至得其宜。水上畫舫甚衆，或泊或游，竹戰之聲，細碎觸耳。前行過一橋曰"利涉"，其畔畫舫尤衆，兩岸妓家皆臨流為小築，時有倚欄若思流波送睞，率皆以昏夜為生活者。與河徑"桃葉渡"至城下，城壁有洞門三十三，凡分三級，下級沒于水中，中級適臨水上，為一派之丐者所居，異派者不得入焉。據聞洞門者，明代屯兵之用，所以為戰守，理或然歟。循城而北，乃撥藻漾漾，穿花入霧，復經一橋，橋凡三洞，其上築屋居人家。丐者咸坐木盆，手小板二為槳水之用，往來橋下，凡此皆洞居者。否則泳水中逐其之錢、不能有盈也、時明齋指一丐云、前日尚見浮水、今有盈矣、是必新歸洞為弟子者。此處河流乍寬泛、如小湖、有徒舟停中流、出兩徒、凝眸望人、余輩乃漫然返棹、不欲留連也。其明日、復隨明齋游明故宮遺址、荒烟蔓草、觸目淒涼、若禁城也、午門也、不過敗壁頹垣、破磚殘瓦、當昔日殿墀之次、立有古物保存所、其所陳列為碑礎丸石之屬、及觀方先生血痕石、中心為愴然者久之。復觀孝陵、陵前咸闢為田畝、秋風禾黍、古道無人、惟翁仲兀立夕陽、倍形荒寂。及至陵寢之門、有各國文字禁止作踐之碑、王業之經營、結果亦不過一抔黃土、此碑之虛文、又寧可恃耶。門中懸朱元璋偽像、細目長喙、赤痣多不可數、實好事者為之、其真像北京紫光閣有之、非如此也。入門有修道、直達神寢、殿墀破碎、叢草滋生、因就而采集浮蝶、賴至豐、咸裝紙裹、因笑而自思、吾何如人、乃敢於神寢之次捕蝶、設在四百年前、不重罪者幾希。時尚欲觀雨花臺、以天晚作罷、晚餐後、乃謝別明齋返下關、又明日來江北矣。

【泊秦淮】"烟籠寒水月籠沙、夜泊秦淮近酒家、商女不知亡國恨、隔江猶唱後庭花"。（唐杜牧 八二幾

【石頭城】"山圍故國周遭在、潮打空城寂寞回、淮水東邊舊時月、夜深還過女牆來"。（唐劉禹錫 七幾幾至八〇幾

【秦淮夜泊】"官柳動春條、秦淮生暮潮、樓臺見新月、燈火上雙橋、隔岸開朱箔、臨風弄紫簫、誰憐遠游子、心旆正搖搖"。（宋賀鑄 一〇四幾

【秦淮曉渡】"潮長波平岸、烏啼月滿街、一聲孤櫓響、殘夢落清淮"。

（清潘高 一六幾幾

【秦淮竹枝詞】"棲鴉流水點秋光、愛此蕭疏樹幾行、不與行人綰離別、賦成謝女雪飛香"。（清紀阿男映淮 一六幾幾

（我當時去上海、係因在美赴賽物品回到上海被盜、各省赴賽人多集上海、啟查責任者。我之外、所中又派趙、省中又派黄、於是忙亂了十幾天、回來時順便游了蘇州、南京。那時我身體極健旺、今寫此自思、我亦是一個"來早了的人"。

紀阿男是清初女詩人、王漁洋秦淮竹枝有"棲鴉流水空蕭瑟、不見題詩紀

88

阿男。紀咏桃葉渡中云："波搖秦代月，枝帶晉時春。"桃葉渡，古樂府注："王獻之愛妾名桃葉，嘗渡此，獻之作歌送之曰：'桃葉復桃葉，渡江不用楫，但渡無所苦，我自迎接汝。'一說末句'我自來迎接'。"如何無所謂，注此是說"桃葉渡"名的由來。)

【滬津途中口號】吳娘沈腰珠為被，楚女嚴妝玉作胎。儂自江南到江北，雨中行出雪中來。

(這是一次由上海回家時在到蚌埠道上的"溜口轍"。大約就是前寫"海上晚步"詩的那一次。去時在道上亦有一首，其中只記得兩句是"旅中人一箇，夢裏路三千"。那時社會上有一種很齷齪的對生活上的疾心，鄉下人到大城市謀生，是有好機會的，可又容易被大城市的人給勾引壞了。如小村的人到天津，或是天津人到上海。我當時去上海亦多看這樣想法，要防止它，第一步不讓上海人認出我是初出門的"外江佬"，最低限度要知道一點上海話。在當時如黃(王)包車、啥個、啥母啥、幾鈿、來哉、啥里廂、教乖、癟來兮、鬧熱哉……的土話，否則一張口使他認出是"外江佬"，那就危險了。現在回想當時真是鬼世界。如果會說"阿拉"，在他們便認雖屬"外江"，當亦是"老上海"，不受欺的了。)

【車客之談】陸辛農近日悶損極矣，借舟赴大沽擬獲水產物，乃竟無得，空舟而歸，又復病痢，百事咸怠。以車來北戴河，又失伴，獨行踽踽，無可與談。車上人聲囂雜，誹謔笑罵，間以車轂之聲，至聒人耳，既不得息，又不能抵拒眾囂使不入耳，無已，遂於眾囂中取可以解吾一時之無聊者，抽出之，記於小簿。時坐旁一老人，若由彼遠道來而赴他遠道者，衣不暖不寒之衣，豐上而短下，至不稱體。旁一髭鬚者，抱膝低首而睡，且隨車動，盪撞老人，欲倒者屢矣。髭鬚者之對坐一肥者，禿其顱，而五官相湊至親密，以乎豆窩頭然。老人執蛋糕一方，咬其上半，鬚上黏糕渣，而言曰："繞經塘沽至關(指山海關)須日暮矣。"此聲一發，髭鬚者立醒，問老人曰："塘沽乎？"老人曰："然，前站是盧臺。汝非盧臺下車者乎？"髭鬚者不答，復睡，口涎下流，沾老人鞋上。老人之鞋油點泥污甚多，然不欲再有人涎摻染其上、推鬍子者醒、怒使視鞋。鬍子者不解、笑謂曰白襪不白、皂鞋不皂、吾與爾同也、行道之人不能計較若許。乃伸腳示老人曰、吾鞋購時何嘗非新、老人怒曰否、汝□□流污吾鞋、誰與汝較新舊者。鬍子者亦怒曰吾□□焉能流污汝鞋、不知何處弄來齷齪物、竟賴老子。老人手中之蛋糕渣方納口中、未及嚼、乃唾鬍子者曰、狗矣沾汝臉上、汝亦毋怒乎。肥者乃近勸、鬍子之拳適中肥者之顴、作聲如擊破瓠、肥者立退、戟其小肥指罵鬍子者曰、瞎眼狗乃逢人便打耶。車上賣糕者適過、乃相勸解、鬍子者不甘狗、仍欲得肥者擊其肥臂、賣糕者曰狗焉有鬍子、汝鬍子不狗必矣。肥者怒鼓其腮、仍罵狗不已。是時汽笛大鳴、至蘆臺、鬍子乃下車、回顧肥者曰必有一日得汝臂而擊、將使汝肥而愈肥也。此時車停僅數分鐘、肥者自言亦至關、詢老人寓何所、老人曰將寓吾女家、吾女居南關外也。坐次一架金鏡者辮髮緩緩然進言曰、南關頗鬧熱、多妓家、因詢老人姓、老人曰李、辮髮者曰坤伶李飛鶯前演劇南關、頗傾動座客、聞老人言、令我思前事不已。老人問辮髮者何往、曰哈爾濱、其同伴一花鞋者曰、哈爾濱近來花事如何、我年餘未至矣、辮髮者曰、雖不前若然、仍較他處經營為易、肥者曰君言他處何指、辮髮者曰天津北京耳、花鞋者指辮髮者言曰、天津是其家處、所事頗有窒礙、北京距津近、是不若哈爾濱之去津遙也。肥者不解所謂、絮絮問何事、辮髮者笑、花鞋者曰“開逛”耳。肥者自思“開逛”云何者、笑謂老人曰、老先生年事多、當知“開逛”中滋味、老人怒而不答、離坐他所、肥者復前問、花鞋者低聲曰、渠有鄰婦、貌娟秀而寡、年未三十、渠攜之赴哈爾濱、令“開逛”矣。肥者始悟、以為攜之逛哈爾濱、觀風景、乃縱談其小時隨父逛廟逛燈之樂。花鞋者不答、低謂辮髮者曰、聞哈地俄人近頗嗜玩、其軍官不甚巡查、前者非下有逐妓令乎、今何一變至此、辮髮者曰、無他、錢耳、錢到何不可者……。此時車人查票、前一洋裝者循序剪票、獨不及辮髮及花鞋二人、而辮髮者則啟小衣捫囊、中若撿其車票而不能得、洋裝剪票者之後一衣藍色短衫而寬鈕者、連呼票票不已、行過辮髮者之前立止、反手向後、辮髮者若有所與、短衫轉手納衣囊中、鏗然錢聲也、花鞋者顧辮髮者而笑，辮髮者努嘴止之。旁一村嫗立車窗前，見之曰：不購票而與錢者常例也。花鞋者問嫗何之，嫗曰：往小翠姑娘赴營口耳。問何自，曰：唐山。花鞋者曰：唐山不佳乎？曰：無與銀圓者，紙票對折，多移營口，日幣能易錢也（時京津中國交通兩銀行皆不兌現，銀市面大荒，有紙票者幾不能購物）。其下尚有所言，似詈中國人而稱道日本者，肥者聽之久，亦似有言。此時至北戴河矣。（一九一六、民五六月十七日）

【記站旁旅店】余下車，仍尋索吾伴，以為當在別車，久之始知其果未來也。時西人之往南山（即聯峯山，俗稱蓮蓬山）避暑者紛紛下，咸坐肩輿而去。站上人圍余爭詢何之，余曰：此地耳。有牽驢者、駕車者人來站台上，手以鞭指，謂吾驢至佳，吾車至穩，且索價亦不行途速也，先生以為非者，吾敢設誓，果誑者則吾為□□□。此時余甚不欲聞，揮之而不去，爭競之嘈人耳。既有小童進曰：君得毋欲就旅店者，因指站坡下。詢其名，曰福順自永也。問開自何時，曰有京奉車者即有吾寓。乃隨之行，擇稍清潔者居之。院中列缸無數，似以待購者。余室旁為一豆腐之店，終日以磨之，豆聲隆隆然。室之對為以廄，破槽委地，旁繫一驢。無閑汽車之來，店人必牽驢出，久之顧無賃者，店人大怒，牽驢返，屢以鞭之，驢臀臀瘦，其聲如敲破竹。店人詈曰：驢狗不能得人意，瘦而且懶，若十日未足食者，果再出而人弗賃，則定剝皮烹汝肉。驢目睨主人，若知詈者，俯首破槽下，如有思。余視驢之瘦，無論果十日未足食者，知店人之詈不虛也。店有二狗，一黃一黑，咸垂尾狀至馴靡然，頗得主憐。其對於驢亦時現狎侮之狀。有時得主人鼓獎，謂能以口咬丐者之足，今卻狗乃大樂。黃黑爭急走，蹇捷往來，咸出驢胯下，且銜驢尾。有時兩狗繞驢腹而逐，驢垂首若無覺者，有時憤懣不可遏，則俯槽而嘷，聲直而弗曲，顧聞者咸厭。自余之至，未見店人為驢具草豆，怪問之，曰：誰能以膏粱養廢物者？果得賃尚可與以多草少豆，否則草亦可減，遑論及豆。斯時有乘馬者入店中，似遠道來，下騎購芻料，馬本極肥，而所食又豐腆，驢大艷羨，屢搖首振其長耳，耳相擊若以皮袋打墻壁聲，似以助其歎息。馬解驢之意，進而嗅之，以鼻驢亦報既，而乘馬者則解馬之下，就鞭馬進他廄，以者不過槽不破者驽豆耳。馬猶回首望驢，若不勝情。廄之後有圈柵，養三豬，豬咸從柵隙出其鼻，屢掀動其鼻緣，若自鳴曰：得主人之飼料而日增肥者。主人則謂尚能以他法使豬尤肥。余笑問之，則曰：豬受笞後，撩其股下皮吹之，豬肥當逾倍。客聞之咸大笑，而豬若無覺者，仍窺首柵中，且熙熙然鳴。斯時當晚餐，乃使店人購於外。蓋店中平日不具餐，必於星期日奉天通車來時，過客聚於時，於竈中見炊烟矣。余晚間一無所事，乃坐簷下聽店人寓客之談語，多出之乙意。雜人鬼而論，或謂鬼為半人者，或謂有人而鬼質者，又或謂人鬼固不一體，然必心性同者乃相水乳。第鬼之相人，每每納人淵瀆中，至人之窮乏枯斃則鬼離矣。而余旁坐觀聽，覺羣聚簷陰之下，蠕動恍惚，亦儼然鬼也。未幾明月東上，清光四徹，遠山遙樹，悉現無遺，如展黑影之畫。方主客閒閒談者漸有倦意，呵欠之聲，傳遞而作，余亦入室。（一九一六、民五、六月十七日）

【記聯峯山】翌日京奉快車來，知喜伴必隨之至矣，乃摒擋一切，往車站，備一見即可同赴海隅。海隅有山曰聯峯山，夏日為西人避暑之所。山近有村曰劉莊，曰赤土山，曰單莊，居人各不過數百家，聞當日頗清苦，以山田雖沃，而灌溉之用水乃大乏，飲料皆汲諸數里外。終日夜濤聲震耳。有業漁者，所獲極豐，以距內地遙，運轉不易，又乏於貯藏之術，故每每所獲鬻之不盡，則腐壞拋棄。海水味沉苦，不能為鹽，若醃魚者，鹽須購自外，頗為費事。然捨田、漁之外，又無他業。且地處偏僻，尤非通途，更無錢修葺山林園室，用招游客。山多坡，不聳，登臨至易。山前海波盪漾，濃碧接天，岸畔礁石突兀，水藻繁茂，微波迴流，至為清澈，故游者有時而至，頗戀戀不忍捨去。莊間人家錯落，不成衢巷。山坡蜿蜒入海之處曰老東山，曰金山嘴。山中雜花甚多，至夏期花繁，濃香挾海風而來，撲鼻沁腦。居人樸樸，無有知識。漁期之前，補網莊後，或新織之網，塗以血料，長繩支挂日中，腥氣遠聞。道中村人負擔，擔頭懸豬脬三五，滿裝豬血，大道人首即塗網者。然必以大釜煮沸之，始克應用，俗稱之曰血料。塗網之人，手臂皆血，殊類屠伯。婦女則娟秀無倫，但服飾陳敝，至為不潔。莊間亦無警察，每有羣盜集山趺分理所得村人咸避無敢攖其鋒，有時盜乘船而至，蜂擁登岸，從掠而去，或狙劫漁者，甚至支解之納海中，村人亦不敢問。庚子（一九〇〇）戰役之後，西人漸購地於此山趺之下，咸闢為園林，於是地值大增，村人爭售田畝，以多者一時所得錢成小封，因而氣足神旺，日荒於嬉遊，至囊橐全空，自絕生活之路，其下則不可問矣。至今沿海岸之一草一石率歸外人掌握，山亭水榭，一變先時之景象，田者無田，而漁者亦不得漁矣。此時尚有巨盜劉某，西人不可堪，責之當路，自民國二年始置警察，所以保護外人也。外人既得保，民亦賴安。

（一九一六、民五、六月二十二日）

【記西役者之言】今日復一人返北戴河東站，至所寓仍福順永，仍為前居之小屋，店中景狀在在如前，惟破槽已新，瘦驢亦肥，觀此似近日生意大佳，過客較衆，不是前此之索莫矣。黃黑二狗仍嬉戲如前，有時側首視驢，亦無復曩者之狎侮，惟圈柵中不聞豬聲矣。屈指計往海濱已八日，乃竟瞥然過眼，回思若夢，然而亦有記者。吾往海隅之時，為六月十八日之晚，其時鐘針已指六時而過半矣。余與陳（德廣）策蹇而趣，行囊則載之車，輪蹄之聲，雜然於道，道間曲折高下，久之抵聯峯山近之劉莊，因尋逆旅，乃竟無得，正焦灼間，一人著黑綢衫洋褲而皂鞋，突前拍陳肩曰："德廣何時至此？"陳曰："將至。"且為余介紹曰："此楊樹田，吾受庖厨業於彼，蓋吾師也。"余鞠躬向之。余之至此，一無所識，而陳則有交游，因謂楊曰："索旅居不得，奈何？"楊曰："吾亦方來之，都東主使吾預為修治涼屋，遲十日東始來此，十日間屋權實在吾手，可借居之，俟其來還未晚也。"陳喜，代余諾之，遂以行李徙屋。屋面海而築，平頂不樓，簷柱皆作月白色，繞以雜花，屋前有長廊，可坐而望海，波光帆影悉接於目，日夜濤聲呼人，幽靜殆無其匹。余雖樂之，而跼蹐頗不自安，以為於屋主殊無一面，竟留之居此，食息其中，此何理耶。而楊陳則不為是想，牛乳也，咖啡也，凡預為其主備者，咸出而恣用之。楊謂其主為老牧師，行道於中國者五十年，初時傳道良鄉，名曰顧瑞渠 Goodrech，今已年老，居於都之趙公府，專任修譯聖經。楊執役其家十二年，掌厨事也，於西餐之烹調法，細述如貫珠，且能雜

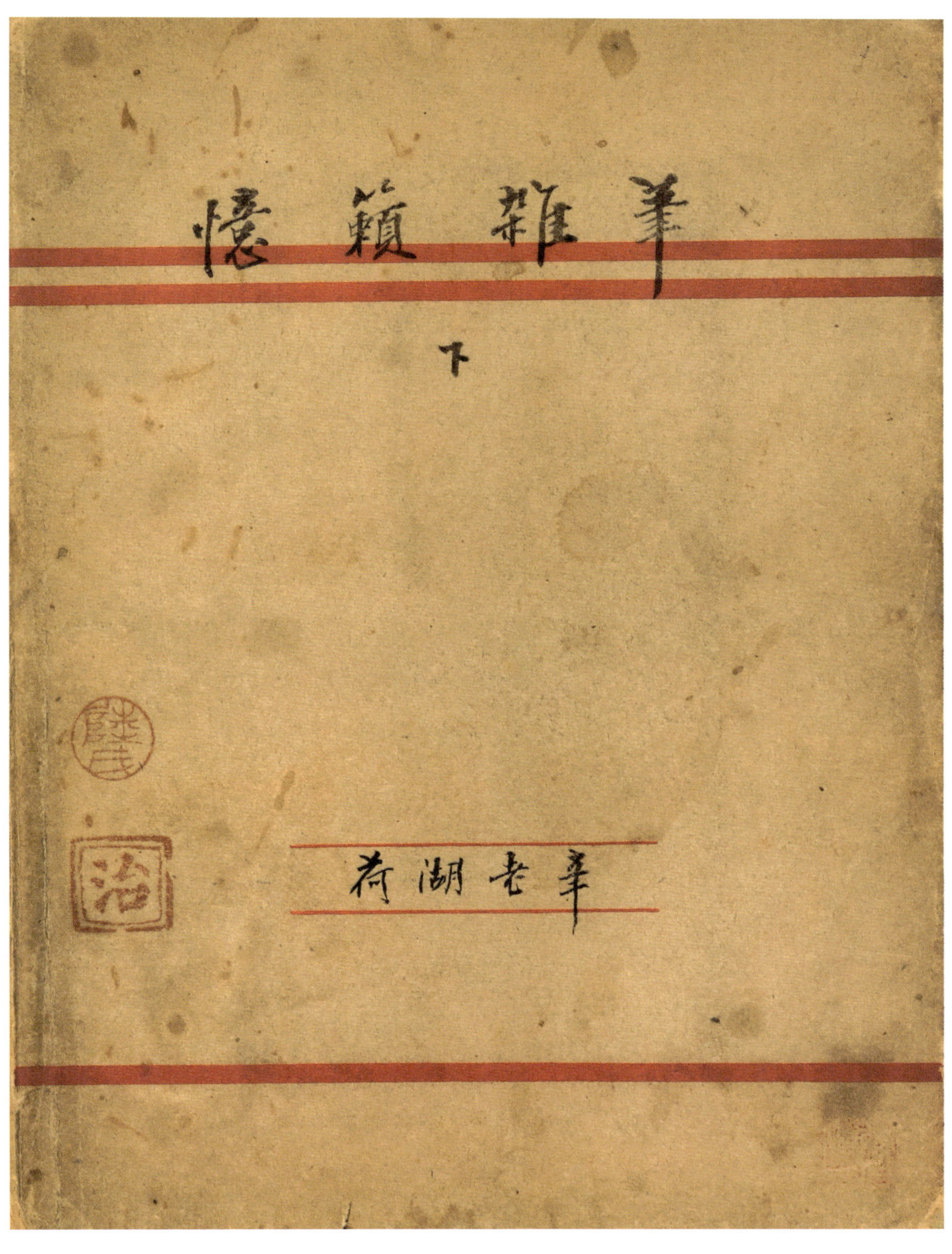
憶籟雜筆
下
荷湖老年

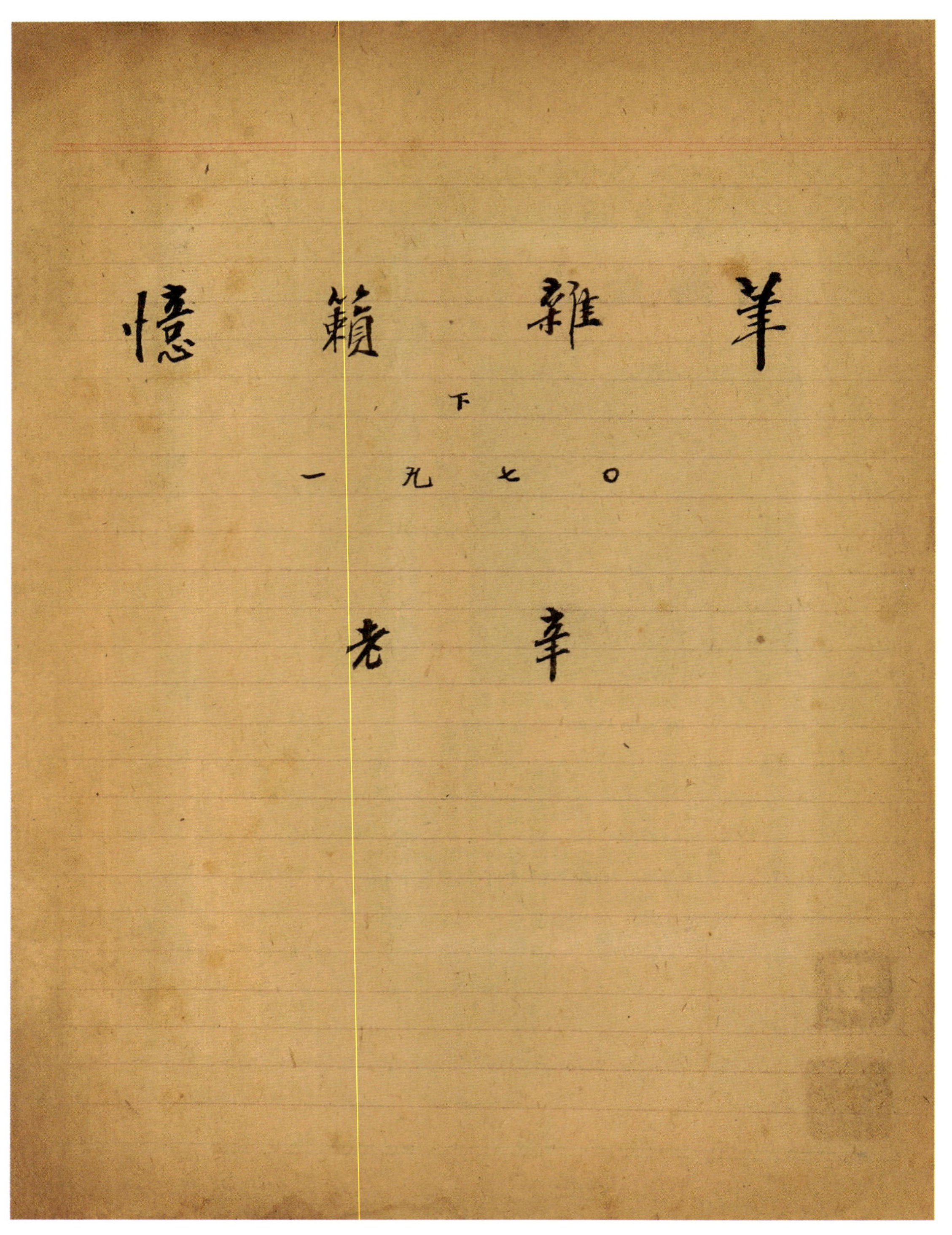
憶籟雜筆
下
一九七〇
老辛

戲劇學校聯
活水談舊
題子房山子房祠
放鶴亭
江北旅行記
新四書 集四子句
討蠅檄
苦熱行
晚來不睡將為詩……
金太本王甫來拓涅金石師為題二詩
大錢
老辛拓泉序
如夢令
陸師為余照像題二十八字
東陸辛農
寄雲居漫藁跋
西施菊
冬日雜詩
夜宿酒家憶赤壁泛舟
冬晴
冬陰
夜步金華橋
章回體小說目
海賦（一節）
鯨
座頭鯨的故事

憶籟雜筆目錄 下

考文那城之行
瘋人院
省立昆蟲研究所
蛇麻
記檀香山
續寫赴美之夢
仙人掌……
咏千代田錦
關於衛生館的陳列
續寫赴日之夢
記沿海旅行
頤和園
關於我的學畫
先師張公龢菴傳
畫竹雜寄 贈陸辛農
郊遊
日暮歸自東鄉土城
梁家園
海光寺晚眺
同友人游城南
中秋月下天津八里台泛舟
八里台歸舟記景
八里台泛舟
七月十三日攜紉秋內子約同蘧廬畫社……
四月六日與城西諸子泛舟八里台歸紀以詩
再游西沽觀桃花……
三月三十日攜內子紉秋約同城西畫會……
趣聯
貞卜文集聯
賣獃人駢語

閒情……
懊儂詞
閒鎖……
哭己妻紉秋
登周山觀小山感作二首
蜀道
端五作示兒子荇及大弟子孫月如
冒雪散步登周山觀園小山
戊寅初夏住東莱大悅舊避兵處感作
楊子若詩 附
張君壽聯語 附
張少元函 附
韓補庵函 附
忍辱
丁丑五十自壽放言 用四紙全韵
紉秋内子以新興呢子為余製長衫……
在首帖中潔塵贈詩甚喜甚勉答二十八字
中元前十日南溪得句
癸酉三月病中作……
哭惠元孫女
攜華姪小步南溪感作
中元節哭清兒
五痛詩
補寫十三歲以前的我
姜夢贅言
采澄日記 十八日至三十一日
采澄日記之一
天洋丸上
腓魯丁旅館筆記
雞城

久旱得雪晨起戲占時農曆二月一日
晚同曾孫治研所學侶以詩用杜甫飲中八仙歌韻
小唱小陸的帽子
如夢令
只因墨壺詩
理明開夜合標本
磨頂松
萬佛堂
記游滬上半淞園
當午二首
記榆城端午之游
記角山
記臨榆首山二郎廟
挽温支英(名世霖)詩
居望月樓将一載矣……
采蓮同月如
問蓮同月如
鸞畫
觀曇花有作
六月三十日攜陳祖香……
口紅水仙
五月十三日夕儀園小坐
倒挂金鐘
朝顔之一品種名洲濱者……
一夜
曲詞新編 二月天
月如以扶桑名曰二十世紀梁者見餽……
中夜不眠得句示女弟月如……
秋來

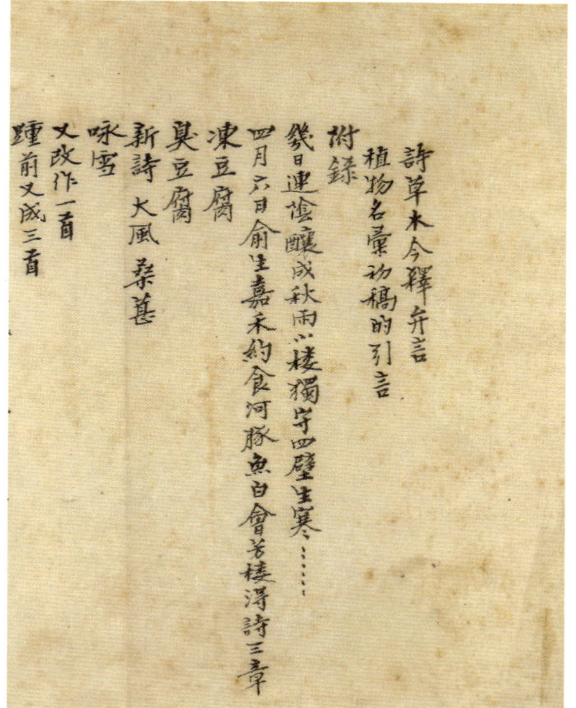

詩草木今釋弁言

植物名彙初稿的引言

附錄

幾日連陰釀成秋雨小樓獨守四壁生寒……

四月六日俞生嘉禾約食河豚魚白會芳樓得詩三章

凍豆腐

臭豆腐

新詩 大風 桑葚

咏雪

又改作一首

踵前又成三首

陸辛農先生畫松

懷籟雜筆 下

[座頭鯨的故事]一九一七、民六的三月間、商品陳列所的同人楊蘊輝向華石斧先生来報告說、寧河縣蟶頭沽沿海的灘上、發現了一個擱淺的大鯨魚。楊是在公園的武士會聽一個寧河人楊某說的、據說蟶頭沽村離海邊還有很長的一段距離、當春天海灘上積雪融化之後、遠遠望着有一片黑呼呼的東西、逼近一看、才知是一個已死的大鯨魚。揣想當是去冬由海潮托上来、之後下了一場大雪、把它封埋起来、所以今春雪化了才見到它的。現正籌辦博物院、這真是好機會、華先生趕即由電話報告實業廳嚴慈約、嚴又趕即陳明省長、由廳下公事、派商品陳列所同人陳鶴侶带着公事去寧河縣、接洽把這鯨魚歸博物院、及陳到寧河見該縣長時、縣長推托說、須同蟶頭沽的村正商量。及至陳去找村正、由村裏出来許多不三不四的人、抓住陳說、你是冒名官府、前来訛詐。陳險些被打、趕即回縣、問縣長、沒辦法。陳遂打電話給華先生報說這情形、嚴正在所、便說、可惜陳德廣沒在天津（陳由去冬即隨安迪生去貴州）。華亦正扼腕、忽然陳德廣来了。陳是剛下車便来所見華、說這次携来陳列品不少。華說、你来的好極了、旁的先不要談、這有一樁緊急的事、非你来辦不可。嚴華同時把鯨魚的事說了、陳說、這是鶴侶弄錯、現安迪生已去北京、我可以在津住幾天、這事我就来辦。我带来的物件、現堆在鐘樓外市房裏（那時河北公園門口是一個牌坊、……裏兩邊各有幾間市房、再進是大鐘樓、下為穹門、進穹門迎面假山石上有塑的觀音像……。）從這派人去收、我當下即去寧河。這時天將黑、由所裏趕[打]開飯。陳八點多隨由津開唐山的貨車到塘沽、店裏找到鶴侶、問明原委。第二天一清早、陳便單人隨京奉車到蘆台、換車去寧河縣城、到縣衙門、一直要進去、門上趕緊出問找誰、待要發作、一看陳穿着西式獵服、帽沿上插着一枝馬翎氣、便沉下去、莫等他開口、陳便說、我找你們官兒。門上要名片、陳說、沒有名片、你告訴他現在有人找、又是一個姓陳的。及至縣長出来、把陳讓到花廳、陳又沒等縣長發言、便自我介紹說、我是陳德廣、你趕即派人去把蟶頭沽村正叫来、我有話、咱三查對案来說。縣官正猶疑、陳便厲

98

聲問對運鯨事，省廳派人拿公事給你，為甚不負責任？陳委員幾乎讓人打了，是不是你與村人的信…… 我主張今天這段公事要辦清楚，我是省派來專為這事的。"縣長賠了一頓午飯，直到大天夕官人兒才帶着蟶頭沽村正騎着快馬來到，陳一見便拍桌子把村正嚴厲叱了幾句，對縣長說"把他押起來，叫該村派人把鯨魚抬去海邊，我已經有船在等待把魚拖走。"原來陳德廣見着鶴侶時，便讓鶴

侶趕即以電話通知所裏，把專辦官差的"飛龍"小輪開到蟶頭沽海邊預備。縣長再三關說，使村正連夜趕回照辦。陳德廣一同去蟶頭沽，由村正雇了差不多八十多人用繩杠抬鯨到海邊下水，由"飛龍"拖帶到大沽口。本擬即由海河拖到津，沒料到在大沽口又被大沽警察局所阻，并指出不能溯河而上的理由是魚已臭腐，把海河水弄髒，於沿河各村吃水有礙衛生。實際沿河村莊屎尿等都向河裏倒，這是另有說不出的原故的。原故是甚麼呢？便是從古相傳鯨魚的眼是"夜明珠"，而且每個骨節有一顆大寶珠，現在這話是說不出的，所以使警察局出來阻撓的是軍閥曹錕的大哥。曹是大沽人，這位大哥外號曹德功，而且他的四弟是曹銳，正是直隸－河北省長兼督軍，這樣大的勢力怎麼辦呢？二陳趕即由大沽口給所打電話商議對待辦法。我同嚴華說"所好鯨魚身上是黑皮，可在濱海截成斷裝船運津，既不沾污河水，在海濱截斷時約當地紳民參觀，又可破除骨節有寶珠的迷信。"嚴說"不錯，在日本有一次橫濱捕得鯨魚，便是截運東京的。不過這次希望把鯨運津後展覽一下，使大家認識認識鯨魚是獸不是魚。"我

説鯨身上是光而黑的皮，儘可在對接時糊上泥，塗上臭油，既不失其形，又可防腐。華説"最好讓陸去帶些消毒劑，在魚剖解時噴洒消毒"等等。當即由華用電話告二陳，説"明日由陸先生去解決問題"。於是向日租界日本藥房買了些迷幸回来，一小桶水滴上幾滴進幸，攪成乳白色，裝成十幾空煤油箱封嚴，由我帶到大沽去與二陳。我先去找吳秋舫(名鯤麟，他是當時的海防指揮官又是大沽造船所所長)。我在民二水產調查時，先隨孫子文等沿海旅行時，曾擾過吳一次盛饌。這次找他，是因他與曹家有特殊關係，警何方面亦屬他管，簡直説来那時大沽一帶他是最有聲勢的。我向他说穿了運鯨辦法，並说明天剖鯨請他通知當地紳耆參觀。當晚又擾他一次盛饌，並把二陳亦請來，我亦給介紹了。就這樣整三天把鯨魚解成五大段，下顎單算一段，共計六段，裝了整三個大槽子船，由"飛龍"拖着溯海河来津。……那天是早四點鐘，當着早潮未退起身的，至午到現在的解放橋當初叫萬國橋的河岸，"飛龍"便停泊了。我同二陳各跟一個大槽子船，由海河上行，至夕到三岔河口金華橋畔。這天沿海河兩岸由大沽起直到金華橋全是看大魚的人，尤其金華橋畔人是擁擁擠擠，電車都不能走了。當夜把魚斷運進大胡同舊金華商場，連夜由陳德廣着手整理，我編説明，又由所調来李康侯畫大幅新舊法捕鯨圖(新的用火砲，舊的用標槍)，李贊三計算鯨魚各種經濟價值及鯨的產品如脂、鬚、骨、肉、臟腑，對人生的應用及價格，另来人到場掃除布置，忙了三天，組成了一個"觀鯨會"。以華石斧及我担任正副會長，我又同李贊三、周佑曦担任演講。會開了四天，由機關、學校及民眾並有在津的外僑，差不多来了有兩萬人。會後拆散鯨斷，在一個夜間用車把它運去農事試驗場，因魚已腐，全體作了肥料，把骨骼剔淨，暫時埋土裏，預備將来作成骨骼標本。由金華商場夜間運魚去農場的第二天早晨，由大胡同順大經路直到北站臨街的人家、鋪家，清早一開門都嚷街上臭、臭……。

我在大沽同陳德廣剖鯨之前，把它檢查了一下，由它的鰭翅的長大，胸腹間的"縱條紋"等，認出是"座頭鯨"，體長有五丈多，據傳説是日人捕而未

100

死逃跑的……。

（按"座頭鯨"在經濟的價值上佔第四位。一是抹香鯨"一園鯨"二是"脊美鯨"三"長須鯨"四"座頭鯨"。一種鯨一尾五丈多的"座頭鯨""赤肉"一尾可得一萬四千餘斤、"白肉"一脂是六千五百斤內外……、脂肪精煉的油供工業器械用、尤其是鐘表上。肉食用、製罐頭。鬚用為細工物——如煙草口袋、卡片夾等。骨作骨器。內臟等作肥料。全體無棄物。而過去偶遇由海潮推上來的、不論是鯨是海豚、完全煮油來膏東、剩下的使它腐爛在海灘上真是可惜。）

[鯨]古人不識鯨、妄言長千里(1)、巨鱗(2)大如鉦(3)、鬐鬣(4)利如匕、噏波洪躑躅、吹澇川倒駛(5)、眼為"明月珠"(6)、尾掉(7)山岳企危、言誠動聽、詭說欺人耳。那知鯨乃獸、呼魚便背理、鯨足化為鰭、鯨革光如兒、無鬣亦無鱗、眼球等鹿豕、浮沉為運動、呼吸則噴水、巨口生長鬚、密排如櫛比、亦有大方頭、吻張列崇齒(8)、猛然體一轉、潑剌翹巨尾、豐脊高如丘、狂怒舟為毀、厥名稱抹香、龍涎膀胱聚(9)、於人有大用、周體皆精髓。名者衫㠗二、須一一紀、大者十餘尋、小亦三丈擬、堪嗤舊畫人、圖成青天鯉(10)。

（□處忘二句補此 我邦無專名抹香名脊美。

(1)古今注"鯨魚者、海魚也、大者長千里……"。

(2)海賦"巨鱗插雲"。

(3)此次之鯨沿海村人傳說魚鱗像大鑼周身尚有紅毛……。

(4)海賦"鬐鬣刺天"。

(5)海賦"噏波則洪漣躑躅、吹澇則百川倒流"。

(6)古今注"鯨魚者……鼓浪成雷、噴沫成雨、……眼為明月珠。"又曹毗賦"目為明月之珠"。

(7)杜甫詩"中有掉尾鯨"。

(8)指"齒鯨"

(9)"龍涎香"是抹香鯨膀胱排泄出的一種物質、為名貴的香料。舊香譜說"龍涎出大食國，海傍有雲氣籠罩其下，有龍蟠卧，遺涎多不過數兩。"完全臆說。

（10）舊與友如等畫的畫報，對鯨畫成絶大的大鯉魚式。

【海賦（一節）】"魚則橫海之鯨，突扤孤遊，戛巖嶅，偃高濤，茹鱗甲，吞龍舟，噏波則洪漣踧蹜，吹澇則百川倒流。或乃蹭蹬窮波，陸死鹽田，巨鱗插雲，鬐鬣刺天，顱骨成嶽，流膏為淵。"

（木玄虛華 賦載文選卷十二。

（上寫"鯨"的五古，就是運鯨後我作的。完全寫實、並駁舊說之誤人。一九〇〇年後，在天津的一個傳教師在大沽路上設立了一個華北博物院。裏邊陳列品多是南洋羣島土人的武器及南美亞馬遜河一帶的奇異昆蟲，最突出的有翠藍色的大蝴蝶。樓上陳着大鯨骨，是光緒年間北塘河口由潮水托上来的大鯨，大约是剛死的，當時有一家蓋房子，正上樑，高興極了，趕即花了十吊錢向出大魚村裏把大鯨的眼睛挖出買来，挂到樑上，還繫了一條紅布，說是"夜明珠"，晚上不點燈它有發光射出。那時正是夏天，到晚間主人拿着扇子坐在椅子上看它甚時發光，看了兩晚上不見發光，到第三天爛了，掉下許多蛆……。這是我去華北博物院參觀院裏一位連先生同我說的。）

【章回體小說目】這是沒出方圓一百里地的實人實事，前後不過十来天，情節離奇、耐人尋味。茲先披露章目、"話說"待編。雨村友人白。

第一回　黑豬婆乍現聖首村　白鶴生一到丁口市
第二回　官人設計探豬婆　村保仗勢詐白鶴
第三回　貝木齋初遣小陳廣　丁口市特諭聖首村
第四回　小陳廣聖首村救白鶴　假村保丁口市逃黑牢
第五回　陳廣畫策取豬婆　飛馬結繩拖羊水
第六回　小姑峇賽費德劫豬婆　太爺往智陳廣遇馬索
第七回　馬索施法陷陳廣　費德鬥智阻豬婆

102

第八回　貝木齋再遣六工　　花石塢初陳三事
第九回　六工藥轟小姑砦　　陳廣舌戰太爺莊
第十回　漫潮港豬婆獻肉　　流水溝飛馬還舟
第十一回　陳廣得意渡天水　　豬婆立志歸木津
第十二回　大夥巷十萬人迎豬婆　　小神州一百里談故事
第十三回　六工論道金華國　　豬婆歸真土木鄉

註　黑豬婆 = 鯨魚
聖首村 = 墾頭沽
白鶴生 = 陳鶴侶
丁口市 = 寧河縣
小陳廣 = 陳德廣
貝木齋 = 實業廳
飛馬 = 飛龍小輪
羊水 = 海
小姑砦 = 大沽口
賽費德 = 曹大
太爺莊 = 曹家
馬索 = 警察局馮之綞（大沽造船所同仁之一）
六工 = 陸公
花石塢 = 華石斧
漫潮港 = 大沽口滿潮線上沙灘（所謂"蓋子"）
流水溝 = 海河
天水 = 天津
木津 = 析木津（仍是天津）
大夥巷 = 大胡同
小神州 = 天津縣

金華園＝舊金華商場
土木鄉＝農事試驗場（這是拖綫以我的諧文曾登廣智小報）

【夜步金華橋 限韻寒難團漫安】金華橋上晚風寒，緩步臨流覓句難。岸近市囂聲似沸，燈遙人影黑成團。危欄望極星河迥，孤柝敲殘夜氣漫。料得酒樓樓上客，三更夢冷未能安。

（這是一個詩社裏出的題我作的。那時是一九一六的冬天，陳列所的楊紹輝常向那詩社去，有時回來說一個詩題，我便來作。但我不去詩社跟一班"詩迷"拉攏，怕他們把我纏上。所以我向不同人酬和，這亦像喝酒一樣，我喜歡自斟自飲，如果拉攏上，與其說是詩友酒友，不如說是"詩仇酒仇"，這是閒事，因此而"樹敵"太無味了。天津有個"詩迷"，許多別的"詩迷"稱他，他亦自己稱詩家，他是學"黃"的，詩裏的詞彙必須出於"黃"。有一次同章一山樓"詩戰"，章作了一首"美人換名馬"給他看，他一高興，步着韻和了一百〇八首，作時各處搜索材料，這次不能專用"黃"典了。作成後還由一個像袁子才的女學生類的女學生，係某自稱名士的第二如夫人，給刊了贈人，當然亦贈我一本。我當然亦要讀一遍，詩裏極力翻新意，三十首之後便成了強弩之末，"還氣疾聲嘶的搞"，不是甚麼正宗的東西，何苦來呢。這往往在多人聯吟倡和，如果某人得某韻未交稿，到年節時他便寫信寄某去催索"詩債"，要作足"詩價"二字，簡直討厭。嚴範孫、管洛聲等有個城南詩社，裏邊有一位健將張芳輝，他的女兒是我的學生，叫張兆棫，她父親幾次由她約我入社，我始終未入。這班所謂詩人，向翻書本，不管實際，最普通的柳絮、稀米等全不認識，與諧鐸上在杜十娘廟不認識杜拾遺有何差別！（這首詩像有鬼意。）（金華橋在天津是最早的一個鐵橋，後來南運河"裁彎取直"把這一段河身北移，金華橋遂挪到北大關，如果再在橋上夜步，環境與上所寫全不同了。）

【冬陰】早起開簾望眼迷，漫空寒鎖凍雲低。天含雪意沉如睡，人抱冬心冷欲題。粉本自宜描水墨，黃綿終必慰黔黎。灞陵明日橋邊路，料有新詩逐蹇蹄。

【冬晴】漫言風雪苦冬藏，開到梅花亦艷陽。林靜空庭飄凍落，客来禪室感夫涼。冰牙滴盡原非雨，地甲消殘恰擬霜。多謝晴曦烘暖閣，不須重炷辟寒香。

【夜宿酒家憶赤壁泛舟】一醉曾騰臥酒家，不堪時事亂如麻。滿腔磊塊消春甕，千古英雄空浪花。赤壁遨遊沉歲月，黄州歌吹溯蒹葭。壯懷欲繼坡公後，誰與携壺夜泛槎。

【冬日雜詩】雙雙乳雀噪茅簷，正是烘晴曉日遲。夢覺擁衾人未起，幾竿竹影上窗帘。又尋詩句到梅花，秋去冬来感歲華。昨夜龍公初試雪，園林催放兩三葩。紙帳薰籠別有天，囊中不用買春錢。朝来收拾當窗几，閒洗冰盆供水仙。寒林風急冷江臯，詩興何須借酒陶。自起庭前收落葉，竹爐煮茗聽松濤。

（以上這都是楊溫輝送那詩社拿来的題我作的，完全由空想来的。那一時我的公務上不太忙，亦不耽誤編彙，只是亦有點"爭強"，少睡些覺。還有幾首，後来不願多在這上瞎費工夫，很停了一個時間。）

【西施菊】一枝初綻冷香苞，全把東籬舊態拋。渾似吳宮新舞後，亂垂羅袖鬢飛髾。

（這亦是上說的一個詩題，我作的，原限三肴韻。"西施菊"是一個園藝品種，瓣細管狀，管端散開，瓣柔長下垂，有嬌慵之美，所以我用"亂垂羅袖"来指出西施倦舞之態。而該社所有詩（由楊溫輝要来的詩稿）完全死扣在苧蘿村、東籬、携李、陶徑、效顰等等的字面上，不論分寫合寫，看出那些人並未真見過"西施菊"的真態，只就題面鋪排組織，確等於"聾盲評古"，只就耳聞未嘗目睹。從前有人問我杜甫詩"飽聞榿木三年大"的榿木是甚麼，我說我沒見過，其實這人去過四川，作詩專學杜，可見搞這類玩意在當時僅是坐屋裏翻書本，不求實際。按《廣羣芳譜》"西施菊"有好多品，我僅見過上說的那樣名"醉西施"的淺粉红色一種，譜上有红黄白紫等不下十餘品，形態亦不一樣。）（榿木是四川產的一種喬木，一名蜀木，是樺木科赤楊屬裏的一種，生長的極快。）

[寄雲居漫稿跋]靖江陳祖香為余第十二女弟子，係第十一女弟子閩侯林君嫻紹介而來者也。於輩中年最長，而天性和易純樸，自然本真，亦為輩中冠。蓋渾璞韞於中而不炫於外者也。學為花卉，下筆如陳南樓，尤善寫梅，偶題以詞其上，率清新可喜。一日過余，謂將學詞於瀋陽華鍾彥先生，其後屢以所作見示，用字琢句，不事雕鐫，而天性之和易純樸，自然本真，時時流露於字句間，頗感人也。祖香半生執教鞭，桃李之栽遍於江河流域，莘莘學子，十九宗慕其人，而與內子子媳更往來如親故焉。戊寅春，祖香將以所作壽梨棗，商之於余，余以為可傳祖香之為人，且為後來之楷範，甚贊其事。祖香有自作傳，述其身世最詳，其詩其詞，華鍾彥先生為之董理且序，余無功也。爰誌數語以為書後。戊寅日長至後五日山陰陸文郁。

[東陸幸眾]相知久未得相逢，彷彿雲間陸士龍。他日聯車過門巷，聞奇願進酒千鍾。（瀋陽華鍾彥連圃

（當時華在北洋女師範教學，重點在講花間集，他刊有花間集注，前有顧隨序。華贈我一本，並贈我瓷印色盒，上詩即刻盒上，後盒摔破不存，今由記憶中寫出。）

[陸師為余照像題二十八字]荏苒年華廿四春，今吾依舊故吾身，相看一笑真知己，可是浮生第二人。（合肥李世馨

（這是我一個在輩中較出色的女學生，英文漢文都好，又精於鋼琴，她因同一俄人學鋼琴，勒開手上的虎口，又精於跳舞、網球，在當時女學生中她是數一數二，又善談，在她畢業的中西女學裏是那時的所謂"校花"，那時是甚麼社會，處處是危險，她能出汙泥而不染。後來同一個留美學農的楊志農杰在當時天津青年會結婚，楊是四川人，非常老成，農學很有

根柢。李同我學畫時與老伴紉秋兒媳亞子親切的情形亦像陳徐馨。李有胃病，她到我家來，不同其他女生按一定鐘點與老伴姥姥長談，且幫老伴執事務，到應上課時，才入畫室。天氣不好時，別的學生都不來，她獨到，往往午前八九點她來，至夕下班才走，終日不食也不飲，作畫時的沉心靜氣，絕不信她會打球跳舞等的活潑諸事。結婚前月餘，她同亞子媳學刺繡，自繡嫁時裙幅，裙為白緞，要我畫菊花三枝，菊蘆花紫色，繡成非常雅積。結婚時絕不鋪張，她父親外參與者只我一家。後同楊去北京、南通、上海、杭州、福州，以又去四川，逐地皆有信寄我。解放後尚兩次接她由北碚來信。)

[如夢令 李生讀素軒詞剩，愛其如夢令，要余仿填贈之]不信無情是你，不信無愁似你，小小聚笑謎猜，深隱獨難瞞你，知你知你，第一慧心是你。

(李每說她不知甚麽是情，甚麽是愁。年時與同學猜謎游戲，我把舊所知的寫出大家來猜，難的別人猜不出，她猜着。如面為"二 二"她一看便說是"秦"字。這謎是我父當日所作，並非傳世的名謎。)

[如夢令 古琴一張，摩娑孔劇，消他白日，伴我清眠，寒燈熒熒，閑愁許許，偶成小令，聊遣秋懷]不信多情是我，不信多愁似我，孤館獨眠時，無賴秋風欺我，知我知我，三尺瑤琴憐我。(龔江黎謙亭建三

(黎著素軒詞剩，僅有詞三十八闋，為我父鈔本，今存。龔江手下無書，不知何地，康熙字典引集韻州名。)(李生說，她家的合肥當時還有溺女之風，當婦人生孩時，招產婆，婆婆向來手攜紅布包，裏邊是半塊磚，備小兒生出如係女，問產婦如何，如點頭則以磚死之，產婦亦不哭，如搖頭則孩得活，但民風相沿，上上死佔

十之九或還較多，事事可慘如此。今寫此，我猶不忍下筆，為"憶苦"計，俾今日幸福的女孩知解放前多為父母者對女孩的罪惡。當時我問李生：你怎能活？她說她亦不知，而且她行七。我的女學生中頗有閩人，我知閩中舊有溺女之風，問之，據說鄉間尚不少有此慘事。）

[老辛拓泉序]民國六年丁巳，嚴慈約、華石斧兩先生籌辦天津博物院，余襄理其事，得日周旋於古董之中，賞鑒摩挲，興趣盎然，復親聆石斧先生之評論，尤足愜心。先生以貨幣陳列品說明之事屬余，於是上自古貝，下至錢鈔，無不一一過目。遂於治公之暇，以朱墨選拓若干文，得二百數十品，裝貼成書，標曰"老辛拓泉"，僅以誌興會，供觀玩也。其後懷蠟墨，有所見，亦恒數數拓，今又將及三百品。晚來抽暇，據泉匯諸書有應注者，各注數語，間亦稍加意見，疑者缺之。……回憶摹拓之初，已匆匆二十年，今兩先生皆歸道山，當日朝夕盤桓之人，亦悉散去，誠不勝今昔矣。民國廿有五年丙子雙十節前三日，山陰老辛，時年四十有九。

（當時所拓缺漏是太多了。我既初步認識了貨幣，便打算按着它的沿革來知道它全面的大概。我是反對"擇精居奇"的。我的希望，只見拓件便足，不問"名貴"與否，要接續着代代都全才好。這還是"求知慾"的驅使。我要認識它對社會人生上的利弊，反對所謂"玩古錢"，所以我不配是"古錢迷"的一員。）

[大錢]汗耶一大串，合號病民錢，買物無人要，充囊祇自憐。

（失名 清咸豐年間流傳的打油詩。

（按"大錢"所指的是清咸豐大錢當十、當百的，實際尚有當五百、當千的。各省所鑄有各省的鑄錢監名，如山東是寶濟，福建是寶福，户部、工部鑄的是寶泉、寶源。初發行時，煌煌文告是"天下通行"，漸漸越鑄越減量越小，於是發出時如係當百，仍按一百制錢發給民間，徵錢的重量連五十制錢還不到，以來捐稅

108

上不收它了，於是買東西亦自然没人要了，至終家家都有大串的廢物，只好給孩子們當玩物。)

【金大本孟闻朱拓涅金大布為題二詩】妙拓裝成照眼新，椎朱端比墨精神。汀州太守空稱富，不見瑰琦大布金（李竹朋收古泉布五千餘品，為古泉滙一書，乃無此品）。我生何幸拜泉王，許絕人間不世藏。竟許蟬衣輕一拓，自應額手慶斯慶。

（拓有兩種，深黑拓曰"烏金拓"，淡拓若雲烟的曰"蟬衣拓"。我當時在孟闻家用蠟墨拓了面背二紙，後来又得到王倫閣拓的一紙，係另一品。）

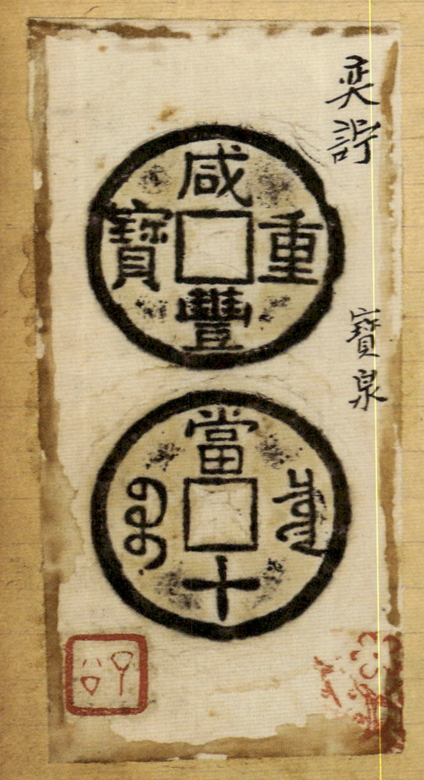

【晚来不睡，好為詩，提筆無一字，曰無詩可作耳，乃成百五十二字自嘲】無詩可作非無詩，自無詩才足可嗤。眉攢目閉且搖首，繼以呵欠雙淚垂。案頭白紙方而潔，提筆欲書無一辭。何如滅燈大睡到天曙，莫踞案側毋乃癡。精神惝怳自嗟怨，管城起坐前為詞。君無錦繡腸，徒具英挺姿。黔驢薄技自堪笑，累我廿載相追隨。願君揮手錫永別，還我自由斷我羈。我聞斯語慙且汗，謝爾諍友相箴規。希爾永伴毋我捨，誓將磨礪循杜規。管城盧胡暫曰可，會觀後效今猶疑。

（這詩亦是一九一六冬天在所晚上睡不着左右不知所可時寫的。後来才知道那就是心臟有毛病的開始。後来所事繁，時每每是天津、山海關、上海三處跑一个不着邊的長三角，還要隨地於個人求知上用筆来幫忙，所以筆至今是唯一的好友老伴，跑了三十年不想筆一天離開便想。

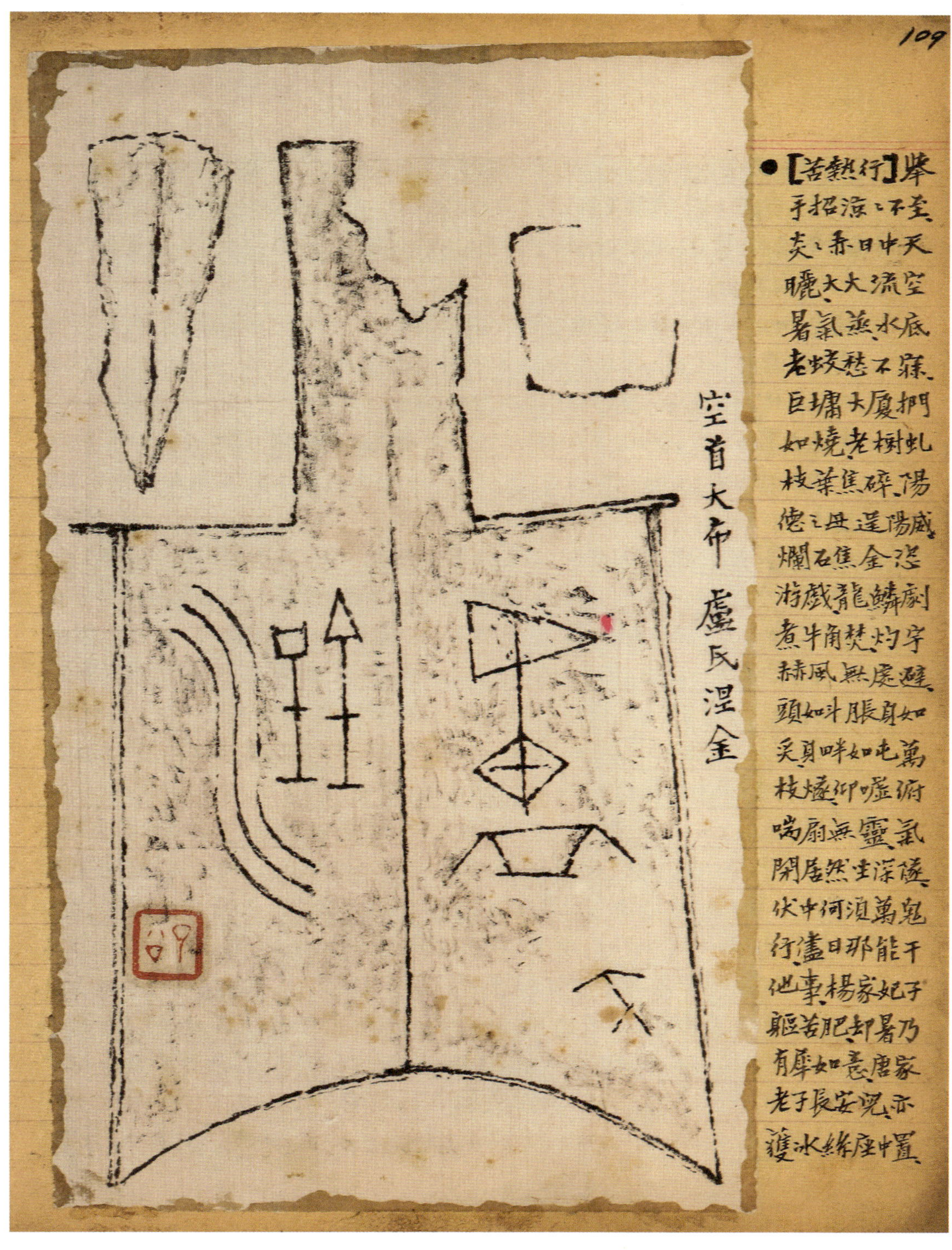

●【苦熱行】舉手招涼涼不至、炎炎赤日中天曬、大大流空暑氣蒸、水底老蛟愁不寐、巨墉大廈押門如燒、老樹虬枝葉焦碎、陽德德毋違陽威、爛石焦金恣游戲、龍鱗劇煮牛角焚、灼穿赫風無處避、頭如斗脹身如炙、身畔如屯萬枝燧、仰噓俯喘扇無靈、氣閉居然生深隧、伏中何須萬鬼行、盡日那能干世事、楊家妃子軀苦肥、卻暑乃有犀如意、唐家老子長安冤、亦獲冰絲座中置、

我無清福復無錢、肉體合當供薰熾、鄰翁觀我長太息、道是先生應辛苦、先生尚有南軒臥、勞力誰能與君比、挽車耕田烈日中、汗淚合流敢誰怨、我聞此語汗益多、頓覺心平主內愧、此時遙空黑雲起、白羽爭光來巽二、長空安得天門開、挽銀河瀉平地。

（這是一九二〇民九夏天苦熱、霍亂流行、天津各材廠棺材供不應求、鄰家哭聲日夜不絕者殆五七日、我亦幾乎危殆、中夜熱不能就枕、坐院中汗如雨下、天將曙、寫的這首詩。將午黑雲四起、大雨滂沱、暑熱頓減。那時是舊六月中伏、詩原是兩首、前兩天寫了一首、頭四句是"庚申六月中伏中、祝融出炬火燒晴空、金輪騰光九州死、日沒不見臙脂紅"以下完全記不起了。現寫的這首原叫"後苦熱行"、中間像是亦少了兩句。）

［討蠅檄］咄爾蠅者、立身卑污、生性貪饞、習於衆穢之鄉、長為逐臭之物。營營止棘、狀著詩經、薨薨擾人、聲傳齊國、憤言稱市客、傷哉仲翔之心、誤筆點屏風、惜矣不興之畫、驚苻堅之大赦、市上能呼、賦宋玉之小言、蠅頭可館、原錦毫以諷世、竟醜扇而知名。遂爾附勢稱強、趨炎得志、黎明競逐、白晝橫飛、攪清夢於黑甜之鄉、混佳肴於金齏之宴、狡兮作態、望而生嘔、頭比富人翁、寶氣薰紅兩眼、身如賤家子、花光照綠變中、結隊而來、揮手不去、憐深深之青闥、一任潛蹤、恨皎皎之如白圭、亦應有玷。嗚呼、韋幕客之不作、盧記室之云亡、獵擊不傳、孳生益暴。乃竟乘機投足、故紙能鑽、抵隙尋瑕、死灰可撥、禍人以口、刀無異乎狂奴、佔地為盤、惡何殊於軍閥、附驥求活、攫食為生、聚藏爾之幺魔、滔彌天之罪孽、淆亂黑白、恃爛熾之精神、吮吸脂膏、逞腌臢之伎倆、實病原之媒介、真鬼蜮之行為。是用會集青年（青年捕蠅隊）、同心致討、圖宣白話（街巷張貼之蠅害諸圖）、大義聲誅、力整團隊、勇揮修麈、煎錫灑汁、爰陳紙上之兵（蒼蠅紙）、放水安瓶、穩捉甕中之鼈（蒼蠅瓶）。莫謂言辭虛嚇、須知下手無情、且看撻伐是張、從此游魂絕類、此檄。

（這是一九二二民十一夏間大力宣傳滅蠅工作時、我應一個報館要求作的。前寫"翻考"亦是登在這報上的。還有一篇"新四書"亦鈔在這裏。以後畫事日多便沒工夫再搞這玩意了。我平生游戲文字只此。)

[新四書 集四子句]有婦人焉、無所成名、其為人也(1) 姑徐徐云爾。富與貴 不以其道得之、雖在其位 三年、不尊不信、民無得而稱焉。
過而不改、屢憎於人、使天下之人 舉疾首蹙頞 而相告曰 斯人也 小人樂其樂而利其利、其身不正 其心素隱行怪、無所不至、及斯不測 其默足以容、執其兩端、曰 非我也、兵也、其狀如此。
在其位 不謀其政、飽食終日 興於詩(2)、然後快於心與、凡有血氣者 皆曰、以若所為 惡能治國家、老而不死是為賊。

有婦章第一

今有同室之人、堂堂乎張也、爰整其旅、作之師、踰東家牆、莅中國、曰、天下惡乎定、不嗜殺人者 孰能一之。
達巷黨人曰、大哉 蕩蕩乎、吾見其進也、誠如是也、巍巍乎 戰必勝、三軍可奪帥也、君子創業垂統、時哉時哉、若夫成功 則善矣。
兵刃既接、不出三日 棄甲曳兵而走、有官守者 出語人曰、今有璞玉於此、何其多能也、量敵而後進、非吾所能及也、瞻之在前、忽焉在後、既竭吾才、未之能行、使畢戰 予死於道路乎、吾甚恐、吾止也、其回也與。
齊一變、散而之四方者 幾千人矣(3) 方命虐民、事之以皮幣 以珠玉 不得免焉、老弱轉乎溝壑、壯者 父子不相見、兄弟妻子離散、此無他、亦運而已矣。

今有章第二

子張曰、兵也者 昔者 所進 雖多、今日不知其亡也、雖令不行、亦奚以為、非我也 天也、後生可畏、由之行詐也、欲罷不能、一日而三失伍、故退之。
斯舉也、害於其事、公綽之不欲、謀於燕家、微服而過宋、夭夭

112

如也(4)。

爭地以戰、殺人盈野、爭城以戰、殺人盈城、有為者 天下之大老也、是播其惡於衆也。是可忍也 孰不可忍也、國人皆曰可殺、奚不去也 居東海之濱 以保其身、如之何 必得其祿、一人貪戾、而使斯民饑而死也。

或曰、為機變之巧者 無所用恥焉、人皆以為賤、斯人也、亦終必亡而已矣(5)。

子張章第三

(1) 徐菊人、一般稱徐菊老。

(2) 喜作詩又是"詩鐘"迷。整天有陪着他搞这玩意的。

(3) 張兵敗劫掠。

(4) 葉進。

(5) 徐下。

(一九二二夏間、奉(張作霖)直(吳佩孚)之役、係新華老人徐世昌從中撥弄而成者、如無葉小扇子葉恭綽煽惑其中亦未必成、雖成而奉敗、不利於徐葉、於是徐下而葉進矣。)

[江北旅行記 一九一一]

[一、救護隊之首途]辛亥秋革命軍猝起湘鄂、其間以頭顱熱血為共和之代價者不可以計其數、當是時凡具人性者咸躍躍欲踵諸傑後、以盡此國民應盡之責、蓋偷生於專制政府之下、何若以求國家將來之安全而寧為共和新鬼之為愈也、時南北以大江之阻、北地仍居滿清權力下、故北人欲投革命軍者多疑而見拘、余以是南行之念絕。顧生於茲世、不稍盡力於國家而將坐享共和幸福者則又奚可。適天津成立紅十字分會、遂投入其中而自認為出發戰地之救護員、會徐州將有南北之戰、乃於冬月望後起程、為徐州之行、大夫二、救護員十二、庶務員會計員各一、擔架夫十二、凡二十八人、適行頗不寂寞。行之前預宿於会之事務所、行囊箱篋累累堆室中、坐臥相談剌剌至終夜。

黎明隊行赴新車站，路間燈火星熒，照映顏面，間現慘綠色。人影斜印地上，隨步而前動。既至站，相繼入車，卸行囊，脫外套，而談笑之聲繼矣。李伯良、常樂臣二大夫居一車，吾等與庶務、會計居一車，擔架夫及行李則另一車居後。時送行者猶夏隔窗絮絮作別語，頗拉雜，余亦不復描述，縮短言之，亦惟珍重而已。緣此行也，迥非尋常之旅行，生命早置諸衣囊中，遺失固屬易易，惟康才不談別語，僅握手道采集事。余曰設能明春歸者，於標本當得無數（時尚不知半月受代之事）。既而站鈴動，車軋軋行矣。時陽光微動，遙望站旁林木間，猶恍惚有舉帽振帕之影。余雖壯懷將慰，然回觀桑梓之鄉，漸離漸遠，而渺茫於遙天雲樹之間，亦不能不有愴于懷也。過楊柳青後，朝暾始撥雲而上，曉色蒼茫，至是立揭其幕，而萬景齊開。惜今屬仲冬，入目咸作睡狀。余自念身世，固日亦在睡夢中，今車聲軋軋，咸為濃鼾之聲，而談笑紛忙，亦適成夢囈。既經良王莊、獨流鎮、靜海縣、陳官屯，而所謂唐官屯、馬廠、青縣、興濟、姚官屯、滄州、磚河、馮家口者，亦皆掠面而去。至午刻而泊頭、南霞口又過矣。無何至東光縣，時當進餐，庶務汪桂笙竟自剖麵包而食，吾輩遂有所議。馮西林過而責之，以為不顧及他人之午餐而竟自食，於理殊當。汪遂與吾輩設餐包。而車過連鎮、安陵、桑園，行將至德州。燕良謂余車行若干站，何平原村落之外無一物。余曰此直景況不謂乃如是平淡，因述京漢車經都門之後，頗有山色，雖不及南中山水幽秀，於直隸亦當屬第一也。既過德州，景色尤劣，車以外平陽際天，即一樹亦不可見，或遙遙一村，亦若魯靈光殿巍然獨存者。舉以無路景足觀，乃相倚車窗而睡，隨車震盪，亦不復能酣。乃又經五站：黃河涯、平原縣、張莊、禹城縣、晏城縣者，至日暮至黃河北岸矣。時車橋修築方半，欲渡黃者，必以汽船，而由津南來之車實止於是。

[二、乘月渡黃]時下午四鐘，遂盡卸攜來之物，以待運夫。蓋車停處距河岸尚三里許，於是相待久之，始見兩運夫挽一雙輪車施施從遠道來。問車何少若是，答官家勒派，月僅薪工八元，雖欲多車，將何由而購。既移物

114

滿其上、一人挽其前、一人掺而行。因顛簸物欲墮者凡數、乃益一擔架夫夾扶之、故行益遲。計一往返費時约刻許、如是若干次、始將所有物悉移入汽船之上。其他旅人之物、亦惟恃此運夫之車、乃又久之、船始開行。暮烟四合、遠近闃然、汽船行於冥茫中、烟突澎澎與橫流層冰之衝觸相互作慘厲之響。其他為晚風捲入耳鼓者、則船客問答語也。語簡而音低、多不得揣其辭意。采臣之眼鏡與水光相映、閃閃作微芒、而紹良之捲烟明滅倏若螢火。其他諸人、亦咸聚一隅、微聲談笑。獨余與燕民、鐵魂小步甲板上、靴聲橐橐而不發一言。遙望河南岸、燈火密如星羅、知晚市開矣。既而明月東上、船亦行抵南岸。時濟南之車已至濼口。濼口者、河南岸之鎮名也。紹良、采臣點查所攜、使運夫捆載赴車、以相距遙、吾輩分數人沿道相守。余乃立大堤古木之下、北望河岸、則運夫三五挽車載物而來、初蠕蠕若蟲豸、既而漸近、亦祇一團黑影呼喝而過、其戎軍服革鞾而隨者、亦不能辨其誰。於是道守久之、運物始盡、乃相呼登車。余與鐵魂購落花生、甘蔗、以為此十二里車上之消遣、已而站鈴動、車行矣。遠眺途間景物、雖月光亦殊莫辨、惟老樹槎枒繞枯藤而挂雪者、儼若老人之垂鬚鬢、微風動之、又似點首將有所詢。他則高下漆黑者、知為山、方形而交錯者、知為村、微光返映灰白而作條段者、知為小溪之結冰而積雪其上。他則冥冥無所睹、或燈光遠遠穿林、亦僅小如一豆。車聲格格、如冥行地獄中、或如入轉輪也。鐵魂、子漸、燕民俯首余側、剝花生而食、余獨咬甘蔗昏瞀中、亦不復知其味。微聞同車者曰、十二里竟遙遙乃爾。或曰、觀之前面燈光已露、非濟南車站歟。語方止、汽笛作而車漸停矣。濟南站燈甚明、遠眺來往者、殊如入劇園觀電影。時齊魯紅十字会已來迓、乃改乘人力車、入南郭之門、經西門、捍石橋而歇足於高等學校之中。

[三、記單輪車]濟南為山東省会、形勝冠全省。吾輩經此、不得不細覽風物、僅就所見者言之。有所謂單輪車者、製形若津門庚子前單輪之水車、一人推而行、聲嘔啞頗聒人耳。車上置長墊、左右各一、且置小副墊、使乘

者無後仰之虞。或謂乘此較人力車舒泰也。當晚歇足於高等學校，而夏直原先生款待周至，備饍頗豐。罷餐之後，咸議出遊城市。至中生於齊魯間，對濟南景物知之綦詳，云城外有五里溝者，為南北花蒼翠之區，歐式樓閣高聳雲際，晚來電燈燭若晝，固濟之繁華地也。忠輔、德仁、有民三人聞之，躍而起曰：是不可以不往。贊成者舉其手。滄軒、西林倚壁坐笑，其他人亦不答。久之，西林曰：吾意趁此月涼如水，散步城巷間，畧得觀覽風物，且舒適吾四體，何必五里溝也。不然則請坐談。此議一出，首先贊成者為鐵魂，及余，未幾得五人，餘有倦意，其志在睡，蓋以明日尚須起赴征途也。余體亦罷，然斗聞散步者，神體咸先愉快，不計近遠，無弗立即從足，亦性使然也。時月正麗天，六人步月而出，街衢清寂無聲，惟鮮聲接續作繁響，人影印地如畫。正行間，道旁矮屋出一人，似已熟睡，為吾輩驚起者，畧謂曰：如賃車赴市者，吾店相備足數六先生之用，車穩如山，有至樂而亡微虞也。滄軒以其言誇，不答。余低謂西林曰：姑詢其值，乘否自在於吾。少泉因問之，答：車游往返者，不計近遠，值銅元十八枚。捨滄軒外，皆以乘遊為佳。車既出，鐵魂子漸乘一車，西林、滄軒乘一車，他一即余與少泉也。坐甫定，車手推而前，儼若再行。蓋去地不三尺，伸臂指可抵地。濟城道為石築，行甚顛頓，而軋軋之聲喧耳欲聾。所經之街，無一人，清淨若歷冥曹。緣城人早眠夙起，與東站迥異。其度既入城，抵芙蓉巷，而商店亦閉門，無一燈火，乃返車。路間，道濟城軼事。吾車車手且推且談，先自表王姓，行某，住某所。其父執某，原充某署捕盜役。某歲獲巨案罪魁某，以其人性任俠，不類常盜，私縱之，而役亦由是斥革，窮不能活，遂賃單輪車而載客焉。一日，役載鏢客之滕，途遇盜，客役相助，鬬無力，被擒，縛擁見盜首。首驚起，親解其縛，曰：此吾恩人也。因下令曰：自後有敢犯恩人者，罪死。乃宴之山中。既罷，還鏢客金如數，且贈之燈籠，親書役之姓名於上，曰：此吾為恩人作標識也，請懸之車前。吾下日後見之，當無敢再犯者。役謝而行，途遇盜賊，皆引避路左，曰：此大王恩人也。後役死，其子繼業，仍懸燈籠車前。今其家裕，製車幾三十輛，且多作燈籠，他車手之遠途者皆往而賃焉，無遇盜舉靡不有效。

[臨城夜色]既罷游歸來，匆匆度此長夜，以首方欹枕即驟然而起，探首窗外，曉星猶閃閃天角，乃排隊赴車站。開行後途中景狀較昨日大殊，喜亦不復詳寫，但略述其要：逾五站曰黨家莊、崮山、張夏、灣德、界首集者，至泰安府。遙觀泰山山色，樹石半沒烟雲中，雲徒徒如拖長練。既又經八站曰東百子坡、大汶口、南驛、曲阜縣、吳村、姚村、兗州、鄒縣。又見所謂嶧山者，聞其上尚有姬周之烽臺，山西王季城，城基蜿蜒猶隱約可認（由車窗望去云云）。因念此聖王遺跡，久久亦竟湮滅，矧夏言德故英雄務名遺跡，亦尚後世者，亦僅使憑弔之人生興廢之感已耳。過鄒縣而南，車站之牌尚未完備，得車人指示，若為兩下店，若為沙河，若為界河，至滕縣，聞尚有文公井田古跡。又經二站，南沙河、官橋，至臨城矣。車遂止不再南下。蓋自臨城以南，為津浦路南段，實張勳所轄。張勳者，從滿清之官，原駐兵金陵，於南京光復時棄逃至徐，既成孤立，遂據奪津浦路南段之路權，以為再行北進之預備。蓋共和之果已熟，北人亦多不齒張，如潰兵之姦淫擄掠者，盡其所為也。今北段之車並敢南下者，以無為張所劫，倘反抗立即於死，其無人道有如此者。站長言，日昨專車赴徐，張將並人而留之，時車以健其機輪而北，張怒，開槍橫擊，車以窗格悉碎云云。故今者吾輩既已至此，既不得專送之車，遂發電至徐，使來車相接。時晚七鐘，徐咸下車，立于站台之上，行囊堆積其旁。站台新築，土鬆而溼，水分寒浸革鞵，足指為僵，又以陰雲四合，尖風刺骨，吾輩操衣以內僅有絨衫，詎能當此奇冷，然亦自壯其氣，不為寒迫遽現瑟狀。車站距城甚遠，漫野之中惟有積雪，外此則燐火星星，與吾十字羊燈而已。站巡荷槍時來檢視，問吾輩京津近況，皆含糊而答。既而聞遠遠汽笛之聲，淒遲動人，咸知為迎吾之車將至，如是久之，至十鐘車方格格而來，於是整備登車，至夜四鐘始抵徐城之外。

[五、徐城東站之夢]當夜不能入城，羣宿東站中，站室狹甚，復無宿處，室

117

隔為二，内室僅容木榻，外室嵌巨爐於壁，燕煤團火熊熊然。旁列小几，置羊燭，為爐火所掩，即滅之亦不少減光。君紹良坐近爐火與余談會中事，余則時為談諧，博衆笑，以遂睡魔，而睡魔亦似以隱聞笑謔不忍遽去，久仍時加喙身，導使游黑甜之境。時余談益力，衆以傾耳而聽，無呈笑面，出笑聲，格格之中，漸變為鼾聲齁齁矣。既而捨余外，皆垂首坐睡。細視其面，猶且各有笑紋，一似睡夢中尚尋尋味吾言之可笑。且有一人夢囈，尚常吃吃，漸發噱，幾倒，余急起扶，始惺忪而醒。因念世人尋樂何一非尋自夢中？境界模糊，茫無定向，隨足所趣，每墮深潭之中，不能自拔，人或相拯，則曰：此中游泳樂也。及至夢醒天明，始覺索然乏味。余中心轆轤上下，視爐火不少也，瞬時新添之煤團方炽，由黑漸即於紅，中夾小石，忽而微爆，一時射焰如花，似以此爐火詔余：人生之樂正復類此，祇以此樂且在夢中，益屬虛妄哉。

[六、早入徐城]夜中目未交睫，默思吾之將來，幻形奇想一一由腦根跳躍而出。未幾，案上羊燭已盡，紅淚成堆，光焰一騰，爆出作小響而滅。爐火尚熊熊然，照睡面作煅鐵之赤，遠近絕無聲響，雖間有鼾聲，亦輕微幾不可聞。窗紙由暝黑中漸漸轉為灰白，出室外，望見站旁之山（即雞鳴山）沉沉猶蒙重霧，林木椏杈，悉掛凍露，曉氣濛濛，撲面至爽，微風徐來，萬枝忽動，野鳥鳴而雞聲微矣。已而睡人逐漸而興，相從出室外，呼吸天氣，靴聲橐橐，踏站台至為繁響，或聚而立，或倚而談。陽光微動，乃相與出站室，見所謂張勳者，張全宿車中，車北向，終日夜升火待發，所以備革命軍之來，則駕之而逃也（所謂保全實力）。路間所聞，咸云張勳之威勝於漢時之張遼，固非確言。既而隊行入徐城，晨市已開，道旁觀者排立如堵，白叟黃童，咸低聲相謂：“此何為者？缺髮辮而洋服，佩紅十字也。”又聞微語曰：“此中國人乎？抑革命黨乎？”聲似在吾之旁，究之亦為村騃。於是轉西轉南，久之抵西門內之西教堂止焉。因入其偏院，是吾隊假以為“駐在所”者。牧師接待殊殷懇，使僮僕拂蛛絲，除敗葉，以居客。吾輩

助理，半日庭室始潔。院門北向，適街，有庭大小凡四，屋若干，足敷臨時之用。庭中諸木榻甚多，乃各擇其便而設焉。以最後之西屋為宿舍，之有室凡三，一居李常二大夫、肖民、桂生附之，一居張、譚、李、賀等諸人，而余與鐵魂子、漸義民設榻中室，向出入之門。榻而皆棕製，柔軟洽人意。義民居近後壁，而鐵魂子、漸左右之，余橫前而留進出之道焉。擔架諸人另居一庭。病傭則中一李姓，係出校前由余薦者，原為廚師，今乃使與他一二人專供飲食之責。陳排既已，乃備午飯，餐罷各據榻臥息。余獨少睡而醒，出望街市，凡觸於目者咸具誠樸之象，在在如古昔時。晚餐時，紹良興趣獨高，乃沽酒以飲諸人。食方罷，一役持帖立室外曰：“有江防某隊正兵以剿賊（指革命軍）頭部受槍創，今舁來乞先生一為診治。”時以初設，藥物悉未得理清楚，倉卒間闢第二庭之西室，舁創人入。紹良、采臣與吾輩咸衣白衫。余乃遣役者詢創人姓名、年歲、籍貫等，記於小冊。從舉燭之創人之面，志銘解其覆首之布，血跡模糊，腥臭刺人鼻腦。布既解，赫然見其亂髮蓬鬆，沾血而結團焉。紹良俯視其創，乃一彈穿右顱頂而過。聽其呼吸，斷續不相屬，二目凝凍，口唇翕張，儼然陳死人。撫其額，僅有微溫。采臣招呼西生洗其創處而敷藥，固無起死之效。乃呼從者入，曰：“是人無望生矣。”從者震駭不能答。紹良復言曰：“是人已無生望，彈破其腦，腦腐矣。”從者顫聲問：“明日當復來乎？”曰：“恐不能更遲明矣。”從者慨歎曰：“其死乎？”曰：“將矣。”乃舁去。時桂生旁立觀狀，震駭欲倒。紹良笑曰：“以堂堂男兒，見創屍而却膽小如鼷，可嗤也。”

〔病院之開診〕時傳聞清后已下宣戰之書，而軍嚴屯於蚌埠，戰事指日將開。蓋徐城無報紙，而南北戰事興，途間並斷旅行之跡，故不得不賴傳聞以探外事。但傳聞每展轉而訛，至不可恃。設非吾即戰事來者，亦將閉耳不入市人傳聞一字矣。然傳聞易於惑人，雖道其訛，而訛之人亦每每信焉。李常二大夫質直人也，聞戰事將起，乃議開病院，醫創者，俾吾輩咸得溫習所業，以備戰時之用。吾輩操擂各事，備開診時創者之需。時桂生聞此傳聞而大感，緣來時路間已傳說和議將成，戰事可因而罷，方私心自慰，今驟聞此消息，而也復即

119

戰事而來，以為生人事，此是即死也。血肉之軀不自極冒彈雨以拯人，雖未必死，利於何有。乃肆其鼓簧之舌，勸衆離病院歸，設歸後而戰者会中當遺第二隊來，豈不愈於險乎。鐵魂聞而嗤之，他人相顧無語。西林前曰："汪先生聞戰，神魂碎矣。吾今但有一問：君之來，初意金錢耶？慈善耶？若謂慈善，君今一無所為，乃便思歸；果金錢者，則早便不應同來。"汪低首不能答。西林復曰："以私誼論，吾輩事同，志便同也。況今所事純屬自甘，即有險處，亦當互相鼓勵，俾不背其初心。乃竟不然，欲因一己之私，忽大衆之公，非吾十二人所能自持者，將由君片言而陷於不義，君待友亦可謂誠矣。"言已，視汪而笑。余亦曰："吾輩之來，亦名譽之所係也。以創人之血與吾醫創之藥，染此白衫，或因救創以自創而死，始足證為慈善之名非偽。且吾輩於出發之前，嘗立願書（具甘結），有云救人而死，亦無慙，信誓旦旦，或當不忘。吾輩人也，詎能因片言毀人格乎？況戰事在即，正吾盡職之時，善旗一揮，彈雨立止，彼能死之，吾能生之，生人之權在吾掌握，不亦人生一樂事乎？請定其心，堅其志，不可以片言而遽惑也。"於是咸起嘲汪，語多，余亦弗述。是晚寢後，余方與鐵魂微語，汪之為人，聞大夫室中語聲甚高，且似頗怒，而雜以辯駁之辭。鐵魂曰："汪又持所書上大夫矣。"余曰："俟之，紹良過事無卓立，如此恐當不為所動也。"次日方醒，紹良出謂余曰："汪鬼頭膽小如鼷，吾促其歸矣。"午刻，汪乃託購藥物之辭而歸。又次日，病院開診。診之例，自晨八鐘至午十二鐘，午後暫時休息，顧創人之來無過於所定之時，亦必診而醫焉。來者多為日久之創，余救護也，兼任收發登記之職，故創人之來，必一一詳記於冊，其要者為受創部分及其時日之久暫，乃閱多人，覺鮮暫者。紹良居第二庭南室，為創人診斷，采臣及諸救護員於西室相助任治療，梁擔架夫徐李姓及一二人司購治廚事，及一人司雜差外，餘任傳達與診室醫療室差遣之用。對於第二庭之門為室凡三，其背臨街，因以為待診之室。余則往來照拂，間亦就傷者方面，得聞戰息。久之，始知清后宣戰之說純係訛傳，蓋南北和議成，清后已下退位之書矣。余於是中心之快，匪可言喻。蓋所希者共和，今共和已成，又何貴乎即戰事以求慈善之名也。如是凡十一日，愈創人二百八十有七。

[八、記雲龍之游]今敘吾事畢，將敘吾游矣。然敘游仍當以治療之事始。蓋每晨六鐘即相呼而起，少食，除聽事閱院醫劇人，而精力亦用是而罷，故午餐之後（午餐每在下午二鐘以後），相率散步，不計近遠，必暮而歸，所以舒肢體、振精神也。徐州古蹟絕夥，即古所謂"彭城"之外，山巒起伏，如大環，獨缺其西。山之名者曰雲龍、曰九里、曰雞鳴，其他不能悉數，即土著而詢之，曰太山也、獅王也、駝山也，或仰或俯，或欹或企，蜿蜒崔嵬，莫能窮其勢。雲龍之東北有臺曰"戲馬"，基址猶存，為項王閱兵之處。而関盼盼之燕子樓則在其西。美人英雄，千古咸成黃土，居於斯者亦不復能道其事矣。余之游雲龍也，同往者或王或李，而鐵魂子、漸逵氏必俱往。雲龍之途以南門為近，越南門見山腳矣。山不甚高，上行若干步即達其巔，巔平如臺，"放鶴亭"在焉。亭為宋時張山人所築，而與東坡詩酒其上者也。亭之北"華船廳"，為清某太守遺迹，當日嘗觴賓友於此。倚廳北望，城中屋舍悉接於目。而巍然一邱矗立南郭內者，為范增之墓，高幾半雲龍，叢草生焉。亭之外迴以石廊，西面亭廊之間為步可數十，立以石，鐫"壯觀"二字，為李白所書。西北隅有小築可坐，築旁枯井，樹碑曰"飲鶴泉"。井之東疊石若浮圖，聞為昔時某高座之墓，上鐫"鎮山佛"三字，名氏已漫無可考。疎樹雜立，黃葉猶卷卷未落，群鳥來枝上，喀喋而鳴，翠羽修尾，不能知其名也。浮圖之東，陡徑可盤珊下。山半有寺曰"興化"，倚山而建者，其以壁僅疊三磚，而殿中大佛則高越三丈，塗以赤金，故諺有"佛高三丈，廟高三磚"之說。亭西廊之下，亦有寺焉，寺院甚曲折，碎石鋪階，修竹夾道，住持年七十餘，待吾輩至為謙遜。正殿供佛絕夥，幾不可一一名。出其門，層階約百級，始至山下。吾凡五游於此：由南郭之外進登，轉山之東，繞興化寺而下者三；由西門之外，傍道而東，南從山之西北部而上，復從而下者二也。

[九、記雞鳴山及黃樓]雞鳴在徐城之東，車站之北，一稱子房山，即張良吹簫散楚之地。上有留侯祠，為明時所建，殿院不甚敞潔，以久未修葺者。正殿住留侯像，高大過人。殿中碑刻絕夥，且於龕左右樹聯云"睹此日

滿目河山何處尋黃石公問道，想當年十分智勇，乃能與赤松子同遊。吾至之時，適為一日之先，殿角猶帶斜陽，君參上人率兩弟子方誦經禪堂。松風泠然，梵聲乍高乍抑，至悠邈不可久聽，乃出，倚古樹之下，望城中全景。或遙指一處，恍惚有小樓高矗，謂為於府署者，下有蘇小姐之墳，為東坡之女，當東坡治此時，全城大水，女曾脫簪珥救濟災黎，其後民間塑其像祀之，今像位於東北隅角樓之上，即蘇轍所賦之黃樓，且兼望二蘇。時余西南望雲龍，追思蘇公當年之事，默然不語者久之。回首見昭法像，金光照眼，不禁思潮中又遠溯至楚漢之時，而九里山聳立城之西北，巍然在目，似默示一一項羽淮陰之事，僅微風漾塵土盡耳。在昔日霸業之象，未希望於萬世，項王所為，固已全屬流水，而天下歸劉，一時大振威盛，然漢室河山至今又如何者，蘇公當日，未嘗不於是如吾之憑弔古人，而蘇公亦古人矣。明日復攜偉游黃樓，故存樂觀主義，不為此亡謂之感，徘徊至暮，曼歌而歸，且錄其壁聯以為吾游黃樓之證。聯云："靜夜羽衣飄風，閒看百步洪頭，輕帆似鳥；層霄軒檻豁，笑指黃茅岡上，亂石如羊。"

[十、歸結]十二月某日午後，余輩謝別西教堂牧師，隨行赴車站，並面所謂張勳者，已乃登車北行，遠望車外萬樹蕭森，夕陽作嫩黃之色，映於天末。微山湖一帶，舟船往來若雁行，湖光極練，有時遠而不能望其涯。未幾經韓村，至日暮抵臨城。乃易登臨城至濟之車，是晚遂宿車上，車以外積雪照眼，夜中至冷靜，展轉不能成寐，寒車廂枇燒火猶閃閃如非，既聞怪聲自近而遠，至慘厲怖人，鐵魂由夢中驚醒，子漸則驟立視余，且搖其首，西林亦醒，略開車門探身外觀，忽急退而嚴闔之，云"有物急行雪中而逝"。余乃倚車窗而坐，燕良、子漸坐余旁，鐵魂、西林對余聯膝而談，聲頗低微。未幾復有聲起於車外，若為犬嗥，且似以爪搔爬車壁，而其悲咻咻然，若伏聞值人者（李常及擔架行李車所聞同），至中德、仁蕃皆酣睡未醒，余起視門窗，皆闔，無一闢者，遂故為鎮定坐而聽之，而心亦中懾，久之，窗

122

漸辨色，犀声始靜。翌日晨六鐘車行，至晚抵濟南，寓西郭外津濟客棧。又次日相與遊千佛山、穿城而過、且觀趵突、珍珠二泉，泉前為藥王廟，中立石刻楊椒山先生所書"鐵肩擔道義，辣手著文章"十字，筆力遒勁可愛。晚間應齊魯十字会会約，觀劇於濟南新舞臺，所演以汪笑儂之"桑園寄子"為最感人。時正離亂，余聞其"走青山、望白雲，家鄉何在"一折，幾於落淚。明日晨經濼口，渡黃河，晚遂抵津。計此行於公務外，僅得略觀古跡，天寒木落，於植物一無所有，惟掃除西教堂臥室時，得大蛾一，翅有斑紋如太極圖，斯則差可自慰者也。

（原記有一段叙徐城軼事，現減鈔於此。太山特立，與他山不相依倚，蹬道環山麓，陡仄上下。巔有寺曰"碧霞宮"，山門外迴以石欄，欄外陡壁直下，不可俯視。一七十餘軀短而背隆之老僧住持之。革命事起，徐城獄中人滿，張勳下清獄令，不事審問，凡舊囚悉殊之，以讓新來，其不人道如此。且其所謂"大辮子兵"亦時出擾民。徐城交通用具驢之外，有竹製肩輿。街上賣酒食之家，食品悉以大案置諸門外，綠脆紅鮮，亦自有一種意趣。食品中"湖鯉"為上，大者一尾重逾五斤，赤尾金鱗，肉質之鮮嫩勝於河鯉。其次青蝦亦產於湖。榴其仁大如拇指，至為甘脆。果物則僅紅橘、白果及落花生。雲龍山"舫廳"住有拓碑者，隨時以所拓供游客之求……）（汪笑儂聞原系"票友"，頗有才，自編劇本甚多，如"哭祖廟"等，一時很博高譽。）

[放鶴亭]亭開金氣鬱烟鬟，翠入梁楹草不刪。雁斷斜橫涯際水，霞明斜落望中山。香浮危酒花千點，座有良朋月一灣。莫道樓頭吹玉笛，多年鶴駕倦應還。（蕉泉丁洛初一放鶴亭刻石之一。

[題子房山子房祠]生來自是神仙種，好向人間做一場。指點風雲橫世界，呼吸楚漢憶興亡。息機靜看忠魂冷，回首還驚劍氣長。咫尺靈真何處覓，山家犬吠月如霜。（東瀛王九叙一子房山刻石之一。

（隨紅十字会去徐州時，我年二十四歲，那時我已賣畫十年，晚間正在天津青年會英文夜校念英文。一天，陳蕉圃老先生到我家說，"現在因南北戰事，天津組織紅

123

十字分會今天下午在馬大夫醫院—現天津市立人民醫院對面新學書院開成立大会"云云。我說我想去参观並打算自認救護到前敵救治傷兵"。陳說他是理事，会時他給提出。下午我到会，當正副會長—正徐華清陸軍醫學堂總辦、副二—金韻梅東門外女醫局局長、孫文、大夫二—美國人某推定後，陳提出我，我遂起立自白，於是台下起立自認救護者男女皆有，全是各學堂學生。我又提出應由會成立教練所，教授前敵實用救護法等……。於是次日又在新河北女高等學堂開了一次會，組成教練所四處，一在北洋陸軍軍醫學堂，一在馬大夫醫院，一在青年會，這三處皆是男學生，女學生全在東門外女醫局。這樣教練了一個月，在西沽實習了一次，由會上在男三處挑出了十二人出發的，大夫是由軍醫學堂李、常二位，自認的女學生未加入。）（民國成立，我高興極了，征逵高興了一個提燈會。看A

A□沽水談舊（十二） 辛

民國初元，吾族真有一種蓬勃氣象，東鄰瞠目，西鄰結舌，頗有人以為由專制一躍而為共和，真世界之創聞云云。茲錄我舊日記一節，以為民二十六語美應時之談舊，或亦閱者所樂知也。

中華民國元年，一月某日，天津各界辦提燈會，慶祝共和，學工商及新聞記者，赴會約數萬人，各紮彩燈，備五色國旗，羣集於鼓樓東廣東會館，館中陳救國諸烈士像，各部遍懸花彩，人之來者，由鼓樓至館，塡咽不通，歡呼之聲震地，出發前，先為演說，余及紅十字會同仁等，扮演前敵救護傷兵情形，且問傷兵之因何而傷，幷覺痛否，兵高聲答謂，因救國而傷，死且無怨，何得謂痛，一時臺下掌聲如雷。晚間提燈游行，路綫甚長，由廣東會館出發，東行出東門，經日法租界，越萬國橋西來，過金湯橋，沿河沿馬路至大胡同金鋼橋北，復折而北馬路，西馬路，進西門而散，夜逾午矣。道間觀者空巷而來，電車為之不通，會中拾女師範，女高等兩校學生，以馬車紮彩隨行於車上唱歌慶祝外，餘皆步行，喧呼共和萬歲，余音為之啞，食橄欖約三十枚，日人羣倚加藤洋行樓上，有置號筒於唇邊者，高聲祝我共和之成功，法人則軍服為大隊相迎，唱其國之革命戰勝歌，吾輩過其前，與其一一握手，至國風報館時，地上燃放之爆竹厚逾三尺，真一時之盛事也。（唷一時盛事……辛今注）。

【戲劇學校聯】（汪笑儂商務印書館刊出一部古今聯共四本，我以為只這聯好。由解放前向上溯，就是這麼一套。）

汪笑儂題戲劇學校聯

堯舜老生、湯武武生、宋齊梁陳不過丑末耳，千古帝王，上臺下臺真似戲。

經傳正板、子史散板、詩詞歌賦其猶二六平，一堂教育，新劇舊劇學而優。

【賣獃人駢語 一九三〇以賣畫外又兼賣字此皆當時應索所編者】

1. 名齊華嶽千峯雪 文撼錢塘萬弩潮
2. 妙搨傳神李北海 流風振俗謝東山
3. 吟成座上珠璣落 春到人間草木知
4. 興來筆下風雨快 春到人間草木知
5. 畫閣春深臨晉帖 芸窗冬暖供唐花
6. 乘長風破萬里浪 追禹跡作十年游
7. 春水白鷺添畫意 秋山紅樹助詩情
8. 香浮綠蟻金杯暢 棋拂青燈玉子敲
9. 春風柳拂黃金帶 秋雨花開紫玉簪
10. 中間小謝又清發 上有老柏真怪奇
11. 絲牽玉虎懷商隱 香爇金猊誦楚騷
12. 活火新茶烹蟹眼 摩天妙筆起龍文
13. 白堆盤上雞頭實 碧滿窗前鳳尾花
14. 書聲出虛檻 簾影動晴波
15. 高雲廻鳳閣 疎柳映魚塘
16. 佳日囀黃鳥 晴雲繞翠嵐
17. 書向案頭橫畫隨情角補 鳥從花外囀人在月中行
18. 長毋相忘白迷迭（白迷迭香長毋相忘見古國豔情記耐德倭凱脫公主事）
永以為好金琅玕（美人贈我金琅玕何以報之雙玉盤見張衡所作四愁詩）

【貞卜文字集聯 此亦應索者之所需而為者也】

1. 龍文豹采自有赫 鳳毛麟角夙用珍
2. 長才克御乎狼虎 大德利用於國家
3. 庚子畢獲伐萬兕 王家貞卜有殷亘
4. 昌方牧我㬎沚方臬四邑 小乙告祖庚戊乙羊百牢

㬎沚方臬為殷四邑。昌方在殷西北，當為今之河套周近，殷時屢受其擾。甲

125

骨文伐呂方及"馬方牧我西鄙"之語乃數々見。上句為甲骨原文語氣，下句雖非原辭，確為殷時風尚。蓋大庚、大戊、祖乙、祖辛實為小乙所自出之先王，而甲骨祭祀之文亦嘗比列記之，且書祭用酒鬯、羊、牛百數者亦不一見。外此告祭以人、以俘、以車馬狗，人曰伐人，俘曰伐羌。近時殷墟發掘得實見者亦比々也。

集聯率用今文，此沿原義自含古趣。戊子春六十一老筆

5. 心天地經萬物 浴日月周四方

[趣聯]驚々悸々悽々惶々已成過去 歡々喜々心々念々且盼將來。半上半下可左可右（人之無品）不三不四夾七夾八（罵街）。神使鬼差你死我活 雞撕鴦鬥馬仰人翻。真々假々虛々實々（辯法）大々小々是々非々（舊社会一部分人家）。嫩笋鮮蘑合稱南北（菜品 酒南北）花言巧語不是東西（人之無品）。……

（以上聯語等可見出當時賣筆墨外，胡思亂想的無聊情形，尤其當淪陷及勝利後。）（過去有難對的對子，始終沒有人来對，如"馬影踏晴波，倒映青枝魚上樹"（一）、"童子打桐子，桐子落，童子樂"（二）、"悶出無聊，看聊齋以解聊"（三）、"雞犬渡霜天，滿地梅花竹葉"（四）、"煙鎖池塘柳"（五）、……這五個除了第（二）個我無法来對，餘四個就算都对上了。現記於此：（一）對"花陰印虛幌，小開綠綺月窺人"。（三）對"巧形用計，入計看來主計"。（四）對"妯娌拆絮被，一床線腦針頭"。（五）對"焰銜海堰松"。這都是賣畫時在治色尤其研粉時，比磨墨還磨人腦子閒着擠出来的。當時有說（四）"很雅"，你對的"太粗"，我笑答，把"很雅"放在上聯下邊，把"太粗"放在下聯下邊，便沒話說了。（五）的五個字是一火二金三水四土五木，對的五個字亦一樣。……）

[三月三十日攜内子紉秋約同城西畫会蕭心泉、任清吉、俞嘉禾、戴溫輝及孫月如、許紫珊、錢淑英、張清於諸女生赴西沽看桃花，以車去之，月還。溫輝於桃花深處為諸人快攝數影，余亦對景寫生。歸時猶有餘興，復同買醉於燕春坊，盡歡而散。晚刻於燈下率成二律，亦以記一時之興云爾。一九三〇]芳訊年年擅勝場，年年誤我畫中忙，今看滿樹真成錦，饒覺探花未是狂。十里香塵迎過履，一篇暖

126

漲送歸航同行自有城西侶、大數春風沂水長。最愛隄邊三百株、殷紅淺白競相扶、人游畫裏顛如醉、春滿枝頭蝶欲蘇、妙手蔭君留倩影、閒情容我索新圖、歸來快飲沽河上、更有沽河絶唱無。

【再游西沽觀桃花、同章娛亞子、女生唐樹光、林茂貞、王智毅、賈學文、李蘊青、及樹光之妹樹平之友穆慧貞、惟滿林紅落、已非頃前之勝、槩然感成二绝】極目郊原係尚徽、滿林紅雨已霏霏、前游轉眼剛三日、無復花光照客衣。等是乘車又泛舟、同来畢竟興酣不、柳絲難綰桃花住、一任殘紅逐浪休。

【五月六日與城西諸子泛舟八里台歸紀以詩 一九三〇】浮世歡樂少、哉生憂患多、所以達者流、安適通天和、勞役不為苦、暫休可放歌、而况良辰會、課餘心尤那、春日桃花發、嘗游西沽坡、今日八里台、烟鄉足芰荷、胡不及時往、坐令甜境過、乃集社（城西畫会）中人、联袂来鼎和（醯欽南市鼎和居一山東館）、為數恰滿十、国坐同包羅、可以傲七賢、且勝香山皤、蕭（心泉）繆（潤生）戴（韞輝）石（明三）任（清書）、陸（辛農）馬（瑞圖）俞嘉禾、更有兩弟子（心泉弟子劉鴻章、楊蔭德）、英發三春波、围坐恣啖飲、拾手（唐有拾手令）快喧呵、愧余不能酒、頗類善飯頗、醉從命中東、步彼海光河、烈日方炎炎、炙我如蒸鵝、塵沙道中揚、撲面塩花搓、我侶游興豪、一苦焉能磨、既到河之涘、雙艇泛烟波、各得五人伍、舒適出殼螺、或参局中妙（围棋）、或歎松間哦、蕩漾八里橋、亭碑拊翠蘿（聶公碑）、容與又孤浦、花光照顏酡、游者非獨無、士女舟如梭、更有嘈管絃、與歡東流渦、又或習水嬉、浪花翻蛟鼉、赴赴碧眼兒、隨隨金髮婆、臂脚膩風月、妙曼驚天魔、亦来田田中、鈎輈歡無他、對此景中人、徒图資研摩、清風徐徐来、紅日將西矬、快哉吾黨人、返棹興猶哦、良会云可繼、行吟今有窩、重當載酒往、諸子意如何。

【七月十三日携叔秋内子、約蓬廬畫社王慎如、魏梅君、城西畫会許紫珊、孫月如、陳淋華諸女士重作八里台之游、歸仍步前章韵記之以詩。一九三〇】

127

獨行笑言寡、咸集歡趣多、人世貴有摹華、溫且和、昨携城西侶、放舟且高歌、今的窈窕姿、續游興更那加、我共七人、買棹城南坡、截流入花海、四面翻風荷、鬢光映綠雲、恍如天上過、景物擅清美、驕陽弄暄和、破悶不須茶、冰果盤中羅、坐對後起秀、自笑無聊曙、山荊將四十、六類秋登禾、諸生正少年、佳質春風沙、聰敏自天就、落筆無煩呵、妙手任揮灑、意洽無偏頗、韻清池上蓮、神爽中天河、笑指陌頭雲、戲數溪邊鵝、促膝恣談噱、素扇手中搓、並坐袖香溢、駢肩鬢絲磨、艤舟傍垂柳、坐玩琉璃波、俯中掬青萍、纖指畫紋螺、我亦逸興豪、臨風新詩哦、挪舟更向前、夕陽桂烟蘿、斯時游者衆、照日顏俱酡、或有魚龍姿、高擲投水梭、或有浮海蜃、拍波起漩渦、腰脚捷且敏、真勇驚鼋鼉、忽聞美嬌娥、靡、勝聲婆、長歌起不滴、豔考攝妖魔、形骸見天真、嬉、無人伲、我也足欣賞、言歸棹相摩、回觀坐中人、許高兼陳姓、孫胖王魏瘦、我妻肥哉、自覺尤短碩、如蟲自蝸窩、照水發狂笑、靨紋舒笑渦。

【八里台泛舟】勞勞塵土負平生、一入南溪雙眼明、舟小恰容人六七、蘆深轉誤路縱橫、傳壺賭酒拌先醉、分韻裁詩任後成、何日结茅營小憩、斜風細雨聽秋聲。斷續坟烟隔樹生、清波如鑑照人明、淺汀叢芷群鳧集、古渡垂楊一舸橫、往事淒涼聞不得（過聶忠節公殉難處）、夕陽明滅畫難成、歸來惆悵停舟處、又是喧囂晚市聲。

【八里台歸舟記景】放棹歸來日又斜、涼飔兩岸響蒹葭、參差剪草飛輕燕、伸瓜衝波走短蛇、斷渚蒲荷迷舊路、矮垣梧竹認誰家、風光絕似江南好、近水人人足稻蝦。

（三首皆徐養吾宗浩一即徐石雪

【中秋月下天津八里台泛舟】水天相映野烟低、樓閣連雲入望迷、六七個人乘小艇、載將月色過前溪。蘭槳輕搖泛素秋、清光無際豁雙眸、醉來更欲尋詩去、十里煙波一葉舟。

128

(安次王耀成

(八里台的這片水原先與天津城西南角的小河子相連。一九〇〇前現南開楊家花園一帶全是小河子裏的蘆葦叢生地方、當時站在西南城角小河子邊上—現西南角馬路南邊沿河東南望、斷〻續〻全是水和蘆葦、間雜着這个台那个台的小村〻和小村相接着是小木橋、現在的上奉莊、沈家台等、就是那時蘆葦圍繞着的水村。一九〇〇後小河子一帶才逐漸用人工抽水機把水抽淨墊成陸地的。八里台方面的水連着墻子河、原沒有名字、民國後不知是誰起的名叫"青龍潭"、民十前後"青龍潭"便成了津城南的風景區、尤其是民十七八到民二十六的七七前。現在的水上公園便是那裏。當時頗有些自謂文人的在"青龍潭"上築有別墅、天津淪陷後一掃而光。)

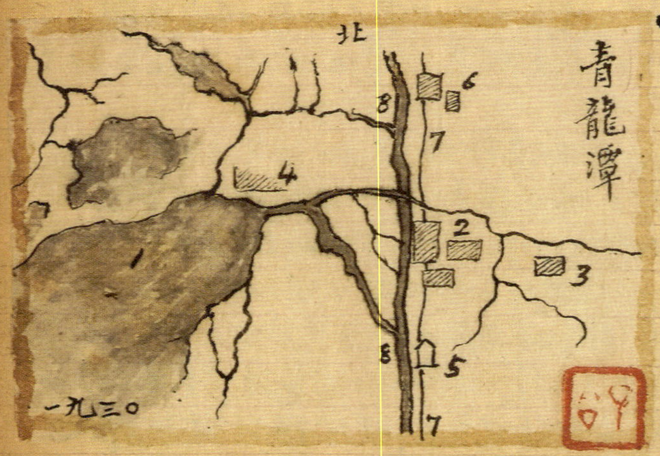

●[同友人游城南]野館酒初濃、遊人醉曳筇、林疎常露寺〻遠不聞鐘、花柳明三徑、雲煙畫一峯、那知春色去、獨笑撫孤松。

(天津華鼎立亭 華是清乾隆一七九〇時人)(所謂"野館"在那時每到春夏之交、城南近水地方或水中有大片土台的地方、搭有臨時的席棚、立有小竈、賣酒飯或賣茶、設有多座、叫"野飯館"或"野茶館"。又有搭臺唱小戲的。這種不只一處全在城南。津城西南運河北岸近佟家樓處、亦有這類之茶座、棚上掛着布的橫匾、大書"雨來散"三字。)

1 青龍潭
2 八里台
3 吳窯村
4 南開大學
5 聶公碑
6 六里台
7 津塩公路
8 小南河

[海光寺晚眺]欲訪煙林寺、殘陽照古門、暢懷看碧落、信步踏黃昏、凍

雀樓孤塔歸僧話、短垣雨餘遠望處、殘齒破苔痕。

（華鶴立亭詩）

【梁家園】夾道垂楊生暮煙、梁家園外水空流、尋常挑菜春風路、迸起西洋百尺樓。（這是楊香吟光儀詩。楊是清道光一八二〇代時人。）

（梁家園在大沽路大營門處、大營門舊叫梁園營門。清初時這是梁棠此家的花園。一九六〇代時那裏一處墻上還有梁家園三字的舊木牌。）

【日暮歸自東鄉土城】日落斷行旅、河流凍不奔、霜風吹大野、鐙火出孤村、夾道更樓矗、驚沙鼓壘昏、少時見人境、擊柝響重門。（楊香吟光儀詩）

【郊遊】漁家最好傍河居、雲水鄉中樂有餘、人立紅橋喧日暮、攜籃爭買上竿魚。（華鶴立亭詩。）（這是河北大街上當日的小紅橋。見上21頁。）

【畫竹雜寄 贈陸辛農】日晏夢初回、開軒一憑几、習習清風來、寒梢颭秋水。（徐石雪詩）

（徐通州人、原籍是武進。一九二六來天津、一下車便去拜天津的名詩人王仁安、名文人趙生甫為師。這是打下在天津文人墨客中的立足點、以備不為天津人欺生。當時亦由廣智館戴滄輝手送給我一個扇面、一面畫竹題上詩、一面書趙字、畫有雅致、即一般所謂"書卷氣"。字專寫趙、他是"私淑"趙子昂的、字亦確得其仿佛。他是新華信託銀行的副理、由京行派到天津來的。他喜爱江湖文人的那一套、如定買杭扇、要扇工在扇面裏加上"徐石雪監製"五字、定買湖筆、徽墨、王六吉宣紙、亦皆要刻上、印上這五字、這是當時文墨人自己[illegible]上的"公開秘密"……

……我向來对此是深惡痛絕的。他認識我以後、他慫恿我亦玩這套"花活"、我只一笑置之。他自己刊了他的詩、名曰石雪齋詩稿、自序裏說"哭諸琴棗敬之友朋、以當情話"云云、這是無可議的。前有王趙兩序、說了些頌聖的吹捧言詞、如"高情遠致"、"拔於流俗"等等、未免欺世盜名、徐得兩師的譽、可謂躊躇滿志、實則自貶人格。）（他畫藤蘿和凌霄、只是一是紫色花、一是藤黃摻洋紅色橘黃色花、筆的點法一致、分不

130

出兩樣、這是錯誤的。煩畫的不滿意、徐說"我的畫就是這樣兒、只求神似"……他定潤格很高、而且畫上題詩、都要按字加潤若干、自造聲價。可是當時社会上卻有喜歡這種擺架子的、但必另有好差事撐腰、如專指望着賣畫吃飯、絕對要"餓乾了牙"、他是銀行副理、每月二百元……。那時另有一派賣畫的、亦於書畫南紙局——上海叫箋扇店——有他的筆單、美其名曰潤格、但不指望着。向來是畫出大批的畫件、在大城市如北京、天津、上海、廣州、香港開畫展、勢派非常大、這種人必要有一套當時所謂社会上的交際、在畫展前夕、先住在大飯店裏、或極有名旅館裏、把畫陳出、附上潤條、最低亦要一張百元以上起碼、同時下一個大請帖、至少亦要百數十人、凡是當地首屈一指的財勢大的名人、以及趨附的高級雅士等等、全羅在這請帖上、真是堂堂如也、定於某日某處"便餐"、務希光臨……屆時一面吃飯、一面看畫、當你漱口後、或用牙籤剔牙時、便有一知客来陪觀某幅某幅、並說"您就来這幅罷、不過二百元"……這位只能點首稱可、於是紅條寫出某爺定……斯時所陳畫皆附上紅條。這種舉動、由民十前後、直到解放前夕、而且變本加厲、踵事增華的甚囂塵上、如金城、張爰等多着哩、真是名利雙收、當時亦有人對他們謚曰"畫匪"……。（"畫匪"之名、我本不知。我在陳列所時、一天李直衡拿着一把摺扇給我看、扇面上畫着一枝墨梅、我問他潤格、李告我八塊、那時一袋加拿大来的洋麵四十斤三元八角錢、畫一個扇面、就可買兩袋麵、真了不得。李說"北京畫家就這樣、他們還把持着不準京外畫家進京、這般人外號叫畫匪。"我聽着非常詫異、李笑說"他們去請財神呢、"這指的就是畫展。因而想起我的老師張和菴到福建邵武去看哥哥、回到上海時、被上海畫家攻擊、不準其在上海賣畫、趕即回津、就是受到上海畫匪把持的原故。）（金城號北樓、張爰號大千。）

【先師張公龢菴傳 一九三七、民二十六年四月】先師張公龢菴、諱兆祥、直隸天津人也。少少時、不屑意舉子業、學畫於先太師孟公緒邦之門、師家有花園、居恆立花樹前審視終日，呼之飯不顧也。是以從師之後，每一畫出，先太師稱賞不輟。時與師同游先太師之門者，有馬景含先生家桐、王鑄九先生鼎、徐子明先生恩圻，而師最為岐嶷。師之用筆設色，正如鄒小山所謂"以萬物為師，以生機為運"者也。凡對花寫照，務求逼真，每每失之板滯，而師能以靈活之筆出之，且於真之複者綜之，平者折之，疊之極者舒之，仰之甚者偃之。蓋類諸花人之藝花，順其性而增其長，出其奇而致其勝，而於花之意態品格無少傷。師之行筆變化多端，因宜呼應，不出於法，是真能茹古而通今者也。中年以後，淹貫眾長，技益精進，野逸富麗兼而有之，直能推鄒（小山）、邁惲（南田）、逐陸（叔平）、踰周（服卿）而上窺徐黃之奧。一時學者風從，實為有清末葉花卉畫之宗匠焉。師之山水、人物、翎毛、草蟲、蔬果亦夙所擅，惟不輕作，故為花卉之名所掩。嘗背寫風雨歸舟圖立軸，蒼莽之氣逼真巨然，美璋叶吉圖仕女嬰兒亦各極其致，扇頭蔬果尤甘脆如可摘焉。光緒庚子之後，東瀛之僑津者多來索師之畫，每以文美齋南紙局為介，師之名遂遠播三島。天津之人亦必家有師之筆跡始為榮也。師之畫晚年彌精，雖畫態極妍，而其意味沖和恬淡，盡祛人間烟火氣。壬辰之冬，嘗為文美齋畫百花箋紙，查鐵卿先生（名凌漢，一字帖青）為之題詞，名花百直，鐫刻至精，一時稱為珠璧，風行全國，各地多有藏者。京（如清秘閣）滬（如九華堂）徇利之徒每翻刻以市，獲利無算。師於畫之外，最嗜書，凡前人之碑版墨蹟無所不臨，臨之靡不肖，惟不自愛惜，隨手散失。嘗見所臨嶧山碑、西嶽華山廟碑、曹全碑、十七帖、書譜、爭坐位，下逮蘇黃米趙，無不神似，但多用元書紙、竹紙臨之。斯時津人有以摹古亂真為能事者，與骨董書畫商營營於陶猗權幸之門，師甚薄之，嘗誡弟子曰："真者假不得，假者亦真不得，求一時之利而終世為人齒冷。且行筆之不同，如人之面，雖極意從人，終不免於懈處為人識破。"之數言，郁奉之至今。師款題字不多，寫每每巨屏十二條，末幅書款焉，尤不肯冒書仿某或嘗見某諸趁語，印章亦不多，字與名外，一聽松軒而已。每謂"右軍書多無款，誰不識為右軍者"。花卉最繁葉，宜以冷靜出之，何需款印堆當也。庚子後，師居北門裏大儀門西報功

152

題張穌菴先生遺象

先師張公穌菴，是前清末年南北知名的畫家，是　太老師孟繡郁先生得意的弟子：後來　先師又綜覽百家，上追宋元，比肩蔣俥，而又旁參造化，俯察羣芳，是以對於一瓣一葉之微，偃仰舒折之際，全能以筆法盡態極妍的寫出，鈎深索隱的工夫，直可謂前無古人○於是乎一般煩畫的先生們，每每說　先師筆底下摻用洋法，真是可笑之至。

敦煌枝分葉
布所在為雄
君高祖父敏
舉孝廉武威
長史巴郡朐
忍令張掖居

張穌菴先生臨曹全碑冊頁墨蹟（效周贈刊）

先師又善書，眞草隸篆，無所不能，而又無所不精；不過書名爲畫名所掩，於是乎一般人們，甚至說　先師不能寫字，這尤其是可笑的事。更有一般人們，說　先師就是牡丹好，牡丹出名，其實還不僅畫花卉，翎毛，草蟲，山水，人物，皆很精妙：不過花卉畫的特多而巳，我學畫時，會見　先師在一張中堂上，畫弄瑋叶吉圖，仕女嬰孩，各極其致，一次仿董邦達山水横幅，寫巨然風雨歸舟立幅，聚精會神爲之，畫後懸之壁上，與眞者相比，無差累黍，祗是紙地新一點，那時陳翁郁文在座，便說：你仿原欵題上，我找景含給你刻圖章，准能馬上傳出，先師作色，由眼鏡光裏回瞪了一眼，很着力的說：「那叫幹變？」陳翁笑了：：：！這張　先師的遺容，是由　先師婭孫女品秀女士那裏借來的，這頁仿曹全碑，是市十一小學校長石效周所藏，還有臨爭坐位的行書一張，是我藏而轉贈效周的，現在借着語美畫刊登載出來，公諸大衆，想讀者亦必甚爲同意，因爲他老先生名望甚大，不是彛常人一例的。　弟子陸文郁謹述

4

祠胡同、庭中盛栽花木、畫室極寬敞、長日有客來坐、從容談笑、師秉筆若不聞也。師體豐、視近而睛突、蓋少年時對花寫生、用睛力瘁、致眼球脫睫、名醫楊公箴府治之、久之始瘥、由是睛遂突於恆人。師畫時專一凝神、恆終日不一語、每食進少酒、自曰如量可耳、勿使之亂性也。師篤於友于、於仲兄文川先生（名兆奎）治福建邵武府時、凡兩次間關往省、叔兄雨周先生（名兆枚）為津之名鑒賞家、收藏書畫甚富、有所獲、輒商之師定真贋焉。師居季、尊侍兩兄如嚴師、

133

有所命不違也。師生於清咸豐壬子（一八五二）年四月二十七日、卒於清光緒戊申（一九〇八）年正月二十九日、年五十七。子自觀（字省齋）善畫、能紹其業、惜早卒、女一、適某氏、弟子數人、李采蘩文沼、劉信民克寬、陳恭甫家懿、石效周承濂、陸莘農文郁。大中華民國二十有六年（一九三七）丁丑四月門弟子陸文郁謹誌。（傳中說"摹古亂真"者是馬景含和孟定生廣慧、當時社会上起他們外號叫"津門二甲"、二人都能摹刻印章、染新紙成舊紙、一假畫、一假書、為之拉攏者、便是陳郁文、當時稱為陳八先生、他與骨董書畫的外客連手。）

【關於我的學畫】一九〇〇年清光緒二十六年庚子、我正十三歲、由文霸蘇橋鎮避難回來、舊書房沒有了、無法再接續念書、在東門裏的普通學堂旁聽

幾次因勸我入敎，我不去了。親戚裏對我家說，讓我上鋪子學買賣，我是極端反對的，所以轉年一九〇一夏天，就由一位邵六先生薦我到張和庵先生家學畫。先生不受束脩，僅年節多少送些禮物。我從小就喜歡胡畫胡寫，甚麽玩藝亦不喜歡，如踢毽子、抖空竹、放風箏，以至年節時的花砲，我全不着意，就是給我一張紙、一管筆，比甚麽都好。我到今天八十四歲，不是天天還離不開紙筆麽。那時在先生家一面鈎稿、一粉本，一面對着稿子學畫，不論治色時、下筆時，全學着先生的動作，甚至喝口水、打個嗝都學着先生的樣子，聚精會神的簡直就化成張先生了，所以長進的很快，到冬天筆墨就很立的住了。轉春我十五歲，先生給定筆單，並推薦到文美齋（在鍋店街）同文仁記書局（在東門外襪子胡同）賣畫，扇面五百錢（洋錢正二百五十文），三尺挑山一千五百錢（洋錢正七百五十文）……那時家裏由此算有了準飯。所以後來天津立了小學堂，便無法進學堂了。但自己不甘心光會作畫，所以學書、學文、學詩詞、學畫上題跋、看雜書、學雜識，又不願光會舊的，同時又極喜學新知。這一切又不願從人學，寧可走彎路自己摸索。由新知上知道了革命二字的皮毛，真是"初出犢不怕虎"，居然沒丢掉性命，直活到今天。

（一九〇四我十七歲時，有一日本畫家佐伯仙濤住在日租界旭街，即今和平路的清水洋行樓上，我同表兄楊冠如去訪他，楊把畫的金魚小直幅給佐伯看，他很驚奇，並筆談以為金魚那有那麽大的眼睛，楊轉天送他兩條"龍睛"，我亦用筆談告他還有"望天眼"等等。佐伯畫的花鳥非常好，我會畫鳥由佐伯方面得到很多訣竅。）

【頤和園】一九〇九我的京西采集記游，關於頤和園有一段描寫，現鈔在這裏。那時同去者十六人。直由園門之左而入，對園門巍然而位於西者曰仁壽殿。殿前有太湖石卓然挺立，殿右分植牡丹。過殿而西，有關門曰玉瀾門，門中南向為玉瀾堂，再北為宜芸門、宜芸館。關門之西為長廊，廊間錯置小亭，留佳、對鷗舫、鏡瀾、秋水、魚藻軒、山色湖光共一樓、清遙皆亭也。廊長至清遙盡矣。廊位於昆明湖北岸。鏡瀾之北、入排雲門、經穿廊、南向為排雲殿、列於左右者為玉華殿、雲錦殿、再北佛香閣在萬壽山半、閣東西為亭四、曰敷華、攬秀、轉輪藏、五芳閣、再下則為萬壽山昆明湖六字之石碑（東）、渾銅鑄之銅殿（西）、閣之以上為眾香界。長廊之西、過一殿為寄瀾堂、前有板橋、湖水由此通北部諸溪。寄瀾之南有清晏舫、又曰石舫、突出湖中。寄瀾而北有十丈亭、穿堂殿、斜門殿、有延清賞樓、有小有天（亭）、西南隔溪為迎旭樓、澄懷閣、再北為穿心樓、東折入山路矣。南望以大廟、贊五山坡上、至此過一橋為清可軒、假竹亭、東北行隔溪為蘇州街遺址、破橋猶在溪上。又前經以宮門、為賸新樓、前為方池、圍於池四面者曰澄爽齋、涵遠堂、湛清軒、蘭亭、其次為和春堂、飲露亭、洗秋亭、知春亭、而間於亭間者一瀉碧、一引鏡也。由諧趣園宮門南行、經赤城霞起（關門）、為景福閣、頤樂殿、過此為德和園、至延年井、井在仁壽殿之左、緣為繞萬壽山一周、由西而北、折東北而出也"。如由仁壽殿過玉瀾門而西、不經長廊、循湖岸而南進、越東堤銅牛、為八風亭、十七孔橋、直可趣龍王廟。實在昆明湖南岸、與萬壽山隔湖相對、如盪舟者、可由廟直去清晏舫焉。

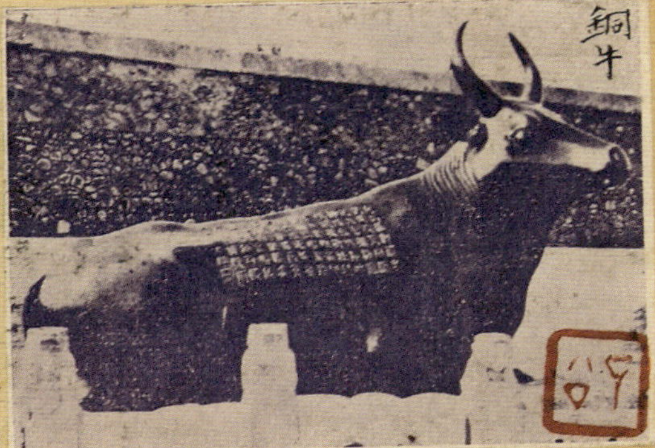

【記沿海旅行】一九一三之春、曾隨孫子文作了一次沿海旅行、水產學校學生若干人、漁撈教習馬場、製造教習飯田、校長孫子文、助教劉偕卿、張品題、體育教員陳幼田、由當時萬國橋今解放橋登快馬小輪起行（快馬在內河速率一鐘行三十三里、入海較緩可二十八里、船之重量一百三十餘噸、載重四十噸、一點鐘用煤三百三十磅、吃水八尺）晨八鐘經葛沽、兩岸桃花成林、漁舟來往、烟水間清景如畫。未幾抵塘沽登岸、息於新豐棧。十一鐘隨京奉車北上、十分過北塘、遠望帆檣如林、四十分經漢沽、十二鐘蘆臺、三十分唐坊、五十分胥各莊、一鐘十分到唐山，三十五分開平，四十五分窪里，二鐘古冶，二十五分雷莊，過雷莊後，滿眼皆梨花，瑩白如雪。五十分到灤縣，三鐘十分到石門，三十分安山，四十分昌黎，四鐘十分到留守營下車，息於萃德店，以店窄人多，分一部分學生及校長教員與余息於裕源昌錢鋪舊屋，蓋李子文向警局轉借者。該村屬撫寧，居民數百户，僅有一街。次日早七鐘，隊行至西河岸觀漁，途經好馬營、鍾家營、楊家莊，八點到蓋，即洋河口之西岸也。沙中悉生海濱植物，咸甚矮小，其屬禾本莎草豆菊各科者，遂采些許夾日記本中。隨登沙嶺，見渤海矣。海水蔚藍照眼，怒濤激灘，作澎湃聲，迴望撫寧諸山，儼立如列屏。乃陳攜來之食品於砂嶺之上，團坐野餐，背山面海，天風時來，泠然心爽。餐已，下砂嶺至洋河口觀漁，歸途購比目魚二尾，持來留守營，與學生共治理之，加味行炮，團坐飽餐，佐之以酒。晚仍宿留守營。次日陰雨，早七鐘隨車至昌黎，下車時雨益暴，入同和永貨棧，以棧不敷休息之用，遂留學生於此，余與校長教員等以騾車冒雨入城，先至韓文公祠，訪韓樹堂先生，先生名玉霖，爲文公三十四世孫，年七十，善書畫，獨寓祠中。余遂就案頭紙筆作墨菊一幀奉之，先生乃書"臨海觀漁"四字爲贈。文公像龕側有聯云：言距楊墨，聖人之徒也；原本性道，文不在茲乎。此時借妥清聖祠爲暫寓之處，乃別樹堂來清聖祠，祠在文公祠旁，中祀伯夷叔齊，庭中植雙柏，偉立高可五丈，受風作清響。時雨少止，又觀其旁文昌廟，有二槐甚巨，亦百年物也。又游古塔寺，又歷游各街。由朝至夕，未御飲食，至晚始由城外購來食物若干，草草爲餐。余笑謂子文：既伴清聖，宜乎終日飢腸轆轆也。又次日早五鐘起，隊行往團林鎮，濱海，距城四十里，途經連二莊、太平莊、羅家營、歸官營，至十二鐘半至鎮。鎮中居民不過千餘家，大半以漁撈爲業。晚間學生寓舊典鋪中，子文及教員借寓民居，余與助教住雲聚店。又次日擬觀漁於七里海，以雨阻罷，終日無所事，午餐店主爲燒星鰈，頗鮮美。晚水產學生於淑興漁業公司演幻燈，宣講治魚新法。又次日回城，飯於車站附近，午後往城北碣石山水巖寺，山中果樹成林，梨花海棠盛開，又游紗帽山，晚宿同和永。又次日隨車來北塘，歇足於小神廟，觀北塘河口。

晚淋興漁業公司張呂二君約晚餐、張以紅螺卵名海花者見示、云"小兒出天花、可煮食有表解之效"、范四謂"可治子宮病、且能潤喉、日本藝妓演唱每含口中"。晚水產學生於村南演幻燈、觀者塡巷、晚宿小神廟。又次日、以快馬由北塘河口海行回大沽、遠近漁舟甚夥、布帆搖曳於水天之際、舟人或網者多十數人、每一網起則海鷗羣至、繞船飛鳴、忽揚忽下、星星作小白點、時水產學生以海溫表試海底溫度凡兩次、最低溫爲華氏表五十五度餘、至午到大沽上岸、至大沽造船所參觀、與秋舫留午餐焉、下午以快馬回津。

【續寫赴日之夢】一九一四春與徐蘋生赴日、第一日晚住山海關、次日到瀋陽、住日本旅舍瀋陽館、爲余第一次吃日餐、着和服、眠於又地又床之上。次日隨安奉線車去安東、早九鐘四十分開行、途徑渾河、撫安、陳相屯、姚千戶屯、石橋子、大連寨、本溪湖、福金、橋頭、南坟、下馬塘、連山關、祁家堡、草河口、通遠堡、劉家河、秋木莊、雞冠山、四臺子、鳳凰城、高麗門、湯山城、五龍背、蛤蟆塘、沙河鎮、至暮抵安東下車。入日本食館、與徐各食辨當一份、辨當者、以小長方木片匣二、一盛飯、一盛各種小菜及冷魚雞肉等、且附木條小箸一雙、行路者御之極便、食已、登往朝鮮京城之車南行、至此出國界入朝鮮境矣。夜間何時渡鴨綠江竟不得知。次日晨、經一站水色、即到漢城、入城住清光館、館不備餐、出食於小飯店、店中所備爲四麩羅蕎麥、即湯麵上置油炸大蝦、味甚可口、食已、赴街游觀、觸目皆日人商店、韓人除負擔者外、衣履亦甚楚楚。乘電車觀皇宮博物院、又飲茶於院中喫茶館、又游韓人聚居之地、街間有華僑商店、皆大書某慶、率山東籍。又遊大圓覺寺、晚餐時滿街皆日人木屐之聲。清光館所居之街、稱本町通、正街最寬、稱鐘路街。漢山在城北、由街上可望、上有李皇離宮。韓人女子內服衣短裳長、裙腰高束至胸際、色尚雅淡、不外白、黑、卵青三色、髻梳頭後、似吾國圓髻而橫扁、上戴小冠、冠前垂紫纓至於眉間、冠後以繩束髻間綴圓形飾物、或穿以珠、衣外有用被服者、於外出時多被於頭上、下覆兩肩、即日人所謂"被衣風俗"也。男子則衣外加半臂、冠高冠……。次日以人力車至車站、随京釜線南行、途經龍山、鷺梁津、永登浦、始興、安養、軍浦場、水原、餅店、烏山、西井里、平澤、成歡、天安、小井里、全義、鳥致院、芙江、新灘津、大田、沃川、伊院、深川、永同、黄澗、秋風嶺、金泉、金烏山、若木、倭館、新洞、大邱、慶山、清道、榆川、密陽、三浪津、院洞、勿禁、龜浦、釜山鎮、草梁、再前行至釜山下車。時已昏暮、乃至碼頭附近小飯館用餐、已登弘濟丸輪船、開向日本下関、朝鮮南端至此盡矣。次日陰、稍涼、早七鐘餘船越日本海峡、抵下関、停泊碼頭外、在船上早餐已、换乘小汽船至岸登焉。乃歷游下関街市一過、時方過雨、道上頗泥濘、街間商店甚多、既而入車站、見各處皆貼有雲丹鬼蠶廣告、前為海膽之卵、後為一種鬼面蟹、為本地名產也。未幾、登赴東京之車開行、午餐時、由站上購辨當及茶、二之售也、附以小泥壺及碗、共價一角、飲後壺碗即可棄去。晚刻經神戶、大阪、到京都後、已將夜半、人聲雨聲及站上濺泥聲、嘈雜至不能睡。次日天明雨益暴、外望松林一帶、林外有水、駕長橋、既而經靜岡、蒲原、二者為海苔之名產地、又過沼津、橫濱、過橫濱至東京矣。因於新橋下車、時雨益急、康生戚友數人到站相接、衣履盡濕、出站乘電車到神田錦町美豐館下宿。房舍規模小而潔、因與康生居一廣間、館中多中國學生、多半為浙籍、因康生而識者二、陸一林、皆湖州人。次日早七鐘起、食點心、乃烤麵包三片、牛奶一瓶、白糖一盤、皆館中備者、而餐稍参西式、一飯一菜、頗可食、惟嫌太少、但在余足敷食。其他理衣、整衾、皆有下女服侍、余室下女為清水時子、呼時喚トキサン（時子姐）即至。上午九鐘與康生出街購棉褥二床、及桌椅壺碗之屬。又理髮。午後至公使館訪林鐵錚、談大正博覽會事。館中所備兩餐、米飯外、副食為雞魚、以魚為多、牛肉不常有、外備小菜一二碟、多為漬蘿蔔片等、味酸甘甚可口。次日部派委員經理參加會事者胡玉軒来寓、九段坂上松葉館、當與接洽事務。又次日李道衡来寓、並陪余等赴日華貿易会。大正博覧会

139

場分為二部、第一会場、在上野公園。為工業館、鑛業館、林業館、教育學藝館、水産館、美術館、拓殖館、朝鮮館、表慶館、博物館、園藝館、北海道館、滿洲特别館、體育館、演藝館、外有農林苗木陳列、小動物舍、大動物舍及興行物中之南洋館、座禪館、美人島旅行館、鑛山館等。第二会場在不忍池畔。為運輸館、農業館、染織館、染織別館、外國館、動力館、機械館、臺湾館、冷藏庫等、外有日華貿易館……。如此我在日於公務外、參觀了一次會場外的衛生館、去了幾次横濱、遊了一次吉野、又遊淺草公園、登凌雲閣、觀水族館、又遊日比谷公園、又同李道衡、徐康生同去了一次箱根、又在島津製造所買了一套海産植物標本五十張、一函蝶類標本、又購折疊捕虫網、毒瓶、插針、昆虫用之標签、回國時李道衡贈了一本蘚類百種小冊、其他多日盤桓之諸同鄉、各有所贈、我隨地自採之植物亦不少、至今所有標本、還不時檢觀、如與良友酬答。尤其在當時購到帝國大學所出的世界人種明信片一百張、帮助我對人種學上的求知不少。

【關於衛生館的陳列】館中樓下陳列、須無料參觀。所陳為各種疾病照相、入口處為强健児及病児照像比較、病児私之糞便模型、瘋人手造各物、有初時偏製極精细者、至末則亂不成形矣。有花柳病蠟型、内一梅毒第三期現狀、為一男子頭部蠟型、即俗所謂"開天窗"者、顴陷鼻凹、令人觀之作三日嘔。嚴生急他顧、余則注視極细、且讀其說明、及旁附梅毒螺旋菌顯微鏡放大照相、中心為之凜然。其他怪胎種種、應有盡有。入複室及樓上、須納費二角五分、嚴生不欲觀、急行繞出。余則觀覽

南美洲インヂヌ種人頭
非常之小
原大如圖A

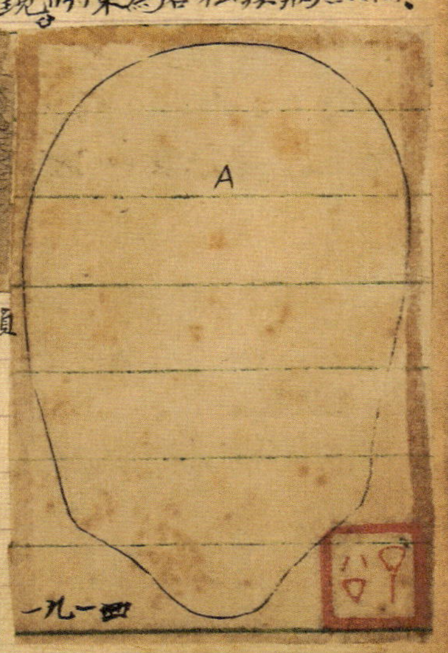

140

極細如二貫八百目之大瘤、內臟全轉位、八貫目大睾丸（皆浸製標本）、十七歲女子筋肉乾燥標本（大玻櫥側臥）、人體透明標本、畸形兒、又有浸製男子頭顱約四五具、皆白種人、者有橫剖或縱剖為若干片者、皆解剖學上重要之參考品。其他人體各部解剖標本甚多。外有法醫學上參考實品、及"屍蠟""木乃伊"等、皆有詳細發現地方之說明及該處如何潮溼通風或急驟乾燥等等、我則用筆簡畫大致以存其真。

又有南美インデヌ（印加）種之人頭、非常之小、頭高不過三英寸、而髮鬚鬆甚多、裝浸製標本之玻瓶中、瓶口直徑約五寸、髮塞欲滿、旁有詳細說明、其標題大字為"南美インヂヌ種ノ人頭、福原幸吉氏得。"說明謂"某日僑在南美中部某地、經過一大森林、適值

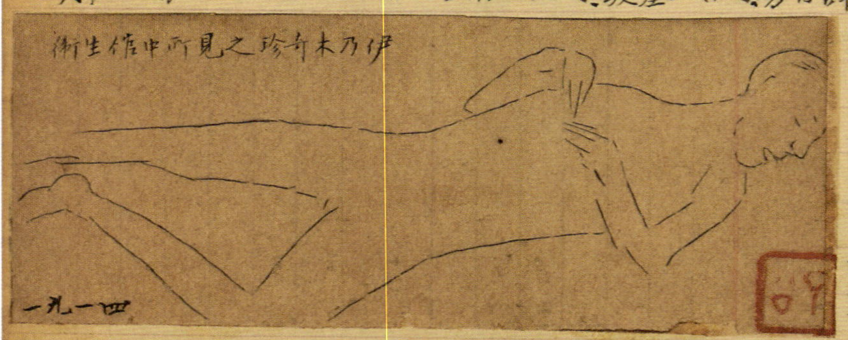

インヂヌ人及他種人惡戰、時當日夕、該日僑懼為兩方所見、乃避一高樹上下瞭、他種人比較稍大、皆不及三英尺、共約百餘人、戰甚酣、手中所執皆刀矛之屬、戰至月上、インヂヌ人敗走、他種俘インヂヌ一人砍之、道邊流血甚慘、他種分食其肢體盡而去、久之無聲息、日僑乃自樹下覓之、得其頭而歸、以酒精浸之、頭雖小而其髮甚多且長、四披髫然。"又陳有古代劓黥刖各刑印圖等、又懸哥倫比亞人皮一張。……樓上所陳、皆關於臺灣全島者、有吸鴉片用具、婦人纏足之足部蠟型及繡鞋之類、令我對之慚汗。餘皆關於病理者、無甚特異。（附圖皆當時對真所記。）

衛生館中所見之珍奇木乃伊
一九一四

（當時我被徐蒙生催促、尚有許多處說明應記下的、全未得記。）

【咏千代田錦 一九四三 百合科植物也，葉有斑紋如錦，常綠不凋，此日本所以稱"千代田錦"。愛玩者珍如蘭蕙，聲價殊高，花朱色，管狀下垂，抱心不開，余戲名之曰"自羞紅"。原產非洲喜望峯，東瀛栽植甚盛。】

高風亮節（指其不凋）蕙蘭同，底事低頭錦繡叢。又作捧心西子態，直宜喚作自羞紅。翠袖龍鍾別有愁，低鬟斂態不勝羞。人間聞恨知多少，喜望何曾到盡頭（余得一品，甚愛惜之，惜不永壽）。

千代田錦

（這是老伴死後我借居孫月如家時所買。彼時在淪陷中，我於賣畫偏彙外，趁着機会專研究仙人掌及多肉植物。日本的天津花園及本市各花鋪皆有由日本大批運来的盆栽，種類非常之多。又因孫宅屋暖，培養較為合適，遂購置多品，一面觀賞，一面研究，其活不長的可製為標本的則壓搾成腊葉，不能製的便畫圖寫真作為充標本。"千代田錦"係多肉植物，居然製成標本。我養的未見花，女生許紫珊有一盆開花且結果實，當其花将謝時剪其一枝補我的標本裏，後結果又贈我一枝，所以我這種的標本很完全。）

【仙人掌 仙人掌科植物，多奇品，率產美洲沙漠地，以日本多雨之國，而研究有會，且旅行採險時發現新品，移栽東来，按其性質秧接有方，輸之國外，至今稱日本為仙人掌第二母國可也。余案頭供多品，朝夕觀玩，頗得意趣，惟嗜者比比，而化之於詩者少，燈下偶暇寫三百一十言以為之倡。一九四二】我生愛自然，早歲恣窮搜，登山兼涉水，有得供研求，同好五七人，酷嗜我其尤，丸泥附小草，對之凝雙眸，鏡中水一滴（指以顯微鏡視原生生物生態），鑽角到蝸牛，上而有所見，喜躍如封侯，下而有所失，跌足不勝愁，儼然癡騃子，到老病難瘳，孜孜御晝夜，圖記無時休。近依印月簃，庭院成園圃，種花復種樹，深解憂時憂。近更市奇卉，仙人掌之儔，品多不一名，列案登盤盂，或如綠玉柱，或如白雪球，或如蝟攢刺，或如瓜有秋，茸茸獅首翹，毗毗龜背遒，奇士振太阿，武夫矗兜鍪，聚形殊光怪，文筆狀難周，據

142

棻足欣賞屢廢升斗謀、更時發奇想、心神馳也美洲、莽莽墨西哥、實為種所由、矯矯東瀛客、留芽移海舟、本為沙漠花、乃雨滲淫投、鈎心索其適、嘗為徑葛裘、不以技雕蟲、成見界鴻溝、生態理本奇、忍性發其幽、研研更研研、居然堅志酬、生生進無已、人定勝天優、輸將邦之外、妙可郵筒郵（函日定購、可由郵蒙寄無損傷）、列市招所好、善價標其後、不然我何得、西望徒咨諏。

（日本對於培養花木、不讓歐美。我國花木品種之繁、只比不上巴西。我在商品陳列所時、河北公園裏有一花廠、我幾次對他們說京西百花山有好多新奇的花、可採來加以人工培植、很可發展我們的園藝上的事業、始終不注意。眼看着外人來蒐採研究、培出新品、傳到我們花廠再來賣、大嚷着"這是外國來的"咳可氣。現在由外輸入的花品太多了、而本國原有有許多種、簡直輕易見不到。）（日本對於花木栽培有很多会、如仙人掌会、東洋蘭会、萬年青会、菊花会、高山植物会、其他山茶、梅花、福壽草、朝顔等、全有会、且每屆時比賽、時得園藝新品。即如紫金牛科的老弗大、都培成了五六樣園藝品種。）

【續寫赴美之夢】一九一四的冬天、我偕嚴裘屠陳朱胡張趙乘美國太平洋輪船公司滿洲號輪船赴美、這船是當時海洋上最大的船者之一。船的載重二萬七千噸、馬力一萬二千匹、速度一鐘行十四至十八海里、吃水二十五尺、用煤一日百三十五噸。該公司還有更大的一隻、叫西伯利亞號、馬力至一萬九千匹。……我們坐的是頭等艙位、據說一人船價美金二百元、當時合國幣五百元。在上海開行日期是十一月七日夜半。我與陳幼卿所居艙室是八十七號，床在室的一側，上下兩層，圍以銅欄。幼卿上層，我下層。床上備細毛毯，白天疊為花式，倚置床背。欄旁有小板梯，備居上層者晚間之用。室中盥漱諸具預備齊全。床欄上又備小銅盂，放在枕側，用為暈船時嘔吐之需。屋壁一個歌鏡，備早起刮臉之用。乘客除晚睡及早起洗漱刮面整衣外，全到甲板上。散步、游戲等皆在艙外。上層有吸烟室，甚寬闊，可吸烟、彈棋及其他各種案上游戲。甲板上設有種種適於運動的玩具。又備有椅子若干，但上船前預定，每椅賃價一元。我等上船前自備藤椅四，標有名牌。船上早餐八點半，午餐一點，晚餐七點。餐前吹喇叭，晚餐時吹兩次，第一次在餐前四十五分鐘，備客人可聞聲後淨面理髮換禮服。因西俗重晚餐，如不穿禮服，亦要穿青衣。餐時有菲律賓人奏樂。餐廳上客人排有一定坐位，各座前備有精印菜單一紙，單上三分之一印為風景，可扯下作紀念，其下序印食品，為小吃、湯、魚、肉、菜蔬、水果、咖啡等。湯菜各有好幾道，備客選擇着食用，多要少要隨意。米劍村飯量大，每每魚肉類各要不重的兩份。我食量甚小，一湯一魚或一肉一蔬菜便得，湯前小吃亦往往不要，水果亦不常吃。船到檀香山時，湯前的小吃是番木瓜半個或鳳梨幾片，水果裏添上香蕉。船由上海起行時，肉裏不僅是豬牛羊雞，還有野味，如水鴨、竹雞等。總之每日變着樣供應，考較極了。侍餐侍室全是廣東人。每日還有茶點兩次，入餐廳則餐廳有備，如在甲板上則有侍餐者托着小盤送來。二等艙待遇上據說差的很多，因船價不止照頭等減半。艙位在船頭。三等艙在船尾，艙位等於我國所謂的通艙，船價當然較二等又差多了。頭等艙室正在船的中部，艙室之上尚有兩層，等於三層樓房，只較矮些。船行時中部最穩，船尾顛簸最甚。頭等客在船上可到二等艙去，二等艙客只能到二等艙上的船面上。三等艙於船面上有天井通光。總之，金錢勢力，只頭等艙客是人……

……餐廳食案按英文字母排列，我們在B字案一面。船的行程在美起椗是舊金山，至東到菲律賓。回航由菲律賓至香港，再至上海，往日本長崎、神戶

144

横濱、檀香山到舊金山。九日早起至甲板上便依稀見日本島嶼、至夕到長崎。慈仍、菱生、審卿皆由此登岸、以車往東京，至船到横濱時再回船。因船上備有輪船火車聯絡票，頭等客都可享用。我則同幼卿、坤華、到村信臣、墨莊、上岸游觀長崎街市。本擬高高興興的游散一天，偏偏遇上日人對青島打敗德人、他們賀勝提燈佔據青島，遂使我輩懊喪回船。……十日早船離長崎，行經日本内海，兩岸皆山，青翠如列屏。十一日午至神户、十三日午到横濱，我同幼卿上岸觀覽，在僑胞所設的天珍樓吃的午餐，又游櫻山。下午五鐘回船。十四日午刻慈仍、菱生、審卿回船，李道衡、丁伯江皆由東京趕來送行。下午四鐘除船開，由此船漸南向，天氣暖如季春。由此每天下午船人撥鐘點加快，如不然，到美後鐘點不符。於是每天晝夜皆短。在由艙室至餐廳之甬道壁上懸太平洋航線圖，在船所行路線加赤色標記，并注每天所行浬數。十五日係由横濱開行，至本日共行二百八十七浬、十六日三百五十八浬、十七日三百六十四浬、十八日三百五十五浬、十九日三百六十四浬、二十日三百四十五浬。至此多了一日，是船正經過東經一百八十度之處，如不然，到美時整差一天，所以轉天是又二十日三百六十三浬、二十一日三百五十五浬、二十二日三百四十八浬、二十三日早到檀香山。天氣暖的簡直像到了夏天。由横濱到此這十天，除水天之外、一無所有。在甲板四望、像是在青石圓板上，罩盞天，四面包着圓板，一個島一個島全没有。所以船長由横濱起行時，組織了一個游戲会，用解長途寂寞。於是頭等艙客除了幾個日本人之外，全行入會，費一元，於是各式各樣的游戲了十天，到檀香山為止。二十三日下午五鐘船開，向東北方行，天氣漸寒，風浪亦大，甚至天色灰暗，令人不歡，三餐減食，客在甲板上亦多沉默不言。我雖不甚暈船，到餐廳亦僅一湯外，僅能吃加里鷄等一菜便罷。許多人不能起床，如此七天。至三十日到舊金山登岸時才像醒了大夢。登岸時金山總領事徐文言、巴博農業館長斯閣斯密斯以汽車來碼頭歡迎。當即入城，住哥瑞街 Geary Street 斯透畝特旅館 Hotel Stewart，我居第三層三百四十四號。午餐就在旅館食堂，晚刻我們九人散步中國街，在金山大埠（即中國街）上海樓吃的晚飯。此處中國飯館極多，門外都

145

The Embarcadero at San Francisco

舊金山輪船碼頭之一 一九一五

懸着横牌、上寫英文"雜碎"Chop Suey二字、這是因為從前李鴻章使美時、請外賓吃中國席、肴饌很多且美、外賓問菜名、翻譯無法细說、遂統名"雜碎"、此後中國飯館便用這名稱、以極言其這裏有如當日李鴻章的好菜、甚至這菜就叫"李鴻章"這菜各館做的亦不一樣、大致等於天津館的"全家福"(亦叫"海雜拌")。當時在斯透卧特住了五天、搬到企李街國人開的遠東旅館、以後又搬到對面的文明旅館、我住十四號室、在這住的時間較長、後離開中國街、搬到舒式街Sutter Street的卜技利旅館Hotel Berkeley、在這住的時間最長、最終搬到腓魯丁旅館Hotel Fielding。我是一九一四的十一月三十日到的北美洲舊金山、一九一六的一月八日離開的舊金山、算在美住了十三個月零七天、經過了兩個新年、兩個耶穌節。我的職責是巴博美術館中國美術陳列部分的陳列設計、和会場農業、食品、園藝三館調查牲畜部調查及其他瑣事調查記載。又去加里佛尼亞省城沙加免度Sacramento、士多頓(城)Stockton、芙蕊斯耨(城)Fresno、洛山機(城)Los Angeles、珊的爱句(城)San Diego。在珊的爱句參觀調查了一次巴加博覧会。又去裴他留瑪城調查養雞事業、裴城Petaluma一名雞城Chicken City。又去洛城附近的考文那城Covina、調查養蜂事業。在沙加免度住沙加免度旅馆Hotel Sacramento、參觀了一個拿陶馬斯公司的柑橘園、一個專種蛇麻公司的蛇麻園、一處省立昆蟲研究所、一處省城牛乳廠、一處果品罐頭公司、一處造磚廠。在士多頓住士多頓旅馆Hotel Stockton、參觀了一個製革公司、一個麪粉公司、這公司附製"雞食"、係專供養雞用的、所謂"雞食"係以十八種物品合成、炭渣、骨渣、碎石、牛肉乾、大麻子、向日葵子、棉子、胡麻渣、貝殼渣、小麥、大麥、燕麥、蘆粟、紫苜蓿、蕎麥、玉蜀黍、麥包、高粱、糠秕。又參觀了一處瘋人院、又游了唐人街、日本街、觸目全是賭局。又調查一處中國的田園、業主叫陳廣泰、在漫野中、其處周種垂柳、經營方式純用中國舊法、不謂出國二萬多里、見此陳人。該田附近野中、有許多小亞細亞回人所居的天幕、舉目四望、天幕也、特殊之木屋也、在白沙茫茫、荒草際天的景狀裏、簡直不像是在新大陸的美洲。……據聞居民中國人日本人外、有亞拉伯人、印度人、南美洲人等等。又在城近參觀了一個鐵工廠、是專造農具者。在芙蕊斯耨住芙蕊斯耨旅馆Hotel Fresno、參觀了一個葡萄酒廠、一個製葡萄乾的公司、一個製無花果脯的公司。在珊的爱句住智畏忒旅馆Hotel Jewett、除調查巴加博覧会外、游覧了好多西班牙古跡、到了一個太平洋海邊的柏因老瑪城Poin Loma、逛了落日礁Sunset Cliffs、又弔望了古情婦羅曼納的家、又出了美國國界、到墨西哥國境一個荒城游看了一周、當天去、當晚回來。羅曼納Ramona是英國蘇格蘭的女詩人、鍾情一個印地安人、為父母所不欲，而女堅志不移，卒嫁之。其間波折甚多，遂至為社会所不直，女則深遂其顧慮之泰然，堅不以嫁紅人為墮名譽也。她的住宅陳列着她生前種種物事，供人憑弔。此外参觀了一個在迭威斯Davis附近的大學農科試驗場。游了卜技利城Berkly、屋崙城Okland，游了金山西部的雙頂山Twen Peaks，参觀了卜技利大學校及其藏書樓，游了金山馬克街極西端小山上的碧也納維斯忒公園Buena Vista Park，實見到許多蜂鳥飛止其間，見人不避，鳴聲細碎，如戛薄玉，甚為可聽。我又同墨荏游了一次珊馬提歐(城)San Matio。至於在金山如金門公園Golden Gate Park，在屋崙如闌莽公園Piedmont Park，都游了好幾次，林肯公園亦游了一次。總之，在美十三個多月，公務外，游的地方不少，得的植物標本亦不少，買的博物類的書亦不少，在我的求知慾上，雜雜花花的開眼亦夠多的。但是始終沒出加里福尼亞一省California。

【記檀香山】夏威夷羣島的火奴魯魯城，僑胞叫它“檀香山”，它是奧胡島東南部繁華的大城市，位於西經一百五十八度、北緯二十一度之間，故氣候甚熱。我渡美到此，船即停泊在港外碼頭，早八鐘許登岸，當即有僑胞卓海君以汽車相迎，我即偕慈約魯卿等乘車進城，先歷一二街，至一僑胞所設肆，主人名古今福，廣東籍，接待甚殷。既又歷六數街市，街旁全是椰子、芭蕉科之阿波羅等樹，及其他熱帶植物多種。萬葉千紅，照耀人眼，或若紫藤之垂，或若蔦蘿之附，或老幹蟠屈，枝柯交糾者，則其葉細碎，漏日光如篩影，或直本參天，矗立而不枝者，則巨葉三五份，披頂上，又或密葉一叢，鮮紅如火，而夾竹桃、繡球之類，則花樹之巨大，幾出乎意想之外，仙人掌節節挺出，幾將與喬木相埒，黄色肉質之花，繁開其上。此時吾車入山矣。山道修坦多曲，俯仰左右，奇景突現，已而至巔，頗平曠，巔名“帕利”Pali，車遂止道旁。下車步行至巔之盡處，俯瞰島市海灘，悉接於目，天風颯颯，吹人欲倒。巔有石壁，上鐫記功之文，蓋當日全島曾割裂為若許小國，互相爭攻於一千七百餘年，有科達哈達哈王者Kuehamcha，削平諸部，統一全島，記功者記王功也。至今島人喜談其事。既而返車至領事館，見領事武芷庵。時適微雨，群鳥鳴樹間，多為不習聞於耳者。已復以車行，另為一途，道左右皆溪水，見鴨約萬餘游水中，且種荷花，清香撲鼻，甘蔗亦影植於溪壟之上。聞此皆國人居地，籍咸廣東，以養鴨種甘蔗為業。又有蕉田，蕉高數丈，類小樹，密比如林。且聞有養吾國鯉者，車外景物，直似吾國南中水村小影，惟時見奇異椰林又不似耳。既而至一水產館，乃下車入觀。館中正面為池，設噴水，朱魚游泳其中，略如吾國所謂之草魚池。池中央置巨大珊瑚類。內有觀館，中四壁皆為夾層，裝玻璃，作蓄魚之所，水則設管通流，活而不腐。魚皆島周海產，狀態奇特，以圓鯛類者為多，顏色極鮮麗，紅者、紫者、藍者、黃者、雜色斑駁者。中有蝶魚，其色儼如胡蝶，而翩翩之態，殆尤勝於蝶也。其他尚有不可以色名者，則閑匐水底，狀類沙石。飛魚三兩，雜居其中（即生物界之現象所載之特異者，非普通飛魚）。又有海鰻、大烏賊，復有特異之蟹，紅色而直行。海膽僅見其一，如小酒盃，時時徐動其棘。青花魚亦僅三數，玳瑁三五，漫游其中。小比目靜潛沙底，僅眈眈動其兩目。鮟鱇匐行其下，角河豚急泳其上，千態萬狀，不能縷述。館中坐一老者，年約七旬，前列案置水產圖畫，購其三冊以為紀念。出館後，通電車行甚久，又觀一博物院，所陳除島人物事外，多為南洋群島之漁具、用具、戰具等，匆匆一觀，購來圖說一本。既至新人和飯館，蓋僑胞歡迎吾輩設席，未得暢飲，已至下午四鐘半，趕即回船，五鐘船開。夏威夷群島，沒有霧天Foggy Days，沒有瘴氣Malaria，夏日最高溫華氏表八十五度，冬日最低溫華氏表五十五度，降雨量每年十寸到三十寸，濕度非常低，沒有暴風，沒有旋風。夏威夷本島上有四千尺高的基勞依亞火山，於火山口終年吐火，為夜間火燄熊熊照耀之奇景。

【蛇麻】蛇麻日本稱忽布，是從英文Hops直譯的。這是一種桑科的蔓生植物，它的果實乾燥後為造麥酒附加苦味及芳香之大用。又於藥用為健

149

胃劑。這種原產於歐洲、美洲及亞洲西部。果實含苦味質、有揮發油。多就其未熟時採下乾後供用。蛇麻是沙加免度大宗產品。我在沙城參觀的那公司種的蛇麻極多。搭很高木架、絆繩成行、使蛇麻莖蔓繞繩上升。遠觀如花棚。但風過時、有一種熱騰騰不好聞的氣味。其就未熟摘下乾後的果實、全部供給造麥酒的工廠。公司中所用撿果工人、有中國人、日本人、美國人、印地安人、黑人、東印度人、意大利人、猶太人等。印地安人不是一個種族、且有墨西哥人、亦不是一個種族、衣服裝飾都不一樣。參觀時、幾如入人類學館、觀"人種動的"模型。至今寫這段時、腦中還有深刻的印象。

【省立昆蟲研究所】該所在一個公園中。入門處為一方室、陳列各種昆蟲標本、於益蟲旁附以所食的害蟲、害蟲旁附以所害的農產物、且各加簡短說明……。該所為專研究害益蟲者、有實驗室及害益蟲飼養室。於各國皆有調查員、按期寄送生活的害益蟲、以資飼養研究……。於瓢蟲類、皆由野外大量採集、聚而飼養之、以備運送各地、為農產物消滅蚜蟲。運送之法、以置蟲之箱置冷藏箱中。此時瓢蟲則多數攢集、蟄如冬蟄、不食食物、冥然若待春陽者。如此輸送到被蚜害的農場時、啟箱放瓢蟲於被害作物上、瓢蟲突受日光溫暖、頓然食量大增、而周圍又全是嗜食之品（蚜蟲）、於是捕食蚜蟲之速、無與倫比、久之蚜害盡除……。該所英名為State Insectary。

【瘋人院】院之面積、佔地約六十五英畝。收容的瘋人各國人都有。中有一部真瘋者居息之所、四面皆障以鐵紗之壁、中為若干隔、每隔居一人。我們參觀時、瘋人皆由紗障外窺、或笑或詈、或為怪聲。陪觀者說：初事於此、夜間幾不能寢、徹若鄰於鬼鄉、徹夜怪聲不絕、或大笑聲動四壁、或作長歎、或喃喃

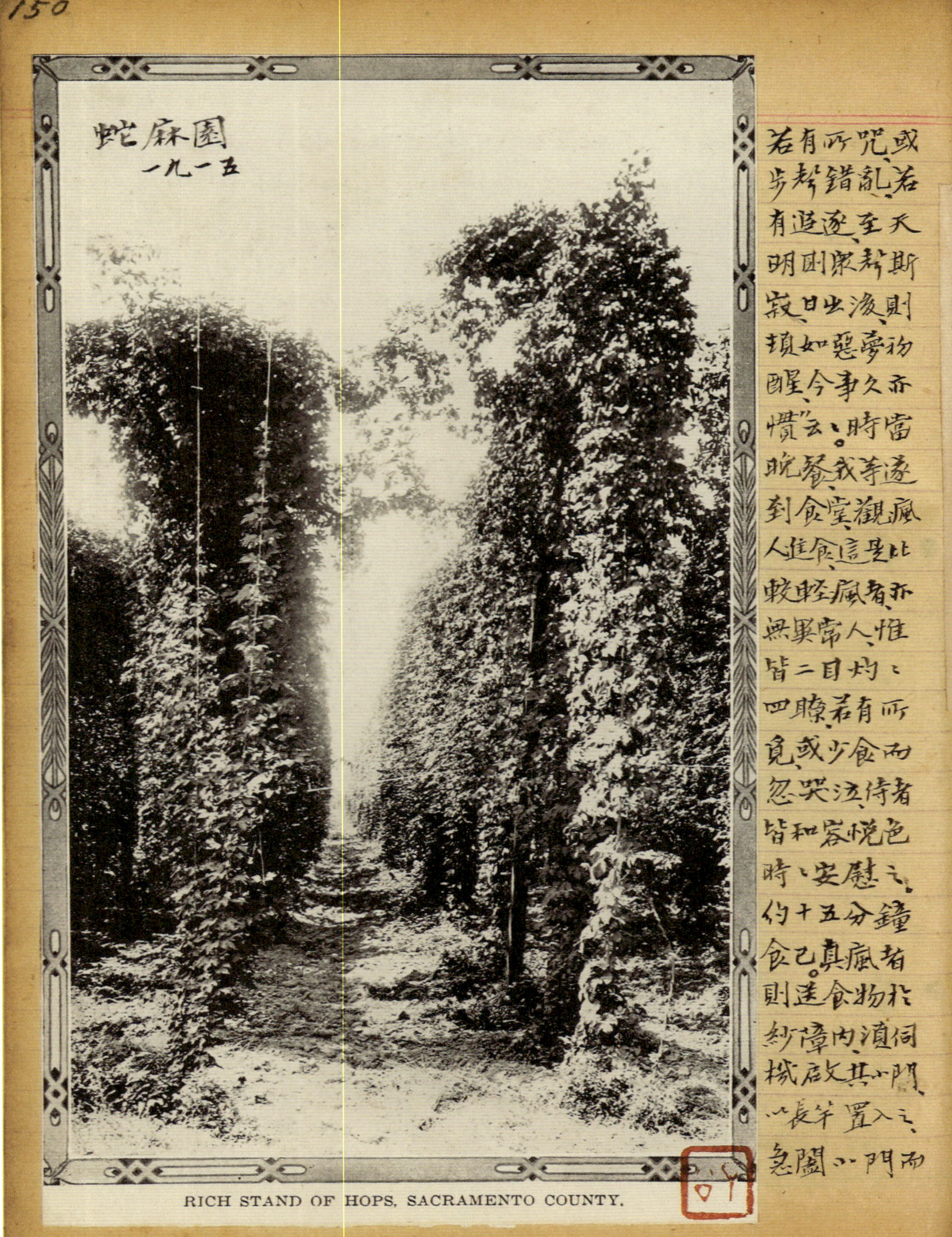

RICH STAND OF HOPS, SACRAMENTO COUNTY.

若有所咒、或步聲錯亂、若有遊逐、至天明則衆聲斯寂、日出後、則頓如惡夢初醒、今事久亦慣慣云云。時當晚餐、我等遂到食堂、觀瘋人進食、這是比較輕瘋者、亦無異常人、惟皆二目灼灼四瞭、若有所覓、或少食而忽哭泣、侍者皆和容悅色時時安慰之。約十五分鐘食已。真瘋者則送食物於紗障內、須伺機啟其小門、以長竿置入之、急闔小門而

151

去、至於食不食或棄擲之、則聽之而已……。

【考文那城之行】由珊的爱勾回来時、住在洛山機的海屋商旅館 Hotel Hayward 二層樓上、館在春街 Spring Street 及第六街 Sixth Street 之間。洛城為加省南部(俗稱南加州)一大都會、其繁華、時髦、皆甚於舊金山。世界著名做電影片的好萊塢(亦寫花萊塢) Hollywood 即在此地。我们住的旅館、並不是很高级的、但一切排場、即所謂"新"便甚於加省北部、即以在館裏餐廳用餐言(指晚餐)、有伎人奏歌跳舞、用娛座客、座前各設小几、上置烤爐、烤一種法式精製的小麵包、各有少女司之、我的座旁少女、年齡看不過二十、髮挽為椎結、光澤類烏金、髮上側冠白帽、胸前繫白色小圍巾、周以挑花之邊、非為蔽衣、而僅飾美、巾帽既潔、與面青相映、益覺瑩澤。時我麵包將盡、少女以玉手啟金爐、捧白瓷盤、執銀夾、夾嬌色嫩脆之麵包、敬添上我、我心窃為窘愕、殆我割食、女笑問"佳乎"、我答謝、女流波巧笑而去。坤華、幼卿、都笑說"對斯人可以食量大增、館主人食品大銷、當歡迎此過客矣。"時伎人彈唱、環各座而行、所唱似是折花贈爱之歌、花名極彩、環我座時、則所述多中國花矣。歌音柔婉、能移人情、我輩旅中、尤深慨歎。既而食罷、司爐之少女前道晚安、我等乃出、而歌辭之鑄情鏤爱、猶循行往復於腦溝、久之不已。轉天早起、到東二街 East two Street 調查養蜂事務、到一賣養蜂器的公司、主事者為一女人、由她介紹一養蜂家在考文那城 Covina City、并告以往該城之途、須以電車往、應走頗長時間、女又以電話通知該養蜂家到站接此遠客。我輩遂道謝出、循所指前趣、行甚久始至電車站、乃值東行、途間甚荒僻、溪田茂草之外、無他見、至午後一鐘許、至考城下車、有老先生近詢吾輩、即養蜂家貝可斯貝先生 Mr. Bixby 也、先生英人、寓美凡十稔、以養蜂為業、因邀吾輩至其家、乃觀其養蜂、凡五百箱、每有蜂數千萬、就先生所言記之、先生辦有養蜂雜誌、自為主筆、所以提倡養蜂事業、研究有所得、則登之雜誌中、考

152

城養蜂家甚多，先生為最。加省南部產蜜極有名，即以老城名也。蜂房之基，俗稱蠟坯者，皆由人力以機械製成，所以省蜂之工，可多釀蜜。不然，則蜂欲釀蜜，須先造房。今如此，每年較前多得蜜由百分之二十五以至五十。每蜂箱中，置入蜂房八層，蜜成後，留一層為蜂食，便足，餘則全行取出，即為所得之蜜。蜂王產卵時，則另置一箱，中，兩箱相重，中隔薄金屬板，板之上有成行長橢圓小孔，寬窄適合工蜂之腰，以便工蜂得自由出入，惟蜂王以體大不能出，僅在一箱中，蓋所以防其任意到處產卵，則工蜂所釀之蜜皆不潔矣。又以工蜂出入各箱，必見箱中有王，方安然釀蜜，是以不能將蜂王之一箱隔離，而另置他處，如此數箱相重，僅一王便足，如此一王可率工蜂數千或至萬。蜂王產卵每日可千五百粒至二千粒，生產期為二年，由卵成幼蟲，成蛹，到成蟲凡需三星期。蜂之釀蜜自春徂秋，冬則休息。加省橘田甚多，故蜂蜜多採自橘花，所得之蜜甘潔無比，最稱上等，有時亦採野生植物如唇形科含有揮發香氣者，於蜂最宜，且由此所釀之蜜較橘為濃。但須注意田野間不可使有毒草。加省有小獸曰斯空克Skunk，即臭鼬，頗為蜂害，每暮時外出，在放置蜂箱之前，掘土作聲，以誘蜂類，迨蜂聞聲驚出，則直前食之，故養蜂者咸以食物置毒布草間，以除此獸之害，此獸之毛可以為筆。現時對養蜂正在研究游行蜂箱，以車載運，避寒就暖，夏季北來，冬春際則南去，以天氣和花木多之地為宜。如此蜂可終歲不閒，得蜜更多，自明歲起將實驗此法，以觀成效云云。余以小冊且聽且記，既罷，擬辭出，而先生苦留，遂在其家用餐。先生年約六十，甚矍鑠，其夫人亦藹然可親，方在廚治餐，將以饗吾輩。餐時同坐，先生出最新之蜂蜜，以佐麵包。蜜二種，一橘花釀者，色澄黃，味甘而清；一由一種唇形科植物釀者，色紅黃而較濁，味厚而香烈，各有佳處。此平生第一次嘗真蜂蜜也。餐後定購養蜂雜誌全年者一年，費美金一元，請按月寄天津商品陳列所。乃又觀先生家庭布置，暢談至暮，始謝別，以電車返洛城。

(解放時不知誰是"始作俑者"、一時甚囂塵上"的叫嚷養蜂以挽回利權、於是許許多多的人自命實業家、向意大利定購蜜蜂及蜂王、一時趕做蜂箱、穿胡同的所謂木匠零活都作了一陣好生意。於是乎在四川廳上你聽罷、差不多都談養蜂、結果呢、因為多出蜜、給蜂留的蜂食都不够蜂吃的、怎麼辦呢、喂它們白糖或糖稀吧、咳我老天爺……!)

【雞城】雞城距金山不甚遠、我們去的那天是五個人、早七點多渡海、由渡維梭脫站Sausalito上火車北行、行時是八點四十五分、是時天陰霧重、遠望不能辨物、車傍海濱行、一側為山、山脚坡陀起伏、淡雲匝起、久之漸為平原、為低原、至此車兩側皆海矣。已而又見小山、山下封以碧松、松之外有小水、靜而不波、而地平綫上遠樹如薺、車以外細草嫩黃、牛羣正牧、見車不驚、至此見陽光矣。陽光被草原之上、嬌柔之色可愛、原盡為山、山盡復為草原、且經一河、河畔景物頗幽靜、至珊拉弗站San Rafael少停、復前、站旁馬車甚多、皆運物者、雍容而弗忙、人亦如之、站近莊園居舍、清雅無匹、隔籬內皆養雞、雞塒錯置、極野、村女燒草持鋤立其旁、叢樹交糾掩映、無有間斷、過山洞一、山原繚繞、小水紆徐、至此又經三站、曰依拿西歐Ignacio、曰拿哇脫Novato、曰珊痕塌穆San Antanio、三站皆稍停、下車者極多。十點零五分至裴他留瑪城Petaluma City、即所謂雞城Chicken City也。乃下車。裴城以養雞名聞全省、故有雞城之號。我們先參觀了一孵雞器製造廠、觀其孵雞器及所需雞食、器之大小不等、大者可孵雞數千、小者則僅容數十、其主人某以我們介紹於商會之郝士勤君、郝乃到廠相見、約午後一時許會於商會、我們乃出。時已近午、乃飯於城的某食館、即食其名產之雞、人各一隻、食已、到商会同郝以汽車出觀養雞孵雞公司多處。於度穆瑪城Sonoma County觀一公司、名曰昔可斯朱士羅哈、其

154

利Hicks Jubilee Hatchery、其主人為老夫婦、待人極和。有孵鷄箱四十二、每箱每次孵雞五百七十餘隻、孵期三星期。所需溫度、以華氏表百零三度為宜。雞種甚多、所養白色者名"白角足"原由東亞傳來、黑者曰"比其孟落加"、黃紅雜色者曰"羅剌島"。大雞日喂三次、小雞五次、喂時早宜碎糧、午宜青菜、晚宜整糧。青菜名曰刻勤　　亦由公司自種。公司中年孵雞四十萬隻、月可得淨利百五十美元、此當地一極小之營業也。既又觀一農家所飼牛羊猪雞甚夥。……夕刻返金山。

【腓曾丁旅館筆記】今(一九一六 中華民國五年一月七日)在腓曾丁旅館Hotel Fielding正晚十鐘、瑣碎零星之件、皆已收束。獨處一室、四壁外無復一物、對鏡顧影、以己伴己、窗外車聲震耳(因館在金山最繁華的馬克街Market Street)、招牌之燈射光入窗、紅綠明滅、而室虛一無小響、僅自聞呼吸而已。倚坐床偶垂睫若睡、而腦中紛若亂絲、乍而憶落城Los Angeles聽歌之感、乍而憶珊城San Diego之游、乍而神歸沽上、耳中若有妻子談笑聲、乍而似聞海濱潮湧、漁歌清冷、飄風瞥恍、忽乍而喜、乍而愕、而尤有展轉激刺於腦中、令吾心頭震震不已者、則近兩星期中、黃遠庸(前上海亞細亞報主筆)之被暗殺也。時余與幼卿、墨莊坐於上海樓(廣東飯館、在舊金山大埠即唐人街)對樓梯(此梯下達通街之館門)之一室、黃則立於室外(背向樓梯)、與余輩寒暄、且過鄰座與章紫珊、陳淮生等(皆部派委員來美參觀巴博大會者)閒談、而此時"打手"(華僑所雇之行暗殺者)即在散座用餐(章陳目睹後向余云者)、黃談已、行到余座時、立館櫃前待付飯價、而櫃台無人。此時打手出、退立樓梯上、以手槍擊黃、第一彈直過余頭上、着於余座後壁上之玻鏡、炸成菊花之瓣、第二彈以下皆着黃矣、黃大叫、內奔直至其所坐處而絕。同黃進餐者、為際昌(直隸工業試驗所技師、省派來美參觀巴博大會者)、采澄(直隸商品陳列所主任、省派、同前)、皆無與政事者、故余思及尤懾、蓋恐僑胞疑吾輩與黃有関係也。黃以避仇來美，或以他故來美，余不得知。由徐文言（善慶）領事介紹始識之，又同寓於卜技利旅館Hotel Berkly，與采澄、際昌甚相善。黃被殺時，采澄手執箸敲指而出，際昌則跳越食檯而過，口呼What! What! 墨莊幼御瞪目直視，余則不自知作何狀態矣。今晚清寂已極，是事事皆潮迴腦中，不能抛去，然而明日登舟矣，去金山矣，返故土矣，金山所歷尤當使如電光石火，不必鐫諸腦際矣。

（此次在黃未來之前，某日晚我於上海樓遇徐文言，徐說有人從上海來，說今天到，我去接未見"。……過了二天，我在上海樓又遇徐，他說奇怪，由上海來的人，他不在金山下船，到西雅圖Seattle下船來的，姓黃"。……先住遠東旅館，後才搬卜技利旅館，住郭（際昌）樂（采澄）隔壁，與郭樂常一起出去吃飯，還常到上海樓。據徐領事說黃已連着接了兩封匿名信，第一封指明不准在金山逗留，第二封就指明你若不走，我們就對你不客氣了，你是帝制餘孽"。……黃是上海亞細亞報館裏最贊成老袁稱帝的人，因為有人向亞細亞報館投了一個炸彈，他才辭職出國的。他被殺的晚上，是他請郭樂吃飯，所以他到櫃檯付款而被殺。）

【天洋丸上 一九一六】一月八日陰雨。早七鐘起，整裝，十鐘辭舊金山，同采澄、墨莊以汽車赴三十六號碼頭登天洋丸。時際昌亦至，蓋吾四人同舟回國也。天洋丸為日本所謂東洋汽船公司Toyo Kisen Kaisha之船，載重一切皆不如滿洲號。起碇前，姜生（胡）坤華（屠）幼御（陳）及尤潔丞（總領事館主事）皆來相送。余與采澄、墨莊同居百三十九號艙室，際昌則為百三十號，與一西人同室。午後一鐘船開。天氣陰惡異常。出金門Golden Gate時，風雨甚急，回望金山濛濛雲水間，美洲新大陸與我從此別矣。久之，舟顛簸甚，勉強用餐，晚僅飲一湯及咖啡，乃寢。次日風浪惡，我不能起，午後來甲板上，惟見水，有時海平線若突然增高，直與舟簷相接，則舟顛簸傾側之甚可知矣。晚則風浪尤巨，能入大餐室者頗寥寥，吾余輩

156

僅在室食水果及茶而睡。又次日洋面平穩無風浪，午後散步甲板上，四望蔚藍照眼，頓忘前二日之苦况。又次日天陰風巨，浪高如山，舟身顛簸較前尤甚，若不摧毀此舟不已者。余晚刻至甲板上，除余外竟無二人，浪花噴沫如暴雨打頭，全舟盡溼。又次日，無風浪，竟日在室，游行甲板上，或觀書室中，幾忘身在舟上矣。晚刻舟人演電影用娛乘客。又次日為十三日，洋面淨無風浪，覺天氣乍暖，知距檀香山近矣。

【糸澄日記之一（十四日至十六日）】十四日早七時起，天甫黎明，望見火奴魯魯島東角之金鋼石山，已熄之火山也。又微茫中一點明滅之白光則燈

塔也。乘客悉來甲板上，候美人來驗病。船至港外而停，驗病員乘小船來，驗畢船始近岸，泊七號碼頭。余早餐後，同三君取登岸憑證登岸。華人招待員卓君留來相邀登岸，自任嚮導，謝之，以余等四人同行較自由也。……街道甚潔，小大兩物過者，走良久，附四十一號電車東行向金鋼石山，至水族館下車入覽。水族館僅平屋一所，居中為八角形屋，中央小池，蓄小噴水。前方為門，後左右三方皆陳列室，長方形之室也。壁上飾厚玻璃，蓄水族於玻璃之外，每玻璃一方橫約五尺許，高約四尺許。後室之闊為玻璃二方，其長為玻璃九方，底壁及兩旁計玻璃二十方。左右兩室之闊與後室同，左室之長為玻璃三方，合為八方。右室之長為玻璃五

方合為十二方也。共玻璃四十方、實計四十池、水族之區別無定、有一方數種者、有一種而占兩方者、魚之色彩俱極奇麗、真平生所未見。……一魚有名"蛺蝶"者、體甚薄、對其前方視之、豎處為橫處之五六倍、惟其薄也、故動作極捷、有粉青、粉紅、嫩黃、烏黑各色、其鱗等於初綻之花、鰭尖皆作綫形、長兩倍於身、一見人影、輒翩若驚鴻而去、水光映之、爛若明霞、僅名"蛺蝶"猶嫌形容未盡、正當譲之為"驚蛺蝶"耳。出附電車至市、同入飯館、時已十二鐘矣。飯館為西洋式、入門始知為日人所設、魚羹甚佳、他皆平平。出仍附電車東行至海濱下車、其地屋宇零星、似避暑時所用。有小學校學生凡數十人、土人及美國人皆有之、會衆約在斜坡上照像。少須電車已至、同附車還至市、步行還船、時已四時。……至甲板上倚坐、天忽大雨、始覺乘客初登岸時皆手雨傘之故。……五時五十分啟椗、岸上相送者甚多。十五日暮有風、向後漸大。十六日大風、七時同人皆起至甲板上、起坐肢體已勞、尚未嘔吐。船頭低時沒入水中、水滿甲板、浪花高過舵樓之頂"。

(十七日、自過檀香山至今三日間、天氣陰惡、風急浪高、舟客患眩暈不可狀、我每晨起即出甲板上、坐躺椅、一任浪花餘沫飛滿髮際、海風撲面作微寒、終勝於艙室中之悶悶也。)

【采澄日記　十八日至三十一日】十八日風有時稍止、午後風息、雖有時復盛、但平穩時為多、海行稍安、粵人已在船頭設賭攤矣。夜甲板上有跳舞、余等四人則在吸烟室中。此船"人載"凡分三等、上等在船面及更上一層、二等在船面下一層、三等在船首尾之下凡兩層、今日平靜、啟船面蓋板下視、如井、余始知其下尚有兩層也、每層高約六尺許、如豬柵、如地窖、其中人殊可憫、啟處即為此中人通風處矣。十九日即二十日、昨夜已過西經一百八十度入東經矣、故今日應為二十日、竟行無風、海行甚適。甲板上張各色幃幕、於其中為遊戲場、拾丸與賽跑小兒為之、掇卵婦女為之、嗑餅與擒豚皆男子為之。夜更上一層有日本之遊戲、為相撲、劍擊、劍舞等、規律頗嚴。二十一日小雨、甲板上不能坐、坐吸烟室。午後船面有四人遊戲、為競速畫、騎杠鬥、畫猪目等、騎杠、阿者用枕囊相撲擊也。夜吸烟室前有日本人之游戲，為幻術、演戲、跳舞等。日人游戲以八時四十五分開幕，於時電光忽閃、暴雷一聲，極為猛厲，俄頃之間狂風暴雨、時挾震擊之聲，如是者約一時許，忽而平靜，依然明月當空。大洋中之氣候如此。日本跳舞凡四人，作武士裝，動作頗似灤樂之武音節及情態，又似京班中之武丑詭變安詳，大有張黑風味（張黑名武丑，當日在京班極有名。華注）。二十二日夜，甲板有跳舞，未往觀。二十三日。二十四日晴風。二十五日，午前十時船抵橫濱口外，先見大燈，從入東京灣，海中有洲，上有建築物，蓋五十年前美國兵船來攻時幕府所築以為砲臺之基址者也。與橫須賀相距甚遠，但見岸上黑烟如積而已。十二時至食堂驗病，一時開飯，舟泊新港第四碼頭。二時同三君上岸，先往郵便局投信，從過公園至國人所設兩替店換錢，美金一換日金二。余輩往覓飯館，遇直卿，邀至鴻珍樓晚飯，言至船上相覓不遇，故來邀於此，幸而相值云。飯後約往中華會館、親仁會、粵人所設三江學堂、大同學校等。從往一地，榜曰游廓，高樓夾道，云下等妓女所聚，余等急行而過。直卿約往東京一行，預算每人所費不過數元，乃赴停車場，附電車北向，抵新橋已十時矣。直卿電問美豐館，云無餘室（美豐館女侍[時子]無見直卿，則問我和徐廣生故，直卿勸往打電話時呼時子，告以陸來，因無餘室，時子很抱歉。華注）遂雇汽車赴有樂町日比谷旅館，余據一室，室內器具仿西洋式而不甚完備，天氣甚寒，直卿他去。余用牛乳一盃，十一時就眠，所臥為小鐵床，被厚而堅，兩沿下垂，重量全壓身上，甚不安適，抑且不能禦寒。二十六日早七時起，八時早點，為麪包、紅茶、牛奶等。八時同三君出，寒甚，至日比谷公園徒步其中，良久始覺溫暖。九時還寓，至客室中坐，僕人進炭，斷爐始漸回溫。華衆奏鋼琴，余就火爐看滋賀縣風景印片，皆琵琶湖風景。……十時，直卿來訪，與館人清箕、華同出，往有樂町神宮、向木挽町至商品陳所，從覽一周。……訪所長石鶴卷君，出已十二時，至光琳館午餐（所食為該館名菜紅燒鰻鱺一郎白鱔，非常肥美。華注），後華衆為館主人作畫（我給館主人畫簡筆山水、又給兩侍女畫等。本注）三時始行，附電車至淺草區高等工業學校參觀，所見者為製革、染色、塗料等科，有中國學生五人。出附電車至淺草公園，往觀水族館，又附電車過京橋下車，步行至某加非館，此肆食品為西洋式，紅茶尤佳，與在會場食品館中所市之錫蘭茶相近，所和牛乳亦為蒸發過水分者。連日在舟中所用，色味皆劣，故此時愈覺其佳也。至新橋車站附電車，道衢仍迷，至橫濱赴萬珍樓晚餐，飯菜較昨日為佳。出又至親仁會少坐，始還船，十一時船啟行。二十七日早七時起，九時見富士山於雲表，高潔而安靜，洵屬奇勝，自此時時見之，三時全身皆見，直至日暮始為晚色所蒙。二十八日早飯後，船抵神戶，十一時始登岸，至市上游觀，十二時至品香樓午飯，出經行各市，在生田神社少憩……六時至舊書鋪看書（我在此買動物辭典及普通植物圖解，此二書皆新出版，非舊書鋪也。采澄誤。本注）赴杏花樓晚飯，不佳，八時返船。甲板上有市物者，為金銀蝕鏤之裝飾品、印刷品、陶瓷器、玻璃器、漆器等。夜九時眠，船前後皆運貨入艙或出艙，機聲訇然，竟夜不息。二十九日八時船始開行，由內海線西向，竟日所見皆島嶼，雄鬱深秀，但皆童山，船行其中甚平，向晚風漸大。三十日九時船至長崎添煤，余等四人由小船登岸，所往之街道甚為湫隘（曾經魚市，腥氣觸鼻，所售鰹魚、鰤魚等，皆割而零售之，魚之外狀處理極潔。本注）入外國人居留地，始漸齊整，至領事館訪周俊卿，僕人引至住宅，在石人井巷內，小樓二楹，憑高可以望遠。俊卿十二時始至，邀至市上游觀，入食肆午飯，送余等還船，五時始別去。在船面看日人臨時小市，多為食品，甲板上有市賣金屬器、玻璃品及印刷物者。夜十時啟碇行。三十一日船行甚平。（二月一日船至吳淞口外，移小輪登岸，投寓孟淵旅社，旅中百無所樂，又值舊歲除夕，殊覺悶悶，而外街車馬之聲，喧闐終夜。二日天破曉時，為窗外喧聲驚起，緣旅社居三馬路，適屬熱鬧之區，故喧聲尤衆，晝間未出門。三日市上甚清淨，午後與采澄、墨莊、際昌出步各街直至黄浦灘一帶。四日收理什物，晚九鐘同朵澄、墨莊、隨滬寧車北來，宿頭等卧車，滌昌以事暫留滬。五日早七鐘至南京下關，下車渡江至浦口車站，登津浦卧車，沿途風物似皆迎吾而笑。六日經濟南，午後至天津。奉補記）

【美夢囈言】一、於金門公園博物館見所陳埃及古物，如石棺、木乃伊、古塚模型、古碑、古雕刻諸物。木乃伊木甚完全，尸身所束之布色半黄，舊置玻櫥中，面目尚能辨識，惟枯瘦耳。石棺旁有木乃伊式之棺，其蓋凸凹為人形，面部塗金，畫眼鼻焉。

二、希臘陶器多繪裸體像，有男有女，男皆垂勢。

三、巨木所刻之屋，乃加省特產之大松（柿椗，亦名世界爺）橫截一斷而為者。

四、有售書者來寓，購到博物類精印圖說，名曰Nature Neighbors by Color Photography，計鳥類三冊，其他動物一冊，礦物及重要植物一冊，美金二十五元，分五個月付價。

五、於一花店購來南美洲產之塞文淂蘭S. A. Savender，學名Cattleya trianae，花極大，粉紫色，一莖三花，每花美金一元。

六、金門公園博物院樓上懸大章魚，其身若五斗囊，觸手之長約及七八尺。

七、金山飛魔街匈牙利食館所製菜，不類法意，近似東歐式，有紅燴牛肉一品，稱Goalash，味及式皆如家鄉之熬牛肉，只汁較濃。

八、於碧也納維斯式公園見蜂鳥，不一種，最小者一英寸餘，羽色極艷麗。

九、在會場游戲部墨西哥村餐館食烤鴨，腹中滿填玉蜀黍麵，有烙餅類似吾國北方所烙的薄餅。

十、於會場游戲部參觀仁人家屋，屋皆方形木架而泥敷之，上

161

下數層、開窗為窓、升降無階級、以木梯代之。

十、在園藝館、見到許多中美洲所產植物、夏威夷植物、非律賓及南洋所產蘭類、世界各地所產棕櫚科植物……千態萬狀、奇形怪色、又或高聳際天、或碩大無朋、真可謂聚植物界珍品、萃為大觀也。

十一、於會場見到薩摩亞（亦寫三毛亞）人、斐濟人、毛利人、倭士米人、許多印地安人（各族的）……。

十二、於土耳其政府館附設賣亭、購到一種方塊軟糖、質透明、類吾國舊日天津所謂細糖裏的"腰子糖"、而甜度過之、是大馬色革名產。

十三、於希臘政府館、觀古代雕石之像、如上溯至二千年時、與往哲接聲欬。

十四、於巴加會場商業工藝館中巴西出品部、購到南美所產之昆蟲標本一巨匣、一小匣、又一金碧色大象鼻蟲。匣中有翠藍色大蝴蝶、其他多種為北美所無、更不必題到歐亞。

十五、在巴加人類學館、見到世界各人類真大模型。至高者巴塔哥尼亞人、至小者布須曼人。又有中美洲闊都拉斯古城模型、墨西哥于加敦古建築。

十六、在金山澳洲及新西蘭兩館相近所謂"館外布置"見到大袋鼠、及多種奇異花樹、及巨大木生羊齒。

十七、於屋崙陳列所、見到獴獁斯 Mammoth 古長鼻類獸骨一具、其學名為 Elephas primigenius、即類象曲牙周體被長毛者。

十八、去美時於過橫濱後某日、晴空無雲、洋水無波、曾望見鯨類噴水及往復騰空嬉戲、惟距離極遠、不能知為何種。

十九、於巴博會場、曾見印地安某族男女盛裝、及織毯實作、並小女

162

唱印地安民歌。

二十、於食品館陳列曾見到漁撈上許多魚之“迷宫”圖樣及種種“擬餌”。

二十一、於製造館見到Slaska？綫織壁飾、阿拉斯加民用物事、及世界各地吸煙用之種種烟管、烟斗、有泥製、陶製及各種竹木所製，皆係曾經用過者，無慮千數百個。

二十二、於食品館見有狗點心“狗食公司陳出之“狗餅乾”等。

二十三、於牲畜部見到多種由飼養變品的狗、大者如小驢，小者可手托，尤奇者為“象皮狗”周身裸而無毛。

二十四、於巴加會場見到印地安“虎披族”人居室。

Opposite El Tovar is the Hopi House, a typical Indian village, full of the most interesting things.

（以上赴美之夢，算完全就我求知慾上各項寫完。）

【補寫十三歲以前的我】一八八八清光緒十三年臘月二十五日我出生在天

津城裏鼓樓南小關廟南，本生父賦閒，寄住在河南一個族姪孫鶴菴的鹽店裏，大概是道口鎮。父親早死，家裏有本生母、母親及姐姐、哥哥，生計是仰仗着兩位母親及姐姐做"外活"度日，上邊有祖父，年已將八十。我六歲時，搬家到鼓樓西弓箭胡同，後與我以来一起組織生物研究会的金廣才住同院，我哥哥比我大四歲，金與我哥哥同歲。這年祖父死去，本生母亦死去。一個親戚把我保薦到西門內城隍廟前的喬家上"義學"，義學是有錢的人辦的，不要束脩（學費）的書房，當時這是"善舉"，老師是"學東"（即有錢的人）請的，招的是貧寒人家的學生，但必須有人保薦，學生能自寫出自己的曾祖、祖父"三代"名字才收，寫不出"三代"的不收。當時我自己寫出"三代"名字，遂被收下，同學約三四十人。我讀的三字經、龍文鞭影、大學、中庸，字寫的是柳公權"玄秘塔"，古文讀的是古文釋義，詩是先讀的千家詩，後改唐詩三百首，對對子是"天對地""雨對風""大陸對長空"的先讀"試對"，後由老師出對来對，最初一字，漸進是二字、三字，直到五字。我還記得第一次老师出的"城"，我對的"門"，老师還畫了个圈，但講給我說對的字面是對了，但是平聲錯了。以後必須平聲對仄聲，仄聲對平聲，於是漸漸教会了"平上去入"四聲，平是上平下平，是平聲，上去入全是仄聲。……十歲時，我移到大水溝一位高先生家，我的家搬到鄧家胡同，後又搬到羅底鋪胡同後。在高先生那裏，我又同金廣才同學，書已讀完論語，正讀孟子，字改習歐字，先生已給講書，對子對到五字。其後我又移到鼓樓西一個楊家的書房，老师姓張。那時我已讀到詩經，"試帖詩"已漸作到十二句，"時文"在高先生家已作到"起講"。到楊宅書房，正值廢"八股"改"策論"，我已十三歲。義和團起，我便廢了學。這年是一九〇〇清光緒二十六年。這年避兵回来，舊書房全沒有了，人心都還荒荒着。本生父依舊閒住在親戚家，母親和姐姐的"外活"也不多，本生父隔四五天由親戚家拿回一塊錢来。哥哥在日出學館（日人立的）學日文，親戚家長輩勸我上鋪子學"生意"，我不高興。我從三歲

194

拿筆就喜歡塗抹、十二三歲就不斷畫"窗花"到年前寫"春聯"、由於喜讀唐詩宋詞、都愛"順着竿爬"的學着作、所以十四歲就去張和庵師那裏去學畫（學畫前我去普通學堂等等、前已寫過不贅）。

（上本開篇是往十三歲寫起的、現有餘頁寫完往前、再自己破例寫寫前所未寫的、至册無空頁為止。）

【五痛詩】我生方六祀、慈母遭凶疫、弱質傍膝肘、頻教形影隻、傷哉母已沒、猶疑眠在席、人前不知哭、清夜淚暗滴、兒今已成長、風塵為寄客、何以慰母心、悲懷長惕惕。（二三四三首忘了）滋兒遭時疫、束手難為醫、朝夜呼父母、咽咽增我悲、一朝萎清露、乃葬城西陲、阿兄哭弱弟、弟死誰共嬉、棄置曠野中、晚來寧毋饑、叢荒多野鬼、日暮動風颸、寒暑自將息、雖同母抱時、頻年掃墓至、以墳草離離、澆飯呼其名、臨風徒淚滋。

【中元節哭清兒】百六十日前、兒尚床頭眠、百六十日後、兒已化塵垢、今值中元節、焚楮淚橫決、淚決母乃癡、焚楮兒那知、世界既有生、胡為又有死、何如無死生、滅此循環理。

【攜華姪小步南溪感作 一九二九】南溪依舊碧油油、八月涼生正宇秋、負手臨流無限感、小舟盪起一雙鷗。舊曾游處不堪思（生物研究會時每在此采集）、小步低吟任所之、眼底故交誰健在、壯懷空記少年時。秋花秋草最憐人、斜日西風更愴神、叔度已亡廣才死、含生誰與細推論（顧叔度越金廣才學博為鄙平生知己）。

【哭惠元孫女】（一九三一）深培細護小蘭芽、風雨關心謹蓋遮、畢竟又成傷意事（近年來死一子清死一姪華今孫女又四歲殤）、新泥活水瘞曇花。

（本生母陳氏二十九歲以結核病死、兒子滋四歲以天花死、兒子清十四歲以猩紅熱死、姪華十九歲以結核病死、惠元孫女四歲以腦膜炎死。）

【癸酉三月病中作 時惠元真元二孫子同遭危疾、得王也光大夫鍼治始獲痊愈。一九三三】陽春忽逢厄、二豎據要領（余與兩孫皆喉症甚險）。

蘭孫同抱疾三命在俄頃、幸此國醫手、神鍼驅怪眚、重得撥青雲、惕焉心自警、我夢羅浮游（時余居南開醫院）、羣仙護孤影、天香觸鼻柔、甘露滴襟冷、忽然眼愈明、前途碧萬頃、鏡心無餘滓、善念循自永、醒來晨雞鳴、寒星照窗耿。

【中元前十日南溪得句】半年未踏南溪路（畫事之忙、每每多日不得出門）、今日重來事事新、夾岸綠莎開放馬、穿花紅袖忽驚人、荒墳挂紙嗟朝露、舊雨飄蓬憶夢塵、又是中元佳節近、堤邊小立獨傷神。

【在百忙中、潔塵贈詩、喜甚、勉答二十八字。一九三三】俗事勞人興久闌、忽承佳什動狂歡、惟憐忙得頭皮痛、欲和高情落筆難。

【紀秋丙子、以新興呢子為余製長衫、蘊輝見誠皆曰、此時髦材料、所謂摩登呢也、戲成一絕】老夫身世等鴻毛、超古超新兩棄髦、今日却隨時代化、摩登呢子製新袍。

【丁丑五十自壽放言 用四紙全韻 一九三七（天津淪陷之冬）】四十九年窮不死、行年五十又將已、壽者受也奚足言、天之所授受焉耳、頭則早童齒未豁、心則猶童視吾視、腰腳輕健如少年、蹻步尚堪風馬駛、身不七尺心萬夫、強學風窺屋貫壘、不廉者為沈約誇、風丁吳是王恂比、不擇筆墨等裴虞、六法能傳題外旨、大則無外小無內、萬有熙熙供研揣、有應必踐、勇於為力能趨者、求其是者難便嘗、總祖生先、聞雞每自中宵起、是茲我才應大用、倡之騏驥致千里、次之當如豐年玉、粉飾太平一清士、下下

166

卓犖亦不群方圓不以施其技、不能光國光門閭、人之所職原應爾、何
為生我老無為、僅以畫工存姓氏、禿筆勞勞三十載、頗洞風塵任銷燬、
千鍾百鍊成酸丁、杯珓不須定通否。世間本自無黑白、昭質清芬混泥
滓、碔砆空懸識者寡、狐父之戈鏌斗矢、伯樂下和古有幾、誰為目送
誰倒屣、蟬翼自重千鈞輕、毀棄黃鐘鳴釜錡、是非非是本難憑、財
不穿楊安足恃、老大漫嗟百無就、生非其時本糠秕、不必問天何於
人、淺古如斯京生秭區區以我滄海粟、自視則高人則鄙、我行我素
樂其天、弊目聾空心不怖、退藏於密亦有味、特立寧甘井上李、和神清
節志所布、冷暖由人心所恥、廬山真面幸依然、不畏真窮到肌髓、孰者
真真孰者假、人間萬事東流水、勝者自豪徒笑柄、寵榮幾日成瘡痏、何
如潔身排萬慮、寥空一鶴山岌峩、清泉白石兩無言、泉在山兮石在
沚、大澤長林友麋鹿、澤自可濯林可倚、帶蘿披荔或有逢、且向山
中呼知己、矯菌桂兮紉蘭芷、索胡繩兮索纚纚、餐菊英兮貫荔
藥、誦離騷兮望湘蕪。況當叔末遭亂離、大地茫茫盡荊杞、棄材
自無榮與辱、抱璞不羨光玼玼、達人自適容無能、差勝沐猴冠而
仕、喜直不行止則止、呼馬呼牛應唯唯、丁茲艱苦五十年、放眼人間
盡怪魑魅、窺人宗赫子鋤仁滅義壞綱紀、烈火炎炎起同軌、
鬼神泯絕古無史、天人致誅誰為此、遭斯荼毒命焉委、攙槍
當天芒角紫、倒村漫落奔狐豕、草野蒙蒙變荊棘、川流人血成
漆滴腥骸堆堆、狼獻錫塞谷平壑、森骷髏夜半風淒枯骨號號
聞之使人毛髮指、鬼火熒熒聚還散、化作妖氛上林崔、死者無依
生者哭、無貴無賤同枯朽。嚅能興滅繼絕世、重把乾坤一清
理、殺氣銷為日月光、更造夫婦人倫始、兆姓有家庠有序、咸浮欣
見桑梓、生者安然死者歸、工者規矩農者耜、正氣一作振頹靡、萬
務順成納於軌、簡任賢能除奸宄、是非洞達而已矣、興我邦
家正典祀、我殷望之足雙跂。豈知大劫正未艾、浩浩茫茫方在、毀封狼生貙貙

生羅、嘯聚川原來虎兕、高秋蘆葉生成槍（諺蘆生成槍民皆流離蘆生成槍萬
民遺殃）、炎夏瓜瓤變蟲豸（諺瓜瓤變蟲豸城没村亦洸）、血戶槍日赤如火（舊
傳血戶氣槍日光主兵災）、泥裏浦鞭盡生觜（諺浦鞭生觜殤亡哭死）、蝗蟲
蔽天如黑雲、扶搖下上雨鱷鮪（諺天雨魚鼈生人滅絕）、林哭哀哀禽變徵、深
夜罡風起林弟、天火入地地生嘔、深潭作鳴成枯沉、民中謠諺極譎詭、聽
之内結心生痞。憶昔我生戊子歲、國步方艱四垂弛、盈盈紅燭祝中兒、早
注磨蠍命宮裏、三歲識字從大父、六歲從師師已喜、愛我幼慧許棟梁、恩親入
曾博黃童擬（六歲喪母一本生母）、是年瘴霧失南天（法人佔滇公河全
越云）、七（八）歲甲午歲尤凶、兄弟鬩墻失唇齒、山崩地析難度撲、海沉徒
勞呼庚癸、聲鼓震人氣為靡、萬卷風傳驚一紙（日軍對我宣戰我海
軍盡没）、狐蠅爪牙在尺咫、洸洸往來首皆軔、十日代出焚肱體、鑠石
流金城爛柿（日軍入城氣燄之大、逐處暴力搜括財物等……後軍退
出）、孰為滌泣究所以、海隅有人孰謀只（孫中山先生）、天下滔滔橘化枳、
螭龍悠悠行則迣、康注蝌蚪走還小、跪郎廟高詹叫雎雉（那拉氏）、
帷幄籌謀依築娌、宫庭妖玩笑姬婢、牝雞司晨家之索、绝代傾
國誰所使、一任芬芳變蕭艾、直欲充幃蘇糞菌、雞犬在野狼在屋、蘭桂
叢枯亂麻枲、坐令澤畔哭靈均、忍見駿群失騄駬。歲當庚子我十三、
學禮學詩踵孔鯉、勉力期為應世才、不欲庸庸遺草莽、及壯能
伸四方志、客可傳（介子）張（騫）相媲美、正從師塾日孳孳、忽地驚
霆移日晷、四月郊坰動戈匕、堂堂弗識臧與否、大錯鑄成不知
悝、謬誇為國求福祉、不恃利器恃禱謡、腆顏天討大言侈、
萬里舳艫上國儀、一時頑燄不可弭、河山岌岌行墳圯、百萬生靈口為
哆、孤城落日如喪妣、礮聲抶天震膚髀、童子驚心不敢啼、將護
賴有賢阿姊、堂上慘顏老淚揮、掃擋衣衾鬻簪珥、五月十九出天津、
輕舟一葉泛西徙（借戚中避難之舟）、程間低頭不敢言、賊目睒睒水瀰
瀰、舟中度夜如度年、且喜蘇橋近在邇（蘇橋鎮距津水程百六十里）、家

人相慰藉偷生（族兄範九居蘇橋）。愁裏延挨出床几，研經讀易而
無可閑户敢離一步跬。從此榮名置腦後，拚却明珠混蓋泥。歸時恰
過閏中秋，慘痛變餘剩遺址（閏八月收津較安，隨戚身歸而前
賃楊氏房燬於火攫（借族姪漢三家簷下棲息，俟修葺遷回），重來梁
燕已無家，羞見香驄嘶嚮緋。扶桑花木豔京都，大運潛移膏滑
遺民生在食胡自可聊，從筆墨窺涯涘（從張公和庵習畫，因而賣畫家
樣可温飽），博得蠅頭潤筆錢，充饑庶免空盤盞。畫出全驚思
入神，沖年竟許高名峙，師誇繼業在斯人，慘淡生涯成利市。會逢
政變爭南北，天下從官封綬墮（辛亥革命，清廷遜位），金湯國本一蹴
幾，萬業重興呈蕤蕤。癸丑我年二十六，始識高山緣綠綺（得識筆
石斧先生，由先生推薦識嚴范孫），布衣不恥見公卿，頭角嶄崟出羣譽。
我本草間居穴蟻，來際高人趁高履。東渡蓬瀛留爪趾（民三赴
日），西窺西極振鞮鞢（同年冬又赴美）。自鏡無嗤佩纍纍，跡混攘攘
珠繡被，自維畫職本天良，教理明光聽劍鞞，亦趨亦步復東歸，風貌依
然無所似。下元甲子三十七，絳帳深垂正衣褆，欣逢伏女快傳經，儼貌
師資高座歸（時棄職重行賣畫，復教授女生於家）。其間棋步全盤錯，撥
丟武功國所企，將軍九虎出中原（軍閥混戰起），誰是誰非誰為救，各申大義
致拳討，皇皇萬言相詬訾，繼繼武力互撑抵。或從湯湯或牽掎，憑陵失者號，
孰為濁流孰清泚，識者等視無此彼，依樣烝民供鞭箠，相持鷸蚌歲
無休，忘却漁翁聞裏俟，有如逐蓋韓佗胄，有如讒贊太宰嚭，各憑機巧
逞奇謀，冒死誰甘為正諟，千里之失起寸豪，狂瀾誰障中流砥，滿目瘡痍
為底成，我欲呼天祠西畤。年當不惑惑盍多，闇闇明明倒盃匜，何須奪命蟥巢
褭亦亡國在裹，如以星火燎原延，攏抵，如毛盜賊連宮壝（到處贓官污吏及敗
逃之兵），棼棼愈亂若團絲，芟之不盡類豐蓰，愁看尸肉奪樝梨，不見琤琤出陸
廓，下澤無魚山變屺，菜蔬叢簇在庭戺，農事無人罷耘耔，廣田荒荒失步祗，
途攢荊棘木無杌，夏林濯濯秃崖阯，榛狂塞路強弱踦，么魔小醜舞仳

169

仳、樗櫟是用棄剛剸、昆吾掩光任懸廢、白珩塵埋赤瑕棄、城郭為墟埒垣垝、不修仁義錢儲庫、稅賦橫征難其庀、上下其手聚蠹蠹、從欲以治誰率儌、不見性忠出解廌、孰導歧流再歸氾。劫裏餘生又十年（余五十）、痛癢時關若疣痔、鬱鬱壯志沉朽灰、茫茫神州纏葛藟（由九一八到七七）、我自忉忉人姼姼、大難臨頭不敢頻、索魂千仞長人笑、那見來庭趨越薦、桃源何處避無由、望望敢期清聖從。苟全何必嘆苦芑、且引耕漿自漉釃、孰幸無塵有濁醑、自飲自壽自我你、自有燭花比琪蘼、不用娃聲當歌妓、閑關都掃情可弛、以塵風光亦旖旎。哀吟自笑半半、長歌當哭句則俚、不厭叨叨、書迹邋筆如鋒鍔、心如底、空言無補大任任、書成且作生前誄。

（當時寫這詩時、是剛淪陷半年、我還能把我這怨氣沖天的窮叨叨寫了幾份給親朋、親朋亦還各有回答。及至日軍封鎖英法租界時、就接二連三的風風火火的向民間檢查報紙書信文件等等、凡有可疑的物是搜去人是捉走、於是我這首窮詩還有旁的便趕即嚴藏起來、我亦居然淪陷八年勝利後四年全行度過、沒因為這文字惹出禍端……。）

【忍辱 一九三七】忍辱含尤五十年、吾生際此奈何天、圖南早恨湄公失、戰北今羞楔子傳、均勢自由侵渤澥、巧名獨立滅朝鮮、從茲俎上添新肉、宰割隨人太可憐。

【韓補庵函 附】"華公道座、大作環誦再四、幾於成誦矣。此半年來、屏一切讀物於高閣、但取各詩集瀏覽、尤愛晚唐人詩、以其差能分得一點創痛、如飲烈酒、刺擊較深也。月前允撝即寄來初稿、曾私注其眉端曰、以狂征南山之筆、寫大招天問之思、其才或可及、其力不可及也。又云、全韻詩即有為之者、大半有趁韻之嫌、此作無一字不屹然鐵鑄、真堪驚異。韓杜皆有百韻詩、惟韓無趁字、雖在杜猶不免也。以長幅論之、歸元恭萬古愁曲、以後此嗣音矣云云。皆信手寫其欽佩之誠、不足形容萬一也。但願此後仍有我輩酸鳴餘地。千錘百鍊成酸丁、忘欲分公

170

半席地、昔人云、鬓到白時亦自难、充此意以自解、酸丁丁成亦不易耳。”……弟梯雲拜上

[張少元函 附]“華衆吾兄道鑒、承贈五十自壽詩一冊、文采斐然、五十年國家史蹟盡入包羅、是以歌行為體裁、以傳記為實質、筆力雄健、由書卷來、藻采紛披、由畫筆來、拜誦一過、頗覺未盡、尚待咀嚼也。”……弟張鴻來拜上

[張君壽聯語 附]“游東西洋得天獨厚、償筆墨債知命不謊。”華衆先生才長任世、游遍異邦、以試新猷、輒便成績、而時當叔季、老隐林泉、詩畫娛情、火薪傳後、以敬持縑素者户限為穿、請衣缽者匝丈為滿。今年丁丑、歲正五旬、自述有詩、縱橫禮樂、猥蒙見眎、愧對雖賡。有林生向之者、老友和卿之仲子也、初問詩於余、復學畫於公、值茲慶誕、擬上祝聯、囑代譔書、用懸絳帳、欣然濡筆、獻醜弗辭、我公見之、當掀髯一笑曰、知言哉。”君壽弟張壽

[楊子若詩 附]“華衆表叔以五十自壽詩見示、感懷身世、豪宕激昂、而鎔鑄偉詞、尤殊凡響、讀罷為之咋舌。爰賦七絶四首、極知鄙淺不足言詩、聊進打油之歌、用佐稱觴之祝、或亦大雅所不斥也、尚乞哂而教之。中表於今閱百年、童時尚憶拜堂前、青箱世澤君能繼、三絶爭傳老鄭虔。冰雪聰明磊落才、生花妙筆脱凡胎、藝林雅望推牛耳、桃李成蔭手自栽。宏章鉅製炳琳琅、敢以浮詞頌壽康、一語祝君君記取、大開倦眼閲滄桑。有生即作亂離人、板蕩中原五十春、料到期頤来獻頌、頭銜可署太平民。”表姪楊鴻綬拜稿

[戊寅初夏住東萊大院舊避兵處感作]紅樓無恙綠陰低、曾認桃源作小栖（甲戌避兵居此、女弟子李金鈴、許紫珊同一巷中、時過我談、女弟子張子泉則比屋尤朝夕見）、門外白楊猶謖謖、簷間蒼鵠尚折折（音提安舒貌）、迷離斷夢憐芳草、患難同舟憶黍雞（是時嘗邀諸弟子過我談啜）、五載重住倍惆悵、强尋舊跡過前溪。一九三八

（東莱大院在城南，當時叫特別一區八號路，臨近英租界南端，就是現在上海道的地方，是舊俄國俱樂部的空樓。民二十三年冬，日本在天津挑釁，組織便衣隊，擬於某夜襲佔全城，以我方有備未得逞。是時在事前便有種種不穩消息，人心遑遑，紛紛向英法租界及特別一區逃難，一時車價大漲。逃者須由河東義租界繞行，於是由東門外金湯橋至現解放橋上車馬填咽不通，每每到一個鐘點前後。）

【冒雪散步登周氏麗園小山】盛冷成冰日，一夜雪兼風。天地一時肅，登臨百慮空。寸心無去住，大野失西東。頗作出塵想，欲尋猿鶴蹤。一一九三八

（周氏麗園即今土山公園。）

【端五作示兒子荇及女弟子孫月如】我生五十二端五，今日方知來日難。悶裹葫蘆誰打破，技成文虎氣能摶。古稱惡月應多忌（荊楚歲時記：五月俗稱惡月多禁忌），宜饜梟羹強自安（前漢郊祀志注：五月五日作梟羹以賜百官，以其惡鳥，故食之）。也是同纏長命縷（風土記：端午索繫臂名"長命縷"），不妨蒲酒當還丹（還丹經有大小還丹）。一一九三九

（這詩作時是無聊已極，強自安慰。參照己卯雜事詩"不數天中節禁屠"一首。）

【蜀道】蜀道嗟天險，長江控百蠻。心驚人鮓甕，名擬鬼門關。劍外身何寄，雲邊馬怯還。無聊倚橫笛，愁唱念家山。一一九三九

【登周氏麗園小山感作二首】極目海天寬，征人未解鞍。小桃花落也，依舊是春寒。平野起層樓，瘡痍歎未收。滄桑空一變，不洗甲兵愁。一一九四〇

【哭亡妻紉秋】情卿心病獨熬煎，鍼灸雖神藥不仙。怪底無情輕我棄，自宣佛號入生天。子媳孫丁繞膝親，多年戚里羨全人（兒荇媳亞子之下，有男孫二女孫三和余健在，戚中羨為全人）。情卿一病歸真去，從此寒門慘不春。痛煞嬌兒喚母蘇，情卿強笑淚雙枯。縱然對我閒相棄，何事輕拋掌上珠（亡前二日亞媳來視姑媳相

172

抱而哭，尚有淚，至符兒來在亡前一日，抱持中憂含淚而笑，而淚漸積至於目眶）。憶從月滿迎將歸，貧賤夫妻事事違，三十五年成幻夢，憐卿到死未舒眉（紉秋歸余時，年方十五，余十九，因兩家皆貧，在長輩心目中所謂"辦了省心"，如此相随凡三十五年）。憐儂憐子更憐孫，萬種閒情嚼苦辛，一死更誰慰寒燠，返魂無術哭真真。難中三載最心酸（由丁丑夏至庚辰夏），家事繁忙病尚擔，儂自感傷卿自逝，願將終老報鰥鰥。一一九四〇。

（老伴以民國二十九年六月十九日即舊曆庚辰五月十四日申時卒，年四十九歲。）

【開鎖 津英法租界封鎖一年餘，余與紉秋攜三孫惠元、真元、士元，愁對封鎖中，今以民國二十九年六月二十日晚六鐘開鎖，正紉秋入殮之時，傷哉】萬眾欣開鎖，吾卿正蓋棺，到頭終有恨（生前日盼開鎖而無期），再約竟無緣（曾約待時除清明再同游香山），閭里失賢德（里中人當病時多來看慰，聞其死咸哭之失聲，可知其平日待人之誠），家庭黯地天，捋鬚憐大父（女孫士元知祖母死，每每抱余頸相慰），使我更潸然。一一九四〇。

【懊儂詞】（内子亡後五十六日，同女弟孫朋如坐誦長恨歌，因步其韻為懊儂詞以示。一九四〇）不希紅豆來南國，紅豆心頭自生深，世人每喜說相思，思思滋味誰真識（辛亥投紅十字會赴徐州戰地，丙辰在美遇黃遠庸被刺，幾為槍彈所中，我曾生死渡關頭），話到相思空轉側。春風正好傷驪唱，秋月當圓動行色。碧瑣窗中冷硯池，美香閣上慘胭脂（美香閣舊為余夫婦館名），可憐比翼變飛離。庭下聽征車響鐸，時話別聲中鞭影搖，板橋茅店數晨宵，徒當陟岵悲雲望，不得聯肩向母朝，旅中碌碌無閒暇，遙念閨中坐深夜，同是傷離怨離人，駒光誤卻兩家身，行時共照匳中鏡、甚日同游陌上春。忽聞有語談鄉土、正是東人坐當户々々說東家薄倖兒、甘情拋却西家女、巫山別后拜朝雲、幾度相共漢不聞、夫婦恩情絲與竹、絲吹和調生趣足、自應快詠合歡詩、那許悲彈別鶴曲、我因于役自愁生、自笑貪花作妄行、聽此中心悲莫止、不爲身謀肯去里、果能糲食坐終朝、貧賤寧甘相伴死。扶桑三島暮烟收、又是東来天盡頭、殊俗惱人悲獨語、和歌惹恨淚雙流、相思滋味淀頭家、淺草園前登佛閣、眼前雖覺海天空、心頭未敢恩情薄。六月荷開活水青、扁舟歸我慰離情、雙魚幾許萍間活、隻鶴重鳴天外哉、奴々又比旬陳馭遂、々割情淞滬去、祗聞邪許異方音、不見家鄉空望處。太平西渡擁征衣、風浪催行夢却歸、々来池館皆依舊、寂々聞窗鏡烟柳、燈前々々見坐蛾眉、手把花枝自淚垂、忽起驚看相問訊、歡顏悄悩々々千時、拈毫剛寫相思草、耳上鉦鳴殘夢掃、起看鷗拍對愁新、坐對雲飛咒天老。金山一載思悠然、每々中宵坐不眠、淌眼繁華悲我處、一城歌舞困人天、書箱料理征途重、伴我歸程朝夕共、錦鞭重指舊家門、相見猶疑託魂夢。十年奔走風塵客、今日才能息形影、居然相守慰相思、消却夢魂愁裏覓。忽来戰耗如風電、天北天南驚訊遍、縱教烽火繞轆轤、難裏依然朝夕見、不虞竟唱念家山、我焉倉皇活水間、風折叢林連壘起、暫作依人雙燕子、自憐汗雨足新巢、奴々出去知何處。卞聽窗間鐵鎖扃、々棲愁對夢難成、更兼人禍天災裏、巨浸漫天動地驚。可憐樓上共徘徊、從此雙蛾鎖不開、一自然眉飛禍起、幾回牽恨病魔来。卿今棄我真仙去、花下懶看雙蝶舞、憐儂獨夜卧鰥々、淚眼空聽窗外雨。依然愁畫牡丹王、我自淹留卿渺茫、寡草活增憐獨活、孤鴻淒絕楚天長、黃泉路杳卿何處、鎮日心頭鎖愁霧、願卿相待路歧間、我欲相將從此去。卿今捐我成秋扇、何日再同珠落鈿、幽明兩地隔相思、天上人間怎相見。相思曲變懊儂詞、々意新成只自知、靜裏不聞卿歎處、宵中空待夢来時、卿如再茁返魂草、我願重青合抱枝、抛却人間伴天上、月明緱嶺此相期。

[閒情 立秋後五日、女生侯蕙年、曹履眘過訪月如弟、得與余談約兩時許、半為余事、余自分已如止水、乃底事于卿、一泄吹皺。晚睡遂夢與秋相守如平時、夜半夢醒、殘月照窗、暑氣鬱蒸、汗不可止、然而蟲聲四徹、似將暑盡涼生矣。展轉間得二十八字、起就月光書出、明日示之月如] 閒情無那攪心頭、炎帝餘威苦未收、清夜夢回眠不得、蟲聲併作一庭秋。

[秋来] 秋来無事不銷魂、節近中秋更愴神、天地自寬心自窄、獨憐投老作畸人。一九四〇

(好好的夫妻突然減去一半、自然是在當時覺着痛苦的、然而日子久了、也就漸漸慣下来。因為我自對自有的是求知上的題目、佔着思想、不是一般腦子裏空無一物、只是想着找便宜……。)

[中夜不眠得句示女弟月如、時寄居弟之印月簃兩月餘矣] 蕩葉何憑等聚沙、風来止水亦生花、早看名利成芻狗、自願拘墟作井蛙、從古詞人悵垂暮(張元幹詞“年華垂暮猶離索”)、而今浪子信無家、謝君肯下陳蕃榻、不用芸窗隔絳紗(我夫婦舊與月如親族往来如通家、故末句云)。

[月如以扶桑名果曰“二十世紀”梨者見餉、親手將来纍纍盤中、果各以薄紙為衣、豈知名貴、欣領之下、戲成二十八字博笑 一九四〇] 玉手擎来玉一盤、扶桑名物特香甘、最憐脫了衣兒比、蠟樣肌膚月樣圓。

(“二十世紀”梨、為日本由中國梨 *Pirus sinensis* Lindl. 展轉栽培出来的、果球形或扁球形、果皮極薄、淡黄色、平滑而半透明、所謂“蠟膚”、果肉白色、緻密而柔軟、漿液多、絶無砂粒、最富於甘味及芳香、為梨果中優良而著名的名果、果熟期在九月中旬、但收穫不多、對病蟲害抵抗力薄弱、並往往隔年落花結果。)(日本村越三千男著的內外植物原色大圖鑑第六冊薔薇科裏載有梨類多種、並分“東洋梨”“西洋梨”兩大部分、“東洋梨”又分“中國梨”“日本梨”、這是“日本梨”一個品種。)

175

■曲詞新編

辛• 

■二月天（丁丑仲春晦日城南望塵樓戲筆）

（生帶病容上）（白）小生鍾慕如是也，昨同管夫子散心回來，身上有些不快，臥床終夜，二目鰥鰥，連日失眠，茶飯少進，今早沉睡片刻，仍覺心神不爽，聽窗外風聲刺刺，雨韻瀟瀟，如此仲春天氣，好生悶人也呵，正是，前前後後思不盡，雨雨風風愁奈何。

（唱）小病懨懨。恰正是乍暖還寒二月天。睡來開眼。愁裏難眠。無情無趣心煩厭。

（白）我不免到小樓上，隨心草草，或可變換變換精神。

（作上樓，到書案前，執筆書寫介。）

（唱）上小樓，閒錄書篇。筆不停揮心裏倦。

（握筆，扶頭，定神，似睡介。）

（唱）似夢到了海國仙山。似神遊了凌虛寶殿。

（作醒介，放下筆介。）

（唱）沒精打采，放下筆尖。

（起身走至盆花前，看介。）（白）花兒呀。

（唱）你有意吹香，爭奈他春來偏晚。

（指花介）（白）你看這小紅骨朶，（嘆介）

（唱）小紅才吐着尖纖。不似笑嫣嫣。却是你，冷噤噤，含愁和淚溼闌干。單寒翠袖嬌容懶。

（到鏡前自照介）（又嘆介）

（唱）看你個，病沈愁潘。消瘦臉兒，白的似紙兒般。冷雨淒風，淹漬了你熱情一點。怎麼不蹙損了眉山。望穿了雙眼。

（指鏡介）（白）鏡兒

（唱）你曾照，雙雙影。你曾照，嬌嬌面。如何今日，只照我身隻形單。

（白）咳，却難怪你，（背鏡介）

（唱）你虛空空，片時瞬眼。急消磨，不駐朱顏。

（行至小床前，遲疑介，倒床上作睡介）

（唱）你有情爭似無情慣。他解意何如沒意閒。倒不如夢裏神飛天外遠。（下）

（这曲词新编是当初给語美畫刊充數料的遊戲之作，後来有人问我，以为是我悼亡后编的，其實那時老伴還健在，我唱給她聽，她説我是吃飽了撑的好戲，現在她死了，我就把這段貼在這裏，算是悼亡她吧。）

●【一夜】一夜風寒見薄冰，牆陰凍井冷難勝，朝来和土移陶盎，室暖窗明活可曾。一九四〇。

（这是在印月簃初冬時移院陰小花。生命在大自然裏是要掙扎着活下去的，我應該就我能力所及来支持它。）

176

【朝顏之一品種名洲濱者，花萎後葉亦漸萎，但枝梢間重見新苞，且甚壯，不忍棄去，移晴窗曬之】小卉未應拋，秋深尚吐苞。待他新豔展，定比舊時姣。一一九四一

（日本對牽牛花在園藝培植上發展出許多新品種，早晨開的朝顏、白天開的晝顏和天夕開的夕顏，花開的時間都長，不像我們舊有的種類，僅早晨天亮時開，太陽一出來就萎了，所以花史上對觀賞植物就不把它載入，雖然畫家亦常畫它。"洲濱"是朝顏裏的一個品種，花大者直徑可達三寸，顏色亦極多，一朵花可開多半日，這是由天津花園買來的盆栽。）

【倒掛金鐘】天女曾遺紫玉鐘，阿誰偷植粉牆東。柔枝對葉輕含翠，小萼虛心半作紅。微笑似能舒客恨，低鬟不解媚春風。愛他爛漫無愁思，似解垂青老畫工。一一九〇？

（這是我最早學作的一首咏物的詩。那時同金廣才一起作"百芳新咏"，凡是古今人都常作的、搬弄典故的，我們不作，當時各搞了幾十首七絕，極力憑個人認識方面刻畫它，後來都丟了。現僅記得咏水綿的兩句"無情淘盡東流水，入握青絲最可憐。"）

【五月十三日夕俄園小坐】且休半日興偏賒，擱卻閑愁樂有涯。小坐綠陰清似夢，林梢風起落槐花。綠影婆娑攬夕陽，小禽纖柳似人忙。最憐池上青青草，風過時聞自在香。一一九三二

（俄國花園在河東現十二經路十三經路地方，當時園中林木最多，今無。）

【口紅水仙】也作凌波仙子妝，要從東國拜花王。自憐玉貌朱唇好，一點穠紅任抹將。一一九三五

（這是歐洲產的一種水仙，副花冠的邊緣鮮紅色。）

【六月三十日攜陳祖香、劉韻琴兩女弟子及荇兒、亞子、媳忠元、孫游寧園，即景得句】錦葵花發錦江嬌，連袂寧園意也消。又得忙中閑半日（祖香教授於競存小學，韻琴教授於市立第四小學及普育女學，荇兒教授於市立三十小學，亞子教授於市立十一小學及第一職業學校，皆勞勞終日，雖星期亦各

有所事、今得以聚於此、非僅余忙裏偷閒也）鷓鴣聲裏渡紅橋。——一九三五

【觀曇華有作　工業學院魏明初約觀曇華、往視乃仙人掌科植物、非真曇華也】佛國傳來舊有名（曇華名見法華經、產喜馬拉耶山麓及德干高原、為桑科植物）、誰將真諦辨談宗。十年未見瞿曇面、悵絕南天第一峯（珠穆朗瑪峯）。此宵一現剎那間（此花夜開、僅開一二小時、此曇華名附會所由來也）、依樣傳燈妙相參（余往時學生及赴約者就燈下圍觀、且紛紛攝影）。惹得詞人卻詞費、要從空處說優曇（余曾對觀者說明曇華之本物、俾得真識）。——一九三五

【鬻畫】鬻畫為生涯、畫久神為勞。末技隱市廛、光陰任虛耗。人生各有寄、濁世難同好。西笑誠可嗤、南窗堪寄傲。——一九三五

【問蓮同月如】鷗燕交飛天一涯、菰蒲掩映水三叉、夕陽恰可添詩興、轉棹蕭家問藕花（蕭家窰荷田彌望風景佳絕）。——一九四二

【采蓮同月如】藕塘西畔且停舟、翠被紅衣豔絕儔。笑倩花奴采蓮的、莫教心苦付滄江。——一九四二

（以上二首同一時。當時蕭家窰一帶荷田彌望、皆勝芳人業水田者。）

（蕭家窰在當時青龍潭東。）

【居望月樓將一載矣。癸未嘉平初度以得號曰蝶蘧、際於除夕走筆成詩、明朝當質之月如弟一推敲也】此夕猶當癸未除、明朝已是甲申初。琴書惆悵三年後（內子紉秋於庚辰夏逝世）、詩畫因緣十載餘（余於庚午主課城西畫會、即在斯樓、屈指十餘年矣。月如從學即在當時）。印月有簃空望月（余悼亡後居簃三載、簃為月如齋名、今來斯樓不勝今昔）、相如不遇又何如（曾兩次為弟作冰皆不成）。漫從舊事搜新恨、欖味回甘慰蝶蘧（余舊有齋名百蝶庵、蘧廬、綠橄欖齋、見真吾廬、十年塵夢廬、夕陽芳草塢、皆聊以自娛、自警且自慰之意也）。

（一生窮房簷、而起這許多架空的館名齋名、這完全是賣書畫人的舊習氣、明知是假、誰信你來……。）——一九四四

178

【挽温支英（名世霖）詩　一九三五】噫嗚老友温支英、三十年前初識荆、時公建學鼓樓東、班中祇有六學生、正氣一作當路驚、火神廟改普育成、培植毓德任獨承、至今桃李半沽城（以上辦學）。猶憶見訪當年曾、呼我二弟自稱兄、曰將以筆振頑蒙、組織畫報可乎能、我服其心諾諾膺、相與作業肝膽誠、贊力尤推顧叔翁、一時隆譽津人傾、圖中解說公手謄、啓發聾瞶社會燈（以上辦報）。國事刺心時淚瑩、筆不如舌大力勝、乃以三寸擋萬鋒、奮其夔足撥陰冥、抵觸時忌遭冤刑、流流天山萬里程、風雪雖寒氣自仍、熱心一顆尤鮮紅、會逢時際坷坎平、間關歸來宜城迎（以上被流至歸來）。再接再厲氣更雄、早自視若鴻毛輕、國之與我猶準繩、急擎巨纛驅同盟、大聲欲喚蜀犢醒、其奈長夜終不明、老鳳雖自憐鍛羽翎、廢然三歎失其形、黃鐘毀棄瓦釜鳴、陽春曲高俗莫聽（以上辦黨失意）。晚年埋頭書城中、書生本色尊者型、有時造訪談深更、拍案猶自氣縱橫。我今誦詩痛鶺鴒（余正喪兄）、突聞噩耗尤疚情、傷哉支公耿耿忠、徒羸寂寞身後名。

（温辦小學時先借鼓樓東沈家客屋、只有小女生六人。其時天津各廟宇都已改為學堂、總學董是林墨青、只有鼓樓西的火神廟還空着、温遂找縣長、要求把火神廟歸他辦學、縣長推說"你須去找林"、温去找林、林不見、温回到縣逼着縣長把林找來當面說、林還要枝梧、温拍案厲聲問"天津是你家的"……這樣才把火神廟歸温辦普育女小學。林辦的小學、不論男女學生入學前都要能寫出三代來才收、時先姊闓武正在林辦的官立第三小學、反對林的辦法、勸林不聽、林的意見是專收所謂歷代書香子女、因此先姊憤而辭林、去普育教學。温的辦法是在官立女小所不取的貧寒小女、一概全收、其付不起學費的免費入學、而且校裏功課非常認真。温辦的畫報叫"人鏡畫報"、顧叔度先生主筆、我畫圖。温被流放是因他帶着學生要上京請開國會、其事前已詳載他的崑崙旅行日記。辦黨失意是因反對曹錕賄選。）

【記臨榆首山二郎廟　一九二〇】與唐丹初劉人伯周同游二郎廟、步行而往、徑臨榆

179

城西門，循大道西北行約十里至為廟，廟在小山峯之上，山曰首山，登臨四望，胸襟豁然。廟有樂壽亭，壁鐫“湯留銘日”四字，為清台費滄所書，又二十八字云“沃野連雲，東海天無際，南一邱一壑，西奇峯拱翠，北”。廟面積約四五畝，正庭廣殿，殿之外迴環為廊，可以遠望。石河繞其北，水深深然，其聲挾風而至，時聞時隱，石河之灘皆平沙，樵者雁行過其上，傴僂如蟻。石河源出関外，兩山夾之，至廟前宛宛趨平原入渤海，入海之處即在南海水產試驗場之東。出廟南望，渺茫中可指其地，海光一綫，蔚藍照眼。東望平疇，漸遠沒於烟雲中。直北則羣山岧嶤，馬道勾連，人蹤跡委委曲曲，莫知其竟。擬攝全影留念，顧病其渺遠不可能，遂筆記之。一民九三月二十五日

【記游角山 一九二〇】同楊西林以車赴角山，經臨榆北門，顛簸久之，至山下捨車而登，過避雨亭，直北上長城，縱覽一過，復進登入棲賢寺，稍息，又上行迴環可數百步至魁星閣，閣之上又數十步為文昌閣，閣以馬道一綫通棲賢寺背之山巔，道旁野芳殊夥，紅黃絢目，芳香襲人，一巨蛇蟠臥其下，若車輪，阻路不得進，體色黃黑斑駁，距余等不百餘步，余手無寸鐵，急拋揚無措而退。出文昌閣之東，上行有小墳，前樹碣曰佛骨墓，墓之東西折而上，又數十步有呂祖祠，由祠前俯觀山半，雜樹葱鬱，樹之外曲道盤之，下至避雨亭，亭小如假山石上之丸物矣。由祠後復登數百步，為徑舍別墅，乃清時郭某讀書處，墅旁有四望亭，為山中最清曠處，有佳禽振羽鳴山林間，亦若流連烟景，不忍翹然去者。墅之旁當古長城之基，有樵者由基以轉至吾前，沿城基盤珊東行而逝。余與西林稍登望城基，多流石，心為之震，乃醉如顛如，返步履披而下，入棲賢寺，息久之。寺依山而築，庭植花草，且樹雙柏，庭之旁另有殿，前植松，老蓋輪蟠，為昔郭某所植“角山小松”也。郭名長清，有記刻殿側石上。時已過夕，乃下山，步行極速，自寺至山腳凡八里，與西林計之，僅二十分鐘，御者謂方仰觀余輩映掩林樹中，竟至地耶。一民九六月六日

【記榆城端午之游 一九二〇】舊端午為場假期，乃同西林先往首山，時方晨九鐘，游者之來漸衆，余輩登息寺之高軒，望來者或車或驢，又或自村城迤邐步行而至，軒南開窗臨大野，遙見來者行碧草上，傴僂逶遲，若蟲蟻間，或衣色紅紫，又如迎揚之花，顫動朝露中，可觀也。已而出寺下山，循山腳而西，過石河，疊石至西岸，循而北行，望

圍春山當面如列屏、其前洞山兀然獨立、不與群山接、河中流不甚急、清澈可數游魚、河畔亂石中、野芳環石罅而生、小小絛媚人、行可三里許、舟由疊石過東岸、有大石卧水中、叢蒲繞焉、岸上山矗立、如展翠幛、條條作斧劈之皴、又如老人臂上之筋絡、因對而靜立久之、有巨蝶振翼過山而去。沿岸北行、登山直可數千步、轉西北而下、至洞山矣。山半有大凹若谷、供佛其中、下為清溪、渡涉而過、紫燕飛鳴、營巢佛龕間、又北出洞山後、又臨石河、是時天空浮雲片片、陽光不熱、中心脩然樂之、計時當過午、循原途返育山、時來者益紛擾、無復晨間清淋矣。——民九六月二十日

【當午二首 一九二〇】當午日不熱、浮雲滿碧天、行行不知遠、心與俱悠然、溪靜魚皆隱、山深蝶亦仙、安能泉壑裏、避穀卧長年。望仙不可即、兀兀洞山翹、風迅蒼松吼、巢危紫燕驕、荒祠無祓禊、絕壑有漁樵、一掬清溪水、渏渏俗可澆。

【記游滬上半淞園 一九二一】同趙信臣韓拒險往半淞園、園在滬城之西南、先由四馬路乘西門牌電車至法租界大馬路、換登十六鋪車至十六鋪、再換登高昌廟車直至高昌廟、到園門矣。園不甚大而幽靜、為滬上冠、入門處、滿壁皆詩人題咏、頗有佳構。中築小花圃、蒔草花供游客賞玩。園有小溪小湖、迴環抱花樹而流、可游可棹、溪側植芙蓉修竹、可醉可倚、溪上小橋可立、小山可登、山之半砌石為峽谷、可攝衣岣嶁盤彎而過、山之巔有危亭曲欄、可坐挾而望、遠至北黃浦江之帆影在眼底矣。山之壁鐫字曰"迎颿遂聽"、於是對江光、品香茗、愜然、惘然、胸襟為之豁然。斯時游者多三五為聚、各擷芳挹爽而去、乃即景濡筆記之、至夕而歸。時拒險將赴杭、約余與信臣同行、未果。——民十八月二十三日

【萬佛堂】游散忘遐適、偶來萬佛堂、澗花足幽趣、苔石生清涼、雙塔蒼巖外、孤坊古洞旁、上人棲隱慣、世事兩茫茫。——一九一一

（这是因寫上邊所記想起来的。那時正到房山縣采集。萬佛堂在雲蒙山下、堂西山壁下有洞、洞下泉流甚急、聲淙淙然、對岸山腳下、野生秋海棠正開繁、因裸體涉泉采之、水冷如冰、急采一莖而上、心血幾為之凝。）

【磨頂松】長空無雲飛鳥絶、萬峰雪霽冷如鐵、山松不畏風怒號、磨頂依然舊剛毅（高山之松多欹側而禿頂、態勢極奇偉、稱磨頂松）。

【理明開夜合標本】一九三五秋、攜内子也白（即級秋）訪女弟子孫淑清於英租界劉二嫂家、時孫居劉前院、院有明開夜合兩樹、探枝入室、劉折一枝贈余。以余悼亡、寄居孫之印月簃、劉每訪孫、余嘗同與出步、是時在淪陷中、百無聊賴、公仇私恨、膠擾於心。今理明開夜合標本、因憶前塵、成絶句二。劉二嫂家花兩樹、探枝曾入北窗幽、秋齋閒理追前夢、尚憶當時伴小游（同去天津花園買切花去加藤洋行買仿古花瓶）。一枝持贈可憐青、廿七年前慘聚萍、今慶舊邦新建樹、東風淘盡血風腥。

【只因墨臭歌】臨帖之原意在學書、而觸目皆腐朽之文、使我心痛。乃晚來工作畢、睡魔不至、因刷紙以消除腐墨、戲作歌、得五十六字。只因墨臭胡糟紙、可貴光陰空費矣、管城濡頂心不甘、向我呼天號不已、先生裝聾如不聞、依然舊腕掃千軍、多畫奇字此何用、點燈熬油白耗神。

【如夢令】奔向農業前綫、同獻紅心一片、團結至情深、爭把全能湧現、猛幹、猛幹、打倒靠天吃飯。

【小唱 小陸的帽子】小陸的帽子老陸戴、就像我們爺兒倆常在一塊、今年節約不用買、她先戴、我後戴、至親骨肉不係外、戴在頭上多麼泰咳[1]。

小陸本是我的女孫、她在三年前去參軍、我亦工作不離學問、她北京、我天津、一樣服務為人民、走上了總路綫、我們一條心。

(1)泰咳就是坦然而又高興的意思。

（小陸是我的三孫女智元、這小歌是一九五五時編的。）

【晚同曾孫治研所學紀以詩用杜甫飲中八仙歌韻】小室幽静上江船、朝宜讀寫暮宜眠、祖孫相伴非樂天、研籌增產非空誕、壯語指畫

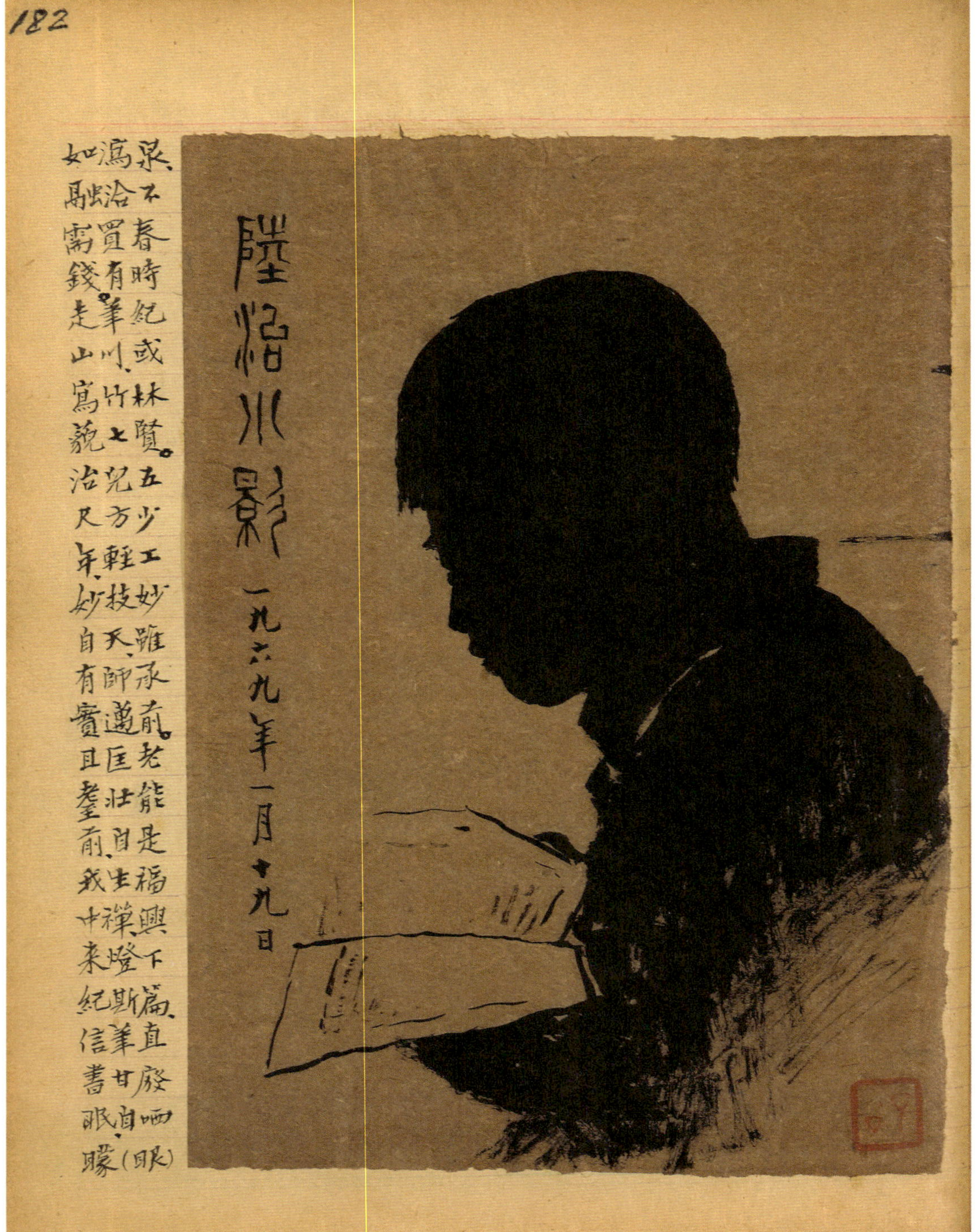
182
陸治小影
一九六九年一月十九日
泉、不春時紀或林賢。五少工妙雖承前。老能是福興下篇、直發哂(眼)
瀉洽買有筆川、竹七兒方輕技天、師邁匡壯自生禪、燈斯筆甘自、
如融需錢。走山寫藐治尺年、妙自有賣且壑前、我中來紀信書眼曚

重（頭）如舉船、老矣浮此傲神仙。赫赫盛世真理傳、文化革命實空前、萬醜迅掃空雲煙。童（治）叟（辛）砥礪思卓然、誓同搥碎帝（美帝）修（蘇修）筵。

【久旱得雪晨起戲占 時農曆二月一日。一九六七】昨宵巽二叩寒齋、為報豐穰喜訊纔、今日老夫愁正苦、滕公笑擁六花來。

【踵前又成三首用頂針續麻法。時雪又終夜至今農曆二月二日午後不止】為報豐穰喜訊纔、怪他嚴四伴將來、明朝八九天應暖、雁陣何為轉向開（今午見雁行北來旋又轉南，高空之奇寒可知）。今日老夫愁正苦、地爐活火快增煤、農勤奪巧終天勝、大地新芽億手培。滕公笑擁六花來、白戰崇朝百禝摧、形勢及時真大好、會看倉庾萬重臺。

【又改作一首】昨宵巽二報寒齋、喜訊爭傳笑口開、自是人功奪天巧、會看豐產逐年來。

【咏雪】"普天不辨路西東、飛雪迷離遠近同、柳絮亂翻千樹影、蘆花低舞一帘風、渾知過物成家可惜、開花總是空、十二闌干閒眺望、乾坤都在畫圖中。""霏霏玉屑鎮飄蕭、誰散天花下九霄、青山形欲瞑、隔林紅葉影全消、何人沽酒聽新曲、有客尋梅過小橋、絕妙輞川詩裏畫、丹青一幅是芭蕉。""壓樑滌盡興悠悠、掃徑垂簾憶舊遊、門外馬蹄何處認、眼前鴻爪為誰留、涼侵孤客悲蓬鬢、冷壓寒江有釣舟、連日蕭齋無個事、此生且喜住瓊樓。""征鴻影斷暗長途、萬里關山一色鋪、抽思朝催名士賦、聯吟夜繪美人圖、黃昏世宙重雲鎖、白戰英雄寸鐵無、此是袁安高臥處、使君休厭巷回紆。""六出霙寒本是冰、隨風幻出玉千層、詞歌黃竹今何在、操詠梁山愧未能、野徑烟封沽酒岸、寒窗人當讀書燈、紅爐一點留真諦、參透禪家上上乘。""生成性慣愛飛揚、幾度繽紛興欲狂、點手似來招舊侶、前身曾記潤群芳、六朝庭苑迷金粉、千載風雲聚玉堂、有色無香終抱歉、騷人不必費平章。""光明世界似裝銀、多謝天工點綴新、此去平吳應入夜、適來訪戴恐無人、放懷盡洗胸中障、插足全非世上塵、一笑回頭尋妙境、峨眉峯頂佳芳鄰。"跨鶴仙人出玉京、笛音繚繞笑相迎、參天樓閣寒無影、墮地瓊瑤凍有聲、人倚妝臺描畫本、風吹灞水入詩情、而今諒少知音者、一曲陽春情孰賡。"

（長蘆王造周培新詩）

【新詩】　　大風　　桑葚

大風刮掉了滿院的桑葚；猛然大門響了一聲，姑東。
　大爺出去開門，門外一望空空。
大爺倒背手，剛回到院裏，大門又一聲姑東。
　大爺趕去開門，以為是小孩要來偷拾桑葚，開門一看，
　　照舊白撲個空。
大爺剛轉到屋裏，大門又硼的一聲。
　這時風更大了，桑葚掉的更多了，大爺氣的站到當院，
　　大門又連連的姑東，姑東。
大爺氣的跺腳，心想：一定是小猴国子們，嘴里罵着：媽的，
　　是誰？誰？隔着門縫瞧，彷彿是有人影。
大爺突然開門，努力唾了一口稠唾沫，
　　原來是大娘回來，正唾了一臉腥氣哄哄。
大娘怒罵大爺：你個老□□□，簡直是瞎了眼睛。
　　大爺正在辯白，大門忘了閂上，忽然轟的闖進了一
　　　大羣搶拾桑葚的兒童！

（這是實人實事的速寫——我的新詩。）

【臭豆腐】味過鮑魚臭、形同豆腐方、調油來佐食、舌本竟生香。不講色味惡、直呼臭豆腐、嘉食為垂涎、桑頭勝羞俎。

185

【凍豆腐】"来其風味徧家鄉、時屆嚴冬凍不妨、莫請腐名如冷眼、好同寒具待充腸、雪烹點點珠穿細、冰割層層玉切方、大嚼老饕情不厭、恰宜佐以菜根香。(蘇星橋之饕詩 清嘉慶一七九癸時人

【四月六日俞生嘉禾約食河豚魚白會芳樓得詩三章。一九四一】桃花早逐東流水、今日肥腴上市饒(每年清明節河豚上市、今年約遲一月)、已是探懷出膏玉、不勞典褌易鯸鮐(即河豚、見吳都賦、爾雅翼引諺云得一部典一褌、以河豚三頭為一部也、其意寧典一褌須得一部、蓋自古嗜食如此)、登盤鯸臓烏參比(白之奇大者、可擬烏參)、下箸鮮濃白墮傍、莫笑東坡值一死、我曾逐歲死中来(東坡謂食河豚值得一死)。西施乳貴埒

吳江(吳人珍河豚品、其腹腴為西施乳)、肥腯充盈大體雙、四月晴和看潮逐(河豚至時、每潮逐而来)、一罾活脫駭鱗龍、寧甘賭死室前味、不豔欺人益壽瑯(土精也、神仙多服食之、出宋人小說)、多謝饒君好烹炙、千金一醉勝雞腔(竹名、其笋肥美、見齊民要術)。六一先生信亦饞、聖俞詩好鎮相傳、荻芽未必新茶美、羹汁何如豔體便(歐陽修六一詩話載梅聖俞河豚詩云、春洲生荻芽、春岸飛楊花、河豚當是時、貴不數魚蝦、又謂與荻芽為羹最美。浙上則食時佐以苦茶、以白性熱、泄其熱也)席上雙陳誇大候(浙上魚白稱對、計對行庖、原態登盤、以為食下酒飯)、酒邊大嚼假塵緣、老妻曾是調羹手、不為嘗鮮死不還(先内子伋秋生前善治河豚白)。

（我老伴死後，我的學生俞嘉禾對我的悲痛不知怎樣安慰我才好。轉年春夏間，適聞法租界會芳樓清真館有河豚魚白，遂來邀我去吃。因他知道我愛吃魚白，情不可卻，實在亦真愛吃，遂同去吃了一次。他還是第一次嘗到這口味，僅要了一對，他只吃了半對，直說真肥美，只太膩。……歸後我作了三首詩，把詩寫了一幅小直挑贈給他。）（河豚爾雅不載。吳都賦"䰳鯖鯸鮐"注"鯸鮐魚狀如科斗，大者尺餘，腹下白，背上青黑，有黃文"。玉篇"鯸鮔魚"，鮔音飴，即河豚，又叫鯸鮧。西施乳見蟫史，說"吳人珍河豚，呼其腹腴為西施乳"。天津舊時的所謂天津館清真館仍按古法攪碎魚白如漿汁，摻入荸薺碎，調味為羹。後北門裏名館馬泰的大師胡十創始把魚白整着蒸後再熘食，叫"熘魚白"，為一時名菜，後來成為本地的天津館清真館極為拿手的時鮮。河豚有毒，最主要的對魚白的整理，必須把白外面一切血管剪淨，以鹽醋搓（須極輕）洵多次，除淨涎沫，再涼水浸一次，才能下廚。我老伴會做，是同先姊學的，先姊是從親戚家一位勤行大師夫學的，據說那大師夫姓齊，是胡十的徒弟。我小時就跟先姊常作下手活，所以我亦會做。在山海關漁場時，漁人常吃河豚，只要背上兩條肉，餘者便晾乾作肥料。魚肉極鮮美，同漁人一起我吃過好幾次。古人作羹料想亦許加入魚背肉。我在海邊看漁人把魚背肉割後，其餘連白亦不要，甚可惜，但不敢提倡吃魚白。……大概我同俞嘉禾吃魚白，恐怕是魚白調為食品的第末次了——現在全國食譜裏不見魚白這一名稱，當然是取消食用了。）

【幾日連陰，釀成秋雨，小樓獨守，四壁生寒，晚來雨猶點滴，而淡月籠雲，倍形淒寂，擁被挑燈，不勝懊惱。一九四四】鑄恨鎔愁做意寒，逼人節序攪人眠，朦朦淡月濛濛雨，併作中秋懊惱天。

（這是寫完吃魚白詩以後，一次晚間猛然想起的這一首舊作，原不打算抄的，現既有空白，便補抄在這裏吧。）

187

附録

[植物名彙初稿的引言] 一九五三年六月本彙鈔底共十四冊於"七一"獻與毛主席

一、編彙的動機和準備及初步完成的情形：遠在一九〇八年、我同舊同學金廣才在天津組織生物研究会、向日本定購書籍、買到松村任三的改正增補植物名彙、那上面植物名字於學名及日本名外、凡是可以引證我們國文名稱的、在本條下全注有我們的國文名稱、並用括弧注明出處、如：本草綱目、植物名實圖考……之類。我每々對採集来的植物標本、藉着他和旁的書參考着、可以得出國文名字来。後来又買到松村氏的改訂植物名彙一部兩本、前編漢名之部、完全記載我國產的植物、後編和名之部、完全記載日本產的植物、前編收入的國文名字、較前着增加了許多、尤其是有許多我地方性的通俗名稱、這些名稱的得来、不僅是我國舊籍上所載、有好多是由歐美方面植物學家到我國調查採集因而編著中國植物名錄等上面引用出来的、我固然借重這書參考着我們舊籍多得植物認識上的知識、可是我心裏極端不舒服、常々在想、為甚麼他們一日本人和西洋人對我國產出的物品這樣関心呢、可是他們都用他們的著作向他們國裏去發表、當時我問過金廣才（那時金在北五省師範學堂當博物助教、校址在天津河北呂緯路法政橋西、博物教習是日本人大津）、金説："歐美各國差不多是有植物名彙這類的書、各載着他們各本國產出的植物及世界各國的名產、供給學堂裏作參考用、日本從明治維新後、事々模仿西洋、所以他們亦有這類名彙……"。我又在想、為甚麼我們自己國裏沒有這類的書呢？於是就啓發了我編彙的動機、是應該：姑且大着膽編個試試、可是我識與力都很薄弱、但認為：這同走路一樣、祇要你有目標、馬上起程、早晚總能到的。自己盤算：我們國家有四五千年的歷史、有着優越的文化、又有這樣廣大的疆土、物品產量當然是相當的豐富、又歷代有着許多文字的記載、植物方面的產出量是相當的多。松村名彙所收入的數目、和國文名稱一七千二百多名字、合二千五百多種、材料不過是其中的一小部分。我應該用他的組織方法、着手再廣蒐他以外的材料、希望將来這書如能成功的話、在應用上無論是誰、從那方面来檢查全合用。不過這奢侈的要求、我自己知道是極不容易滿意的、可是祇要實際的来幹、總能一天一天的功效加多、當時這意念在我腦子裏

188

一直的醞釀着。從一九一七年起，我就實行這編彙準備上的試作。那時我正在直隸省商品陳列所出品科服務，所裏有好多新舊中外書籍及辭典雜誌圖譜之類，我便在每天下班以後，一部一部的搜檢起來，且搜且記，先寫成許多小签字，按部分芑，預備將來的校對、分類、排比、鈔寫。一九二二年我辭去所裏職務，在家專一賣畫，但無論忙到甚麽樣子，晚上有工夫一定要接續編彙準備上的工作。但手下書感覺太少了，自己規定把賣畫的收入劃出一部分來買書，有時向朋友方面借書，又到圖書館看書，但往往數不上我的要求。商務印書館出版的植物學大辭典，在當時是我國最先刊行的植物辭書，裏邊對植物種類包括的不多，又學名和國文名字往往有錯，不能十分信賴。以來由上海定購中國科學社的研究叢刊第一卷第一篇中國木本植物目錄，在定購時，以為這上面當然都有國文名稱，很可供我收入和參考，及至書到以後，才知完全是英文的。以後由各方面如：河北博物院等處，借到許多書誌，大部是外文的，國文的佔極少數。彼時心裏的難過直到了頂點。為甚麽外國人到我國各地搜採植物，著出書來，都要注上我們的國文名字，如亨利的中國植物名彙、邁爾氏中國植物目錄、日本松村氏植物名彙……而我們國人自己編寫我們自己的植物書，反到純寫外文，不寫國文，這是甚麽意思呢？由此我編彙的意念更加堅定起來，因我自認我是：中國人，我要編寫這植物名彙，是希望供給我們普遍中國人用。一九三三年，我加入了中國植物學会為普通会員，這才得到些關於編彙的嶄新材料，得到許多新知道的國文名稱——舊有的、地方性的，及新命名的。但是數量在我拘於一隅所能够知道的還是很少（因為在天津賣畫，離不開自己的小屋子）。一九三七年，天津淪陷以後，我祗能在賣畫之外，搜求些由日文方面得來的間接材料作為補充，一面整理，隨着加多的小签子，如此直到天津解放的前夕。解放後，精神安定下來，在一九五〇年秋天，才得專一作這編彙的工作（賣畫事已於一九四七年秋間停止）。如此一面整理兼鈔寫初稿，一面蒐輯着新的材料，向裏邊隨着添補和改正。這時各書店如：新華書店……可以隨意看書，隨意鈔錄，這給我好多方便。關於植物生產方面的專書和雜誌亦較前多的多了，舊著之新的植物書如：陳嶸中國樹木分類學……、許多在從前的天津見不到的（因從前天津祇有商務和中華兩個書局賣他們出版的書、壟斷一切）、現在大部分都可以看到了。天津圖書館裏亦有了大量的科學書可以借到、如此我且清鈔、且改正、且增補、較前數量大增、而且從前懷疑的不清楚明白的種類、現在十之五六全可確證出来了、直到今年一九五三的六月、算是把這多年的希望初步的部分完成。

二、植物名彙的應用：植物名彙就是一部關於植物資源參考資料上最初步認識的字典、裏邊亦包括有一部分與人生為敵的東西、如：直接或間接的病害、我們亦必須認清才能防止或消滅它們、但其中絕大部分是植物性生產上有用的東西、這絕大部分的大部分、又正是我國的產出物、所以這書可認為是吾國植物性原料品的登記賬。現在我們國人對於自己這"登記賬"上產業一財富的種類、須要清楚的知道的、尤其是工業方面、農產方面、教育方面、不應該再像從前麻痺大意的自己產業自己滿不在乎的任着外人竊取、研究、應用、並從這上面榨取利潤、而我們自己方面"麻木不仁"的大部分除專門學家外、絕無所知。用字典作例：字典是查字用的、現在我們全國齊心一致的掃除文盲、推行識字運動、字典是人人離不開的、這植物名彙亦不例外。我們檢查植物、認識植物的名稱、亦就等於用字典查字、字裏有：一個字幾個念法的、亦有幾個不同的字而發音一樣的、或是意思一樣的、植物裏面亦是如此。現舉一個例子如：農田種的老玉米、就是玉蜀黍、某地方管它叫苞米、某地方管它叫玉茭、天津方面管它叫棒子、或玉米、天津大部分人、不知道它叫苞米、更不知道它還叫玉茭、有一位小學教師在解放初期、看到當時的教科書說河北省農作物有玉茭、查辭源沒有玉茭這名字、單查茭字、是茭白、不是農作物、因為這教師是天津人、以外我又見到幾位天津教師、提起這玉茭都不知道、後来由一位綏遠的同志談起来、他家鄉一涼城縣一帶都管着玉蜀黍叫玉茭、以上這是一種植物有好多不同的名字、還有好多不同的植物而又有着相同的名字的、這類情形非常

190

之多、不同，這名字是原有的、以起的、或由外来一引用或譯的。可是在社会通俗上、都各起着作用，不是一時間所能够規定它一種只許有一個名字、不許重複，像學名似的（學名亦是常常有好幾個的异規注），惟有把它們先行整理清楚，羅列出来，供給我們来認識，而且必須認識了它，才能發展它供給我們各方面的應用。這植物名彙的編輯，就是来解決這當前最初步問題的。所以這書是給羣众預備的，是人人能應用的。

三、植物名彙必須有國文名稱：植物名彙就等於植物社会一部分的"户口冊"。因為要利用它一植物生產，當然先得認識了它名字和它屬於那一科，這就等於人類的"姓甚名誰、那裏人氏"一樣。我們是中國人，有我們自己通行的文字，不能僅用拉丁文的學名算數。所以一種植物必須於拉丁文學名外，有我們自己通行文字寫出来的國文名稱，如此，無論工農教育，以及其他各方面，在應用上都方便。在許多旁的國家，亦是於拉丁文學名以外，配合着他們各本國通行文字名稱的，尤其是在日本。惟獨我們的過去一解放以前，可不是這樣。在專家方面所有的調查、研究、報告，以至講義、書刊……大多數是用外文寫的，力求與歐美看齊。於是有好多我國名產或特產，在我國以外，可說是馳名世界，而本國自己，除大學專科外，簡直沒人知道。可是日本人、歐美人研究我國產出的植物，編著書籍，在初一入手的時候，盡力搜索我們的國文名稱，如：詩經、爾雅、本草綱目、救荒本草、羣芳譜、植物名實圖考……甚至鑽研我們的說文、強記我們字典分部的部首。尤其在日本的舊日，便有好多所謂"漢學的本草家"。而我們自己呢，一方面除一部分著作國文名稱與學名全有，如：江蘇植物名錄、中國植物圖鑑、中國樹木分類學……外，多半對國文名稱是忽視的，且不僅忽視，簡直是藐視，甚至對於新種起出學名的同時，沒給它起出國文名稱来。總之，在過去國家淪為半殖民地，一般學者的工作，大部是面向着外人，并沒有向自己國家羣众方面着想，而且把自己四五千年光榮傳統的歷史文化亦忘記了。自從全國解放，嶄新的史無前例的新國家一中華人民共和國建立起来，這才在共產黨毛主席領導之下，剷除了過去的惡習，扭正了方向。

191

四、植物名彙編例一斑：本彙編例大致可分如下十一項

（一）本彙係廣義的"蒐輯植物種類名字"，因在我國尚屬創作，而且供用上僅是最基層的一些，所以定名為"植物名彙初稿"。

（二）本彙名字排列方法，完全按彙典的通例，祇是為便於人民大眾的應用，把國文名稱擱在學名之前，按着部首分部辦法，由一部起，順序而下。

（三）本彙收入的植物，必須國文名稱、學名、科名三項皆備，這是基本認識上必要的條件。他如僅有學名、一時未曾得到國文名稱的，或僅有國文名稱，找不到學名的，皆不收入。

（四）在彙上，凡是合乎上項要求的植物種類名字，就個人編輯期間所查到的，無論歷史性的、地方性的，完全客觀的盡量收入。

（五）一種植物有好多名字的，例如：玉蜀黍又叫苞米、棒子、玉茭……其學名科名祇寫玉蜀黍條下，其餘名字則用等號注明同玉蜀黍，餘類推。

（六）多種不同植物而有相同名字的，則一一羅列，由第二個名字以下，括注數目字，以便參照時不致混亂。例如 甘草（二） 甘草（三） 甘草（四）……，餘類推。

（七）國文名稱来源方面甚多，無論舊籍——詩經、爾雅、本草綱目……新書——現代書誌典彙……或係俗名，或係日本引用我國文字的名稱……皆用括號注出，以便稽考（其中有見在多種書籍上的，僅舉一書名作証），其書名引用次數較多的，如：綱、中樹、松村……全名可參照附錄的"引用書名等簡稱對照表"。

（八）國文名稱，有好多確能認為某種植物，而多半埋在字典裏，現就個人見到，完全發揚出来，收入彙内。

（九）植物學名以通行者為標準，但異名亦偶於某種下收入一二，加以括號，用備參考。

（十）書後附表三種：（甲）"學名檢查表"，備由學名按第一字母順序檢查之用。（乙）"檢字表"，備由國文名稱的第一字按筆畫多少檢查之用。（丙）"引用

192

書名等簡稱對照表"亦按筆畫多少檢查。

（十一）本彙收入國文名稱共計三萬八千餘個，包括着種的數目一由最高級種子植物到最下級的裂殖植物共一萬二千六百多種，僅是植物名彙最基層的一部分工作完成，距離着足够還差的很遠。

五、對直接或間接熱情帮助我編彙初步成功的道謝：（一）故友金廣榣君指示我植物分類研究上的種種趣味，并贊助我編彙預備上的大膽試作。（二）故友華石斧先生當我入手之初收集材料時，借與我多種書籍如玉篇、廣雅、說文……不下六七十種。（三）故友楊德輝君、陳序壽君、曹禛查君，友人張鈞孫君、俞嘉禾君，供給或贈與許多植物學書誌或圖譜。（四）前静生生物調查所贈與"植物彙報"多種。（五）前中國植物學會贈與"中國植物學雜誌"全份。（六）胡步曾先生指示我買到或借到關於編彙主要參考上許多新的名著。（七）俞德浚先生贈與所譯的胡步曾著"中國松杉植物之分布"。（八）福建動植物研究所何景先生贈與"福建木本植物檢查表"。（九）北京師範大學生物系郭學聰先生借與我一九五一年"河北植物名錄"未刊本。（十）我的女學生李世蕃贈與英文的植物圖譜Wild Flower of New York。（十一）表甥劉炳新贈與法文植物名著Les Plantes。這多方面我都深致感謝。外此在天津淪陷中，我的女學生孫月如，當我喪妻之後，借與我好的房間、好的環境，供給食宿整整三年，使我於賣畫餘暇，專心編彙，最近對我鈔寫初稿，又贈與許多枝合用的筆。兒子孫荪，給我買了好多參考用的植物新書。兒媳章亞子特給我租賃房間（即現在還住着的紅橋區小影巷大寺前十二號本現注），以便我埋頭工作。孫子恵元，幫我鈔了許多編彙上最應用的材料，並供給我編彙期間每月一切零用。孫子真元，把他在黄村農業學校學習的農作、園藝、造林等講義篇子全數供我參考。這都是與我編彙以好的影響，亦應提出謝謝他們。最後我更應當衷心致謝共產黨和毛主席，要不是解放了全中國，我這點初步工作的成績是絕對不能完功的。

最終還有：我對植物學上知識非常淺薄、更不是植物學家、本書材料上的引用、尤其是學名、有好多是太老了、訛錯重出……料想是不少的、祇有求當代專家批評改正、我個人受益卻靠後、實在是人民大衆都受益不淺了。

一九五三年六月 編者於天津八區小影巷清真寺胡同五號工作室

中國共產黨天津市委員會函 一九五三年六月二十七日

陸文郁先生台鉴：

你給毛主席的七一節獻禮—植物名彙初稿十四冊、我們代為收轉、先生能以多年心血巨製、無私的獻給國家和人民、這是愛領袖、愛祖國的具體表現、謹致謝意、並致

敬禮。中國共產黨天津市委員會 一九五三年六月二十七日

中國科學院副院長陶孟和函 一九五三年七月一日

文郁先生、

別來近四十年、久疏音問、今接來函、欣悉

先生在此四十年中完成了植物名彙巨著、廣事搜羅、貫通今古、實為對植物學一極大的貢獻。承示其中二則、已足證明考古之詳博、用力之辛勤、至為敬佩。郭沫若院長尚在國外、俟歸來後當為轉達。專此奉復、并申謝意、此致

敬禮。陶孟和 七.一

中國科學院辦公廳秘書處函 一九五三年十二月廿八日

接中共中央辦公廳秘書室十一月四日京字三三三三號函、轉來您上毛主席函兩件、並附呈之"植物名彙初稿"十四冊、及中共天津市委員公報三四一號函一件均悉。

"植物名彙初稿"我院植物研究所審閱後、認為您確花費了很多年的功夫、治學精神、值得欽佩。但因我國植物種類繁多名稱

194

尤其繁複，所以此稿仍很不完全。我院植物研究所對於植物中名亦作了很多的工作，他們擬將您的稿件保存於該所資料室，俟將來材料搜集的差不多付印時，列您為集體工作人之一，並於序言中敘明您多年的辛勞。不知您以為何如？如有意見，希示覆為荷。此致

陸文郁先生。 中國科學院辦公廳秘書處

公曆一九五三年十二月廿八日

[詩草木今釋弁言] 一九五三年九月

舊日之言詩者，雖尚"訓詁"，然於草木或解焉而不能詳，或詳而不能盡，或比類而誤解，幾至於不可爬梳。

有清末造，外人之治植物學而有事於我國者，每就實見，參覈我之舊籍，廣徵博引，著為專書，然非供我之用。

故至於今日，我之為我者，仍舊貫也。

是以我之治植物學者，雖欲資用國學不可能，而治國學者又向於草木漠然不加重視。

偶有引證，亦不辨真是非，書云云者亦云云而已。而不知草木之於人生關係綦重，舊稱讀詩可多識草木之名，惟能真知，然後才能真致用也。

爰本斯旨，乃成斯輯，溝通新舊，一本真知，非欲成一家之私言，蓋希能為一國之功用焉耳。

惟自知學識淺陋，"魯魚亥豕"之訛，所不能免，海內通家，幸匡正之。

一九五三年九月 著者